中国年鉴精品工程
High Quality Project of China's Yearbook

内蒙古年鉴

ᠥᠪᠦᠷ ᠮᠣᠩᠭᠣᠯ ᠤᠨ ᠣᠨ ᠤ ᠪᠢᠴᠢᠭ

2023

中共内蒙古自治区委党史和地方志研究室 编

方志出版社
Publishing House of Local Records

图书在版编目（CIP）数据

内蒙古年鉴. 2023 / 中共内蒙古自治区委党史和地方志研究室编. -- 北京 : 方志出版社, 2023.12
ISBN 978-7-5144-6128-2

Ⅰ. ①内… Ⅱ. ①中… Ⅲ. ①内蒙古－2023－年鉴
Ⅳ. ①Z522.6

中国国家版本馆 CIP 数据核字(2023)第 253131 号

责任编辑：范锐超
责任校对：张玉霞
责任印制：梅中英
出 版 者：方志出版社
地　　址：北京市朝阳区潘家园东里 9 号（国家方志馆 4 层）
邮　　编：100021
网　　址：http://www.zgfzcb.cn
发　　行：方志出版社图书营销中心（010-67110500）
印　　刷：内蒙古爱信达教育印务有限责任公司
开　　本：889 毫米×1194 毫米　1/16
印　　张：37.75　插页：5 印张　地图：1 幅
字　　数：1655 千字
版　　次：2023 年 12 月第 1 版
印　　次：2023 年 12 月第 1 次印刷
定　　价：460 元

《内蒙古年鉴（2023）》编纂委员会

主　　　任：贺　彪

常务副主任：孟秀芳

委　　　员：（按姓氏笔画排列）

玉　红　包勒格　冯　杜　乔佳宏　冰　霜　齐迎春

李　洋　李　超　李承远　李瀚鹏　杨泽斌　吴斯日古楞

何晓伟　武士龙　赵　婧　赵在旺　赵海渊　郝文强

哈斯花　韩振华　姚　洁　秦倩倩　徐媛英　萨初日拉

董丽娜　魏　宏

《内蒙古年鉴（2023）》编辑部

主　　　编：贺　彪

执 行 主 编：哈斯花

执行副主编：吴斯日古楞　郝文强

编　　　辑：哈斯花　吴斯日古楞　韩振华　李瀚鹏　高智常　李　强

序

国务院办公厅2015年8月印发的《全国地方志事业发展规划纲要（2015—2020年）》（以下简称《规划纲要》）要求，到2020年要做到地方综合年鉴一年一鉴，公开出版，实现省、市、县三级综合年鉴全覆盖。《规划纲要》还要求，坚持存真求实，正确处理质量与进度的关系，将精品意识贯穿于年鉴编纂出版工作全过程。2015年12月，中国地方志指导小组办公室启动中国年鉴精品工程，将其与先期实施的中国志书精品工程视为姊妹工程，一道作为加强地方志质量建设的重要抓手。

实施中国年鉴精品工程有助于推动中华优秀传统文化传承发展。近年来，在党中央、国务院的高度重视和关心支持下，全国地方志事业发展迎来最好的发展时期。年鉴编纂发端于欧洲，鸦片战争后被引入我国，在我国走过了100多年的发展历史。在长期的编纂中，年鉴在内容和形式上不断发展，逐渐演变成为适合反映中国国情、具有鲜明中国特色的一种文化载体，并在改革开放后出现了快速发展的局面。2006年5月，国务院《地方志工作条例》颁布施行，明确将地方综合年鉴纳入地方志工作范畴，年鉴工作走上了有法可依的轨道。《规划纲要》出台，为从依法编鉴转变到依法治鉴指明了方向。2016年12月，中国地方志指导小组印发《全国年鉴事业发展规划（2016—2020年）》，更进一步明确了到2020年全国年鉴事业的任务书、时间表、路线图。经过多年的发展，年鉴工作已经成为地方志工作的重要组成部分，成为中华民族优秀文化传统的有机组成部分，其存史、育人、资政作用日益彰显。实施中国年鉴精品工程，是年鉴工作者紧扣时代脉搏、坚持创新发展的一项重要举措，对于坚定文化自信，传承弘扬好中华优秀传统文化意义重大。

实施中国年鉴精品工程有助于为全面建成小康社会提供更多智力支持和历史借鉴。党的十八大作出全面建成小康社会的战略部署。党的十八届五中全会提出到2020年如期实现全面建成小康社会的目标要求。完成《规划纲要》确定的目标任务是年鉴工作者的神圣使命，更是年鉴工作者以自身力量为全面建成小康社会献上的厚礼。一方面，可以更好地利用年鉴这种年度资料性文献，及时记录各地区在全面建成小康社会伟大征程中每年取得的新成绩和新经验、出现的新情况和新问题、涌现的优秀人物和典型事迹等；另一方面，可以更好地积累地情、国情资料，为推动经济社会发展和深化改革提供智力支持，为推进国家治理体系和治理能力现代化提供历史借鉴。

实施中国年鉴精品工程有助于全面推进地方志事业转型升级。地方志不是单纯修志编鉴工作，而是全体方志人“修志问道，以启未来”的一项事业，这项事业包含着巨大的时代担当与使命追求。地方志工作要在“五大建设”总体布局和“四个全面”战略布局中发挥与其自身价值、功能相匹配的作用，就要因时而谋、乘势而上、顺势而为，全面推进地方志事业转型升级。转型升级，当下最重要的目标就是完成“两全”目标，包括“年鉴全覆盖”目标；长远的目标就是基本形成地方志编修体系、理论研究和学科建设体系、质量保障体系、资源开发利用体系、工作保障体系“五位一体”的地方志事业发展综合体系，包括“五位一体”的年鉴事业发展综合体系。中国年鉴精品工程是一项探索二程，也是一项创新工程，是推进地方志事业转型升级的重要内容。通过实施中国年鉴精品工程，不仅有助于确保年鉴质量，不断编纂出版具有鲜明时代特征、年度特点和地域特色的精品年鉴，也有助于推动年鉴工作适应经济社会发展形势和时代需要，不断改革创新，与时俱进。

多年来，在中国地方志指导小组办公室的指导和全国各级地方志工作机构的共同努力下，年鉴种类数量快速增长，年鉴成果粲然可观，为实施中国年鉴精品工程奠定了坚实的基础。实施中国年鉴精品工程，就是要在全国地方志系统起到示范作用，进一步培育精品意识，打造精品年鉴，以点带面，在提高年鉴质量方面探索出一条切实可行之路，使这项探索工程和创新工程能够积累经验，发挥引领作用。

“万山磅礴，必有主峰；龙衮九章，但挈一领。”实施中国年鉴精品工程，是筑牢地方志事业特别是年鉴事业发展根基之举，其意义与价值不言而喻。但编修出年鉴精品佳作，绝非朝夕之功，需要付出长期艰辛的努力。希望通过实施中国年鉴精品工程，能够进一步推进年鉴质量建设，使年鉴真正成为传承中华民族优秀传统文化的重要载体，成为展示中国国情、地情的重要窗口，成为“为当代提供资政辅治之参考、为后世留下堪存堪鉴之记述”的资源宝库，在全面建成小康社会过程中作出更大贡献。

是为序。

中国社会科学院原副院长
原中国地方志指导小组常务副组长 李培林

编辑说明

一、《内蒙古年鉴》首次出版于1998年，是逐年记载内蒙古自治区自然、政治、经济、文化、社会等方面情况的年度资料性文献。《内蒙古年鉴（2023）》为第26卷。《内蒙古年鉴（2023）》以马克思列宁主义、毛泽东思想、邓小平理论、“三个代表”重要思想、科学发展观、习近平新时代中国特色社会主义思想为指导，坚持辩证唯物主义和历史唯物主义的立场、观点和方法，以铸牢中华民族共同体意识为主线，全面系统记述内蒙古自然、政治、经济、文化、社会和生态建设的年度状况，服务内蒙古现代化建设。

二、《内蒙古年鉴（2023）》记述时限为2022年1月1日至12月31日。为保持记述事物的完整性，个别内容记述时间有上溯，个别统计数据的年度也有所突破。

三、《内蒙古年鉴（2023）》由类目、分目、条目组成基本框架，部分分目下设次分目。对分目、条目之间的交叉信息内容，采取分主次、详略互见、互补的记叙办法，力求不遗漏、忌重复。

四、《内蒙古年鉴（2023）》包括内蒙古自治区地图、卷首专题图片、特载、大事记、区情概览、中国共产党内蒙古自治区委员会、内蒙古自治区人民代表大会、内蒙古自治区人民政府、中国人民政治协商会议内蒙古自治区委员会、中共内蒙古自治区纪律检查委员会 内蒙古自治区监察委员会、民主党派 工商联、群众团体、法治、军事、经济管理、能源经济、农牧业、工业、建筑业、商贸服务业、房地产业、旅游业、金融业、交通运输、水利、开放型经济、数字经济、城市建设与管理、乡村振兴、区域发展、生态环境、科学技术、教育、文化、卫生健康、体育、社会生活、民族宗教事务、应急管理、盟市旗县（市、区）、人物荣誉、附录、索引等内容，收录图片181幅、表格55张，全书设38个类目、285个分目、2055个条目，总字数1655千字。

五、《内蒙古年鉴（2023）》突出年度特点、地域特色、时代特征，新增能源经济、数字经济、开放型经济、区域发展等类目，建筑业、房地产业分目升格为类目，相关分目和条目较往卷年鉴篇目作适当调整。

六、《内蒙古年鉴（2023）》所载资料内容均由自治区各委、办、厅、局，各大企业、事业单位、各社会团体，盟市、旗县（市、区）党史和地方志工作机构提供。引用统计数据由全区各级统计部门提供，也有其他部门提供的统计数据。由于行业和地区统计口径等方面的原因，个别条目数据略有差异，凡此均以各级统计部门发布的统计数据为准。

七、《内蒙古年鉴（2023）》卷首专题图片由内蒙古日报社、相关单位及个人提供，图片分类后原则上按时间顺序编排。随文图由供稿部门及单位提供。

八、《内蒙古年鉴（2023）》行文执行国家现行相关标准规范和自治区有关规定。数字用法、标点符号用法分别采用国家标准《出版物上数字用法》（GB/T 15835-2011）、标点符号用法（GB/T 15834-2011），计量单位采用国家技术监督局1993年12月发布的《量和单位》系列国家标准。

目 录

内蒙古自治区人民代表大会

内蒙古自治区人民政府

中国人民政治协商会议 内蒙古自治区委员会

中共内蒙古自治区纪律检查委员会 内蒙古自治区监察委员会

民主党派 工商联

群众团体

法治

军事

经济管理

能源经济

农牧业

工业

建筑业

商贸服务业

房地产业

旅游业

金融业

交通运输

水利

开放型经济

数字经济

城市建设与管理

乡村振兴

区域发展

生态环境

科学技术

教育

文化

卫生健康

体育

社会生活

民族宗教事务

应急管理

盟市 旗县（市、区）

人物荣誉

附录

索引

ᠭᠠᠷᠴᠠᠭ

[illegible]

[illegible]

[illegible]

[illegible]

[illegible]

[illegible]

[illegible]

[illegible]

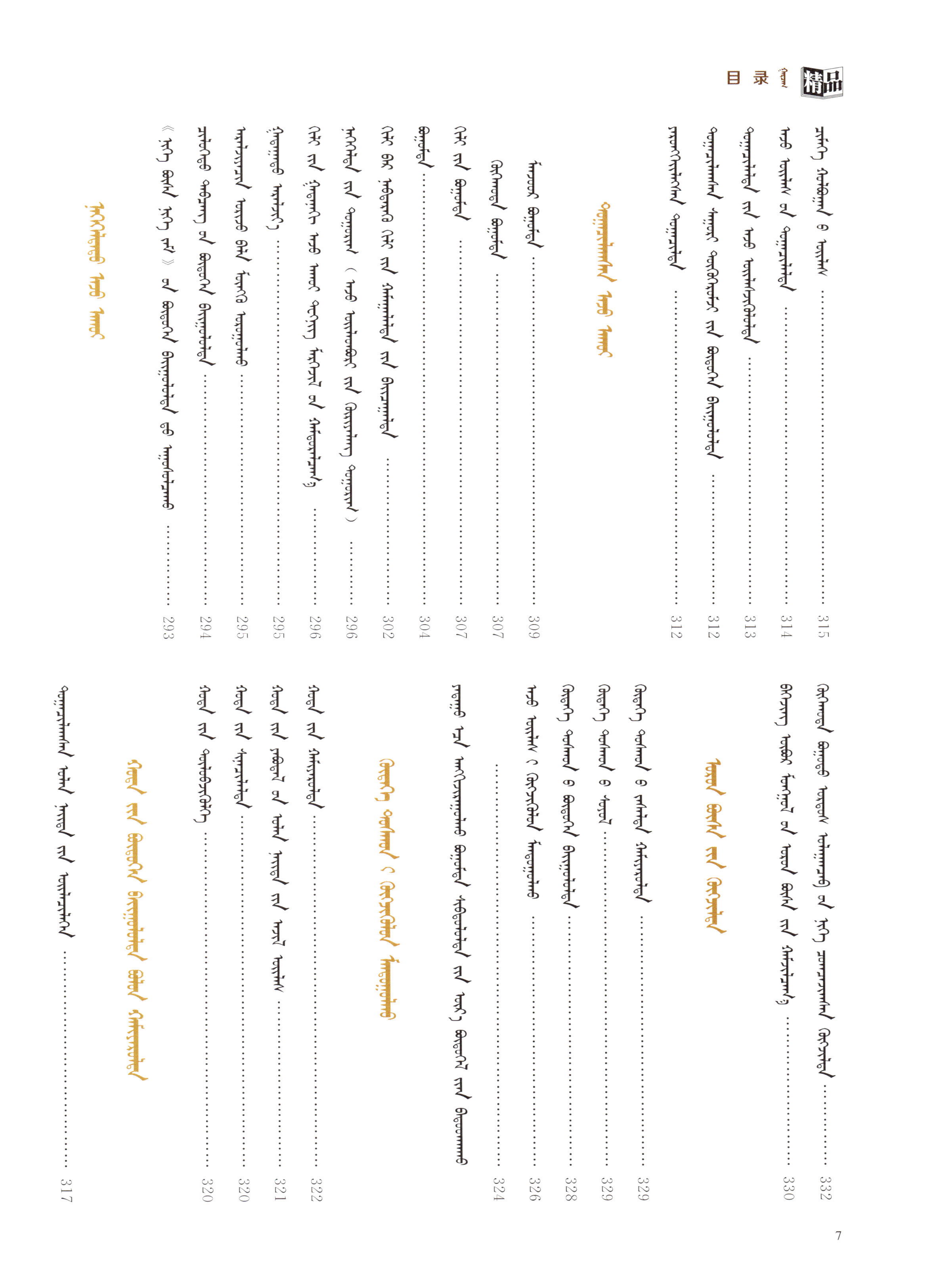

[illegible]

[illegible]

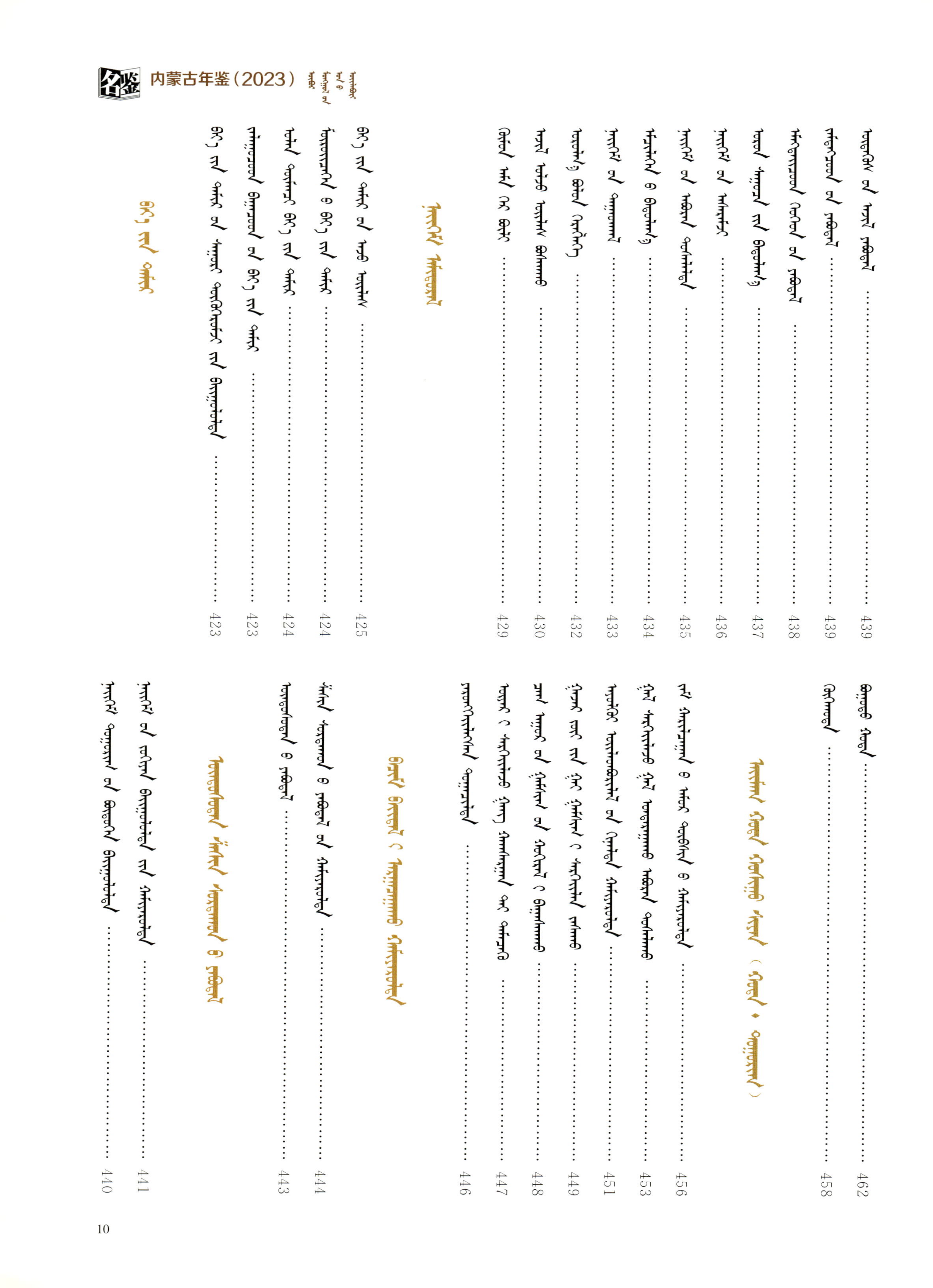

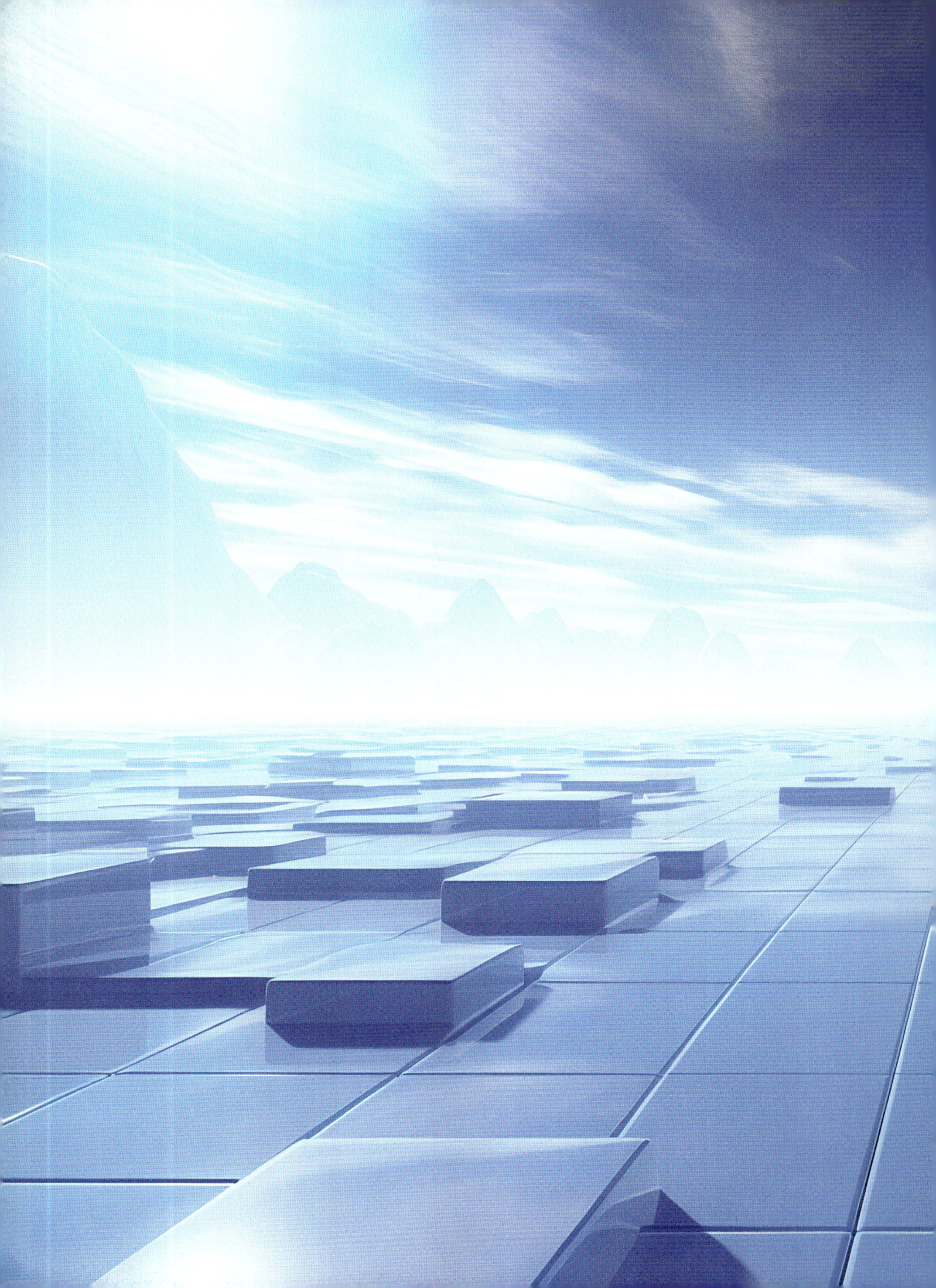

数字内蒙古2022

土地总面积 118.3 万平方千米

年末常住人口 2401.17 万人，比 2021 年末增长 1.17 万人

地区生产总值 23159 亿元，比 2021 年增长 4.2%

第一产业增加值 2653.7 亿元，比 2021 年增长 4.3%

第二产业增加值 11241.8 亿元，比 2021 年增长 6.5%

第三产业增加值 9263.1 亿元，比 2021 年增长 2.2%

三次产业比例 11.5 ：48.5 ：40.0

人均地区生产总值 96474 元，比 2021 年增长 4.2%

社会消费品零售总额 4971.4 亿元，比 2021 年下降 1.8%

全社会固定资产投资增速 16.8%

公共财政预算收入 2824.4 亿元，比 2021 年增长 20.2%

公共财政预算支出 5885.1 亿元，比 2021 年增长 12.3%

粮食作物播种面积 695.2 万公顷，比 2021 年增长 0.98%

粮食产量 3900.6 万吨，比 2021 年增长 1.6%

外贸进出口总额 1523.6 亿元，比 2021 年增长 23.2%

出口总额 630.3 亿元，比 2021 年增长 31.9%

进口总额 893.3 亿元，比 2021 年增长 17.8%

原煤产量 121354.3 万吨，比 2021 年增长 13.4%

焦炭产量 4672.5 万吨，比 2021 年增长 0.3%

发电量 6619.2 亿千瓦·时，比 2021 年增长 8.2%

钢材产量 3041.9 万吨，比 2021 年增长 2.1%

粗钢产量 2956.5 万吨，比 2021 年增长 –5.2%

原铝产量 611.4 万吨，比 2021 年增长 2.9%

乳制品产量 415.2 万吨，比 2021 年增长 12.6%

全体居民人均可支配收入 35921 元，比 2021 年增长 5.3%

城镇居民人均可支配收入 46295 元，比 2021 年增长 4.3%

农村居民人均可支配收入 19641 元，比 2021 年增长 7.1%

全体居民人均生活消费支出 22298 元，比 2021 年下降 1.6%

城镇居民人均生活消费支出 26667 元，比 2021 年下降 1.9%

农村牧区居民人均生活消费支出 15444 元，比 2021 年下降 1.6%

普通高等学校 54 所，在校生 53.5 万人

医疗卫生机构 25062 个，床位 16.77 万张

资料来源：《内蒙古统计年鉴（2023）》

年度要闻

1

自治区两会召开

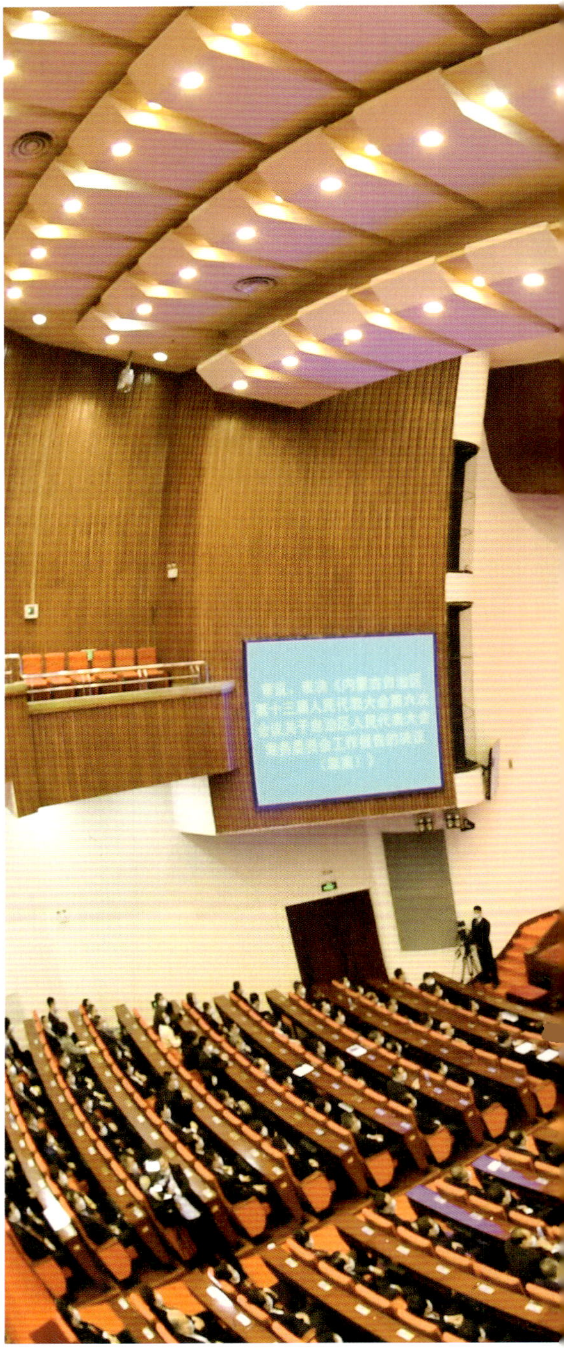

2022年1月21—24日，内蒙古自治区第十三届人民代表大会第六次会议在呼和浩特市召开
（内蒙古日报社　供图）

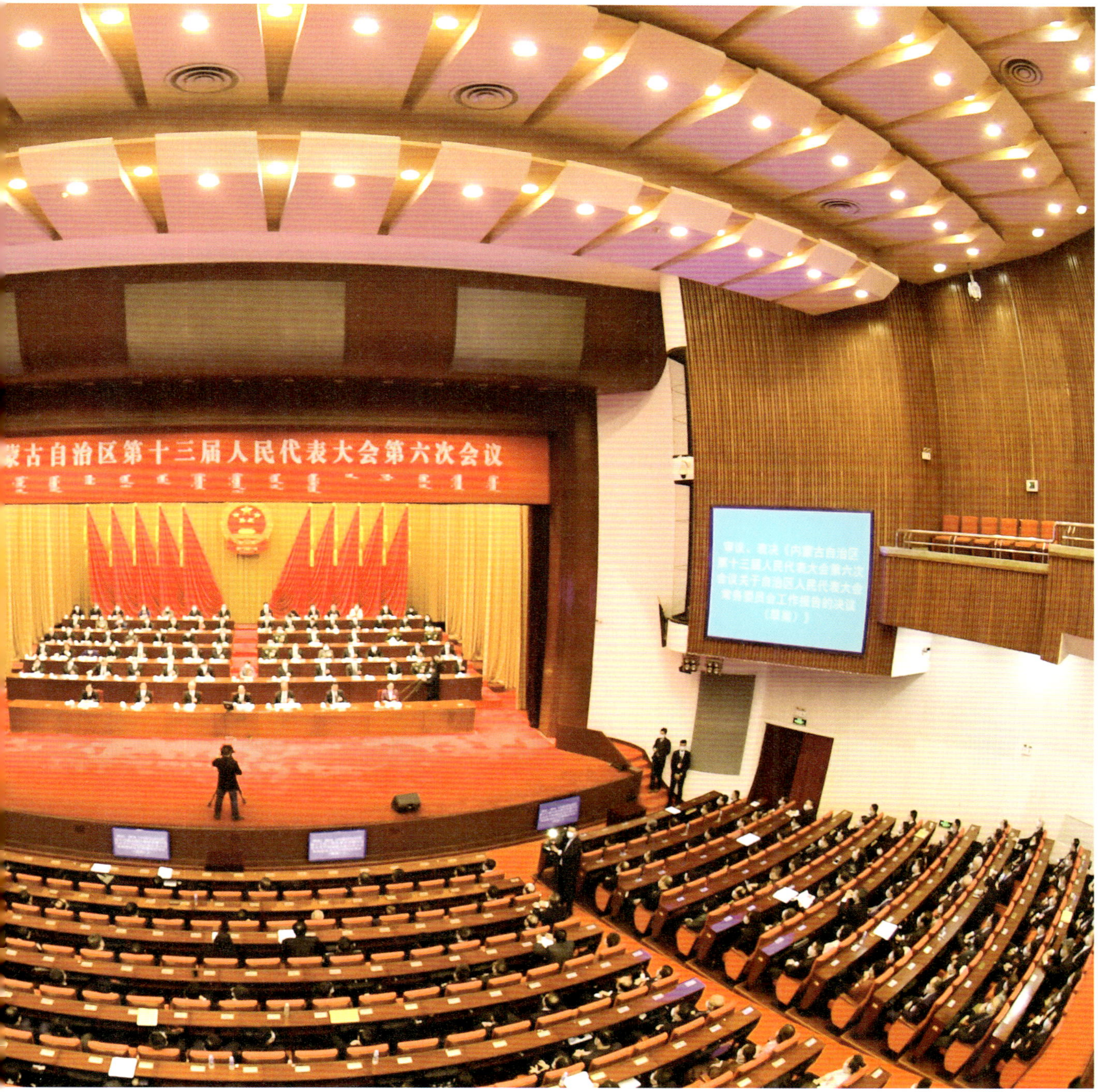
蒙古自治区第十三届人民代表大会第六次会议

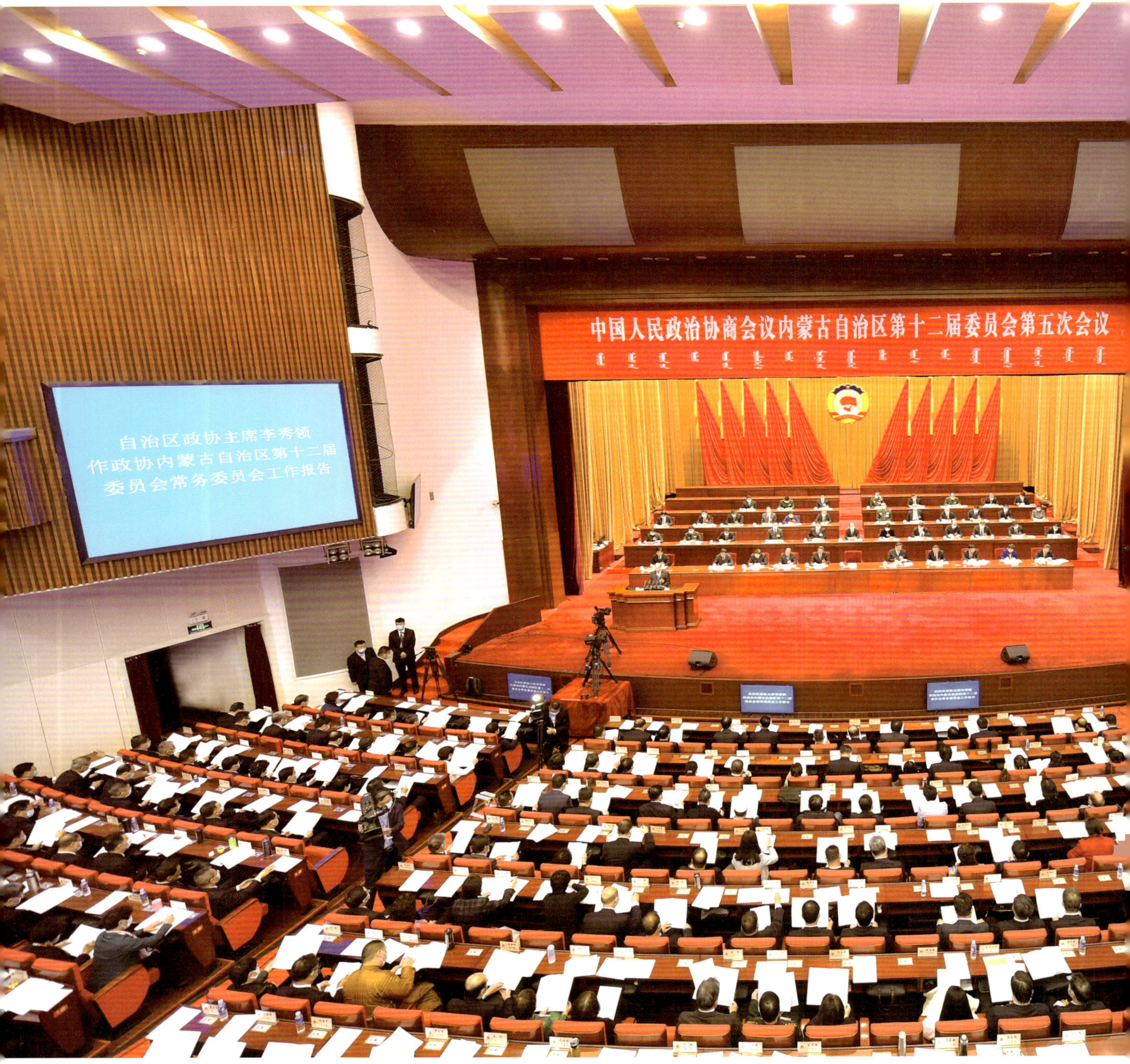
中国人民政治协商会议内蒙古自治区第十二届委员会第五次会议
自治区政协主席李秀领
作政协内蒙古自治区第十二届
委员会常务委员会工作报告

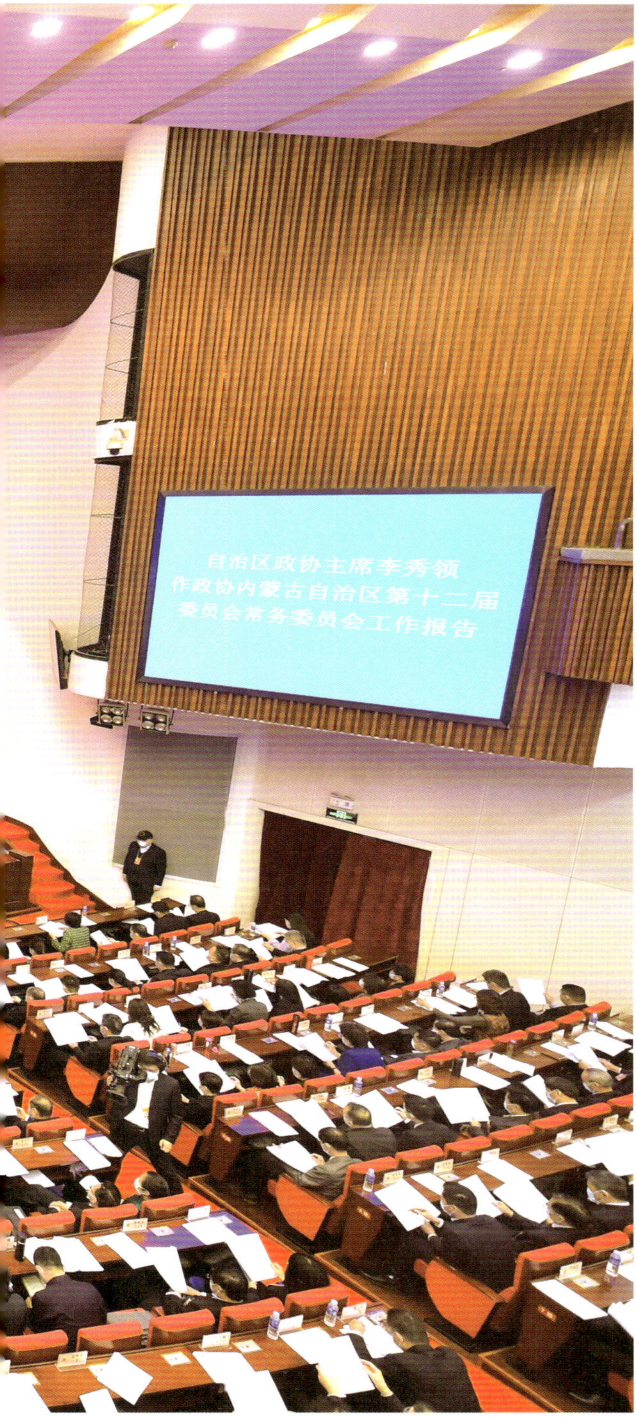

2022年1月20—23日，中国人民政治协商会议内蒙古自治区第十二届委员会第五次会议在呼和浩特市召开
（内蒙古日报社　供图）

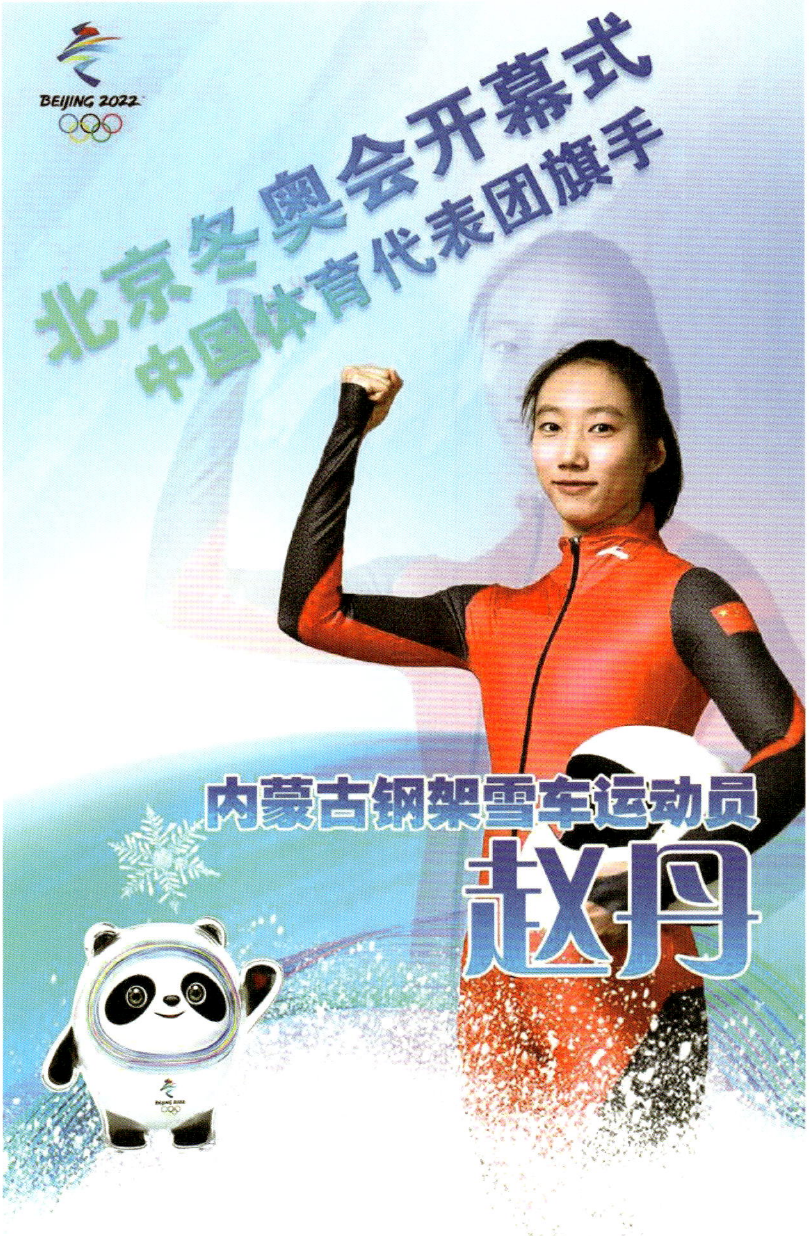

2022年2月，北京冬奥会女子钢架雪车项目在国家雪橇雪车中心举行，内蒙古运动员赵丹获得第9名

（内蒙古日报社　供图）

2

冬奥“蒙”将

2022年2月，内蒙古5名运动员代表国家出征北京冬奥会，不仅在数量上刷新内蒙古历史纪录，而且他们也用拼搏与努力向世界展示着中国冰雪运动的未来。韩梅、赵丹、范铎耀、褚源蒙、丁雨欢在冬奥会速度滑冰、钢架雪车、雪橇和冬季两项4个大项的比赛中，比出风格、赛出水平。特别是赵丹，还担任冬奥会中国体育代表团的旗手。

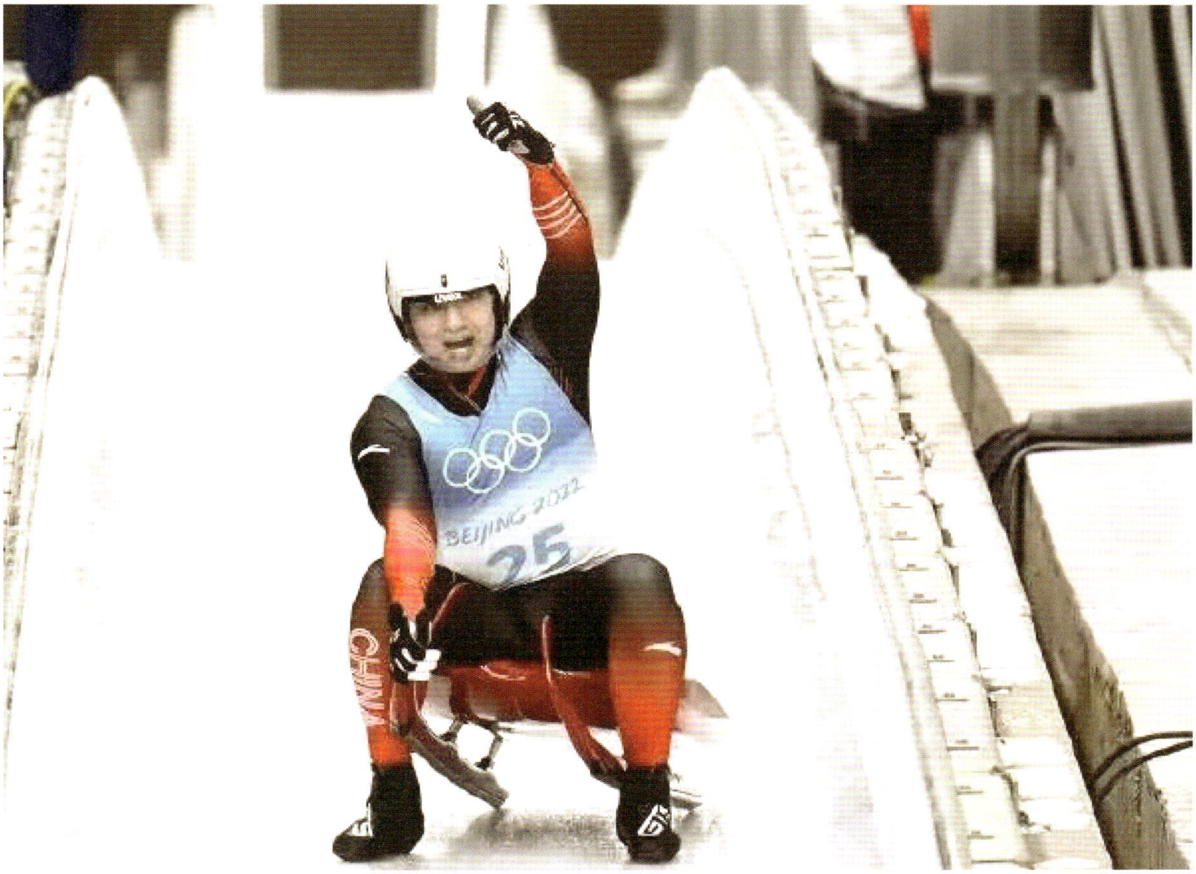

2022年2月6日晚，北京冬奥会男子单人雪橇第三、四轮滑行在延庆赛区国家雪车雪橇中心进行，内蒙古运动员范铎耀作为唯一中国运动员出战，成为历史上首位登上冬奥赛场的中国雪橇选手。最终，范铎耀获得第24名

（内蒙古日报社　供图）

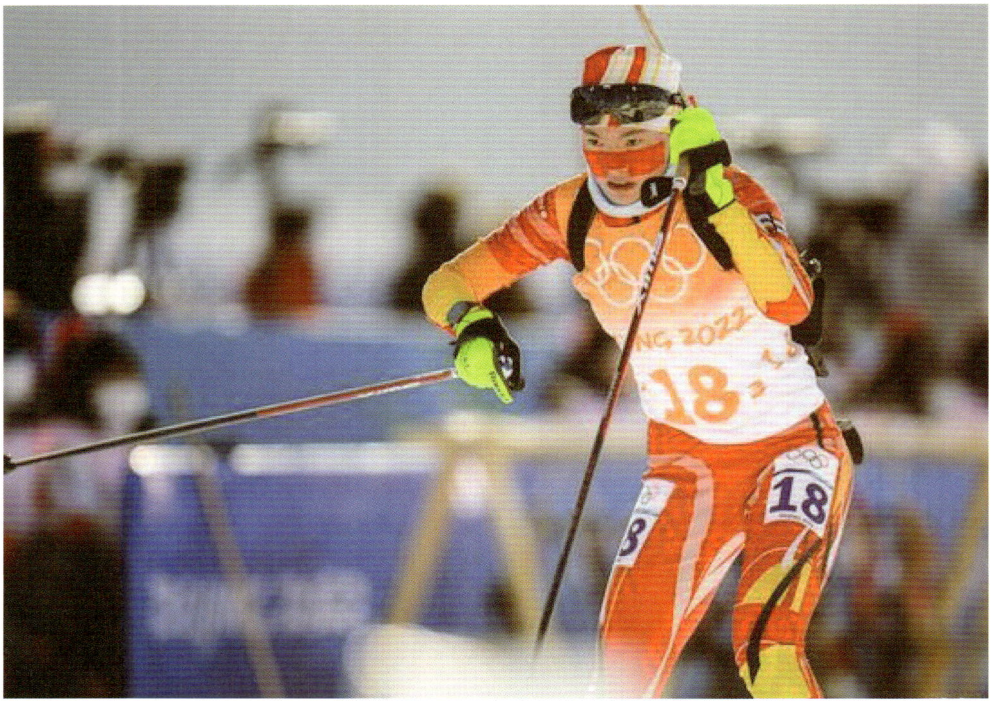

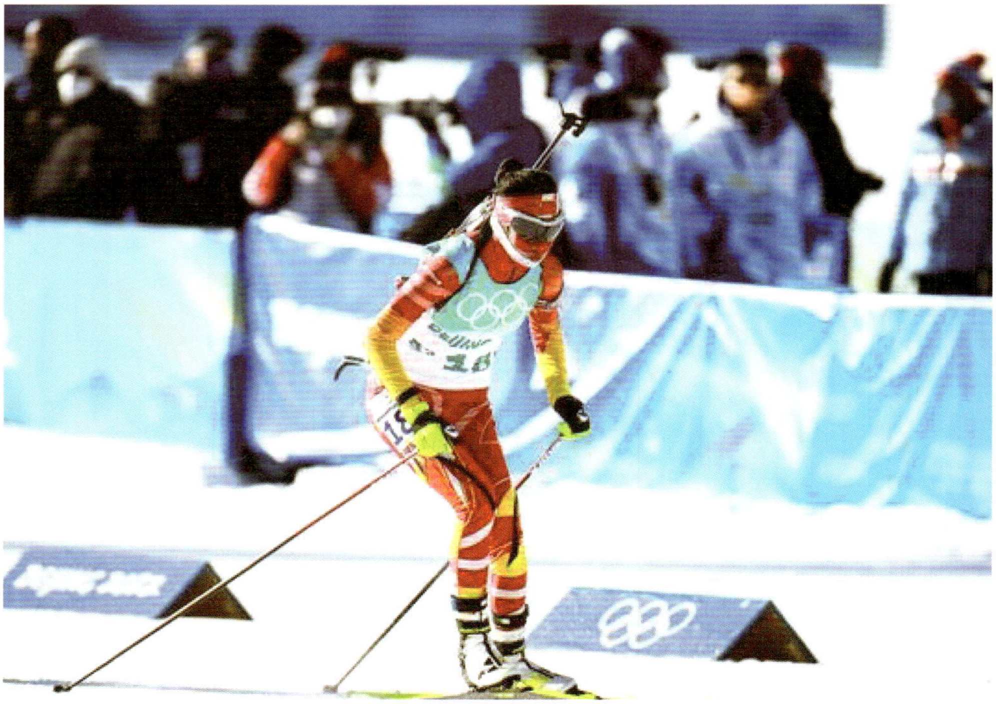

2022年2月7日，女子15千米个人赛中代表中国队出战的内蒙古运动员褚源蒙（下图）获得第35名，丁雨欢（上图）获得第81名

（内蒙古日报社　供图）

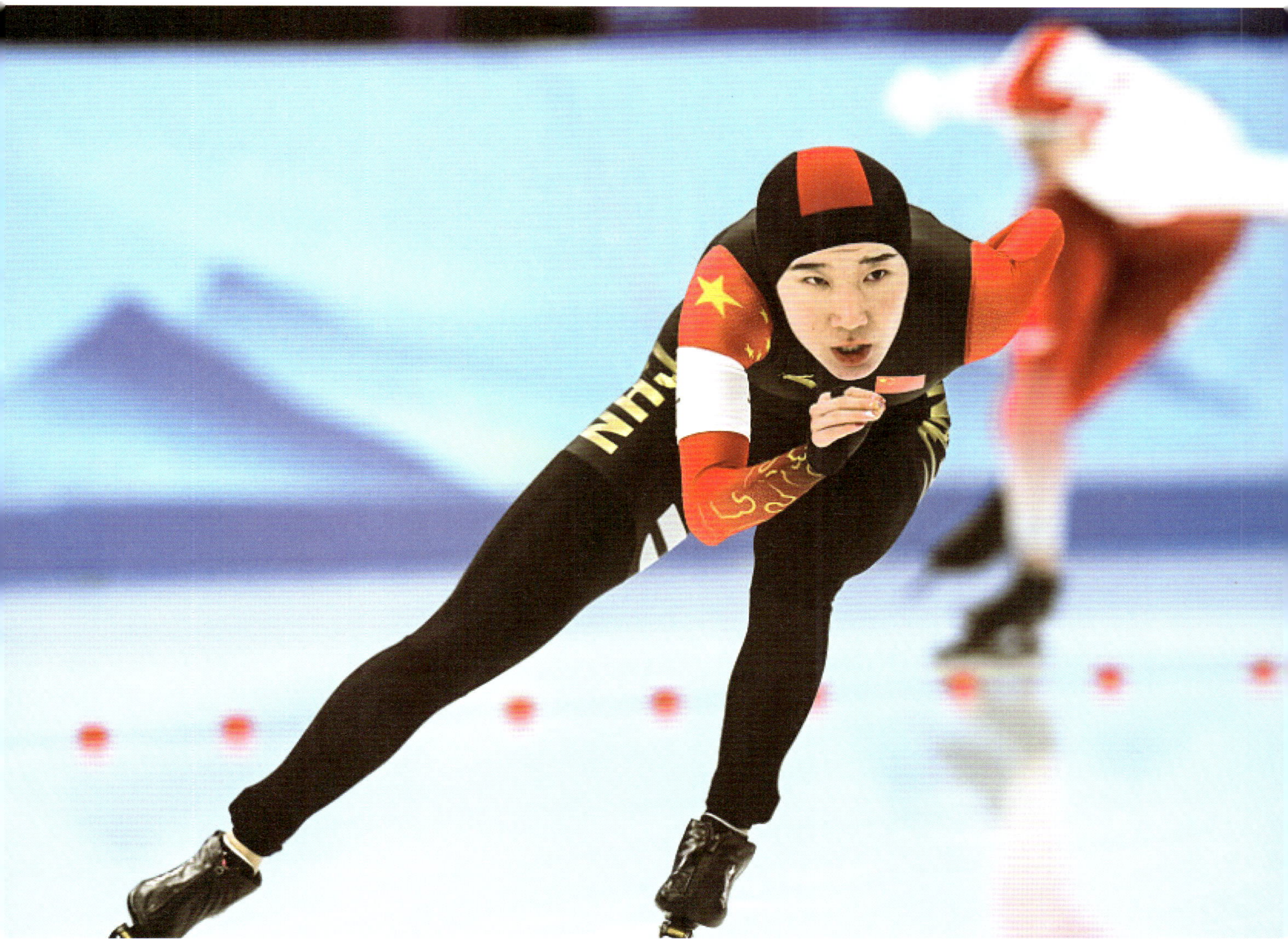

2022年2月15日，北京冬奥会速度滑冰女子团体追逐排位赛中内蒙古运动员韩梅与阿合娜尔·阿达克、李奇时组成的中国队击败挪威队，以2分58秒34的成绩夺得第5名。同时在女子1500米和3000米比赛中，韩梅分别获得第11名和第15名

（内蒙古日报社　供图）

3

2022年5月19日，内蒙古自治区文化和旅游厅联合兴安盟在阿尔山市举办中国旅游日内蒙古分会场活动。活动以“感悟中华文化，享受美好旅程”为主题，开展一系列百姓参与度高、趣味性强，涵盖吃住行游购娱等方面的主题活动。主要包括特色旅游商品及非遗产品展、文明旅游公益宣传手绘送祝福活动、“印象·内蒙古”书画摄影展、“花海寻踪”自驾穿越、乡村墙绘艺术创作展、环城欢乐跑、百人广场舞、诗词歌赋进景区、“杜鹃有约·浪漫旅拍”之花季旅游等，营造浓厚节日氛围。

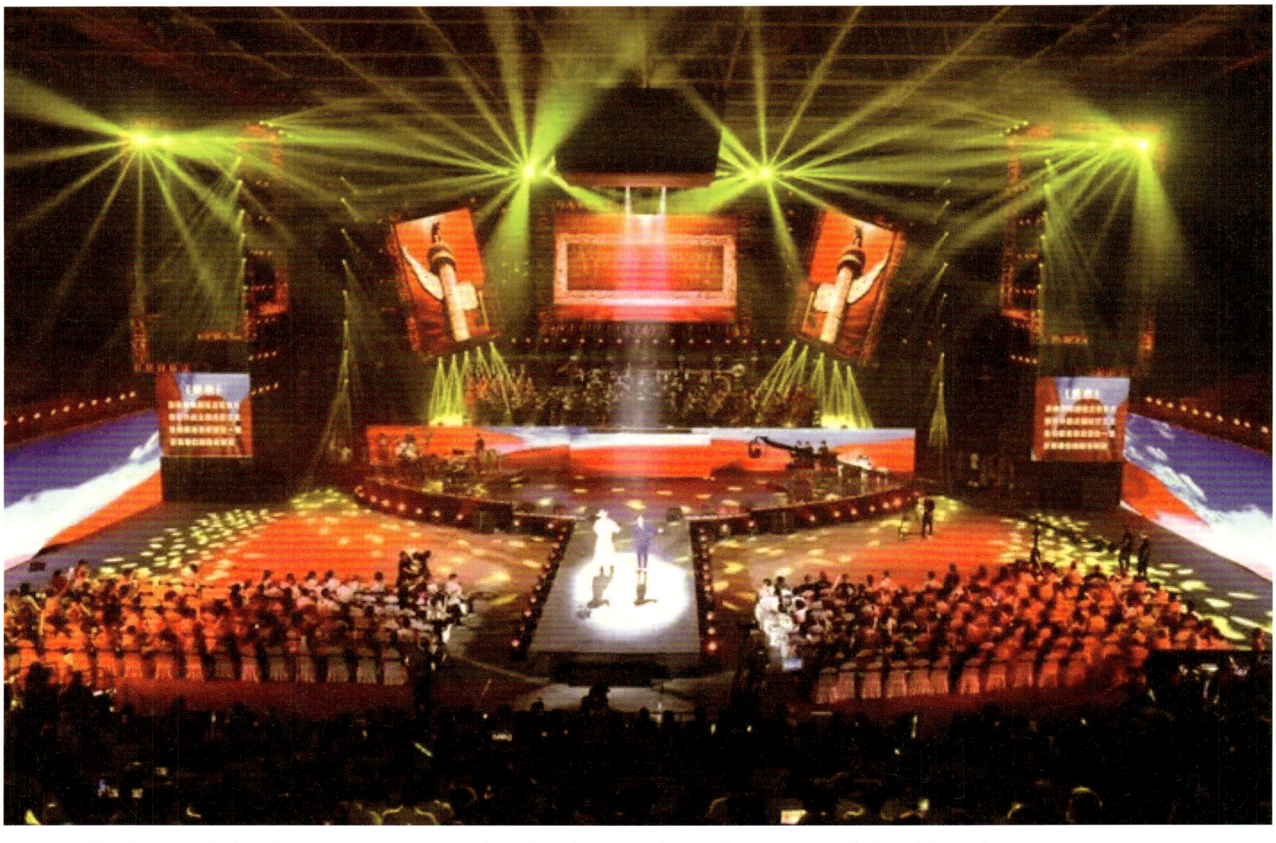

2022年5月19日，内蒙古自治区文化和旅游厅联合兴安盟在阿尔山市举办中国旅游日内蒙古分会场活动

（内蒙古日报社　供图）

4

2022年6月29—30日，中国共产党内蒙古自治区代表会议在呼和浩特市召开。会议选举产生42名内蒙古自治区出席中国共产党第二十次全国代表大会代表，党中央提名的代表候选人赵乐际、巴特尔当选。

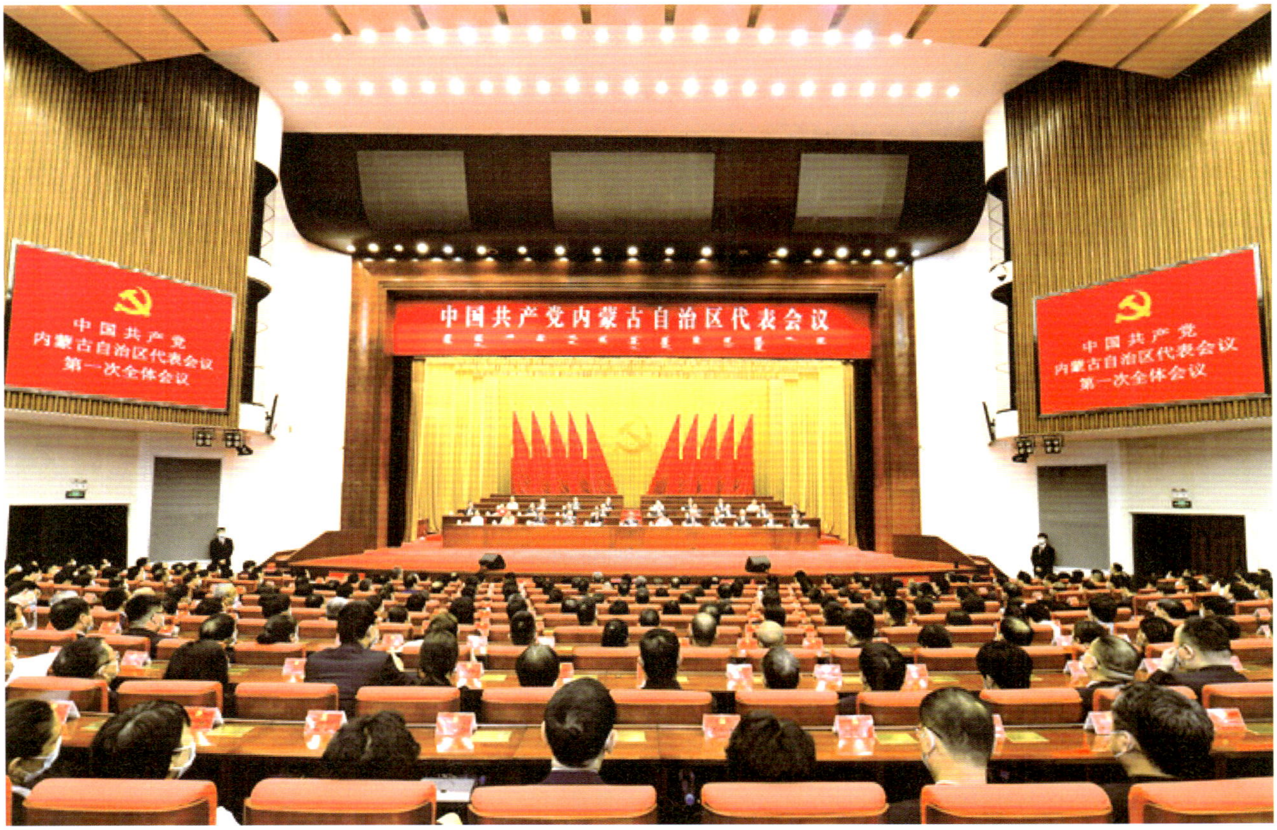

2022年6月29日，中国共产党内蒙古自治区代表会议第一次全体会议在呼和浩特召开

（内蒙古日报社记者　袁永红/摄）

5

2022年7月12日，伊利现代智慧健康谷全球智能制造产业园投产。伊利现代智慧健康谷工业板块重点项目——液态奶全球智造标杆基地、奶粉全球智造标杆基地、敕勒川智慧生态牧场、伊利智造体验中心正式完工并投入使用。作为内蒙古自治区、呼和浩特市“十四五”规划重点项目，伊利现代智慧健康谷以产业驱动全链发展、智慧生产和智慧生活为城市赋能，通过“生态绿”“生产绿”“生活绿”，打造产在城中、城在绿中的宜产宜居的产城融合新模式。此次集中投产的液态奶全球智造标杆基地项目、奶粉全球智造标杆基地项目、伊利智造体验中心项目是健康谷工业板块重点项目，以及正式完工并投入使用的敕勒川生态智慧牧场项目，创造多项“全球第一”。

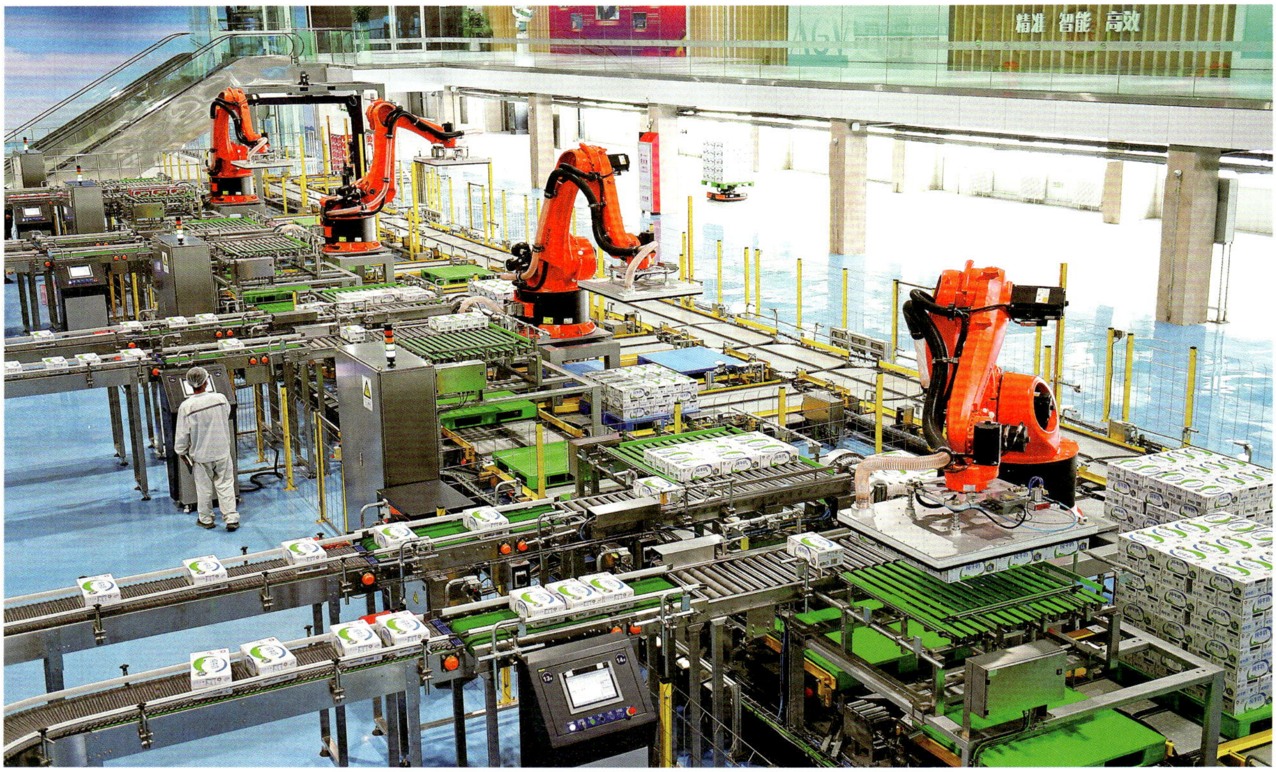

2022年7月12日，工人在伊利现代智慧健康谷液态奶全球智造标杆基地生产线上检查设备运行情况

（内蒙古日报社记者　孟和朝鲁/摄）

6

2022年7—11月，内蒙古推出“感悟中华文化·畅游祖国北疆”之万里茶道、大草原、大黄河、大兴安、大沙漠、大冰雪六大主题系列文化旅游活动。

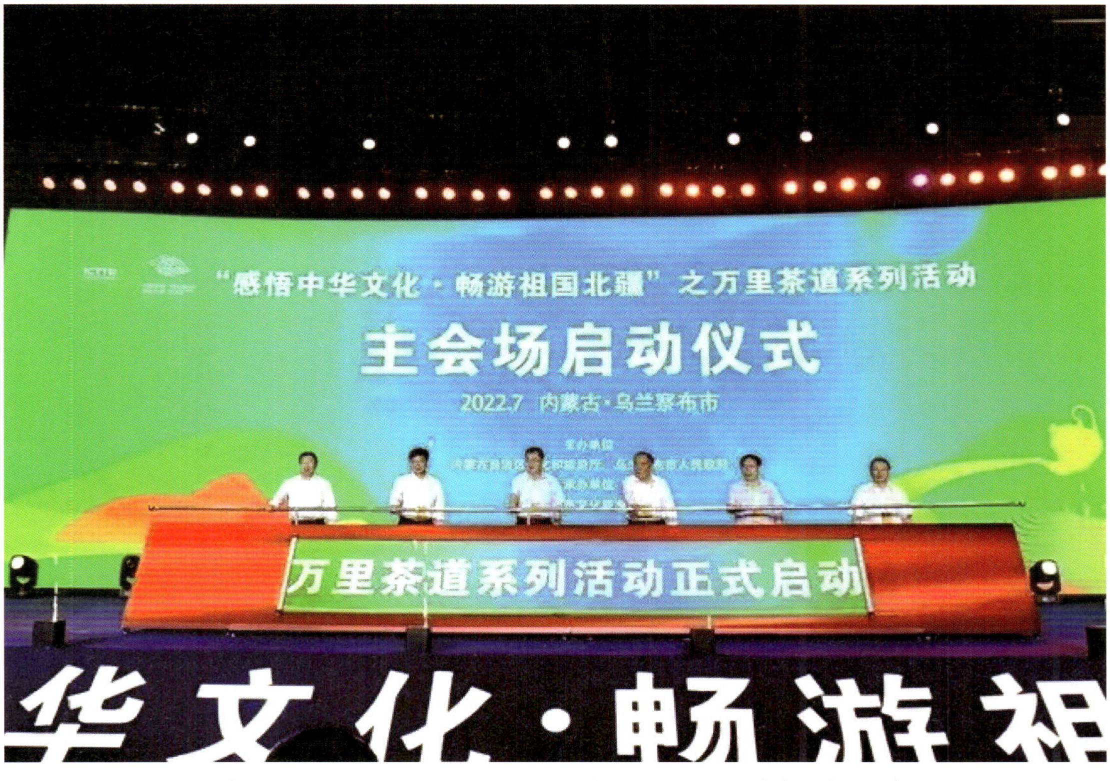

2022年7月22日，“感悟中华文化·畅游祖国北疆”之万里茶道系列活动仪式在乌兰察布市举行

（内蒙古日报社　供图）

7

2022年7月23日，数字赋能全民共享——“2022年内蒙古自治区全民数字素养与技能提升月”启动仪式——首个主题活动“数智北疆算网共生”内蒙古首届“东数西算”算力网络高峰论坛在呼和浩特市召开。

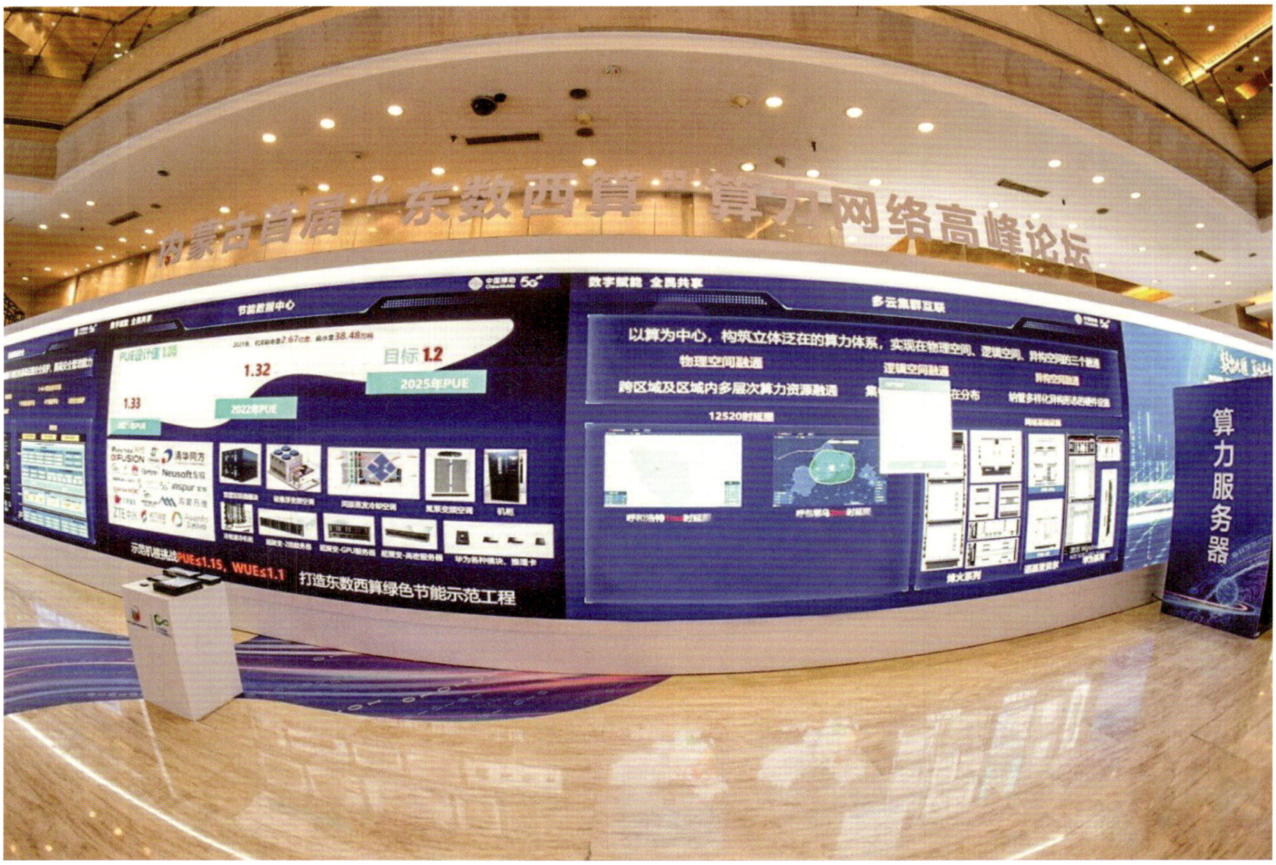

2022年7月23日，“2022年内蒙古自治区全民数字素养与技能提升月”正式启动

（内蒙古长安网　供图）

8

2022年7月30日至8月31日，内蒙古举办第十九届中国·内蒙古草原文化节。本届草原文化节以“文耀北疆　铸魂圆梦”为主题，聚焦中华民族伟大复兴时代主题，以铸牢中华民族共同体意识为主线，坚持“艺术的盛会、人民的节日”办节宗旨，打造主题突出、精品丰富、群众认可、交流互鉴、文化共享的盛会，做优做精草原文化节品牌，不断满足人民群众多样化、多层次、多方面的文化需求，为迎接中共二十大胜利召开营造浓厚热烈的社会氛围。本届草原文化节共设置六大板块、25项活动。

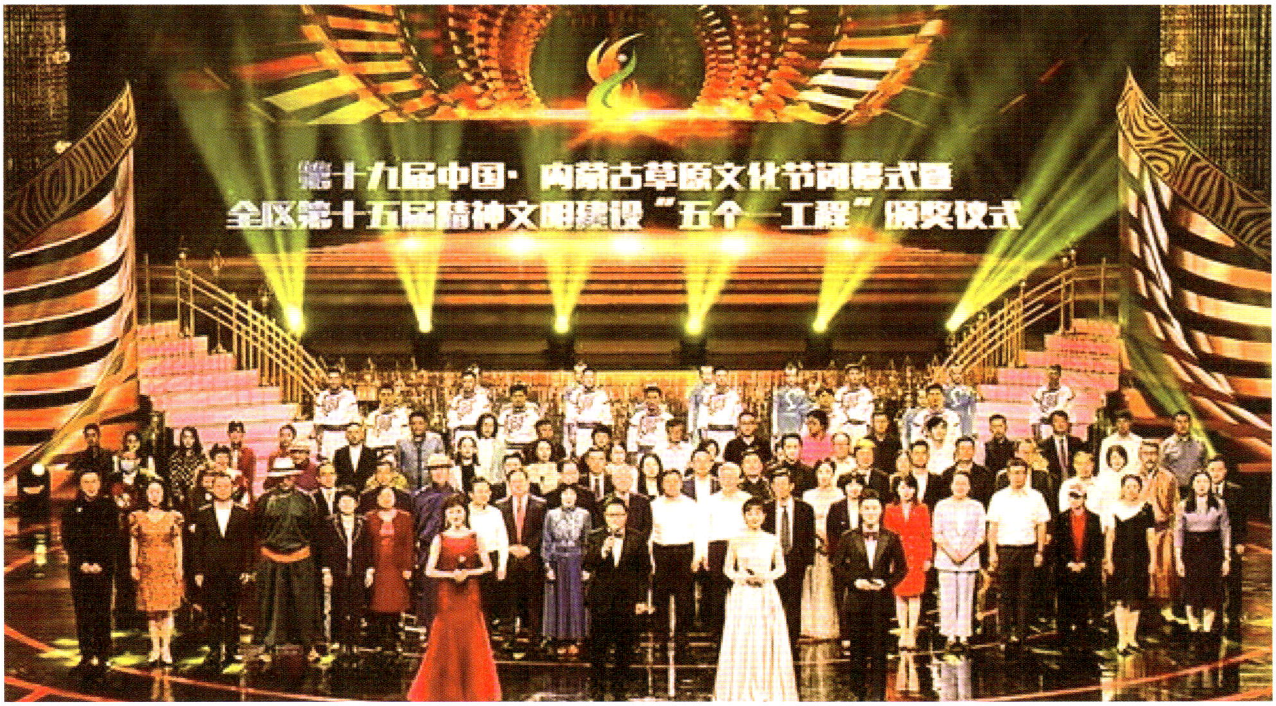

2022年8月31日，第十九届中国·内蒙古草原文化节闭幕式暨全区第十五届精神文明建设“五个一工程”颁奖仪式现场

（内蒙古日报社　供图）

9

2022年8月26—28日，内蒙古自治区第一届职业技能大赛在呼和浩特市举办。大赛设置国赛精选项目、世赛选拔项目、新职业大赛项目、乡村振兴大赛项目、自治区特色项目共计50个赛项。来自全区12支代表队共900多名选手、400多名裁判员参加比赛。

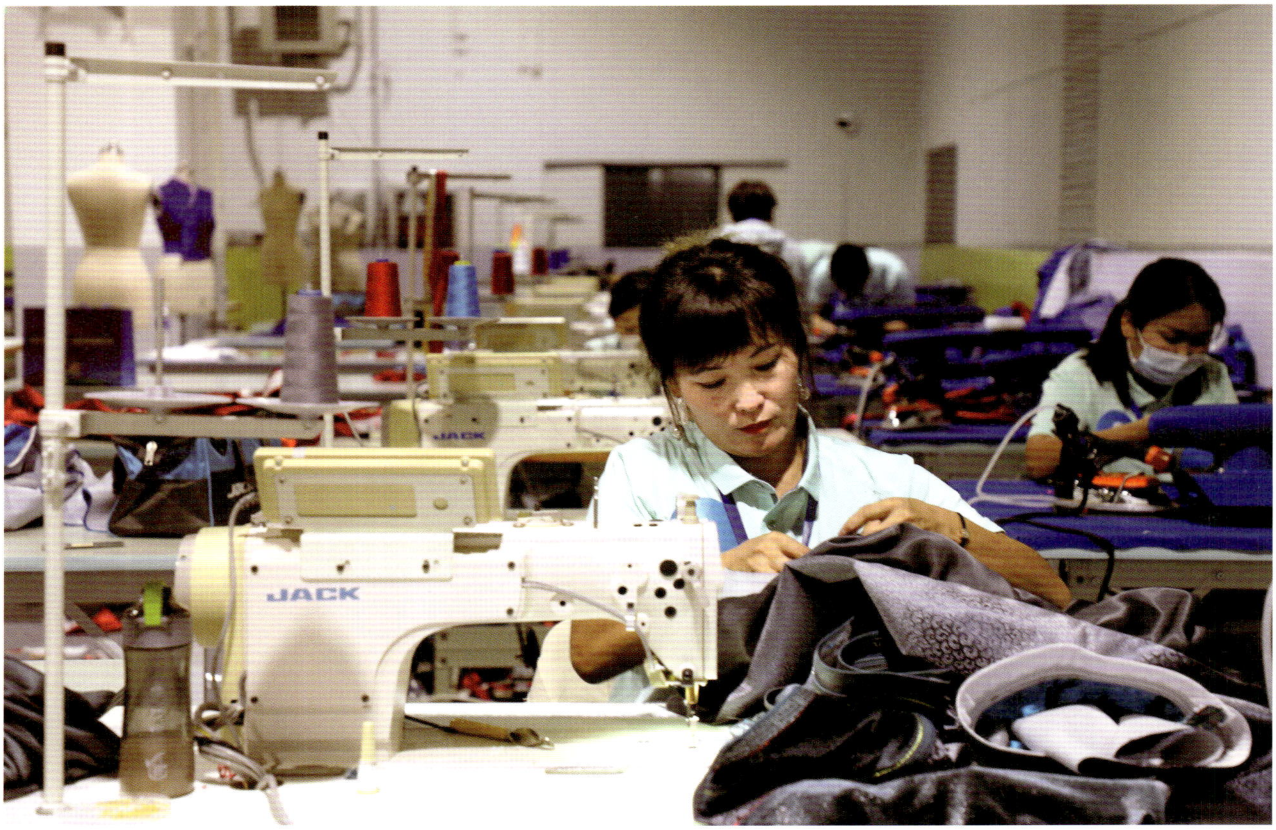

2022年8月27日，内蒙古自治区第一届职业技能大赛缝纫组比赛现场

（自治区人力资源社会保障厅　供图）

10

2022年9月22日，全区“担当作为好干部”命名大会在呼和浩特市召开。大会宣读自治区党委关于命名“担当作为好干部”的决定，自治区领导为“担当作为好干部”代表颁发奖章和证书。苏新亚、冀文明、郭占江、项雪莲、张少华作交流发言。

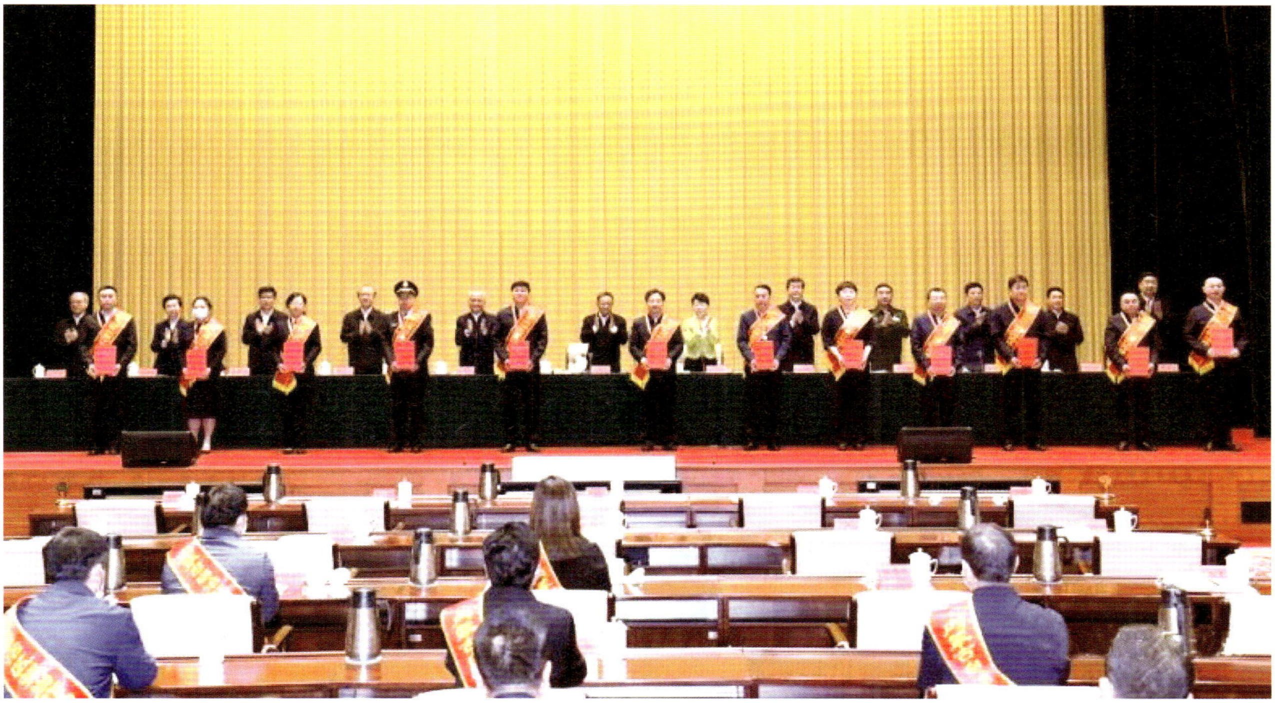

2022年9月22日，自治区领导为“担当作为好干部”代表颁发奖章和证书现场

（内蒙古日报社　供图）

非凡十年·内蒙古新答卷

中共十八大以来，内蒙古各族干部群众守望相助，感恩奋进，坚定不移走以生态优先、绿色发展为导向的高质量发展新路子，加快建设“两个屏障”“两个基地”“一个桥头堡”，在打造祖国北疆亮丽风景线的伟大实践中迈出坚实步伐。本专栏分“生态屏障亮丽北疆”“绿色低碳‘风’‘光’无限”“‘乳肉粮绒’绿色供给”“幸福生活多姿多彩”“‘桥头堡’彰显新魅力”“守望相助团结奋斗”6个部分，同时用《十年印记》（2012—2021年）的数说形式展现各行业各领域牢记嘱托、感恩奋进的具体实践和亮丽答卷。

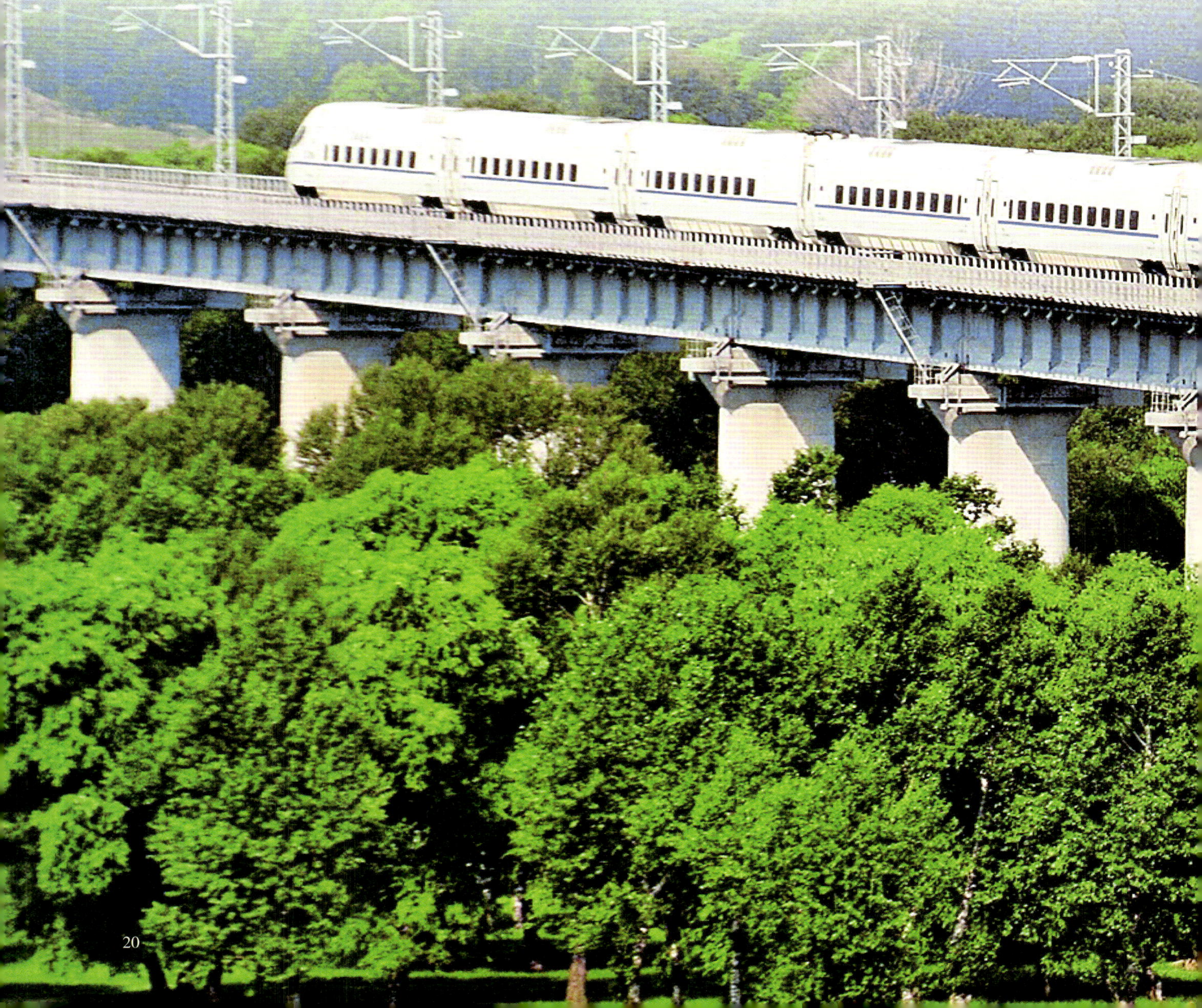

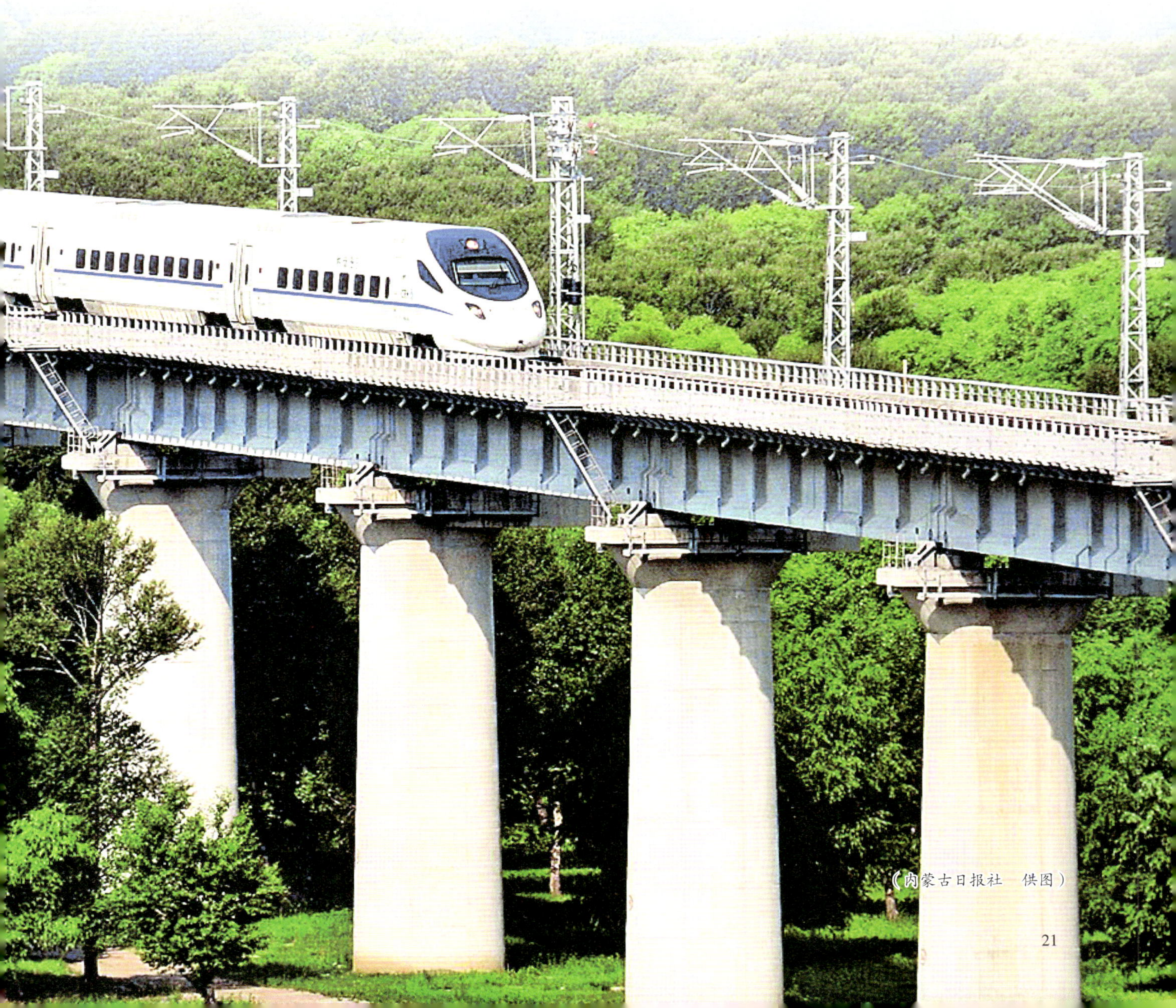

（内蒙古日报社　供图）

生态屏障　亮丽北疆

中共十八大以来，内蒙古努力践行习近平生态文明思想，把筑牢我国北方重要生态安全屏障作为首要战略定位，把保护生态环境摆在压倒性位置，统筹山水林田湖草沙系统治理，全区生态环境发生了历史性、转折性、全局性变化，走出一条生态美、产业兴、百姓富的可持续发展之路。今天的内蒙古，不仅给我国北方地区披上了风沙的“防护服”，还为全国人民打造了超级“碳库”和纯净“氧吧”，京津“风沙源”变成了首都“后花园”。全区林地、草地、湿地总碳储量为106亿吨，居全国第二位。2022年全区林草湿碳汇量为1.2亿吨，居全国第一位。

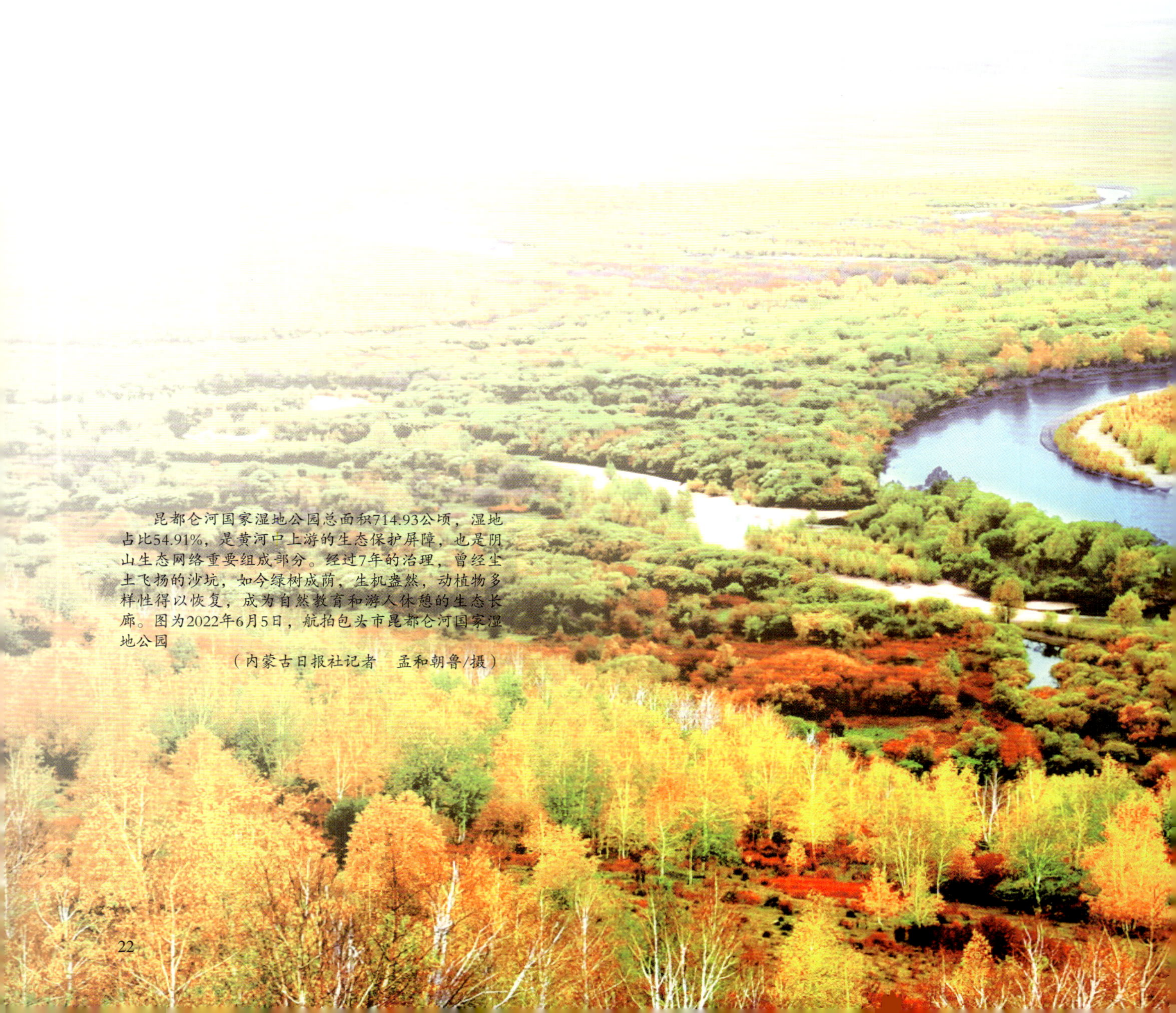

昆都仑河国家湿地公园总面积714.93公顷，湿地占比54.91%，是黄河中上游的生态保护屏障，也是阴山生态网络重要组成部分。经过7年的治理，曾经尘土飞扬的沙坑，如今绿树成荫，生机盎然，动植物多样性得以恢复，成为自然教育和游人休憩的生态长廊。图为2022年6月5日，航拍包头市昆都仑河国家湿地公园

（内蒙古日报社记者　孟和朝鲁/摄）

十年印记

★累计营造林1.22亿亩、种草2.86亿亩，年均防沙治沙1200万亩以上，规模均居全国第一。

★全区草原植被盖度和森林覆盖率分别由40.3%和20.8%提高到45%和23%，荒漠化和沙化土地面积持续减少。

★沙尘暴天数由每年4.9天减少到0.6天。

★全区空气优良天数比例较2015年提高3.7个百分点。

★国考地表水断面优良水体比例较2016年提高22.9个百分点。

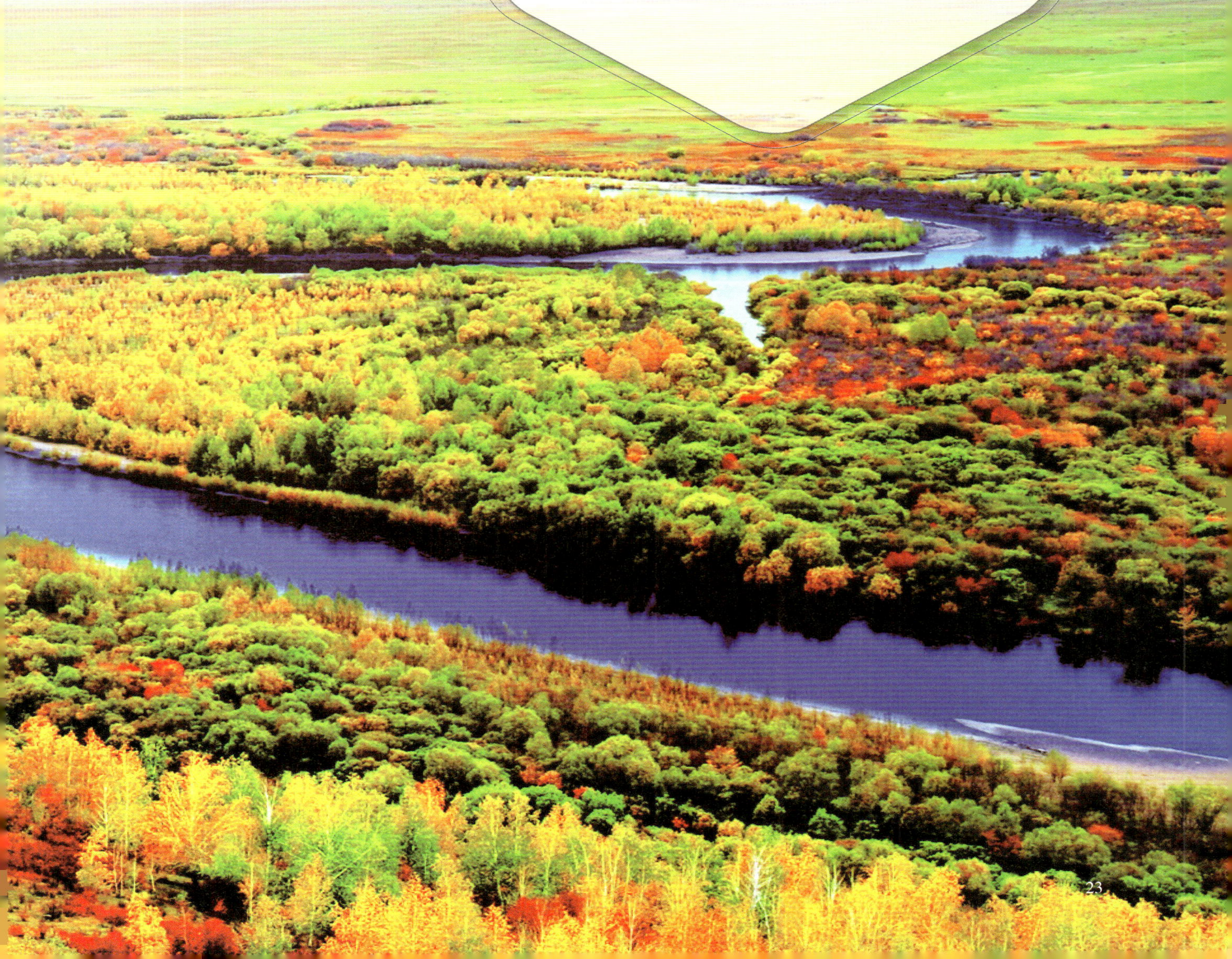

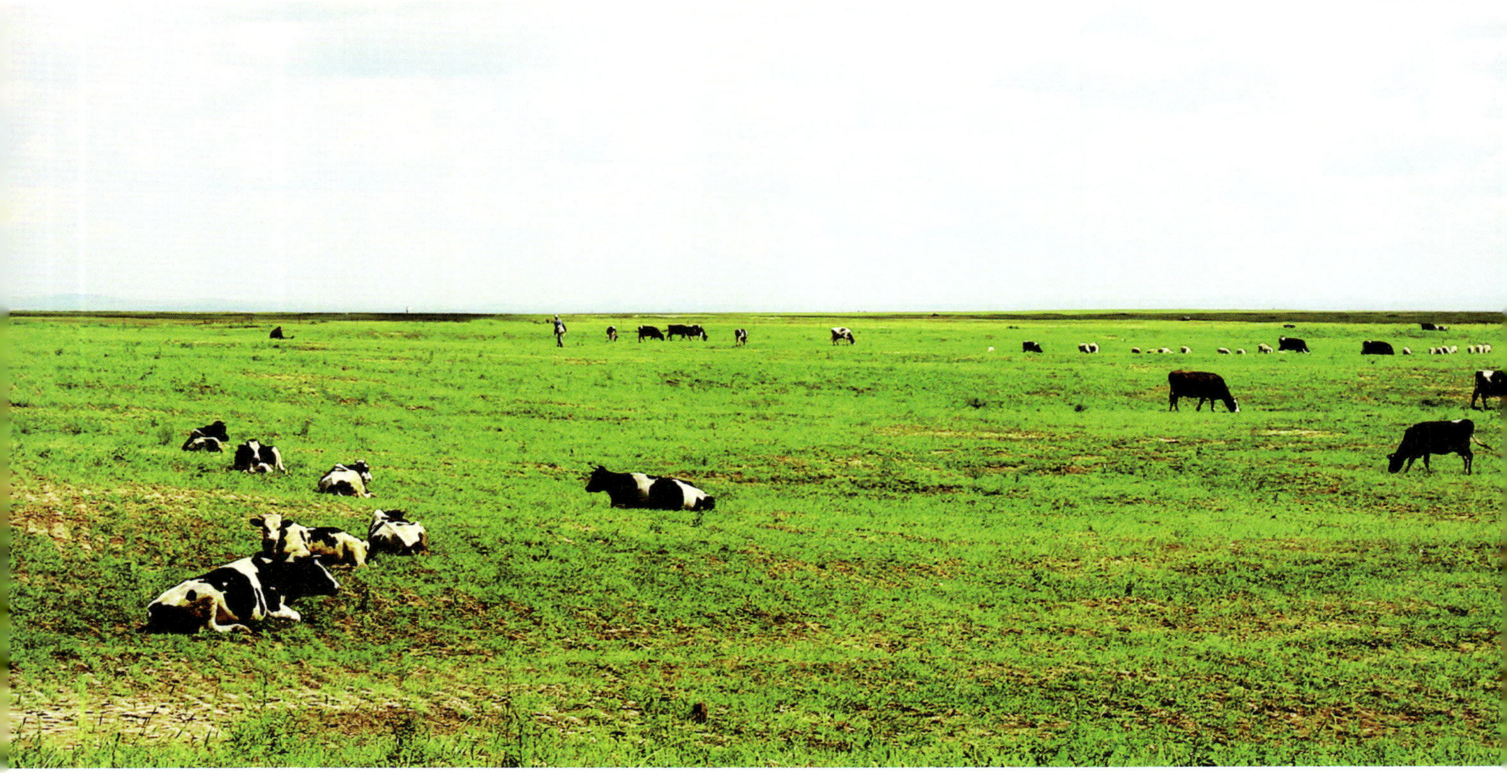

20世纪70—80年代的小煤窑使宝日希勒矿区草原千疮百孔。陈巴尔虎旗宝日希勒闭坑矿区塌陷坑经过10年的治理，已创伤初愈。图为2014年经过治理的“天坑草原”

（内蒙古日报社记者　李新军/摄）

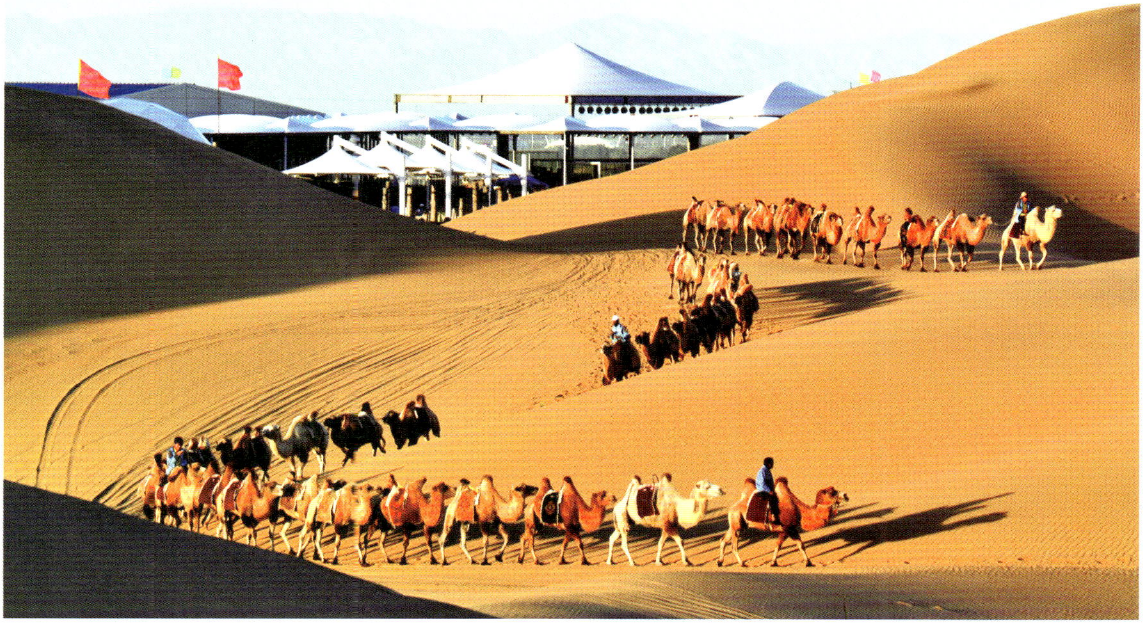

中国沙漠休闲度假地——响沙湾是集观光和休闲度假于一体的综合型沙漠休闲景区，地处中国著名的库布其沙漠最东端，是中国境内距离内地及北京非常近的沙漠旅游胜地，是国家AAAAA级旅游景区，国家文化产业示范基地。在这个沙的世界里，隐现着似超现实却又现实的世外桃源——莲沙度假岛、福沙度假岛、一粒沙度假村、悦沙休闲岛、仙沙休闲岛。2018中国黄河旅游大会上，响沙湾被评为“中国黄河50景”之一。响沙湾于1984年1月被开辟为旅游景点，1991年被国家旅游局列为国线景点，1999年转为民营股份制企业，2002年被国家旅游局评定为国家AAAA级旅游景区，2011年1月响沙湾被评为国家AAAAA级旅游景区。图为2015年7月8日的响沙湾景区

（内蒙古日报社　供图）

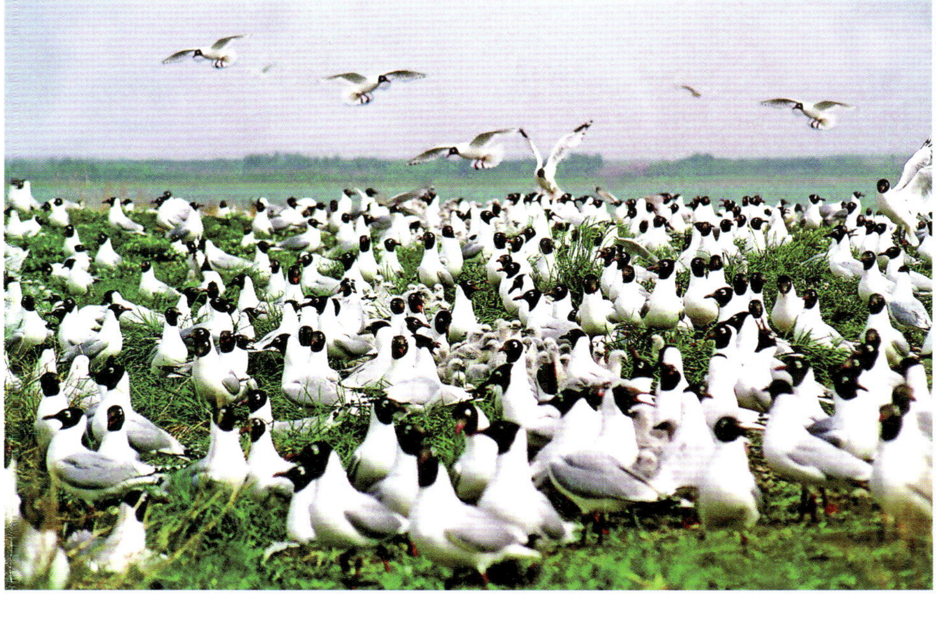

鄂尔多斯遗鸥国家级自然保护区是鸟类的生活天堂，从湖水几近干涸到恢复仅仅用了10年的时间。图为2016年8月2日，2000多只遗鸥回到鄂尔多斯国家级遗鸥保护区栖息

（内蒙古日报社　供图）

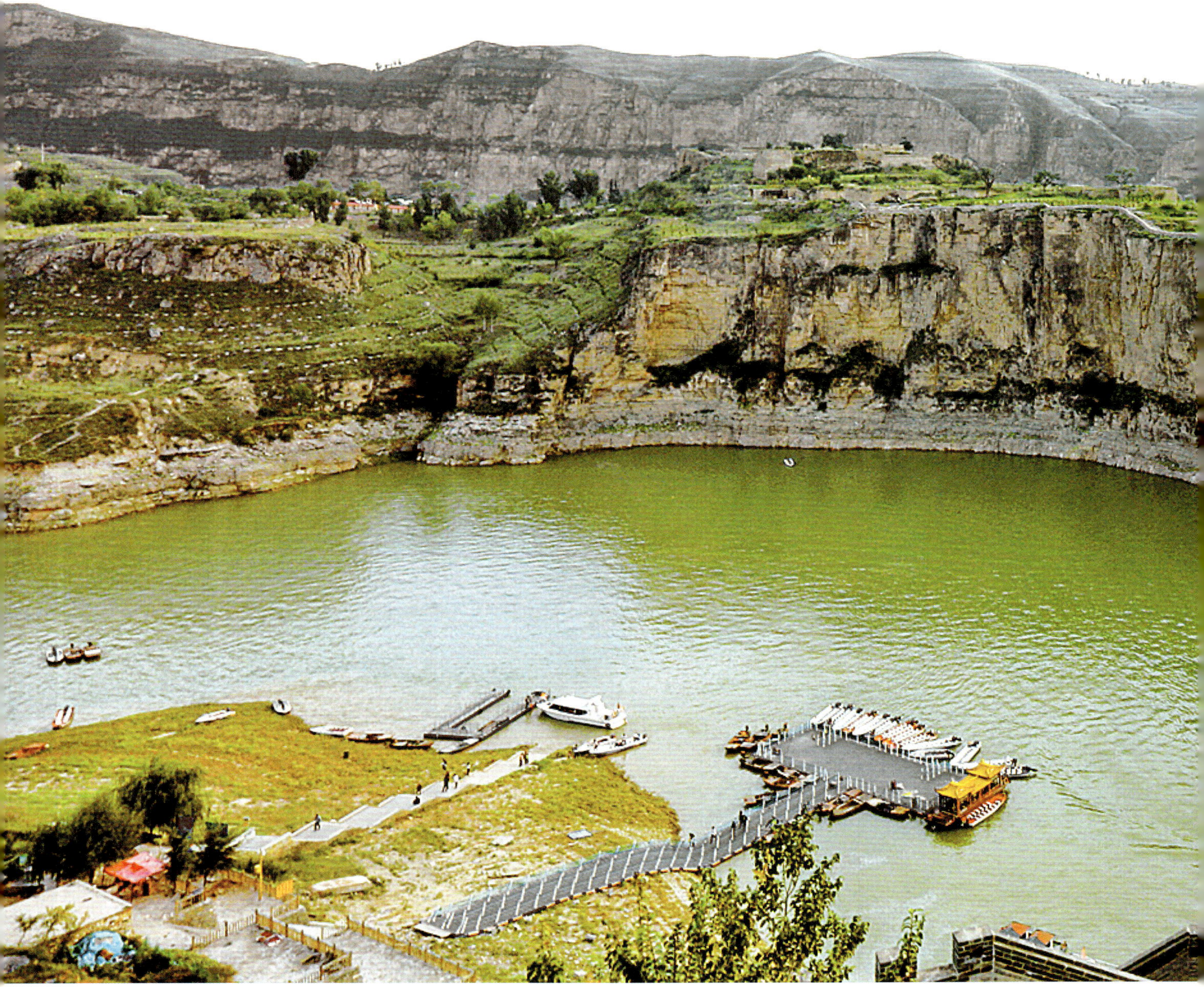

老牛湾，是长城与黄河“握手”的地方，是中国最美的十大峡谷之一。2015年，老牛湾旅游区被评为自治区级服务业聚集区，2016年创建为国家AAAA级旅游景区。图为2018年8月的老牛湾景区

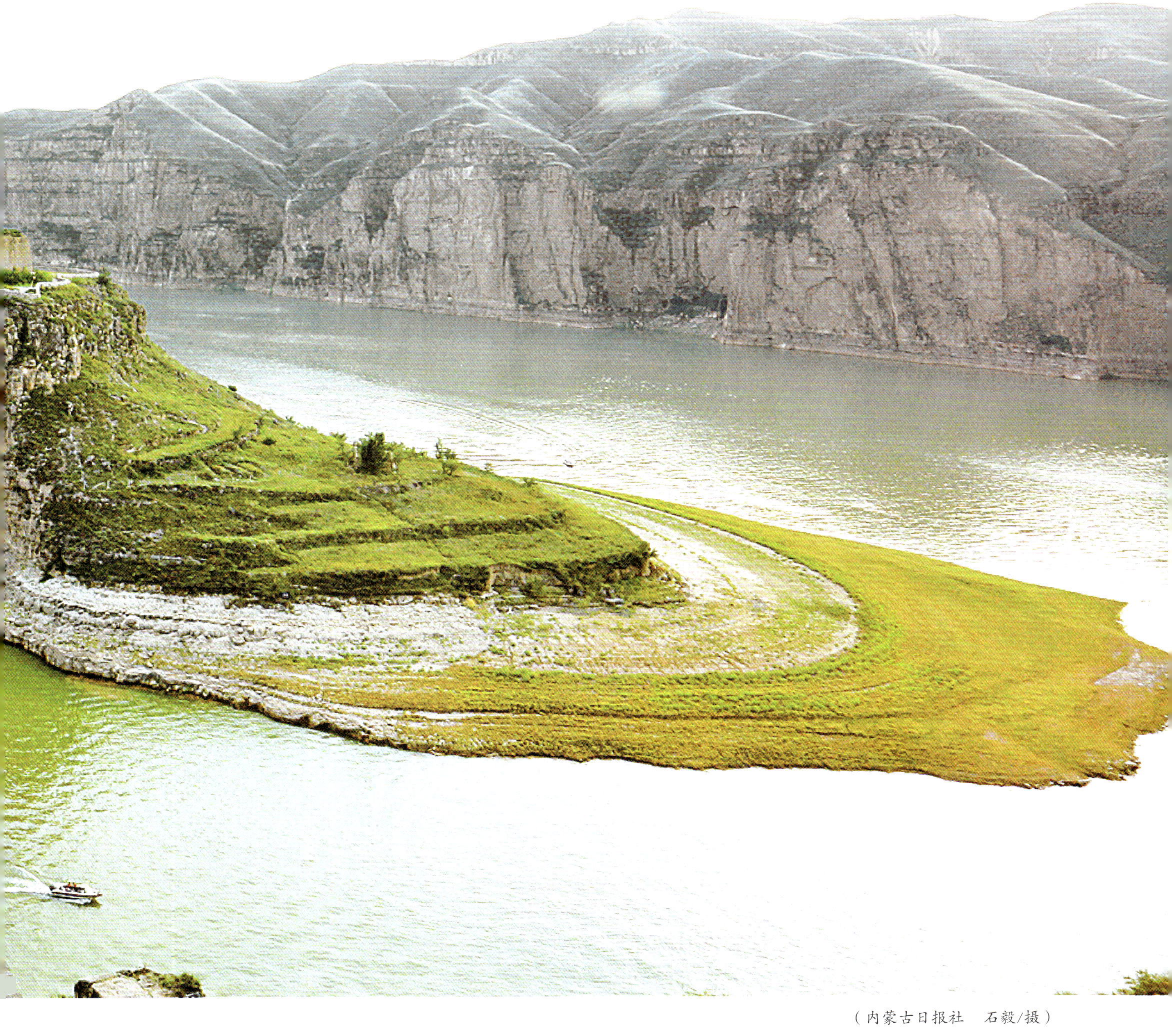

（内蒙古日报社　石毅/摄）

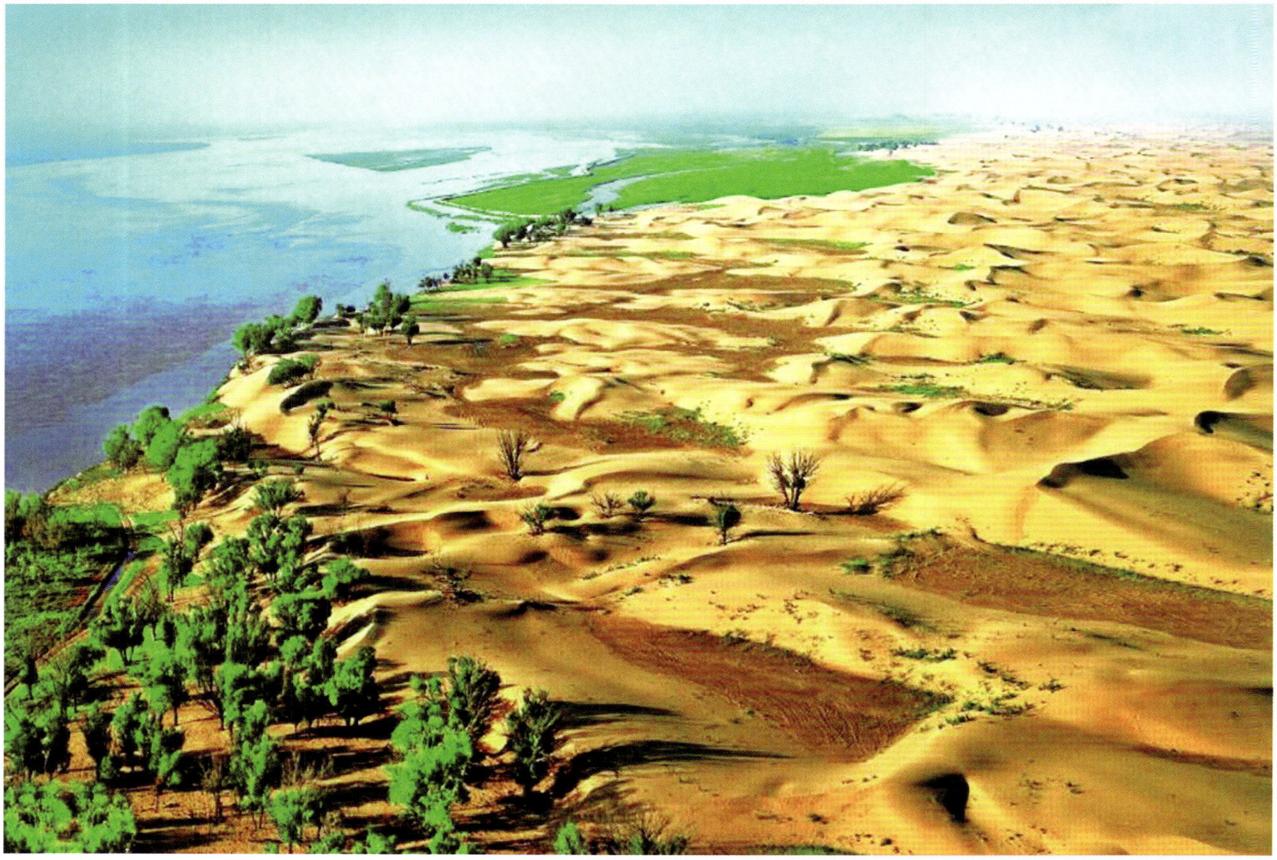

乌兰布和沙漠是中国八大沙漠之一，乌兰布和的蒙古语为“红色公牛”，在巴彦淖尔市、阿拉善盟、乌海市境内。东临黄河、三面环沙，2019年森林覆盖率从中华人民共和国成立初的0.04%增加到37.2%，从每年向黄河输沙7000多万吨减少到370万吨，巴彦淖尔市磴口县实现了“绿进沙退”的巨大转变。在阿拉善盟，乌兰布和沙漠西南缘建成了长110千米、宽3—15千米的锁沙阻沙林带，呈现出“绿带锁黄龙”的壮丽景象。在巴彦淖尔市杭锦后旗，一条48千米长的防沙林带拔地而起，阻止了沙漠前移，守住了家园。2018年，乌兰布和沙漠被确定为国家防沙治沙综合示范区、国家级沙漠治理示范基地，经过有效治理，减少沙漠向黄河的输沙量，阻止沙漠对河套平原的侵蚀。图为2019 年7月的乌兰布和沙漠

（刘飞　高晓龙　胡东育/摄）

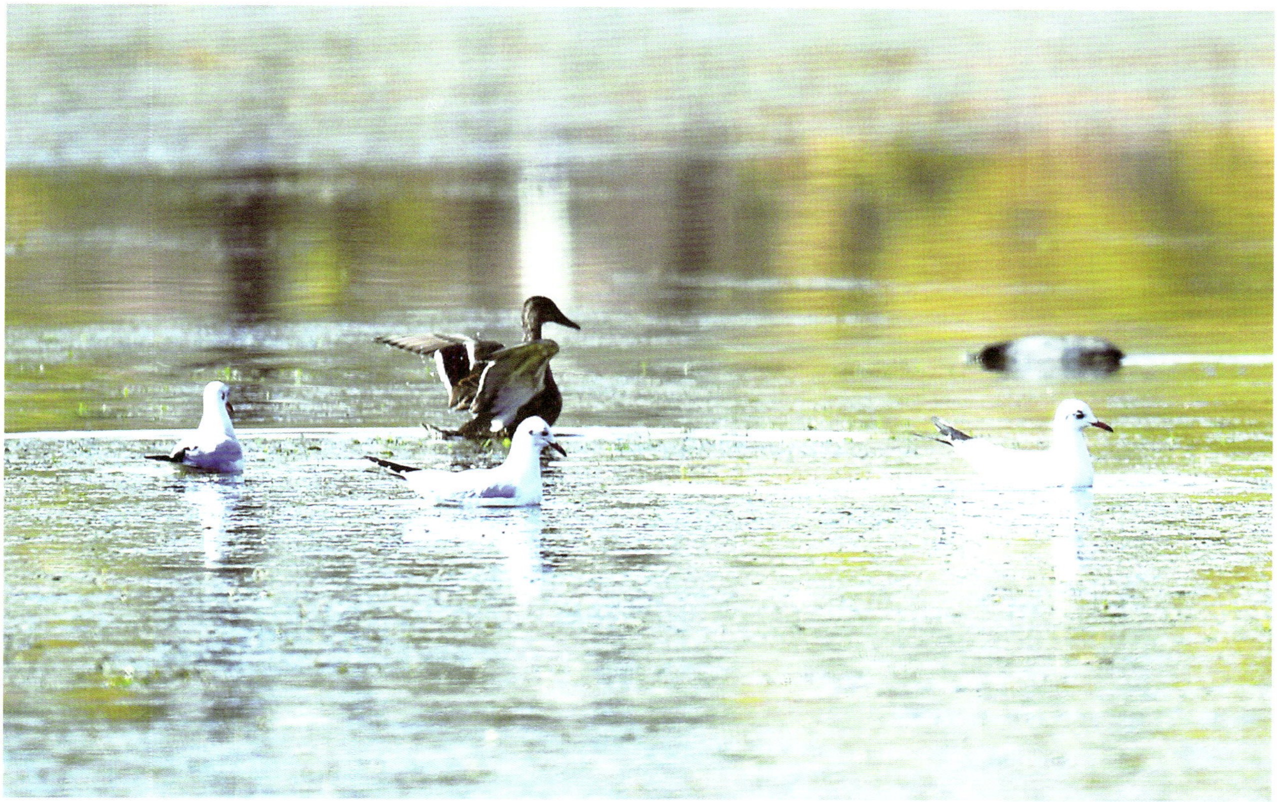

随着天气变凉，呼和浩特市周边公园湿地迎来迁徙候鸟，成群结队在湿地湖面上嬉戏觅食，吸引了许多摄影爱好者前来拍摄采风。图为2019年10月29日，迁徙的候鸟在湖中嬉戏

（内蒙古日报社　供图）

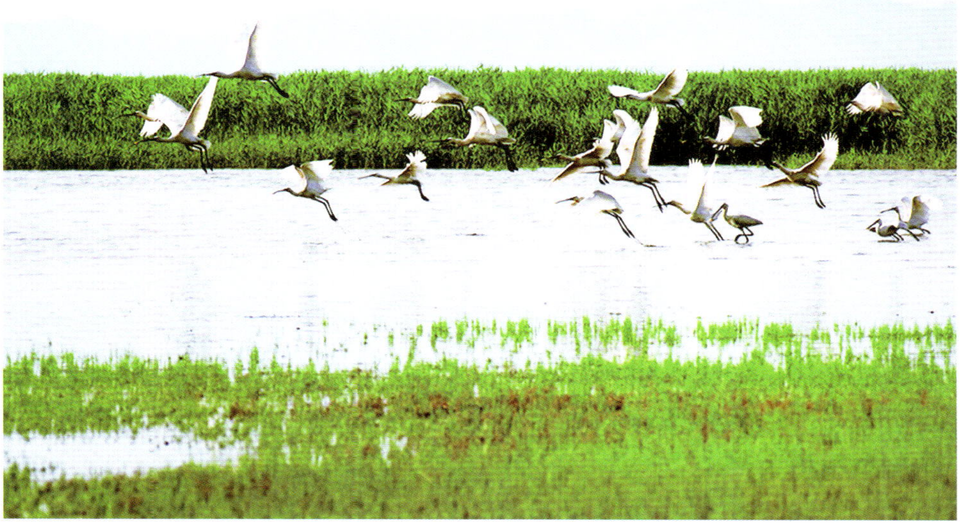

2022年3月8日，在乌梁素海栖息的候鸟

（内蒙古日报社　高晓龙/摄）

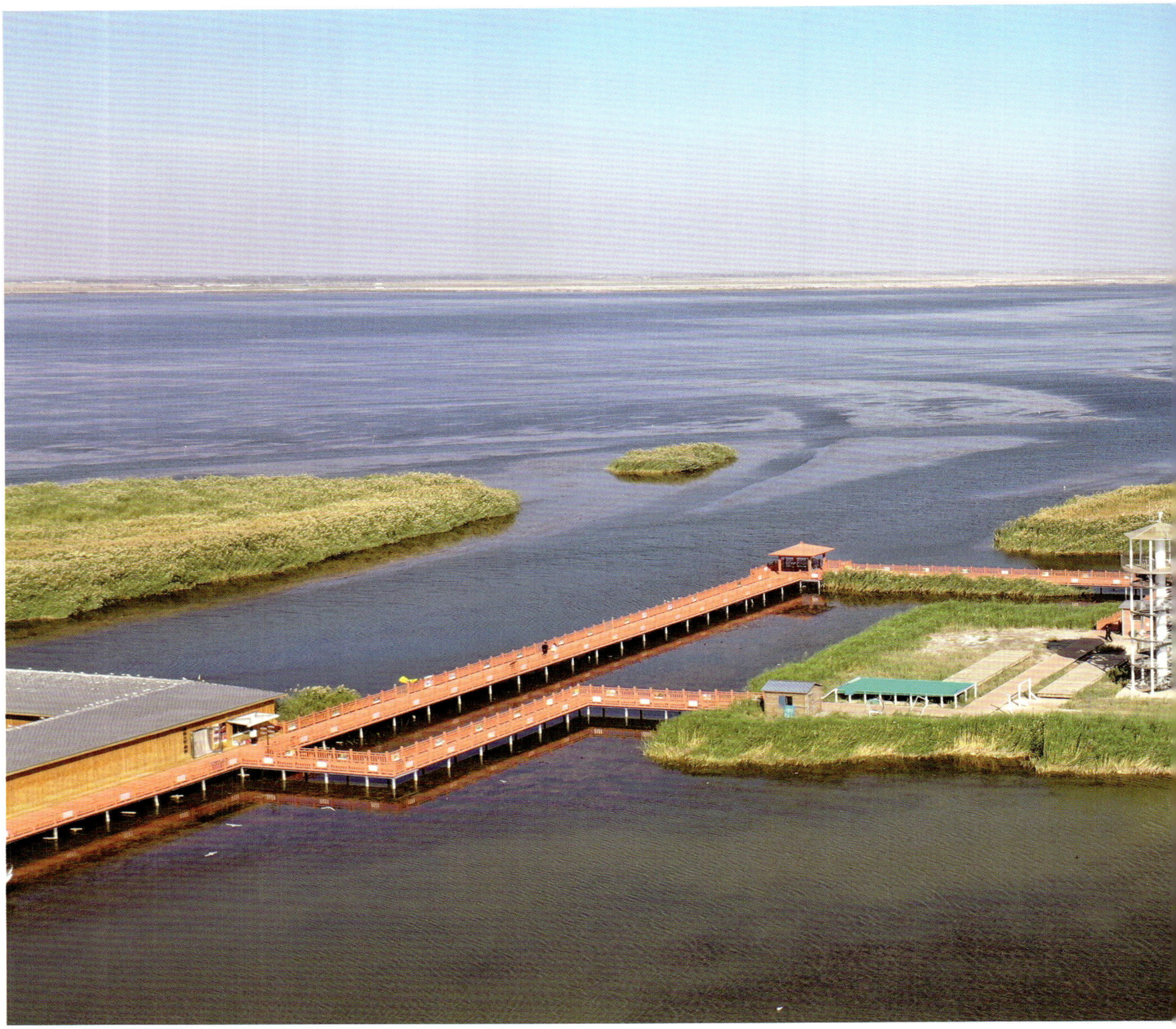

“一湖两海”即呼伦湖、乌梁素海、岱海是内蒙古重要的三大淡水湖，犹如三颗明珠镶嵌在内蒙古大地上，是我国北方生态安全屏障的重要组成部分。2018年3月5日，习近平总书记参加十三届全国人大一次会议内蒙古代表团审议时强调：要统筹山水林田湖草治理，加快呼伦湖、乌梁素海、岱海等水生态综合治理，在祖国北疆构筑起万里的绿色长城。近年来，通过一系列综合治理项目的实施，“一湖两海”环湖植被恢复明显，植被覆盖率逐步提升，草地退化、沙化程度得到有效遏制，水质下降趋势得到控制，生态环境明显改善。监测显示，2022年呼伦湖水位和水面稳中有升，水面已扩大至2244.3平方千米，水量达139.7亿立方米，接近历史最高水平。岱海流域内植被覆盖率由2015年的68%提高到2022年的70%左右，湖面维持在50平方千米左右。乌梁素海湖心断面水质由2015年之前的劣Ⅴ类提升至2021年的Ⅳ类，乌梁素海周边的生态环境也明显改善，重现“塞外明珠”的美景

（内蒙古日报社　供图）

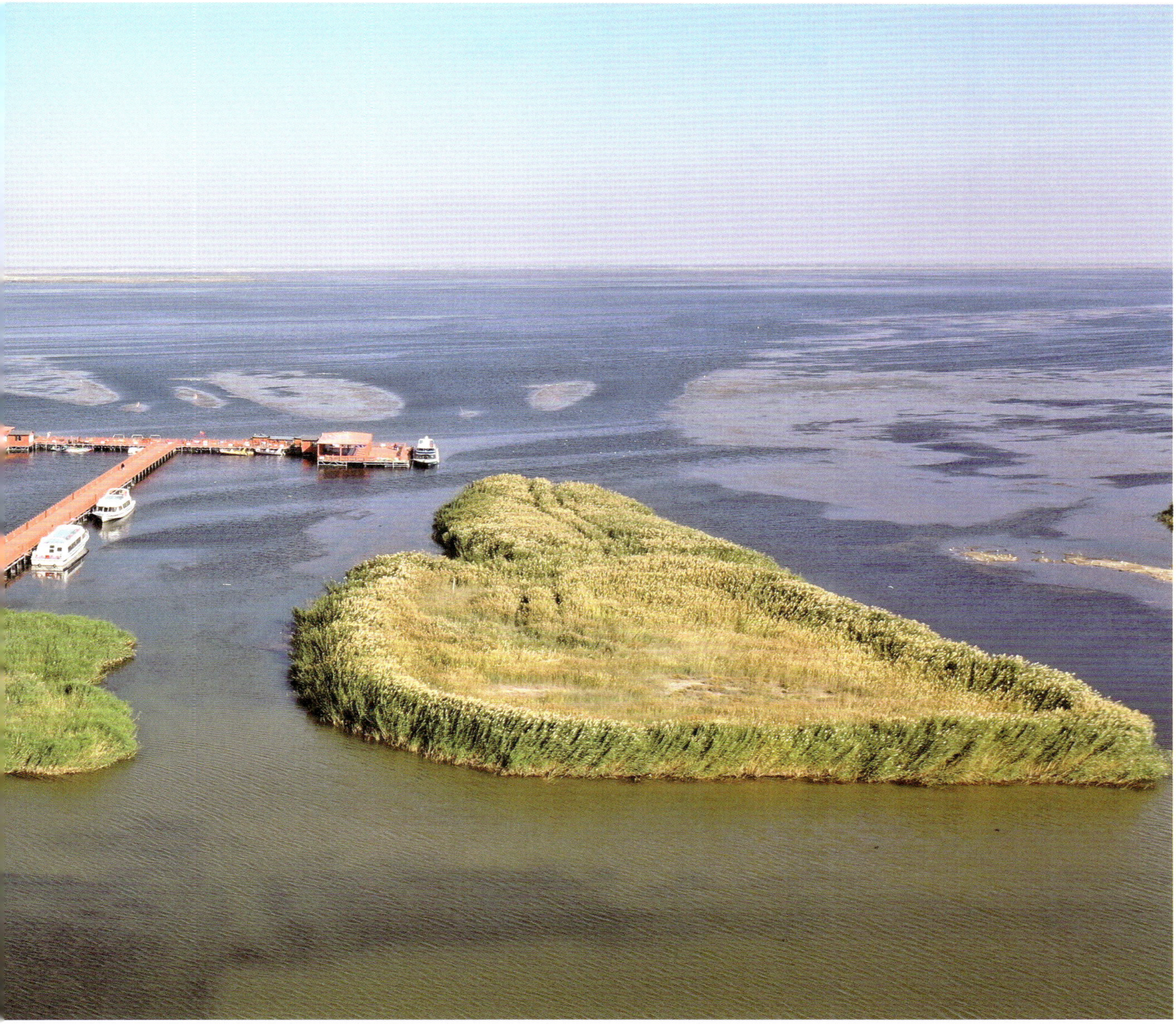

2022年6月，乌梁素海

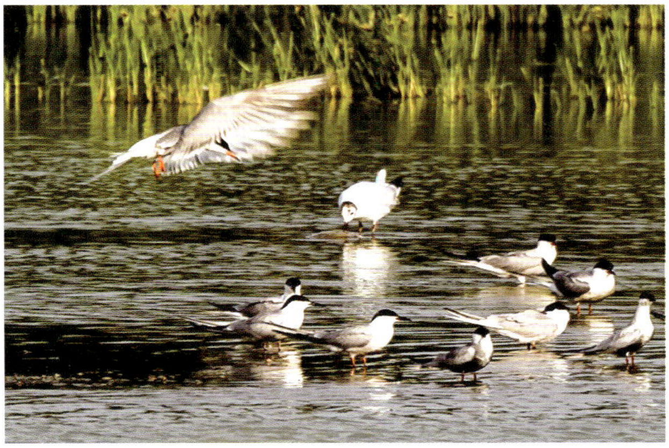

2022年6月，岱海

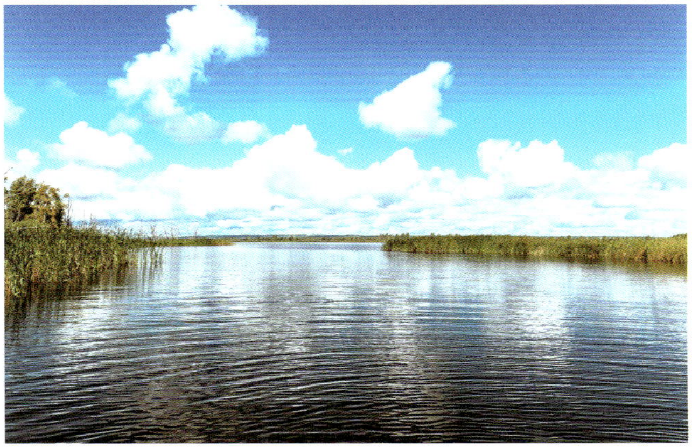

2022年6月，呼伦湖

（内蒙古日报社　供图）

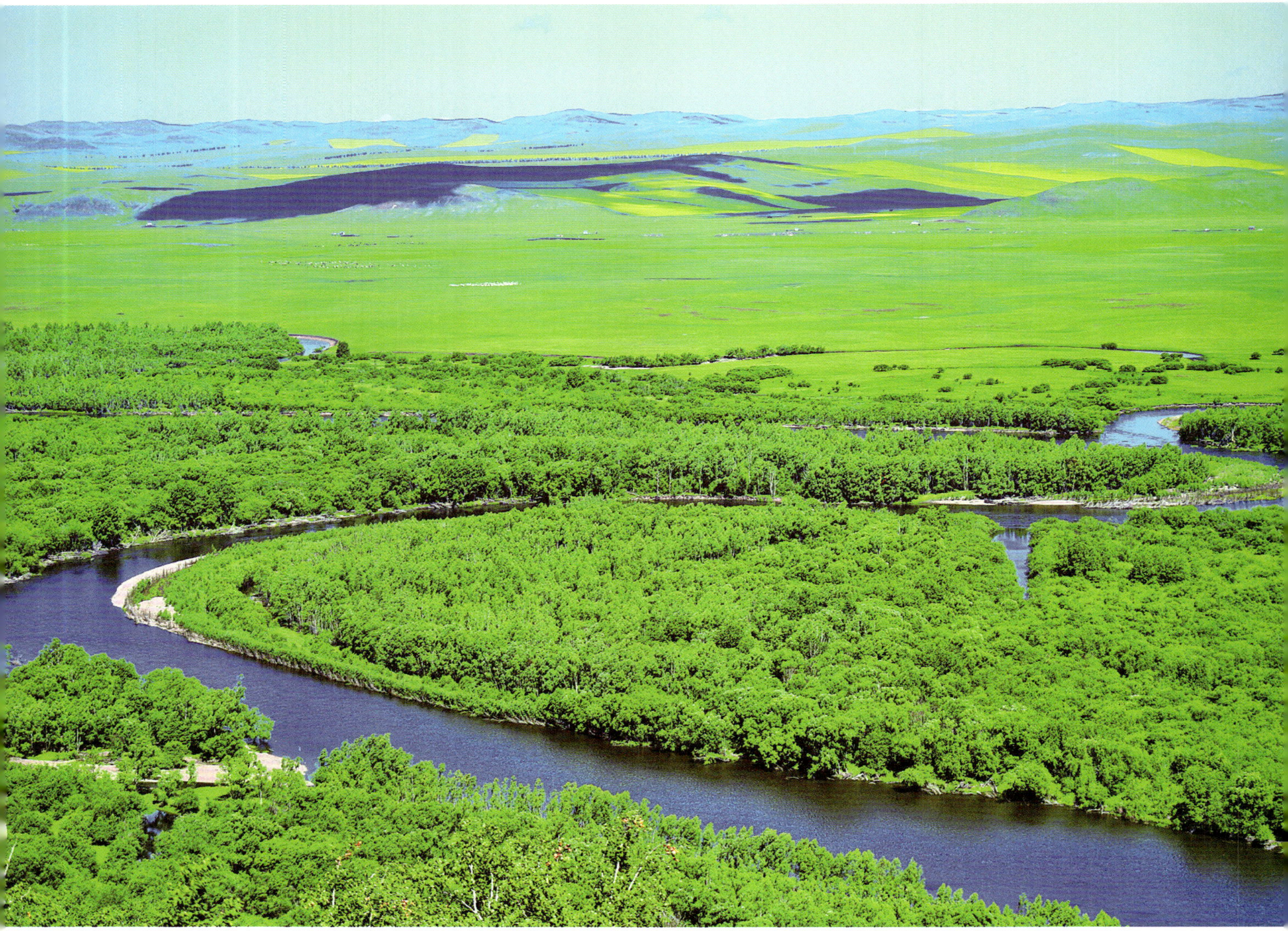

额尔古纳湿地，凭借着有效的生态保护、宜居的生态环境、蓬勃的生态产业、独特的生态旅游资源和深厚的历史文化底蕴获得国内外的广泛关注和认可。图为2022年7月8日的额尔古纳湿地

（内蒙古日报社　供图）

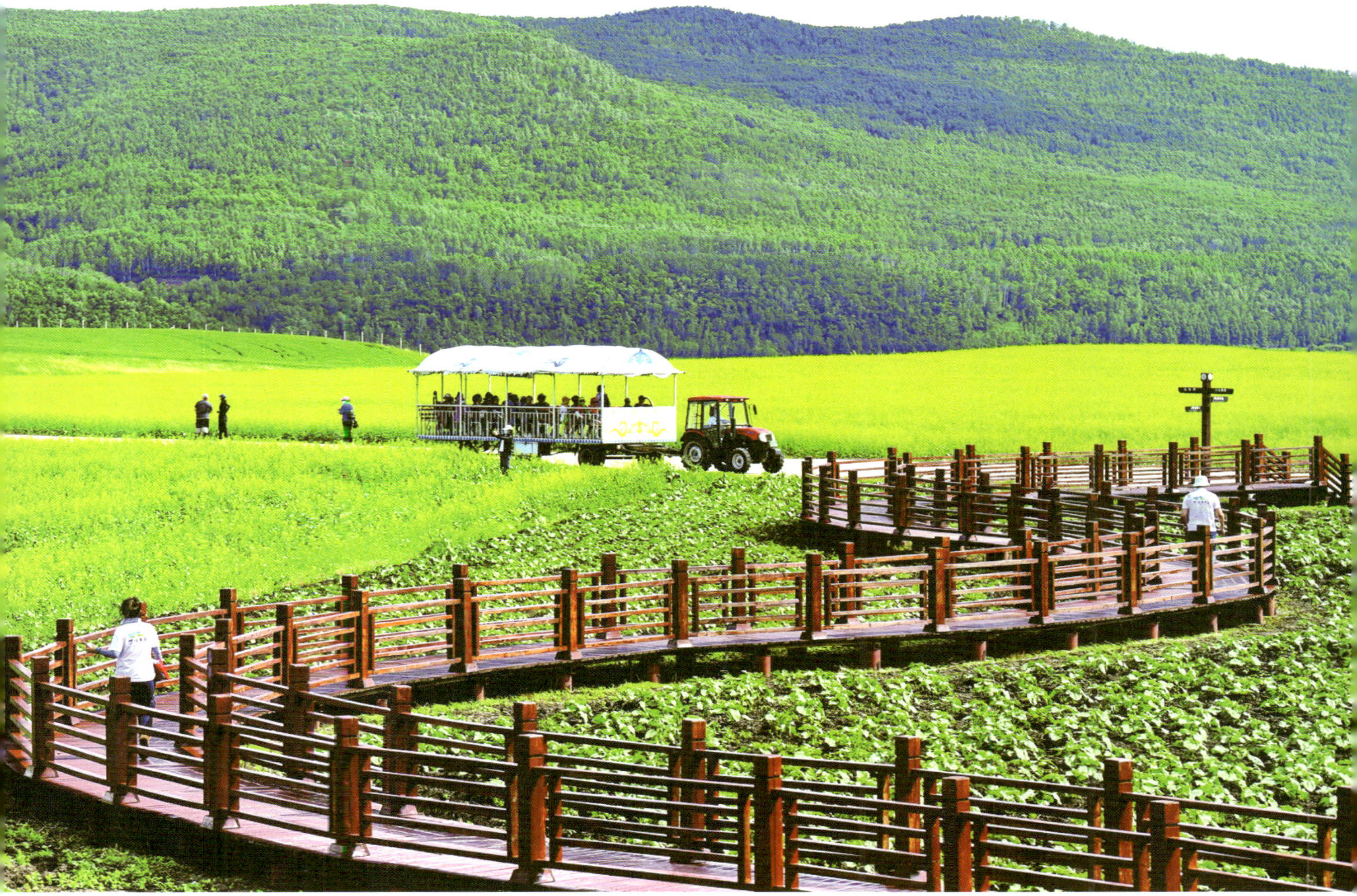

奥洛契庄园是农业、文化、旅游“三位一体”的农旅融合类景区项目，依托当地良好的生态环境和乡村民俗文化资源，形成以庄园为纽带、以服务为宗旨的北疆景区示范带，集生产、观光、休闲度假于一体的生态旅游业。图为2022年7月，游客在内蒙古呼伦贝尔市额尔古纳市室韦农牧场的奥洛契庄园参观

（内蒙古日报社　王磊/摄）

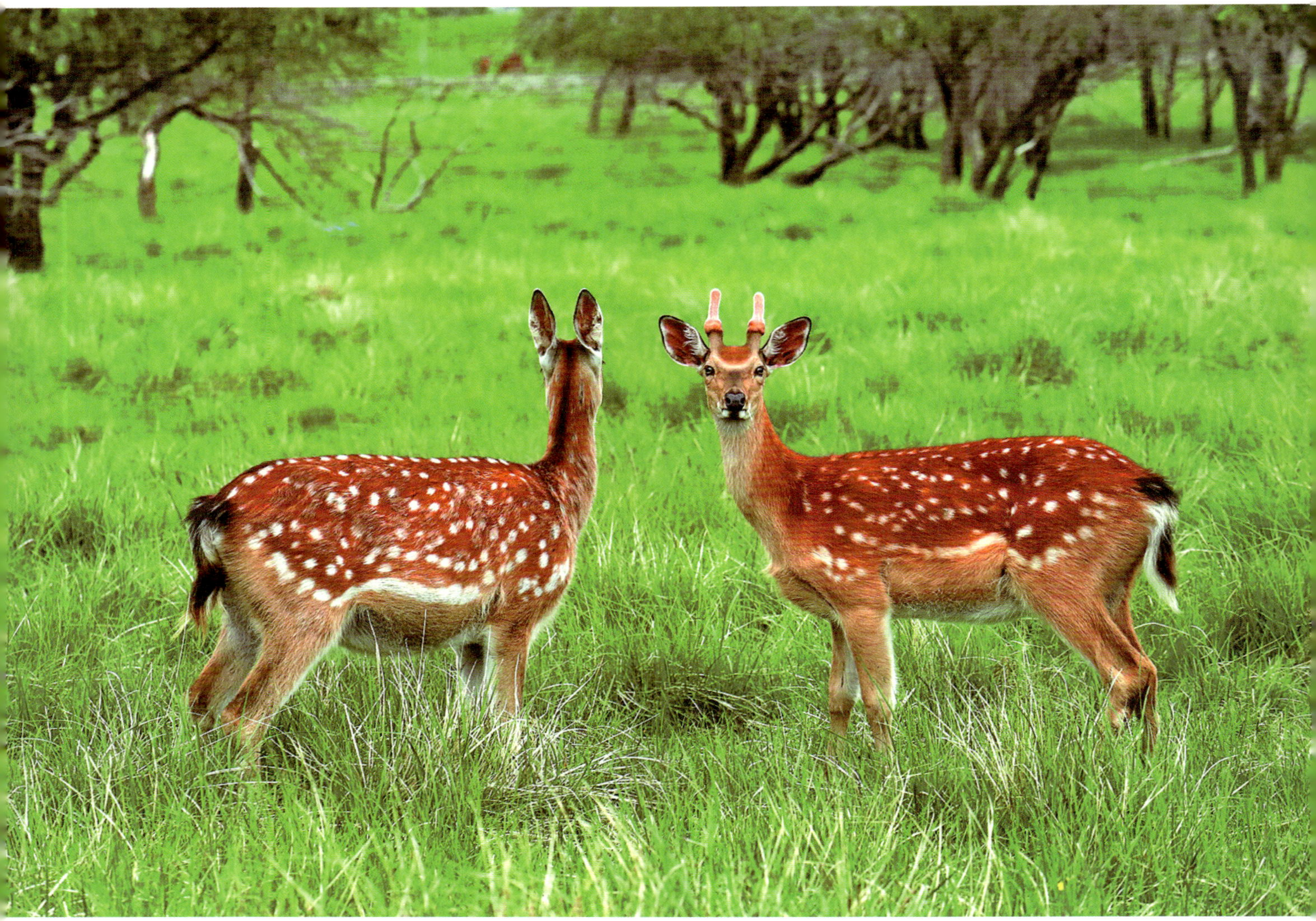

乌兰布统草原风光秀丽，植被丰富，优良的环境和丰富的食物链，吸引着梅花鹿在此安家。图为2022年7月，乌兰布统草原上的梅花鹿
（内蒙古日报社　李富/摄）

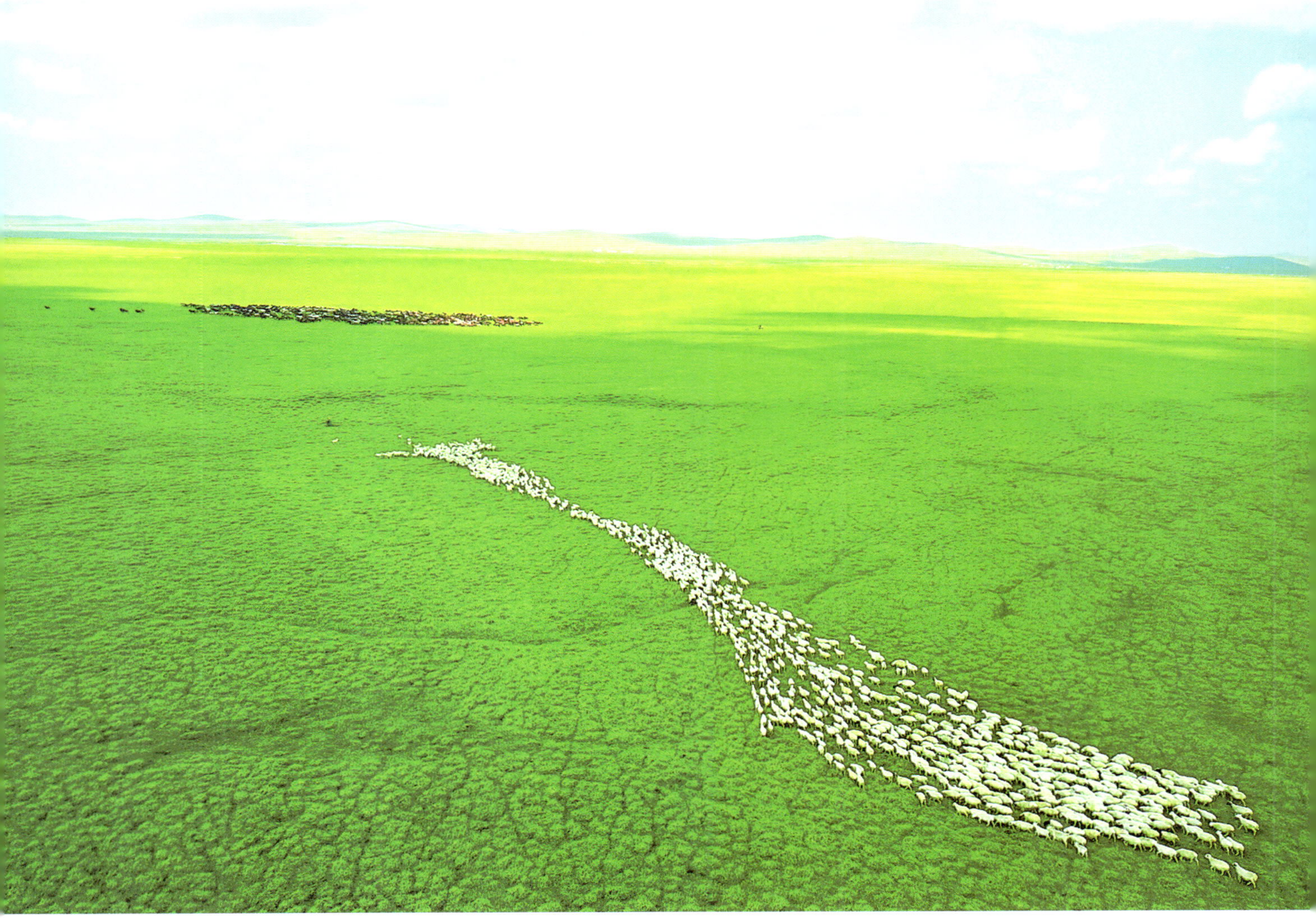

随着草原生态保护补助奖励政策深入实施，锡林郭勒盟境内的草原生态环境持续向好。图为2022年7月12日，夏日里的乌珠穆沁草原

（内蒙古日报社　布和毕力格/摄）

绿色低碳 “风” “光” 无限

中共十八大以来，内蒙古牢固树立和践行新发展理念，以深化供给侧结构性改革为主线，大力发展现代能源经济，积极探索以生态优先、绿色发展为导向的高质量发展新路子，新产业、新动能加快培育，推动工业结构调整和转型升级，实现了工业由高速发展迈向高质量发展的历史性转变。

十年印记

★电力总装机累计达到1.56亿千瓦。
★外送电能力累计达到7000万千瓦。
★生产煤炭累计98.9亿吨。
★外运煤炭累计59.3亿吨。
★累计发电4.9万亿千瓦·时。
★外送电累计1.8万亿千瓦·时。
★稀土就地转化率累计提高到75%以上。

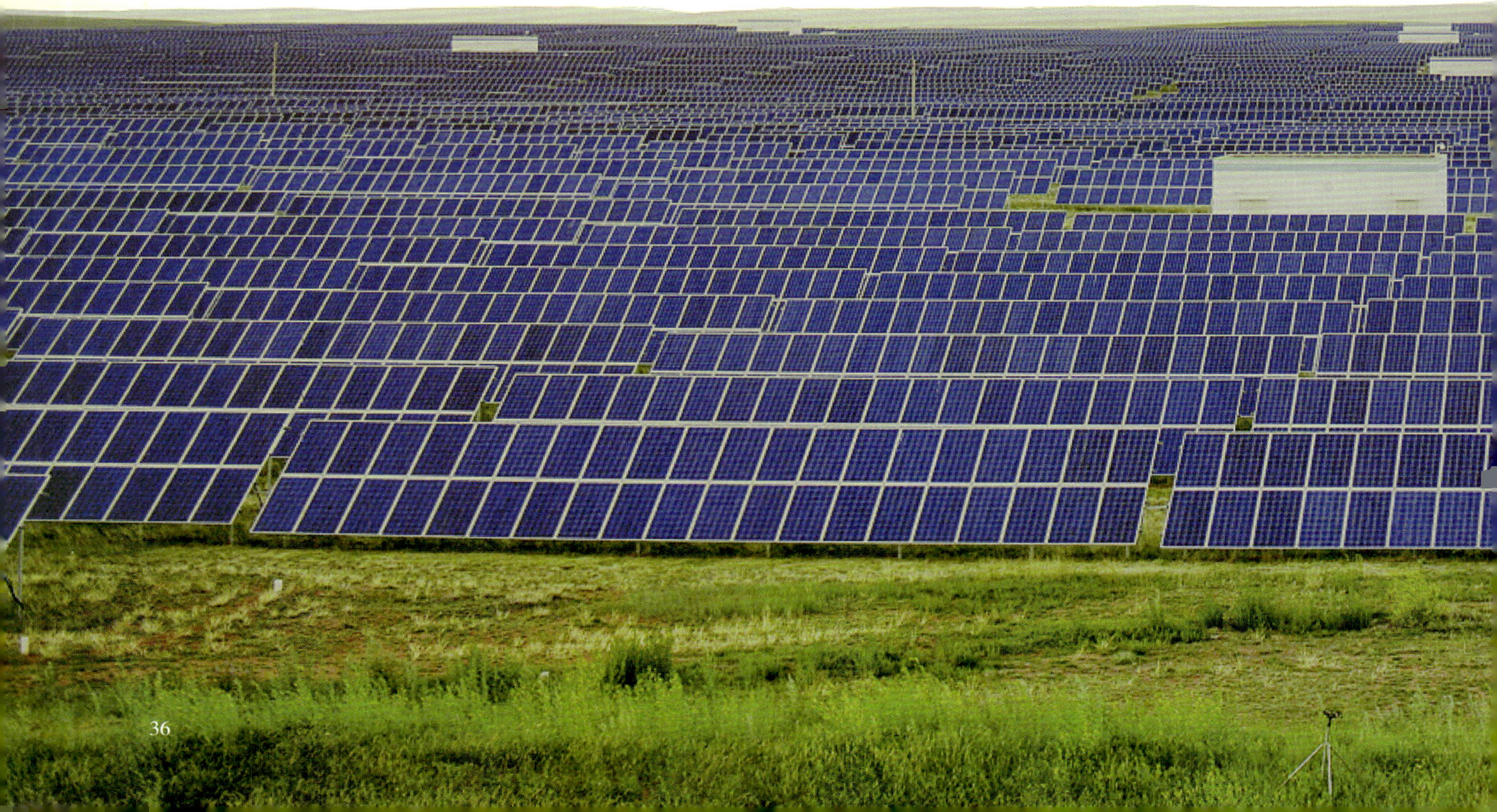

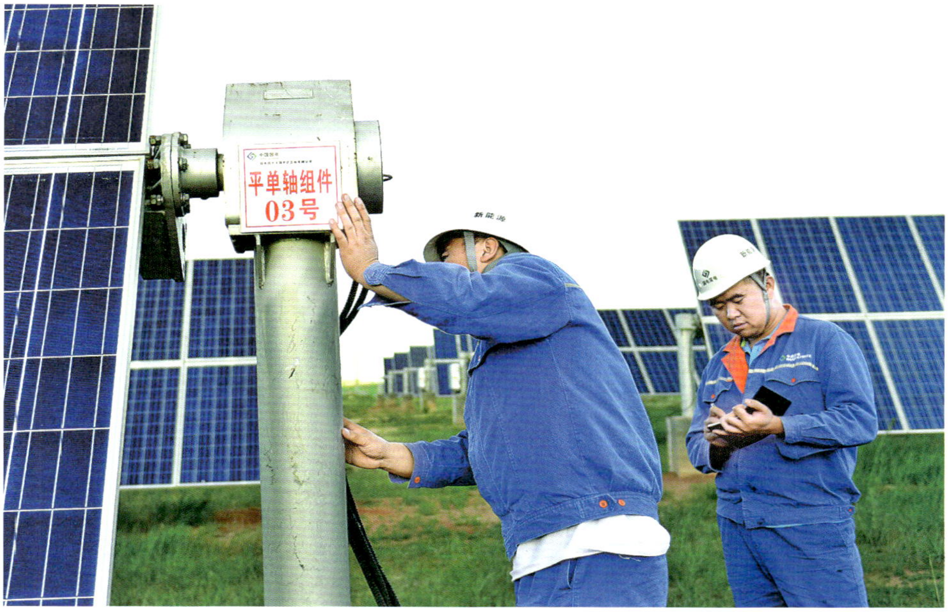

国电蒙电新能源投资有限公司四子王旗光伏发电项目规划总容量10万千瓦，总投资7.5 亿元，截至2015年7月发电量突破1亿千瓦·时，成为四子王旗杜尔伯特草原上的一道蓝色风景线。图为2015年7月4日，国电蒙电新能源投资有限公司的工作人员例行检查

（内蒙古日报社 白雪/摄）

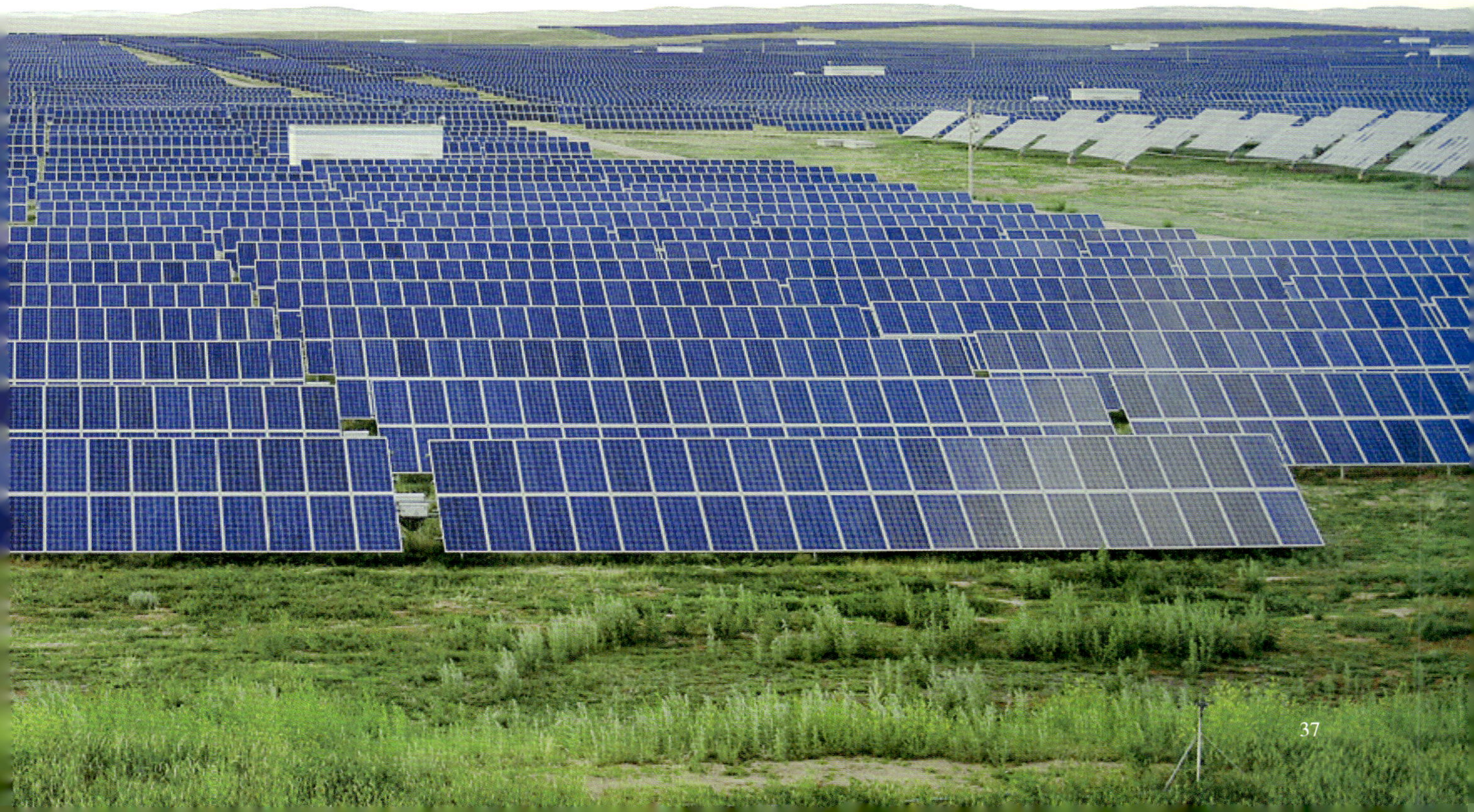

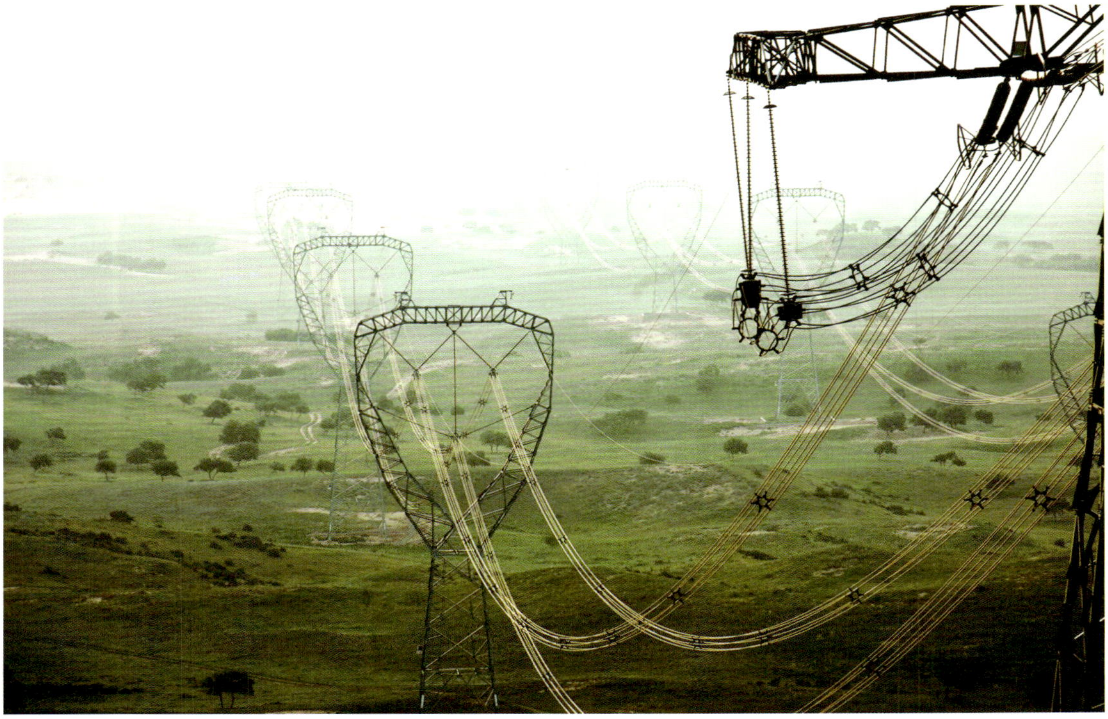

内蒙古上都发电有限责任公司500千伏送出线路，是内蒙古自治区主要发送电通道之一。图为2013年3月8日，送电线路一角

（内蒙古日报社　供图）

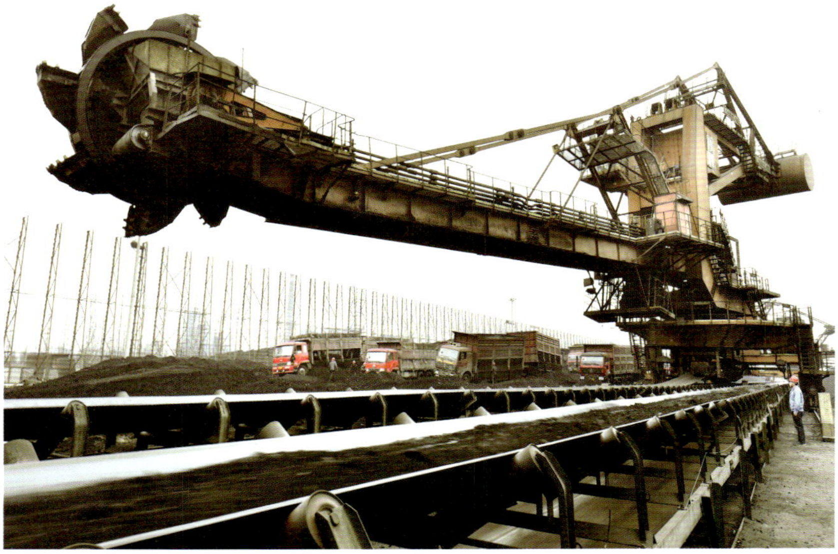

中国华能金桥热电厂两台30万千瓦机组满负荷出力运行，供热负荷屡创新高。为确保首府居民用户“温暖过冬”，该厂围绕“经济调运、效益调煤”积极开展冬储煤工作，不断加强煤炭市场调研、优化调运，截至2014年12月冬储煤达32万吨，为机组安全稳定运行提供了稳定热源。图为2014年12月1日，中国华能金桥热电厂储煤场内煤车穿梭、机声隆隆，该厂冬储煤工作正在紧张地进行

（内蒙古日报社记者　金泉/摄）

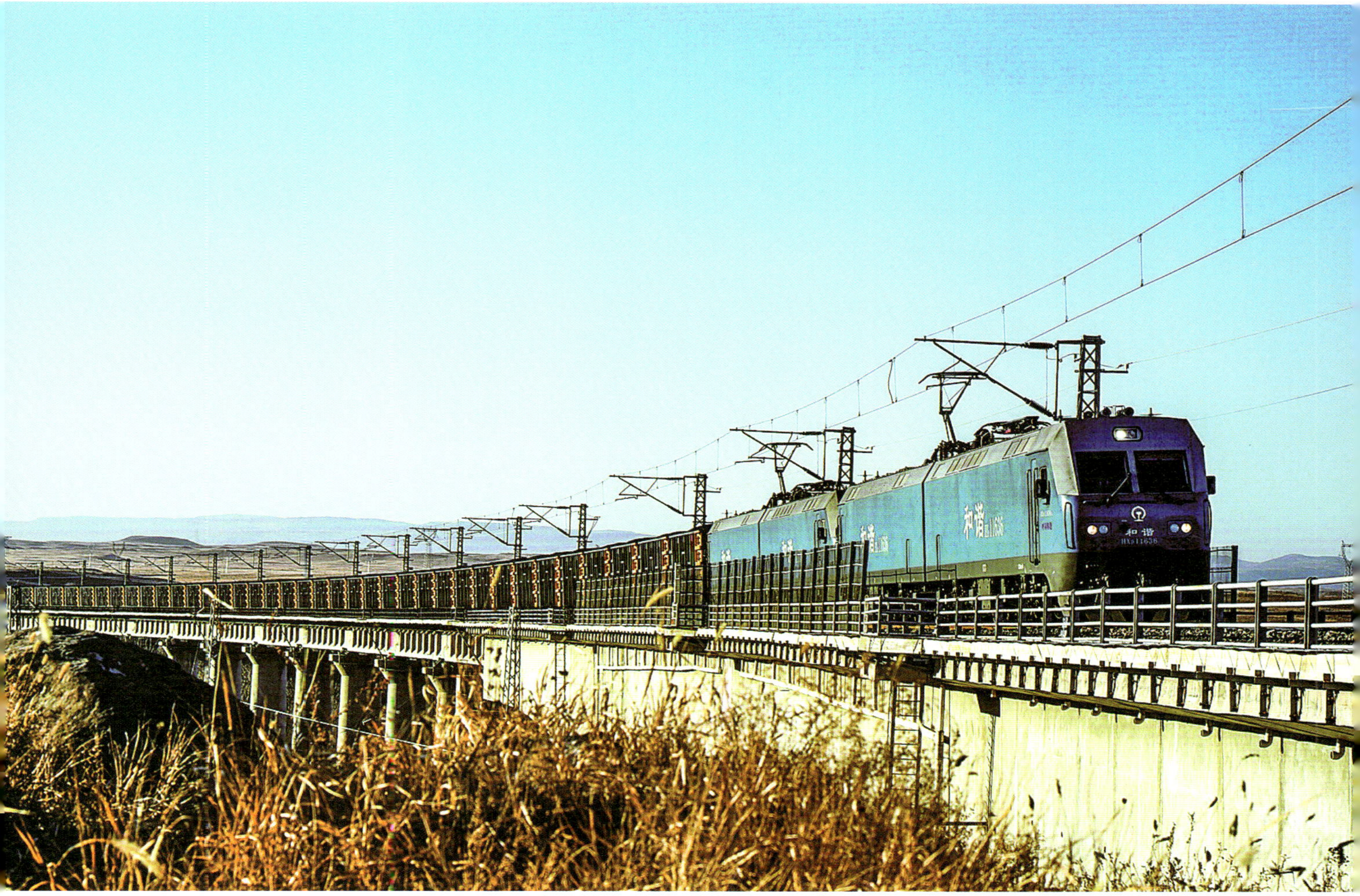

唐呼线煤炭运输专线作为内蒙古煤炭外运的重要通道，至2020年，唐呼铁路煤炭运量达到每年1.5 亿吨，形成又一条横贯华北、连通煤炭产地和港口的重要能源通道。图为2019年1月7日，列车行驶在唐呼线煤炭运输专线上

（内蒙古日报社记者　于涛/摄）

乳肉粮绒　绿色供给

中共十八大以来，内蒙古农牧业供给侧结构性改革持续发力，特色产业发展格局加速构建，内蒙古农牧业现代化步伐更加铿锵有力。十年，是时间的刻度，也是发展的标尺。这是内蒙古自治区农牧业现代化步伐不断加快的十年，第一产业增加值从2012年的1447.43亿元增加到2021年的2225.2亿元，农牧业发展交出精彩答卷。这是农牧民生活更加富裕的十年，农牧民可支配收入从2012年的7956元增加到2021年的18337元，农牧民的钱袋子越来越鼓。这是粮食生产连丰、畜牧业生产连稳的十年，粮食产量从2012年的2528.5万吨增加到2021年的3840.3万吨；2012年肉类总产量245.74万吨，2021年猪牛羊禽肉产量达270.3万吨。

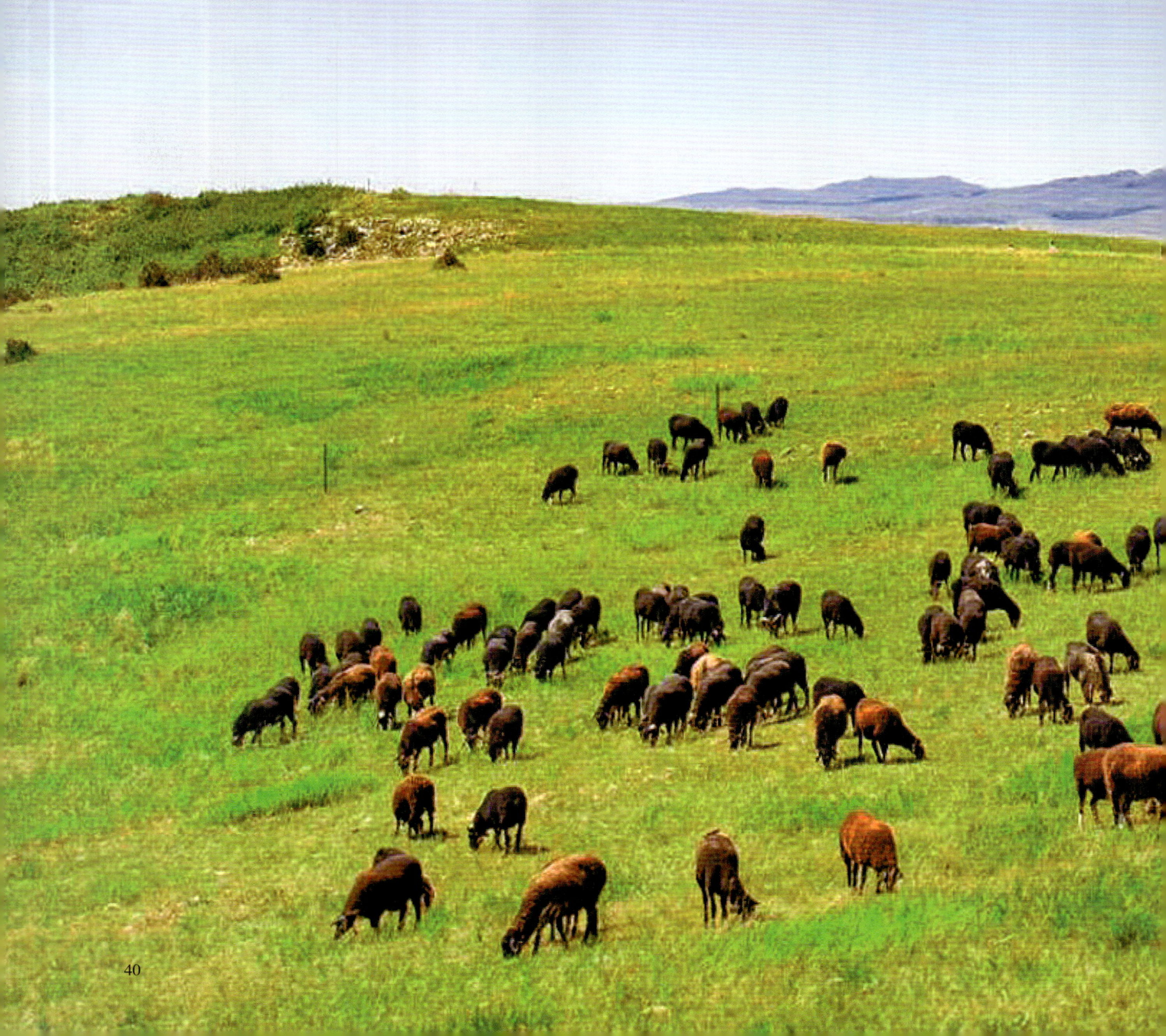

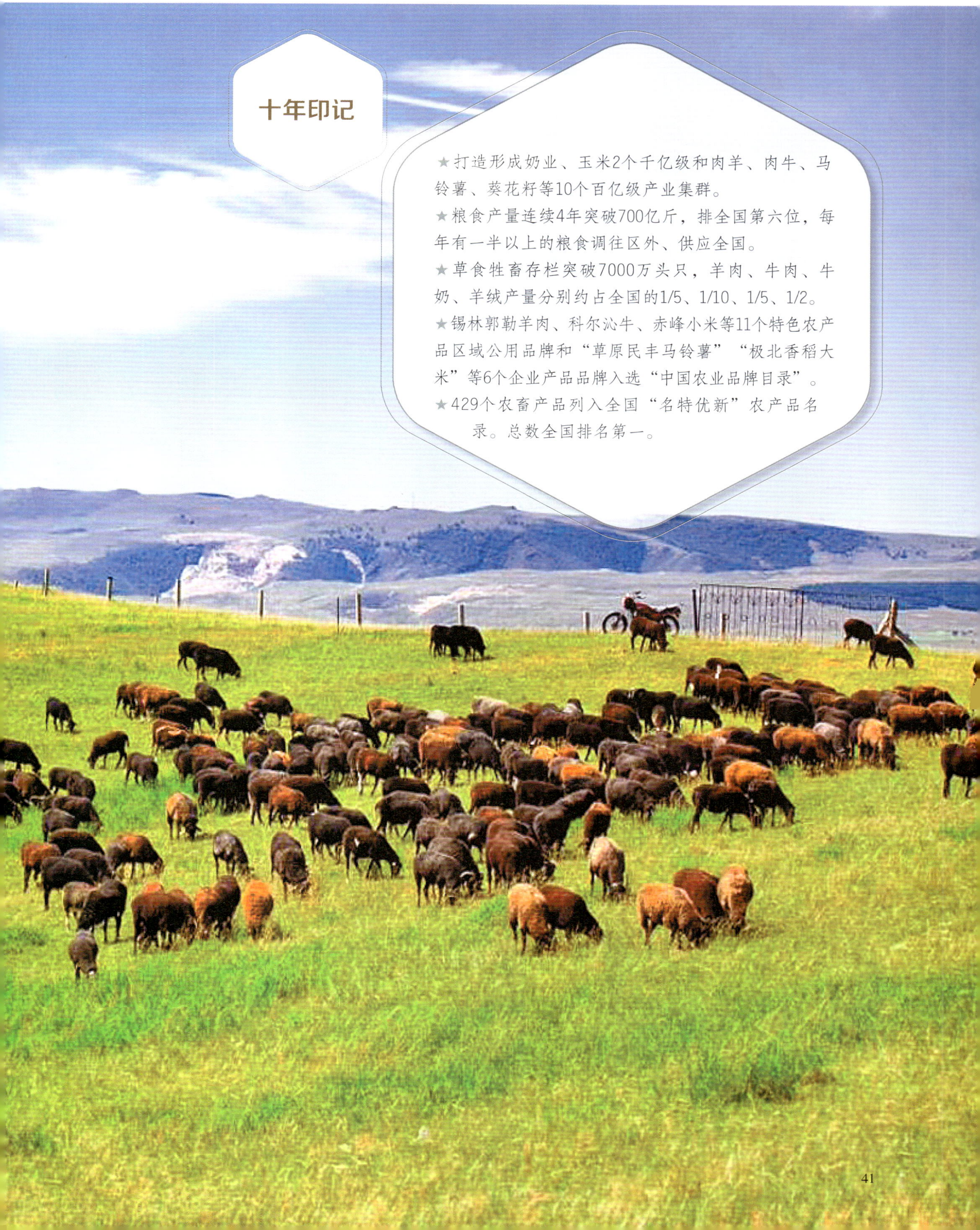

十年印记

★打造形成奶业、玉米2个千亿级和肉羊、肉牛、马铃薯、葵花籽等10个百亿级产业集群。

★粮食产量连续4年突破700亿斤，排全国第六位，每年有一半以上的粮食调往区外、供应全国。

★草食牲畜存栏突破7000万头只，羊肉、牛肉、牛奶、羊绒产量分别约占全国的1/5、1/10、1/5、1/2。

★锡林郭勒羊肉、科尔沁牛、赤峰小米等11个特色农产品区域公用品牌和“草原民丰马铃薯”“极北香稻大米”等6个企业产品品牌入选“中国农业品牌目录”。

★429个农畜产品列入全国“名特优新”农产品名录。总数全国排名第一。

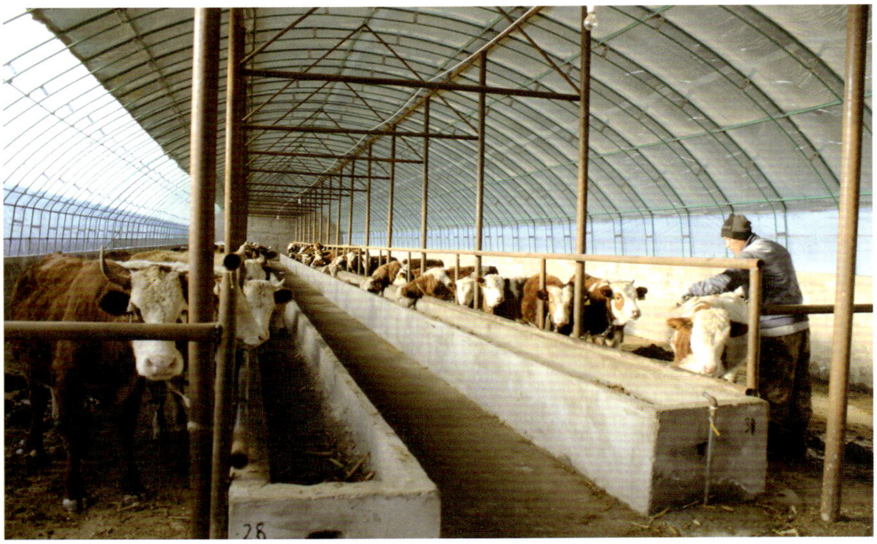

2013年11月22日，塔林西牧养牛合作社牛舍内膘肥体壮的育肥牛
（内蒙古日报社　孟和/摄）

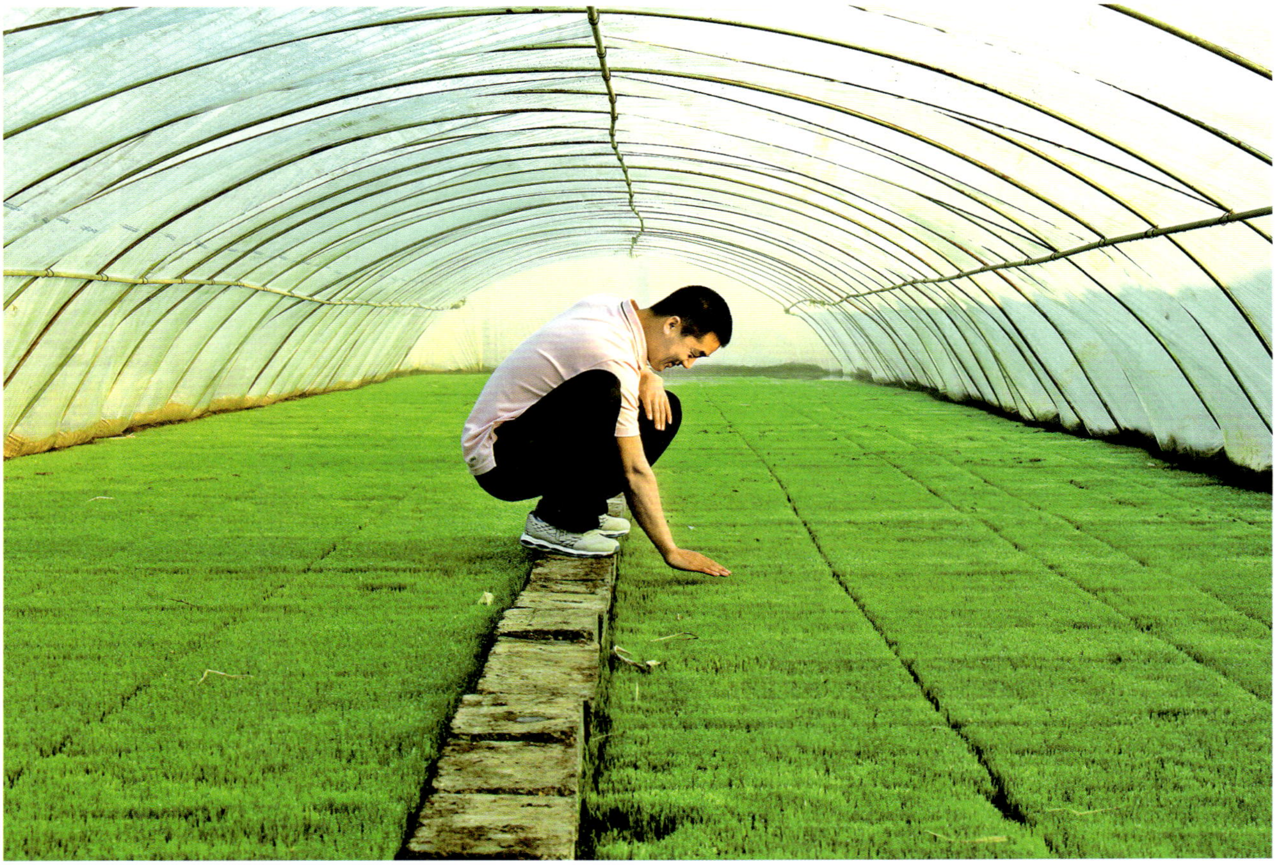

呼伦贝尔市莫力达瓦达斡尔族自治旗（简称莫旗）引导绿色食品加工企业做大做强，培育壮大一批绿色食品加工企业，富方水稻种植农民专业合作社便是其中之一。2013年，莫旗“绿色”作物种植面积超160万亩，带给该旗农民直接经济效益超过2000万元。2014年，莫旗“绿色”作物种植面积预计超过200万亩。图为2014年4月23日，莫旗尼尔基镇富方绿色水稻种植专业合作社的社员刘立波查看育苗情况
（内蒙古日报社　安寅东/摄）

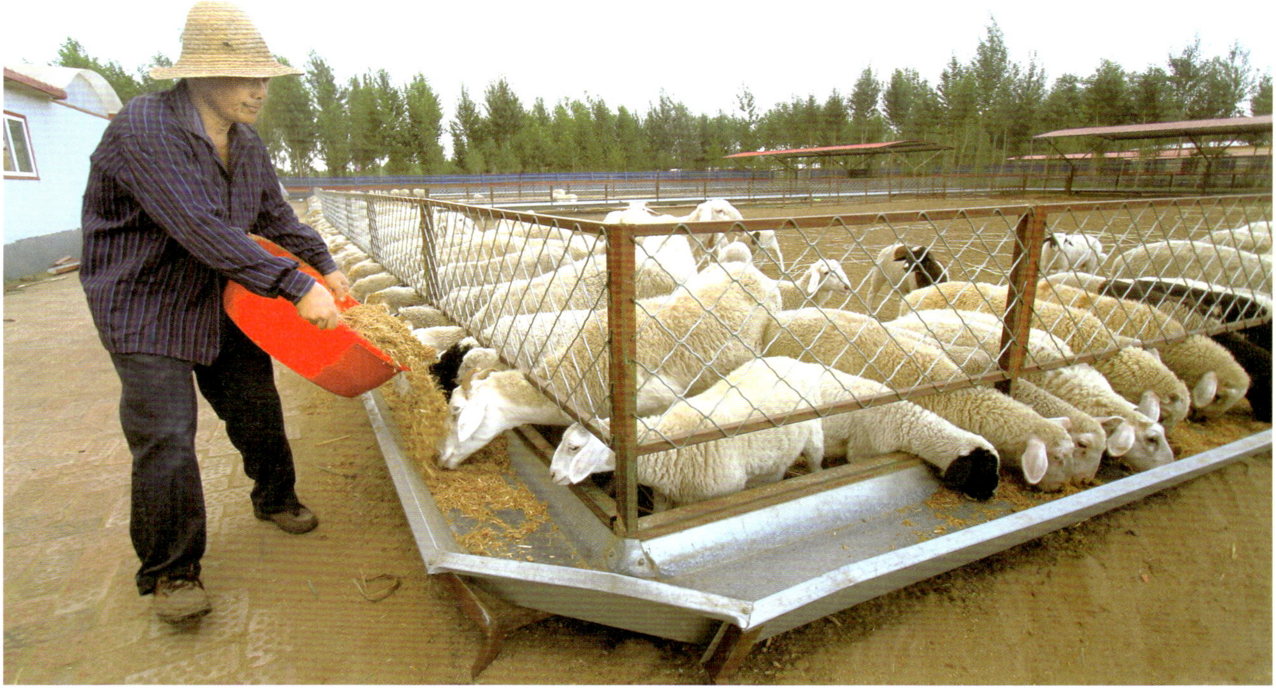

截至2014年6月底，全区羊存栏首次突破1亿大关，达到10091.03万只，与2021年相比增幅达到11.8%。原因是饲料价格上涨，并且人工成本也成倍增长，养殖成本上升推动价格上涨，高价格给养殖户带来良好效益，调动了羊养殖户的积极性。图为2014年9月2日，巴彦淖尔市五原县的养殖户正在喂羊

（内蒙古日报社记者　孟和朝鲁/摄）

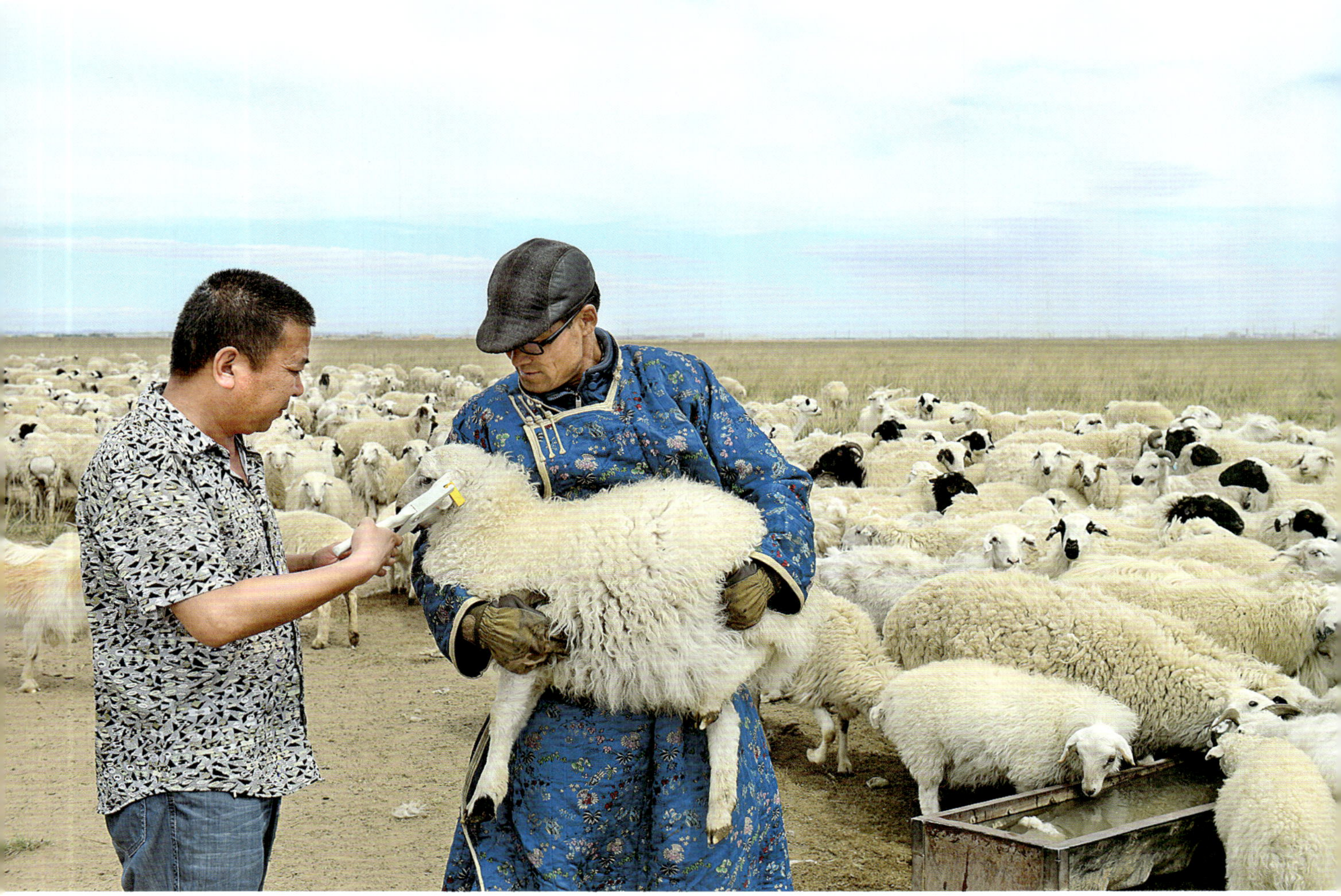

2015年，东乌珠穆沁旗加快建设肉羊追溯体系，20万只乌珠穆沁羔羊佩戴带有二维码的耳标，通过耳标可追溯羊的家族、身份、免疫、用药等情况。图为2015年6月6日，东乌珠穆沁旗乌里雅斯太镇恩和吉日嘎郎嘎查工作人员给牧民朝鲁巴特尔家的羔羊佩戴耳标

（内蒙古日报社记者　包荭/摄）

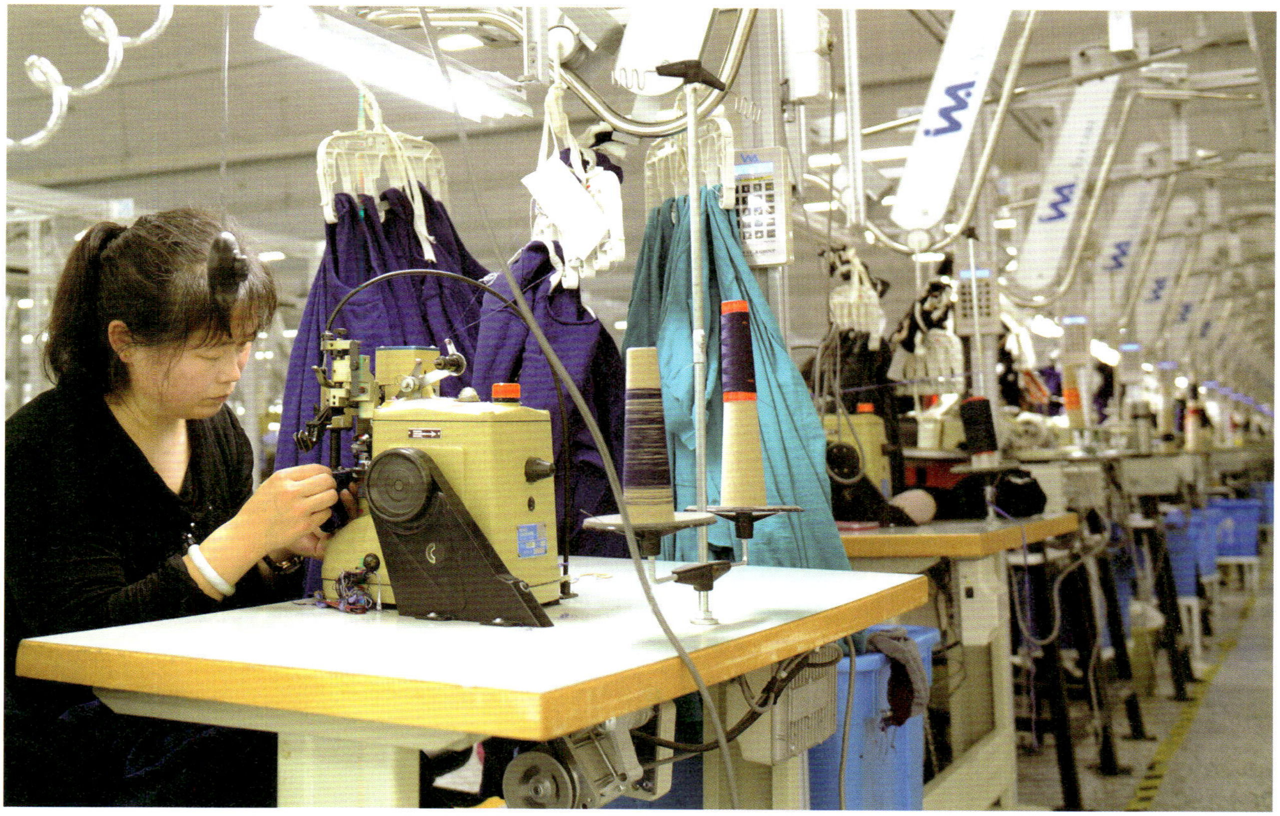

现代羊绒工业园是鄂尔多斯市非煤产业发展的有力之举，非煤产业集群正在成为鄂尔多斯市经济发展的新力量。图为2015年3月3日，现代羊绒工业园鄂尔多斯集团针织二厂车间内，工人正在完成衣领缝合工序

（内蒙古日报社记者　郭力/摄）

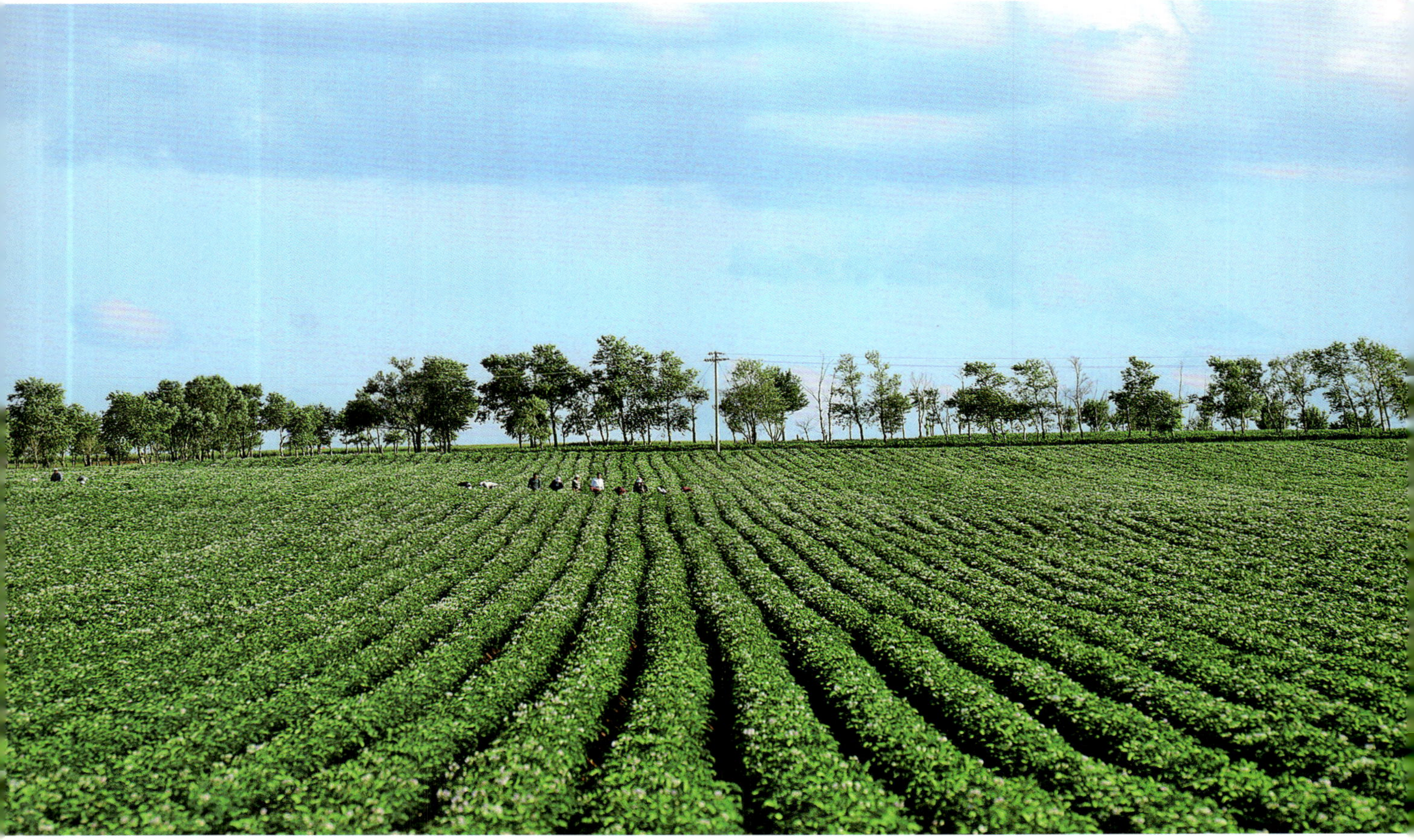

武川县是“马铃薯之乡”，该县农民约70%的收入来源于马铃薯。全县年产马铃薯试管苗3000万株、微型薯6000万粒，原种生产基地1.5万亩，一级种薯生产基地20万亩。图为2015年7月24日，武川县厂汉木台村的村民在马铃薯种植基地查看马铃薯长势

（内蒙古日报社记者　王晓博/摄）

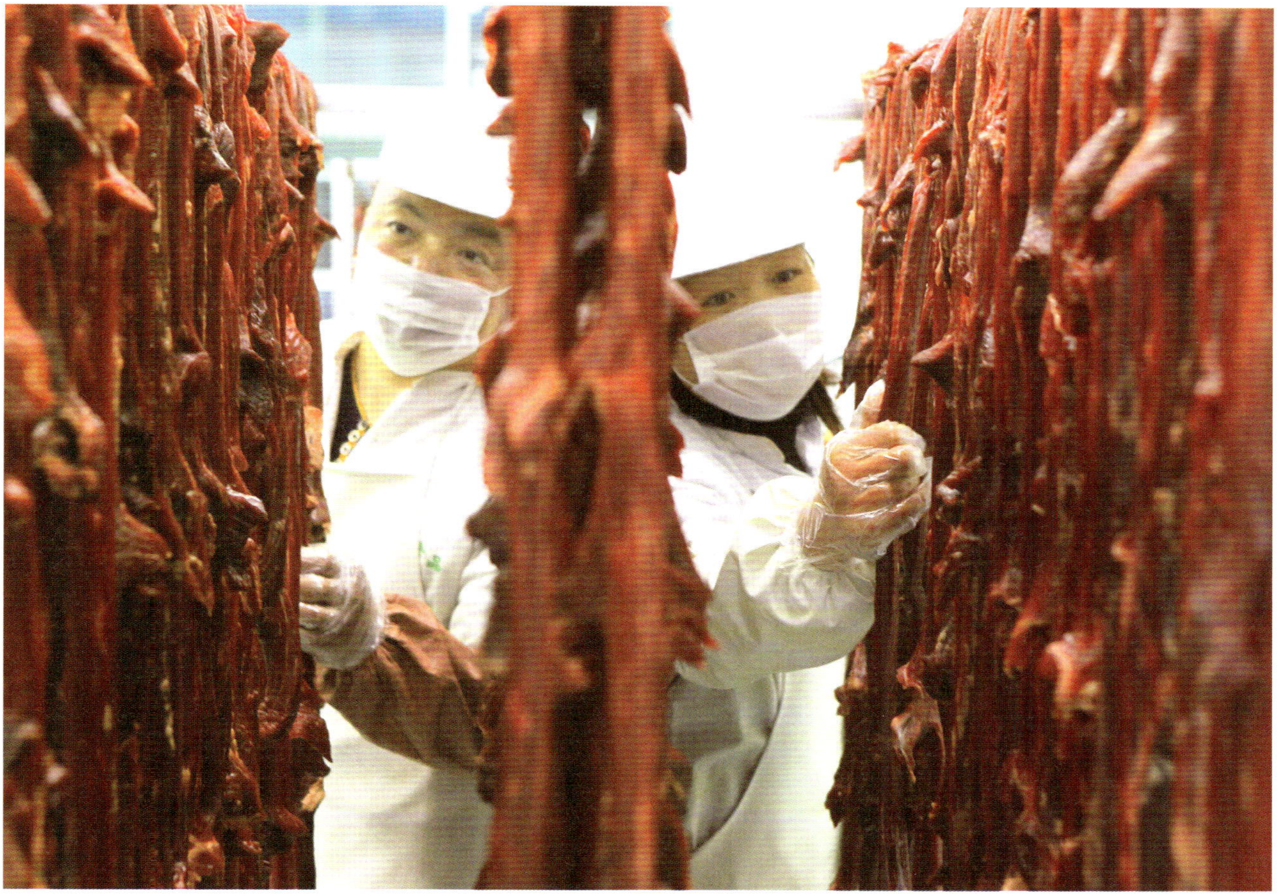

2016年，科尔沁绿色食品加工园区提出“互联网+销售模式”，园区管委会通过园区物流平台，实现园区生产企业、物流、终端信息共享。园区内生产牛肉干的商户已达9家，通过实体店和网络电商平台日销售可达1000公斤左右。图为2017年1月2日，通辽市科尔沁绿色食品加工园区内，一家企业生产车间工作人员正在观察牛肉干的风干程度

（内蒙古日报社记者　马建荃/摄）

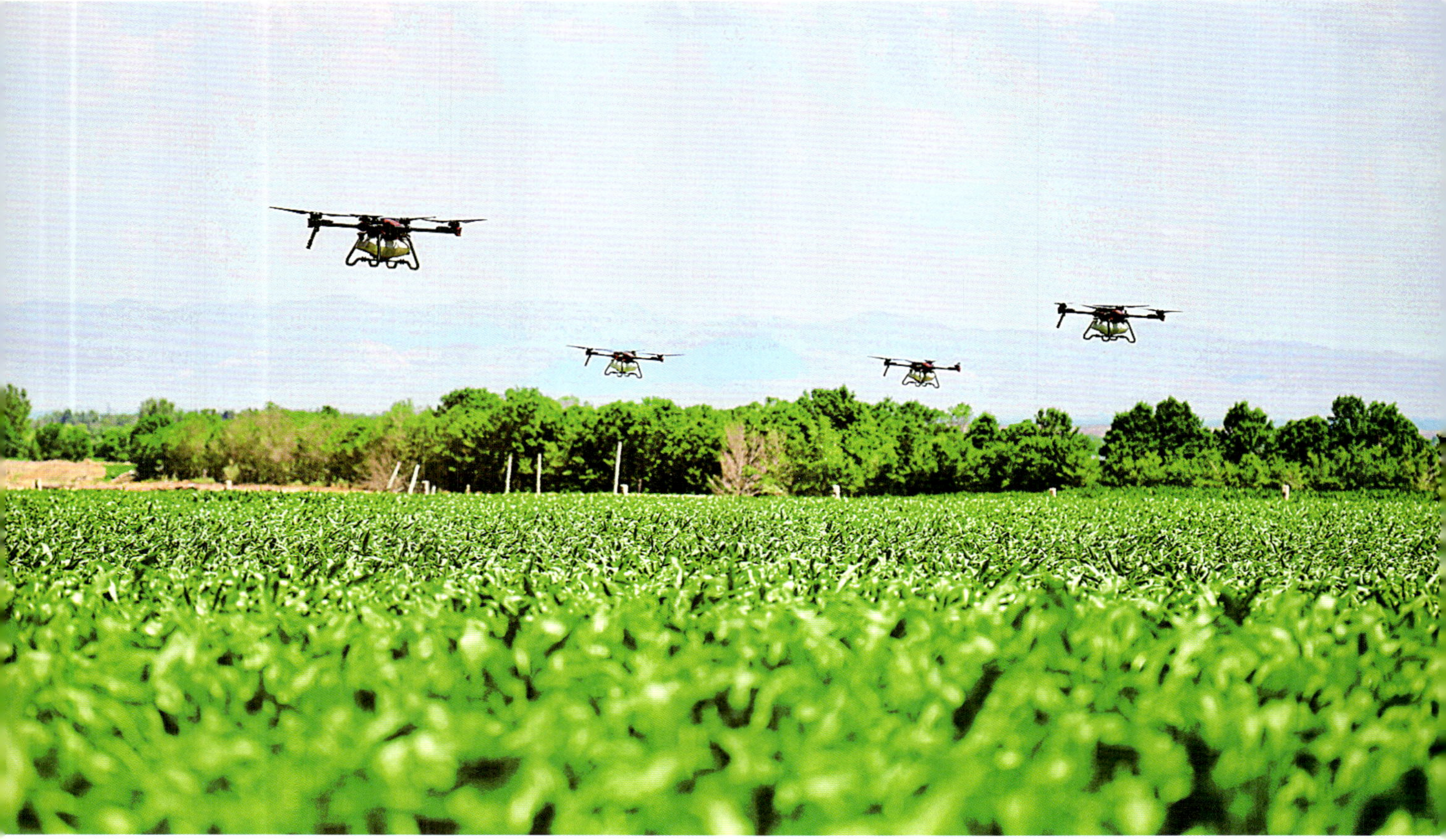

极飞科技植保无人机高效精准地执行农业生产任务，助力乡村振兴，成为乌拉特前旗田间地头的新农具。图为2022年7月2日，极飞科技植保无人机编队正在对玉米田喷洒叶面肥。当日，巴彦淖尔市乌拉特前旗种粮大户梁国斌用13台植保无人机4小时完成4000亩玉米喷洒作业

（内蒙古日报社记者　孟和朝鲁/摄）

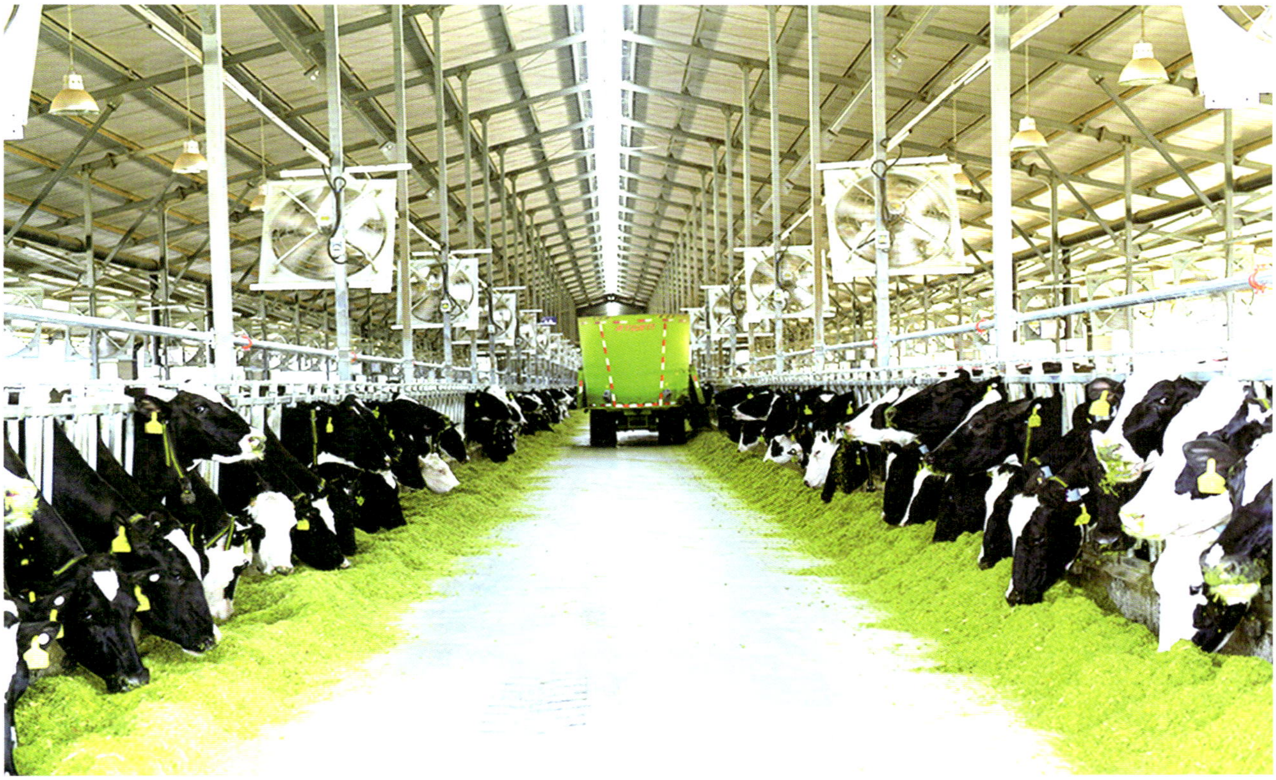

2022年7月15日，伊利在全区投建的乳产业集群项目带动上游奶业发展

（伊利集团　供图）

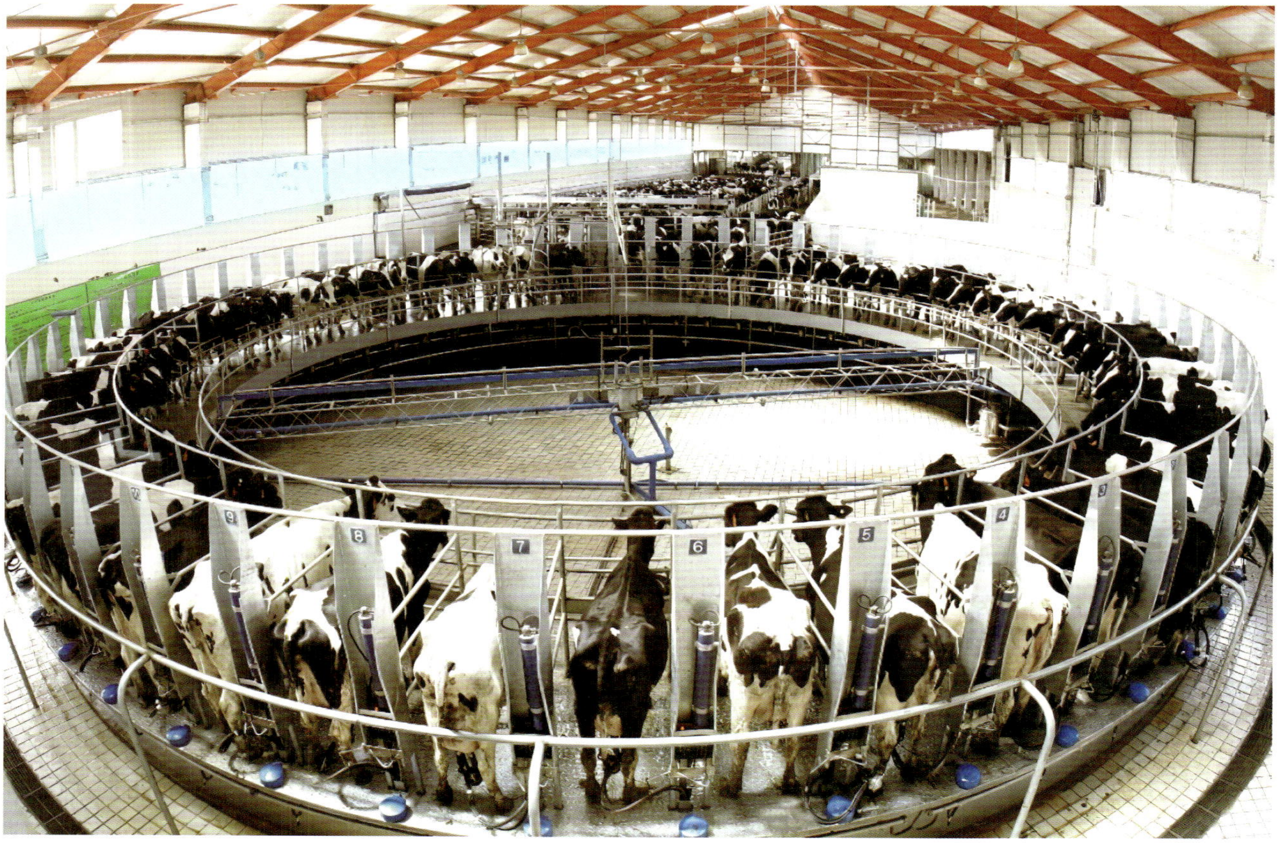

2022年8月10日，蒙牛中国乳业产业园奶源基地内的转盘式挤奶设备

（蒙牛集团　供图）

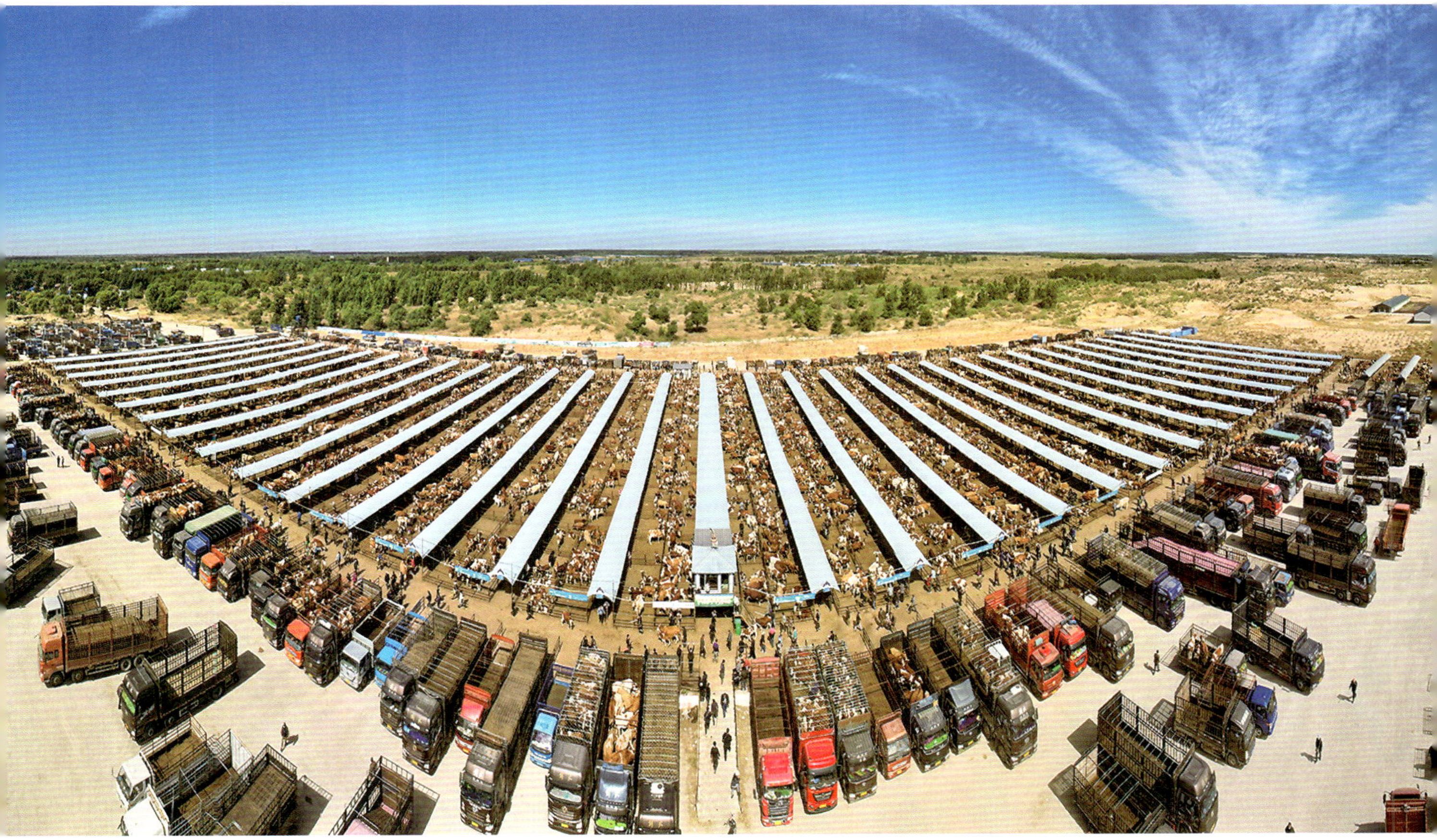

内蒙古通辽市科左后旗是“黄牛之乡”。该旗把牛产业作为主导产业来抓，强化政策、资金支持和技术保障，延伸产业链条，全力打造肉牛产业强旗。有大型黄牛交易市场3个，“活牛超市”110余家，年交易量达100万头以上。图为2022年，通辽市科左后旗伊胡塔牛市

（内蒙古日报社记者　孟和朝鲁/摄）

幸福生活　多姿多彩

中共十八大以来，习近平总书记始终深情牵挂内蒙古各族人民，先后两次到内蒙古考察，连续五年参加十三届全国人大内蒙古代表团审议，为内蒙古的发展擘画蓝图、明确路径。10年来，内蒙古各族干部群众牢记总书记的殷殷嘱托，全区上下守望相助、感恩奋进，不断擦亮民生底色，提升幸福成色，对幼有所育、学有所教、劳有所得、病有所医、老有所养、住有所居、弱有所扶等百姓急难愁盼问题，给予温暖回应，一大批百姓的操心事、烦心事、揪心事得到解决，各族群众的生活更幸福、未来更美好。以人民为中心的发展思想化为生动实践，内蒙古用行动交出了一份沉甸甸的民生答卷。

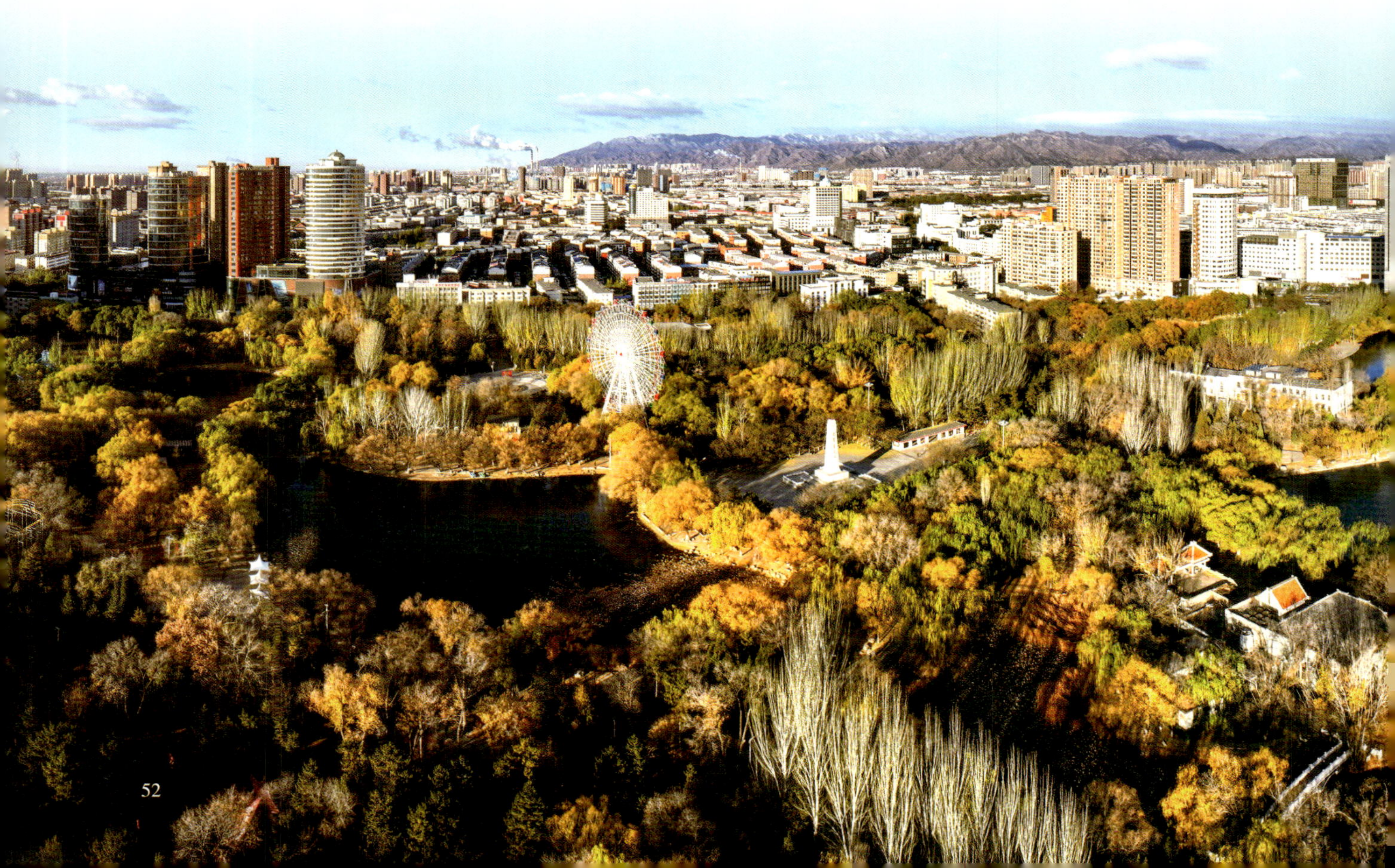

十年印记

★全区常住居民人均可支配收入在2014年、2019年接连突破2万元和3万元大关后，在2021年达到34108元。

★2021年，全区城镇就业人员790.0万人，占全区就业人员的比重为64.9%，比2012年提高15.0个百分点。其中，城镇非公有制经济就业人员656.7万人，比2012年增加153.8万人，吸纳就业能力显著增强。

★累计实施老旧小区改造46.4万户、危房改造116.65万户，配套建成各类保障性住房和棚改安置住房160多万套，解决房地产历史遗留问题近140万套；十年间人均住房面积增长36%以上。

★全区各地人民调解组织5年来受理、调处各类矛盾纠纷60.4万件，调解成功率达96.97%。

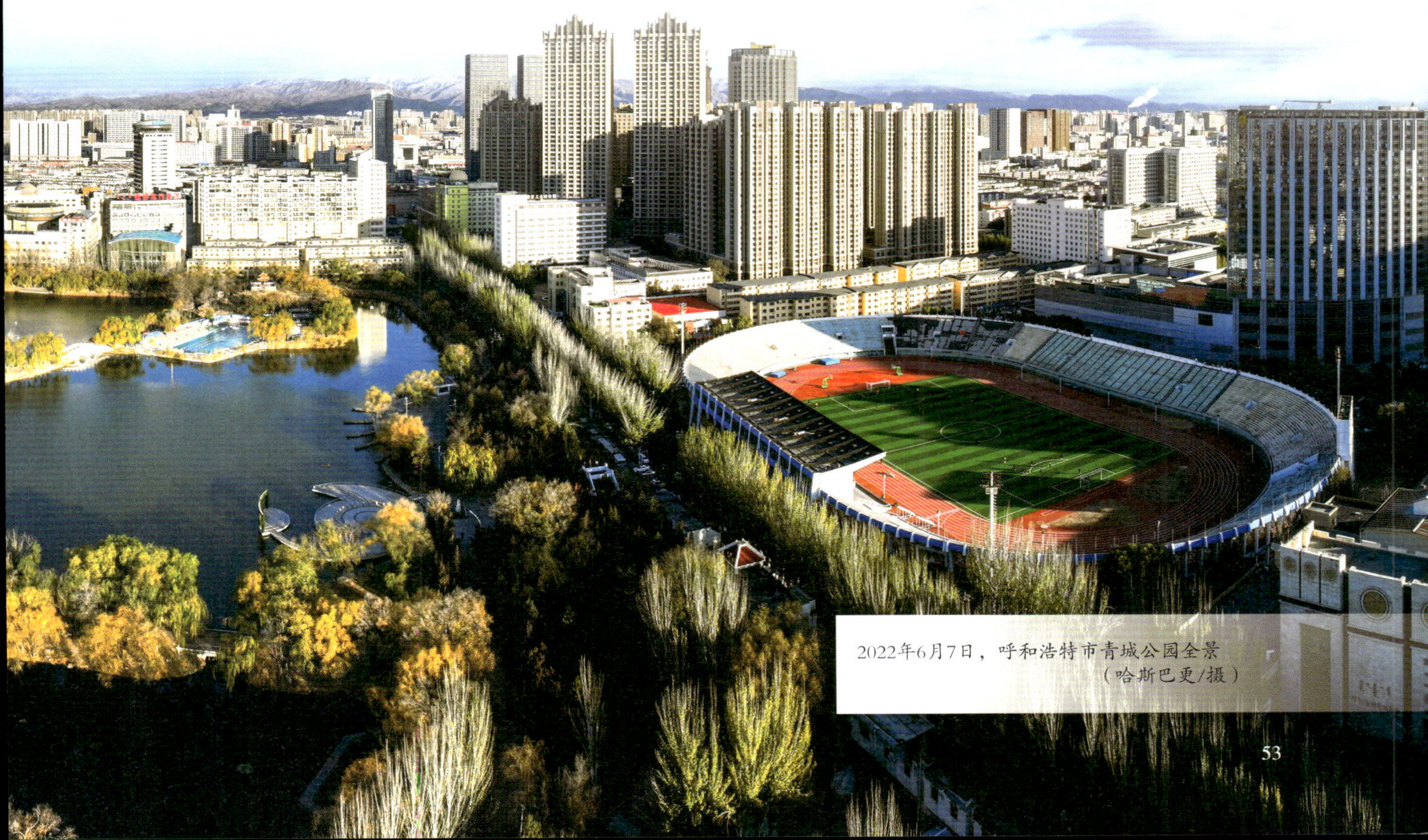

2022年6月7日，呼和浩特市青城公园全景
（哈斯巴更/摄）

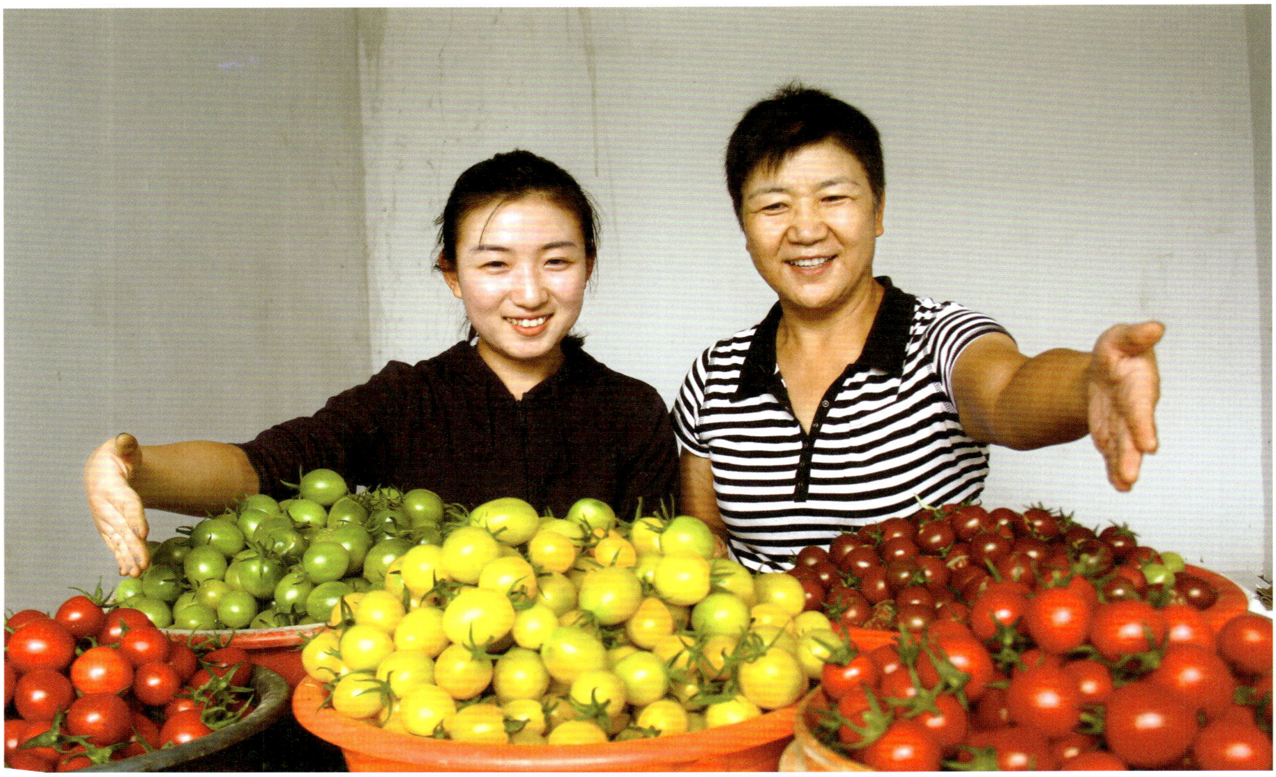

呼和浩特大学生设施农业创业园赛罕区示范基地位于呼和浩特市赛罕区金河镇前白庙村，2013年8月由呼和浩特市人力资源和社会保障局与呼和浩特市赛罕区人民政府共同出资建设。园区按照不同功能分为创业园、示范园、展示棚、育苗棚和配送棚5个区。截至2014年6月，呼和浩特大学生设施农业创业园赛罕区示范基地第一批已投入使用大棚58个，吸纳创业大学生15人、创业合伙人9人，示范基地招聘大学生11人。图为2014年6月17日，第一批入驻园区的创业大学生鲍婉雪迎来她自己亲手种植的优质水果小番茄的大丰收

（内蒙古日报社记者　孟和朝鲁/摄）

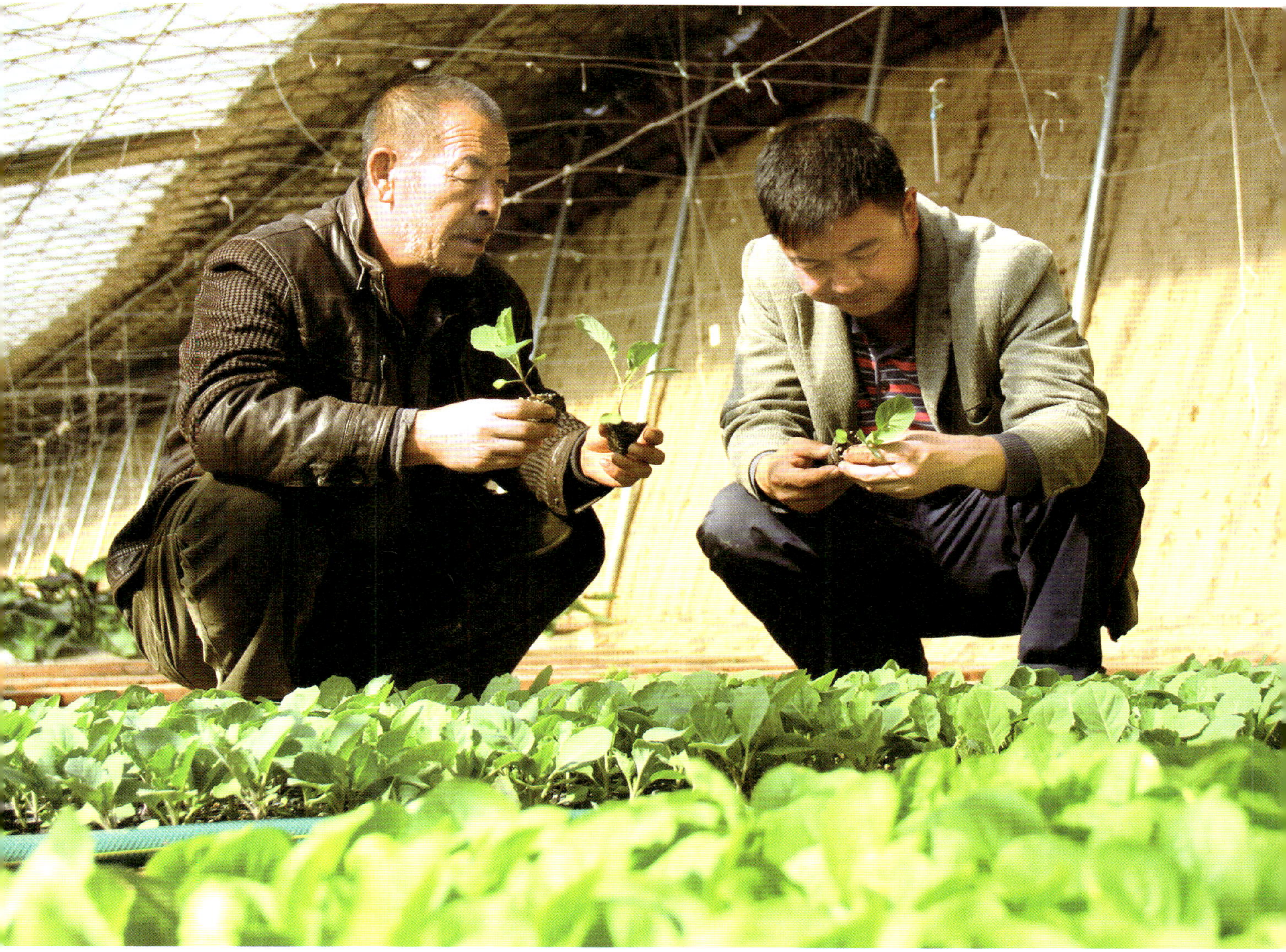

天气越来越冷，植被已经停止生长，但是在呼和浩特市赛罕区巴彦镇圪老板村大山大海合作社的蔬菜大棚内却绿意盎然。为发展设施农业，带动村民致富，赛罕区相关部门从区外蔬菜种植大省聘请40多位农业科技特派员，深入蔬菜基地指导农户蔬菜种植，教授农户种植蔬菜的先进技术，解决农户生产种植中遇到的难题。图为2014年10月16日，科技特派员符恩林（左）和种植户王永军查看幼苗长势

（内蒙古日报社记者　孟和朝鲁/摄）

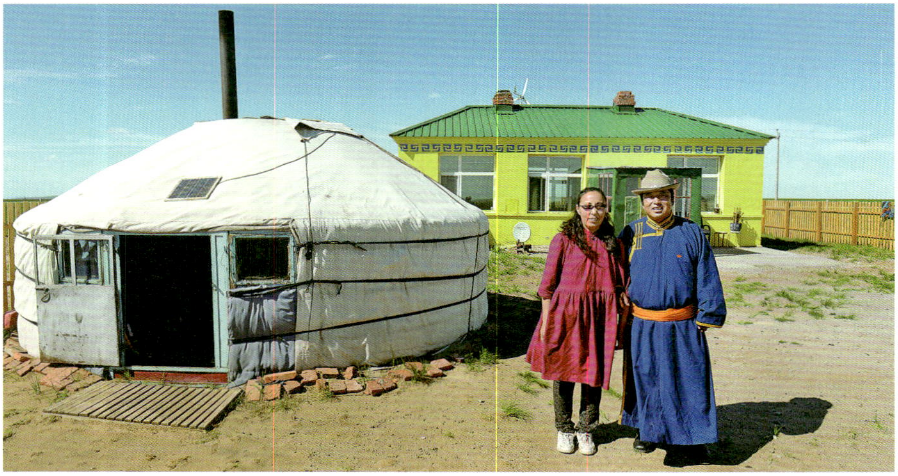

2016年8月2日，居住在新巴尔虎左旗吉布胡郎图苏木乌兰图嘎嘎查牧民好毕斯嘎拉图和阿拉坦其其格夫妇搬进在自己的牧场上刚刚新建的砖瓦房，开启崭新的生活。在国家惠牧项目的支持下，他们家配备了水、电、棚圈等基础设施，为发展现代畜牧业奠定了基础

（内蒙古日报社　青春/摄）

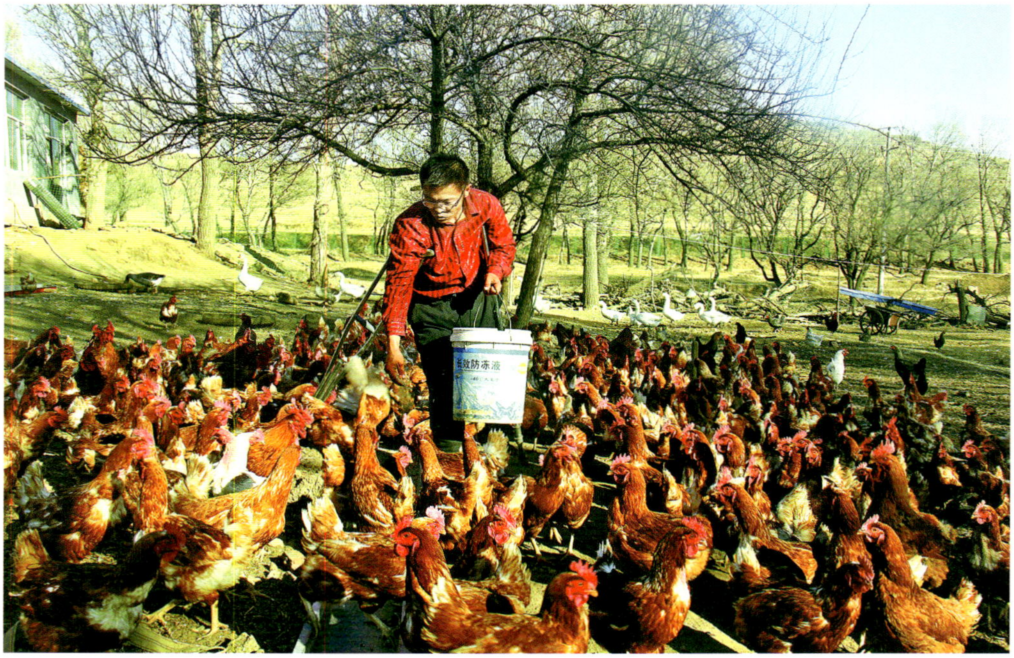

2018年，察哈尔右翼前旗三岔口乡黑沟村29岁的乔海兵，因车祸造成身体残疾，可并不因此而消沉。他在计算机专科学校毕业后，又外出打拼。他发现农村绿色农产品备受城市人青睐，于是萌生了回乡创业的想法，办起了以养鸡为主，以鹅、羊、猪、牛等为辅的养殖合作社，几经坎坷，合作社终于有了十几万元的年收入。2018年，他被察哈尔右翼前旗旗委、旗政府评为“精准扶贫、精准脱贫志智双扶典型户”。图为乔海兵正在给鸡喂食

（内蒙古日报社　常耀宗/摄）

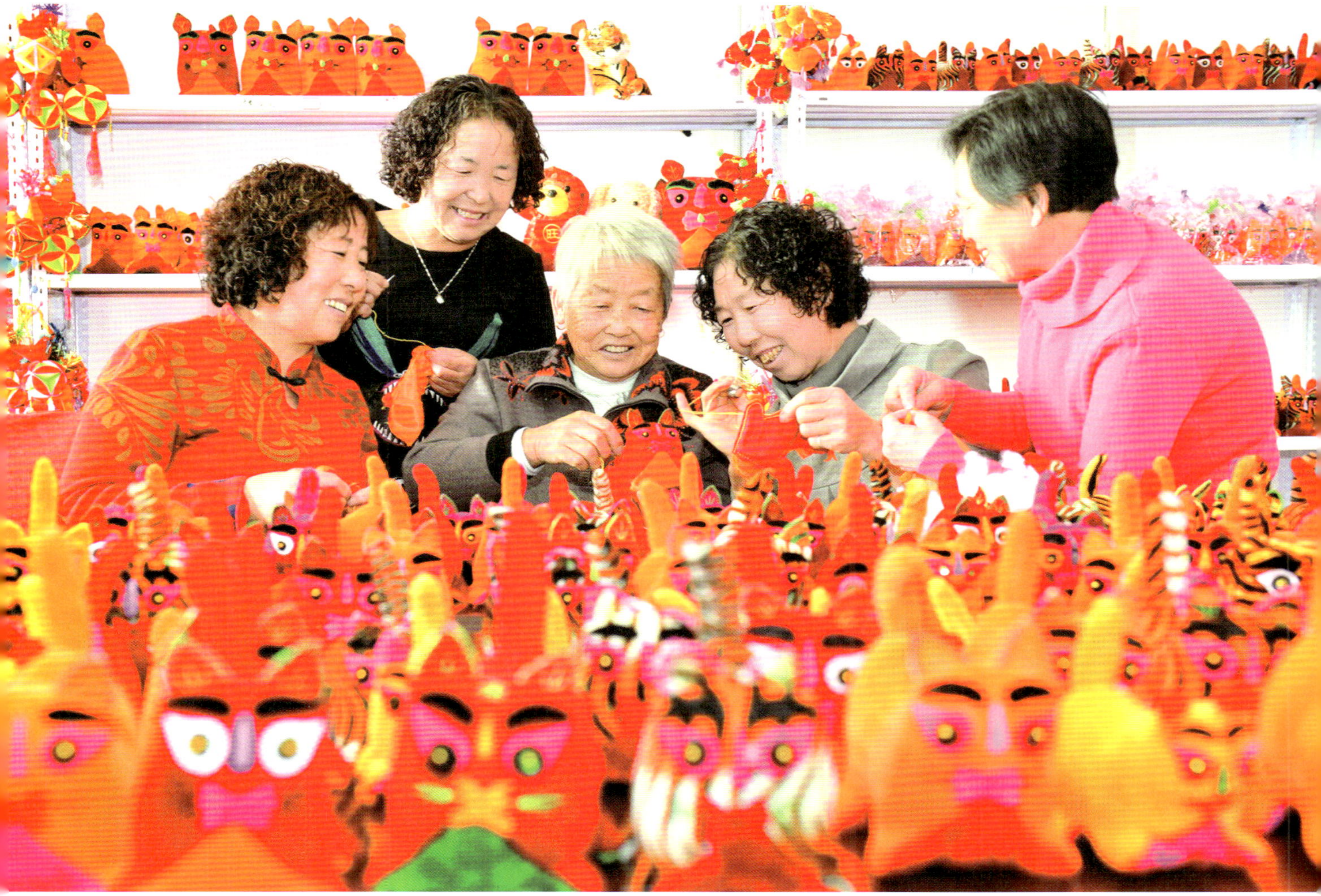

乌兰察布市察哈尔右翼前旗妇联在助农脱贫工作中大力发展“布老虎”产业，近千人接受培训。他们还注册“吉日格勒”商标，并通过电子商务网店等平台将“布老虎”销往全国各地。图为2019年1月14日，在乌兰察布市察哈尔右翼前旗妇联手工编织培训基地，民间艺人王玉英（中）为乡村布艺爱好者传授“布老虎”制作技艺

（内蒙古日报社　王正/摄）

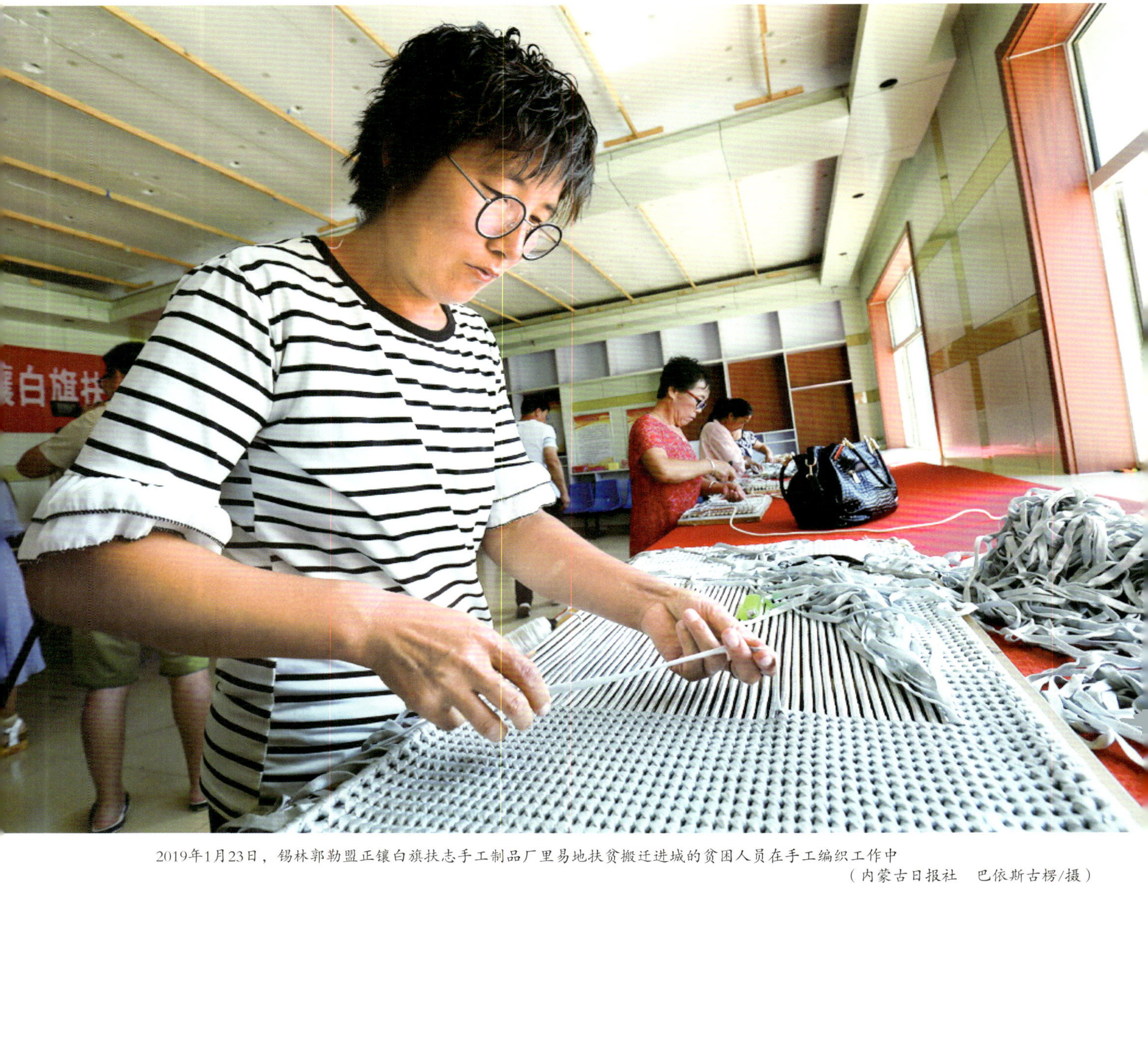

2019年1月23日，锡林郭勒盟正镶白旗扶志手工制品厂里易地扶贫搬迁进城的贫困人员在手工编织工作中

（内蒙古日报社　巴依斯古楞/摄）

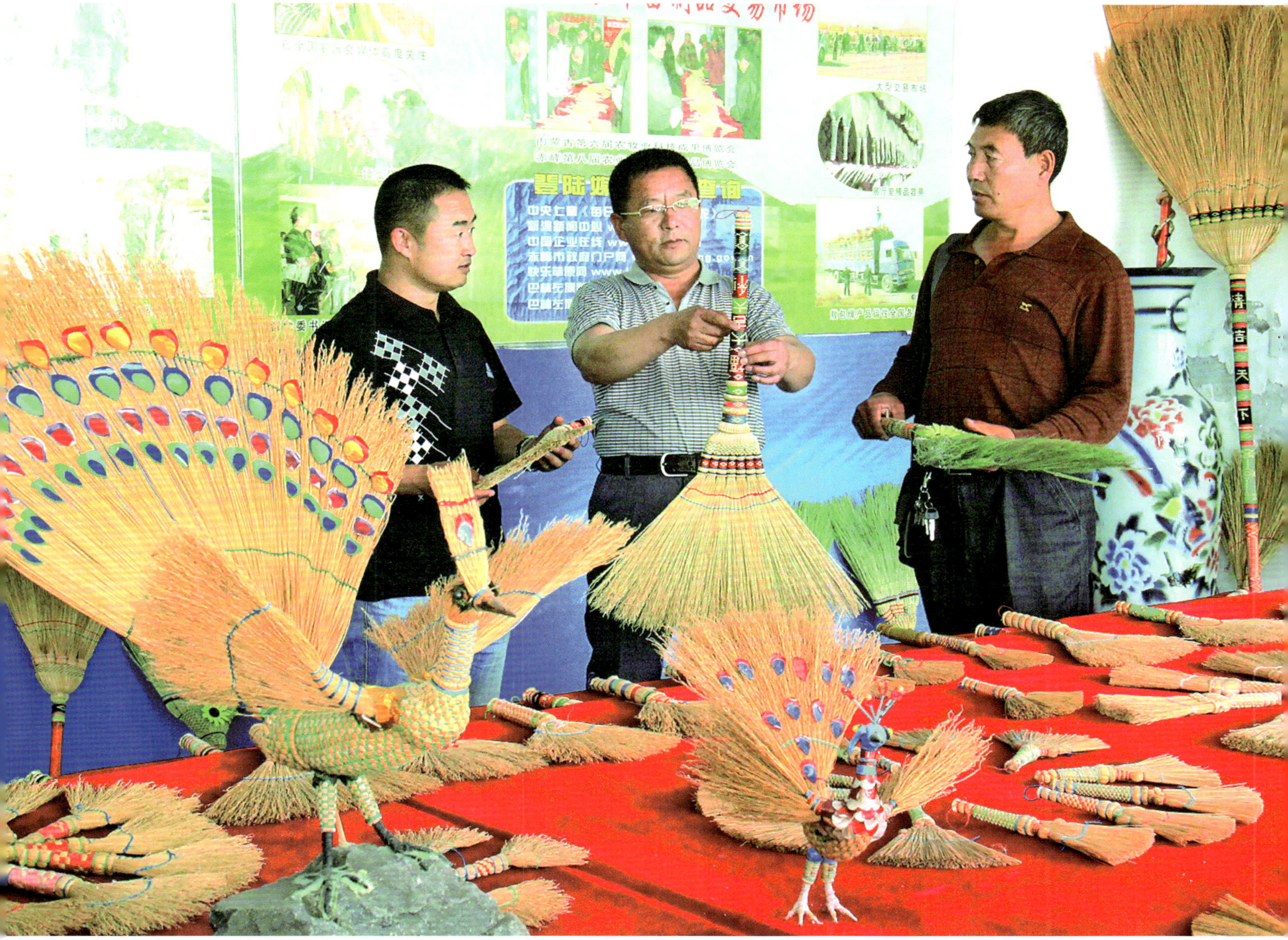

赤峰市巴林左旗享有“中国笤帚苗之乡”的美誉，随着产业不断扩大升级，2019年笤帚苗已经成为当地农民脱贫致富的重要产业。图为笤帚苗编织制品

（自治区扶贫办　供图）

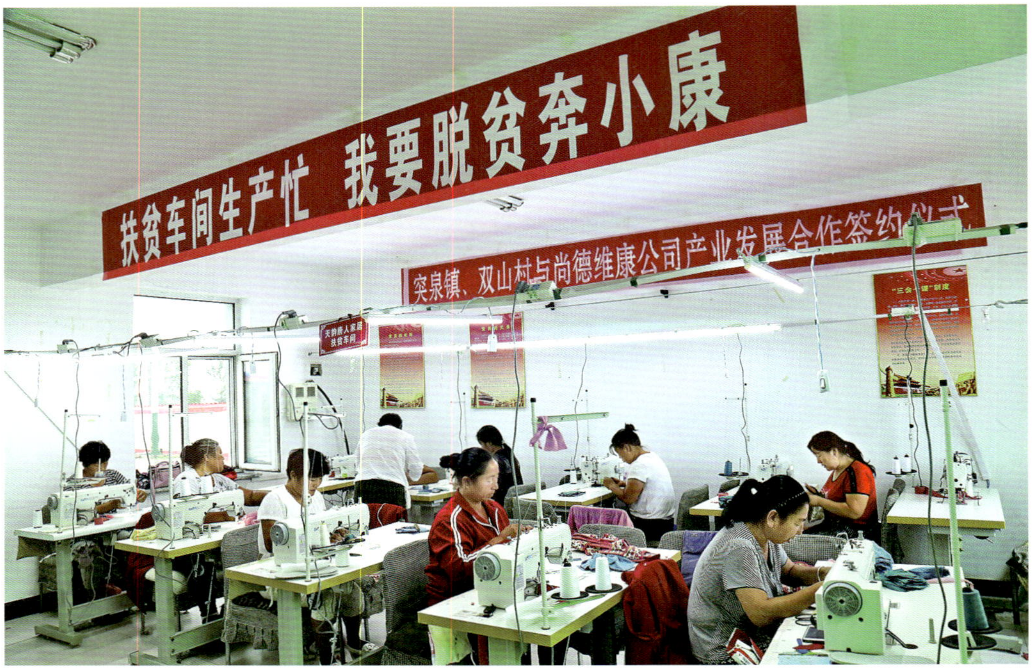

2019年，兴安盟突泉县突泉镇、双山村通过大力发展扶贫车间带动贫困户就业

（自治区扶贫办 供图）

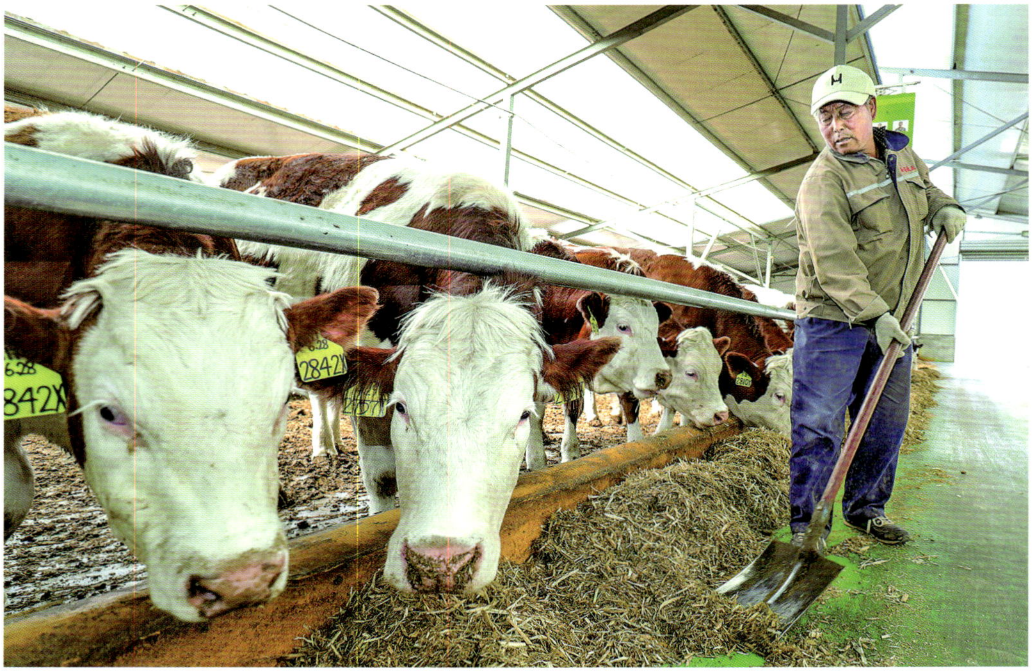

2019年，乌兰察布市凉城县政府与牧业企业建立“托管型”“订单型”“流转型”“打工型”四种扶贫模式，打出精准扶贫“组合拳”

（内蒙古日报社记者 于涛/摄）

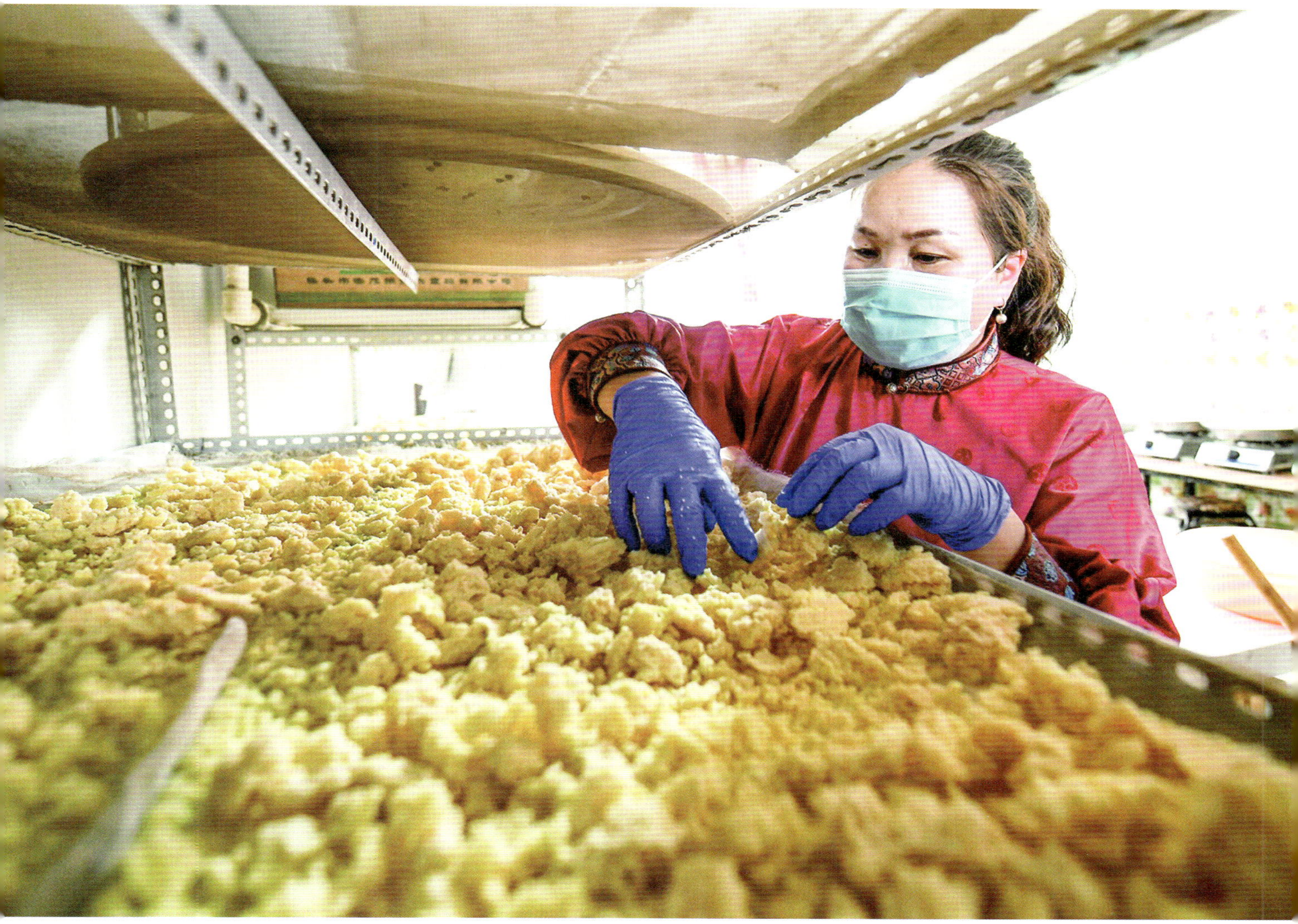

包头市达尔罕茂明安联合旗明安镇呼格吉乐图嘎查的牧民娜仁其木格自主创业，建立乌日根牧场品牌，以制作纯天然、高品质的奶食品为主，年纯收入40多万元。图为2020年5月14日，娜仁其木格正在制作奶食品

（内蒙古日报社记者　孟和朝鲁/摄）

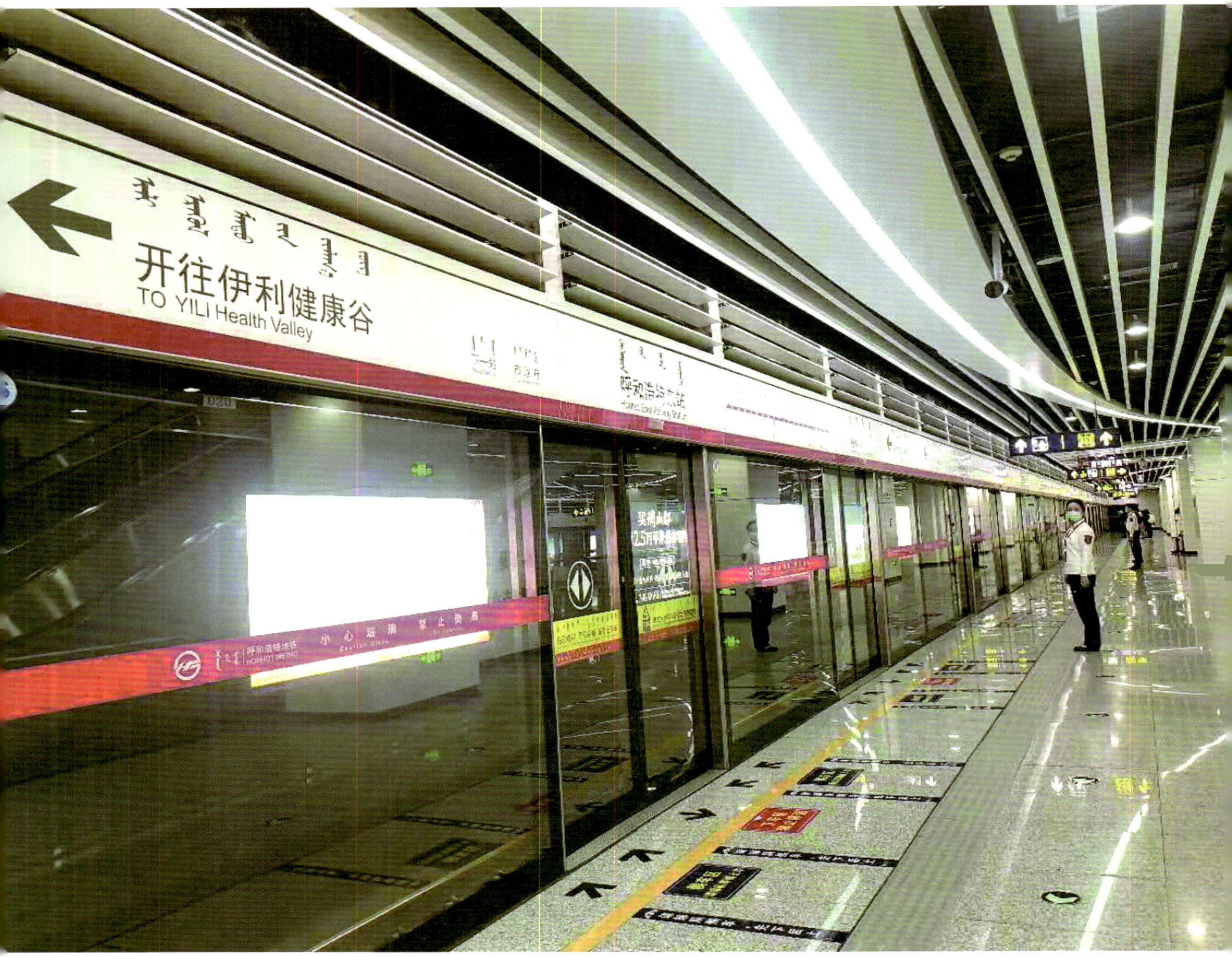

2021年9月6日，呼和浩特火车东站及西站全部实现与地铁、公交的接驳互通

（内蒙古日报社　供图）

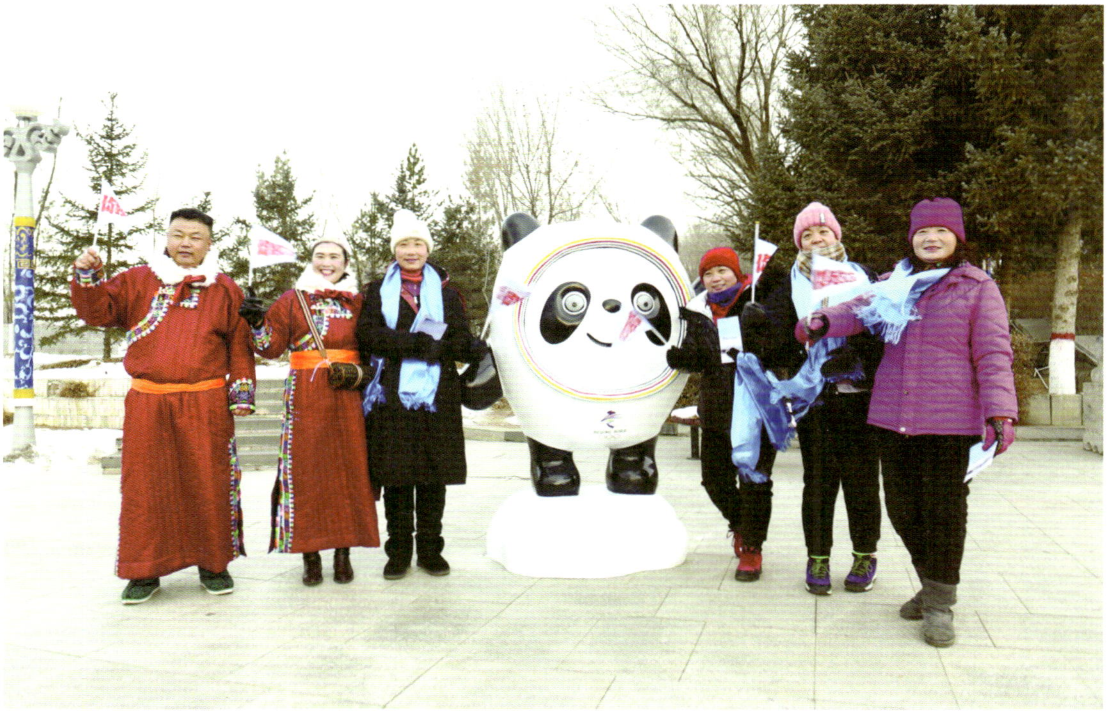

2022年1月1日，锡林浩特市民与2022年北京冬季奥运会吉祥物——“冰墩墩”一起合影迎新年，共同祝愿北京冬奥会圆满成功

（内蒙古日报社记者　巴依斯古楞/摄）

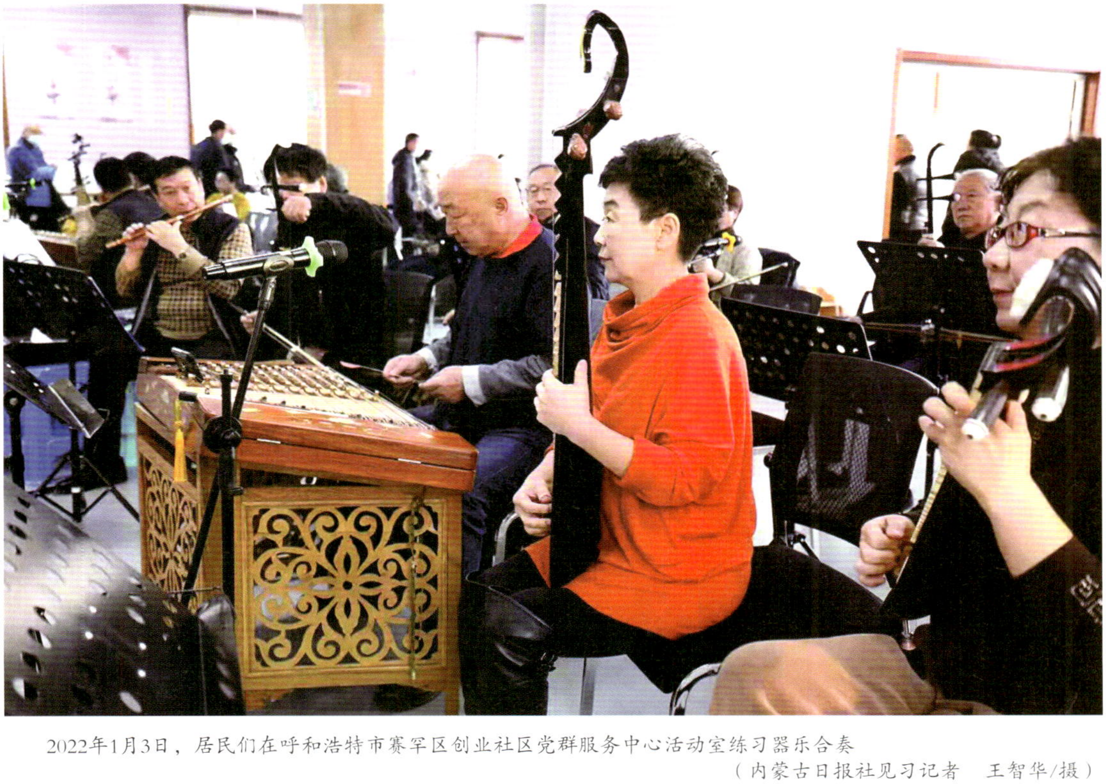

2022年1月3日，居民们在呼和浩特市赛罕区创业社区党群服务中心活动室练习器乐合奏

（内蒙古日报社见习记者　王智华/摄）

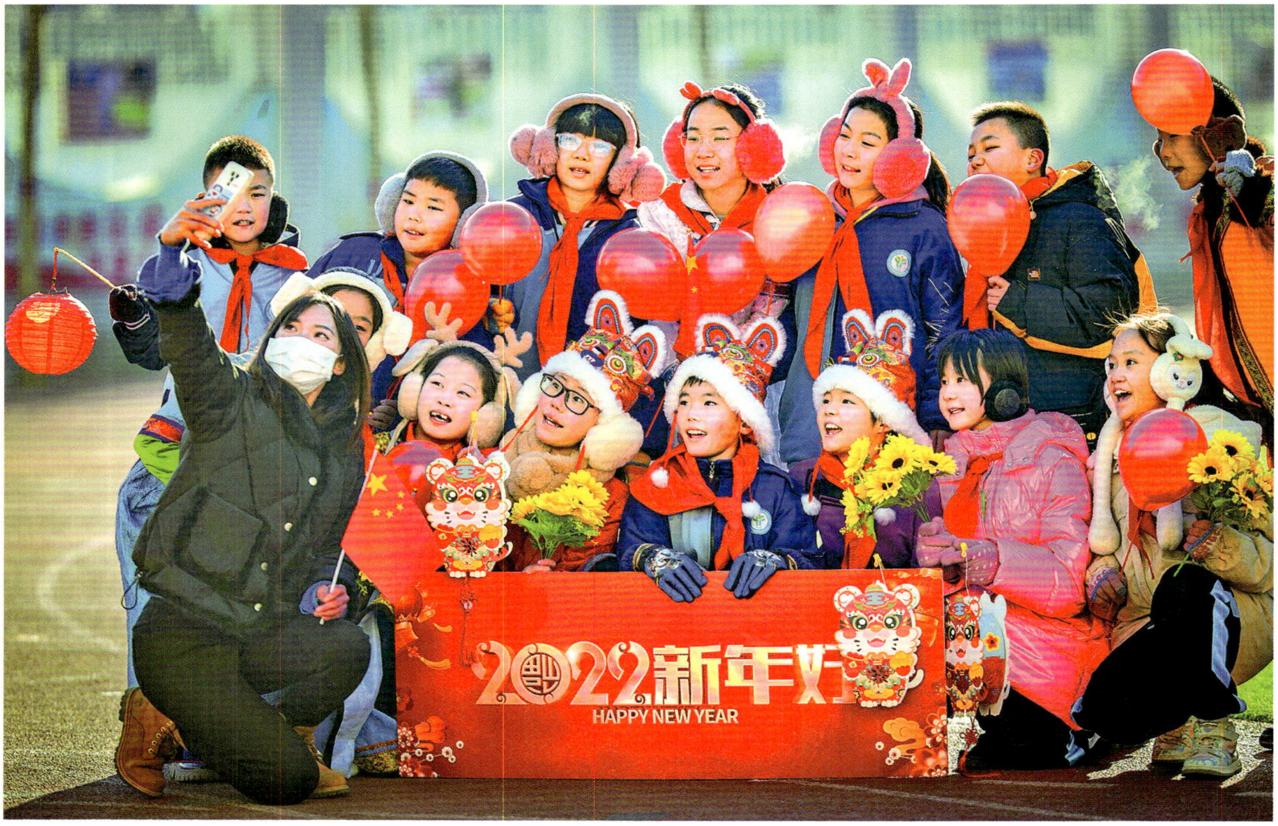

2021年12 月31 日，呼和浩特市玉泉区南柴火市街小学开展“2022 虎虎生威共迎未来”迎新年主题活动，师生通过绘制生肖虎、快闪、拍摄创意合影等方式，在欢声笑语中迎接2022 年的到来

（内蒙古日报社记者　王磊/摄）

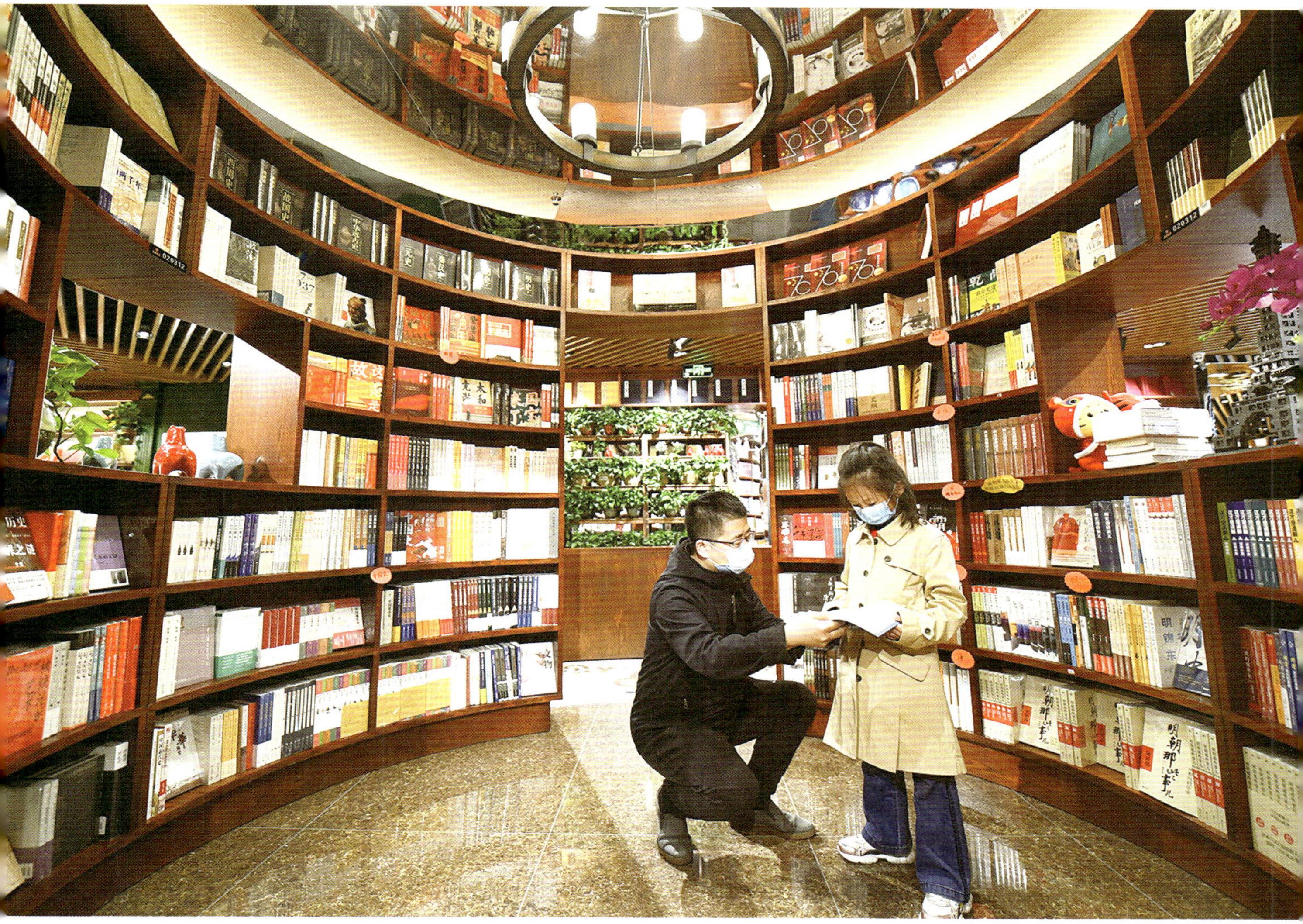

2022年4月24日，在首届全民阅读大会·年度最美书店发布活动中，全国共有46家书店获得“年度最美书店”殊荣，呼和浩特市新华书店腾飞路店是自治区唯一一家上榜的书店。市民在书店阅读、选购书籍，打卡“年度最美书店”。图为4月30日，市民在新华书店腾飞路店内阅读

（内蒙古日报社记者　孟和朝鲁/摄）

“桥头堡”彰显新魅力

十年来，内蒙古不断扩大对外开放，全面加强区域协作，积极服务和融入新发展格局。内蒙古是京畿近地、临近国内中心市场，“北京向西一步，就是乌兰察布”。内蒙古自古就有开放的基因，历史上就是“草原丝绸之路”和“万里茶道”的重要枢纽和通道，如今更是中蒙俄经济走廊的重要节点、国家西部陆海新通道的重要门户。回看新时代的这十年，内蒙古联通内外的“交通网”越织越密，区域协作的“关系网”越扩越大，在“一带一路”上的“朋友圈”越来越广。

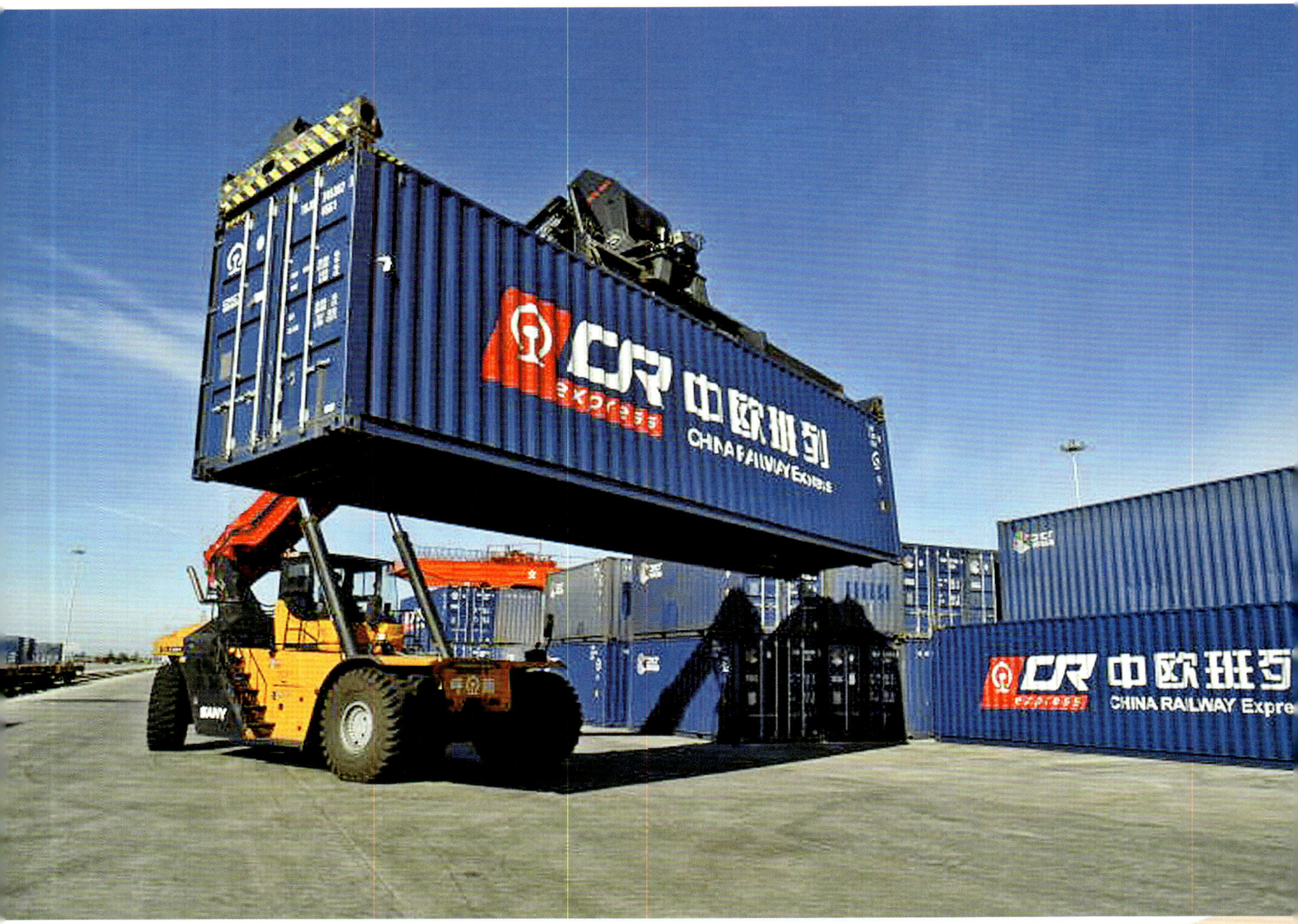

2018年9月11日，呼和浩特首列中欧班列启程

（梁亮/摄）

十年印记

★十年来，对外开放口岸由12个增至20个，过境中欧班列由2013年的3列增加到2021年的6100多列，始发中欧班列由2016年的30多列增加到2021年的300多列，满洲里、二连浩特口岸进出境中欧班列均累计突破万列大关，边境陆路口岸货运总量居全国首位。

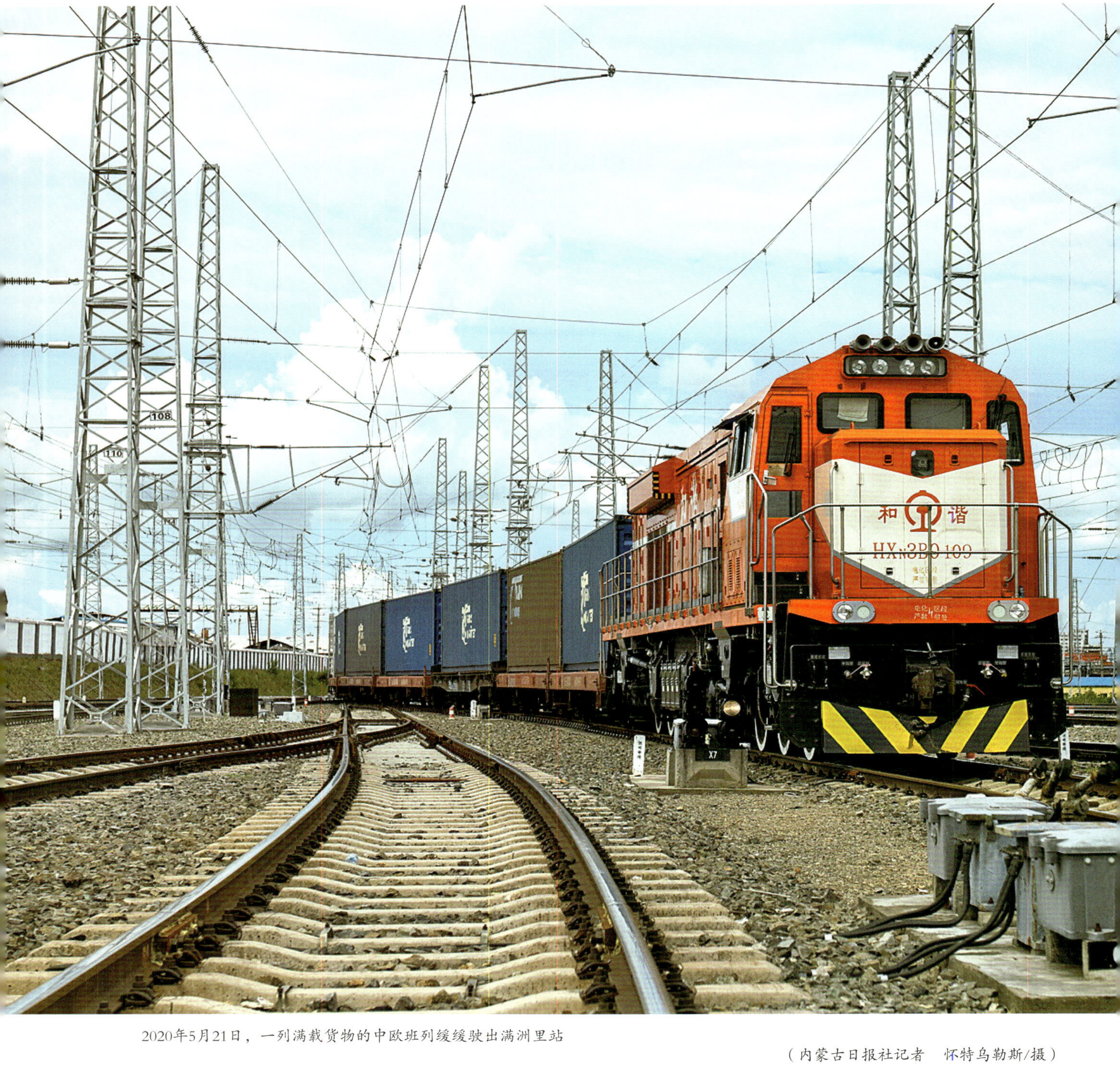

2020年5月21日，一列满载货物的中欧班列缓缓驶出满洲里站

（内蒙古日报社记者　怀特乌勒斯/摄）

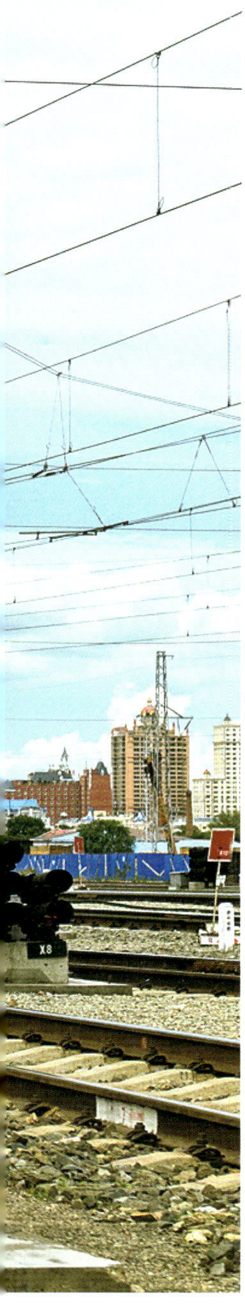

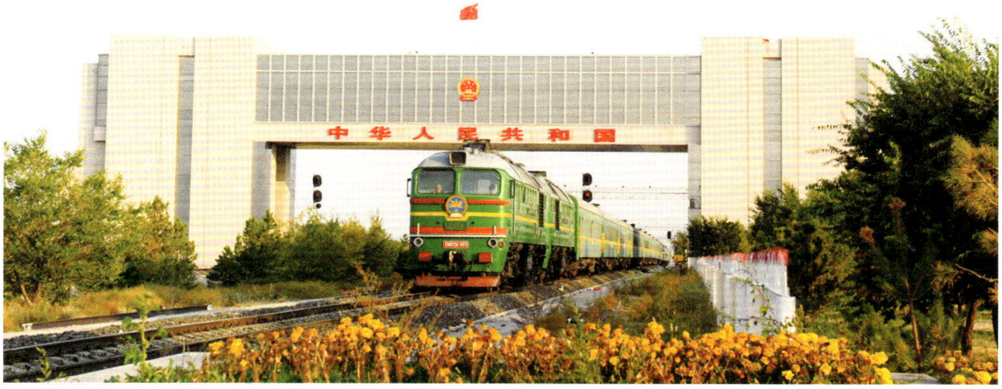

2021年7月2日，一列中欧班列驶入二连浩特陆路口岸

（锡林郭勒日报融媒体音视图中心　供图）

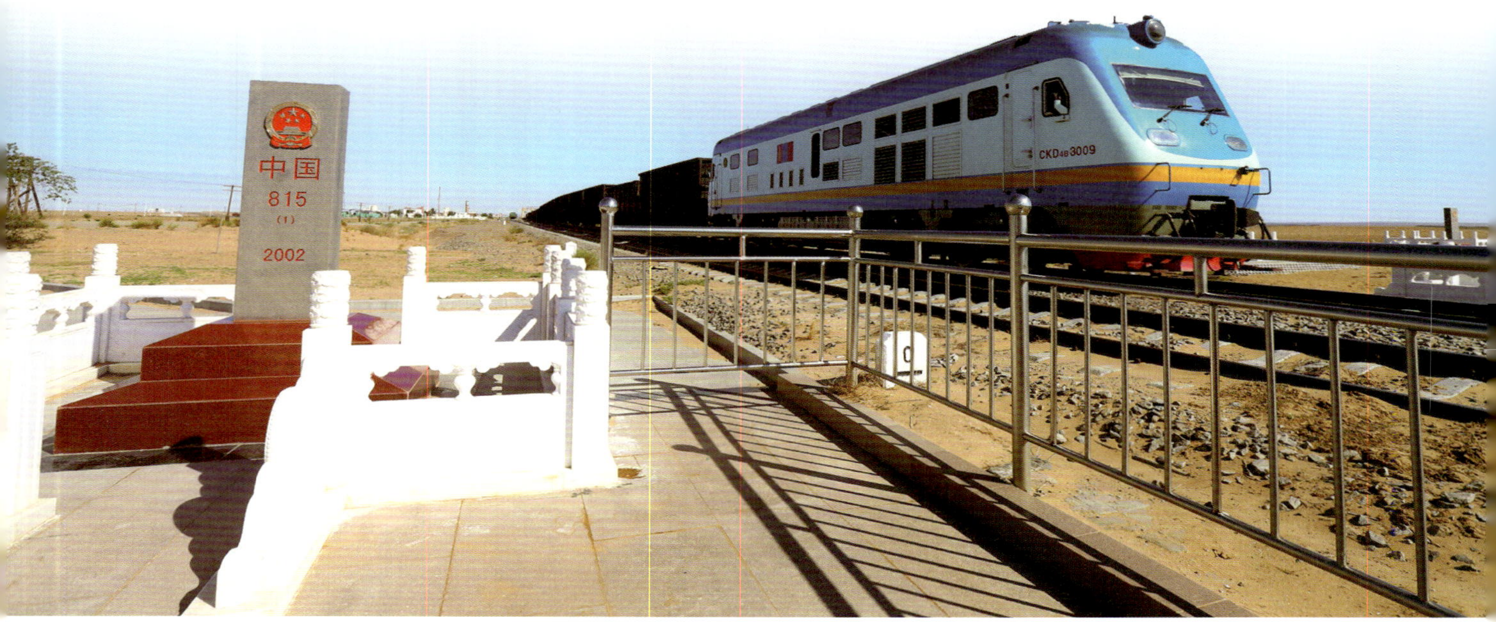

2021年11月10日，驶入国门的中欧班列

（蔺俊/摄）

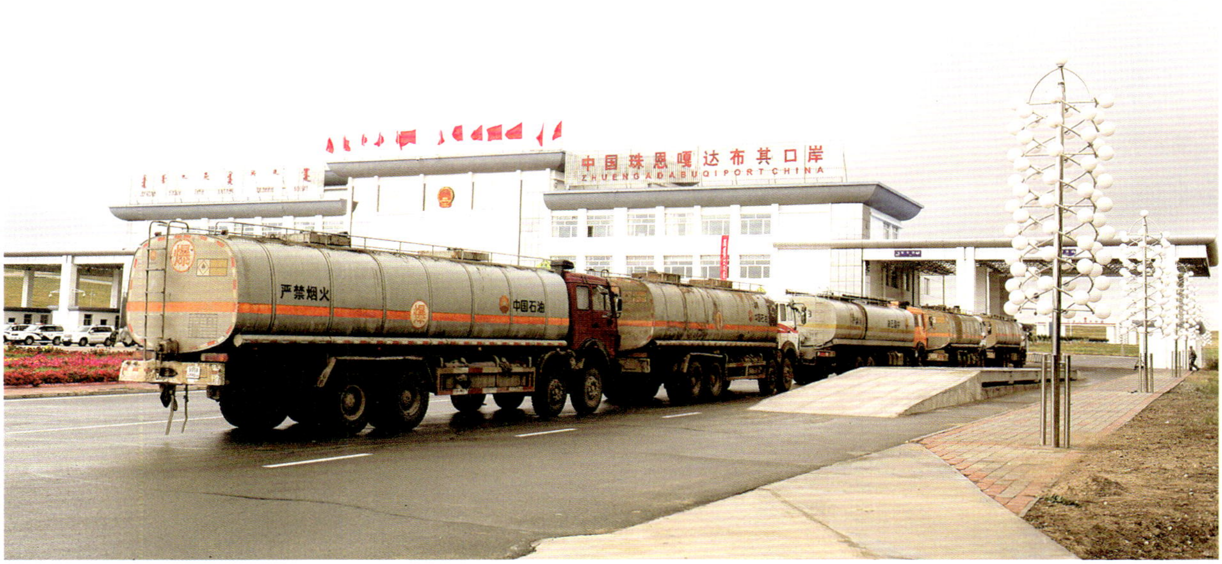

2022年8月16日，运输石油的大卡车缓缓驶过珠恩嘎达布其口岸

（锡林郭勒盟外事办　供图）

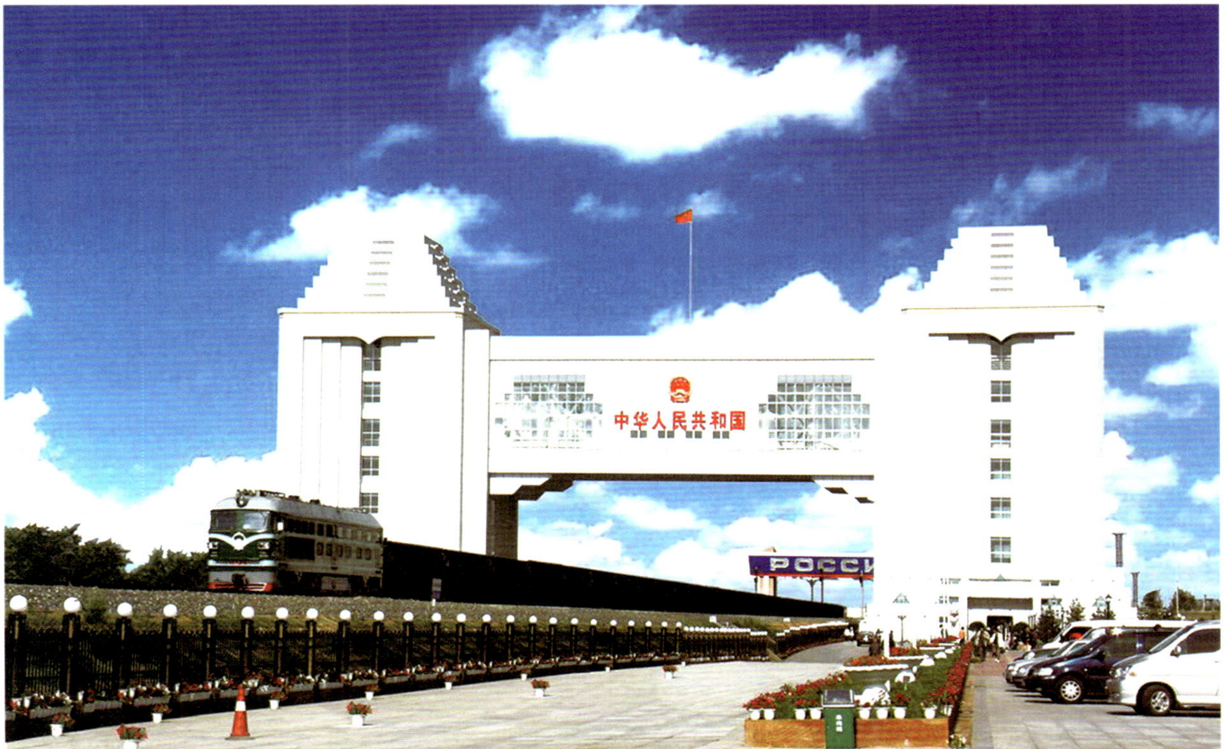

2022年8月21日，一列中欧班列驶入满洲里口岸

（内蒙古日报社　供图）

守望相助　团结奋斗

内蒙古是2400多万各族人民共同的家园。作为我国最早成立的民族地区，内蒙古在促进民族团结上具有光荣传统，长期以来拥有“模范自治区”的崇高荣誉。“要倍加珍惜、继续坚持民族团结光荣传统和‘模范自治区’崇高荣誉，巩固发展民族团结大局。”十年来，内蒙古自觉肩负起、履行好维护国家统一、民族团结的重大政治责任，紧紧围绕铸牢中华民族共同体意识，加强和改进民族工作，持续巩固发展民族团结大局。

十年印记

★内蒙古大学入选国家首批铸牢中华民族共同体意识研究培育基地。

★内蒙古师范大学被国家民委确定为中华民族共同体研究基地。

★8家单位和机构被命名为自治区级铸牢中华民族共同体意识研究（培育）基地。

★十年来，内蒙古69个地区和单位获评全国民族团结进步示范区示范单位。

★十年来，内蒙古58个集体和71人获评全国民族团结进步模范集体和模范个人。

★十年来，661个地区和单位获评全区民族团结进步示范区示范单位。

★十年来，848个集体和948名个人获评全区民族团结进步模范集体和模范个人。

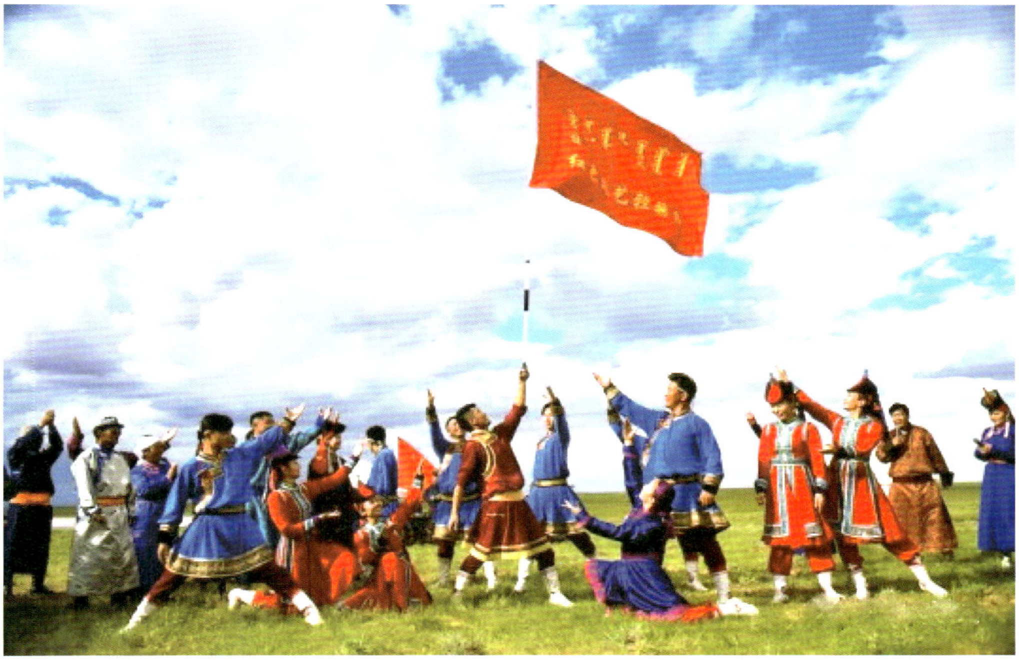

2018年7月，苏尼特右旗乌兰牧骑以蓝天为幕布、以绿地为舞台，为当地农牧民下乡演出

（自治区民委　供图）

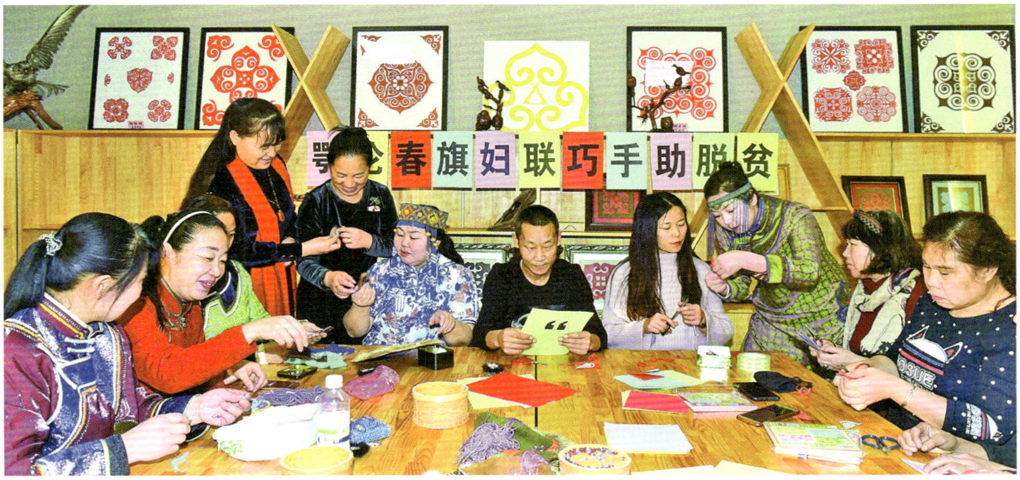

2019年1月8日，呼伦贝尔市鄂伦春自治旗妇联组织民族手工艺大师走进阿里河镇平安社区，引导和培训贫困群众发展特色民族手工艺品制作

（侯玉鹏/摄）

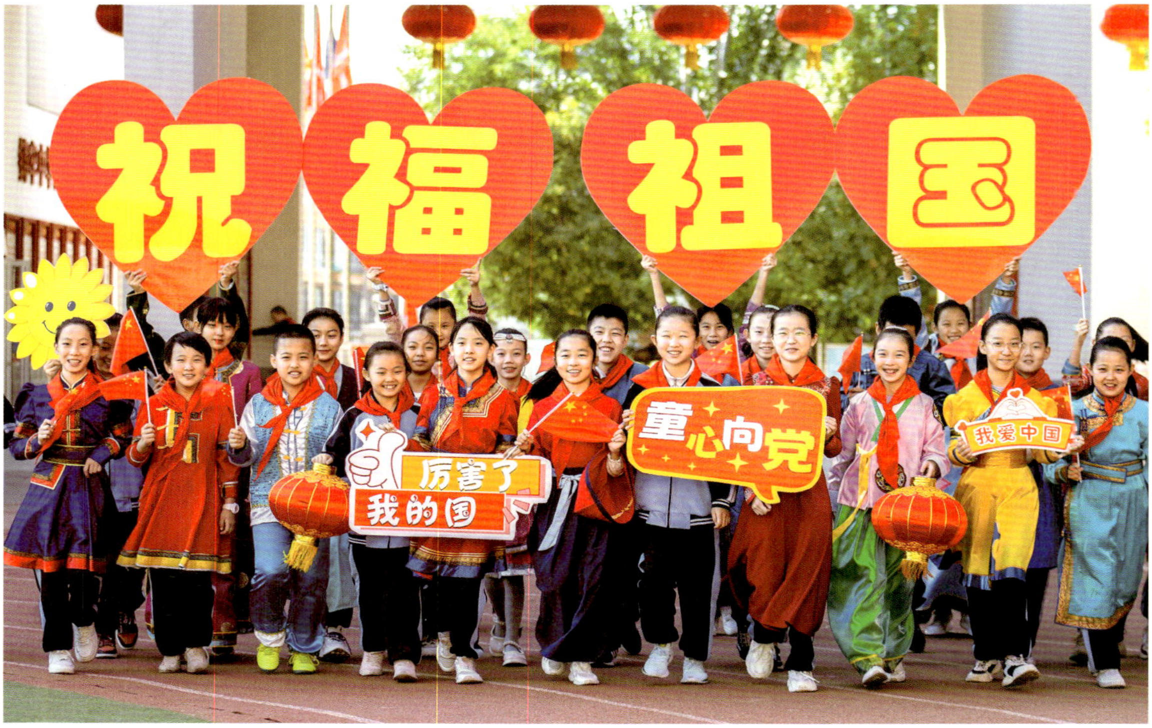

2021年7月，呼和浩特市中小学校园开展“‘石榴籽’心向党”主题活动

（自治区民委　供图）

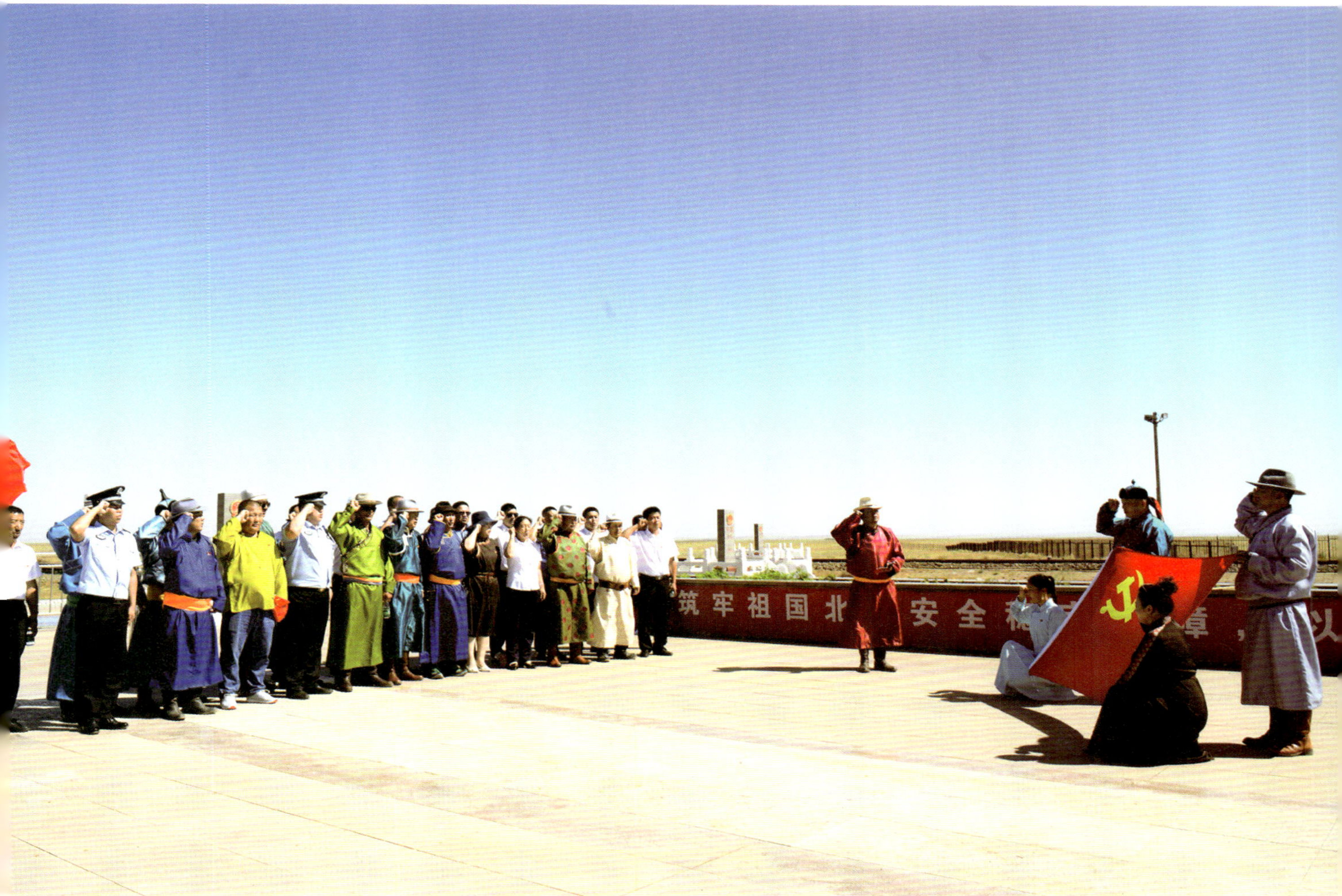

2021年11月10日，各族群众在国门下宣誓

（丁立群/摄）

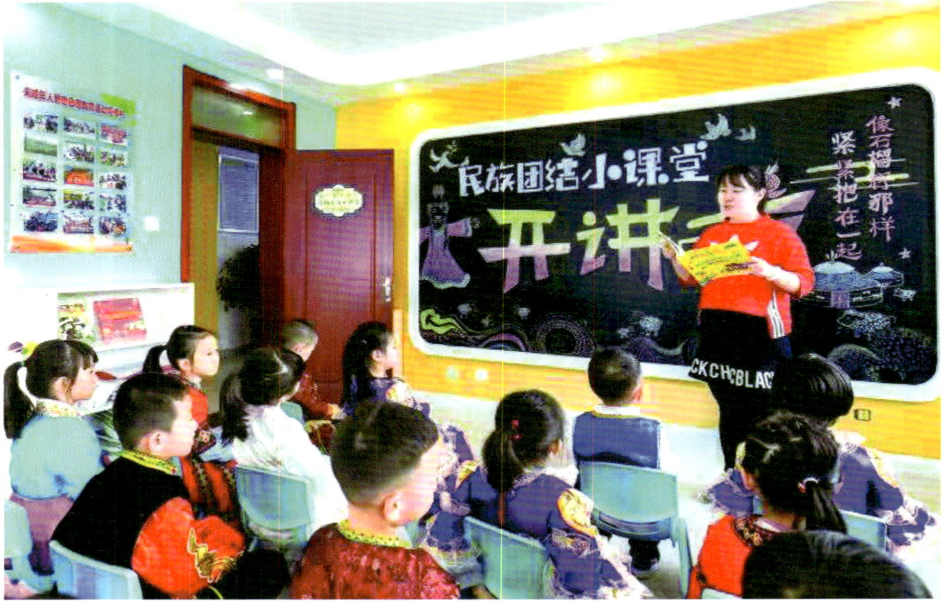

2022年1月3日，呼和浩特市玉泉区大南街街道梁山街社区党群服务中心举办“民族团结小课堂”，让孩子们将爱党爱国爱家乡的理念根植于心

（内蒙古日报社　丁根厚/摄）

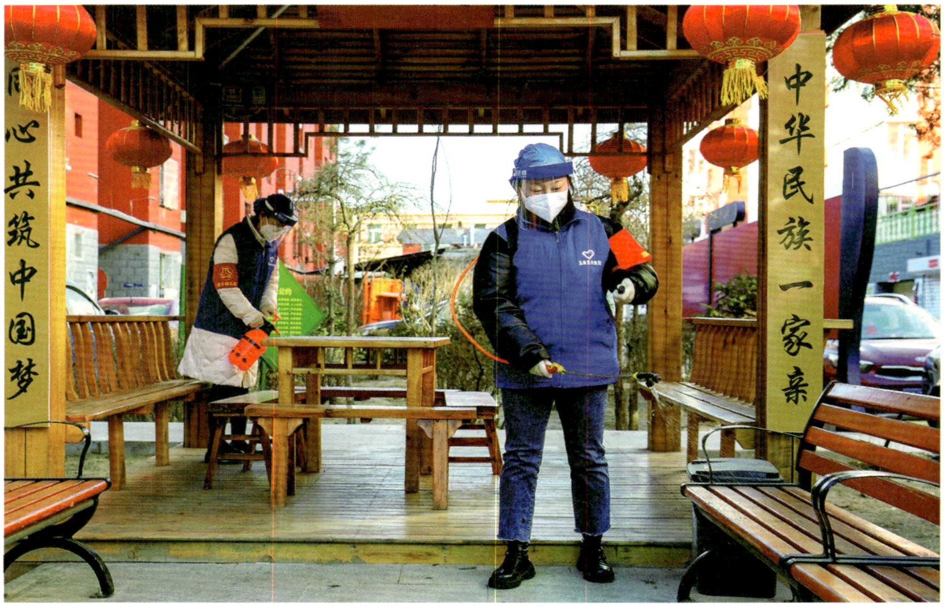

在抗击新冠疫情中，呼和浩特市涌现出一个个平凡而伟大的战“疫”英雄，他们舍小家顾大家，同时间赛跑、与病魔较量，用责任和担当谱写一曲曲志愿赞歌，书写新时代雷锋精神，让雷锋精神在战“疫”中焕发出了绚丽光彩。图为2022年3月4日，志愿者在呼和浩特市玉泉区清泉街社区民和花园小区进行消杀作业

（内蒙古日报社记者　王磊/摄）

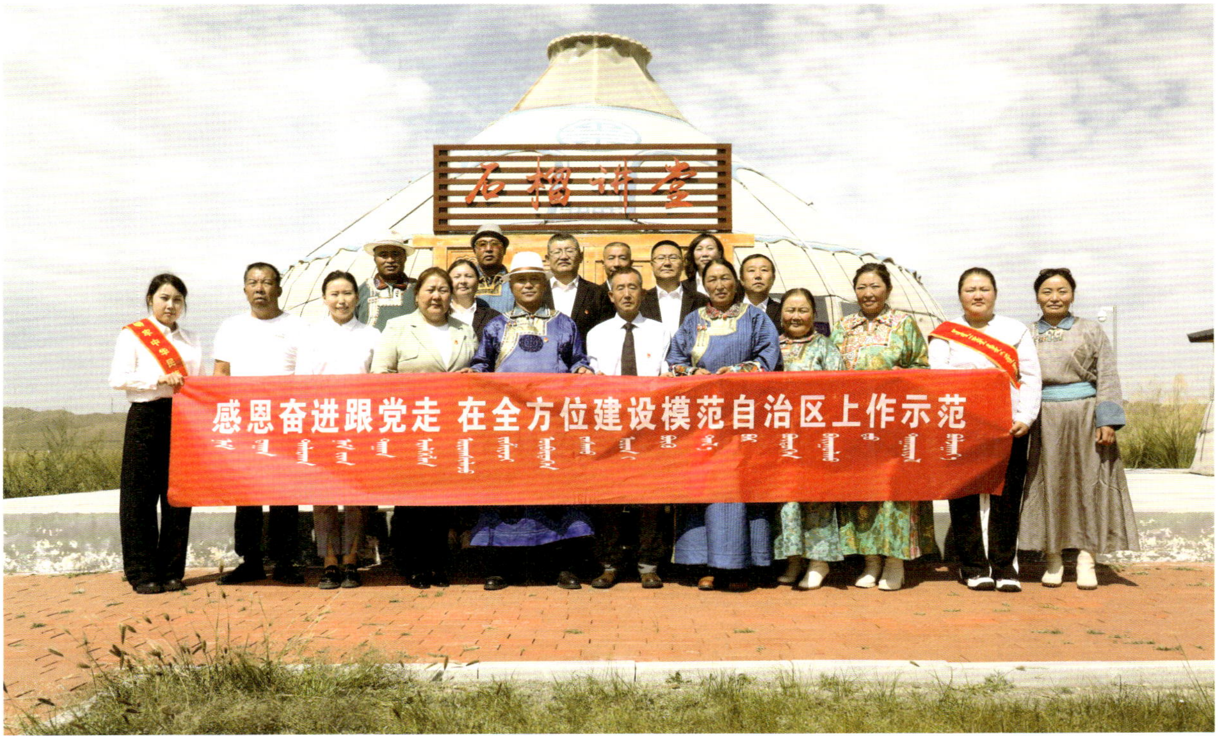

2022年6月，锡林郭勒盟举办感恩奋进跟党走“石榴籽e起来”织密民族团结之网访谈微党课直播活动。图为“感恩奋进跟党走在全方位建设模范自治区上作示范”主题党日活动

（自治区民委 供图）

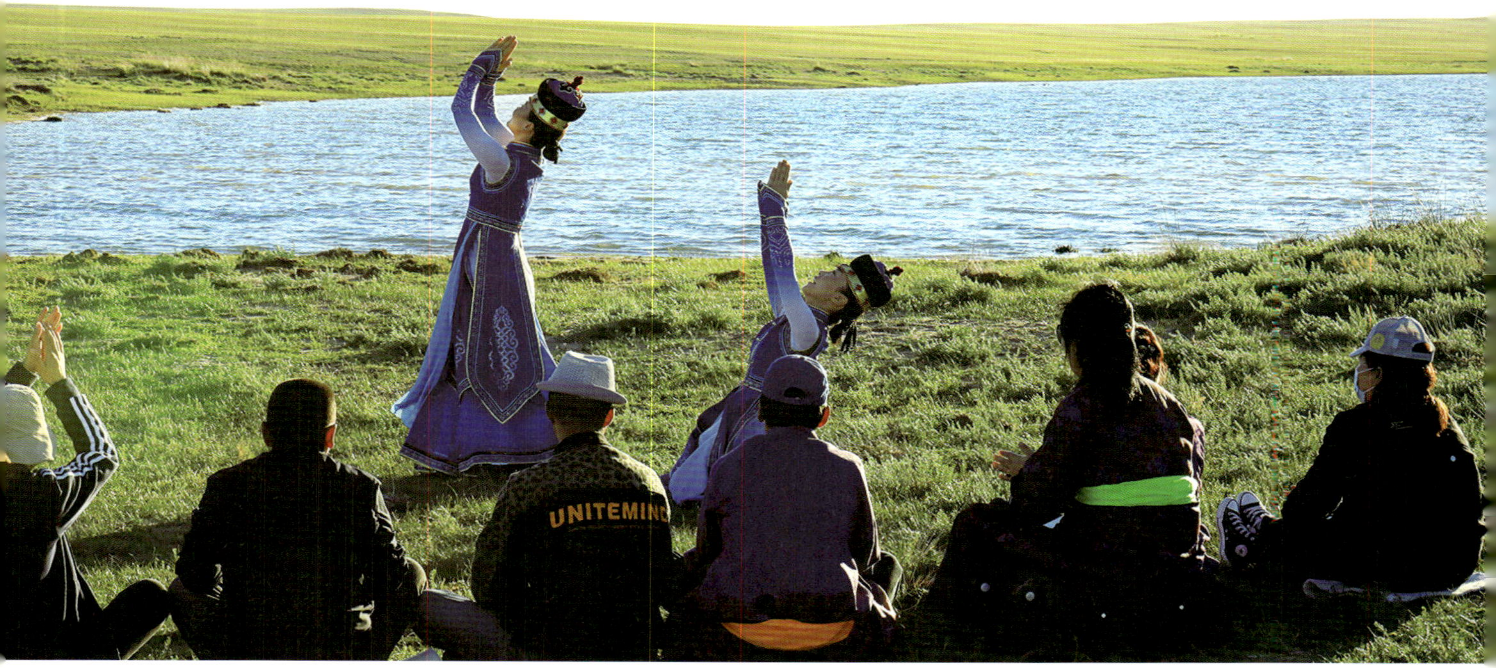

“乌兰”汉语意为“红色”，“牧骑”意为“树杈上的嫩芽”，“乌兰牧骑”意为“红色的嫩芽”，后被引申为“红色文化工作队”“红色文化轻骑兵”。1957年6月，全国第一支乌兰牧骑在锡林郭勒盟苏尼特右旗成立。乌兰牧骑队员曾受到毛泽东、刘少奇、周恩来、邓小平、邓颖超、习仲勋、乌兰夫、杨静仁等党和国家领导人的赞扬及接见。2017年10月，16名苏尼特右旗乌兰牧骑队员给国家主席习近平写信，汇报乌兰牧骑60年来的发展情况，表达为繁荣发展社会主义文艺事业作贡献的决心。当年11月21日，习近平回信勉励他们继续扎根基层、服务群众，努力创作更多接地气、传得开、留得下的优秀作品。苏尼特右旗乌兰牧骑自诞生以来，先后创作音乐、曲艺、木偶戏等作品2000余部，有600余部作品在锡林郭勒盟、自治区乃至全国获奖。苏尼特右旗乌兰牧骑作为文化艺术的友好使者，走出国门，把友谊的歌声传播到世界各地。图为2022年7月，苏尼特右旗乌兰牧骑队员在牧区演出

（内蒙古日报记者　巴依斯古楞/摄）

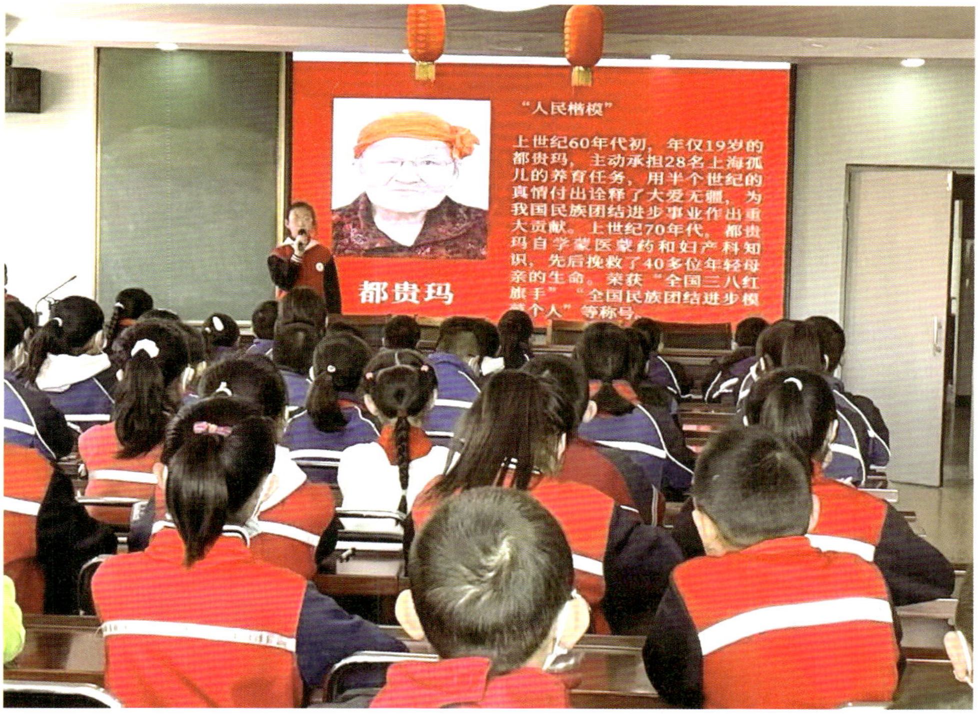

2022年9月1日，乌兰察布市四子王旗红格尔学校开展“上好开学第一课”活动

（自治区民委　供图）

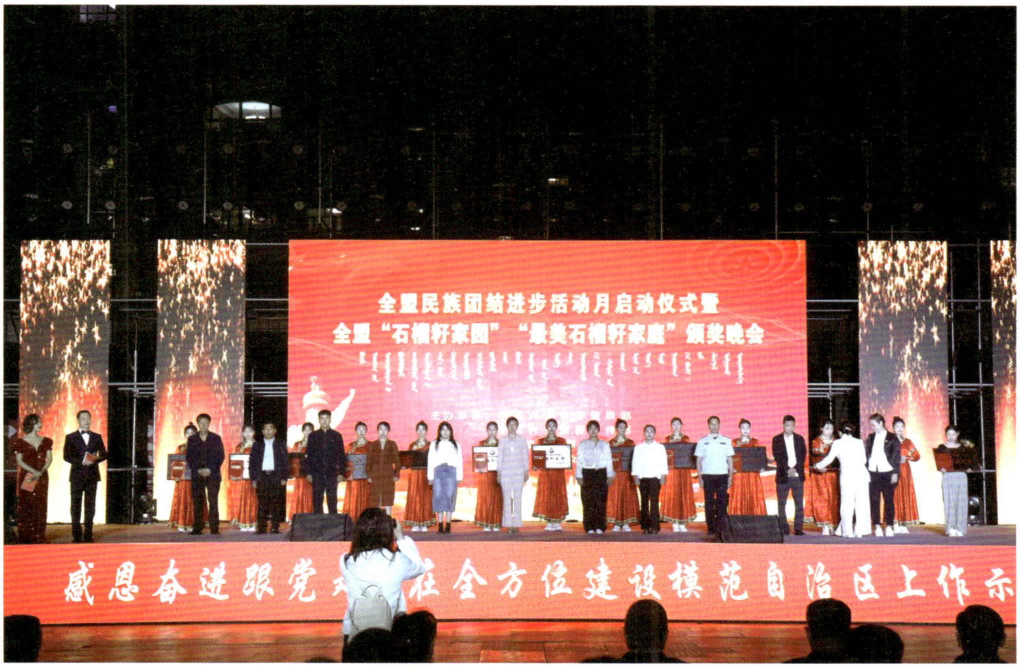

2022年9月，兴安盟民族团结进步活动月启动仪式暨全盟“石榴籽家园”“最美石榴籽家庭”颁奖晚会举办

（自治区民委　供图）

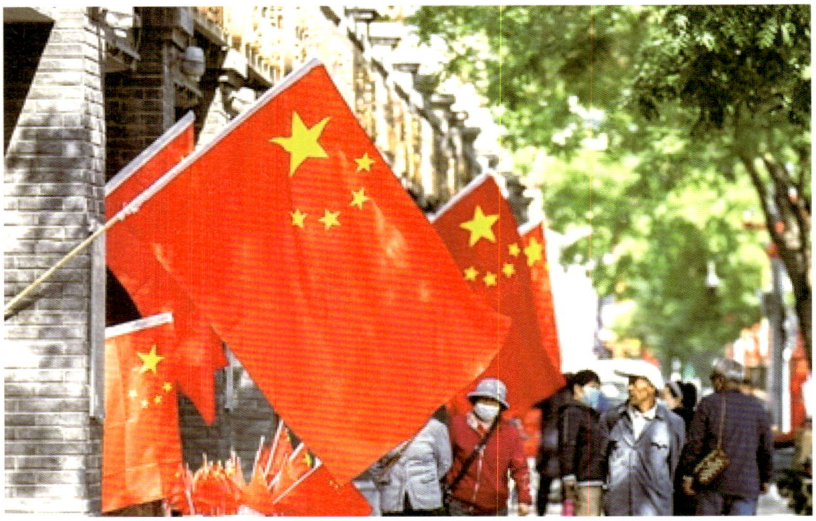

2022年9月28日，呼和浩特市街头巷尾纷纷悬挂起五星红旗，喜迎国庆的气息扑面而来

（牛天甲/摄）

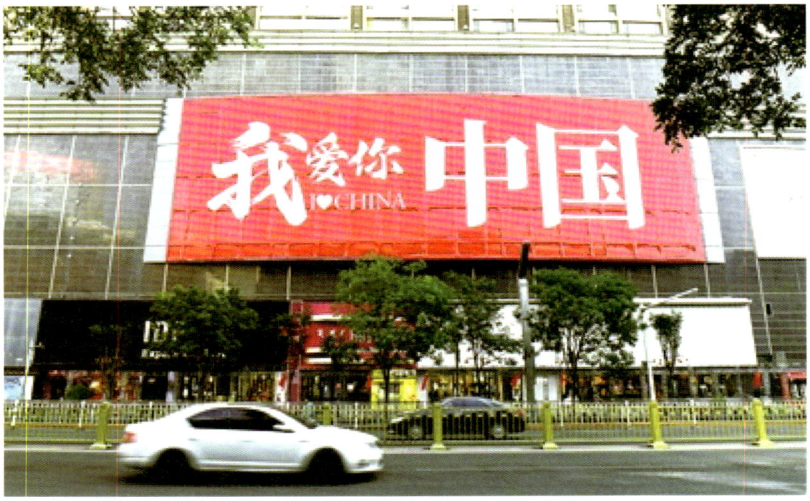

2022年9月29日，一幅印有“我爱你中国”字样的红色海报出现在呼和浩特市中山西路的醒目位置，表达着社会各界对祖国的深情祝福

（内蒙古日报社　王磊/摄）

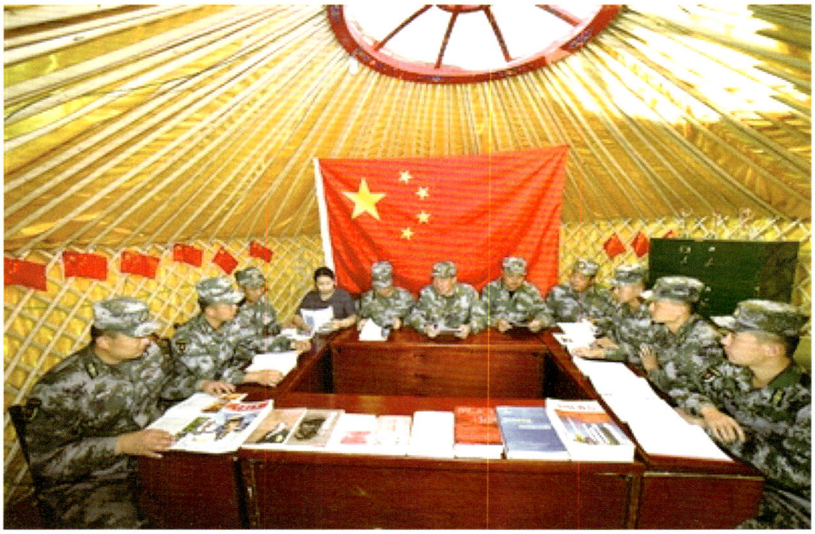

2022年10月1日，阿拉善盟阿拉善右旗边防民兵驼兵排走进“蒙古包哨所”宣讲学习

（马建荃　王鹏/摄）

特载

ᠲᠤᠰᠬᠠᠢ ᠨᠡᠢᠲᠡᠯᠡᠯ

党的十八大以来内蒙古经济社会发展变化

郑宏范：女士们、先生们，各位记者朋友，上午好！欢迎出席中国共产党内蒙古自治区委员会新闻发布会。

今天，我们召开“中国这十年·内蒙古”主题新闻发布会，请内蒙古自治区党委书记、自治区人大常委会党组书记孙绍骋先生，内蒙古自治区党委副书记、自治区主席王莉霞女士出席，介绍党的十八大以来内蒙古坚定不移走以生态优先、绿色发展为导向的高质量发展新路子有关情况，并回答大家的提问。

下面，首先请孙绍骋书记作主题发布。

孙绍骋：各位记者朋友，女士们、先生们，大家上午好！非常高兴在这里同大家见面。首先，我代表自治区党委和政府，对各媒体长期以来给予内蒙古的关心和支持，表示衷心的感谢！

党的十八大以来，习近平总书记始终深情牵挂内蒙古各族人民，先后2次到内蒙古考察，连续5年参加全国人民代表大会内蒙古代表团审议，叮嘱我们积极探索以生态优先、绿色发展为导向的高质量发展新路子，把内蒙古建设成为我国北方重要生态安全屏障、祖国北疆安全稳定屏障、国家重要能源和战略资源基地、国家重要农畜产品生产基地、我国向北开放重要桥头堡。总书记的殷殷嘱托，为新时代内蒙古发展指明了前进方向、提供了根本遵循、注入了强大动力。十年来，全区上下守望相助、感恩奋进，推动各项事业取得历史性成就，全区地区生产总值从刚刚过万亿元门槛到2021年底跨过了2万亿元大关，人均GDP从4.2万元增加到8.5万元、居全国第十位，保持了经济发展、民族团结、社会稳定、边疆安宁的良好局面。

一是厚植“北疆绿”、增色“中国蓝”，我国北方重要生态安全屏障日益牢固。内蒙古有两道长城，一道是古人给我们留下的万里长城，另一道是我们正在打造的祖国北疆万里绿色长城。内蒙古横跨“三北”，有草原13亿多亩、占全国的22%，森林近4亿亩、占全国的12%，湿地5700多万亩、占全国的16%，荒漠化和沙化土地面积均占全国的近1/4。保护好这里的生态环境，是内蒙古义不容辞的责任，也是内蒙古对国家最大的贡献。

十年来，我们坚持不懈保生态、治污染、促转型，让广袤草原“带薪休假”，在兴安林海“挂斧停锯”，对重点沙漠“锁边治理”，累计营造林1.22亿亩、种草2.86亿亩，年均防沙治沙1200万亩以上，规模均居全国第一位，全区草原植被盖度和森林覆盖率分别由40.3%和20.8%提高到45%和23%，荒漠化和沙化土地面积持续减少，沙尘暴天数由每年4.9天减少到0.6天。

今天的内蒙古，不仅给我国北方地区披上了风沙的“防护服”，还为全国人民打造了超级“碳库”和纯净“氧吧”，京津“风沙源”变成了首都“后花园”。

二是温暖千座城、点亮万家灯，国家重要能源和战略资源基地尽显担当。内蒙古是一个有温度的地方，过去鄂尔多斯羊绒衫温暖了全世界，现在鄂尔多斯的能源温暖了大半个中国，当然不只是鄂尔多斯，内蒙古还有不少地方“煤从空中走，电送全中国”；而且不只是盛产煤电，内蒙古因为“风”“光”无限好到处都是绿能涌动。

十年来，我们大力发展现代能源经济，电力总装机达到1.56亿千瓦，外送电能力达到7000万千瓦，外送电量连续17年领跑全国，累计生产煤炭98.9亿吨、外运59.3亿吨，发电4.9万亿千瓦·时、外送1.8万亿千瓦·时，建成了全国最大的煤电、煤化工基地。新能源装机达到5600万千瓦、占电力装机比重超过1/3，新能源发电量达到1191亿千瓦·时、居全国首位。稀土就地转化率提高到75%以上，包头稀土钢轨为全国近四成的高铁铺上了优质“跑道”。

这两年，全国煤电供应紧张，内蒙古坚决扛起能源保供的重大责任，仅鄂尔多斯一个市就完成了国家交付的18个省煤炭保供任务，即使煤价高企发电赔本我们也全力保大局，宁可在自家多建“锅炉房”也要为国家贡献更多清洁能源，这就是内蒙古的担当！

三是种好“塞外粮”、丰盛“中国碗”，国家重要农畜产品生产基地声名远扬。当“舌尖上的中国”还没有风靡开来的时候，内蒙古大草原的味道就已经香飘万里。内蒙古是全国5个耕地保有量过亿亩的省区之一，也是国际公认的优质畜牧区、黄金奶源带。

十年来，我们大力发展现代农牧业，打造形成奶业、玉米2个千亿级和肉羊、肉牛、马铃薯、葵花籽等10个百亿级产业集群。产粮上，内蒙古粮食产量连续4年突破700亿斤、排全国第六位，每年有一半以上的粮食调往区外、供应全国。养畜上，草食牲畜存栏突破7000万头只，羊肉、牛肉、牛奶、羊绒产量分别约占全国的1/5、1/10、1/5、1/2，伊利和蒙牛双双挺进全球乳业十强，分别位居第五位和第七位。

现在，内蒙古已成为国家重要的“粮仓”“肉库”“奶罐”“绒都”，“名特优新”农畜产品总数位居全国第一，“蒙字号”产品畅销全国各地，受到广泛好评。

四是服务双循环、联通内与外，我国向北开放重要桥头堡活力彰显。不少人一想到内蒙古，就觉得很遥远、很闭塞，我想告诉大家的是，内蒙古地处边疆但并不边远、更不封闭。不边远，是说内蒙古本来就是京畿近地、临近国内中心市场，“北京向西一步，就是乌兰察布”。讲不封闭，是说内蒙古自古就有开放的基因，历史上就是“草原丝绸之路”和“万里茶道”的重要枢纽和通道，今天更是中蒙俄经济走廊的重要节点、国家西部陆海新通道的重要门户。

十年来，我们不断扩大对外开放，全面加强区域协作，积极服务和融入新发展格局。全区铁路运营里程从9400多千米增加到近1.5万千米、位居全国第一，新增公路里程4.9万千米、与周边八省区的高等级公路全面打通，民用机场由15个增加到43个，呼包鄂乌和赤峰、通辽等地已经融入首都2.5小时“通勤圈”。累计引进国内（区外）资金到位2.9万亿元，占全区投资的比重由26.8%提高到43.5%。对外开放口岸由12个增至20个，过境中欧班列由2013年的3列增加到2021年的6100多列，始发中欧班列由2016年的30多列增加到2021年的300多列，满洲里、二连浩特口岸进出境中欧班列均累计突破万列大关，边境陆路口岸货运总量居全国首位。

回看新时代的这十年，内蒙古联通内外的“交通网”越织越密，区域协作的“关系网”越扩越大，在“一带一路”上的“朋友圈”越来越广。借此机会，也诚邀更多有识之士前来内蒙古投资兴业，我们一定全力打造良好营商环境，让广大客商投得放心、干得舒心、赚得称心。

五是守好“北大门”、建好“护城河”，祖国北疆安全稳定屏障更加稳固。“北大门”“护城河”，这是两个比喻，事实上，这扇“门”可不是一般的大，这条“河”可不是一般的长。8000多里的边境线，36万平方千米的边境管理区，守好“门”和护好“河”的责任极为重大、任务极其繁重。前些天，我用6天时间走了趟边关，行程1800多千米才看了1/3的边境，其间光轮胎就跑破了七八条，可以想象那里的边民和战士有多艰苦。我们途经的一个叫恩格日乌苏的嘎查有5800多平方千米，走了大半天还没跑出这个村，可见内蒙古有多辽阔。

十年来，我们坚持党政军警民合力强边固防，持续建强“党委把方向、政府总协调、军队当骨干、警方抓治理、民众为基础”的边防管控力量体系，以联合党建打造功能型党支部、夯实联防联控和双拥共建基础，探索推行草原110、戍边警务室、蒙古包哨所、红色堡垒户等有效做法，构建起了稳边固边的“天罗地网”。

在守好祖国边疆的同时，我们深入推进平安内蒙古、法治内蒙古建设，全区12个盟市全部纳入“全国市域社会治理现代化试点”，群众对社会治安的满意度由90.6%提高到98.4%。草原上的牧民，有的早晨把羊赶到草场上就回家了，临近傍晚才“圈”回来。用他们的话说，“现在社会管得这么好，不用跟着也很放心，羊丢不了”。

六是由衷感党恩、坚决听党话，“模范自治区”的金字招牌越擦越亮。我到内蒙古工作后，认真学习和了解了党在内蒙古地区的历史，体会最深的就是，当年内蒙古自治区就是在中国共产党直接领导下建立的，后来自治区各项事业发展都是在党中央的关心支持下取得的，内蒙古工作中一度出现的偏差都是党中央帮助纠正的，现在内蒙古民族工作的大环境和形势是很好的，内蒙古作为“模范自治区”，模范就模范在听党的话上。历史和现实反复证明，正是因为有党的领导，正是因为听党的话，才有了内蒙古自治区，有了内蒙古今天各项事业的兴旺发达、各族群众的幸福安康。

十年来，我们始终高举各民族大团结旗帜，紧紧围绕铸牢中华民族共同体意识这条主线加强和改进新时代党的民族工作，民族团结进步事业健康深入发展，各族干部群众由衷地感党恩、听党话、跟党走。我到基层调研，发现农牧民家里几乎家家都有总书记的画像，走到哪里都能听到老乡讲，“跟着共产党走才能过上好日子，党的政策好啊”。前段时间，我在阿拉善右旗看望76岁的护边老人尼玛，她用蒙语对我说：共产党“乌尼孟克”，总书记“阿古义和”，翻译成汉语就是“共产党万岁，总书记伟大”。这两句话，既是一位老牧民对党深厚情感的真挚表达，也是全区2400多万各族人民的共同心声。

在党中央的关心和支持下，内蒙古各族人民日子过得越来越红火。157万建档立卡贫困人口全部脱贫、同全国人民一道圆了全面小康梦，全体居民人均可支配收入从16800元增加到34108元，城乡居民人均居住面积分别达到35.3平方米和32.8平方米、比2012年增加了5.4平方米和7.9平方米，城市人均公园绿地面积达到20.7平方米、高于全国平均水平近40%，百人汽车保有量位居全国第三、仅次于北京市和浙江省，主要社会保障标准均达到或超过全国平均水平。

七是抓从严治党、促自我革命，政治生态加快净化修复。过去一个时期，内蒙古一些地区和领域出现了严重腐败，政治生态受损。十年来，我们坚决扛起全面从严治党政治责任，以前所未有的力度惩贪治腐，反腐败斗争取得压倒性胜利并全面巩固。紧紧扭住煤炭资源领域违规违法问题“倒查20年”，着力铲除污染政治生态的最大“毒瘤”，截至目前共查处涉煤腐败案件789件、1163人，其中厅局级干部73人、县处级干部286人，挽回国有资产损失608亿元，清收煤炭资源299亿吨。经过刀刃向内的刮骨疗毒和党内集中性教育的淬炼洗礼，全区政治生态日益清朗，党风政风持续向好，党员干部精神面貌焕然一新。

草原上有句谚语，看准北斗星，就不会迷失方向。草原上的人们也常说，坐在树下乘凉的时候，要感恩种树的人。党的十八大以来这十年，内蒙古各项事业之所以不断发展进步、取得丰硕成果，最根本的就在于以习近平同志为核心的党中央的坚强领导，在于习近平新时代中国特色社会主义思想的科学指引。新征程上，我们将坚定拥护“两个确立”、坚决做到“两个维护”，沿着总书记指引的方向笃定前行，全力建设好“两个屏障”“两个基地”“一个桥头堡”，书写好新时代内蒙古高质量发展新篇章，把祖国北部边疆风景线打造得更加亮丽。我先简要介绍这些，谢谢大家。

郑宏范：谢谢孙绍骋书记的介绍。下面进入答问环节，请记者朋友们提问。提问前请通报一下自己所在的新闻机构。现在开始，请举手示意。

人民日报记者：

习近平总书记高度重视内蒙古工作、深情关怀内蒙古人民，党的十八大以来多次对内蒙古工作发表重要讲话、作出重要指示批示。请问，自治区将如何进一步抓好贯彻落实？有什么新的目标和举措？谢谢。

孙绍骋：感谢这位记者朋友的提问。你提到的这个问题，是内蒙古的头等大事。

习近平总书记始终心系北疆、情牵草原，挂念着内蒙古这片热土和全区2400多万各族人民。党的十八大以来，习近平总书记先后就内蒙古工作发表7次重要讲话、作出24次重要指示批示，这是我们做好新时代新征程上内蒙古工作的根本指南。在总书记的指引下，内蒙古各项事业发展都取得了历史性的成就，刚才我向大家作了一些介绍。

接下来内蒙古要干什么、怎么做，是我来自治区工作后首先考虑的问题。通过深入学习习近平总书记的重要讲话重要指示批示精神，我感到，内蒙古今后的发展，习近平总书记都已经给我们规划好了，方向和路径也都指明了，我们用不着在这方面花心思、搞什么改革创新，就是要按照习近平总书记的要求办。如果要创新就要创新贯彻落实习近平总书记重要指示要求的方式和方法。下一步，我们还是要继续落实好习近平总书记关于建设“两个屏障”“两个基地”“一个桥头堡”的重要要求。最近自治区党委和政府分别研究制定了落实总书记赋予内蒙古的5个战略定位的具体实施方案，进一步量化细化贯彻落实的目标和举措。

在建设生态安全屏障上，我们将统筹山水林田湖草沙系统治理，持续在增绿、治沙、转型、减排4个方面下功夫。增绿，目标是到2025年完成草原生态建设任务6500万亩、营造林1400万亩、退化林修复2800万亩。治沙，目标是今后两年治理沙化土地2650万亩以上。转型，目标是推动单位GDP能耗、用水量、建设用地等指标持续下降。减排，目标是单位GDP二氧化碳排放等指标达到国家要求。通过努力，使全区生态状况明显好转，局部生态恶化趋势得到基本控制。

在建设安全稳定屏障上，重点是筑牢党政军警民合力强边固防的铜墙铁壁。目前看短板主要在“民”上，也就是边境地区人口“空心化”。前段时间我“走边关”发现，边民绝大多数都是老年人，年轻一代几乎都出去了，将来会面临后继无人的问题，这必须引起高度重视。我们将深入推进固边兴边富民行动，想方设法把产业发展起来，不断提高沿边地区基本公共服务和重大基础设施保障水平，努力吸引更多的人到边境地区置业安居。

在建设能源和战略资源基地上，内蒙古风能资源技术可开发量14.6亿千瓦、约占全国的57%，太阳能资源技术可开发量94亿千瓦、约占全国的21%，“风”“光”无限，潜力无穷。我们将抢抓“双碳”机遇，推进新能源大规模开发利用，力争到“十四五”末新能源装机达到1.35亿千瓦以上、在新能源领域“再造一个内蒙古”，率先在全国建成以新能源为主体的能源供给体系、构建以新能源为主体的新型电力系统。同时，做强做精稀土产业，打造全国最大的稀土新材料基地和全国领先的稀土应用基地，力争到2025年全区稀土就地加工转化率达到80%以上。

在建设农畜产品生产基地上，主要是做好扩大数量、提高质量、增加产量的文章。扩大数量，就是通过开展土地综合整治、高标准农田建设、草原生态修复等把耕地、草地的数量提起来；提高质量，就是通过实施种业振兴行动等把种子和农畜产品的质量提上来；增加产量，就是到2025年全区粮食综合生产能力稳定在750亿斤以上，肉类总产量达到345万吨、奶类产量达到1000万吨，在建设国家粮食安全产业带和国家肉类保障基地、打造世界级乳制品加工企业上展现更大作为。

在建设向北开放重要桥头堡上，我们将积极探索常态化疫情防控下的对外开放新机制，全面提升口岸通关智能化水平和过货能力，进一步深化同俄蒙的经贸合作，积极参与国际陆海贸易新通道建设，推动“经济通道”向“通道经济”转变，推动“过路经济”向“落地经济”转型。

我们坚信，只要沿着总书记指引的方向走下去，内蒙古的明天一定会更加美好。

中央广播电视总台记者：

内蒙古是我国北方面积最大、种类最全的生态功能区，内蒙古的生态状况如何，不仅关系全区各族群众生存和发展，而且关系华北、东北、西北乃至全国生态安全。请问内蒙古采取了哪些措施来保护生态环境、筑牢我国北方重要生态安全屏障？又取得了哪些成效？谢谢。

王莉霞：谢谢这位记者朋友对内蒙古生态环境的关注。生态是内蒙古的突出优势，绿色是内蒙古的鲜亮底色。守护好这片碧绿、这方蔚蓝、这份纯净，是习近平总书记的殷殷嘱托，不仅关系全区2400多万各族群众的根本福祉，而且关系我国北方乃至全国生态安全大局。这些年来，我们深入践行“绿水青山就是金山银山”的理念，牢固树立生态优先、绿色发展的导向，推动生态环境保护发生了历史性、转折性、全局性变化。具体地讲，主要有三大变化。

一是发展理念之变。把筑牢我国北方重要生态安全屏障作为首要战略定位，把保护生态环境摆在压倒性位置，也就是当经济发展与生态环境保护出现矛盾的时候，我们坚决把生态环境保护挺在前面，坚决走生态优先、绿色发展之路。回顾这十年，我们坚持该停的停下来，大兴安岭"挂斧停锯"，大草原上禁止乱采滥挖、停止新上矿产资源开发项目，专项整治破坏草原林地违规违法行为，连续两轮实施国家草原生态奖补政策，让宝贵的生态资源休养生息。我们坚持该调的调过来，像刚才绍骋书记介绍的那样，坚决改变粗放型的资源开发模式、农牧业生产经营方式，坚决防止以牺牲生态环境为代价换取一时一地经济增长，坚决推进产业高端化、智能化、绿色化，出台一系列政策，采取一系列措施，十年间单位 GDP 用能下降 4.1%、用水下降 40.7%、用地下降 60%，创建绿色矿山、绿色园区，绿色有机农畜产品年产量接近 1000 万吨、居全国前列。

二是发展布局之变。把生态环境保护作为前提，从发展规划入手，在"十四五"开局之年就形成了"1+N+X"的规划体系，1 个规划纲要、44 个综合规划、55 个专项规划，把全域生态安全格局、绿色特色优势现代产业体系、新型城镇化格局和全域开放平台规制下来，为坚持生态优先、绿色发展绘就了"路线图"。特别是正在划定的"三区三线"，将全区超过一半的国土面积划入生态保护红线、72% 的国土面积划入生态空间。

三是发展面貌之变。刚才，绍骋书记介绍了一系列数字，可以说是十年磨一剑、北疆焕新颜。这十年，我们统筹山水林田湖草沙系统治理，全方位、全地域、全过程开展生态文明建设，一手抓护绿、扩绿，一手抓防污、治污，累计造林、治理草原、防沙治沙面积都是全国第一，全区空气优良天数比例较 2015 年提高了 3.7 个百分点，国考地表水断面优良水体比例较 2016 年提高了 22.9 个百分点。概括地讲，一个叫"双提高"，就是全区森林覆盖率和草原综合植被盖度"双提高"；另一个叫"双减少"，就是全区荒漠化土地和沙化土地面积"双减少"。经过全区各族人民的执着奋斗，在祖国北疆大地绘制出了一幅人与自然和谐共生的美丽图景。

新华社记者：

我们注意到，最近自治区提出要"大干快上"推进新能源建设，很多大企业包括央企都有到内蒙古开发新能源的意愿，能否给我们解读一下自治区的有关政策？谢谢。

孙绍骋：感谢这位记者朋友的提问。你问的这个问题，对内蒙古来讲至关重要。新能源建设是我们的又一次发展机遇，我们必须紧紧抓住并切实用好这个机遇。

我们所说的"大干快上"，实际上包含两层意思。一层意思是"大干"。说白了就是要有雄心壮志。内蒙古是国家重要的能源基地，肩负着保障国家能源安全的重大政治责任。有关数据显示，目前我国人均用能水平仅为 G7 国家的 53% 左右、OECD 国家的 63% 左右。可以预见，未来很长一个时期内国家能源需求还将持续增长。内蒙古虽然煤炭资源富集，但仅靠煤电支撑国家电力需求既不可取也不可持续。在"双碳"背景下，发展风电、光伏等新能源是必然选择。我们讲"大干"，就是要在新能源发展规划上有大手笔，在大型风光基地建设上有大动作，在拓展新能源场景应用上有大视野。另一层意思是"快上"，也就是以只争朝夕的紧迫感落实好具体项目。对企业建设新能源自备电站、实施燃煤自备电厂替代、能够实现自身消纳的项目，不等不拖，快批快建快上，尽快形成产能。

对内蒙古来讲，推进新能源建设，首先要解决好如何开发的问题。这方面我们是有过教训的。前些年我们搞煤炭资源开发，基本上是把资源直接出让了，自己既不占有股份也不参与经营，虽然当时的 GDP 和财政收入数字好看，但形不成"长流水"，之后就慢下来了。现在全区每年产煤 10 亿多吨，但区属国有企业只掌握 600 万吨，量很少、得利也很少，有时区内企业用煤还需要向区外企业买，我们不仅没有攒下多少"家底"，还背上了沉重的生态治理"包袱"。打个不一定贴切的比喻，这就好比我们把人请回家，人家在家里刨个大坑，把宝贝拿走了，把坑给我们留下了。回过头来看，这种开发模式虽然换来了内蒙古在新世纪第一个十年的高速增长，但从第二个十年开始就难以为继了，经济增速大幅回落，低于全国平均水平，现在已进入第三个十年，这个影响仍未消除。如今内蒙古迎来了新能源发展的"春天"，如果我们还是走老路，把资源"一让了之""一租了之"，那内蒙古的发展就永无希望。

我们认为，开展经济活动一定要遵循经济规律，讲求效益、精打细算。推进新能源建设，在认真思谋如何为国家作出更大贡献、保障国家能源安全的同时，还应当为全区 2400 多万人民的利益着想，为子孙后代攒下更多"家底"。为此，我们明确提出新能源开发的三种方式：首先是自己干，其次是合伙干，最次也要拿土地和风、光资源入股赚个"长流水"。我们大力支持区内企业以独资、合资、要素入股等方式参与新能源开发，大力欢迎区外企业特别是央企从互利共赢出发到内蒙古投资兴业。这方面，我们同三峡集团、国家电投等企业打造了很好的样板，联合成立项目公司，共同开发、共同获益。

推进新能源建设，还有一个把握开发布局和节奏的问题，不能只注重速度和规模、忽视质量和效益。围绕解决这个问题，我们一方面将从自治区层面加强统筹，怎么布局、怎么开发、怎么合作都由自治区党委和政府进行整体规划，不能各自为政，谁想上就上、哪里想干就干，互相压价、搞恶性竞争，必须从大局全局出发把各方利益平衡好，在更好承担保大局任务的同时，多给内蒙古今后的发展留点“资本”，决不再干花钱赚吆喝、吃祖宗饭砸子孙碗的事。另一方面将按照全产业链思维推进，不再简单地发电卖电，从一开始就统筹考虑发展新能源装备制造业和运维服务业，把风光氢储产业集群做起来，把应用和消纳场景做起来，努力形成集聚效应和规模效应。在这方面，我们将提高门槛、设好“红线”，有些项目宁肯不上也不乱上，防止“装进篮子都是菜”“捡了芝麻丢了西瓜”，为了“仨瓜俩枣”丢了长远利益。

经济日报记者：

内蒙古作为国家重要能源和战略资源基地，“双碳”背景下，在推动绿色低碳转型方面有哪些思路和举措？谢谢。

王莉霞：谢谢这位记者的提问。按照习近平总书记为内蒙古确定的战略定位，内蒙古既是我国北方重要的生态安全屏障，也是国家重要的能源和战略资源基地，肩负着保障国家生态安全、能源安全的重要使命。如何走好绿色低碳转型之路，不仅对内蒙古当前和长远发展至关重要，而且在全国、在国际上都有积极意义。我们坚持降碳、减污、扩绿、增长协同推进，一手抓保供、一手抓保护，一手稳定能源供给、一手推进能源革命，努力在保障国家能源安全大局、促进全国实现“双碳”目标上体现内蒙古担当、作出内蒙古贡献。关键是把握好三点。

一是坚决保大局，有效维护国家能源安全。内蒙古煤炭探明储量居全国第一，产量占全国的四分之一、全球的八分之一，外运煤炭、外送电量均位居全国第一，2021年完成了18个省份的煤炭保供任务，今年（2022年）上半年外调煤炭增长了23%，外送电力增长了10%。在我国富煤、贫油、少气的能源结构下，煤炭在未来一段时间仍是保障国家能源安全的“压舱石”，内蒙古作为国家重要的能源和战略资源基地，越是在保障国家能源安全的关键时候越要体现这种使命和担当。

二是坚持新理念，科学谋划新能源发展。大力发展新能源是推进能源革命的根本之举。我们正在加快建设新能源大基地及配套清洁能源输电通道，大力推进新能源大规模高比例开发利用，算个大账，“十四五”期间在建和拟建的新能源装机规模接近1.5亿千瓦，内蒙古“绿电”将惠及千行万业、走进千家万户。我们借着新能源的东风，一体发展新能源装备制造业和运维服务业，规划建设风、光、氢、储4个千亿级产业集群，拉动新能源全产业链发展，总之，既不能简单地“挖煤卖煤、挖土卖土”，也不能简单地“发电卖电”。

三是锚定新目标，全力推动产业结构与能源结构同步调整。内蒙古自治区第十一次党代会已经确定了发展目标，概括起来就是“两个转变”“两个率先”和“两个超过”。“两个转变”，就是推动内蒙古由化石能源大区向清洁能源大区转变、推动单一发电卖电向全产业链发展转变；“两个率先”，就是在全国率先建成以新能源为主体的能源供给体系、率先构建以新能源为主体的新型电力系统；“两个超过”，就是到2025年新能源装机规模超过火电装机规模、到2030年新能源发电总量超过火电发电总量。我们既要按照新的理念发展好“羊煤土气”，也要抓住新能源发展的契机“追风逐日”，全力打造全国新能源产业高地，全力建设国家现代能源经济示范区，让内蒙古的“绿”意更浓、“绿”能更足，用绿色发展扮靓产业高原。

中国日报记者：

最近内蒙古正在开展待批项目、闲置土地、沉淀资金、“半拉子”工程、开发区建设“五个大起底”行动，社会各界比较关注，请问开展这项行动的主要考虑是什么？下一步有哪些打算？谢谢。

孙绍骋：感谢这位记者朋友的提问，你提的问题也是最近自治区的一个热点问题。

“五个大起底”行动，是自治区党委和政府最近重点推进的一项工作。之所以开展这个行动，就是要突出问题导向，推动资源要素节约集约利用。我来内蒙古工作后，在调研中发现了不少资源闲置和浪费的问题。比如，大量土地闲置，包括供而未用的土地也很多，有的企业把地“圈”下，三年、五年甚至十来年不开发。比如，一方面是辛辛苦苦、千方百计去招商引资，另一方面有不少项目在排队等着办手续。比如，有很多资金长期沉淀，既不使用也不下拨，有的部门上千万元的资金在账上一睡就是七年。钱花出去才能产生效益，趴在账上睡觉连纸都不如。比如，全区各级包括自治区本级，有不少“半拉子”工程，十年八年在那放着，投了不少资，还用不起来。比如，有的开发区地“圈”得很大，但里面却装了很多“僵尸企业”，还有的开发区甚至十多年没有引进一个项目。针对这些问题，有必要来个大排查大起底，把眼皮子底下的资产先盘活起来。

目前“五个大起底”方案已经印发实施并向社会公开，下一步的重点是要把发现的问题尽快解决好。待批项目方面，坚持加快进度、应批尽批，不管是国有的还是民营的都一视同仁，在规定时限内必须批复，该哪级批就哪级批；不能批的也说清楚原因，明确告知企业，避免一边求爷爷告奶奶地去外面找项目，另一边让辛辛苦苦跑来的项目“睡大觉”。目前我们正在对2016年以来全区立项的9.6万个项目开展核查，对有审批需求的项目年底前实现应批尽批。闲置土地方面，千方百计把它盘活，向批而未建、供而未用的土地果断亮剑，到期未用的坚决收回，让沉睡的土地“动起来”，力争“十四五”期间盘活闲置土地67.94万亩。沉淀资金方面，我们将加强对公共资金的审计监督，超期未用又没有正当理由的坚决收回，由自治区财政重新分配使用，把“零钱”变成“整钱”，让趴在账上的资金“转起来”。“半拉子”工程方面，能完成的抓紧接着完成，完成不了的该拆除就拆除，能够通过合作开发、资产重组、转让拍卖等方式处置的要抓紧处置，尽快把休眠的项目激活，变“包袱”为“财富”。开发区建设方面，对排查出来的“僵尸企业”“僵尸项目”，该清理的清理，腾出来的空间更好地用于招商引资。提高园区准入门槛，鼓励发展“飞地经济”，倒逼园区和企业提高亩均产出水平，防止企业“跑马圈地”。

内蒙古资源富集，但没有一点是多余的，都是不能浪费的。我们发展经济跟居家过日子一样，一手要赚钱“开源”，一手要省钱“节流”。开展“五个大起底”行动，说到底是要解决资源低质低效、铺张浪费严重的问题。总书记多次强调要坚持“两个务必”，我们将在全区大力弘扬艰苦奋斗的作风，自治区本级带头厉行节约、带头过紧日子，带动全社会节约每一滴水、每一度电、每一分钱、每一寸土地，把宝贵的资源和有限的资金用在当紧处、花在刀刃上。最近，自治区还专门出台了推进全社会资源全面节约集约的指导意见，请各新闻媒体多帮助我们监督落实情况。

农民日报记者：

2021年内蒙古粮食生产实现了“十八连丰”、畜牧业生产实现了“十七连稳”，可以说为国家粮食安全作出了内蒙古贡献。请问内蒙古下一步如何在保数量的同时提质量，推动农畜产品生产基地优质高效转型？谢谢。

王莉霞：谢谢这位记者对内蒙古粮食生产的关注。刚才绍聘书记在主题发布时讲到一句话，内蒙古是国家重要的“粮仓”“肉库”“奶罐”“绒都”。说“粮仓”，内蒙古有耕地面积1.7亿亩、全国第二，2021年外调粮食全国第四；说“肉库”，牛羊肉产量均为全国第一，形象地打个比喻，全国人民每吃5斤羊肉就有1斤产自内蒙古、每吃10斤牛肉就有1斤来自内蒙古大草原；说“奶罐”，内蒙古奶产量稳居全国第一，2021年达到670万吨、是全国唯一一个突破600万吨的省份，全国人民每喝6杯牛奶就有1杯来自内蒙古，伊利、蒙牛位居全球十大乳企之列，被总书记形象地称为“两牛鼎立”；说“绒都”，内蒙古羊绒产量6700多吨、全国第一，全国近一半的羊绒来自内蒙古。习近平总书记对内蒙古建设我国重要的农畜产品生产基地寄予厚望，我们的目标就是推动内蒙古从农畜产品产量大区向农牧业产业强区转变。重点抓3个方面工作。

一是着力保障国家粮食安全。总书记一再讲，要“把中国人的饭碗牢牢端在自己手中”，内蒙古的使命和责任就是要往这个“饭碗”里多装粮，装好粮、装好肉、装好奶，粮食安全形势越是严峻，越是要体现这种担当。

二是着力推动全产业链发展。打造出更多专业化、规模化的农畜产品产业集群，是习近平总书记和党中央对内蒙古的要求和期许。我们将按照全产业链思维、工业化思维推进现代农牧业发展，全力打造奶业、玉米、肉牛、肉羊4个千亿级产业，培育发展羊绒、马铃薯等多个百亿级产业，努力在更高层次上保障国家粮食安全。特别是在中国奶业振兴上要体现内蒙古的担当作为，今年自治区出台了推进奶业振兴九条措施，被称为“奶九条”，目前已显现出效果，我们将以伊利、蒙牛等大型乳企为支撑，以伊利现代智慧健康谷、蒙牛乳业产业园等重大项目为示范，加快形成“从一棵草到一杯奶”的全产业链。

三是着力打造特色品牌。习近平总书记曾经讲，内蒙古多数农牧区水是清洁的，土是干净的，这就是生产力，这就是竞争力。现在，内蒙古已有“名特优新”农产品429个、数量居全国第一，大家耳熟能详的天赋河套、敕勒川味道、科尔沁牛、锡林郭勒羊、赤峰小米、兴安盟大米等已经成为高品质生活的代名词，伊利金典、蒙牛特仑苏和鄂尔多斯羊绒衫等高端产品更是享誉全球，“蒙字号”品牌越来越响亮。下一步，我们将深入实施农牧业品牌提升行动，加快构建特色鲜明的农牧业品牌体系，特别要让“千里草原、万里牧场，生态内蒙古、绿色好味道”飘香万里、誉满全球。

光明日报记者：

我们注意到，今年以来自治区党委多次强调激励干部担当作为，近期还先后出台激励干部担当作为的12条措施和容错纠错的8条意见。请问自治区是怎么考虑的？实施效果如何？谢谢。

孙绍骋：感谢你的提问。可以看出你对内蒙古的工作十分关注。

前面我也谈到了，一段时期以来，内蒙古通过自我革命揪出了许多腐败分子，一度“受灾”的政治生态得到净化修复。在“灾后重建”的过程中我们也发现，一些干部在工作中畏首畏尾、不敢担当的现象比较严重，精神状态不振，干事创业积极性不高，工作能拖就拖、能推就推。这个问题不解决，我们的事业就会一事无成。为此，自治区党委旗帜鲜明地谋划推进了以下几项工作。

一是发挥干部使用“指挥棒”作用。树立凭发展论英雄、看实绩用干部、比贡献定位次的鲜明导向，对那些工作干得出色特别是在关键时刻、重大任务面前豁得出来、冲得上去的干部，毫不犹豫地褒奖重用，能晋级的马上晋级，符合条件的尽快提拔。前段时间，自治区党委制定出台了激励干部担当作为的12条措施，提拔使用了一批受到省部级以上表彰奖励的干部，目前正在全区范围评选2022年度“担当作为好干部”。这些都起到了很好的正向激励作用，使广大干部深刻认识到，事业发展需要什么人党委就力挺什么人，什么人敢于负责、勇于担当、善于作为党委就重用什么人，真正“心动”起来、“行动”起来。

二是见人见事落实容错机制。现在我们有些地方问责泛化问题比较突出，一出事就问责干部，但问题并没有解决，这是不行的。为此，自治区党委制定出台了进一步推进容错纠错工作的8条意见，明确提出精准把握容错免责区间，应容必容、能容尽容。总的原则就是，只要干部认真干事，即使没干好、有点失误也不苛责，让苦干实干者卸下包袱，给敢闯敢拼者吃下“定心丸”。我对干部讲，不怕你干不好，就怕你不去干。我们要通过完善容错机制，真正形成“上级为下级担当、组织为个人担当、干部为事业担当”的良性循环。这其中也包括对那些处分影响期满、表现好的干部，该用也要继续用，不能一棍子打死。当然，容错不是纵错，对弄虚作假、明知故犯、坑害百姓、贪赃枉法的干部，决不手软，必须严惩。

三是坚决整治庸政懒政现象。我们倡导对干部的担当和宽容，但决不为庸政懒政者提供“避风港”。自治区党委正在对“躺平”式干部开展整治，对那些慢慢腾腾、得过且过的及时提醒和纠正，对那些不珍惜岗位、不自律改过的“动真格”“出重拳”，把“板子”精准打下去，不干事就赶快腾位置、不担责就坚决问责，让“躺平”者躺不住，让混日子的没市场，让有想法、有干劲的同志顶上来。通过整治庸政懒政，让广大干部振奋精神、紧抓快干，大力弘扬习近平总书记倡导的“蒙古马精神”，用实际行动彰显干事创业快马加鞭的“内蒙古速度”。

我们相信，有管用的机制来撑腰托底、有上下一心的不懈努力，内蒙古的干部队伍一定会呈现出唯干唯实唯先的新气象、善谋善作善成的新风貌。

在这里，我也真诚地呼吁媒体记者朋友们多关心我们、多监督我们，积极建言献策，帮助我们把内蒙古的正面形象实实在在地立起来、把改革发展稳定各项工作做好。

谢谢大家。

香港大公文汇传媒集团记者：

中国有一句古话“民为邦本，本固邦宁”。让老百姓过上好日子是一切工作的出发点和落脚点。请问内蒙古在保障和改善民生方面取得了哪些进展？下一步将如何更加精准地提供基本公共服务，提升群众的获得感、幸福感、安全感？谢谢。

王莉霞：谢谢这位香港媒体的朋友。习近平总书记强调，小康梦、强国梦、中国梦，归根到底是老百姓的“幸福梦”。十年来，我们在习近平总书记的亲切关怀和党中央的坚强领导下，认真践行以人民为中心的发展思想，带动贫困群众脱贫致富，和全国一道全面建成小康社会，真正做到了脱贫路上一个农牧民都不落、全面小康一个民族都不少。概括起来：

一是老百姓“钱袋子”更鼓了，群众获得感更强了。十年来，累计新增城镇就业 258.7 万人。居民收入增幅始终高于经济增幅，城镇居民人均收入增长了 1.9 倍，农牧民人均收入增长了 2.4 倍，群众的收入高了，底气足了，日子更有奔头了。

二是公共服务更优了，群众幸福感更满了。全域实现义务教育基本均衡发展，像大家关注的学前教育毛入园率等都达到了 90% 以上，我们还建成了五级医疗卫生体系，各族群众无论是在边陲小镇还是在偏远牧区，都能就近上得了学、就近看得了病。累计实施老旧小区改造 46.4 万户、危房改造 116.65 万户，配套建成各类保障性住房和棚改安置住房 160 多万套，尤其是拿出啃“硬骨头”的举措解决房地产历史遗留问题近 140 万套，非常不容易；十年间人均住房面积增长 36% 以上，每百人汽车保有量增长了 1.35 倍，人民群众的居住越来越舒适、出行越来越便捷。

三是社会“保障网”更密了，群众安全感更足了。十年来，基本养老保险参保人数从 1228 万人增加到 1615 万人，基本医疗保险参保人数从 967.7 万人跃升到 2192.2 万人，连年提高养老金、医保补助、低保保障、特困人员救助供养标准，努力解决好群众的后顾之忧。大家都知道内蒙古老年人口比重高于全国平均水平，为此我们特别重视养老问题，现在农村牧区有大大小小的幸福院，城镇社区有各类服务站，我们还全力打造 15 分钟服务圈，各式各样的为老餐厅和老年健康设施正在加速普及，全区养老机构床位从 13.58 万张增加到 21.33 万张，居家社区养老服务设施从 614 个增长到 1165 个，尽我们最大的努力让每位老人都老有所养、老有所乐。

下一步，我们将按照党中央扎实推进共同富裕的要求，按照幼有所育、学有所教、劳有所得、病有所医、老有所养、住有所居、弱有所扶的目标，加强基础性普惠性兜底性民生建设，特别是要立足地广人稀、农村牧区居住分散等实际，创新公共服务供给方式，优化公共资源配置方式，增强服务供给的适应性，增强民生举措的针对性，千方百计促进就业增收，千方百计改进公共服务，千方百计加强社会保障，让内蒙古的发展更有温度、更有情怀，让各族群众的生活更幸福、未来更美好。

谢谢大家。

郑宏范：谢谢王莉霞主席。今天发布会的答记者问环节就进行到这里。如果各位记者朋友们还需要了解更多的情况，发布会结束后请与自治区党委宣传部的工作人员联系咨询。谢谢孙绍骋书记、王莉霞主席。再次感谢各位记者朋友，希望大家一如既往地关心、关注、支持内蒙古。

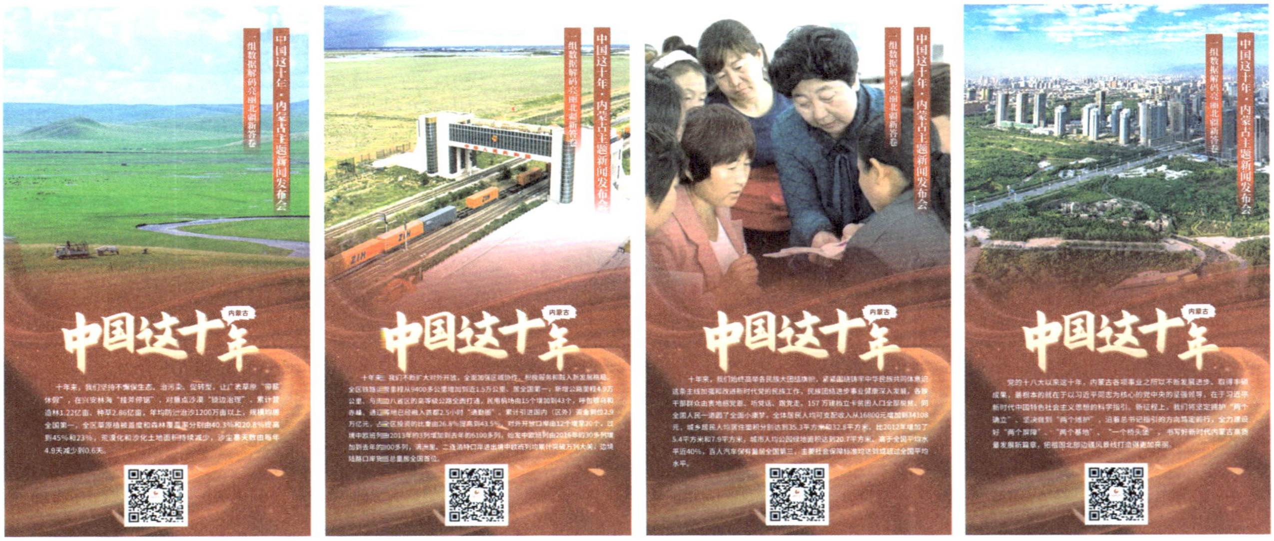

图 1　2022 年 8 月 22 日，“中国这十年·内蒙古”主题新闻发布会在呼和浩特市举行。会议全面介绍了党的十八大以来，内蒙古自治区经济社会发展的巨大变化和取得的显著成绩

（选自“中国这十年·内蒙古”主题新闻发布会实录《内蒙古日报》2022 年 8 月 23 日　内蒙古日报社　供图）

大事记

1月

2日 位于鄂尔多斯市准格尔经济开发区的内蒙古铁辰智能装备有限公司5G无人驾驶新能源矿用车项目正式投产。

4日 自治区副主席、自治区疫情防控指挥部副总指挥包献华与国务院联防联控机制第三督查组组长、交通运输部副部长赵冲久一行座谈疫情防控。

6日 自治区科技重大专项——“黄河流域内蒙古段湖泊底泥污染控制与生态化利用关键技术研究”项目在乌海市正式启动。项目总投资2661万元，计划2024年6月完成。

7日 推进产业集群建设及重点产业高质量发展专题会议召开，听取情况汇报，安排部署推进工作。自治区主席王莉霞主持会议，自治区领导黄志强、张韶春、艾丽华出席会议。

是日 由自治区政府主办的黄河流域生态保护和高质量发展省际合作联席会召开。自治区主席王莉霞出席会议并致辞。

10日 自治区党委、自治区人民政府与国家铁路集团有限公司在北京就内蒙古铁路发展举行座谈。自治区党委书记、人大常委会主任石泰峰出席会议并讲话，自治区主席王莉霞介绍自治区铁路建设有关情况，国家铁路集团有限公司董事长、党组书记陆东福主持会议并讲话。自治区领导于立新、张韶春，国家铁路集团总经理杨宇栋、副总经理郭竹学，自治区有关部门和鄂尔多斯市负责人参加座谈。

16日 全区党史学习教育总结大会在呼和浩特市召开。会议对全区党史学习教育成效进行总结，就巩固拓展党史学习教育成果作出部署。

19日 自治区党委政法工作会议暨全区政法队伍教育整顿总结会在呼和浩特召开，会议以视频形式召开，各盟市、旗县（市、区）设分会场。

20日 全区征兵工作电视电话会议在呼和浩特召开。

21—22日 国务委员王勇、民政部部长李纪恒、中国残联主席张海迪，在自治区党委书记、人大常委会主任石泰峰陪同下，到内蒙古走访了解养老服务工作。

24日 自治区科技厅《2021年度内蒙古自治区科技成果统计分析报告》发布。

25日 国家民委命名第九批全国民族团结进步示范区示范单位。内蒙古兴安盟、呼伦贝尔莫力达瓦达斡尔自治旗文化局、内蒙古电力（集团）有限公司锡林郭勒电业局、赤峰市红山区大庙子镇小庙子村、乌兰察布市商都县十八顷镇小庙子嘎查、通辽市科尔沁区南门小学、鄂尔多斯市康巴什区青少年发展中心7个单位（地区）榜上有名。

28日 自治区主席王莉霞主持召开推进工业园区高端化、智能化、绿色化高质量发展专题会议。

29日 自治区主席王莉霞主持召开推进科技创新专题会，对科技创新工作再部署、再落实。

2月

2—4日 自治区党委书记、人大常委会主任石泰峰到满洲里市、二连浩特市调研督导疫情防控和口岸通关工作，看望慰问坚守在一线的工作人员。

7日 全区优化营商环境大会在呼和浩特召开。自治区党委书记、人大常委会主任石泰峰出席会议并讲话。自治区主席王莉霞主持会议。

9日 自治区卫生健康委发布，自治区6个城市再次获评国家卫生城市，自治区爱卫会受到全国爱卫办通报表扬。

12日 自治区人民政府分别与华为技术有限公司、华润集团在深圳举行会谈，共商深化地企合作、推动高质量发展相关事宜。自治区主席王莉霞出席并讲话。

13日 自治区能源局与龙马集团签订合作框架协议。

14日 自治区政府召开专题会议，听取国家“十四五”规划102项重大工程项目推进落实情况汇报，安排部署下一步工作。

21日 全区工业经济高质量发展大会在呼和浩特召开。自治区党委书记、人大常委会主任石泰峰出席会议并讲话。自治区主席王莉霞主持会议。

23日 自治区政府召开全区招商引资专题会议。会议强调，要以更宽的视野、更大的力度、更实的举措，凝心聚力打一场招商引资、项目建设的大会战。

25日 伊利集团向呼和浩特市捐赠1亿元用于抗击新冠疫情。

3月

月初 全国妇联公布2021年度全国三八红旗手标兵、全国三八红旗手、全国三八红旗集体名单。自治区6名个人、5个集体入选。

3日 全区农畜产品质量安全监管工作视频会议召开，全区主要农畜产品质量安全例行监测合格率达到99.4%，名特优新农产品总数排名全国第一，绿色有机产量达到599万吨。

5日下午 中共中央总书记、国家主席、中央军委主席习近平，参加他所在的十三届全国人大五次会议内蒙古代表团审议并作重要讲话。他强调，民族团结是我国各族人民的生命线，中华民族共同体意识是民族团结之本。要紧紧抓住铸牢中华民族共同体意识这条主线，深化民族团结进步教育，引导各族群众牢固树立休戚与共、荣辱与共、生死与共、命运与共的共同体理念，不断巩固中华民族共同体思想基础，促进各民族在中华民族大家庭中像石榴籽一样紧紧抱在一起，共同建设伟大祖国，共同创造美好生活，着力保持平稳健康的经济环境、国泰民安的社会环境、风清气正的政治环境，以实际行动迎接党的二十大胜利召开。这是他连续五年在内蒙古代表团参加分组讨论。

6日 国家“十四五”期间在建项目、国网新源内蒙古芝瑞抽水蓄能电站进入工程主体施工期。该电站是内蒙古东部地区首座抽水蓄能电站，项目为大（Ⅰ）型一等工程，总装机容量1200兆瓦。

7日 科技部等九部门联合印发《“十四五”东西部科技合作实施方案》《方案》把“实施‘科技兴蒙’，支撑内蒙古走生态优先绿色发展道路”作为“十四五”东西部科技合作重点任务。

8日 自治区疫情防控指挥部召开全区新冠肺炎疫情防控工作视频调度会议。

11日 自治区消费者权益保护服务中心、自治区消费者协会召开2022年“3·15”国际消费者权益日新闻通报会。

12日 自治区林草局发布，全区开展全民义务植树活动40年，累计参加义务植树约3.9亿人次，栽植各类苗木数量达20多亿株。

是日上午 鄂尔多斯市人民政府、伊金霍洛旗人民政府与隆基绿能科技股份有限公司举行光伏产业链项目签约仪式。此次签约项目总投资300亿元。

13日 自治区住建厅、财政厅、水利厅、自然资源厅4部门联合印发《内蒙古自治区系统化全域推进海绵城市建设实施方案（2021—2025年）》，加快推进全区系统化全域海绵城市建设工作。

17日 自治区统计局发布：2021年末全区常住人口2400万人，比2020年末减少2.83万人，减幅0.12%。

18日 自治区政府召开全区安全生产工作暨推进安全生产专项整治三年行动电视电话会议。自治区党委书记石泰峰对全区安全生产工作作出批示，自治区主席王莉霞出席会议并讲话。

至19日 自治区推出2022年重点经济合作项目347个，总投资5043亿元。

20日下午 北奔重汽总装公司新研发的自治区首台套L4级智能无人驾驶集装箱卡车在模拟口岸试验演示成功，同时亮相的还有北奔为包钢和包铝的厂内物流转运而研发的4×2纯电动无人驾驶平板运输车。

中旬 国家电投集团内蒙古公司南露天煤矿世界首台120吨级纯电动交流传动矿用电动轮自卸车研究

与应用项目顺利通过专家组验收。

21日18点18分 中铁十五局集团轨道交通运营公司神十二大功率交流电力机车#8258、#8529在包神铁路上线开行。

23日 自治区政府召开2022年推进企业上市工作会议，部署重点工作。

24日上午 国网蒙东电力科右中电厂500千伏送出工程正式开工建设。该工程是“扎鲁特至青州±800千伏特高压”直流输电线路的重要配套工程，同时也是蒙东地区能源输出重点保供项目。

25日 呼和浩特23个重点产业项目集中开工。

30日 自治区党委全面深化改革委员会召开会议，学习贯彻中央全面深化改革委员会第二十四次会议精神，审议加快服务和融入新发展格局、深入打好污染防治攻坚战、深化生态保护补偿制度、种业振兴行动、全面加强药品监管能力建设等改革方案。自治区党委书记、自治区党委全面深化改革委员会主任石泰峰主持会议并讲话。

30日至4月7日 中央第三生态环境保护督察组向内蒙古自治区交办第六、七、八批涉及环境领域群众举报案件265件。中央第三生态环境保护督察组向内蒙古自治区交办第十三批涉及环境领域群众举报案件86件。以上案件，均转有关盟市和自治区相关部门办理。

4月

1日 自治区总林长石泰峰签发内蒙古首个总林长令——《关于开展林长巡查工作的令》，在全区全面开展林长巡查工作，进一步推进林长制由“全面建立”到“全面见效”转变。

6日 自治区人民政府召开服务业高质量发展促进大会，促进服务业转型升级。会议发布《内蒙古自治区促进服务业高质量发展实施方案（2022版）》《内蒙古自治区消费促进2022年行动方案》《内蒙古自治区推动生活性服务业补短板上水平提高人民生活品质行动方案》《内蒙古自治区促进服务业发展政策》《内蒙古自治区支持小微企业发展政策》等方案和政策。自治区主席王莉霞出席会议并讲话。

8日 自治区党委和政府在鄂尔多斯召开推进高质量发展重大项目建设动员大会，动员全区上下紧紧抓住施工黄金期加紧加快推进各类重大项目建设，推动全区经济平稳运行和高质量发展。自治区党委书记、人大常委会主任石泰峰出席动员大会并在座谈时讲话。自治区主席王莉霞主持活动。

是日 自治区党委、自治区人民政府下发《关于做好2022年全面推进乡村振兴重点工作的实施意见》。

上旬 自治区纪委监委通报三起损害营商环境典型案例。

21日 按照国务院统一部署，国务院安委会第十二检查组到自治区开展检查巡查工作。

23日 全区发改、自然资源、生态环境、水利、文物、地震、气象7个领域的555项区域评估成果实现共享使用。

24日 自治区生态环境厅、自然资源厅、水利厅等八个部门印发实施《内蒙古自治区“十四五”土壤、地下水、农村牧区生态环境保护规划》。

24—26日 中共中央政治局委员、全国人大常委会副委员长王晨一行到内蒙古调研。

27日 由自治区能源局、鄂尔多斯市政府举办的落实国家进口煤应急保障任务中长期协议签订仪式在鄂尔多斯市举行。

28日 自治区庆祝“五一”国际劳动节暨自治区五一劳动奖表彰大会在呼和浩特召开。

是日下午 自治区主席王莉霞在呼和浩特以视频形式会见蒙古国驻华大使巴德尔勒一行，就双方共同关心的问题交换意见。

28—29日 自治区人社厅为首批6723户企业先行发放失业保险稳岗返还资金2.07亿元，惠及职工35.77万人。

30日 自治区召开全区领导干部会议，组织部副部长王晓萍出席会议并宣布中央决定：孙绍骋任内蒙古自治区党委委员、常委、书记；石泰峰不再担任内蒙古自治区党委书记、常委、委员职务，另有任用。石泰峰主持会议并讲话，孙绍骋、王莉霞讲话。

5月

2日 自治区党委宣传部、统战部、自治区团委、青联、人力资源和社会保障厅联合下发文件，授予王建国等20名个人第十届内蒙古青年五四奖章荣誉，授予中国航天科工集团第六研究院“神盾”团队等20个集体第七届内蒙古青年五四奖章集体荣誉。

是日 蒙东电网2022年首个超高压项目工程——金沙500千伏变电站扩建项目工程（1号主变）建成投运并送电成功，全年500千伏电网工程建设首战告捷，蒙东电网建设实现“开门红”。

5日 内蒙古一机集团北方创业公司成功中标巴基斯坦敞车、棚车、平车、守车4种车型820辆铁路货车，实现该公司在民品业务外贸开拓上的又一次重大突破。

是日下午 自治区主席王莉霞主持召开中央生态环保督察转交案件整改工作视频调度会，通报督察组转交案件整改情况。

9日上午 50个集装箱电子产品和机械配件的1287次中欧班列从二连浩特铁路口岸驶出，开往俄罗斯沃尔西诺。

是日上午 自治区人民政府在呼和浩特与兰州大学签署战略合作框架协议。自治区主席王莉霞见证签约。

是日下午 自治区主席王莉霞主持召开全区疫情防控电视电话会议，安排部署常态化疫情防控工作任务。

11日 自治区人民政府召开全区物流保通保畅工作专题调度会。

是日 中蒙边界联合委员会中方委员会向与内蒙古自治区毗邻的蒙古国省市捐赠防疫物资交接仪式，在二连浩特口岸与甘其毛都口岸同步举行。

12日 蒙牛中国乳业产业园2022年重点项目集中开工暨蒙牛九期奶粉工厂奠基仪式在呼和浩特市举行。

14日 自治区发改委、工信厅、能源局等12部门联合印发《内蒙古自治区促进工业经济平稳增长行动方案》，出台财政税费、金融信贷、保供稳价、投资、外贸外资、科技和环境、用地用能用工7个方面52条“硬核”政策措施。

15日 全国妇联表彰第十三届全国五好家庭、全国最美家庭、全国家庭工作先进集体，全国家庭工作先进个人。内蒙古自治区23户家庭获得全国五好家庭，23户家庭获得全国最美家庭，5个集体获得全国家庭工作先进集体，5名个人获得全国家庭工作先进个人。

16日 自治区人民政府召开全体（扩大）会议，学习贯彻习近平总书记关于党的自我革命的战略思想和对内蒙古重要讲话指示批示精神，落实国务院第五次廉政工作会议精神，推进政府系统党风廉政建设和反腐败工作。自治区主席王莉霞主持会议并讲话。自治区党委常委、纪委书记、监委主任刘爽作专题辅导。

17日 2022年世界电信和信息社会日大会在呼和浩特市开幕。

是日 包头市亿元以上工业重点项目已全部开复工，共384个，开复工率100%，完成投资417.1亿元，投资完成率46.4%。

18日 呼和浩特市召开数字经济发展峰会。

19日 自治区公布第七批自治区级非物质文化遗产代表性项目。

20日 包钢（集团）公司与浙江大学签署《战略合作协议》及《浙江大学、中国北方稀土（集团）高科技股份有限公司“浙江大学——白云鄂博稀土联合研究院”共建协议》。

22日 2022年全区就业创业推进会暨夏季招聘会在内蒙古财经大学启动。

25日 在财政部、住建部、水利部联合开展的全国第二批系统化全域推进海绵城市建设示范城市竞争性选拔中，呼和浩特市成为全国第二批25个海绵城市建设示范城市之一。

31日11时30分 由国家电网公司研制的世界首套交流可控自恢复消能装置，在±800千伏扎鲁特—青州特高压直流输电工程中成功投运。

6月

1日 自治区人民政府召开全区稳定经济大盘电视电话会议。自治区主席王莉霞出席会议并讲话。

是日 自治区科技厅公布2022年度内蒙古国际科技合作基地认定名单，13家单位上榜，这是自治区认定的首批自治区级国际科技合作基地。

2日 自治区主席王莉霞主持召开专题会议，研究部署新能源产业高质量发展工作。

是日 中央第三生态环境保护督察组向自治区党委、政府反馈督察情况，自治区党委书记孙绍骋在会上作表态发言。

6日 自治区召开推进奶业振兴厅际联席会议，贯彻落实自治区党委和政府部署要求，通报九条政策措施落实情况。

是日 全国首个碳达峰数字化系统在鄂尔多斯市达拉特旗上线运行。

8日上午 自治区政府新闻办召开“巩固拓展脱贫攻坚成果全面推进乡村振兴”新闻发布会。全区脱贫群众人均纯收入 14951 元，比 2021 年增长 13.98%，位居全国 25 个有建档立卡脱贫人口省区市的第三。

10 日 自治区党委书记孙绍骋在呼和浩特会见三峡集团董事长雷鸣山一行。双方围绕推进新能源全产业链发展和多场景应用，打造地企互利合作、共赢发展新样板，深化全方位、多领域务实合作，进行深入交流，形成广泛共识。自治区领导于立新、张韶春参加会见。

是日 全区能源重大项目调度推进视频会议在呼和浩特召开。

是日 自治区文化和旅游厅以视频会议的形式举行“中华颂·非遗传承文脉”——2022 年“6·11”文化和自然遗产日内蒙古非遗宣传展示主场活动启动仪式。

上旬 大路煤矸石电厂 500 千伏送电线路改接工程全部结束投入运行。

15 日 自治区党委书记孙绍骋主持召开专题会议，研究安全生产、灾害防御等应急管理工作。

是日 第 10 个“全国低碳日”自治区首单林业碳汇预期收益权质押贷款在鄂尔多斯市杭锦旗成功签约。

22 日 中国唯一重水堆核燃料元件生产线第 20 万支棒束在中核北方公司下线。

23 日上午 自治区主席王莉霞主持召开专题会议，贯彻落实全国迎峰度夏能源保供工作电视电话会议精神，研究部署能源保供工作。研究部署口岸疫情防控和通关保畅工作。

是日 内蒙古自治区第二批“蒙”字标认证申报工作结束，新增申报企业 106 家。至此，“蒙”字标品牌建设建立“五大体系”，运用国际通用认证方式，甄选出内蒙古高端产品。

27 日 中国共产党内蒙古自治区第十一届委员会第三次全体会议在呼和浩特举行。全会投票确定内蒙古自治区出席中共二十大代表候选人预备人选，审议通过《中国共产党内蒙古自治区第十一届委员会第三次全体会议关于召开中国共产党内蒙古自治区代表会议的决议》。

29 日 内蒙古支线供水工程赤峰朝阳线在赤峰市敖汉旗开工。内蒙古支线供水工程是 2022 年国家实施的 55 项重点工程之一，总投资约 110 亿元。

29—30 日 中国共产党内蒙古自治区代表会议在呼和浩特召开。会议选举产生 42 名内蒙古自治区出席中国共产党第二十次全国代表大会代表。

7月

4 日 自治区实施西部大开发战略领导小组召开全体会议，听取工作情况汇报，研究部署下一步任务。自治区主席王莉霞主持会议并讲话。

5 日 自治区党委书记孙绍骋在呼和浩特拜会全国政协副主席、民革中央常务副主席郑建邦一行。

是日 自治区主席王莉霞主持召开专题会议，研究部署全区粮食安全工作。

是日 全区职业教育大会在呼和浩特召开。自治区党委书记孙绍骋对全区职业教育工作作出批示，自治区主席王莉霞出席会议并讲话。

7 日 十一届自治区党委第一轮巡视工作动员部署会召开。

是日 自治区人民政府召开会议部署违法用地整治和深化土地综合整治工作。

14 日 自治区党委、人民政府召开全区推进奶业振兴现场会。自治区党委书记孙绍骋，自治区主席王莉霞出席分别讲话。

15 日 自治区召开安全生产工作电视电话会议，贯彻习近平总书记关于安全生产的重要论述，落实全国安全生产电视电话会议精神，对全区安全生产工作进行再调度、再部署。自治区主席王莉霞出席会议并讲话。

是日 自治区人民政府与中国南水北调集团在呼和浩特签署战略合作框架协议。

21 日 自治区政协召开“加快推进大数据应用和信息共享，提升社会治理和公共服务能力”专题协商会。

22 日 北京市党政代表团到自治区考察调研，推动京蒙协作深入开展。中共中央政治局委员、北京市委书记蔡奇，北京市委副书记、市长陈吉宁与自治区党委书记孙绍骋等一同考察并座谈。

23 日 数字赋能全民共享——“2022 年内蒙古自治区全民数字素养与技能提升月”启动仪式——首个主题活动“数智北疆算网共生”内蒙古首届“东数西算”算力网络高峰论坛在呼和浩特召开。

26 日 总投资 100 多亿元的引绰济辽二期工程和内蒙古供水通辽支线工程在通辽市科尔沁区举行施

工准备开工仪式。

30日至8月31日 第十九届中国·内蒙古草原文化节在呼和浩特举办。

8月

2日 自治区人民政府与中国农业银行在呼和浩特签署战略合作框架协议。自治区党委书记孙绍骋，中国农业银行党委书记、董事长谷澍见证签约。

是日 位于鄂尔多斯市准格尔旗新能源科技产业基地的天合光能股份有限公司下线内蒙古首片大尺寸组件，标志着天合光能内蒙古太阳能组件项目投产，打通内蒙古光伏上下游产业链，实现产品与终端市场的紧密衔接，填补了自治区光伏全产业链在组件制造端的空白。

4日 为期3天的第31届内蒙古国际农业博览会暨第十届内蒙古（蒙东）农业机械博览会落下帷幕。

是日 农业农村部办公厅印发《关于扶持国家种业阵型企业发展的通知》，内蒙古有7家企业入选国家畜禽种业阵型企业名单。

是日下午 自治区政府在呼和浩特与华为技术有限公司、华为云计算技术有限公司签署云计算中心合作框架协议。自治区主席王莉霞，华为公司轮值董事长徐直军见证签约。

5日 自治区人民政府与中国节能环保集团在呼和浩特签署战略合作框架协议。自治区主席王莉霞，中国节能环保集团董事长宋鑫见证签约。

13日 自治区主席王莉霞率团在陕西省西安市学习考察科技成果转化和科创平台建设情况。自治区副主席张韶春、包献华一同考察。同日，陕西省委书记、人大常委会主任刘国中，省委副书记、省长赵一德在西安会见内蒙古自治区主席王莉霞一行。

14日 内蒙古自治区和陕西省在西安市签署战略合作框架协议。自治区主席王莉霞，陕西省委副书记、省长赵一德分别致辞并见证签约。

是日 第六届丝绸之路国际博览会在陕西省西安市开幕。内蒙古是本届大会的主宾省，自治区主席王莉霞出席开幕式并在丝绸之路经济带国际合作论坛上致辞。

是日 自治区民政厅、财政厅联合印发《关于进一步做好困难群众基本生活保障有关工作的通知》，通知从6个方面提出20项惠民举措。

18日 自治区召开推进重大项目建设、扩大有效投资工作部署视频会议。

19日 西辽河干流水头到达通辽市总办窝堡枢纽，总办窝堡枢纽首次开闸放水。

19—24日 2022年全国拳击锦标赛（第二批）在深圳市举行，内蒙古自治区派出18名运动员参加8个级别的比赛，获得3金1银1铜、4个第五名的成绩。

20日 自治区人民政府召开视频会议，对防灾减灾救灾、疫情防控和安全生产工作进行再部署再推动再落实。自治区主席王莉霞主持会议并讲话。

22日 中国共产党内蒙古自治区委员会“中国这十年·内蒙古”主题新闻发布会在呼和浩特举行。自治区党委书记孙绍骋，自治区主席王莉霞出席发布会。

23日 自治区工商业联合会第十三次代表大会在呼和浩特召开。自治区党委书记孙绍骋，自治区主席王莉霞等自治区领导会见与会全体代表。

是日 国家“十四五”期间重点在建项目，国网新源内蒙古芝瑞抽水蓄能电站下水库成功截流，标志着下水库工程建设全面铺开。

24日 自治区人民政府分别与中国华能集团有限公司、中国长江三峡集团有限公司在呼和浩特签署战略合作框架协议。自治区主席王莉霞，华能集团总经理邓建玲，三峡集团总经理韩君见证签约。

是日 自治区人民政府召开会议，安排部署黄河流域生态环境突出问题整改和乌海及周边地区生态环境综合治理工作。

25日 自治区人民政府在呼和浩特与浙商银行签署战略合作框架协议。自治区主席王莉霞，浙商银行党委书记陆建强见证签约。

是日上午 国务院第九次大督查第二督查组与自治区人民政府工作衔接会在呼和浩特召开。第二督查组组长夏先德讲话。自治区主席王莉霞主持会议并代表自治区党委和人民政府作表态发言。自治区党委常委、自治区常务副主席黄志强出席会议。

是日 自治区党委书记、自治区总林长孙绍骋主持召开2022年度自治区总林长会议。自治区总林长王莉霞等出席会议。

是日 呼和浩特1万吨电子级多晶硅暨10万吨颗粒硅项目举行开工仪式。

26日 自治区主席王莉霞主持

召开专题会议，研究全区沉淀资金大起底和自治区本级行政事业单位房产重点项目处置等事项。

28日 自治区在鄂尔多斯市准格尔旗举行风光制氢一体化示范项目集中开工仪式。自治区主席王莉霞宣布项目集中开工，并开展相关调研。包头市达茂旗和鄂尔多斯市达拉特旗、乌审旗、鄂托克前旗分别设立分会场。

29日 中国环境科学院、内蒙古环投集团共建全国环境保护危险废物鉴别与风险控制重点实验室启动仪式暨内蒙古研究基地揭牌仪式在呼和浩特市举行。

30日 自治区主席王莉霞主持召开专题会议，研究黄河流域河湖管理保护等工作，研究农村户厕问题摸排整改及国家暗访调研反馈问题整改工作。

是日 包头市九原区人民政府与深圳市费特森新能源有限责任公司举行年产30万吨磷酸铁锂项目及年产6万吨锂盐项目投资合作协议。

是月 总投资560亿元的5个可降解塑料产业项目相继在乌海市落地。

9月

1日 自治区人民政府与中国农业科学院在北京签署全面合作协议。

2日 由内蒙古商务厅、农牧厅、文旅厅主办的“第三届内蒙古味道——北京招商推介会”在北京的国家会议中心举行。

4日 国务院稳住经济大盘督导和服务工作组到自治区督导指导，自治区与工作组在呼和浩特进行工作对接。自治区党委书记孙绍骋主持对接会，国务院工作组组长、生态环境部部长黄润秋讲话，自治区主席王莉霞汇报相关工作并作表态发言。

5日 自治区党委全面深化改革委员会召开会议。自治区党委书记、党委深改委主任孙绍骋主持并讲话。

6日 自治区党委财经委员会召开会议，专题研究全面加强基础设施建设问题。自治区党委书记、党委财经委主任孙绍骋主持并讲话。委员会副主任王莉霞出席会议。

7日 自治区党委书记孙绍骋主持召开会议，与各民主党派区委会、自治区工商联新一届领导班子负责人进行座谈交流。

9日 自治区主席王莉霞主持召开专题会议，再次研究全区沉淀资金大起底和自治区本级行政事业单位房产重点项目处置工作。

12日 由中铁四局承建的集大铁路跨国道512特大桥连续梁顺利合龙，桥跨全长145.75米，是集大铁路全线首个连续梁合龙。

13日 自治区和北京东城区同步线上举行“京蒙百企情”暨2022年京蒙产业对接启动仪式，现场线上签约31个项目，签约金额1464亿元。

14日 自治区人民政府召开会议，盘点进度、分析问题，推动国家和自治区“十四五”规划纲要重点任务落实。自治区主席王莉霞出席会议并讲话。

15日 2022年全国大众创业万众创新活动周内蒙古分会场活动在乌兰察布启动。自治区主席王莉霞出席活动并致辞。

是日 以“推动质量变革创新促进质量强国建设”为主题的内蒙古2022年“质量月”活动启动仪式在呼和浩特市举行。

16日 自治区党委书记孙绍骋主持会议，决定对自治区有关单位推进“五个大起底”行动情况开展专项巡视，重点监督解决不担当不作为等突出问题。审议《内蒙古自治区巡视整改工作办法》和《关于推进基本养老服务体系建设的实施方案》。

16日 自治区在包头市召开全区城市精细化管理工作现场会。

16—23日 2022年全国青少年跆拳道锦标系列赛暨青年锦标赛（甲组预赛）在江苏省无锡市举行。内蒙古自治区派出22名运动员参赛，共获得2银、3铜、8个第五名的成绩。

19日 自治区党委宣传部、统战部、自治区民委印发命名决定，命名呼和浩特市赛罕区、兴安盟科右前旗融媒体中心、阿拉善盟额济纳旗达来呼布镇等157个地区和单位为第八批全区民族团结进步示范区示范单位。

20日 九三学社中央与自治区政府战略合作领导小组工作会议在呼和浩特召开。全国人大常委会副委员长、九三学社中央主席武维华出席会议并讲话。自治区党委书记孙绍骋，自治区主席王莉霞在呼和浩特拜会武维华一行。

22日 全区“担当作为好干部”命名大会在呼和浩特召开。自治区党委书记孙绍骋出席并讲话，自治区主席王莉霞主持。

24日 远景零碳技术（赤峰）有限公司绿氢一期项目在赤峰市元宝

山区开工建设。

24—30日 国务院安委会第十二综合督导检查组对自治区安全生产大检查进行"回头看"。9月30日上午，督导检查工作汇报会在呼和浩特召开。

27日 自治区党委统战工作会议暨全区民族团结进步表彰大会在呼和浩特召开。自治区党委书记孙绍骋出席并讲话。自治区主席王莉霞主持会议。

是日 全区抓党建促乡村振兴现场会在通辽市召开。

是日 自治区党委、人民政府出台《关于进一步支持民营经济高质量发展的若干措施》。

28日 全区推进国家重要农畜产品生产基地建设现场会在乌兰察布市召开。

是日 包茂高速公路昭君黄河特大桥实现主体完工。昭君黄河特大桥是包茂高速包头至东胜改扩建工程包头西连接线的控制性工程，主桥为国内在建单联最长的梁式桥，采用双向4车道高速公路标准建设，全长4300米。

是日 自治区能源局批准实施源网荷储一体化、燃煤自备电厂可再生能源替代和风光制氢一体化示范项目3类市场化消纳新能源项目。

29日 自治区党委书记、自治区推进全社会资源全面节约集约工作领导小组组长孙绍骋主持召开会议，听取自治区纪委监委关于贯彻落实习近平总书记重要指示批示有关专项工作进展情况汇报，听取全区前三季度经济形势和新能源建设推进情况汇报，听取全面加强节约资源工作情况汇报，听取全区"扫黄打非"工作情况汇报，并分别作出安排部署。会议还审议了《内蒙古自治区"十四五"文化发展规划》。

30日 内蒙古欧晶科技股份有限公司首次公开发行股票并在深交所主板挂牌上市，这是自治区首家上市的新能源企业，也是国内石英坩埚生产领域第一家上市公司。

10月

4日 自治区总工会下拨100万元疫情防控专项资金，支持呼和浩特市总工会做好疫情防控工作。

9日 新冠疫情防控内蒙古工作组召开全区新冠疫情防控工作电视电话会议。国家卫生健康委副主任、新冠疫情防控内蒙古工作组组长曹雪涛，自治区副主席包献华出席会议并讲话。

至10日 江苏、浙江、河北、天津支援内蒙古4支医疗队1010名医护队员抵达呼和浩特市，支援新冠疫情防控工作。江苏省援内蒙古医疗队和浙江省援内蒙古医疗队于10月6日到达，共计105人，医护人员大部分来自重症医学专业。

至12日 自治区应急管理厅针对防疫物资需求量较大的实际，争取中央救灾物资支持，申请调拨中央救灾物资。紧急调运棉帐篷、木板折叠床、棉被和毛毯等1.6万件(套)，全部投入疫情防控保障一线。

13日上午 内蒙古出席党的二十大代表抵京。内蒙古出席党的二十大代表43名。

是日 农业农村部会同国家乡村振兴局联合印发《关于推介第三批全国村级"文明乡风建设"典型案例的通知》，全国有38个村(社区)入选，其中，内蒙古自治区兴安盟突泉县水泉镇合发村榜上有名。

17日上午 赵乐际、巴特尔参加所在的党的二十大内蒙古代表团全体会议，学习讨论党的二十大报告。

19日 国家电投白音华高精铝板带项目首炉铝水出炉，标志着内蒙古锡林郭勒盟首个煤电铝后加工一体化项目正式投产。

中旬 自治区医疗保障局推行医保服务"1＋5"网办模式，紧急组织信息化工作组24小时值守，保障线上服务渠道畅通，确保疫情防控期间全区2000多万参保群众就医看病。

24日 自治区党委召开全区领导干部大会，安排部署学习宣传贯彻党的二十大精神工作。自治区党委书记孙绍骋讲话。自治区主席王莉霞主持会议，自治区政协主席李秀领等现职省级领导出席。会议以视频形式召开。

11月

1日 2022年全国射箭总决赛在浙江湖州举行。为期3天的角逐，内蒙古自治区射箭代表队邬光洁在女子复合弓个人排名赛中，以702环创造该项目全国纪录，斩获金牌。在个人淘汰赛中，邬光洁获得女子复合弓第二名。自治区运动员海丽玕获得女子反曲弓个人排名赛第6名和个人淘汰赛第8名。

2日 自治区林草局发布第二批26项林草科技成果，其中包括塞外红苹果良种科学种植技术示范等12

项林草产业技术成果和科尔沁沙地综合整治技术及持续经营模式研究等 14 项治沙造林技术成果。

3 日 自治区自然资源厅发布，自治区国土空间“三区三线”划定成果通过自然资源部审核启用。

是日 呼伦贝尔市与“科创中国”现代高效畜牧产业科技服务团举办成果落地线上签约仪式，中国农业大学动物科技学院等项目相关人员在北京会场出席。

4 日 自治区主席王莉霞为将离开呼和浩特市的江苏省、浙江省援呼医疗队送行，并向医疗队赠送锦旗。

4—6 日 自治区对学习贯彻党的二十大精神理论宣讲骨干进行培训、动员。11 月中旬至 12 月上旬，宣讲团成员将分赴各盟市各单位开展宣讲。

6 日 呼和浩特市召开第 69 场疫情防控工作新闻发布会将逐步有序恢复公交运营。

7 日 呼伦贝尔市冰雪文旅产品推介暨“十城百屏”品牌传播和“十会百企”精准营销行动启动会在中国冰雪之都牙克石市召开。

9 日 自治区召开视频会议，通报第二轮中央生态环境保护督察整改工作进展情况。

10 日 自治区主席王莉霞为即将离开呼和浩特市的广东省、重庆市援呼医疗队送行并颁授锦旗。至此，江苏、浙江、天津、河北、陕西、黑龙江、广东、重庆八省市援呼医疗队 2000 余名医护人员已经全部踏上归程。

10—12 日 包头市举行重大项目观摩推进会现场，从建设到投产历时 140 天，包头市已开工亿元以上产业类项目 525 个。

上旬 自治区民政厅、财政厅按照自治区党委、政府有关部署，紧急下拨困难群众救助补助资金 1.3 亿元，确保受疫情影响等困难群众基本生活需求。

上旬 乌海市乌达产业园的内蒙古东景生物环保科技有限公司年产 28 万吨丁二醇 (BDO) 项目投料试车成功。

上旬 国家医疗保障局通报 2022 年第一批 DRG / DIP 支付方式改革交叉评估结果，内蒙古 DRG / DIP 支付方式改革获评优秀，位列全国第四。

16—20 日 在第二十四届中国国际高新技术成果交易会智慧城市评选中，内蒙古自治区包头市凭借“智慧城市大数据平台”和“居民信息管理平台”的建设成效，获得“2022 中国领军智慧城市”奖项。

18 日 乌兰察布市察右后旗关键节点电网侧储能电站示范项目暨乌兰察布“源网荷储一体化”示范项目（子项目四）按期顺利并网。

23 日 内蒙古党政代表团赴北京对接京蒙协作工作。中央政治局委员、北京市委书记尹力表示，支持内蒙古全面推进乡村振兴，协助受援地建好防返贫致贫机制。

是日 20 时 36 分 自治区直属国有企业蒙能集团首台 660 兆瓦超临界发电机组一次并网成功。

25 日 国能准能集团研发中心发布，该中心研发的“煤基纳米碳氢燃料工业化制备”和“煤基纳米碳氢燃料火力发电”两项技术，通过了中国煤炭工业协会鉴定委员会鉴定，为“国内外首创，达到了国际领先水平”。

是日 自治区召开全区安全生产工作电视电话会议，传达学习习近平总书记对河南安阳市凯信达商贸有限公司火灾事故作出的重要指示精神，落实自治区党委工作要求，对安全生产工作进行具体安排部署。自治区主席王莉霞出席会议并讲话。

26 日 国家特级能源保供项目京宁二期扩建配套 500 千伏送出工程启动送电。

28 日 自治区主席王莉霞到鄂尔多斯现场办公，贯彻落实习近平总书记对内蒙古的重要讲话重要指示批示精神，紧扣建设国家重要能源和战略资源基地，面对面征求鄂尔多斯市和相关企业负责人的意见，有针对性地解决现代煤化工产业发展中的实际问题。

是日 内蒙古东源科技全资子公司东景生物环保科技有限公司年产 28 万吨 BDO 项目投料开车取得成功，顺利产出优级品，纯度达到 99.91%。

30 日 自治区党委书记孙绍骋主持召开自治区应对疫情工作领导小组会议，研究科学精准做好疫情防控工作。对做好呼和浩特市常态化疫情防控工作提出要求。王莉霞等自治区领导，疫情防控内蒙古工作组组长孙阳出席。

12 月

月初 自治区政务服务局推进电子证照标准化规范化，公布自治区本级部门首批 190 项电子证照发证清单、820 项政务服务事项用证清单和 298 项“免证办”事项清单，涉及交通运输、社会事务、教育卫生等多个领域。

2日1时35分 国家能源局特急能源保供项目——呼和浩特金山热电厂扩建配套的500千伏送出工程投运送电。

4日 由中铁上海工程局承建的包银高铁一标段提前30天完成内蒙古高铁公司、蒙冀公司下达的年度任务目标，年累计完成投资计划达10亿元，完成总额、完成比例在包银高铁内蒙古9个标段中排名第一。

9日 自治区应对疫情工作领导小组召开会议，研究贯彻落实“新十条”的具体措施。

是日下午 由国网蒙东电力公司承建的两项国家能源保供重点工程、自治区特急能源保供工程——汇能长滩电厂1000千伏送出工程、国电长滩电厂500千伏送出工程全线贯通。

10日 自治区教育厅印发《关于有序恢复中小学线下教学工作的通知》，要求全区中小学校统筹做好疫情防控和返校复课工作。

上旬 自治区能源局发布：全区21个项目纳入自治区首批工业园区绿色供电项目清单，配建新能源规模701.6万千瓦，其中风电461.1万千瓦、光伏240.5万千瓦。

上旬 自治区总工会重点围绕企业复工复产和职工权益保障开展五项行动，出台20条举措，助力企业复工复产，切实保障职工权益。

上旬 自治区就业工作领导小组办公室印发《关于强化供需双向对接解决企业招工难用工贵进一步做好援企稳岗工作的通知》，从企业招工难、用工贵、结构性用工短缺三方面提出10条针对性举措，促进全区就业形势总体稳定。

13日 自治区党委办公厅、政府办公厅印发《农村牧区人居环境整治提升五年行动实施方案（2021—2025年）》。

14日 中国（满洲里）跨境电子商务综合试验区公共服务平台正式上线运营。

16日 2022年全国女子拳击冠军赛在海南白沙收官。内蒙古重竞技运动中心派出2名运动员，李倩、杨柳分别在75公斤和66公斤两个级别的比赛中摘得金牌。

18日5时30分 毛乌素沙漠腹地的乌审500千伏输变电工程（阿勒泰变电站）顺利投运，并入500千伏主网。

是日 自治区党委书记孙绍骋主持召开党外人士和民营企业家座谈会，传达学习中央经济工作会议精神，就做好明年全区经济工作听取意见和建议。自治区主席王莉霞通报2022年全区经济发展情况。

中旬 在中国证券金紫荆奖颁奖典礼上，优然牧业斩获金紫荆奖“最佳ESG实践上市公司”大奖。优然牧业养殖奶牛近45万头，饲料业务服务全国超过1/4的奶牛。2022年9月成功加入联合国全球契约组织。

22日下午 自治区党委议军会暨军分区（警备区）党委第一书记述职报告会在呼和浩特召开。自治区党委书记、内蒙古军区党委第一书记孙绍骋主持会议并讲话。自治区主席、自治区国防动员委员会主任王莉霞出席会议并讲话。

23日 第十三届中蒙新闻论坛以网络视频方式在北京、呼和浩特和蒙古国乌兰巴托3个会场举行。中蒙双方代表宣读《携手共建人与自然生命共同体倡议》。中蒙两国新闻界120多名代表参加论坛。

24日上午 第九届全国大众冰雪季（内蒙古站）启动仪式在呼和浩特市太伟滑雪场举行。

25日 自治区党委和人民政府召开新能源领域民营企业座谈会。

是日 国内首例排土场风电机组在霍林郭勒市北露天煤矿排土场上“落户”成功。该分散式风电项目总装机容量4兆瓦，采用“自发自用”模式，全容量投产后平均年发电量1166.2万千瓦·时。

26日下午 2022年巩固拓展脱贫攻坚成果同乡村振兴有效衔接考核评估省级对接会在呼和浩特召开。国家第三综合核查组组长陈金甫出席会议并讲话。自治区党委书记孙绍骋主持会议并讲话。自治区主席王莉霞汇报内蒙古自治区工作情况。北京市政府党组副书记、常务副市长崔述强汇报北京市2022年京蒙协作帮扶工作情况。

26—29日 自治区统计局在全区范围内针对“四上”企业开展“企业复工复产情况”快速调研。

27日 自治区政府在呼和浩特与中国华电集团签署战略合作框架协议。自治区主席王莉霞，中国华电集团董事长江毅见证签约。

是日 自治区人民政府召开全区法治政府建设工作会议。自治区主席王莉霞出席会议并讲话。

28日 自治区通信管理局发布，继2021年呼和浩特市入选全国首批“千兆城市”后，近日包头市、鄂尔多斯市、赤峰市建设完成并入选工业和信息化部2022年“千兆城市”。

是日 包钢锌铝镁镀层钢板工程

竣工投产，首卷产品下线。

29日 自治区党委全面深化改革委员会召开会议。自治区党委书记、党委深改委主任孙绍骋主持并讲话。会议审议数字化绿色化协同转型发展行动方案、进一步强化科技激励的若干措施、改革完善体制机制加强战略和应急物资储备安全管理实施方案等3个改革方案。

是日 以“新时代 新动能 新变革 新格局”为主题的2022年中国硅业大会在包头市举行。

是日 自治区工商联、自治区发改委在呼和浩特举行2022内蒙古民营企业100强发布会。

是日 内蒙古自治区第六届“北疆工匠”发布会暨颁奖典礼在包头市举行。

是日 国家统计局公布数据显示，2022年内蒙古粮食产量再创新高，达到780.1亿斤，比2021年增加12亿斤，总产量居全国第六位，实现粮食产量“十九连丰”。

是日 第八届内蒙古自治区道德模范暨2022年度“新时代好少年”颁奖仪式在呼和浩特举行。

是日 内蒙古（包头）风电装备产业集群产品集中下线。此次下线产品包括明阳MySE7.15－216“沙戈荒”定制化大风机、超长碳玻混叶片、中速永磁发电机3大风电核心装备。

31日 国家能源集团龙源电力内蒙古公司杭锦旗200兆瓦“风储一体化”示范项目倒送电成功，标志着项目正式并网。

是日18时17分 国家能源集团国电电力上海庙公司3号机组顺利通过168小时运行，正式投入商业运营。

下旬 2022年全国跆拳道锦标系列赛（第二阶段）在江苏省无锡市落下帷幕。内蒙古重竞技运动中心派出7名运动员参加7个级别的比赛。自治区运动员获得2金、1银、1铜。

是月 自治区市场监管局对全区372批次食品相关产品开展质量安全风险监测。全区食品相关产品质量安全风险监测总体为“低风险”。

2022年 全区地区生产总值23159亿元，按可比价格计算，比2021年增长4.2%，高于全国平均水平1.2个百分点。自治区人均生产总值突破9万元，达到96474元，比2021年增长4.2%。在全国排名第八位，较2021年上升两位。2022年全区GDP增速4.2%，排名全国第9位。

2022年 全区一般公共预算收入2824.4亿元，比2021年增加474.4亿元，增长20.2%。全区一般公共预算支出5885亿元，比2021年增加645.5亿元，增长12.3%。全区全体居民人均可支配收入35921元，比2021年增长5.3%。其中，城镇常住居民人均可支配收入46295元，增长4.3%；农村牧区常住居民人均可支配收入19641元，增长7.1%。全区居民消费价格总水平比2021年上涨1.8%，涨幅比全国平均水平低0.2个百分点，在全国31个省市区中位列第21位。全年城镇新增就业20.5万人，完成全年目标任务的102.5%。

2022年 国家统计局发布，内蒙古自治区牛肉产量居全国第一位，创历史新高，全区牛肉产量达71.9万吨占全国牛肉产量的10%，连续稳居全国第一，成为全国牛肉产量唯一突破70万吨的省区。

区情概览

自然地理

【地理位置】 内蒙古位于中华人民共和国北部边疆，由东北向西南斜伸，呈狭长形，东西长约2400千米，南北直线距离1700千米。地跨北纬37°24′～53°23′，东经97°12′～126°04′。全区总面积118.3万平方千米，占中国土地面积的12.3%，是中国第三大省区。横跨东北、华北、西北地区，内与黑龙江、吉林、辽宁、河北、山西、陕西、宁夏、甘肃8省区相邻，外与俄罗斯、蒙古国接壤，边境线4200多千米。

【地形地貌】 地貌以高原为主，大部分地区海拔在1000米以上，东部是莽莽的大兴安岭林海，南部是富饶的嫩江平原、西辽河平原和河套平原，西部是浩瀚的腾格里、巴丹吉林、乌兰布和沙漠，北部是辽阔的呼伦贝尔、锡林郭勒草原。

【气候】 2022年，全区平均气温较常年（1991—2020年，下同）偏高0.3℃，为1961年以来同期第11高；春、秋季全区平均气温偏高，冬（2021年12月至2022年2月，下同）、夏季正常。全区平均降水量较常年偏多2.9%（9.5毫米），西部、西南部、东部及东北部地区偏多，其余大部分地区接近常年；四季降水量冬、夏季偏多，其中夏季偏多最多，偏多12.4%，春、秋季偏少，其中秋季偏少最多，偏少37.2%。总体来看，2022年全区农牧业气候属于正常年景。

气温　2022年，全区平均气温为5.8℃，较常年偏高0.3℃，比2021年低0.5℃，为1961年以来历史同期第11高。各地气温为-3.8（图里河）～11℃（额济纳旗），除西部部分地区偏高1～1.3℃（乌审旗），全区大部接近常年。

降水　2022年，全区平均降水量为314.5毫米，较常年偏多2.9%（9.5毫米）。各地降水量为7.3(额济纳旗)～772.4毫米(科左后旗)，通辽市大部、鄂尔多斯市中部和东南部、乌海市、阿拉善盟东部偏多25%～85%（科左后旗）；赤峰市西部、锡林郭勒盟南部、乌兰察布市大部、呼和浩特市北部、包头市大部、巴彦淖尔市东北部和中西部、阿拉善盟西部偏少25%～81%（额济纳旗）；其余地区接近常年。

日照　2022年，全区平均日照时数为2891.6小时，较常年偏少47.8小时，为1961年以来同期第9少。除呼伦贝尔市北部和西南部、兴安盟东北部、通辽市西南部、赤峰市东南部、锡林郭勒盟北部、乌兰察布市东南部、鄂尔多斯市西南部偏多100.0～692.6小时(宝国吐)外，其余大部分地区接近常年或偏少100.0～422.5小时(高力板)。

（资料来源：内蒙古气象局官网）

【自然资源】 野生动物资源　全区陆生野生脊椎动物613种，分属29目，93科，291属。其中，属国家Ⅰ级保护动物的有52种，包括林草部门主管50种，农业部门主管2种；国家Ⅱ级保护117种，包括林草部门主管106种，农业部门主管11种。

野生植物资源体　内蒙古维管束植物（种子植物、蕨类植物）共计2619种。其中，种子植物2551种，蕨类植物68种。属国家Ⅰ级保护植物有2种，包括林草部门主管1

种，农业部门主管1种；国家Ⅱ级保护45种，包括林草部门主管21种，农业部门主管24种。

森林资源　内蒙古是祖国北方重要的生态安全屏障，是我国森林资源相对丰富的省区之一。从东到西分布有大兴安岭原始林区和11片次生林区（大兴安岭南部山地、宝格达山、迪彦庙、罕山、克什克腾、茅荆坝、大青山、蛮汉山、乌拉山、贺兰山、额济纳次生林区），以及长期建设形成的人工林区。2020年全区森林资源管理“一张图”更新结果显示，全区森林面积0.27亿公顷，居全国第一位，森林覆盖率23.0%；人工林面积660万公顷，居全国第三位；森林蓄积16亿立方米，居全国第五位。天然林主要分布在内蒙古大兴安岭原始林区和大兴安岭南部山地等11片次生林区，人工林遍布全区各地。全区乔灌树种丰富，有杨树、柳树、榆树、樟子松、油松、落叶松、白桦、栎类等乔木和锦鸡儿、白刺、山杏、柠条、沙柳、梭梭、杨柴、沙棘等灌木。

水资源　内蒙古大小河流千余条，其中流域面积在1000平方千米以上的河流有107条；流域面积大于300平方千米的有258条。有近千个大小湖泊。全区地表水资源为406.60亿立方米，与地表水不重复的地下水资源为139.35亿立方米，水资源总量为545.95亿立方米，占全国水资源总量的1.92%。

草地资源　内蒙古共有草地5437.42万公顷，其中天然牧草地4792.2万公顷，占88.13%。自东向西依次分布着温性草甸草原、温性典型草原、温性荒漠草原、温性草原化荒漠和温性荒漠5类地带性草原。全国11片重点牧区草原中，内蒙古有5片，分别为呼伦贝尔草原、锡林郭勒草原、科尔沁草原、乌兰察布草原和鄂尔多斯草原。

耕地资源　内蒙古耕地资源丰富，水热条件好，粮食生产潜力较大。全区有耕地1150.36万公顷，主要分布在西辽河平原、松嫩平原嫩江右岸、河套平原和土默川平原。通辽市、呼伦贝尔市、赤峰市和兴安盟东部四盟市耕地面积较大，占全区耕地的66%。内蒙古是全国13个粮食主产区之一。富饶美丽的河套、土默川、辽河和松嫩平原，有“谷仓”和“塞外米粮川”之称。

湿地资源　根据自治区第三次国土调查主要数据公报结果，全区湿地面积380.94万公顷，包括5个二级地类，其中，森林沼泽70.17万公顷，占18.42%；灌丛沼泽21.48万公顷，占5.64%；沼泽草地183.66万公顷，占48.21%；内陆滩涂93.81万公顷，占24.63%；沼泽地11.82万公顷，占3.10%。湿地主要分布在呼伦贝尔市和锡林郭勒盟2个盟市，占全区湿地的86%。

自然保护地　全区现有自然保护区、风景名胜区、地质公园、湿地公园、森林公园、沙漠公园6类自然保护地，共380个，总面积1571.81万公顷，约占自治区总面积的13.29%。自然保护区216个，总面积1294.66万公顷。其中，国家级29个，面积426.12万公顷；自治区级64个，面积696.53万公顷；自治区级以下123个，面积172.01万公顷。风景名胜区5个，总面积52.74万公顷。其中，国家级2个，面积15.2万公顷；自治区级3个，面积37.54万公顷。地质公园23个，总面积48.56万公顷。其中，世界级3个，面积27.77万公顷；国家级11个，面积12.9万公顷；自治区级9个，面积7.89万公顷。湿地公园63个，总面积38.61万公顷。其中，国家级53个，面积34.62万公顷；自治区级10个，面积3.99万公顷。森林公园58个，总面积132.58万公顷。其中，国家级36个，面积109.57万公顷；自治区级21个，面积22.67万公顷；自治区级以下1个，面积0.34万公顷。国家沙漠公园15个，总面积4.66万公顷。

矿产资源　内蒙古地域辽阔，成矿地质条件优越，矿产资源丰富。富集铜、铅、锌、铁、稀土、金、银、锡等矿产；能源矿产资源遍布12个盟市。截至2022年底，全区查明资源储量的矿产共139种（含亚种），列入《内蒙古自治区矿产资源储量表》的矿产为131种。全区有109种矿产的保有资源量居全国前十位，其中有52种矿产的保有资源量居全国前三位，煤炭、铅、锌、银、稀土等21种矿产的保有资源量居全国第一位。

【自然灾害】　2022年春季共出现6次沙尘过程，影响范围广、强度较大，导致部分地区遭受不同程度损失；春末夏初中西部地区发生阶段性干旱，6月中旬高温叠加效应致使干旱程度加重，部分地区出现特旱，导致部分地区农田无法耕种，草场牧草未返青或返青后枯死；春末和夏末出现低温冷害和霜冻，致使农业生产受损；春季和秋季部分地区发生雪灾，导致农牧业设施和基础设施受损；汛期对流性天气系统活跃，降水偏多、极端性强，暴雨洪涝、冰雹及大风灾害频繁发生，对当地群众的生命财产安全产生了极大威胁，并导致社会生产和基础设施遭受了重大损失；11月末受连续两次全区性寒潮过程影响，大部分地区气温出现断崖式下降，部分地区降温幅度达20℃以上，呼伦贝尔出现极寒天气，最低气温达-42.7℃（恩和站），黄河内蒙古段首凌至首封仅用1天，为历史间隔最短。

（资料来源：内蒙古统计局）

历史人文

【建置沿革】 20世纪20年代，内蒙古各族人民在中国共产党领导下，积极投身反帝反封建斗争，经过浴血奋战，于民国36年（1947）5月1日，在王爷庙（现兴安盟乌兰浩特市）成立内蒙古自治政府，辖呼伦贝尔盟、纳文慕仁盟、兴安盟、锡林郭勒盟和察哈尔盟。1949年4—5月，哲里木盟、昭乌达盟划归内蒙古自治政府管辖，同年12月2日内蒙古自治政府改名为内蒙古自治区人民政府。1950年9月，察哈尔省所辖多伦、宝昌、化德3县划归内蒙古自治区。1954年6月，绥远省并入内蒙古自治区。1956年初，原热河省所辖翁牛特、喀喇沁、乌丹、赤峰、宁城、敖汉6旗县划归内蒙古自治区。1956年4月，甘肃省的巴彦浩特蒙古族自治州和额济纳蒙古族自治旗划归内蒙古自治区。1962年7月，河北省商都县划归内蒙古自治区。至此，内蒙古基本形成目前的行政区划范围。内蒙古在一些少数民族聚居地方依法建立了鄂伦春自治旗、鄂温克族自治旗、莫力达瓦达斡尔族自治旗3个县级民族自治地方和17个民族乡、1个民族苏木。内蒙古具有民族团结的光荣传统，自治区成立70多年来，各族人民始终心向党、心向党中央，赢得并长期呵护了"模范自治区"的崇高荣誉。

（资料来源：内蒙古自治区区情手册）

【行政区划】 内蒙古自治区，首府呼和浩特市。设9市（地级）、3盟（地级）。全区共计103个旗县（市、区），包括2个计划单列市（呼伦贝尔市满洲里市、锡林郭勒盟二连浩特市）、52个旗（包括3个自治旗：鄂温克族自治旗、莫力达瓦达斡尔族自治旗、鄂伦春自治旗），17个县，盟市辖县级市9个，区23个。分别为呼和浩特市辖4个市辖区、4个县、1个旗，市政府驻新城区；包头市辖6个市辖区、1个县、2个旗，市政府驻昆都仑区；呼伦贝尔市辖2个市辖区、4个旗、3个自治旗、5个县级市，市政府驻海拉尔区；兴安盟辖2个县级市、1个县、3个旗，盟行署驻乌兰浩特市；通辽市辖1个市辖区、1个县、5个旗、1个县级市，市政府驻科尔沁区；赤峰市辖3个市辖区、2个县、7个旗，市政府驻松山区；锡林郭勒盟辖2个县级市、1个县、9个旗，盟行署驻锡林浩特市；乌兰察布市辖1个市辖区、5个县、4个旗、1个县级市，市政府驻集宁区；鄂尔多斯市辖2个市辖区、7个旗，市政府驻康巴什区；巴彦淖尔市辖1个市辖区、2个县、4个旗，市政府驻临河区；乌海市辖3个市辖区，市政府驻海勃湾区；阿拉善盟辖3个旗，盟行署驻阿拉善左旗。

【人口】 全区2022年底常住人口2401.17万人，比2021年末增长1.17万人。其中，城镇人口1647.20万人，乡村人口753.97万人；常住人口城镇化率达68.60%，比2021年末提高0.39个百分点。男性人口1224.74万人，女性人口1176.43万人。全年出生人口13.40万人，出生率为5.58‰；死亡人口18.80万人，死亡率为7.83‰。

（资料来源：内蒙古自治区统计局2022年度国民经济和社会发展公报）

【民族】 2020年第七次全国人口普查数据显示，内蒙古自治区常住人口中，少数民族人口为511.36万人，占全区常住人口的21.26%。其中，蒙古族人口为424.78万人，占全区常住人口的17.66%；其他少数民族人口为86.58万人，占全区常住人口的3.60%。与2010年第六次全国人口普查相比，少数民族人口增加了5.80万人，占比上升了0.8个百分点。其中，蒙古族人口增加2.17万人，增长0.51%，占比上升0.55个百分点；其他少数民族人口增加3.63万人，增长4.37%，占比上升0.24个百分点。各少数民族常住人口中，万人以上的少数民族有蒙古族、满族、回族、达斡尔族、鄂温克族和朝鲜族6个民族，人口分别为424.78万人、46.97万人、21.49万人、7.35万人、2.80万人和1.82

表1　2022年内蒙古自治区行政区划统计表

地级			县级	
行政单位	驻地	邮编	行政单位	合计（个）
9地级市 3盟			23市辖区　11县级市　49旗　3自治旗　17县	
呼和浩特市	新城区	010010	市辖区：新城区、回民区、玉泉区、赛罕区 土默特左旗、托克托县、和林格尔县、清水河县、武川县	4市辖区、 1旗、4县
包头市	昆都仑区	014000	市辖区：昆都仑区、东河区、青山区、九原区、石拐区、白云鄂博矿区 土默特右旗、达尔罕茂明安联合旗、固阳县	6市辖区、 2旗、1县
呼伦贝尔市	海拉尔区	021000	市辖区：海拉尔区、扎赉诺尔区 满洲里市、扎兰屯市、牙克石市、根河市、额尔古纳市 莫力达瓦达斡尔族自治旗、鄂温春族自治旗、鄂伦春自治旗 阿荣旗、新巴尔虎右旗、新巴尔虎左旗、陈巴尔虎旗	2市辖区、 5县级市、 3自治旗、 4旗
兴安盟	乌兰浩特市	137400	乌兰浩特市、阿尔山市 科尔沁右翼前旗、科尔沁右翼中旗、扎赉特旗、突泉县	2县级市、 3旗、 1县
通辽市	科尔沁区	028000	市辖区：科尔沁区 霍林郭勒市 科尔沁左翼中旗、科尔沁左翼后旗、库伦旗、奈曼旗、扎鲁特旗、开鲁县	1市辖区、 1县级市、 5旗、1县
赤峰市	松山区	024000	市辖区：松山区、红山区、元宝山区 阿鲁科尔沁旗、巴林左旗、巴林右旗、翁牛特旗、喀喇沁旗、克什克腾旗、敖汉旗、林西县、宁城县	3市辖区、 7旗、2县
锡林郭勒盟	锡林浩特市	026000	锡林浩特市、二连浩特市 阿巴嘎旗、苏尼特左旗、苏尼特右旗、东乌珠穆沁旗、西乌珠穆沁旗、 正镶白旗、正蓝旗、镶黄旗、太仆寺旗、多伦县	2县级市、 9旗、1县
乌兰察布市	集宁区	012000	市辖区：集宁区 丰镇市 察哈尔右翼前旗、察哈尔右翼中旗、察哈尔右翼后旗、四子王旗、 卓资县、化德县、商都县、兴和县、凉城县	1市辖区、 1县级市、 4旗、5县
鄂尔多斯市	康巴什区	017000	市辖区：东胜区、康巴什区 达拉特旗、准格尔旗、鄂托克前旗、鄂托克旗、杭锦旗、乌审旗、 伊金霍洛旗	2市辖区、 4旗
巴彦淖尔市	临河区	015000	市辖区：临河区 乌拉特前旗、乌拉特中旗、乌拉特后旗、杭锦后旗、磴口县、五原县	1市辖区、 4旗、2县
乌海市	海勃湾区	016000	市辖区：海勃湾区、海南区、乌达区	3市辖区
阿拉善盟	阿拉善左旗	750306	阿拉善左旗、阿拉善右旗、额济纳旗	3旗

注：数据来源《内蒙古自治区行政区划简册（2021）》。

万人，合计占少数民族常住人口比重为98.80%。

【宗教】内蒙古自治区是一个多种宗教信仰并存的边疆民族地区，有佛教（藏传佛教、汉传佛教）、道教、伊斯兰教、天主教、基督教5种宗教。自治区有爱国宗教团体7个，即内蒙古自治区佛教协会、道教协会、伊斯兰教协会、天主教爱国会和天主教教务委员会、基督教“三自”爱国运动委员会和基督教协会。内蒙古佛教学院已纳入中央统战部宗教院校名录。佛教发源于古印度，公元前2世纪传入中国，魏晋南北朝时期普及社会各个阶层。公元7世纪以后，佛教从汉地和印度传入我国西藏地区，逐步发展成为藏传佛教（俗称喇嘛教），并在13世纪中传入蒙古地区，当时主要在上层社会传播，并未深入民间，直到16世纪晚期，土默特部阿勒坦汗在青海仰华寺与格鲁派索南嘉措会晤，并将其迎至呼和浩特传教，将藏传佛教推广到整个蒙古地区。道教是中国土生土长的宗教，形成于东汉时期。南宋嘉定十三年（1219），成吉思汗召见全真道真人丘处机，命其掌管天下道教，道教传入内蒙古地区。伊斯兰教是世界三大宗教之一，公元7世纪初创教于阿拉伯半岛，唐至德二年（757）传入中国，元朝时传入内蒙古地区，当时伊斯兰教几乎覆盖全中国，史称“元时回回遍天下”。基督宗教起源于公元1世纪的巴勒斯坦，广义上包括罗马公教、正教、新教。基督宗教在中国有4次传入的曲折经历，唐朝时期首次传入中国，当时称“景教”；元朝时第二次传入中国，蒙古语也叫“也里可温教”。其中天主教属基督宗教三大派系之一，又称罗马公教，16世纪传入中国，因其信徒将所崇奉的神称为“天主”，故在中国称天主教。基督教，属基督宗教三大派系之一，在我国特指新教，于19世纪初真正传入中国各地。

（资料来源：自治区党委统战部）

【民俗】 内蒙古地区民族众多、民俗独特、风情大美，草原上的人淳朴敦厚、真诚豪放，草原上的歌音色浑厚、声调悠扬，草原上的舞刚柔并济、热情奔放，草原上的酒浓烈醇厚、回味悠长，草原上的肉绿色天然、味美色香。那达慕大会是草原上各民族的盛大集会，男子射箭、赛马和摔跤是大会比赛的传统项目。蒙古包是游牧人民的传统住房。祭敖包是草原民族崇尚自然思想的表现形式之一。烤全羊仪式是款待贵宾的传统礼仪，手把肉是传统的肉食方法之一。每逢贵客来临、婚嫁节庆等重要场合，都要以献哈达来表达敬意和美好的祝愿。长调、呼麦、好来宝、乌力格尔、安代舞、顶碗舞和筷子舞是蒙古族闻名的歌舞和说唱形式，马头琴是蒙古族钟爱的传统乐器。鄂伦春族民间音乐主要有山歌体的“赞达仁”、歌舞曲“吕日格仁”等。达斡尔族有围绕篝火集体跳舞的传统，这种民间舞蹈被称为“路日给勒”。鄂温克族喜欢跳生动活泼的集体舞，主要有“阿罕拜”“爱达哈喜楞舞”“哲辉冷舞”。漫瀚调也称“蒙汉调”，是蒙汉两族音乐文化相互融合形成的音乐种类。民间灶火表演抬阁（芯子、铁枝、飘色，又称脑阁）体现了农耕文化与草原文化的融合。内蒙古中西部地区流传着主要以一丑、一旦二人演唱为表演形式的传统戏剧二人台，该剧种已列入国家级非物质文化遗产名录。东部盟市还流传着传统戏剧二人转。

（资料来源：内蒙古自治区区情手册）

【方言】 汉语方言可分为东部方言区与西部方言区。东部方言区包括呼伦贝尔市、兴安盟、通辽市、赤峰市。东部区方言又分为东北片与东南片。东北片包括呼伦贝尔市、兴安盟、通辽市，东南片为赤峰市。西部方言区包括呼和浩特市、乌兰察布市、锡林郭勒盟、包头市、鄂尔多斯市、巴彦淖尔市、乌海市以及阿拉善盟。西部区方言又分为中东片、中西片、最西片。中东片包括呼和浩特市、锡林郭勒盟、乌兰察布市，中西片包括包头市、鄂尔多斯市、巴彦淖尔市、乌海市，最西片为阿拉善盟。

蒙古语方言分西部方言、中部方言、东部方言。西部方言分布在阿拉善盟；中部方言分布在鄂尔多斯市、乌兰察布市、锡林郭勒盟；东部方言分布在赤峰市、通辽市、兴安盟。其中，巴尔虎布里亚特方言分布地区在呼伦贝尔市新巴尔虎右旗、新巴尔虎左旗、陈巴尔虎旗以及鄂温克族自治旗等地。在蒙古语几大方言中，巴尔虎布里亚特方言的使用人数最少。

达斡尔语分为布特哈方言、海拉尔方言、齐齐哈尔方言、新疆方言。其中，布特哈方言、海拉尔方言在内蒙古自治区呼伦贝尔地区。

鄂温克语方言，鄂温克族有自己的语言，无文字，在牧区通用蒙古文，在农区与林区通用汉文。历史上曾使用满文。鄂温克语属阿尔泰语系满—通古斯语族北语支（鄂温克语支）。由于居住分散，鄂温克语形成布特哈（包括海拉尔地区）、莫日格勒、额尔古纳三大方言区。

鄂伦春语方言，鄂伦春族有自己的语言，无文字。鄂伦春语，属阿尔泰语系满—通古斯语族北通古斯语支。属这一语支的还有鄂温克语、赫哲语、锡伯语、满语。鄂伦春语历史悠久，在满—通古斯诸语中是保留最完整、最具活力的语言之一。

（资料来源：内蒙古自治区志·方言志）

经济社会发展

【改革开放】 2022年，内蒙古自治区坚持抓改革、扩开放，在全区推开“12345”热线，对响应率、办结率、满意率进行月排名，重点盯督排名靠后者。深化行政审批、工程项目审批和“证照分离”改革，开展“两优”专项行动，向呼包鄂乌（呼和浩特市、包头市、鄂尔多斯市、乌兰察布市）下放38项行政权力事项，自治区级权力事项取消72项、下放679项，压减办事时限49.4%、环节20.8%、

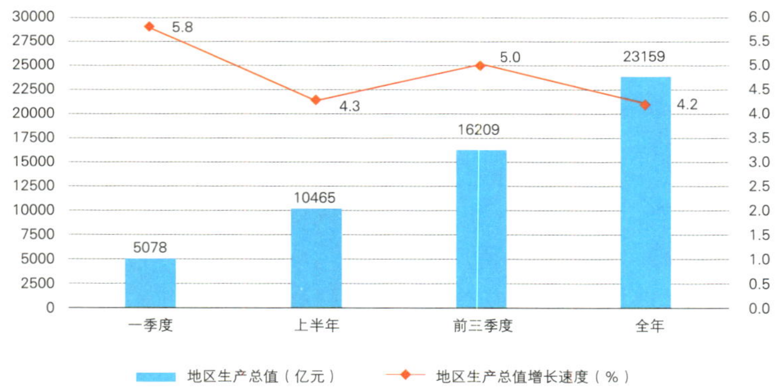

图 2　2022 年内蒙古自治区地区生产总值及其增长速度

材料 26.5%。统筹口岸“放”与“防”，过境中欧班列 7337 列、增长 19%，进出口总额增长 15% 以上。自治区政府组织政企接洽 66 次、对接企业 257 家，盟市党政主要负责开展招商活动 217 场，全区引进到位资金 3300 多亿元。

【经济发展】 2022 年，全区地区生产总值达 23159 亿元，按可比价格计算，比 2021 年增长 4.2%，高于全国平均水平 1.2 个百分点。其中，第一产业增加值 2653.7 亿元，比 2021 年增长 4.3%；第二产业增加值 11241.8 亿元，比 2021 年增长 6.5%；第三产业增加值 9263.1 亿元，比 2021 年增长 2.2%。三次产业增加值占地区生产总值比重为 11.5%、48.5%、40%，分别拉动经济增长 0.5 个、2.6 个和 1.1 个百分点。2022 年，全区一般公共预算收入 2824.4 亿元，比 2021 年增加 474.4 亿元，增长 20.2%。全区一般公共预算支出 5885 亿元，比 2021 年增加 645.5 亿元，增长 12.3%。全区全体居民人均可支配收入 35921 元，比 2021 年增长 5.3%。其中，城镇常住居民人均可支配收入 46295 元，增长 4.3%；农村牧区常住居民人均可支配收入 19641 元，增长 7.1%。全区居民消费价格总水平比 2021 年上涨 1.8%，涨幅比全国平均水平低 0.2 个百分点，在全国 31 个省市区中位列第 21。全年城镇新增就业 20.5 万人，完成全年目标任务的 102.5%。

2022 年，全区粮食播种面积达到 695.2 万公顷，比 2021 年增长 0.98%，已连续七年保持在 666.67 万公顷以上，占全国粮食播种面积的 5.9%，继续保持全国第 5 位。粮食产量再创历史新高，比 2021 年增产 6.05 亿千克，达 390.06 亿千克，占全国粮食总产量的 5.7%，产量连续两年居全国第 6 位。畜牧业生产“十八连稳”，奶业振兴稳步推进。全区猪牛羊禽肉产量 277.8 万吨，比 2021 年增长 2.8%；全区奶牛存栏 159.0 万头，比 2021 年增长 10.9%；牛奶产量 733.8 万吨，增长 9.0%；规模以上乳制品产量 415.2 万吨，增长 12.6%。工业经济持续增长。全区规模以上工业增加值 8.1% 的增速中，能源工业拉动 4.4 个百分点，贡献率为 54.4%。全区 38 个行业大类中，有 25 个行业实现增长，行业增长面 65.8%，其中，13 个行业实现两位数增长。工业结构进一步优化，全区规模以上制造业增加值增长 10.9%，分别高于采矿业及电力、热力、燃气、水生产供应业 4.1 个和 5.4 个百分点。服务业持续恢复。全区服务业增加值比 2021 年增长 2.2%，重点服务业行业持续复苏。全区金融业增加值 981.7 亿元，比 2021 年增长 5.3%，拉动经济增长 0.3 个百分点；信息传输软件和信息技术服务业增加值比 2021 年增长 11.6%，拉动全区经济增长 0.3 个百分点。

2022 年，全区固定资产投资（不含农户）比 2021 年增长 17.6%，有效投资稳步扩大。工农业投资增速回升。第一产业投资增长 13.6%，第二产业投资增长 44.8%，第三产业投资下降 4.3%。其中工业投资增长 44.6%，拉动全区投资增速 19.3 个百分点。高技术产业投资增势强劲，其中高技术制造业投资增长 91.6%，高技术服务业投资增长 17.5%。基础设施投资增长明显，比 2021 年增长 35.3%，对全区投资增长的贡献率由 2021 年的 0.9% 提升至 69.6%。重大项目支撑有力，全年全区重大项目投资比 2021 年增长 48.9%，占全区投资的 46.5%。新能源投资快速增长，2022 年，全区新能源产业投资比 2021 年增长 79.0%，占全部投资的 24.5%，较 2021 年提高 8.4 个百分点。民间投资持续向好，比 2021 年增长 16.8%，投资主体活力持续显现。全区社会消费品零售总额实现4971.4亿元，比2021年下降1.8%，两年平均增长2.1%，基本恢复到疫情前同期水平。民生保障有力有效。限额以上单位粮油食品类商品零售额比2021年增长24.2%，日用品类增长16.3%，中西药品类增长12.8%。网络零售占比提高。实物商品网上零售额占社会消费品零售总额的比重为6.9%，比2021年提高0.9个百分点。限额以上单位通过公共网络实现的商品零售额增长75.8%。新能源汽车消费强劲。在新能源汽车购置补贴等政策显效发力下，限额以上单位新能源汽车类商品零售额比2021年增长1.9倍。

（庞 娟）

【社会事业】

社会保障 2022年，参加城镇职工基本养老保险人数895.2万人，比2021年增长8.8%。参加城乡居民基本养老保险人数798.7万人，增长0.9%。参加基本医疗保险人数2169.9万人，比2021年下降1.0%。其中，参加职工基本医疗保险人数586.8万人，增长3.9%。参加城乡居民基本医疗保险人数1583.1万人，下降2.7%。参加失业保险人数308.4万人，增长6.0%；累计领取失业保险金人数6.2万人，增长8.9%。

科学技术 2022年科技项目中，科技重大专项共安排37项，自然科学基金共安排631项，重点研发和成果转化计划共安排710项。科技成果转化专项资金总规模5.2亿元。科技企业孵化器50家，众创空间179家。全年专利授权量24638件，比2021年增长1.1%。每万人口发明专利拥有量4.0件。全年全区登记技术合同1527项。其中，区内技术合同登记1296项，下降1.8%。全区技术合同成交金额52.5亿元。其中，区内技术合同成交金额46.0亿元，增长25.9%。

教育 2022年，全区共有研究生培养单位11个，招生（含非全日制）1.4万人，在学研究生（含非全日制）3.8万人，比2021年增长10.9%。普通高校54所，招生16.7万人，在校生53.5万人，毕业生14.0万人。中等职业教育学校174所，招生6.6万人，在校生18.7万人，毕业生5.1万人。普通高中311所，招生14.4万人，在校生42.6万人，毕业生12.9万人。初中721所，招生22.5万人，在校生66.8万人，毕业生22.2万人。小学1651所，招生20.1万人，在校生138.3万人，毕业生22.5万人。幼儿园在园幼儿60.7万人。九年义务教育巩固率为98.3%，高中阶段毛入学率为95.2%。

文化 2022年，全区共有艺术表演团体93个，其中乌兰牧骑75

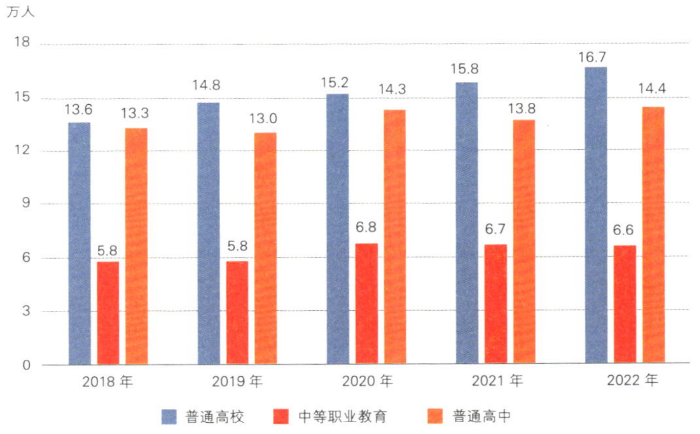

图3 2018—2022年内蒙古自治区普通高校、中等职业教育和普通高中招生人数

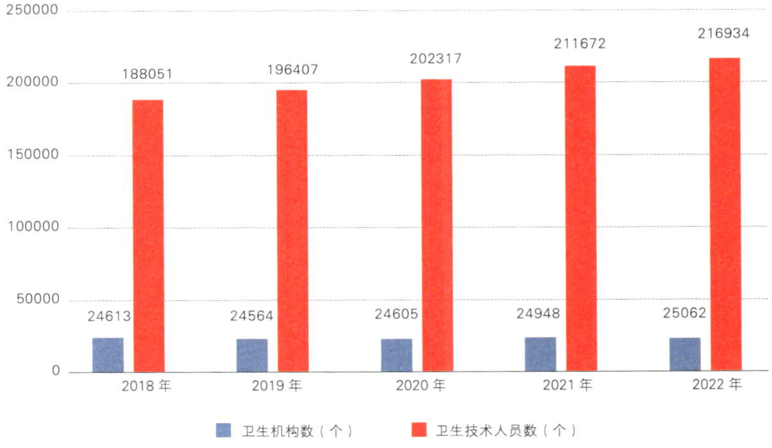

图4 2018—2022年内蒙古自治区卫生机构数和卫生技术人员数

表 2　2022 年内蒙古自治区居民消费价格比 2021 年度涨跌幅度

指　标	比 2021 年涨幅（%）
居民消费价格	1.8
其中：城市	1.7
农村	2.0
其中：食品烟酒	2.0
其中：粮食	2.7
鲜菜	0.8
畜肉	−3.8
水产品	−2.7
蛋类	5.8
鲜奶	3.9
鲜果	13.2
衣着	0.3
居住	0.5
生活用品及服务	1.1
交通和通信	5.8
教育文化和娱乐	1.2
医疗保健	0.3
其他用品和服务	1.8

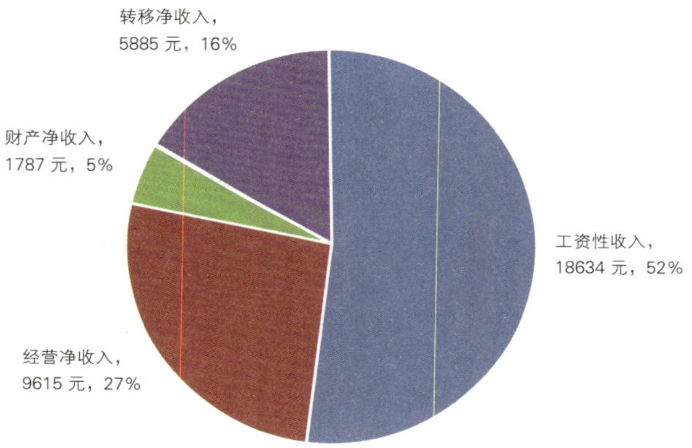

图 5　2022 年内蒙古自治区按收入构成成分的全体居民人均可支配收入及其占比

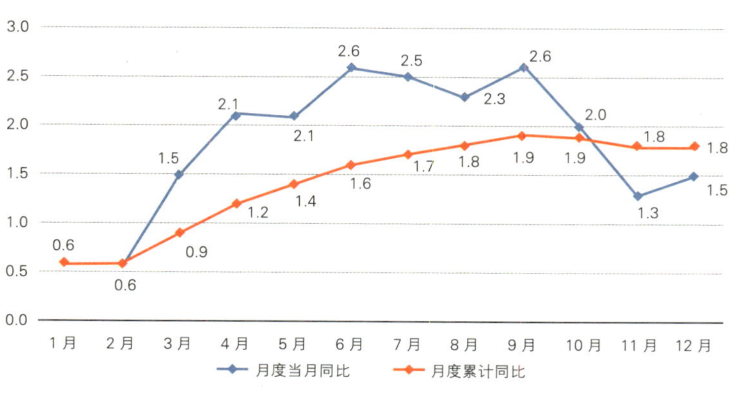

图 6　2022 年内蒙古自治区居民消费价格月度涨跌幅度

个。共有文化馆 118 座，公共图书馆 117 座，博物馆 173 座。年末全区广播节目人口综合覆盖率为 99.8%，电视节目人口综合覆盖率为 99.8%。自治区和盟市两级出版各类报纸 22441 万份，各类期刊 1021 万册，图书 5961 万册。年末全区共有档案馆 120 座，已开放各类档案 565.0 万卷（件）。

卫生健康　2022 年，全区共有卫生机构 25062 个。其中，医院 809 个，农村牧区卫生院 1249 个，疾病预防控制中心 122 个，妇幼卫生机构 116 个，专科疾病防治院（所）11 个。年末全区医疗卫生单位共有病床 167692 张，比 2021 年增长 0.7%。其中，医院共有病床 135193 张，乡镇卫生院共有病床 21205 张，妇幼卫生机构共有病床 4542 张。全区共有卫生技术人员 21.7 万人，增长 2.5%。其中，执业医师、助理医师 8.6 万人，注册护士 9.2 万人。农村牧区共有村卫生室 1.3 万个，乡村医生和卫生员 1.3 万人。

体育　2022 年，全区体育健儿在国内外重大竞赛中获奖牌 96 枚。其中，国外获奖牌 14 枚，国内获奖牌 82 枚。

【人民生活】　2022 年，全体居民消费价格比 2021 年上涨 1.8%。分城乡看，城市上涨 1.7%，农村上涨 2.0%。分类别看，食品烟酒类上涨 2.0%，衣着类上涨 0.3%，居住类上涨 0.5%，生活用品及服务类上涨 1.1%，交通和通信类上涨 5.8%，教育文化和娱乐类上涨 1.2%，医疗保健类上涨 0.3%，其他用品和服务类上涨 1.8%。从工业生产角度看，全区工业生产者出厂价格比2021年上涨8.6%，工业生产者购进价格比2021年上涨11.2%。

全体居民人均可支配收入35921元，比2021年增长5.3%。按常住地分，城镇居民人均可支配收入46295元，比2021年增长4.3%。从主要收入构成看，工资性收入28090元，增长5.7%；经营净收入8911元，增长2.4%；财产净收入2607元，下降0.9%；转移净收入6687元，增长3.3%。农村牧区居民人均可支配收入19641元，比2021年增长7.1%。从主要收入构成看，工资性收入3795元，增长5.3%；经营净收入10718元，增长7.4%；财产净收入500元，增长5.7%；转移净收入4628元，增长8.1%。

2022年，全体居民人均生活消费支出22298元，比2021年下降1.6%。按常住地分，城镇居民人均生活消费支出26667元，比2021年下降1.9%。农村牧区居民人均生活消费支出15444元，比2021年下降1.6%。全体居民恩格尔系数为28.1%。其中，城镇为27.0%，农村牧区为31.1%。

2022年，全区城镇拥有各种社区服务设施3712个。其中，社区服务中心（站）2672个。各类社会福利院收养人数1.4万人。全年共有154.3万人得到国家最低生活保障救济。全年筹集社会福利资金10.2亿元，销售社会福利彩票32.0亿元。

【民营企业经济服务】 2022年，开展民营中小微企业融资情况问卷调查，收集353家民营企业融资需求225.5亿元，开展定向对接，缓解企业融资压力；举行金融“保项目、入园区、进企业、下乡村”行动，助力新冠疫情期间市场主体纾困发展；促成中国银行与内蒙古农牧业产业化龙头企业协会等10家商协会签订融资合作协议；帮助锡林郭勒盟宏源集团解付2000万元外汇资金，缓解企业资金压力。成立自治区工商联中小微企业工作委员会；联合税务局开展“2022春雨润苗”专项行动，举办4期“百家商会千家企业万名会员惠企政策大宣讲”活动，宣传解读各项减税降费政策，确保中小微企业对相关惠企政策应知尽知、应享尽享。围绕中心服务大局，做好民营经济服务工作。印发《内蒙古自治区工商业联合会关于加强民营企业信用体系建设的实施意见》，向全区民营企业及民营经济代表人士发出诚实守信倡议，对接有关部门帮助民营企业开展信用修复等工作，加快推动民营企业信用体系建设。开展对外联络工作。引导涉外民营企业防范境外投资风险，组织民营企业参加“民营企业参与共建‘一带一路’风险防控培训班”“助力民营企业走出去”等微讲堂、民营企业共建“一带一路”峰会等。

（资料来源：内蒙古自治区2022年国民经济和社会发展统计公报）

中国共产党内蒙古自治区委员会

综　述

【推动各项事业取得新成效】2022年，自治区党委以习近平新时代中国特色社会主义思想为指导，贯彻落实中共二十大精神，贯彻落实习近平总书记对内蒙古的重要指示精神，贯彻落实自治区第十一次党代会精神，弘扬伟大建党精神，坚持稳中求进工作总基调，完整、准确、全面贯彻新发展理念，服务和融入新发展格局，全面深化改革开放，坚持创新驱动发展，坚持以供给侧结构性改革为主线，统筹疫情防控和经济社会发展，统筹发展和安全，坚定不移走以生态优先、绿色发展为导向的高质量发展新路子，继续做好“六稳”“六保”工作，充分发挥统揽全局、协调各方的作用，高质量完成好习近平总书记交给内蒙古的五大任务（把内蒙古建设成为我国北方重要生态安全屏障、祖国北疆安全稳定屏障，建设国家重要能源和战略资源基地，国家重要农畜产品生产基地，打造我国向北开放重要桥头堡），全方位建设“模范自治区”，着力保障和改善民生，经济运行保持在合理区间，社会大局保持稳定，党的建设进一步加强，各项事业发展取得新成效。2022年，地区生产总值增长4.2%，规模以上工业增加值增长8.1%、居全国第三位，固定资产投资增长17.6%、居全国第一位，一般公共预算收入增长20.2%、居全国第二位。

【学习宣传贯彻中共二十大精神】中共二十大召开后，自治区党委及时部署开展学习培训、宣传宣讲、贯彻落实工作，明确提出学习贯彻目标：领悟“两个确立”的决定性意义，自觉做到“两个维护”，团结在以习近平同志为核心的党中央周围，坚持以习近平新时代中国特色社会主义思想为指导，着力发扬“蒙古马精神”，努力完成习近平总书记交给内蒙古的五大任务，全方位建设“模范自治区”，为全面建设社会主义现代化国家、全面推进中华民族伟大复兴作出内蒙古贡献。

【落实习近平总书记交办的五大任务】2022年，内蒙古坚持把习近平总书记交给内蒙古的五大任务作为全区各级党委、人民政府的重要工作，组织专门力量学习习近平总书记重要指示精神，研究制定五个实施方案。围绕落实习近平总书记交给内蒙古的五大任务等重点，起草审核规范性文件66件，对158件会议纪要等相关文件进行合法合规性审核。成立推进落实领导小组，建立工作协调和运行机制，推动全区上下聚焦聚力做好各项工作。在生态安全屏障建设上，完成国土空间规划编制和“三区三线”划定工作，抓实各项保护、修复和治理工程。祖国北疆在安全稳定屏障建设上，完善国家安全工作体系，圆满完成中共二十大等安保维稳任务。谋划解决边境地区“空心化”“水电路讯”不畅通等问题。在国家重要能源和战略资源基地建设上，圆满完成煤电、煤炭保供任务，新能源全产业链发展取得显著成效。在农畜产品生产基地建设上，做好“扩大数量、提高质量、增加产量”的工作，粮、肉、奶产量再创新高。在向北开放桥头堡建设上，推动边境口岸应开尽开，促进中欧班列扩容增量，加大招商引资力度，深化京蒙协作，稳步提升内外贸水平。

【推动经济社会高质量发展】2022年，自治区党委坚持把经济建设这个中心抓在手上，召开经济社会高质量发展座谈会，把党对经济工作的领导落到实处。着力抓好中央生态环保督察反馈问题整改，完善碳达峰碳中和政策体系。推进新能源发展，吸取过去煤炭资源开发的教训，明确新能源开发建设的一系列原则要求，努力为全区2400多万人民争取更多利益、为子孙后代积攒更多家底。推进农牧业发展，做好土地综合整治、高标准农田建设、草牧场改良、奶业振兴、种业振兴等工作。支持区属国有企业做大做强，出台支持民营经济发展的若干措施和构建亲清新型政商关系的意见，帮助企业解决实际困难。实施“科技兴蒙”行动，加大人才“引育用留”工作力度，院士引进实现零的突破。制定推进全社会资源全面节约集约的指导意见，规定强制“锁定”城镇开发边界、城市绿化经费数额、编外人员补助资金数额，推动各级勤俭节约过日子。强化经营土地理念，组建自治区土地储备中心，土地指标跨区域交易迈出实质性步伐。推动水价综合改革，促进全社会节约用水。坚持从自治区本级带头做起，着力开展“五个大起底”行动（待批项目大起底、开发区闲置资源要素大起底、沉淀资金大起底、“半拉子”工程大起底和批而未供、闲置土地大起底），各项任务顺利推进，取得阶段性成效。

【铸牢中华民族共同体意识教育】2022年，自治区党委把铸牢中华民族共同体意识教育作为民族工作的重要内容，加强党在内蒙古地区历史的研究和阐释，用史料和资料说话，教育引导全区广大干部群众牢牢记住“五句话”的事实和道理：内蒙古地区是中国共产党最早建立党组织的民族地区，内蒙古自治区是在中共中央直接领导下建立的，内蒙古是在党中央的支持下发展起来的，内蒙古工作中出现的重大偏差是党中央帮助纠正的，内蒙古作为“模范自治区”模范就模范在听党的话上，更加由衷地感党恩、听党话、跟党走。提出全方位建设“模范自治区”，强调不仅要继续在维护民族团结上走在前，而且要更多地为全国发展大局作贡献，把模范体现到各领域各方面。从史料整理、宣传教育、符号打造等入手，有形有感有效地开展铸牢中华民族共同体意识工作。推行使用国家统编教材取得重要进展。

【加强党对人大、政协等工作的领导】2022年，自治区党委召开人大工作会议，多次研究人大、政协工作。全年自治区人大及其常委会制定、修改、批准地方性法规70件，废止、批准废止地方性法规和单行条例21件，开展监督工作48项。出台加强和改进新时代盟市、旗县政协工作实施意见。自治区政协坚持建言资政和凝聚共识双向发力，完成12项年度协商任务。召开自治区党委统战工作会议，出台加强新时代统一战线工作的实施意见。协助各民主党派区委会完成换届，完成自治区工商联换届工作。

【深化改革】2022年，自治区党委系统梳理党的十九大以来改革规划、要点、台账，列出改革任务，分别形成相关工作任务落实台账。组织开展党的十九大以来改革总结评估工作，对56项改革任务评估成果，总结提炼9个方面的经验做法。深入领会党的二十大关于全面深化改革的部署要求，梳理形成贯彻落实党的二十大报告重要改革举措清单。召开党委深改委会议3次，完善重要改革方案报审机制，协调上会审议重点改革方案14个，听取党的十九大以来全面深化改革任务完成情况等重点工作汇报，推动重点改革任务落实落地。建立党委深改委年度工作要点落实情况台账，对重点任务实行日常监测、定期调度，对临近时间节点的改革任务及时提醒督促。强化督办督察，把实地督察与发放提醒函、催办函、督办单结合起来，确保重点改革任务落地落实。专项督察全区深化国防动员体制改革实施工作，配合参与贯彻落实中央和自治区党委2022年1号文件、国企改革三年行动实施方案情况督查，承担完成中央改革办关于黄河流域生态保护情况的督察任务。紧盯各领域改革任务进展情况，开展改革落实情况评估，促进各项改革举措落实。加强宣传引导，注重总结推广，破解深层次体制机制障碍的有效做法，编发《内蒙古改革》《改革动态》22期。在自治区主要媒体开设改革宣传专栏《改革进行时》，宣传重点领域的改革进展和成效。组织评选2021年度全区改革优秀案例40篇，进行宣传推广。

【激励干部担当作为】2022年，自治区党委坚持把提振干部队伍精气神作为大事来抓，发挥干部使用“指挥棒”作用，开展“担当作为好干部”

评选，提拔重用获得“担当作为好干部”称号干部34名，旗帜鲜明树立起讲担当、重实干的导向。研究推出激励干部担当作为12条措施和容错纠错8条意见，最大限度激发干部干事创业的动力。整治庸政懒政现象，对不干活、干活不到位的干部及时予以调整，做到干和不干不一样、干好干坏不一样。

【督查落实重点工作】2022年，自治区党委履行“按时收卷”“定期收账”职责，着力推动党中央决策部署和自治区党委工作安排落地落到位。坚持政治督查定位，把推动贯彻落实习近平总书记对内蒙古重要指示精神作为党内第一政治要件，以督促推动习近平总书记交给内蒙古的“五大任务”落地见效为重点，在建立督办台账全面掌握工作进度的基础上，组织开展习近平总书记对内蒙古的重要指示精神贯彻落实情况专项督查，督促各地区各部门全面“回头看”，重点查找问题不足，通过以查促改、跟踪推动落实体现“两个维护”、做到对党忠诚。坚持围绕中心、服务大局，加强决策督查的系统谋划，科学合理制定督查方案，把握时间节点，集中督查力量，到基层一线，有针对性地组织开展督查督办，推动五个大起底、资源集约节约等重大决策部署落地见效。坚持突出重点、以点带面，建立自治区党委主要领导批示跟踪台账，及时交办，精准督办，督促承办地区（部门）切实履行好抓落实的主体责任，确保领导同志指示批示要求事事有回音、件件有着落。

【全面从严治党】2022年，自治区党委认真落实党中央关于全面从严治党的各项部署要求，持之以恒抓正风肃纪反腐。集中治理党内政治生活庸俗化交易化问题，推进宋某某、李某某严重违纪违法案以案促改工作。加强对“一把手”和领导班子的监督。深化党建引领基层治理，统筹抓好各领域基层党建工作。针对“三多三少三慢”问题，开出规范、精减、提速的“药方”，明确要求从省级领导干部带头做起，多思考问题、多研究思路、多干实事，做到“我开的会我贯彻、我作的批示我落实、我制定的政策我兑现”。修订关于贯彻中央八项规定精神进一步加强作风建设的实施办法。经过治理，议事协调机构精简幅度超过60%，以自治区党委名义召开的全区性会议数量下降17%，常委会会议列席人员减少近5成，《内蒙古新闻联播》播发各类会议报道数量下降22%、平均报道时长下降61%。经请示中央纪委同意，研究制定具体工作方案，推动煤炭资源领域违规违法问题专项整治转入常态化治理。一体推进不敢腐、不能腐、不想腐，全区政治生态得到进一步修复。

（吴　鹏）

重要会议

【自治区党委十一届三次全会】2022年6月27日，自治区党委十一届三次全会在呼和浩特举行。全会由自治区党委常委会主持，决定于2022年6月29—30日在呼和浩特市召开中国共产党内蒙古自治区代表会议，选举产生内蒙古自治区出席党的二十大代表。

【自治区党委十一届四次全会】2022年11月18日，自治区党委十一届四次全会在呼和浩特举行，在呼伦贝尔市、兴安盟、通辽市分别设分会场。全会由自治区党委常委会主持，审议通过《内蒙古自治区党委关于认真学习宣传贯彻党的二十大精神的决定》。

【自治区党委十一届五次全会】2022年12月21—22日，自治区党委十一届五次全会暨全区经济工作会议在呼和浩特举行，在兴安盟、通辽市、赤峰市、鄂尔多斯市分别设分会场。全会由自治区党委常委会主持，会议学习贯彻中共二十大和中央经济工作会议精神，听取和讨论孙绍骋受自治区党委常委会委托作的工作报告，总结2022年经济工作，部署2023年经济工作。

【自治区党委常委会会议】2022年，召开56次自治区党委常委会会议。

自治区第十一届党委常委会第8次会议。1月6日召开。会议传达学习习近平总书记关于党内法规制度建设重要指示和全国党内法规工作会议精神，研究贯彻落实意见；传达学习全国人大常委会召开的学习贯彻中共十九届六中全会和中央人大工作会议精神、持续深入学习贯彻习近平总书记关于坚持和完善人民代表大会制度的重要思想交流会精神，研究贯彻落实意见；听取自治区十三届人大六次会议和政协十二届五次会议筹备情况汇报，研究拟提交自治区两会审议的有关文件；听取自治区人大常委会 2021 年立法计划执行情况汇报，研究自治区人大常委会 2022 年立法计划；听取自治区 2021 年度政协协商计划组织实施情况汇报，研究自治区 2022 年度政协协商计划。

自治区第十一届党委常委会第 9 次（扩大）会议。1 月 8 日召开。会议传达学习习近平总书记在中央政治局党史学习教育专题民主生活会上的重要讲话和中央有关通报。

自治区第十一届党委常委会第 10 次（扩大）会议。1 月 17 日召开。会议传达学习习近平总书记在省部级主要领导干部学习贯彻中共十九届六中全会精神专题研讨班上的重要讲话和王沪宁同志的讲话，安排部署贯彻落实工作；学习贯彻 2022 年 1 月 6 日中央政治局常务委员会会议精神，听取自治区人大常委会党组、政府党组、政协党组、高级人民法院党组、人民检察院党组工作汇报；传达学习习近平总书记对政法工作的重要指示和中央政法工作会议、全国政法队伍教育整顿总结会议精神，研究贯彻落实意见；传达学习全国宣传部长会议精神，研究贯彻落实意见；研究自治区政协十二届五次会议成立临时党委有关事宜。

自治区第十一届党委常委会第 11 次会议。1 月 19 日召开。会议传达学习中央有关文件精神，听取贯彻执行中央八项规定和整治形式主义为基层减负工作情况汇报，安排部署相关工作；传达学习全国统战部长会议精神，研究贯彻落实意见；听取服务保障北京冬季奥运会有关工作情况汇报；研究自治区党委常委会 2022 年工作要点。

自治区第十一届党委常委会第 12 次（扩大）会议。1 月 25 日召开。会议学习贯彻习近平总书记在十九届中央纪委六次全会上的重要讲话精神，传达学习十九届中央纪委六次全会精神，听取 2021 年自治区纪委工作汇报，讨论《自治区十一届纪委二次全会工作报告》；传达学习习近平总书记对信访工作的重要指示和中央其他领导同志的批示，研究贯彻落实意见；听取自治区总工会、团委、妇联、科协 2021 年度工作情况汇报；研究《内蒙古自治区“十四五”文化改革发展规划》。

自治区第十一届党委常委会第 13 次会议暨自治区应对新冠肺炎疫情工作领导小组第二十七次会议。1 月 30 日召开。会议传达有关会议纪要精神，研究部署春节期间、保障冬奥会疫情防控工作；听取全区安全生产情况汇报，安排部署有关工作。

自治区第十一届党委常委会第 14 次会议。2 月 11 日召开。会议传达学习习近平总书记在十九届中央政治局第三十六次集体学习时的重要讲话，安排部署贯彻落实工作；传达学习全国组织部长会议精神，研究贯彻落实意见；研究《内蒙古自治区党委、自治区人民政府关于做好 2022 年全面推进乡村振兴重点工作的实施意见》；研究《关于贯彻落实中央人大工作会议精神重点任务及分工方案》；研究全区工业高质量发展大会有关工作；研究《中国共产党内蒙古历史》第二卷编撰大纲。

自治区第十一届党委常委会第 15 次会议暨自治区应对新冠疫情工作领导小组第 28 次会议。2 月 24 日召开。会议听取当前新冠疫情防控工作情况汇报，安排部署下一步防控工作；听取 2021 年度法治政府建设情况汇报，审议《内蒙古自治区贯彻落实〈法治政府建设实施纲要（2021 — 2025 年）〉实施方案》。

自治区第十一届党委常委会第 16 次会议暨自治区应对新冠疫情工作领导小组第 29 次会议。3 月 14 日召开。会议传达学习习近平总书记参加十三届全国人大五次会议内蒙古代表团审议时的重要讲话，安排部署贯彻落实工作；传达学习习近平总书记对内蒙古有关工作的重要指示和中央有关领导同志批示，安排部署贯彻落实工作；传达学习习近平总书记关于老干部工作的重要指示精神，研究贯彻落实意见；传达全国新冠疫情防控工作电视电话会议和国务院联防联控机制会议精神，听取当前新冠疫情防控工作情况汇报，安排部署下一步防控工作。

自治区第十一届党委常委会第 17 次会议暨自治区应对新冠疫情工作领导小组第 30 次会议。3 月 21 日召开。会议学习贯彻习近平总书记在 3 月 17 日中央政治局常委会会议上的重要讲话精神及 3 月 18 日国务院联防联控机制会议精神、3 月 19 日全国新冠肺炎疫情防控工作电视电话会议精神，听取当前新冠疫情防控工作情况汇报，安排部署疫情防控工作。

自治区第十一届党委常委会第

18 次会议。3 月 25 日召开。会议传达学习习近平总书记在参加全国政协十三届五次会议农业界、社会福利和社会保障界委员联组会时的重要讲话，安排部署贯彻落实工作；传达学习习近平总书记在 2022 年春季学期中央党校（国家行政学院）中青年干部培训班开班式上的重要讲话，安排部署贯彻落实工作；听取贯彻落实习近平总书记对内蒙古建设“两个屏障”重要讲话重要指示批示精神进展情况的汇报。

自治区第十一届党委常委会第 19 次会议。4 月 1 日召开。会议学习贯彻习近平总书记在十九届中央政治局第三十七次集体学习时的重要讲话，安排部署相关工作；传达学习中共中央有关文件，研究贯彻落实意见；听取第十届自治区党委巡视整改情况汇报，研究贯彻落实意见；听取全区安全生产和森林草原防灭火工作情况汇报，安排部署相关工作；审议《自治区整治形式主义为基层减负专项工作机制 2022 年工作要点》；审议《内蒙古自治区志·共产党志（1998—2016）》。

自治区第十一届党委常委会第 20 次会议。4 月 15 日召开。会议传达学习《信访工作条例》，研究贯彻落实意见，审议《关于进一步加强领导干部接访下访、包案、阅批群众来信工作的意见》；听取保障粮食安全工作情况汇报，安排部署相关工作；听取党的十九大以来全区党内法规制度建设情况汇报，安排部署相关工作；听取贯彻落实《2019—2023 年全国党政领导班子建设规划纲要》及自治区《若干措施》实施情况汇报；审议《内蒙古自治区党委、自治区人民政府关于完整准确全面贯彻新发展理念做好碳达峰碳中和工作的实施意见》。

自治区第十一届党委常委会第 21 次会议。4 月 22 日召开。会议审议《内蒙古自治区民族团结进步模范评选表彰办法（修订稿）》；审议《内蒙古自治区党委、自治区人民政府关于加强和改进新时代人才工作的实施意见》；审议《内蒙古自治区深化高等学校考试招生综合改革实施方案》。

自治区第十一届党委常委会第 23 次会议。5 月 7 日召开。会议传达学习习近平总书记在 4 月 29 日中央政治局会议、5 月 5 日中央政治局常务委员会会议上的重要讲话精神，安排部署贯彻落实工作；传达学习习近平总书记对湖南长沙居民自建房倒塌事故的重要指示和李克强同志的批示精神，安排部署贯彻落实工作；学习贯彻习近平总书记在听取 2021 年度巩固拓展脱贫攻坚成果同乡村振兴有效衔接考核评估情况汇报时的重要讲话精神，听取乡村振兴工作情况汇报，安排部署下一步工作。

自治区第十一届党委常委会第 24 次会议。5 月 13 日召开。会议传达学习习近平总书记在中央政治局会议上关于一季度经济形势的重要讲话，安排部署贯彻落实工作；传达学习习近平总书记在中央财经委员会第十一次会议上的重要讲话，安排部署贯彻落实工作；学习贯彻习近平总书记在庆祝中国共产主义青年团成立 100 周年大会上的重要讲话，研究贯彻落实意见；听取全区公安工作情况汇报，安排部署有关工作。

自治区第十一届党委常委会第 25 次会议。5 月 30 日召开。会议传达学习第九次全国信访工作会议精神，研究贯彻落实意见；传达学习全国公安系统英雄模范立功集体表彰大会精神，研究贯彻落实意见；传达学习全国稳住经济大盘电视电话会议精神，研究《内蒙古自治区贯彻落实〈国务院扎实稳住经济的一揽子政策措施〉的意见》，安排部署稳住经济相关工作；听取第二轮中央生态环境保护督察相关情况汇报，安排部署有关工作；审议《关于优化生育政策促进人口长期均衡发展的实施方案》；审议《关于进一步强化安全生产责任落实坚决防范遏制重特大事故的意见》。

自治区第十一届党委常委会第 26 次会议暨自治区应对新冠疫情工作领导小组第 31 次会议。6 月 10 日召开。会议听取疫情防控工作情况汇报，安排部署下一步疫情防控工作；审议《关于推动党史学习教育常态化长效化的实施方案》；听取自治区党委涉计划生育党内法规和规范性文件专项清理工作情况汇报。

自治区第十一届党委常委会第 27 次会议 。6 月 1 日召开。会议传达学习习近平总书记 5 月 27 日在中央政治局第三十九次集体学习时的重要讲话，安排部署贯彻落实工作；传达学习习近平总书记 6 月 8 日至 9 日在四川考察时的重要指示精神，安排部署贯彻落实工作；听取自治区“八五”普法工作情况汇报。

自治区第十一届党委常委会第 28 次会议。6 月 24 日召开，会议传达学习习近平总书记在中央政治局第四十次集体学习时的重要讲话精神，研究贯彻落实意见；传达学习中央审计委员会第五次会议精神，研究贯彻落实意见；听取贯彻落实习近平总书记对内蒙古建设国家重要能源和战略资源基地、农畜产品生产基地的重要讲话重要指示批示精神进展情况汇报；审议《内蒙古自治区党委关于进一步加强和改进省级领导同志调查研究工作的意见》；审议《关于激励干部担当作为的十二条措施》；研究《内蒙古自治区 2022 年度“担当作为好干部”评选工作实施方案》；审议《关于深入贯彻习近平生态文明思想推进全社会资源全面节约集约的指导意见》；审议《关于推动产业优化升级促进经济高质量发展的实施意见》；审议《关于深化土地综合整治促进高质量发展的指导意见》《关于深化土地综合整治促进高质量发展的实施方案》。

自治区第十一届党委常委会第 33 次会议。7 月 8 日召开。会议传达学习习近平总书记对机关事务工作的重要指示及全国机关事务工作先进集体和先进个人表彰大会精神，研究贯彻落实意见；听取全区上半年经济运行情况汇报，研究部署下一阶段经济工作；审议《内蒙古自治区碳达峰实施方案》及相关子方案；审议《关于加强和改进新时代人民政协提案办理工作的意见》。

自治区第十一届党委常委会第 34 次会议。7 月 15 日召开。会议传达学习习近平总书记在庆祝香港回归祖国 25 周年大会暨香港特别行政区第六届政府就职典礼上的重要讲话，安排部署贯彻落实工作；传达学习习近平总书记在湖北武汉考察时的重要讲话精神，安排部署贯彻落实工作；传达学习政法领导干部加强政治建设研讨班、全面深化政法改革推进会精神，研究贯彻落实意见；审议《关于进一步筑牢祖国北疆安全稳定屏障的实施方案》；审议《关于推进“互联网 + 教育”发展的实施方案》；听取全区少先队工作情况汇报。

自治区第十一届党委常委会第 35 次会议。7 月 28 日召开。会议传达学习省部级主要领导干部“学习习近平总书记重要讲话精神，迎接党的二十大”专题研讨班精神，安排部署贯彻落实工作；传达学习习近平总书记在新疆考察时的重要讲话精神，安排部署贯彻落实工作；听取自治区新能源建设推进情况的汇报，安排部署相关工作；审议《内蒙古自治区贯彻落实第二轮中央生态环境保护督察报告整改方案》；审议《贯彻落实〈关于新时代振兴中西部高等教育的意见〉的若干措施》。

自治区第十一届党委常委会第 36 次会议。8 月 1 日召开。会议传达学习习近平总书记在中央统战工作会议上的重要讲话和汪洋同志的总结讲话，安排部署贯彻落实工作。

自治区第十一届党委常委会第 38 次会议。8 月 15 日召开。会议传达学习习近平总书记在 7 月 28 日中央政治局会议上的重要讲话精神，安排部署贯彻落实工作；审议《关于建设我国北方重要生态安全屏障的实施方案》《关于建设国家重要能源和战略资源基地的实施方案》《关于建设国家重要农畜产品生产基地的实施方案》《关于建设国家向北开放重要桥头堡的实施方案》；听取“五个大起底行动”推进情况汇报，安排部署有关工作；听取自治区被巡视和巡视工作情况汇报，安排部署有关工作；审议《关于进一步推进容错纠错工作的意见》；听取全区知识产权工作情况汇报，安排部署有关工作；审议《贯彻落实〈国家标准化发展纲要〉实施方案》；审议《关于加强和改进新时代盟市、旗县政协工作的实施意见》。

自治区第十一届党委常委会第 39 次会议。8 月 20 日召开。会议传达学习习近平总书记对做好青海大通县山洪灾害救援处置工作作出的重要批示，安排部署贯彻落实工作；传达学习习近平总书记在辽宁考察时的重要讲话精神，安排部署贯彻落实工作。

自治区第十一届党委常委会第 41 次会议。8 月 25 日召开。会议听取清理规范自治区议事协调机构、增设和加强自治区党委有关议事协调机构情况汇报，安排部署有关工作。

自治区第十一届党委常委会第 42 次会议。9 月 5 日召开。会议传达中央有关文件；深入学习贯彻中央八项规定精神，安排部署进一步加强作风建设工作；研究全区民族团结进步模范集体和模范个人拟表彰对象名单；听取上半年全区全面从严治党情况汇报，安排部署有关工作；审议《内蒙古自治区深化国防动员体制改革实施方案》。

自治区第十一届党委常委会第 45 次会议暨自治区应对新冠疫情工

作领导小组第32次会议。9月16日召开。会议传达学习9月9日中央政治局会议精神，安排部署贯彻落实工作；传达学习中央全面深化改革委员会第二十七次会议精神，安排部署贯彻落实工作；听取当前新冠疫情防控工作情况汇报，安排部署下一步疫情防控工作；听取对自治区“五个大起底”行动开展专项巡视的汇报；审议《关于推进基本养老服务体系建设的实施方案》；听取自治区2022年“担当作为好干部”评选工作有关情况的汇报。

自治区第十一届党委常委会第47次会议。9月23日召开。会议传达学习习近平总书记对做好安全生产工作的重要批示，安排部署贯彻落实工作；听取全区社会组织工作情况汇报，审议《关于推动社会组织高质量发展的意见》；审议《关于加强新时代统一战线工作的实施意见》；审议《关于构建亲清新型政商关系的意见》；审议《关于进一步支持民营经济高质量发展的若干措施》；听取贯彻落实习近平总书记对内蒙古建设我国向北开放重要桥头堡的重要讲话重要指示批示精神进展情况汇报，研究部署下一步工作。

自治区第十一届党委常委会第48次会议暨自治区推进全社会资源全面节约集约工作领导小组会议。9月29日召开。会议听取自治区纪委监委关于贯彻落实习近平总书记重要指示批示有关专项工作进展情况的汇报，安排部署下一步工作；听取全区三季度经济形势和新能源建设推进情况的汇报，安排部署下一步工作；听取贯彻落实自治区党委和政府印发的《关于深入贯彻习近平生态文明思想推进全社会资源全面节约集约的指导意见》、推进相关工作情况的汇报，审议《自治区推进全社会资源全面节约集约工作领导小组工作规则》，安排部署下一步工作；审议《内蒙古自治区“十四五”文化发展规划》。

自治区第十一届党委常委会第50次（扩大）会议。10月24日召开。会议传达习近平总书记在党的二十届一中全会上的重要讲话，安排部署贯彻落实工作。

自治区第十一届党委常委会第52次会议。10月31日召开。会议传达学习习近平总书记关于疫情防控的重要指示精神，安排部署贯彻落实工作；听取呼和浩特市疫情防控有关工作情况汇报，研究部署相关工作。

自治区第十一届党委常委会第54次会议暨自治区应对新型冠状病毒感染肺炎疫情工作领导小组第36次会议。11月12日召开。会议传达学习习近平总书记在11月10日中央政治局常务委员会会议上的重要讲话精神和全国新冠肺炎疫情防控工作电视电话会议精神，听取疫情防控工作情况汇报，安排部署贯彻落实工作。

自治区第十一届党委常委会第55次会议暨自治区加快推进落实“两个屏障”“两个基地”“一个桥头堡”建设五大任务工作领导小组第一次会议。11月13日召开。会议传达学习习近平总书记在党的十九届七中全会上的报告和重要讲话，安排部署贯彻落实工作；传达学习习近平总书记在中央政治局第一次集体学习时的重要讲话，安排部署贯彻落实工作；传达学习习近平总书记在瞻仰延安革命纪念地、在陕西延安和河南安阳考察时的重要讲话精神，安排部署贯彻落实工作；听取中共内蒙古自治区第十一届委员会第四次全体会议筹备情况汇报；研究《内蒙古自治区党委关于认真学习宣传贯彻党的二十大精神的决定》；研究《关于建设我国北方重要生态安全屏障的实施方案》《关于筑牢祖国北疆安全稳定屏障的实施方案》《关于建设国家重要能源和战略资源基地的实施方案》《关于建设国家重要农畜产品生产基地的实施方案》《关于建设国家向北开放重要桥头堡的实施方案》；审议自治区加快推进落实“两个屏障”“两个基地”“一个桥头堡”建设五大任务工作领导小组及其办公室、专项组工作规则；研究《内蒙古自治区人民代表大会常务委员会关于召开内蒙古自治区第十四届人民代表大会第一次会议的决定（草案）》；审议《关于政协内蒙古自治区第十三届委员会换届有关工作的意见》；研究《内蒙古自治区煤炭管理条例（草案修改稿）》《内蒙古自治区革命文物保护利用条例（草案修改稿）》；听取全区公安机关执法规范化建设工作情况汇报，安排部署下一步工作；听取全区高校思想政治工作和思政课建设情况汇报，安排部署下一步工作；听取全区教师队伍建设情况汇报，安排部署下一步工作。

自治区第十一届党委常委会第56次会议。11月18日召开。会议传达学习习近平总书记关于疫情防控工作的重要批示，听取疫情防控工作情况汇报，安排部署贯彻落实工作；传达学习习近平总书记近期有关贺信、致辞、回信精神，安排部署贯彻落实工作。

自治区第十一届党委常委会第57次会议。11月25日召开。会议传达学习习近平总书记对河南安阳凯信达商贸有限公司火灾事故作出的重要批示，听取安全生产工作有关情况汇报，安排部署贯彻落实工作；传达学习习近平总书记近期有关贺信精神，安排部署贯彻落实工作；听取自治区党委政法委工作情况和全区政法队伍建设、扫黑除恶、反邪教工作情况汇报，安排部署下一步工作；审议《贯彻落实〈知识产权强国建设纲要（2021—2035年）〉实施方案》。

自治区第十一届党委常委会第58次会议暨自治区应对新型冠状病毒感染肺炎疫情工作领导小组第40次会议。12月13日召开。会议传达中央有关文件，传达学习12月6日中央政治局会议精神，安排部署贯彻落实工作；传达学习12月2日中共中央召开的党外人士座谈会精神，安排部署贯彻落实工作。

自治区第十一届党委常委会第59次会议。12月17日召开。会议传达学习中央经济工作会议精神，安排部署贯彻落实工作；传达学习习近平总书记对非物质文化遗产保护工作作出的重要指示精神，安排部署贯彻落实工作。

自治区第十一届党委常委会第60次会议暨自治区党委人才工作领导小组第二次会议。12月19日召开。会议听取自治区2022年经济运行情况和2023年经济工作安排建议的汇报；审议《内蒙古自治区人才发展规划（2022—2025年）》；研究第十二批“草原英才”工程入选建议名单；审议《推进领导干部能上能下实施细则》；研究《内蒙古自治区数字经济促进条例（草案修改稿）》。

自治区第十一届党委常委会第61次会议暨自治区应对新型冠状病毒感染肺炎疫情工作领导小组第41次会议。12月26日召开。会议传达学习中央农村工作会议精神，安排部署贯彻落实工作；传达学习习近平总书记近期有关致辞、贺信精神，安排部署贯彻落实工作；传达全国新冠肺炎疫情防控工作电视电话会议精神，听取工作情况汇报，安排部署贯彻落实工作；传达学习干部人才“组团式”帮扶国家乡村振兴重点帮扶县工作推进会精神，听取干部人才“组团式”帮扶工作情况汇报，安排部署下一步工作；听取全区食品药品安全工作情况汇报，安排部署下一步工作。

自治区第十一届党委常委会第62次会议暨各盟市委和自治区直属党（工）委书记2022年度抓基层党建工作述职会12月28日召开，会议听取各盟市委和自治区直属党（工）委书记2022年度抓基层党建工作述职，并进行现场测评。

自治区第十一届党委常委会第63次会议。12月29日召开。会议传达学习习近平总书记在中央政治局民主生活会上的重要讲话精神，安排部署贯彻落实工作；传达学习习近平总书记对爱国卫生运动的重要指示精神，安排部署贯彻落实工作；传达学习习近平总书记给中国东方演艺集团的艺术家的回信，安排部署贯彻落实工作。

【全区领导干部会议】 2022年4月30日，自治区召开全区领导干部会议，中央组织部副部长王晓萍出席会议并宣布中央决定：孙绍骋同志任自治区党委委员、常委、书记；石泰峰同志不再担任自治区党委书记、常委、委员职务，另有任用。石泰峰主持会议并讲话，孙绍骋、王莉霞讲话。

【自治区“担当作为好干部”命名大会】 2022年9月22日，自治区“担当作为好干部”命名大会召开，苏新亚、冀文明、郭占江、项雪莲、张少华等100位同志被评为自治区“担当作为好干部”。自治区党委书记孙绍骋出席并讲话，自治区党委副书记、自治区主席王莉霞出席，自治区党委、人大常委会、政府、政协有关领导同志出席。

【学习贯彻中共二十大精神中央宣讲团报告会】 2022年11月14日，学习贯彻中共二十大精神中央宣讲团报告会在呼和浩特召开，中央宣讲团成员、中央组织部原副部级巡视专员吴瀚飞作宣讲报告。自治区党委书记孙绍骋主持并讲话。自治区党委副书记、自治区主席王莉霞，自治区党委、人大常委会、政府、政协的领导同志和法检“两长”及厅局单位负责人出席。

【自治区党委议军会】 2022年12月22日，自治区党委议军会暨军分区（警备区）党委第一书记述职报告会在呼和浩特召开。会议传达学习习近平主席关于国防和军队建设最新重要讲话精神，研究部署全区党管武装工作。自治区党委常委、内蒙古军区政治委员、少将杨小康讲评全区党管武装工作、汇报国防动员和后备力量建设情况，各军分区（警备区）党委第一书记进行述职。自治区党委书记、军区党委第一书记孙绍骋主持会议并讲话；自治区主席、自治区国防动员委员会主任王莉霞出席会议并讲话。会议强调，要全面贯彻军委主席负责制，坚定自觉地维护核心、听从指挥；要聚焦备战打仗，提高服务部队战备训练水平，深化国防动员体制改革，加强民兵队伍建设，抓好全民国防教育；要坚持党政军警民合力强边固防，着力解决边境地区"空心化""水电路讯"不畅等问题，帮助边防伤病残官兵解决实际困难。各地要扎实做好拥军优属工作，加强军人军属荣誉激励和权益保障，创造条件让退役军人在社会上继续发挥作用。各级党委要扛牢党管武装责任，"一把手"要亲力亲为抓，真心实意为部队搞好服务、排忧解难。

（吴 鹏）

组织工作

【概况】 2022年，全区有党的各级地方委员会116个，其中自治区委1个，盟市党委12个，旗县（市、区）党委103个。全区269个城市街道、778个乡镇、2560个社区（居委会）、11082个行政村建立党支部。截至2022年12月31日，全区共有中国共产党党员总数为1754206名。党的基层组织总数为86368个，其中基层党委5519个，总支部4306个，支部76543个。女党员562590名，占党员总数的32.07%；少数民族党员433769名，占24.73%；2022年，全区共发展党员40962名。2022年全区各级党组织共表彰先进基层党组织1120个，表彰优秀共产党员5299名，表彰优秀党务工作者2142名。"光荣在党50年"纪念章颁发工作转入常态化，全年颁发12396枚。机关、事业单位、企业和社会组织党组织。

【基层党组织建设】 2022年，自治区党委组织部推进"最强党支部"建设提质升级，全区41.1%的党支部达到"五强"标准。组织开展苏木乡镇、嘎查村集中换届"回头看"，推动嘎查村"两委"班子运行规范、功能提升。开展社区党群服务中心示范创建，推动各地在商务楼宇、商圈市场和较大企业建成区域性党群服务中心152个，建成四级党群服务中心14814个、覆盖率达到99.9%。制定印发《北疆红色网格治理服务工作指南（试行）》，推动25.8万名专兼职网格员下沉到10万个网格发挥作用。落实"三岗十八级"薪酬待遇，全区103个旗县区全部兑现社区工作者职业化体系工资。开展抓党建促民族团结进步创建引领行动，常态化开展铸牢中华民族共同体意识教育，巩固提升"民族团结一家亲""我为群众办实事"活动。举办乡村振兴示范培训班8期、培训农村牧区基层党员干部600人，示范带动各级对苏木乡镇党委书记、嘎查村党组织书记、农牧民党员轮训一遍。制定《关于在农村牧区基层党组织中开展"比武争星"活动的指导意见》，推动全区1.1万余名嘎查村党组织书记走村观摩、上台比武。召开全区抓党建促乡村振兴现场会，选树表彰先进集体50个、先进个人100名。出台《自治区嘎查村干部管理监督实施办法》，加强对嘎查村干部特别是"一肩挑"人员的管理监督。组织实施"红色美丽乡村建设综合示范项目"，选树3个旗（市）和21个嘎查村（苏木乡镇）典型，示范带动集体经济发展和农牧民增收。截至2022年底，全区96.5%的嘎查村集体经济收入达到10万元，其中38.9%的嘎查村超过20万元。突出做好新经济组织、新社会组织、新就业群体党建工作，开展党的组织和工作覆盖"百日攻坚"行动，成立自治区小个专综合党委、快递、交通、物业4个行业党委，分领域指导各盟市成立互联网、出租车、快递、外卖等行业党委57个。出台《发展党员政治审查办法（试行）》，建立"4421"政审机制（即四项内容必审、四种方式联审、区分预审备案和政审不合格两种情形、形成一份结论性材料），保证发展党员质量。

【党员教育培训】 2022年，自治区党委组织部组织开展学习中共二十大精神培训轮训，纳入各级党校（行政学院）、干部学院的必修课，通过线上线下相结合的方式，分期分批对党员、干部、公务员进行系统培训。实施习近平新时代中国特色社会主义思想教育培训计划，确保在各类教育培训学院主体班次中设置比重不低于总课时50%的习近平新时代中国特色社会主义思想课程。在县处级以上干部中实施“学党的创新理论、做‘四个特别’干部”主题培训计划，举办习近平经济思想、习近平法治思想、习近平生态文明思想等系列理论研修班4期。

【干部队伍建设】2022年，自治区党委组织部制定出台《关于激励干部担当作为的十二条措施》，开展“担当作为好干部”评选命名，自治区命名的100名中提拔或进一步使用65名。印发《关于干部工作优化管理提质增效更好激励担当作为服务保障高质量发展的意见》，优化自治区党委管理部分干部的任免权限，下放岗位562个，优化审批职权事项达75%。研究制定《旗县（市、区）党委书记落实“五大任务”担当作为专项目标考核方案》，激发旗县（市、区）党委书记干事创业、攻坚克难的积极性主动性创造性。制定印发《关于在高等院校重大疫情斗争实践中考察识别领导班子和干部的意见》，激励高校领导班子担当作为。研究制定关心关爱基层干部的若干措施，督促落实基层干部津贴补贴，努力让他们安心安身安业。开展全国党政领导班子建设《规划纲要》和自治区《若干措施》落实情况督导，及时选拔使用一批优秀年轻干部。深化选调生“81育才工程”（即每年面向全国高校集中选调800名以上、面向全国“双一流高校”定向选调100名以上优秀大学毕业生），面向国内部分高校定向选调急需紧缺人才218名，为基层一线集中选调应届毕业生854名。推进年轻干部“8266”计划（即自治区层面重点掌握80名以上45岁左右副厅级、200名以上40岁左右正处级、600名以上35岁左右副处级优秀年轻干部，使女干部、少数民族干部、党外干部和国有企事业单位干部、高等院校干部、科研院所干部6个方面达到合理结构），启动新一轮优秀年轻干部推荐工作。开展政治素质正反向测评，做到“六必谈”，考准考实干部政治素质。制定印发《内蒙古自治区推进领导干部能上能下实施细则》，结合实际细化完善“下”的情形，全区调整不适宜担任现职干部264人，其中区管干部28人。做好2022年领导干部报告个人有关事项工作，提出贯彻落实中央《领导干部配偶、子女及其配偶经商办企业管理规定》的29条具体举措，对全区162个有用人权的党组织开展2021年度“一报告两评议”，对排名靠后的14个地区和单位党委（党组）和组织（人事）部门负责人进行约谈。巩固深化职务与职级并行制度成果，推进公务员分类改革、参公单位重新认定、绩效管理试点等工作，盟市、旗县（市、区）本级参公单位认定工作全部完成。出台《公务员考核办法》《平时考核实施办法》和《及时奖励办法》，提升公务员考核奖励工作制度化规范化水平。

【干部监督管理】2022年，自治区党委组织部结合十一届自治区党委第一轮常规巡视，对22个区直机关（单位）党组织开展选人用人专项检查，全覆盖开展巡视选人用人问题整改“回头看”。制定印发《内蒙古自治区推进领导干部能上能下实施细则》，结合实际细化“下”的具体情形，拓展“下”的识别方式，加强“下”后管理监督，为推进领导干部能下提供了制度依据。做好领导干部报告个人有关事项工作，全区查核个人有关事项报告9068人次，因漏报情节较重或瞒报给予诫勉以上处理116人。结合个人有关事项报告工作，加强领导干部配偶、子女及其配偶经商办企业行为管理，对21名领导干部开展任期经济责任审计。对全区162个有用人权的下级党组织开展“一报告两评议”，对排名靠后的及时进行约谈提醒，督促整改到位。

【公务员管理】2022年，自治区党委组织部完成盟市、旗县（市、区）本级参公单位认定工作。开展区直机关、参公事业单位借调人员清理工作，规范借调人员管理。完善公务员考录工作，2022年全区完成公务员招录3753人。完成120名区直机关公务员遴选工作，办理区直机关调任转任177人。出台《内蒙古自治区公务员考核办法》《内蒙古自治区公务员平时考核实施办法（试行）》和《内蒙古自治区公务员及时奖励办法（试行）》，提升公务员考核奖励工作制度化规范化水平。开展全国“人民满意的公务员”和“人民满意的公务员集体”推荐评选工作，自治区10名个人和5个集体获得党中央、国务院表彰。

【人才工作】2022年，自治区调整成立由自治区党委书记担任组长的党委人才工作领导小组，制定运行规则等制度，完善党管人才工作机制。编制《自治区2022—2025年人才发展规划》，出台《关于加强和改进新时代人才工作的实施意见》，提出30条人才新政、71个政策创新点，强化人才工作顶层设计。加快“一心四园多点”建设（即推进首府人才中心建设，加快包头、鄂尔多斯、乌兰察布、蒙东人才科技园建设，推动各盟市、各行业“多点”建设人才集聚平台），推动9家厅局单位提出123条建设支持措施。举办第十届“草原英才”高层次人才合作交流会活动暨呼包鄂乌创新创业周活动。实施“三引进一培养”计划（即引进高层次人才和创新团队、优秀青年人才、优秀工程师，培养本土高层次人才和基层实用人才），双聘引进5名院士，引进4名符合自治区高校发展需要的人才。全年动态发布13批次包含1466个用人需求的高层次急需紧缺人才需求目录，自治区本级事业单位以“绿色通道”引进博士人才324人。启动第十二批“草原英才”工程评审，评选出6名有潜力参选“两院”院士的侯选人、20名有潜力参评“长江学者”和国家杰出青年建议人选，100名高层次培养人才，50名优秀工程师，200名青年创新创业人才和31个创新创业人才团队。组织实施“三服务一促进”（即集中选派一批教育、卫生、科技领域青年人才到旗县以下基层服务锻炼，促进乡村振兴）干部人才“组团式”帮扶行动，统筹派出优秀青年教师1017人、医疗人才1365人、科技人员5122人，选派107名优秀年轻干部和247名青年人才分别到旗县（市、区）、苏木乡镇挂职任党政班子副职，选派1273名选调生到嘎查村任职。

【党务公开】2022年，自治区党委组织部推动全区党务公开工作，制定印发党务公开考核办法、年度绩效考核指标和评价办法，开展年度考核工作，构建常态化考核机制；建立健全党务公开工作机制，持续优化电子政务内网党务公开平台，督促指导承担自治区党委党务公开任务的地区单位发布党务信息。发挥民主法制领域专项小组办公室职能作用。

（梁泽宇）

宣传工作

【概况】2022年，自治区党委宣传部加强党的创新理论宣传教育、意识形态阵地建设、精神文明建设等工作，围绕把内蒙古的正面形象立起来加强和改进新闻宣传，深度报道内蒙古充满正能量的人和事，提振广大干部群众热爱内蒙古的信心和热情。加大向中央媒体供稿力度，中央主要媒体累计刊播内蒙古报道比2021年增长20%。推进媒体融合发展，策划推出一系列传播广泛、反响热烈的宣传报道，组织撰写一系列紧扣中心、主题鲜明的评论文章。开展乌兰牧骑“学·创·演”活动，围绕弘扬红色文化和中华优秀传统文化推出一系列精品文艺作品和优秀节目。2022年，2个集体被命名为“第七批全国学雷锋活动示范点”，1人获得“第七批全国岗位学雷锋标兵”荣誉称号，1人获得全国“新时代好少年”荣誉称号，授予3名个人、3个集体“北疆楷模”荣誉称号，开展9大类“最美人物”推荐评选和学习宣传，10人被评为“中国好人”，37人被评为“内蒙古好人”。

【理论学习】2022年，自治区党委宣传部门以学习宣传贯彻中共二十大精神为主线，举办中共二十大精神专题读书班、习近平总书记省部级主要领导干部专题研讨班重要讲话精神专题学习班专题读书班。印发《2022年内蒙古自治区县级以上党委（党组）理论学习中心组专题学习内容安排》《内蒙古自治区党委关于推动党史学习教育常态化长效化的实施方案》。推动全区各级党组织学习《中国共产党内蒙古历史第一卷（1921—1949）》《中国共产党宣传工作简史》《百年初心成大道——党史学习教育案例选编》《百年大党面对面》，持续巩固拓展党史学习教育成果并形成长效机制。

【中共二十大精神宣讲】2022年，中共二十大胜利召开后，自治区组织由22名省级领导参加，48人组成的自治区宣讲团，147人组成的“理论学习轻骑兵”示范宣讲团和盟市、行业系统宣讲团，压茬开展3轮4.2万场集中宣讲，受众460万人次。印发《全区乌兰牧骑集中开展学习宣传贯彻党的二十大精神活动方案》，推出快板、好来宝、小戏小品等短平快作品47部，快板《放歌新时代》、岱日查《说说中国式现代化》、呱嘴《二十大开启新未来》等农牧民喜闻乐见的文艺作品。开展乌兰牧骑“学、创、演”活动，全年新创作品500余部，复排作品150余部，累计开展“送欢乐、送文明”基层服务活动1800余场次。举办“理响新征程”2022年内蒙古自治区理论宣讲大赛，近2000名理论宣讲员参赛，《内蒙古“理响新征程”让理论宣讲生动精彩》做法被中宣部《宣传工作》等刊发。拓展理论宣传手段，录播《开卷有理·我们的十年》及《领航新时代 启航新征程》。开展习近平总书记对内蒙古重要指示精神、全国两会精神宣传宣讲5.8万场，受众274.6万人次。加强“学习强国”内蒙古学习平台运用，全年发稿18588件，被“学习强国”学习平台采用730件，在总平台组织的全国县级融媒体中心季度赛、主题征文中获得1个一等奖、2个二等奖、5个三等奖，自治区学员数达230万人，日人均积分保持在全国各省前3位。

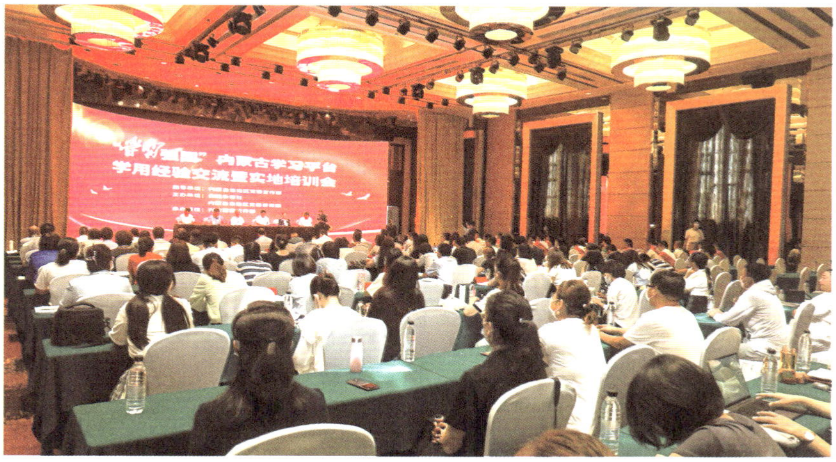

图7　2022年7月4日—6日，自治区“学习强国”学习平台学用经验交流会在兴安盟召开。图为经验交流会开幕式

（延　涵　供图）

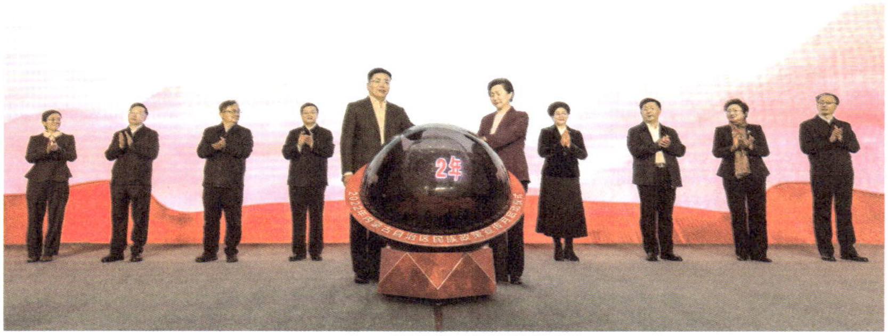

图8　2022年4月27日，内蒙古自治区民族政策宣传月启动仪式在呼和浩特市举行

（瑙甘塔拉　供图）

【重大主题宣传】　2022年，自治区党委宣传部组织开展重大主题宣传，围绕中共二十大组织开展宣传报道，自治区媒体统一开设“奋进新征程 建功新时代”总栏目，推出“伟大变革”“大美边疆”“美丽中国”系列专题报道，协调18家中央媒体、60余条采访需求，各媒体刊播涉自治区报道7000余篇（条），相关内容传播量2.8亿次。组织自治区新媒体和旗县融媒体中心启动“我们的新时代”短视频、摄影作品征集展播活动，讲述百姓十年间奋斗故事。围绕党的创新理论宣传，自治区媒体设置《在习近平新时代中国特色社会主义思想指引下——新时代新作为新篇章》《习近平总书记活动报道集》《学习进行时》《习近平谈治国理政》等专栏专题。推送正能量短视频“入群破圈”，用好用活直联全区超万名的骨干网评员队伍，积极引导群众主动防控、守护家园，“内蒙古疫情防控”相关信息传播量超8.42亿次。印发《关于进一步加强和改进先进典型选树宣传工作的通知》《关于先进典型推荐选树工作实施办法（试行）》等文件，细化各类典型的选树标注、报送机制、选树方式、审批程序以及会商机制。推进媒体深度融合发展，内蒙古新闻网、正北方网有机整合，实施《北方新报》媒体深度融合转型项目，《实践》杂志“思想理论”版和“党的教育”版实现并刊。推进盟市级媒体深度融合发展，呼和浩特市、鄂尔多斯市列入中宣部试点，“草原全媒”“奔腾融媒”改版升级，下载量均超过750万次。

【与中央媒体联动合作】 2022年，9家中央媒体、8家兄弟省市媒体深入自治区调研采访，推出200余篇各类原创报道，相关内容传播量超过8000万次，全年中央主要媒体刊发自治区重点报道1.8万余篇（条）。“草原全媒”开展30余场“大美中国”慢直播，“奔腾融媒”开展10余场“走街串巷”慢直播，呈现内蒙古的良好风貌。举行“中国这十年·内蒙古”主题新闻发布会，《人民日报》、新华社、中央广播电视总台等21家媒体的50名记者参加新闻发布会，展示中共十八大以来自治区经济社会各项事业取得的巨大成就，各级媒体刊播各类报道260余篇（条），全网产生关于“中国这十年·内蒙古”信息约1.14万篇（条），传播量7381.4万次。

【疫情防控期间舆论宣传】 2022年，自治区党委宣传部组建宣传引导工作组、成立新媒体产品制作“中央厨房”，突出做好科学精准防控20条措施等政策宣传阐释、自治区干部下沉抗疫、援蒙医疗队抗疫、大学生返乡、物资保供、党员干部群众志愿服务、疫情数据解读等报道，各媒体累计生产传播各类稿件2万余篇（条）、传播量超过6亿次，收集转办网民诉求400余条，内蒙古日报社官微“内蒙古疫情速报”话题阅读量超过1.8亿次。

【精神文明建设】 2022年，自治区党委宣传部深化文明培育，统筹推进新时代公民道德建设“十大行动”，持续开展文明餐桌、文明旅游、文明交通、文明上网等文明风尚行动，加强诚信宣传教育，开展诚信缺失突出问题专项治理。深化文明实践，颁布实施《内蒙古自治区志愿服务条例》。推进新时代文明实践中心（所、站）标准化建设，建成中心104个、所1097个、站13658个，全区中心（所、站）整体达标率100%。建设村级“文明团结超市”5593个，策划推出公益微电影《婚事》，中央文明办、民政部在全国推广。深化文明创建，开展自治区“六大创建”评选表彰和往届荣誉复查认定工作，全区103个旗县（市、区）实现文明城市创建工作全覆盖。开展文明单位优质服务竞赛活动、“树形象、勇担当”主题实践活动和包联共建社区（小区）活动，推动各级文明单位切实发挥示范引领作用。在内蒙古广播电视台、内蒙古文明网创办《家风家教话传承》等栏目，通过短视频、嘉宾访谈、线下活动以及播发公益广告等多种形式，展示宣介文明家庭的家风家教故事。印发《关于做好2022年内蒙古自治区文明社区（小区）有关工作的通知》，评选出20名“最美社区工作者”和50名“和睦友爱好邻居”。

【文艺作品质量提升工程】 2022年，自治区党委宣传部实施文艺作品质量提升工程，舞剧《骑兵》获得第十七届中国文化艺术政府奖文华大奖和全国“五个一工程”奖，广播剧《有事找彪哥》、歌曲《少年》获得全国“五个一工程”奖。举办第十九届“中国·内蒙古草原文化节”、第九届乌兰牧骑艺术节、内蒙古经典歌曲演唱会。2022年，内蒙古创作生产电影《海的尽头是草原》《巴林塔娜》两部。全区有营业影院245家，全年实现票房累计3.47亿元。2022年度在农村牧区、社区、校园、广场、边境沿线等基层和人员聚集地区电影公益放映8.9万场次，惠及群众500余万人次。

【中华优秀传统文化传承发展】 2022年，自治区党委宣传部推进中华优秀传统文化传承发展工作，打造中华文化符号和形象，推进中华民族共有精神家园建设。将习近平总书记关于加强和改进民族工作的重要思想纳入县级以上中心组学习重点内容，在自治区哲学社会科学规划项目中常态化设立铸牢中华民族共同体意识研究专项课题，《增强中华文化认同铸牢中华民族共同体意识》获评中国政研会三类优秀研究成果，《牢记习近平总书记关怀嘱托有形有感有效铸牢中华民族共同体意识》被中宣部评为优秀理论宣讲报告。精心打造国家象征、语言文字、中华优秀传统文化、革命文化、当代精神文化、人文地理等中华文化符号和中华民族形象，推出中华文化和中华文明系列宣传海报58幅，全区累计印制张贴近50万张。举办“中华颂”主题展览，《内蒙古日报》设《何以红山》《万里茶道话今昔》《循迹西口》等专题进行系列报道，制作内蒙古广播电视台融媒体直播《根脉》、电视综艺节目《长城长》《馆长·请亮宝》等文化节目。编绘出版《“石榴籽”绘本丛书》12册，组织编写《简明内蒙古地方史》《守望相助：内蒙古各民族交往交流交融故事集》《铸牢中华民族共同体意识大众读本》《铸牢中华民族共同体意识概论》等重点图书。印发《内蒙古自治区加强新时代古籍工作实施意见》。推动黄河流域高质量发展工作，系统梳理全区宣传文化系统有关项目，优化布局、整合资源，列出繁荣文艺创作、全方位传播黄河文化等 13 类 48 个重点项目。

【互联网宣传】 2022 年，自治区党委宣传部组织全区各级各类网站平台开设“新思想引领新征程 · 时代答卷人”“春天的约定——总书记在内蒙古代表团的这五年”等专题专栏，“沿着总书记的足迹”专栏之内蒙古篇系列报道传播量超 8103.5 万次。全区中共二十大正面稿件总传播量超 4.8 亿次。全区 2.7 万网评员转载转发优质稿件 45.75 万余条，“奋进新征程 建功新北疆”等微博话题带动全区网民寄语中共二十大、点赞高质量发展，总阅读量超过 1 亿次。围绕党中央对内蒙古的战略定位和推进落实“两个屏障”“两个基地”“一个桥头堡”建设“五大任务”，开展“美丽中国 · 网络媒体生态行”“稳中求进 @ 高质量发展”“打卡中国 · 最美地标——你好内蒙古”等网络主题活动，全网相关内容传播量超 4.7 亿次。推动“实践有力量”网上理论品牌建设，阐释贯穿内蒙古实践的理论创新。内蒙古自治区网信系统以迎接学习宣传贯彻中共二十大精神为主线，持续壮大网上主流思想舆论，推进网络综合治理，保障网络安全，协调推进信息化和数字经济发展，为自治区经济社会发展提供服务、支撑和保障。围绕北疆安全、生态文明建设、铸牢中华民族共同体意识等领域报道稿件，全网相关信息传播量超 6.2 亿次。全景呈现“中国这十年 · 内蒙古”系列发布，全网产生热点信息 1.14 万篇次，传播量超 7381.4 万次。推出“这就是内蒙古”“‘五个大起底’在行动”等专题，推送重点稿件 2177 篇，全网传播量超 1.04 亿次。统筹实践杂志社“时见论”、《内蒙古日报》“昨夜谈”、奔腾融媒“奔腾时评”等专题，创作推出系列时评佳作。

【外宣工作】 2022 年，内蒙古自治区开展习近平总书记治国理政重要思想和形象对外宣介。开设“领袖风采”“习近平金句”等专题，编译制作“遇见习近平”“我眼中的习近平”，发布稿件、节目 7000 余篇（条）。在蒙古国家公共广播电视台本土化译制播出《平语近人——习近平喜欢的典故》12 集系列专题片，编译出版《中国关键词 · 生态文明篇》（西里尔蒙古文版）图书。开展中共二十大精神对外宣介。内蒙古以外英文的网站集群以英文、西里尔蒙古文、俄文等多语种、多平台推出“内蒙古这十年”专题报道。开设《聚焦中共二十大》《中共二十大 · 外国友人说》等专题专栏，及时编译刊播中央媒体重要新闻、解读文章和延伸报道，30 余篇（件）重点稿件节目被蒙古国 38 家网站转载推广。在蒙古国家公共电视台播出 50 集纪录片《你好！中国》、260 期《友谊七彩桥》等节目。

（韩朝然）

《实践》杂志编发

【概况】 2022 年，实践杂志社系列评论《春天的约定》、“时见论”和“宅兹中国 青春问答”、《实践有力量 · 五大任务》等 30 余件新媒体产品获得“宣传内蒙古”奖。在全国党刊优秀作品评选中，实践杂志社获一等奖 8 件，二等奖 6 件，三等奖 7 件。“学习强国”内蒙古学习平台服务中心获得“2022 年内蒙古自治区工人先锋号”。第一编辑部获得全区民族团结进步模范集体。《学习论理 · 第四辑》获得内蒙古自治区第十五届精神文明建设“五个一工程”奖。实践杂志社硬核工作室获得 2022 年自治区直属机关“青年五四奖章”集体。内蒙古文明网获得“优秀地方文明网站”称号。2022 年，实践杂志社所属新媒体平台发布原创内容 1188 条，其中原创视听类新媒体产品（视频、长图、海报、H5 等）1012 条，占比 92%。

【理论宣传】 2022 年，《实践》杂志持续开设“总书记的深情牵挂”“理论学习”等专栏，策划推出“领航中国”主题报道，组织开展“沿着总书记的足迹”主题征集活动。全年全媒体刊播作品 1000 余篇，总阅读量超 3000 万人次。推出 H5《殷殷嘱托——习近平总书记对内蒙古重要讲话重要指示批示》电子书，24 小时阅读量超 200 万人次；出版《学习理论》第四辑；原创“学习日记”理论宣传长图 77 件，累计阅读量 1150 万人次、点赞量达 100

万人次；推出《牢记嘱托勇担使命》主题系列微课堂，在“学习强国”内蒙古学习平台阅读量超过200万人次。重点综述《共创发展新局》《共赴绿水青山》《共谱团结新篇》、评论《乘着春风再出发》和“总书记和代表委员的故事”系列手绘长图在“学习强国”内蒙古学习平台、“北疆理论风景线”微信公众号、《实践》杂志接力刊发之后，被内蒙古自治区网信办做全网指令式推送，并在全国两会召开期间被“学习强国”学习平台选中，列入“推荐”首版“全国两会”特别专栏置顶，点击量560余万人次。其中重点综述点击量达到160万人次，手绘长图《春天的约定：“萌娃儿”和小庙子村的故事》在“学习强国”学习平台上的阅读量一天内超过160万人次。

【中共二十大宣传报道】 2022年，实践杂志社联动自治区各有关单位、各盟市，以《实践》杂志、“学习强国”内蒙古学习平台、“北疆理论风景线”微信公众号、实践抖音号等为载体，策划推出系列阐释作品和先进典型事迹报道，展示全区各地各部门学习宣传贯彻中共二十大精神的实践。推出《二十大代表风采》专栏，刊发《巴特尔：为光荣的消防救援事业而战》《梅园雪：助力农牧民圆 科学种粮梦》《张三明：振兴路上带头人》等典型报道；推出《擎旗奋进正当时》等特别报道，在“学习强国”学习平台推荐栏刊发，24小时阅读量超过150万人次；推出“学习宣传贯彻党的二十大精神”专刊，为全区党员干部全面学习、系统把握、落实会议精神提供学习读本；推出系列微评论《习近平引语：团结就是力 量》、系列长图《党的二十大报告·小π领学丨大会的 主题》、系列理论文章《实践有力量·学思践悟二十 大》；推出H5《权威收录，应知必学！党的二十大精神》学习资料汇编，让受众随时随地轻松阅读。

【铸牢中华民族共同体意识宣传】 2022年，实践杂志社开展铸牢中华民族共同体意识宣传，聚焦“两个打造”，特别策划推出《“长城长”成为现象级产品的背后》《〈孔子〉来 了》《“中华颂”颂中华》各类作品307篇（件）。推出《我区推行使用国家统编教材全面加强国家通用语言文字教育教学工作成效纪实》等一批经验典型和成就报道。

【重大时间节点、重大事件宣传报道】 2022年，实践杂志社以杂志社原创IP形象“文哥明妹”为载体，策划制作“三言两语谈节日”系列原创手绘海报，全网总阅读量超过150万人次。推出原创H5《“强国复兴有我·坚定理想信念赓续红色血脉”内蒙古清明祭英烈活动开始了》清明祭英烈活动，访问量超过300万人次。推出“向 国旗敬礼”网上签名寄语活动，访问量超225万人次，留 言43万条，通过活动为“文明内蒙古”微信公众号增粉13.6万人次，至此“文明内蒙古”微信公众号粉丝数达到94.7万人次。推出《实践有力量·在祖国北疆构筑起万里绿色长城》系列长图，推出《“五大任务”是指哪五个重大任务？》等融媒体产品；开设“把内蒙古形象立起来”专题，刊发相关作品1000余篇，浏览量达2000万人次。策划推出评论员文章《最重要的形象是担当作为》《最托底的形象是诚实守 信》等5篇（件），全网阅读量超500万人次；推出系列短评《坚持“一张蓝图绘到底”》等5篇，推出《煤炭保供中的内蒙古作为》《“半 拉子工程”大起底 呼和浩特这样起》等一系列有影响的调研报道；推出《实践有力量》栏目，“学习强国”内蒙古学习平台刊发各类作品3049篇（件）；开设“众志成城·抗击疫情”专题，刊发作品1109篇（件），《布马虎防疫“小剧场”》系列条漫20幅，24小时阅读量超过150万人次。

【媒体融合发展】 2022年，实践杂志社将原《实践》（思想理论版）及《实践》（党的教育版）两种期刊合并为新的《实践》杂志，订阅量 接近16万人次。上线“实践有力量”融媒 体专栏，集纳全区资源力量推出系列融媒体理论 宣传精品作品。在自治区网信办发布的新媒体影响力榜单49次中“实践杂志”头条号48次进入排行榜前30名，2次登上榜首，9次进入前10名。“文明内蒙 古”微信公众号上榜32次，最高位列第3名。“实践”抖音号2022年发布原创短视频586部，播放量超过10万人次的视频有20部，超过50万人次的视频有6部，突破100万人次的视频有3部。创建实践评论员、深度报道专班。围绕党和国家大事要事和自治区重点工作，推出系列言论评论和深度报道，其中16篇言论评论得到自治区党委宣传部主要领导肯定，被全网转发，被称为“实践评论现象”。

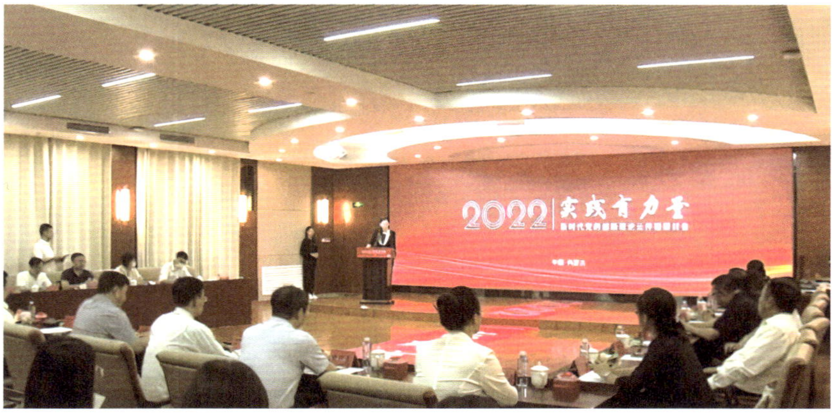

图 9　2022 年 8 月 21 日，新时代党的创新理论云传播研讨会暨“实践有力量”融媒体专栏上线仪式在实践杂志社举行

（铁牧儿　供图）

主党派成员参加“内蒙古自治区统一战线学习贯彻中共二十大精神网络培训班”。2022 年，自治区党委统战部信息工作获得中共中央统战部“2022 年度全国统战信息工作先进单位三等奖”。在统战成员中开展以中共二十大精神为引领的教育实践活动，举办 48 场次“送教下基层”培训班、培训 9051 人次，举办“同心学习·立德圆梦”读书会、内蒙古统一战线云课堂、线上蒙商大讲堂，覆盖学员 50 万人次。

【与央媒联动合作】2022 年，实践杂志社与求是杂志社开展联动采访活动。文章《马鞍山村的绿富同兴路》《阿尔山市的“美丽变身”》分别刊发在《求是》的第 10 期、第 12 期，并推出同名微视频。其中《阿尔山市的“美丽变身”》被中央网信办在全国各地各网指令推送。微视频和文章在求是网、“学习强国”学习平台、人民日报客户端等央媒刊发，总点击量超 1000 万人次。

【“学习强国”内蒙古学习平台建设】2022 年，实践杂志社举办内蒙古“学习强国”学用经验交流会，专题培训管理员、通讯员 1000 余人。组织“我的航天梦”“我家的‘人世间’故事”等主题征文活动；开通“《实践》杂志”“内蒙古女性”“草原书屋”“内蒙古人社”和“内蒙古师范大学”等 5 个强国号；终审签发室（小黑屋）正式投入使用；建设“人民至上”地铁主题站，内蒙古自然博物馆“学习强国”线下体验馆，蒙草集团、内蒙古妇联建设“学习强国”学习角，推进强国进企业、进机关、进学校。

【新时代文明实践云平台】2022 年，新时代文明实践云平台注册志愿服务队 24099 支，工作人员 16845 人，发布需求总量 83834 条，解决需求总量 72367 条，平均每月发布需求 6700 条，解决需求 6000 条，比 2021 年数量增加近 2 倍。

（席嘉璐）

统战工作

【概况】2022 年，自治区党委统战部协助 6 个民主党派区委会分别召开全区代表大会，选举产生新一届领导机构，完成 6 个民主党派省级组织换届工作。组织各民主党派、工商联和无党派人士开展重点课题调研，召开调研成果汇报会，形成 9 项成果建言资政。支持各民主党派开展“矢志不渝跟党走、携手奋进新时代”政治交接主题教育。支持各民主党派区委会围绕铸牢中华民族共同体意识等开展民主监督，组织民主党派区委会机关干部和民

【民族团结进步工作】2022 年，自治区党委统战部开展铸牢中华民族共同体意识宣传教育，系统开展“一周两月”活动（每年 5 月最后一周为民族法治宣传周，每年 5 月为全区民族政策宣传月，每年 9 月为全区民族团结进步活动月），深化“民族团结一家亲”主题实践，召开铸牢中华民族共同体意识工作现场会，会同自治区民委在各地区组织铸牢中华民族共同体意识理论宣讲队（组），到农村牧区、城市社区、大中小学开展主题宣讲，累计印发宣传资料 100 余万份，悬挂和滚动播放宣传标语 70 余万条，创作“石榴籽”主题文创产品、《国家的孩子》儿童剧及动画短片、“听文物讲民族交往故事”短视频等。开展中华民族共同体建设研究，指导 8 家研究基地完成课题 40 余项，修订《民族团结进步模范评选表彰办法》，表彰 200 个模范集体、300 名模范个人，命名自治区第八批 157 个示范区和示范单位，启动实施《中华民族交往交流交融史料汇编（内蒙古卷）》编纂工作。

【宗教界人士学习培训】2022年，自治区党委统战部组织宗教界学习中共二十大精神、全国两会精神，举办全区宗教界代表人士培训班。开展《互联网宗教信息服务管理办法》学习培训，累计培训宗教界人士400余人次，培训宗教干部260余人次。开展崇俭戒奢教育活动，举办首届宗教中国化方向论坛。开展“4·15”全民国家安全教育日宣传活动，发放国家安全及反恐怖宣传教育手册、宣传画等400余册。推动内蒙古佛教学院新校址建设与内蒙古天主教呼和浩特主教府建设。

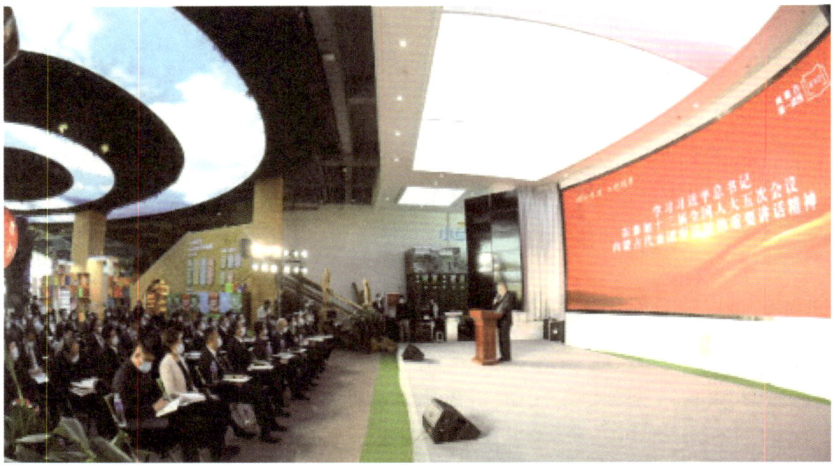

图10　2022年4月15日，内蒙古统一战线2022年第一期“同心学习·立德圆梦”读书会在呼和浩特举办

（瑙甘塔拉　供图）

【民营经济统战工作】2022年，自治区党委统战部指导协助全区各级工商联换届，指导盟市、旗县级开展换届工作，完成自治区本级工商联换届任务。开展第十二批“草原英才”——民营企业经营管理类人才专项推选工作。推动民革中央助力内蒙古产业发展招商引资项目落地，开工项目88个，投产项目47个。推动全国优强民营企业助推内蒙古高质量发展大会156个签约项目落地，落地、开工和取得实质性进展项目99个。签署《京蒙统一战线协作框架协议（2022—2026年）》，促进青少年交流、乡村振兴和招商引资等工作。开展助力大学生就业创业活动，组织1157家民营企业提供岗位3690个，解决就业1.66万人。深化光彩事业和“万企兴万村”行动，向嘎查村捐赠2万盏无杆院式路灯。

【无党派人士等统战工作】2022年，自治区党委统战部开展“喜迎二十大、同心跟党走”主题教育，全年累计组织召开无党派人士、党外知识分子及留学人员专题座谈会11场，组织驻呼高校、科研院所、国有企业250余名党外知识分子参观“中华颂——我们心中的模样”主题展览。专题学习习近平总书记给南京大学留学归国青年学者重要回信精神，统战部门牵头组织召开全区各级留学人员座谈会100余场，470余名留学人员公开发表学习感悟。推荐15名党外代表人士，参加自治区党外人士座谈会、征求意见会等重要会议。召开内蒙古自治区欧美同学会（内蒙古自治区留学人员联谊会）第一次全区会员代表大会，选举产生第二届理事会理事77人、会长会班子成员9人。

【新的社会阶层人士统战工作】2022年，自治区党委统战部深化新的社会阶层人士“凝聚新力量、筑梦新时代”主题教育，推进“蒙新聚力”品牌化发展，投入4万余元建设“蒙新聚力·公益林”。命名8家自治区级实践创新基地。内蒙古新联会在自治区民政厅正式注册。组织召开内蒙古新联会二届二次会长会，成立“石榴籽”网络人士工作室和“石榴籽”艺术团。组织指导2022年“寻美·内蒙古”活动，全区各类联谊组织开展活动120余次、参加人员近4万人次。

【统战工作基础设施及数据库建设】2022年，内蒙古社会主义学院新校区建成投用。建设“云+网+端+内容+应用”智慧校园，在全区建成20个实践教学基地、104个教学点，举办培训班31期、培训学员2847人次。分层分类完善党外代表人士数据库，建设干部信息管理系统，基层人大、政府和政协领导班子党外干部基本实现应配尽配。

【党外人士干部队伍建设】2022年，自治区党委统战部分层分类完善党外人士数据库，建设干部信息管理系统，开展党外干部“双走访”工作，推动各地区各单位加强党外干部队伍建设，推荐提拔使用和晋升职级党外厅级干部11名。组织全区党外干部学习中共二十大精神和习近平总书记参加内蒙古代表审议时的重要讲话精神。开展第十二批“草原英才”——民营企业经营管理类人才专项推选工作。

【港澳台统战工作】 2022年，自治区党委统战部组织开展庆祝香港回归祖国25周年系列活动。举办“台青黄河游记”三题采访活动，组织10余位中国台湾地区青年和两岸媒体人在巴彦淖尔和乌海市沿黄流域19处具有黄河文化代表性的地点亲身体验、打卡交流。8月5—12日，举办“中华文化里的内蒙古味道”——台湾青年中华文化内蒙古研习营活动。

【海外统战工作】 2022年，自治区党委统战部开展“中国寻根之旅”夏(冬)令营、“海外侨胞故乡行——走进锡林郭勒”和“海外侨胞故乡行——走进鄂尔多斯”等活动。组织12盟市卫健委、中医(蒙医)医疗机构等500余人参加“第七届海外华侨华人中医药研修班”线上活动。

（王颖娜）

网信工作

【概况】 2022年，内蒙古自治区开展“清朗”等涉网专项行动58项，关停注销非法网站468家，约谈警告属地网站平台负责人1674次。开展2022年争做“北疆好网民”活动、网络文明进校园活动、网络中国节活动。“蒙速办”微信公众号入选全国网上群众路线百个成绩突出账号。

【网络安全保障】 2022年，内蒙古自治区落实网络安全工作责任制，加强网络安全风险通报、抽查检查、宣传教育和应急处置，督促整改一批风险漏洞，保障全区关键信息基础设施网络安全。举办2022年内蒙古国家网络安全宣传周，普及网络安全知识，提升全社会网络安全意识和防护技能，网上传播量3971.6万次。开展网络数据安全管理，完善网络数据管理目录，开通数据出境安全评估申报通道。

【全区互联网行业党委第三次会议】 2022年8月11日，内蒙古自治区互联网行业党委召开第三次会议，学习贯彻习近平总书记关于网络强国的重要思想，传达学习中共中央和自治区党委关于互联网企业党建工作有关会议和文件精神，围绕自治区新业态新就业群体党的建设工作座谈交流。会议指出，认识新业态新就业群体给党建工作带来的新问题、新挑战，提升党的组织覆盖和工作覆盖，提升党组织政治功能和组织功能，注重发挥党组织和党员引领把关作用，强化对新就业群体的关心爱护和教育吸纳，带动新就业群体有序参与基层治理和行业治理。

【2022“打卡中国·最美地标”网络国际传播活动启动】 2022年7月25—30日，由中央广播电视总台国际在线联合内蒙古、湖北、河南、江苏、黑龙江、浙江、山西、安徽、山东等地网信办共同举办的2022“打卡中国·最美地标”网络国际传播活动在内蒙古自治区鄂尔多斯市启动。来自中央和地方新闻媒体记者，以及英国、意大利、巴西、格鲁吉亚、危地马拉、泰国、韩国等国家的网红博主、走进内蒙古实地探访，对中国在推进生态文明建设、推动乡村振兴、发展绿色低碳转型等方面进行深度探访和报道，在网上全面展示内蒙古打造祖国向北开放重要桥头堡的成效和经验，向全球网友展现可信、可敬、可爱的新时代中国形象。

【“美丽中国·网络媒体生态行”网络主题活动启动】 2022年7月18—22日，由中央网信办传播局、国家林草局宣传中心联合指导，内蒙古、广东、广西、陕西、甘肃等五地网信办和央视网共同主办的“美丽中国·网络媒体生态行”网络主题活动在呼伦贝尔市启动。人民网、新华网等10多家中央及自治区媒体到呼伦贝尔市深度采访，通过多形式的新闻产品，鲜活讲述“美丽内蒙古”故事，生动展现内蒙古贯彻习近平生态文明思想，建设祖国北方重要生态安全屏障和祖国北疆安全稳定屏障取得的成就。

（王冀）

自治区直属机关党建

【概况】 2022年底，全区党组织关系隶属于自治区直属机关工委的自治区直属单位102家，所辖党员65788人，基层党组织5318个，其中党委457个、总支部207个、党支部4654个。

【政治建设】 2022年，自治区直属机关工委推进“让党中央放心、让人民群众满意”的“北疆模范机关”创建工作，对12家获评“北疆模范机关”称号的单位坚持动态管理，举办区直机关模范机关创建暨“最强党支部”示范点经验交流会，展示厅局机关党建特色创新案例，分享典型经验做法。做好迎接和学习宣传贯彻中共二十大工作，配合做好区直机关出席中共二十大代表候选人提名推荐工作。组织开展演讲比赛、文艺汇演等文体活动，以及“强国复兴有我”主题活动，营造喜迎中共二十大的浓厚氛围。结合疫情形势，统筹做好区直机关学习中共二十大精神工作，组建区直机关宣讲团，累计宣讲36场，协调自治区媒体对区直机关学习贯彻情况进行跟进报道，全年刊发信息129篇。面向区直机关党员干部举办6期学习贯彻中共二十大精神线上培训班，累计2.6万人次参训，开展研讨交流500余次，形成1300余篇成果。召开区直机关学习宣传贯彻中共二十大精神交流会，开展学习评议，推动互学互鉴。深化民族团结进步教育，把铸牢中华民族共同体意识作为党员干部教学培训必修课程。制定《自治区直属机关着力提升抓党建促民族团结进步工作实施方案》，推动铸牢中华民族共同体意识学习教育与“民族团结一家亲”实践活动常态化开展，向自治区推荐民族团结进步模范集体21个、模范个人31人。组织举办青年联谊、亲子联谊、演讲比赛等活动，推动在交往交流交融中铸牢中华民族共同体意识。落实党务公开，成立工委党务公开工作领导小组，统筹推进党务公开工作，建立健全党内情况通报反映、党内事务咨询、重大决策征求意见、重大事项社会公示和社会听证4项制度，形成党务公开保密审查、风险评估、信息发布、政策解读、舆论引导、应急处置6项机制，保障党务公开工作有序开展。严格执行党务公开目录规定，在机关党建网开设“党务公开”专栏，做好日常管理工作。

【思想建设】 2022年，自治区直属机关工委聚焦中共二十大精神、习近平总书记在参加十三届全国人大五次会议内蒙古代表团审议时的重要讲话精神、《习近平谈治国理政》第四卷等重要内容，安排部署学习贯彻工作，编发专题测试卷，推动理论学习不断深入。启动新一轮区直机关党组（党委）理论学习中心组巡听旁听工作，举办各类示范培训班24期，培训7049人。抓好区直机关“学习强国”学习平台学用工作。巩固深化党史学习教育成果，编发《中国共产党人精神谱系学习汇编》。巩固拓展“双报到”“我为群众办实事”载体成效，助力首府创城与疫情防控。举办“万名党员进社区、助力文明城市创建”启动仪式，召开同城联创推进会，持续推动创城工作走深走实。9月以来着力协助呼和浩特市开展疫情防控工作，组织1.9万多名党员到一线，296名处级干部下沉包联社区，捐赠1283万元抗疫物资，给困难群众送去286万元慰问物品及资金，下拨疫情防控专项党费162万元。推进意识形态工作，制定《2022年区直机关意识形态工作安排》，明确重点工作任务，压实各级党组织责任。落实新时代加强和改进思想政治工作的具体要求，推行单位党组（党委）书记带头作形势和政策报告，增强党员干部防范化解政治安全领域风险意识。着力加强疫情防控时期机关党员干部参与志愿服务的宣传报道，壮大主流思想舆论。

【组织建设】 2022年，自治区直属机关累计建成“最强党支部”1460个，年内评选区直机关“最强党支部”示范点36个、示范基地2个。评选表彰38个机关党建特色创新案例，并在区直机关推广。落实基层党组织任期制度，加强对事业单位的分类指导，实地走访调研事业单位党建工作。印发《进一步推动党建与业务工作深度融合，全面提高机关党建质量的重点工作的通知》，推动机关党组织强融合、促发展，着力解决党建业务“两张皮”问题。赴“长三角”有关城市调研学习，形成机关党建共建共享调研报告，助力“呼包鄂乌”一体化发展。参加黄河重大国家战略党建工作协作交流会，交流分享党建业务融合互促经验做法。持续加强党务干部队伍建设，履行机关党委专职副书记、副书记任职程序，对拟任职的机关党委专职副书记进行政治素质延伸考察，组织与新任职机关党委专职副书记进行集体谈话。开展优秀党务工作者评选表彰，通报表扬23名机关党委专职副书记，择优向自治区党委组织部和所在单位党组（党委）推荐优秀党务干部。

【党风廉政建设】 2022年，自治区直属机关工委做准做实政治监督，印发《关于加强政治监督工作的通知》，明确重点任务，规范监督措施，全年开展5轮督查，确保政治责任落实到位。落实自治区党委关于区直机关信访积案化解工作要求，建立班子成员包案化解工作机制，加强工作调度与督查督导，累计化解积案256件，化解率99.6%。把疫情防控监督列入政治监督重点任务，到厅局包联社区实地督查检查，督促整改问题17个。加强与派驻纪检监察组等执纪执法部门的沟通协调，召开案件协调会、论证会69次。

全年审理派驻纪检监察组移送案件87件，审结71件，对71名违纪违法干部提出处分建议。依规办理信访举报件8件。收到自办问题线索3件，函询2人，初核1人。开展区直机关党纪政务处分案件备案监督清底专项工作，“回头看”近三年55家单位的351件案件。开展党内政治生活庸俗化交易化问题集中治理，定期调度汇总区直机关治理情况。落实整治形式主义为基层减负工作要求，全年印发规范性文件3件，比2021年精简76.9%，召开会议3次，比2021年精简25%。开展廉洁文化建设工作，共征集廉洁文化作品72件，其中2件向中央纪委国家监委推荐。加强机关纪委建设，代自治区党委起草《关于加强自治区直属机关部门机关纪委建设的意见》，就贯彻落实情况进行督查考核。审核批准8个部门机关纪委换届选举，考核任命机关纪委书记20人。加强对厅局机关纪委问题线索处置、查办案件的领导与指导，推动提升办理案件质量。编印《纪检监察工作基础法规》，调训机关纪委干部2批次，着力推动干部队伍能力提升。

【机关统战和群团工作】2022年，自治区直属机关工委建立自治区直属机关统战成员基础信息库，完成142名“无党派人士”政治面貌认定。组织区直机关党外人士代表参加专题座谈会、撰写体会文章，加强思想政治引领。建立区直机关统战机构和统战干部信息台账，举办专题培训班1期，培训85人。加强机关团青工作，加强青年干部思想引领，学习贯彻习近平总书记在庆祝中国共产主义青年团成立100周年大会重要讲话精神，组织收看大会盛况，举办专题培训班并开展专题研讨。召开区直机关“五四”表彰大会，表彰139名先进个人和58个先进集体。开展“喜迎二十大、永远跟党走、奋进新征程”主题教育实践活动，640个团支部参与活动。印发倡议书，激励区直机关团员青年勇于担当、善于作为。推动团青组织应建尽建，指导新成立团青组织3个，换届、调整20个。举办拓展训练营、义务植树等活动。开展机关工会工作，向区直机关包联单位下拨138万元工会经费，用于支持包联小区开展疫情防控工作。开展创先争优活动，1人获评全国五一劳动奖章，1家单位获评全国工人先锋号。推进“职工温暖工程”，救助困难职工94人,发放资金98万元。举办职工疗休养、足球比赛、健步走等活动，提高干部职工的获得感、幸福感。做好职工医疗互助工作，计224家单位参加医疗互助，区直机关职工申领994人次，申领金额132.4万元。推进职工普惠制服务，拓展服务项目与优质商户。

（那日呼）

政策研究

【概况】 2022年，自治区党委政研室（改革办）发挥以文辅政作用，当好参谋助手，着力做好自治区党委文稿服务工作，全年起草、修改、把关各类文稿190多篇160余万字。2022年，自治区党委政研室（改革办）被授予国家级“节约型机关”称号，被评为自治区文明单位；经济与生态研究处党支部被评为区直机关“最强党支部”示范点；韦国宁获得“全区民族团结进步模范个人”称号；陈鹏获得“政协内蒙古自治区第十二届委员会提案办理工作先进个人”称号。

【调查研究】 2022年，自治区党委政研室（改革办）落实自治区党委主要领导关于加强调查研究和对党委政研室（改革办）做好调研工作相关要求，办好调研成果载体，为各方面向自治区党委建言献策创造条件、畅通渠道。办好“决策研究”载体，2022年编发10期。创办“调查与研究”载体，刊载调研文章15篇。围绕发展羊草产业、黄河流域生态保护和高质量发展、巴彦淖尔农高区建设、促进生态经济发展、扶持中小企业发展等开展调研，形成调研报告10篇。

【信息资讯】 2022年，自治区党委政研室（改革办）巩固既有宣传阵地，编发《内蒙古工作》12期，刊发学习贯彻习近平新时代中国特色社会主义思想、中共二十大精神、自治区第十一次党代会精神，以及各地区各部门推进高质量发展、开展调查研究、深化党的建设、各省区市好经验好做法等优秀稿件，为各级各地推进工作提供帮助。编印区情手册，落实自治区党委主要领导把内蒙古形象立起来的要求，从版面、内容到图文，进一步改版升级，达到更直观明了展示内蒙古特点、生动鲜活反映建设成效的效果，成为宣传、介绍内蒙古的重要资料。用好“内蒙古政研改革”微信公众号，编发“政策阐释”“理论学习”“改革动态”等信息与文章40余条，在宣传普及党的创新理论、展示自治区各项事业发展成就上发挥积极作用。参与重大宣传宣讲活动，1名班子成员参加自治区中共二十大精神宣讲，室班子成员和骨干力量开展理论或业务宣讲5场次。做好“迎接党的二十大胜利召开主题成就展”内蒙古展区展陈大纲编撰等工作。

（刘沛兵）

机构编制管理

【概况】 2022年，自治区党委编办围绕习近平总书记交给内蒙古的五大任务，保障重点领域关键环节事业发展需要。围绕生态屏障建设，调整优化督察专员体制，核增生态环境督察技术支持中心和环境监测总站事业编制，强化生态环境保护督查和监测工作力量。建立自治区节能降碳中心，推动自治区“碳达峰碳中和”工作。围绕安全稳定屏障建设，完善党对统一战线工作领导的体制机制，加强自治区统一战线工作领导小组办公室有关机构设置，优化调整自治区党委统战部内设机构，强化统筹领导。成立自治区政法数据中心，服务保障祖国北疆安全。自治区社会治理研究中心加挂自治区见义勇为工作中心牌子。统一规范基层派出所设置，理顺基层公安管理体制。围绕“两个基地”“一个桥头堡”优化自治区能源局煤矿安全监管和能源经济运行调节能力建设职能配置。自治区农牧厅设置奶业处，调整优化自治区粮食和物资储备局内设机构设置，强化部分盟市综合检验检测机构粮食质量安全检验检测职能，助力保障全区粮食和食品安全。理顺招商引资、交流合作机制，强化驻外办事机构招商引资职能，更名设立自治区投资合作促进中心。区分公益类别为科研院所搞活体制，赋予人才引进、内设机构等方面更大自主权，调研谋划国家林业和草原种质资源库内蒙古分库建设。适应新形势新任务需要，修订完善自治区党委办公厅“三定”规定，推动党史与地方志工作机构整合，统筹优化自治区民政厅、退役军人事务厅、妇联、工商联等机关内设机构设置。

【事业单位改革试点工作持续深化】 2022年，自治区党委编办总结提炼经验做法，研究解决存在的突出问题，开展事业单位改革试点任务“回头看”，确保中央改革试点各项决策部署在全区落地见效，为全国范围推开此项工作积累可供复制借鉴的经验，全区改革经验做法在年初全国编办主任会议作典型发言。

【基层管理体制改革】 2022年11月，自治区党委编办制定《内蒙古自治区苏木乡镇（街道）职责事项指导目录》，明确苏木乡镇和街道职责定位。2022年11月，编制《旗县（市、区）部门和苏木乡镇（街道）共同承担事项责任清单指导目录》，理顺县乡职责关系。推动建立苏木乡镇和街道职责准入制度，规范基层属地管理责任，切实为基层减负。

【重点领域改革】 2022年，自治区深化综合行政执法体制改革，加大跨领域跨部门综合执法探索力度，推动执法重心下移。整合压减综合行政执法队伍编制规模，对执法队伍编制严格控制、总量只减不增。深化国防动员体制改革，全面完成自治区三级机构及职责调整工作。推动政法领域改革有关工作，统一全区监狱机构规格和职能、优化内设机构和编制配置；统筹自治区戒毒局机关机构设置，加强工作力量，统一规范区直5个戒毒所机构编制职责。完善疾病预防控制体系，摸清自治区、盟市、旗县三级卫生健康部门、疾控中心和卫生监督机构编制情况，做好自治区疾控局组建筹备工作。

【编制资源配置优化】 2022年，自治区党委编办在守住编制总量不突破的前提下，开展政法编制动态调整工作，会同自治区高级人民法院研究提出法院系统编制动态调整指标体系方案，推动解决基层院“案多人少”矛盾，推动编制资源向人均办案量大的地区和单位倾斜。动态优化调整中小学教职工编制，全区各级中小学教职工编制配备已全部达标并落实到位，实际核定教职工编制26.9万名，着力保障全区基础教育高质量发展。重点加强民生领域机构编制保障，为部分中小学、公立医院、科研院所优化机构设置、完善职能配置、统筹调配编制。统筹调整苏木乡镇和街道编制资源，打通苏木乡镇与街道行政编制调整使用壁垒，发挥基层编制使用效益。

【机构编制管理评估】 2022年，自治区党委编办落实《机构编制管理评估办法（试行）》，在全区选择15个部门（单位）、4个盟市和9个旗县区开展机构编制执行情况和使用效益评估试点工作，维护机构编制权威性和严肃性，提升编制资源使用效益。完成第二次全区机构编制核查收尾工作，推动机构编制管理科学化、规范化。完成开发区以案促改清理规范工作，选人用人方面207个问题全部按期完成整改。

【机构编制法治化建设】 2022年，自治区党委编办根据《机构编制法规制度建设实施意见》和三年行动计划安排，推动修订《内蒙古自治区事业单位机构编制管理办法》，并经自治区党委常委会议审议批准，7月30日自治区党委办公厅公布。制定出台《自治区中小学校机构编制管理办法》《自治区文物保护和考古工作机构编制标准》。修订完善《盟市机构编制事项备案办法》，制定《机构编制法规制度宣传培训工作办法》，机构编制党内法规制度建设三年计划圆满收官，切实把全区机构编制工作纳入法治轨道。落实机构编制重要事项报告制度，确保党对机构编制工作领导落实到位。落实《机构编制违规违纪违法行为处理和问责规则（试行）》，纠正条条干预问题，督促整改，让制度“长牙齿”。聚焦重点改革和管理工作，开展专项监督检查，形成专题报告和问题清单，反馈相关部门（单位）和地区督促整改，维护机构编制纪律的严肃性、权威性。

【“两优”专项行动开展】 2022年11月，全区党群部门“优化职能职责 优化工作流程”专项行动启动，截至2022年底，自治区本级43个党群部门单位梳理职权事项671项（内部管理事项），其中，取消职权事项7项、下放职权事项53项（取消下放总计60项，占比8.97%）；保留职权事项中减环节268个、减材料288件、减时限3536.5天，基本完成区直党群机关“两优”专项行动实施工作，助力全区各项工作实现规范、精简、提速，着力推动“三慢”问题解决。

【事业单位登记管理】 2022年，自治区党委编办加大事业单位法人监管力度，组织做好统一社会信用代码赋码颁证工作，完成区直38家事业单位法人“双随机、一公开”核查。开展事业单位法人电子证书试点工作，2022年9月18日，全区首批9家区直事业单位在全国率先获得“电子身份证”，标志全区事业单位登记管理迈入数字化时代。

【信息管理平台推广应用】 2022年，自治区党委编办做好“机构编制人员经费共享信息管理平台”推广应用工作，完成“实名制系统”数据深度比对，与社会保险管理系统一致率达86%，与组织部门一致率达97%，并就双方差异数据产生原因进行研究分析，为下一步提升双方数据质量奠定基础。完成《机构编制数字化建设规划》制定工作，推进“数字编办”应用平台搭建工作。以实名制管理系统为依托，开发网上审核功能，新冠疫情防控期间全面实行列编注册等事项不见面办理新模式。

（张 鑫）

外事与涉香港工作

【自治区党委外事工作委员会第四次全体会议】 2022年1月7日，自治区党委外事工作委员会第四次全体会议在呼和浩特召开。会议强调，要坚持以习近平新时代中国特色社会主义思想为指导，学习贯彻习近平外交思想，全面落实党中央对外方针政策和战略部署，落实习近平总书记和党中央为内蒙古确定的战略定位，持续扩大向北开放，深度融入共建“一带一路”，参与中蒙俄经济走廊建设，开展与毗邻地区抗击新冠疫情合作，统筹做好外防疫情输入和对外交流合作，加快提升祖国向北开放重要桥头堡建设水平，服务好国家总体外交大局和自治区经济社会发展全局。要加强党对外事工作的领导，统筹好发展和安全两件大事，贯彻落实总体国家安全。

【涉外交流活动】 2022年4月28日和5月9日，内蒙古大学和内蒙古农业大学专家以视频方式向蒙古国政党干部介绍习近平生态文明思想在自治区的成功实践、自治区减贫优秀经验做法和农牧业现代化发展。7月13日，自治区党委外事办参加第九届中国—中亚合作论坛。该论坛是中国与中亚国家间机制化交流的国家级合作平台，本届论坛由上海合作组织睦邻友好合作委员会和辽宁省人民政府主办。9月4至8日，泰驻华大使一行对自治区进行访问，其间在呼和浩特举办泰国—内蒙古商务投资推介会，考察了呼和浩特市和包头市部分企业。9月21日，自治区党委外事办代表自治区应邀参加第13届东北亚地区地方政府联合会事务委员会会议。本次会议有来自中国、日本、韩国、俄罗斯和蒙古国的55个省级地方政府代表参加。此外，举办中蒙俄智库国际论坛2022年会、“中蒙俄经济走廊建设与高科技合作发展”国际论坛、第十三届中蒙新闻论坛等活动。

【自治区政府与俄地方政府定期会晤机制第二次会议】 7月21日，自治区政府与俄罗斯后贝加尔边疆区地方政府间定期会晤机制领导人第二次会议以在线方式举办。自治区党委常委、自治区常务副主席黄志强与俄后贝加尔边疆区政府第一副主席基费尔·安·约出席会议，并就口岸、经贸、文化、旅游等领域的交流合作达成广泛共识。

【因公出国（境）和证照管理】 2022年，自治区党委外事办为保障企业复工复产等紧急必要因公出国（境）团组和“云”外事对外交往活动，推行因公出国(境)审核审批、邀请来华审核、因公证照、签证办理、APEC商务旅行卡申办等业务“综合一窗受理”，不断优化营商环境。

【边界管理】 2022年，自治区依法开展中蒙边界包头市、巴彦淖尔市、阿拉善盟段联合巡检和兴安盟林间通视道清理工作。开展《中华人民共和国陆地国界法》学习贯彻、边界政策宣传和边管干部培训。

【民间友好交往】 2022年4月22日，自治区与白俄罗斯戈梅利州以换文形式签署《中国内蒙古自治区与白俄罗斯戈梅利州建立友好地区关系协议》，这是2021—2022年举办的中国和白俄罗斯“地方合作年”活动框架下的成果之一。6月23日，自治区对外友协与山东、山西、河南、四川、山西、甘肃、青海和宁夏等省（自治区）对外友协建立沿黄九省（自治区）对外友协国际青少年交流机制。8月12日，部分区内民间社会组织线上参加中国民间组织国际交流促进会举办的国际民间社会共同落实全球发展倡议交流大会，签署《国际民间社会共同落实全球发展倡议联合宣言》。9月27日，区内有关部门线上参加中国人民对外友好协会和陕西省人民政府共同举办的中国—中亚民间友好论坛，签署《西安宣言》。向自治区的10个蒙古国友好（交流）城市（省）捐赠视频会议系统。组织在自治区外国人参加首届国际青年交流大会、“我眼中的中国——智慧生活短视频大赛”、“汉字缘”、纪念中日邦交正常化50周年中日友好交流会议和中日友城青少年线上交流等活动。

【香港回归25周年巡回展在内蒙古展出】2022年12月26—29日，“香港回归祖国25周年——砥砺奋进廿五载，携手再上新征程”巡回展在呼和浩特展出。该展是香港特别行政区政府驻北京办事处和内蒙古自治区人民政府港澳事务办公室为庆祝香港回归祖国25周年举办的主要活动之一，以时光隧道为设计概念，用文字、照片和视频讲述香港故事。

（王睿聪）

老干部工作

【概况】 2022年底，全区共有离休干部3560人，共有离退休干部基层党组织5692个，占全区基层党组织总数的6.59%。全区共有离退休干部工作机构834个，离退休干部工作人员4535名。全区12个盟市共有10个盟市单设老干部局，有2个盟市老干部局并入组织部，103个旗县（市、区）中有10个旗县区单设老干部局，有93个旗县（市、区）老干部局并入组织部。

【喜迎二十大系列主题活动】 2022年，自治区党委老干部局开展“建言二十大”和“我看中国特色社会主义新时代”专题调研，召开座谈交流会560余场次，11000余名离退休干部参与。开展“奋进新时代”群众性主题宣传教育、“永远跟党走”主题党日、“强国复兴有我”主题志愿服务、“礼赞二十大”主题展演等系列主题活动。举办“深情颂党恩 永远跟党走”全区老书画家、摄影家及老年书画、摄影爱好者献礼中共二十大作品展。

【中共二十大精神学习宣传贯彻】 2022年，自治区党委老干部局印发《关于组织广大离退休党员干部认真学习宣传贯彻中共二十大精神的通知》。采取专题宣讲、座谈交流、上门送学等方式，组织老同志学习领会中共二十大精神。组织离退休干部收看中共二十大精神网上专题报告会20余万人次。在“内蒙古离退休干部党员之家”微信公众号开辟学习专栏，定期推送学习资料，4.7万余名老同志关注学习。

【《关于加强新时代离退休干部党的建设工作的意见》学习贯彻】 2022年，自治区党委老干部局举办全区老干部局（处）长学习贯彻《关于加强新时代离退休干部党的建设工作的意见》专题培训班。该意见梳理细化为56项具体任务，建立任务台账，逐项推动落实。分别召开4个盟市和驻呼14所高校学习贯彻《意见》交流座谈会，听取意见建议，提出贯彻要求。对全区老干部工作部门学习贯彻情况进行跟踪督查，形成《以“五个更加注重”推动〈意见〉精神落地见效》的报告上报中组部老干部局。

【“两个融入”探索】 2022年，围绕推动离退休干部党建工作融入城市基层党建，自治区党委老干部局牵头组成课题组，深入盟市开展课题研究，了解基本情况，找准存在问题，提出对策建议。创新离退休干部党组织设置和活动方式，开展党组织书记培训，落实党组织书记委员工作补贴，提升离退休干部党组织的组织力。围绕推动离退休干部服务管理工作融入积极应对人口老龄化国家战略开展专题调研，细化具体任务。在伊金霍洛旗老年大学开展“时间银行”互助式志愿养老服务试点。依托各级老年大学打造老年消费教育基地建设品牌，组建老年消费教育宣讲团，编印《老年消费教育指导手册》，增强老年人依法维护消费权益的能力。

【思想政治引领】 2022年，自治区党委老干部局以书面形式向区直机关离退休干部通报自治区经济社会发展形势。协调组织省级离退休干部参加自治区重要会议和重大活动。局领导上门走访省级离退休干部，听取意见建议。通过支部学习、专题辅导、主题党日等方式，组织离退休干部学习习近平新时代中国特色社会主义思想。组织收看中组部举办的离退休干部网上专题报告会4场次，编印《离退休干部学习手册》4期、2000余册。

【“一人一策”精准服务】 2022年，自治区党委老干部局印发《关于进一步做好全区离休干部“一人一策”精准服务工作的通知》，对离休干部做到精准掌握信息、精准落实待遇、精准关怀慰藉、精准提供服务。全区各级老干部工作部门共制定精准服务措施3080条，帮助老同志解决实际问题4600余件。提高易地安置离休干部慰问金，线上慰问跨省区市易地安置离休干部29名。2022年，办理离退休干部来信、来访、来电及上级单位交办的信访件53人次，协调帮助老同志解决实际问题。对盟市和区直单位36名特殊困难离退休干部进行帮扶，发放帮扶资金18万元。

【“银发人才”信息库建设】 2022年，自治区党委老干部局主动融入“银龄行动”，启动各级离退休干部“银发人才”信息库建设，面向全区遴选不同领域的3800余名银发人才。利用老党员之家、老党员活动室等资源，建设银发人才工作站、老专家工作室，鼓励引导离退休干部在乡村振兴、生态建设、科普宣传、关心下一代等方面发挥专长和优势。

【活动阵地建设】 2022年，自治区党委老干部局加快推进内蒙古老年大学新校区维修改造工程，改善离退休干部学习活动场所条件。督促推动尚未建立老年大学的8个旗县（市、区）加快老年大学建设。年内，实现自治区、盟市、旗县（市、区）三级老年大学全覆盖目标。

【“双先”评选】 2022年，自治区党委老干部局制定全区老干部工作先进集体和先进工作者（以下简称双先）评选表彰工作方案，协调自治区党委组织部、人社厅共同成立评选表彰工作领导小组。印发《关于评选全区老干部工作先进集体和先进工作者的通知》，组织各地区各部门逐级推荐遴选。组织开展初审，提出75个先进集体和166名先进工作者拟推荐对象。

（高昌盛）

关心下一代工作

【概况】 全区各级关工委坚持“党建带动关工委建设”，打造一批立足新时代，特色突出，有知名度和影响力的新品牌，经过38年的发展，截至2022年底，形成一支特色化、专业化“五老”队伍，全区关工委组织达2万多个，“五老”达27万余人，广大“五老”发扬“忠诚敬业、关爱后代、务实创新、无私奉献”精神，助力青少年健康成长。自治区各级关工委已成为遍布城乡、活动经常、深受各族青少年欢迎、在社会各界有广泛影响的群众性工作组织。

【学习宣传贯彻中办、国办《关于加强新时代关心下一代工作委员会工作的意见》】 2022年，为贯彻落实中央办公厅、国务院办公厅《关于加强新时代关心下一代工作委员会工作的意见》（以下简称《意见》）自治区关工委把学习、宣传贯彻《意见》作为一项重大政治任务来抓，充分利用各种媒体宣传《意见》的主要精神，掀起贯彻落实《意见》的热潮。8月15日，自治区关工委在鄂尔多斯市举办全区学习贯彻中办国办《意见》，推动关工委工作高质量发展座谈会，会议交流各地区各单位贯彻落实《意见》的情况和做法，讨论自治区贯彻落实《意见》举措。全区各级关工委也通过举办培训班、专题研讨、辅导讲座等形式，准确把握《意见》的精髓要义和具体举措。组织五老报告团、宣讲团深入基层宣讲，运用主流媒体和新媒体开展宣传教育，把《意见》精神传达到广大"五老"中去。

【铸牢中华民族共同体意识】 2022年，自治区关工委落实习近平总书记重要指示，持续开展民族团结进步主题教育活动。在青少年中宣传民族区域自治制度取得的光辉成就，宣传民族团结进步先进集体和模范人物的事迹，充分发挥"草原英雄小姐妹""草原母亲——都贵玛""齐心协力建包钢"等民族团结进步的典型示范引领作用，使"三个离不开""五个认同"思想在青少年心中落地生根。9月，"齐心协力建包钢"展陈馆入选全国关心下一代党史国史教育基地，中国关工委主任顾秀莲到会为基地揭牌。"草原英雄小姐妹"龙梅、玉荣从工作岗位退下来以后一直从事着关心下一代工作。2022年，龙梅（内蒙古自治区包头市关工委"五老"报告团成员）和韩德力格尔（内蒙古通辽市科左中旗关工委常务主任）两位蒙古族"五老"被中国关工委授予全国"最美五老"光荣称号。

【青少年普法教育】 2022年是第五届"关爱明天、普法先行"青少年法治宣传教育活动的第一年，按照中国关工委统一部署，自治区关工委深入开展《中华人民共和国家庭教育促进法》《中华人民共和国未成年人保护法》宣讲活动，组织全区中小学校、幼儿园开展内蒙古青少年普法教育创新实践课题研究，开展全区青少年学生和家长网上法律知识答题活动。《中华人民共和国家庭教育促进法》首场线上宣讲活动收看家长达到10万人。举办全区"家校社同心，携手助抗疫"线上家庭教育巡讲活动。

【"中华魂"主题读书活动】 "中华魂"主题教育活动是由中国关工委主办的服务青少年健康成长开展的一项大型公益活动。2022年，自治区关工委以"强国有我"为主题开展读书活动打出"学、讲、听、看、唱、做"的组合拳，唱响"从小学党史 永远跟党走""从石库门再出发""党旗在心中高高飘扬"等时代主旋律。订阅"中华魂"读本28万册居全国前列，全区共开展读书及演讲活动180余场，参加读书活动的人数达260万人次，发放（中华魂）读本16万余册。10月，全国青少年"中华魂"（强国有我）主题教育活动总结会上，内蒙古自治区有12个单位和110名个人受到表彰。

【五老关爱下一代】 2022年，全区各级关工委通过发动"五老"募捐、动员社会力量和爱心人士捐助建立关爱基金，开展"金秋助学"等活动，使辍学失学儿童重返校园完成学业。通过开展一帮一结对子、爱心妈妈等活动，使留守儿童得到心灵抚育，感受家庭温暖。各盟市关工委动员社会力量捐资助学，为农村留守儿童和困难儿童提供关爱保护，为困难青少年提供学习和生活上的帮助，使"五老"关爱工程成为促进青少年健康成长的品牌工程。

（李　伟）

保密工作

【保密宣传】 2022年，自治区党委保密办通过保密教育实训平台轮训、依托保密宣讲师资队伍"送课上门"、网络专题辅导等多种方式培训全区各级领导干部、涉密人员、保密干部。以"弘扬保密法治思想、筑牢北疆安全屏障"为主题，开展保密宣传教育月宣教活动。组织"保密故事大家讲"主题讲述活动，《东北抗联和郭家窑的秘密往事》被国家保密局授予"保密故事新锐讲述人"奖项。做好中共二十大相关保密教育培训工作，全年累计发放《内蒙古保密》杂志，各类保密宣传手册、折页、文创产品20余万册。

【保密工作指导】 2022年，自治区党委保密办规范定密工作管理，推进国家秘密密点标注试点工作，统计报备2022年度全区定密事项。优化涉密人员管理，组织开展全区涉密人员数据核查，统计备案全区涉密岗位、涉密人员、脱密期人员情况。开展“双随机”检查工作，检查验收教育招生考试试卷保密室。举办军工保密资格审查认定人员培训班，给符合要求的参训人员颁发资格证书。采取进驻式保密检查、自查自评督查、专项保密检查等形式，实地检查机关单位保密工作。开展十一届自治区党委第一轮巡视保密工作专项检查，全面检查被巡视的自治区直属机关单位保密工作情况，及时督促被巡视机关单位整改落实。

【网络保密】 2022 年，自治区党委保密办组织开展全区计算机网络核查分类工作，准确界定涉密属性。完成相关监测平台技术验收工作，整合升级监管系统，扩大监测覆盖面。自治区国家保密局代表队获得 2022 年自治区第三届“蒙古马”杯网络安全竞赛全区机关组第一名。

【保密服务】 2022 年，自治区党委保密办开展保密服务保障工作，为自治区相关会议提供服务保障，为相关场所提供保密技术检测。开展销毁涉密载体工作，机关单位待销涉密载体应销尽销。完成党的二十大全区相关保密服务保障任务，制定实施相关保密管理方案，教育培训服务保障党的二十大筹备召开各类工作人员，专项检查重点机关单位，向党代表发放各类保密提醒手册，组织签保密承诺书。选派保密干部随内蒙古代表团赴京，全程参与保密服务保障工作，推动落实各项保密管理制度。

【制度机制建设】 2022 年，自治区党委保密办联合自治区纪委监委制定保密行政管理部门向纪检监察机关移送问题线索工作相关意见，制定实施保密检查试点工作实施方案。修订完善自治区国家秘密定密管理办法，印发涉密管理指导手册、保密资质现场审查管理制度、保密日常联系指导工作办法等，保密管理制度机制不断健全完善。

（寇尧东）

党校工作

【概况】 2022 年，内蒙古党校（行政学院）承办各类班次 31 个，累计培训 2076 人次；与党委组织部联合承办干部能力持续提升工程培训“半月谈”7 期，累计培训 52329 人次。

【干部教育培训】 2022 年，内蒙古党校（行政学院）举办坚持党的全面领导和全面从严治党理论研修班、习近平生态文明思想理论研修班、第 41 期中青年干部培训班、年轻干部党性修养培训班（第 1 期）、全区组织系统业务骨干培训班、旗县（市、区）党政班子成员政治能力提升班（第 1 期）、苏木乡镇（街道）党政政治能力提升班（第 1 期）、第 47 期盟市处级公务员进修班、习近平法治思想理论研修班、习近平经济思想理论研修班、全区党校（行政学院）系统教学管理者研讨班、全区干部教育培训入库师资班（第 1 期）、组织人事部门新任职领导干部培训班、第 42 期中青年干部培训班、女领导干部履职能力提升进修班、选调生岗前培训班——提升党性修养专题、年轻干部党性修养培训班（第 2 期）、第 48 期盟市处级公务员进修班、党的二十大精神集体备课班，共 19 个班次、培训 1114 人；举办的党委轮训班有：全区领导干部学习贯彻党的十九届六中全会精神专题研讨班，共 1 个班次、培训 130 人；举办的专题研讨班有：健康内蒙古建设专题研讨班、应急管理与突发事件处置专题研讨班、“科技兴蒙”专题研讨班、碳达峰碳中和专题研讨班、学习贯彻习近平总书记关于“三农”工作的重要论述暨全面推进乡村振兴专题研讨班、持续优化营商环境专题研讨班，共 6 个班次、培训 392 人。依托直属机关分校，举办自治区直属机关处级干部培训班 5 期、培训 440 人。

【中共二十大精神培训】 2022 年，内蒙古党校（行政学院）将习近平新时代中国特色社会主义思想和中共二十大精神作为培训的中心工作和重点内容，加强教学整体规划，推进教学供给侧改革，制定春季、秋季学期主体班教学专题申报指南，开发中共二十大精神“1+18+N”课程体系，铸牢中华民族共同体意识课程实现主体班次全覆盖，占比达 10.9%；构建“大教务”格局，践行“大学科”理念，完善备课、竞课、评课制度，推进“教员 + 学员 + 实际部门”集体备课模式，共组织集体备课 81 次；成立习近平总书记关于党校办学治校系列重要指示精神学习小组，制定样板课申报专题指南、样板课程名录库和样板课打造工作方案，启动样板课打造工作；《中国共产党党内法规制度建设的发展历程和重要经验》《绿水青山变成金山银山的生态补偿机制探索——以内蒙古林业碳汇试点为例》2门课程获评2021年度全国干部教育培训好课程；《全面贯彻新发展理念，扎实推动高质量发展》《保护好内蒙古生态环境，筑牢祖国北方生态安全屏障》《牢牢掌握意识形态工作领导权》《坚持和完善中国特色社会主义社会治理之路》《学习习近平总书记关于宗教工作重要论述，全面提升新形势下宗教工作水平》《学习贯彻习近平法治思想》《坚定文化自信，建设文化强国》《中华优秀传统文化的当代价值》《做大做强数字经济，培育壮大经济发展新动能》《百年大党 风华正茂》《深入学习习近平总书记关于民族工作重要论述，不断铸牢中华民族共同体意识》11门课程获评2021年度全区干部教育培训好课程；18名教师获评2021年度全区干部教育培训好师资。

【科研工作】 2022年，内蒙古党校（行政学院）全年立项国家级课题2项、省部级以上课题17项；组织设立十九届六中全会专项课题8项、自治区第十一次党代会精神专项课题5项，招标立项37项校级课题。出版专著4部，累计在《学习时报》《内蒙古日报》《实践》等区内外党报党刊发表理论文章88篇，8篇理论文章在“全区学习宣传贯彻党的二十大精神理论研讨会”获奖。举办理论研讨会、学术报告会21场。其中，围绕贯彻全国“两会”精神，举办学术报告会2场，依托基地、研究所举办系列（5场）专题研讨会；围绕学习贯彻中共二十大精神，先后举办学术报告会3场，组织全区性、全校性理论研讨会2次，收到理论文章近百篇；围绕“五个牢牢把握”跨学科跨部门开展系列专题研讨会。完成铸牢中华民族共同体意识、绿色发展、乡村振兴3个教学科研调研基地的挂牌启动。制定印发《内蒙古党校（行政学院）智库领导小组工作规则》《内蒙古党校（行政学院）学术活动管理办法》《内蒙古党校（行政学院）科研成果考核认定量化及津贴办法实施细则》《内蒙古党校（行政学院）关于加强科研诚信建设与管理的规定》《内蒙古党校（行政学院）科研项目经费管理办法》等8项科研管理工作制度。教授孙杰的论文《百年大党治理祖国北疆的基本经验与启示》获得全国党校（行政学院）第十四届优秀科研成果奖二等奖；教授李路彬的著作《知识与社会的交互建构——知识社会学的解释传统探析》获得全国党校（行政学院）第十四届优秀科研成果奖三等奖；教授安静赜与副教授王晓明的咨政报告《疫情之下我区企业面临的困难及有序有效推动企业复工复产的建议》获得全国党校（行政学院）第十四届优秀决策咨询成果奖三等奖。

【决策咨询】 2022年，内蒙古党校（行政学院）全年有31篇决策咨询报告获批采用，其中1篇获得国家领导人批示，20篇获得省部级以上领导批示：《铸牢中华民族共同体意识宣传教育存在的问题及建议》获政协第十三届全国委员会副主席兼秘书长、党组成员、机关党组书记，中国宋庆龄基金会主席，中共第十七届、第十八届、第十九届中央委员李斌签批；《提升我区县域领导干部招商引资能力的对策建议》，获自治区党委副书记杨伟东批转；《关于提高年轻干部改革攻坚能力的对策建议》获自治区党委常委、组织部部长李玉刚批示；《促进各民族交往交流交融推进中华民族共同体建设的几点建议》，获自治区党委常委、统战部部长胡达古拉肯定性批示；《关于完善重点项目“帮办代办”工作的几点建议》获自治区党委常委、自治区常务副主席黄志强批转；《关于“双碳”目标下推动我区数据中心节能降碳的对策建议》，获自治区党委常委、自治区政府常务副主席黄志强批示；《关于推进呼和浩特市全域统建智慧社区的对策建议》，分别获呼和浩特市委书记包钢批转和自治区政协副主席张华批示；《加快推进我区数字产业化发展的几点建议》，获自治区人大常委会常务副主任林少春批示；《提升内蒙古农牧民工社会保障水平的对策建议》，获自治区副主席奇巴图批示；《关于提高我区产业链稳定性和竞争力的建议》，获自治区副主席张韶春批转；《关于“以教促产以产养教”推进我区高校职校学科改革的四点建议》，获现自治区副主席包献华批转；《新冠疫情背景下完善高校毕业生就业服务》，获自治区政协副主席、党组副书记罗志虎批示；《以优质牧草产业高质量发展持续推进奶业振兴》，获自治区政协副主席员马学军批示；《关于加快完善我区企业科技人才激励机制的建议》，获自治区政协副主席欧阳晓晖批示；《关于尽快调整苏木乡镇权力清单确保基层社会治理不断档不缺位建议》《完善农牧区养老体系制度提升农牧区养老保障水平》

《促进我区就业形态健康发展的对策建议》，获自治区政协副主席魏国楠批示；《县域领导干部招商引资能力提升研究》《推动内蒙古县域招商引资工作提质增效的对策建议》获内蒙古自治区政协副主席、自治区工商业联合会主席安润生批示。

【学员管理】 2022 年，内蒙古党校（行政学院）实施各班次学员精细化管理，注重发挥学员党支部重要作用，提升学员党员的党性修养和自我管理能力。优化调整在职研究生教学点和专业布局，新增兴安盟委党校教学点，为通辽教学点增加法律专业，形成 9 个教学点、19 个教学班新格局，2022 年录取在职研究生 1409 人。修订完善在职研究生管理制度汇编，加强学员考勤，严把毕业论文出口关，优化学历学籍查询流程。

【业务指导】 2022 年，内蒙古党校（行政学院）制定印发《内蒙古党校（行政学院）"十四五"发展规划》，推动全区党校系统办学治校水平整体提升；优化盟市委党校工作绩效考核评价指标体系，印发《内蒙古党校（行政学院）关于印发 2022 年盟市党委绩效考核党校工作指标的通知》，试点开展盟市党校办学质量评估工作；举办全区党校系统第十届科研评奖活动，确定重点调研总课题 7 项，招标立项子课题 119 项；组织全区党校系统教职工、学员参加中央党校学习贯彻党的二十大精神师资培训班。

【直属机关分校揭牌】 2022 年 6 月 16 日上午，内蒙古党校（行政学院）、自治区直属机关工委联合举行中共内蒙古自治区委员会党校直属机关分校揭牌仪式。内蒙古党校（行政学院）副校（院）长马桂英，自治区直属机关工委一级巡视员王君等出席仪式。

（刘轶群）

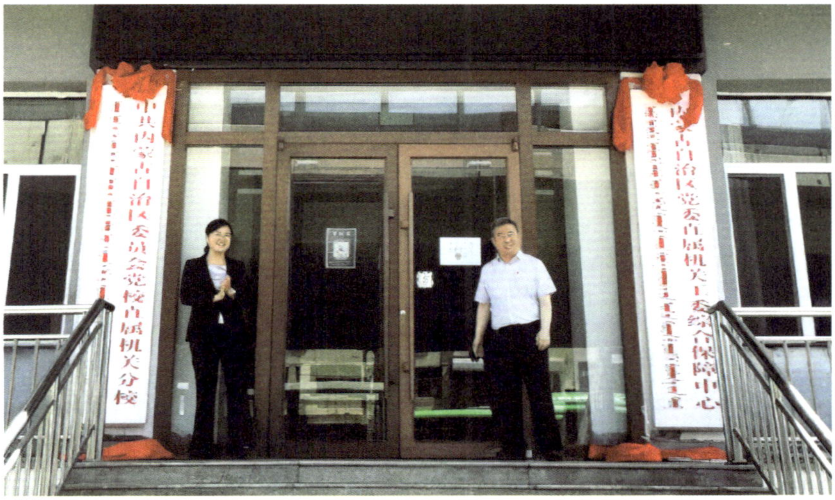

图11　2022年6月16日上午，内蒙古党校（行政学院）分校揭牌仪式

（内蒙古党校　供图）

内蒙古自治区人民代表大会

综　述

【人大代表变动】 2022年1月1日至2023年1月8日，内蒙古自治区第十三届人民代表大会代表中，7人调离自治区，15人辞去代表职务；另补选自治区第十三届人民代表大会代表19名。至2023年1月8日，内蒙古自治区第十三届人民代表大会实有代表527名。

【组织机构调整】 2022年，自治区为加强社会建设委员会办事机构工作，增设社会建设业务二处，将社会建设处更名为社会建设业务一处。社会建设业务一处负责社会管理、民政事务、体育、安全生产等方面的立法、监督、代表、议案办理等工作。社会建设业务二处负责劳动就业、社会保障、群团工作以及老年人、妇女、儿童、青少年权益保护等方面的立法、监督、代表、议案办理等工作。为加强自治区人大立法研究支撑保障，设立正处级公益一类事业单位内蒙古自治区地方立法研究中心，协助开展地方立法理论研究、立法调研、规范性文件备案审查和地方立法评估、地方性法规报备等工作。

【依法履行法定职责】 2022年，自治区人民代表大会及其常委会紧紧围绕习近平总书记交给内蒙古的五大任务，坚持围绕党和国家工作大局、自治区经济社会发展所需谋划和推进的工作，以法治方式保障习近平总书记对内蒙古的重要指示精神得到全面贯彻落实。积极发展全过程人民民主，依法履行法定职权，完成各项工作任务。制定《关于在人大工作中发展全过程人民民主的意见》，用制度保障全过程人民民主融入人大工作各方面、全过程。全年召开人民代表大会会议1次、常委会会议7次，就重大事项向自治区党委请示报告70件次，确保自治区党委贯彻落实党中央大政方针的决策部署得到全面贯彻和有效执行。全年制定、修改、废止地方性法规43件，审查批准设区的市和自治旗地方性法规、单行条例60件，按照自治区党委工作要求提前启动、着手实施十四届常委会五年（2023—2027）立法规划和2023年立法计划编制准备工作，确保党的领导贯穿人大工作各方面全过程。开展监督工作49项，作出决议决定10项，任免国家机关工作人员382人（次）。其中，任免政府组成部门负责人11人（决定任命自治区副主席2人），任免自治区人大常委会机关、人大盟工委工作人员153人，任免自治区监委工作人员6人，任免法检两院司法人员212人。加强对代表议案建议的办理、督办，自治区十三届人大六次会议以来代表提出的16件议案、515件建议全部办理完毕并答复代表，其中得到解决或列入计划逐步解决建议共468件，占建议总数的90.9%。

【自治区人大常委会及机关建设】 2022年，自治区人大代表大会常委会党组把坚持党中央集中统一领导作为最高政治原则，全面贯彻习近平新时代中国特色社会主义思想，深刻领悟“两个确立”的决定性意义，增强“四个意识”、坚定“四个自信”、做到“两个维护”，不断提高政治判断力、政治领悟力、政治执行力，自觉在思想上政治上行动上同以习近平同志为核心的党中央保持高度一致。始终坚持跟进学习习近平总书记重要讲话重要指示批示精神，将其作为党组会议“第一议题”，及时传达学习中共二十大精神，全年召开常委会党组会议28次，党组理论学习中心组研讨交流13次。全面对标中共二十大提出的重大战略、重大举措，深入贯彻落实自治区党委十一届四次、五次全会精神，研究提出五年立法规划和2023年立法计划、常委会工作要点，重点围绕“五大任务”、全方位建设“模范自治区”出台促进条例、开展监督工作，依法服务保障自治区改革发展大局。制定《中共内蒙古自治区人大常委会机关党组关于认真学习宣传贯彻党的二十大精神的意见》《自治区人大常委会机关贯彻落实〈关于推动党史学习教育常态化长效化的实施方案〉的意见》，安排部署学习宣传贯彻工作。认真贯彻党中央、自治区党委人大工作会议精神，按照《重点任务分工方案》的要求，及时跟进制定任务清单，逐项对标对账，抓重点、补短板、强弱项。围绕铸牢中华民族共同体意识，将大力传承弘扬中华优秀传统文化、推进中华民族共有精神家园建设专题调研确定为年度重点工作，常委会各位副主任分别带队赴盟市开展调研、全面了解情况、广泛听取意见，形成了调研报告，重点围绕坚持用中华优秀传统文化浸润民族团结、从更深层次铸牢中华民族共同体意识等方面提出问题清单，不断提高民族事务治理的法治化水平。制定《内蒙古自治区人大常委会机关廉政风险点及防控措施》，重新梳理确定2022年度机关廉政潜在风险点，科学确定风险等级，细化防控举措。制定《在人大新闻宣传报道工作中贯彻落实中央八项规定精神的办法》，严格落实省级领导同志宣传报道规定。加强对人大调查研究工作的统筹，严格控制调研人数，防止调研扎堆，轻车简从，切实为基层减轻负担；注重调研成效，努力形成有价值、有分量的调研报告，推动解决实际问题。结合“优化职能职责、优化工作流程”专项行动，对照“三多、三少、三慢”问题，对机关各部门优化职能职责、优化工作流程进行梳理和改进，开展机关专项行动，梳理认定机关九个部门共38条优化工作流程建议。

重要会议

【自治区第十三届人民代表大会第六次会议】 2022年1月21—24日在呼和浩特召开。会议通过了内蒙古自治区第十三届人民代表大会第六次会议关于政府工作报告的决议、关于自治区2021年国民经济和社会发展计划执行情况与2022年国民经济和社会发展计划的决议、关于自治区2021年预算执行情况和2022年预算的决议、自治区人民代表大会议事规则(修订)、关于自治区人大常委会工作报告的决议、关于自治区高级人民法院工作报告的决议、关于自治区人民检察院工作报告的决议。会议补选林少春、段志强为自治区十三届人大常委会副主任，刘爽为自治区监察委员会主任，王芳、牛俊雁、史万钧、冯玉臻、刘永志、李建伟、张慧宇、阿拉坦仓、罗虎在、郑锦春、姜华为自治区十三届人大常委会委员。会议通过了《内蒙古自治区第十三届人民代表大会法制委员会主任委员名单》，冯玉臻任自治区第十三届人民代表大会法制委员会主任委员；通过了《内蒙古自治区第十三届人民代表大会财政经济委员会主任委员名单》，牛俊雁任自治区第十三届人民代表大会财政经济委员会主任委员。会议期间，代表团或者代表10人以上联名共提出议案21件，其中16件议案确认为大会议案。共收到代表建议515件。

【内蒙古代表团参加十三届全国人大五次会议】 2022年3月5—11日，十三届全国人大五次会议在北京举行，内蒙古代表团57名代表出席会议。会议期间，习近平总书记到内蒙古代表团参加审议并发表重要讲话。代表们聚焦党和国家工作大局，聚焦人民群众关心关切，认真审议政府工作报告等各项报告，认真审议地方各级人民代表大会和地方各级人民政府组织法修正案，关于第十四届全国人民代表大会代表名额和选举问题的决定，关于香港特别行政区、澳门特别行政区选举第十四届全国人民代表大会代表的办法。会议期间代表们提出建议114件。代表们严格贯彻中央八项规定及其实施细则精神，严格执行改进会风会纪具体措施和疫情防控闭环管理总体方案等各项会议纪律，未发现和收到有关违反纪律的情况和反映。会议期间，中央和自治区媒体聚焦宣传习近平总书记参加内蒙古代表团审议时的重要讲话精神，及时报道会议各项议程。

截至2022年3月9日16时，全网关于全国两会涉内蒙古代表团相关信息共产生111651篇（次），相关内容传播量超过15.19亿次，自治区主要媒体关于两会报道5次得到中宣部点名表扬。

【自治区第十三届人民代表大会常务委员会会议】 2022年，自治区第十三届人民代表大会常务委员会共召开会议7次。

自治区十三届人大常委会第三十三次会议。1月7日在呼和浩特召开。自治区党委书记、人大常委会主任石泰峰主持会议。会议通过自治区人大常委会关于提请审议《内蒙古自治区人民代表大会议事规则（修订草案）》的议案，决定将议案提请自治区十三届人大六次会议审议。会议作出关于修改《内蒙古自治区人口与计划生育条例》的决定；批准《包头市供热条例》《包头市养犬管理条例》《通辽市农用地膜污染防治条例》《巴彦淖尔市阴山岩画保护条例》；原则通过自治区人大常委会工作报告（稿）、自治区人大常委会2022年工作要点（稿）。会议通过自治区十三届人大六次会议议程（草案）、日程（草案）、主席团和秘书长名单（草案）、主席团常务主席名单（草案）、执行主席分组名单（草案）、副秘书长名单（草案）、列席人员名单（草案）、关于代表提出议案截止时间的决定（草案）、表决议案办法（草案）；通过自治区人大常委会关于批准2021年自治区本级预算调整方案的决议。会议接受胡达古拉同志辞去自治区十三届人大常委会委员职务的请求，通过自治区十三届人大常委会代表资格审查委员会关于个别代表的代表资格的报告。

自治区十三届人大常委会第三十四次会议。3月28至29日在呼和浩特召开。自治区党委书记、人大常委会主任石泰峰主持会议。会议通过《内蒙古自治区标准化条例》《内蒙古自治区燃气管理条例（修订）》；批准《赤峰市城镇供热条例》《鄂尔多斯市电梯安全管理条例》《鄂温克族自治旗人民代表大会关于废止〈鄂温克族自治旗草原管理条例〉〈鄂温克族自治旗土地管理条例〉〈鄂温克族自治旗动物防疫管理条例〉〈鄂温克族自治旗民族教育条例〉的决定》《鄂伦春自治旗人民代表大会关于废止〈鄂伦春自治旗民族教育条例〉〈鄂伦春自治旗城市市容和环境卫生管理条例〉〈鄂伦春自治旗农药管理条例〉的决定》《莫力达瓦达斡尔族自治旗人民代表大会关于废止〈莫力达瓦达斡尔族自治旗民族教育条例〉的决定》。会议审议《内蒙古自治区人工影响天气管理条例（草案）》；听取和审议自治区人民政府关于自治区本级预算执行和其他财政收支2021年度审计查出问题整改情况的报告，进行满意度测评并召开联组会议进行专题询问，自治区党委常委、自治区政府常务副主席黄志强到会作表态发言；审议自治区人民政府关于2021年度法治政府建设情况的报告、自治区人大常委会法制工作委员会关于2021年备案审查工作情况的报告。会议通过自治区十三届人大常委会代表资格审查委员会关于个别代表的代表资格的报告。会议共任免国家机关工作人员178人，其中，任免自治区人大常委会机关、人大盟工委工作人员98人，任免自治区监察委员会工作人员5人，任免法院、检察院司法人员75人。

自治区十三届人大常委会第三十五次会议。5月23至26日在呼和浩特召开。自治区党委书记、人大常委会主任石泰峰主持会议。会议通过《内蒙古自治区人工影响天气管理条例》；作出自治区人大常委会关于修改《内蒙古自治区公证条例》等3件地方性法规的决定、关于修改《内蒙古自治区特种设备安全监察条例》等3件地方性法规的决定、关于修改《内蒙古自治区人民代表大会常务委员会任免工作办法》的决定、关于废止《内蒙古自治区各级人民代表大会常务委员会信访条例》的决定；批准《呼和浩特市人民代表大会常务委员会关于废止〈呼和浩特市户外广告管理条例〉等2件地方性法规的决定》《包头市人民代表大会议事规则》《乌海市住宅物业管理条例》《乌海市矿区环境综合治理条例》《莫力达瓦达斡尔族自治旗人民代表大会关于修改〈莫力达瓦达斡尔族自治旗达斡尔民族民间传统文化保护条例〉等4部单行条例的决定》。会议作出自治区人大常委会关于加强司法监督工作的决定；批准2022年自治区本级预算调整方案。会议审议《内蒙古自治区重要经济目标防护管理条例（草案）》《内蒙古自治区禁毒条例（草案）》《内蒙古自治区巴丹吉林沙漠沙山湖泊群保护条例（草案）》；听取和审议自治区人大常委会执法检查组关于检查《中华人民共和国安全生产法》《内蒙古自治区安全生产条例》实施情况的报告，自治区人民政府关于促进自治区数字经济发展情况的报告、关于全区农村信用社改革发展情况的报告、关于《中华人民共和国畜牧法》执法检查发现问题整改落实情况的报告、关于2021年度环境状况和环境保护目标完成情况的报告，自治区高级人民法院关于金融审判工作情况的报告，自治区高级人民法院、自治区人民检察院和自治区公安厅、司法厅在全区政法队伍教育整顿中存在的顽瘴痼疾整改落实情况的报告；审议自治区人民政府落实自治区人大常委会关于《中华人民共和国行政处罚法》《中华人民共和国行政许可法》《中华人民共和国行政强制法》执法检查报告和问题清单整改情况的报告（书面）。会议通过自治区十三届人大六次会议主席团交付的第1号至第16号议案办理情况的报告。会议共任免国家机关工作人员36人，其中，任免法院、检察院司法人员36人。

自治区十三届人大常委会第三十六次会议。7月25至28日在呼和浩特召开。自治区人大常委会常务副主任林少春主持会议。会议通过《内蒙古自治区重要经济目标防护管理条例》《内蒙古自治区禁毒条例》；通过自治区人大常委会关于修改《内蒙古自治区法制宣传教育条例》等3件地方性法规的决定、关于修改《内蒙古自治区公路条例》等3件地方性法规的决定；批准《呼和浩特市禁牧休牧条例》《呼和浩特市人民代表大会常务委员会关于修改〈呼和浩特市节约用水管理条例〉的决定》《呼和浩特市人民代表大会常务委员会关于修改〈呼和浩特市城市绿化条例〉的决定》《包头市人民代表大会常务委员会关于废止部分地方性法规的决定》《呼伦贝尔市人民代表大会常务委员会关于修改〈呼伦贝尔市市容和环境卫生管理条例〉的决定》。会议通过自治区人大常委会关于自治区第十四届人民代表大会代表名额和选举问题的决定、关于重新确定设区的市人民代表大会常务委员会组成人员名额的决定；通过关于批准2021年自治区本级财政决算的决议。会议审议《内蒙古自治区志愿服务条例（草案）》《内蒙古自治区河湖管理条例（草案）》《内蒙古自治区固体废物污染环境防治条例（草案）》《内蒙古自治区革命文物保护条例（草案）》《内蒙古自治区城镇供热条例（修订草案）》《鄂尔多斯市黄河河道管理条例》；听取和审议自治区人大常委会执法检查组关于检查《中华人民共和国环境保护法》实施情况的报告、自治区人大常委会关于大力传承弘扬中华优秀传统文化推进中华民族共有精神家园建设的调研报告，自治区人民政府关于大力传承弘扬中华优秀传统文化推进中华民族共有精神家园建设情况的报告、关于基层治理中网络化建设和网格员管理情况的报告、关于2021年度自治区本级预算执行和其他财政收支的审计工作报告、关于2021年自治区本级财政决算的报告；听取和审议自治区人民政府关于打击治理电信网络诈骗违法犯罪工作情况的报告并召开联组会议进行专题询问，自治区政府党组成员、自治区公安厅党委书记郑光照到会作表态发言；审议自治区人民政府关于2022年国民经济和社会发展计划上半年执行情况的报告、关于2022年上半年预算执行情况的报告；听取自治区人民政府关于2022年上半年全区经济形势的报告。会议通过自治区十三届人大常委会代表资格审查委员会关于个别代表的代表资格的报告。会议共任免国家机关工作人员35人，其中，任免政府组成部门负责人3人（决定任命自治区副主席1人），任免自治区监察委员会工作人员1人，任免法院、检察院司法人员31人。因工作调整本人提出辞呈，按照相关法律规定，会议接受石泰峰同志辞去自治区人大常委会主任职务的请求，接受衡晓帆同志辞去自治区副主席职务的请求。因工作调整，会议决定免去衡晓帆的自治区公安厅厅长职务，决定任命郑光照为自治区副主席、公安厅厅长。会议期间，自治区人大常委会常务副主任林少春与列席会议的11位自治区人大代表进行了座谈交流。代表以“践行全过程人民民主，更好发挥代表作用”为主题，结合各自履职经历交流了履职体会，提出了意见建议。

自治区十三届人大常委会第三十七次会议。9月26至28日在呼和浩特召开。自治区人大常委会常务副主任林少春主持会议。会议通过《内蒙古自治区志愿服务条例》《内蒙古自治区固体废物污染环境防治条例》《内蒙古自治区城镇供热条例（修订）》；通过自治区人大常委会关于修改《内蒙古自治区消防条例》的决定、关于修改《内蒙古自治区动物防疫条例》《内蒙古自治区实施〈中华人民共和国农村土地承包法〉办法》《内蒙古自治区实施〈中华人民共和国水法〉办法》《内蒙古自治区规章设定罚款限额规定》4件地方性法规的决定、关于废止《内蒙古自治区人民代表大会常务委员会经济工作监督办法》的决定；批准《呼和浩特市社会治理促进条例》《呼和浩特市人民代表大会常务委员会关于修改〈呼和浩特市人民代表大会常务委员会工作条例〉的决定》《通辽市极端天气应对条例》《赤峰市文明行为促进条例》《赤峰市人民代表大会常务委员会关于修改〈赤峰市禁牧休牧和草畜平衡条例〉等4件地方性法规的决定》《乌兰察布市人民代表大会常务委员会关于修改〈乌兰察布市岱海黄旗海保护条例〉的决定》《乌兰察布市人民代表大会常务委员会关于修改〈乌兰察布市物业管理条例〉的决定》。会议通过《内蒙古自治区人民代表大会常务委员会关于深入推进农村牧区改厕工作的决定》《自治区人大常委会关于批准2022年自治区本级预算调整方案的决议》《内蒙古自治区第十三届人民代表大会常务委员会代表资格审查委员会关于个别代表的代表资格的报告》。会议审议《内蒙古自治区数字经济促进条例（草案）》《内蒙古自治区家庭教育促进条例（草案）》《内蒙古自治区档案条例（修订草案）》《内蒙古自治区实施〈中华人民共和国土地管理法〉办法（修订草案）》；听取和审议自治区人民政府关于大起底行动推进情况的报告、关于推进碳达峰碳中和情况的报告、关于2020年以来新增专项债券发行使用情况的报告、关于进一步减轻义务教育阶段学生作业负担和校外培训负担有关情况的报告、关于“一湖两海”和察汗淖尔生态环境综合治理情况的报告、落实自治区人大常委会关于全面深入持久开展民族团结进步创建工作 铸牢中华民族共同体意识报告审议意见情况的报告，自治区人民检察院关于全区检察机关办理控告申诉案件工作情况的报告。会议共任免国家机关工作人员53人，其中，任免政府组成部门负责人7人，任免自治区人大常委会机关、人大盟工委工作人员10人，任免法院、检察院司法人员36人。

自治区十三届人大常委会第三十八次会议。11月21—23日在呼和浩特召开。自治区人大常委会常务副主任林少春主持会议。会议传达学习贯彻了党的二十大精神，林少春作辅导报告。会议通过《内蒙古自治区革命文物保护利用条例》《内蒙古自治区煤炭管理条例》《内蒙古自治区河湖保护和管理条例》《内蒙古自治区档案条例（修订）》；通过自治区人大常委会关于修改《内蒙古自治区安全生产条例》的决定、关于修改《内蒙古自治区科学技术协会条例》的决定、关于修改《内蒙古自治区电力设施保护条例》等3件地方性法规的决定；批准《呼和浩特市长城保护条例》《包头市物业管理条例》《包头市人民代表大会常务委员会关于修改〈包头市五当召保护管理条例〉的决定》《包头市人民代表大会常务委员会关于废止〈包头市社会治安综合治理条例〉〈包头市预算审查监督条例〉的决定》《鄂尔多斯市不可移动文物保护条例》《鄂尔多斯市黄河河道管理条例》《巴彦淖尔市城市养犬管理条例》；批准了关于加强经济工作监督的决定等。会议听取和审议自治区人民政府关于“兜底线、保基本、加强社会救助”工作情况的报告；审议自治区人民政府关于人民调解工作情况的报告、关于优化生育政策促进人口长期均衡发展情况的报告、关于国有资产管理情况的综合报告、关于2022年节能工作情况的报告、落实自治区人大常委会关于科技进步“一法一条例”执法检查报告和问题清单整改情况的报告。会议共任免国家机关工作人员31人，其中，任免自治区人大常委会机关、人大盟工委工作人员14人，任免法院、检察院司法人员17人。会议任命郭欣为自治区人大常委会副秘书长、人事代表选举工作委员会主任。会议举行学习贯彻中共二十大精神宣讲会。

自治区十三届人大常委会第三十九次会议。12月26—27日在呼和浩特召开。自治区人大常委会常务副主任林少春主持会议。会议通过了《内蒙古自治区家庭教育促进条例》《内蒙古自治区实施〈中华人民共和国土地管理法〉办法（修订）》《内蒙古自治区人民代表大会常务委员会关于废止〈内蒙古自治区商品交易市场管理条例〉等2件地方性法规的决定》。会议批准《呼和浩特市接诉即办工作条例》《呼和浩特市电动自行车消防安全管理条例》《包头市人民代表大会常务委员会关于修改〈包头市地名管理条例〉等4件地方性法规的决定》《呼伦贝尔市乡村人居环境建设管理条例》《通辽市沙化土地治理条例》。会议审议《内蒙古自治区数字经济促进条例（草案修改稿）》、自治区人民政府办公厅关于自治区十三届人大六次会议代表建议、批评和意见办理情况的报告；会议听取审议自治区人大常委会执法检查组关于检查《中华人民共和国乡村振兴促进法》实施情况的报告、自治区人民政府关于国家重要农畜产品生产基地建设情况的报告、自治区人大常委会人事代表选举工作委员会关于自治区十三届人大六次会议代表建议、批评和意见办理情况的报告。会议共任免国家机关工作人员49人，其中，决定任免自治区副主席1人，任免自治区人大常委会机关、人大盟工委工作人员31人，任免法院、检察院司法人员17人。会议决定任命么永波为自治区副主席。

人大立法

参见《法治·人大立法》

重大事项决定

【关于批准2021年自治区本级预算调整方案的决议】 2022年1月7日，自治区第十三届人民代表大会常务委员会第三十三次会议审议《关于2021年自治区本级预算调整方案（草案）的报告》，审查自治区人民政府提出的2021年自治区本级预算调整方案（草案）。会议同意自治区人民代表大会财政经济委员会提出的审查结果报告，决定批准2021年自治区本级预算调整方案。

【关于加强司法监督工作的决定】 2022年5月26日，自治区第十三届人民代表大会常务委员会第三十五次会议根据《中华人民共和国地方各级人民代表大会和地方各级人民政府组织法》《中华人民共和国各级人民代表大会常务委员会监督法》等有关法律法规的规定，结合自治区实际，作出关于加强司法监督工作的决定，明确常委会监督司法机关履行职责的几种情形、开展司法监督工作的方式以及司法机关应当向常委会报告的重大事项等内容。

【关于自治区第十四届人民代表大会代表名额和选举问题的决定】 2022年7月28日，自治区第十三届人民代表大会常务委员会第三十六次会议根据《中华人民共和国宪法》《中华人民共和国全国人民代表大会和地方各级人民代表大会选举法》的有关规定和全国人大常委会办公厅《关于新一届省、自治区、直辖市人民代表大会代表名额问题的通知》，作出了关于自治区第十四届人民代表大会代表名额和选举问题的决定。

【关于重新确定设区的市人民代表大会常务委员会组成人员名额的决定】 2022年7月28日，内蒙古自治区第十三届人民代表大会常务委员会第三十六次会议根据《中华人民共和国地方各级人民代表大会和地方各级人民政府组织法》《全国人民代表大会关于修改〈中华人民共和国地方各级人民代表大会和地方各级人民政府组织法〉的决定》的规定，结合自治区实际，作出了关于重新确定设区的市人民代表大会常务委员会组成人员名额的决定。

【关于批准2021年自治区本级财政决算的决议】 2022年7月28日，自治区第十三届人民代表大会常务委员会第三十六次会议听取了《关于2021年自治区本级财政决算的报告》《关于2021年度自治区本级预算执行和其他财政收支的审计工作报告》。会议结合审议审计工作报告，对2021年自治区本级财政决算草案和报告进行了审查。会议同意自治区人民代表大会财政经济委员会提出的审查结果报告，决定批准2021年自治区本级财政决算。

【关于批准2022年自治区本级预算调整方案的决议】 2022年9月28日，自治区第十三届人民代表大会常务委员会第三十七次会议审议《关于2022年自治区本级预算调整方案（草案）的报告》，审查自治区人民政府提出的2022年自治区本级预算调整方案（草案）。会议同意自治区人民代表大会财政经济委员会提出的审查结果报告，决定批准2022年自治区本级预算调整方案。

【关于深入推进农村牧区改厕工作的决定】 2022年9月28日，自治区第十三届人民代表大会常务委员会第三十七次会议根据有关法律法规和国家政策，结合自治区实际，作出关于深入推进农村牧区改厕工作的决定。

【关于召开内蒙古自治区第十四届人民代表大会第一次会议的决定】 2022 年 11 月 21 日，自治区第十三届人民代表大会常务委员会第三十八次会议审议并表决通过《内蒙古自治区人民代表大会常务委员会关于召开内蒙古自治区第十四届人民代表大会第一次会议的决定》。

【关于加强经济工作监督的决定】 2022 年 11 月 21 日，为更好地履行宪法和法律赋予的职责，贯彻落实好党中央决策部署和自治区党委工作要求，切实加强对经济工作的监督，进一步增强监督实效，自治区第十三届人民代表大会常务委员会第三十八次会议参照全国人大常委会关于加强经济工作监督的决定，结合自治区实际，作出了关于加强经济工作监督的决定。

人大监督

【法律监督】 2022 年，自治区人大常委会共检查 4 部法律法规的实施情况，检查《中华人民共和国安全生产法》《内蒙古自治区安全生产条例》实施情况、检查《中华人民共和国环境保护法》实施情况、检查《中华人民共和国乡村振兴促进法》实施情况。

开展跟踪监督 4 项。分别为自治区政府落实自治区人大常委会关于《中华人民共和国行政处罚法》《中华人民共和国行政许可法》《中华人民共和国行政强制法》执法检查报告和问题清单整改情况的报告（书面）、自治区人民政府关于《中华人民共和国畜牧法》执法检查发现问题整改落实情况的报告、自治区人民政府落实自治区人大常委会关于全面深入持久开展民族团结进步创建工作铸牢中华民族共同体意识报告审议意见情况的报告、自治区人民政府落实人大关于科技进步“一法一条例”执法检查报告和问题清单整改情况的报告（书面）。

听取和审议自治区人民政府、自治区高级人民法院、自治区人民检察院专项工作报告 32 项（含书面），分别为自治区高级人民法院关于在全区法院系统政法队伍教育整顿顽瘴痼疾整改落实情况的报告、自治区人民检察院关于在全区检察机关政法队伍教育整顿顽瘴痼疾整改落实情况的报告、自治区公安厅关于在全区公安机关政法队伍教育整顿顽瘴痼疾整改落实情况的报告、自治区司法厅关于在全区司法行政系统政法队伍教育整顿顽瘴痼疾整改落实情况的报告、自治区人民政府关于促进数字经济发展情况的报告、自治区人民政府关于全区农村信用社改革发展情况的报告、自治区人民政府关于大力传承弘扬中华优秀传统文化、推进中华民族共有精神家园建设的报告，同步听取人大调研报告、自治区人民政府关于打击治理电信网络诈骗违法犯罪工作情况的报告、自治区人民政府关于基层治理中网格化建设和网格员管理情况的报告、自治区人民政府关于五个方面大起底工作推进情况的报告、自治区人民政府关于推进碳达峰碳中和情况的报告、自治区人民政府关于国家重要农畜产品生产基地建设情况的报告、自治区人民政府关于 2020 年以来新增专项债券发行使用情况的报告、自治区人民政府关于进一步减轻义务教育阶段学生作业负担和校外培训负担相关情况的报告、自治区人民政府关于“一湖两海”及察汗淖尔生态环境综合治理情况的报告、自治区人民政府关于“兜底线、保基本、加强社会救助”工作情况的报告、自治区人民政府关于自治区本级预算执行情况和其他财政收支 2021 年度审计查出问题整改情况的报告、自治区人民政府关于 2021 年度环境状况和环境保护目标完成情况的报告、自治区人民政府关于 2021 年度自治区本级财政决算的报告、自治区人民政府关于 2021 年度自治区本级预算执行和其他财政收支的审计工作报告、自治区人民政府关于 2022 年上半年全区经济形势的报告、自治区高级人民法院关于全区法院金融审判工作情况的报告、自治区人民检察院关于全区检察机关办理控告申诉案件工作情况的报告、自治区人民政府关于人民调解工作情况的报告（书面）、自治区人民政府关于优化生育政策促进人口长期均衡发展情况的报告（书面）、自治区人民政府关于 2021 年度法治政府建设情况的报告（书面）、自治区人民政府关于 2022 年度自治区本级预算调整方案（草案）的报告（书面）、自治区人民政府关于 2022 年国民经济和社会发展计划上半年执行情况的报告（书面）、自治区人民政府关于2022年上半年预算执行情况的报告（书面）、自治区人民政府关于2022年自治区本级预算调整方案（草案）的报告（书面）、自治区人民政府关于国有资产管理情况的综合报告（书面）、自治区人民政府关于2022年节能工作情况的报告（书面）。

开展执法调研和专题调研8项。分别为基层推进民族团结进步创建情况专题调研、监察机关推进监察工作规范化法治化正规化建设情况专题调研、专项债券使用情况专题调研、2020年以来财政保障基层“三保”工作情况专题调研、《内蒙古自治区实施〈中华人民共和国国家通用语言文字法〉办法》执法调研、全区农村牧区人居环境整治和污染防治工作情况专题调研、全区物业管理工作情况专题调研、全区城镇老旧小区改造工作情况专题调研。

【专题询问】 2022年，自治区人大常委会开展专题询问、工作评议和满意度测评2次。分别对自治区本级预算执行和其他财政收支2021年度审计查出问题整改情况自治区人民政府打击治理电信网络诈骗违法犯罪工作情况开展专题询问。

【落实“五大任务”监督】 2022年，自治区人大常委会聚焦推动习近平总书记交给内蒙古的五大任务落地见效开展监督，推动生态环境保护法治建设，开展环境保护法执法检查，听取和审议自治区政府关于2021年度环境状况和环境保护目标完成情况报告和“一湖两海”及察汗淖尔生态环境综合治理情况报告，督促有关方面进一步筑牢我国北方重要生态安全屏障。开展安全生产“一法一条例”执法检查，听取和审议打击治理电信网络诈骗违法犯罪工作情况报告并进行专题询问，依法助推祖国北疆安全稳定屏障更加稳固。围绕建设国家重要能源和战略资源基地，听取和审议碳达峰碳中和工作情况报告，在确保国家能源安全的同时，推动自治区降碳、减污、扩绿、增长协同推进。开展乡村振兴促进法执法检查，听取和审议国家重要农畜产品生产基地建设情况报告，推动农牧业优质高效转型。

【落实中心工作监督】 2022年，自治区人大常委会聚焦落实党中央决策部署，自治区党委中心工作开展监督，对标对表习近平总书记在参加内蒙古代表团审议时的重要讲话精神，聚焦习近平总书记和党中央为内蒙古确定的战略定位和行动纲领，聚焦自治区党委中心工作和重大决策部署，听取和审议全区政法队伍教育整顿中存在的顽瘴痼疾整改落实情况的报告并作出《关于加强司法监督工作的决定》，听取和审议关于基层治理中网格化建设和网格员管理情况的报告、关于“五个方面大起底行动”推进情况的报告等重点监督项目，进一步发挥围绕中心、服务大局的各项职能作用。

【高质量发展监督】 2022年，自治区人大常委会聚焦完整、准确、全面贯彻新发展理念，全力推动经济高质量发展开展监督，聚焦数字产业化、产业数字化，两次审议《数字经济促进条例》，并听取和审议自治区政府关于促进数字经济发展情况的报告，提出加快数字基础设施建设步伐、推动数字产业创新发展、加快数字化赋能传统产业转型升级等建议。听取和审议“五个大起底行动”推进情况报告，推动资源节约集约高效利用。作出《关于加强经济工作监督的决定》，更好实现对经济工作常态化、全过程的监督。

依法履行预决算监督职责。听取和审议预算、审计、国有资产管理等报告，专题听取了自治区政府关于2022年上半年经济形势的报告。聚焦专项领域监督，听取和审议审计查出问题整改情况的报告，并开展专题询问。

全力助推乡村振兴。开展《中华人民共和国乡村振兴促进法》执法检查，听取和审议全区农信社改革发展情况报告、畜牧法执法检查问题清单整改情况报告，推动农业高质高效、乡村宜居宜业、农民富裕富足。

【民族团结教育监督】 2022年，自治区人大常委会通过调研开展民族团结工作监督，推进全方位建设“模范自治区”工作。将大力传承弘扬中华优秀传统文化、推进中华民族共有精神家园建设专题调研确定为年度重点工作，常委会各位副主任分别带队赴全区各地开展调研，全面了解情况，广泛听取意见，形成调研报告，重点围绕坚持用中华优秀传统文化浸润民族团结、从更深层次铸牢中华民族共同体意识等方面提出问题清单，为铸牢中华民族共同体意识夯实历史根基。开展《内蒙古自治区实施〈中华人民共和国国家通用语言文字法〉办法》贯彻实施情况、基层推进民族团结进步创建情况调研，跟踪监督全面深入持久开展民族团结进步创建工作、铸牢中华民族共同体意识工作情况，推动提升边疆民族地区高效能治理。

代表工作

【议案建议办理】 2022 年，自治区人大常委会办理代表建议 515 件，其中，发展规划、建设项目和综合经济方面的建议 144 件，占 28%；农林牧水方面的建议 134 件，占 26%；教科文卫方面的建议 101 件，占 19.6%；社会民生方面的建议 57 件，占 11.1%；城建环保方面的建议 43 件，占 8.3%；财税金融方面的建议 17 件，占 3.3%；法制建设方面的建议 19 件，占 3.7%。

【十三届全国人大五次会议内蒙古代表团议案建议】 2022 年 3 月 5—11 日，十三届全国人大五次会议召开期间，内蒙古代表团出席代表 57 人，共提交代表建议 114 件。其中，农、林、牧、渔和水利类建议 19 件，占 16.7%；教科文卫体类建议 19 件，占 16.7%；公交、能源和邮电类建议 18 件，占 15.8%；行政法制、法院检察院及廉政建设类建议 16 件，占 14.1%；城乡建设与资源环境类建议 11 件，占 9.6%；社会及公共事务类建议 11 件，占 9.6%；发展规划、建设项目和综合经济类建议 7 件，占 6.1%；财政、税收和金融类建议 7 件，占 6.1%；流通、旅游和服务类建议 6 件，占 5.3%。

【“双联系”制度】 2022 年，自治区人大常委会落实常委会组成人员联系基层人大代表、代表联系人民群众制度。根据组成人员变动情况，及时调整组成人员联系代表分工，65 名组成人员联系基层人大代表 249 名。全年，组成人员通过不同形式开展联系活动，继续做好自治区人大代表联系人民群众工作，自治区人大代表基本完成回原选举单位述职工作，口头述职率超过 50%。组织代表围绕贯彻落实中央重大决策部署以及“十四五”规划纲要实施等选题开展专题调研，参加调研的代表共计 191 人次，提出建议 125 项。

【履职评议】 2022 年，自治区人大常委会制定《组成人员履行职责的规定》《关于发挥组成人员主体作用共同做好常委会工作的意见》，建立年度履职情况通报制度，助推组成人员更好履职尽责。对各盟市组织自治区人大代表回选举单位述职作出安排部署，主动接受群众监督。建立内蒙古自治区十三届全国人大代表履职档案。

【自治区人大代表换届选举工作】 2022 年，自治区人大常委会组织换

表 3　内蒙古自治区十三届人大六次会议代表议案一览表

编号	标题	类别	领衔人	代表团
01	关于制定《内蒙古自治区大数据发展促进条例》的议案	立法	张　新	呼和浩特市
02	关于修订《内蒙古自治区科学技术进步条例》的议案	立法	吴坪晏	呼和浩特市
03	关于制定《内蒙古自治区公共场所控制吸烟条例》的议案	立法	孙月玲	赤峰市
04	关于制定《内蒙古自治区农产品质量安全条例》的议案	立法	高晓路	呼和浩特市
05	关于制定《内蒙古自治区医疗保障条例》的议案	立法	王　丹	呼和浩特市
06	关于制定《内蒙古自治区促进粉煤灰综合利用条例》的议案	立法	锡林郭勒盟	
07	关于修正《内蒙古自治区矿产资源管理条例》的议案	立法	高晓路	呼和浩特市
08	关于听取审议全区高标准农田建设情况专项报告的议案	监督	杨　薇	赤峰市

表3（续表）

编号	标题	类别	领衔人	代表团
09	关于修订《内蒙古自治区科学技术协会条例》的议案	立法	吴坪晏	呼和浩特市
10	关于制定《内蒙古自治区职业教育校企合作促进条例》的议案	立法	闫瑞兰	呼和浩特市
11	关于制定《内蒙古自治区公共文化服务保障条例》的议案	立法	闫瑞兰	呼和浩特市
12	关于制定《内蒙古自治区预防未成年人犯罪条例》的议案	立法	王　丹	呼和浩特市
13	关于制定《内蒙古自治区教育督导条例》的议案	立法	王　丹	呼和浩特市
14	关于制定《内蒙古科右中旗五角枫保护条例》的议案	立法	兴安盟	
15	关于修正《内蒙古自治区文物保护条例》的议案	立法	高晓路	呼和浩特市
16	关于制定《内蒙古自治区社会救助条例》的议案	立法	高晓路	呼和浩特市

（表格来源：自治区人大常委会）

届选举各项工作，制定《出席十四届全国人大代表名额和选举问题的意见》《自治区十四届人大代表名额和选举问题的意见》，加强对各选举单位的指导。代表选举过程中，各选举单位依照选举法、解放军选举办法和自治区人大常委会决定，坚持党的领导、充分发扬民主、严格依法办事，由各政党、各人民团体和代表10人以上联合提出自治区第十四届人大代表候选人人选；由大会主席团将依法提出的代表候选人名单提交全体代表酝酿、讨论，根据多数代表的意见，按照法定差额比例，确定正式代表候选人，以无记名投票方式，进行差额选举。各设区的市、盟辖旗县市和驻区部队于2023年1月8日前，选举产生自治区第十四届人大代表538名。

【代表履职培训】 2022年，自治区人大常委会组织举办自治区人大代表"党的二十大精神线上培训班"，邀请自治区党委中共二十大精神宣讲团成员线上授课；协调全国人大网络学院平台为自治区人大代表和全区苏木乡镇人大主席举办线上专题培训班，累计培训代表1000余人次。配合全国人大做好县级人大常委会主任网络学习班工作，组织全区103个旗县级人大常委会主任及人大干部接受培训。

【吸纳民意汇集民智】 2022年，自治区人大常委会邀请代表列席常委会会议，召开列席代表座谈会，面对面听取意见建议。组织代表参加调研、执法检查、预决算审查、视察等工作。继续在98个旗县（市、区）、936个苏木乡镇开展民生实事项目人大代表票决制工作，对全面推行民生实事项目人大代表票决制工作开展调研。

（燕玉荣）

内蒙古自治区人民政府

综 述

【各项事业全面发展】 2022年，自治区人民政府坚持以习近平新时代中国特色社会主义思想为指导，深入学习贯彻中共二十大精神，全面贯彻落实习近平总书记对内蒙古的重要指示精神，完整、准确、全面贯彻新发展理念，着力服务和融入新发展格局，按照“疫情要防住、经济要稳住、发展要安全”的重要要求，在自治区党委带领下，真抓实干、攻坚克难，推动各项事业取得新进展新成效。全年全区地区生产总值增长4.2%、位居全国第九，规上工业增加值增长8.1%、位居全国第三，固定资产投资增长17.6%、位居全国第一，一般公共预算收入增长20.2%、位居全国第二。先后制定稳经济40条配套政策、21条接续政策，推出优化营商环境181条、产业高质量发展130条、奶业振兴9条、公路投资6条、高标准农田建设11条和工业、服务业、建筑业、新能源全产业链建设政策包。全年共实施重大项目3343个、完成建设投资突破6000亿元，比2021年增加1678亿元，“自治区全力扩大有效投资取得新进展”作为典型经验被国务院第九次大督查通报表扬。实施重大工业项目1040个、工业投资增长44.6%，其中制造业投资增长42.6%、高技术产业投资增长49.2%。实施重大基础设施项目724个、投资增长35.3%，包银高铁、集大原高铁、呼和浩特新机场等一批打基础、利长远的项目顺利推进。全区引进到位资金3409亿元、比2021年增长59.7%。

【“五大任务”落实】 2022年，自治区人民政府在生态安全屏障建设方面，推动完成国土空间规划编制和“三区三线”划定，及早谋划、紧盯快办第二轮中央环保督察问题整改，转交事项2825个、办结率96%，督察报告反馈问题76个，完成整改23个、整改率达30%，其余53项整改任务均完成阶段性整改目标。在安全稳定屏障建设方面，牵头完成高考加分改革、中考政策调整等年度重点任务，推行使用国家统编教材进入常态化、实现全覆盖，教育领域民族差异性政策全部整改完成。在能源和战略资源基地建设方面，用新理念打造新能源全产业链调结构、换动能，优化布局风光氢储4大集群和呼包鄂通4大基地实现良好开局。在农畜产品生产基地建设方面，提前2个月完成2022年高标准农田建设任务，超额完成大豆、油料扩种任务，粮食、牛奶、肉类产量创历史新高，有力保障了国家粮食安全。在向北开放桥头堡建设方面，有效统筹口岸“放”与“防”，推动边境口岸应开尽开；积极“走出去”开展战略合作，组织政企接洽400余次、与央企和区外企业签署合作协议16项，一大批领军企业成功落户。

2022年，提前完成400万亩高标准农田建设任务，农业综合生产能力稳步提高；能源保供稳定有序，全年煤炭产量12.2亿吨，完成煤炭保供任务9.45亿吨，发电量6465亿千瓦·时，其中外送电量达到2640亿千瓦·时，外运煤炭和外送电量均居全国首位。“两个屏障”进一步夯实筑牢，继续打好污染防治攻坚战，加强黄河流域生态环境保护，深入推进“一湖两海”综合治理，造林、种草、防沙治沙分别实现年度目标的143.4%、125.3%和128.7%。稳妥化解重点领域风险，化解政府隐性债务793.8亿元，不良贷款率下降0.86个百分点。“一个桥头堡”建设稳步推进，全年口岸货运量增长14.7%，过境中欧班列增长19%，实际使用外资33.5亿元、增长50%以上，外贸进出口总额达到1523.6亿元、比2021年增长23.2%。

【“五个大起底”行动】2022年，自治区人民政府缴回财政沉淀资金64.6亿元，消化批而未供土地13.2万亩、处置闲置土地5.76万亩，盘活“半拉子”工程项目99个，盘活开发区长期停建项目60个，办理完成待批项目7971个、补批项目1265个。顶格落实组合式税费支持政策，累计实现退税、减税、缓税、降费567.2亿元。呼和浩特市三环路建设项目在盘活“半拉子”工程推动下复工，年底建成通车。

【“两个基地”建设】2022年，自治区人民政府谋划推进8大产业集群和重点产业链建设，建成全产业链项目140余个、落地链主企业近百家，战略性新兴产业增加值增长19.9%，高技术制造业增长33.6%，装备制造业增长43.3%。全年粮食产量再创新高、达到780亿斤、位居全国第六、实现“十九连丰”；牛奶产量734万吨、牛肉产量72万吨、羊肉产量110万吨、继续保持全国首位，畜牧业生产实现“十八连稳”。煤炭产量12.2亿吨、发电量6465亿千瓦·时，完成煤炭保供任务9.45亿吨、外送电量2640亿千瓦·时、均位居全国第一。新能源获批规模超1亿千瓦、全年新增装机2000万千瓦，培育风光氢储一体化、源网荷储一体化等6类市场化应用场景项目3000多万千瓦，新能源项目完成投资1200亿元，新能源发电1350亿千瓦·时。引进东方电气、天合光能等30余家头部企业，新能源装备制造完成投资620亿元，风光氢储4个千亿级产业集群加速形成，呼包鄂通4个装备制造基地加快建设，风电整建制配套能力1000台套、光伏组件供给能力500万千瓦，风光装备实现全产业链配套供给，氢能、储能装备制造实现从无到有。

【生态安全屏障建设】2022年，自治区人民政府推进重点河湖流域综合治理，编制黄河流域生态保护和高质量发展专项规划，实施“一湖两海”及察汗淖尔综合治理项目55个、完成投资37.1亿元，全区黄河流域干流9个国考断面水质全部为Ⅱ类。圆满完成冬奥会和冬残奥会期间空气质量保障任务，全区空气质量优良天数比例92.9%、提高3.3个百分点，地表水国考断面优良水体比例76%、提高3.1个百分点。深入开展“五个大起底”行动，盘活项目近万个、资金64亿多元、土地13万多亩，激活了一批存量要素、提高了资源配置效率。全年造林474万亩、种草1715万亩、防沙治沙750万亩，呼和浩特市、锡林郭勒盟列入第六批国家生态文明建设示范区。建设低碳园区4个、零碳园区2个，建立新上项目能耗强度标杆引导机制，单位GDP能耗下降3.1%。

【营商环境优化】2022年，自治区人民政府出台优化营商环境3.0版决策，共181条措施，全区推开“12345”热线并设立企业专席。减税降费超过600亿元，惠及市场主体62.4万户。自治区下达基层财力性转移支付资金1483.9亿元、增长27%、总量和增量均为历年最高水平。采取“四个一批”帮助基层直接化债近300亿元。采取“五统一”模式规划建设通用机场38个，施工时间减少75%、建设费用减少30%、用地规模减小29%。新组建文旅投资集团和新能源运维公司。推动能源集团同央企合作开发新能源，集团营业收入比2021年增长27.7%、利润总额增加44亿元，全年实现扭亏为盈。聚焦种业、奶业、新能源等重点领域强化攻关，自治区本级财政科技投入增长36.9%，国家乳业技术创新中心和巴彦淖尔农高区、鄂尔多斯可持续发展议程创新示范区成功获批。实施“揭榜挂帅”重大示范工程项目26项，取得一批技术攻关和产业化应用成果。引进院士5人，实现零的突破。持续提高疫情防控和通关过货能力，过境中欧班列7337列、增长19%，进出口总额1523.6亿元、增长23%、创历史新高。

【城乡区域协调发展】2022年，自治区人民政府着力打造呼包鄂乌城市群，启动实施强首府工程，重点建设赤峰、通辽“双子星座”，结合主体功能定位支持各盟市推进重大工程建设，引导各地立足优势特色、加强分工协作，城市聚集效应和承载能力不断提高。巩固拓展脱贫攻坚成果，中央和自治区衔接资金增长3%，动态消除9.25万名监测对象返贫致贫风险，20.6万名脱贫人口和监测对象实现务工就业，京蒙协作持续深化。扎实推进乡村建设行动，建成农村牧区公路6261千米、改造户厕10万多个。深化落实新时代西部大开发、新一轮东北振兴战略举措，主动加强与京津冀、长三角、粤港澳和沿黄省份、毗邻省区的务实合作，积极推进合作协议事项落地结果。

【风险防控】 2022年，自治区人民政府积极稳妥化解经济金融风险，高风险金融机构数量较历史峰值减少36家。完成1.05万套“保交楼”任务，在建在售项目预售资金实现监管全覆盖。生产安全事故起数和死亡人数分别下降38.6%、32.1%。

【全方位建设“模范自治区”】 2022年，自治区人民政府始终高举各民族大团结旗帜，紧紧围绕铸牢中华民族共同体意识这条主线加强和改进党的民族工作，建设8个铸牢中华民族共同体意识研究基地，设立100余个重点研究项目；深入开展民族团结进步创建，全力做好民族语言文字工作，国家统编教材实现应推尽推，“三个离不开”“五个认同”“四个与共”更加深入人心，各族群众由衷感党恩、听党话、跟党走。

【民生改善】 2022年，自治区民生投入大幅增长，教育支出增长8.2%、卫生支出增长18.8%，城乡居民收入分别增长4.3%、7.1%，惠民举措得到有效落实。深入实施就业扩容提质工程，城镇新增就业20.49万人，完成全年目标任务的100.8%。“双减”成效持续巩固，高考、中考和专升本改革全面落地。召开全区职业教育高质量发展大会，出台推动现代职业教育高质量发展的若干措施，实现高校A档学科零的突破。加快实施国家区域医疗中心、重大疫情救治基地等工程，加快推进北大肿瘤医院内蒙古医院、北京中医医院内蒙古医院等合作项目，基层医疗卫生服务能力逐步提升。高度关注“一老一小”，农村牧区互助养老幸福院达到1643所，城市居家社区养老服务覆盖率达到97.3%，每千人拥有3岁以下婴幼儿托位数达到2.2个、超额完成目标任务。针对政府拖欠民营企业账款、民营企业拖欠农民工工资的问题，督促各级向中小企业集中偿还无分歧账款，加强根治欠薪工作。坚持“冬病夏治”，督促各级提早做好供热准备，不让老百姓受冻。提早谋划、加快推进养老事业和养老产业发展。加大对因灾、因疫遇困群体的救助力度。加强防灾减灾和应急管理工作。做好特色富民产业，推进乡村振兴，巩固拓展脱贫攻坚成果，促进农牧民持续增收。

【科技创新“软环境”优化】 2022年，自治区人民政府主动对接、深度嵌入国家战略科技体系，可持续发展议程创新示范区、乳业技术创新中心等5个重大平台成功获批。创新“揭榜挂帅”机制，建立专项行动联席会议机制和专家咨询委员会，围绕五大战略任务，首批启动种业、双碳科技攻关，推动实施创新重大示范项目26项。

【“优化职能职责优化工作流程”专项行动】 2022年，自治区人民政府全面清理议事协调机构109个，幅度达59%。聚焦“权力下放、要件精减、环节减少、办事时限缩减”，点对点督导政府本级对照国家行政许可清单、部门权责清单、政务服务平台事项清单，取消下放如“能源类企业投资项目核准”等外部事项主项363项、占比24.7%，取消下放如“能源类企业投资项目核准”中的“变性燃料乙醇项目核准”“抽水蓄能电站项目核准”等外部事项子项388项、占比21.9%，精简要件2696件、压减26.5%，减少环节979个、压减20.8%，办事时限压缩49.4%；取消下放如“高校处级环节干部调整动议审批”等内部事项76项、占比14%，精简要件238件、压减26.4%，减少环节285个、压减27.6%，办事时限压缩38.7%，树立务实高效办事良好形象。

【服务型政府建设】 2022年，自治区人民政府运用大数据、人工智能等新技术对接各盟市各部门相关业务系统，推动行政业务“一网通管”。持续优化完善自治区政府系统办公业务平台，实现非涉密公文、会议、督查、信息等业务电子化办理和政府办公厅公文、会议、督查、信息、值班、党建等信息资源系统整合共享，推动移动办公系统全流程电子化服务。2022年，自治区政府系统办公业务平台的电子公文交换子系统和电子印章子系统为全区12个盟市、2个计划单列市、150个部门、单位（包括党委有关部门、人大和政协办公厅及检察院、法院）及107个旗县（含部分开发区）提供服务，交换传输电子文件52万件/次；会同自治区大数据中心加快建设自治区政府系统统一协同办公平台，对接、共享各盟市各部门办公业务系统，推动全区办公业务一体化运行。统筹协调自治区数字政府建设。建立自治区数字政府建设督查落实工作机制，将推进数字政府建设情况纳入自治区2022年督查检查考核计划并开展书面督查一次。高效推进政府办公厅非涉密办公自动化应用。推动实现全区政府系统非涉密电子公文收发文、电子签批等业务全程网上传输。优化移动办公业务系统，自治区政府及政府办公厅领导同志全面实现非涉密文件网上签批。纵深推进资源节约集约，部署启用数字会议系统，实现自治区政府常务会、主席办公会无纸化系统运行。筑牢网络安全和信息化防护屏障。分层分级明确工作职责和任务分工，召开保密、网络安全、软件正版化工作会议，制定年度工作计划、推进重点工作任务落实，进一步推动网信工作常态化运行。定期组织开展网络安全、保密及软件正版化等联合检查和网络安全响应检测，切实保障了网络信息安全。

【政府自身建设】 2022年，自治区人民政府扎实推进廉洁政府建设，推动煤炭资源领域违规违法问题专项整治转入常态化，以宋某某、李某某等重大违纪违法案件为镜鉴，深入推进金融领域、国资国企、开发区系统以案促改工作，大力开展粮食购销领域腐败问题专项整治，严肃查处整治发电项目涉嫌骗取补贴问题，把严的主基调贯穿始终。扎实推进法治政府建设，提请自治区人大常委会制定地方性法规12件、修改21件，制定政府规章1件、修改7件、废止4件。自觉接受各方面监督，定期向自治区人大、政协通报经济社会发展情况，政府系统承办的483件自治区人大代表建议、539件自治区政协提案全部按期办复。扎实推进效能政府建设，深入整顿政府机关部门作风，下大力气解决“三多三少三慢”问题，强化交账意识、交卷意识、成果意识，强化一线落实、闭环落实，政府工作效率、落实效果、治理效能得到提升。牢固树立“过紧日子”思想，自治区本级压减非重点、非刚性支出29.5亿元。

重要会议

【政府常务会议】 自治区人民政府共召开35次常务会议。

第1次常务会议。2022年，1月5日召开，传达学习习近平总书记在中央政治局常委会会议上关于“三农”工作的重要讲话精神、李克强总理在国务院常务会议上对“三农”工作的有关要求和中央农村工作会议精神、自治区党委常委会会议有关部署，对当前重点工作作出安排；审议2022年全区及自治区本级财政预算安排意见、《政府工作报告（送审稿）》、《自治区2021年国民经济和社会发展计划执行情况及2022年国民经济和社会发展计划（草案）的报告（送审稿）》、《2021年财政预算执行情况及2022年财政预算（草案）的报告（送审稿）》、《自治区贯彻落实〈法治政府建设实施纲要（2021—2025年）〉实施方案》、《应急救援领域自治区与盟市财政事权和支出责任划分改革实施方案》。

第2次常务会议。2022年1月18日召开，听取自治区服务保障北京冬奥会、冬残奥会以及春节期间有关工作情况汇报，安排部署相关工作；审议《自治区生态环境损害赔偿工作规定（试行）》《黄河内蒙古段滩区居民迁建规划（修编）》《关于内蒙古准格尔古哺乳动物类化石自治区级自然保护区范围和功能区调整的意见》《关于第三批超配煤炭资源清收处置有关事宜的意见》。

第3次常务会议。2022年1月23日召开，听取人大代表审议《政府工作报告》《自治区2021年国民经济和社会发展计划执行情况及2022年国民经济和社会发展计划（草案）的报告》《2021年财政预算执行情况及2022年财政预算（草案）的报告》情况汇报，研究讨论修改意见。

第4次常务会议。2022年1月26日召开，传达学习习近平总书记对信访工作的重要批示和总理李克强、中央政治局委员、中央书记处书记郭声琨、国务委员肖捷的批示，按照自治区党委常委会会议有关要求，安排部署了贯彻落实工作；审议《〈政府工作报告〉重点任务分工方案》《2022年政府规章立法计划建议项目》《自治区以更优营商环境服务市场主体行动方案》《自治区关于深化应急管理综合行政执法改革的实施意见》。

第5次常务会议。2022年2月10日召开，传达学习习近平总书记在山西看望慰问基层干部群众重要指示精神，对贯彻落实工作进行安排部署；传达学习习近平总书记在中央政治局第三十六次集体学习时的重要讲话，听取贯彻落实工作的安排意见；审议《自治区促进制造业高端化、智能化、绿色化发展的意见》及配套方案、《内蒙古黄河流域国土空间规划（2021—2035年）》、《自治区动物疫病防控综合改革意见》、《自治区关于优化生育政策促进人口长期均衡发展的实施意见》。

第6次常务会议。2022年2月17日召开，听取中央第二轮生态环境保护督察迎检工作情况汇报，安排部署了有关工作；审议《自治区关于推动全区风电光伏新能源产业高质量发展的意见》和《自治区促进氢能产业高质量发展的意见》《自治区工业企业和工业园区考核评价办法及2021年考核结果》《自治区2022年坚持稳中求进推动产业高质量发展政策清单》。

第7次常务会议。2022年2月28日召开，审议《内蒙古自治区推进奶业振兴九条政策措施》《关于进一步加强自治区财政衔接推进乡村振兴补助资金使用管理的意见》《内蒙古自治区人工影响天气管理条例（草案）》。

第8次常务会议。2022年3月15日召开，研究《自治区落实〈关于完整准确全面贯彻新发展理念做好碳达峰碳中和工作的意见〉的具体措施》《2021年自治区法治政府建设情况的报告》，听取建设我国北方重要生态安全屏障总体情况的汇报。

第9次常务会议。2022年3月24日召开，审议《自治区全民健身实施计划（2021—2025年）》《自治区关于深化生态保护补偿制度改革的实施意见》《自治区关于深入打好污染防治攻坚战的实施方案》《关于停征地方水库移民扶持基金的意见》。

第10次常务会议。2022年3月31日召开，研究《自治区促进服务业高质量发展实施方案（2022版）》《自治区关于推动生活性服务业补短板上水平提高人民生活品质行动方案》《自治区消费促进2022年行动方案》《自治区促进服务业发展政策》《自治区支持小微企业发展政策》《自治区统筹建设通用机场工作方案》。

第11次常务会议。2022年4月15日召开，传达学习了习近平总书记在海南考察时重要指示精神，对贯彻落实工作进行了安排部署；听取中央环保督察组指出棋盘井区域违法取水用水问题整改工作情况汇报，安排部署了下一步整改落实工作；审议《自治区深化高等学校考试招生综合改革实施方案》；研究《关于内蒙古查干淖尔矿区查干淖尔一号井等5个煤矿项目建设用地手续的意见》。

第12次常务会议。2022年4月21日召开，传达学习中央全面深化改革委员会第二十五次会议精神、全国保障物流畅通促进产业链供应链稳定电视电话会议精神，对贯彻落实工作进行安排部署。研究《2022年一季度经济运行情况和下一步工作安排建议报告》《自治区关于进一步强化安全生产责任落实坚决防范遏制重特大事故的意见》《自治区进一步加强招商引资工作方案》《"创业内蒙古行动"（2022—2025）实施方案》《自治区关于更加有效发挥统计监督职能作用的若干举措》。

第13次常务会议。2022年4月28日召开，传达学习中央财经委员会第十一次会议精神，对贯彻落实工作进行安排部署；研究部署关于克什克腾旗违规占用国家森林公园、生态破坏问题突出典型案例的整改落实工作；审议《自治区关于接触性聚集性服务业精准纾困若干政策措施》《自治区贯彻落实〈关于调整完善土地出让收入使用范围优先支持乡村振兴的意见〉若干措施》《内蒙古自治区火灾事故责任调查规定（修订稿）》。

第14次常务会议。2022年5月5日召开，传达学习4月29日召开的中央政治局会议精神，对贯彻落实工作进行安排部署；认真学习中央政治局第三十八次集体学习会议精神，对贯彻落实工作进行安排部署；审议呼和浩特市包头市鄂尔多斯市国家高新区建设国家自主创新示范区总体方案和关于制定、修改、废止《自治区禁毒条例（草案）》等12件地方性法规、政府规章草案。

第15次常务会议。2022年5月12日召开，研究《自治区"十四五"节能减排综合工作实施方案》《自治区巴丹吉林沙漠沙山湖泊群保护条例（草案）》《自治区"统贷分还"公路债务化解方案》。

第17次常务会议。2022年6月22日召开，传达学习习近平总书记在四川考察时的重要讲话精神，安排部署贯彻落实工作。研究《自治区碳达峰实施方案》《自治区碳达峰碳中和科技创新实施方案》《自治区推动能源绿色低碳转型做好碳达峰工作实施方案》《自治区煤炭、油气、电力行业碳达峰实施方案》《自治区工业领域碳达峰实施方案》《自治区钢铁、有色金属、建材、化工四个行业碳达峰及降碳实施方案》《自治区交通运输领域绿色低碳发展实施方案》《城乡建设领域碳达峰实施方案》《自治区农牧领域碳达峰实施方案》《自治区推动产业优化升级促进经济高质量发展的实施意见》《关于深入贯彻习近平生态文明思想推进全社会资源全面节约集约的指导意见及 2022 年工作要点》《自治区关于深化土地综合整治促进高质量发展的指导意见和实施方案》《关于推动自治区现代职业教育高质量发展的措施》《关于促进养老产业加快发展的若干政策措施》《自治区 2022 年调整退休人员基本养老金实施方案》。

第 18 次常务会议。2022 年 6 月 29 日召开，传达学习 6 月 29 日召开的中央深改委第二十六次会议精神，对贯彻落实工作进行安排部署；审议《关于完善能耗强度和总量双控政策 保障“稳中求进”高质量发展的通知》《内蒙古自治区坚决遏制“两高”项目低水平盲目发展管控目录》《关于修订自治区〈确保完成“十四五”能耗双控目标任务若干保障措施〉》《关于全区及各盟市 2022 年能耗双控目标安排的建议》《自治区三级行政许可事项清单》《自治区贯彻落实〈国家标准化发展纲要〉实施方案》。

第 19 次常务会议。2022 年 7 月 7 日召开，传达学习习近平总书记在湖北武汉考察和出席庆祝香港回归祖国 25 周年暨香港特别行政区第六届政府就职典礼时的重要指示精神，安排部署贯彻落实工作；审议《关于进一步做好蒙西电网 2022 年迎峰度夏电力供应保障工作方案》《自治区志愿服务条例（草案）》《自治区河湖管理条例（草案）》《自治区固体废物污染环境防治条例（草案）》《自治区革命文物保护条例（草案）》《自治区城镇供热条例（修订草案）》《自治区法制宣传教育条例（修正草案）》《自治区公共图书馆管理条例（修正草案）》《自治区无线电管理条例（修正草案）》《自治区公路条例（修正草案）》《自治区高速公路条例（修正草案）》《自治区道路运输条例（修正草案）》《关于加快推进自治区乡村振兴先行示范旗县建设方案》。

第 20 次常务会议。2022 年 7 月 15 日召开，研究《自治区贯彻落实第二轮中央生态环境保护督察报告整改方案》《源网荷储一体化、燃煤自备电厂可再生能源替代工程、风光制氢一体化等 3 类市场化并网新能源项目实施细则》《关于自治区部分行政规范性文件的清理意见》。

第 21 次常务会议。2022 年 7 月 28 日召开，传达学习习近平总书记在新疆考察时重要指示精神，安排部署贯彻落实工作；审议《自治区“十四五”期间建设我国北方重要生态安全屏障实施方案》及配套文件、《自治区建设国家重要能源和战略资源基地实施方案》、《园区绿色供电、全额自发自用、火电灵活性改造项目等 3 类市场化并网新能源项目实施细则》、《关于优化营商环境服务建筑业高质量发展若干措施》、《自治区推进基本养老服务体系建设的实施方案》、《自治区关于贯彻落实〈科技体制改革三年攻坚方案〉的若干措施》。

第 22 次常务会议。2022 年 8 月 10 日召开，传达学习习近平总书记在中央政治局会议上的重要讲话精神，安排部署贯彻落实工作；审议《自治区投资负面清单（2022 年版）》《自治区“三区三线”划定工作情况报告》《鄂尔多斯市准格尔旗弓家塔布尔洞煤炭有限责任公司煤矿露天开采技术改造项目、锡林郭勒盟乌拉盖管理区贺斯格乌拉南露天煤矿（五期）生产接续用地项目、东乌珠穆沁旗乌尼特煤矿露天开采技术改造项目、东乌珠穆沁旗阿木古楞煤矿技术改造项目、东乌珠穆沁旗天地锡林煤矿技术改造项目用地手续办理的意见》以及健全完善自治区安委会运行机制有关事宜。

第 23 次常务会议。2022 年 8 月 19 日召开，传达习近平总书记对青海大通县山洪灾害救援处置工作的重要批示，传达学习习近平总书记在辽宁考察时的重要指示精神，安排部署贯彻落实工作；审议《自治区推动基础设施重点项目建设行动方案（2022—2025 年）》《自治区推进环境信息依法披露制度改革实施方案》，听取自治区本级行政事业单位房地产资产有关情况汇报。

第 24 次常务会议。2022 年 8 月 20 日召开，听取了关于东河二期建设项目遗留问题有关情况汇报、关于自治区示范性养老公寓盘活使用有关情况汇报，审议内蒙古文化旅游投资集团组建方案。

第 25 次常务会议。2022 年 8 月 29 日召开，传达学习 8 月 24 日国务院常务会议精神，安排部署贯彻落实工作；调度《政府工作报告》重点任务推进情况；审议《自治区新能源开发布局与有序利用规划方案》《自治区关于推进社会组织高质量发展的意见》《关于设立专项奖励资金鼓励资产管理公司收购地方法人金融机构不良资产的意见》《将金融资产管理公司代自治区政府持有的红树梁煤矿12%股权注入能源集团增加注册资本实施方案》；听取海南、阿尔山闲置房产处置情况的汇报。

第26次常务会议。2022年9月7日召开，审议《关于制定、修改、废止〈内蒙古自治区数字经济促进条例（草案）〉等13件地方性法规和政府规章草案》、《自治区促进残疾人就业三年行动实施方案（2022—2024年）》、《自治区关于进一步支持民营经济高质量发展的政策措施》、《关于增加内蒙古金融资产管理有限公司注册资本金的意见》、《调整自治区本级行政事业单位工会经费和职工福利费计提基数有关事宜的意见》、《关于利用专项债务限额发行专项债券的意见》。

第27次常务会议。2022年9月8日召开，研究调整易地任职省级干部周转住房相关事宜。

第28次常务会议。2022年9月16日召开，传达学习9月9日中央政治局会议精神和自治区党委常委会会议有关要求、中央全面深化改革委员会第二十七次会议精神和自治区党委常委会会议有关要求，部署贯彻落实工作；审议《自治区农牧业种质资源保护与利用中长期发展规划（2022—2030年）》，听取“五个大起底”专项行动推进情况汇报。

第29次常务会议。2022年9月22日召开，传达学习习近平总书记对做好安全生产工作的重要指示，听取全区安全生产应急预案制定及防范措施落实情况汇报，安排部署全区安全生产工作；审议《自治区关于加强高标准农田建设十条政策措施》；研究自治区本级有关闲置房产盘活利用事宜。

第30次常务会议。2022年9月28日召开，审议《国务院第九次大督查反馈意见整改工作责任分工方案》《自治区第十四届人大常委会五年（2023—2027年）立法规划和2023年地方性法规立法计划建议项目（草案）》《关于理顺公路交通投资建设体制机制的六条政策措施》《自治区本级存量公路建设政府性债务化解方案》；听取全区公安机关执法规范化建设工作情况汇报、全区粮食生产情况汇报。

第31次常务会议。2022年10月31日召开，审议《自治区贯彻落实〈知识产权强国建设纲要（2021—2035年）〉实施方案》《自治区贯彻落实〈计量发展规划（2021—2035年）〉实施方案》《自治区待批项目和“半拉子”工程分类处置指导意见》，审议《内蒙古自治区安全生产条例（修正草案）》《内蒙古自治区人民政府关于提请审议〈内蒙古自治区电力设施保护条例〉等3件地方性法规（修正草案）的议案》《内蒙古自治区人民政府关于提请审议废止〈内蒙古自治区商品交易市场管理条例〉等2件地方性法规议案（草案）》；研究鄂尔多斯市国有独资企业配置达海庙井田和察哈素井田煤炭资源、白家海子井田代持煤炭资源、海子塔井田外围探矿权剩余煤炭资源处置，关于调整自治区政协委员履职活动经费标准有关事宜。

第32次常务会议。2022年11月10日召开，审议《进一步强化科技激励的若干措施》。

第33次常务会议。2022年12月1日召开，听取全区食品药品安全工作情况汇报、2022年京蒙协作开展情况汇报，审议《关于对机关事业单位编外人员和经费实行总量控制的通知》《关于白家海子煤矿工业广场项目手续办理的意见》。

第34次常务会议。2022年12月9日召开，审议《关于拟向自治区人大及其常委会报送2023年度重大事项建议的报告》《功勋荣誉表彰奖励获得者待遇实施细则》《生活困难表彰奖励获得者帮扶实施细则》《评比达标表彰活动管理实施细则》《自治区直属企业负责人履职待遇、业务支出管理办法》《内蒙古自治区关于支持新型储能发展的若干政策（2022—2025年）》。

第35次常务会议。2022年12月19日召开，审议2022年全区经济形势及2023年重点工作安排建议、《关于支持呼和浩特市实施强首府工程推动首府高质量发展的意见》、《关于支持鄂尔多斯市建设现代煤化工产业示范区的指导意见》、《自治区本级政府投资项目决策管理程序》、《自治区加快推进数字经济发展若干政策》、《自治区煤炭产能稳定接续和有序开发方案》、《自治区农牧业龙头企业（牛羊）助保贷引导资金管理实施方案》、《自治区涉及国家安全事项的建设项目管理办法（草案）》、

《自治区行政事业性国有资产管理办法（草案）》、《自治区治理货物运输车辆超限超载办法（草案）》、《关于修改〈自治区实施《中华人民共和国车船税法》办法〉和〈自治区房产税实施细则〉的决定（草案）》。

【主席办公会议】 2022年，自治区人民政府共召开22次主席办公会议。

第1次主席办公会议。2022年1月26日召开，研究关于2022年第一批新增专项债券分配事宜、关于调剂解决内蒙古医科大学相关项目防空地下室易地建设费的意见、乌海市四道泉井田等5宗探矿权转让事项。

第2次主席办公会议。2022年2月17日召开，研究关于提高自治区“三支一扶”“社区民生志愿服务”“西部计划志愿者”人员工作生活补贴标准的意见、关于解决呼张高铁未到位资本金问题有关事宜。

第3次主席办公会议。2022年3月15日召开，研究《关于补助呼和浩特市疫情防控资金的意见》。

第4次主席办公会议。2022年3月24日召开，研究《关于调整部分中央预算内基本建设投资项目预算的意见》。

第5次主席办公会议。2022年3月31日召开，研究《关于出具北京大学肿瘤医院内蒙古医院资金配套兜底保障承诺的意见》。

第6次主席办公会议。2022年4月15日召开，研究《关于追加自治区驰援上海市保供物资资金预算的意见》。

第7次主席办公会议。2022年4月28日召开，研究《关于中央第二批支持基层落实减税降费和重点民生等转移支付的分配意见》《关于2022年部分财力转移支付的分配意见》《关于2022年自治区本级新增地方一般债券资金的安排意见》《关于核定2021年自治区本级及分地区政府债务总限额的意见》《关于解决原国土资源厅高标准农田建设项目遗留问题资金缺口的意见》《关于追加自治区水利事业发展中心2022年基本支出预算经费的意见》《关于将农村牧区、城镇低保妇女“两癌”筛查资金列入年度预算的意见》以及增加安排内蒙古税务局补助经费相关事宜。

第9次主席办公会议。2022年5月20日召开，研究《关于安排一般债券支持呼和浩特市三环路收尾工程建设的意见》《关于支持呼和浩特市S43和S29等公路建设的意见》《关于2022年新增地方政府一般债务限额的分配意见》《关于第二批新增专项债券项目安排和债券额度的分配意见》《内蒙古奶业振兴（伊利）投资实施方案》《内蒙古奶业振兴（蒙牛）投资实施方案》。

第10次主席办公会议。2022年5月29日召开，研究《关于中央提前下达第三批支持基层落实减税降费和重点民生等转移支付资金的分配意见》。

第11次主席办公会议。2022年6月22日召开，研究《关于2022年第一批县级基本财力保障机制奖补资金的分配意见》《关于再次下达2022年实际种粮农民一次性补贴工作的意见》《关于解决自治区本级部分单位欠缴人防易地建设费的意见》。

第12次主席办公会议。2022年6月29日召开，研究《关于加快2019—2021年全区高标准农田建设补助资金支出进度的意见》《关于自治区药品检验检测研究院实验室升级事宜的意见》《关于拨付呼和浩特国际航班分流保障费用的意见》。

第13次主席办公会议。2022年7月15日召开，研究《关于为城乡低保等困难群众发放一次性生活补贴的意见》。

第14次主席办公会议。2022年7月28日召开，研究关于石岩沟等3个井田以转为国有股权方式清收超配煤炭资源转股事宜、关于2022年东北振兴专项转移支付的分配事宜、关于内蒙古自治区国际蒙医医院老年病诊疗中心购置医疗设备资金事宜、关于开展大豆完全成本保险和种植收入保险试点有关事宜。

第15次主席办公会议。2022年8月19日召开，研究了关于追加自治区森林消防总队专项经费的意见。

第16次主席办公会议。2022年8月29日召开，研究安排内蒙古艺术学院本科教学工作合格评估经费有关事宜、蒙文教材亏损补贴有关事宜。

第17次主席办公会议。2022年9月16日召开，研究政府还贷二级公路取消收费后部分补助资金分配有关事宜、内蒙古新城宾馆旅游业集团有限责任公司土地出让金有关事宜。

第18次主席办公会议。2022年11月10日召开，研究呼和浩特新机场配套项目资金有关事宜、内蒙古银行股份有限公司增资扩股有关事宜、追加第三次土壤普查配套经费有关事宜。

第 20 次主席办公会议。2022 年 12 月 1 日召开，研究下拨困难群众救助补助资金有关事宜、追加医保局医保信息化平台建设补助资金有关事宜。

第 21 次主席办公会议。2022 年 12 月 9 日召开，研究了《关于追加自治区第四医院 2022 年人员和运转经费的意见》《关于追加奶业振兴九条政策措施补助资金的意见》《关于追加农机购置与应用补贴资金的意见》。

第 22 次主席办公会议。2022 年 12 月 19 日召开，研究了《关于追加 2022 年城乡义务教育补助经费和高校学生免学费补助资金的意见》《关于 2022 年困难地区财力补助等转移支付资金的分配意见》《关于对自治区本级医疗卫生机构人员经费给予补助的意见》《关于对自治区直属医院重症救治能力建设给予补助的意见》。

【自治区各项工作会议】 2022 年 2 月 23 日，自治区政府招商引资工作专题会议召开，自治区设主会场，各盟市设分会场，黄志强、张韶春、艾丽华在主会场出席。听取我区 2021 年招商引资工作情况汇报，研究分析存在问题，安排部署下一步重点工作。

2022 年 2 月 24 日，全区春耕备耕电视电话会议召开，自治区设主会场，各盟市设分会场，李秉荣在主会场出席。传达 2 月 13 日全国春季农业生产暨加强冬小麦田间管理工作会议精神，分析当前全区春耕备耕形势，研判农资保供情况，全面部署自治区粮食生产、扩种大豆油料和春季高标准农田建设等工作，扎实推动春季农业生产顺利开展，赢得全年粮食丰收主动权。

2022 年 3 月 23 日，自治区 2022 年度推进企业上市工作会议召开，自治区设主会场，各盟市设分会场，王莉霞、黄志强、郑东波会前出席颁奖仪式，黄志强在主会场出席会议。奖励成功上市企业，通报我区推进企业上市工作情况，研究分析存在问题，安排部署 2022 年度企业上市工作。

2022 年 4 月 2 日，推进奶业振兴九条政策措施视频会议召开，自治区设主会场，各盟市设分会场，张韶春、李秉荣在主会场出席。通报自治区推进奶业振兴九条政策措施有关情况，安排部署下一步重点工作。

2022 年 4 月 6 日，全区服务业高质量发展促进大会召开，自治区设主会场，各盟市设分会场，王莉霞、黄志强、张韶春、郑东波在主会场出席。坚持“稳中求进”工作总基调，提高思想认识，分析研究自治区服务业面临的形势和存在问题，增强责任感和紧迫感，补短板、强弱项，集中出台一揽子政策，精准施策、狠抓落实；集中签署重点合作协议；安排部署服务业重点工作，促进服务业高质量发展。

2022 年 5 月 11 日，全区物流保通保畅工作专题调度会议召开，自治区设主会场，各盟市设分会场，王莉霞、黄志强、艾丽华、衡晓帆、包献华、郑东波在主会场出席。深入贯彻全国物流保通保畅促进产业链供应链稳定电视电话会议精神；听取有关盟市、自治区有关部门物流保通保畅工作任务落实情况汇报，安排部署下一步重点工作。

2022 年 6 月 1 日，全区稳住经济大盘电视电话会议召开，自治区设主会场，各盟市设分会场，王莉霞、黄志强、张韶春、艾丽华、李秉荣、衡晓帆、奇巴图、包献华、郑东波在主会场出席。贯彻落实国务院稳住经济大盘电视电话会议精神，研究分析当前我区经济运行存在的主要问题，安排部署推动自治区稳经济一揽子政策措施落实、落地工作。

2022 年 7 月 5 日，全区职业教育大会，自治区设主会场召开，各盟市设分会场，王莉霞、包献华、郑东波在主会场出席。深入学习习近平总书记对职业教育的重要指示和李克强总理批示精神，贯彻落实全国职业教育大会精神，总结全区职业教育工作，分析面临的新形势新任务，研究部署全区职业教育高质量发展工作，助力“技能内蒙古”建设。

2022 年 8 月 23 日，全区工业经济运行座谈会议召开，自治区设主会场，各盟市设分会场，王莉霞、黄志强、艾丽华、郑东波在主会场出席。分析总结今年以来全区工业经济运行成效、存在问题，研究部署进一步促进工业经济高质量发展政策措施。

2022 年 12 月 27 日，全区法治政府建设视频会议召开，自治区设主会场，各盟市设分会场，王莉霞、黄志强、张韶春、奇巴图、包献华、郑光照在主会场出席。坚持以习近平新时代中国特色社会主义思想为指导，深入学习贯彻落实党的二十大精神，全面贯彻落实习近平法治思想和习近平总书记对内蒙古自治区重要讲话重要指示批示精神，总结2022年全区法治政府建设工作，深入分析面临的形势，安排部署下一步重点工作任务。

（全德友）

政务服务

【政务公开】 2022年，自治区政务服务局提升政务公开质量、不断夯实公开基础，发挥政府信息公开在助力经济平稳健康发展、保持社会和谐稳定方面的积极作用，主动解疑释惑，引导舆论，管理预期，各项工作取得成效。自治区政府及部门通过政府网站《政府信息公开》专栏公开政府规章、行政规范性文件、机构职能等“法定主动公开内容”1608条；自治区政府网站集约化平台发布信息20.6万条，发布政策解读1400余条，回应市场主体和人民群众关切1090次，开展征集调查610期，收到意见建议1.2万条；各级政府网站围绕优化营商环境、减税降费、助企纾困、疫情防控、创业就业等工作新开设栏目近400个。推进政府信息依申请公开“一网统管”，自治区、盟市、旗县（市、区）政府及部门共4557个单位接入“自治区政府信息依申请公开”系统，依申请公开网办率达到80%。各级政府信息公开工作主管部门使用系统开展巡查检查500余次，通过系统发送办理政府信息公开申请提示3000余条（次）。

【“放管服”改革】 2022年，自治区政务服务局出台政务服务标准化规范化便利化意见18条，建成自治区三级政务服务标准化体系，“证照分离”改革惠及企业37万余户、优化审批服务87万件，区域评估成果互认共享变“企业付费”为“政府买单”、为企业节约经济成本1.3亿元。自治区政务服务局推行证照分离改革，541项涉企经营许可事项实行分类审批，放宽市场准入。区域评估互认共享快速推进，发布评估成果766项，共享使用6250余次，降低制度性交易成本。制定《进一步深化工程建设项目审批制度改革实施方案》，优化审批流程，精简审批环节，提升审批效率。全区三级政务服务中心设置“一次办”窗口1000余个，配备“一次办”人员1300余名。103个“一次办”事项基本实现“一张表单”受理，新生儿出生、入园入学、身后等个人高频“一件事”以及企业开办、准入等高频“一件事”实现“一次办”，办事材料、办理环节、办理时间、跑动次数平均压减57%。全区设置“帮您办”窗口580余个，配备代办员3800多名，“纵向三级联动、横向部门协作”投资项目代办帮办服务体系进一步健全，投资项目审批变“企业跑”为“代办员跑”，主动靠前服务，实现招商引资与代办服务无缝衔接，累计助力5000多个项目加快落地。

【网上政务服务】 2022年，自治区政务服务局推进数据联通共享，提高网上政务服务能力，初步实现“网络通、数据通、业务通”。以“六个统一”为主要内容，打造线上服务总门户，全区11.5万项行政权力事项和43万项公共服务事项实现“进一网、能通办”。推动41个区直部门业务系统接入一体化政务平台，有注册用户超2671万户。打通数据壁垒，消除“信息孤岛”，梳理发布政务数据共享责任清单1083条，负面清单22条，供需对接清单7395条，全区发布政务数据目录53800条，挂载资源目录8069条，汇聚数据近16亿条，累计调用共享政务数据近4970亿次。电子证照系统应用实现全覆盖，发放电子印章9350多枚，电子证照库汇聚数据超6280万条，共享调用量超4亿次。启用“综合一窗受理”系统，汇聚办件934万件，减少办事跑动次数。内蒙古政务服务网累计接入特色应用1074项，设置特色专题服务2400余个，累计访问量超4890万次，日均访问7万次。

【“12345”政务服务便民热线】 自治区本级“12345”热线于2021年12月16日开通运行。截至2022年底，全区热线平台受理诉求614万余件，月均受理51万余件，自治区部门和盟市总体“响应率、解决率、满意率”呈逐月上升趋势，初步形成自治区、市两级联动的热线工作体系，越来越多的企业群众愿意通过“12345”热线了解政策、反映问题。成立自治区“12345”政务服务便民热线工作领导小组，建成“12345”热线指挥调度中心。印发《自治区“12345”政务服务便民热线管理办法》等制度，构建“1+3+N”制度体系，促进全区热线建设规范化制度化。通过系统接口对接方式建成与12个盟市热线数据深度融合、业务运行互联互通的系统平台，建立起纵向贯通12个盟市，横向联动自治区80个委办厅局和服务企业的热线服务体系。加大对盟市办结工单抽样回访力度，按月通报热线办理情况并进行排名，编发《12345 热线月报》7 期。

【掌上服务】 2022 年，自治区政务服务局聚焦提高服务完备度、体验度和精准度，打造覆盖全区的掌上查询、掌上预约、掌上办理、掌上评价的在线服务体系。“蒙速办”移动端汇聚各级政务服务应用 5300 余项，注册用户 1700 万，覆盖全区近 70%常住人口，累计访问量超 7.7 亿次，社保费缴纳、公积金提取、电子医保卡购药、e 登记、蒙企通、电子税务局等 2330 项服务应用实现掌上办理。2022 年，移动端新增注册用户 470 万户，新增访问量 4.3 亿次，较 2021 年底分别增长 38% 和 160%。

【政府网站建设】 2022 年，自治区政务服务局完成自治区政府门户网站集约化平台建设，37 个部门纳入平台管理，在清华大学组织的 2022 年省级网站评估中位列第八。完成自治区本级政府门户网站“政策文件库”建设，汇聚公开政策文件 7.29 万件，方便企业群众及时高效获取政府信息。设置“政策厨房”“优化营商环境内蒙古在行动”“助企纾困服务专区”等栏目，实现从“看网站”到“用网站”的转变。全区政务新媒体在国务院办公厅检查中合格率达到 100%。

【线下服务】 2022 年，自治区政务服务局推进“三集中三到位”，全区 76% 的政务服务事项入驻办事大厅，分领域综合办事窗口实现全覆盖。全区设立“综合一窗”窗口 2556 个，可办事项超 13 万项。推行延时服务，重点围绕企业设立变更注销、公积金提取、贷款、医保异地备案、社保卡申领、变更信息、居民身份证业务等高频事项，结合实际，开展“早晚弹性办服务”“午间不间断服务”“周末不休息服务”等延时服务，自 2022 年 7 月 16 日全区开展延时服务以来，全区公布延时服务事项 65387 项，涉及部门 2445 个，累计办件超 15 万件。

（云志君）

政策研究 参事工作

【概况】2022 年，自治区研究室（参事室）围绕贯彻落实党中央、国务院决策部署和自治区党委、政府重点工作开展调查研究。形成课题研究成果 57 项，其中报送《调研报告》20 期、《送阅件》35 期、《主席专报》2 期，得到自治区领导批示或圈阅 24 条，其中自治区党委、政府主要领导批示 6 条。在保持经济平稳健康发展方面，全年召开 3 次厅局经济形势分析座谈会，开展实地调研、书面调研、线上调研 9 次，完成 4 篇经济形势分析报告，获得 3 位自治区领导批示。在推动产业转型升级、高质量发展方面，组织完成《我区煤炭清洁高效利用的对策建议》《我区高新技术产业存在的问题与建议》等一批较高质量的研究成果。全年报送《重要信息送阅件》10 期、38 条。组织上报国务院办公厅重要信息 2 篇：《内蒙古自治区推动新能源全产业链发展引领产业结构优化和经济转型》《内蒙古自治区探索核算生态产品总值加快推动生态产品价值实现》。参与完成国务院发展研究中心“第三届新时代社会治理创新发展——基层治理”研讨会稿件《内蒙古基层治理的经验及做法》，为国家重大政策的制定出台提供参考。

【建设生态安全屏障调研】 2022 年，自治区研究室（参事室）形成《我区在农牧交错带应大力推行草畜一体化发展模式》《我区“无废城市”建设存在的问题及对策研究》等多项研究成果，其中《推动黄河流域生态环境保护和高质量发展需要关注的重大问题》《我区碳捕集利用与封存急需攻关的问题及建议》《加大二氧化碳在农业中的资源化利用》等被自治区政府领导批转至相关部门研究落实。

【建设祖国北疆安全稳定屏障调研】 2022 年，自治区研究室（参事室）开展《我区治理重复信访、化解信访积案存在的问题及健全完善相关工作机制研究》《蒙古国宗教现状、发展趋势及可能对中蒙关系产生的影响研究》等 3 项年度重点课题和参事调研课题研究。设立民族团结进步领域专项课题，形成《我区民族团结进步示范社区创建经验与启示》《我区铸牢中华民族共同体意识网络阵地建设问题研究》等成果，被自治区党委、政府领导批转至有关部门，推动相关领域工作。

【建设国家重要能源和战略资源基地调研】 2022 年，自治区研究室（参事室）围绕“两个转变”“两个率先”“两个超过”的目标和保障国家能源安全的重大任务，联合专业智库机构开展《碳达峰碳中和背景下内蒙古能源产业高质量发展研究》，形成高质量研究成果。先后完成《破解我区新能源发展并网难、调峰难、消纳难问题研究》《加快我区新能源运维服务业发展的对策建议》《我区工业园区绿色发展的对策建议》等7项研究成果。

【建设国家重要农畜产品生产基地调研】 2022年，自治区研究室（参事室）围绕高质量建设国家重要农畜产品生产基地，保障好国家粮食安全重大政治责任，形成《我区高标准农田建设情况调查研究》《草原流转政策研究》《关于大力发展我区农畜产品冷链物流体系建设的建议》《深入推进农业水价综合改革的几点建议》和重要信息《当前粮食市场需要关注的问题》等7项研究成果。

【建设国家向北开放重要桥头堡调研】 2022年，自治区研究室（参事室）组织实施《统筹口岸疫情常态化防控与安全有序通关对策研究》等一批研究课题。按照自治区政府领导安排，参与自治区向北开放重要桥头堡建设实施方案的起草工作，完成《建设国家向北开放重要桥头堡有关工作情况的汇报提纲》等文稿。

【智库合作与创新】 2022年，自治区研究室（参事室）与区内外智库合作开展乡村振兴、储能产业发展课题研究，委托特约研究员开展金融支持绿色低碳发展等6项课题研究。制定《自治区决策咨询智库平台建设工作方案（试行）》，建立重大决策咨询、课题合作研究、重大事项会商、智库研究成果转化、信息交流共享机制，畅通决策咨询供需渠道，调动各类新型智库力量，共同为自治区高质量发展提供智力服务。

【主席留言办理】 2022年，自治区研究室（参事室）加强对主席留言重点事项跟踪督办，全年网民在人民网给自治区主席留言841条，动态办结率100%；累计向主席提交周报告27篇、月度及季度报告5篇、半年分析报告1篇，通过自治区政府督查室下发督查通报1篇，累计得到自治区主席王莉霞批示26条。

【参事工作】 2022年，自治区研究室（参事室）组织参事深入学习习近平总书记重要指示精神，传达学习中共中央重大决策部署和自治区党委、政府工作要求，通报自治区经济社会发展情况，牢牢把握参事工作政治方向。会同自治区党委组织部、统战部做好政府参事选聘工作，推动参事队伍结构持续优化。引导政府参事围绕自治区经济社会发展重大问题调查研究，建言献策，全年上报参事建议14篇，其中，《我区稀土产业存在的问题及对策》等得到自治区领导批示。组织参事对《政府工作报告》起草提出建议，列席自治区两会，与自治区人大代表、政协委员共同参政议政。

（阚昆鹏）

信访工作

【概况】 2022年，自治区信访工作呈现“五下降、三提升、一好转”态势（五项数据呈比2021年下降的良好态势；“三提升”即各级党委、政府对信访工作重视程度普遍提升，网上信访占信访总量比重明显提升，信访工作规范化和“三率”水平稳步提升；“一好转”即信访秩序进一步好转），维护群众合法权益，维护全区改革发展稳定大局，得到自治区党委、政府充分肯定和中央信访工作联席会议3次通报表扬。自治区信访局在2022年全国信访工作考核中获得“优秀”等次。2022年，内蒙古自治区锡林郭勒盟太仆寺旗、鄂尔多斯市乌审旗、乌兰察布市卓资县、乌兰察布市察哈尔右翼后旗、包头市白云鄂博矿区、鄂尔多斯市准格尔旗、乌兰察布市察哈尔右翼前旗、兴安盟突泉县8个旗县（市、区）被评为全国“信访工作示范县”。第九次全国信访工作会议上，自治区4人受到习近平总书记等中央领导亲切会见，2个集体、14名个人获得全国“两先”“六优”称号。全区信访系统25个单位、115名个人受到自治区表彰。

【信访积案化解】 截至2022年12月31日，内蒙古自治区中央信访联席办交办完成重点信访事项化解率99.87%，位居全国第六。部署开展涉法涉诉信访事项和住建领域信访积案“百日攻坚”行动；探索建立“党建＋信访”工作机制，推动自治区50多个厅局、企事业单位实现交办积案“动态清零”；与自治区人力资源和社会保障厅协调联动，集中受理、办理拖欠农民工工资信访问题。一大批时间长、涉及面广、化解难度大、涉及群众切身利益的“骨头案”“钉子案”得到解决。其中，长达23年的兴安盟某某信访积案得到有效化解，受到中央信访联席办和自治区党委、政府肯定。《人民日报》《法治日报》等中央主要新闻媒体刊发内蒙古着力化解信访积案经验做法。

【基层责任压实】 2022年，自治区信访局完善加强领导干部接访下访、包案和阅批群众来信工作制度机制，定期通报接访情况，推动各级领导干部接访下访工作常态化长效化。36位省级领导包案化解信访积案并带动盟市、旗县（市、区）领导包案化解5000多件；各级领导干部接访群众近10万人次，推动解决大量信访事项，尽可能将问题解决在基层属地。制定信访工作“三函一约谈”实施办法，以“一封信”形式不定期向盟市“一把手”通报情况、提出建议。2022年，全区累计发函、发信3000多件（封），约谈213次。

【《条例》“五进”活动】 2022年5月，自治区信访局开展《信访工作条例》（以下简称《条例》）宣传月活动、召开全区座谈会，持续开展《信访工作条例》进乡村、进社区、进学校、进企业、进单位“五进”活动。全区62支宣讲小分队宣讲《条例》820场。《内蒙古日报》和盟市党委机关报开设专栏，刊发盟市、厅局和旗县（市、区）“一把手”学习贯彻《条例》心得体会，中央和自治区主流媒体刊播自治区学用《条例》动态2300余篇（条），点击量近200万次。在全国信访系统《条例》网络正能量作品创作大赛中，全区2部参赛作品获得“优秀奖”，自治区信访局获得“优秀组织奖”。

【基层基础建设】 2022年，全区初次信访事项及时受理率、按期办结率、群众满意率得到提升，解决一大批初信初访事项。创建全国“信访工作示范县”，锡林郭勒盟太仆寺旗、鄂尔多斯市乌审旗、乌兰察布市卓资县等8个旗县（市、区）被评为2022年全国“信访工作示范县”。强化盟市、旗县（市、区）矛盾纠纷调处化解中心建设，全区1081个苏木乡镇（街道）全部建立信访工作联席会议机制。

（王逸涵）

人事管理

【概况】 2022年，自治区人力资源社会保障厅充分发挥人社部门职能优势，突出人才培养、评价选拔、使用激励机制改革创新，技术技能人才队伍不断壮大。修订32个职称评审条件，扩大基层高级职称“定向评价、定向使用”范围。启动新一轮专业技术人才知识更新工程，实施“新世纪321人才工程”等人才培养计划，新增97家博士后科研工作站。新增职业技能等级评价机构85家、技能人才23.1万人，其中高技能人才5.6万人。自治区本级事业单位“绿色通道”人才引进由审批制改为备案制，全区引进高层次人才3385名，首次开展企业引育人才奖励并给予25家企业资金支持。进一步规范事业单位公开招聘程序、下放招聘权限，探索推行事业单位公开招聘云笔试、云面试，旗县以下事业单位管理岗位职员等级晋升制度顺利实施。

【专业技术人才知识更新工程】 2022年，内蒙古启动实施新一轮专业技术人才知识更新工程，自治区人社厅会同自治区财政厅、工信厅、科技厅和教育厅等部门转发国家实施方案，提出内蒙古自治区贯彻落实意见，明确重点抓好高级研修、急需紧缺人才培训、专业技术人员能力提升、继续教育基地建设等项目。开展新世纪321人才工程项目评选，面向自治区经济社会发展影响较大的学术、技术领域，特别是重点学科、特色、优势、新兴产业领域和高新技术行业中选拔优秀中青年人才，评选调整后自治区“新世纪321人才工程”人选共计1027人，其中，第一层次30人，第二层次200人，第三层次797人。组织实施2022年少数民族地区专业技术人才特培计划，选派80名区内外特培学员参加培训，积极推动将自治区项目纳入国家计划统筹实施。组织实施高级研修项目，获批稀土新材料科技成果转化、草原生态保护和黄河流域生态产品认证3个国家级高级研修项目，组织自治区高级研修项目8期。

【高层次人才引育】 2022年，自治区加大高层次人才引进力度，全年先后动态发布15批次高层次急需紧缺人才需求目录，为自治区本级高校、科研院所引进博士或正高级职称高层次人才345人，较2021年增长33%。与清华大学采取线上发布人才需求、建立对接服务平台的方式开展引才活动。围绕自治区重点产业链和重点区域，集中发布《内蒙古自治区2022年重点产业重点区域急需紧缺高层次人才需求目录》，涵盖185家企事业单位、450个岗位的1453个用人需求。强化青年人才培养，开展2022年度“草原英才”青年创新创业人才培养计划评选工作，将支持规模由每年100人提高到200人，进一步扩大项目支持覆盖面，提高项目影响力。实施自治区本级事业单位引进人才科研启动经费专家评审，择优为2021年度引进的116名高层次人才落实科研启动资金2100万元。创新开展企业人才引育奖励，围绕自治区首批打造的12条重点产业链，对评审入选的25家企业给予500万元人才引进培养奖励支持。

【职业技能人才等级评价】 2022年，自治区人力资源社会保障厅制定印发《关于进一步支持企业大力开展技能人才评价工作的通知》等一系列加强技能人才队伍建设的政策文件；指导盟市遴选、评估用人单位、技工院校和社会培训评价组织，开展技能人才评价工作。2022年，备案公布职业技能等级评价机构364家（其中用人单位95家，社会培训评价组织225家，技工院校44家），专项职业能力考核机构118家。打破技能人才发展的“天花板”，突破年龄、学历、资历、身份等限制，印发《关于开展特级技师评聘工作的通知》，启动职业技能等级“新八级”制度试点工作。鼓励企业积极开展特级技师评聘，探索开展首席技师评聘；相继印发了《关于开展职业技能等级社会化评价质量和技术技能类“山寨证书”专项整治工作的通知》《关于开展全区技术技能类“山寨证书”网络治理工作的通知》，对自治区备案的企业、院校和社会培训评价组织等职业技能等级评价机构的评价质量和面向社会开展的与技能人员、专业技术人员相关的培训评价发证（含线上）活动中出现的虚假或夸大宣传、乱收费、滥发证等突出问题开展专项治理。

【《事业单位公开招聘人员办法》出台】2022年，为提高事业单位人事管理科学化、制度化、规范化水平，建立符合事业单位特点的选人用人机制，根据《事业单位人事管理条例》和有关政策规定，结合自治区实际，自治区人力资源社会保障厅、自治区党委组织部联印发《事业单位公开招聘人员办法》（以下简称《办法》）。《办法》共计十章五十六条，分别从总则、组织管理、招聘计划、招聘方案、招聘公告、报名与资格审查、考试、体检与考察、公示与聘用、专项政策与专项招聘、纪律与监督、附则等内容进行制定，进一步规范了事业单位公开招聘工作，保障了应聘人员合法权益，建设高素质事业单位工作人员队伍。

【职称数据信息化建设】2022年，自治区人力资源社会保障厅落实优化营商环境重点任务，加快推进职称评审信息全区范围内在线查验，地区间职称互认。在全区范围内开展历年职称评审数据采集整理工作，全区共录入职称评审证书信息117万条，实现个人和法人用户在人力资源社会保障部政务服务平台、人社厅网和“蒙速办”“内蒙古人社”App等多个平台在线查验。

【技能人才培养】 2022年，自治区人力资源社会保障厅推行职业技能等级制度，在人社部官网公布备案职业技能等级评价机构364家（其中用人单位95家，技工院校44家，社会培训评价组织225家），全年新增高技能人才5.6万人，其中技师、高级技师1.17万人，完成全年目标任务2.8万人的199.3%和1万人的117%。

（陈启萌）

区直机关事务管理

【办公用房集中统一管理】 2022年，自治区机关事务管理局印发《关于开展自治区本级党政机关办公用房权属统一登记工作的通知》，对需办理办公用房权属统一登记的323个单位、1416处房产进行摸排统计，审核23家自治区本级行政和参公以上单位权属统一登记项目预算，完成16处办公用房权属转移登记。加强办公用房统筹配置，为相关单位调剂使用办公用房1.13万平方米；推进自治区党政机关房地产管理信息系统平台建设升级改造，实现全区办公用房地产信息统筹管理，全区盟市全部完成地市级房地产管理信息系统平台建设，累计录入自治区本级行政事业单位办公场所1165处，房屋建筑3916栋，总建筑面积1279.52万平方米。自治区党委办公厅、自治区政府办公厅下发《关于印发〈自治区本级党政机关房产清查处置专项工作方案〉的通知》，完成自治区本级行政、参公、公益一类事业单位和法检系统829家单位、面积779.02万平方米房产清查工作。加强房地产资产统一管理，接收移交闲置房产14处，建筑面积约1.1万平方米。出租盘活房产17处，处置异地闲置房产31处，跨层级调剂房产8处，推动办公用房地产资产合理配置和集约利用。2022年，自治区机关事务管理局审核23家自治区本级机关单位上报的大中修办公用房维修项目，审核维修资金1.48亿元，审减维修资金2877万元，审减率16.3%。

【公务用车管理】 2022年，自治区党政机关办公区、政府办公北区（以下简称两个办公区）驻院区直机关、10个盟市、2个计划单列市及36个旗县实现公务用车集中统一管理，通过信息化平台统一调度，实现党政机关、事业单位公务用车信息化监管全覆盖。分批完成2022年度党政机关55台公务用车采购配备工作，新能源汽车配备比例达到30%。审批部分事业单位使用自有资金更新及新增车辆164台，审批盟市旗县配备更新编制内标准内越野车44台。2022年4月，国家机关事务管理局印发《国管局关于第一批公务用车管理专项领域建设验收结果的通知》，呼和浩特市机关事务管理局被确定为“公务用车管理专项领域创新引领实践单位”。2022年9月，国家机关事务管理局印发《国管局关于开展第二批公务用车管理专项领域建设工作的通知》，赤峰市巴林左旗三山乡人民政府被确定为“保障基层公务出行专项领域建设单位”。

【公共机构合同能源管理】 2022年11月，自治区机关事务管理局、自治区发改委、财政厅等部门联合出台《自治区公共机构合同能源管理暂行办法》。自治区本级和呼和浩特市、赤峰市等地部分公共机构开始与区内外节能服务公司合作，推动实施合同能源管理项目，合作内容包括2000余个新能源汽车充电桩和部分分布式光伏发电站建设等项目。

【机关事务法治化制度化建设】 2022年，自治区机关事务管理局向有关部门报送立法规划建议。2022年11月，国家机关事务管理局办公室印发通知，自治区机关事务管理局被列为机关事务法治化创新试点名单。联合自治区发展和改革委等部门先后制定出台《自治区开展公共机构绿色低碳引领行动促进碳达峰实施方案》《自治区公共机构生活垃圾分类和资源循环利用示范工作实施方案》《自治区机关食堂反食品浪费工作成效评估和通报管理办法》等一系列政策文件，努力为自治区绿色低碳高质量发展作贡献。

【机关事务标准化建设】 2022年，自治区机关事务管理局印发《内蒙古自治区贯彻落实〈机关事务标准化工作“十四五”规划〉实施方案》，发布《办公用房信息采集规范》区级地方标准，编制《内蒙古自治区机关事务地方标准汇编》；会同自治区市场监督管理局对呼和浩特市、乌兰察布市、巴彦淖尔市机关事务部门承担的自治区机关事务标准化试点工作进行验收，三家单位均通过验收。包头市机关事务服务中心被国家机关事务管理局、国家市场监督管理总局列为全国首批机关事务标准化试点范例。2022年1月，由呼和浩特市机关事务管理局起草的《公务用车管理与服务规范》《党政机关会议服务评价规范》2项市级地方标准，作为自治区范围内首批盟市级公车、会议标准在地方标准信息服务平台正式发布。

【信息化建设】 2022年，自治区机关事务管理局推进“互联网＋机关事务”深度融合，探索内蒙古自治区智慧机关事务综合平台建设，通过发改部门立项审批、可研批复。结合标准化工作要求，推动办公用房、公务用车信息化平台、公共机构能耗在线监测平台等信息化系统整合，依托京东集团信息及物流优势，加快推进公物仓平台建设，完成办公用房线上虚拟公物仓运行，在线展示房产约2200平方米。

（李繁英）

中国人民政治协商会议内蒙古自治区委员会

综　述

【政协内设机构及委员界别构成】2022 年，中国人民政治协商会议内蒙古自治区委员会（以下简称自治区政协）设立有办公厅、提案委员会、经济委员会、人口资源环境委员会、教科卫体委员会、民族和宗教委员会、文化文史和学习委员会、港澳台侨联络和外事委员会、社会和法制委员会、农牧委员会 10 个正厅级单位。截至 2022 年 2 月，自治区十二届政协共有 29 个界别 513 名委员。其中，中国共产党 35 人、中国国民党革命委员会 7 人、中国民主同盟 8 人、中国民主建国会 8 人、中国民主促进会 8 人、中国农工民主党 8 人、九三学社 9 人、无党派人士 20 人、工会 5 人、中国共产主义青年团和青年联合会 11 人、妇女联合会 15 人、工商业联合会 25 人、科学技术协会 9 人、台湾同胞联谊会 9 人、归国华侨联合会 10 人、文化艺术界 25 人、科学技术界 23 人、社会科学界 24 人、经济界 53 人、农牧业界 33 人、教育界 20 人、体育界 7 人、新闻出版界 13 人、医药卫生界 23 人、对外友好界 10 人、社会福利和社会保障界 12 人、少数民族界 23 人、宗教界 16 人、特别邀请人士 44 人。

【政协委员变动及构成】2022 年，1 人辞去自治区十二届政协副主席职务，1 人辞去自治区十二届政协常务委员职务，增补 1 人为自治区十二届政协副主席，增补 15 人为自治区十二届政协常务委员，撤销 2 人自治区十二届政协委员资格。

【思想政治引领】2022 年，自治区政协把迎接中共二十大、学习宣传贯彻中共二十大精神作为首要政治任务，召开政协党组会议进行传达学习，增开 1 次政协常委会会议组织专题学习。主席会议成员带头宣讲中共二十大精神。为驻香港、澳门委员宣讲中共二十大精神。政协机关和各专委会采取多种形式学习领会中共二十大精神。及时跟进

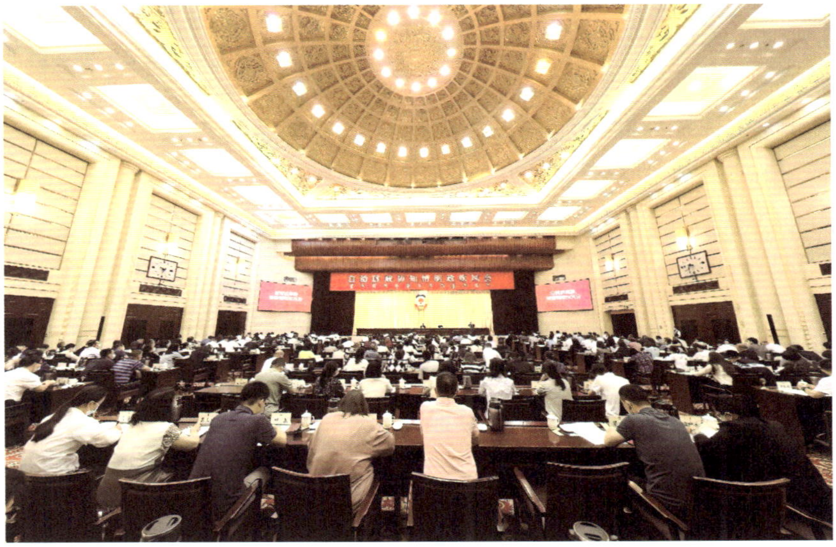

图 12　8 月 25 日，自治区政协召开知情明政吹风会。自治区党委副书记、自治区主席王莉霞通报全区经济社会发展情况

（自治区政协　供图）

学习习近平总书记重要讲话精神，学习《习近平谈治国理政》第四卷。深入学习贯彻中共十九届六中全会精神。召开“传达贯彻习近平总书记重要指示 深入开展委员读书活动”座谈会。学习贯彻自治区第十一次党代会精神和自治区党委各项决策部署，召开3期知情明政吹风会。全年共组织政协党组理论学习中心组学习12次，常委会专题学习3次，习近平新时代中国特色社会主义思想学习座谈会32次。

【共识合力凝聚】 2022年，自治区政协编印《政协委员履职导引》《凝聚共识专辑》，举办委员讲堂，就重大问题进行宣传阐释，邀请中央党校教授从世界大变局的推动力量与关键变量等方面，对“人类文明新形态、中国式现代化道路的科学内涵和实践要求”进行解读。举办凝聚共识主题宣讲会，围绕“碳达峰、碳中和的理论和实践问题”，向全区三级政协组织和广大委员作主题宣讲。围绕“如何正确认识和把握防范化解重大风险，有效化解各种存量风险、防范增量风险，守住不发生系统性风险的底线”“如何正确认识和把握实现共同富裕的战略目标和实践途径，更好地解决财富创造和分配问题、处理好效率与公平的关系”等议题，举办凝聚共识专题讲座。围绕相关主题举办同心读书分享会，激励广大政协委员和机关干部在新时代新征程上担当历史使命。开设“学习二十大 奋进新征程”“市县政协主席谈”等专栏，跟进报道全区三级政协的学习贯彻情况。深入贯彻全国政协文史工作座谈会精神，发挥政协文史工作存史、资政、团结、育人作用，完成4期《内蒙古文史资料》编辑和出版工作。主席会议成员主动走访各民主党派区委和自治区工商联，带头联系党外委员。组织党外委员视察“科技兴蒙”政策落实情况，组织港澳台侨委员考察自治区经济社会发展情况。组织召开党外知识分子、非公有制经济人士、新的社会阶层人士座谈会，围绕“正确认识和把握资本的特性和规律，支持和引导资本规范健康发展”等主题进行座谈交流。

【自身建设】 2022年，自治区政协助力自治区党委出台关于加强和改进盟市、旗县政协工作的实施意见，与自治区党委和政府联合印发《关于加强和改进新时代人民政协提案办理工作的意见》，研究制定《关于加强和改进自治区政协委员学习工作的意见》。首次围绕专题协商会议、专题调研等6大类协商议政活动开展质量评价。

对应用型智库进行优化调整，中长期课题研究取得阶段性成果，聚焦服务党政中心大局和新时代人民政协性质定位，加强政协理论研究，形成一批有深度的课题研究成果。进一步完善“政协云”建设，打造网上政协。

【区域协同联动】 2022年，自治区政协主办沿黄九省（区）政协黄河流域生态保护和高质量发展协商研讨第五次会议。参加东北三省一区政协主席联席会议第四次会议，围绕新时代东北地区兴边富民开展联合调研。围绕“水资源节约集约利用”，组织各民主党派区委和自治区工商联、12个盟市和103个旗县政协协同联动、共同参与，开展监督性协商。召开全区盟市政协秘书长工作经验交流座谈会、全区政协系统提案工作会议、全区政协系统反映社情民意信息工作会议，交流创新经验做法，研究部署新思路、新举措。对盟市、旗县政协履职平台建设情况进行调研指导，编印指导手册，引导各盟市政协就“推进政协协商与基层民主协商有效衔接”相互学习借鉴。各地政协在城市社区、农村牧区、高校院所、民营企业、医疗机构、文化场所等创建各类委员工作室2100余家。

【社区包联工作】 2022年3月，自治区政协对口帮扶乌兰察布市化德县公腊胡洞乡民主村和二道河村工作。制定政协2022年度乡村振兴帮扶计划，派出帮扶干部2名。两次前往帮扶点实地调研，召开干部群众座谈会。调拨16万元为2个村安装路灯120盏，解决群众夜间出行难问题，改善村容村貌。为乡、村捐赠办公电脑54台、打印机20台。捐赠5万只口罩、100套防护服、100套隔离服、13件大衣及面罩、一次性手套、脚套等防疫物品。慰问困难群众和困难党员，送去慰问金4000余元。为村民购置乐器设备2套、服装20套。

重要会议

【政协十二届五次会议】 2022年1月20—23日在呼和浩特举行。应到委员525人，实际参会494人。自治区党委书记石泰峰、自治区主席王莉霞等领导出席会议，参加联组讨论。会议审议批准李秀领主席代表自治区政协第十二届委员会常务委员会所作的工作报告，审议批准马学军副主席所作的提案工作情况报告，通过关于自治区政协十二届五次会议提案审查情况的报告。委员们列席自治区第十三届人民代表大会第六次会议第一次、第二次全体会议，听取并讨论王莉霞主席所作政府工作报告，听取并讨论自治区高级人民法院、人民检察院工作报告，讨论计划报告和财政报告。自治区政协十二届五次会议共收到发言材料185篇，14名委员作大会发言。会议从四个方面总结2021年自治区政协的工作，从五个方面对2022年工作进行部署。会议期间，共收到大会提案773件，审查立案632件。会议选举安润生为自治区十二届政协副主席，马韶晖等15人为自治区十二届政协常务委员。

【常务委员会会议】 2022年，自治区政协召开常务委员会会议5次。

第十八次会议。2022年1月12—13日召开。自治区党委常委、自治区政府常务副主席黄志强通报2021年自治区经济社会发展情况和自治区政协十二届四次会议以来政府办理政协提案情况。自治区政协副主席罗志虎代表主席会议向常委会报告工作。会议审议通过关于召开自治区政协十二届五次会议的决定、政协内蒙古自治区委员会协商工作规则（草案）、自治区政协十二届五次会议议程（草案）、日程；审议了提交政协十二届五次会议的常委会工作报告（讨论稿）及报告人名单、十二届四次会议以来提案工作情况报告（讨论稿）及报告人名单；听取审议有关人事事项说明。会议听取政协常委的年度履职报告。会议期间，内蒙古社会科学院院长李春林围绕深入学习贯彻党的十九届六中全会和自治区第十一次党代会精神作专题讲座。自治区政协党组书记、主席李秀领主持会议并讲话。

第十九次会议。2022年1月22日召开。会议审议了政协内蒙古自治区第十二届委员会第五次会议关于常务委员会工作报告的决议（草案），政协内蒙古自治区第十二届委员会提案委员会关于十二届五次会议提案审查情况的报告（草案），政协内蒙古自治区第十二届委员会第五次会议政治决议（草案），政协内蒙古自治区第十二届委员会第五次会议选举办法（草案），政协内蒙古自治区第十二届委员会第五次会议选举总监票人、副总监票人、监票人名单（草案），以及有关人事事项。会前召开自治区十二届政协第61次主席会议，听取小组讨论情况汇报，审议提交本次会议的有关文件。自治区政协主席、党组书记李秀领主持会议。

第二十次会议。2022年7月5日召开。会议围绕“加强科技、人才工作，提高科技贡献率”进行专题协商。自治区副主席包献华出席会议并作情况通报。自治区政协副主席欧阳晓晖围绕协商议题作主题发言。张和平、栗世芳、张竞、张军、邱志刚、李卫东6位政协委员、智库专家从不同角度作大会发言，自治区党委组织部、科技厅、工信厅、教育厅、人社厅、财政厅有关负责人就自治区科技和人才工作作专题介绍，并与委员开展互动交流。参会人员围绕协商议题进行了分组讨论。会议审议通过政协有关人事事项。自治区政协党组书记、主席李秀领出席会议并讲话。

第二十一次会议。2022年9月28日召开。会议围绕“‘双碳’背景下内蒙古经济绿色转型发展”进行专题协商。自治区副主席张韶春出席会议并作情况通报，自治区政协副主席马学军围绕协商议题作主题发言。6位政协委员、专家从不同角度作大会发言，自治区工信厅、能源局、地方金融监督管理局、林草局、发改委等有关部门负责同志作专题介绍，并与委员开展互动交流。会议审议通过政协有关人事事项。自治区政协副主席罗志虎出席会议并讲话。

第二十二次会议。2022年10月26日召开。会议传达党的二十大精神和自治区党委关于学习宣传贯彻党的二十大精神有关部署要求。自治区党委常委、统战部部长、政协党组副书记胡达古拉传达有关会议精神和要求。自治区政协党组书记、主席李秀领主持会议并讲话。

协商议政

【概况】 2022年，自治区政协围绕加快建设“两个屏障”“两个基地”“一个桥头堡”等关键问题深入协商议政、积极建言献策。全年组织重要协商活动12次，提出提案

583件，反映社情民意信息1230篇。

【建言献策】 2022年，自治区政协聚焦经济转型发展献计出力。围绕“‘双碳’背景下内蒙古经济社会绿色转型发展”“加强科技、人才工作，提高科技贡献率”召开专题议政性常委会会议，就新能源基地规划与建设情况组织常委视察。配合全国政协围绕“碳达峰碳中和形势下内蒙古经济发展战略研究”开展深入调研，呼吁国家层面给予支持，取得了阶段性成果。围绕“积极推动内蒙古跨境电商健康发展”等建言献策。

聚焦生态保护建设献计出力。围绕“水资源节约集约利用”开展民主监督性协商。围绕“探索生态建设多元投入机制，助力生态安全屏障建设”开展专题协商。组织驻区全国政协委员考察“绿水青山就是金山银山”实践创新基地。

聚焦农牧业高质量发展献计出力。围绕“推进种业高质量发展，助力国家重要农畜产品生产基地建设”“提高奶牛和优质牧草自给率，推进全区乳业全链条发展”等议题开展协商。组织委员视察黑土地利用保护情况，为不断夯实国家粮食安全基础，推进农业绿色发展贡献政协智慧和力量。

聚焦铸牢中华民族共同体意识献计出力。围绕“提升民族事务治理体系和治理能力现代化水平”“加强文化建设，铸牢中华民族共同体意识”深入开展协商。围绕“加强干部教育，铸牢中华民族共同体意识”，配合全国政协在内蒙古开展民主监督性调研。

聚焦增进民生福祉献计出力 围绕“加快推进大数据应用和信息共享，提升社会治理和公共服务能力”“推动构建现代职业教育体系，提升职业教育发展质量”“构筑城市地下生命线，破解城市治理难题”开展协商。组织委员考察调研乡村振兴、就业和食品安全等工作，助力解决人民群众的急难愁盼问题。落实主席会议成员包联化解信访积案，处理和化解一批信访案件。面对新冠疫情冲击，主席会议号召广大政协委员和机关干部积极响应、迅速行动，在疫情防控中立足本职、发挥专长，驰援防疫。

【提案督办】 2022年，自治区政协办公厅与自治区党委办公厅、政府办公厅印发《关于加强和改进新时代人民政协提案办理工作的意见》，修订《区直党政机关和盟市提案办理绩效考评办法》，编印《人民政协提案工作制度汇编》，调整了提案办理机构四级责任人，严格实施提办双方“双向评议”制度。对自治区政协十二届四次会议以来的625件提案进行质量评价，对87家提案办理单位进行绩效考评。审查自治区政协十二届五次会议提案809件。立案提案复核后，确定立案583件。与自治区党委、政府联合召开提案交办会，与政府督查室联合通报提案办理情况，印发《重点提案专报》《提案工作专报》和《提案督办函》。自治区党委书记、政府主席开始督办重点提案，实现了党委政府领导同志、政协主席会议成员和专门委员会督办重点提案全覆盖。全年遴选19件提案由党委政府领导同志督办，遴选22件提案由政协主席会议成员督办，遴选27件提案由政协专门委员会督办。组织开展提案办理协商《关于构筑城市地下生命线 破解城市地下安全治理难题的提案》《协商意见报告》得到自治区领导同志的批示。对列入自治区党史学习教育“我为群众办实事”省级层面项目清单的民生类提案进行了“回头看”，编印《工作台账汇编》，提案工作呈现出党委、政府、政协同频共振的格局。

表4 2022年内蒙古自治区政协重点提案一览表

序号	提案号	题目	提案者
1	0106	关于建立“全球最大的乳酸菌种质资源库和基因组数据库”的提案	张和平 万晓红 张占忠 白玉国 杨永胜 闫 敏
2	0190	关于加快推进我区现代种业高质量发展的提案	民盟内蒙古区委 李 炯 路战远
3	0115	关于加强管理“网上中介服务超市”助力自治区营商环境再优化的提案	万晓红
4	0493	关于当前我区青少年心理健康问题需引起全社会关心和重视的提案（备注：此提案是2021年度重点提案）	孙国庆 自治区团委 吕东明

表4(续表)

序号	提案号	题目	提案者
5	0002	关于发挥社会组织力量为铸牢中华民族共同体意识 促进我区岩画和不可移动文物保护的提案	魏 军
6	0154	关于加快自治区融媒体深度融合发展的提案	民进内蒙古区委 马海涛
7	0248	关于加快培养新时代民族工作专兼职干部队伍的提案	恩和巴雅尔 乌兰图雅 娜布其玛 巴德玛 敖特根巴特尔 布仁巴雅尔 胡达古拉 乌兰巴特尔 斯日古楞 巴力吉
8	0336	关于强化科技支撑助力内蒙古草原畜牧业高质量发展的提案	九三学社内蒙古区委
9	0249	关于进一步完善政策性保险体系助推农牧业高质量发展的提案	民盟内蒙古区委
10	0134	关于持续性加大对内蒙古马铃薯种业创新中心发展支持力度的提案	尹玉和
11	0013	关于增加自治区地方政府粮食储备规模 确保粮食供应安全的提案	李福君
12	0315	关于扎实做好我区易地扶贫搬迁后续帮扶工作的提案	农工党内蒙古区委
13	0176	关于推广产前无创基因筛查(NIPT)预防出生人口缺陷的提案	农工党内蒙古区委
14	0473	关于加强水资源刚性约束的提案	程 玺 李艳茹 王 靖
15	0294	关于加快我区中等职业教育发展的提案	农工党内蒙古区委 曹 红 殷 耀
16	0369	关于建立自治区应急医疗救援队伍的提案	赵海平
17	0054	关于大数据助推自治区高端装备制造业进一步发展的提案	民建内蒙古区委
18	0547	关于推动社会组织参与基层协同治理的提案	自治区政协社会和法制委员会
19	0136	关于将鄂尔多斯市打造成为国家"双碳"创新策源地的提案	民盟内蒙古区委
20	0383	关于优化民营企业营商环境的提案	自治区工商联 孙国庆 张文清 任 媛
21	0017	关于解决乌海市农业和生态用水指标短缺问题的提案	王文杰
22	0556	关于进一步提高我区新能源投资力度扩大投资效益的提案	李 峰

(表格来源:自治区政协)

调研视察

【概况】 2022年，自治区政协认真履行职责，围绕党中央决策部署和自治区党委中心工作、重点工作，开展调研与视察、考察，提出工作建议。共计开展委员视察考察活动7项、界别活动23项。

【视察考察】 2022年，自治区政协委员视察考察活动7项，主要围绕生态环境建设、新能源发展、社会建设、食品安全、黑土地保护、科技兴蒙等问题进行。

【界别活动】 2022年，自治区政协办公厅及各专委会积极开展界别联系活动，围绕巩固脱贫攻坚成果、生态文明建设、青年劳动者权益保障、推动高质量发展、民营经济发展、中医药传承、黑土地保护等热点问题进行。

表 5　2022 年内蒙古自治区政协委员视察考察情况一览表

序号	类别	视察考察内容	参加人员	时间	地点	责任部门
1	住区全国政协委员考察团	考察“绿水青山就是金山银山”实践创新基地	住呼全国政协委员	5 月	兴安盟	办公厅
2	常委视察团	视察新能源基地规划与建设情况	自治区政协常委	6 月	包头市 鄂尔多斯市	办公厅
3	委员考察团	自治区经济社会发展成就	港澳委员	7 月	包头市 鄂尔多斯市 呼和浩特市	港澳台侨联络和外事委员会
4	委员视察团	组织委员视察食品安全情况	自治区政协委员	8 月	呼和浩特市 包头市	农牧委员会
5	委员视察团	黑土地利用保护情况	自治区政协委员	9 月	呼伦贝尔市	人口资源环境委员会
6	委员视察团	组织党外委员视察“科技兴蒙”政策落实情况	自治区政协委员	6 月	同协商调研一同安排	教科卫体委员会
7	委员考察团	组织委员考察就业情况	自治区政协委员	7 月	通辽市、赤峰市	社会和法制委员会

（表格来源：自治区政协）

表 6　2022 年内蒙古自治区政协联系界别组活动一览表

序号	落实委员会	界别	活动内容	活动地区	备注
1	政协办公厅	中共界二组	围绕巩固脱贫攻坚成果和生态文明建设考察学习	山西省吕梁地区	
2	提案委员会	共青团和青联界	围绕新就业形态下青年劳动者权益保障的经验和做法学习考察、培育提案	成都市	
3	经济委员会	经济界一组	围绕统筹推进生态、资源和产业，实现经济高质量发展进行调研	锡林郭勒盟 乌兰察布市	同专题协商调研一并实施
4		经济界二组	以碳金融助推自治区产业绿色发展	呼和浩特市 赤峰市	同专题协商调研一并实施
5		经济界三组	学习考察“专精特新”企业好的经验做法	鄂尔多斯市	
6		工商联界别组	围绕民营企业经济运行情况学习考察、增进共识	江苏省	
7	人口资源环境委员会	农工党界	围绕“促进我区中医药传承创新发展”开展调研	通辽市	
8		无党派界	围绕“加强黑土地保护优先、用养结合”开展学习考察、增进共识	呼伦贝尔市	与委员视察合并
9		妇联界	围绕“对我区婚姻登记机构开展家庭教育指导服务工作”座谈交流		

表6（续表）

序号	落实委员会	界别	活动内容	活动地区	备注
10	教科卫体委员会	教育界	围绕推动构建现代职业教育体系，提升职业教育发展质量考察调研	呼和浩特市 包头市	同对口协商调研一并实施
11		科技界 科协界	深入推进“科技兴蒙”持续优化财政资金投入工作考察调研	宁夏回族自治区、呼和浩特市等地	同专题议政性常委会协商议题调研一并实施
12	民族和宗教委员会	九三学社界	科技助力畜牧业高质量发展	四川省通辽市	
13		宗教界	围绕激发宗教界内生动力，推动我国宗教中国化培育提案	浙江省	
14		少数民族界	围绕加快牧区现代化的思路和对策调研座谈	锡林郭勒盟	
15	文化文史和学习委员会	文化艺术界	推动文化生态保护区建设	广东省	
16	港澳台侨联络和外事委员会	对外友好界	围绕跨境电商发展、中欧班列运营进行学习考察	重庆市	同对口协商调研一并实施
17		特邀界	考察自治区经济社会发展情况	呼和浩特市 包头市 鄂尔多斯市	与港澳台侨委员考察一并实施
18	社会和法制委员会	社会福利和社会保障界	围绕加快制定政府扶助的养老三服务（餐饮、医疗、家政）进社区的规范或标准进行座谈交流	包头市	
19		社会科学界	“十四五”时期我区人口发展与经济社会发展关联性分析	呼和浩特市	
20	农牧委员会	农牧界一组	围绕“国家乡村振兴重点帮扶县农牧业主导产业”开展调研	兴安盟	同专题协商调研一并实施
21		农牧界二组	围绕“农牧业在碳达峰碳中和的作用”进行学习考察	河北省	
22		民盟界	围绕“长城文化与民族团结”开展座谈交流、凝聚共识	赤峰市	
23		工会界	围绕“新型就业群体职工权益保护”培育提案	成都市	

（表格来源：自治区政协）

委员工作

【联络服务】2022年，自治区政协组织完成三级政协委员线上培训工作，参训人员8000余人次。完成自治区政协委员参加自治区政协十二届五次会议、十二届十八次至二十二次常委会委员通知联络及参会统计相关工作。完成住区全国政协委员参加全国两会、全国政协常委会等会议的服务保障工作。联系全国政协领导及兄弟省市政协来内蒙古考察调研活动。组织委员线上观看党的二十大开幕会议直播并统计相关情况。完成委员届内履职报告收集工作。服务驻区全国政协委员和自治区政协委员参加各类专题讲座、知情明政吹风会、委员讲堂、读书活动等履职活动。完成2022年度住区全国政协委员和自治区政协委员“一报两刊”的征订工作，共计征订1583份，购买学习图书500余册。参与服务沿黄九省（区）政协黄河流域生态保护和高质量发展协商研讨第五次会议。

【履职管理】2022年，自治区政协草拟《关于进一步做好内蒙古自治区政协委员住盟市委员履职服务工作的办法》。加强对《关于开展委员履职量化考评强化委员责任担当的办法》的组织实施，结合委员履职考评约束性和激励性指标，对委员履职统计工作明确范围要求，印发《关于完善委员履职档案做实委员履职精准统计的通知》。加强政协云委员履职统计系统的实践、应用、修改、完善。基本建成十二届委员年度个人纸质和电子履职档案，实现委员履职随阅随查、及时掌握委员履职情况。为十三届政协委员编印《委员履职应知应会手册》《委员履职手册》。完成委员年度履职情况统计表，建立委员履职档案。完成届内委员履职纸质档案整理装订工作，完善政协云平台委员履职系统的相关功能，指导委员熟练掌握履职系统操作，形成“电子+纸质”两套履职档案，方便查询统计。依据政协云平台委员履职系统统计表，对383名届内无情况变化的委员进行汇总分析，作为委员换届参考依据之一。完成自治区政协委员下沉呼和浩特市政协委员工作站（室）开展活动的情况统计，形成汇报材料；联系各盟市、旗县（市、区）政协，统计掌握换届后基层政协委员联络机构设置情况及委员人数，形成相关报告。

【“委员之家”建设】2022年，自治区政协对“委员之家”前期建设和使用情况进行摸底，赴其他省市学习运行模式、性质归属、服务管理等经验做法。完成“委员之家”文化墙升级工作。对“委员之家”的建设和使用情况进行了摸底，服务保障政协委员及机关开展观影活动30次、会议学习20次、举办讲座3次，图书借阅100余册。推动完善委员履职活动信息化平台建设。推进“委员之家”文化建设和功能完善。

（邢　泰）

中共内蒙古自治区纪律检查委员会
内蒙古自治区监察委员会

综 述

【从严管党治党】 2022年，自治区纪检监察机关一体推进不敢腐、不能腐、不想腐。聚焦不敢腐，对中共十八大以后不收敛不收手，特别是中共十九大以后仍不知止、胆大妄为的，发现一起、查处一起。坚决查处政治问题和经济问题交织的腐败，深化治理政商勾连破坏政治生态和经济发展环境问题。开展领导干部亲属“寄生性”腐败、“一人多证”等排查清理整治。全区纪检监察机关共立案8152件，处分10497人，移送检察机关544人。在高压震慑和政策感召下，全区有341人向纪检监察机关主动投案、1296人主动说明问题。

【纪委监委机关规范化、法治化、正规化建设】 2022年，自治区纪委监委加强政治建设，深学细悟习近平新时代中国特色社会主义思想，认真落实党建工作责任制，全面推行“一小时学堂”。加强作风建设，制定自治区纪委监委领导班子关于改进工作作风的实施办法，加强调查研究，精简会议活动，切实转变文风会风，厉行勤俭节约。加强制度建设，制定保障案件质量的15条措施等制度规定，自治区纪委监委与自治区党委政法委等4个部门联合制定《关于切实强化监察执法与刑事司法规范有序衔接的意见》。加强干部队伍建设，完成自治区本级纪检监察机构监察官等级首次确定工作。分级分类实施全员培训，严格按照法定权限、规则、程序开展工作，依规依纪依法履职用权。自觉接受严格的约束和监督。自治区、盟市、旗县三级监委全部完成首次向本级人大常委会报告专项工作。严肃查处执纪违纪、执法违法突出问题，全区共立案纪检监察干部违纪违法案件74件80人，给予诫勉谈话和组织处理203人，处分85人，移送检察机关6人，坚决清除害群之马。2022年，自治区纪委监委第一监督检查室副主任刘占波获“全国纪检监察系统先进工作者”称号；信访室副主任娜仁图雅获“全国信访系统优秀办信员”称号。

重要会议

【中共内蒙古自治区纪委第十一届第二次全会】 2022年1月26日，中共内蒙古自治区纪委第十一届第二次全会在呼和浩特市召开。出席全会的自治区纪委委员44人，列席115人。自治区党委书记、人大常委会主任石泰峰出席全会并讲话。自治区党委常委，自治区人大常委会、自治区人民政府、自治区政协及自治区高级人民法院、自治区人民检察院的领导同志出席会议。自治区纪委常委会主持会议，自治区纪委书记刘爽代表自治区纪委常委会作题为《永葆自我革命精神，推动纪检监察工作高质量发展，迎接党的二十大胜利召开》的工作报告。

【全区纪检监察机关“1·15”审查调查安全警示教育暨整治群众身边腐败和不正之风问题月调度电视电话会议】 2022年1月14日，全区纪检监察机关“1·15”审查调查安全警示教育暨整治群众身边腐败和不正之风问题月调度电视电话会议召开，各盟市、旗县（市、区）设分会场。自治区党委常委、纪委书记、监委主任刘爽出席会议并讲话。

党风廉政建设

【“四风”纠治】 2022年，自治区纪检监察机关严查违反中央八项规定精神问题，紧盯“四风”老问题、新情况常态化开展监督检查。全区共查处享乐主义、奢靡之风问题486个、处分420人，查处形式主义、官僚主义问题1218个、处分1297人。抓住节假日关键节点，向全区党员干部发送廉洁提醒短信，通报曝光违反中央八项规定精神问题218个。围绕纠治“三多三少三慢”问题，对农业农村部、国家乡村振兴局通报的科尔沁右翼中旗新佳木苏木农村户厕摸排整改中行动缓慢、敷衍整改等问题严肃追责问责。协助自治区党委制定容错纠错8条意见，对一心一意干事创业干部的工作失误应容必容、能容尽容，激励干部攻坚克难、担当作为。

【群众身边不正之风和腐败问题整治】 2022年，自治区纪检监察机关推动群众举报“存量清零、增量随清”。全区共接收检举控告19290件，比2021年下降57.3%。聚焦群众反映强烈的热点、难点、痛点问题，结合实际开展专项整治、系统施治。开展城镇供热监督调研，及时将发现问题向自治区党委报告，监督推动城镇供热设施“冬病夏治”。加强农牧民工工资支付监督检查，保障农牧民工工资按时足额发放。常态化整治城镇公共收费停车场建设管理领域腐败和作风问题。呼和浩特市纪委监委下沉一线推动解决清水河县拖欠特岗教师补贴和保险费用问题。包头市、通辽市、锡林郭勒盟、乌海市纪委监委围绕暖心煤发放开展全程监督，确保人民群众温暖过冬。呼伦贝尔市纪委监委坚决整治“靠林吃林”“靠山吃山”问题。兴安盟纪委监委坚决整治侵害农民种粮收益套取粮食生产者补贴问题。赤峰市纪委监委系统整治公共资源交易领域和非免疫规划疫苗购销领域腐败问题。乌兰察布市纪委监委持续监督推动户厕整改工作。鄂尔多斯市纪委监委深化运用包联督导，持续推动检举控告清零、随清，信访举报大幅下降。巴彦淖尔市纪委监委开展提升行政执法规范化水平专项行动。阿拉善盟纪委监委严肃查处医疗卫生系统塌方式腐败问题。

【“四种形态”运用】 2022年，自治区纪检监察机关精准运用“四种形态”，第一、第二、第三、第四种形态占比分别为71.4%、20.8%、4.2%、3.6%。聚焦不能腐，深化以案促改、以案促治，坚持案件查办和整改整治统筹推进，推动完善权力运行监督制约机制，扎紧防治腐败的制度笼子。

【廉洁文化建设】 2022年，自治区纪检监察机关聚焦不想腐，协助自治区党委召开全区金融领域警示教育大会，制作《割除毒瘤、清除毒源、肃清流毒——宋亮严重违纪违法案以案促改警示教育专题片》，汇编党的十九大以来查处的区管干部和公安、法院、金融、电力、地质矿产等重点行业领域干部忏悔录，用身边事教育身边人。贯彻落实加强新时代廉洁文化建设意见，努力营造崇尚廉洁、抵制腐败的良好社会风尚。

监督检查

【政治监督】 2022年，自治区纪委监委聚焦建设我国北方重要生态安全屏障强化政治监督，加强对中央环保督察反馈问题整改监督，对移交的乌拉特前旗矿山企业违法违规开采监管不力、鄂托克旗棋盘井区域违规取水用水、克什克腾旗黄岗梁国家森林公园生态破坏等突出问题严肃追责问责；跟进监督黄河流域生态环境突出问题整改，推动黄河流域生态保护和高质量发展；跟进监督“一湖两海”和察汗淖尔综合治理，督促责任落实、整改落实，推动水资源、水环境、水生态治理；深化破坏草原林地违规违法行为专项整治，严肃查处科尔沁右翼前旗乱开滥垦草原禁而不绝等突出问题，推进草原生态保护修复治理。

聚焦建设祖国北疆安全稳定屏障强化政治监督，常态化推进扫黑除恶“打伞破网”，推动巩固政法队伍教育整顿成果，推进平安内蒙古、法治内蒙古建设；开展防范化解财政金融风险监督，督促推动自治区农村中小银行改革化险、城商行改革化险，严肃查处违规举债问题。

聚焦建设国家重要能源和战略资源基地强化政治监督，常态化整治煤炭资源领域违规违法问题，严肃查处拿国家煤炭资源搞权钱交易的腐败分子；开展涉嫌骗取可再生能源发电补贴问题查处整治工作，认真核查相关项目背后的责任和腐败问题，推动新能源产业健康有序发展。

聚焦建设国家重要农畜产品生产基地强化政治监督，开展粮食购销领域腐败问题专项整治，推动全区各级党委、政府整改问题，严肃查处一大批靠粮吃粮贪腐案件，坚决维护国家粮食安全；深入开展违建别墅、农村乱占耕地建房、落马领导干部在农村圈地建豪宅等问题清理整治，坚决遏制耕地“非农化”；围绕全面推进乡村振兴，开展巩固拓展脱贫攻坚成果同乡村振兴有效衔接专项监督，督促专项审计反馈问题整改。

聚焦建设国家向北开放重要桥头堡强化政治监督，设立自治区口岸城市工作专班执纪监督组开展口岸疫情防控监督，指导口岸城市纪检监察机关加强优化口岸营商环境、中蒙经济合作区建设等方面的监督。

聚焦全方位建设“模范自治区”强化政治监督，深化对铸牢中华民族共同体意识、加强和改进民族工作的监督，稳妥处置涉及民族因素、影响民族团结等方面的问题。

【日常监督】 2022 年，自治区纪委监委紧盯“关键少数”，强化对“一把手”和领导班子的日常监督，协助自治区党委制定《关于加强对“一把手”和领导班子监督的实施意见》，全区共约谈领导班子成员、重点岗位人员 1822 人次，处分县处级以上“一把手”276 人。加强对党的二十大代表、全国人大代表、政协委员的推荐选举和自治区人大、政府、政协换届监督工作，对有关人选和拟提拔人选严把政治关、廉洁关。

（高福刚）

巡视巡察

【概况】 自治区党委高度重视巡视工作，2022 年召开 5 次党委常委会会议听取巡视汇报、研究重点任务、审议巡视制度规定。1 月 29 日，党委办公厅印发《十一届内蒙古自治区党委巡视工作规划（2022—2026 年）（试行）》，明确新一届党委巡视工作的总体要求、目标任务、监督重点，确定 244 个巡视对象，为今后 5 年的巡视工作锚定靶向。自治区党委书记孙绍骋切实履行第一责任人职责，于 2022 年 5 月 12 日到巡视机构指导巡视工作，看望巡视干部；12 月 27 日，召开书记专题会议听取巡视综合情况汇报、研究部署整改任务。巡视工作领导小组落实组织实施责任，先后召开 4 次领导小组会议、2 次巡视动员部署会，传达学习中央巡视新精神、听取情况汇报、推动任务落实。自治区党委巡视办主动作为，履行统筹协调、指导督导、服务保障职能，充分发挥参谋助手作用。全年，自治区党委开展 2 轮次巡视，对十届党委巡视整改情况进行全面起底，加强对市县巡察、区直机关内部巡察工作的指导督导，全区巡视巡察工作呈现出好的发展态势。

【政治巡视】 2022 年，自治区巡视工作按照“跟着中央巡视走，带着盟市干”的总体工作思路，开展十一届党委首轮巡视，对标中央巡视做法，派出 13 个巡视组对 24 个机关单位进行常规巡视，首次将自治区纪委监委机关、党委组织部纳入监督范围，体现巡视无例外的要求。巡视期间，协调自治区党委组织部、宣传部、保密局开展选人用人、落实意识形态工作责任制和保密工作专项检查。巡视组结合机关单位的职能特点和主责主业，紧盯“一把手”和“关键少数”，发现各类问题 907 个、问题线索 69 件，督促立行立改事项 26 个。

【专项巡视】 2022 年 9 月 17 日至 10 月 16 日，自治区巡视工作按照自治区党委关于加强资源节约集约的重要部署，派出 13 个巡视组，对 15 个单位推进“五个大起底”行动开展专项巡视。巡视组突出“专”的特点，深入了解待批项目、闲置土地、“半拉子”工程、沉淀资金和开发区闲置资源要素起底情况，发现各类问题 327 个，推动立行立改、即知即改事项 89 个，发挥巡视监督保障执行、促进完善发展作用。

【巡视整改】 2022 年 9 月 19 日，自治区党委办公厅对照中央加强巡视整改和成果运用的意见，印发《内蒙古自治区巡视整改工作办法》，对整改责任、流程机制、时限要求、整改监督等作出规定。强化对整改日常监督的统筹协调，推动自治区纪委常委会把巡视整改列为重要议题研究安排，推动党委组织部将整改情况纳入领导班子年度考核和基层党建述职评议重要内容。会同自治区纪委监委，集中审核十届党委第十轮巡视、涉粮问题专项巡视整改进展情况报告，全面起底2017年以来的巡视整改情况。综合用好巡视成果，按照自治区党建办和煤炭资源领域专项整治监督办要求，对16个党委（党组）书记抓基层党建、12个盟市煤炭资源领域专项巡视巡察发现问题整改情况进行评价，为有关职能部门强化治理提供参考。

【巡察工作】 2022年，自治区党委巡视办加强对巡察工作的指导督导，推动盟市、旗县巡察办主任全部由同级纪委领导班子成员担任，到呼伦贝尔市、通辽市等6个盟市和乌拉特中旗、扎赉特旗等12个旗县调研。抓实巡察指导督导整改工作，推动市县巡察机构优化机构设置、增加人员编制、完善制度机制。3月30日，召开盟市委巡察办主任座谈会和盟市新任职巡察办主任集体谈话会；4月19日，举办区直部门第二期巡察干部培训班，培训巡察干部143名；4月25日，组织12个盟市巡察办主任参加中央巡视办举办的省市两级巡视巡察办主任培训班。2022年度全区各盟市旗县采取常规巡、专项巡、提级巡、交叉巡等方式，巡察党组织1775个（不含村级），巡察嘎查（村）党组织1876个。

（张 琼）

表7 十一届自治区党委第一轮巡视情况一览表

组 别	组 长	巡视对象	巡视时间
第一巡视组	吴海东	自治区发展和改革委员会	2022年7月15日至9月15日
		自治区工业和信息化厅	
第二巡视组	云一龙	自治区水利厅	2022年7月15日至9月15日
		内蒙古河套灌区水利发展中心	2022年7月19日至9月15日
第三巡视组	高 鹏	自治区民政厅	2022年7月14日至9月15日
		自治区人力资源和社会保障厅	2022年7月15日至9月15日
第四巡视组	千梅海	自治区农牧厅	2022年7月15日至9月15日
		自治区乡村振兴局	
第五巡视组	吴艳刚	自治区党委办公厅	2022年7月15日至9月15日
		自治区党委政策研究室（改革办）	
		自治区党委保密委员会办公室	
第六巡视组	王燕峰	自治区党委国家安全委员会办公室	2022年7月14日至9月15日
		自治区党委外事工作委员会办公室	
第七巡视组	蔺建军	自治区纪委监委机关	2022年7月15日至9月15日
第八巡视组	刘长春	自治区林业和草原局	2022年7月15日至9月15日
		内蒙古自治区大青山国家级自然保护区管理局	
第九巡视组	殷建设	自治区党委军民融合发展委员会办公室	2022年7月14日至9月15日
		自治区退役军人事务厅	2022年7月15日至9月15日
第十巡视组	郝朝暾	自治区党委组织部	2022年7月14日至9月15日
第十一巡视组	张润生	自治区生态环境厅	2022年7月16日至9月15日
		自治区交通运输厅	2022年7月15日至9月15日
第十二巡视组	敖日格勒	自治区政府办公厅	2022年7月13日至9月15日
		自治区研究室	2022年7月14日至9月15日
第十三巡视组	王宏亮	自治区自然资源厅	2022年7月15日至9月15日

（表格来源：自治区党委巡视办）

民主党派 工商联

中国国民党革命委员会内蒙古自治区委员会

【概况】 2022年，中国国民党革命委员会内蒙古自治区委员会（以下简称民革内蒙古区委）下设4个市级委员会，1个工作委员会，79个基层组织（包括18个总支部、61个支部），2个学习小组。全区民革党员总数2074人。党员中厅级现职干部11名，处级现职干部52名。民革内蒙古自治区第九届委员会有327人次担任各级人大、政协职务，其中，全国政协委员2名，自治区人大常委1名、代表4名，自治区政协常委7名、委员15名。2022年，民革兴安盟支部获得“民革全国宣传思想工作先进集体”称号。王瑞亭、陈晓丽、马尚发获得“民革全国宣传思想工作先进个人”称号，王月高获得“民革中央祖国统一工作先进个人”称号。民革内蒙古区委会机关参政议政部和民革呼和浩特市委会获评“民革全国参政议政工作先进集体”称号。王健、孙宁、徐敏获评“民革中央参政议政工作先进个人”称号。民革内蒙古区委会白清元被评为2020—2022年度全区政协系统反映社情民意信息优秀委员，参政议政部被评为2020—2022年度全区政协系统反映社情民意信息工作先进部门，刘宇胜被评为先进个人。

【组织建设】 2022年，民革内蒙古区委新发展民革党员80人。新成立民革内蒙古艺术剧院支部和法制支部。新建“民革党员之家”1家，全区建成“民革党员之家”26家。开展内蒙古民革履职工作先进集体、个人评选工作，21个基层组织、2个区委机关部室和50名基层党员受到表彰。

【政治思想建设】 2022年，民革内蒙古区委印发《关于学习贯彻落实中共二十大精神的方案》，邀请中央党校教授张占斌、清华大学特聘教授冯俊等知名专家，面向全区党员开展线上授课辅导，1600余人参加；组织区委会理论学习中心组成员及机关各部室负责人专题学习讨论、交流发言，机关干部参加民革中央与中央社会主义学院举办的线上“学习贯彻中共二十精神专题培训班”，参观“亮丽内蒙古奋进新征程”学习宣传贯彻中共二十大精神主题展。开展“矢志不渝跟党走、携手奋进新时代”政治交接主题教育，制定印发主题教育专题方案，组织开展“讲述·非凡十年”等主题征文活动。牵头组织各民主党派班子成员、专家学者先后赴呼伦贝尔市、乌海市开展“同心向未来”宣讲活动。围绕中共十九大及十九届历次全会、中共二十大精神，习近平总书记关于做好新时代党的统一战线工作、加强和改进人民政协工作的重要思想、关于新型政党制度的重要论述及中央经济工作精神、民革十四大、自治区党代会精神等组织理论学习中心组专题学习会6次、召开机关例会学习7次。

5月27—29日，民革内蒙古区委会“矢志不渝跟党走、携手奋进新时代”政治交接主题教育暨党风廉政警示教育培训班在鄂尔多斯市恩格贝生态示范区民革内蒙古区委会爱国主义教育基地举办。民革内蒙古区委会领导班子成员，各盟市级民革组织领导班子成员，在呼和浩特地区直属总支部、支部主委，民革内蒙古自治区第九次代表大会的部分代表，民革内蒙古区委会机关工作人员83人参加培训班。

【参政议政】 2022年，民革内蒙古区委围绕自治区政府工作报告、2023年全区经济工作、《民主监督工作实施办法》等议题提出系列意见和建议，部分建议得到采纳。在政协第十三届全国委员会优秀提案和先进承办单位表彰会上，民革内蒙古区委主委白清元提交的《关于构建进口冷链食品疫情防控管理体系的提案》获评优秀提案。在自治区政协十二届五次会议上提交提案28件，其中《关于解决社区工作者队伍建设中存在问题的提案》等3件被选为重点督办提案，《关于加强自治区本土人才培养与使用的提案》等3件被评为优秀提案；提交大会发言5篇，其中《建设国家绿色清洁新能源基地》获自治区党委常委、自治区政府常务副主席黄志强批示。全年报送社情民意信息138篇次，其中《关于破解税收政策矛盾促进西部欠发达地区国家高新技术企业发展的建议》等6篇被民革中央采用，《加快促进内蒙古社会信用体系建设》等15篇被自治区政协采用。《建议加强黄河流域重点产沙输沙区域治理工作》《强化央地融合协同加快资源型产业转型升级》《青年群体中的“网络占卜”迷信行为需引起警惕》等3篇信息获评自治区政协2020—2022年度优秀社情民意信息。民革内蒙古区委与自治区政协联合开展“水资源节约集约利用”专题监督性协商调研活动，提交《强化量水而行 着力提升重点领域、区域、行业水资源节约集约利用水平》的会议发言材料。7月，邀请民革中央就推动现代种业发展问题赴内蒙古开展调研，调研报告《关于推动草原现代种业高质量发展的建议》经民革中央修改后向中共中央提交，得到国务院总理李克强批示。重点调研课题“我区农畜产品冷链物流发展调研”采用线上+线下的形式开展，形成《推动我区农畜产品冷链物流“降本增效”的对策建议》向自治区党委作专题汇报。自治区政府主席王莉霞两次作出重要批示，所提建议被写入2023年自治区政府工作报告予以落实。继2021年同民革中央联合开展的“关于在内蒙古建设现代畜牧业示范区的建议”，得到国务院主要领导批示后，2022年，国家批准在兴安盟建设国家级现代畜牧业示范区，该项目被写入2023年自治区政府工作报告并列为2023年的重点任务。

【社会服务】 2022年8月，民革内蒙古区委在乡村振兴实践基地土默特右旗禧年农场开展基地建立一周年活动暨医疗下乡活动，为百姓送医送药。民革赤峰市总支、民革通辽市总支和民革乌兰察布工作委员会通过技术培训、产业扶贫、物资捐助等方式向所在地区投入106.81万元帮扶资金，巩固拓展脱贫攻坚成果同乡村振兴有效衔接。2022年，民革各级组织和广大民革党员通过各种渠道向各级政府、红十字会、学校等单位累计为疫情防控捐款捐物454万元，其中民革党员企业家款捐物385万元。持续推动2020年助力内蒙古产业发展招商引资项目落地见效，截至2022年6月，开工项目87个，开工率47.8%，涉及投资额1221.7亿元，投产项目30个。赴呼伦贝尔市、乌海市的9个旗县区开展“乡村振兴·医疗百县行”品牌活动，受益群众1083人次，向呼伦贝尔市和阿拉善盟捐赠价值50万元的监护仪30台，助力解决贫困群众看病难看病贵问题。

【民革内蒙古自治区第九次代表大会】 2022年7月3—4日，中国国民党革命委员会内蒙古自治区第九次代表大会在呼和浩特召开，出席大会代表100人。全国人大常委会副委员长、民革中央主席万鄂湘发来贺信，民革中央副主席张伯军到

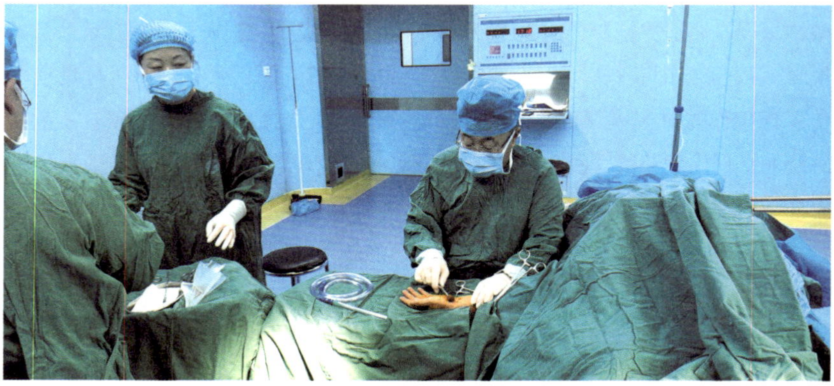

图13 2022年8月29日，“乡村振兴·医疗百县行”活动中，民革党员、内蒙古医科大学第二附属医院手足显微外科主任医师白志刚（右一）在乌海市乌达区医院为患者做手术
（民革内蒙古区委 供图）

会祝贺并致辞，自治区党委常委、统战部部长胡达古拉致贺词，九三学社内蒙古区委会主委刘新乐代表内蒙古自治区各民主党派区委会、自治区工商联致贺词。7月4日，召开中国国民党革命委员会内蒙古自治区第九届委员会第一次全体会议，白清元当选主任委员，戴强、洪冬梅、高珍伟、孟克其劳当选副主任委员。民革内蒙古自治区第九届委员会第一次常委会任命洪冬梅为秘书长。

【“民革大课堂”系列培训】 2022年，民革内蒙古区委通过线上线下相结合的方式，开办“民革大课堂”7期，受训民革党员6062人次。第一期由厦门市委讲师团团长、福建省哲学社会科学首批领军人才彭心安作《百年奋斗成就与历史经验——十九届六中全会精神解读》专题讲座；第二期由清华大学教授甘霖作《新一代数字经济建设布局与产业升级方向——元宇宙：统一的公共管理平台，机遇与挑战》专题讲座；第三期由中共上海市委党校社会学教研部主任马西恒作《社会治理与创新实践》专题讲座；第四期由厦门大学闽江学者特聘教授、海峡两岸关系和平发展协同创新中心经济平台主任、首席专家李非作《当前国际局势与两岸关系走向——兼论乌俄战事》专题讲座；第五期由中共中央党校马克思主义学院院长张占斌作《党的二十大精神解读——以中国式现代化推进中华民族伟大复兴》专题讲座；第六期由中央统战部专家咨询组成员、中央社会主义学院教授李小宁作《坚持和完善我国新型政党制度》专题讲座；第七期由清华大学马克思主义学院特聘教授冯俊作《二十大报告中几个重要理论问题解读》专题讲座。

（陶格斯　王　鹏）

中国民主同盟内蒙古自治区委员会

【概况】 2022年，中国民主同盟内蒙古自治区委员会（以下简称民盟内蒙古区委），有盟员3842人，平均年龄52岁。具有中、高级职称的盟员2568人，占66.8%；博士145人，占3.7%；硕士689人，占17.9%；重点分工领域2023人，占52.7%；中上层人士3373人，占88%；离退休盟员766人，占19.9%。其中，各级人大代表、政协委员300余人，担任副处级以上职务125人。有的盟员担任政府特约检察员、特约监察员、特约审计员、教育督导员等。

呼和浩特李永强获得“全国司法行政系统劳动模范”称号、李少莉入选中央文明办“中国好人榜”；内蒙古医院贺文帅获评国家心血管病中心“中国居民心血管病及其危险因素监测内蒙古自治区先进个人”称号、鄂璐莎获得“白求恩精神践行者”称号；内蒙古医科大学张剑、宝莹娜获自治区医学会科学技术三等奖；巴彦淖尔王海霞获自治区第二届教学创新大赛二等奖；呼伦贝尔徐伟晶获评“全区民族团结进步模范个人”、包玉新获评“全区优秀律师”、刘及东获环境保护科学技术奖二等奖；赤峰张静漪获第四届全区中华经典诵读大赛教师组二等奖；乌兰察布李永峰获自治区文旅厅“优秀剧目最佳新人奖”；鄂尔多斯郭洋楠获“鄂尔多斯市劳动模范”称号。

【组织建设】 2022年，民盟内蒙古区委新发展盟员86人，平均年龄41岁。其中，博士10人，硕士24人，副高以上职称12人，中上层人士57人，文化、教育以及相关的科技领域为主体的重点界别新盟员36人，占新盟员总数42%。2022年，完成自治区本级盟组织换届工作，民盟内蒙古区委委员的年龄结构、专业结构和性别比例进一步优化。换届工作统筹考虑各界别骨干力量和年龄梯次，发现、选拔、培养、储备、推荐后备人才，把干部推荐工作作为后备干部队伍建设的重要环节，建立结构合理、素质优良的后备干部队伍和动态后备干部人才库。民盟区直文化总支和内蒙古医院委员会完成换届，民盟内蒙古国际蒙医医院支部升格为基层委员会。激发内设机构活力，完成15个新一届内设机构的组建工作，设参政议政专委会8个，分别为教育委员会、经济委员会、生态环境委员会、科技委员会、文化艺术委员会、卫生健康委员会、社会建设委员会和法制建设委员会；设工作委员会3个，分别为青年工作委员会、老年工作委员会和妇女工作委员会；另设民盟内蒙古区委理论研究会、内蒙古历史文化研究院、民盟中央美术院内蒙古分院，以及企业家联谊会。逐步完善内设机构工作机制和议事规则。

【政治思想建设】 2022年，民盟内蒙古区委采取多种形式开展“矢志不渝跟党走、携手奋进新时代”政治交接主题教育活动。坚持理论学习和现场教学相结合，民盟内蒙古区委主委带头作主题宣讲，组织骨干盟员赴民盟（内蒙古）传统教育基地武川县大青山抗日游击根据地开展现场教学活动，联合区直文化总支举办主题教育活动——音乐思政课，开展主题征文活动，制作八届区委工作宣传片。“民盟内蒙古区委”微信公众号开设主题教育专栏，深入宣传主题教育的先进做法和典型事迹。各级组织领导班子成员带头加强自我教育，把主题教育作为换届工作的重要内容，推动主题教育活动取得实效。

【参政议政】 2022年，内蒙古民盟当选的全国政协委员向全国政协十三届四次会议提交大会发言2篇，提案4件。民盟内蒙古区委向自治区政协十二届五次会议提交大会发言15篇，提案26件，界别提案2件。民盟籍政协委员提交提案25件。《关于进一步完善政策性保险体系助推农牧业高质量发展的提案》《关于加快推进我区现代种业高质量发展的提案》《关于将鄂尔多斯市打造成为国家“双碳”创新策源地的提案》3篇提案被列为2022年度自治区政协重点督办提案。《关于打造长城国家文化公园试点的提案》被评为十二届四次会议以来优秀提案。

民盟内蒙古区委理论研究会申报内蒙古社院理论研究课题，《自治区“十四五”文化和旅游融合发展规划——解读充分发挥文化遗产旅游铸牢中华民族共同体意识的作用》《从内蒙古民主党派的界别特色看党派的趋同与发展》《内蒙古民营经济发展效率评价及优化路径研究》分获内蒙古社院2022年度科研招标课题一、二、三等奖。

2022年，确定“关于打造向北开放桥头堡具体举措及政策建议研究”为党委重点课题，成立以主委为组长的专家调研组，通过委托地方盟组织调研、函件调研、实地调研等方式，充分收集资料、了解情况。经征求自治区商务厅、口岸办等6部门，盟内外专家，部分口岸所在地盟组织的意见建议，完成调研报告，建议积极争取设立中国（内蒙古）自由贸易试验区，推动将向北开放上升为国家战略，在自治区党委常委会上作汇报。

承担民盟中央“推进黄河国家文化公园建设”“促进沙产业发展，提升生态产品价值”课题，主委带队赴巴彦淖尔市、呼和浩特市、鄂尔多斯市调研，形成的调研报告及完成的专题发言均提交民盟中央；应邀到宁夏参加民盟中央陈晓光副主席带队的实地调研，提交的《关于打造跨区域黄河文旅融合新业态的建议》被民盟中央采纳。参加民盟中央主席丁仲礼率调研组在鄂尔多斯市和呼和浩特市开展的考察调研，配合民盟中央和自治区统战部召开“草原生态保护建设与草产业高质量发展”调研座谈会，协调有关厅局和专家专题汇报并汇总成果建议。该调研纳入2023年上半年民盟中央高层协商课题，由民盟内蒙古区委负责联合调研。

向自治区政协报送信息89篇，采用16篇。《加强内蒙古大兴安岭林区野生经济植物采集开发管理》被政协全国委员会办公厅采用，《保护黄河鲤资源》被自治区政协副主席马学军批示。向民盟中央报送信息39篇，采用6篇。《保障草种资源安全 促进生态草业高质量发展》《推进草牧业高质量发展 提升天然草地生态安全功能》《蒙晋陕甘宁联手建设国家级河套经济区的战略构想和建议》等5篇信息被评为2020—2022年度全区政协系统优秀社情民意信息。

承担自治区政协“水资源节约集约利用”专题监督式协商调研。制定详细工作方案、成立由多方力量组成的专家调研组，赴包头市和乌兰察布市走访调研，召开座谈会、实地调研等方式了解水资源节约集约利用的基本情况、取得的成效、创新做法以及存在的问题，经组织专家多次修改后，完成调研报告及其意见建议提交自治区政协。

承担党委统战部“自治区‘十四五’规划贯彻实施和铸牢中华民族共同体意识、促进民族团结进步”民主监督工作。按照要求制定工作方案，成立工作小组。受新冠疫情影响，向自治区教育厅等5个厅局、包头市和阿拉善盟以函件形式开展初步调查研究、了解具体情况。

【社会服务】 2022年，民盟内蒙古区委联合民盟内蒙古农业大学总支助力乡村振兴，定点服务企业和林格尔县青禾草业，全年进行10余次现场服务和10余次线上咨询服务，以“种养一体、节本增效”为主题开展工作，助力牧场稳步发展。对玉米种子选择、种植、施肥、灌溉、青贮、收割、压窖等流程进行技术指导，新冠疫情期间进行多次线上技术咨询服务。同时派驻研究生开展科学研究，用科学方法为牧场解决实际问题。

民盟呼和浩特市委连续6年开展“萤火行动”；民盟包头市委连续11年向困难地区学校捐赠教学设备；民盟鄂尔多斯市委持续举办“高考升学规划指导”专题公益讲座；民盟乌海市委开展“墨香书法表真情，民族团结一家亲”主题活动；民盟赤峰市委举办“传承红色基因、守护前辈健康”结对送医活动；民盟通辽市委向库伦旗茫汗苏木中心小学捐赠图书；民盟内蒙古医院委员会开展“喜迎二十大，科普向未来”全国科普日义诊活动；民盟锡林郭勒支部举办“关爱妇女儿童，温情送健康”活动；民盟阿拉善小组开展西部生态林秋季植树造林活动。

【丁仲礼调研民盟内蒙古区委】 2022年9月5日，全国人大常委会副委员长、民盟中央主席丁仲礼调研民盟内蒙古区委机关，在座谈会上民盟内蒙古区委会汇报建设新时代民盟地方组织的情况。丁仲礼主席一行参观内蒙古民主党派展馆和盟史陈列室，对民盟内蒙古区委工作给予肯定。

【盟内监督】 2022年，民盟内蒙古区委加强与纪检监察部门的联系，参加自治区纪委监委驻党委统战部纪检监察组召开的座谈会及自治区统战系统综合监督单位座谈会，年度党风廉政建设联席会议等。针对张凤新违法一案全面自查自纠，开展以案促改、以案促治警示教育；派员全程参加自治区本级盟组织换届工作，对会风、会纪和换届程序进行督查；推动化解青城大学信访事项。

（史庆远）

中国民主建国会内蒙古自治区委员会

【概况】 2022年，中国民主建国会内蒙古自治区委员会（以下简称民建内蒙古区委）共有民建会员2473人，有5个市级委员会，4个直属总支部，1个直属小组，1个直属工委，99个基层组织（21个总支部，78个支部）。区委机关内设5个机构。民建内蒙古区委《关于园区高质量发展的提案》《关于大数据助推自治区高端装备制造业进一步发展的建议》《关于助推我区数字经济发展的提案》等集体提案被自治区政协选定为2022年度重点督办提案。经济界人士占72.86%（其中企业界高管占34.45%、新阶层人士占8.73%），大学本科以上学历占62.6%，会员整体素质、结构、代表性有了进一步提升。

加强骨干会员和后备干部人才库建设，有序培养骨干力量、积极举荐后备人才。认真做好民建第十二届中央委员及十二大代表、第十四届全国政协委员、自治区第十四届人大代表及自治区第十三届政协委员有关推荐考察工作。全区任县处级以上职务的会员有94人，担任各级人大和政协职务的会员有369人。大力推进会员培训，举办网络骨干会员培训班，积极组织会员参加各类进修班、培训班，全年培训会员约350人，切实增强了会员的政治素养和履职能力。

按照会章和地方组织换届安排，积极与当地党委沟通协商，指导和推动10个有换届任务的地方（直属基层）组织圆满完成换届任务。顺利召开民建内蒙古自治区第七次代表大会，选举产生了民建内蒙古第七届委员会、内部监督委员会和新一届区委领导集体。严肃换届纪律，严格执行制度规定，确保换届工作平稳有序、风清气正。

民建内蒙古区委领导班子自觉担负内部监督主体责任，部署推进内部监督工作落地落实。围绕重点工作，监督各项决策落实、制度执行情况，监督查摆问题及整改落实情况，监督换届纪律，依规对违纪违法会员及时作出处理。区委内部监督委员会全程参与了全区各地方（直属基层）组织换届，严肃会议纪律，维护会风会纪，保证会内工作在风清气正的环境下进行。年内依规对7名确已犯罪并判处刑罚的会员给予开除处分。全区5个市级组织以换届为契机，均成立内部监督委员会，提升市级组织自我监督与解决自身问题能力，助力全区民建健康有序、依法依章发展。

制定完善参政议政成果报送、会员统计、微信群管理、公务用车管理、档案管理等20余项工作制度，制定下发《民建内蒙古区委关于重大风险隐患防范化解的实施方案》，同时加大制度执行力度，切实加强领导，统筹安排，落实责任，充分发挥制度在自身建设中的保障作用。严格贯彻落实中央八项规定和实施细则的精神，改进机关工作作风，严防“四风”问题滋生。持续推进学习型机关建设，坚持每周一例会学习制度，继续建设机关图书馆，选派工作人员参加有关部门的各类培训、报告会，拓宽视野，增强本领。做好疫情防控工作，保证机关工作正常有序运转。采取与支部联合活动、走访会员企业等方式，加强与基层组织联系，不断提高机关干部的政治素质、业务能力和服务水平。

【思想政治建设】 2022年，民建内蒙古区委政治学习扎实开展。以习近平新时代中国特色社会主义思想为指导，通过举办理论学习中心组学习会、宣讲会、机关学习会、培训班、座谈会、报告会等形式，深入学习贯彻中共十九大及十九届历次全会精神、中共二十大精神、习近平总书记对内蒙古的重要讲话重要指示批示精神、习近平总书记关于统一战线工作、民族工作的重要讲话精神，及时传达全国、自治区两会精神，深入研读《中国共产党统一战线工作条例》《中国共产党政治协商工作条例》，引导全区各级组织和广大会员深刻领悟“两个确立”的决定性意义，忠诚拥护“两个确立”，不断增强“四个意识”、坚定“四个自信”、做到“两个维护”，铸牢中华民族共同体意识。中共二十大召开后，区委及时制定印发《民建内蒙古区委学习宣传贯彻中共二十大精神工作方案》，领导班子成员带头谈学习感想，广大会员热烈讨论中共二十大报告，微信公众号编辑发布123名会员的学习心得体会，通过公众号推送中共二十大学习资料28篇，及时报送各地学习综述31篇，营造浓厚的学习氛围。全年召开4次区委理论学习中心组学习。民建内蒙古区委主委带头领学，撰写署名文章和心得体会在《内蒙古日报》《团结报》等媒体发表。领导班子成员多次深入基层进行宣讲，与会员座谈，引导广大会员更加自觉地在思想上政治上行动上与以习近平同志为核心的党中央保持高度一致。区委机关每周一集体学习，开展“政治交接主题教育轮讲”活动，机关全体人员做分享汇报共计15次，思想政治共识得到进一步巩固。

政治交接主题教育成效显著。按照民建中央和自治区党委统战部的安排部署，及时出台主题教育方案、召开动员大会，扎实推动主题教育三个阶段顺利进行。积极开展主题教育宣传宣讲、会章会史会的优良传统学习；与各民主党派自治区委联合举办“携手新征程 同心向未来”交响音乐会；举办“翰墨谱华章，同心铸辉煌”线上艺术作品展，展出书法、绘画、原创歌曲等艺术精品16组；全年编写简报6期，推送先贤事迹14篇。全区各级组织也开展爱国主义观影、文艺汇演、读书会、知识问答、主题征文、讲述先贤故事、书画鉴赏会、运动会等各具特色的主题教育，进一步强化理论武装、坚定历史自信、不忘合作初心、弘扬优良传统、加强形势教育、推进自身建设。

新闻宣传影响不断扩大。充分利用会刊、网站和微信公众号等媒体拓宽宣传渠道，依托民建中央和主流媒体平台，以重大宣传主题为抓手，讲好民建故事，展现民建风采，树立良好的参政党形象。民建内蒙古区委编印会刊《内蒙古民建》4期。微信公众号发布文章661篇，向会中央报送稿件338篇，采用231篇，在省级以上会外报刊媒体及中央重点网站报道79篇宣传内蒙古民建人物和履职活动的信息。民建内蒙古区委获得民建中央网站2022年度组稿单位一等奖、兼职编辑三等奖，民建中央2022年度新闻宣传工作先进单位三等奖和进步奖，《新发展阶段民建凝聚共识的思考与实践——以民建内蒙古区委为例》获得民建中央优秀新闻作品三等奖。全区2名会员被评选为自治区民族团结进步模范个人，为广大会员和各族人民树立民族团结进步的典型榜样。

宣传能力建设不断加强。民建内蒙古区委网站、微信公众号、《内蒙古民建》编辑以《区委网站管理办法（修订）》《区委微信公众号工作办法（试行）》为遵循，严格遵守“三审三校”制度，切实把好政治关、政策关、内容关、程序关和监管关。8月下旬在兴安盟举办全区宣传能力提升培训班，35名来自全区各地组织的宣传骨干参加培训，重点学习新闻宣传实务，切实提升理论素养和业务水平。全区各级组织也不断创新宣传方式、增强民建影响，如呼和浩特市委会和巴彦淖尔市总支部依托公众号和抖音、快手等新媒体多方位多角度宣传民建事迹、展现会员风采，取得良好的效果。

思想引导常抓不懈。开展全区会员及代表人士的思想动态情况调研，对高校和科研院所会员有针对性地做好思想引导工作。制定《民建内蒙古区委关于微信公众号及工作群的管理规定》，全区各级组织

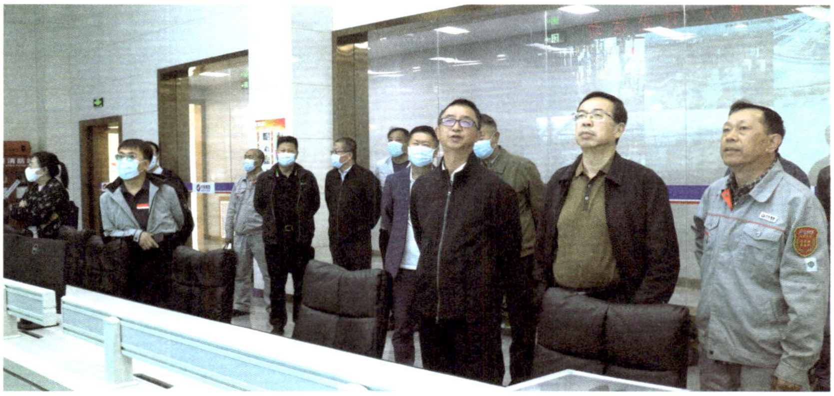

图 14 2022 年 5 月 9—12 日，由民建内蒙古区委副主委吕靖原带队一行 9 人就自治区政协“水资源节约集约利用专题监督性协商工作”在阿拉善盟、乌海市开展调研

（雷 音 供图）

的 5 个微信公众号、131 个微信工作群和 3 个官方新媒体账号全部规范备案，引导广大会员弘扬主旋律、传播正能量，营造积极向上的网络环境。

理论研究有所突破。《关于深入学习“中国新型政党制度”理论的探索与思考》获得民建中央 2022 年度重点理论研究课题优秀成果一等奖。申请内蒙古社会主义学院 2022 年度科研合作课题 2 项，《边疆民族地区传统文化与铸牢中华民族共同体意识关系研究——以兴安盟边疆民族地区为例》获得一等奖，《民建服务乡村振兴的实践与思考》获得二等奖。

【参政议政】 2022 年，民建内蒙古区委始终把参政议政工作作为履行参政党职能的第一要务，以调查研究为根本，以整合资源为方向，以健全机制为基础，围绕中心、服务大局，不断提升参政议政实效。

认真参加自治区高层协商。民建内蒙古区委领导多次参加自治区党委、政府、政协举行的高层协商会，对自治区《政府工作报告》及自治区“十四五”规划、自治区经济、社会发展的重大问题等代表民建区委提出意见建议，受到自治区党委、政府的重视。

政协提案和大会发言工作。1 月，在自治区政协第十二届五次会议上，民建内蒙古区委《推动内蒙古电化学储能产业规模化发展》等 4 件大会发言被采用，《关于助推我区数字经济发展的提案》等 39 件集体提案被立案，共收到 44 份提案答复。《关于推进我区供暖清洁化发展的提案》《关于黄河流域内蒙古段生态环境保护和安全屏障建议的提案》2 件集体提案获优秀提案表彰。9 月，《关于园区高质量发展的提案》《关于大数据助推自治区高端装备制造业进一步发展的建议》《关于助推我区数字经济发展的提案》3 件集体提案被自治区政协选定为重点督办提案，其中《关于园区高质量发展的提案》被选为自治区领导同志重点督办提案。9 月 7 日，自治区党委书记孙绍骋主持召开会议，与各民主党派区委会、自治区工商联新一届领导班子负责同志进行座谈交流。会上，民建内蒙古区委专职副主委兼秘书长南岛代表民建内蒙古区委发言。

社情民意及时反映。2022 年，民建内蒙古区委共报送民建中央社情民意 37 篇，有 5 篇被民建中央采用，其中 2 篇为单篇采用；报送自治区政协社情民意 214 篇，其中有 21 篇被采用；报送自治区党委统战部社情民意 182 篇，其中《关注解决农牧民贷款难问题》《牢牢把住粮食安全主动权，实现种业自立自强》被《零讯》采用，《建议以呼和浩特市为亮点在全区推广窨井防坠网》被《党外人士反映》采用。民建内蒙古区委参政议政部获自治区政协 2020—2022 年度反映社情民意信息工作先进单位。《尽快开展幼儿园及小学绘本教材专项检查》获自治区政协 2020—2022 年度优秀社情民意信息。

强化参政议政人才队伍建设。民建内蒙古区委各专委会定期召开专委会主任联席会议、全体会议、专家座谈会等，承担大量课题调研任务，有序开展调查研究。2022 年，各专委会向民建内蒙古区委提交成果 98 篇，量质齐升。年内举办社情民意专题培训及参政议政骨干培训班，92 名参政议政骨干参加培训，通过培训，增强参政议政主动性、积极性，促进参政议政工作提质增效。汇编《民建内蒙古区委参政议政成果汇编（2020—2021）》一书，进一步促进会员履职能力的提高。

【社会服务】 2022 年，民建内蒙古区委紧紧围绕助力自治区乡村振兴、疫情防控等中心工作，按照“打造品牌、整合资源、创新机制”的工作思路，突出民建特色，扎实开展社会服务工作。联合民建中央中华思源工程基金会向内蒙古鄂尔多斯市中小学捐赠“智秦云图书馆”项目，创建良好的阅读氛围，共同打造书香社会。联系中华思源基金会设立“驰援呼和浩特抗击疫情”募捐项目，累计向呼和浩特市赛罕区榆林镇政府捐赠N95口罩、防护服等防护用具及消毒产品价值71750元，收到捐款15900元。组织会员企业家参加2022年中国黔西，非公有制经济前沿圆桌会议等活动，加强与经济发达地区的联络与交流，为会员企业“走出去”提供帮助；推荐会员企业家参加民建中央企业家培训班，为会员提高政治素质、拓展业务、拓宽经营思路、提升管理水平、创新发展创造条件、搭建平台；深入实地考察会员企业，召开企业家座谈会，了解企业生产经营状况，积极向有关方面反映会员企业的意见和诉求，帮助会员企业创新发展思路，积极维护会员企业合法权益。全区各级组织也在努力服务好会员企业家，如包头市委员会在助力包头市招商引资的同时，积极为会员企业签约合作牵线搭桥；主动对接包头市中级人民法院，帮助会员企业化解矛盾纠纷；编写《包罗万象 共创未来》会员企业宣传册，充分展示会员企业风采。动员全区各级组织结合当地实际，积极开展抗疫救灾、捐资助学、帮扶慰问、助力乡村振兴等公益活动，民建内蒙古区直工委一家会员企业向呼和浩特市新冠疫情防控捐款350万元，向乌拉特中旗、五原县新冠疫情防控捐款300万元，向乌拉特后旗新冠疫情防控捐款20万元，并向内蒙古农业大学助学金捐款20万元，帮扶50名学生；呼和浩特市委会组织200余人次，先后赴武川县、土左旗开展送医疗、教育、法律、科技、产业活动，助力乡村振兴；包头市委会8家会员企业响应号召，向石拐区三岔口嘎查订购5000公斤滞销土豆，缓解当地村民的燃眉之急；乌海市三家会员企业分别为抗疫捐款30万元，捐助价值56万元救护车，为学校捐赠50台价值21万元的台式电脑及抗疫用品；赤峰市委会联合赤峰学院和当地人力资源服务公司，召开高校毕业生就业座谈会和线上招聘会，80余家企业参会，达成就业意向142人；乌兰察布市委会联合市红十字会和专科医院多次开展义诊、送医送药、无偿献血等活动；呼伦贝尔市总支部广泛开展普法知识讲座、心理健康讲座、安全教育讲座、家庭教育指导等活动；兴安盟总支部持续开展拥军慰问、节前送温暖、三下乡等活动；巴彦淖尔市总支部组织16名会员会友去到疫情防控一线开展志愿服务工作；通辽市总支部为通辽市后旗胡吉尔嘎查捐助一台价值32000元的装载机破冰除雪，帮助农牧民尽快恢复正常生产生活；锡林郭勒盟小组开展捐资助学，为锡林浩特市第一中学捐赠价值1万元的图书等。

【考察调研】2022年，民建内蒙古区委扎实开展重点课题调研。《关于推进内蒙古奶业振兴的建议》作为2022年度重点课题，多次组织召开专题研究会进行安排部署。通过走访、座谈、函询、实地调研等多种方式对自治区发改委、自治区农牧厅、自治区工业和信息化厅、自治区财政厅、自治区科技厅及伊利集团、蒙牛集团等进行调研，梳理自治区奶业发展现状、奶业发展的机遇和挑战，提出推进奶业高质量发展的对策建议，形成调研报告并于1月4日向自治区党委汇报，得到自治区党委书记孙绍骋的肯定。报送民建中央调研报告《关于金融赋能我区乳制品行业产业化发展的建议》等11篇。

2022年，开展“水资源节约集约利用”专题调研，成立由民建内蒙古区委主委任领导小组组长的工作领导小组，结合区委智库邀请内蒙古农业大学草牧业专家、内蒙古

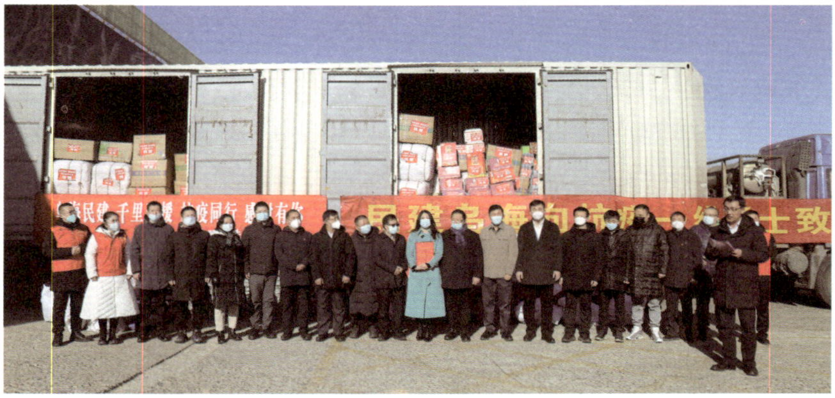

图15　2022年2月23日，民建乌海市委携带价值约22万元的爱心医疗物资紧急驰援呼和浩特，与民建呼和浩特市委共同助力呼和浩特人民抗击新冠疫情。民建内蒙古区委专职副主委康永恒，区委企工委主任薛荣跃，民建呼和浩特市委主委、呼和浩特市政协副主席巴特尔参加物资交接仪式

（李晓铭　供图）

水利科学研究院专家参与调研，先后到阿拉善盟阿左旗给排水公司巴彦浩特镇污水处理厂、中水水库，阿左旗巴润别立镇沙日霍德嘎查乌泽木滩考察高标准农田项目（超采治理区），李井滩生态移民示范区以及乌海市阳光田宇农业科技发展有限公司，巴音陶亥镇渡口村一、二级扬水站，内蒙古兴发科技有限责任公司，内蒙古佳瑞米精细化工有限公司，内蒙古宜化化工有限公司等16个地点，实地调研水资源节约集约利用情况，形成调研报告，并于12月15日自治区政协常委会议进行汇报。

【民建内蒙古自治区第七次代表大会】 2022年7月7—8日，中国民主建国会内蒙古自治区第七次代表大会在呼和浩特召开。民建中央副主席秦博勇代表民建中央以视频方式致贺词。中共内蒙古自治区党委常委、统战部部长胡达古拉代表自治区党委出席开幕式并致贺词。民盟内蒙古区委主委、自治区科协主席赵吉代表自治区各民主党派、工商联致贺词。自治区人大常委会副主任段志强，自治区人民政府副主席包献华，自治区政协副主席魏国楠到会祝贺。121名会员代表参加大会。大会审议通过李荣禧代表民建内蒙古自治区第六届委员会所作的题为《矢志不渝跟党走 携手奋进新时代 为在我国全面建设社会主义现代化国家新征程上书写内蒙古高质量发展新篇章贡献力量》的报告，通过《中国民主建国会内蒙古自治区第七次代表大会决议》，选举产生了民建内蒙古自治区第七届委员会和出席民建第十二次全国代表大会代表。会议期间举行的民建内蒙古自治区第七届委员会第一次全体会议选举产生第七届常务委员会和新一届区委领导班子，金桩当选主任委员，南岛、张斌、王召明、李靖靖当选副主任委员，任命南岛兼任民建内蒙古区委秘书长，决定新一届区委内部监督委员会组成人员。

（赵 娇 姜佳杉）

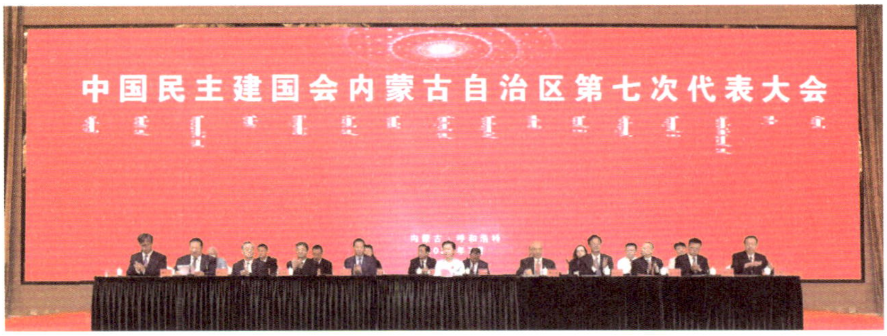

图16 2022年7月7日，中国民主建国会内蒙古自治区第七次代表大会在呼和浩特开幕

（潘肖远 供图）

中国民主促进会内蒙古自治区委员会

【概况】 2022年，内蒙古民主促进会内蒙古自治区委员会（以下简称民进内蒙古区委）在自治区11个盟市建立组织（4个盟市级组织、7个盟市基层组织），有15个直属基层支部，有基层组织95个，小组1个。民进内蒙古区委会机关设6个部室、7个专门工作委员会。民进乌兰察布工作委员会获得民进全国“为全面建成小康社会作贡献先进集体”称号，会员秦立梅获得民进全国“为全面建成小康社会作贡献先进个人”称号。民进内蒙古区委会获得民进中央2022年度参政议政先进单位、社会服务工作先进单位。区委会信息化建设项目被民进中央评为优秀案例，民进呼和浩特市委会、民进鄂尔多斯市支部被民进中央评为“民进信息化建设先进集体”，3名机关干部和会员获得“民进信息化建设全国先进个人”称号。

【组织建设】 2022年，民进内蒙古区委以换届为契机，加强全区基层组织领导班子建设，在区直15个支部中创新试点开展支部和会员年度履职统计，通过组织区直主任座谈会，加强制度建设，提高基层组织建设水平。推荐会员参加中央统战部、民进中央、自治区党委统战部、内蒙古社会主义学院举办的各类培训班，联合社会主义学院在呼和浩特举办全区“新会员培训班”，组织全区会员参加线上中共二十大学习活动，基层组织活力得到增强。

贯彻落实《中国民主促进会发展会员工作条例》，按照年度发展规划发展会员，规范发展会员工作程序，提高会员发展工作水平，发展会员工作在全国各省级组织中排名第5位，新发展会员学历、职称等指标在全国排名前列。在全面摸清底数的基础上，实现代表人士数据库的动态管理。推荐代表人士担任各类社会职务，履职发挥作用。

依托青年工作委员会，加强对青年骨干会员的教育培养，推动全会的青年会员工作。

【参政议政】 2022年，民进内蒙古区委聚焦协商主题，就经济形势、经济工作、政府工作报告等发表协商意见。按照2022年自治区党委政党协商工作计划，与各盟市组织联合开展年度重点课题调研。区委会参与自治区政协联合开展水资源节约集约利用专题监督性协商工作，结合调研方向，向11个盟市、15个直属支部、7个专委会成员广泛征集相关社情民意信息，区委会领导带队，先后赴6个厅局、2个盟市开展实地调研，形成了四方联合、两级联动共同参与调研工作的组织架构，完成各项调研任务。

根据自治区党委统战部安排，区委会开展对通辽市、乌兰察布市两个盟市和自治区广播电视局、信访局、民族事务委员会、文化和旅游厅、统计局五大厅局关于自治区"十四五"规划贯彻实施和铸牢中华民族共同体意识、促进民族团结进步的专项民主监督工作，根据工作要求，开展调研，就重要监督事项进行函询，形成调研报告，报送自治区党委统战部。

在2022年自治区两会期间，民进内蒙古区委报送集体提案35件，1件被自治区政协列为主席会议成员督办重点提案，3件被列为专委会督办重点提案。1件委员提案被列为专委会督办重点提案。2件集体提案、2件委员提案被评为优秀提案。

2022年，民进内蒙古区委向民进中央、自治区党委统战部、自治区政协报送信息393篇，其中被全国政协采用3篇，民进中央采用6篇，自治区党委、政府采用7篇，自治区政协采用24篇。其中，《关于加快建立黄河流域水生态补偿机制的建议》等7篇信息得到自治区主席王莉霞等自治区领导批示。《尽快启动南水北调西线工程》等6篇信息被自治区政协评为"2020—2022年度优秀社情民意信息"。领导班子成员所提建议被《零讯》综合采用。民进内蒙古区委会参政议政部被自治区政协评为"反映社情民意信息先进单位（部门）"，参政议政部负责人被自治区政协评为"反映社情民意信息先进个人"。

【考察调研】2022年，民进内蒙古区委加强上下联动，参与中央履职活动。民进中央围绕"坚持节约优先，加快形成绿色低碳生产生活方式"主题在内蒙古开展重点考察调研，民进内蒙古区委会在自治区党委统战部的支持下，协调21个有关部门、7个重点调研点开展视频连线、视频录播等形式的线上调研活动，民进中央主席蔡达峰、常务副主席刘新成等领导参与调研，该调研成果得到自治区党委书记孙绍骋批示。2022年12月，在自治区党委召开的2022年度民主党派、工商联重点课题调研成果汇报会上，民进内蒙古区委会负责人就调研成果"自治区开发区管理体制创新与高质量发展对策研究"向自治区党委主要领导进行汇报，得到充分肯定。

【社会服务】 2022年，民进内蒙古区委被民进中央评为"社会服务工作先进单位"。民进内蒙古区委重视拓宽服务渠道，重视内蒙古民进"健康·彩虹行动"医疗服务团、内蒙古民进开明画院和企业家联谊会工作，会内优秀的医卫界、文化界、企业界会员充实到三个平台当中，为他们发挥作用创造条件，三个机构焕发出生机和活力。按照民进中央"信息化建设"主题年工作要求，民进内蒙古区委建立社会服务信息化工作小组，每个盟市组织有专人负责此项工作，为实现社会服务工作资源共享打好基础。发挥"开明大讲堂"社会服务品牌作用，启用"开明书屋"，书法公益课举办至第14期，组织3期"抗疫必胜，青城加油"民进线上书画联展。在中共二十大来临之际，组织开展"矢志不渝跟党走、携手奋进新时代"政治交接主题教育——喜迎中共二十大线上书画展，作品在各大网站、微信公众号转载。打造内蒙古民进"健康·彩虹行动"社会服务品牌，所属医疗团队先后赴青海等14个医疗救助点开展医疗救助活动，为困难群众义诊、送医送药，解决他们的实际问题。2022年，民进内蒙古区委响应民进中央号召和部署，参与定点帮扶贵州省的工作，与民进北京市委会赴贵州省安龙县联合开展"同心·彩虹"教育医疗帮扶活动，医疗专家在安龙县人民医院开展现场义诊、专题讲座以及教学查房活动，教育专家分别为安龙县中小学音乐、体育、美术教师开展各类专题培训讲座。针对帮扶单位实际需求，为乌兰察布市卓资县易地搬迁户7397人捐赠价值13万元的发热鞋垫、暖足贴、暖宝宝贴等公益物资，帮助卓资县解决实际困难。联系上海沪联扶贫公益中心向内蒙古捐赠一次性非医用防护口罩2000万只，价值820万元。捐赠口罩通过各盟市慈善总会发放至部分企业和相关单位。

【民进内蒙古自治区第八次代表大会】 2022年7月3—5日，中国民主促进会内蒙古自治区第八次代表大会在呼和浩特召开。会议选举产生新一届委员会：主委孙俊青、副主委武晓瑞、索英俊、王心宁、杜凤莲，秘书长金玮；选举内蒙古自治区出席民进第十三次全国代表大会代表，实现全区民进组织新老交替政治交接。完成人大政协换届的人选推荐工作，新任政协委员28人，人大代表4人。

【信息化建设】 2022年9月，民进内蒙古区委经与自治区政务服务局沟通协调，民进内蒙古区委会接入国家电子政务外网，畅通与政务平台的沟通交流。区委会信息化建设项目被民进中央评为优秀案例，民进呼和浩特市委会、民进鄂尔多斯市支部被民进中央评为“民进信息化建设先进集体”，3名机关干部和会员获得“民进信息化建设全国先进个人”称号。

（刘利军）

中国农工民主党内蒙古自治区委员会

【概况】 2022年，中国农工民主党内蒙古自治区委员会（以下简称农工党内蒙古区委会）有34个地方和基层组织、3536名党员，是唯一在全区各盟市都建有组织的民主党派。机关有5个内设机构、11个专门工作委员会。 农工党内蒙古区委会被农工党中央办公厅表彰为“2022年度《前进论坛》发行工作先进单位”；孟昭卉获得中国农工党2018—2022年先进个人表彰；关燕获得农工党中央办公厅2022年度《前进论坛》发行工作先进个人表彰。

【组织建设】 2022年，农工党内蒙古区委会坚持“三个为主”的基本方针，按照2022年度农工党内蒙古区委会党员发展计划，推进组织发展工作，严把新党员发展政治关、标准关、程序关，确保新党员发展符合大学本科学历、职称、界别等要求。年内，全区发展新党员107名，其中医药卫生领域占58%，人口资源、生态环境领域占12%，主体界别占比达70%。平稳完成全部直属组织换届工作，自治区国际蒙医医院支部委员会和直属机关支部委员会升格成为基层委员会。创建“农工党党员之家”13个，落实农工党内蒙古区委领导班子成员联系盟市和基层组织制度，按程序要求完成领导班子述职和民主评议会议。统筹做好代表人士发现、培养、使用、管理等工作，加强与市级组织及统战部门的沟通，做好代表人士的动态管理，及时统计代表人士职务变化。完成处级干部情况更新并填报名册，收集完成党外代表人士信息采集表。按照自治区党委要求，拟定推荐自治区第十三届政协委员人选，按程序完成组织考察事项。做好相关统计，盟市级组织担任人大代表11人，政协委员111人。在内蒙古城川民族干部学院、延安泽训红色文化培训中心，举办农工党内蒙古第十一期领导干部创新管理与素质提升暨骨干党员代表人士培训班。组织党员参加各类培训班，全年累计培训党员近400人次。组织落实8个市委会参加农工党中央2022年市级组织领导班子成员培训班，为组织工作高质量发展起到基础保障作用。组织机关处级干部参加自治区党委统战部警示教育大会。落实农工党中央十七大筹备各项工作任务，组织自治区12名十七大代表参加大会。农工党内蒙古区委会4名同志当选为中国农工民主党第十七届中央委员会委员，当选中央常务委员会委员1名，内部监督委员会委员1名。 开展农工党中央“最美党员之家”展示征集活动，内蒙古5个先进集体和11名先进个人受到农工党中央表彰，2名党员获得全区民族团结进步模范个人称号，1名党员获得内蒙古自治区五一劳动奖章，1名党员获得第13届“2021年度特殊贡献大奖”。撰写完成调研课题《农工党内蒙古自治区委员会基层组织发展面临的问题及解决对策》被内蒙古社院评为三等奖。

【思想政治建设】 2022年，农工党内蒙古区委会印发《关于认真学习宣传贯彻中共二十大和农工党十七大精神的通知》《关于贯彻农工党中央新时代加强思想政治建设意见的通知》等文件，在全区各级组织兴起学习宣传贯彻中共二十大精神热潮。组织区委会理论学习中心组学习会5次，机关集体学习42次，学习宣传贯彻中共二十大和农工党十七大精神、全国两会、《中国共产党统一战线工作条例》等。

开展“矢志不渝跟党走、携手奋进新时代”政治交接主题教育，成立领导小组，制发工作方案，农工党内蒙古区委会组织开展对赤峰等4个盟市主题教育督导调研。全区各级组织通过文艺演出、义诊、专题学习调研、集体培训参观等形式推动主题教育走深走实，各级组织开展集体学习70余次。组建农工党“同心向未来”宣讲团，以现场会议+视频直播的形式举办学习贯彻中共二十大精神专题宣讲，全区1000余名农工党党员参加宣讲会。面向农工党全区征集参加农工党中央喜迎中共二十大、农工党十七大召开暨第三届“美丽中国”美术作品展活动作品，4件作品获奖。制定《中国农工民主党内蒙古自治区委员会意识形态领域风险隐患排查防范工作预案》《中国农工民主党内蒙古自治区委员会意识形态领域风险隐患处置工作方案》，开展党员思想态势问卷调查，范围覆盖全区12个盟市，依据问卷统计结果，形成思想政治工作调查报告上报农工党中央，并提出年度思想政治工作意见建议。“农工党内蒙古区委”微信公众号编发各类信息500余篇，编发农工党全区各级组织和党员抗疫信息100余篇，其中《同心抗疫 农工党内蒙古区委会在行动》被自治区党委统战部微信公众号采用，《农工党党员创作MV音乐逆行者的背影》被“农工党中央”微信公众号采用。

【参政议政】2022年，农工党内蒙古区委会按照中共中央政党协商的制度安排，参加政党协商，农工党内蒙古区委领导参加自治区党委、自治区政府召开的党外人士座谈会，对自治区党委、政府工作、国民经济社会发展规划、年度工作安排等提出意见建议。参加内蒙古自治区党委、自治区政府、自治区政协召开的协商会、情况通报会、征求意见会等活动。参加自治区政协“水资源节约集约利用”专题监督式协商调研，在分会场参加自治区政协围绕“水资源节约集约利用”议题召开监督性协商会议，提交书面发言材料。

在自治区政协十二届五次全会上，农工党内蒙古区委会共提交集体提案32件，大会发言8篇。其中，《关于在我区建立“惠民保”等普惠性补充医疗保险的提案》被自治区政协十二届五次会议提案审查组确定为重要提案专报，《关于扎实做好我区易地扶贫搬迁后续帮扶工作的提案》《关于加快我区中等职业教育发展的提案》和《关于推广产前无创DNA基因筛查（NIPT）预防出生人口缺陷的提案》被选为重点提案；向农工党中央提供5篇提案素材，其中1篇为农工党中央提交全国政协十三届五次会议提案《关于在全国推行无创产前基因免费筛查与诊断的提案》提供材料；参加自治区政协召开的重点提案督办调研座谈会，就《关于推广产前无创DNA基因筛查，预防出生人口缺陷的提案》，农工党内蒙古区委与自治区卫健委、财政厅、医保局进行协商。

【社会服务】2022年，农工党内蒙古区委会牵头，科技与卫生总支在呼和浩特市赛罕区中专路创业社区举办“环境与健康宣传周”活动，向社区居民发放宣传资料200余份，宣传品400余件，义诊接待群众150余人次受益群众约3500人。组织发动呼和浩特市委会、鄂尔多斯市委会、兴安盟总支、锡林郭勒盟基层委员会、内蒙古人民医院委员会、中医院总支、法律支委会等组织开展形式多样的环境与健康宣传服务活动。

开展“健康环保科技行”品牌活动。与自治区党委统战部干部处党支部、农工党自治区直属机关委员会与内蒙古妇幼保健院联合举办“健康环保科技行”暨关爱儿童健康进社区活动走进金川金海路社区。持续开展“首府是我家 创建靠大家”同城联创共建全国文明城市活动。与民进内蒙古区委会、创业社区党委联合开展“春联进万家·同城联创共建全国文明城市”写春联迎新春活动。组织中医穴位贴、中医耳穴、肝胆外科、蒙医4个科专家为社区居民义诊，接待群众150余人次。疫情防控期间，发动党员向社区捐价值2万元生活物资。

贵州省大方县是农工党中央定点帮扶对象。农工党内蒙古区委向全区各级组织和广大党员发出倡议，开展“我为大方下一单”活动，消费大方县特色农产品，全区广大党员纷纷下单，带动“方货出山”，助力大方县乡村振兴。

农工党呼和浩特市委会开展“不忘初心跟党走，双拥共建显担当，我为群众办实事”光明行公益活动；锡林浩特市支部委员会举办“农工党助力健康行，送医送药送健康”“健康大讲堂”活动。包头市委会开展“守护绿水青山 共建生态家园”义务植树活动，为打造生态美丽宜居包头贡献力量；赤峰市委会举办“守护绿水青山 共建美丽家园”义务植树活动暨绿化教育同心基地揭牌仪式。为城市建设“增绿添彩”；呼伦贝尔市总支部委员会与内蒙古博寿科技有限公司开展“民族团结一家亲，捐赠助学献爱心”活动；农工党自治区卫生总支组织党员参加献血日宣传及无偿献血活动。启动“喜迎二十大 奋进新征程”农工党系列全民健身活动。科学技术总支部委员会在英派斯健身举办趣味健身运动会。

【课题调研】 2022年，农工党内蒙古区委举全区农工党之力开展“加强自治区中医药（蒙医药）传承创新发展”重点课题调研工作。召开重点调研选题征求意见座谈会，制定《调研工作方案》，成立农工党内蒙古区委、盟市、自治区中医医院三个类型、两级联动的调研组，采取整体推动、分级实施、相互协同的方式开展调研。调研组先后赴鄂尔多斯市、赤峰市、呼伦贝尔市、通辽市开展实地调研，开展网络问卷调查，收回问卷1578份。形成调研报告初稿，征求相关厅局和专家意见后完成并结题报送自治区党委统战部；先后赴自治区水利厅、住房和城乡建设厅等厅局、赤峰市和通辽市调研，最终形成调研报告报送自治区政协。开展农工党内蒙古区委调研课题申报、立项、结题工作，年初向全区各级组织印发调研课题征集的通知，对40个课题进行研究立项，年底收集调研成果。农工党内蒙古区委调研组就“呼和浩特市塑料污染全链条治理情况”“加强乡土植物培育，建设特色生态城市”等课题分别赴内蒙古太伟生态科技有限公司、蒙草生态环境（集团）股份有限公司、呼和浩特市园林建设服务中心开展调研。农工党内蒙古区委共有3篇调研报告被农工党中央评为年度优秀调研报告，1篇被评为二等奖，2篇被评为三等奖。年内共编报社情民意信息81期，其中，《加大西部省份出生缺陷综合防治力度 建立罕见病慈善专项医疗救助基金，建议推广无创基因检测技术》被中共中央统战部《零讯》采用；《血液安全与质量问题亟待解决》等9篇信息被农工党中央采用；《关于重视内蒙古零散胡杨资源保护的建议》等16篇信息被自治区政协采用。根据目前收到的采用反馈情况，信息综合采用率28%。《关于扩大癌症早诊早治受益人群的建议》信息得到自治区副主席包献华批示。

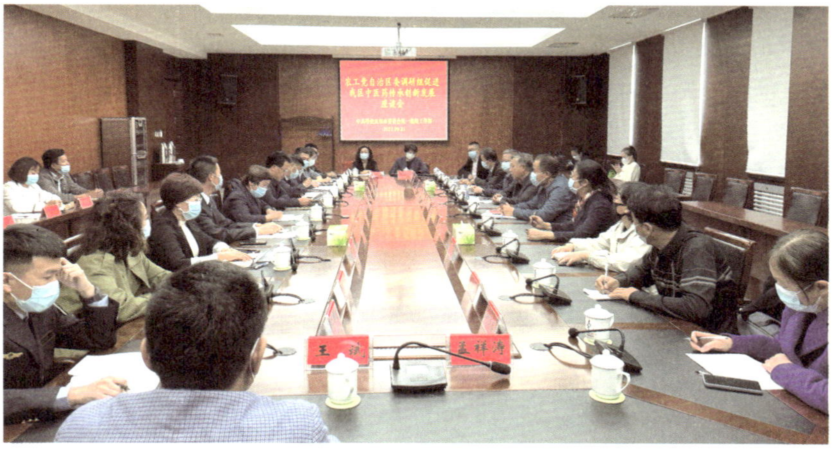

图17　2022年9月21—22日，农工党内蒙古区委调研组到呼伦贝尔市就促进内蒙古自治区中医药（蒙医药）传承创新发展开展调研

（李　可　摄影）

【农工党内蒙古自治区第八届代表大会】 2022年7月9—10日，中国农工民主党内蒙古自治区第八次代表大会在呼和浩特市召开。农工党中央专职副主席曲凤宏到会祝贺并致辞。自治区领导胡达古拉代表自治区党委致贺词，李荣禧、包献华、其其格出席开幕式。农工党内蒙古区委会主委云治厚作工作报告。会议期间，代表听取并审议农工党内蒙古自治区第七届委员会工作报告；选举产生农工党内蒙古自治区第八届委员会和内蒙古自治区出席中国农工民主党第十七次全国代表大会代表；讨论并通过大会决议。在随后召开的农工党内蒙古自治区第八届委员会第一次全体会议上，云治厚当选为第八届委员会主任委员，蓝峰、李艳茹、徐玉平、张和平当选为副主任委员；任命孟昭卉为农工党内蒙古自治区第八届委员会秘书长。会议产生农工党内蒙古自治区第八届委员会内部监督委员会，徐玉平任主任。会议选举产生新一届领导班子，平均年龄55.8岁。第八届委员会委员计29名，平均年龄51.41岁；医药卫生领域占48.28%，人口资源和生态环境领域占20.69%；中高级职称占68.97%；均为大学及以上学历，研究生及以

上学历占 55.18%。选举产生自治区 12 名十七大代表参加大会。

（张茂 李婷）

九三学社内蒙古自治区委员会

【概况】 2022 年，九三学社内蒙古自治区委员会（以下简称九三学社内蒙古区委）有市级地方组织 8 个、基层组织 93 个。年内，全区发展新社员 121 名，平均年龄 36.8 岁。其中，主体界别 92 人，占比 76%；具有高级职称的社员 60 人，占比 49.60%；具有高中级职称的社员 110 人，占比 90.9%。全区有社员 2950 人。其中，主体界别社员 2282 人，占比 77.4%；具有高级职称的社员 1737 人，占比 58.9%；高、中级职称的社员 2664 人，占比 90.3%。33 名社员当选自治区政协委员，7 名社员当选自治区政协常委；3 名社员当选自治区人大代表。赵海平等 20 余名社员分别获得“中国医师奖”“全国科技系统抗击新冠疫情先进集体和先进个人”等荣誉称号。

【思想政治建设】 2022 年，九三学社内蒙古区委举办“非凡十年”主题征文活动，在《中国政协》杂志及《人民政协报》《团结报》《内蒙古日报》等重要刊物和主流媒体发表《脚下有泥土 共奔小康路》等 20 余篇新闻报道，展现内蒙古九三学社人的时代风采。

3 月 16 日，九三学社中央 2022 年全国两会精神传达学习会以视频会议形式在京召开。九三学社内蒙古区委副主任委员于仁杰及机关全体通过视频会议系统参加此次会议。

11 月 9 日，九三学社内蒙古区委召开理论学习中心组 2022 年第四次集体学习（扩大）会议，专题学习中共二十大精神，安排部署学习宣传贯彻工作。11 月 15–16 日，九三学社内蒙古区委与中央社会主义学院举办中共二十大精神专题线上培训班。社区委领导班子成员，全区各级组织社员及社区委机关干部近 500 人参加此次培训。

12 月 9 日，九三学社内蒙古区委召开学习贯彻中共二十大精神宣讲会，12 月 10 日，自治区宣讲团在九三学社内蒙古自治区委员会宣讲党的二十大精神。自治区宣讲团成员，内蒙古社会主义学院党组成员、副院长赵景华作宣讲报告。

【参政议政】 2022 年 1 月 21 日，九三学社内蒙古区委在自治区政协十二届五次会议上提交大会发言 4 篇，《进一步加强我区重点实验室建设》的建议被列为大会发言；提交提案 31 篇，全部立案，《完善危重症患者跨省、市转运体系》《做好黄河十大孔兑顶层设计综合治理》等 4 件提案被确定为重点督办提案。《推动呼包鄂及乌兰察布协同发展》2 件提案被评为自治区政协十二届四次会议以来优秀提案。提交至社中央的《成立国家儿童血液病肿瘤质量管理与控制中心》《优化欠发达地区学龄前儿童营养膳食服务》等 2 件提案，被选为全国政协十三届五次会议提案。报送社情民意信息近 300 篇，被全国政协采用 3 篇、中央统战部《零讯》采用 1 篇、社中央采用 14 篇、自治区政协采用 29 篇。

4 月 15 日，自治区政协副主席其其格一行就“水资源节约集约利用”“黑土地侵蚀沟治理情况”议题，到自治区水利厅调研。九三学社内蒙古区委参政议政部负责人杨跃勇参加调研。

5 月 6 日，社区委副主任委员、内蒙古交通投资（集团）有限责任公司总经理于仁杰一行赴自治区林草局对接推进“九蒙”战略合作协议工作，就 2022 年“九蒙合作”重点调研工作深入交流。

【社会服务】 2022 年，九三学社内蒙古区委持续打造“九三学社内蒙古自治区乡村振兴实验基地”，助力乌兰察布市四子王旗加快建设退化草原修复及野生牧草种子繁育示范区、草原生态文明建设和草原畜牧业可持续发展示范区。支持“九三学社专家工作室”建设，为乡村人才振兴注入九三力量。

与巴彦淖尔市磴口县人民政府签署九地合作协议，年内组织开展一系列医疗专家义诊、手术指导、教学查房、专题学术讲座等活动，累计服务患者 200 多人次、实施手术 8 台、开展会诊 8 人次。

开展“亮康行动”，在通辽等地检查服务眼疾患者 1500 余人，指导健康用眼用药 500 余人，免费实施青光眼和翼状胬肉手术 21 例，累计帮助 120 名贫困农牧民患者重见光明。推进草原健康监测，联合内蒙古大学生命科学学院，开展以嘎查为单位的“健康牧场”检测项目。在呼伦贝尔、巴彦淖尔等地举办科普讲座。联合内蒙古图书馆，丰富完善“九三书屋”图书品类，为社员提供更为便捷的图书共享服务。

7月26日，“九蒙合作”重点调研课题及项目启动会在自治区林草局召开。社区委主任委员、内蒙古交通投资（集团）有限责任公司总经理于仁杰，社区委副主任委员兼秘书长杨跃勇出席会议。

【九三学社内蒙古区委八届六次全会】 2022年1月25日，九三学社内蒙古自治区第八届委员会第六次全体（扩大）会议在呼和浩特召开。自治区政协副主席、九三学社内蒙古区委主任委员刘新乐主持会议并代表九三学社内蒙古自治区第八届常务委员会作工作报告。社区委副主委闫伟、霍洪军、朱华、刘德、于仁杰出席会议。自治区党委统战部党派处处长韩军应邀出席会议。

4月27—28日，九三学社章程修改征求意见（自治区东部、中部、西部片区）座谈会以视频会议形式召开。九三学社内蒙古自治区委员会副主委、内蒙古农业大学教授闫伟，九三学社呼和浩特市委员会主委、呼和浩特市贸促会会长张郡，九三学社内蒙古自治区委员会参政议政部负责人杨跃勇参加中部片区视频座谈会并分别就章程提出修改意见建议。

【九三学社内蒙古自治区第九次代表大会】 2022年7月5—6日，九三学社内蒙古自治区第九次代表大会在呼和浩特召开。全国政协副主席、九三学社中央常务副主席邵鸿到会祝贺并讲话。自治区领导黄志强、张院忠、欧阳晓晖出席开幕式，胡达古拉代表自治区党委致贺词，安润生代表自治区各民主党派、工商联致贺词，刘新乐作工作报告。会议选举产生由30名委员组成的九三学社内蒙古自治区第九届委员会和12名内蒙古自治区出席九三学社第十二次全国代表大会代表。新一届委员会设立农林、教育、医药卫生、高质量发展、资源环境、社会建设6个专门委员会和老龄社员、妇女、青年、科普、专家5个工作委员会。会后召开九三学社内蒙古自治区第九届委员会第一次全体会议，选举产生由16名常务委员组成的九三学社内蒙古自治区第九届委员会常务委员会和新一届领导班子，于仁杰当选主任委员，朱华、刘德、杨跃勇、陈树峰当选为副主任委员。通过九三学社内蒙古自治区第九届委员会内部监督委员会组成人员。九三学社内蒙古自治区第九届委员会第一次常委会会议任命杨跃勇为秘书长。

（贺冰琼）

内蒙古自治区工商业联合会（总商会）

【概况】 2022年，全区有工商联组织117个［其中自治区1个，盟市12个（9市、3盟），旗县（市、区）］103个（23个市辖区、11县级市、17县、52旗；全区工商联会员165089个，其中个人会员67799个、企业会员96050个、团体会员1240个。

【非公有制经济人士政治思想工作】 2022年，自治区工商联开展理想信念教育，采取专题学习、培训研讨、线上“蒙商大讲堂”等多种形式，引领全区民营经济人士广泛深入学习领会中共二十大精神，领悟习近平总书记对民营经济的一系列重要论述。全年累计举办“蒙商大讲堂”21期，培训人数13万人次。加强舆论宣传阵地建设，利用自治区工商联微信公众号，推出学习二十大、商会动态、两会民企风采等20多个重点栏目，发布各类文章和信息3086条，总浏览量突破43万人次。协调《中华工商时报》、《内蒙古日报》、内蒙古广播电视台等主流媒体着力宣传工商联工作和民营经济发展情况。

【非公组织党建工作】 2022年，自治区工商联推进“两个覆盖”扩面提质，新组建23个党支部，发展56名党员，督促指导17家商协会党组织完成换届工作，推动总商会各级党组织全面进步、全面过硬。采取“党建+”形式，打造党建特色品牌，开展“非凡十年、取景新时代”融媒行动，举办“喜迎二十大·青春心向党——纪念共青团成立100周年青春励志故事分享会”。加强基层组织建设，举办专题培训班6期，开展“最强党支部”创建工作，举办年度党建工作述职、党员评议和“两优一先”评选和表彰。以选优配强商协会党组织书记为重点，推动商会领导班子和党支部领导班子双向进入、交叉任职。开展电商类、快递类企业党建工作调研，形成《关于新业态、新就业群体党建工作的调查与建议》调研报告。在2022年自治区两新工委考核工作中，自治区总商会党委抓基层党建总体评价等次为“好”。

【所属商会改革发展】 2022年，自治区工商联完成自治区工商联十三次代表大会人选推荐工作，召开自治区工商业联合会（总商会）第十三次代表大会及十三届一次执委会议，选举产生第十三届执委会、常委会和新一届领导班子，完成全区工商联换届工作。指导盟市、旗县工商联完成换届工作，换届后全区4个盟市、54个县级工商联主席进入同级人大、政府、政协领导班子。深化工商联和所属商会改革，推荐47家商会为全国工商联2021—2022年度“四好”商会。有针对性地选树7家县级工商联为全国“五好”标杆县级工商联，22家县级工商联为全区“五好”标杆县级工商联，对“一个设立、五个有”基础较薄弱县级工商联，进行重点帮扶并定期开展回头看。探索建立企业家副主席、副会长轮值制度。开展企业家副主席、副会长年度工作述职。建立企业家执委履职档案。完善工商联组织建设数据库和企业家人才库建设。修改完善会员管理办法和直属商会管理办法。

【调研与参政议政】 2022年，自治区工商联开展重点课题调研，开展万家民营企业评营商环境、自治区促进民营经济高质量发展政策落实情况等6次线上调研，收回调查问卷7000份，为重点调研课题提供重要依据和数据支撑。完成全国工商联“促进新能源产业高质量发展，推动构建新型电力系统”重点调研典型案例和《我区民营经济发展现状、机遇和对策研究》等4项课题；完成政协重点调研课题《鄂尔多斯市和锡林郭勒盟水资源节约集约利用》；组织召开“自治区工商联‘餐饮业、文旅业、物流业’受疫情影响较大行业企业座谈会”，开展“推动我区民营经济高质量发展政策落实研究”专题调研及能源领域专题调研并形成调研报告。配合全联开展国际化规模较大民营企业调研工作，并评选报送20家典型案例。开展2021年度上规模民营企业调研工作。按照营业收入总额达3千万元以上标准收集调研表367份，其中营业收入总额达5亿元以上的上报全国工商联143份。举办2022内蒙古民营企业100强系列榜单新闻发布会和2023内蒙古百家民企发展报告新闻发布会，发挥百强（百家）民营企业示范带动作用，激发民企发展活力。开展提案和社情民意工作。向自治区政协提交团体提案54件，立案44件，2件被列为自治区政协重点督办提案；完成2件人大建议、8件政协提案办理工作；向全国工商联报送全国政协团体提案13件；向自治区政协报送社情民意信息25篇。

【民营经济高质量发展促进工作】 2022年，自治区工商联引导民营企业践行新发展理念，助力自治区落实习近平总书记交给内蒙古的五大任务。举办第八届“创新与发展”高峰论坛，配合全国工商联新能源商会“新型电力系统下内蒙古新能源发展论坛”，对开拓自治区新能源发展思路，明晰发展方向具有重要意义。跟进2021全联主席高端峰会项目落地情况，截至2022年底，大会签约的156个项目中，完工项目20个，占比12.82%；在推进项目78个，占比50%。赴京拜访全国工商联及所属11家商会，协助通辽市对接重点招商项目。邀请浙江66家知名企业到赤峰市、鄂尔多斯市、包头市等盟市考察对接。着力解决民营企业难题。完善自治区四大班子领导联系走访民营企业和商（协）会制度，推动出台《关于构建亲清新型政商关系的意见》《关于进一步支持民营经济高质量发展的若干措施》。召开自治区民营企业家座谈会，梳理7方面27条意见建议，协调相关部门单位推动解决。组织参与全区“迎接二十大、优化法治化营商环境、服务保障高质量发展”大讨论活动，近2.7万名企业家及行业协会代表提出意见建议9千余条，均转各地各部门督导协调办理。正式开通“96888”全区民营企业服务热线，建立民营企业诉求整理、转办和反馈工作机制，受理总话务量166条，征集政府和国有企业拖欠民营企业账款情况122件，纳入清欠范围54件，涉及金额9.37亿元，其中21件纳入自治区包联清欠民营企业账款工作台账。收集民营企业待审批项目15个、办理厂房用地手续问题24个，分别转交自治区有关部门协助解决。

【就业服务】 2022年，自治区工商联举办“百家商会千家企业助力万名大学生就业创业系列活动暨线上招聘月”活动，达成就业意向2.5万人。与自治区教育厅共同举办“稳就业、促发展”民企高校携手促就业专场网络招聘会，上线参展企业182家，提供岗位16985个。

【经济纠纷调解】 2022年，自治区工商联与自治区高院召开“优化法治化营商环境、服务保障民营经济健康发展”联席会议，共同制定印发了《进一步深化多元解纷和诉讼服务机制建设、优化法治化营商环境的意见》。与自治区高院、公安厅、司法厅等八家单位共同召开构建行政争议多元化解机制座谈会，推出涉企行政争议诉前调解，制定了《关于构建涉企行政争议多元化解机制的备忘录》。扩大商会调解组织数量规模，鼓励具备条件的商会设立商事调解组织，对内蒙古品牌促进会、内蒙古工程机械行业协会、乌海市东北商会等7家商会设立商事调解委员会进行备案考察登记。推动了商事调解与诉讼程序有机衔接，以“商会调解＋司法确认”健全商事纠纷化解全链条集成、一站式解纷模式，实现了“工商联＋法院”诉调资源对接，实现了法院调解平台和工商联商会调解服务平台的有效衔接，推动内蒙古品牌促进会、内蒙古新经济发展促进会、鄂尔多斯市中小企业联合会等10余家调解组织和调解员加入人民法院特邀调解组织和特邀调解员名册。截至2022年底，全区入驻商会调解服务平台的调解组织91家，调解员208名，线上调解成功案件1592件，调解案件数量位于全国前十。深化与司法厅、律师协会合作推动全区各级司法部门与工商联建立“万所联万会”机制，推动全区各级工商联所属商会282家与363家律师事务所建立了联系合作关系。

【民营企业履行社会责任】 2022年，“万企兴万村”行动台账系统内共有591家民营企业结对帮扶921个嘎查村，“兴村”项目总数703个。北京市共有268家民营企业与内蒙古243个贫困嘎查村建立合作关系，有105家项目落地内蒙古，涉及种植养殖、职业培训、扶贫产业园建设等，完成总投资5.8亿元，带动贫困人口24524人，就业10466人，北京市民营企业捐款捐物664万元。“百家商会千家企业助力万名大学生就业创业”系列活动中，民营企业共提供招聘岗位7944个，关注人数32.4万人，达成就业意向2.5万人，自治区三家高校与部分商会代表签署校企合作协议。在“稳就业、促发展”民企高校携手促就业专场网络招聘会上，上线参展的民营企业182家，提供岗位16985个，关注人数达4000人。积极参与公益捐赠活动，格乐国际公益基金管委会举办“乡村振兴——同心助学”公益捐赠活动，累计捐赠物资总价值3450万元；疫情防控期间，全区商（协）会、广大民营企业和民营经济人士为支持疫情防控累计捐赠善款达2.9亿元，捐赠疫情防控物资和生活物资价值1.5亿元，全区工商联系统和所属商协会组织志愿者5500余人参加各级防疫抗疫工作。

【“网上工商联”建设】 2022年，自治区工商联委托广东省电信规划设计院有限公司编制《内蒙古自治区“网上工商联”建设项目初步设计方案及投资概算报告》并根据自治区发改委提出的意见，进行了数次修改完善。按照自治区发改委批复，编制《2022年6月政府采购意向》，并通过内蒙古政府采购网发布。通过公开比选方式确定招标代理机构，并委托编制招标文件，及时组织机关干部、商会组织、民营企业和专家提出修改意见并完善，推动“网上工商联”工程建设顺利开展。

【乡村振兴助力】 2022年，自治区工商联引导全区民营企业在15个重点帮扶旗县累计实施项目186个，完成投资3.3亿元，带动脱贫户9335户15510人。发挥京蒙协作平台优势，与北京市工商联签署《“万企兴万村”行动京蒙协作框架协议》。

【光彩事业】 2022年，自治区工商联在12个盟市开展“照亮乡村公益行 光彩惠民促振兴”公益捐赠活动，累计捐赠物资价值2343.68万元。

（庞 娟）

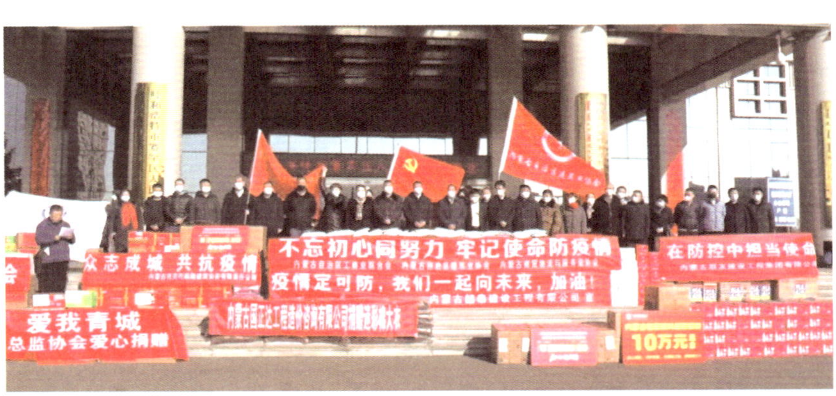

图18 2022年2月24日，内蒙古自治区工商联组织建筑业协会、内蒙古商会联合会等多家商协会和爱心企业向呼和浩特市红十字会捐赠价值40万元的医疗物资和生活物资

（自治区工商联宣传教育部 供图）

群众团体

ᠣᠯᠠᠨ ᠲᠦᠮᠡᠨ ᠦ ᠪᠠᠢᠭᠤᠯᠯᠠᠭ᠎ᠠ

内蒙古自治区总工会

【概况】 2022年，全区有12个盟市工会、103个旗县（市、区）工会、8个自治区产业工会、1个自治区直属机关工会工委。全区有基层工会组织44430个，其中单独基层工会42613个、联合基层工会1817个，涵盖各类法人单位66469家、职工4061810人，其中女职工1435742人、农牧民工976088人，工会会员3890902人，其中女职工会员1378101人、农牧民工会员925873人。

2022年，自治区总工会用党的创新理论武装头脑、指导实践、推动工作。党组理论学习中心组全年开展18次专题学习、12次专题研讨。严格执行“第一议题”制度，召开9次主席常务会议、50次党组会议，及时安排部署贯彻落实工作。执行重大事项请示报告制度，向自治区党委和全国总工会报告重大事项24件次。党的二十大胜利闭幕后，全区各级工会迅即行动、周密部署，掀起工会系统学习宣传贯彻热潮。区总工会及时召开干部大会、党组会、下发通知，在全区工会系统部署开展学习培训、宣传宣讲、贯彻落实工作。举办理论骨干宣讲培训班、邀请党的二十大代表宣讲、开辟网上学习专栏，把学习贯彻引向深入。各级工会组建116支职工宣讲团，1400多名职工宣讲员进机关、进企业、进车间开展宣讲2100余场次，覆盖职工30万人次，引导广大职工群众真正把党的二十大精神转化为做好本职工作的实际行动和具体举措。自治区总工会被自治区党委、政府授予“内蒙古自治区文明单位”荣誉称号，区总工会被国家机关事务管理局等4个部委评为“节约型机关”。

【职工思想政治引领】 2022年，自治区总工会开展“中国梦·劳动美”“劳动创造幸福”等主题宣传教育活动，举办职工文艺演出、主题演讲比赛等群众性文体活动8000余场，覆盖职工400多万人次，推动社会主义核心价值观深入基层、扎根职工。开展中国共产党内蒙古历史宣传教育和研究阐释，教育引导广大职工群众牢记“五句话”（内蒙古地区是中国共产党最早建立党组织的民族地区；内蒙古自治区是在中共中央直接领导下建立的；内蒙古是在党中央的支持下发展起来的；内蒙古工作中出现的重大偏差都是党中央帮助纠正的；内蒙古作为“模范自治区”，模范就模范在听党的话上。）的事实和道路。有形有感有效开展铸牢中华民族共同体意识工作，编印全区职工思想政治读本，组织北疆职工乌兰牧骑下基层慰问演出，把民族团结进步教育列入工会系统主体培训班次、作为工会评先选优重要条件。围绕把内蒙古的正面形象立起来，多角度、多层次推进工会工作的宣传，在中央、自治区各主流媒体刊登工会工作稿件3600多篇，网络点击量8000多万次。加强全区工会意识形态舆情监测和分析研判，广泛开展“北疆职工好网民 点赞亮丽内蒙古”主题活动，转评赞240多万次。

【工会改革】 2022年，自治区总工会开展“旗县级工会加强年”专项工作，自治区总工会以上率下，重点联系支持48个旗县级工会并安排资金给予支持，带动实现上级工会领导机关对全区103个旗县级工会联系指导全覆盖，推动力量配备、资金资源向旗县和基层工会倾斜。建设“智慧工会”二期平台，“北疆工惠”App在呼包鄂地区试运行，推进各级工会在网上开展工会组建、职工素质提升、困难帮扶等业务工作，构建工会信息互联互通“一张网”。制定关于加强盟市工会干部协管的规定，12个盟市、79个旗县(市、区)工会主席实现高配。做好工会干部教育培训工作，培训专兼职工会干部6.76万人次，其中区总直接举办22期、培训4739人次。开展全区职工队伍状况调查，掌握全区职工队伍和劳动关系新情况新变化，为新时代工会工作创新发展提供理论和数据支撑。

【产业工人队伍建设】 2022年，自治区总工会履行工会牵头职责，印发年度工作要点，制定出台企业推进产改主体作用、发挥产业工会作用、建立专题培训机制等文件。开展产改5周年系列活动，举办产改专题培训班，设立试点专项补助资金，启动第二批15个项目40家企业试点。出台10项措施支持包头市打造全区第一个“工匠之都”，提高产业工人在“两委员一代表”和群团组织代表委员中的比例，推动改革向纵深发展。自治区出席党的二十大代表中，有12名产业工人和劳模工匠代表，占比近29%。开展“求学圆梦”行动，帮助5000名农牧民工和一线职工提升学历和技能水平。

【劳动技能竞赛】 2022年，自治区总工会开展“建功‘十四五’、奋进新征程”主题劳动和技能竞赛，发挥辐射带动作用，在能源、农畜产品加工、装备制造等行业举办15项全区引领性劳动和技能竞赛、55个工种的职工技术比武，开展新就业形态劳动者竞赛试点，经过比赛提升技术等级的职工在万名以上，对获得第一名选手，授予“自治区五一劳动奖章”。配合做好首届内蒙古职业技能大赛相关工作，组织开展全国职工数字化应用大赛选拔赛，实施“互联网+职工素质建设工程”，与职业教育院校合作共建6所内蒙古工匠学院。命名50个自治区职工创新工作室和6家跨区域、跨行业、跨企业的创新工作室联盟，开展职工技能革新项目2.1万项，发明创造6599项，职工提出合理化建议19.2万件，4项职工创新成果获全国职工技术创新成果交流优秀奖。开展“求学圆梦”行动，帮助5000名农牧民工和一线职工提升学历和技能水平。

【劳模选树】 2022年4月，时任自治区党委书记、人大常委会主任石泰峰对弘扬劳模精神、劳动精神、工匠精神做出批示。坚持面向基层、面向一线、面向普通劳动者导向，做好全区五一劳动奖评选表彰工作，授予19个集体自治区五一劳动奖状、85个集体自治区工人先锋号，授予132名个人自治区五一劳动奖章，表彰80个全区五一巾帼标兵岗和117名全区五一巾帼标兵。向全国推荐的5个集体、22名个人被中华全国总工会授予全国五一劳动奖状和奖章，26个集体被命名为全国五一工人先锋号。开展第六届北疆工匠选树活动，选树“北疆工匠”15名，卢仁峰被评为2021年度“大国工匠年度人物”。联合选树20名全区“最美职工”、10名“最美环卫工人”。区总工会召开学习大国工匠精神座谈会，举办“大国工匠进企业、进高校、进班组”“千场劳模事迹宣讲”活动，拍摄百集系列纪实短片《劳动创造幸福——了不起的你》，在新华社客户端、“学习强国”学习平台和内蒙古广播电视台等平台播出，营造劳动光荣、技能宝贵、创造伟大的浓厚氛围。

【工会法治化建设】 2022年，自治区总工会干部带头学法。完善落实区总工会领导干部学法制度，将习近平法治思想纳入区总支和各支部重点学习内容，举办4次法治建设专题讲座，组织机关干部参加《中华人民共和国宪法》《中华人民共和国保密法》《自治区工会劳动法律监督条例》的学习答题活动。自治区总工会认真落实法治化建设党组主体责任和党组主要负责人第一责任人制度，制定2022年全区工会系统普法工作要点及普法责任清单，切实落实“谁主管谁负责”的普法责任制。通过召开党组会议专题研究部署工会法治化建设工作。同时，将履行推进法治建设第一责任人职责情况列入年终述职内容，接受职工群众监督。强化合法性审查工作。2022年，对区总工会出台的《内蒙古自治区总工会机关经济合同管理办法（试行）》等189份文件和合同进行前置合法性审查。坚持依法管会，加强内部管理。按照自治区党委解决“三多、三少、三慢”问题的部署要求，开展“作风建设提升年”行动，不断深化“十抓，抓实”的工作要求，全力推进“优化职能职责、优化工作流程”专项行动，提振了机关干部职工担当作为的精气神，激励了尊法、学法、守法、用法的积极性主动性。坚持依法治会，健全规章制度。按照自治区总工会党组的部署要求，积极推进业务工作制度化、规范化发展。2022年，自治区总工会先后制定《全国劳模专项补助资金发放管理实施办法（试行）》《内蒙古自治区劳模专项补助资金发放管理办法（试行）》《内蒙古自治区总工会机关经济合同管理办法（试行）》《内蒙古自治区户外劳动者服务站点工作细则》《内蒙古自治区总工会领导干部配偶、子女及其配偶经商办企业禁业范围规定》等规章制度，完善工会工作可执行、可操作、可评价的制度体系，使各项工作做到干有依据、做有规矩、绩有考评。

【风险防控与职工合法权益维护】 2022年，自治区总工会贯彻总体国家安全观，印发深入学习贯彻习近平总书记关于风险防控重要指示精神的工作实施方案，召开全区工会维护劳动领域政治安全工作座谈会、风险防控专项工作调度会，压紧压实工作责任。到2860家不同类型企业，开展职工队伍稳定风险常态化排查，协助地方党政妥善解决中谷矿业有限责任公司职工群体性信访事件，全总党组给予充分肯定。加强以职代会为基本形式的企事业单位民主管理制度规范化建设，4.4万家企事业单位建立职代会制度。开展“同商共议 和谐共赢”平台企业集体协商专项行动，覆盖企业1278家、新就业形态劳动者6.4万人。为职工提供法律援助578起，挽回经济损失1455多万元。深化“法院＋工会”劳动争议诉调对接工作，全区12个盟市和70个旗县（市、区）建立诉调对接工作室，组建195人的诉调对接工作者队伍，为257名职工挽回经济损失680余万元。开展企业劳动用工法律体检活动。各级工会深入896家企业开展法律体检活动，其中平台企业551家，覆盖新就业形态劳动者2.4万余人，为企业提供劳动用工法律风险评估237件次，其中，平台企业140件次，督促整改69件，有效维护了职工权益。各级工会积极与司法部门合作，与律师事务所协作、组建了352支法律服务小分队，抽调1310多名工会工作者、专业法律工作者深入包括平台企业在内的各类企业和职工，开展普法宣传1820余场，服务职工16.7万余人，其中覆盖平台企业780余家、新就业形态劳动者4.1万余人，农牧民工4.2万人次。开展各级“职工乌兰牧骑＋普法”活动237场，通过快板、小品、说唱等艺术形式，为职工宣传法律知识。在自治区总工会微信公众号开设“北疆职工法律讲堂”，就职工关心的劳动经济权益问题推出依法维权知识讲解28期。

【和谐劳动关系构建】 2022年，自治区总工会会同自治区人社厅、工商联召开3次自治区协调劳动关系三方委员会联席会议，对做好2022年构建和谐劳动关系工作进行研究部署。积极推动自治区党委、政府将构建和谐劳动关系工作纳入对盟市党政领导班子年度实绩考核内容，制定《2022年度盟市党政领导班子构建和谐劳动关系工作任务指标及考核评价办法》，细化目标任务，采取量化和百分制评价办法，进一步压实盟市党政领导班子推动构建和谐劳动关系工作的主体责任。制发《2022年构建和谐劳动关系工作要点》，积极参与和谐劳动关系单位创建活动，指导各盟市、旗县工会深入园区、企业宣传国家相关政策、劳动法律法规，全区认定和谐劳动关系单位2500家，和谐工业园区21个。三方共同推荐的9家企业、1个工业园区被授予“全国和谐劳动关系创建示范企业和示范工业园区”称号。开展“和谐同行·能力提升三年行动”，打造了100名金牌调解员，选树20个金牌调解社会组织，引导社会组织参与构建和谐劳动关系，为中小企业和劳动者提供劳动关系公共服务，推进劳动关系治理能力的进一步提升。择优培育推树呼和浩特市新城区东风路街道办事处劳动争议调裁工作室、包头市稀土高新区劳动关系公共服务站、赤峰承接产业转移开发区工作服务站、锡林郭勒盟锡林浩特市额尔敦办事处向荣社区服务中心为内蒙古第一批基层劳动关系公共服务样板站点，为园区企业和职工提供劳动法律宣传、援助咨询、企业用工、收入分配、集体协商和企业民主管理、劳动纠纷调解、企业文化和社会责任建设、职工心理疏导等多样化、专业化、智慧化的服务。推动集体协商扩面提质增效。会同自治区人社厅、工商联印发《关于做好2022年集体协商工作的通知》《关于开展“同商共议 和谐共赢”平台企业集体协商专项行动的通知》，鼓励、引导企业与职工就双方共同关心，涉及劳动者切身利益的事项开展协商，2022年，全区各类企业签订集体合同7863份，覆盖企业2.4万家，签订工资专项集体合同7938份，覆盖企业2.5万家。以新就业形态劳动者为重点，推动货运、快递、外卖配送、网约车行业开展协商，召开协商会议406次，围绕劳动报酬、计件单价、休息休假、劳动保护、福利待遇等，签订集体合同186份，覆盖平台企业591家，新就业形态劳动者3.5万余人。组成4个互检组，深入12个盟市、36个旗县、100多家企业开展集体协商“互检互评互学”活动，对各地集体协商工作目标任务完成情况进行检查验收，形成互检报告。12月13日，召开全区集体协商工作座谈交流会，交流各地好的经验和亮点，达到相互促进，共同提高的目的。各级工会举办集体协商培训班96次，培训工会干部、集体协商指导员8368人，不断提升工会干部、集体协商指导员业务能力和工作水平，切实发挥他们在协调和谐劳动关系中的重要作用。

【职工服务】 2022年，自治区总工会坚持以职工需求为导向，构建以精准帮扶和普惠性服务为重点的工会服务职工体系，努力把工会建设成为名副其实的职工“娘家人”。多措并举，推动“揭榜领题”落地见效。认真落实全区工会组织“揭榜领题”工作部署，以领题任务为牵引，聚焦目标要求，将工会服务职工品牌向新业态、新就业群体延伸，将符合建档条件的新就业形态劳动者纳入工会帮扶范围。启动“新就业形态劳动者温暖服务季”，全区各级工会筹集资金718.6万元，慰问新就业形态劳动者5.6万人次。开展“党建引领促就业”“同‘新’战疫 温暖前行”新就业形态劳动者定制化线上专场招聘、送岗直播活动，组织85家企业参与，招聘3859人。首次组织40余名优秀新就业形态劳动者参加职工疗休养活动，切实让广大新就业形态劳动者感受到工会“娘家人”的关怀。情系职工，常态化开展“送温暖”活动。2022年元旦、春节期间，全区工会共筹集送温暖慰问款物总额8276.6万元，走访慰问企业1517家，慰问职工171348人次。自治区总工会专项筹集下拨各类常态化送温暖资金800万元，引导全区各级工会开展常态化送温暖活动。靶向施策，不断优化就业服务效能。截至2022年底，自治区总工会云招聘平台累计组织3120家企业，招聘11.9万人，浏览量达106.5万次，实名制就业服务5.02万人次。稳步推进职工疗休养工作。适应职工疗休养工作发展，起草下发《内蒙古自治区职工（劳模）疗休养基地认定和管理办法（试行）》《关于组织开展2022年度技术工人和示范性职工疗休养活动的通知》，自治区总工会本级共完成8个批次示范性职工疗休养活动，带动全区各级工会组织技术工人9987人次、一线职工7799人次的疗休养活动。持续开展困难职工帮扶工作。先后下发《内蒙古自治区总工会办公室关于做好疫情期间常态化送温暖和帮扶工作有关事项的通知》《关于加强困难职工建档帮扶救助管理的通知》，分配下拨两级财政专项帮扶资金5406.3万元。对2015年底以来建档已脱困的127890名职工家庭进行数据筛查开展“回头看”工作，对其中1022名仍有帮扶需求的职工家庭以电话回访、入户慰问等方式开展监测预警工作，切实做到应纳尽纳，应帮尽帮，持续做好疫情形势下困难职工帮扶救助工作。稳中求进，扎实开展提升职工生活品质试点工作。认真落实全国总工会关于提升职工生活品质工作部署要求，制定下发《内蒙古自治区总工会关于开展提升职工生活品质试点工作实施方案》，鄂尔多斯市总工会职工服务中心等14家单位、内蒙古伊利实业集团股份有限公司等9家企业被确定为提升职工生活品质自治区级试点单位。推树通辽市总工会职工维权服务保障中心为全国总工会试点工会帮扶中心，内蒙古伊利实业集团股份有限公司、内蒙古第一机械集团有限公司、内蒙古北方重工业集团有限公司为全国总工会试点企业。聚焦需求，大力推进户外劳动者站点建设。制定下发《内蒙古自治区总工会关于规范工会户外劳动者服务站点相关工作的实施细则》《“最美工会户外劳动者服务站点”奖补资金及配套资金使用管理办法（试行）》，从制度层面规范站点建设与奖补资金使用。2022年，全区各级工会投入资金约485万元，新增服务站点265个，50家服务站点被全国总工会确定为2022年“最美工会户外劳动者服务站点”。全力做好根治拖欠农牧民工工资工作。统筹“12351”职工维权热线、信访等举报投诉渠道，及时建立欠薪信息台账，安排专人对盟市实施日调度，向全国总工会报告调度情况。中国农民丰收节期间，引导全区各级工会开展“庆丰收 迎盛会”走访慰问，共筹集208.3万元资金，慰问12846名农牧民工。

【新就业劳动者关爱活动】 2022年，自治区总工会联合有关厅局制发新就业形态劳动者劳动权益保障实施意见，以稳定就业岗位、促进企业发展、构建和谐劳动关系作为集体协商工作主线，推进新就业形态劳动者权益协商协调机制建设，推动快递、外卖、网约车、货运等行业签订集体合同。加强对新就业形态劳动者的关心关爱，将工会户外劳动者港湾、职工之家、爱心驿站等服务站点主动融入党群服务中心（站）、新时代精神文明实践中心站所建设，以线上线下相融合的方式为新就业形态劳动者开展宣传政策、推介服务、扫码入会、办卡办证等一站式服务。筹集1400多万元资金，面向新就业形态劳动者开展送温暖、送清凉、送健康等活动，在呼和浩特市开展为期一个月的新就业形态劳动者关爱帮扶和促进消费活动，为全区3万名新就业形态女性劳动者等群体开展“两癌”筛查。

【企业复工复产助力】 2022年，自治区总工会出台促进企业发展、维护职工权益工作的文件和助力企业复工复产、保障职工权益的20条措施。助力打赢新冠疫情防控保卫战，向呼和浩特市、赤峰市、锡林郭勒盟、驻呼和浩特高校、自治区直属机关单位等拨付新冠抗疫资金近1100万元。推出18期“疫情期间职工法律知识讲堂”，通过以案说法形式，就工资、社保、加班、企业关停和减员裁员等职工关心的事项，进行法律讲解，并提供咨询服务。开通“守望相助、情暖内蒙”职工心理热线，为全区广大干部职工提供24小时心理援助服务，服务职工群众1300多人次。将基层工会法定节日慰问品标准由2000元上调至2500元，全额返还4.3万个小微企业工会经费2.4亿元。

【“我为职工办实事”活动】 2022年，自治区总工会落实就业优先政策，开展京津冀蒙工会跨区域促就业创业系列活动、“阳光就业暖心行动”等线上线下常态化就业服务，实名制服务5万人次以上。加大对受疫情影响生活遇到临时性困难的职工帮扶和送温暖力度，拨付5406.3万元帮扶救助在档困难职工4206户，筹集“两节”送温暖慰问款物8276.6万元，慰问17万人次。到896家企业开展劳动用工“法律体检”，提供用工法律风险评估237件次。建设100家示范性“女职工休息哺乳室”，开展百场青年职工交友联谊活动，命名10家“全区工会爱心托管班”。推进职工医疗互助保障工作，参保职工120余万人，为5.9万人次患病职工发放保障金5500多万元。

【基层组织建设】 2022年，自治区工会系统健全完善“党建带工建，工建服务党建”工作机制，会同自治区党委组织部印发加强党建带工建工作的意见。聚焦全区工会组织工作破解重点难点问题“揭榜领题”任务，制定“1+10”工作方案，采取头部企业重点建、区域行业联合建、乡镇街道兜底建模式，开展新就业形态劳动者入会集中行动暨慰问活动130余次，推动一批网约、货运、快递等重点行业头部企业建会。完善“小三级”工会组织体系，扩大工会组织有效覆盖，全区建立新业态工会组织1689个，发展会员8.5万人，12个盟市均成立快递行业工会联合会。强化基层规范化建设，对2269个全国、自治区模范职工之家、职工小家开展复查，推进基层工会组织和会员实名信息数据库建设，增强工会组织服务职工能力。

【工会系统党的建设】 2022年，自治区各级工会以党的政治建设为统领，突出基层党组织建设，推动党的建设高质量发展。自治区总工会党组带头履行主体责任，健全完善党组书记负总责、分管领导分工负责、机关党委推进落实、党支部书记“一岗双责”的党建工作责任体系。召开机关党的建设暨党风廉政建设工作会议，锚定功能发挥、改革创新、质量评估、品牌引领四个着力点，通过党建巡回督查、“三会一课”巡听、争创“十抓型”党支部等创新举措，推动“北疆模范机关”和“最强党支部”建设提质升级。强化正风肃纪，以实的举措深化反腐败斗争。开展党内政治生活庸俗化交易化问题集中治理工作，相关做法被自治区党委组织部转发。制定自治区总工会党组及成员党风廉政建设责任清单，加强对“一把手”和领导班子履职用权等情况的监督，开展新任处级干部和新入职干部廉政谈话，印发《工会系统违法违纪典型案例汇编》，打造特色廉政文化长廊，营造风清气正的机关政治生态。建立贯彻落实习近平总书记重要讲话重要指示批示精神等六大类监督台账48项具体监督内容，以政治监督推进各项重点工作落实落地。把巡视成果融入经常，自治区党委巡视反馈问题全部按期整改完成。

【自治区总工会十一届五次全委会议】 2022年9月29日，自治区总工会以视频形式召开十一届五次全委会议。自治区总工会人大常委会副主任、总工会主席和彦苓主持会议并讲话，自治区总工会党组书记、副主席张慧宇作工作报告。会议履行有关人事事项的民主程序，自治区国有资产监督管理委员会党委委员、副主任张良，自治区人力资源和社会保障厅副厅长徐睿霞、自治区妇女联合会党组成员、副主席赵红军当选为自治区总工会副主席（兼职），自治区财政厅政府采购处处长赵大军当选为自治区总工会副主席（挂职），自治区总工会党组成员李锋杰当选为自治区总工会第十一届经费审查委员会主任。

（谢云学）

共青团
内蒙古自治区委员会

【概况】 截至2022年底，全区有团员114万名；基层团委3064个，团支部6.26万个。全区少先队员144.7万人（数据动态变化）；学校建队数2366个，建队率100%；大队辅导员2366人，配备率100%；中队数3.7万个，中队辅导员3.7万人，配备率100%。

【习近平新时代中国特色社会主义思想宣传教育】 2022年，共青团内蒙古自治区委员会（以下简称自治区团委）把学习贯彻习近平新时代中国特色社会主义思想作为首要政治任务，深化“青年大学习”行动，组织团员青年参加“青年大学习”网上主题团课，参学率超过74%，排名全团前列。学习宣传中共二十大精神，学习贯彻习近平总书记在建团百年庆祝大会上重要讲话精神，全区各级团组织开展学习活动13万余场次。青年马克思主义者培养工程培养学员1.24万名。实施“青年讲师团”计划，组建700余人的“北疆青年讲师团”，开展宣讲7000余场次。

【青年马克思主义者培养工程】 2022年，自治区团委建立“自治区—盟市—旗县区—苏木乡镇街道—嘎查村社区”五级协同培养机制，与国家行政学院创新搭建面向全区青年马克思主义学员的线上教育平台，统筹区内外优质课程资源，实现可视化教学、互动式交流。将内蒙古“青马工程”农村牧区和国有企业班学员培养纳入全区人才培养体系任务举措。围绕学习习近平总书记在庆祝中国共产主义青年团成立100周年大会上的重要讲话精神，组织各领域青马工程骨干培训班学员融入党群服务中心建设工作，开展学习交流座谈，有效发挥青马学员引领青年作用；按照团中央关于“学习二十大、永远跟党走、奋进新征程”主题教育实践活动安排，围绕学习贯彻党的二十大精神，组织各领域青马班学员开展热议、录制“青马学员说”微视频，积极开展“线上+线下”学习交流活动。

【县域共青团基层组织改革】 2022年9月3日，自治区团委召开全区县域共青团基层组织改革工作部署会，县域共青团基层组织改革全面铺开，打通赋能基层组织活力的“最后一公里”。改革以来，自治区始终坚持正确改革方向，结合区情实际，制定推进计划，建立工作专班机制，推动改革纳入自治区党委全面深化改革委员会2023年工作要点，通过召开全区县域共青团基层组织改革推动会、举办专题培训班、开展线上线下调研等方式指导各地区稳步落实各项改革举措，着力推动共青团在县域强化政治功能、形成社会功能。

【铸牢中华民族共同体意识教育】 2022年，自治区团委紧扣“三个离不开”“四个与共”“五个认同”，常态化开展国家意识、公民意识、法治意识教育活动，教育引导青少年牢记“五句话”的事实和道理。落实《在全区青少年中深入开展“铸牢中华民族共同体意识”主题教育实践活动的实施方案》，举办自治区级示范性民族团结主题团课12期、“民族团结我践行”主题教育活动21场。发挥《花蕾》《内蒙古青年》作用，各栏目融入铸牢中华民族共同体意识教育内容，两刊发行量221万余本。促进各族青少年交往交流交融，开展全国青少年民族团结同心营、交流营活动。坚持全团带队，开展“红领巾奖章”争章活动，引领全区146.7万名少先队员共争“小石榴籽章”。

【网上思想政治引领】 2022年，自治区团委建强内蒙古共青团官方微信、微博，入驻新兴网络平台，平台粉丝量423.6万人。实施宣传思想产品化战略，创作推出《请党放心，强国有我》《内蒙古青年关键词》等导向正、质量好、人气高的网络文化产品，其中“10万+”点击量产品366个。

【乡村振兴青春建功行动】 2022年，推动“两助两帮”任务落地，深化“三下乡”“返家乡”等社会实践活动，30多万名团员学生在农村牧区施展才华、增长才干。邀请区内外大学生开展区情观察活动，实地感受内蒙古新变化。高校42%的团支部参与大学生社区实践计划。开展“全区乡村振兴青年先锋”选树宣传。围绕农村牧区青年创业难题，建设乡村振兴创新创业专家库，实施“大学生乡村创业帮扶计划”，面向返乡创业青年设立青创易贷“金谷贷”，提供5000万元授信和利率优惠支持，专题培训900多名农村牧区致富带头人、“领头雁”、专业合作社负责人等青年骨干。实施“大学生志愿服务乡村振兴计划”地方项目，全区1214名西部计划志愿者服务乡村振兴一线。推进京蒙团组织结对帮扶，设立帮扶项目65个，帮扶金额306万元。

【美丽中国·青春行动】 2022年，自治区团委以“美丽中国·青春行动”为统揽，以“青春助力‘美丽内蒙古’生态文明实践行动”为主题，实施“百·万行动”，在全区范围内建立106个青少年生态文明教育实践基地，组织全区共青团干部、高校学生、少先队员、青年社会组织骨干等1万余名青少年生态文明宣讲志愿者并建立台账，宣讲队伍人数及场次位居全团前列。

【社会治理参与】 2022年，自治区团委落实深化党建引领基层治理专项任务，构建共青团参与基层治理新格局。深化青年志愿者行动，参与志愿服务活动46.8万人次，累计服务时长4800万小时；“志愿北疆”平台注册人数突破430万，注册比例高于全国平均水平；举办第七届内蒙古青年志愿服务项目大赛。实施“社区青春行动”，通过政府购买社会组织服务，每个试点社区至少入驻1家县域团属青年社会组织、至少开展1个常态化服务项目（除全国试点外，自治区在29个社区开展试点），累计开展“四点半课堂”“智慧助老”等活动1000余场，自治区2个试点考核评价为优秀等次，“十个一”工作模式得到团中央肯定。三类县级社会组织全部完成建团，建团数位居全团前列，率先完成活力评估审核工作。

【青年创业就业】 2022年，自治区团委落实共青团促进大学生就业行动，举办“千校万岗”系列线上招聘会和直播带岗活动，吸引880余家企业提供就业岗位1万余个，带动全区各盟市提供就业岗位10万余个。120%完成一般高校低收入家庭学生就业帮扶指标。开展2022年“扬帆计划·内蒙古自治区直属机关大学生实习”项目，募集实习岗位319个。实施创业服务行动，打造“北疆青创我帮你”品牌，深化孵化器转型升级，做强金融扶持、导师帮扶、青年企业家合作交流等工作，为青年提供全链条精准服务。

【青少年服务】 2022年，自治区团委常态化开展“共青团与人大代表、政协委员面对面”活动。自治区团委印发《全区共青团组织开展“青听”活动的实施意见》，创新启动“青听”工作，全年开展“青听”活动919场，汇总梳理青年急难愁盼问题1572条，帮助解决1270条，协调联系党政有关部门、对接相关单位推动解决302条，解决率100%。推进新时代希望工程事业发展，筹集款物2450.4万元，覆盖困难青少年18.7万余名，帮助40多所基层困难中小学校改善办学条件。深化“圆梦大学”“爱心小鸟”“希望爱心屋”“姚基金希望小学篮球季”等助学项目，与中国青基会联合主办青少年足球夏令营，实施关爱青少年视力健康“亮眼计划”，关心关爱困境青少年。

【青少年港澳台对外交流】 2022年，自治区团委拓展领域深化内涵，常态化与香港青年联会、澳门青年联会、香港大公文汇集团等单位保持密切联系，建立稳固联系渠道，进一步扩大交流覆盖面，相继举办“我和我的祖国”——内蒙古与港澳台青年共游北疆、2022年“范长江行动云采访内蒙古行”——走进黄河几字弯·感受亮丽内蒙古、“喜迎二十大·新时代的中国青年论坛”线上直播等活动，组织内蒙古青联港区特邀委员参加香港青年联会第29届会庆及会董会就职典礼。联合自治区台办举办“中华文化里的内蒙古味道”台湾青年中华文化内蒙古研习营，推动青年间进一步增强国家意识，强化民族精神。

【困境青少年帮扶】2022年，自治区团委实施希望工程，关心关爱困境青少年。开展“爱心小鸟”“圆梦大学”“情暖少数民族女孩”“希望工程1+1——幻方助学计划”等助学项目，推动实施“希望爱心屋”“希望工程·新朔赋能”等公益项目，帮助农村牧区困境青少年改善学习生活条件。开展关爱青少年视力健康“亮眼计划”，为全区学生开展视力筛查、科普讲座348场，为基层学校建设爱眼小屋108间。精准落实“体教融合”政策，加强各族青少年交流交往，铸牢中华民族共同体意识，承办“石榴籽·手拉手”全国各族青少年内蒙古同心营暨2022希望工程“蒙牛青少年足球夏令营”公益活动。实施“姚基金希望小学篮球季”公益项目，派出64名支教志愿者前往乡村振兴重点帮扶旗县及偏远农村牧区学校进行支教。2022年，希望工程累计筹集款物2453.41万元，其中现金1652.09万元，物资801.32万元，为11.7万余名农村牧区青少年解决实际需求，帮助40多所基层困难中小学校改善办学条件。

【团干部队伍建设】2022年，自治区团委提高团干部配备率，推动协管工作责任落实。2022年，全区团干部配备率三项指标整体始终稳定在85%以上，在全国各季度通报中排名靠前。按照《2022年全区团干部教育培训计划》通知要求，督导各部门结合疫情情况，启动“线上+线下”培训，提升团干部能力水平。机关系统开展32期团干部培训。

【共青团改革】2022年，自治区团委聚焦强“三性”（政治性、先进性、群众性）、去“四化”（机关化、行政化、贵族化、娱乐化）的根本目标，以优化体制机制、加强制度建设为重点，深化改革。推进县域共青团基层组织改革，推动直属单位改革和自治区团校改革。统筹推进青联、学联、国有企业共青团改革，履行全团带队职责。

【“青春快线”专列和主题车站启动仪式】2022年4月28日，以“喜迎二十大、永远跟党走、奋进新征程”为主题的共青团“青春快线”专列和主题车站启动仪式在呼和浩特轨道交通1号线坝堰（机场）站举行。“青春快线”专列和主题车站通过六个不同主题的“青春驿站”，将党的关心关爱送到青少年身边，打造青少年时刻想得起、找得到、靠得住的共青团，为全社会关心支持青少年成长发展营造氛围。

【“青春心向党 建功新时代”主题团日活动】2022年5月5日，自治区团委在呼和浩特市举办“青春心向党 建功新时代”内蒙古自治区特别主题团日活动，内蒙古青年五四奖章集体及个人代表、全国和全区“两红两优”获得者代表和各族各界青年代表参加活动。自治区团委书记陈晓东致辞，要求全区共青团要学习贯彻习近平总书记在中国人民大学考察时重要讲话精神的丰富内涵和实践要求，切实提高思想认识、强化学习自觉，不断增强为党做好青年工作的责任感使命感。要求全区各级共青团组织和广大团员青年牢记习近平总书记殷殷嘱托，忠诚核心、拥戴核心、维护核心、紧跟核心，坚决拥护“两个确立”、坚决做到“两个维护”，接过历史接力棒，展现青春担当，为建设亮丽内蒙古，共圆伟大中国梦不懈奋斗。

【“振兴杯”全区青年职业技能大赛】2022年6月20日至9月28日，自治区团委联合自治区人力资源和社会保障厅举办2022年“振兴杯”全区青年职业技能大赛（职工组），吸引全区50余家企业、单位，570余人参赛。大赛设主体赛和专项赛两项赛事，主体赛涉及机械制造、电工、能源化工等6个领域，有车工、药面修理工等14项赛事；专项赛涵盖机械控制、信息技术等4个方面，包含机械、通信、化工等9个领域。有20个作品分获一、二、三等奖，其中6个作品代表自治区参加第十七届“振兴杯”全国青年职业技能大赛专项赛，获得银奖1个，铜奖5个。

【全国高校青年学子“云聚”内蒙古】2022年7月11日，自治区团委主办的“风起祖国正北方 团聚亮丽内蒙古”亮丽北疆青年人才引进全网宣介会和优秀青年人才北疆行活动在呼和浩特市举行，吸引区内外640多所高校的89万名在校大学生参加，同时全网点击量达千万以上。活动以线上线下相结合方式开展。主会场活动分为内蒙古人才就业创业政策宣介、创业青年成功经验分享、外省区青年看内蒙古等3个环节。各盟市、旗县团组织在分会场同步开展。

【中青企协考察内蒙古产业】2022年7月26—29日，自治区团委联合中国青年企业家协会、呼和浩特市人民政府、鄂尔多斯市人民政府举办“风起祖国正北方·启航亮丽内蒙古”中国青年企业家协会走进内蒙古产业考察活动。近百名来自全国各地的中国青年企业家协会企业代表和自治区优秀青年企业家齐聚一堂，聚焦内蒙古“生态优先、绿色发展”为导向的高质量发展新路，实地走访、考察调研呼和浩特市和鄂尔多斯市的优秀企业和特色产业，分享发展经验，促进交流合作。

【希望工程·蒙牛青少年足球夏令营活动】 2022年8月5—14日，中国青少年发展基金会、共青团内蒙古自治区委员会联合举办“石榴籽·手拉手”——全国各族青少年内蒙古同心营主题活动暨2022希望工程“蒙牛青少年足球夏令营”公益活动，来自全国各地的300多名各族青少年参加活动。活动为期10天，组织开展足球比赛训练、“青听”交流活动、民族团结知识竞答等，邀请内蒙古艺术剧院，走进和林格尔县足球小镇，为孩子们带来民族歌曲、舞蹈和马头琴表演，同心营的青少年们走进蒙牛集团现代化工厂参观学习。

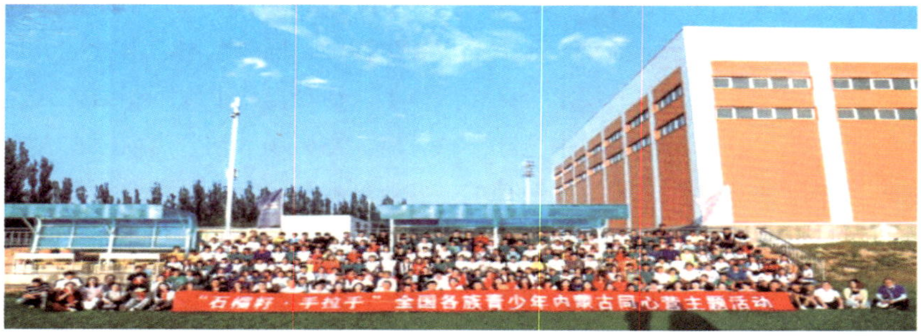

图19　2022年8月5—14日，“石榴籽·手拉手”全国各族青少年内蒙古同心营主题活动暨2022希望工程“蒙牛青少年足球夏令营”公益活动在呼和浩特市举办

（自治区团委　供图）

【第十三届少先队辅导员技能大赛】 2022年8月25—29日，由自治区团委、教育厅、人力资源和社会保障厅、少工委联合举办的“喜迎二十大 永远跟党走 奋进新征程”自治区第十三届少先队辅导员技能大赛在乌海市举行，来自全区12个盟市120余名少先队辅导员参加为期4天的比赛。

【青年企业家协会第十二次会员代表大会】 2022年9月28日，内蒙古自治区青年企业家协会第十二次会员代表大会在呼和浩特举行，来自各盟市的140余名会员代表参会。会议审议通过协会工作报告、章程修正案，选举产生自治区青企协第十二届理事会领导机构。

【《内蒙古青年运动百年历程》出版】 2022年4月，《内蒙古青年运动百年历程》出版，图志全面系统回顾内蒙古共青团不断发展的光辉历程，记录全区广大团员青年在各个历史时期学习、成长、奉献的青春足迹，展现和讴歌新老团员、团干部的青春风采和青春故事。自治区团委组织多方力量启动编纂《永远跟党走 奋进新征程——内蒙古青年运动百年历程》图志。图志按照历史事件时序进行编排，真实记录百年来，内蒙古共青团践行“党有号召、团有行动”的优良传统。通过一幅幅珍贵的历史图片和一个个靓丽的青春身影，让广大青年回眸历史不忘跟党初心，在奋斗中牢记青春使命，在新时代新征程中谱写青春新篇章。

【“千校万岗职等你来”直播带岗活动】 2022年，自治区团委紧紧围绕自治区党委关于落实“稳就业”“保就业”决策部署，强化就业优先政策，落实落细稳就业举措，助力大学生实现稳岗就业，举办千校万岗·包头新能源新材料专场、内蒙古民族大学专场等网络招聘会，共有近600家企业，提供了4500余个用人需求，在线人数达7.66万人次，收到简历6500余份。直播带岗形式生动、立体、分众化的展现岗位信息，举办内蒙古高校毕业生专场、高职高专专场、建筑类专场、社区“就近就业”兴康专场等，共有近1000家企业，提供了1.52万个用人需求，在线人数达22.37万人次，收到简历1.2万余份。

【“12355”服务台守护青少年心理健康】 2022年，自治区团委12355青少年服务台持续为全区青少年提供7×24小时的线上蒙汉双语心理咨询、法律咨询、中高考减压、青春期指导、家庭教育指导等公益服务。全年，服务台接听青少年及其家庭的来电咨询12418通，服务总时长15万分钟，接通率98.62%，满意度99.6%。危机干预青少年53人次，向110报警服务台转介个案5例，与自治区政法委办结未成年人侵害案件1例。走进18所学校和社区开展“12355伴你快乐成长”

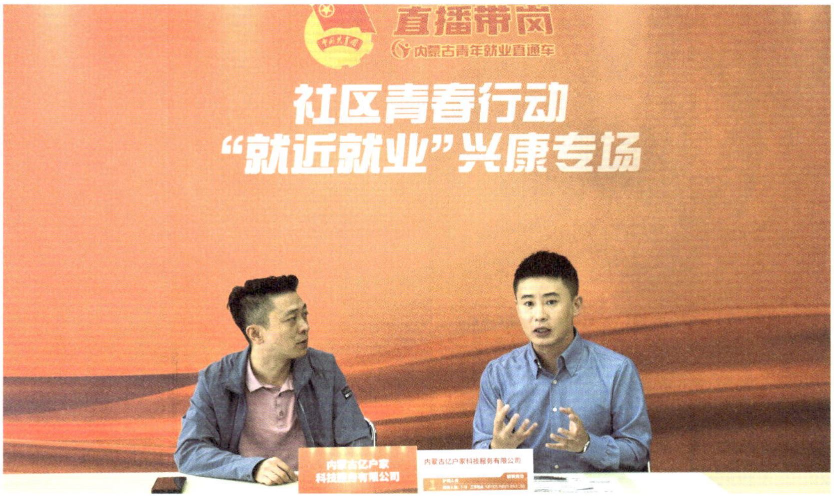

图 20　2022 年 9 月 2 日，“内蒙古青年就业直通车”社区青春行动“就近就业”兴康专场直播带岗招聘活动在呼和浩特市举办

（自治区团委　供图）

系列教育活动 53 场，覆盖青少年及其家庭超过 5000 人次。为提高专业水平和服务质量，日常开展业务和心理督导培训 39 场，覆盖 580 人次。2022 年 9 月，获得平安内蒙古建设先进集体称号，并入选“团中央 12355 区域中心”。

【“青年志愿服务与检察公益诉讼协作平台”】 2022 年 5 月，在自治区团委、自治区人民检察院战略协作机制下，内蒙古青年志愿者协会与内蒙古人民检察院铁路运输分院联合搭建“青年志愿服务与检察公益诉讼协作平台”，将 2022 年新招募的全国项目和地方项目 1000 名西部计划志愿者纳入公益诉讼志愿者观察员。“青年志愿服务 + 公益诉讼检察”是在跨区域检察协作基础上的探索创新，是依托西部计划志愿者聚合社会力量与检察力量的全国首创，将“专业化监督与社会化治理”协作覆盖内蒙古全域。通过深度协作，延伸大数据赋能融合式公益保护成效，加强探索跨区域协作保护的新路径。“青年志愿服务与检察公益诉讼，探索跨区域协作保护新路径”被选为 2022 年度全区“十大法治事件”。

【创办“青听”为青少年解难题】 2022 年，全区各级团组织扎实开展“青听”活动，以解决青年实际问题为导向，充分发挥团干部、团代表优势，聚焦青少年关注的突出问题和集中反映的诉求，发现问题、梳理问题、解决问题，推进共青团与团青用心用情用力服务青少年。截至 2022 年 12 月 31 日，内蒙古各级团组织共开展“青听”活动 919 场，汇总梳理青少年反映 1572 条急难愁盼问题，已经帮助解决 1270 条，协调联系党政有关部门、对接相关单位推动解决 302 条，解决率 100%，同 6 万多名青少年面对面促膝谈心，围绕热点难点问题开展基层服务，惠及近 20 万名青少年，形成为青少年解难题，为党政传信息，为社会促和谐的氛围。

【西部计划志愿者奔赴乡村振兴一线】 2022 年，内蒙古自治区招募西部计划志愿者 1053 人，其中全国项目志愿者 400 人，“大学生志愿服务乡村振兴计划”西部计划内蒙古地方项目志愿者 653 人。大学生志愿服务西部计划项目自 2003 年在内蒙古实施以来，从全国各地到我区参加志愿服务的志愿者累计已达 12044 人，有 6000 余名志愿者服务期满后扎根内蒙古，他们在基础教育、生态环保、乡村振兴、基层社会治理、疫情防控、应急救护等领域，唱响了“到西部去、到基层去、到祖国最需要的地方去”的时代强音，为建设亮丽内蒙古，共圆伟大中国梦贡献青春、智慧和力量。

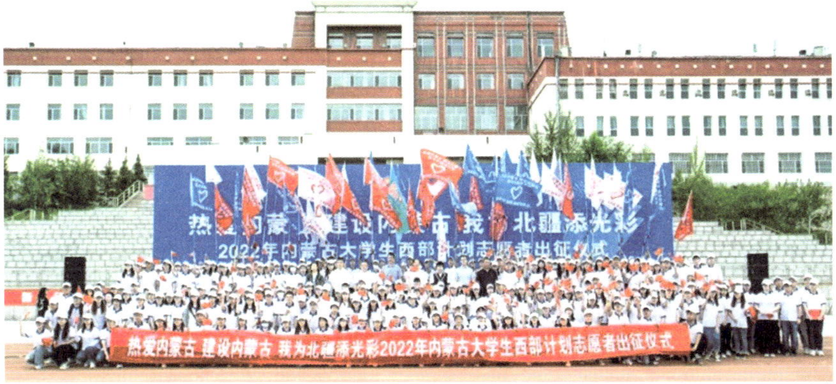

图 21　2022 年 7 月 29 日，2022 年内蒙古大学生西部计划志愿者出征仪式在呼和浩特举行

（自治区团委　供图）

（赵志星　孙延松　乌兰图雅）

内蒙古自治区妇女联合会

【概况】 2022年，自治区妇联贯彻落实习近平总书记关于妇联组织引领服务联系的职能定位，按照“迎接宣传贯彻党的二十大一条主线、推动落实妇女儿童发展两个纲要、深化北疆巾帼铸魂、家家幸福安康、强基扩面促活三大工程、抓实科技创新、创业就业、乡村振兴、维权关爱、生命健康五项巾帼行动”的总体思路和目标任务，聚焦妇女群众急难愁盼，以“我为妇女儿童办实事·十送”活动为依托，多措并举筹募投入资金8313.49万元、惠及妇女儿童800多万台，3次在全国妇联会议上作典型发言，6次受到全国妇联领导表扬，婚姻家庭纠纷预防化解工作在全国平安建设考核中排名第一，发挥出妇联组织桥梁纽带作用。兴安盟人民医院妇二科主任于洋等20位女性获2022年度自治区三八红旗手标兵荣誉称号，呼和浩特日报社采访中心副主任云静等200位女性获2022年度自治区三八红旗手荣誉称号，呼和浩特市公安行政事项审批中心等100个单位获2022年度自治区三八红旗集体荣誉称号。自治区妇联获得2022年度《中国妇女报》妇女宣传舆论阵地建设先进榜；中共内蒙古自治区委员会、内蒙古自治区人民政府授予内蒙古妇女媒体网络工作中心为全区民族团结进步模范集体，自治区妇联官方微博在全国妇联系统排名第三；内蒙古自治区在2021年平安建设考核考评中，“婚姻家庭纠纷预防化解”项目考评结果为一档，全国排名并列第一；自治区妇联权益部寿兰兰获得中国妇女发展基金会颁发的“母亲邮包”公益项目十周年爱心证书。

【机构改革】2022年，经自治区党委编办批准，自治区妇联单独设置组织部，机关党委不再与其合署办公；设置机关党委，不再单独设置离退休人员工作处，在机关党委挂离退休人员工作处牌子。根据培训疗养机构改革要求，撤销内蒙古自治区妇女干部学校，按照“撤一设一”原则，使用自治区原妇女干部学校机构编制资源，重新组建内蒙古自治区妇女事业发展服务中心，完成核定编制、机构设置，调整变更机关及事业单位机构编制。

【北疆巾帼铸魂工程】 2022年，自治区妇联组建中共二十大精神巾帼宣讲团，分众化学习宣传宣讲3000余场次，组织迎接学习宣传二十大群众性主题活动4568场次，开展“巾帼思政大讲堂”和妇女恳谈等活动8000余场次，覆盖妇女群众315万人次，团结引领广大妇女感党恩、听党话、跟党走。以线上学堂为载体，创建“北疆巾帼思政大讲堂”品牌，助推思政课堂直达基层，直达妇女群众，直播点击量98万人次。自治区妇联选送的1个示范“学习讲堂”、2个理论宣讲先进集体、2名理论宣讲先进个人和1个优秀理论宣讲报告获得自治区党委宣传部表彰。申报的草原英雄小姐妹事迹展馆被全国妇联命名为全国妇女爱国主义教育基地。

【强基扩面促活工程】2022年，自治区妇联采取“135一线工作机制”和“妇女小组三个123工作法”等，推进妇联组织建设改革，指导盟市妇联不断健全完善上下贯通、执行有力的妇联组织体系和联系广泛、服务群众的妇女工作体系，将妇联组织向各领域特别是新领域覆盖。自治区妇联指导内蒙古建筑行业协会、呼和浩特市邮政快递行业成立妇联。全区各级新领域妇联组织达4412个，较2021年度新增723个。各级各类妇女之家、妇女微家达到1.74万个，较2021年度新增923个。协调争取将副处级女干部培训班纳入内蒙古党校主体班次，与自治区党委组织部联合举办女领导干部培训班、嘎查村女干部培训班。实施基层妇联领头雁培训计划，举办培训班430期，培训10.2万余人，提升各级妇联干部履职能力。

【困难妇女司法救助】 2022年，自治区妇联联合自治区检察院开展“关注困难妇女群体，加强专项司法救助”活动，各级妇联在入户走访和开展“十送”活动过程中摸排发现困难妇女线索，及时移交检察机关申请司法救助，2022年，救助困难妇女370人，发放救助金482.08万元。

【妇儿“两纲”目标任务落实】2022年，自治区妇联推动落实新一轮妇女、儿童发展纲要目标任务要求，定期调度39个成员单位“两纲”目标任务进展情况，1—12月，各成员单位制定全面落实妇女儿童“两纲”目标任务举措928条，开展落实“两纲”相关工作1218项。将“两纲”表彰纳入2022年度表彰计划，评选50个先进集体、100名个人。

【巾帼现代农牧业科技示范基地建设】 2022年，自治区妇联创建20

个自治区巾帼现代农牧业科技示范基地，4个获评全国示范基地。委派224名女科技专家走基层开展技术指导、技能培训，惠及1.4万女农牧民带头人。

【创业就业巾帼行动】2022年，自治区妇联实施“北疆布丝瑰创业就业行动”，开展技能培训8000人次，实现经济效益2600余万元，直接带动1300名妇女就业。组织女性就业招聘活动270场，提供岗位10.9万个。

【乡村振兴巾帼行动】2022年，自治区妇联举办巾帼兴粮爱粮、小镇姑娘大赛和电商直播带货等活动，巩固脱贫成果。全媒体关注量1.08亿次。举办高素质女农牧民技能培训147期、培训1.65万人。新建4个清华大学乡村振兴远程教学站，培训服务13.8万人。

【生命健康巾帼行动】2022年，自治区妇联推动扩大妇女“两癌”筛查覆盖面，争取资金1778万元为确诊“两癌”的低收入妇女每人提供1万元救助。动员组织2.7万名巾帼志愿者参与新冠疫情防控，募集1470.17万元款物分276批次关爱困境妇女、留守儿童、独居老人、女大学生等特殊群体，构建健康内蒙古元素。春节前筹集557万余元生活物资和药品，慰问3.3万户困境家庭，助力农牧区新冠疫情防控。

【“北疆亮姐”巾帼家政职业技能大赛】2022年9月15—16日，在呼和浩特市举办“强国复兴有我 北疆巾帼争先”——内蒙古自治区“北疆亮姐”巾帼家政职业技能大赛。44名选手通过理论知识考试、实际操作竞技和团体决赛三个环节的比拼，最终包头市代表队、乌海市代表队、乌兰察布市代表队分别获得团体奖第一、二、三名；12名选手分获家务服务、养老护理、母婴护理、家政经理人4个组单项第一、二、三名；包头市、乌兰察布市、乌海市、巴彦淖尔市、呼和浩特市获得优秀组织奖。

【北疆巾帼志愿服务】2022年6月23日，举办内蒙古自治区首届北疆巾帼志愿服务典型揭晓仪式，现场揭晓首届北疆巾帼志愿服务“十大感动人物”：侯维霞、赵青秀、何红、王智慧、邢淑梅、张秀艳、王红梅、高保云、周丽、贺惠娟；“十大暖心故事”：向日葵困境儿童关爱计划项目、固阳县“拉话话”志愿服务项目、林西县玉米皮文创产业巾帼志愿服务项目、海拉尔区义工联合会松柏之爱项目、“守护美丽家园”社区志愿服务项目、“爱相随老有依”助老项目、公益九月爸爸妈妈我们一起回家项目、“护航未来”困境儿童帮扶项目、《爱助夕阳》助老爱老项目、公乌素镇利民社区志愿服务项目——“心愿墙”点亮居民“微心愿”项目；“十大优秀项目”：《有一群人，他们温暖热诚》《温馨驿站里的“爱心早餐”》《服务他人 快乐自己》《关爱空巢老人 守护“娜荷芽”》《手留余香的持恒善举》《在公益中享受快乐》《“赝品”妈妈的正版母爱》《巾帼力量凝心聚力 阳光服务共筑家园》《“我帮你进行时”》《“辣妹子”巾帼志愿服务暖人心》。

【自治区级示范儿童之家建设】2022年，自治区妇联共投入80万元，在12个盟市以及满洲里市依托现有场地建设13个儿童之家。立足家教指导、心理疏导、普法宣传、亲子阅读、亲子游戏等方面，为儿童提供健康安全的校外活动场所。自治区级示范儿童之家建设工作自2011年开始，截至2022年，自治区妇联已累计在全区建设自治区级示范儿童之家148个。

【打击拐卖妇女儿童犯罪专项行动】2022年，自治区妇联配合公安机关开展打拐专项行动，维护妇女儿童合法权益。认真贯彻落实习近平总书记关于“要发挥群团组织优势，促进妇女儿童、老年人、残疾人等特定群体权益更有保障”的重要指示精神，妇联党组专题传达学习了公安部打击拐卖妇女儿童犯罪专项行动电视电话会议精神，研究制定自治区妇联落实打拐专项行动实施方案，成立以主要领导为组长的工作专班，细化举措，建立台账，做好线索摸排和关爱服务工作。自治区妇联党组书记、主席王芳专题听取呼市妇联打拐专项行动线索摸排工作情况汇报并提出工作要求，分管副主席赵红军实地走访慰问困难妇女家庭13户。累计排查家庭400万余户，发现相关线索31条，涉及呼市、通辽、锡林郭勒盟、乌兰察布等地，全部及时移交属地公安部门和自治区公安厅。针对排查过程中发现的36名因人户分离或无户口导致、无法享受低保等国家社会保障政策等问题的妇女，专门致函自治区公安厅，协调推动解决妇女实际困难，为妇女儿童和家庭办实事解难事，自治区公安厅已安排属地公安部门分头落实，陆续依法依规解决问题。

【“蒲公英”妇女儿童权益服务项目】2022年，自治区妇联继续实施“蒲公英”妇女儿童权益服务项目，引领社会组织发挥作用，深化妇女儿童维权服务。通过盟市申报、专家评审、党组会议审定，并与自治区司法厅协调对接，2022年确定向社会购买实施48个项目，聚焦家事调解、法律服务、儿童自护、巾帼普法、议事协商、心理关爱、家庭教育等基层社会治理领域，调解疏导家庭矛盾1000余件，提供心理咨询2180人次，法律咨询1600人次，办理心理疏导个案1023件，法律援助案件86件，发放问卷调查5525份，入户调研排查1400余人，举办家庭教育、心理健康、普法宣传讲座等285场，未成年人安全保护活动83场，发放各类宣传材料4万份，制作普法小视频60期。线上线下受益群众达91万余人，为妇女群众和家庭提供精准化、专业化、多元化的高质量服务。2022年“蒲公英”妇女儿童权益服务项目获得自治区财政厅政府购买示范项目奖补资金80万元，用于继续通过政府购买服务的方式提升妇女维权工作质量和工作成效。

【科技创新巾帼行动】2022年，自治区妇联联合自治区科技厅、教育厅、工信厅、人社厅、卫健委、国资委、总工会、科协，印发《内蒙古自治区“科技创新巾帼行动”实施意见》，为获得自治区科学技术特别贡献奖等奖项的科技工作者家庭提供价值不低于5000元的家庭服务，助力科技兴蒙。2022年，自治区共派出专家和科技人员224人次，入户入田间地头现场服务指导647人次，开展线上线下技术讲座、培训、政策宣传服务15397人次，服务内容包括牛羊养殖、饲料加工、番茄栽培、食用菌接种等30多项技术，深入巴彦淖尔、呼伦贝尔、鄂尔多斯等12个盟市，提高农牧户生产效率，发挥巾帼科技服务支撑作用。

【婚姻家庭纠纷预防化解】 2022年，自治区妇联落实自治区妇联平安内蒙古建设工作领导小组成员单位职责，持续开展婚姻家庭纠纷预防排查化解工作，尤其是侵害妇女儿童人身权益和生命权益问题，印发《关于开展侵害妇女儿童权益问题排查专项行动通知》《关于做好妇联维权维稳工作的通知》，要求各级妇联组织以高度的责任感和使命感，充分动员基层力量，集中对婚姻家庭纠纷和侵害妇女儿童权益的20类问题进行排查化解并及时上报，同时关注刑释解教人员中的女性，围绕“十送”活动提供关心关爱，共排查各类婚姻家庭矛盾纠纷406件，各级妇联组织积极介入，提供调解、法律心理帮助和关爱服务，全部给予了妥善处理。加强重点人群和家庭全面摸底，用心用情做好关爱帮扶。印发《内蒙古自治区妇联关于进一步开展重点人群和家庭关爱帮扶工作的通知》，部署各级妇联组织嘎查村（社区）妇联通过各种方式全面走访，摸清辖区困难、流动、留守、残疾妇女儿童和单亲、失亲、矛盾多的家庭底数，开展定期探访，全区共摸排出重点妇女总数68224人，重点儿童总数22988人，重点家庭20018户，针对其中权益受到侵害的、遭受家暴的、重大残疾或疾病的要每月至少入户走访一次，做到按需关爱，精准帮扶。并将重点人群关爱帮扶情况定期报全国妇联。按照全国妇联关于“婚姻家庭纠纷预防化解”考核指标要求和自治区平安办关于平安建设考核工作的部署要求，协调自治区政法委、高院、公安厅、司法厅、民政厅等部门配合，圆满完成了2021年度“婚姻家庭纠纷预防化解”考核工作，受到全国妇联书面通报表扬，自治区妇联2021年度“婚姻家庭纠纷预防化解”考核工作全国排名并

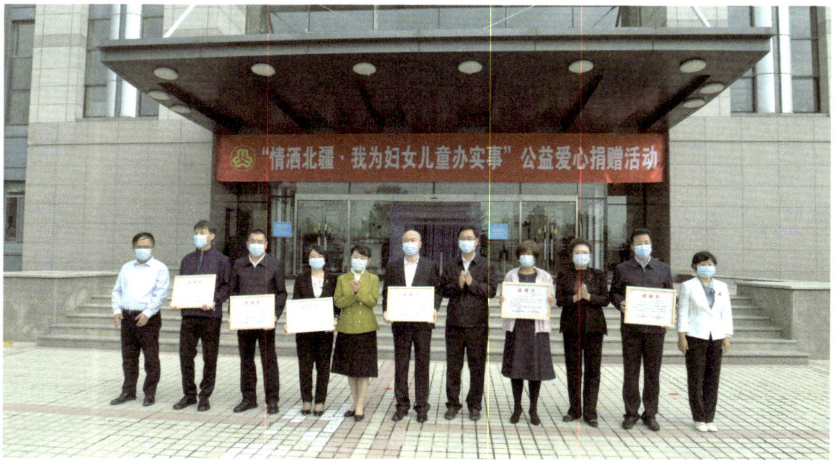

图22 2022年6月23日，“情洒北疆·我为妇女儿童办实事”公益捐赠活动
（自治区妇联办公室 供图）

列第一。

【妇女儿童权益维护】2022年，自治区妇联坚持12338热线7×24小时服务和领导干部接待制度。全区旗县级以上妇联共接待信访事项2137件，同比2021年度增加348件，其中权益部本级接待信访案件360件，全部给予及时答复或协调转办。疫情防控期间，全区各级妇联组建36支队伍招募180余名心理志愿者开通心理咨询服务，为家庭亲子矛盾、精神压力或恐慌等问题的妇女儿童和家庭提供及时辅导，12个盟市全部畅通7×24小时妇女维权服务12338热线，开展心理疏导、情绪安抚、健康咨询等公益服务，密切关注涉妇女儿童舆情，及时送关爱送温暖，维护家庭稳定，助力疫情防控。妥善处置涉妇女儿童网络舆情和自杀危机求助个案，为有需求的困难妇女提供法律援助。介入处置网络舆情30余起，全部按照自治区妇联党组批示要求，及时将阶段性进展情况报告党组和全国妇联权益部。有效干预了2起未成年人自杀危机案件。举办自治区妇联涉妇女领域政治安全专题培训，把防范化解妇女领域风险、维护国家政治安全作为头等大事来抓，筑牢维护自治区妇女领域政治安全的思想防线。及时受理因家庭暴力、性侵、土地权益纠纷、就业权益侵害等与妇女群众切身利益密切相关的求助案件，全年办结妇女权益、女性农民工、残疾人、未成年人、老年人法律援助案件254件，为受援人员挽回经济损失203万元。举办全区妇联组织维权信访人员培训班，紧紧围绕宣传贯彻落实《信访工作条例》和全国妇联《妇联组织信访工作规定》各项要求，对如何进一步做好新时代妇联组织维权信访工作进行培训，自治区妇联“12338”热线接线人员、各盟市妇联负责权益工作副主席、权益部部长以及全区妇联系统信访干部、“12338”热线接线员共计227人分别在线上线下参加了培训。

（武艳丽）

内蒙古自治区文学艺术界联合会

【概况】2022年，内蒙古自治区文学艺术界联合会（以下简称自治区文联）以习近平新时代中国特色社会主义思想为指导，围绕迎接学习宣传贯彻中共二十大主线，实施内蒙古文艺界思想引领“培根铸魂”工程，开展各文艺领域学习传达、交流研讨、主题宣讲，培训文艺工作者2400余人。发挥组织优势和专业优势，团结内蒙古广大文艺工作者坚持以人民为中心的创作导向，营造学习宣传贯彻中共二十大精神文化文艺氛围。深化内蒙古文艺界民族团结进步教育，围绕全方位建设“模范自治区”要求，制定工作清单、每月调度，完成“铸牢中华民族共同体意识”轮训工作，实现内蒙古文艺家协会骨干会员培训全覆盖。举办中华戏曲名家名段演唱会、内蒙古民歌大会等一系列主题文艺活动，出版《“石榴籽”绘本丛书》，集中创作推出10个艺术类别的优秀主题文艺作品3600余件。自治区文联舞剧《骑兵》（内蒙古艺术剧院）获得第十七届文华大奖；内蒙古文艺志愿者协会被中宣部等授予全国学雷锋志愿服务“四个100”先进典型代表“最佳志愿服务组织”；乌兰图雅被中宣部等授予“全国中青年德艺双馨文艺工作者”称号；李德戈景、白梅、高建军被中央文明办等授予首届宣传推选学雷锋文艺志愿服务先进典型“最美文艺志愿者”称号。

【思想政治引领】2022年，自治区文联始终把迎接学习宣传贯彻中共二十大作为首要政治任务和重大政治责任。深入学习贯彻中共二十大精神，实施内蒙古文艺界思想引领“培根铸魂”工程，第一时间组织文联系统干部和文艺工作者收看了中共二十大开幕会盛况，开展各文艺领域的学习传达、交流研讨、主题宣讲，培训文艺工作者2400余人。聚焦中共二十大精神这一主题主线，及时创作推出主题小戏小品曲艺主题作品集，提供全区各级乌兰牧骑排演；组织开展主题诗歌朗诵会、书法篆刻展、文学作品展、主题音乐会、原创歌曲展播、短视频征集展播，以及文学、音乐、舞蹈、书法、美术、摄影、民间文艺等优秀主题作品网络展示活动18场次。

【主题文艺活动】2022年，自治区文联聚焦习近平总书记交给内蒙古的五大任务和自治区党委“把内蒙古正面形象树立起来”的要求，先后举办内蒙古风光摄影展、内蒙古形象主题美术作品展、《草原》自然写作营等活动，举办纪念毛泽东《在延安文艺座谈会上的讲话》发表80周年内蒙古文艺界座谈会、“弘扬乌兰牧骑优良传统”云端诗歌朗诵会等活动，深度参与第十九届中国·内蒙古草原文化节，主办承办内蒙古第八届书法篆刻展、第四届群众歌咏展演等，着力为中心工作贡献文艺力量。组织开展“新时代·新民歌”歌曲征集、“黄河之歌”原创歌曲征集、“小康印记”主题征文等作品征集，以及内蒙古第七届室内乐大赛、第二届书法临帖展、职工书法摄影展等活动，重点打造内蒙古新年舞蹈晚会、内蒙古曲艺春晚、内蒙古网络春晚、内蒙古新春诗会和内蒙古文学艺术界2022年迎春联谊会5台大型文艺演出活动，搭建文艺作品展览展演展示平台。发布新冠疫情倡议书，团结凝聚广大文艺工作者挺膺担当、以“艺”抗疫，创作推出优秀主题文艺作品30000余件。

【文艺品牌建设】 2022年，自治区文联主办第八届全国少数民族曲艺展演、第三十四届中国华北摄影艺术展、全国民族民间舞蹈创作作品会演内蒙古专场演出、全国中小学舞蹈教师培优计划内蒙古站培训、中国民间文艺家协会青年民间文艺工作者高级研修班等重大文艺活动，坚持强化品牌，打造特色。实施内蒙古文艺作品质量提升工程，强化方向导向，提升创作水平；推进内蒙古文学重点作品创作扶持工程和优秀蒙古文翻译出版工程等重点创作工程，发布重点选题，找准创作坐标；实施内蒙古文艺理论与评论建设工程，以高质量的文艺理论建设和文艺评论工作引导精品创作。以多种形式引导向、带队伍、促创作，组织举办第二十五届内蒙古摄影艺术展、第十届内蒙古键盘乐艺术节暨键盘乐大赛、第二届“劳动者之歌”大型诗歌朗诵会、“最美旋律献给你”大型交响音乐会等80余项文艺活动。

【文艺创作人才培养】 2022年，自治区文联组织开展内蒙古影视剧本创作培训班、文艺评论骨干培训班等专业培训11场次，培训文艺工作者千余人。开展第四届内蒙古中青年“德艺双馨”文艺工作者评选表彰活动，召开内蒙古文联职业道德和行风建设座谈会等，引导内蒙古广大文艺工作者弘扬正道、追求德艺双馨。推进内蒙古文艺人才库建设工程，完成录入文艺人才数据6500余人。密切与新文艺组织和新文艺群体联系，举办内蒙古首批新文艺群体领军人才座谈会和表彰活动，制作宣推首批新文艺群体领军人才宣传片，组织网络作家、舞蹈新文艺工作者专业培训，做好“文艺两新”职称评审工作。

【文艺惠民工作】 2022年，自治区文联广泛开展惠民活动，组织举办文艺名家进企业、杂技魔术进基层等一系列文艺进社区、进学校、进企业、进农村牧区活动，支持开展“最美”千村百场巡回演出等，全年累计开展各类文艺志愿服务2200余场次，服务群众100余万人次。探索“云展播”“云演绎”新模式，推动文艺惠民工作线上线下融合发展。疫情防控期间，联合抖音等新媒体平台推出“云上舞台——内蒙古优秀节目展播”和内蒙古艺术名家直播等活动，累计曝光量2000余万次。在内蒙古全面推开“我们的美好生活”新时代文明实践文艺志愿服务项目，深入推进“村歌嘹亮”等9个服务乡村振兴的品牌活动，全年开展活动170余场次。内蒙古文联在2022年中国文联文艺志愿服务工作会作典型发言，得到中国文联肯定；“村歌嘹亮”入选中国文联新时代文明实践工作典型案例，在全国文联系统宣传推广；“讲述红色故事、传承红色基因”文学志愿服务活动获得中国作协文学志愿服务示范性重点扶持优秀项目。

【基层基础建设】 2022年，自治区文联以“北疆模范机关”创建为抓手，深化“我为群众办实事”工作，累计开展党员志愿服务900余人次；开展“一支部一品牌”创建活动和“强国复兴有我”群众性宣传教育活动。深化理论武装，开展专题学习12次，中心组成员形成理论研讨材料178篇，重点组织内蒙古文联学习贯彻党的二十大精神培训班等。强化意识形态工作责任，举办内蒙古文联系统意识形态工作培训班、意识形态阵地建设交流会暨舆情会商研判会等，培训文联系统干部1600余人次。提升《草原》《花的原野》等5个刊物办刊质量，推动内蒙古文艺家之家优化完善，发挥内蒙古美术馆、文学馆公共文化服务阵地作用。内蒙古美术馆全年举办各类艺术展览45场，公共教育美育活动200余场。内蒙古文学馆全年举办各类文学展览6场，网络展47场，公共文学活动42场。深化文联组织建设，召开内蒙古基层文联工作经验交流会暨基层文联负责人专题培训班、内蒙古文联社团工作推进会暨党建工作培训班等，完成内蒙古音乐家协会、舞蹈家协会、民间文艺家协会、电影家协会、摄影家协会、翻译家协会换届工作。按照内蒙古文联“培英计划”安排部署，持续开展系统内培训工作。

（赵　旺　王雪妍）

内蒙古自治区残疾人联合会

【概况】 2022年底，全区各类残疾人总数158.58万人，占全区总人口6.39%。有持证残疾人769713人。其中，视力残疾74121人，占9.63%；听力残疾77460人，占10.06%；言语残疾13311，占1.73%；肢体残疾423791人，占55.06%；智力残疾66774人，占8.68%；精神残疾74205人，占9.64%；多重残疾40051人，占5.2%；一二级重度残疾有317735人，占41.28%。全区有0—6岁持证残疾儿童2019人，7—14岁的持证残疾人11874人，15—59岁的就业年龄段持证残疾人400929人，60岁以上持证残疾人有354891人。

【各项兜底保障措施落实】 2022年，内蒙古自治区残疾人联合会（以下简称自治区残联）与自治区民政厅联合转发《关于全面开展残疾人两项补贴申请“全程网办”的通知》，实现残疾人两项补贴“全程网办”。配合自治区民政、财政部门做好2022年残疾人“两项补贴”发放工作，审定“两项补贴”申请人数62.6万人次，全年发放“两项补贴”7.8亿元。投入546万元为全区41.3万名0—59岁残疾人购买意外伤害保险。将电子耳蜗植入术等内容纳入医保支付范围且支付等级均为甲级。

【残疾人脱贫攻坚成果同乡村振兴有效衔接巩固】 2022年，自治区残联与自治区乡村振兴司畅通数据比对，实现三类残疾人数据监测实时查询。投入100万元扶持国家乡村振兴重点帮扶旗县。同北京市残联签订2022年京蒙残疾人工作结对帮扶协作框架协议，将6个项目纳入市级协作范围，34个项目纳入区级协作范围，完工28个项目，总投入1511.38万元，6385名残疾人受益。把呼伦贝尔市鄂伦春自治旗作为“富民贷”助残金融服务试点，为农牧民协调贷款40万元。给国家10个和自治区5个乡村振兴试点旗县投入305万元，配发辅助器具6450件，并对语后聋残疾人进行摸底，初步确定68人语后聋残疾人植入人工耳蜗。

【残疾人康复服务】 2022年，自治区人民政府印发实施《内蒙古自治区残疾预防行动计划（2022—2025年）》，提出五大行动、25个具体指标。印发实施《内蒙古自治区“十四五”残疾人康复服务实施方案》，58903名残疾人得到精准康复服务，31683名残疾人得到辅助器具适配服务。继续执行《内蒙古自治区人民政府关于建立残疾儿童康复救助制度的实施意见》，康复救助残疾儿童5010名。协助838名残疾人签约家庭医生。举办各类培训班培训残疾人定点康复服务机构专业技术人员213名。开展“大爱北疆 助康圆梦”公益助残活动。组织开展第六次残疾预防日宣传教育活动。承办第四届爱尔基金会助残公益行动，达成捐助价值500万元智能假手及助听器的意向。印发《内蒙古自治区残疾儿童康复救助定点服务机构协议管理实施细则（试行）》和《残疾人定点康复服务机构评估指导方案》，加强儿童康复定点机构管理，开展专项督查。

【残疾人就业创业】 2022年，自治区残联报请自治区政府办公厅印发《内蒙古自治区促进残疾人就业三年行动实施方案（2022—2024年）》，实施行政机关、事业单位、国有企业带头安排残疾人等10项行动，召开新闻发布会。印发《内蒙古自治区促进残疾人职业技能提升实施方案》，组织城乡残疾人职业技能和实用技术培训11002人，提升残疾人就业创业能力。在锡林郭勒盟召开全区残疾人就业工作现场会。启动“大爱北疆 助业自强”助残公益行动，在全区范围内开展残疾人线上线下招聘、就业援助月等专项活动，举办专场招聘会132场，391名残疾人在各类招聘活动中与用人单位达成意向。为681名残疾大学毕业生提供“一人一策”就业服务，有就业能力和就业意愿的大学生就业率达到100%。出台《内蒙古自治区残疾人就业创业示范（孵化）基地管理办法》，投入300万元对符合条件的1家残疾人就业创业孵化基地、2家残疾人就业创业示范基地、3家辅助性就业机构进行扶持，带动残疾人就业创业。开展残疾人就业保障金征收使用管理调研。自治区残联与圆通公司签订战略合作框架协议，构建全区残疾人“就业创业”云客服与“圆梦家园”驿站终端两大平台。全年城乡残疾人新增就业9741人。

【残疾人托养照护服务】 2022年，全区各级残联实施“阳光家园计划”，拨付资金847万元，对5646名智力、精神和重度肢体残疾人开展托养服务。聘请第三方机构对全区残疾人托养情况进行评估测算，推动建立自治区残疾人托养服务补贴制度，完成前期调研工作。

【特殊教育】 2022年，自治区残联印发《自治区“十四五”特殊教育发展提升计划实施方案》为残疾考生参加高考提供支持条件和合理便利。实施“学前残疾儿童助学项目”，为家庭经济困难的残疾儿童享受普惠性学前教育提供资助，给全区3000名学前儿童补贴。加强内蒙古特殊职业技术学校建设，制定和印发《内蒙古特殊职业技术学校“十四五”发展规划》。落实《第二期国家手语和盲文规范化行动计划（2021—2025年）》，举办通用手语和通用盲文培训班，培训228人。

【残疾人文化体育活动】 2022年，自治区残联开展残疾人文化体育进残疾人家庭项目，组织开展文化活动166场次，举办运动会或单项选拔赛47场次，近1.7万名残疾人走出家门，参与群众性文化、体育活动。帮助8019户困难、重度残疾家庭，实施文化进社区、进残疾人家庭“五个一”文化项目。给2843名盲人发放文化无障碍产品。扶持建设16个基层残疾人文体示范点和7个残疾人文创基地。548名残疾人参与各级各类文化艺术培训。开展“大爱北疆 共享芬芳”残疾人文艺公益巡演2场，指导各级残联组织开展各类残疾人文化艺术活动164场次。筹备全区第六届残运会暨特奥会。创建自治区残疾人乒乓球、羽毛球、跆拳道训练基地。选派运动员赴韩国参加残疾人举重亚洲大洋洲锦标赛并夺得4枚金牌。

【无障碍环境建设】 2022年，自治区残联印发《内蒙古自治区“十四五”无障碍环境建设实施方案》。建立无障碍环境公益诉讼协作机制，自治区残联与自治区检察院联合印发《关于建立公益诉讼配合协作机制的意见》《内蒙古自治区无障碍环境建设公益诉讼专项监督行动方案》，召开新闻发布会。自治区残联无障碍体验促进队赴包头市、乌兰察布市、呼伦贝尔市开展体验活动，各盟市、旗县无障碍体验促进队实现全覆盖。推进困难重度残疾人家庭无障碍改造工作，全年完成改造12514户。

【扶残助残志愿服务】 2022年，自治区残联机关及会属单位成立助残志愿者服务队，注册志愿者85人，开展5次志愿服务活动，累计服务时长超400小时。全区开展志愿助残服务474场次，累计参与人数30715人，推动全区残联系统志愿服务规范化常态化。

【残疾人合法权益保障】 2022年，自治区残联印发《关于开展法治宣传教育第八个五年规划（2021—2025年）实施方案》《关于加快推进残疾人法律救助工作站规范化建设的实施意见》《关于深入学习贯彻习近平法治思想切实加强残疾人司法保护的意见》等，开展系列残疾人法律法规宣传活动。各盟市建立法律援助公益队伍，举办《法律援助法》专题讲座。完成残疾人服务热线与政务服务便民热线并线运行。制定《自治区残联机关接访制度》，及时处置化解残疾人网上信访事项。2022年接待来访残疾人57人次，处理中国残联网上信访件25件，自治区信访局网上信访件3件，接听12385残疾人服务热线接听来电1096通，12345政务服务热线平台办理34件诉求。

【基层组织建设】 2022年，自治区残联印发《内蒙古自治区残联关于全区各级残联换届工作的实施意见》，指导盟市级以下各级残联（残协）完成换届。把关盟市残联新任领导干部15人。将4165名在编在岗残疾人干部个人信息全部录入自治区残联大数据平台。加强年轻干部、女干部、少数民族干部和残疾人干部的培养使用，基本形成年龄梯次配备、专业素质优良的残疾人工作者队伍结构。转变作风，做好“学跟听”和“走转改”工作。完成自治区残疾人康复服务中心、就业服务中心事业单位改革任务。

【扶残助残社会舆论环境营造】 2022年，自治区残联打造《草原晨曲》手语新闻节目，开展2场次“大爱北疆 共享芬芳”残疾人公益巡演，开展第32次“全国助残日”活动，走访慰问残疾人6918户，开展志愿助残服务474场次，累计参与人数30715人。在主流媒体播放6部残疾人公益广告、组织全区各级残联刊发1400余篇（条）稿件。

【残疾人事业合作共建】 2022年，自治区残联与内蒙古广播电视台、内蒙古艺术学院、内蒙古工业大学、圆通公司、呼和浩特市和林格尔新区政府、北京市残联6个部门和地区签订合作框架协议，利用合作伙伴资源优势开展残疾人工作领域深度合作。支持满洲里市、二连浩特市加快对外合作康复机构建设。

【残疾人事业发展研究中心揭牌】2022 年 4 月 13 日，自治区残联与内蒙古工业大学战略合作协议签约暨内蒙古自治区残疾人事业发展研究中心揭牌仪式在内蒙古工业大学举行。双方围绕残疾人基础服务设施规划与设计、信息化建设、专业辅具研发、社会服务、公共管理、学生实践基地、无障碍环境建设、残疾学生帮扶救助等工作内容开展全面战略合作。内蒙古自治区残疾人事业发展研究中心的成立是落实内蒙古自治区人民政府印发的《内蒙古自治区“十四五”残疾人事业发展规划》中，提出“鼓励高等院校、科研机构加强残疾人事业发展研究”，目标任务的具体体现。

（许海东）

内蒙古自治区红十字会

【概况】 2022 年，内蒙古自治区红十字会（以下简称自治区红十字会）聚焦主责主业，着力做好“三救”（应急救援、应急救护、人道救助）、“三献”（造血干细胞捐献、遗体和人体器官捐献、无偿献血）和人道文化传播、民间外交等工作。内蒙古自治区红十字会通过“自治区文明单位”考评验收；自治区红十字会组织宣传与筹资部被评为全区民族团结进步先进集体；全区 33 名会员被中国红十字会命名为“会员之星”，16 个单位获得“全国红十字模范单位”称号，均位列全国第一档；红十字仁爱妈妈志愿服务队获评全国四个“100”最美志愿者、最佳志愿服务组织；自治区红十字会组织宣传与筹资部被评为自治区直属机关抗击疫情优秀志愿服务集体。

【“三救”“三献”工作】2022 年，自治区红十字会建成 4 个国家一、二级备灾物资储备库，占 2022 年通过总会等级评审总量的三分之一，培育 35 支民间专业应急救援队伍，在新冠疫情防控、灾害救援等关键时刻发挥重要作用。应急救护培训提质扩面，完成取证（红十字救护员证书、应急救护师资证书）培训 6.05 万人，线下普及和线上直播培训 786 万人次。在公共场所增设 AED 机 540 台、救护角（点）259 个，“人人学急救、急救为人人”的理念深入人心。人道救助项目，投入款物 5454 万元，开展“红十字博爱送万家”活动，慰问救助困难群众 67.7 万余人；“三献”工作，实现造血干细胞捐献 23 例，遗体和人体器官捐献 47 例，分别比 2021 年增长 44% 和 81%，挽救 101 个生命，联合卫健委等部门推动捐献者“两免”政策落实。

【人道文化传播与志愿服务】 2022 年，自治区红十字会举办首届人道文化传播短视频大赛，获评 2022 年度总会报刊宣传先进集体省级红十字会三等奖，短视频作品《“心”的希望》获得内蒙古首届短视频创新创意大赛优秀奖。巩固“博爱一日捐”成果，开展网络项目筹资，打造“菜单式”人道公益筹资项目库，推进专项筹资，2022 年全系统筹募各类捐赠款物总额 12.31 亿元，保障人道公益事业的发展需要。发展壮大志愿服务组织，达到 1022 个，注册志愿者 3.68 万人，“探索人道法”项目实现 12 个盟市全覆盖。“青春善言行”影响 6 所高校、8219 名学生。在助力疫情防控中募集接受捐赠款物 9.93 亿元，在抗疫最紧急、一线最需要时，成为重要领域、重点部位抗疫款物保障的重要渠道。组织红十字志愿服务队 295 支、志愿者 3 万余名，投身到环境消杀、联防联控、心理疏导等工作中，为疫情防控贡献人道力量。落实《中蒙建交 70 周年纪念活动计划》，为蒙古国培训应急救护师资 200 名，援助蒙古国红十字会价值 140.95 万元抗疫物资。

【5·8 人道公益日网络众筹活动】2022 年，“5·8 人道公益日”网络众筹活动举办，全区红十字系统动

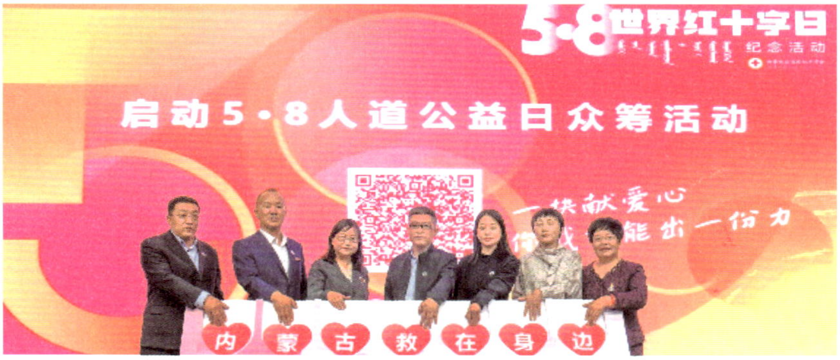

图 23　2022 年 5 月 7 日上午，内蒙古自治区红十字会主办的 5·8 人道公益日众筹活动在呼和浩特举行，线上通过内蒙古广播电视台“奔腾融媒”、网易平台直播

（吕静楠　供图）

员 14.72 万人次参与该公益众筹活动。内蒙古红十字基金会发起“内蒙古救在身边”众筹项目，计划援建博爱校医室、博爱卫生站，为大病儿童（血液病、白血病）提供人道关怀。截至 5 月 9 日 24 时，筹募资金 283 万元，超额完成既定目标，创造网络筹资历史最佳成绩，筹资总额、动员人数分别排在全国第 9 位和第 5 位。

【自治区红十字会四届五次理事会议】 2022 年 5 月 18 日，自治区红十字会第四届理事会第五次会议在呼和浩特市召开。自治区副主席奇巴图当选自治区红十字会会长，自治区红十字会党组书记杨凤屹当选自治区红十字会常务副会长，会议更换和增补部分理事、常务理事。会议向捐赠款物支援抗疫的企业颁发感谢状，代表中国红十字会向 2021 年内蒙古获得人道勋章、博爱奖章、奉献奖章的企业颁发奖章，向红十字工作先进集体和个人颁发证书。

【内蒙古“光明行”社会公益活动】 2022 年，内蒙古“光明行”社会公益活动为困难家庭白内障患者免费实施复明手术 1515 例，开展青少年儿童视力筛查 42.41 万例。项目获评首届“内蒙古慈善奖”。活动面向全区城乡困难家庭白内障患者实施免费复明手术的人道救助项目。项目累计为困难家庭免费实施白内障复明手术 33413 例，为 163.51 万名儿童青少年进行视力筛查，取得“复明一人、幸福一家、感动一方”的社会效果。

【跨国应急救护师资培训班】 2022 年，自治区红十字会与蒙古国红十字会以线上培训方式共同举办跨国应急救护师资班，为蒙古国培训 200 名应急救护师资。是双方在疫情防控新常态下落实两国红十字会人道领域友好合作协议的创新举措和尝试。9 月 13 日至 11 月 11 日，2022 年“一带一路”——中蒙红十字应急救护师资线上培训班在内蒙古自治区呼和浩特开班。自治区红十字会组建专业授课团队，严格按照中国红十字会总会应急救护师资培训大纲要求，在线讲授救护概论、心肺复苏、创伤救护、突发事件、常见急症、意外伤害等理论课程，并进行线上实操训练和线上互动考核。培训班举行结业仪式。此次培训班增进了中蒙两国红十字会的交流，支持蒙古国红十字会应急救护培训能力建设，为进一步推动中蒙两国人道领域的交流与合作，落实“一带一路”倡议，构建人类命运共同体贡献红十字力量。

（崔 茂　苏 悦）

内蒙古自治区科学技术协会

【概况】 2022 年，内蒙古自治区科学技术协会（以下简称自治区科协）获省部级以上奖项 47 项、创新成果 24 项、发明专利 70 项。推广创新方法，举办创新能力、创新方法等培训班 5 期，3000 多名企业人员参加，举办 2022 年内蒙古创新方法大赛，征集项目 197 个。实施服务科技经济融合发展行动，组织 20 家区直学会为 40 多家科技型企业提供服务。实施企业创新能力提升行动，举办创新创业、科技成果转化对接等活动 180 多场次，举办技术路演、创新成果路演等 31 场次，800 多家企业参加。

自治区科协“百名专家走进盟市旗县科普传播行”活动被中宣部评为全国文化科技卫生“三下乡”活动示范项目；内蒙古科协被中国科协评为科技志愿服务项目先进典型；内蒙古科协被中国科协评为 2022 卷《中国科学技术协会年鉴》优秀组织单位；内蒙古科协被中国科协评为 2022 年全国科普日活动优秀组织单位，内蒙古主场活动被评为优秀活动；内蒙古科协被中国创新方法大赛组委会评为 2022 年中国创新方法大赛优秀组织奖；内蒙古科技馆被中国科协评为科技志愿服务队先进典型；内蒙古科技馆被中国科学技术馆评为 2021 年度“全民的科学中心”全国科技馆联合行动优秀组织单位；内蒙古科技馆被中国科协评为第八届全国青年科普创新实验暨作品大赛全国总决赛中获得“优秀组织单位二等奖”；内蒙古科技馆被中国科普作家协会、科普中国发展服务中心、长三角科普场馆联盟评为 2022 年全国青年科学脱口秀创作大赛二等奖；内蒙古自治区科技教育与创新服务中心被中国科协评为 2022 年“科创筑梦”青少年 FAST 观测方案征集活动优秀组织单位；内蒙古自治区科技教育与创新服务中心被中国科协评为 2022 年青少年高校科学营优秀组织单位；内蒙古自治区科技教育与创新服务中心被中国科协评为 2022 年“云上工作室”优秀组织单位。胡新菲《光的幻影》被中国科学技术馆评为 2021 年全国科技馆联合行动优质科学课资源评比一等奖。

【科学决策咨询工作】 2022年，自治区科协加强科技智库建设，围绕国家和自治区重大科技战略需求，完善科技智库“选题库”“成果库”，选题达到100个，录入成果70项。加大建言献策力度，组织开展“院士专家内蒙古行”“海智专家内蒙古行”活动8次，邀请20多位院士到园区、企业献计献策。畅通建言献策渠道，做好《科技工作者建议》编报工作。

【“科创中国”试点城市建设】 2022年，自治区科协“科创中国”试点城市数量排在全国前3位，自治区科协投入150万元，支持试点工作开展，指导巴彦淖尔市、包头市、呼伦贝尔市3个试点城市组建科技服务站、产业服务团、学会服务站22个，引导92家企业、487位专家入驻“科创中国”科技经济融通平台，发布科技需求211项、科技成果137项，成功对接121项。

【科技助力乡村振兴行动】 2022年，自治区科协组织开展“科技助力乡村振兴旗县行”活动，自治区、盟市、旗县三级科协联动，投入资金90多万元，开展实用技术培训、现场技术指导等400余场次，10万多农牧民受益。拨付资金310万元，支持“科技小院”建设，2022年，新建科技小院25家，小院数量49家，排在全国第1位，全区“科技小院”开展实用技术培训300余场次，推广新技术30多项。开展农技协联合行动，内蒙古农技协被中国农技协评为优秀组织单位。

【人才引育和举荐】 2022年，自治区科协制定人才培养引进工作方案，分层次培养引进人才。在高层次人才引进方面，新建院士专家工作站、海智专家工作站8家，柔性引进两院院士、“长江学者”等13人、团队3个。在青年人才引进培养方面，全区科技小院累计引进院士、专家25人，培养博士、硕士研究生138人；实施“英才计划”，选育科技创新后备人才50名。在举荐培养本土人才方面，推荐中国青年科技奖、青年女科学家奖等候选人24人、候选团队2个，遴选最美科技工作者20人，表彰全区优秀科技工作者80人。在基层实用人才培养方面，开展实用技术培训、现场技术指导等活动400余场次，培养高素质农牧民和产业工人队伍。

【科普工作队伍建设】 2022年，自治区科协做好科普专家团建设，全区科普专家团人数3207人，在理工农医和交叉学科领域为各族群众提供精准专业的科技服务。科技志愿者队伍人数16.1万人，开展各类科技志愿服务活动2325场次，排在全国第9位；着力发展科普信息员队伍，人数62.6万人，排在全国第5位。

【科普服务社会化建设】 2022年，自治区科协着力构建纲要成员单位协同配合机制，联合19个部门出台5个工作方案，指导12个盟市和满洲里市、二连浩特市出台纲要实施方案，推动将科学素质建设纳入盟市年度绩效考核指标和文明城市创建内容，联合自治区政府督查室开展专项督查。发挥社会各方面作用，命名自治区级科普教育基地96个，推荐全国科普示范县候选单位16个全部获批。提高科普广度深度，引导更多群众参与到科普活动中，让群众逐步由科普受众成为科普传播主体。

【科普设施建设】 2022年，自治区科协累计投入资金3811万元支持46个科技馆建设，全区旗县级以上科技馆数量82座，排在全国第1位；累计配备流动科技馆展品49套，排在全国第2位，其中区域常态化巡展试点展品19套，排在全国第1位；累计配备科普大篷车120辆，排在全国第3位；推进“科普＋文化”“科普＋旅游”试点工作，筹措资金614万元，在科技馆建设图书馆、旅游景区建设科普馆49个。发挥科技馆作用，把各级科技馆打造成为科普活动、弘扬科学家精神、科技成果展示推介、新时代文明实践中心活动的重要阵地。各级科技馆、流动科普设施接待参观体验者400多万人次，举办各类活动7600多场次，其中内蒙古科技馆举办展教、展映、展览等活动2000多场次，被中国科技馆评为联合行动优秀组织单位。2022年6月16日，中国科协召开全国现代科技馆体系工作会议，内蒙古科协第一个作交流发言。

【科普传播活动】 2022年，自治区科协到基层举办科普讲座、实用技术培训、义诊等活动2400余场次，受益群众220多万人次，“百名专家走进盟市旗县科普传播行”被中宣部评为“三下乡”示范项目。做好面向青少年的科技教育，举办青少年科技创新大赛、高校科学营、青少年科学影像节、五项学科竞赛等，全区30多万名青少年参加活动；组织300多名专家到1000多所中小学校开展科普讲座等，受益青少年 100 多万人次。激发科普作品创作活力，举办科普视频创作大赛，征集原创科普视频 167 部；实施科普图书资助项目，资助出版科普图书 16 部。

【信息化平台传播力增强】2022 年，自治区科协加大“科普中国”资讯转载推送力度，全区科普信息员转载推送科普资讯 3000 余万篇次，排在全国第 4 位。乡村、社区、校园科普 e 站数量 3876 个，点击量超过 5000 万次。依托央视频、新华网、微信公众号、手机客户端等搭建科普服务平台，推送科普信息 200 多万条，点击量 6600 多万次。4K 数字电视科普频道覆盖全区 310 万用户，发布科普图文信息、视频 1000 余个，点击量 200 多万次，依托平台举办科普知识答题活动 5 次，62 万人在线答题。自治区科协投入资金 120 多万元建成的“云上科普”正式上线运行，开展“零时差”“零门槛”“零距离”线上科普服务，依托平台举办科普讲座、科普大讲堂等 380 余场次，160 多万人受益。

【学术交流活动】 2022 年，自治区科协以习近平总书记在 2020 年科学家座谈会上提出的“四个面向”为出发点和落脚点，以实现自治区高质量发展为主题，举办多场学术交流活动，支持科技工作者用科技创新报效祖国、造福家乡，为实现高水平科技自立自强贡献力量。面向区内外，举办自治区自然科学学术年会、创新与发展高峰论坛、稀土产业论坛等学术交流活动 220 多场次，参加科技工作者 3 万多人次，投入 150 多万元，支持学术交流活动开展，鼓励广大科技工作者多出成果、快出成果、出优秀成果。面向港澳台，举办海峡两岸科普论坛，推荐论文获一等奖 2 篇、二等奖 5 篇、三等奖 10 篇。面向国内外，举办第三届家畜生物育种与胚胎工程技术国际学术研讨会、中俄科技创新高峰论坛、国际热超导应用论坛、中俄蒙生命健康国际学术研讨会等，2800 多位中外院士、专家、企业家参加。

【学会创新与服务】 2022 年，自治区科协落实学会组织通则，提升制度化规范化水平，审核完成 4 家学会法定代表人变更事宜，指导 7 家学会完成换届工作。发展壮大学会组织，吸纳内蒙古清洁能源协会等 8 家学会为科协团体会员，推动 37 家学会、高校、科研院所组建生命健康学会联合体，支持组建内蒙古女科技工作者协会。实施学会创新和服务能力提升工程，评选科普工作示范学会 5 个、创新学会 8 个、提能学会 20 个，拨款 150 万元资助学术项目 42 个。

【基层科协组织建设】 2022 年，全区新建基层科协组织 3930 个，较 2017 年底增长 16 倍多。其中，苏木乡镇（街道）科协 1124 个，实现全覆盖；企业科协 457 个；高校科协 36 个；中小学科协 2313 个，实现全覆盖。健全完善教育培训、作用发挥、工作激励“三个机制”，让每一个基层科协组织都行动起来，发挥作用。12 个盟市、101 个旗县（市、区）科协完成换届工作，实现应换尽换的目标。全区科协专兼职干部 1.2 万多人，较 2017 底增长 12 倍多。做好“三长”配备工作，全区 2657 名医院院长、学校校长、农技站站长进入各级科协兼职。“三长”建立医疗、教育、农技推广等领域社会组织 1086 个、科技志愿服务队 2408 个，全区科技志愿服务组织全部进驻“两中心”。

（伊丽娜）

法 治

ᠬᠠᠤᠯᠢ ᠴᠠᠭᠠᠵᠠ

人大立法

【概况】 2022年，自治区人大常委会履行法律赋予的职能，全年制定地方性法规10件，修改地方性法规29件，废止地方性法规4件；审查批准设区的市和自治旗地方性法规、单行条例18件，批准修改地方性法规和单行条例23件，批准废止地方性法规和单行条例19件。

【《内蒙古自治区标准化条例》】 2022年3月29日，自治区第十三届人民代表大会常务委员会第三十四次会议通过《内蒙古自治区标准化条例》。该条例旨在加强自治区标准化工作，提升产品和服务质量，促进科学进步和技术创新，保障人身健康和生命财产安全，维护国家安全、生态环境安全，推动全区经济社会高质量发展。该条例的出台标志着自治区标准化工作进入全新发展阶段。该条例共37条，自2022年5月1日起正式施行。

【《内蒙古自治区人工影响天气管理条例》】 2022年5月26日，自治区第十三届人民代表大会常务委员会第三十五次会议通过《内蒙古自治区人工影响天气管理条例》。该条例旨在进一步加强自治区人工影响天气管理工作，防御和减轻气象灾害，合理利用气候资源。该条例的出台对充分发挥人工影响天气工作在粮食安全、自然灾害防治、生态文明建设等方面的支撑保障作用有重要意义。条例共37条，自2022年7月1日起正式施行。

【《内蒙古自治区禁毒条例》】 2022年7月28日，自治区第十三届人民代表大会常务委员会第三十六次会议通过《内蒙古自治区禁毒条例》。该条例积极回应和解决了自治区禁毒工作中存在的麻黄草管控难、安钠咖滥用、戒毒人员关爱帮扶等突出问题，为积极应对国际国内禁毒形势，打好禁毒人民战争，完善毒品治理体系、规范禁毒工作、推动禁毒工作高质量发展，保护人民群众身心健康提供了法治保障。该条例共7章62条，自2022年10月1日起施行。

【《内蒙古自治区重要经济目标防护管理条例》】 2022年7月28日，自治区第十三届人民代表大会常务委员会第三十六次会议通过《内蒙古自治区重要经济目标防护管理条例》。该条例是全国第一部规范重要经济目标建设和管理的地方性法规，填补了重要经济目标建设管理工作的立法空白，完善了自治区人防法规体系，为保护祖国北部边疆国防体系的重要防线和首都安全及国家军工和能源基地，防护和管理国民经济、社会发展和国防建设中占有重要地位的重要经济目标的建设和管理提供了有力法治保障。该条例共25条，自2022年10月1日起施行。

【《内蒙古自治区固体废物污染环境防治条例》】 2022年9月28日，自治区第十三届人民代表大会常务委员会第三十七次会议通过《内蒙古自治区固体废物污染环境防治条例》（以下简称《条例》）。该条例主要就固体废物污染环境防治坚持的原则、固体废物污染环境防治的责任、固体废物污染环境防治的分类要求和具体防治措施、保障措施和法律责任等内容作出规定，为自治区建立健全固体废物全过程污染环境防治管理体系，保障公众健康、维护生态安全提供了法治保障。《条例》共8章61条，自2023年1月1日起施行。

表 8　2022 年自治区人大常委会制定、修改、废止法规一览表

序号	数量	名　称
1	制定地方性法规 10 件	内蒙古自治区河湖管理条例
2		内蒙古自治区革命文物保护条例
3		内蒙古自治区人工影响天气管理条例
4		内蒙古自治区志愿服务条例
5		内蒙古自治区重要经济目标防护管理条例
6		内蒙古自治区家庭教育促进条例
7		内蒙古自治区标准化条例
8		内蒙古自治区禁毒条例
9		内蒙古自治区固体废物污染环境防治条例
10		内蒙古自治区煤炭管理条例
1	修改地方性法规 29 件	内蒙古自治区人民代表大会议事规则
2		内蒙古自治区燃气管理条例
3		内蒙古自治区人口与计划生育条例
4		内蒙古自治区人民代表大会常务委员会任免工作办法
5		内蒙古自治区消防条例
6		内蒙古自治区城镇供热条例
7		内蒙古自治区实施《中华人民共和国土地管理法》办法
8		内蒙古自治区档案条例
9		内蒙古自治区安全生产条例
10		内蒙古自治区科学技术协会条例
11		内蒙古自治区公证条例
12		内蒙古自治区蒙医药中医药条例
13		内蒙古自治区实施《中华人民共和国母婴保健法》办法
14		内蒙古自治区特种设备安全监察条例
15		内蒙古自治区查处生产和销售假冒伪劣商品行为的规定
16		内蒙古自治区实施《中华人民共和国消费者权益保护法》办法
17		内蒙古自治区法制宣传教育条例
18		内蒙古自治区公共图书馆管理条例
19		内蒙古自治区无线电管理条例
20		内蒙古自治区公路条例
21		内蒙古自治区高速公路条例
22		内蒙古自治区道路运输条例
23		内蒙古自治区动物防疫条例
24		内蒙古自治区实施《中华人民共和国农村土地承包法》办法
25		内蒙古自治区实施《中华人民共和国水法》办法
26		内蒙古自治区规章设定罚款限额规定
27		内蒙古自治区电力设施保护条例
28		内蒙古自治区城市房地产开发经营管理条例
29		内蒙古自治区邮政条例
1	废止地方性法规 4 件	内蒙古自治区各级人民代表大会常务委员会信访条例
2		内蒙古自治区人民代表大会常务委员会经济工作监督办法
3		内蒙古自治区商品交易市场管理条例
4		内蒙古自治区实施《中华人民共和国农业技术推广法》办法

序号	数量	名　称
1	审查批准设区的市和自治旗地方性法规单行条例 18 件	通辽市农用地膜污染防治条例
2		巴彦淖尔市阴山岩画保护条例
3		鄂尔多斯市电梯安全管理条例
4		赤峰市城镇供热条例
5		乌海市住宅物业管理条例
6		乌海市矿区环境综合治理条例
7		呼和浩特市禁牧休牧条例
8		呼和浩特市社会治理促进条例
9		通辽市极端天气应对条例
10		赤峰市文明行为促进条例
11		呼和浩特市长城保护条例
12		鄂尔多斯市不可移动文物保护条例
13		鄂尔多斯市黄河河道管理条例
14		巴彦淖尔市城市养犬管理条例
15		呼和浩特市接诉即办工作条例
16		呼和浩特市电动自行车消防安全管理条例
17		呼伦贝尔市乡村人居环境建设管理条例
18		通辽市沙化土地治理条例
1	批准修改地方性法规和单行条例 23 件	包头市养犬管理条例
2		包头市供热条例
3		包头市人民代表大会议事规则
4		呼和浩特市节约用水管理条例
5		呼和浩特市城市绿化条例
6		呼伦贝尔市城市市容和环境卫生管理条例
7		呼和浩特市人民代表大会常务委员会工作条例
8		赤峰市禁牧休牧和草畜平衡条例
9		赤峰市地下水保护条例
10		赤峰市红山文化遗址群保护条例
11		赤峰市农村牧区人居环境治理条例
12		乌兰察布市物业管理条例
13		乌兰察布市岱海黄旗海保护条例
14		包头市物业管理条例
15		包头市五当召保护管理条例
16		包头市地名管理条例
17		包头市未成年人保护条例
18		包头市科学技术普及条例
19		包头市城市管理行政执法条例
20		莫力达瓦达斡尔族自治旗达斡尔民族民间传统文化保护条例
21		莫力达瓦达斡尔族自治旗气象灾害防御条例
22		莫力达瓦达斡尔族自治旗旅游条例
23		莫力达瓦达斡尔族自治旗尼尔基水利枢纽下游内蒙古灌区管理条例

表8(续表)

序号	数量	名称	序号	数量	名称
1	批准废止地方性法规和单行条例19件	呼和浩特市户外广告管理条例	11	批准废止地方性法规和单行条例19件	包头市预算审查监督条例
2		呼和浩特市牛的人工授精管理办法	12		鄂温克族自治旗草原管理条例
3		包头市义务教育条例	13		鄂温克族自治旗土地管理条例
4		包头市建筑工程和内部装修工程防火条例	14		鄂温克族自治旗动物防疫管理条例
5		包头市土地储备条例	15		鄂温克族自治旗民族教育条例
6		包头市实施《中华人民共和国集会游行示威法》规定	16		鄂伦春自治旗民族教育条例
7		包头市清真食品管理条例	17		鄂伦春自治旗城市市容和环境卫生管理条例
8		包头市奶牛良种繁育管理条例	18		鄂伦春自治旗农药管理条例
9		包头市基本菜田保护建设管理条例	19		莫力达瓦达斡尔族自治旗民族教育条例
10		包头市社会治安综合治理条例			

（表格来源：自治区人大常委会）

【《内蒙古自治区志愿服务条例》】2022年9月28日，自治区第十三届人民代表大会常务委员会第三十七次会议通过《内蒙古自治区志愿服务条例》。该条例建立健全了自治区志愿服务事业发展的相关制度，完善了志愿者、志愿服务组织权利、义务，激励奖惩、信息数据共享等机制，为引导志愿服务规范发展，提升志愿服务实际效用提供了操作性较强的法治保障。该条例共7章57条，自2022年11月1日起施行。

【《内蒙古自治区煤炭管理条例》】2022年11月23日，自治区十三届人大常委会第三十八次会议通过《内蒙古自治区煤炭管理条例》。该条例主要就煤炭开发利用和资源保护的指导思想和基本原则、煤炭规划与煤矿建设、煤炭生产与煤矿安全、煤炭清洁高效利用、生态环境保护、监督管理和法律责任等内容作出规定，为自治区加快推进“国家重要能源和战略资源基地”建设，进一步巩固煤炭资源领域专项整治成果，合理开发利用和保护煤炭资源，规范煤炭生产、经营、清洁高效利用及相关活动提供法治保障。该条例共8章50条，自2023年1月1日起施行。

【《内蒙古自治区河湖保护和管理条例》】2022年11月23日，自治区第十三届人民代表大会常务委员会第三十八次会议通过《内蒙古自治区河湖保护和管理条例》。该条例旨在加强河湖保护和管理，改善河湖生态环境，发挥河湖综合功能，推进生态文明建设，深入贯彻落实习近平生态文明思想。该条例的出台对进一步改善和恢复全区河湖生态环境，促进河湖保护和管理工作，全面加强河湖生态保护修复具有十分重要的意义。该条例共37条，自2023年1月1日起施行。

【《内蒙古自治区革命文物保护利用条例》】2022年11月23日，自治区十三届人大常委会第三十八次会议通过《内蒙古自治区革命文物保护利用条例》。该条例通过立法进一步明确革命文物的定义和保护利用的指导思想，结合内蒙古实际，对革命文物调查认定、保护管理、传承利用等方面工作作出具体规定，与《内蒙古自治区煤炭管理条例》《内蒙古自治区档案条例》一同入选2022年度内蒙古十大法治事件，被评为立良法、谋善治、促发展、高质高效地方立法助力依法治区的典型。该条例共6章50条，自2023年1月1日起施行。

【《内蒙古自治区家庭教育促进条例》】2022年12月27日，自治区第十三届人民代表大会常务委员会第三十九次会议通过《内蒙古自治区家庭教育促进条例》。该条例以引导全社会注重家庭、家教、家风，增进家庭幸福与社会和谐，培养德智体美劳全面发展的社会主义建设者和接班人为出发点和落脚点，明确了政府、社会和家庭的责任，解决自治区家庭教育工作中存在的家庭教育职责不清晰，个别家庭未成年人监护不到位、家长家庭教育学习需求得不到满足等问题，为促进家庭教育工作高质量发展提供了法治保障。该条例6章53条，自2023年3月1日起施行。

（胡井泉）

政法委与综治

【概况】 2022年，中共内蒙古自治区委员会政法委员会（以下简称自治区党委政法委）坚持总体国家安全观，把维护国家政治安全作为首要任务，召开全区政法机关维护国家政治安全工作会议，成立协调小组、组建工作专班、整合资源力量、强化协同作战；落实意识形态工作责任制，健全完善舆情通报预警、会商研判、联动处置工作机制，推进长安网内蒙古频道、“内蒙古政法”微信公众号等宣传阵地建设，维护网络意识形态安全。先后组织召开全区“三同步”工作会议和相关工作会议，建立健全重大突发事件网络联动机制，强化政法系统与宣传、网信等部门之间的衔接配合，提升“三同步”工作实战效能。

完成中共二十大，北京冬奥会、冬残奥会等重大活动安保工作。推进社会稳定风险评估，健全重大决策社会稳定风险评估、重大不稳定问题清单等制度，派出调研督导组分赴多地调研督导稳评工作情况，及时调整充实稳评专家库，组织开展全区稳评队伍视频培训，实施稳评事项2228件；印发《全区四级重大不稳定问题清单台账纳入与销号的意见》，采取领导包案、挂牌督办等方式，加大对纳入重大不稳定问题清单的矛盾纠纷化解力度，逐案落实稳控措施，防止叠加升级。强化信访积案攻坚，开展“化积案、治重访、促稳定”专项攻坚。2022年，内蒙古政法系统不断深化司法体制综合配套改革，对年内部署的32项司法体制改革任务进行细化分解、定期调度，压实工作责任；对司法体制改革进行评估，查找短板弱项、强化经验集成；完成自治区法官检察官遴选、惩戒制度，完成惩戒委员会调整工作，推动让审理者裁判、让裁判者负责。加强执法监督，采用个案监督、案件评查、涉法涉诉信访案件化解等方式，累计化解各类疑难案件62件；开展涉法涉诉信访事项“百日攻坚”行动，采取个案督办、提级督办等方式，纳入台账的688件信访事项全部化解。

【平安内蒙古建设】 2022年，全区政法系统常态化推进扫黑除恶斗争，加大线索核查、案件攻坚、打财断血和案件审判等工作力度，全年打掉黑社会性质组织3个，铲除恶势力犯罪集团、团伙20个，破获刑事案件404起，抓获犯罪嫌疑人336人；加大对信息网络、交通运输、自然资源、工程建设等领域整治力度，制定制度机制137项，累计解决“入住难”“回迁难”“办证难”房地产历史遗留问题项目2958个、139.9万套，占比分别为98.9%、99.6%；办理分户登记102.66万套，完成率为84.6%。开展打击电信网络诈骗、打击整治跨境赌博、打击养老诈骗等专项行动，立养老诈骗案件449起，追赃挽损3.6亿元，排查整治问题2943个。开展命案防控两年专项行动，制定出台命案积案攻坚奖励办法，全年现行命案比2021年降低22.6%，破命案积案比2021年增长100%。组织开展打击整治枪爆问题和清查收缴枪支危爆物品专项行动，部署开展“夏季治安打击整治百日行动”“三查一控”“打击黄赌毒”等专项行动。建立平安建设提示、警示、通报、约谈制度。年内对涉未成年人犯罪、未成年人非正常死亡等问题突出的地区和部门提示、警示7次。常态化开展重点行业领域安全整治，加强重点部位重要设施安全防护和危爆物品全流程监管，加大应急物资储备力度，提高全灾种救援和处置能力。

【涉法涉诉信访事项“百日攻坚”行动】 2022年，全区政法系统开展涉法涉诉信访事项“百日攻坚”行动，加强执法监督，采用个案监督、案件评查、涉法涉诉信访案件化解等方式，累计化解各类疑难案件62件；采取个案督办、提级督办等方式，全部化解纳入台账的688件信访事项。建成自治区政法大数据智能化应用平台，横向联通自治区政法各单位，纵向贯通自治区、盟市、旗县三级，实现全区政法系统案件办理数据共用共享，刑事案件全流程网上办理，案件办理全程回溯倒查，提升执法监督能力。

【经济社会发展服务保障】 2022年，在全区三级政法机关开展“迎接二十大、优化法治化营商环境、服务保障高质量发展”大讨论活动，引导政法干警树牢被监督意识和“认责”意识，抓实集中学习、登门纳谏、查摆检视、问题整改、建章立制等举措，主动助企纾困，累计召开座谈会、恳谈会2068场次，自查问题6462条，制定整改措施6811项，办结涉企积案2.1万余件，化解涉企审判、执行案件1100多件，出台涉企案件“绿色通道”等制度

72 项，推动法治化营商环境逐步改善。落实五大任务，牵头制定筑牢祖国北疆安全稳定屏障实施方案和年度任务清单，细化工作目标，明确任务分工，制定时间表和施工路线图，推动任务落地实施。

【政法队伍教育整顿】2022 年 3 月，自治区党委政法委制定常态化政法队伍教育整顿实施方案，持续整治执法司法顽瘴痼疾，排查选人用人问题 1.4 万人次，排查重点案件 6.6 万件。实施人才强警战略，畅通高学历高层次高技能人才入职绿色通道，解决辅警待遇、退休森林民警保障等问题，激励干警担当作为。协调有关部门为自治区边检总站增加辅警编制 679 人，推动解决边境“空心化”问题。

（张夏毅）

法治政府建设

【概况】 2022 年，自治区党委依法治区办制定《关于深化学习宣传研究阐释贯彻落实习近平法治思想实施方案》和 2022 年度具体举措，将习近平法治思想作为各级党委（党组）理论学习中心组重点学习内容，列入党校（行政学院）主体班次和各级各部门党员干部教育培训的重要内容。健全完善宪法宣誓、政府常务会议学法等制度。全区累计组织各类学习、培训、宣讲 1.2 万余次。成立习近平法治思想研究课题组，建立法治建设研究基地，编写《法治内蒙古建设发展报告》。自治区党委和人民政府印发《内蒙古自治区贯彻〈法治政府建设实施纲要（2021—2025 年）〉实施方案》和 2022 年度工作计划，对自治区贯彻“一规划、两纲要”方案举措进行政策解读，推动各盟市全部出台贯彻“一规划、两纲要”方案举措并组织实施。组织开展盟市、旗县（市、区）法治建设督察自查。制定 2022 年全面依法治区考核方案，优化考核指标，全面应用信息化考核平台，强化日常监督，加大法治政府建设各项任务的落实力度。自治区党委全面依法治区委员会印发《关于党政主要负责人履行推进法治建设第一责任人职责述法工作办法（试行）》，推动党政主要负责人述法制度化、规范化，促进各级党政“一把手”知责明责、履职尽责。加强示范引领，包头市成功创建“全国法治政府建设示范市”。落实法治建设重点任务，召开 2022 年全区法治政府建设工作会议。

【全面依法治区】 2022 年，自治区党委常委会专题研究法治政府建设有关议题 10 次，自治区人民政府常务会专题研究法治政府建设有关议题 12 次。召开自治区党委全面依法治区委员会第五次会议、自治区党委依法治区办第十次主任会议、全区法治政府建设工作会议，研究部署重点工作。印发《内蒙古自治区党委全面依法治区委员会 2022 年工作要点》和全面依法治区委员会各协调小组 2022 年工作安排。转发中央全面依法治国委员会《关于加强市县法治建设的意见》，提出贯彻落实具体要求。制定出台“内蒙古自治区法治人才培养重点任务清单”，推动法治人才培养工作。自治区党委依法治区办和各协调小组建立工作台账，协调推动法治建设任务落实落地落细。建立法治建设任务提醒督办制度，向自治区 83 个党政部门点对点发送法治建设任务提示函，此做法得到中央依法治国办充分肯定，向全国进行宣传介绍。

【行政立法】 2022 年，自治区人民政府坚持科学立法、民主立法、依法立法，提高立法质效。坚持党领导立法，编制立法计划。修改政府规章 10 件、废止 4 件。坚持立改废释并举，加大备案审查力度，提高立法质量。制定《内蒙古自治区司法厅在立法审查中听取企业和行业协会商会意见的工作规则》，优化法治化营商环境。2022 年，自治区开展五年立法规划和 2023 年立法计划编制工作，重点立法项目实行“双组长”制，高效完成立法项目。印发《内蒙古自治区政府立法专家库管理办法》，完善专家库，发挥专家在地方立法中的智力支持作用。以高质量立法保障高质量发展，建立地方性法规动态清理工作机制。

【服务型政府建设】 2022 年，自治区各级人民政府持续推进法治化营商环境建设，出台优化营商环境具体措施 181 条，稳定市场预期，增强各方信心。深化行政审批、工程项目审批和“证照分离”改革。推进权责清单标准化，公布行政许可事项 685 项。开展“两优”专项行动，自治区级权力事项取消 72 项、下放 679 项，压减办事时限 49.4%、环节 20.8%、材料 26.5%。持续提升服务质效，加强政务服务“一网通办”，全区“综合一窗受理”系统累计受理办件372万件，三级政务服务大厅设置“一次办”窗口1052个。加大事中事后监管力度，健全以“双随机、一公开”监管和“互联网+监管”为基本手段的监管机制，推进线上线下一体化监管。深入开展“五个大起底”行动，激活项目近万个、资金64亿多元、土地13万多亩。出台涉企案件“绿色通道”等制度72项，办结涉企案件2.1万件。在“蒙企通”平台开通企业“反映问题”窗口，深化“万所联万会”机制，全区律师深入企业4000余家，举办专题讲座1313场，开展民营企业“法治体检”5600余场次，为民营企业发展提供法律服务12342次。

【文件合法性审查】 2022年，自治区各级人民政府严格执行《内蒙古自治区重大行政决策程序规定》，落实重大行政决策目录管理和备案制度，把遵守决策程序列为法治督察重要内容，推动各级行政机关负责人严格落实重大行政决策程序，切实强化依法决策意识。进一步完善政府法律顾问、公职律师参与行政决策合法性审查制度，自治区本级完成文件合法性审核643件。开展涉及“放管服”改革行政规范性文件专项清理，梳理排查自治区现行有效规范性文件6523件。对涉及“放管服”改革的695件规范性文件，继续有效512件，废止失效183件。备案审查各盟市、自治区各部门规范性文件283件。

【依法行政制度体系建设】 2022年，自治区司法厅督促各执法部门建立本部门、行业的行政裁量权基准制度，进一步健全全区依法行政制度体系。加强行政执法以案释法工作，印发《行政执法过程中精准普法工作指引》，全面规范行政执法过程中的普法行为，落实“谁执法谁普法”普法责任制。2022年，自治区组织开展“规范行政执法行为 优化法治化营商环境”专项行动，深入查找行政执法工作中存在的问题，提出有针对性的改进措施，优化法治化营商环境。持续推广柔性执法，明确免罚清单1038项、轻罚清单1188项、免予行政强制事项清单163项，全力推进包容审慎监管，让执法更有“温度”。扎实开展行政执法案卷评查，2022年全区组织评查行政执法案卷6854卷。强化执法主体管理，明确委托执法依据、委托方式、委托要求等。加强行政执法人员资格审核认证，2022年审核确认全区各级行政执法（监督）人员8.4万名，顺利完成全国统一实体证件换发工作。

【行政执法规范化建设】 2022年，自治区推行证明事项告知承诺制，持续推进减证便民，2022年全区新取消证明事项315项，其中自治区本级39项，各盟市276项。加强执法监督体系化建设，印发《关于在部分苏木乡镇（街道）开展行政执法协调监督试点工作的方案》，指导各地区选取148个司法所开展苏木乡镇（街道）行政执法监督试点工作。统一全区行政执法文书格式，编制印发《内蒙古自治区行政执法文书格式及案例应用示范》，规范128种执法文书。实施综合执法事项清单化管理，组织各盟市及自治区本级7个部门分别编制综合行政执法事项清单26914项和1874项。

【行政复议】 2022年，自治区深化行政复议体制改革，成立自治区行政复议咨询委员会，吸纳来自政府主要部门、高等院校、科研院所、社会团体、律师事务所等单位中的49名行业专家、资深学者和实战经验丰富的法律实务工作者，优化行政复议审理人员构成，健全行政复议案件审理机制，提高疑难复杂的行政复议案件办理质量和行政复议的公正性、公信力。全区增加行政复议内设机构105个，人员编制增加418名。全区办理行政复议案件3116件、行政诉讼案件5317件，复议纠错率22.91%，发挥行政复议化解行政争议主渠道作用。

【人民调解】 2022年，全区1.6万个人民调解组织共调解矛盾纠纷案件139756件。全区1058个司法所，命名一级所数量500个，示范所50个。全区共选任人民陪审员9710人，累计履职达70419人次。2022年，全区共选任495名人民监督员，累计履职2634人次。

【社会矛盾纠纷行政预防调处化解体系建设】 2022年，在重点领域、重点行业特别是在交通运输、民政、住建、卫健、人社、文旅、市场监管等职能部门建立了行政调解委员会373个，调解案件39037件。11月，自治区司法厅与自治区高级人民法院、公安厅等14部门共同印发《关于进一步完善人民调解“行政调解”司法调解联动工作机制的指导意见》，健全人民调解、司法调解、行政调解有机结合，推动人民调解、行政调解和司法调解的衔接联动，形成部门联动、优势互补的矛盾纠纷预防化解体系，把矛盾化解在基层、解决在萌芽状态，最大限度地减少不和谐因素，促进社会和谐稳定。2022年，在公安派出所、法院、信访部门设立调解组织637个，接受委托移送案件2.5万件。

（闫月宁）

公　安

【概况】2022年，全区公安机关自上而下构建安保维稳“1部13专班”指挥运行体系，抽调70%机关警力下沉一线开展社会面“大巡防”，首次建立起“环京、环疆、环冀、环盟市”四层过滤网，组织开展“双清双打”“三查一控”等系列专项行动，圆满实现“五个严防、三个确保”工作目标，作出突出贡献的145个集体、846名民辅警获得战时表彰奖励。

内蒙古大兴安岭森林公安局北部原始林区分局恩和哈达派出所教导员刘安被党中央、国务院授予人民满意的公务员称号。公安部召开全国公安系统英雄模范立功集体表彰大会，内蒙古公安系统高建华、沈洋、葛启生、张博雨、慕彦斌5名同志被人力资源社会保障部和公安部评为全国特级优秀人民警察；通辽市奈曼旗公安局、赤峰市宁城县公安局、阿拉善盟阿拉善右旗公安局3个集体被公安部评为全国优秀公安局；呼和浩特市公安局情报指挥中心110接处警大队等18个集体被公安部评为全国优秀公安基层单位；包头市公安局反恐怖和特巡警支队副支队长张建民等25名个人被公安部评为全国优秀人民警察；呼伦贝尔市满洲里市公安局反恐怖和特巡警大队等10个集体被公安部评为全国公安机关爱民模范集体；兴安盟公安局政治安全保卫支队四级高级警长王云凌等25名个人被公安部评为全国公安机关爱民模范。

【社会稳定维护】2022年，全区公安系统全面排查化解涉疫、涉稳风险隐患，深化开展“公安信访突出问题专项攻坚”，累计排查化解矛盾纠纷7.1万起，3个派出所获评“全国枫桥式公安派出所”。

“双清双打”专项行动。紧盯中共二十大安保决战决胜和第四季度治安特点，组织开展“清除涉稳隐患、清剿安全隐患、严打严重暴力犯罪、严打多发性侵财犯罪”专项行动。行动共检查各类行业场所6.6万家次，整改隐患4225处，立案3728起，全区未发生重特大刑事案件和治安事件，专项行动被评为“自治区十大法治事件”。

“扫黄铲赌”专项行动。全面开展行业场所“大清查”、治安乱点“大整治”、违法犯罪线索“大起底”、“黄赌”案件“严打击”，全力净化社会治安环境。清查各类行业场所40666家次，查处涉黄行政案件1377起，治安处罚3136人；侦办涉黄刑事案件174起，采取刑事强制措施4856人；查处涉赌行政案件4856起，行政处罚22944人；侦办涉赌刑事案件282起，采取刑事强制措施445人，有效打击犯罪，维护全区社会大局稳定。

【治安管理】2022年，全区公安系统加强特种行业治安监管。严格落实未成年人入住旅馆“五必须”规定，建立检查暗访、研判核查、“一案双查”、督办约谈等工作机制，升级完善旅馆业系统，建立强制备案机制。全区各地公安机关累计检查旅馆80308家次，帮助找回离家出走等监护人不知情的未成年人97人，预防在旅馆发生侵害未成年人案件47起；部署开展特种行业及重点管理行业经营单位治安大检查、用作旅馆经营的自建房安全整治、保安服务行业清理整治、报废机动车回收拆解业专项整治等四个专项工作，不断提升行业监管水平。全区累计检查、娱乐服务等各类行业场所41653家次，查处治安案件249起，侦办刑事案件8起，查处违法犯罪人员311人；整治排查用作旅馆经营的自建房5071家，特种行业许可证复核达到100%；组织开展保安岗位大培训、大练兵活动，全区共有19811名保安员通过参加保安员培训并通过考试获得保安员证，整改相关27家未按要求备案的自行招用保安员单位，依法依规注销13家企业。全面启动“大巡防”。盟市、旗县公安机关70%的警力下沉一线、摆上街面，最大限度地投入警力加强社会面巡逻防控，有效防范个人极端和非访案事件。

常态化开展“三电”油气、银行保险机构、地铁公交、长途客运、医疗机构、旅游景区、国防军工等重点单位、部位安全防范监督指导，出台《举报及防范打击盗窃破坏电力电信广播电视设施违法犯罪有功单位和个人奖励办法》，组织开展银行安全大检查，与银保监局建立常态化联动工作机制，有效保障重要基础设施、重点行业部位安全运行。

【公共安全防护】 2022年，全区公安系统开展“抓防范、控发展、保平安”百日攻坚、缉枪治爆等专项行动，全面完成乌审旗配发民用猎枪清查追缴。持续推进“护校安园”，排查整改安全隐患478处。

“缉枪治爆”专项行动。自治区公安厅联合自治区高级人民法院、检察院发布《内蒙古自治区关于依法收缴非法枪爆等物品严厉打击涉枪涉爆等违法犯罪的通告》，结合自治区实际，制定发布《关于依法收缴管制刀具的通告》，强力推进流散社会非法枪爆物品收缴工作。共侦办枪爆刑事案件110起、采取刑事强制措施112人，办理枪爆行政案件380起，行政处罚334人。

“护校安园”专项工作。深入排查治理校园周边隐患，扎实推进校园安防建设，全力维护校园周边及内部安全稳定，其间，共组织开展督导检查1232次，排查整改校园内部安全隐患478处，整治校园周边治安乱点121处，排查化解涉校矛盾纠纷19起，全区6652所中小学、幼儿园全部实现校园封闭化管理、专职保安员配备、一键式报警和视频监控、护学岗设置“4个100%”建设要求。

组织全区公安机关深入开展实有人口大核查、出租房屋大清查、矛盾纠纷大排查等，累计核查实有人口2335万人（流动人口471万人）、清查出租房屋50余万间，排查化解矛盾纠纷6.3万起，全面清除堵塞工作的盲区漏洞。

【打击违法犯罪】 2022年，全区公安系统开展夏季治安打击整治“百日行动”。严格落实“1+6+N”工作方案体系，挂牌整治重点地区、挂账督办重点案件全部清零，公安部交办50项线索任务全部完成。行动期间，全区刑事、治安警情比2021年下降46.6%、18.7%，实现“四个一批、四个严防、一个确保”目标任务。全年，破获刑事案件49624起，比2021年下降21.98%，破获“八类案件”2017起。新打掉涉黑犯罪组织3个，恶势力犯罪集团10个，恶势力团伙11个。依法稳妥打击养老诈骗犯罪，破案468起，挽损4.01亿元。全区公安机关经侦部门开展缉捕在逃境外经济犯罪嫌疑人专项行动（“猎狐2022”），抓捕3名境外在逃人员，挽回经济损失4.72亿余元，受到公安部通令嘉奖。聚焦筑牢我国北方重要生态安全屏障和守护人民群众生命健康安全，依法严厉打击环境食品药品和知识产权领域违法犯罪，破案1843起。

【打击电信网络新型违法犯罪】 2022年，自治区公安厅深化电信网络诈骗综合治理，在公安大数据平台搭建“反诈预警”模块，实现对多渠道诈骗信息自动梳理精准推送，全年累计向全区推送预警信息898万余条，预警推送准确率超过90%；侦办电信网络诈骗违法犯罪案件4832起，打掉电诈团伙118个，抓获犯罪嫌疑人5652人。损失50万元以上案件嫌疑人100%到案。充分发挥数据资源优势开展打击跨境网络赌博违法犯罪活动，共协助侦办跨境赌博案件97起，抓获犯罪嫌疑人755人，涉案金额97亿余元。

【水利行业常态化扫黑除恶斗争】 2022年，自治区水利厅印发《内蒙古自治区2022年水利行业常态化扫黑除恶工作要点》，围绕河道非法采砂、防汛保安和地下水超采专项等重点工作，开展扫黑除恶工作。将《中华人民共和国反有组织犯罪法》纳入2022年扫黑除恶重点工作、厅党组中心组学习内容、处级领导干部任职考试重点考察内容。督促盟市水利（水务）局全面开展常态化扫黑除恶工作，定期报送工作简报。向盟市印发《内蒙古水利厅关于2022高尔夫球场清理整治工作的通知》，对高尔夫球场涉水问题展开核查，对仍存在非法取水问题的高尔夫球场所在盟市水利局，督促依法进行行政处罚，并采取停止供水等措施，将整改措施落到实处。

【打击毒品违法犯罪】 2022年，自治区公安厅全链条打击惩治毒品犯罪，全区共破获毒品刑事案件233起；抓获毒品犯罪嫌疑人453人；缴获各类毒品累计2929.4千克；共移送起诉案件318起，移送起诉嫌疑人635人。共破获部级目标案件20起，其中破获主侦案件13起；破获省级毒品目标案件23起；全区破获集群打零案件20起，其中破获百人以上案件7起；抓获在逃钉子对象1人，全年抓获区内涉毒网上逃犯44人，清网率为84.6%，抓获外省籍涉毒在逃人员28名。2022年，全区公安机关共查获有吸毒行为人员981人次，其中新发现吸毒人员 334 人。

【打击拐卖妇女儿童犯罪】 2022 年，全区公安系统严厉打击拐卖妇女儿童违法犯罪，破案 30 起，抓获犯罪嫌疑人 75 人，解救被拐妇女 22 人、儿童 11 人。制定印发《全区公安机关打击拐卖妇女儿童犯罪专项行动工作方案》，深入推进打击拐卖妇女儿童和性侵犯罪专项行动，打拐 DNA 数据库根据父母信息找回儿童数 9 人，核查清理积案数据 29783 条，完成工作指令反馈 21 条，完成协作指令反馈 42 条。

【道路交通安全管理】 2022 年，自治区深化“减量控大”专项行动，道路交通事故“四项指数”均同比下降。进一步深化公安交管便民利企改革，不断提升服务力度。在前期科学论证的基础上，以自治区公安厅名义与自治区发改委和财政厅推出“全面取消驾驶人考试报名费”改革措施。截至 2022 年底，全区有 99501 名驾考群众受益，直接为群众节约资金 300 余万元。深化“减环节、减材料、减时限”要求，推出“二手车转让登记持身份证全区通办”改革措施。取消驾驶人各科目考试预约与培训学时强制捆绑，推出“优化驾驶人考试预约条件”改革措施，进一步强化与交通部门协作配合，初步形成各司其职、严格履职、齐抓共管的管理格局。

【执法规范化建设】 2022 年 11 月 13 日，自治区党委常委会首次专题听取公安执法规范化建设工作汇报。全区公安机关严格落实法治政府建设责任，深入实施《全区公安机关深入推进执法监督管理机制改革实施意见》，全面启动执法责任体系改革，建设运行 118 个“一体化、智能化、精细化、合成化”执法办案管理中心、25 个执法办案管理分中心和基层所队智能办案区，联合检察机关建立 119 个侦查监督与协作配合办公室，四级执法监督管理体系深化完善，警情处置、受立案超期比 2021 年分别下降 99%、99.8%，滥用职权、徇私枉法等严重违法问题明显减少。

【公安改革深化】 2022 年，自治区公安厅制定出台建立健全警种部门支援派出所机制实施意见及推出派出所工作标准化建设十项措施，推动全区公安派出所规范设置，完成城区 283 个派出所“两队一室”改革，推进“一村一辅警”100% 配备，5 人以下户籍派出所问题全面解决。建立完善“情指行”一体化警务运行机制，“情指行”一体化实战化运行机制改革被自治区党委评为“全区改革十大精品案例”，推动“12345”政务服务便民热线与“110”报警服务台高效对接联动。建成大数据赋能实战应用体系、数据资源一体化体系、公安厅举报中心等系列工程，完成“一中心三战队”实体化运行，大数据建设应用实现整体快约、局部领先。推进落实 3.0 版“放管服”改革方案，实现线上与线下一体化服务，“网上办”“掌上办”率达 85%，“全程网办”率达 66%。制定出台全区公安机关警务辅助人员处分、调动和招聘暂行办法，建立警辅一体化管理“1+N”制度体系。

自治区党委编制办公室下发《关于规范全区公安派出所设置的通知》，从制度层面解决全区公安派出所机构规格普遍偏低问题，明确全区公安派出所规范整合后全部升格为副科级，每个派出所核定 2 名副科级领导职数和不少于 5 名政法专项编制，全面构建起与职责任务相匹配的公安派出所机构体系。

深入推进“放管服”改革。优化“互联网 + 户政管理服务”平台，接入“蒙速办”App，身份证缴费实现电子化支付，制定《全区公安机关户政服务事项清单》，统一规范全区户籍服务办事标准，试点推行户籍类证明和 5 项户口迁移业务“跨省通办”，提升人民群众办事体验。出台 8 项涉企轻微违法行为“首次免罚”清单，优化法治化营商环境。

【公安队伍建设】 2022 年，自治区公安厅坚定不移正风肃纪反腐，持续巩固教育整顿成果，开展党内政治生活庸俗化交易化问题集中整治，查处违纪违法民辅警 1082 名，切实以铁的纪律管出铁的作风。持之以恒纠治“四风”，清理精简 30% 的统计报表，全面为基层松绑减负。持续推进素质强警工程，警察学院新校区、反恐基地建设项目开工建设，分类招警 2000 余名，有效优化公安人才结构。认真落实爱警暖警措施，帮助 286 名民辅警家庭解决就医、就业、就读等实际困难，真正让“有困难找组织”成为民辅警第一选择。

（范丽莉）

检　察

【概况】 2022年，内蒙古自治区人民检察院（以下简称自治区人民检察院）认真落实《中共中央关于加强新时代检察机关法律监督工作的意见》和自治区党委重点措施，坚决维护政治安全和社会稳定。贯彻落实总体国家安全观，将铸牢中华民族共同体意识贯穿检察办案全过程，严厉打击危害国家和公共安全刑事犯罪。联合自治区高院、国安厅规范危害国家安全犯罪刑事案件集中管辖。深入开展打击治理电信网络新型违法犯罪两年专项行动，坚持将依法办案、追赃挽损与维护稳定相结合，推进网络依法治理。持续开展打击治理洗钱违法犯罪三年行动，积极推动金融风险防范化解。参与推进安全生产专项整治三年行动，研究制发并推动落实涉安全生产领域综合治理检察建议。内蒙古自治区人民检察院获得2021年度全国优秀检察新媒体百佳评选“年度贡献奖”、全国检察机关门户网站规范化管理自查活动“优秀网站单位”和“活动组织奖”；内蒙古自治区人民检察院（门户网站）获得2022年度中国创新型“互联网+政务服务”平台；满洲里市人民检察院获得2021年度中国优秀政法网站；内蒙古自治区人民检察院宣传处、阿荣旗人民检察院获得第四届“四个一百”优秀政法新媒体评选先进单位；呼伦贝尔市人民检察院获得2022政法智能化建设智慧检务创新案例；呼伦贝尔市人民检察院获得全国公益诉讼检察好案件；锡林浩特市人民检察院获得2021年度全国行政检察优秀案例；敖汉旗人民检察院获得全国人民满意的公务员集体；扎兰屯市人民检察院获得2021年度中国优秀政法新媒体；新城区人民检察院等16个基层人民检察院获得全国检察宣传先进单位。

【刑事检察】 2022年，自治区人民检察院深入贯彻少捕慎诉慎押刑事司法政策，认罪认罚从宽制度审结人数占同期审结人数的90%以上。严厉打击严重侵害人身和财产权利、危害国家和公共安全刑事犯罪。与自治区监委等部门联合出台意见，强化监察执法与刑事司法规范有序衔接。加大查办司法工作人员相关职务犯罪力度，立案侦查司法工作人员相关职务犯罪案件43人。巩固深化违规违法减假暂专项整治成果，组织5个巡回检察组对全区16所监狱、58个看守所开展交叉巡回检察。

【民事检察】 2022年，自治区人民检察院建立正副卷一并调阅制度，全面把握案情，提升监督质效。办结民事生效裁判监督案件2246件，其中提出抗诉83件，提出再审检察建议172件。抗诉改变率83.6%，再审检察建议采纳率94.2%。紧盯损害合法权益、妨害司法秩序的虚假诉讼行为，健全防范、发现、制裁工作机制，办理涉及虚假诉讼案件62件，涉案金额2962万元。

【行政检察】 2022年，自治区人民检察院办结行政生效裁判监督案件191件，提出再审检察建议15件。对行政审判活动违法行为提出检察建议367件，对行政执行活动违法行为提出检察建议1039件。持续深化行政争议实质性化解，化解争议148件。联合自治区司法厅出台《关于开展司法行政强制隔离戒毒检察监督试点工作的实施方案》，多措并举促进司法行政强制隔离戒毒执法规范化。

【公益诉讼检察】 2022年，自治区人民检察院立案办理公益诉讼案件4658件，比2021年上升10.2%。其中民事公益诉讼类立案326件，行政公益诉讼类立案4332件。开展诉前程序3750件，比2021年上升7.8%。提起公益诉讼194件。同期法院一审裁判支持率100%。积极稳妥办理新领域案件，公益保护更为全面精细。

【经济高质量发展检察服务】 2022年，自治区人民检察院开展优化法治化营商环境大讨论活动，常态化开展“检察进企业”活动，检视“九个是否”，针对存在的38个问题提出55条整改措施。清理涉企“挂案”，检察环节全部清结。推开涉案企业合规改革，加强第三方监督评估，自治区检察院对全区拟试行涉案企业合规改革案件逐案审核把关，批复试行46件。制定出台《关于充分运用行政检察监督职能服务民营企业健康发展的意见》，指导各地审查各类企业提起的行政案件，加大对行政机关不作为、不依法履行法定职责和当事人恶意诉讼案件的监督力度。强化知识产权综合司法保护，自治区院和部分盟市院成立知识产权检察办公室，推动全区知识产权检察集中统一履职工作，实施知识产权检察“四检合一”办案模式。

【检察为民实事】 2022年，自治区人民检察院打击治理电信网络诈骗犯罪，推进窨井盖问题综合治理，打击危害食药安全犯罪、高空抛物犯罪，组织开展整治养老诈骗专项行动。做好群众信访件件有回复、司法救助、公开听证等为民实事，开展司法救助866人，发放救助金1173万元。运用检律定期会商机制，与司法行政机关、律师协会召开联席会议，研究解决问题、深化检律协作。推开未成年人刑事、民事、行政、公益诉讼检察业务统一集中办理，建成50个“一站式”办案区，提升综合司法保护水平。落实“谁执法谁普法”普法责任制，常态化开展以案释法、以案普法、专题法治讲座等活动。

【检察队伍教育整顿】 2022年，自治区检察院以检察机关党的政治建设为统领，一体推进政治教育、党史教育、警示教育，融合推进习近平法治思想和习近平总书记对内蒙古重要讲话重要指示批示精神深学笃行、转化落实。集中治理党内政治生活庸俗化交易化问题，严明纪律规矩，净化政治生态。落实《关于巩固全国政法队伍教育整顿成果推进全面从严管党治警的意见》和自治区实施方案、向自治区人大专题报告顽瘴痼疾整治情况，推进顽瘴痼疾常治长效。落实“三个规定”，干预过问插手检察办案得到有效遏制。压实领导干部办案责任，三级院检察长列席法院审委会584次，以“关键少数”示范带动绝大多数。压茬推进薄弱基层院“脱薄”，制定帮助基层院实施办法，采取下派挂职、下沉锻炼、选派任职等方式带动提高基层院干部队伍素能。组织开展“双先”表彰活动，进一步激励检察人员干事创业热情，打造过硬检察队伍。

（白丽艳）

法 院

【概况】 2022年，全区法院系统聚焦习近平总书记交给内蒙古的五大任务，出台《全区法院服务保障内蒙古“五大任务”的意见》，制定19个方面70项具体司法举措。精准服务“六稳”“六保”和自治区重大项目建设，围绕自治区“五个大起底”行动，制定专项行动方案，排查相关案件，开通“绿色通道”，建立快捷顺畅的审理机制，确保审判执行工作与自治区重大战略部署精准对接。以开展“巩固提升年”和弘扬“蒙古马精神”大实践活动为抓手，克服新冠疫情冲击与影响，办案质效取得历史性突破。全区法院受理各类案件86.7万件，审执结81.3万件，结案率93.9%，人均结案226件，结案率跃升至全国第六位，案件结收比位居全国第一，一审服判息诉率全国第十。其中高院受理案件11649件，审执结10748件，结案率92.3%，位居全国高院第三。

【刑事审判】 2022年，自治区高级人民法院依法惩治各类刑事犯罪，审结一审刑事案件2.03万件2.7万人，坚决维护国家安全和社会稳定。常态化开展扫黑除恶专项斗争，审结涉黑涉恶案件23件313人，新增财产处置到位19.6亿元。依法严惩重大责任事故、危害食品药品安全、电信网络诈骗等人民群众反映强烈的犯罪，巩固拓展打击整治养老诈骗专项行动成果，专项行动期间共受理涉养老诈骗类案件22件，涉案金额24亿余元。坚定不移惩贪治腐，建立重大职务犯罪案件督办机制，一审审结贪污贿赂、渎职等职务犯罪案件542件687人，为巩固反腐败斗争压倒性胜利提供有力司法保障。

【民事审判】 2022年，自治区高级人民法院实施民法典，审结就业、教育、医疗等民生领域案件3.2万件，助力保障和改善民生。深入开展“为群众办实事示范法院”“枫桥式人民法庭”创建活动，聚焦群众“急难愁盼”，进一步完善司法便民利民措施。持续优化法治化营商环境。深入推动全区法院优化法治化营商环境大讨论活动，制定优化法治化营商环境评估指标体系及条线制度机制43项，推出涉企诉讼“绿色直通车”、减缓诉讼费等惠企举措，构建对企“开门纳谏”长效机制，为企业发展纾困解难，优化法治化营商环境工作举措得到最高法院主要领导同志两次批示肯定。

【行政审判】 2022年，自治区高级人民法院全年共受理行政案件1.1万件，持续深化行政诉讼中一并审理相关民事争议诉讼机制改革，推动行政争议实质性化解，服判息诉率达到普通行政诉讼案件的两倍。支持和监督行政机关依法行政，截至2022年12月31日，全区行政机关负责人出庭应诉率提升至99.8%。健全行政争议多元化解机制，印发《内蒙古法院行政争议诉源治理工作方案》，强化府院联动，推进源头治理。依法审理国家赔偿案件471件，办理司法救助案件773件，用心用情传递司法温度。

【环境资源案件审判】 2022年，自治区高级人民法院贯彻“绿水青山就是金山银山”理念，服务筑牢祖国北方重要生态安全屏障，审结各类环境资源案件1.3万件；参与自治区煤炭资源领域违法问题和破坏草原林地违规专项整治，审结涉煤领域案件781件，累计完成追损挽损26.9亿元；审结涉林草刑事案件988件，推动生态环境保护法治进程，守护亮丽北疆。

【案件执行】 2022年，自治区高级人民法院推进执行攻坚，常态化开展执行领域顽瘴痼疾排查整治，持续开展“草原雄鹰”等集中执行行动，执结案件30.3万件，执行到位金额763.1亿元，维护胜诉当事人合法权益。

【司法便民服务】 2022年，自治区高级人民法院提档升级诉讼服务，深化一站式建设，推进三级法院建立24小时自助诉讼服务站，实行网上立案、调解、缴退费、送达全流程一体化办理，为群众提供全天候、“菜单式”诉讼服务。探索具有草原特色的多元解纷机制，最大限度将矛盾化解在基层和萌芽状态。全区法院诉前调解案件26.7万件，比2021年增长62.9%，调解成功率78.1%，减轻群众诉讼负担。

【审判责任制落实】 2022年，自治区高级人民法院深化审判责任制综合配套改革，建立“四类案件”识别监管平台，落实差错案件责任追究制度，形成制约有效、监督到位、权责统一的新型审判权力运行机制。落实科学配权、规范行权要求，细化司法人员权力清单和履职指引，规范司法权力运行机制。

【审判执行质效提升】 2022年，自治区高级人民法院持续开展“蒙马奔腾”审判执行质效提升专项活动，创新审判监督管理理念，按照“评价指标＋运行机制”的工作模式，着力推进诉源治理、执源治理、积源治理。持续深化办案程序指引、裁判规则指引和行政诉讼案例数据库建设“三大工程”成果深度应用，规范办案程序、统一裁判尺度。

【全流程在线诉讼】 2022年，自治区高级人民法院深度应用人民法院在线服务平台，依托互联网、大数据，全面开启“指尖立案”“云端办案”“智慧执行”，全区法院案件平均办理天数较2018年缩短27天。建立“内蒙古法院区块链证据核验中心”，在全区法院推开区块链司法应用工作，实现区块链司法应用全国领先。

【队伍建设】 2022年，自治区高级人民法院开展审判专家评选、“天平之星”法官大讲堂、司法警察实战化训练等活动，推进全区法院年轻干部和人才队伍建设。积极开展英模选树宣传活动，王爱林等23人被评选为国家级、自治区级英模典型，79个集体、380名个人获得自治区级以上表彰。

【法院文化建设】 2022年，自治区高级人民法院以全员学习思想交流活动、社会面宣传活动、法院文化建设活动、办案质效提升专项行动为载体，在全区法院开展弘扬蒙古马精神大实践活动，树立内蒙古法院新形象。加强法院文化建设，推进“书香法院”、学习型法院建设，“鹿小法”普法文创项目获评全国法院文化建设特色项目。

（周凌峰）

司法行政

【概况】 2022年，内蒙古自治区司法厅（以下简称司法厅）学习贯彻习近平法治思想，以基层治理年活动为抓手，统筹全面依法治区、行政立法、行政执法、刑事执行和公共法律等职能，推动全面依法治区和司法行政工作发展。成立“习近平法治思想研究课题组”，建立法治建设研究基地，编写《法治内蒙古建设发展报告（2021）》。组织召开自治区党委全面依法治区委员会第五次会议，制定印发《自治区贯彻落实〈新时代法治人才培养规划2021—2025年〉重点任务分工方案》《关于加强社会主义法治文化建设重点任务落实举措》。

【法治督察】 2022年，自治区司法厅建立法治建设任务提醒督办制度，向自治区83个党政部门点对点下发年度法治建设任务提示函，中央依法治国办公室将此做法作为特色工作向全国进行介绍推广。制定《党政主要负责人履行推进法治建设第一责任人职责述法工作办法》，推动述法工作制度化、规范化。加强示范创建工作，包头市成功创建全国法治政府建设示范市；健全完善督察工作协作机制，自治区纪委监委机关自治区党委依法治区办联合印发《关于建立法治督察与纪检监察监督协作配合机制的实施意见》，建立工作协作机制、统筹推进机制、成果共享机制、线索移交机制等四项工作机制；完善党政机关履行法院生效裁判和行政机关负责人出庭应诉情况通报机制。2022 年，行政机关负责人出庭应诉率 99.36%；自治区依法治区办会同自治区发展和改革委在“蒙企通”平台专门开设企业“反映问题”窗口，受理企业诉求，解决企业急难愁盼问题和困难，全年接到反映问题 209 件，生成督办单 157 件，办结 103 件，在办理 54 件（其中达成解决方案 20 件）；不在受理范围（不涉企问题、在法律诉讼程序内）52 件，累计为企业清欠账款、挽回损失 10 亿多元。

【普法宣传】 2022 年，自治区将“八五”普法落实情况纳入法治内蒙古建设总体部署，纳入综合绩效考核、文明创建、平安内蒙古建设等考核指标体系。全区组织习近平法治思想学习培训 1.2 万余次，举办“八五”普法骨干培训班 210 场，培训普法骨干 4 万余名。开展“纪念现行宪法公布施行 40 周年暨宪法宣传周”活动，推动各地各单位组织开展宪法宣誓、知识竞赛等活动，“宪法云课堂”在线观看 83 万余人。加强普法重点事项跟踪督促、结果评价，各地各部门单位组织开展普法活动 9300 余次。修定《内蒙古自治区法治宣传教育条例》，健全法治宣传教育制度体系。建立“四制度一评议”机制，制定《行政执法过程中精准普法工作指引》，对自治区 82 个部门明确普法任务清单，压实“谁执法谁普法”责任制。与呼和浩特市文旅投资集团合作，开展“我最喜爱的法治乌兰牧骑农村牧区行”系列活动，推出“马上说法”“小司来了”“说法论点”等系列作品 532 部，开办“以案说法”等栏目，联合央媒、自治区级主流权威媒体以及全区司法行政系统新媒体发稿 3.23 万篇新闻稿件，点击率 5380 余次。全区创建国家级民主法治示范村（社区）101 个，培育农村牧区学法用法示范户 2933 户，培养“法律明白人”21968 名。

【调解员培训】 自治区司法厅调解员培训按照“统一规划、分类指导、分级培训”的原则开展培训工作。人民调解员的培训分为岗前培训和年度培训。岗前培训是对初任人民调解员的任职培训。年度培训是对在岗人民调解员的知识更新和技能强化培训。初任人民调解员应当参加旗县（市、区）司法局组织的岗前培训，集中学习人民调解法等相关法律、法规和政策，人民调解工作制度、工作程序和调解技能。培训时间不少于 7 天。培训合格的，颁发人民调解员工作证。行业性、专业性人民调解委员会人民调解员的初任培训工作，由指导设立的司法行政机关按照上述要求组织实施。年度培训实行分级负责。自治区司法厅负责制定长期培训规划和年度培训计划，督促各地落实，并适时组织示范性培训。盟市司法局主要负责培训苏木、乡镇（街道）和行业性、专业性人民调解委员会主任。旗县（市、区）司法局主要负责培训辖区内人民调解委员会主任和骨干人民调解员。司法所主要负责培训辖区内人民调解员。年度培训时间累计不少于 10 天。2022 年，司法厅组织全区人民调解员线上培训 1 次，近 3200 名调解员参加培训。

【公共法律服务】 2022 年，内蒙古“12348”公共法律服务热线平台工作取得积极进展，加快公共法律服务体系建设。自治区司法厅制定实施《“十四五”公共法律服务体系建设规划》，全区建成公共法律服务站、点 13468 家，内蒙古“12348”公共法律服务热线话务总量 30 万通，热线接通率 96.40%，满意率 99.9%，质检率 5.68%，形成内蒙古热线品牌。在运营服务工作上贯彻新发展理念，搭平台、聚合力，释放数字赋能、智慧管理的优势作用，打好“专业性、公益性、创新性”三张组合牌，为全区各族群众提供 7×24 小时免费的法律咨询服务。完成《内蒙古自治区公证条例》修正工作。全区律师、公证、法律援助、司法鉴定、仲裁机构办理业务 60 余万件。召开自治区第十届律师代表大会、司法鉴定协会第四次代表大会，完成协会换届。自治区法律援助中心获评 2022 年“全区民族团结进步模范集体”荣誉称号。

【律师工作】 2022年，自治区司法厅加强营商环境法律服务，开展“万名律师进乡村”活动，签订法律服务协议3708份，提供法律服务3.1万次，为农牧民直接挽回经济损失累计131.53万元。建立帮扶关系3239个，建立联系点2715个，为基层农牧民提供法律服务30528次，举办涉农牧法律咨询5283场，受益群众23.4万人。开展“万所联万会”活动，推动律师事务所与工商联所属商会普遍建立联系合作机制，开展民营企业“法治体检”5600余场次，排查法律风险2000余项，提供法律意见5000余条，培养法务人才400余名，为乡镇企业挽回损失3350万元。

完成2022年度法律职业资格考试客观题考试各项工作任务。全区报名人数27244人，比2021年增加1177人，增幅4.5%，居全国第12位，再创历史新高。

【司法行政“放管服”改革】 2022年，内蒙古自治区在全国率先成立法律职业人员统一职前培训指导委员会及职前培训师资库。全面梳理行政审批事项目录、材料清单、办理时限等，编制《行政审批事项办事指南》，建立行政审批三级统一标准化、规范化管理体系。在“两优”专项行动中，又对29项审批事项办事材料、程序、时限进行精简，承诺办理时限较法定时限平均压缩50%。

【“区块链+法治”创新试点】 2022年，自治区司法厅开展“区块链+法治”创新试点工作，先行推进公证业务区块链融合应用，有103家公证机构平台具备电子文书生成功能，累计出具13万份电子公证书，实现公证电子文书链上核验。建成公证区块链监管可视化平台以及电子公证书核验平台。开发“民营企业法治体检自测系统”，为企业提供11类156项法律风险分析服务。开发行政复议小程序和行政复议案件审批App，全流程网上申请、线上办行政复议案件。律师、公证等9类9万条电子证照数据与全区统一电子证照库同步。65项“最多跑一次”公证事项实现线上办理。研发特色便民服务应用17项，接入“蒙速办”App和自治区政务服务网。

【社区矫正】 2022年，自治区司法厅贯彻社区矫正法，推进“智慧矫正中心”创建，以信息化手段加强社区矫正对象监管教育，推进社区矫正改革发展。深化刑罚执行一体化，加强社区矫正委员会建设，推动四级社区矫正委员会全覆盖。印发《内蒙古自治区戒毒人民警察参与社区矫正工作管理办法》，强化戒毒民警与社区矫正有机衔接，以建设纪律严明、作风过硬的社区矫正执法队伍为保证，开创社区矫正工作新局面。

【戒毒工作】 2022年，自治区司法厅加强戒毒规范化建设，推进“严执法、强管理、清隐患、保安全”“赢百天决战、保百分安全”专项活动，挂牌建立45个社区戒毒康复指导站，启用鄂尔多斯强制隔离戒毒所。

仲　裁

【概况】 2022年，内蒙古自治区9家仲裁机构全年共受理仲裁案件3565件，较2021年下降46.5%；案件标的总额109.84亿元，较2021年下降43.4%。其中，调解和解案件数961件，占比27%；被人民法院裁定撤销案件1件，不予执行案件1件。案件类型方面，金融类案件仍是仲裁案件主要案源，受理1576件，占比44.21%；涉及建设工程、买卖、保险、物业等10余个行业。

【仲裁队伍建设】 2022年，自治区司法厅审核52名仲裁员材料，其中乌兰察布仲裁委员会增聘23名、鄂尔多斯仲裁委员会增聘11名、巴彦淖尔仲裁委员会增聘18名。审核通过24名仲裁员，对乌兰察布仲裁委员会增聘的18名、鄂尔多斯仲裁委员会增聘的6名符合仲裁员资格人员完成公示后进行批复；对巴彦淖尔仲裁委员会增聘的10名符合仲裁员资格人员进行公示。审核乌兰察布仲裁委员会、呼伦贝尔仲裁委员会、鄂尔多斯仲裁委员会变更组成人员材料，其中，乌兰察布仲裁委员会变更6人，呼伦贝尔仲裁委员会变更3人，鄂尔多斯仲裁委员会变更6人，并上报司法部公共法律服务管理局变更登记。

（闫月宁）

【劳动人事争议调解仲裁】 2022年，自治区人力资源社会保障厅积极打造“金牌劳动人事争议调解组织”品牌，规范办案程序，加强诉调对接和裁审衔接，依法高效办理劳动人事争议案件，全区各级调解仲裁机构共处理争议案件3.76万件，涉及劳动者3.93万人，调解成功率、仲裁结案率高于国家指标。

【“金牌劳动人事争议调解组织”创建】2022年，自治区人力资源社会保障厅制定全区金牌调解组织评估标准，采取自治区重点培育典型和盟市择优选树相结合的方式，印发《关于推荐金牌劳动人事争议调解组织的通知》《关于做好金牌调解组织宣传推广和新一批培育选树工作的通知》，会同自治区工会、工商联、企联、司法、法院等部门推进创建金牌调解组织品牌工作。截至2022年底共培育41家金牌调解组织，其中有6家劳动人事争议调解组织受到人力资源和社会保障部通报表彰。

【劳动人事争议调解仲裁制度建设】2022年，全区各级调解仲裁机构依法处理争议案件，实施案件分类处理，简化优化程序，会同有关部门建立全区劳动争议调解组织、专职调解员名册，夯实劳动人事争议调解工作基础，联合自治区高院印发《关于转发〈人力资源和社会保障部 最高人民法院关于劳动人事争议仲裁与诉讼衔接有关问题的意见（一）〉的通知》，加强裁审衔接，规范全区各级仲裁机构与同级法院裁审程序，逐步统一法律适用标准，仲裁公信力稳步提高。

（陈启萌）

【仲裁联席会议制度建设】2022年，全区9家仲裁委员会与人民法院建立联席会议制度，在证据采信、法律适用等方面加强沟通协调，统一民商事案件裁判尺度，实现争议仲裁和审判的有效衔接。呼伦贝尔仲裁委员会推出“调解+仲裁”服务方式，创新仲裁多元化解纠纷新模式，推行仲裁与调解相结合，形成“多平台对接，多方式协作、多领域扩展”的新格局。制定《关于办理“调解+仲裁”工作规范（试行）》，就“调解+仲裁”衔接程序做详细规定。

【重点领域专门仲裁院建设】2022年，呼和浩特仲裁委员会设立知识产权仲裁院，推进呼和浩特市知识产权保护工作，完善知识产权纠纷多元化解渠道，推动知识产权多元化解工作的开展，优化法治化营商环境。通辽仲裁委员会成立金融仲裁院、建设工程仲裁院、建设工程纠纷人民调解委员会，优化完善社会矛盾纠纷多元化解机制，服务市场主体。

【跨区域合作联合培训】2022年，呼和浩特仲裁委员会加强跨区域合作，与恩施仲裁委共同组织开展线上仲裁业务培训，邀请国内知名仲裁专家进行仲裁业务知识讲座，仲裁员、企业法务、仲裁工作人员等1000余人参加培训。组织仲裁员、仲裁工作人员参加上海仲裁委员会、上海政法学院开设的涉外法治系列课程，提高仲裁员和办案秘书的业务水平。与国内多家仲裁委员会、律师协会联合举办“提高律师代理仲裁案件的实务操作水平”专题培训讲座，提升仲裁员和涉仲律师的业务水平，推动跨区域仲裁机构间的交流与合作。

（闫月宁）

军 事

ᠴᠡᠷᠢᠭ ᠦᠨ ᠬᠡᠷᠡᠭ

内蒙古军区

【概况】 2022年，内蒙古军区坚决贯彻党中央、中央军委和习近平主席决策指示，紧紧围绕迎接和学习宣传贯彻中共二十大精神这条主线，跟进学习领悟习近平主席强军思想和系列重要讲话精神，加强和推进军区系统各项工作。坚持把备战打仗作为学习贯彻中共二十大精神的主要抓手，军区党委聚焦重大问题专题议战议训，召开自治区党委议军会和国防动员委员会专题会议，集中研究解决驻区部队备战打仗难题；贯彻《军队基层建设纲要》，建立健全军区领导挂钩帮建军分区（警备区）、人武部和军区机关挂钩帮建干休所、直属队制度；聚焦“忠诚维护核心、矢志奋斗强军”深化主题教育，推进党史学习教育常态化制度化；着眼政治之年安全稳定要求更高的实际，分析安全形势，修订完善各类安全预案，组织全区安全工作大检查，持续督导问题整改；组织交流干部集中培训和全区民兵工作业务培训，全军全面向社会公开招考文职人员，军地联合召开全区征兵工作会议；把握疫情防控的特殊背景，喜迎盛会铸军魂、聚力主责抓备战、砥砺奋进谋发展，圆满完成各项工作任务，军区全面建设有了新进步。

【思想政治建设】 2022年，内蒙古军区党委组织学习中共十九届六中全会精神，制定学习贯彻《决定》，组织2期中校以上军官和处级文职人员理论集训。开展“喜迎二十大·奋进新征程”系列活动；中共二十大召开后，第一时间动员部署并组织专题学习，制定学习宣传贯彻17条措施，组织45名军师职领导干部分专题授课辅导，团以上干部400余人次为官兵、牧民、社区群众等宣讲。跟进学习领悟习近平主席强军思想和系列重要讲话精神，军区党委中心组22次集体学习研讨四项成果在军委国防动员部和北部战区获奖。贯彻军委主席负责制，制定11条具体措施。聚焦“忠诚维护核心、矢志奋斗强军”深化主题教育，推进党史学习教育常态化制度化，制定创新加强思想政治教育措施，评选表彰首届“最美北疆国动人”，举行发布活动。创新思想政治教育做法纪实片被军委国防动员部刊播。开展形势政策教育，编印《红色内蒙古》故事集。落实执行政治纪律政治规矩，打好意识形态领域斗争主动仗。

【应急应战能力建设】 2022年，内蒙古军区把备战打仗作为学习贯彻中共二十大精神的主要抓手，军区党委聚焦重大问题专题议战议训，召开半年扩大会议分析备战形势，部署任务。依据战区总体构想，滚动修订专项任务行动方案，出台自治区军地联动系列措施等。坚持战、建、备一体推进民兵建设，统筹设计全区民兵训练基地建设方案，调整组建基干民兵分队，抓特色民兵分队建设，为基层配备装备器材。组织首长机关和民兵训练，创新开设“周末大讲堂”，邀请军地专家“菜单式”授课，参加全军军事高科技知识网上竞赛成绩优秀。组织“喜迎二十大·守护大北疆”全区军地应急力量融合建设成果演示暨“八一”军事日活动；动用民兵，完成边境管控、抢险救灾和“神舟”系列飞船发射回收保障等任务。

【国防动员工作】 2022年，内蒙古自治区党委召开自治区党委议军会和国防动员委员会专题会议，集中研究解决驻区部队备战打仗难题。修订征兵考评办法和定兵规则，组建预征预储分队，完成年度兵员征集和直招军官任务。会同自治区党委军融办开通国防领域重大工程“绿色通道”、建立部队装备维修“直通车”，军区派驻机构发挥出作用。军地协力推进全民国防教育，军区“北疆忠诚卫士”微信公众号顺利开通、关注量超43万人，“国防大北疆”电视节目全国收看观众近8000万人次，军区代表队在自治区国防知识竞赛中获二等奖。制定出台《推动新时代党的民族工作高质量发展的决定》，开展“乡村振兴五助力”活动。

【基层建设】 2022年，内蒙古军区贯彻《军队基层建设纲要》，建立健全军区领导挂钩帮建军分区（警备区）、人武部和军区机关挂钩帮建干休所、直属队制度，军区党委常委到各军分区（警备区）和人武部蹲点调研，集中组织军区机关局办领导到边远人武部帮建，分批组织军区机关人员到人武部和直属队蹲点帮带，实现对人武部帮建全覆盖。统筹组织新任职交流干部、专武部长、保障人员等业务培训，探索军区机关、干休所和直属队人员赴驻区部队跟训机制，推动提升履职能力。坚持用心用情服务基层，2022年初，制定为基层办10件实事清单，贯穿全年，为官兵、文职人员、职工和民兵提供维权服务。抓基层武装工作建设，研发信息管理系统。

【安全工作】 2022年，内蒙古军区着眼政治之年安全稳定要求更高的实际，4次分析安全形势，修订完善各类安全预案，组织全区安全工作大检查，持续督导问题整改。开展“四严四整”教育整训活动，开展自查自纠，自上而下召开专题组织生活会。针对军委国防动员部安全大检查指出问题，专题召开检讨反思会，剖析原因，推进整改，问题全部清零。抓安全警示教育，开展条令学习月活动，组织安全保密专项排查整治整顿、“百日安全活动”，部队安全稳定。

【综合保障】 2022年，内蒙古军区开展国防动员后装保障集中攻关，完成任务需求对接，调整补充轻武器。开展“守护戎装”专项行动，推进后勤重点行业领域清理清查，完成房地产擅处项目建库、经营性擅处项目调查摸底和非经营性项目主体整改任务。协调做好师级以下人员安置住房建设项目，推进“八一”幼儿园整修等工程建设项目。坚持不懈做好新冠疫情防控，完成支援地方疫情防控任务。推进民兵武器装备仓库建设，制定相关管理办法。

【交流干部集中培训】 2022年1月5—11日，内蒙古军区依托第三干休所组织交流干部“非转专”(外单位领导干部交流到军区任职组织的岗前培训)作集中培训。其间，军区少将副司令员张英奎集训动员，军区少将副政治委员张文辉作集训总结，政治工作局大校主任谷立峰理论授课，军区机关4名参谋，师级单位1名主官、1名副职，团级单位6名主官辅导，10名人武部主官围绕“如何抓班子、带队伍”等内容传授经验。经过集训，帮助交流干部认清职能任务、了解政策法规、掌握工作方法，尽快熟悉情况、转换角色、适应岗位。

【文职人员公开招考】 2022年1月9日，内蒙古军区依托呼和浩特警备区和包头军分区，分别在内蒙古电子信息职业技术学院和包头轻工职业技术学院，组织2022年全军面向社会公开招考文职人员统一考试。设置189个考试教室，6000名考生参加考试。呼和浩特警备区和包头军分区制定考务方案，严把考场设置、试卷监管、警卫安保、疫情防控等重点环节，协调地方相关专业力量和装设备做好相关保障。

【军区党委九届二次扩大会议】 2022年1月13—14日，中共内蒙古军区第九届委员会第二次扩大会议在呼和浩特召开。会议传达学习军委国防动员部党委扩大会议和北部战区党委扩大会议精神，回顾总结2021年度工作，研究部署2022年度任务，表彰先进，集中组织党建述职、述学述责述廉和评议。会议强调，要深刻领会习近平主席在军委扩大会议上的重要讲话精神，在感悟发展成就中理解把握“两个确立”的决定性意义，在把握全局指导中强化担当作为的政治责任，自觉地把思想和行为统一到党中央、中央军委和习近平主席的决策部署上来。认清军区部队在筑牢“两个屏障”中的使命担当，自觉强化战略定力，提振备战状态；认清政治之年抓好安全稳定工作的重要性，坚持稳字当头，任何时候都把安全稳定工作记在心中、抓在手上、落在实处，为确保各类风险消于未萌、止于未发、化于未生，确保全区部队高度集中统一和安全稳定，迎接中共二十大胜利召开。

【首长机关训练】 2022年1月19—21日，内蒙古军区组织开展1月份首长机关训练带直属分队训练。训练采取局办自学、集中授课、指挥作业等步骤进行。其间，战备建设局大校局长剑啸围绕战备训练法规知识辅导授课；围绕文电通联、紧急疏散、指挥所防卫等6项内容训练演练。

【全区征兵工作电视电话会议】 2022年1月20日，全国征兵工作电视电话会议后，自治区人民政府、内蒙古军区召开全区征兵工作电视电话会议。军区少将司令员马庆雷总结2021年征兵工作、部署2022年度任务，从“政治之年，必须提高征兵政治站位；改革之年，必须树立鲜明政治导向；备战之年，必须提升兵员政治质量”三个方面就做好新年度征兵工作提出明确要求。自治区副主席奇巴图从“提高政治站位，切实增强做好征兵工作的责任感使命感；紧盯关键环节，高质量高效益完成年度征兵任务；加强协调配合，积极构建齐抓共管的征兵工作新格局”三个方面讲话。会议由自治区人民政府征兵办公室主任、军区动员局大校局长陈建广主持。

【民兵装备仓库建设】2022年1月，内蒙古军区督导组利用督导各军分区（警备区）党委党史学习教育专题民主生活会时机，对各单位民兵装备仓库落实新编制和安全管理情况实地检查，了解掌握民兵装备仓库建设现状。27日，军区组织召开民兵装备仓库建设形势分析会。督导组人员汇报检查情况，相关局办领导围绕存在的问题提出意见建议。军区少将副政治委员张文辉从“提高思想站位、加强作风转变、明确责任职责、坚决整改落实”四个方面提出具体要求。

【业务培训】2022年2月9—11日，采取“授课辅导、座谈交流、集体办公”等方式，结合年度后勤实力数据会审，内蒙古军区保障局在军区招待所集中组织全区军粮、给养、被装、油料业务培训，各军分区（警备区）和驻呼干休所相关人员参加。经过培训，提高全区后勤保障业务人员能力素质。

2022年3月4日，自治区征兵办公室通过视频会议系统，组织全区征兵业务培训。明确上半年工作目标和征集重点，对国家《征兵工作“五率”考评暂行办法》《内蒙古自治区男兵审定工作暂行办法》解读和答疑。内蒙古军区动员局大校副局长杨峰昌从廉洁征兵、疫情防控等方面对下步工作提出具体要求。经过培训，统一各级思想认识，理清工作思路，为抓好上半年征兵工作奠定基础。

2022年3月15—16日，内蒙古军区组织全区民兵工作业务培训。其间，传达学习民兵政策法规，研究部署年度重点任务，组织研讨交流。军区少将副司令员张英奎出席培训动员和研讨交流并讲话。军区各办局领导及业务人员在主会场参加；各军分区（警备区）、人武部军事主官及相关人员在各自分会场参加培训。

2022年4月8—14日，内蒙古军区采取异地同步的方式，组织全区中校以上军官学习贯彻中共十九届六中全会精神理论集训暨党组织书记培训。其间，军区少将司令员马庆雷围绕“坚定不移增强历史自信、坚定不移拥护‘两个确立’、坚定不移扛起时代重任”三个方面内容动员辅导；集中领学党的十九届六中全会相关文件精神，自治区党校1名教授和通辽、巴彦淖尔军分区1名主官辅导授课，4个单位交流发言，军区少将副政治委员蔡高才作集训总结。

2022年4月24日，内蒙古军区集中召开全区安全管理业务集训开训动员大会。军区少将副政治委员张文辉从“提高政治站位强化政治自觉、深入透析现状把握特点规律、紧盯重点防范化解风险、精准贯通施策推动部队发展”4个方面讲话，明确“五抓、五强化”的思路举措和“五无”抓建目标。乌海军分区大校司令员霍振国宣讲解读《军队保密条例》。4至9月，军区每月集中时间，组织安全管理理论、政策法规宣讲解读，组织保密、网管、机要等专题规范化管理现地教学。

2022年9月30日，内蒙古军区战备建设局组织节日战备值班和应急指挥组人员，重点围绕“方案预案责任分工、常见应急行动处置流程和应急分队指挥员处突能力”进行战备值班业务培训。会后，组织拉动军区战备值班分队。经过培训拉动，提高值班值勤官兵战备值班意识，进一步熟悉应急处突方案预案。

【蹲点帮带和当兵体会交流】 2022年5月26日，内蒙古军区利用视频会议系统，集中组织蹲点帮带和下连当兵人员体会交流。军区机关5名蹲点帮带和下连当兵人员代表大会发言，汇报到人武部蹲点帮带和到直属队下连当兵的感悟体会和思考建议。内蒙古军区政治工作局就各师级单位抓好此项工作，从提高思想认识、把握关键环节、加强跟踪督导等方面提出具体要求。

【军队院校招收普通高中毕业生军检】 2022年6月29日至7月6日，内蒙古军区战备建设局会同机关相关办局、自治区高考招生办公室、九六九医院，组织800余名报考军队院校入围考生进行政治考核、面试和体检，军检合格考生588名。招生工作期间，开设2部咨询热线电话，为1600余人次考生及家长答疑释惑。

【普法宣讲进军营活动】 2022年7月14日，内蒙古公安厅刑侦支队反诈骗中心警官徐欣采取理论辅导与案例分析相结合的方式，从“什么是网络电信诈骗、网络电信诈骗的常见类型、被电信诈骗后的补救措施”三个方面，为内蒙古军区直属队官兵预防网络电信诈骗专题授课辅导，介绍网络电信诈骗的类型、形势和手段，讲解如何规避电信诈骗风险。军事法院庭长李渊毅，就防止直属队官兵在房屋买卖、风险投资、网络贷款、婚恋交友、酒驾醉驾等财产保护和人身安全方面个人合法权益受到损害，提出意见和建议。

【军区党委九届五次全体会议】 2022年7月27日，内蒙古军区党委九届五次全体会议在呼和浩特市召开。会议传达北部战区党委全会议战议训精神，梳理总结上半年工作，部署下半年练兵备战任务。军区党委副书记马庆雷围绕“聚焦备战打仗，深化动员准备，以实际行动迎接党的二十大胜利召开”主题，全面分析军区部队上半年备战工作形势，部署下半年备战任务。军区党委书记杨小康全面总结军区部队上半年工作。其间，组织召开军事工作对口会和政治工作对口会，听取各军分区（警备区）汇报发言。

【党政领导干部军事日活动】 2022年7月30日，由内蒙古军区组织、呼和浩特警备区承办的“喜迎二十大·守护大北疆”内蒙古自治区党政领导干部军事日活动在军区综合训练场举行。其间，组织参观民兵装备、消防救援装备、森林消防装备、人防装备、武警装备等应急应战装备和车辆；观摩实弹射击、森林草原灭火、消防灭火救援、民兵防汛救援、联合巡边控边、群体性事件处置等军地应急维稳救援综合演练。自治区党委书记、内蒙古军区党委第一书记孙绍骋围绕做到对党绝对忠诚、聚焦应急应战做好国防动员准备、做好强边固防工作、推动军民融合深度发展、持续巩固军政军民团结、全力支持国防和军队建设等方面作讲话。自治区主席、自治区国防动员委员会主任王莉霞，自治区党委、人大、政府、政协领导，法检“两长”，军区少将司令员马庆雷、少将政治委员杨小康、少将副司令员杨国安、少将副政治委员张文辉，武警内蒙古总队少将司令员陈路生，自治区各委办厅局主要领导、驻区部分师级领导和中直、区直重点企业主要负责人以及呼和浩特市党政领导干部，共150余人参加活动。

【首长机关“周末大讲堂”活动】 2022年8月5日，内蒙古军区动员局邀请中储粮集团内蒙古分公司党委书记、总经理吴建民以“我国粮食安全的现状及在俄乌冲突局势下的思考”为主题，围绕“我国粮食安全的演变及现状、内蒙古粮食生产基本情况及面临问题、俄乌冲突对我国粮食安全的影响及应对措施”三个方面授课辅导。12日，邀请自治区宏观经济研究中心副主任赵云平以“借鉴俄乌战争经验教训，在国家能源安全中担当内蒙古责任”为主题，围绕“俄乌战争的能源启示、我国的能源安全形势、俄乌战争对世界能源格局的影响、内蒙古在国家能源安全中的责任”四个方面授课辅导。

【“最美北疆国动人”发布暨颁奖活动】 2022年9月16日，内蒙古军区举行“最美北疆国动人”发布暨颁奖活动。以“奋进强军新征程 喜迎党的二十大”为主题，采取事迹短片、颁奖致辞、节目表演相穿插的形式，全面展示“最美北疆国动人”的先进事迹和精神风貌。来自全区14个受奖群体代表和个人典型逐一登台，他们当中既有用医者仁心真情服务离退休老干部的最美军医，也有忠诚履职的文职人员集体，既有全区“军民共建民族团结示范校”的先进代表，也有精武标兵、铁甲神医、红色“轻骑兵”、草原“花木兰”，涵盖现役军官、文职人员、职工、民兵各个层面的先进典型。军区少将司令员马庆雷、少将政治委员杨小康出席活动并为先进典型颁奖，全区部队官兵、文职人员、职工通过视频系统同步观看颁奖现场。

【团以上党委理论学习中心组带机关9月份学习】 2022年9月22—23日，内蒙古军区组织全区团以上党委理论学习中心组带机关9月份学习暨周末大讲堂活动。其间，集中学习习近平主席重要讲话和上级文件精神，组织观看国防大学安全学院政治理论教研室大校副主任邓海英题为“从《实践论》《矛盾论》看哲学思维方式和工作方法”的授课录像，自治区党校民族理论与政策教研部主任萨仁围绕“新时代中国宗教发展态势及治理策略”进行辅导授课。各级以党小组会的形式，组织所属党员紧密联系党的十八大后国防和军队建设取得的历史性伟大成就交流体会。

【新兵训练】 2022年11月28日，内蒙古军区办公室召开2022年度新兵入伍训练开训动员大会。部署2022年度新训工作；办公室副主任孟应奇从“转变思想，加强理论学习，打牢坚定的思想政治基础；模范带头，坚持科学施训，打牢过硬的军事素质基础；循序渐进，始终以情带兵，打牢团结友爱的感情基础”三个方面提出具体要求。整个训练分适应性训练、强化训练教育、机动考核三个阶段进行。

（高 宇）

武警内蒙古总队

【概况】 2022年，中国人民武装警察部队内蒙古自治区总队（以下简称武警内蒙古总队）开展党建法规贯彻落实情况自查自纠，对表修订武警内蒙古总队《党委常委会议事决策规则》，研究制定《落实全面从严治党主体责任清单》，担负武警部队“三大组织”联建联创试点任务。召开党史学习教育专题民主生活会，推选武警部队出席党的二十大代表候选人，选举总队出席武警部队党代表会议、军人代表大会和自治区人民代表大会代表。开展庆祝共青团成立100周年活动，做好先进典型推报工作，鄂尔多斯支队团委被共青团中央表彰为“五四红旗团委”，赤峰支队1名干部被武警部队表彰为“优秀团干部”。

【思想政治建设】 2022年，武警内蒙古总队紧跟习近平强军思想步伐强化理论武装，探索建立“1+1+4”党委中心组带机关理论学习模式，严密组织中校以上警官理论轮训，紧盯“八个环节”，掀起中共二十大精神学习宣贯热潮。树立大教育观，突出“五性”（政治性、针对性、创新性、群众性、示范性）抓好主题教育、基础教育和经常性思想教育，着力推动党史学习教育常态化长效化，全年为所有大中队建起强军影院和军营唱吧，在9个边境中队完成万里边疆数字文化进军营建设，总队获评武警部队“强军风采”群众性文化活动优秀组织单位。做好隐蔽战线斗争和“四反”（反渗透、反心战、反策反、反窃密）工作，开展涉网涉密集中教育整治活动，开展宣传报道，总队抗疫、巅峰比武新闻在央视播出。

【战备训练执勤】 2022年，武警内蒙古总队强化大维稳观、大训练观、大形象观，紧盯俄乌冲突形势走向组织“一日一研”活动，常态开展“战备日、战备周”活动，抓实不打招呼拉动检查，提升应急应战水平。落实武警部队集训精神，以试点观摩为牵引规范“四勤”（组勤、执勤、管勤、联勤）秩序，组织固定勤务“四项内容”排查治理，联勤武装巡逻勤务覆盖所有旗县，武警内蒙古总队连续19年无执勤事故。探索“小批量＋多批次”勤训轮换新模式、“线上考＋统一评”考核比武新手段，组织“魔鬼周”极限训练、特战侦察比武，机动支队特战大队特战一中队获评“全国群众体育先进单位”。全年完成党的二十大，北京冬奥会、冬残奥会、全国两会安保等重大任务10余起。

【基层建设】 2022年，武警内蒙古总队贯穿二季度组织《军队基层建设纲要》暨基层党组织书记培训，分期分批组织重难点课目教练员、通信兵、“五小工”（电工、水工、木工、油漆工、泥瓦工）、卫生员等各类培训，为推动部队建设发展提供有力人才支撑。倡导“六种理念”，用好“十种指导方式”，为基层办好26件实事，解决吃、住、行等“八难”问题，维护好官兵休假、休息、就医、外出等正当权益。部署开展“十个方面问题”治理，整治基层风气，2次组织覆盖式、“推磨式”督导检查，成功化解1起信访积案，得到武警部队通报表扬。

【依法从严抓管理】2022年，武警内蒙古总队组织法规制度集中清理，纠治土政策土规定，系统规范执勤训练、一周工作、各类会议和登记统计，引导各级用“四个想一想”为基层减压释负，倡导“少喊口号、多干具体”工作作风，推进“三个根本性转变”。常态做好酒精检测、手机管理、在外人员管控等制度落实，从严查纠穿衣戴帽、礼节礼貌等行为举止，强化官兵遵规守纪意识。

（汪海涛）

人民防空

【概况】2022年，全区人防系统坚持以习近平新时代中国特色社会主义思想为指导，聚焦备战打仗核心使命，紧扣落实习近平总书记交给内蒙古的五大任务和高质量发展这一主线，深入贯彻落实党中央决策部署和自治区党委、政府安排部署，坚持稳中求进、创新推动，采取扎实有效措施推进人防重点工作，开展“人民防空宣传月”活动，印发《重要经济目标分类和分级》地方标准和《重要经济目标防护救援方案编制指南（试行）》，推动人防系统“专项治理问题整改情况”落实，坚持平战结合，顺利完成年度目标任务。

【人防工程建设】2022年，内蒙古启动实施以绿色化建设、智慧化使用、数字化管理为主要内容的人防示范工程建设，在呼和浩特市选定2所小学开展自建人防示范工程建设。推进人防系统待批项目“大起底”工作，梳理完工未竣工验收公用自建人防工程1个，补批项目147个，办结率100%，待批项目实现应批尽批。全区收缴防空地下室易地建设费21.8亿元，全部缴入国库。

【人防法治建设】2022年，自治区人大法工委将《内蒙古自治区实施〈中华人民共和国人民防空法〉办法》（修改）列入五年（2023—2027）立法规划和2023年立法计划（草案）。开展《内蒙古自治区人民防空工程建设管理规定（修正草案征求意见稿）》修订工作，在门户网站及时公布《人民防空行政许可事项清单》。完成“全面依法治区考核平台”日常填报各项指标的印证材料，计95件。

【人防宣传教育】2022年，内蒙古人防办开展人防宣传教育“六进”活动，全区7.9万名机关干部、48.89万名学生、107.88万名社区居民、10.83万名企业干部职工接受了人民防空法律法规和人民防空知识教育。9月，全区开展“人民防空宣传月”活动，以“学习宣传贯彻落实习近平法治思想，加强人民防空法治建设”为主题，结合开展“9•18”人民防空警报试鸣和“第20个全民国防教育日”全民国防教育日活动，向广大市民宣传普及国防、人防相关知识。

【平战结合】2022年，内蒙古各盟市人防工程平战功能转换档案库基本建立，既有人防工程质量评估、评定工作基本完成，各项工程整改工作逐步推进。

【重要目标防护】2022年，内蒙古人防办协调配合自治区人大常委会有关委员会做好《内蒙古自治区重要经济目标防护管理条例》立法颁布及实施有关工作，组织开展宣贯和培训，《中国法治日报》刊登“内蒙古出台全国首部规范重要经济目标防护管理工作的地方性法规”信息。经自治区人民政府同意，与自治区发展和改革委、内蒙古军区战备建设局联合印发《重要经济目标分类和分级》地方标准（试行）和《重要经济目标防护救援方案编制指南（试行）》，开展全区重要经济目标普查，完成国家人民防空办公室课题研究任务。

【人防信息通信建设】2022年，内蒙古人防办组织推动“内蒙古人民防空智慧化指挥系统‘人防云’”建设。完成内蒙古人防惠民服务云“白云”建设项目系统研发工作及安可替代工程建设工作。召开全区人防大数据建设推进会、数据采集调度会和视频培训会，协调有关厅局单位沟通大数据接入事宜。开展第二代人防机动指挥平台日常训练和实训演练，检验指挥功能和应战能力。组织修编全区人民防空计划，有序开展全区人防基本指挥所工程质量评估。

【人防系统腐败问题专项治理】2022年，内蒙古人防办推动“人防系统专项治理问题整改落实情况”列入自治区党委办公厅《2022 年自治区部门单位督查检查考核备案事项清单》，督促指导盟市落实主体责任，推进整改工作。全区专项治理发现问题整改率 83.57%，追缴易地建设费累计 78.30 亿元，补建人防工程面积累计 47.76 万平方米，完成 80% 年度整改任务。

（杨利刚）

退役军人事务

【概况】 2022 年，内蒙古自治区退役军人事务厅（以下简称自治区退役军人事务厅）落实退役军人法律、政策，全力攻坚化解矛盾问题，持续推进基层基础建设。自治区本级、各盟市、旗县全部成立党委退役军人事务工作领导小组，组长全部由党委书记担任，1 名军队领导兼任副组长。自治区、盟市、旗县（市、区）全部组建退役军人事务部门。自治区党委、政府先后召开全区退役军人工作会议、4 次党委常委会议、5 次政府常务会或专题会、12 次党委退役军人事务工作领导小组全体会议或专题会议，传达学习习近平总书记关于退役军人工作重要论述和党中央决策部署，研究贯彻落实措施，部署重点工作。贯彻落实习近平总书记“五有”（有机构、有编制、有人员、有经费、有保障）、“全覆盖”重要指示要求，建立区、盟市、旗县、苏木乡镇（街道）、嘎查村（社区）五级退役军人服务保障体系，落实经费 1.04 亿元，配备场所 56 万余平方米，苏木乡镇（街道）党群服务中心加挂“退役军人服务站”牌子，苏木乡镇（街道）、嘎查村（社区）退役军人服务站站长全部由同级党组织书记担任，苏木乡镇（街道）服务站副站长由武装部部长、党群服务中心副主任担任，“五有”目标和“全覆盖”要求基本落实。2022 年，赤峰市退役军人服务中心、包头市九原区退役军人服务中心等 5 个单位被退役军人事务部、中央军委政治工作部评为“全国退役军人服务保障先进单位”，2 个退役军人服务站被评为“全国百家红色退役军人服务站”，402 个退役军人服务中心（站）创建成全国示范型中心（站）。

【安置就业工作】 2022 年，自治区落实军队转业军官、符合政府安排工作条件退役士兵和退出消防员按积分公开选岗政策，完成 2022 年国家下达自治区各类退役人员接收安置计划，做到部队、单位、个人“三满意”。全区发放一次性地方经济补助金 4.4 亿余元。“军队师级以下离退休干部退休士官和伤病残士兵三年集中移交”工作顺利推进，做到“只要部队交得出，地方就能接得下”。应对新冠疫情影响，采取线上线下培训相结合的方式，组织开展适应性培训、技能培训、项目制培训、创业培训等培训活动，全年培训 1000 余人次。通过开展线上线下专场招聘、直播带岗，为退役军人提供就业岗位 14500 余个，促进 3200 余名退役军人就业。营造良好创业环境，审核批准 6 家机构为首批自治区级退役军人就业创业园地，全区分东、西部举办创业成果展陈活动，激发退役军人创业热情。全区各级退役军人事务部门 2022 年累计开发公益性岗位 630 余个，帮助 500 余名就业困难的退役军人实现上岗再就业。

【拥军优属】 2022 年，自治区退役军人事务厅落实自治区党委部署要求，实施全区边防一线连队饮用水净化工程。截至 11 月 21 日，完成西至阿拉善盟额济纳旗，东至呼伦贝尔市新巴尔虎左旗的 52 处边防

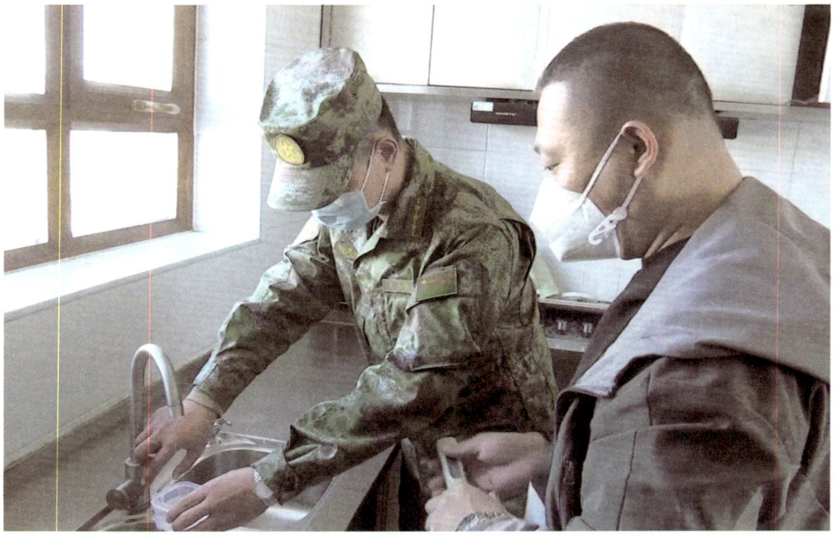

图24　2022年，新巴尔虎左旗某部队哨所的战士们喝上了甘甜清澈的饮用水

（自治区退役军人事务厅　供图）

一线连队饮用水净化任务。北部战区陆军机关对自治区此项工作高度赞扬，边防官兵纷纷表示，终于摆脱“苦咸水”，喝上“纯净水”。新华网、中国网、央广网等国家媒体和自治区媒体对自治区党委、政府这项“拥军工程”“暖心工程”宣传报道，得到社会广泛关注与好评。加大双拥慰问力度，在春节、“八一”等重大时节，自治区本级投入走访慰问驻军部队资金1100余万元，是历年来投入最多一年。着力开展“情系边海防官兵”拥军优属活动，为边防部队官兵家庭解决实际困难。

【退役军人优扶工作】 2022年，自治区退役军人事务厅做好困难退役军人帮扶援助工作，累计帮扶援助困难退役军人6700余人，投入帮扶援助资金853余万元。专门为呼和浩特市下拨资金100万元，解决疫情防控期间退役军人生活困难问题。全区各级退役军人服务中心（站）落实常态化走访慰问、联系退役军人制度，各级累计走访慰问退役军人31974人，累计投入走访慰问资金1827余万元。全面启动退役军人、其他优抚对象建档立卡和优待证申领发放工作，5月23日，举行内蒙古自治区退役军人及其他优抚对象优待证首发仪式，全区各级退役军人事务部门按照“一户一档、一人一策、不漏一户、不漏一人”的要求精准采集情况，采集的信息全部纳入国家统一数据库，做到底数清、情况明，协调相关部门在医疗、文旅、交通等方面出台优待政策，提高优待证“含金量”。提高部分优抚对象（包括伤残军人、在乡老复员军人、带病回乡退伍军人、参战参试退役军人、烈属、因公牺牲军人遗属、病故军人遗属、60周岁以上农村籍退役士兵、60周岁以上老年烈士子女）抚恤补助标准，发放抚恤保障资金6亿元。

【烈士纪念褒扬】 2022年，自治区退役军人事务厅加强烈士褒扬纪念工作，投入近2亿元用于烈士纪念设施维修改造，编纂《内蒙古自治区烈士纪念设施名录》《内蒙古自治区烈士英名录》，建立全区烈士纪念设施基础数据档案，将17635名烈士基本信息、242处烈士纪念设施全部录入烈士褒扬纪念系统，实现烈士、烈士纪念设施数据信息互联互通、信息共享。开通“内蒙古英烈网”，组织开展线上线下祭扫活动，在全社会营造形成崇尚英雄氛围。

【思想政治工作】 2022年，自治区退役军人事务厅创办自治区军休大学和《内蒙古退役军人》杂志，组织退役军人学习党的二十大精神，教育引导广大退役军人坚定拥护“两个确立”，坚决做到“两个维护”；着力开展“老兵宣讲”实践活动，教育引导广大退役军人投身基层治理、乡村振兴、边疆建设、国防动员等工作，全区各级成立老兵宣讲团131个，开展宣讲537场次，受教育群众或学生93000余人次。发挥退役军人作用，成立954支退役军人志愿服务队伍，组织参与新冠疫情防控、应急救援、国防教育等志愿服务。2022年疫情发生后，号召全区广大退役军人发扬本色、投入疫情防控工作，全区有13600余名退役军人志愿者参与本轮疫情防控，发挥重要作用。

【表彰宣传】 2022年，自治区退役军人事务厅印发《关于进一步加强和改进先进典型选树宣传工作的通知》《关于先进典型推荐选树工作实施办法（试行）》等文件，细化各类典型的选树标注、报送机制、选树方式、审批程序以及会商机制。加强先进典型宣传，评选出20名2022年度“最美退役军人”，常态化学习宣传“时代楷模”张富清、北疆楷模任明德、阿迪雅及模范退役军人、最美退役军人先进事迹，发挥先进典型示范引领作用。

【全民国防教育】 2022年4月12日，自治区党委下发《关于成立自治区全民国防教育工作领导小组的通知》，加强对自治区全民国防教育工作的组织领导，由自治区党委书记任组长，自治区党委常委、宣传部部长，内蒙古军区政治委员任副组长，27家相关单位主要负责人为成员，领导小组下设办公室，各盟市、旗县（市、区）参照自治区领导小组构成，相继成立盟市、旗县全民国防教育工作领导小组。印发《内蒙古自治区党委全民国防教育工作领导小组工作规则》《内蒙古自治区党委全民国防教育工作领导小组办公室工作细则》等配套制度和工作安排，制定出台《全民国防教育“十四五”规划纲要》。

（高 宇）

经济管理

宏观经济调控

【统筹疫情防控与经济社会发展】2022年，由自治区发展和改革委牵头的物资保障组紧盯疫情重点地区、重点企业，着力抓好生活必需品保供稳价，协调解决突出问题，牵头制定《推动复工复产复商复市若干政策》，确保重点企业不停摆，保持经济企稳向好的发展态势。先后制定稳经济40条配套政策、21条接续政策，推出优化营商环境181条、产业高质量发展130条、奶业振兴9条及服务业全产业链政策包等，形成《内蒙古国家“双碳”转型改革试验区实施方案》和12项分课题研究报告。

【固定资产投资】2022年，内蒙古自治区全社会固定资产投资比2021年增长16.8%。固定资产投资（不含农户）增长17.6%。在固定资产投资（不含农户）中，分区域看，东部地区投资比2021年增长12.7%，中部地区投资增长19.1%，西部地区投资增长26.2%。在固定资产投资（不含农户）中，第一产业投资增长13.6%，第二产业投资增长44.8%，第三产业投资下降4.3%。民间固定资产投资比2021年增长16.8%，占固定资产投资（不含农户）的比率为54.0%。基础设施投资比2021年增长35.3%。按项目隶属关系分，地方项目投资比2021年增长13.6%，中央项目投资增长57.5%。全年房地产开发投资978.3亿元，比2021年下降20.7%。其中，住宅投资771.0亿元，下降20.6%；办公楼投资7.4亿元，下降6.3%；商业营业用房投资80.0亿元，下降26.1%。商品房销售面积1380.5万平方米，下降25.7%；商品房销售额868.0亿元，下降28.5%。

【规划管理】2022年，内蒙古自治区完成“十四五”规划《纲要》实施2021年度监测报告。加强规划“1+N+X”清单管理（自治区“十四五”规划编制目录清单分为“1+N+X”三部分100项，“1”即自治区“十四五”发展规划纲要，受自治区人民政府委托，由发展改革部门牵头编制，提请自治区人大审议公布；“N”类44项，即经自治区人民政府审批的规划，主要包括落实国家及自治区重大战略、重大生产力布局、综合基础设施等重点领域、关键环节的综合性规划，特别是需要跨区域、多部门共同组织实施的全局性规划。由相关部门组织编制，与发展和改革委衔接后，联合报自治区人民政府审批实施；“X”类55项，即自治区部门编制和印发的规划，该类规划以保基本、补短板、促改革、强动力为主要原则，侧重特定领域、重点行业，需要集中解决的重点难点问题。由自治区有关部门编制，经与发展改革部门衔接、备案后，由规划编制部门或者联合相关部门印发实施），对“1+N+X”规划编制目录清单动态调整2次，清单内100项已经印发99项。

【经济体制改革】2022年，自治区发展和改革委4项改革任务（制定加快服务和融入新发展格局实施意见；制定加快数字经济发展的若干政策；深化“放管服”改革，制定自治区以更优营商环境服务市场主体行动方案，持续优化营商环境；制定关于改革完善体制机制加强战略和应急物资储备安全管理的实施意见）全部完成。会同相关部门制定《内蒙古自治区贯彻落实〈关于加快推进全国统一大市场建设的意见〉具体工作举措》；稳妥推进培训疗养机构改革，9家国有企业培训疗养机构基本完成改革，21家事业单位培训疗养机构改革按计划推进。

【重点项目建设】2022年，内蒙古政府投资5000万元以上、企业投资亿元以上重大项目已开复工项目3343个，年内完成建设投资6336亿元，比2021年同期多1678亿元；10亿元及以上施工项目投资增势明显，完成投资比2021年增长48.9%，占全区投资的46.5%，较2021年提高9.8个百分点，12个盟市均完成年初确定的争取完成建设投资目标。自治区聚焦国家"十四五"规划102项重大工程和自治区459项重大工程项目，加大项目谋划储备力度，提早谋划储备下一年以及"十四五"实施项目，夯实"十四五"后三年稳投资基础。

【新旧动能转换】2022年，自治区着力推动新旧动能转换，在夯实数字经济发展基础、培育战略性新兴产业、推动本级政务信息化建设和搭建高技术创新创业平台等进行多方探索。夯实数字发展基础方面，自治区发展和改革委牵头起草《自治区本级政务信息化项目暂行管理办法》《自治区关于加快数字经济发展的若干政策》。推动全国一体化算力网络国家枢纽内蒙古节点建设。建立自治区算力网络国家枢纽节点建设厅际联系会议制度，统筹推进自治区"国家枢纽节点"相关工作。对接国家发展和改革委，2022年争取全国一体化大数据中心协同创新体系示范工程中央预算内投资8300万元。培育战略性新兴产业方面，截至2022年底，自治区发展和改革委会同自治区财政厅，培育和支持符合自治区产业实际的新能源、新材料、现代装备制造、节能环保、大数据云计算、生物医药及碳达峰、碳中和等战略性新兴产业及符合自治区数字产业化和产业数字化发展方向的441个项目建设。推动本级政务信息化建设方面，完成信创项目验收、推动政务资源共享等工作，推动本级政务信息化进程。搭建高技术创新创业平台方面，成功举办2022年全国大众创业万众创新活动周内蒙古分会场活动。认定自治区级工程研究中心13家。

【经济运行监测】2022年，自治区发展和改革委按季度分析经济走势趋势，及时做好经济形势监测分析和预判，定期向自治区党委、政府提供经济形势分析报告，完成一季度、上半年、前三季度和全年自治区经济形势分析报告。

【黄河流域生态保护和高质量发展】2022年，内蒙古自治区公开发布自治区黄河流域生态保护和高质量发展规划，印发《自治区"十四五"黄河流域生态保护和高质量发展实施方案》和2022年重点工作安排，争取中央预算内资金4.7亿元支持11个重大项目建设。加快推动黄河流域生态环境整改，整改警示片中31个问题完成整改22个，《中办回访调研报告》中14个问题完成整改12个，自治区暗访片中22个问题完成整改16个。针对未完成整改问题单列台账，按月调度进展，赴部分沿黄盟市实地调研督导，会同沿黄盟市和相关部门加快推动整改工作。

（苏力德）

【民生保障】2022年，内蒙古自治区巩固拓展脱贫攻坚成果，20.6万名脱贫人口和监测对象实现务工就业；实施就业扩容提质工程，城镇新增就业20.5万人；实施棚户区改造10159套，城镇老旧小区改造开工率102%，农村牧区危房改造开工率100.2%。

【营商环境优化】2022年，自治区推进"放管服"改革，出台《优化营商环境服务市场主体工作方案》，40项行政事项全部入驻自治区本级政务服务大厅，实现"一窗受理"。区域评估效果显现，完成节能评价、水资源论证、环境影响评价等10个方面646个评估事项，推动评估成果互认共享、免费使用，节省企业前期费约1.1亿元。产融合作，先后六批次向金融机构推介项目，帮助560户企业落实贷款318.4亿元，争取国家制造业优惠贷款支持，21个项目获得国家开发银行优惠信贷授信金额61.6亿元。

（杜勇锋　李　媛　佟成元）

自然资源管理

【国土空间规划编制】2022年，内蒙古自治区完成自治区、盟市、旗县、苏木乡镇四级国土空间规划编制。自治区“三山一弯，两带十区，一核双星多点”的国土空间保护开发总体布局基本形成。全区8600个应编规划村庄全部完成规划编制，15个国家和自治区乡村振兴重点帮扶旗县率先完成村庄规划编制任务。

【国土空间用途管制】 2022年，内蒙古自治区自然资源厅（以下简称自治区自然资源厅）印发《关于贯彻落实稳中求进高质量发展着力做好用地保障工作的通知》。全区批准建设项目用地3.19万公顷；供应国有建设用地4.7万公顷，比2021年增长62.25%。全区3289个重大项目涉及办理用地手续2113个，取得用地手续1982个，办结率94%。自治区261个清洁能源项目，涉及办理用地手续231个，办结183个。办理煤矿项目用地手续12个，面积9185.37公顷，能源（油田）项目1个、179.68公顷。

2022年，实施增减挂钩项目63个、总规模2266.67公顷。其中，自治区内项目8个、1033.33公顷，跨省调剂项目55个、1233.33公顷。自治区累计开展指标交易840公顷、交易金额10.21亿元；与广东省达成跨省调剂协议，确定调剂节余指标492.27公顷、涉及金额22.15亿元。完成年度确定的860公顷城乡建设用地增减挂钩目标任务。

【“三区三线”划定】 贯彻落实国务院“三区三线”会议精神，内蒙古自治区于2022年5月启动“三区三线”（“三区”指生态空间区、农业空间区、城镇空间区，三线指永久基本农田控制线、生态保护红线、城镇开发边界线）划定工作。自治区政府印发“三区三线”划定工作方案，成立由自治区主席王莉霞任组长的工作领导小组。自治区主要领导、分管领导多次作出指示批示，五次召开会议研究听取划定情况。自然资源厅成立耕地和永久基本农田、生态保护红线、城镇开发边界3个技术审核专班和12个审核小组对各盟市划定成果进行审核。自治区“三区三线”划定成果经自治区政府常务会审议通过后于2022年8月11日上报国务院。10月21日，自然资源部反馈内蒙古自治区“三区三线”划定成果符合国家要求并立即启用。自治区自然资源厅向各盟市自然资源局下发《关于启用“三区三线”划定成果的通知》，要求各地区立即将“三区三线”作为建设项目用地组卷报批的依据。贯彻落实自治区党委、政府《关于深化土地综合整治促进高质量发展的指导意见》要求，及时划定“十四五”期间城镇开发边界管控线，于2022年8月8日启用，作为“十四五”期间审核各地区新增城镇建设用地的依据，“十四五”期间不得突破。

【地质勘查】 2022年，自治区自然资源厅制定印发《内蒙古自治区地质勘查基金项目招标投标实施办法》，安排地质勘查基金项目196个，总投资3.63亿元。完成74个地质勘查基金项目设计、年度工作方案审查及37个项目成果报告评审。11月，印发《内蒙古自治区战略性矿产找矿行动“十四五”方案》。

【资源开发利用】 2022年，自治区自然资源厅印发《关于深化土地综合整治加强土地资源节约集约利用的实施细则》，开展批而未供、闲置土地大起底工作，全区消化批而未供土地8880公顷，完成2022年度消化任务（6800公顷）的130.57%；处置闲置土地5166.67公顷，完成年度处置任务（2133.33公顷）的242.18%。乌兰察布市、赤峰市、鄂尔多斯市、兴安盟2022年度批而未供消化任务超过本盟市年度消化任务的160%；乌海市、赤峰市、乌兰察布市、包头市2022年度闲置土地处置任务超过本盟市年度处置任务的300%。按要求报送10个旗县开展农村集体经营性建设用地入市试点工作。印发《内蒙古自治区自然资源厅关于统计农村集体经营性建设用地的通知》，摸底统计本地区现有农村集体经营性建设用地。组织开展开发区土地集约利用评价有关工作。完成鄂尔多斯综合保税区面积核减用地审核上报工作。

【矿产资源管理】 2022年，自治区矿产资源总体规划通过自然资源部审查，8月19日由自治区人民政府印发实施。盟市矿产资源总体规划完成审查批复，旗县矿产资源总体规划审查批复率70%，完成6个盟市的旗县矿产资源总体规划审查。审查规划数据库，建成全区矿产资源规划数据库。印发《内蒙古自治区自然资源厅关于规范矿产资源总体规划调整工作的通知》，明确自治区、盟市和旗县三级矿产资源总体规划调整情形、规划调整报批程序。印发《关于优化矿产资源储量评审备案工作流程的通知》，将自治区本级矿产资源储量报告评审备案时限由原60个工作日压减至25－40个工作日完成，实现评审备案材料接收、审核签发和结果反馈等所有环节全程网办。全年完成评审项目159个，完成备案项目140个。印发《关于进一步做好矿产资源储量管理工作的通知》，对矿山资源储量填报提出要求，实测井工开采重点矿山、重点矿种储量动用情况，组织技术单位分析矿山储量动用情况。

【矿业权登记管理】 2022年5月30日，内蒙古自治区自然资源厅印发《关于印发全区自然资源系统矿业权登记三级权责清单的通知》《关于进一步规范矿业权延续、保留、注销等登记事项的通知》《关于采矿许可证证载生产规模更新事宜的通知》，厘清自治区、盟市、旗县权责，规范、明确矿业权登记管理相关事项，解决采矿权人相关诉求。印发通知，对非煤矿山开发利用管理提出管控要求，规范非煤矿产资源开发秩序。明确矿业权出让收益处置原则，调研相邻省区关于支持煤化工产业发展相关政策，提出支持煤化工企业原煤供应5条意见建议。调查研究煤炭边角资源开发利用政策，梳理统计全区煤炭边角区块情况，研究拟定《关于进一步规范全区煤炭边角资源出让登记管理的通知》。矿业权报件报自治区自然资源厅后13个工作日内完成变更登记，完成8宗矿业权人名称事项变更登记。对全区煤炭资源储量情况分类进行梳理，完成7宗探矿权增列煤层气勘查矿种手续办理。印发实施《内蒙古自治区盘活矿业权工作方案》，建立“全区过期数据清理及已完成缴费义务矿业权数据核查处置台账”，清理登记信息及发布系统数据2952条。下达稀土开采控制指标14.165万吨、钨矿开采控制指标2000吨。把涉及矿业权登记业务全部归集到电子政务审批系统，实现同类事项同一平台在线办理。印发《关于做好2022年矿业权人勘查开采信息公示工作的通知》，随机抽取2022年矿业权人勘查开采信息公示抽查矿业权名单，抽取矿业权271宗。其中，由盟市自然资源局进行实地核查矿业权221宗；厅本级专项抽查矿业权50宗。完成专项抽查工作，列入异常名录12宗。

【地质资料汇交监督管理】 2022年，自治区自然资源厅完成验收、入库各类地质资料362档23724件，接收、验收原始地质资料219档23015件，向全国地质资料馆转送地质资料88档9690件、原始资料63档1.08万件。自治区馆藏成果地质资料总量18940档927735件。累计接收验收保管各类地质工作项目原始地质资料电子数据2872档286527件。地质资料信息管理服务系统内有各类地质工作项目44893个。配合自然资源部开展矿产资源合理开发利用“三率”（一般指固体非能源综合利用过程中开采回采率、选矿回收率、矿产资源综合利用率等）标准研究，提交《稀土、油砂、水晶、冰洲石、电气石、天然碱、麦饭石、玛瑙、粗面岩矿产资源合理开发利用“三率”标准研究报告》《内蒙古自治区自然资源厅关于推荐矿产资源节约和综合利用先进适用技术的函》。

【自然资源调查监测】 2022年，自治区自然资源厅完成2021年度全区103个旗县数据成果全部汇交国家；103个旗县2021年度国土变更“三上”成果全部通过国家核查，“三上”数据汇总分析工作同步开展。2022年度城市国土空间监测工作在呼和浩特市、包头市和乌兰浩特市先行开展。自治区印发工作方案，开展视频培训，收集相关部门数据并开展监测工作。

【地下水监测】 2022年，全区12个盟市建立地下水监测区，定期开展地下水监测网的运行维护和取样调查，掌握监测区内地下水水位、水质、水温的动态变化规律。自治区有国家级地下水监测站点500个，全部实现自动监测。自治区级各类监测井1235眼，其中565眼实现自动监测，监测面积14629.32平方千米。

【第三次国土调查检查验收】2022年，自治区自然资源厅对全区12个盟市、103个旗县的第三次国土调查成果进行实地检查验收。全区12个盟市、103个旗县均发布第三次国土调查主要数据成果，8个盟市通过自治区第三次国土调查检查验收。6个单位和部门获得“第三次全国国土调查先进集体”称号，6人被授予“第三次全国国土调查先进个人”称号。

【自然资源管理信息化】 2022年，自治区测绘院获得自治区重点研发和成果转化项目立项2项，3个项目获得中央引导地方科技发展资金支持。内蒙古自然博物馆通过“2022年度内蒙古自治区国际科技合作基地”认定。通过科普入馆、科普进校、科普下乡、云端科普4种方式，服务全区中小学生及学龄前儿童6.7万人，开展科普课程600余节。“绿色勘查技术标准”等14项标准列入2022年自治区地方标准制修订项目计划。

2022年，建设完成自然资源内蒙古卫星应用中心，上线运行“北疆云遥”系统，提供数据接收、处理、分发和应用服务，开通账户659个，累计提供65983景的卫星影像原始数据，覆盖面积1758.11万平方千米。开通兴安盟卫星数据常态化推送服务。

【不动产登记】 2022年，全区不动产登记依托一体化政务平台，打通网上缴费、缴税通道，实行不动产登记、房屋交易、缴税“一窗受理、并行办理”，103个旗县实现网上缴税、缴费。全区一般登记和抵押登记办理时限压缩至5个工作日内办结。探索在公积金窗口同步申请不动产抵押登记，全区65个旗县在公积金窗口设立登记端口或办理网点，盟市本级实现公积金窗口同步申请不动产抵押登记；75个旗县在银行开放登记端口或办理网点。全区所有旗县实现实体证照和电子证照同步生成，并汇聚自治区电子证照库。与9个部门联合印发《关于启用不动产登记电子证照有关事宜的通知》，不动产登记电子证照共享应用范围不断扩大。2022年，印发《推进新建商品房“交房即交证”试点方案》，持续推进房地产历史遗留“办证难”问题化解。全区盟市本级开展“交房即交证”试点工作，鄂尔多斯市、通辽市全域整体推进。52个旗县72个项目实现新建商品房“交房即交证”，颁发证书11743本。完成2020年、2021年自治区本级开展的26个自然资源确权登记主体工作项目。

推进2022年自治区本级开展的20个自然公园、7条河流、3个国有林区自然资源确权登记工作。

【测绘管理】 2022年，自治区测绘院完成5个高精度实景三维高分辨率影像数据制作技术路线方法研究试点项目1：500建模单元14个、1：10000建模单元1090个、1：2000建模单元4500个、1：10000正射影像1090幅、1：2000正射影像4500幅、1：2000数字高程模型4500幅的检查验收工作。2022年7月，中标内蒙古自治区测绘地理信息中心自然资源调查监测体系建设（航空和倾斜摄影制作高精度实景三维高分辨影像）项目成果质量评价项目。对项目12个标段生产单位提交的7类项目各类成果开展质量评价工作，同时对项目监理单位的监理工作进行质量评价。2022年9月，中标自然资源调查监测体系建设（卫星遥感影像制作高精度实景三维高分辨影像）项目检查验收。对乌海市、巴彦淖尔市、鄂尔多斯市、包头市、呼和浩特市、乌兰察布市、锡林郭勒盟、赤峰市、通辽市9盟市约60万平方千米的控制测量成果、DEM数据成果、DOM数据成果开展检查验收工作。完成18个基础测绘项目C级GPS控制点280个、二等水准测量224个测段、三等水准测量142个测段、1：1000地形图16.6平方千米、1：10000 3D成果4241幅、1：10000地形图更新210幅、1：10000基础测绘入库数据5151幅的检查验收工作。2022年12月，中标2022年内蒙古自治区基础测绘项目验收项目，开展对2022年需要质检的基础测绘项目苏尼特右旗和阿巴嘎旗914幅1：10000比例尺DEM、DOM、DLG核心要素测制；西乌珠穆沁旗489幅1：10000比例尺DEM、DOM、DLG核心要素测制；四子王旗和察哈尔右翼中旗900幅1：10000比例尺DEM、DOM、DLG核心要素测制；阿拉善左旗210幅、苏尼特右旗291幅、科尔沁右翼前旗82幅、新巴尔虎右旗282幅、鄂温克族自治旗135幅、鄂伦春自治旗374幅、根河市570幅共1944幅1：10000比例尺DEM、DOM、DLG全要素测制项目；乌拉特前旗、磴口县和乌拉特后旗759幅1：10000比例尺数字高程模型（DEM）、数字正射影像图（DOM）、数字线划地图（DLG）核心要素测制等项目的检查验收工作。2022年，完成2个委托验收项目，蒙西高新技术工业园区1：1000地形图288幅，内蒙古卫星应用技术中心兴安盟分中心建设兴安盟科尔沁右翼前旗、科尔沁右翼中旗2022年5月高分辨率影像制作项目中的科尔沁右翼前旗高分辨率正射影像29555平方千米的检查验收工作。2022年5月，中标岱海水下地形测绘及现代大地测量基准建设项目测绘工程验收项目。正在开展岱海水深图及水下地形图50平方千米、岱海及周边数字正射影像（DOM）150平方千米、岱海及周边数字高程模型（DEM）100平方千米；现代大地测量基准建设项目：二等水准测量300千米、三等水准测量3400千米测绘成果的检查验收工作。

【测绘基准体系建设】 2022年，内蒙古投入资金约1312.39万元，优化维护自治区157个基准站。实施完成自治区中西部地区4200千米三等水准测量项目、岱海约51.8平方千米水下地形测量及周边32.5平方千米地形测量项目，完成设置黄河上中游地理标志、黄河至北端测绘项目，完成卫星导航定位基准服务运行维护项目。

【测绘基础地理信息】 2022年，内蒙古自治区安排1:10000地形图测绘5006幅，约12万平方千米，投入3864.48万元。截至2022年底，安排自治区1:10000地形图35096幅，约81.04万平方千米，占全国土地面积的68.5%。北斗卫星导航定位基站实现12个盟市全覆盖。自治区"多测合一"信息平台实现与自治区"蒙速办"平台、工改系统、不动产登记系统互联互通。完成全区范围道路、铁路、居民点、地名地址及兴趣点等核心数据和影像数据的数据更新。完成鄂尔多斯城市840平方千米大比例尺数据更新。完成地理信息公共服务平台（天地图·内蒙古）年度更新；不断缩短"内蒙古一号"重访周期，实现"横向到边 纵向到底"。投入400万元，完成自治区地图、盟市图册（地图）、盟市地质灾害分布图、呼和浩特市疫情防控工作用图、二十四节气文图、呼和浩特市街区图、《内蒙古黄河流域工作用图》、《内蒙古长城分布图》等地图产品的编制任务。完成应急设备日常更新维护、应急三维地理信息指挥系统更新维护和重点区域应急数据获取及应急数据库更新，开展3次应急演练。

【测绘成果资料管理】 2022年，自治区测绘院完成2万张纸质航片的数字化扫描工作（航片总数84057张）。投入245万元，开展基础地理信息分发服务系统的功能完善和升级维护，增加数字水印及安全控制软件。投入60万元，优化数据成果档案借阅、归还、销毁等功能，建立档案借阅信息台账。

【执法督察】 2022年，自治区启动农村乱占耕地建房专项整治试点工作，印发试点实施方案，开展社会稳定风险评估，制定风险应对预案。开展违法违规用地专项清理整治"回头看"，将历年例行督察、2021年耕地保护督察、卫片执法、黄河流域违法等近5年的违法用地问题纳入整治范围。印发《关于加强深化巩固违建别墅问题清查整治专项行动有关工作的通知》，深化巩固违建别墅清查整治工作。开展违法违规占用耕地重点问题整治，排查违法违规占用耕地四类重点问题1225个。开展草原林地专项整治，排查线索10869个，完成自然资源领域问题整治177个。打击盗采矿产资源违法活动和矿山违法违规生产建设行为，立案查处违法采矿案件113件。开展黄河流域非法采矿破坏生态问题冬季专项整治行动，查处非法采矿案件14起。开展环保督察越界开采违法违规整治，纳入问题整改台账181个，立案查处案件70起，累计回填土方量8200万立方米。建立全区自然资源执法综合督察系统，按照国家、自治区部署的多个重大专项行动划分信息模块，构建遥感图斑"一张网"，建立矢量数据运行库。强化"数字赋能"，推广"空天地"一体化自然资源督察系统应用。购置4台无人机、高精度移动站和移动图形工作站，利用信息手段审核各类违法线索图斑16万个。联合多部门开展联合督导和专项督察，查处重点案件8起。对整改进度缓慢的10个旗县（区）采取限制新增建设用地农用地转用和土地征收审批措施，跟踪推进历年督察"挂账"问题整改。

（陈喜良　乔恒暄）

公共资源交易管理

【概况】 2022年，全区各级公共资源交易管理服务机构完成公共资源交易项目26185宗、电子卖场项目132306宗，实现交易总额2454.88亿元，交易项目数量和交易总额较2021年分别增长141.41%和49.89%。其中，全区12个盟市公共资源交易管理服务机构完成公共资源交易项目19858宗、电子卖场项目108313宗，实现交易总额2184.96亿元，交易项目数量和交易总额较2021年分别增长111.38%和55.32%；自治区本级公共资源交易中心完成公共资源交易项目6327宗、电子卖场项目23993宗，实现交易总额269.92亿元，较2021年分别增长102.71%和45.96%。全区公共资源交易项目数量和交易金额均实现稳步增长。2021—2022年，公共资源交易中心交易服务大厅青年集体被自治区团委授予“青年文明号”称号。

【公共资源交易环境优化】2022年，自治区政府办公厅印发《内蒙古自治区公共资源交易管理办法》，为新形势下做好全区公共资源交易工作提供制度保障。自治区公共资源交易中心组织申报2023年自治区政府规章立法计划审议项目，争取以政府规章形式出台《内蒙古自治区公共资源交易管理办法》，填补自治区公共资源交易领域地方立法空白。印发《内蒙古自治区工程建设项目远程异地评标工作规程（2022版）》，推动自治区工程建设项目实现远程异地评标常态化和规则标准化。出台《内蒙古自治区政采商城电子卖场运营规则》《内蒙古自治区政采商城电子卖场交易纠纷处理规则》、《内蒙古自治区政采商城电子卖场评价规则》等电子卖场运营制度规则，指导全区电子卖场的监管运营。邀请国内知名专家在通辽市就招标投标营商环境工作，培训全区12个盟市公共资源交易机构相关工作人员。完善全链条金融服务，降低企业投标成本，缓解企业资金压力。畅通社会监督渠道，发挥社会监督作用，建立公共资源交易阳光平台。

【“一体化”综合电子交易系统】2022年，自治区公共资源交易中心深化“互联网+公共资源交易服务”改革，通过开发建设“一体化”综合电子交易系统，推进完成各类公共资源交易项目实现“网上办”“一次办”，巩固提升开标不见面和评标智能化水平。2022年，自治区公共资源交易中心开发建设公共资源交易平台一体化整合及大数据应用系统，推动将一体化公共资源交易平台建设纳入自治区数字政府建设三年行动计划。

【政府采购远程异地评标】2022年，全区累计开展区内远程异地评标项目869宗，区内远程异地评标1993场次。2022年新冠疫情期间，创新开展政府采购远程异地评标，累计完成30个政府采购远程异地评标项目。自治区本级公共资源交易中心与陕西、山西等11个省级公共资源交易中心共同签署黄河流域高质量发展公共资源交易省际合作远程异地评标和政府采购网上商城数据共享协议，加入跨区域远程异地评标省际合作平台，拓展实现多地行业领域间的场所资源和数据信息的互联共享。2022年，全区完成跨省域远程异地评标项目93宗。

【综合评标评审专家库建设】2022年，自治区公共资源交易中心建设完成全区统一综合评标评审专家库系统，实现自治区、盟市、旗县三级统管和面向社会公开征集专家及专家动态管理等系统建设目标，推动全区专家资源实现互联共享。

【主体信用信息库系统建设】2022年，自治区公共资源交易中心建设完成主体信用信息库系统，市场主体的主体信息、业绩信息实现在线登记，并在全区公共资源交易平台范围内共享互认。

【综合调度平台及业务应用系统立项】2022年，自治区公共资源交易中心成功立项自治区公共资源交易综合调度平台及业务应用系统建设项目，为全区工程项目招投标“一张网”建设奠定平台基础。

（叶　超）

国有资产监督管理

【概况】2022年，自治区国资委监管企业资产总额8925.1亿元，比2021年增长7.9%；完成营业收入2709.9亿元，比2021年增长2.5%，实现利润总额65.9亿元。金山二期、上海庙电厂和“引绰济辽”、呼和浩特新机场快速路等重大项目加快建设。开展11宗探矿权、90亿吨煤炭资源转股工作，加快清收整合煤炭资源。“2022中国企业500强”榜单中，包头钢铁集团位列203名、内蒙古电力集团位列255名。“2022中国制造业企业500强”榜单中，包头钢铁集团位列95名。“2022中国服务业企业500强”榜单中，内蒙古电力集团位列95位、内蒙古公路交通投资发展有限公司位列333位。“2022中国大企业创新100强”榜单中，包头钢铁集团位列85名。

“2022 中国战略性新兴产业领军企业 100 强”榜单中，包头钢铁集团位列 14 名。2022 年，在《中央企业社会责任蓝皮书（2022）》首次发布的“地方国企社会责任・先锋 100 指数”中，包钢集团位列第六位，内蒙古电力集团位列第八位。包钢集团、内蒙古电力集团、内蒙古对外贸易发展有限责任公司 3 家监管企业的履责案例入选“地方国企社会责任优秀案例”。

【国资国企改革】 2022 年，自治区国资委组织开展三年行动“百日攻坚”，完成 80 项改革任务，在国家评估中取得良好成绩。中国特色现代企业制度不断健全完善，“党建入章”实现全覆盖，各级企业实现董事会应建尽建、外部董事占多数。全面推行任期制契约化管理。管理人员竞争上岗率和末等调整比例达到 60.8%、8.4%，新进员工全部公开招聘。“三供一业”分离移交等历史性难题基本解决，重点亏损子企业、“两非两资”企业完成治理任务，独立核算企业亏损面由 30.4% 降至 24.7%。推动盟市加快重组整合，一级企业数量由 290 家减少至 81 家。

【国有资本战略性调整】 2022 年，自治区国资委持续推动两类公司试点工作，完善国有资本授权经营体制。推进新能源运维、文旅、数字经济发展、国贸、现代农工商集团等新领域国企组建工作，指导水利勘查设计院事转企工作，增强国有资本引领带动能力。推动高路公司、公路公司和地矿、有色煤集团改革重组，将储备粮、基本建设、恒基审图等公司股权集中划转国有资本运营公司持有，指导国资运营，完成蒙粮公司增资重组和基建投资公司债转股、增资工作，完成电力集团所属新能源项目划转蒙能集团事宜，助力做强做优做大国企。推动蒙能新能源公司启动上市工作，协调电力集团开展上市培育基础工作，跟进包钢物流板块、稀土磁材、出版集团上市工作。组织召开区属国企基础设施公募 REITs 发行推进会议，为国有企业利用创新工具发行权益类产品进行服务指导，指导蒙能集团做好公募 REITs 入池资产选择工作，助力企业改善资产负债结构。指导企业对各类资产进行盘点分类，由国资公司发挥运营公司功能作用，探索促进盘活存量和改扩建有机结合、挖掘闲置低效资产价值、支持兼并重组等其他盘活方式，让国有企业存量资产发挥效能。

【国资国企监管】 2022 年，自治区国资委提升监管的针对性，权责事项由 3 张清单优化整合为“多单一表”。开展阳光采购专项行动，利用大数据监管平台建立“招采数据画像系统”等业务系统。强化合规管理、预算管理和审计监督，规范各级子企业设立程序，落实企业重大经营风险报告制度。加强专项监督，对企业违规经营投资事项开展调查并追责问责。完善《区属国有企业委托监管办法》，明确各方的权利、义务。推动盟市基本完成集中统一监管。

【内蒙古智慧运维新能源有限公司揭牌】 4 月 14 日，内蒙古智慧运维新能源有限公司成立揭牌仪式在呼和浩特举行。自治区副主席艾丽华出席，并与自治区国资委党委书记、主任许振山共同为内蒙古智慧运维新能源有限公司成立揭牌。内蒙古智慧运维新能源有限公司是内蒙古能源集团与内蒙古电力集团合资组建的国有企业。公司的成立，是自治区大力推动新能源全产业链发展、加快推进国家重要能源和战略资源基地绿色低碳转型、推动实现国家“双碳”目标的重要举措，是壮大区属能源企业的有力支撑。公司成立后，以服务自治区风、光、储、氢四大产业和推动碳交易、能源数字化、生态环境综合治理为主要目标，以扎实做好新能源项目和输变电工程运维服务为基础，组建专业化队伍，实行市场化经营，运用大数据、人工智能等信息技术，建立现代企业制度，全力打造全国数字化、智慧化新能源运维服务企业样板和享誉全国的内蒙古新能源运维品牌。

【全区国有企业“构筑云网融合新基建推进国企数字化转型”工作交流会】 2022 年 5 月 20 日，内蒙古国有企业“构筑云网融合新基建推进国企数字化转型”工作交流会在和林格尔中国电信云计算内蒙古信息园举办。会议由自治区国资委和自治区通信管理局共同主办，中国电信内蒙古分公司、中国电信天翼云科技有限公司内蒙古分公司承办。会议邀请中国电信集团研究院博士梁伟以视频方式作《抓住科技创新机遇，释放数字经济活力》的讲座，中国电信天翼云科技有限公司研发专家张翼现场作《天翼云对标世界一流 科技自立自强》的专题讲座。中国电信内蒙古分公司大数据及AI中心主任曹欣、内蒙古森工集团林业信息中心主任秦志疆分别围绕内蒙古电信IT上云、内蒙古森工集团数字化转型实践作案例分享。华为高级技术经理邵文韬针对发挥天翼云优势赋能国资央企数字化转型，用友国资服务事业部总经理余辉针对管资本模式下如何推进国资国企数智化转型作详细介绍。会上举行自治区国有企业上云启动仪式，中国电信内蒙古分公司与合作伙伴共同签署《“国有企业上云”战略合作框架协议》。

（武正帅）

财　政

【概况】2022年，自治区一般公共预算收入2824.4亿元，比2021年增长20.2%，扣除留抵退税因素后增长27%，主要是煤炭等资源能源产品量价齐升，带动财政收入大幅增长。全区一般公共预算支出5885.1亿元，比2021年增长12.3%。全区政府性基金预算收入407.7亿元，比2021年下降19.3%，主要是国有土地使用权出让收入减少。全区政府性基金预算支出680.8亿元，比2021年下降9.2%；全区国有资本经营预算收入48.5亿元，比2021年增长74.5%，其中兴安盟、赤峰市、包头市国有企业产权转让收入增加较多。全区国有资本经营预算支出7.8亿元，比2021年增长9.9%；全区社会保险基金收入2095.3亿元，比2021年增长6.3%。基金支出1937.1亿元，比2021年增长1.3%。

【减税降费】2022年，自治区落实新的组合式税费支持政策，第一时间向基层下达落实退税减税降费和重点民生等转移支付资金216亿元，对留抵退税占财力比例高、财政运行风险等级高的旗县补助比例提高到100%。支持全年办理留抵退税2.8万户、443.8亿元，新增减税降费107.9亿元，缓缴税费57.5亿元。顶格执行“六税两费”等地方权限内多项减税降费措施。

【专项债券发行】2022年，自治区扩大专项债券支持范围，在原有9个主要领域的基础上，增加新基建和新能源领域。全年累计发行新增和结存专项债278亿元，实际支出225.5亿元，支出进度81.1%，支持334个项目，总投资2611.3亿元。

【支持市场主体发展】2022年，自治区支持稳定市场主体。用足政府性融资担保政策，下达融资担保公司风险补偿资金2755万元，增强中、小、微型企业融资担保能力，更好地服务实体经济发展。降低中小企业参与政府采购门槛，全面推广电子保函替代9965万元，支持中小企业合同融资2.55亿元，

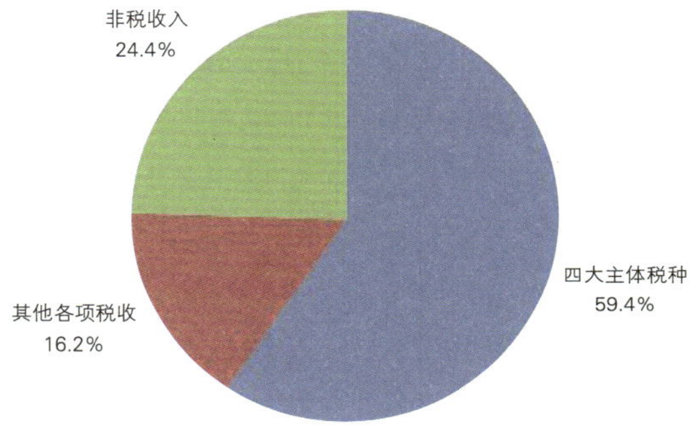

注：内蒙古“一般公共预算收入结构图”中“四大主体税种”指增值税、企业所得税、个人所得税、资源税。

图25　2022年全区一般公共预算收入结构图

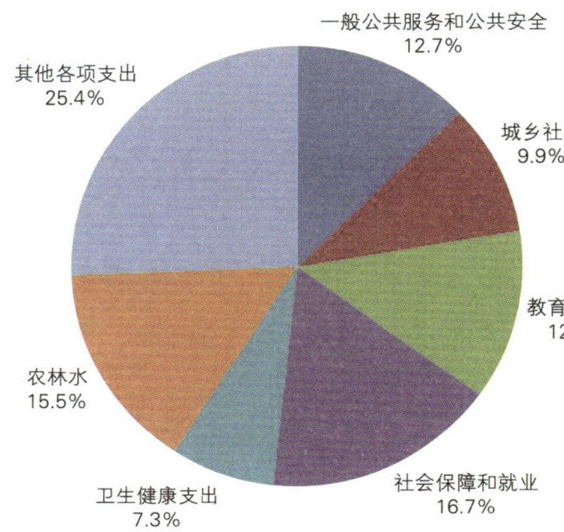

图26　2022年全区一般公共预算支出结构图

及时退还保证金14.67亿元。调整对小微企业的价格评审优惠幅度，货物和服务采购项目给予小微企业的价格扣除优惠由6%～10%提高至10%～20%。延缓缴纳17个特困行业养老等保险费13.8亿元，发放稳岗返还和就业补助资金32.3亿元，支持中小微企业纾困解难。落实保险费缓缴政策。将中小微企业、个体工商户和餐饮、零售等5个特困行业缓缴养老等3项保险费政策阶段性实施至年底，并扩围至受疫情严重冲击、行业内大面积出现企业生产经营困难、符合国家产业政策导向的其他17个特困行业。

【科技投入】 2022年，自治区支持科技自主创新，全区科技支出40.7亿元，增长15.4%。落实政府研发投入刚性增长机制，支持“三区两中心”等创新载体和平台建设。启动种业振兴和“双碳”科技创新重大示范工程，推动关键核心技术攻关。改革完善财政科研经费管理，扩大科研项目经费管理自主权，为科研人员潜心研究创造更好条件。下达专项资金2.7亿元，对高端领军人才、青年创新创业人才、产业创新创业人才团队等给予资金支持。激发企业创新活力。提高制造业企业和科技型中小企业研发费用加计扣除比例，引导企业加大研发投入。实施专精特新中小企业奖补政策，支持333家“小巨人”企业发展。推动现代产业优化升级。下达可再生能源发电补贴58.6亿元，支持风力、光伏、生物质能发电等新能源产业加快发展。下达资金15.6亿元，支持数字经济、绿色发展、科技创新、技术改造、智慧园区等963个项目建设。继续实施新能源汽车推广应用补贴政策。

【生态环境支出】 2022年，自治区推进碳达峰碳中和进程。统筹支持绿色低碳产业发展和技术研发，推动工业、交通运输等领域和钢铁、建材等行业节能减排。健全政府绿色采购标准，加强绿色低碳产品采购。创建优质人居环境。支持打好“蓝天、碧水、净土保卫战”，全区节能环保支出140.6亿元。完成冬奥会和冬残奥会期间空气质量保障工作。推动包头市、呼和浩特市、乌兰察布市、巴彦淖尔市列入国家北方地区冬季清洁取暖试点城市，争取中央资金48亿元。深入推进“一湖两海”和察汗淖尔综合治理。支持实施农业农村污染治理攻坚战行动以及危险废物专项整治三年行动。推动呼和浩特市成功入选国家第二批系统化全域推进海绵城市建设示范城市，争取中央资金11亿元。加强生态系统保护和治理。下达资金5000万元，落实黄河流域横向生态补偿机制。下达资金9.5亿元，推进山水林田湖草沙一体化保护和修复。推动呼和浩特市清水河段黄河重点生态区及包头市列入国家国土绿化试点示范项目，争取中央资金3.5亿元。

【民生保障支出】 2022年，自治区兜住基层“三保”底线。下达盟市财力性转移支付1483.9亿元，比2021年增长27%，总量和增幅均为历年最高。压减自治区本级一般性支出安排25亿元困难地区财力补助。加强“三保”预算执行监控，特别是密切关注财政运行风险较高的旗县，切实兜住县级“三保”底线。支持疫情防控。自治区本级筹集疫情防控资金62.9亿元，全力保障患者救治、疫情防控物资和重症医疗服务能力建设，加强高校学生分流返乡工作，坚持统筹专班等应急保障，提高防治人员待遇。加大对盟市、旗县特别是边境旗县疫情防控补助力度，加强重点口岸疫情闭环管理基础设施建设。提升社会保障水平，全区社会保障支出983.9亿元，增长12.5%。退休人员基本养老金、城乡居民基础养老金、城乡低保、特困人员基本生活供养等标准稳步提高。推动呼和浩特市列入国家公共就业服务能力提升示范项目，争取中央资金1亿元。财政资金支持基本住房保障。全区住房保障支出159.2亿元，支持城镇老旧小区改造1571个，发展保障性租赁住房1.3万套，发放租赁补贴惠及2.8万户，棚户区改造1万套。促进文体事业发展。全区文化旅游体育与传媒支出108.2亿元，增长0.8%。推动实施牧区“智慧广电”、戏曲进乡村等文化惠民工程，支持1400多个博物馆、图书馆等向社会免费开放。支持开展全民健身活动，保障重大体育赛事训练和参赛经费。

【财政改革】 2022年，自治区出台进一步深化预算管理制度改革的实施意见，切实加强财政资源资金统筹能力。完善常态化财政直达资金监控机制。依托预算管理一体化系统，构建“全方位、全过程、全覆盖”的预算绩效管理体系。健全财会监督体系，加强财会监督，严肃财经纪律。完善政府采购“全区一张网”，顺利实现远程异地评标。开展兜牢“三保”底线、落实减税降费等7个领域财经秩序专项整治，提升财政治理效能。支持国有企业改革，推动国有企业做优做大做强。沉淀资金大起底。各级缴回沉淀资金64.6亿元，撤销银行账户2547个，实现沉淀资金100%应缴尽缴、多余账户100%应撤尽撤、盘活资金100%应支尽支。盘活资金主要用于解决偿还民营企业欠款、以前年度高标准农田建设资金缺口、化解地方隐性债务等历史遗留问题。

【债券发行使用】 2022年，自治区共发行政府券1381.8亿元。发行新增专项债券278亿元，重点支持国家、自治区确定和支持的铁路、政府收费公路、奶业振兴、产业园区基础设施建设等领域。发行新增一般债券263.6亿元支持自治区重大民生项目建设、生态环境保护及市政基础设施建设。发行再融资债券840.2亿元偿还历年到期债券，缓解到期债券的偿还压力，拉长债务期限，降低融资成本。

【专项债券项目库建设】 2022年，自治区按照“资金跟项目走”“项目跟着规划走”的原则，做大做实做细专项债券项目库建设，做好项目前期准备工作，提高项目成熟度，常态化滚动储备项目，健全“纵向到底、横向到边”的项目储备机制。全年共储备项目2020个，审核通过1347个，通过率67%。

【政府债务化解】 2022年，自治区推进“四个一批”化债举措，助力基层化解政府隐性债务。清零一批，制定《政府隐性债务“清零一批”工作方案及实施细则》，推动3个旗区隐性债务清零，发挥先进典型的示范带动作用。置换一批，密切关注、积极对接国家化解隐性债务试点政策，努力将更多高风险地区纳入支持范围。贴息一批，为49个债务高风险旗县贴息42.1亿元，专项用于政府性债务付息支出。制定《自治区“统贷分还”公路债务化解方案》，将6个盟市本级负担的具有跨区域公益性特点的“统贷分还”公路项目债务171.9亿元上划自治区本级管理。2022年底全区政府债务余额9339.8亿元。其中，一般债务余额6584.9亿元，占71%；专项债务余额2754.9亿元，占29%。地方政府债务余额控制在财政部下达债务余额限额内。

【财政绩效化管理】 2022年，自治区完善绩效制度体系，通过专题培训推动预算绩效管理理念入党校、进部门、下单位。2022年，通过制定党委政府、财政部门、审计部门、预算部门4张清单90项具体任务，选择9个盟市43个旗县同步进行试点，实施“任务清单”精准管控。围绕预算绩效管理的主要内容和各个环节，推动建成“1+3+N”制度体系（“1”是指出台1个宏观指导文件，即《实施意见》；“3”是指制定事前、事中、事后3个管理办法，“N”是指完善若干配套规定）。在征集自治区本级和相关盟市300家部门项目的基础上，按照“一个部门一套指标体系”“一个项目一套指标内容”的原则，形成内蒙古预算绩效指标标准体系汇编。2022年1月1日，依托预算管理一体化系统建设的内蒙古自治区预算绩效管理模块在自治区、盟市、旗县三级同步上线运行，全区预算绩效管理业务实现全流程信息化。强化事前绩效评估工作机制，从源头把控财政支出规模、投向和效能。创新入库项目绩效目标多方联审模式，组织自治区本级各部门预算编制人员和第三方机构人员现场联动审核，做到发现问题及时反馈、及时纠正、及时调整预算，及时提高绩效目标评审的适时性、前瞻性和完整性。自治区本级连续6年开展绩效目标审核，连续5年实现“四同步”，并将目标编审范围延伸至部门整体支出以及所有对下专项转移支付预算。实施绩效跟踪监控。选择重点项目开展重点监控。不断扩大评价范围，拓宽预算绩效评价工作的广度。优先选取社会关注度高的重点领域、重大政策和项目开展绩效评价，以点带面，推动优化政策设计和改进预算项目管理。自治区本级连续第7年开展财政重点评价，2022年评价金额576.1亿元，累计评价金额1270.6亿元。

【财政监督】 2022年，自治区开展全区地方财经秩序专项整治、粮食购销领域腐败专项检查、财政收入虚假问题专项整治、国有资产出租出借情况核查等工作，覆盖预算管理、会计管理、政府采购管理、资产管理等各方面。其中，在全区重点财务风险排查和限制封存物资清理工作中，清理闲置物资9.3万件，收回财政存量资金25.8亿元。对会计评估行业超出胜任能力执业、挂名执业等行为开展专项整治，对涉及人民群众投诉举报、扰乱行业秩序的会计评估机构加大检查力度，累计处罚会计师事务所19家、资产评估机构6家，处罚注册会计师41人、资产评估师13人。在2022年会计信息质量检查中，处罚代理记账机构72家、企事业单位11家，行政警告11人。

【行业监管】2022年，内蒙古自治区持续开展超胜任能力检查和注册会计师挂名执业行为整治等专项行动，对执业质量存在严重缺陷的4家会计师事务所及其9名注册会计师给予自律惩戒，注销注册会计师50人。根据财政部要求，推进统一监管平台于2022年10月1日正式上线运行。全年，自治区会计师事务所出具审计、鉴证报告等约3.5万份。

（闫海城）

税　务

【概况】2022年，国家税务总局内蒙古自治区税务局（以下简称内蒙古自治区税务局）实行国家税务总局管理为主、内蒙古自治区党委和政府双重领导的管理体制。内蒙古自治区税务局在全国税务系统绩效考核中排名全国第14，取得历史最好成绩，连续两年提升幅度全国第一；纳税人满意度评价排名全国第17，提升幅度全国第二；获得国家税务总局党委和内蒙古自治区党委政府领导肯定批示91次。

【税费收入】2022年，全区完成各项税费收入5683.4亿元，比2021年增长16.1%。其中税收收入完成3752.7亿元，比2021年增长24.1%，增速全国第2名，总量全国第18名；完成一般公共预算收入2368.8亿元，比2021年增长22%，占全区一般公共预算收入的83.9%。

【社会保险费和非税收入管理】2022年，内蒙古自治区税务局推动全部旗县局完成城乡居民“统模式”工作任务，全区城乡居民基本养老保险费、基本医疗保险费实现缴费人自行申报缴费。开展划转准备，森林植被恢复费、草原植被恢复费划转税务部门征收。推进社会保险费非税收入征管廉政风险试点工作，初步形成“制防、技防、人防”防控模式。全年组织社会保险费和非税收入2053.1亿元，比2021年增长4.4%，占税费收入比重36.1%。

【所得税汇算退税】2022年，内蒙古自治区税务局加强大企业税收风险防控体系建设，对36户千户集团提供“一户一档一策”服务。加快出口退税进度和便利出口退税办理，为892户出口企业办理退税39.4亿元，平均退税时限缩短至3

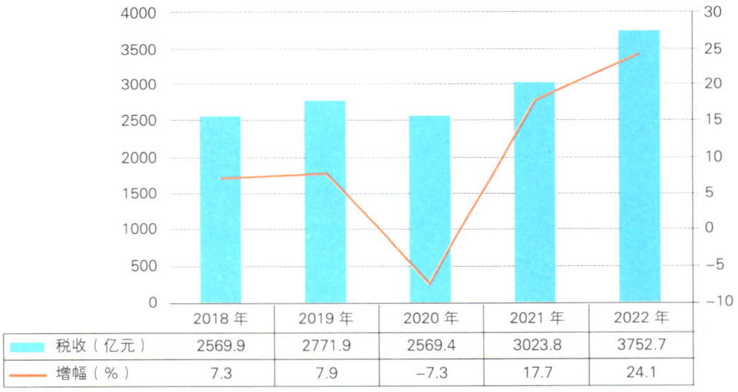

图27　2018—2022年内蒙古自治区税务局税收收入情况
（含海关代征增值税、消费税，未扣减出口退税）

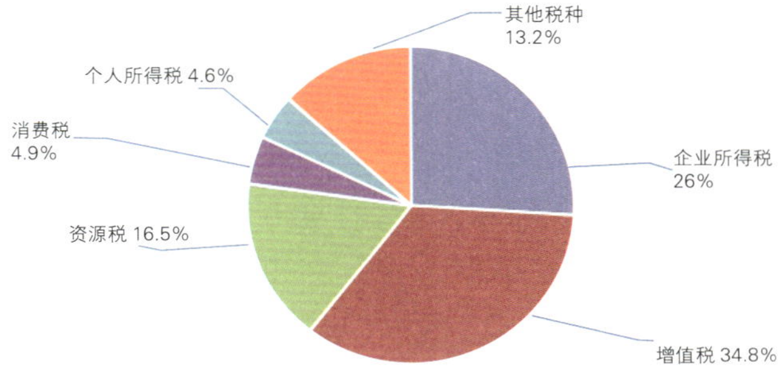

图28　2022年，内蒙古自治区税务局税收收入分税种结构图
（含海关代征增值税、消费税，未扣减出口退税）

个工作日以内。提高企业所得税汇算清缴质效，调增应纳税所得额1.5亿元、调减73.89亿元。全区260多万扣缴义务人和自然人纳税人办理综合所得年度汇算，补税2.75亿元、退税8.33亿元。

【税收征管改革】 2022年，内蒙古自治区税务局完成《关于进一步深化税收征管改革的意见》内蒙古自治区实施方案170项任务中的89项。作为全国首批三个发票电子化改革试点省份之一，承接全面数字化电子发票等系列试点任务。试点上线统一身份管理平台，运行电子发票平台1.5版，实现纳税人涉税事项一键切换、一脸通办、一站办结，降低制度性交易成本。数字化电子发票试点纳税人55万户，受票地区覆盖全国。

【以数治税】 2022年，内蒙古自治区税务局开展“数据质量提升”工程，打造“风险防控晴雨表”“数字看板”等特色应用。按照“采集有标准、操作有规范、过程可整改、责任可追溯”闭环管理要求，建立数据质量标准，聚焦“去存量、控增量”重点任务，形成《数据质量管理工作规范》。应用“5C+5R”模型驱动的质量监控评价方法和“税费征管质效过程考核”机制，形成7个方面27类147项指标库，同步对盟市局和旗县（区）局实时考评、月月通报。

【税收监管】 2022年，内蒙古自治区税务局加强税收监管和税务稽查，立案检查企业970户，查补税费18.43亿元，入库总额14.34亿元。推进煤炭资源领域违规违法问题深化治理和常态化治理，常态化治理阶段追缴税费1.91亿元。推进土地增值税清算工作，全年完成清算项目1021个。与北京特派办联合签署《办省联动合作方案》，深化数据共享，聚合专业力量。

【纳税服务】 2022年，内蒙古自治区税务局组织开展“送政策、问需求、解难题、促发展”惠企利民大走访活动，三级局党委班子带头问需问计走访7万余户市场主体，以实地操作、换位体验、远程辅导、入户走访等方式发现问题、打通堵点，建立税企和谐沟通交流模式。聚焦纳税人缴费人需求，解决各类问题4431个。落实“便民办税春风行动”121条措施、内蒙古自治区营商环境3.0涉税任务和“优化职能职责 优化工作流程”专项行动，191项事项“最多跑一次”、233项“全程网上办”，持续优化升级“放管服”改革，纳税人满意度评价比2021年跃升17位，排名全国第17，提升幅度全国第二。政务服务“好差评”“非常满意”率达99.33%。分23批次推送政策36万户次，“12366”答疑解惑79.5万户次。设立退税减税专窗、专区、绿色通道，开展多样化服务，建立“税格＋网格”管理服务责任制，提升宣传辅导质效。

【减税降费】 2022年，内蒙古自治区税务局推动系列税费支持政策快准稳好落实落地，聚焦大规模留抵退税，坚持“快退、狠打、严查、外督、长宣”五措并举，全年实现退减降缓税费656.25亿元，其中办理增值税留抵退税2.76万户443.79亿元。支持科技创新，研发费用加计扣除减免13.32亿元。严厉打击骗取留抵退税违法犯罪行为，挽回税款损失1.7亿元，曝光20起典型案例。开展专项督导督察，发现并整改问题714个，涉及金额4985.56万元。在国务院第九次大督查中，“全链条协同落实退税减税降费政策助企稳企”创新做法得到国办发文推介。

（陈永霞）

金融监管

【概况】 2022年，内蒙古自治区地方金融监督管理局（以下简称自治区地方金融监督管理局）促进“四方责任”协同贯通，协调推动地方法人银行机构改革化险工作，批准1家农商行开业。稳妥处置新时代信托重大风险。超额完成全年不良资产处置计划。全年，全区银行业清收处置不良贷款753.21亿元，不良贷款余额548.38亿元，较年初减少209.39亿元。不良贷款率2.02%，较年初下降1个百分点，降至10年最低水平。平稳化解资本市场风险，建立防范化解上市公司退市风险议事协调机制，4家上市公司平稳退市。做好债券兑付到期日管理，开展常态化监测，及时研判兑付风险，保证债券按时兑付，维护自治区信用环境，全区兑付信用债券92只1593.36亿元。督促银行保险机构加强公司治理、合规文化和企业文化建设，强化董事长和行长（总经理）选配。完善法人银行机构限制分红和收入分配机制。坚守法人银行机构发展定位路径，严控法人银行跨区域经营行为。

【金融风险防控】 2022年，自治区地方金融监督管理局严防非法集资领域风险反弹，排查涉非机构3005家；推动非法集资案件善后处置，陈案处置化解高于新发案件数。集中开展养老领域非法集资专项治理行动，核查12337线索32条，排查机构523家，规范整治33家，司法处置6家。规范第三方理财公司460家，占全部的70.2%。清退网贷机构进入集中攻坚阶段，年底前基本清退完毕。2022年，推进高风险机构压降，推动自治区成立由党政主要负责人牵头的金融风险化解委员会，配合自治区政府制定高风险金融机构风险处置整体方案和“一行一策”方案。联合监管部门约谈部分盟市分管领导，压实地方属地化险责任。召开全区人民银行防范化解金融风险工作推进会议，把防控金融风险作为第一履职重点，提升风险防控前瞻性、全局性和主动性。督促金融机构履行主体责任，全区不良贷款余额和不良贷款率出现下降，高风险金融机构数量减少。

【银行保险业监管】 2022年，自治区地方金融监督管理局面对经济发展需求收缩、供给冲击、预期转弱三重压力和疫情反复冲击带来的不利影响，制定《内蒙古自治区金融业2022年行动方案》，从增强金融要素保障功能、提升金融发展活力、防范化解金融风险以及强化行动方案保障措施等4方面，明确2022年主要任务、具体举措和实现路径，助力五大任务。全区绿色贷款余额达3507.4亿元，比2021年增长30.6%，高于各项贷款增速22.8个百分点。有17个重大基础设施建设项目获得政策性开发性金融工具44.6亿元，有133家企业获得科技创新再贷款87.3亿元，23个设备更新改造贷款项目获得贷款3.6亿元，12条重点产业链核心企业贷款余额910.9亿元。全年累计提供融资支持2468亿元，超额完成1400亿元支持目标。12月末全区人民币贷款余额为26918.95亿元，较年初新增1953.94亿元，比2021年增长7.83%，比2021年同期（7.38%）提高0.45个百分点。内蒙古银保监局共接收并转送涉及保险公司的保险消费投诉2054件，其中涉及财产保险公司545件，占投诉总量的26.53%；人身保险公司1509件，占投诉总量的73.47%。通过银保监会官方网站发布行政许可决定1363件，行政处罚决定406件。

【货币政策执行】 2022年，自治区地方金融监督管理局强化信贷形势预判，加大窗口指导，发挥各类货币政策工具效能，出台支持自治区稳经济大盘和稳增长10项金融举措，召开政策落实推进会10余次，指导全区各级人民银行举办银企对接活动60余场（次）。抓住重大基础设施、交通物流、双碳、科创等领域结构性货币政策工具落地窗口期，主动对接项目和企业，助力稳定经济基本盘。2022年底，全区人民币各项贷款余额26918.95亿元，比2021年增长7.83%，比2021年同期提高0.4个百分点；全年新增贷款1953.94亿元。全区人民币各项存款余额32313.6亿元，比2021年增长17.4%，比2021年同期提高7.1个百分点；全年新增存款4779.6亿元，增量为近年最高。金融支持稳企纾困。落实普惠小微企业贷款延期还本付息、阶段性减息等政策，为小微企业和个体工商户纾困解难。开展“金融活水润百业”个体工商户服务月活动，联合有关部门出台支持复工复产、复商复市金融8条，助力稳就业保就业。金融支持重点领域。构建重点产业链“1+N”金融服务及金融支持稳企纾困、乡村振兴、绿色发展“1+3”工作框架，引导信贷资源向重点领域和薄弱环节倾斜。建立金融服务产业链主办行制度。2022年底，全区制造业贷款余额2380.9亿元，比2021年增长19.7%，全年增加343.8亿元。全区民营经济贷款余额5934.5亿元，全年增加205.8亿元。组织金融机构对接全区41个特色农牧产业、122种农畜产品，支持“一县一业、一村一品”特色农畜产业发展。2022年底，全区涉农贷款余额9548.9亿元，全年增加754.4亿元，占全部贷款增量的近4成。深化绿色金融政策研究和创新实践，推进绿色金融评价。全区绿色贷款余额3507.4亿元，比2021年增长30.6%，高于全部贷款增速22.8个百分点。其中，清洁能源产业贷款余额1766.9亿元，占全部绿色贷款余额的50.4%，比2021年增长61.1%；生态环境产业及节能环保产业贷款余额655.2亿元，占全部绿色贷款余额的18.7%。落实支持房地产平稳健康发展政策，发放保交楼专项借款。推动融资成本稳中有降。释放贷款市场报价利率改革政策红利，发挥中央银行低成本资金引导作用。指导符合条件的城市下调首套住房贷款利率下限，减轻购房者负担。2022年，全区新发放一般贷款加权平均利率5.03%，比2021年下降0.71个百分点。其中，新发放企业贷款加权平均利率3.85%，比2021年下降0.76个百分点；新发放普惠小微企业贷款加权平均利率6.43%，比2021年下降0.32个百分点。

【外汇管理与服务】2022年，自治区地方金融监督管理局支持涉外企业发展。制定金融支持向北开放桥头堡建设指导意见。2022年，全区跨境收支总额248.4亿美元，比2021年增长12.6%。其中，跨境贸易收支总额187.8亿美元，比2021年增长11.2%。银行代客结售汇总额158.2亿美元，比2021年增长8.8%。落实外汇领域便利化改革政策，落地优质企业贸易外汇收支便利化试点。推进外汇政务服务"一个窗口"建设。深化跨境金融服务平台应用。支持大中型企业融入境外低成本资金。推动跨境人民币业务增量扩面。新增使用人民币跨境结算企业190余家，对蒙古国、俄罗斯人民币跨境结算显著增长。2022年，全区人民币跨境贸易收支总额54.8亿美元，比2021年增长27.6%。与蒙古国中央银行举办线上交流会，在本币、反洗钱及跨境支付等领域开展合作。开展外汇业务检查。加大外汇违规行为查处，打击跨境赌博、地下钱庄、网络炒汇及骗取出口退税等外汇违法行为。

【反洗钱工作】2022年，自治区地方金融监督管理局指导督促金融机构改进大额交易和可疑交易数据报送工作，提升反洗钱资金监测分析水平。2022年，对720家反洗钱义务机构开展分类评级，以评级结果为导向实施针对性监管措施，实现全区181家法人金融机构反洗钱风险监管评估全覆盖。与自治区公安厅联合组织召开打击治理洗钱违法犯罪三年行动计划专项工作启动会，成立自治区打击治理洗钱违法犯罪专项工作领导小组，强化反洗钱监测分析，联合打击洗钱违法犯罪活动。全年移送洗钱线索29起、调查协查36起、查办案件10起。协助公安机关破获1起利用网络区块链兑换数字货币特大洗钱案，抓获犯罪嫌疑人63人，捣毁洗钱窝点10余个，收缴非法所得1.3亿元。协同有关部门开展打击地下钱庄、打击非法传销以及禁毒等专项行动。

（李连俊）

【证券业监管】 2022年，中国证券监督管理委员会内蒙古监督局落实中央关于资本市场风险防范处置工作要求，及时向自治区人民政府提出意见建议，督促落实属地责任。制定落实方案和业务操作指引，形成"1+3"制度体系。坚决贯彻"应退尽退"政策，推动自治区政府出台退市工作方案、建立工作机制，年内辖区4家公司平稳退市（1家主动退市，3家强制退市），强制退市公司数量接近全市场强制退市公司家数的1/10，处理投诉举报500余件，涉及投资者超千人，实现"退得下、退得稳"。上市公司风险化解成效明显，风险类公司从年初的6家压降至2家，压降率67%，风险公司占比降至8%，低于全国市场平均水平，"明天系"公司风险基本出清。公司债券兑付未发生违约。私募基金风险有效化解，初步建立照前会商机制。推动清理产权交易场所违规服务非标融资活动、涉邮币卡类交易场所兑付工作取得积极进展。指导辖区证券公司通过股权重组完善公司治理，妥善处置债券承销等业务风险，提高抗风险能力。适应注册制改革，落实各条线监管转型要求，结合实际调整完善辅导监管、日常监管、稽查执法、大投保建设等9项工作制度机制，提升一线监管效能。拓展头部上市公司监管模式，圆满完成上市公司治理专项行动。督导证券期货经营机构加强合规内控建设，提升规范运作水平。落实"强基行动"，加强新三板挂牌公司分类监管。督促各类中介服务机构归位尽责。

提升行政监管和案件查处质效，向证监会移交线索1起，办理案件5起，出具行政监管措施17项，作出行政处罚决定2项。深化与地方司法部门的沟通交流，推进民事审判与行政执法协同合作备忘录签署。畅通打非工作机制，开展防非宣传活动。构建辖区大投保格局，强化投保投教日常监管，开展上市公司投资者关系管理、退市等专题座谈会和多项主题投教活动，实现上市公司、证券基金经营机构、投教基地等市场主体现场检查全覆盖。辖区诉调对接机制覆盖三级6家法院。优化投资者投诉处理工作，全年处理投诉举报2406件。

组织开展“读懂上市公司报告”深度调研，形成调研报告，为完善相关工作建言献策。创新宣传方式，组织举办资本市场百年发展史云展览。借力监管平台提升数据分析和舆情监测效果，联合地方证券业协会开发运用证券分支机构数据智能监测系统，提升对异常交易、违规展业等重要风险点的发现识别能力。指导辖区证券公司参与行业信创试点。及时向地方政府通报重要事项和重大风险。完善与地方政府信息共享、监管联动机制。加强新闻宣传和舆论引导，通过《内蒙古日报》等媒体对资本市场进行系列宣传。

（董阅军　胡　洁）

审　计

【概况】 2022年，全区各级审计机关120个，其中包括自治区审计厅、12个盟市审计局、2个计划单列市审计局（二连浩特市审计局、满洲里市审计局）、105个旗县（市、区）审计局。中共内蒙古自治区党委审计委员会办公室设在内蒙古自治区审计厅（以下简称自治区审计厅），下设自治区党委审计委员会办公室秘书处，负责处理自治区党委审计委员会办公室日常事务。围绕落实中央审计办等5部门关于推进“三类监督”贯通协同高效指导意见，联合自治区纪委监委、巡视巡察等部门制定完善审计发现问题移送、办理和反馈工作办法等多项制度规范，在计划协同、问题线索移送、工作联动等方面建立高效工作机制。制定印发《中共内蒙古自治区委员会审计委员会办公室关于印发〈盟市党委审计委员会重大事项请示报告制度〉的通知》，推动盟市重大事项请示报告全面规范、全面加强。全年收到各盟市请示报告185件，对晚报、漏报、报告不规范等问题予以通报。强化盟市审计机关主要负责人工作述职，充分发挥考评“指挥棒”作用，推动构建全区审计“一盘棋”的工作格局。2022年，全区审计1910个单位，通过审计，促进增收节支47.2亿元；提交审计报告和审计信息3875篇，被批示、采用1081篇；提出审计建议4231条；向纪检监察机关和有关部门移送处理事项484件。全区有内部审计机构625个，内部审计人员2215名。自治区内审机构和内审人员比2021年增长8%和5%。其中专职机构238个，内审专职人员863名。2022年，完成审计项目2081个，查出违纪金额91亿元，收回资金2亿元，给予党纪、政务和内部纪律处分56人，向司法机关移送1人，审计建议被采纳1899条，促进单位完善制度373项。内蒙古自治区供销合作社联合社专项审计项目被审计署评为全国省级审计机关优秀审计项目二等奖；通辽市2020年度基本医疗保险基金筹集、使用及运行情况审计项目被审计署评为全国市级审计机关优秀审计项目一等奖；伊金霍洛旗供销合作社联合社及所属企业专项审计项目被审计署评为全国县级审计机关优秀审计项目（非民生类）一等奖。全区三级审计机关36个优秀审计项目获得自治区审计厅通报表彰。

【资源环境审计】 2022年，为补齐领导干部自然资源资产离任审计对象覆盖率低的短板，贯彻落实习近平生态文明思想和掌握自治区黄河流域生态保护和高质量发展规划执行情况，自治区审计厅对各盟市水、森林、草原等资源和矿山环境修复治理以及水污染、工业大气污染防治等开展专项审计调查，实现一个年度内对12个盟市审计全覆

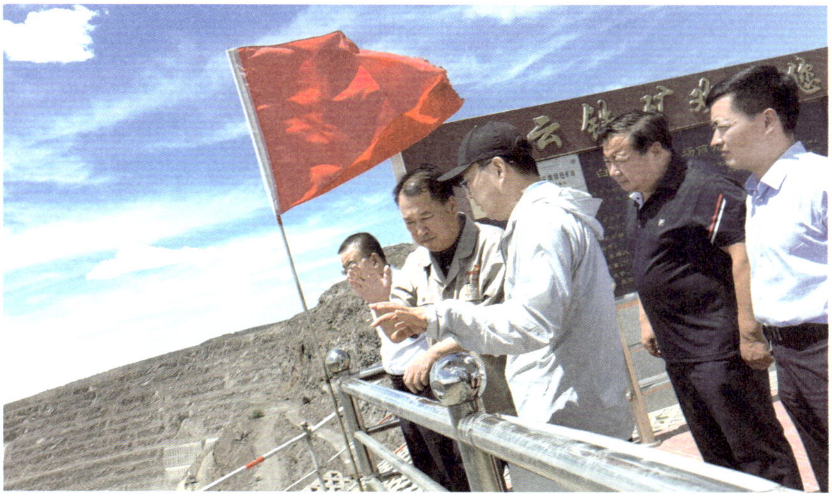

图29　2022年，自治区审计厅深化自然资源管理和生态环境保护审计，审计人员到白云鄂博铁矿资源现场，调研资源节约集约利用情况

（自治区审计厅　供图）

盖。向自治区党委审计委员会报送综合报告2篇、专报信息6篇，揭示超总量用水、私采盗用黄河水以及违法违规占用林草地、土地资源闲置浪费等11个方面980个具体问题。

【财政审计】 2022年，自治区审计厅围绕国家稳经济大盘一揽子政策，开展对自治区财政厅2021年具体组织的自治区本级预算执行的审计，组织对部分盟市进行财政决算审计、财政收支质量审计、财政补助资金审计，组织开展对自治区2022年财政资金支出进度专项审计调查和2022年地方政府专项债券资金管理使用情况专项审计调查。反映财政资源统筹工作还需向纵深推进、财政支出效率不够高、国库管理存在薄弱环节、地方政府债务管理存在不规范等情况；揭示预算编制未细化、专项资金分配无章可循或有章不循、预算绩效管理不规范、财政资金未充分发挥效益等问题。汇总形成的财政资金支出进度和专项债券资金管理使用综合报告、财政补助资金综合报告等报告上报自治区人民政府，全区网络安全和信息化审计项目审计案例汇入审计署3篇综合报告。

【农业农村审计】 2022年，自治区审计厅围绕守住保障国家粮食安全和不发生规模性返贫两条底线，贯彻落实中央有关农业农村、乡村振兴战略实施的决策部署和自治区党委、政府有关要求，开展对自治区农牧厅2021年预算执行和其他财政财务收支情况的审计、主动助力巩固拓展脱贫攻坚成果同乡村振兴有效衔接，加强对乡村振兴政策措施落实和项目资金管理使用等情况的审计监督。审计揭示在预算编制、预算执行、产业帮扶项目建设管理、联农带农机制建立健全、产业帮扶项目资产和资金管理、政策措施落实、到户惠农补贴、农村基础设施建设等方面存在的典型性、普遍性、倾向性问题。年内，乡村振兴重点帮扶县产业帮扶项目被审计署采纳59个问题，获得习近平总书记等中央领导批示。2021年、2022年乡村振兴综合报告获得自治区党委、政府主要领导在内的6位领导具体批示，报告批转至自治区纪委监委、乡村振兴局、财政厅以及各盟市，形成监督合力，跟进督促整改。

【金融审计】 2022年，自治区审计厅组织开展10家村镇银行和鄂尔多斯银行的专项审计，揭示村镇银行股权管理混乱、资产质量不实、关联交易严重超标、违规代持等乱象。

【国有企业审计】 2022年，自治区审计厅组织开展包钢集团主要领导人员经济责任审计，揭示企业发展战略规划制定不够科学完整、主要产品竞争力不强、法人治理结构不够完善等问题。围绕包钢集团高质量发展、稀土资源开发利用管理情况，同步开展专项审计调查，向内蒙古自治区党委、政府报送2篇审计专报。自治区党委书记孙绍骋批示，要求主管部门从探矿到最终产品整体研究，拿出完整方案。审计为推进国有企业深化改革、稀土战略资源高效开发利用提供重要决策依据。

【民生审计】 2022年，自治区审计厅组织开展的困难群众救助补助资金审计项目被审计署采用44个问题，涉及资金2846.38万元、人员976人，覆盖综合报告反映的全部三大类问题。坚持把推动解决老百姓最关心、最直接、最现实的利益问题作为审计着力点和切入点，组织对3个盟市及所属6个旗县就业补助资金和失业保险基金、9个旗县乡村振兴、全区义务教育等民生项目审计，揭示救助资金未足额拨付、骗取套取挤占挪用“救命钱”“救急钱”，集中供养救助机构履职不到位等问题，促进兜紧兜牢民生防护网，推动惠民富民政策落实。

【政策落实跟踪审计】 2022年，自治区审计厅组织开展全区沉淀财政资金“大起底”专项行动重点核查，发现应上缴金额24.83亿元。连续三年开展全区优化营商环境政策落实跟踪审计，揭示涉企专项资金拨付不及时、拖欠中小企业账款、向企业违规转嫁费用等问题688个，提出审计建议230条，促进出台制度88项。聚焦“科技兴蒙”发力，整改问题622个，整改问题金额69.59亿元，初步实现标本兼治。

【经济责任审计】 2022年，自治区审计厅对715名领导干部开展经济责任审计，其中自治区审计厅直接审计21名。审计查出负有直接责任问题资金1.33亿元，移送处理人员1474人。从重大决策部署的宏观视野到具体经济事项实施效果的微观角度，逐项梳理领导干部履职情况，力求“画像”精准，为干部考核、任免、奖惩提供重要参考。

【审计整改】 2022年，自治区审计厅落实中办、国办《关于建立健全审计查出问题整改长效机制的意见》，制定出台《内蒙古自治区审计整改约谈办法（试行）》《内蒙古自治区审计厅审计查出问题整改销号实施办法（试行）》，打牢整改制度基础。按照“立行立改、分阶段整改、持续整改”三种类型和“全面、精准、督办、严格、问责、报告”六项要求，全口径建立整改台账，压实整改责任，强化部门协同，常态化推进审计发现问题有效整改、彻底整改，维护审计监督的权威性和公信力。对2018年内蒙古自治区党委审计委员会成立以来审计查出问题进行“大起底”“大整改”，推动未完成整改的925个问题实现全部清仓见底，审计“下半篇文章”扎实到位。在以往审计成果基础上，及时将审计掌握的损失浪费问题形成综合专报，把审计成果转化为治理效能。内蒙古自治区审计整改方面的经验做法获得中央审计办、审计署采用推广。

【研究型审计】 2022年，自治区审计厅在学习贯彻中共二十大精神上，结合习近平总书记关于审计工作的重要论述，以“在中国式现代化中更好发挥审计监督作用，推进国家治理体系治理能力现代化”为题，开展中国式现代化与审计价值取向方面的研究；深化对“审计服务构建新发展格局”的研究，课题阶段性成果分别被《审计观察》《中国审计》《审计研究》等核心期刊采纳或予以报道，完整课题被中国审计学会收录在《中国审计学会2021年度重点合作课题》一书中；研究党中央集中统一领导下的审计监督成效，自治区党委审计委员会办公室主任研究撰写的“履行职责使命 服务工作大局 以强有力的审计监督 护航内蒙古高质量发展”文章被《中国审计》《审计委员会之声》栏目特约采用；申获与中国审计学会合作课题资格，组织开展“如何开展好地方政府专项债券资金管理使用绩效审计研究”，通过中国审计学会结项评审；开展“强化审计监督与各类监督贯通协同助推内蒙古治理体系和治理能力现代化”课题研究中标内蒙古自治区2022年第二批社科基金项目。强化研究引导，组织内蒙古自治区审计厅各业务处室开展所属业务领域每半年动态分析2次，提交动态分析综合报告44个、完成审计研究课题24个、盟市审计机关提交研究型审计案例（课题）105个。创新研究方式，探索研发研究型审计信息化审计管理软件平台法规库自建与运用模块，将研究型审计理念物化到可操作的审计实践层面。加大研究推广宣传力度，以《内蒙古审计》为抓手，促进提升审计研究水平，编辑出版《内蒙古审计》刊物6期。编辑出版《内蒙古审计工作2018—2020》，编发《研究型审计》16期。

（燕伟龙）

统　计

【概况】2022年，自治区统计局围绕推进“五大任务”和“八大产业集群”及“12条产业链”，建立监测台账，利用“统计服务微信系统”开展30余项调研。统计信息分析获自治区党政领导批示100余篇次，在国家统计局优秀统计分析报告评比中实现“零”的突破，在自治区党委和政府“两办”信息采用排名中连续两年位列区直机关第一名。自治区统计局不断提升数据服务能力水平，创新年鉴数字载体模式，制作U盘新产品，建立“一部门一张表”，每月固定为19个部门量身定制数据指标。年内完成统计资料电子化试点，实现与国家统计局电子资料馆的联通。举办经济运行和“数说这十年”主题新闻发布会4场，“内蒙古统计微讯”微信公众号关注人数突破4.4万人，连续三年在全国省级统计调查系统微信公众号综合影响力排行榜中列第一名。运用“12340云平台”，自主开展并完成委托的全面从严治党、公众生态环境满意度等23项调查，完成样本量19.2万余个。在2022年度国家统计局考评中，全区有工业统计、能源统计、贸易外经统计、人口和就业统计等21项工作获“优秀”，优秀榜位次跃升到全国第二位。内蒙古自治区统计普查中心获评全国统计系统先进集体；内蒙古自治区城市经济统计监测中心科长史含宇获评全国统计系统先进工作者。

【统计数据质量管理】 2022年，自治区统计局改进数据管理审核方式，按照名录库工作要求，通过动态更新“投转产”名单、建立健全扩限平台“培育库”、实地核查等方式，加大入退库管理力度。坚持“审核前移，即报即审即改”原则，数据审核直达并全覆盖至所有“四上”企业和项目，建立报表期“日审核”台账、标记查询、增设模板以及审核“回头看”等方式，实时监测月度间数据波动，同时加大专业、行业之间数据趋势性、匹配性审核力度。优化数据评估方法，坚持“年报数据季度监测、季报数据月度监测”思路，优化以专业为基础、GDP 核算为核心的数据质量监测体系，结合工作实践和评估需求不断改进月度评估机制。举办 2 期盟市统计局长业务培训班，以评促改解决基层在抓数据质量工作中存在的问题；举办直通全区 1.6 万家统计调查单位、覆盖近 1.8 万名统计人员的综合业务培训。采取“每日调度 + 通报”机制、“线上 + 线下”全流程管控等方式，在疫情防控特殊时期确保人口变动抽样调查数据质量。

【统计改革创新】 2022 年，自治区统计局规范有序完成全区生产总值统一核算，实现各旗县生产总值汇总数与盟市生产总值、各盟市生产总值汇总数与全区生产总值两个层面的基本衔接。落实生态价值核算改革任务，探索研究价值量自然资源资产编制制度和内蒙古 GEP 评估指标体系及核算方法；建立旅游、专利密集型和农业及相关产业增加值核算部门合作机制；开展派生产业增加值季度、年度测算研究。不断完善能耗核算制度，研究建立盟市能源平衡表统一核算和月度原料用能测算方案；全程参与自治区《关于建立健全统一规范的碳排放核算体系实施方案》起草工作，夯实碳排放核算基础数据，组织开展煤化工行业固碳率测算、清洁能源统计核算等相关课题研究；完成工业园区“法产并重”统计改革试点，开展“四下”单位抽样调查样本统筹设计试点、个体经营户名录库更新维护以及知识产权产品投资和建筑业小微企业抽样调查统计改革；通过明确入退库、更新维护流程，推进工业园区名录库精细化管理；完成百货零售业和超级市场零售业法人企业附属产业活动单位视同法人统计试点，持续推进服务零售总额测算，按照自治区实际，改进测算月度服务业生产指数方法。

【基层统计工作】 2022 年，自治区统计局提请自治区政府印发《关于加强推进基层统计工作的通知》，将“四上”企业入退库延伸至苏木乡镇、工业园区，基本单位名录库维护更新延伸至嘎查村（社区），推进农业统计报表电子化，自治区成为全国首个农业统计报表由乡镇在国家联网直报平台起报的省级地区；先后两次修订印发《苏木乡镇（街道办事处）、旗县级、部门、园区和企业统计工作规范化建设标准》，通过“视频连线 + 实地检查”验收苏木乡镇（街道办事处）“八有八化”建设成果，通报表彰第四、第五批 86 个“八有八化”规范化苏木乡镇（街道办事处），建立“一旗县一台账”推进旗县级统计规范化建设，依托“统计服务微信系统”建立园区统计人员信息库，把工业园区统计工作接入统计专网，提升园区统计规范化建设水平。

【统计监督与法治建设】 2022 年，自治区党委和政府印发《关于更加有效发挥统计监督职能作用的若干举措》，配套印发《贯彻落实〈若干举措〉任务分工方案》，提出 51 项任务并明确完成时限和责任单位。区统计厅与自治区纪委监委联合印发《统计发现问题线索移送和反馈工作办法》，印发《内蒙古自治区统计行政处罚裁量基准（2022 版）》等制度。对 12 个盟市 36 个旗县（市、区）的 540 余家企业（项目单位）开展统计执法监督检查，查处违法企业。建立“一企业一台账”，详细记录每户执法检查企业的基本信息、被检查次数等情况，通报 3 起统计违纪违法典型案例。经自治区党委和政府批准，正式启动旗县级统计督察试点工作。开展统计造假不收手不收敛问题专项纠治，先后通过动员会、专题调度会、盟市局长业务培训班进行再部署再落实，建立专项纠治问责清单和整改台账，每半月调度一次各地工作情况，全区各级统计机构严格落实相关要求，压紧压实防惩统计造假责任。开展统计诚信建设和普法宣传教育，评选出首批 41 家“统计诚信企业”并推送至“信用中国（内蒙古）平台”。推进统计法律法规进机关（单位）、进党校（行政学院）、进企业（社区），点对点向调查对象开展线上统计普法宣传和统计业务知识培训，把“案例集”二维码“嵌入”《执法检查告知书》发送到执法对象手中，采取精准讲法、定制送法、互动普法、以案释法等多种形式，提高全社会统计法治意识，优化统计法治环境。

【部门统计】 2022 年，自治区统计局推进部门统计信息共享，先后与市场监督管理局、税务等 23 个部门建立定期获取行政记录资料机制；与自治区林草局联合开展森林价值核算试点；分别与住建、文旅、农牧、商务等部门建立房地产开发和建筑业、旅游及相关产业、农林牧渔业核算以及消费市场和商贸流通业监测合作机制。推进部门统计规范化建设，在保证调查项目审批工作质量的前提下，优化审批流程，在预审环节主动加强与部门的沟通对接，落实“一次性告知”要求，提高工作效率；完善《部门统计工作手册》，修订《内蒙古自治区部门数据共享制度》，举办部门统计工作培训班，加强对部门统计工作的指导和培训。

【统计信息化建设】 2022年，自治区统计局推进地理信息技术与统计数据相融合的统计“一张图”数字化平台建设，开发完成综合数据管理功能，搭建并优化工业园区、智能报表、监测预警等功能；根据实际使用情况持续完善“一张图”数字化平台在月度数据质量评估会上的数据导入、图表组件编辑等功能。通过优化公式、模板等功能，实现数据获取、指标组合、图表制作、演示汇报全流程在“一张图”系统中完成，2022年3月，“一张图”数字化平台建设被自治区党委改革办编入《2021年度全区改革优秀案例》。开展省级联网直报平台、统计四级专网、内外网网站、视频会议系统等更新维护工作，做好信创工作并实现办公软件正版化，按要求对全局所有应用系统开展等级保护测评和渗透测试等安全检测，保证统计网络信息系统的安全稳定运行。

【统计工作效率提升】 2022年，自治区统计局对外提供数据时限由之前的5—7个工作日压缩至2个工作日；减少统计报表9张（共263个指标），减少指标309个涉及15项制度；涉外统计调查机构资格认定和调查项目审批，通过电子证照关联，减少3件材料，将两项行政许可办理时限由20个工作日压缩至5个工作日；申报使用中央财政统计事业经费事项，由原来盟市统计局各自申报用款计划改为区局统一填报，办理时限由5个工作日压缩至1个工作日。

（春　英）

价格管理

【价格认定】 2022年，内蒙古自治区发展和改革委员会（以下简称自治区发展和改革委）着力构建价格认定工作质量提升常态化长效化机制。梳理近年来制定施行并取得良好效果的价格认定工作制度、方案、措施等，持续强化制度执行，不断深化制度建设，促进价格认定工作规范化、标准化、制度化建设。持续加强价格认定专家库动态管理。持续健全自治区价格认定专家库，为价格认定工作提供强有力的技术和智力支持。结合国家开展的价格认定业务培训工作，积极组织全区各级价格认定机构业务人员参加国家价格认证中心线上会议和业务培训共3次，共计近600人次。做好涉纪检监察、涉刑事案件价格认定工作。共受理办结各项价格认定事项52件，认定金额约1.72亿元，其中涉纪检监察事项24件、认定金额1.69亿元，涉刑事事项25件、认定金额4.35万元，复核事项3件、认定金额254.68万元。

【价格监督检查】 2022年，内蒙古自治区市场监督管理局（以下简称自治区市场监管局）按照自治区疫情防控领导小组物资保障组总体要求，第一时间启动应急价格监测工作，严格实行日监测、日报告，共采集汇总疫情防控应急日监测数据9万余条，撰写220余篇疫情防控日监测报告和28篇疫情防控周监测报告，上报自治区疫情防控指挥部，为自治区疫情防控工作作出贡献。持续开展食品、煤炭、工农业生产资料、特色农畜产品等重要商品和服务价格监测分析工作。2022年，共接收、审核、汇总全区各级价格监测机构及监测点上报的各类常规监测报表6000余份，监测数据20万余条；撰写各类价格监测分析报告450余篇。适时启动价格预测预警分析工作。2022年，共撰写全区食品零售价格预警分析报告40期，粮食市场购销价格预警分析报告10期，生猪鸡蛋出场价格预警分析报告35期，工业品生产资料价格预警分析报告10期、农业生产资料价格预警分析报告10期。全年对外发布内蒙古现代煤化工等8类指数周、月、季度、年度指数评论报告210篇，累计浏览量超过1000万人次。

【价格调整】 2022年，自治区市场监管局持续完善重要民生商品价格调控机制，印发《关于进一步健全社会救助和保障标准与物价上涨挂钩联动机制的通知》，进一步调整启动条件、增加保障对象、缩短补贴资金发放时限。2022年发放价格临时补贴资金8069万元，惠及困难群众422万人次。推进电价改革，对虚拟货币“挖矿”用电实行差别电价，将虚拟货币“挖矿”项目纳入差别电价政策实施范围，执行“淘汰类”企业电价。进一步完善煤炭市场价格形成机制，落实国家发展和改革委关于进一步完善煤炭市场价格形成机制的工作部署，制定印发《关于进一步完善煤炭市场价格形成机制实施方案》，合理引导蒙西、蒙东地区煤炭出矿中长期交易价格在合理区间运行，有效实现煤、电价格传导。明确2022年差别电价和阶梯电价加价标准，2022年执行差别电价、阶梯电价的加价标准在现行国家规定的加价水平基础上提高30%。出台阶段性降低小微企业和个体工商户用电成本的政策措施，自2022年6月1日起至2023年3月31日止，电网企业在计收电压等级不满1千伏的代理购电工商业用户电费时，统一按到户电价水平的95%结算。按照自治区发展和改革委员会统一部署，做好第三监管周期蒙西、蒙东电网新增投资和预测电量报送工作。稳步推进天然气价格改革，根据非居民用天然气销售价格联动机制，将上游非居民用天然气综合门站价格调整部分全额疏导至终端用户。持续深化水资源价格改革，建立和完善水资源价格管理机制，起草了《内蒙古自治区城镇供水价格管理办法实施细则》，为城镇供水价格管理工作提供制度保障。

（苏力德）

【价格监督管理】 2022年，自治区市场监管局开展全区转供电环节不合理加价监督检查工作，检查转供电主体1534家，实施经济制裁604.5万元，为企业减负444.75万元。联合自治区民政厅、自治区发展和改革委员会开展行业协会商会乱收费专项清理整治“回头看”，检查行业协会商业及中介机构847家，立案3件，实施经济制裁5.445万元。围绕“稳主体、激活力、攻坚战”，开展全区涉企违规收费专项整治，全年检查水电气暖等公用事业679家，查处供热企业自立项目收费、超标准收费等价格违法行为，实施经济制裁413.24万元，为企业减负312.35万元。针对新冠疫情期间封、管控区采取“非接触式”执法，派出执法骨干组成价格监管执法检查组，下沉一线参与执法，查办正大猪肉涨价案、呼和浩特市安真医院自立项目收费案件，先后到554个高风险楼栋所在小区，检查4580家“一超七店”（超市、生鲜店、粮油店、蔬菜店、肉食店、副食店、便利店、冻品店）、656家药店，责令整改418家商户，督促属地市场监督管理局立案11件。

（李　娟）

市场监督管理

【概况】 2022年，自治区市场监管局创新开展省级“监督检查＋抽检监测”、“暗访”行动、组织开展保驾护航党的二十大“区域巡查”、“明查”行动和高风险产品体系检查。聚焦民生关切方面，在全国率先开展《家用汽车三包规定》执行情况检查，工作方法获国家市场监督管理总局肯定，并在全国推广。“制定‘四张清单’推行包容审慎柔性执法”入选2022年度内蒙古“十大法治事件”。不断提高公共服务质量监测水平，在全国公共服务质量监测中内蒙古自治区达到“满意”区间。在自治区优化营商环境办组织的对盟市评价中居22个部门20项一级指标的第一名。2022年5月，自治区市场监管局被评为北京冬奥会、北京冬残奥会食品供应、工业产品质量和特种设备安全服务保障工作突出贡献集体；被人力资源和社会保障部办公厅、国家市场监督管理总局办公厅评为2022年清理整顿人力资源市场秩序专项行动成绩突出单位。

【市场主体登记】 2022年，自治区市场监管局营造高效准入环境，实行市场主体全类型登记注册业务“一日办结”，开通“掌上办”业务功能，依托经营范围规范化登记，在“内蒙E登记”手机端App实现了有限责任公司和个体工商户24小时无人工干预智能审批；在企业开办“一网通”平台正式上线医保参保登记与企业设立联办功能，实现企业登记、申领发票、刻制公章、社保参保、住房公积金缴存、银行预约开户、医保参保7项套餐联办；与公安、税务、人社、住建、银行部门优化数据传输，实现2—15分钟的准实时数据传输共享模式；积极推行住所（经营场所）标准化登记，将电子地图、电子围栏嵌入登记系统，实现住所（经营场所）信息后台获取、自动核验。截至2022年底，全区市场主体（含分支机构）发展到253万户，相较2021年同期增加15.90万户，比2021年增长6.71%。其中，企业59.57万户，个体工商户185.94万户，农民专业合作社7.49万户，分别增长9.9%、6.12%、-2.5%。

【市场环境优化】 2022年，全区有14.23万户市场主体通过“一网通”平台办理15.73万笔业务，“一日办结”率达98.9%。开通“掌上办”

业务功能，依托经营范围规范化登记，在“内蒙E登记”App实现有限责任公司和个体工商户24小时无人工干预智能审批。将58种新登记文书规范、54种新业务提交材料规范印发全区各级市场监管登记机关执行。10月1日，内蒙古自治区新市场准入系统，实现市场主体登记信息、电子营业执照、处罚结果信息跨业务应用、申请免提交。服务市场主体纾困发展，与15部门联合印发《内蒙古自治区关于进一步支持个体工商户纾困发展若干措施》。开展以“办实事、送服务、促发展”为主题的“个体工商户服务月”活动，帮助解决生产经营困难。出台《大力支持个体工商户尽快复工复产七条措施》支持个体工商户克服疫情影响实现高质量发展。2022年，办理市场主体设立、变更、注销、迁移、股权出质、增补换照等登记注册业务131.17万件。自治区市场监管局驻自治区政务服务局窗口全年办理审批业务4094件，其中，企业登记115件、计量许可236件、特种设备许可561件、特殊食品生产许可25件、检验检测机构资质认定2111件、工业产品许可213件、“三品一械”广告审批833件。对16221户初次未年报市场主体实施“首违不罚”并指导办理信用修复。开展年报工作，2021年度全区企业年报率为91.22%。

【“双随机、一公开”监管】 2022年，自治区市场监管局制定印发《自治区市场监管领域2022年度部门联合“双随机、一公开”抽查计划》《自治区市场监管局2022年度“双随机、一公开”抽查计划》，根据法律法规的制修订情况和工作实际，动态调整随机抽查事项清单，制定印发《内蒙古自治区市场监督管理局随机抽查事项清单（第二版）》，共25个抽查类别，66个抽查事项；2022年，“双随机、一公开”监管覆盖面97.5%，比2021年增长21.6%。全区市场监管领域相关部门共制定部门内部抽查任务13278个，检查市场主体110307户次，分别较2021年提高16.44%和8.54%。制定部门联合抽查任务4504个，检查市场主体18649户次，分别较2021年提高36.49%和39.76%。通过国家企业信用信息公示系统向社会公开抽查检查结果信息635396条。

【反垄断与反不正当竞争】 2022年6月17日，自治区市场监督管理局出台《内蒙古自治区公用企业反垄断合规指引》，是中国第一个专门针对公用企业的反垄断合规指引，从4—10月，在全区重点行业和领域开展制止滥用行政权力排除、限制竞争执法专项行动，2022年共接到反垄断举报3件，涉及电信行业、煤炭行业、商品销售领域。聚焦民生和新消费领域、重要商品和要素市场、商业营销领域、新经济领域、传统领域，加大反不正当竞争执法力度。2022年全区市场监管系统立案反不正当竞争案件66件，办结64件，罚款499.74万元；开展全区养老诈骗专项整治工作，梳理涉老举报线索285条，转至各盟市市场监管局调查核实136条；印发《内蒙古自治区商业秘密行政指导工作指南》《内蒙古自治区侵犯商业秘密案件查处工作指南》，创建商业秘密保护示范企业、指导站39个；推动全系统开展《中华人民共和国反不正当竞争法》宣讲、培训、合规指导278次，分两批次曝光10件反不正当竞争典型案件，进一步发挥典型案例震慑作用。

【市场综合执法】 2022年，自治区市场监管局聚焦民意最盼、危害最大、市场监管风险和压力最大的重点领域，深入开展民生重点领域“铁拳”行动，以“衣食住行”“生老病死”市场领域中涉及孕婴食品、用品质量安全，医院、诊所、幼托机构、养老机构、殡葬行业的收费及食堂食品安全，药品医疗器械安全、小诊所乱用药械、违规使用医疗美容用医疗器械等突出问题为重点，强化案件查办，严厉打击违法行为，净化市场环境。2022年，全区共查办案件12887件，大要案件140件，罚没款13619.05万元，移送公安机关案件95件，捣毁窝点2个，向社会发布典型案例11批106件。印发《2022年内蒙古自治区打击侵犯知识产权和制售假冒伪劣商品工作要点》《内蒙古自治区侵权假冒商品销毁工作制度》《关于做好2022年内蒙古自治区打击侵权假冒工作的通知》《关于进一步做好2022年中国打击侵权假冒工作网信息发布工作的通知》《2022年内蒙古自治区打击侵权假冒宣传工作方案》等文件，加大打击侵权假冒工作力度。2022年全区行政执法单位共查办侵权假冒案件3541件，罚没款3331.76万元，向司法机关移交案件61件；全年销毁侵权假冒伪劣商品79.06吨，货值170.35万元。

【合同监管】2022年，自治区市场监管局以家政服务、二手车销售、电子商务平台服务协议和交易规则中典型的不公平格式条款为重点，全年共检查经营者3525户，收集格式合同676份，排查涉嫌违法格式条款91条，约谈企业21次，发出责令整改通知书50份，立案11件，罚没款金额2.26万元；开展网络交易平台服务协议和交易规则进行评审。对“特色四子王”“可意网”平台公示的11份服务协议和32份交易规则进行评审；在自治区市场监管局官网增设合同示范文本库模块，链接国家市场监督管理总局合同示范文本库，将全国各行各业的500余种合同示范文本通过链接向全区广大使用单位和个人进行公开，为全区各类市场主体和广大消费者提供查询和下载使用便利；联合教育部门共同开展校外培训机构合同监管工作；9月19—23日，举办全区网络交易监管和合同行政监管领域基层能力提升培训班，提升基层执法人员提高法律素养和市场监管能力，全区共66名执法人员参加培训。

【质量强区战略】 2022年，自治区市场监管局开展服务绿色特色优势产业高质量发展行动，对57家企业开展服务111次，帮助企业解决问题困难85个。组织实施中小企业质量管理水平提升行动，将531家企业列入服务范围。推行企业首席质量官制度，全区新设首席质量官岗位企业226家。上线运行首个自治区级质量基础设施综合服务平台——“蒙检在线”，上架服务事项986项，收录企业信息51万余条，执行标准29万余条，入驻技术机构12家。“包检道”平台提供各类技术服务和咨询7065件次，毛绒产业示范平台研发毛绒领域国家标准3项。在呼和浩特市土默特学校建立自治区首家产品伤害监测点，形成涵盖12个专业领域的专家团队，完成12类20232件产品召回，召回次数列全国第15位。“质量月”期间，全区组织开展各类活动698个，参与企业数量2564家次。统筹48个部门印发《质量强区建设纲要》，制定《自治区省级政府质量工作考核工作制度》，修订《内蒙古自治区主席质量奖管理办法》，质量激励机制更加完善。

【智慧管控系统推广应用】 2022年，自治区市场监管局在市场监管重点领域智慧监管（风险管控）系统中，新开发上线“日管控、周排查、月调度”功能，实现企业“三人、三责”（即食品安全员、食品安全总监、企业负责人，明确以上三人的责任）监管流程日常应用。开发建立监管端、企业端及监管统计分析功能模块，多维、立体可视各地区、各条线工作进度和效率。全年入驻该系统的市场主体自查率和监管人员检查率100%，全区16万户高风险市场主体累计自查8362万次，监管人员监督检查32万次。新华社播发《紧盯“灰犀牛”预防“黑天鹅”——内蒙古自治区数字赋能市场监管调查》专稿。

【网络市场监管】 2022年，自治区市场监管局规范网络直播，整治“网红”乱象，排查抖音、快手、淘宝等平台涉及区内直播账号262个，对农资、食品等领域77个账号进行监测。开展2022年网络市场监管专项行动，全区检查网站、网店31496个次，提请关闭网站10个，责令整改网站253个次，督促网络交易平台删除违法商品信息85条，责令停止平台服务网店35个次，查处网络违法案件8件，罚没款50.09万元。制定《网络交易平台经营者主体责任清单（试行）》，梳理188条网络交易平台经营者主体责任。开展“网络交易规范指导年”活动，举办5500余人参加的网络直播营销技能公益视频培训活动，引导网络交易平台及从业人员合规经营。

【广告行业监管】2022年，自治区开展整治借重大活动从事违法违规商业广告宣传工作，依法从严查处各种各类涉及导向问题、政治敏感性问题、违背社会公序良俗和造成恶劣社会影响的虚假违法广告。联合整治虚假违法广告厅际联席会议成员单位印发《自治区整治虚假违法广告厅际联席会议工作制度》《自治区整治虚假违法广告厅际联席会议2022年工作要点》。在校外培训、文娱领域、非法集资、涉老诈骗、“神医”、“神药”等重点领域开展广告监管执法工作，全年内蒙古广告立案265起，罚没款363.19万元，曝光4批30件典型案例。编制《药品、医疗器械、保健食品、特殊医学用途配方食品广告审查法律依据汇编及操作指导手册》，满足企业需求，2022年，共审查通过“三品一械”广告409条。建成传统媒体广告监测系统，对盟市级以上传统媒体监测全覆盖，全年监测广告 115 万条次。

【市场乱象专项整治】 2022 年，自治区市场监督管理局开展整治商品过度包装、“天价”月饼和蟹卡蟹券专项行动，检查全区经营者 14689 家、商品 37842 件。打击食用油掺杂掺假、用冰乙酸勾兑食醋、声称减肥壮阳等非法添加食品添加剂、面向未成年人“无底线营销”、油品质量违法和加油站计量作弊等违法违规行为。开展燃气压力管道、移动式压力容器、超期未检电梯、翻新“黑气瓶”、劣质燃气具和成品油市场领域专项整治，控制特种设备风险的发生，保障人民群众生命财产安全。

【消费者权益保护行动】 2022 年，自治区市场监督管理局参与《内蒙古自治区实施〈中华人民共和国消费者权益保护法〉办法》的修订工作，为消费者依法维权提供法律保障；制定《内蒙古自治区线下无理由退货承诺指引（试行）》，鼓励线下实体店承诺不少于 7 日的无理由退货时限，营造安全舒适放心的消费环境；聚焦消费领域的重点侵权问题，开展 2022 年全区“衣食住行”等民生领域“铁拳”行动工作；加强 12315 体系建设，整合消费投诉热线，推动形成“一号对外、多线并号、集中接听、各级承办、高效执法”的工作机制；全力保障全区 12315 投诉举报畅通，24 小时接听消费者来电，全年 12315 平台共登记投诉 11.22 万件，举报 2.89 万件，咨询 18.46 万件，涉及争议金额 4.08 亿元，为消费者挽回经济损失 1.51 亿元。

【“3·15”专项活动】 2022 年，自治区市场监管局召开“3·15”国际消费者权益日媒体通报会。邀请《中国质量报》、内蒙古广播电视台、《内蒙古日报》、《北方新报》、《呼和浩特日报》等 18 家媒体参会，通报全区 2021 年度 12315 投诉举报咨询情况分析、自治区消费者使用共享电动自行车安全状况的消费调查结果、自治区消费者使用三大通信运营商提供资费及套餐状况的消费调查结果、自治区消费者购买预售商品房权益受侵害情况的社会问卷调查结果，并发布 2021 年度消费维权典型案例。

【市场监督法治建设】 2022 年 5 月 26 日，自治区人大常委会修正《内蒙古自治区特种设备安全监察条例》《内蒙古自治区查处生产和销售假冒伪劣商品行为的规定》《内蒙古自治区实施〈中华人民共和国消费者权益保护法〉办法》。自治区市场监督管理局联合自治区司法厅制定市场监管“四张清单（2022 版）”（即轻微法行为不予行政处罚清单、不予实施行政强制措施清单、容缺受理事项清单、证明事项告知承诺制目录清单），含 92 项不予实施行政处罚事项、32 项不予实施行政强制措施事项、7 项容缺受理事项、1 项证明事项告知承诺事项。印发《内蒙古自治区市场监管局法律顾问管理办法》《内蒙古自治区市场监督管理局公职律师管理办法》等政策文件，推进市场监管法治建设。

【计量监管】 2022 年，自治区市场监管局制定《2022 年内蒙古计量便民利企务实服务举措》《自治区优化营商环境计量服务中小企业纾困解难措施》，帮扶中小企业 7292 家，帮助企业解决计量技术问题 7846 个，减免计量检定校准费用 6724.16 万元。印发《自治区产业计量测试中心管理办法》，获批建设首个国家碳计量中心（内蒙古），筹建国家乳制品产业计量中心，推动国家稀土功能材料产业计量测试中心批筹工作。开展重点用能单位能耗在线监测工作，实现对全区 722 家能耗双控重点用能单位的煤、电、水、气等能源及能耗计量数据的综合监测，“内蒙古重点用能单位能耗在线监测系统”被列入自治区“十四五”建设规划。10 月 19 日，自治区计量测试研究院被国家市场监督管理总局确定为第一批全国计量文化科普资源创新基地。

【标准化工作】 2022 年 3 月 31 日，自治区出台《内蒙古自治区标准化条例》，细化地方标准工作流程，赋予盟行政公署、设区市制定本行政区域的地方标准的权利。印发《贯彻落实〈国家标准化发展纲要〉实施方案》，聚焦重点领域研制急需标准，发布 428 项地方标准。对 832 项现行有效的推荐性地方标准进行地方标准集中复审，其中继续有效 556 项、修订 191 项（其中有 2 项合并）、废止 85 项。8 月 9 日，2022 年零碳产业峰会上发布内蒙古自治区地方标准《绿色电力应用评价方法》，填补全区绿色电力应用评价标准领域的空白。修订发布《内蒙古自治区专业标准化技术委员会管理办法》。累计批准成立 60 个涉及交通、稀土、军民融合、大数据与云计算、蒙药材中药材等领域的检验检测专业标准化技术委员会。对300家商品条码使用单位开展监督检查，合格企业288家。

【特种设备安全监察】 2022年，自治区市场监管局修订《内蒙古自治区特种设备安全监察条例》。实现特种设备各项工作“跨省通办”“一网通办”，特种设备行政许可实行“容缺受理”和自我承诺免审换证，办理时限压缩至10个工作日。全区特种设备信息化管理实现全覆盖，对超期未检设备进行预警，实现精准跟踪。

【重点工业产品质量监管】 2022年，自治区市场监管局开展重点工业产品质量风险隐患排查，监督检查危险化学品、危险化学品包装物、钢筋、水泥、电线电缆、电动自行车、燃气具、烟花爆竹、消防产品、电动自行车充电器和电池等重点工业产品。全区累计排查重点工业产品生产销售企业13036家、开展重点工业产品质量监督抽查2780批次、对标检查危险化学品承接企业20家。组织专家对化工、水泥、毛绒、驼绒絮片等产业集聚区内重点企业进行产品质量提升技术帮扶，形成“实地调研分析+专家会诊研判+制定帮扶方案+技术提升服务”工作流程，助企纾困，提升产品质量。

【检验检测】 2022年，自治区市场监管局持续推进检验检测机构行政许可制度改革，上线新版检验检测机构资质认定许可审批系统，增加了告知承诺证后核查线上派审、机构线上注销资质、监管部门线上撤销资质的功能，基本实现审批事项线上办理。建设检验检测监管平台，完成六大服务系统的基础维护及核心功能建设工作，已接收1000余家检验检测机构数据；加强评审员专家队伍建设，组织开展机动车、食品领域评审员考试，将102名新任用评审员纳入资质认定评审员库，现有333名评审员。自治区市场监督管理局联合公安厅、生态环境厅、应急厅、商务厅、能源局、国家税务总局内蒙古税务局在全区开展车用油品质量专项整治，采用车用油品质量快速筛查技术与常规实验室检测相结合，严厉打击成品油市场存在的违法行为。全年共抽检880批次油品，立案23个，收缴罚没130万元；联合农牧厅对全区化肥、滴灌带、农膜等农资产品质量安全开展专项整治，对7213个化肥等生产和销售企业进行检查，对3921批次产品质量监督抽查，发现172批次产品不合格，共立案查处88件，罚没款59万元；常态化开展非医用防护口罩等防疫产品生产和流通领域监督抽查，对1500余家销售门店进行检查，抽检95批次产品，对不合格产品及时下架进行后处理；开展减免检验检测费服务，共受理130余家幼儿园、学校及教育机构、200余家服装类企业业务，免费检验校服等样品1900多批次，免费为合作社、种羊厂等提供纤维质量检测服务，检测样品达3.8万个，覆盖280余家绒山羊养殖核心群牧户，为160家中小服装企业提供检测仪器设备共享服务，有效解决企业检验检测能力不足的问题。为120多家中小微企业和个体工商户纾困解难减免检测费用8万元。

（李 娟）

【药品安全专项整治】 2022年，自治区市场监管局围绕“严查违法、严控风险”主线，开展药品安全专项整治行动。建立自治区、盟市、旗县三级集中打击整治危害药品安全违法犯罪工作领导工作机制。各级药品监管部门累计查处药品、医疗器械、化妆品普通程序案件2987件，比2021年增长33.59%，涉及货值金额6503.84万元，罚没金额2786.79万元，货值金额50万元以上案件21件，处罚到人1件，责令停产停业33户，撤销药品经营许可证3张。向公安机关移送案件141件，配合查处涉刑案件46起，联合捣毁制假、售假窝点5个。建立并开展三级风险会商，梳理12个方面29类78项风险隐患。连续开展全覆盖检查、飞行检查和交叉互查，累计检查各类企业79910家次，疾控中心和接种单位4599家次，发现问题缺陷9815个，采取约谈告诫、限期整改等风险管控措施3062家次，暂停经营使用112家次。全区共检查药品生产经营使用单位21493家次，妥善处置国家网络销售监测平台移送线索30件。完成国家、自治区年度药品质量抽查检验2519批次，发现不合格样品23批次。组织开展药物警戒现场检查和不良事件靶向性检查，累计监测分析药品不良反应报告15727份，比2021年下降3.22%。

【医疗器械质量安全监管】 2022年，自治区市场监管局依法依规开展医疗器械审评审批，推进医疗器械注册体系核查和注册管理信息化建设，加强医疗器械临床试验备案及相应检查工作。推动开展第二类医疗器械注册清理规范，分级分类推进医疗器械唯一数据标识（UDI）和新版GB 9706系列标准宣贯实施。加强上市后医疗器械监管，对全区医疗器械质量安全风险隐患进行排查和会商。组织开展医疗器械生产经营环节监督检查和飞行检查以及无菌植入、医疗美容用医疗器械、艾滋病防治相关医疗器械、装饰性彩色隐形眼镜经营环节等专项检查，加强集中带量采购中选产品监管，持续开展“清网行动”。各级药品监管部门共排查医疗器械生产经营使用单位45879家次。完成国家、自治区年度医疗器械质量抽查检验187批次，发现不合格样品3批次。开展医疗器械不良事件监测工作，累计监测分析医疗器械不良事件报告6202份、比2021年增长11.03%。

【化妆品质量安全监管】 2022年，自治区市场监管局规范提升普通化妆品备案管理，做好备案质量抽查，督促化妆品备案人落实普通化妆品年度报告制度。对化妆品注册人、备案人、生产企业执行《化妆品生产质量管理规范》情况进行全覆盖检查，监测分析化妆品潜在质量风险，组织开展化妆品注册生产和经营使用环节专项检查和网络经营专项检查以及“线上净网、线下清源”行动等，强化对化妆品重点品种、重点环节、重点领域的监督检查，严厉打击化妆品注册和备案、生产经营和使用环节以及网络经营违法违规行为，全面整治全区化妆品行业秩序。各级药品监管部门共检查化妆品生产经营使用单位12538家次，完成国家、自治区年度化妆品质量抽查检验610批次，监测分析化妆品不良反应报告1561份、比2021年增长18.17%。

【食品安全监管】 2022年，自治区市场监管局落实《地方党政领导干部食品安全责任制规定》《中共中央 国务院关于深化改革加强食品安全工作的意见》。开展食品安全“守底线、查隐患、保安全”专项行动，检查食品生产经营主体27.92万户，检查覆盖率100%，发现风险2.65万个，处置完成率100%。开展食品安全“两个责任”机制工作，全区市、县、乡、村3.23万名党政领导干部包保22.52万家获证食品生产经营主体，完成率100%。全区2754家食品生产经营企业设置食品安全总监2763人，做到应设尽设。印发《内蒙古自治区食品安全示范旗县评价与管理办法和评价细则》，启动自治区级示范旗县创建工作。制定《关于全面推行食品安全责任保险工作的指导意见》，为进一步推进全区食品安全责任保险工作提供政策依据和目标方向。向自治区人民政府申请解决食品安全责任保险项目资金300万元，推进呼和浩特市、乌兰察布市试点先行，全区参加投保单位共3559家。开展全区食品安全抽检监测，完成32个食品大类87843批次的抽检检测任务，检出2576批次不合格食品，不合格率3.09%，完成4516批次风险检测任务，检出86批次问题食品，问题发现率1.90%。全区常态化开展检测机构能力验证和省级区域食品安全“你点我检”服务活动110余次。制定《内蒙古自治区市场监督管理局食品安全抽检合格备份样品合理利用管理办法》，对19个大类产品进行合格备份样品合理利用100余次，再利用货值达54.28万元。

（李 燕）

知识产权保护

【概况】 2022年，自治区知识产权系统实施《知识产权强国建设纲要（2021—2035年）》《“十四五”国家知识产权保护和运用规划》《内蒙古自治区贯彻落实〈知识产权强国建设纲要（2021—2035年）〉实施方案》《内蒙古自治区“十四五”知识产权保护和运用规划》，统筹推进新时代绿色发展知识产权强区建设，助力经济高质量发展。6月2日，国家知识产权局、公安部印发《关于表扬2021年度全国知识产权系统和公安机关知识产权保护工作成绩突出集体和个人的通报》，呼和浩特市知识产权局等2个集体，包头市知识产权局、通辽市知识产权局、巴彦淖尔市市知识产权局5名个人受到表扬。8月10日，国家知识产权局、国家市场监督管理总局、北京2022年冬奥会和冬残奥会组织委员会印发《关于表扬北京2022年冬奥会和冬残奥会奥林匹克标志知识产权保护突出贡献集体和个人的通知》，鄂尔多斯市知识产权局被评为先进集体，呼和浩特市知识产权局，锡林郭勒盟知识产权局3人被评为先进个人。

【专利授权】 2022年，全区专利授权量24638件，比2021年增长1.13%，其中发明专利授权2054件，比2021年增长24.41%；实用新型专利授权20641件，比2021年增长–0.46%；外观设计专利授权1943件，比2021年增长–1.57%。截至2022年12月底，全区有效专利83782件，其中全区有效发明专利9654件，每万人有效发明专利拥有量4.01件，全区有效实用新型专利66312件，全区有效外观设计专利7816件。PCT专利申请88件。内蒙古自治区拥有有效注册商标总量为343184件。申请注册地理标志证明商标181件，地理标志保护产品41件。

【知识产权运用】 2022年，全区培育国家知识产权示范企业5家、优势企业12家；培育认定自治区知识产权优势企业10家；呼和浩特市确定为国家知识产权强市建设试点城市，包头稀土高新技术产业开发区确定为国家级知识产权强国建设试点园区，包头市昆都仑区、鄂尔多斯市东胜区、鄂尔多斯市准格尔旗确定为国家知识产权强县建设试点县；内蒙古知识产权保护中心、呼和浩特市知识产权保护中心获批为国家级专利导航服务基地；获批建设国家级乳业、草产业知识产权运营中心，建成全国首个乳业知识产权一站式服务平台和专利与技术需求交易平台；自治区政府设立1亿元知识产权质押融资风险补偿资金。围绕全区重点产业补链、延链、强链发展需要，成立草业、乳业、稀土、羊绒、沙棘5家自治区产业知识产权运营中心。与4家银行签署战略合作协议，建立政银合作机制。建立涵盖6家银行、4家服务机构共50人参与的服务团队，面对点、点对点服务企业，2022年全区开展31场知识产权质押融资银企对接活动，服务市场主体2800户。内蒙古小尾羊餐饮有限公司通过商标质押实现4000万美元外币贷款案例成为自治区市场监管局优化营商环境典型案例。地理标志助力乡村振兴取得新进展，5件地理标志农产品加入中欧地理标志保护协定，培育"天赋河套""锡林郭勒羊肉"等有较强影响力的区域品牌。

【知识产权执法】 2022年3月2日，自治区市场监管局、自治区知识产权局制定《2022年全区知识产权行政保护工作实施方案》，围绕"守住安全底线、聚焦民生关注、服务发展大局"三大目标，对群众反映强烈、社会舆论关注、侵权假冒多发的重点领域和区域开展知识产权行政保护工作。2022年，全区查处各类知识产权侵权假冒案件577件，比2021年上涨63.46%。9月28日，内蒙古自治区知识产权保护中心通过国家知识产权局验收并投入运行，面向生物和新材料产业开展知识产权快速协同保护工作，开启专利审查"绿色通道"。12月12日，经过内蒙古自治区知识产权保护中心专利预审的实用新型专利——"一种高碳铬铁高温还原电炉的出料后处理装置"，获得国家知识产权局授权。该实用新型专利是内蒙古自治区知识产权保护中心开展专利预审服务以来首件获得国家授权的专利，经预审合格后，从正式申请到最终授权仅用9个工作日，远低于国内普通实用新型专利申请平均6个月的审查周期，授权时间缩减95%以上。

（李　娟）

信用体系建设

【信用信息归集】 2022年，自治区社会信用信息平台充实数据基础，累计归集572万户市场主体、3.95万家机关事业单位、3.4万个社会组织、2400万个社会信用信息共计3.47亿余条。

【信用监管】 2022年，自治区各有关部门依托社会信用信息平台，各领域推进以信用为基础的新型监管机制。平台累计归集全区"黑名单"信息265万条，"红名单"信息48066条，各部门在行政事项办理中共调用查询信用信息6000万次，市场监管效率和社会治理能力显著提高；累计修复4700余条失信信息，依法保护主体权益。

【政务诚信建设】 2022年，自治区制定印发《内蒙古自治区政务诚信建设监测评估管理办法（试行）》；完成2021年度自治区各盟市和直属机关政务诚信建设实绩考核工作，印发《关于贯彻落实〈内蒙古自治区公共信用信息管理条例〉加强在行政事项中应用公共信用信息的通知》，营造诚信政务环境。

【信用融资】 2022年，自治区印发《内蒙古自治区加强信用信息共享应用 促进中小微企业融资工作方案》。完成全国融资服务平台自治区节点建设工作，实现融资意向金额212亿元，累计授信119亿元，发放贷款67.16亿元。

【信用典型宣传与选树】 2022年，内蒙古在全区范围内开展信用宣传活动，累计开展2100余次，受众人数超过900万人。同时持续推进诚信典型选树工作，累计选树19批2676家诚信典型企业。

（苏力德）

能源经济

综　述

【能源法规政策】 2022年，内蒙古自治区出台《内蒙古自治区煤炭管理条例》，修订《内蒙古自治区电力设施保护条例》；印发《内蒙古自治区“十四五”能源发展规划》及煤炭、电力、可再生能源、油气、技术创新、氢能、能源数字化转型7个专项规划；出台《关于建设国家重要能源和战略资源基地的实施方案》《新能源开发布局与有序利用规划方案》《煤炭产能稳定接续和有序开发方案》《蒙西新型电力系统建设行动方案（2021—2030年）（1.0版）》《蒙西电网有序用电方案（2022年版）》《蒙东电网有序用电方案（2022年版）》《关于加强新能源装备制造基地规划布局的指导意见》《关于推动风电光伏新能源产业高质量发展的意见》《关于促进氢能产业高质量发展的意见》《关于支持新型储能发展的若干政策》，以及源网荷储一体化、风光制氢一体化、燃煤自备电厂可再生能源替代、园区绿色供电、火电灵活性改造、全额自发自用6类市场化并网新能源项目配套实施细则。

【能源重大项目建设】2022年，全区实施能源重大项目259个，完成投资1843亿元。其中，新建项目174个，完成投资1113亿元，占完成投资的60%；续建项目85个，完成投资730亿元，占完成投资的40%。

【能源绿色转型】 2022年，内蒙古自治区发电量6619.2亿千瓦·时，煤炭产能、外送煤炭和外送电力等均居全国第一。能源结构进一步优化，2022年新能源装机容量6042万千瓦，占总装机容量的35.9%；新能源发电量1322亿千瓦·时，占全部发电量的20.4%，比全国平均水平高7个百分点。保护性开发稀土资源，国家稀土新材料技术创新中心加快建设，壮大稀土新材料产业集群，稀土化合物全国市场占有率达到70%。全区完成煤电机组节能改造261万千瓦、灵活性改造1119万千瓦、供热改造126.2万千瓦。全区新能源发电量1335亿千瓦·时，占全区电源发电量20.6%，其中，风电发电量1077亿千瓦·时，光伏发电量245亿千瓦·时，生物质发电量13亿千瓦·时。截至2022年底，全区供电标准煤耗降至310克/千瓦·时，较2021年同期减少2克/千瓦·时。全区可再生能源电量1075亿千瓦·时，全区消纳的可再生能源权重达到25.6%，高于国家要求的可再生能源消纳责任权重3.7个百分点。推广光伏生态发电，截至2022年底，全区累计建成生态光伏装机253万千瓦，预计可治理沙漠、矿区面积0.6万公顷。

【能源合作】2022年，自治区人民政府先后与国家电投、中国石化、华润、长江三峡、中国华能、中国华电6家中央企业（能源类）签订合作协议，合作内容涉及煤炭、电力、石油、天然气、新能源、乡村振兴等多个领域。

【能源安全事故】2022年，全区能源行业发生安全事故16起、死亡17人，事故起数同比持平、死亡人数减少2人，未发生较大及以上生产安全事故。其中，发生煤矿安全事故10起、死亡10人，煤矿百万吨死亡率0.008%；发生电力安全事故6起、死亡7人。

能源资源

【风能资源】全区风能发电理论蕴藏量14.6亿千瓦（离地高度70米）。风能资源总体呈现“中部高、东西部略低”特点，巴彦淖尔市山北、包头市山北、乌兰察布市中北部、锡林郭勒盟大部以及赤峰市、通辽市、兴安盟、呼伦贝尔市的大兴安岭西北区域风能资源最好，平均风速7.5米/秒。

【太阳能资源】截至2022年底，全区太阳能发电理论蕴藏量94亿千瓦，平均年总辐射总量1000千瓦·时/平方米~1850千瓦·时/平方米，年日照时数2400小时~3500小时。太阳能资源总体呈现“西高东低”特点，阿拉善盟太阳能资源最为丰富，其次为巴彦淖尔市、鄂尔多斯市。

能源基础设施

【煤炭外运铁路】截至2022年底，全区建成准朔、京包、唐包等10余条煤炭外运铁路通道，为国家能源运输提供有力保障。

【电力基础设施】截至2022年底，全区已建成5条特高压、11条500千伏超高压输电通道，外送电能力7000万千瓦，蒙西“三横四纵”500千伏主网架已建成，蒙东统一的500千伏主网架正在形成。

【油气长输管道】截至2022年底，全区已建成44条油气长输管道，自治区内里程7083.6千米，管道气已覆盖9个盟市和45个旗（县、区）。

能源科技

【能源创新平台建设】截至2022年底，全区能源领域建成“大规模储能技术教育部工程研究中心”等8个国家级创新平台和“煤基固废高效循环利用重点实验室”“煤基新材料企业重点实验室”等66个自治区级重点实验室。

【能源先进适用技术项目】2022年，内蒙古在全球首创煤基纳米碳氢燃料工业化制备和火力发电技术；建成全国首个重载铁路加氢科研示范站；实施70MPa加氢站用加压加注关键设备研发项目。2022年，内蒙古启动“双碳”领域科技创新示范工程，围绕“新能源与新型电力系统、煤炭清洁高效利用、传统产业节能降碳”重点攻关方向，投入经费1.49亿元，包括中科院院士李灿在内的58个研发团队共同参与研发。

【智能化建设】2022年，全区新增110千伏及以上智能变电站24座；新增智能化采掘工作面63个，新增10处露天煤矿开展无人驾驶试验，无人驾驶车辆增加89台。截至2022年底，全区累计建成110千伏及以上智能变电站199座；86处井工煤矿建成智能化采掘工作面156个，28处露天煤矿开展无人驾驶试验、无人驾驶车辆235台。

能源工业

【煤炭工业】2022年，全区共有煤矿500处，按地区分，西部地区411处，东部地区89处。按开采方式分，井工煤矿268处，露天煤矿232处。新增核准煤矿2处，开工煤矿7处，进入联合试运转煤矿8处，竣工投产煤矿5处，核增产能煤矿66处。年内全区实施煤炭重大项目28个，完成投资105亿元。其中，新建项目17个，完成投资50亿元；续建项目11个，完成投资55亿元。截至2022年底，产能13.29亿吨/年。

【电力工业】2022年，全区电力装机容量16888万千瓦，比2021年增长9.05%，居全国第三位。其中，火电装机10503万千瓦，占总容量的62.19%，比2021年增长6.8%，居全国第三位；风电装机4548万千瓦，占总容量的26.93%，比2021年增长13.81%，居全国第一位；光伏装机1561万千瓦，占总容量的9.24%，比2021年增长10.55%，居全国第12位；水电装机241万千瓦，占总容量的1.43%，同比持平，居全国第23位。2022年，全区发电量6459.32亿千瓦·时，比2021年增长7.68%。其中：火电发电量5113.97亿千瓦·时，占总发电量的79.17%，比2021年增长7.26%；风电发电量1075.26亿千瓦·时，占总发电量的16.65，比2021年增长11.31%；光伏发电量227.80亿千瓦·时，占总发电量的

3.52%，比 2021 年增长 11.80%；水电发电量 42.29 亿千瓦·时，占总发电量的 0.66%，比 2021 年降低 31.22%。

【油气工业】2022 年，全区新增核准煤制气项目 1 个，实施油气重大项目 3 个，完成投资 18 亿元。其中，新建项目 2 个，续建项目 1 个。截至 2022 年底，已建成投产煤制油气项目（生产线）4 个。

（付成霖）

新能源产业

【新能源并网装机】截至 2022 年底，全区新能源并网装机规模 6182 万千瓦，占全区电源装机 36.5%，其中，风电并网装机 4568 万千瓦，光伏并网装机 1568 万千瓦，生物质并网装机 46 万千瓦。全区新增新能源并网装机规模 736 万千瓦。其中，风电并网装机规模 572 万千瓦，光伏并网装机规模 156 万千瓦，生物质并网装机规模 8 万千瓦。

【新能源装备制造】2022 年，全区实施能源装备制造项目 101 个，完成投资 620 亿元。新引进项目 34 个。形成风电、光伏装备制造全产业链配套供给能力。

【新能源重大项目】2022 年，全区实施新能源重大项目 178 个，完成投资 1281 亿元。其中，新建项目 138 个，完成投资 1005 亿元；续建项目 40 个，完成投资 276 亿元。

【风电装备制造产业】截至 2022 年底，全区形成风电整建制配套能力 500 万千瓦。全区 2022 年实施风电装备制造项目 43 个，完成投资 102 亿元。引进金风科技、中车株洲等企业的 2 个项目落地。

【光伏装备制造产业】截至 2022 年底，全区形成光伏组件供给能力 1000 万千瓦。2022 年，全区实施光伏装备制造项目 35 项，完成投资 455.7 亿元。引进中环光伏、长龙浙科、中成榆能源、协鑫集团、隆基绿能、东晶新材料等企业的 13 个项目落地，可增加年产工业硅 25 万吨、高纯晶硅 34.25 万吨、电子晶硅 1 万吨、晶棒 144 吉瓦、硅片 113 吉瓦、电池片 24 吉瓦、组件 26 吉瓦。

【大型风电光伏基地建设】2022 年，蒙西至京津冀、库布其至中东部、贺兰山至中东部 3 个沙戈荒大基地项目实施方案获得国家批复，总计外送新能源规模 3600 万千瓦、配套火电规模 1200 万千瓦。两批次、3208 万千瓦风光基地建设项目获得国家批复，其中，第一批 2020 万千瓦项目已全部开工，第二批 1188 万千瓦项目开展前期核准及办理开工前期手续。

【氢能产业】截至 2022 年底，全区形成制氢设备产能 50 台（套）。2022 年，全区实施氢能装备制造项目 6 个，完成投资 0.4 亿元。引进协鑫电气、国盛利华、海峡未来、苏州瑞驱等企业的 4 个项目落地。

【储能产业】2022 年，全区实施储能装备制造项目 17 个，完成投资 61.5 亿元。引进圣钒科技、斯诺新材料、中电储能、国轩零碳、天诚同创、景华新材料、华创新材料、湖南镕锂、深圳费特森、黑猫纳米材料、广慧新能源、瑞森新能源等企业的 14 个项目落地。

（黄坤达）

重点能源企业

【内蒙古能源集团有限公司】内蒙古能源集团有限公司注册资本 130 亿元，截至 2022 年底，资产总额 681.08 亿元，在册职工 1 万余人，是内蒙古自治区国有资本投资公司试点企业，入选全国国企改革“双百行动”。公司拥有发电总装机 2363 万千瓦（其中火电装机 1407 万千瓦，新能源装机 956 万千瓦），煤炭资源储量 57 亿吨，城市居民供热能力 1.1 亿平方米，具有电力工程设计甲级资质，电力工程总承包特级资质，是全国 9 家拥有该资质的企业之一，有中高级职称人员 2729 名，拥有博士后科研工作站 1 个、自治区级创新工作室 7 个，2022 年共获得自治区及以上科研成果 41 项、专利 12 项、专有技术 7 项、工法 5 项，具备能源电力工程规划、设计、咨询、施工、监理、运维全产业链建设能力。

【内蒙古伊泰集团有限责任公司】内蒙古伊泰集团有限公司（以下简称伊泰集团）成立于 1988 年 3 月，是以煤炭生产、运输、销售为基础，集铁路、煤化工为一体，以房地产开发、现代农牧业为互补的大型清洁能源企业。伊泰集团发起成立的内蒙古伊泰煤炭股份有限公司分别在上海（B股）、香港（H股）上市。伊泰集团在2022年度中国民营企业500强中排名第188，在中国煤炭企业50强中排名第16，是中国动力煤大型煤炭企业和煤炭行业协会协调机制成员单位。截至2022年底，伊泰集团有直接和间接控股子公司63家，总资产超过1000亿元，员工6300多人。业务分布已延伸至北京、上海、广东、江苏、浙江、新疆、海南、四川等17个国内省区市，以及俄罗斯、澳大利亚等国家。

【内蒙古汇能煤电集团有限公司】 内蒙古汇能煤电集团有限公司成立于2001年，所属分公司、子公司70家，总资产1150亿元，员工1.1万人，是以煤炭、电力、化工为主业，集物流、金融、地产、路桥、水务等产业于一体的大型股份制企业，公司形成4500万吨煤炭、153万千瓦电力、16亿立方米煤制气及液化生产能力。在2022中国煤炭企业50强排名中，居营业收入第27位，产量第19位，纳税第11位；在2022年中国民营企业500强中位列第362。

（黄坤达）

【内蒙古电力（集团）有限责任公司】 内蒙古电力（集团）有限责任公司（以下简称内蒙古电力集团）是自治区直属国有独资特大型电力企业，同时向华北、陕西榆林和蒙古国提供跨省区、跨国境供电。负责建设运营自治区中西部电网，供电区域72万平方千米，承担着自治区8个盟市工农牧业生产及城乡1429万居民生活供电任务。2022年，全年售电量2383.28亿千瓦·时，全网最大供电负荷突破3560万千瓦，位列全国省网公司第十。发展总投资195.61亿元，增长60.3%。线损率3.08%。营业总收入1079亿元，成为自治区第二个“双千亿”国有企业。利润总额12.5亿元。累计固定资产1554亿元。资产负债率54.5%。综合电压合格率99.72%，比2021年提升0.15个百分点。城市用户平均停电时间3.95小时，比2021年减少2.14小时。百万客户投诉量55次，比2021年下降6.78%。全员劳动生产率45.28万元。全网实现安全稳定运行25年长周期纪录。优化用电营商环境，为13.7万客户节省办电成本12.2亿元。公司连续11年获评自治区国资委经营业绩考核A级企业，位列中国企业500强第255，能源企业500强第47。获评国务院“地方国有企业社会责任先锋100指数”第8位，并入选全国“诚信兴商”社会责任优秀案例。

安全生产　2022年，内蒙古电力集团安全生产形势保持总体平稳。安全生产专项整治三年行动收官，形成制度成果374个、典型经验31项。建立安全管理“双提级”机制，提级处置安全事件4次、治理违章行为1792起。顶住两轮迎峰保供压力，全年组织需求侧响应19次、与华北电网互济95次。开展“消缺陷、除隐患、控风险”专项行动，消除缺陷隐患5万余项，输、变、配和通信设备故障率大幅下降。推进电网智能运检，投运172座变电站辅控系统，直升机、无人机航检突破6万千米，巡检效率提高7倍。建成鄂尔多斯省级备调系统，实现“异地双活、一键切换”。开展抽水蓄能黑启动试验，电网应对重大灾害能力大幅提升。拦截处置网络攻击21.2万次，计算机病毒数量从“十万级”下降到“个位数”。

电网建设　2022年，内蒙古电力集团完成蒙西电网2030年发展格局方案。统筹衔接、优化调整500千伏“十四五”电网规划，协助自治区确定蒙西沙戈荒大型风光基地开发布局，纳入国家规划。探索配电网智能化升级路线，试点建设数字化配变台区、数字孪生变电站、智慧变电站，配电自动化覆盖率超过92%。落实国家、自治区重点项目建设要求，主动适应用户工程快速投产节奏，下达14批政策性保障和5批应急投资计划，87项110千伏及以上电网工程如期投产，电网投资创历史新高。克服施工难、窗口期短等困难，攻坚完成金山热电二期等4项国家特急能源保供工程。伊和乌素新能源汇集外送、集通铁路电气化改造供电工程按期投运。265天建成英华500千伏输变电工程，创造“当年开工、当年投产”的新纪录，满足包头光伏新材料制造业用电需求。应用先进工艺，采用智能化设计变电站65座，采用可研设计一体化等模式建设工程47项，首次采用BIM技术开展大数据中心设计施工，大幅缩短建设周期，提高工程质量。巨宝庄等12项工程荣获省部级以上优质工程奖，托克托500千伏变电工程获评国家优质工程奖。

国际合作　2022年，内蒙古电力集团与蒙古国国家电网OT《购售电协议》续签项目谈判工作取得关键突破。与蒙古国国家电网公司、OT公司共同签署《关于电力供应之谅解备忘录》，并就签署长周期、固定期限合同达成基本共识。

数字化建设　2022年，内网一期云平台、新门户系统上线投运，人工智能平台支撑作用明显，公司“数字底座”初步建成。数字应用取得突破，全年上线21个业务系统，生产精益化管理平台实现单轨运行，蒙电e联、商旅平台、移动运检助手等广泛应用，有效赋能业务转型。数据价值加速释放，建成公司数据中台，能源（电力）大数据平台上线运行，大幅提升数据集成、共享和服务能力。

（包丹阳）

【北方联合电力有限责任公司】北方联合电力有限责任公司是由中国华能集团公司控股管理的股权多元化的国有企业（中国华能集团公司持投70%，广东省粤电集团有限公司持投20%，中国神华能源股份有限公司持投10%）。截至2022年底，公司运行装机容量2104万千瓦（其中，火电装机1855万千瓦，占比87.3%；新能源装机269万千瓦，占比12.7%），煤炭产能3000万吨，资产总额854亿元，员工总数1.5万人，所属单位27个。拥有7个装机超百万千瓦的火力发电厂；上都发电公司、锡林热电公司、魏家峁煤电公司3家电厂外送至京津唐及河北南网；承担着内蒙古自治区8个盟市1.7亿平方米居民供热和部分重点工业企业的用气任务；是一个煤、电、热协同发展，积极发展新能源等产业的能源企业。5月，在内蒙古自治区诚信典型选树中，北方公司被授予“诚信标杆企业”荣誉称号。6月，国家税务总局各地方税务局相继发布2021年度纳税信用等级评价结果，北方公司30个纳税主体获评2021年度“A级”纳税信用等级；中电联发布2021年度全国火电机组能效水平对标结果，北方公司有16台机组计共获得20个奖项。12月30日，北方公司获得北京产权交易所2022年度最佳产权交易组织奖。锡林郭勒盟风电基地建设项目组获评“全国工人先锋号”。上都发电公司热网营业班组、锡林热电公司热网部营业中心获评“全区五一巾帼标兵岗”。2022年，完成发电量1014亿千瓦·时，比2021年增长7%；完成原煤产量2663万吨，比2021年增长33.8%；完成供热量8207万吉焦，比2021年增长4.9%；生产供电煤耗完成303.82克/千瓦·时，比2021年下降0.95克/千瓦·时；厂用电率5.81%，比2021年下降0.13个百分点；核准新能源83.6万千瓦，获得新能源项目开发权1481万千瓦，投产新能源装机53.6万千瓦。

安全生产　2022年，完成中共二十大、北京冬奥会、冬残奥会，迎峰度夏等重要时段能源保供任务，有效保障1.7亿平方米居民供热。累计发生非计划停运3次，大幅下降78%，海电、丰镇、乌海热电、兴安等14家单位全年无非停。1台机组连续安全运行超过400天，15台机组超过300天，32台机组超过200天。风电机组月均长停率0.45%，比2021年下降0.8个百分点，四季度实现长停风机“动态清零”。生产供电煤耗完成303.82克/千瓦·时，比2021年下降0.95克/千瓦·时；厂用电率5.81%，比2021年下降0.13个百分点。氮氧化物、二氧化硫、烟尘排放达标率99.99%。

经营管理　2022年，基层企业亏损面33%，比2021年下降38个百分点。公司完成发电量1014亿千瓦时，成为自治区首个发电量超“千亿”的发电企业；新能源产业发电量比2021年增长19%。新增供热面积810万平方米，供热收入比2021年增长8.3%。不断规范优化燃料管理，电煤中长期合同兑现率85%。公司16家电厂实现铁路直达或“公铁联运集装箱”入厂，火车煤占公司进煤总量的46.7%，比2021年增加3.2个百分点。增收节支取得显著成效，三项费用同比下降10.7%，负债率首次降至66%，创新开展大宗材料区域化采购，全年集中、招标、线上采购率均实现100%，采购额较概算大幅减少。煤炭产业经营发展持续向好，公司煤炭年产能达到3000万吨，煤炭产量同比大幅增加，利润贡献和协同保供作用凸显。

企业发展　2022年，争取到库布其沙漠南部1200万千瓦新能源、400万千瓦高效调峰煤电机组基地外送项目开发权。核准备案新能源项目83.58万千瓦；取得151万千瓦灵改配置新能源项目、50万千瓦增量配售电绿色供电项目、魏家峁60万千瓦风电项目及20万千瓦屋顶光伏开发权。完成国家第三批大基地项目申报工作，申报容量2130万千瓦。基本建设有序推进，魏家峁换电矿卡5.8兆瓦分布式光伏一季度顺利投产，上都百万千瓦级风电基地并网53万千瓦，达电五期工程锅炉钢结构第九层完成吊装。

企业管理　2022年，持续推进改革，国企改革三年行动收官，改革任务完成率100%。公司本部和基层企业完成三项制度改革，劳动生产率同比翻番；全口径劳动用工再压减768人，新能源和煤炭企业用工效率集团领先。着力推动科技创新，获得专利授权1005件，比2021年增长119%，其中国内发明专利26件、国际专利授权21件。获得全国行业协会成果奖一等奖3项、内蒙古自治区职工技术创新成果三等奖1项。

【国网内蒙古东部电力有限公司】国网内蒙古东部电力有限公司是央企内蒙古区域公司之一，担负着内蒙古东部电网的建设运营与蒙东四盟市的供电服务等任务，担负着内蒙古特高压送端汇集电网的建设运行和电力外送等任务。2022年，供电面积47万平方千米，营业户数722万户，供电人口1164万人。公司在呼和浩特市设立管理本部和3家职能型事业部、6家分公司、5家子公司。在锡林郭勒盟设立国网内蒙古超特高压公司。在呼伦贝尔市、兴安盟、通辽市、赤峰市设立4家盟市供电公司，7家城区供电服务中心，39家旗（县）供电公司，189家供电营业所。在通辽市设立蒙东供电服务监管与支持中心。全口径用工2.4万人、其中长期职工1.4万人。5名员工入选国网首批青年人才托举工程；1名员工获评全国青年岗位能手；1家单位、2个集体被授予国家电网公司先进集体和工人先锋号，3名员工获得国家电网公司劳动模范；1家单位、3名员工获得自治区五一劳动奖状、奖章，3个集体被授予自治区工人先锋号。2022年，公司拥有500千伏变电站12座、变电容量2010万千伏安，500千伏线路86条、总长7810千米；拥有±800千伏、±500千伏换流站各1座，直流线路各1条。220千伏变电站85座、线路346条。并网装机容量4145万千瓦，其中火电2289万千瓦、新能源1832万千瓦，新能源装机占比44%。内蒙古特高压送端汇集电网包括“四交三直”特高压外送通道、±800千伏换流站3座、1000千伏特高压站3座及在锡林郭勒盟、鄂尔多斯市的500/220千伏汇集电网。汇接于蒙东电网的扎鲁特至青州特高压直流通道外送能力1000万千瓦，设计年送电量500亿千瓦·时。锡林郭勒盟、鄂尔多斯特高压送端电网外送能力3600万千瓦，设计年送电量1700亿千瓦·时；并网装机容量2084万千瓦，其中火电1394万千瓦、新能源690万千瓦，新能源装机占比25%。蒙东经济适用型配电网坚持与地域实际、市场负荷、发展需求相匹配，精准投资，精准建改，最大限度发挥经济效益、市场效益、社会效益。现辖10千伏配电线路3182条、线路总长11.94万千米，配电变压器8.18万台、总容量1521万千伏安。

2022年，高效核准锡盟特高压外送二期400万千瓦风光项目接网工程，着力服务鄂尔多斯库布其沙漠基地400万千瓦新能源项目接网。加速建设特高压送端汇集型电网、蒙东超高压平台型电网，核准张北——胜利特高压、巴林——金沙——阜新等43项工程，开工珠日河、平川输变电等74项工程，投运中广核风电一期送出、奈曼主变扩建等28项工程，大幅提升电网优化配置资源能力。超常推进特急保供重点工程，克服时间紧、任务重、环境艰苦等困难，解决汇能长滩电厂送出、京泰酸刺沟电厂送出等工程压覆矿难题，投运蒙能科右中、汇能长滩、国能上海庙、长城上海庙、国电长滩电厂送出等特急保供重点工程。加快落地“两个率先”“两个超过”，建成“新能源云”平台，提供快速并网、补贴申报、交易结算等一站式全流程线上服务。蒙东电网首个百万千瓦级风电项目并网发电，累计接入风电、太阳能装机2600万千瓦，新能源装机占比42%、利用率96.9%。推动用能电气化清洁化，电热供暖、充电桩用电量比2021年增长60.8%、17.3%。守护祖国北方重要生态安全屏障，构筑森林草原电气火灾的“六重防线”（思想认识防线、责任落实防线、隐患清查防线、运维保障防线、技术措施防线、政企联动防线）。制定涉林涉草线路14类差异化技术措施，与24个属地林业局签订停电避险协议。投入1.2亿元专项技改增补资金完成全量重点林区线路的新型一二次融合开关深度覆盖。完成7367处森草电气火灾隐患治理，防火期内实现重要涉林涉草线路零故障。

（任天羿）

农 牧 业

综 述

【农业产业发展】2022 年，内蒙古自治区夯实粮食生产能力基础，推进高标准农田和饲草料基地建设，实施奶业振兴行动计划、优质粮工程和种业振兴行动，粮食生产实现“十九连丰”、畜牧业生产实现“十八连稳”，2022 年粮食产量 768 亿斤，外调粮食 400 亿斤以上，为保障国家粮食安全作出了重要贡献；牛奶产量达到 733.8 万吨、70% 以上外调，肉类产量 277.8 万吨、55% 以上外调，成为国家重要的“奶罐”“肉库”。聚焦全产业链打造全价值链提升，引导农牧业产业集群高质量发展，初步构建起奶业、玉米 2 个千亿级，肉牛、肉羊、羊绒、马铃薯、大豆、饲草等 12 个百亿级产加销一体的优势特色产业链条，乳业集群成功申报成为国家先进制造业集群，农畜产品加工转化率达到 70%。2022 年，全区年销售收入 500 万元以上农畜产品加工企业实现销售收入 4262.4 亿元，比 2021 年增长 6.2%；主要农畜产品加工转化率达到 70%。截至 2022 年，国家级重点龙头企业有 59 家，自治区级龙头企业有 711 家，总数共 770 家。新创建内蒙古西部绒山羊产业集群 1 个，续建草原肉羊、河套向日葵、科尔沁肉牛、大兴安岭大豆产业集群 4 个。新建农业产业强镇 8 个。印发《“十四五”休闲农牧业与乡村旅游发展规划》，8 个嘎查村被农业农村部认定为中国美丽休闲乡村。

【农业产业结构调整】2022 年，内蒙古自治区依托奶业、肉牛、肉羊、玉米、马铃薯、羊绒六大产业链链主企业，以及大豆、向日葵、杂粮杂豆、燕麦、苁蓉锁阳等特色产业，研究制定产业发展支持政策，调整优化布局结构。瞄准全产业链开发，布局精深加工产能，完善仓储物流、品牌营销和服务网络，构建生产与加工、科研与产业、企业与农牧户相互衔接配套的上下游产业格局，以功能拓展带动业态融合，一体打造农牧业全产业链发展。

【生态绿色农业】 2022 年，内蒙古自治区实施统防统治、绿色防控技术，化肥农药保持负增长，开展地膜科学使用回收。推广农作物新品种和适用技术，粮食产量 3900.6 万吨，平均单产 5610.75 千克/公顷。全区农作物秸秆产量 4800 万吨，可收集量接近 4400 万吨，有效利用量近 4000 万吨，综合利用率达到 91%，其中肥料化利用量近 960 万吨，饲料化利用量超过 2700 万吨，燃料化利用量超过 220 万吨。全年，全区秸秆直接还田利用量近 800 万吨，还田面积超过 153.33 万公顷，主要集中在呼伦贝尔市、兴安盟等黑土地保护区和粮食主产区。地膜再利用量 0.76 万吨，再利用形式包括造再生颗粒、生物质发电、生物质供电等。棚膜再利用量 2.08 万吨。建立农膜回收企业 176 个，农膜回收网点 1103 个。

【现代农业】 2022 年，推进全区高标准农田综合监管平台建设，建成农村牧土地流转经营管理子平台，实现农业数据共享。创建 7 个国家农业农村信息化示范基地，创建 3 个国家“互联网 +”农产品出村进城工程试点县。全区农业机械化率达到 78.48%。全年完成 118 家企业的“蒙”字号认证申报材料的初审工作。农产品品牌影响力持续扩大，科尔沁牛、乌兰察布马铃薯2个区域公用品牌入选农业农村部品牌精品培育项目，兴安盟扎赉特旗牛肉被列为农业农村部农业品牌公益帮扶对象，内蒙古百强品牌榜单总价值为7203.04亿元。新创建西部绒山羊1个产业集群，续建肉羊、向日葵、肉牛、大豆4个集群。新建产业强镇8个，全区产业强镇达46个。巩固提升内蒙古奶业、玉米2个千亿级产业，以及肉牛、肉羊、向日葵、羊绒、马铃薯、杂粮杂豆、小麦、蔬菜、饲草料和大豆10个百亿级产业。开展自治区级龙头企业监测认定，新增自治区级龙头企业56家。农业科技方面，全年建立80个科技小分队，发布农牧业主推技术56项，培育高素质农牧民14.5万人，投入资金1560万元，开展为期1年的定制、体验、孵化，培育农业“头雁”780名。

【现代农业产业园】 2022年，自治区印发《内蒙古自治区现代农牧业产业园创建指南和监测评价办法》，指导盟市、旗县按照创建要求做好申报工作，重点明确围绕园区主导产业发展、组织领导机构作用发挥、政策措施制定实施、联农带农成效体现等关键指标开展监测评估，推动盟市、旗县强化现代农业产业园创建管理。2022年新建国家级产业园2个，自治区级产业园7个，全区产业园总数达到27个。

表9　2022年内蒙古自治区农牧业生产主要指标统计表

指标名称	2022年	2022年比2021年增长(%)
农林牧渔业增加值	2710亿元	13.5
农林牧渔业总产值	4316.8亿元	4.9
农　业	2208.5亿元	3.9
林　业	107.5亿元	9.0
牧　业	1876.3亿元	5.5
渔　业	31.3亿元	5.3
农林牧渔服务业	93.2亿元	15.6
农作物总播面积	875.1万公顷	0.1
粮食作物播种面积	695.2万公顷	1.0
粮食产量	3900.6万吨	1.6
小　麦	126.4万吨	−19.6
玉　米	3098.4万吨	3.5
稻　谷	90.2万吨	−21.8
大　豆	245.4万吨	45.6
薯类（折粮）	111.8万吨	−10.1
甜菜产量	385.1万吨	6.4
油料产量	170万吨	−20.5
蔬菜及食用菌	1012.9万吨	1.9
水果（含果用瓜）	175.5万吨	−8.0
年末牲畜存栏头数	7678.04万头（只）	1.4
大牲畜	956.91万头	9.8
羊	6124.06万只	−0.2

表 9（续表）

指标名称	2022 年	2022 年比 2021 年增 长 (%)
生 猪	597.08 万头	5.6
猪牛兰禽肉产量	277.84 万吨	2.8
猪 肉	73.66 万吨	9.3
牛 肉	71.87 万吨	4.6
羊 肉	110.25 万吨	-3.0
禽 肉	22.07 万吨	7.7
牛奶产量	733.83 万吨	9.0
绵羊毛产量	11.69 万吨	-3.0
山羊毛产量	1.37 万吨	9.6
山羊绒产量	0.6 万吨	-1.0

说明：农林牧渔业增加值和总产值总量按现价计算，增长速度按可比价计算。

（表格来源：自治区统计局）

【农牧业综合执法】 截至 2022 年 5 月，内蒙古自治区最后一个旗县级综合执法大队准格尔旗农牧业综合行政执法大队成立，全区 98 个执法机构编批率达到 100%，实现行业内“一支队伍管执法”的改革目标。将全区 12 个盟市按照“优势互补、东西互检”的原则，两两分组开展互查互评。2022 年，组织推进农畜产品质量安全、种子、农药、兽药、饲料和饲料添加剂、肥料、畜禽屠宰、动植物检疫、生鲜乳等重点领域执法办案，行动期间共出动执法人员 5.1 万次、执法车辆 1.1 万次，检查种植养殖主体、门店企业 3.2 万个，立案 450 起，罚没款 265.69 万元。农资打假执法办案工作，截至 12 月底，全区共出动执法人员 8.02 万人次，巡查检查门店企业 3.28 万个，抽检农资产品 1.34 万个，立案查处假冒伪劣农资案件 277 件，罚没款 262.34 万元。组织全区开展放心农资下乡进村宣传活动。4—6 月活动期间，全区共计出动执法人员 1.23 万人次、举办现场咨询培训 183 次、接待咨询群众 1.09 万人次、发放宣传资料 28.2 万余份、受理投诉举报 405 起。9 月，结合自治区“质量月”活动部署，将开展放心农资下乡进村宣传作为活动主题之一，编辑印发《放心农资下乡进村宣传明白纸》3000 份，各盟市翻印近 2.3 万份。开展农牧业安全生产执法检查 4 次，配合渔业行业部门开展执法检查 3 次，出动执法人员 2.3 万人次、检查各类经营主体 1.1 万家、立案 236 起、结案 219 起。

【农业保险】2022 年，自治区发挥政策性农业保险作用，切实保障国家粮食安全和农牧民收益。全区政策性农业保险保费规模由 2017 年的 32 亿元增长到 2022 年的 65.92 亿元，保费规模始终位居全国前五；争取中央财政保费补贴从 2017 年的 12.34 亿元增加到 2022 年的 29.85 亿元，从全国排名从第五位跃升到第一位；2022 年，三大粮食作物完全成本保险和种植收入保险在全区 40 个产粮大县及农牧场管理局实现全覆盖，保费规模达 26.95 亿元，提供风险保障 401.14 亿元。在呼伦贝尔市莫力达瓦达斡尔族自治旗、鄂伦春自治旗、阿荣旗和兴安盟科右前旗 4 个旗县开展大豆完全成本保险国家试点，确定兴安盟扎赉特旗为自治区大豆收入保险试点地区。森林保险面积达到 2440 万公顷，承保率达 93% 以上。

（董荣奎 赵 丽）

种植业

【概况】 2022 年，全区农作物总播面积 875 万公顷，其中粮食面积 695.2 万公顷，扩种大豆 36 万公顷；全区粮食总产量 390.06 亿千克。自治区农牧厅印发《2022 年各盟市粮食生产目标的通知》《2022 年扩种大豆油料工作方案》《优质高效增粮示范行动实施方案》《大豆玉米带状复合种植推广工作实施方案》，自治区政府与各盟市签订粮食生产目标责任书，压实粮食生产责任。成立扩种大豆油料工作专班，落实粮食大豆油料扩种工作。2022年，自治区农牧厅分解下达国家耕地地力保护补贴、玉米大豆马铃薯生产者补贴、农机购置与应用补贴、耕地轮作补贴、种粮农民一次性补贴等政策性补贴198.35亿元，及时释放国家“重农抓粮”政策信号。

【农业资源整治】 2022年，实施统防统治面积320.3万公顷、绿色防控面积322.7万公顷，化肥农药保持负增长；开展地膜科学使用回收试点，完成严格管控任务和安全利用任务。在重点旗县实施秸秆综合利用项目，综合利用率达到91%。应用智慧农业、生态保护技术，如马铃薯晚疫病智慧测报及减药控害技术、农业面源污染防治技术、授粉作物病虫绿色防控与蜜蜂授粉融合技术等。

【玉米种植】 2022年，全区玉米种植面积419.5万公顷，产量3098.4万吨。2021年，种植面积420.5万公顷，产量2994.2万吨。种植面积比2021年度减少了1万公顷，产量比2021年度提高3.36%。玉米是内蒙古最主要的粮食作物，在全区12个盟市均有种植，优势产区主要集中在光热水资源丰富的大兴安岭南麓、西辽河流域、土默川平原和河套平原。通辽市科尔沁区钱家店镇900公顷玉米平均单产1087.9千克，创造东北春玉米区万亩大面积单产纪录；开鲁县开鲁镇千亩示范区平均单产1228千克，创造东北春玉米区千亩单产纪录。

【小麦种植】 2022年，全区小麦种植面积38.6万公顷，产量126.4万吨。2021年种植面积44.2万公顷，产量157.2万吨。种植面积比2021年减少5.6万公顷，产量减少了30.8万吨。全区12个盟市均有种植，主要集中在大兴安岭沿麓旱作区（中国优势强筋小麦生产区），阴山丘陵旱作农业区，土默特、河套平原灌溉区（优势中筋小麦生产区）三大区域。面积前三排名分别为呼伦贝尔市20.41万公顷、占52.8%，乌兰察布市7.33万公顷、占19%，巴彦淖尔市3.45万公顷、占8.9%；产量前三排名分别为呼伦贝尔市8亿千克、占63.2%，巴彦淖尔市1.6亿千克、占12.6%，赤峰市0.95亿千克、占7.5%。

【水稻种植】 2022年，全区水稻种植面积11.7万公顷，产量90.2万吨。2021年种植面积15.5万公顷，产量115.3万吨。2022年种植面积比2021年度减少3.8万公顷，产量减少了25.1万吨。12个盟市中种植面积前三位：兴安盟6.25万公顷、占53.3%，通辽市2.08万公顷、占17.7%，赤峰市1.55万公顷、占13.2%；产量前三位：兴安盟4.9亿千克、占54.3%，通辽市1.7亿千克、占18.7%，赤峰市1.1亿千克，占12%。

【杂粮杂豆种植】 2022年，杂粮杂豆播种面积80.78万公顷，产量23亿千克，主要有谷子、燕麦、高粱、荞麦、糜子、大麦、绿豆、芸豆、红小豆、蚕豆、豌豆等。

【马铃薯种植】 2022年，全区马铃薯种植面积22.4万公顷，产量110万吨。2021年种植面积26.8万公顷，产量122.9万吨。2022年种植面积比2021年度减少4.3万公顷，产量也相应减少了12.6万吨。种植面积和产量居全国前列，脱毒种薯面积和产量占全国35%以上。淀粉、薯片薯条加工量250万吨，全产业链产值180亿元。

【大豆种植】 2022年，全区大豆种植面积122.2万公顷，产量245.4万吨。2021年种植面积89.3万公顷，产量168.5万吨。2022年种植面积

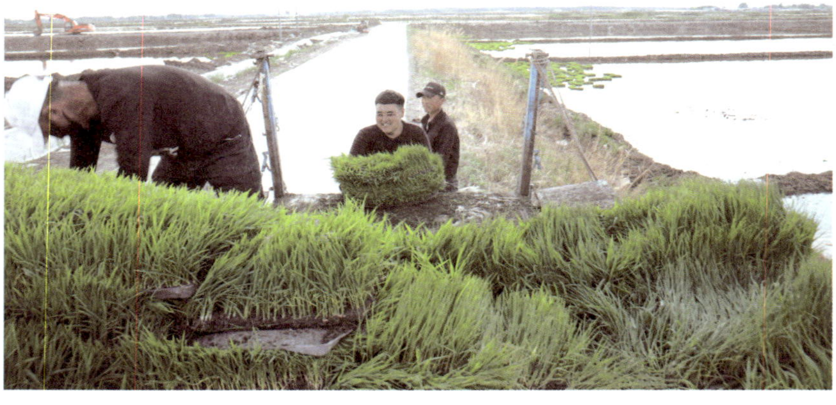

图30 2022年5月20日，兴安盟科右中旗高力板镇查干陶勒盖嘎查农牧民开展插秧工作
（自治区乡村振兴局 供图）

比 2021 年度增加 32.9 万公顷，产量也增产 76.9 万吨。大豆产区主要在东部四盟市，其大豆种植面积和产量均占 92% 以上。兴安盟扎赉特旗好力保镇 13.33 公顷大豆平均单产 303.5 千克，创内蒙古旱地大豆新纪录。

【油菜种植】 2022 年种植面积 2223.8 公顷，产量 6.2 万吨。2021 年种植面积 2342.1 公顷，产量 6.9 万吨。2022 年种植面积比 2021 年减少 118.3 公顷，产量减少 0.7 万吨。2022 年，呼伦贝尔农垦集团特泥河农牧场油菜绿色高质高效行动高产攻关田实收产量每亩 261.5 千克，创北方春油菜产区百亩以上集中连片种植的高产纪录。

【向日葵种植】 2022 年种植面积 42.3 万公顷，产量 115.4 万吨。2021 年种植面积 48.4 万公顷，产量 151.5 万吨。2022 年种植面积比 2021 年减少 6.1 万公顷，产量减少 36.1 万吨。黄河流域地区，以巴彦淖尔市为代表，包括乌兰察布市、鄂尔多斯市、包头市、呼和浩特市，向日葵播种面积 37.08 万公顷，占全区播种面积 87.7%；东部丘陵混合灌溉区，以赤峰市为代表，包括通辽市、兴安盟以及呼伦贝尔市部分地区，向日葵播种面积 3.64 万公顷，占全区播种面积 8.6%。

表 10　2021、2022 年内蒙古自治区经济作物生产情况统计表

	播种面积（公顷）				产量（万吨）				单产（千克 / 亩）			
	2022 年	2021 年	增减量	增速 (%)	2022 年	2021 年	增减量	增速 (%)	2022 年	2021 年	增减量	增速 (%)
经济作物合计	1798842.9	1859018.8	−60175.9	−3.2	—	—	—	—	—	—	—	—
一、油料	742795.8	815657.4	−72861.6	−8.9	170.0	213.9	−43.9	−20.5	152.6	174.8	−22.3	−12.7
（一）花生	35177.2	68438.0	−33260.8	−48.6	13.6	25.7	−12.0	−46.9	258.6	250.2	8.4	3.4
（二）油菜籽	253697.3	224350.9	29346.4	13.1	37.0	32.4	4.5	14.0	97.2	96.4	0.8	0.8
（三）芝麻	25.8	192.3	−166.5	−86.6	0.0	0.0	−0.0	−89.2	45.4	56.4	−11.0	−19.6
（四）胡麻籽	30975.6	39770.4	−8794.9	−22.1	3.9	4.5	−0.6	−14.1	83.6	75.9	7.8	10.3
（五）葵花籽	422548.1	482830.1	−60282.0	−12.5	115.4	151.2	−35.8	−23.7	182.1	208.8	−26.7	−12.8
（六）其他油料	371.9	75.7	296.2	391.4	0.0	0.0	0.0	550.1	65.9	49.8	16.1	32.3
二、棉花	—	23.1	−23.1	−100.0	—	0.0	−0.0	−100.0	—	105.5	−105.5	−100.0
三、生麻	1238.3	416.4	821.9	197.4	0.3	0.1	0.2	200.6	138.6	137.1	1.5	1.1
四、糖料	87915.7	76240.7	11675.0	15.3	387.1	362.1	25.1	6.9	2935.7	3166.2	−230.5	−7.3
五、烟叶（未加工烟草）	1080.6	780.4	300.3	38.5	0.4	0.3	0.1	48.2	270.5	252.8	17.7	7.0
六、中草药材	107014.5	116051.5	−9037.0	−7.8	—	—	—	—	—	—	—	—
七、蔬菜及食用菌	191834.3	181929.1	9905.3	5.4	1012.9	993.7	19.1	1.9	3519.9	3641.5	−121.6	−3.3

（表格来源：自治区统计局）

表 11　2022 年内蒙古自治区粮食作物生产情况实际产量统计表

	播种面积（公顷）				全区实际产量（吨）				单产（千克 / 亩）		
	2022 年	2021 年	增量	增幅 (%)	2022 年	2021 年	增量	增幅 (%)	2022 年	2021 年	增幅 (%)
粮食作物合计	6951839.4	6884320.9	67518.5	1.0	39006346.6	38402952.0	603394.6	1.6	374.1	371.9	0.6
一、谷物	5399401.6	5571879.9	−172478.3	−3.1	35291105.9	35290892.7	213.2	0.0	435.7	422.2	3.2
（一）稻谷	117230.7	155136.3	−37905.6	−24.4	902121.2	1152992.4	−250871.1	−21.8	513.0	495.5	3.5
（二）小麦	386159.3	442146.0	−55986.7	−12.7	1263910.2	1572359.4	−308449.2	−19.6	218.2	237.1	−8.0
（三）玉米	4194582.1	4204598.5	−10016.3	−0.2	30983621.2	29942475.4	1041145.8	3.5	492.4	474.8	3.7
（四）其他谷物	701429.5	769999.2	−68569.7	−8.9	2141453.3	2623065.5	−481612.2	−18.4	203.5	227.1	−10.4
二、豆类	1325329.4	1042049.5	283279.9	27.2	2597116.1	1867857.0	729259.1	39.0	130.6	119.5	9.3
（一）大豆	1222047.3	893213.8	328833.5	36.8	2454175.0	1685227.4	768947.6	45.6	133.9	125.8	6.4
（二）绿豆	59231.4	100047.2	−40815.8	−40.8	69450.8	109111.5	−39660.7	−36.3	78.2	72.7	7.5
（三）红小豆	15270.1	13590.8	1679.3	12.4	26543.5	22224.9	4318.6	19.4	115.9	109.0	6.3
（四）其他杂豆	28780.6	35197.7	−6417.1	−18.2	46946.8	51293.2	−4346.4	−8.5	108.7	97.2	11.9
三、薯类	227108.3	270391.4	−43283.1	−16.0	1118124.6	1244202.3	−126077.7	−10.1	328.2	306.8	7.0
（一）马铃薯	224024.1	267861.8	−43837.7	−16.4	1100265.8	1229047.8	−128782.0	−10.5	327.4	305.9	7.0
（二）甘薯	3084.3	2529.7	554.6	21.9	17858.8	15154.5	2704.3	17.8	386.0	399.4	−3.3

（表格来源：自治区统计局）

【种粮补贴】 2022 年，全区分解下达实际种粮农民一次性补贴 21.9 亿元，集中调剂 5% 的生产者补贴，新增复合种植、油菜专项补贴，统筹生产者补贴对岱海和察汗淖尔 3.33 万公顷退灌地实施缓控释肥补贴。超额完成国家下达的 26.67 万公顷大豆根瘤菌剂增施任务。

【大豆玉米带状复合种植】 2022 年，全区完成大豆、玉米带状复合种植面积 10.86 万公顷，包头市九原区 16 公顷示范区，亩产玉米 802.4 千克、大豆 128.8 千克。大豆玉米带状复合种植有效提高现有土地的利用率和产出率，在同一块地里把大豆和玉米两种作物复合种植在一起，玉米不减产的情况下，增收大豆，实现一地双收。同时豆科作物具有固氮作用，能够提高土壤肥力，改善土壤环境，促进作物增产。

【大豆大垄密植浅埋滴灌栽培技术】 2022 年，该技术继续在内蒙古推广 8000 公顷。该技术入选中国农业农村重大科技新成果 10 项新技术之一。通过滴灌破解大豆主产区春旱频发、播期推迟等问题，实现适时播种；播后滴出苗水可一次播种抓全苗、匀苗、齐苗、壮苗；增加垄体宽度后种植密度可较传统模式提高 2000 ~ 3000 株 / 亩，实现合理密植；通过水肥一体化可按需供水供肥，满足不同生育阶段水肥需求，促进大幅增产，较早作大豆亩均增产 30% 以上，是一项高产稳产的大豆栽培技术。

【高标准农田建设】 2022 年，内蒙古自治区制定《2022 年全区高标准农田建设项目建设标准》，组织开展“土地平整大会战”，出台《自治区加强高标准农田十一条政策措施》，在人民银行各级国库设立高标准农田建设专用资金账户，确保高标准农田资金及时拨付，独立核算专款专用。建成高效节水灌溉农田 215.8 万公顷，年节水 33 亿立方米，实现粮食丰产与绿色生态农业发展双赢。

【盐碱地改良】 2022 年，“三大灌区”的 6 个旗县开展盐碱地改良试点 8133 公顷，总投资 3.45 亿元。通过 3 年试点工作，内蒙古盐碱地改良取得“双降双提一增长”效果，耕地土壤酸碱度降低 0.21 至 0.40 个单位，全盐含量降低 0.20 至 0.38 个百分点；耕地土壤有机质提升 5.0% 至 9.5%，粮食增产率 25% 左右；农民土地流转价格亩均增收 200 ~ 500 元。同时，全区总结形成可复制、可推广技术模式 8 套，制定耐盐碱作物（牧草）高产栽培、土壤改良等地方标准 11 项，重点筛选出适宜不同区域的耐盐碱作物品种 13 个。

【土壤普查】2022 年，国务院启动第三次全国土壤普查工作，开展普查试点和盐碱地普查。内蒙古有 5 个旗县和 53 个旗县分别承担普查试点和盐碱地专项普查工作，共计有普查样点 42995 个，占全国的 23.6%。其中试点县样点 13976 个，盐碱地普查样点 29019 个。3 月 19 日，自治区人民政府印发《关于开展第三次土壤普查的通知》，成立由政府分管领导任组长的第三次土壤普查领导小组，5 个试点旗县历时 14 个月，完成全部普查任务，并通过验收将普查成果上报国务院土壤普查办。

【农作物病虫害防治】2022 年，全区农作物病虫草鼠害发生面积为 1213.33 万公顷次，防治面积达 1220 万公顷次，挽回粮食损失 36.21 亿千克，总体危害损失率控制在 3% 以内。推进赤眼蜂防控玉米螟、向日葵病虫绿色防控与蜜蜂授粉融合等绿色防控技术，建立绿色防控和农药减量增效技术示范区共计 297 个，核心示范面积 138 万亩。全年完成绿色防控面积 320.33 万公顷。

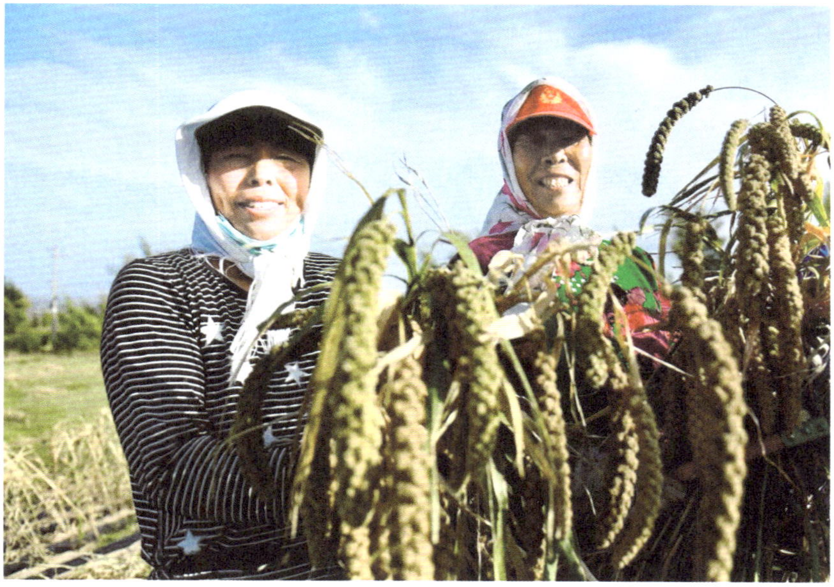

图 31 2022 年 9 月，赤峰市敖汉旗小米即将进入收获期。赤峰市是内蒙古自治区产粮大市，2021 年赤峰粮食作物收获面积为 124.34 万公顷，粮食产量达 62.5 亿公斤以上，再创历史新高，这已是赤峰粮食产量连续十年稳定在 50 亿公斤以上、连续三年超过 60 亿公斤

（孟和朝鲁 供图）

【绿色高质高效增粮行动】2022 年，自治区农牧厅建立主要作物推广和科研双首席专家团队，分组包片、全程指导机制。在 65 个旗县（市、区）建设粮油作物示范区 1060 个，总面积 13.53 万公顷，推广玉米密植、大豆垄上三行、马铃薯高垄分次施肥、油菜密植氮肥后移等高产高效技术模式。以种植大户为主体，在全区开展观摩周活动，共组织活动 530 场次，3.2 万人次参加，让农民学有榜样、干有遵循。粮油作物示范区创造了东北万亩玉米 1087.9 千克 / 亩、北方百亩春油菜 261.5 千克 / 亩、内蒙古旱地大豆 303.5 千克 / 亩、内蒙古水稻 743.5 千克 / 亩的单产新纪录。

【植物防疫检疫】2022 年，自治区农牧厅印发植物防疫检疫任务清单以及《关于开展农业植物检疫性有害生物专项调查的通知》《农业植物疫情月报填写规范的通知》，要求各地提高风险防范意识，做好应急处置预案，密切关注疫情发生动态，发现疫情及时上报，确保新突发疫情不大面积蔓延危害、原有疫情不大面积暴发成灾。严格按照产地检疫和调运检疫操作规程和《国外引种检疫审批管理办法》要求，严格把关，源头管控，严防植物疫情随种子调运传播扩散。

【化肥减量增效】2022年，自治区农牧厅成立分管厅领导任组长的协调指导组和科研院所专家组成的专家指导组。4月，印发《2022年内蒙古自治区化肥减量增效工作实施方案》，分解下达盟市任务；第一时间将中央预算资金1.6亿元分配至盟市；组织全区集成农机农艺配套、有机无机融合等技术模式进行大面积推广应用。

（安西龙）

林草业

【概况】 2022年，内蒙古自治区完成造林、种草、防沙治沙分别为31.6万公顷、114.4万公顷、50万公顷，分别为年度任务的155.6%、125.3%和134%。完成黄河流域林草生态建设61.59万公顷，为年度任务的167.9%。完成浑善达克规模化林场建设任务1.9万公顷，为年度任务的130%。完成森林抚育2.3万公顷、退化林修复11.05万公顷、退化草原改良41.7万公顷，森林草原质量提升。在敖汉旗、丰镇市、乌审旗3个旗市开展科学绿化试点建设。实施自治区财政资金支持林业产业化项目6个，落实财政资金445万元。2022年，组织编制全区林草产业发展规划，制定发展草产业、提升天然草地生产能力工作方案；以落实习近平总书记提出的“向森林要食物”为切入点，发力推进森林食品、特色林果、木本粮油、林草中药材4个优势产业，实施林业产业化项目16个。阿拉善苁蓉集团等3家企业入选第五批国家林业重点龙头企业。满洲里木材加工贸易园区和阿拉善沙产业园区获得国家林业产业示范园区认定，填补内蒙古自治区没有国家林业产业示范园区的空白。

【社会及公益造林】 2022年，自治区《乡村绿化美化行动》实施办法出台。全区462个乡镇苏木、1206个嘎查村开展乡村绿化美化行动，建设示范村685个，增加乡村生态绿量5200公顷，庭院及四旁植树60.6万株，通过改造低产低效林和开展中幼林抚育等提升乡村绿化质量1.97万公顷。

【草原林地分区管理】 2022年，内蒙古自治区对草原林地按区域发展定位实行分区管控，把林草生态保护更加聚焦到核心区域，坚决守住林草生态保护底线。启动落实基本草原划定调整工作，完成草原资源调查监测，摸清了自治区草原家底。

【林草生态惠民】 2022年，内蒙古自治区持续加大脱贫旗县项目、资金支持力度，将66.6%的林业重点项目和46.1%的草原重点项目安排在帮扶旗县。下达中央财政欠发达国有林场巩固提升任务补助资金4671万元，重点支持7个盟市的42个国有林场建设。精准选聘生态护林员17348人，落实帮扶旗县国家和自治区公益林生态效益补助资金17亿元。实施自治区财政资金支持林业产业化项目6个，落实财政资金445万元。

【森林草原有害病虫防治】 2022年，全区完成林业有害生物防治42.14万公顷，草原鼠虫害防治477.92万公顷，未发生重大灾害。开展草原有害生物和森林、草原、湿地生态系统外来入侵物种普查。

【破坏林地草原违规违法行为整治】2022年，自治区继续开展“天空看、地面查”全覆盖式森林草原督查。审核的征占用草原林地项目全部如期办结。全链条打击破坏野生动植物资源违法犯罪活动。破坏草原林地违规违法行为专项整治行动基本完成，31240个问题全部有效整治，专项整治行动转入常态化治理。第二轮中央环保督察反馈问题整改工作有序推进，均达到时序进度，1014个违规违法侵占森林公园破坏生态问题图斑和案件全部完成整改。

（何泉玮 张帆）

畜牧业

【概况】 截至2022年底，内蒙古自治区拥有有效天然牧场6818万公顷，是中国最大的草场和天然牧场，可食牧草产量2980万吨；苜蓿、青储玉米种植121.33万公顷；饲草加工企业402家。2022年末，生猪存栏597.1万头、牛存栏820.4万头（奶牛存栏159.0万头）、羊存栏6124.1万只、家禽存栏5496.8万羽。全区猪牛羊禽肉产量277.8万吨，其中猪肉 73.7 万吨、牛肉 71.9 万吨、羊肉 110.2 万吨、禽肉 22.1 万吨，牛奶产量 733.8 万吨，规模以上乳制品产量 415.2 万吨。

【生猪产能调控】 2022 年，自治区农牧厅确定自治区第一批 65 个国家级和 38 个自治区级生猪产能调控基地，通过监测产能调控基地规模猪场生产情况，适时调节产能，合理平缓“猪周期”波动，稳定生猪产能。内蒙古畜牧业协会组织大型生猪养殖企业，成立“生猪产能调控联盟”，加强价格、产能等市场信息沟通，推动养殖企业合理调整产能，有效应对市场波动，促进生猪产业持续健康发展。

【肉羊养殖】 2022 年，自治区肉羊养殖规模 1.27 亿只，出栏 6598 万只，肉产量 110.2 万吨。国际级加工企业 7 户，自治区级 60 户，新三板挂牌肉羊加工企业 3 户，羊肉产品注册商标 2.27 万个，绿色认证产品 146 个，有机认证产品 133 个，地理标志农产品等级保护产品 20 个。

【肉牛养殖】 2022 年，自治区肉牛全产业链产值 650 亿元。年末存栏 658.9 万头，全年牛肉产量 71.9 万吨。CBI 前 100 头种公牛 32 头，国家级肉牛企业 6 家，自治区级 71 家；入选“全国农产品地理标志”7 个，进入“全国名优特新产品”16 个，“科尔沁牛”“兴安盟牛肉”进入“国家和自治区农业品牌目录”。

【奶牛养殖】2022 年，自治区奶牛存栏达到 159 万头，比 2021 年增长 10.9%。培育国内排名前 100 的荷斯坦种公牛 36 头，占全国总量的 18%。推广使用性控胚胎 1.3 万枚以上、性控冻精 15 万头以上。2022 年底全区百头以上荷斯坦奶牛规模养殖场 567 个，建成 56 个 3000 头规模化养殖场。

【饲草生产】 2022 年，自治区天然草场可食牧草产量 2980 万吨。苜蓿、青储玉米 121.33 万公顷，产量位居全国第一；饲草加工企业有 402 家，其中销售收入 500 万元以上企业 34 家。稳定优质饲草种植规模，青储玉米种植 94.8 万公顷、苜蓿 19.4 万公顷、饲用燕麦 7.27 万公顷，均居全国前列，饲草全产业链产值达到 720 亿元。

【畜禽标准化养殖】 2022 年，自治区贯彻落实《国务院办公厅关于促进畜牧业高质量发展的意见》，推进畜禽标准化规模养殖，构建现代养殖体系，2022 年创建国家级标准化示范场 6 家。组织有关专家和专业技术人员，对 18 家规模养殖场推广全混合日粮饲喂、选种选配等标准化生产技术，提高母牛繁殖率，有效扩大养殖规模， 动中小散户标准化养殖水平提升。

【畜禽屠宰管理】2022 年，自治区农牧厅制定《2022 年生猪等畜禽屠宰质量安全风险监测计划》，动态掌握全区屠宰环节中重要污染物及有害因素的污染情况和趋势，分析影响动物产品质量安全的潜在风险隐患和危害来源，掌握全区屠宰企业动物产品质量安全状况，为开展有针对性的监督检查和监管决策提供科学依据。2022 年，抽样采集屠宰环节肉品 347 批次，均未发现不合格样品。

【畜禽养殖污染防治】2022 年，内蒙古自治区农牧厅（以下简称自治区农牧厅）印发《关于进一步抓好畜禽粪污资源化利用工作的通知》，督促指导规模养殖场制定粪污资源化利用年度计划，及时建立台账，准确记录粪污收集、处理等关键信息，确保畜禽粪污去向可追溯。组织各级专业技术人员进场入户，法律法规及技术指导，因地制宜推广堆沤肥还田、液体粪污贮存还田等技术模式，提高畜禽粪污资源化利用水平。2022 年，全区畜禽粪污综合利用率达到 81.5%，高于全国平均水平 3.5 个百分点。

【兽药质量安全监督】2022 年，自治区农牧厅落实养殖场户执业兽医和处方制度，提升安全用药水平。开展兽药质量安全监督抽检 1035 批次，畜产品兽药残留 421 批次，合格率均 98% 以上，对全区 28 家兽药生产企业和 2500 家兽药经营企业开展安全生产实地检查工作，完成问题整改 237 条，未发生安全生产事故。

【动物防疫】 2022 年，自治区人大修正《内蒙古动物防疫条例》，自治区政府出台《动物疫病防控综合改革意见》《突发重大动物疫情应急预案》。全年规范处置 5 起突发炭疽疫情未造成扩散蔓延，3 个动物无疫小区通过国家验收，共计免疫动物73234.28万只羽次，监测动物样品11.18万份次；畜间布病防控工作，年内监测牛羊213万头只，畜间布病阳性率比2021年下降0.12个百分点，人间报告病例比2021年下降13%，布病高发态势得到有效遏制；强化奶牛“两病”防控，奶牛布病免疫和监测85.5万头，结核病监测81.9万头，做到“应免应检”全覆盖，发放规模牛场“两病”净化补贴1377.8万元；推进20个牛羊养殖大县兽医社会化服务，示范带动19个旗县，覆盖全区40%的牛羊养殖，并总结提炼的“1+N”菜单式、“公司＋农户”打包式、“防疫·诊疗＋”拓展式3种典型模式被刊发在《农民日报》，在各地推广应用。建成11个无规定动物疫病小区和2家国家级动物疫病净化场。

【兽医实验室建设与管理】 2022年，自治区农牧厅印发《内蒙古自治区兽医实验室建设与管理办法（试行）》，对实验室建设要求、运行管理、监督管理、保障措施等方面明确规定。投入专项资金5000万元，升级改造12个盟市、74个旗县实验室，全部通过兽医实验室考核，均可进行病原学检测，并达到生物安全二级水平，为全区动物疫病防控提供技术支撑。

【非洲猪瘟无疫小区】 2022年，通辽奈曼牧原、科左中旗牧原、扎鲁特旗牧原农牧有限公司先后通过非洲猪瘟无疫小区农业农村部评估专家组现场评审。其间，评估专家组对于3个旗县动物疫病预防控制中心实验室非洲猪瘟等动物疫病检测开展情况、应急物资储存情况以及生猪无害化处理厂的运行情况进行检查和评估。

【兽医社会化服务】 2022年，自治区农牧厅投入专项资金5328万元，全力构建兽医社会化服务体系，逐步形成政府主导的公益性兽医服务和市场主导的经营性服务相结合的新格局。全年，在37个牛羊养殖大县推进兽医社会化服务，覆盖区域内60%牛羊养殖户，牲畜发病率和死亡率明显下降，基层兽医服务人员收入增加。服务实践中总结出“1+N”订单模式、“公司＋农户”打包模式、“诊疗＋防疫”拓展模式、“三位一体”和“四化同步”模式4种典型模式。

【重大动物疫情应急预案印发】 2022年，自治区政府印发《内蒙古自治区突发重大动物疫情应急预案（2022年版）》，分别对应急组织体系及职责、风险防控、预警、监测、报告、应急响应与终止、善后处理等方面做出详细规定，《内蒙古自治区突发重大动物疫情应急工作流程示意图》形象直观地呈现突发重大动物疫情应急响应程序以及防治技术规范。

【草原畜牧业转型升级示范试点建设】 2022年，自治区农牧厅选取锡林郭勒盟西乌珠穆沁旗、通辽市扎鲁特旗、兴安盟扎赉特旗3个旗县开展草原畜牧业转型升级试点示范，每个旗安排中央预算内投资4000万元。推进肉牛、肉羊发展五年行动，在8个旗县实施肉牛“扩群提质”项目，基础母牛增长率达到10%以上，全区肉羊、肉牛良种率稳定在90%和85%以上。

【内蒙古自治区病死畜禽无害化处理工作实施方案（试行）印发】 2022年，自治区农牧厅、自治区财政厅联合印发《内蒙古自治区病死畜禽无害化处理工作实施方案（试行）》，对接国家“牧运通”系统，对申领无害化处理补贴的养殖场户实施信息化监管，探索资源化利用试点，力争到2025年逐步建立以集中处理为主，自行分散处理为辅的，涵盖养殖、经营、屠宰、运输等环节无害化处理的长效机制。

【奶牛疫病防控】 2022年，内蒙古全面落实奶牛“两病”（布病、结核病）免疫监测，完成规模化养殖场布病免疫135.4万头，布病免疫达到“应免尽免”；结核病监测80.7万头，规模化养殖场结核病监测达到“应检尽检”。同时，10余种奶牛疫苗研发取得进展。

（董荣奎　赵　丽）

奶　业

【概况】 2022年，全区规模以上乳制品产量415.2万吨，增长12.6%，乳制品产量打破河北省连续八年全国第一，跃居全国首位。培育国内排名前100的荷斯坦种公牛36头，占全国总量的18%。推广使用性控胚胎1.3万枚以上、性控冻精15万头以上。2022年底全区百头以上荷斯坦奶牛规模养殖场567个，计划建成的56个3000头规模化养殖场全部建成。伊利、蒙牛跃居全球乳业第五位和第七位，奶业已成为内蒙古最具代表性、最有竞争力的支柱产业，奶业发展处在全国领先地位。2022年，成立自治区推进奶业振兴工作专班，建立自治区推进奶业振兴厅际联席会议制度。协调相关单位制定“奶九条”实施细则，出台跨盟市生鲜乳调运补贴实施细则，修改完善资金管理办法。组织召开6次厅际联席会、23次调度会、2次务虚会，与伊利、蒙牛等乳企召开6次座谈会，及时研究调度养殖场建设等重点工作，协调各方合力解决具体问题，56个规模化养殖场全部如期达到建成标准，验收后3.48亿元补贴资金全部到位。全年完成性控胚胎移植1.4万枚。全区7个盟市共申请新增规模化苜蓿补贴面积5133.33公顷，通过验收4000公顷。

【奶业振兴政策】2022年，自治区推进专项债使用，自治区农牧厅配合发改、财政等部门争取专项债支持，联合召开专题培训会，指导盟市旗县开展前期准备工作。29个项目通过国家发改委和财政部的“双审核”，专项债需求81.9亿元。财政厅已落实资金19.99亿元，剩余额度在明年予以优先考虑。奶业振兴基金20亿元已截至2022年底累计使用7.95亿元，资金使用率40%。支持的7个项目共拉动总投资40.10亿元，到位资金33亿元。发挥推进奶业振兴若干政策措施、“粮改饲”等政策叠加效应，实现饲草收储全覆盖；推广使用性控冻精15万头以上，进口优质奶牛5万头以上；继续对培育出国际国内排名靠前的种公牛育种企业给予奖励；支持151个中小养殖场改造升级和100个地方特色乳制品加工标准化改造，提升标准化水平。推动奶业生产能力提升整县推进项目，重点支持和林格尔县等8个旗县区提高奶业综合生产能力。

【国家乳业技术创新中心成立】2022年1月15日，科技部批准建设国家乳业技术创新中心。中心以内蒙古自治区人民政府为责任主体、内蒙古乳业技术研究院为建设主体，联合国内行业企业、高校、科研院所共同建设。已吸纳52家成员单位，形成了技术领域布局和创新链条较为完整的产学研融合团队，构建起了空间分布合理、具有国际影响力和竞争力、适应国内国际双循环的国家乳业技术创新网络化发展格局。2022年3月印发的《内蒙古自治区推进奶业振兴九条政策措施》将科技资金支持额度提升到了每年1亿元，通过科技重点专项的支持，解决制约乳业行业发展的关键技术和瓶颈问题。2022年，乳业国创中心持续聚焦中国乳产业发展创新需求，围绕奶牛繁育与养殖、营养与健康、乳品工艺技术与装备、乳品安全与品质等研究领域，充分征集行业企业技术需求、行业专家技术发展建议，组织成员单位共同开展科技攻关，加快推进重点项目实施进度。开展科研项目70项，投入资金7亿元，其中政府专项资金2.6亿元，企业自筹资金4.4亿元。

【乳业创新平台建设】2022年，自治区下达资金1亿元，助力国家乳业技术创新中心开展关键技术攻关。完善乳创中心（乳业技术创新中心）体制机制，建立资金直达机制。乳创中心已吸纳52家成员单位，设立44个科研项目，在奶牛体外胚胎技术、营养调控技术、浓缩乳清蛋白制备技术、包装新材料等方面取得一批阶段性成果。

【全区推进奶业振兴工作现场会】2022年7月14日，内蒙古自治区全区推进奶业振兴工作现场会在伊利现代智慧健康谷全球智能制造产业园、蒙牛中国乳业产业园举行，党委书记孙绍骋主持召开座谈会议。建设国家重要农畜产品生产基地，是习近平总书记赋予内蒙古的一个重要战略定位。推进奶业振兴，是建设这个基地的重要内容。要打造内蒙古奶业高质量发展的高地，以龙头企业为牵引，坚持集中集约发展，形成“从一棵草到一杯奶”的全产业链发展格局。

【奶业处成立】 2022年10月，经内蒙古自治区党委编办批复同意和农牧厅党组会议决定，设立奶业处。奶业处主要职责：拟定全区奶业行业发展政策和规划并组织实施。负责奶业行业统计工作。指导奶源基地建设、奶畜标准化生产、规模养殖。监督管理生鲜乳生产收购运输环节质量安全。指导奶畜种源基地建设、育种科技创新，奶业相关饲草良种的体系建设、开发利用与标准化规模化生产。

【奶业振兴九条政策措施出台】 2022年3月2日，内蒙古自治区人民政府办公厅出台《推进奶业振兴九条政策措施的通知》，通知中的“奶九条”（即对新建规模化奶牛养殖场进行补贴；对使用专项债新建奶业发展园区予以支持；对龙头企业生鲜乳加工增量进行补贴；对龙头企业利用生鲜乳喷粉进行补贴；对利用性控胚胎培育优质奶牛进行补贴；对新增规模化苜蓿草种植企业进行补贴；设立奶牛疫病防控专项资金；支持乳业创新平台建设；设立自治区奶业振兴基金）。

【奶业振兴厅际联席会议制度】 2022年4月，经内蒙古自治区人民政府同意建立自治区推进奶业振兴厅际联席会议制度，在自治区人民政府领导下，贯彻落实自治区奶业振兴工作的决策部署和各项工作安排，协调解决工作中存在的重点难点问题，完成自治区交办的其他事项。联席会议由自治区农牧厅、发展改革委、科技厅、工业和信息化厅、财政厅、自然资源厅、林草局等7个部门组成，自治区农牧厅为牵头单位。

（薛彦飞）

渔 业

【概况】 截至2022年底，自治区渔业总水面87.58万公顷，可利用面积65.80万公顷，产值31.3亿元，比2021年提高5.3%。重要的经济鱼类有鲤鱼、鲫鱼、鲇鱼、细鳞鱼、哲罗鱼、黑斑狗鱼等30多种。渔业部门对533.33公顷集中连片池塘进行标准化改造和尾水治理，放流各类鱼类苗种8000余万尾。2022年，开展“中国渔政亮剑2022”专项行动。农牧厅联合6部门建立“全区涉渔船舶审批修造检验监管机制”，9月开展专项联合行动。确认并公布154名自治区第一批渔业官方兽医，于4月8日开展业务培训。全年水产品产量10.87万吨，总产值26.04亿元，渔业产值19.87亿元。

【名特优品种】 2022年，新认证的名特优农产品水产品有多伦湖池沼公鱼、和林花鲢、扎兰屯鲤鱼、乌拉特鲤鱼和鲢鱼。

多伦湖池沼公鱼 2022年，池沼公鱼养殖面积1172.8公顷，养殖区域为多伦湖，产量494.2吨。池沼公鱼因其自身具有黄瓜清香，又被称为“黄瓜鱼”。池沼公鱼繁殖力强，生长周期短，不仅具有较高的经济价值，且由于其主食浮游生物，能净化水源，还具有较高的环保价值。锡林郭勒盟多伦县渔业资源丰富，由于地处高寒地区，清澈凛冽的多伦湖水造就了多伦湖池沼公鱼肉质紧实、味道鲜美、营养价值高的特点。

和林花鲢 2022年，养殖面积253.3公顷，养殖区域为和林县，产量75吨。鱼体长约35厘米，重约2.6千克，背部及体侧上部微黑，有不规则的黑色斑点，腹部灰白色，各鳍呈灰色；鳞片紧密，有光泽，肌肉组织有弹性，熟食肉质紧实有弹性，鲜嫩多汁，腥味淡，和林格尔县花鲢鱼主产地前窑子水库光照充足，年日照时数在2586小时左右，年平均气温6.2 ～ 7.1 ℃，水库水温在14 ℃以上的时期1年有5个月左右，适宜温度的持续时间较长，水库容积9700万立方米，四周群山环抱，水域广阔，岔河岔沟形成幽深的湖区，水库水质清澈无污染，这些得天独厚的条件为花鲢鱼的生长发育提供了非常有利的条件，并保证了打捞出来的花鲢鱼纯天然无污染。

扎兰屯鲤鱼 2022年，养殖面积60公顷，年产量在15吨左右。养殖区域为扎兰屯市，产量1139吨。肉质紧实，有弹性；鱼鳞颜色为金色，其鳞片紧密，有光泽。清炖后肉质鲜嫩，纹理清晰，味道鲜美，个体重约2.2公斤，其含钙66.6毫克/100克，鲜味氨基酸占总氨基酸比例为26.86%，不饱和脂肪酸占总脂肪酸比例76.21%，必需氨基酸占总氨基酸比例38.74%。

乌拉特鲤鱼、鲢鱼 2022年，乌拉特鲤鱼养殖面积660公顷，养殖区域为乌拉特中旗，产量260吨。产于乌拉特中旗德岭山水库，水质纯净无污染，浮游生物及底栖动物较为丰富，鱼类野生散养，生长速度慢，适合养殖各种鱼类品种。独特的生长环境和气候条件给鱼类创造优越的生存环境，这里的鱼类肉质细腻筋道、营养丰富、易消化吸收，口感极好，是真正的无公害健康食品。乌拉特鲤鱼个体重约2千克，肉质紧实，有弹性；鱼鳞颜色为金色，其鳞片紧密，有光泽。清炖后肉质鲜嫩，味道鲜美。内在品质钙、DHA 占总脂肪酸、鲜味氨基酸占总氨基酸、单不饱和脂肪酸占总脂肪酸均高于参考值，脂肪优于参考值。乌拉特鲢鱼体型为梭形，背部青灰色，腹部银白色，体侧鳞片为白色，鳞片紧密，有光泽，肌肉组织紧密有弹性，清炖后纹理清晰，肉质鲜嫩。

【水生生物增殖放流】 2022 年，自治区将黑斑狗鱼、拟赤梢鱼、鲫鱼（达里湖）、拉氏鲅鱼、黄河鲤鱼、北方铜鱼、陈旗鲫等鱼类增补为内蒙古“十四五”水生生物增殖放流物种。兰州鲇、赤眼鳟纳入黄河内蒙古段放流范围，并报农业农村部备案。自治区农牧厅与乌海市政府在黄河乌海段共同举办 2022 年全区增殖放流活动启动仪式，放流草鱼、鲢鱼和鳙鱼等苗种 400 万尾。全区 8 个盟市 9 个放流点同步开展增殖放流活动，放流草鱼、鲤鱼、鲢鱼、鳙鱼及细鳞鱼、哲罗鱼等土著鱼类苗种 1300 余万尾。

【渔政执法】 2022 年 4 月，自治区农牧厅根据农业农村部《“中国渔政亮剑 2022”系列专项执法行动方案》要求，启动“中国渔政亮剑 2022”内蒙古自治区系列专项执法行动，实施黄河等内陆重点水域禁渔、水生野生动物保护和规范利用、涉渔船舶审批修造检验监管、清理取缔涉渔“三无”船舶和“绝户网”、水产养殖投入品规范使用、打击电鱼行为、渔业安全生产监管 7 个方面的专项行动。全区媒体宣传 169 次，发放印发宣传册和宣传页 77369 份；累计出动执法人员 16953 人次，出动执法车辆 5352 辆次、执法船艇 267 艘次；检查渔港码头和渔船自然停靠点 710 个次，检查渔船 1123 艘次，检查养殖场点 596 个次，检查饲养繁育、展演展示、经营利用场所 202 个次，开展清理取缔涉渔“三无”船舶活动 19 场次，违规渔具渔法清理整治活动 49 场次，清理取缔涉渔“三无”船舶 57 艘，清理整治违规网具 3341 张顶。

【水产品加工】 2022 年，国家支持内蒙古自治区实施水产品初加工和冷藏保鲜项目资金 759 万元，项目涉及 8 个盟市、13 个旗县的 20 个主体。全区共有水产品加工企业 23 家，其中规模以上企业 20 家，水产冷库 16 座，年加工能力 7090 吨，2022 年加工总产量 3540 吨。

【渔业安全生产】 2022 年 1—2 月，由自治区农牧厅牵头，渔业渔政管理局、大中心水产技术处参与组成 4 个检查组对全区 8 个盟市进行冬季渔业安全生产检查；赴鄂尔多斯市、阿拉善盟开展冬季渔业安全生产检查、池塘标准化改造及尾水治理项目调研工作。5 月，赴巴彦淖尔、鄂尔多斯开展渔业安全生产检查。举办全区渔业安全生产暨统计工作培训班，邀请全国渔业海事调查专家授课，各盟市农牧局相关人员、渔场负责人 50 多人参加。

（董荣奎　赵　丽）

种　业

【概况】 截至 2022 年 12 月，内蒙古国家级制种大县和区域性良种繁育基地有 9 家，农作物种子生产基地 6.67 万公顷以上。有 519 家种育场（站）。2022 年开展黄河鲤、瓦氏雅罗鱼人工繁育和大鳍鼓鳔鳅人工繁育，累计育苗种 8299.5 万尾。推进林草种苗种质资源保存库内蒙古分库建设，收集林草种质资源 2000 余份。2022 年，内蒙古自治区种业科技创新重大示范工程“揭榜挂帅”项目，涉及羊草、冰草、乡土草、苜蓿、肉牛、奶牛、肉羊等投资近 6000 万元。内蒙古自治区苏尼特左旗蒙古牛保种场完成“蒙古牛冷冻胚胎制作工作”预试验，试验选择供体母牛 12 头，共获得胚胎或卵子 61 枚（其中可用胚胎 36 枚、退化 18 枚、未受精卵 7 枚）。召开骆驼产业发展座谈会，加强特有种群种质资源保护。肉羊、肉牛良种率稳定在 90% 和 85% 以上。启动河套大耳猪濒危物种保种工作，开展精准鉴定样品采集与生产性能测定。

【农作物种业】 截至 2022 年，呼伦贝尔市莫力达瓦达斡尔族自治旗、鄂伦春自治旗为国家级大豆制种基地，赤峰市松山区为国家级玉米制种基地，呼伦贝尔市牙克石市、锡林郭勒盟正蓝旗、乌兰察布市四子王旗、察右前旗为国家级马铃薯区域性良繁基地，赤峰市敖汉旗为国家级谷子区域性良繁基地，乌兰察布市卓资县被认定为国家级燕麦区域性良繁基地。2022年，全区建设“看禾选种”平台60个，重点打造5个区域性展示示范点（通辽玉米、呼伦贝尔大豆、乌兰察布马铃薯、赤峰杂粮杂豆、巴彦淖尔向日葵）。国家农作物种业阵型企业3家，分别是内蒙古巴彦淖尔市科河种业有限公司（玉米）、内蒙古坤元太和农业科技有限公司（马铃薯）、内蒙古华颂种业科技有限公司（马铃薯）。

【畜禽种业】 截至2022年12月，全区共有519家持有种畜禽生产经营许可证的种畜禽场(站)，其中羊场247家、肉牛场81家、奶牛场34家、马场42家、猪场80家、禽类场35家。《内蒙古自治区畜禽遗传资源志》中有20个地方品种、21个培育品种、17个引进品种，其中边鸡、蒙古牛、蒙古马、鄂伦春马、德州驴、阿拉善双峰驼、内蒙古绒山羊（阿尔巴斯型、阿拉善型、二狼山型）、乌珠穆沁羊、苏尼特羊、滩羊、敖鲁古雅驯鹿11个品种列入“国家级畜禽遗传资源保护名录”。国家级保种场(区、库)12个，国家级核心育种场20家、种公牛站5家；自治区级保种场(区、库)14个、自治区级核心育种场19家。2022年对面上普查确认存在的全区52个主要畜禽品种（类群）和6个蚕资源品种开展基本信息登记、影像采集以及体尺体重、生产性能、繁殖性能和屠宰性能等测定，科学评估其特征特性和生产性能的变化情况，完成畜禽遗传资源系统调查表填报和畜禽遗传资源调查报告编写等工作。

【水产种业】 2022年，自治区在磴口县纳林湖黄河鲤种质资源繁育场开展黄河鲤人工繁育，繁育黄河鲤夏花30万尾，并建立池塘养殖示范面积26.67公顷。在赤峰市开展了瓦氏雅罗鱼人工繁育，累计收集瓦氏雅罗鱼卵12851.6万粒，出苗量为8219.5万尾，孵化率为64%。在阿拉善盟额济纳旗蒙祥水产有限责任公司进行了大鳍鼓鳔鳅人工繁育，繁育大鳍鼓鳔鳅鱼苗50万尾。同时，引进新品种并构建福瑞鲤高效健康养殖模式、异育银鲫“中科五号”高效健康养殖模式、鱼—虾混养模式、团头鲂“华海一号”池塘养殖模式、稻—鱼综合种养模式、稻—蟹综合种养模式、虹鳟鱼工厂化养殖模式。养殖效益较往年增加15%以上，良种覆盖率达80%以上，产品检测合格率达98%以上。

【林草种苗】 2022年，自治区推进国家林草种质资源设施保存库内蒙古分库建设，内蒙古分库建设项目已列入国家林业和草原局、自治区政府以及自治区林业和草原局重点项目，项目建成后，可以保存林草种质资源80万份，将成为全国容量最大、设施最先进、技术最领先的林草种质资源设施保存库，并成为全国林草种质资源保存研发中心和自治区林草科普教育基地。全区林草种质资源普查累计完成调查线路长度超10万千米，收集林草种质资源2000余份，制作标本1.7万份。

【选种平台建设】 截至2022年底，自治区建立“看禾选种平台”60个，其中自治区级平台10个、盟市级50个，集中展示示范农作物优良品种2190个。落实基地面积409公顷，遴选包括玉米、大豆、马铃薯等主栽作物品种2190个。

【种质资源保护利用】 2022年，自治区农牧厅制定《农牧业种质资源保护与利用中长期发展规划（2022—2030年）》。推进种质资源保护利用、优势特色品种培育、良种化水平提升三大工程，完成81个旗县（区）的种质资源征集任务。实施玉米、大豆、向日葵等优良品种奖励机制，通过以奖代补方式补助资金1000万元。认定19家自治区级核心育种场、4家自治区级保种场和2个自治区级制种大县。

【种子市场监管】2022年，自治区农牧厅印发《关于组织开展2022年春季农作物种子市场检查和监督抽检工作的通知》，对全区12个盟市、68个旗县区、300多家种子经营门店开展现场检查和监督抽检。全区抽取样品797个，涵盖玉米、大豆、向日葵、水稻等14个作物种类，代表种子数量约335万公斤。对抽检样品进行水分、净度、发芽率、转基因成分快速检测和品种纯度田间小区种植鉴定，四项指标合格率97.1%，对不合格样品和侵犯植物新品种权案件100%查处。

（薛彦飞）

农牧业科技

【概况】 2022年，依托农业农村部重大技术协同推广试点项目，内蒙古组建16支农业重大技术协同团队，建立80个科技小分队，发布农牧业主推技术56项、农牧科技“云讲堂”视频52期，打通农技推广“最后一公里”。培育入库高素质农牧民14.5万人。

【农业科技创新项目】 2022年，内蒙古农业科技创新项目有国审利禾玉米新品种选育、优质高产抗病食用向日葵系列新品种及全程机械化生产技术、内蒙古主要粮食作物减肥增效技术集成创新、基于全程机械化的甜菜节水减肥绿色高效栽培模式、内蒙古马铃薯晚疫病智慧测报及减药控害技术、授粉作物病虫绿色防控与蜜蜂授粉融合技术、内蒙古千万亩高标准农田分区建设与绿色高效配套技术、内蒙古及河北坝上地区马铃薯化肥农药减量增效技术模式、饲用燕麦系列新品种引进与高效生产技术集成、内蒙古啤饲兼用型大麦提质增效技术、内蒙古黑土地保护利用技术集成，马铃薯黄萎病综合防治技术、高寒地区日光温室结构优化及配套技术示范推广、大豆玉米带状复合种植技术模式集成创新、大豆大垄密植浅埋滴灌技术，黄河流域农业面源污染防治技术集成等。

【新品种选育推广成果获奖】 2022年，自治区国审利禾玉米新品种选育与推广、优质高产抗病食用向日葵系列新品种及全程机械化生产技术推广应用、内蒙古主要粮食作物减肥增效技术集成创新与示范推广等项目获得全国农牧渔业丰收奖一等奖，基于全程机械化的甜菜节水减肥绿色高效栽培模式推广与应用、内蒙古马铃薯晚疫病智慧测报及减药控害技术的应用推广、授粉作物病虫绿色防控与蜜蜂授粉融合技术的集成与应用等项目分别获全国农牧渔业丰收奖二、三等奖。

【畜牧业技术推广】 2022年，内蒙古自治区北方牧区绵羊母子一体化高效养殖关键技术集成示范与推广应用、草原短尾羊新品种推广应用、绒山羊提质增效重大技术协同推广、安全高效机械化挤奶技术推广模式创建及应用项目分别获得全国农牧渔业丰收奖。

2022年，对内蒙古特色植物、动物和微生物遗传资源进行收集评价、保护利用、种质创新。重点强化作物、饲草种质资源收集保存与创新利用。建立内蒙古自治区特色动植物基因资源库。推进生物育种技术创新，实施种业振兴“揭榜挂帅”专项行动和育种联合攻关，培育自主知识产权新品种。建立种质和遗传物质质量安全监控体系，完善全区种质和基因质量安全监督检测平台，保证良种质量安全。农牧业国家级平台建设，重点支持巴彦淖尔国家农业高新技术产业示范区和国家乳业技术创新中心建设工作，组织申建国家草种业技术创新中心。落实好中国农科院北方农牧业技术创新中心的建设工作。支持内蒙古农业大学等单位牵头，以农业农村部重点实验室、科学观测站等为基础，整合资源申建“草原畜牧业内蒙古实验室”和教育部重点实验室。农牧业科技创新平台条件能力建设。在生物育种、微生物投入品创制、耕地质量、绿色种植养殖、农机装备和动植物疫病防控等领域，加强区、部级重点实验室、

表12 2022年度内蒙古自治区发布畜牧机械地方标准清单一览表

序号	标准代号	标准名称	批准发布部门	发布日期	实施日期
1	DB15/T 399—2022	紫花苜蓿机械化种植技术规范	内蒙古自治区市场监督管理局	2022年6月24日	2022年7月24日
2	DB15/T 2671—2022	羊草种子机械联合收获技术规程	内蒙古自治区市场监督管理局	2022年7月15日	2022年8月15日
3	DB15/T 39—2022	玉米青贮机械作业技术规范	内蒙古自治区市场监督管理局	2022年1月25日	2022年2月25日
4	DB15/T 2500—2022	干玉米秸秆饲料机械化收获技术规程	内蒙古自治区市场监督管理局	2022年1月25日	2022年2月25日
5	DB15/T 2501—2022	燕麦免耕播种机械作业技术规范	内蒙古自治区市场监督管理局	2022年1月25日	2022年2月25日

（表格来源：自治区农牧厅）

科学观测站的基础设施和科研创新能力条件建设，提前谋划农业农村部各科研平台条件能力建设项目论证入库，提升科技创新平台条件能力。完善国家农业科技园区建设。鼓励国家科技园区、示范园及高校科研院所科研平台等有效衔接，通过政产学研用合作机制与模式创新共建乡村振兴综合试验站、特色产业基地和科技小院。

【农牧业科技下乡】2022年，自治区农牧业科学院统筹推进与巴彦淖尔市等4个科技示范市及巴林右旗、杭锦后旗、察右中旗等11个乡村振兴产业示范县共建工程。作为全国农业科技现代化先行县技术对口单位，围绕主导产业在巴林右旗部署10个科技专项，开展的肉羊高效繁育及健康养殖技术使羔羊出栏体重平均提高5千克；肉牛高效健康养殖配套技术使群体繁殖率提高10%、发病率下降50%；罕山白绒山羊提质增效技术使羔羊日增重平均提高42.6克；通过技术示范与辐射带动，合计新增经济效益10亿元。在科右中旗设立肉牛、玉米和大葱产业的4个专项，示范推广适宜品种和种养技术，为科右中旗乡村振兴包联帮扶村产业发展提供科技支撑。2022年，自治区农牧业科学院与鄂伦春旗、鄂托克旗签署“乡村振兴科技支撑示范旗（县）建设五年行动”合作协议，开展技术推广与科技培训。选派15名国家现代农业产业技术体系岗站专家参加国家乡村振兴科技特派团，其中3人分别担任商都县、四子王旗、科右前旗科技特派团团长，为乡村振兴重点帮扶县提供人才、技术和智力支撑，助推帮扶县高质量发展。自治区农牧业科学院作为呼和浩特市第三家法人科技特派员单位，选派19名高层次专家担任呼和浩特市科技特派员。完成自治区党委组织部“万名专家服务基层”行动任务。

【农牧民技术培训】2022年，自治区实施乡村产业振兴带头人培育“头雁”项目和实用人才带头人培训项目。其中，“头雁”项目以3所高校作为培育依托，采取“4个一”方式（用一个月时间在大学集中授课，一个学期在线上学习，组织学员开展一系列考察互访活动，确定一名导师对学员进行为期一年的一对一的帮扶指导），对带头人开展为期1年的定制化、体验式、孵化型培育，投入资金1560万元，培育“头雁”780名；实用人才项目通过“村庄是教室、村官是教师、现场是教材”教学模式开展培训，培训对象主要为村两委干部、合作经济组织负责人、种植养殖大户等农村牧区的“能人”，投入资金90万元，培训带头人300名。自治区农牧业科学院针对小麦播种关键技术、一穴双株玉米套种大豆、向日葵田间管理、蔬菜品种选择、优质牧草新品种、母牛饲养管理技术、羔羊腹泻防治等生产实践中的具体问题录制培训视频，通过线上线下累计培训农牧民和技术人员52万余人次。春耕期间，自治区农牧业科学院组织开展第四期《科技云讲堂助力农牧业》，63名专家累计录制73条成果介绍及技术培训视频，并在自治区农牧业科学院公众号的视频号、内蒙古农牧通小程序、呼和浩特农牧局官方视频号等线上平台同步播出，浏览点击量达49.1万次。

（安西龙）

农业机械化与信息化

【农牧业数据共享】2022年，自治区农牧厅建成农村牧区土地经营权流转管理子平台，加快全区高标准农田综合监测监管平台建设，加大全区农作物重大病虫害监测物联网监测站建设力度，优化全区农机购置与应用补贴三合一系统。组织编报行政许可、行政确认、其他行政权力和公共服务政务信息资源目录，形成政务数据共享责任清单，推动农牧业数据共享和业务协同。

【农业农村信息化示范基地建设】2022年，自治区农牧厅编制《内蒙古自治区数字农牧业农村牧区发展规划（2022—2025年）》，创建国家农业农村信息化示范基地7个，国家数字农业创新应用基地3个，国家数字乡村试点3个，国家“互联网+”农产品出村进城工程试点县3个。

【农机购置补贴】2022年，自治区农牧厅稳定实施农机购置与应用补贴政策，截至2022年底，补贴机具近13万台（套），全区农机总动力4430万千瓦，综合机械化率达到87%。

【柠条平茬刀片研发】2022年，自治区农牧厅推进柠条平茬刀片的研发推广，破解柠条平茬收获专用机械及刀片瓶颈问题，中国农科院草原研究所、中国农机院完成专用机械样机研发；内蒙古一机集团专用刀片研发实现新突破。召开全区柠条平茬机械化收获暨农机推广“田间日”活动和平茬机械刀片供需对接会，推动24家41台平茬机械免费换装刀片。

【农机社会化服务】2022年，自治区农牧厅以农机专业合作社为社会化服务主体。对承担作业任务的农机合作社等服务主体实施作业补助，依托保护性耕作高标准应用基地，开展培训活动、专家指导，推动全区农机社会化服务能力提档升级。开展创建“全程机械化+综合农事”服务中心典型案例征集活动，全区推介3批共7个国家级“全程机械化+综合农事”服务中心典型案例。2022年，全区农机专业合作社达到3371个，固定资产100万元（含100万元）以上农机大户达到1584个，较2021年度增加3.3个百分点。

【农机维修服务】2022年，自治区农牧厅结合农机安全生产督导检查、“平安农机”创建活动，对各级农机维修网点进行隐患排查和技术指导，提高服务保障能力。将农机维修技术列入“高素质农民培训”“新型职业农民培育”培训内容，提高广大农机修理工主推秸秆少量覆盖免少耕播种、秸秆部分覆盖免少耕播种和秸秆全量覆盖免少耕播种3种技术模式，实行差异化补助，推动东部四盟市实施保护性耕作面积98.55万公顷。完成耕地深松作业面积107.47万公顷。开展小麦、水稻、玉米、大豆、油菜机械化收获减损技术宣传指导。组织举办大宣传、大培训、大比武活动93场，参加活动8592人次，组织机收减损技术培训168场次，培训1万余人次。

【农机技术推广】2022年，自治区农牧厅实施黑土地保护性耕作推进行动。落实中央财政黑土地保护性耕作作业补助资金57113万元，主推秸秆少量覆盖免少耕播种、秸秆部分覆盖免少耕播种和秸秆全量覆盖免少耕播种3种技术模式，实行差异化补助，推动东部四盟市实施保护性耕作面积98.55万公顷。推广耕地深松技术，2022年落实中央财政耕地深松作业补助资金21472万元，带动完成耕地深松作业面积107.47万公顷。2022年，印发《内蒙古自治区2022年主要粮食和油料作物机收减损工作方案》，强化宣传培训，大力开展小麦、水稻、玉米、大豆、油菜机械化收获减损技术指导意见宣传和贯彻。组织各地举办大宣传、大培训、大比武活动93场，参加活动8592人次，组织机收减损技术培训168场次，培训1万余人次。

【农机安全管理】2022年，自治区农牧厅印发《2022年全区农机安全生产工作要点》《全区农机安全生产大检查工作方案》等系列文件，组织各级农牧部门开展农机安全生产大检查，努力做到事故隐患发现在早、预警在先、化解在小。组织全区开展农机“安全生产月”“安全生产万里行”活动。向农机合作社等发放《农业机械安全操作规范》《拖拉机、联合收割机安全操作注意事项》等宣传资料4.4万余册。

（包胡斯楞）

农牧业产业化经营

【概况】2022年，自治区财政划拨资金2000万元支持发展农畜产品精深加工，贷款贴息5200万元支持龙头企业发展壮大，落实马铃薯生产者补贴4.37亿元，稳定马铃薯面积在26.67万公顷，创建察右后旗、武川县马铃薯产业强镇，建设商都县马铃薯全产业链典型旗县，带动全产业链产值达到130亿元以上。争取国家果蔬产地冷藏保鲜设施建设任务260个，建成150个。全区销售收入500万元以上农畜产品加工企业销售收入4283.2亿元，主要农畜产品加工转化率70%。

【农业产业强镇建设】2022年，农业农村部、财政部公布农业产业融合发展项目创建名单。其中，新创建内蒙古西部绒山羊产业集群和呼和浩特市武川县上秃亥乡等8个农业产业强镇。截至2022年底，自治区累计创建46个国家农业产业强镇。

【产业化龙头企业建设】2022年，自治区新认定自治区产业化龙头企业45家。截至2022年底，有自治区级以上产业化龙头企业770家，其中国家级59家、自治区级711家。印发《内蒙古自治区农牧业产业化重点龙头企业认定和运行监测管理办法》和《内蒙古自治区农牧业产业化示范联合体认定和监测管理办法》。组织开展46家农业产业化国家重点龙头企业监测和储备递补工作。开展第9次自治区级农牧业产业化龙头企业监测和认定，初步认定自治区级龙头企业770家。启动内蒙古农牧业龙头企业服务平台，印发《农牧业龙头企业服务平台运行管理制度》，并对自治区和盟市相关部门联络员进行了培训，在平台上完善了2077家盟市级以上龙头企业基本信息，为农牧业龙头企业发展提供了便利。支持农牧业龙头企业参与国家、自治区重大项目，共有64家自治区级以上龙头企业受益。

【家庭农牧场建设】2022年，自治区实施新型农牧业经营主体提升行动，推动家庭农牧场高质量发展完善支持家庭农牧场发展的政策体系和管理制度，加强家庭农牧场基础设施建设，支持、完善和落实财政税收政策、依法保障家庭农牧场土地经营权，巩固提升家庭农牧场生产经营能力和带动能力。2022年，中央财政支持家庭农牧场450个，新创建县级以上示范家庭农牧场1389个，全区共有县级以上示范家庭农牧场7500个。

【农业合作社建设】2022年，自治区通过国家项目支持，提高合作社生产条件提升合作社规模化、绿色化、标准化、集约化生产能力，开展合作社质量提升整县推进试点工作。2022年，中央财政支持农牧民合作社700个，新创建县级以上农牧民合作社示范社963个，其中国家级示范社60个。全区共有旗县级以上农牧民合作社示范社5200个。

（郑晓东）

农畜产品质量建设

【概况】 2022年，内蒙古推动区域公用品牌建设与企业品牌、产品品牌建设互认互促、共享共创，形成了依托“蒙字标”品牌创建认证，整体推进区域公用品牌为统领、企业品牌为主体、产品品牌为支撑的品牌体系建设新格局。加快建设国家重要农畜产品生产基地，充分发挥品牌建设助力农牧业高质量发展作用，创建一批在国内外有影响力的农畜产品品牌，推动农畜产品绿色化、优质化、特色化、品牌化发展，制定《加快推进农畜产品品牌建设实施方案》，指导全区科学、规范推进品牌建设，逐步推动形成全区“一盘棋”的农畜产品品牌建设新格局。截至2022年底，内蒙古有锡林郭勒羊肉、科尔沁牛、赤峰小米等11个特色农产品区域公用品牌和“草原民丰马铃薯”“极北香稻大米”等6个企业产品品牌入选“中国农业品牌目录”。内蒙古农牧业品牌目录区域公用品牌25个、企业品牌120个、产品品牌170个。创建呼伦贝尔草原羊等10个国家级特色农产品优势区和武川莜麦、赤峰番茄等32个自治区级特色农产品优势区。绿色食品、有机农产品达到4483个，地理标志农产品达到135个。列入全国名特优新农产品名录的农畜产品491个。2022年，自治区本级投入1816万元用于央视等各类媒体品牌宣传推介、组织参加展会等各项活动。各盟市投入近6亿元用于基础设施建设、品牌管理、品牌营销推广、品牌市场化运营、数字化大数据应用平台建设等。2022年，建成10个国家级、32个省区级特色农产品优势区，11个区域公共品牌入选“中国农业品牌目录”。实施自治区品牌精品培育行动，打造“蒙字标—大草原优品”自治区级区域公用品牌，重点塑强以七大产业链和特色农特产品为主体的30个区域公用品牌和150个企业产品品牌，建立精品农畜产品名录。2022年，自治区绿色、有机产品和地理标志产品认证总数达到2055个，比2021年增加73个；绿色、有机产品总产量达到600万吨，比2021年增长7.3%；农产品地理标志登记135个，全国排名第12位；429个产品列入全国名特优新，总量全国第一。“锡林郭勒奶酪”成为全国第一个初级农产品加工品地标登记保护认证产品。经中国品牌建设促进会等机构已评价的区域公用品牌价值突破1500亿元。

【种植业三品一标基地建设】 2022年，自治区继续建设种植业三品一标（无公害农产品、绿色食品、有机农产品和农产品地理标志）基地，新认定赤峰市喀喇沁旗牛家营子镇道地中药材、巴彦淖尔市五原县隆兴昌镇向日葵、呼伦贝尔市阿荣旗亚东镇大豆绿色生产3个基地。新认证绿色食品、有机农产品228个，总数4483个，新增产量43.67万吨，总产量1110.8万吨，全国排名第10位。新争取地理标志保护工程项目9个，争取资金4300万元，总数135个。新认证名特优新农产品67个，总数491个，全国排名第二。

【农畜产品质量安全管理】 2022年，自治区农畜产品质量安全中心通过检验检测机构资质认定及农产品质量安全检测机构考核首次评审，取得CMA及CATL“双认证”。2022年，自治区申报国家级“一村一品”示范村镇13个，带动肉牛、肉羊全产业链产值分别达到500亿元、900亿元以上。新认定绒山羊国家级优势特色产业集群，落实羊绒收储贴息项目资金1597万元，支持企业收储优质羊绒，带动全产业链产值200亿元以上。330个苏木乡镇开展网格化管理对标达标行动，把2.3万多个生产经营主体纳入全区大数据监管平台。523个生产主体落实承诺达标合格证制度，开具率70%。抽检农畜产品4万批次，合格率99.4%。涵盖包括蔬菜、水果、畜禽、水产品等老百姓日常消费量较大的农畜产品。

【农产品地理标志产品】 2022年新认定乌兰察布莜麦、库伦旗荞麦、乌海葡萄为农产品地理标志产品。全年累计投入资金3839万元，对达茂草原羊、乌海葡萄、赤峰小米、兴安盟羊肉、库伦荞麦、乌兰察布莜麦、鄂尔多斯细毛羊、鄂托克阿尔巴斯山羊肉和阿拉善双峰驼9个地理标志农产品实施保护。

【农牧业品牌价值】2022年，内蒙古百强品牌榜单总价值为7203.04亿元，比2021年增加831.93亿元，其中农牧业企业数量达到60家，总价值为4760.45亿元。“伊利”以1379.66亿元高居品牌价值榜首，“蒙牛”以1155.62亿元居于第二位。

【品牌影响力】 2022年，锡林郭勒羊品牌案例入选“2022年农业农村部农业品牌创新发展典型案例”；乌兰察布马铃薯、通辽科尔沁牛2个区域公用品牌被列为农业农村部精品培育品牌。呼和浩特乳业、武川藜麦、呼伦贝尔冰香稻、呼伦贝尔牛奶、呼伦贝尔黑木耳、赤峰羊绒等区域公用品牌荣获2022中国农产品百强标志性品牌。“呼伦贝尔羊肉”被评为2022中国农业·乡村振兴十大卓越贡献奖。“天赋河套”区域公用品牌荣获2022年度新时代区域农业品牌十年卓越影响力品牌。

【农产品品牌】2022年，自治区农畜产品质量安全中心与自治区质量和标准化研究院开展标准制定工作，制定《农畜产品区域公用品牌建设要求》地方标准、《农畜产品区域公用品牌管理评价规范》团体标准等。推动“蒙”字标认证，修订完善了10项“蒙”字标认证团体标准，新研制“蒙”字标认证团体标准32项，已完成23项标准送审稿；完成118家“蒙”字标认证申报企业材料初审工作。2022年，自治区完善品牌管理制度。制定《内蒙古农畜产品区域公用品牌考评管理办法》《内蒙古农畜产品区域公用品牌建设评价指导办法（试行）》。坚持“一个区域公用品牌、一套管理制度、一套标准体系、多个经营主体和产品”的品牌管理思路，推动重点培养区域公用品牌完善管理办法和授权制度。同时加强授权管理，坚持“优中选优”的原则，对已获品牌授权的企业实行动态监管，严格品牌授权。全年，自治区推进品牌授权许可、商标注册等,使区域公用品牌保护有法可依，形成“区域公用品牌形象标识＋商标＋地理标志”的立体保护模式。做好品牌形象、核心元素、产品包装等著作权登记保护。严厉查处“假品牌”、商标侵权及假冒伪劣等侵害知识产权的行为。

【品牌营销】2022年，自治区农牧厅在中央电视台、内蒙古广播电视台、北京首都机场、呼和浩特市机场、城市重点部位LED屏等交通枢纽、重点部位投放品牌广告，不断扩大品牌宣传密度。开通运维“内蒙古农牧业品牌”微信公众号、视频号、头条号、微博号、抖音号新媒体平台，开展《内蒙古品牌推介——品牌会客厅》直播访谈栏目、“向草原、享未来—点赞内蒙古农牧业品牌”短视频和美图美文征集发布活动等。采取线上线下相结合的方式，强化品牌宣介和产销对接。举办和参加黄河流域订货会、第九届绿博会、第十九届农交会等活动，邀请专业采购商290家，80余家企业签约，现场销售额达1.4亿元，意向合作6亿多元。布局北京、上海、广州等一线城市，支持建立内蒙古绿色农畜产品销售中心，推动更多优质绿色农畜产品品牌走出去。

（郭永川）

工 业

综 述

【规模以上工业增加值】 2022年，全区规模以上工业增加值增长8.1%，增速居全国第三位，连续8个月位居全国第一方阵，超额完成年初目标任务；全年规模以上工业企业达到3367户，增长9.5%。制造业快速增长。落实制造强国战略，着力发展先进制造业，全区规模以上制造业增加值增长10.9%，高于全国平均水平7.9个百分点，制造业增加值占GDP比重达到17.5%左右，较2021年度提高2个百分点。

【制造业智能化】 2022年，内蒙古自治区制造业高端化智能化绿色化发展取得成效，新创建自治区级企业技术中心30个、国家技术创新示范企业2个，乳业集群申报为国家先进制造业集群，建成重点产业链项目180个、5G基站2.1万座、工业互联网平台10个、智能化工厂27个。能源结构不断优化，新能源并网装机规模突破6000万千瓦，占全区电力总装机的1/3以上。创新能力稳步提升，巴彦淖尔国家农业高新技术产业示范区、鄂尔多斯国家可持续发展议程创新示范区、国家乳业技术创新中心获批建设。

【能源工业发展】 2022年，自治区能源工业“压舱石”作用突出。全区煤炭产量11.7亿吨，增长10.1%，发电量6440.3亿千瓦·时，增长7%，均居全国首位。外调煤炭超7亿吨，外送电量2631.3亿千瓦·时，为全国煤电保供任务发挥重要作用。

【产业集群】 2022年，自治区制定出台《促进制造业高端化、智能化、绿色化发展的意见》《促进制造业高端化、智能化、绿色化发展30条政策清单》和绿色农畜产品加工、现代装备制造、新型化工、新材料、生物医药5个产业集群发展实施方案，争取呼和浩特乳制品先进制造业集群被评为国家重点培育的先进制造业集群。2022年，农畜产品加工产业集群工业产值增长8%、现代装备制造产业集群工业产值增长43%（电动重卡增长2倍、新能源装备增长58%）、新型化工产业集群增长5%（现代煤化工增长18.4%、精细化工增长13.5%）、新材料产业集群增长35%（硅材料增长42%、稀土新材料增长18%、正

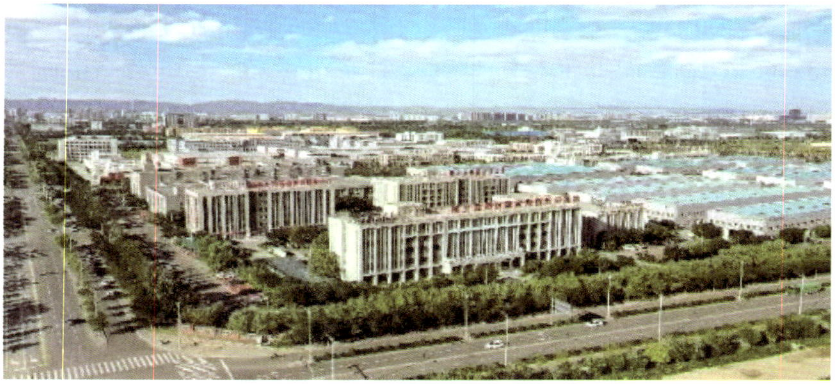

图32 2022年，包头市稀土行业实施产值677.5亿元，增速连续两年保持70%。图为包头稀土新材料产业基地全貌

（自治区工信厅 供图）

负极材料增长 1.3 倍）、生物医药产业集群增长 3%。

【工业企业发展】 2022 年，自治区壮大市场主体，全年规模以上工业企业达到 3367 户，增长 9.5%；累计培育创新型中小企业 198 户、专精特新中小企业 219 户、国家级“小巨人”企业 26 户。全年，安排专项资金 25 亿元，重点支持工业园区基础设施建设和制造业高端化、智能化、绿色化发展。

【工业投资】 2022 年，自治区实施重点工业项目 1040 个，总投资 1.26 万亿元。全区工业投资增长 44.6%，居全国首位，工业投资占全区投资的 53.3%，较 2021 年提高 10 个百分点。制造业投资增长 42.6%。重大项目带动明显。全年实施 10 亿元以上重大项目 218 个，完成投资 1680 亿元，占工业投资比重达到 74%。重点行业拉动明显。紧盯新能源和产业集群产业链项目建设，实施新能源开发项目 149 个、农畜产品加工项目 102 个、现代装备制造项目 94 个、新型化工项目 90 个、新材料项目 148 个、生物医药项目 44 个，能源开发投资增长 49.6%、农畜产品加工业投资增长 5.4%、装备制造业投资增长 120.2%、化工业投资增长 20.3%、冶金建材行业投资增长 51.4%、高新行业投资增长 81.8%。新开工项目和新投产项目大幅增加。全年新开工重点项目 590 个，是 2021 年度的 2.7 倍；新竣工项目 340 个，是 2021 年度的 4.5 倍。新增新能源装机 1300 万千瓦、大宗化工产品 450 万吨、风电整机 2000 套、光伏组件 200 万千瓦、单（多）晶硅 27.4 万吨、稀土功能材料 2.5 万吨、铝加工 55 万吨、鲜奶加工 120 万吨、疫苗 2.4 亿头份。

表 13 2022 年内蒙古自治区主要工业产品产量统计表

指标名称	2022 年	2022 年比 2021 年增长（%）
原煤（万吨）	121354.3	13.4
焦炭（万吨）	4672.5	0.3
原油（万吨）	150.4	0.9
发电量（亿千瓦·时）	6619.2	8.2
粗钢（万吨）	2956.5	−5.2
钢材（万吨）	3041.9	2.1
生铁（万吨）	2188.8	−6.8
化肥（折纯）（万吨）	400.6	1.7
水泥（万吨）	3523.7	−4.6
精甲醇（万吨）	1833.9	7.5
单晶硅（万吨）	41.2	25.7
多晶硅（万吨）	13.9	108.7
聚氯乙烯树脂（万吨）	449.7	−1.1
风力发电机组（万千瓦）	176.4	56.9
电解铝（万吨）	611.4	2.9
平板玻璃（万重量箱）	1117.9	4.9
铝材（万吨）	207.4	−12.1
乳制品（万吨）	415.2	12.6
# 液体乳（万吨）	394.9	13.2
汽车（辆）	54090	−1.3
# 轿车（辆）	53516	−1.8
智能电视（万台）	188.5	2.6
稀土化合物（万吨）	10.7	22.7
稀土磁性材料（吨）	19200.9	29.6
石墨及碳素制品（万吨）	335.9	6.0

注：原煤、焦炭、发电量、原油为全社会口径（数据为上报数），其余指标为规模以上口径。

（表格来源：自治区统计局）

表 14　2022 年内蒙古自治区规模以上工业主要指标统计表（一）

指标名称	2022 年	2022 年比 2021 年增长（%）
经济效益		
营业收入	28158.2 亿元	15.2
利润总额	4060 亿元	18.3
每百元营业收入中成本	76.6 元	0.3
每百元营业收入中费用	6.6 元	-1.0
每百元资产实现的年营业收入	69.8 元	3.9
人均营业收入	300.2 万元	28.3
营业收入利润率	14.4%	0.4★
资产负债率	55.3%	-2.1★
规模以上工业增加值增速	8.1 %	2.1★
按轻重工业分		
轻工业	7.8 %	2.0★
重工业	8.1 %	2.0★
按门类分		
采矿业	6.8%	3.4★
制造业	10.9%	-0.4★
电力热力燃气和水生产供应业	5.5%	4.2★

注：1. 按照 2019 年国家最新制度，营业收入包括主营业务收入和其他业务收入。

2. ★为增减变动百分点（千分点）。

（表格来源：自治区统计局）

表 15　2022 年内蒙古自治区规模以上工业主要指标统计表（二）

指标名称	2022 年	2022 年比 2021 年增长（%）
按经济类型分增加值增速		
国有控股企业	8.1 %	3.3
集体企业	-72.1 %	-59.1
股份制企业	8.4 %	2.3
外商及港澳台投资企业	3.9 %	-1.4
其他经济类型企业	12.0 %	-13.5
民营企业	7.0 %	-1.0
按行业分增加值增速		
采矿业	6.8 %	3.4
煤炭开采和洗选业	8.0 %	5.9
石油和天然气开采业	9.2 %	0.3
黑色金属矿采选业	-12.1 %	-22.0
制造业	10.9 %	-0.4
食品制造业	9.5 %	3.5
化学原料和化学制品制造业	8.2 %	2.2
非金属矿物制品业	39.2 %	-23.6
黑色金属冶炼和压延加工业	1.6 %	2.8
有色金属冶炼和压延加工业	12.1 %	-3.3
电力、热力、燃气及水生产和供应业	5.5 %	4.2
电力、热力生产和供应业	5.3 %	5.1
新产业增加值增速		
战略性新兴工业	19.9%	9.5
高技术制造业	33.6%	13.4
现代煤化工	17.5%	18.6
工业产品销售率	98.6%	-1.3

注：2022 年以前指标名称为国有控股，根据控股类型划分；2022 年后指标名称变为国有经济，根据登记注册类型和控股类型划分，集体经济划分方式相同。

（表格来源：自治区统计局）

【产业转型升级】 2022年，内蒙古自治区依法依规淘汰落后产能。制定“十四五”化解过剩产能计划，印发实施《严格能效约束推动重点领域节能降碳工作实施方案》，制定工业能效提升行动计划，节能技术改造实施方案并配套资金支持政策，“十四五”通过实施节能技术改造，重点用能企业能效达到标杆水平的产能超过30%。2022年完工节能技术改造项目90个，节能量150万吨标准煤。自治区提升绿色化水平，着力实施节能节水技术改造，全年完成节能改造项目90个、节水改造项目36个，实现节能量150万吨标准煤、节水量2000万吨。开展绿色工厂和绿色园区创建，新创建绿色工厂76个、绿色产品15个、绿色园区2个、绿色供应链7个。推广冶金、化工、建材、通信等行业286项节能、113项节水、44项资源综合利用技术装备产品。提升创新能力，推动国家稀土功能材料创新中心实质性运行，推出新产品、新装备、新工艺24项，研发共性关键技术9项，获得专利授权17项。新创建自治区级企业技术中心27个、国家技术创新示范企业2个。实施细胞培养基、高性能稀土永磁关键技术等产业化成果转化项目15项。

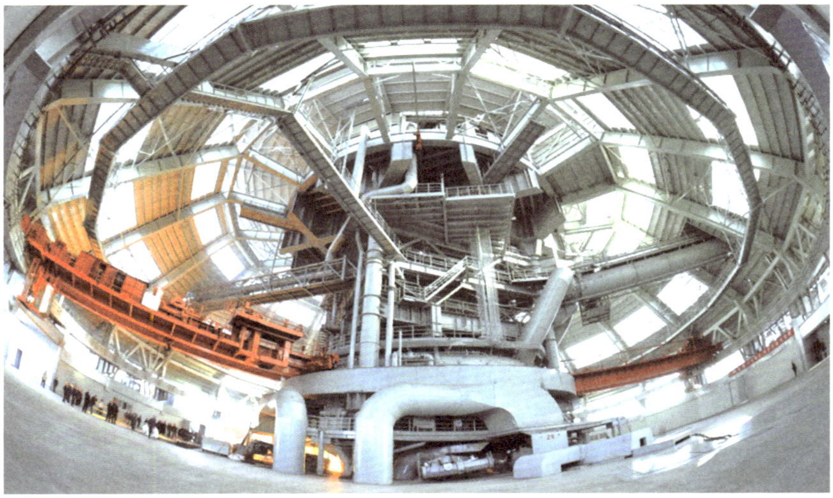

图33 内蒙古包钢钢联股份有限公司2022年完工节能技术改造90个项目。图为绿色工厂厂区一角

（自治区工信厅 供图）

【冶金化工非金属行业结构调整】 2022年，自治区遏制“两高”项目盲目发展，印发实施《内蒙古自治区坚决遏制“两高”项目低水平盲目发展管控目录》，对石化、焦化、化工、煤化工、建材五大类18个小类产品，从产业准入、淘汰退出、节能、环保4个方面提出了具体指引性规定，强化源头和过程节能降碳、减排治污，高耗能行业工业增加值占规上工业增加值的比重由2020年的44.3%下降到2022年38.3%。坚持“稳存量”的同时，着力“优增量”，引进一批铝后加工、化工、非金属加工优质项目，单多晶硅产能全国第一，通辽霍林河地区表观铝后加工率达到100%。

【智能制造】 2022年，自治区在伊利集团、蒙牛集团、通辽锦联、中煤蒙大等示范试点项目和标杆企业的带动下，部分行业和企业智能化发展取得突出成效。作为自治区重点产业之一，也是智能化成效较为突出的行业，乳品行业正在推进全产业链智能化发展，通过数据自动化采集、网络化传输、大数据标准化处理，打造绿色智能牧场，实现奶牛养殖及牧场管理各环节信息可查询、来源可追溯、去向可跟踪；生产过程准确实时监控、设备实时巡检维护和故障预警，使生产设备互联互通，实现安全稳定生产；运用大数据分析，精准洞察消费者需求，创造更多符合多元化和个性化需求的产品和服务；依托互联网+大数据，建立全生命周期质量追溯管理系统，实现对质量管理的智能化，为消费者提供安全保障。

【工业科技创新】 2022年，自治区推出新产品、新装备、新工艺24项，研发共性关键技术9项，获得专利授权17项。新创建自治区级企业技术中心27个、国家技术创新示范企业2个。实施细胞培养基、高性能稀土永磁关键技术等产业化成果转化项目15项。

（付成霖）

冶金工业

【概况】 2022年，全区冶金行业产能5967.6万吨。其中，炼钢产能3366.6万吨，占全国3%；全年生产生铁2189万吨，生产粗钢2956.51万吨，生产钢材3042万吨。铁合金生产产能1756万吨，占全国的31%，位居全国第一；生产铁合金1140.3万吨。有色金属行业产能845万吨，占全国10.7%，生产有色金属785.5万吨。内蒙古自治区落实国家有关有色金属行业碳达峰、行业稳增长等各项政策措施，截至2022年底已经建成有色金属企业249户，成为国家重要的有色金属生产加工基地。2022年有色金属产量785.5万吨，占全国11.6%，居全国第二位，实现产值2440亿元，增长29%。高铝煤炭资源237亿吨，占全国74%。其中，含氧化铝24亿吨，占全国75%。电解铝企业11户，生产能力651万吨，实际产量611万吨、增长5.4%，占全国15%，居全国第二位。铝延伸加工企业47户，加工产能608万吨（其中，铝合金和铝板带棒594万吨、高纯铝8万吨、超细铝粉6万吨），实际产量467万吨、增长94%，占全国7.5%。铜金属保有资源量671万吨，居全国第六位，占全国5.1%。采选企业74户，铜精矿产量35.8万吨、下降10.5%，占全国19.8%。铜冶炼企业7户，电解铜产能68万吨，实际产量76.4万吨、增长6.1%，占全国的6.3%。铜延伸加工企业1户，生产能力10万吨，实际产量5万吨、增长4.2%，占全国3%。铅冶炼企业5户，生产能力42万吨，实际产量33万吨、下降8.3%，占全国4.2%；锌冶炼企业4户，生产能力65万吨，实际产量57.9万吨、增长3.8%，占全国8.5%；镁冶炼企业13户，生产能力19万吨，实际产量4万吨、下降12.3%，占全国4.2%。

【碳达峰稳增长政策落实】2022年7月15日，内蒙古自治区碳达峰碳中和工作领导小组印发《建材行业碳达峰实施方案》《有色金属行业碳达峰实施方案》。转发工业和信息化部等七部门印发的《有色金属行业稳增长工作方案》，推动有色金属行业质的有效提升和量的合理增长。研究出台《内蒙古自治区促进铝产业高质量发展政策措施》，从原料供应保障、承接电解铝产业转移、再生铝产业发展、电解铝延伸加工、铝产业创新能力建设、铝企业数字化智能化转型、铝企业绿色化发展、严格铝产业准入等8个方面，培育先进制造业产业集群，推动铝产业高质量发展，解决内蒙古铝资源保障能力不足、延伸加工水平低、创新能力不足、数字化智能化转型慢、能源消耗和排放较高等问题。

【产业链建设】2022年，自治区制定《新材料产业发展实施方案》，建设稀土产业链、有色金属产业链，推进产业链延链补链强链，实施重点项目91个，新增钢产能399.5万吨、生铁274万吨、钢材785万吨、铁合金702万吨、电解铝40.5万吨、高纯铝1万吨、铝材114万吨，稀土金属3.3万吨、稀土功能材料产能2.5万吨，新增产值130亿元。争取新增稀土矿产品生产指标4.13万吨、冶炼分离产品指标3.93万吨。

【行业运行管理】 2022年，自治区压减粗钢产量，争取批准增加粗钢产量202.5万吨，制定了能耗指标、污染物排放、质量安全生产约束措施，确定2022年粗钢产量不超过3320.4万吨。推动采暖季水泥熟料错峰生产，全年减少熟料产量3097万吨，减少煤炭消耗355万吨，减少二氧化碳、氮氧化物排放2681万吨、3.44万吨。

【结构调整】 2022年，自治区推广乌兰察布市铁合金限制类产能退出的经验做法，供各盟市参考借鉴。已调出限制类产能为非限制类6.6万吨，拆除退出147.85万吨，关停185万吨，在产81.4万吨。

（付成霖）

【包头钢铁（集团）有限责任公司】2022年，包头钢铁（集团）有限责任公司（以下简称包钢）实现营业收入1158亿元，比2021年下降8.12%；利润总额48.18亿元，比2021年下降53.39%；上交税费95.29亿元，比2021年增长36.95%。包钢股份坚持面向市场，主动停炉控产，合理优化结构，2022年，生产生铁1327.65万吨，比2021年下降11.84%；粗钢1418.46万吨，比2021年下降13.76%；商品坯材1344.27万吨，比2021年下降12.97%。北方稀土争取总量控制指标，获分配指标占比近七成；全年品种钢销售占比达44%，“十千亿”项目创效5.7亿元。扩大自有资源效益，铁精矿产量达900万吨以上，外销盈利超2亿元。实现稀土原料产品全部线上交易，全年吨钢、吨稀土制造成本分别降低3.19%、3.17%。全年采购跑赢市场5.69亿元，销售跑赢市场4.69亿元。压缩各项费用支出，全年财务费用降低4亿元以上。争取政策支持，享受国家各类退税 9 亿元。盘活 11 条闲置产线，增值 1.6 亿元。

（郝 虹）

【包头铝业有限公司】 2022 年，包头铝业有限公司铝产品产量 132.5 万吨，比 2021 年增长 3.91%，其中高精铝 7.31 万吨，比 2021 年增长 16.4%；原铝产量 129.35 万吨，超产 1.68 万吨；发电量 123.03 亿千瓦时，比 2021 年增长 3.77%；上缴税费 10.74 亿元，比 2021 年增长 2.2%；工业总产值 238.18 亿元，比 2021 年增长 12.96%；盈利 23.91 亿元，比 2021 年减少 8.14%。

2022 年，建立月度滚动预算绩效考核新体系，实现生产管控良性循环，电解系列生产类指标均高于确保值。包头铝业推行点检为中心的设备预知维修管理模式，进行无泄漏治理，获得中国设备管理协会“设备管理与创新标杆”和“年度设备管理标准化标杆”称号，自治区“节水标杆企业”称号，并连续三年获得“包头市节能先进单位”称号。持续做强高纯铝“红旗产业”，产能达到 6 万吨，产品继出口销往加拿大、日本、西班牙等海外市场后，开拓美国市场。形成以电解铝节能降碳和高纯铝为核心层，以电解铝智能制造和铝合金技术等分中心为紧密层的“2+5”领域技术中心。围绕国企改革三年行动，形成 26 项收尾方案，明确责任和完成时限，所有任务按时办结。结合企业经营实际，提出“七提七降”（提市场研判增效，提能源计量管理水平，提信息化队伍能力，提资本运作能力和资金运转效率，提质量体系运行实效，提纠纷异议处理及时率，提调度管理功能；降非生产性电耗，降炭渣，降导杆维修费，降外包费，降管理费用，降仓储呆滞占用、原材料、燃料等、备品备件等、电厂原材料、燃料、 备品备件，降作业环节物流成本）工作方案和“100 项赶超标杆”措施，减少环节损耗、突出价值创造，吨铝成本较标杆同比减少 2005 元。

（陈腾飞）

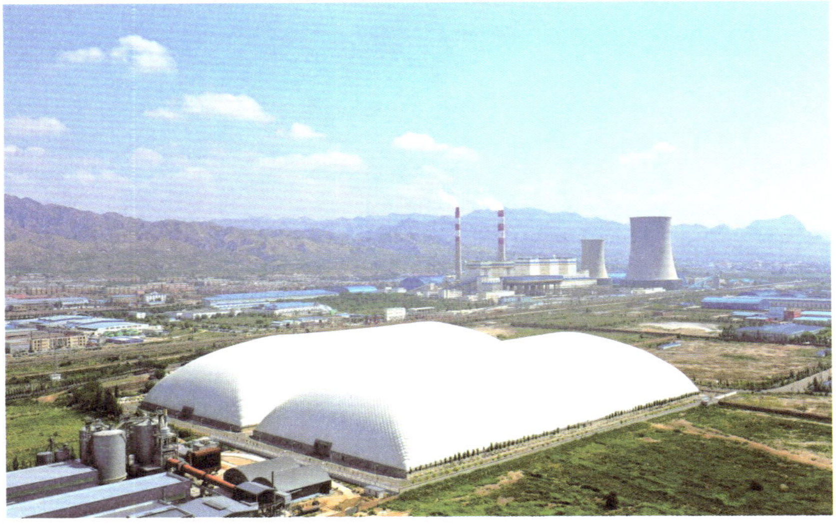

图 34 2022 年，包头铝业有限公司固废存放中心，固废日排放达标率 100%

（乌兰布赫 供图）

化学工业

【概况】 内蒙古自治区的化学工业以现代煤化工、焦化、氯碱化工、精细化工为主，占规模以上工业增加值的 12.6%。截至 2022 年底，具备煤制油产能 124 万吨，产量 111.2 万吨，产能利用率 90%，产值 73 亿元。煤制天然气 29.3 亿立方米，产量 27.1 亿立方米，产能利用率 93%，产值 90 亿元。煤制烯烃 359 万吨，产量 393 万吨，产能利用率 109%。煤制乙二醇 214 万吨，产量 79 万吨，产能利用率 37%。

【化学工业产业链建设】 2022 年，自治区制定《新型化工产业发展实施方案》，推进产业链重点项目建设，实施重点项目 102 个，竣工 51 个，新增焦炭产能 690 万吨、煤焦油 30 万吨、甲醇 26 万吨、复合肥 200 万吨、合成氨 66 万吨、液氨 23 万吨、粗苯 4.7 万吨、LNG51.5 万吨、1,4 —丁二醇 51.2 万吨、靛蓝 5 万吨、含氟精细化学品 5 万吨，新增产值 175 亿元。

【化工园区认定】 2022 年，内蒙古自治区工业和信息化厅（以下简称自治区工信厅）出台《内蒙古自治区化工园区（化工集中区）评估认定管理办法》，年底前对已认定 14 个达标化工园区进行复核。启动第二批化工园区认定工作，对申报的 42 个园区进行评审。

【化学品生产企业专项检查】 2022 年，自治区工信厅对 6 家监控化学品生产企业进行专项检查，顺利通过国家禁止化学武器视察组对内蒙古永和氟化工有限公司第二类监控化学品装置现场视察。按时准确完成年度宣布和预计宣布，开展禁止化学武器宣传培训。

【主要化学工业产品产能】 截至2022年底，内蒙古自治区焦化工业产能6767万吨，产量4672.5万吨，比2021年增长0.3%。有电石产能1392万吨，产量960.3万吨，产能利用率69%。PVC产能536万吨，产量449.7万吨，产能利用率89%。尿素产能1090万吨，产量349.2万吨，产能利用率32%。2022年，自治区围绕焦炉尾气（每年副产187亿立方米）、煤焦油（187万吨）、粗苯（47万吨）等工业副产品开展资源综合利用，延伸产业链，形成医药农药系列、染料系列、有机硅系列、化工材料系列的精细化工产业，总产能898万吨，产量488万吨。

（付成霖）

乳制品工业

【概况】2022年，自治区牛奶产量达到734万吨、比2021年增长9%，均位列全国首位。全区规模以上乳制品产量415.2万吨（河北省规模以上乳制品产量389.7万吨），增长12.6%，乳制品产量打破河北省连续八年全国第一，跃居全国首位。2022年，伊利、蒙牛跃居全球乳业第五位和第七位。2022年，成立自治区推进奶业振兴工作专班，建立自治区推进奶业振兴厅际联席会议制度。协调相关单位制定“奶九条”实施细则，出台跨盟市生鲜乳调运补贴实施细则，修改完善资金管理办法。自治区制定《内蒙古自治区2022年促进制造业高端化、智能化、绿色化发展政策清单》。根据内蒙古“奶九条”政策制定《内蒙古自治区生鲜乳喷粉补贴实施细则》《内蒙古自治区生鲜乳加工增量补贴实施细则》。落实自治区“奶业振兴”九条措施，支持14个生鲜乳喷粉项目6025.42万元。

【乳制品品牌价值】 2022年，内蒙古两大乳制品品牌价值进一步提升，2022中国上市公司品牌价值榜中，伊利股份品牌价值为1380亿元，位列第37；蒙牛乳业品牌价值为1017亿元，位列第58。在国际权威品牌价值评估机构Brand Finance（品牌金融）发布的“2022年全球最具价值乳品品牌10强”榜中，伊利再次夺冠，蒙牛位列第三。

【奶业振兴政策扶持】2022年3月2日，内蒙古自治区人民政府办公厅出台《推进奶业振兴九条政策措施的通知》，通知中的“奶九条”即对新建规模化奶牛养殖场进行补贴；对使用专项债新建奶业发展园区予以支持；对龙头企业生鲜乳加工增量进行补贴；对龙头企业利用生鲜乳喷粉进行补贴；对利用性控胚胎培育优质奶牛进行补贴；对新增规模化苜蓿草种植企业进行补贴；设立奶牛疫病防控专项资金；支持乳业创新平台建设；设立自治区奶业振兴基金。

2022年，推进专项债使用，自治区农牧厅配合发改、财政等部门争取专项债支持，联合召开专题培训会，指导盟市旗县开展前期准备工作。29个项目通过国家发改委和财政部的“双审核”，专项债需求81.9亿元。自治区财政厅已落实资金19.99亿元，剩余额度在明年予以优先考虑。奶业振兴基金20亿元截至2022年底累计使用7.95亿元，资金使用率40%。支持的7个项目共拉动总投资40.10亿元，到位资金33亿元。发挥推进奶业振兴若干政策措施、“粮改饲”等政策叠加

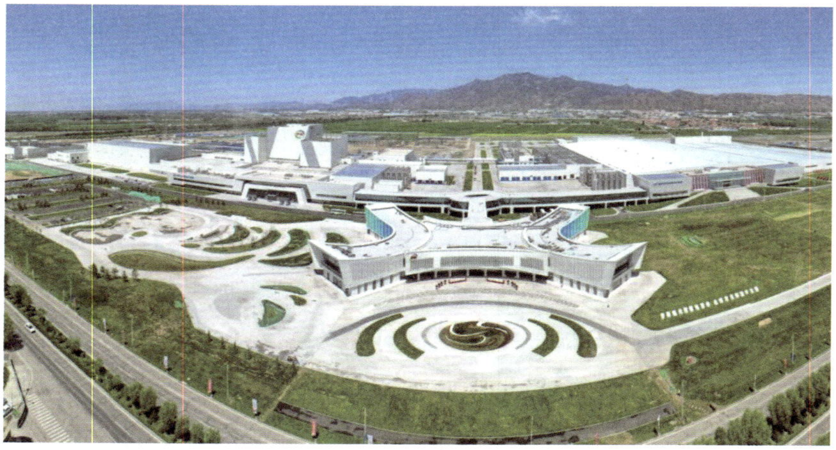

图35 2022年8月17日，荷兰合作银行公布“2022年全球乳业20强”，伊利以182亿美元的营业额稳居“全球乳业五强”，连续9年保持“亚洲乳业第一”。图为伊利现代智慧健康谷全貌

（自治区工信厅 供图）

效应，实现饲草收储全覆盖；推广使用性控冻精15万头以上，进口优质奶牛5万头以上；继续对培育出国际国内排名靠前的种公牛育种企业给予奖励；支持151个中小养殖场改造升级和100个地方特色乳制品加工标准化改造，提升标准化水平。推动奶业生产能力提升整县推进项目，重点支持和林格尔县等8个旗县区提高奶业综合生产能力。

【国家乳业技术创新中心成立】2022年1月15日，科技部批准建设国家乳业技术创新中心。中心以内蒙古自治区人民政府为责任主体、内蒙古乳业技术研究院为建设主体，联合国内行业企业、高校、科研院所共同建设。已吸纳了52家成员单位，形成了技术领域布局和创新链条较为完整的产学研融合团队，构建起空间分布合理、具有国际影响力和竞争力、适应国内国际双循环的国家乳业技术创新网络化发展格局。2022年3月印发的《内蒙古自治区推进奶业振兴九条政策措施》将科技资金支持额度提升到了每年1亿元，通过科技重点专项的支持，解决制约乳业行业发展的关键技术和瓶颈问题。2022年，乳业国创中心持续聚焦中国乳产业发展创新需求，围绕奶牛繁育与养殖、营养与健康、乳品工艺技术与装备、乳品安全与品质等研究领域，充分征集行业企业技术需求、行业专家技术发展建议，组织成员单位共同开展科技攻关，加快推进重点项目实施进度。开展科研项目70项，投入资金7亿元，其中政府专项资金2.6亿元，企业自筹资金4.4亿元。

【乳业创新平台建设】2022年，自治区下达资金1亿元，助力国家乳业技术创新中心开展关键技术攻关。完善乳创中心（乳业技术创新中心）体制机制，建立资金直达机制。乳创中心已吸纳52家成员单位，设立44个科研项目，在奶牛体外胚胎技术、营养调控技术、浓缩乳清蛋白制备技术、包装新材料等方面取得一批阶段性成果。

（赵 丽）

【伊利集团】 2022年，内蒙古伊利集团位居全球乳业5强，连续9年亚洲乳业第一。实现营业总收入1231.71亿元，比2021年增长11.37%。公司营收实现连续30年增长。截至2022年12月底，伊利全球专利申请总数、发明申请总量位居世界乳业十强第二。有全球研发创新中心15个，覆盖亚洲、欧洲、大洋洲和美洲。2022年，伊利陆续推出“金典超滤牛奶”“安慕希丹东草莓”“畅轻蛋白时光”“金领冠塞纳牧有机奶粉”“须尽欢厚乳冰淇淋”等多款新品。伊利拥有“伊利”母品牌及20余个子品牌，其中安慕希、金典年销售收入在200亿元以上，优酸乳年销售收入在100亿元以上，有10个子品牌年销售收入在10亿元以上。

7月12日，伊利健康谷全球智能制造产业园正式投产，液态奶全球智造标杆基地、奶粉全球智造标杆基地、敕勒川智慧生态牧场、伊利智造体验中心正式完工并投入使用。呼和浩特市依托伊利现代智慧健康谷的产业集群，推动形成“产在城中、城在产中，以产促城、以城兴产”的产城融合新模式，规划建设一座城市服务功能完善、职住平衡、生态宜居、智慧便捷的新型智慧城市。

（王 佳）

【蒙牛集团】 2022年，内蒙古蒙牛集团推进“再创一个新蒙牛”战略，抵御大环境挑战，降本增效，整体收入比2021年增长5.1%，经营利润比2021年上升11.6%，经营利润率比2021年提升40个基点。在荷兰合作银行的“2022年全球乳业20强”榜单中，蒙牛排名第七位。年内，常温业务·UHT纯牛奶呈现增长韧性，特仑苏有机奶占据市场份额第一。低温业务聚焦品类连续

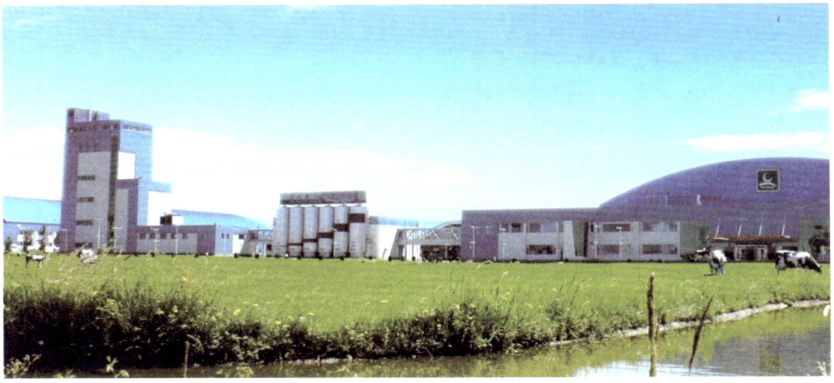

图36 2022年蒙牛集团厂区一角

（自治区工信厅 供图）

18 年占据市场份额第一。冰淇淋业务联合茅台集团、上海迪斯尼乐园蒙牛儿童奶酪棒、奶酪休闲零食以及家庭奶酪黄油、专业餐饮渠道的快速增长，并携手中国奶酪企业妙可蓝多，成为中国奶酪市场第一。奶粉把握“新国标”机遇旗下数款婴幼儿配方奶粉产品已通过配方注册批准。

蒙牛 5G 数字工厂大低温板块项目鲜奶工厂建筑面积 10706.42 平方米。2022 年，该工厂投产的 3 条生产线，主要生产鲜奶百利包及 PET 系列产品。奶酪工厂建筑面积 19629.82 平方米，整体设计 18 条生产线，日产能 200 吨，主要布局常温奶酪棒生产线、黄油及淡奶油生产线、马苏柔性生产线、常温休闲奶酪生产线。低温工厂建筑面积 31779.17 平方米，规划布局 10 条生产线，预留 2 条生产线。主要生产优益 C、冠益乳、凝酪乳、北欧芝士、大果粒等产品。2022 年，蒙牛现代草业、圣牧草业在呼和浩特、巴彦淖尔等地共计种植饲草 2.67 万公顷，直接或间接地带动了 20 万名农牧民就业增收。圣牧草业乌兰布和沙漠 1.47 万公顷“优质牧草种植项目”，保障地区奶牛养殖饲草需求，治理改善了区域生态环境。台基营 200 公顷优质饲草种植示范基地，已选育出 6 种替代进口的苜蓿品种并试种推广，为国产优质饲草种植技术攻关、种植推广奠定了实践基础。为加大草种业的研发推广力度，蒙牛成立了内蒙古嘉禾种业公司，研发出燕麦新品种 2 个和苜蓿新品种 2 个。2022 年，蒙牛集团已建成 21 座奶源基地，奶牛存栏 12.5 万头，日产奶量 1000 吨。

（王俊芳）

农畜产品加工业

【概况】 2022 年，全区规模以上农畜产业加工业增加值增速 5.9%，占规模以上工业增加值的 7.2%。乳品加工，鲜奶加工能力超千万吨，牛奶产量 733.8 万吨，增长 9.0%，乳制品 415.2 万吨，增长 12.6%。肉类加工，肉类加工能力 800 万吨以上，其中牛羊肉加工能力 500 万吨以上。肉类产量 277.8 万吨，增长 2.8%。其中，猪肉 73.7 万吨，增长 9.3%；牛肉 71.9 万吨，增长 4.6%；鲜、冷藏肉 36.5 万吨，增长 28.4%。羊绒加工，羊绒衫加工能力 3150 万件，产量 630.8 万件。

【项目建设】 2022 年，自治区推动实施农畜产品加工重点项目 90 个，总投资 440.7 亿元，已开复工项目 57 个，完成投资 93.9 亿元。

【羊绒生产】 2022 年，全区山羊饲养量 1512.1 万只，羊绒产量 6000 吨，有中国驰名商标 5 个，内蒙古著名商标 23 个。围绕“保种育种、规模经营、强链补链、品牌建设、社会化服务、牧企利益联结、产业多功能开发”7 个方面，完善羊绒产业链一二三产全景图。更新羊绒加工重点企业（销售收入 500 万元以上）103 家，相关配套专业销售市场企业 22 家。建立了包含 32 个项目的重点项目库和 12 家重点企业的关联客户库。申请国家重点资金 1.5 亿元（2022—2024 年，每年 5000 万元）开展西部绒山羊产业集群项目，支持企业实施绒毛制品精深加工、生产线技术升级改造、绒毛拍卖交易网络平台等建设，推进羊绒产业发展。2022 年全区出口无毛绒约 930 吨，出口纱线 270.6 吨。生产羊绒制品的加工企业 56 家，羊绒衫、羊绒围巾、披肩等主要产品产量达 3820.5 万件。

【鄂尔多斯资源股份公司】 鄂尔多斯资源股份公司是鄂尔多斯集团下属上市公司，是集研发、生产和销售于一体的羊绒制品国家级高新技术企业，拥有羊绒行业唯一的国家羊绒制品工程技术研究中心，建有内蒙古山羊绒材料与工程技术重点实验室。2022 年，鄂尔多斯品牌价值连续 16 年蝉联中国纺织服装品牌榜首，公司实现营收 205488 万元，净利润 410073 万元，研发投入 10267 万元，占营收的 5%。拥有 1436、ERDOS、鄂尔多斯 1980、BLUE ERDOS、ERDOS KIDS 5 个知名服装品牌组成的品牌矩阵。

【内蒙古鹿王羊绒有限公司】 内蒙古鹿王羊绒有限公司始创于 1985 年，2008 年改制为民营企业。2022 年，公司实现营收 44018 万元，净利润 700 万元，研发投入 1719 万元，占营收的 3.9%。公司以全球视野整合资源，生产节能环保、绿色时尚的羊绒系列产品与世界共享。国内布局有内蒙古包头、浙江、上海等地，国外在马达加斯、柬埔寨建成两个海外生产基地，共同构建起一个集研发设计、生产制造、营销服务于一体的国际化全产业链、创新型纺织服装企业。公司拥有国家级企业技术中心、国家级工业设计中心，是国家级高新技术企业、国家级绿色工厂、国家级绿色设计产品、国家级知识产权示范企业、农业产业化国家重点龙头企业、全国少数民族特需用品定点生产企业、工信部重点跟踪培育纺织服装品牌、中国工业影响力70企业、国际贸易高质量发展基地，全国纺织品标准化先进单位、国家级服务型制造示范企业。产品主要出口欧美、日韩等发达国家，国内有1500多个终端卖场。

【赤峰东黎羊绒股份有限公司】 赤峰东黎羊绒股份有限公司是一家拥有羊绒全产业链的企业，主要产品分山羊无毛绒、羊绒纱线、羊绒服装服饰、羊绒围巾四大类，主要销往欧美地区，出口创汇连续22年位居赤峰市出口创汇前三名，连续18年位居国家羊绒行业出口排名前十名。2022年公司实现营收54351.49万元，净利润8358.42万元，研发投入1637.03万元，占营业收入的3.01%。公司同时也是农业国际贸易高质量发展基地、国家级羊绒及羊绒制品外贸转型升级基地、国家工业旅游示范基地、全国商务系统先进集体，农业产业化国家重点龙头企业、国家级高新技术企业、中国山羊绒行业竞争力10强企业、改革开放40年羊绒行业引领企业、海关高级认证企业（AEO）、自治区优秀民营企业、内蒙古自治区民营企业50强，名列中国羊绒行业十大出口品牌。

医药产业

【概况】2022年，全区有生物医药生产企业116家，工业产值240亿元，比2021年增长11%左右。化学原料药是自治区制药行业的支柱产业，产值占比47.1%，主要产品有抗生素系列、维生素系列，企业主要分布在呼和浩特、通辽、赤峰、巴彦淖尔等地区。化学药制剂产值占比8.3%，生产企业主要集中在赤峰、呼和浩特和通辽等地区，生产品种318个，涉及注册批准文号971个，通过或视同通过仿制药一致性评价的品种9个。赤峰市是内蒙古退烧药扑热息痛、布洛芬和感冒药复方氨酚烷胺、感冒解表丸等药品主要生产地，在抗击新冠疫情期间发挥了重要作用。中（蒙）药产值占比16.7%。通辽、赤峰、呼和浩特、巴彦淖尔等地区基本形成链条完整的产业聚集区。产品包括7大类624个品种，康复新液、肝肾颗粒、三味檀香胶囊、明目十六味丸、阿拉坦五味丸等处于全国领先水平。此外，呼和浩特是全国唯一汇聚4家兽用疫苗龙头企业的城市，全球最大的口蹄疫疫苗智能制造基地。金宇生物口蹄疫疫苗占国内市场份额为35%，齐鲁制药（内蒙古）阿维菌素产能居全球第一、酒石酸泰乐菌素全球市场占有率50%，金河生物金霉素预混剂全球市场占有率50%。

【医药产业支持】2022年，内蒙古自治区按照企业规模和产业链带动能力，将联邦制药、金宇保灵等7户企业列为生物医药“链主”企业培育对象重点辅导。落实支持仿制药一致性评价的政策措施，对盐酸美金刚片、盐酸氨溴索注射液等4个通过一致性评价品种给予奖励。分三批次支持国家级、自治区级工业设计中心64个共计3300万元。支持婴幼儿配方乳粉数字化可追溯平台建设，对已接入国家平台且实现数据传输的5个企业给予奖补250万元。自治区工信厅制定印发《内蒙古自治区2022年促进制造业高端化、智能化、绿色化发展政策清单》，从加强创新能力建设、扩大有效投资、促进产业智能化绿色化转型、加强要素保障等方面出台了30条具体扶持政策，对生物医药产业在内的制造业企业给予全方位政策支持。加大对联邦制药、齐鲁制药、金宇宝灵、康臣药业、金达威药业、蒙欣药业、蒙药股份等龙头企业支持力度，壮大企业规模，加快培育内蒙古生物医药产业链链主企业、头部企业。

【项目建设】 2022年，自治区实施生物医药重点项目45个，总投资269.71亿元，已开复工项目36个，完成投资44.18亿元。

【双奇药业】 双奇药业以研发、生产、销售微生态制剂产品为主导方向的国家级高新技术企业，拥有多项核心技术和发明专利。2022年，实现销售收入5.8亿元。主导产品双歧杆菌乳杆菌三联活菌片（商品名：金双歧）是自治区成立以来唯一一个国家一类新药，主治肠道菌群失调，疗效显著。阴道用乳杆菌活菌胶囊（商品名：定君生）是迄今为止国内唯一获得新药证书用于治疗细菌性阴道病的微生态活菌制剂，开创了微生态制剂治疗妇科疾病的新理念。

【金宇宝灵】 金宇宝灵药业是金宇生物下属全资子公司，集研发、生产和销售于一体的兽用生物制品国家级高新技术企业，拥有国内唯一的“兽用疫苗国家工程实验室”、国家高级别生物安全实验室和“农业农村部反刍动物生物制品重点实验室”。2022年，公司实现营收98074万元，净利润20027万元，研发投入7340万元，占营收的7.5%。产品涵盖猪、牛、羊、禽、宠物等五大类共100多种疫苗和100多种诊断试剂，是国内兽用疫苗产品品类最齐全的动保公司，产品和服务覆盖全国市场并出口周边国家。

（付成霖）

机械装备制造业

【概况】 2022年，内蒙古自治区规模以上机械装备制造业增加值增长10.9%，高于全国平均水平7.9个百分点，机械装备制造业增加值占GDP比重达到17.5%，较2021年度提高2个百分点。全区装备制造业有规模以上企业198户，其中金属制品企业61户，通用设备制造企业39户，专用设备制造企业31户，汽车及零部件制造企业19户，电气机械和器材制造业企业42户，铁路、船舶、航空航天和其他运输设备制造业企业6户。累计接入新能源汽车监管平台数量5.31万辆，累计行驶16.3亿千米，累计充电18.02亿度，替代燃油2.08亿升，减少碳排放105.5万吨。

【新能源装备制造产业】2022年，自治区工信厅落实《自治区新能源装备制造业高质量发展实施方案（2021—2025年）》，联合自治区发改委、能源局研究确定包头、通辽、呼和浩特、鄂尔多斯四大新能源装备制造产业基地布局，推动新能源装备制造发展及基地建设，推动新能源装备制造重点项目建设、调度重点企业生产情况以及推动新能源装备供需采购对接等工作。全区实施的新能源装备重点项目共计86个，全区在建风电装备制造项目52个，建设规模整机5400套，叶片3880套，塔筒121万吨，齿轮箱2500套，发电机400台。光伏装备制造项目16个，组件33吉瓦，光伏背板玻璃1.4亿平方米，逆变器4吉瓦，其中内蒙古首片大尺寸光伏组件于8月2日投产。氢能装备项目，有21个重点项目建设，主要包括包头电投海峡绿氢年产800套5兆瓦碱性水电解槽制造、准格尔氢塑科技有限公司年产燃料电池系统2000套、电堆2000套项目，其中鄂尔多斯国鸿新能源汽车电堆、上汽红岩氢能电堆及重卡项目已完成项目建设，产品样品已下线。储能装备项目，在建项目4个，包头华电云储300兆瓦时电池集成和制造项目、鄂尔多斯市锂佳能源有限公司3万吨电池项目、呼和浩特天诚同创储能科技有限公司储能设备500兆瓦时项目，鄂尔多斯远景10吉瓦时储能项目于4月份投产。截至2022年10月底，资源开发企业与区内装备制造企业签订订单数量：整机约2401台（套）、塔筒约28万吨、叶片约2268套。

【新能源汽车产业及推广应用】2022年，全区累计生产新能源汽车5.31万辆。以呼和浩特市、包头市、鄂尔多斯市、乌海市为重点，集中布局新能源汽车制造及配套产业项目，打造形成涵盖动力电池、电机、电控系统、动力总成、配套零部件及整车研发生产的新能源汽车全产业链。全区新建续建项目13个，总投资240.3亿元，建设规模新能源专用车2.7万辆，车身底盘2万套，乘员舱1万套，动力电池9吉瓦时。2022年，建成国家、自治区、企业三级联网的新能源汽车监管平台，实现对新能源汽车生产准入、目录审核、补贴发放、安全运营、运营里程等环节监管的全覆盖。截至2022年底已接入平台的新能源汽车5.31万辆，累计行驶16.3万亿千米，累计充电8.02亿度，替代燃油2.08亿升，减少碳排放105.5万吨。新建成充换电站151个、各类充电桩3687个，累计建成充换电站670个、各类充电桩10253个。

【技术装备首台套、关键零部件首批次认定】自治区开展2022年度自治区技术装备首台套、关键零部件首批次产品认定工作，共认定技术装备首台套产品26个、关键零部件首批次产品6个。开展2022年度自治区技术装备首台套、关键零部件首批次产品保险补贴工作，经评审，对包头江馨微电机科技有限公司的智能手机摄像头用微型驱动电机VOM等15个技术装备首台套、关键零部件项目给予保险补贴资金2963.76万元。

【呼和浩特装备制造基地】 2022年，续建远景集团新能源装备制造产业园、东方电气智慧能源产业基地项目等2个项目，针对产业链缺失环节定向招引齿轮箱、整机、控制器、叶片等项目，新建航天产业城环保装备制造项目（风电、垃圾处理等）；打造中环产业园，已建成世界一流的单晶硅生产基地，具备年产88吉瓦太阳能级单晶硅棒、28吉瓦太阳能级单晶硅片的生产能力，实施包括光伏级颗粒硅、碳纤维、光伏组件等项目。

（付成霖）

【包头装备制造基地】 包头市装备制造业是包头市六大支柱产业之一，已基本形成涵盖金属制品、通用设备、专用设备、汽车制造等8大门类的产业格局。截至2022年底，全市共有规上装备制造企业96户（不含军工），规上装备制造业增加值比2021年增长59.3%，在疫情冲击等不利因素下呈现逆势增长态势。装备制造业拥有国家重点实验室1个（特种车辆及其传动系统智能制造国家重点实验室）、国家级企业技术中心3个（一机集团、北重集团、北奔集团）、国家级工程研究中心1个（北方股份）、国家制造业单项冠军1个（北方股份）以及国家级专精特新"小巨人"企业8个（一机徐工、一机宏远、一机路通、一机瑞特等），具备从特种钢冶炼、铸造、锻造、机加、冲压、液压、焊接、精密加工、热处理到整机装配、总装总调等较为完备工艺技术体系。通过持续推动产业向高端化、智能化方向转型升级，已涌现出明阳集团7.15兆瓦超大型陆上风电整机和碳玻混合叶片、北方股份NTE360C电动轮矿用车和NTH150氢燃料矿用自卸车、一机集团高通量核酸检测车、北奔集团氢燃料重卡和无人智驾重卡等一批引领国内先进水平、填补自治区乃至全国产业空白的装备产品。2022年，明阳集团下线7.15兆瓦陆上风电整机、碳玻混合叶片、半直驱发电机等3个核心产品，龙马高端风电产业园项目叶片模具设备已进厂；上游硅材料产业高度成熟，已形成多晶硅料19.5万吨、单晶拉棒91.8吉瓦、切片20吉瓦的产能规模，签约徐州中清20吉瓦光伏电池片和10吉瓦光伏组件项目、扬州中来光伏POE胶膜项目；落地比亚迪动力电池铜箔项目。

（赵俊梅）

【鄂尔多斯装备制造基地】 2022年，中车集团、远景能源等龙头企业落地鄂尔多斯，形成风机主机5吉瓦、塔筒5万吨、叶片1200套、风力发电机舱罩和导流罩1000套生产能力；全球光伏行业排名前三的头部企业已齐聚鄂尔多斯，天合光能下线全区首片大尺寸光伏组件，隆基全球最大太阳能工厂全面开工，晶澳400亿元光伏全产业链项目已签订合作协议，已建成光伏组件2吉瓦、硅料1万吨、25吉瓦单晶拉棒、23吉瓦硅片、5吉瓦光伏支架、1200万重量箱光伏背板，在建产能硅料43.5万吨、硅片77吉瓦、电池片94吉瓦、组件54吉瓦；捷氢、国鸿、重塑、氢晨、格罗夫、一派等氢燃料电池龙头企业已经落地，已形成氢燃料电池系统1.1万套及电堆5000套、电解槽300套的产能，在建产能电解槽400套、电网友好型制氢电源100套、氢气循环泵2万套；远景动力电池一期实现量产、二期20吉瓦时已开工建设，华友钴业、湖南镕锂等储能材料重点企业已经落地，形成动力电池及储能电池10.5吉瓦时、正极材料10万吨的产能。

（付成霖）

【通辽装备制造基地】 2022年，通辽市制定《通辽市新能源及装备制造产业链2022年工作方案》《通辽市新能源及装备制造产业链发展行动计划（2022—2025年）》及《通辽市科尔沁区风电装备制造产业规划（2022—2030）》《通辽市氢能产业发展中长期规划（2022—2035年）》《通辽经济技术开发区光伏装备制造基地产业发展规划》《通辽经济技术开发区储能装备制造基地产业发展规划》等均完成编制。在重点产业链项目建设方面，2022年实施新能源装备制造产业项目26项，总投资190.5亿元，年度计划投资52.4亿元。风电装备制造项目22项，其中，已投产项目4项，分别为天顺风能12万吨风电塔架项目、龙马集团300台起重机和300台压力容器、10万吨大型钢构件项目、华锐科左中旗风电装备制造基地建设项目。在建项目18项，其中，洛阳双瑞1500套风机叶片、祥瑞重工1000台套风电塔筒2个项目已完成厂房封闭，12月底达产；中国中车1500台风发电机、东方电机1500台风发电机、中国海装1000台风电主机、东方风电1000台风电主机4个项目已完成地下基础工程施工，进行厂房建设；龙马集团30万吨球墨铸件铸造、2000台套定转子及底座、2000套风电钣金、重庆齿轮箱1000台风电减速机、德力佳1000台风电减速机等10个项目已全面开工。此外，龙马集团办公研发中心、生活配套区等产业配套项目已进入主体建设阶段。光伏装备制造项目1项，为霍林郭勒市亚欧新材料10万吨太阳能边框项目，办理前期手续，12月开工建设，总投资6.5亿元。

（吴 琪）

【内蒙古第一机械集团有限公司】 2022年，内蒙古第一机械集团有限公司主营业务收入176.12亿元，利润总额10.88亿元，净利润9.91亿元。成本费用总额占营业收入比重为 95.98%；经营性现金流量净额 -52.23 亿元。2022 年度，公司获评全国安康杯竞赛优胜单位；兵器工业集团年度档案工作优秀单位；获评内蒙古自治区质量管理小组活动优秀企业。

（翁儒波　田希慧）

【内蒙古北方重工业集团】 2022 年，内蒙古北方重工业集团（以下简称北重集团）坚持军为首要、军民融合发展，着力加强产业融合、技术融合，公司军民品实现 5∶5 格局。实现营业总收入 71 亿元，补贴前利润总额 7173 万元，经济增加值 1 亿元，全员劳动生产率 19.37 万元 / 人·年；特种钢，签订订单 17.8 亿元，创十年最高纪录。中标超临界火电项目 16 个，国内“四大管道”（火力发电厂主蒸汽管道、热再热蒸汽管道、冷再热蒸汽管道、高压给水管道）市场占有率保持 80% 以上，继续稳居行业之首。矿用车项目，实现收入 22.5 亿元，产销量创历史“双高”；国内市场占有率、国内项目中标率均达到 80% 以上，印尼、中亚等国际市场销量实现翻倍，无人驾驶矿车销量居全球第三位。

（朱瑜然）

建材工业

【概况】 内蒙古自治区认真落实国家有关建材行业碳达峰、行业稳增长等各项政策措施，截至 2022 年底，全区水泥企业 120 户、产能 1.1 亿吨、产能利用率 32.5%。熟料企业 48 户、产能 5360 万吨、产能利用率 69%。平板玻璃企业 3 户、产能 2153 万重量箱。2 家水泥企业成为工信部“绿色工厂”示范单位，30 余家企业成为内蒙古自治区“绿色工厂”示范单位。

【水泥】 2022 年，全区水泥产能 1.1 亿吨，熟料产能 5250 万吨；全区水泥熟料产量 3482.66 万吨、比 2021 年减少 7.31%，产量排名第 19 位，增速排名 11 位；水泥产量 3523.7 万吨、比 2021 年减少 4.6%，占全国比重 1.66%，产量排名第 22 位，产量增速排名第 4 位。

【平板玻璃】 2022 年，全区平板玻璃产能 1520 万重量箱，平板玻璃产量为 1117.9 万重量箱、比 2021 年增长 4.9%，占全国 1.04%。

【石墨新材料】 2022 年，全区石墨新材料深加工能力 117 万吨，石墨及碳素材料产量 335.9 万吨、比 2021 年增长 6%。

【水泥行业采暖季错峰生产】 内蒙古自治区 2022—2023 年采暖季水泥常态化错峰生产停窑时间为 2022 年 12 月 1 日至 2023 年 3 月 31 日，共 4 个月。全区水泥熟料生产线 100% 参与错峰生产，45 条生产线按时停窑执行错峰生产，其中非电石渣企业停窑率为 100%，全部应停尽停，电石渣熟料企业均与传统企业签订了错峰置换协议，为控产能、稳价格、增效益、改善环境、节能减排起到积极作用。据统计，2022—2023 年采暖季错峰生产期间，累计压减熟料产量 1800 万吨，减少燃煤消耗 226 万吨、二氧化碳排放 1564 万吨、氮氧化合物排放 1.71 万吨。

【电石渣企业与传统熟料企业业合作】 内蒙古自治区 2022—2023 年采暖季从错峰生产、电石渣熟料置换、有效输出富余熟料方面，督促电石渣企业与传统熟料企业尽快签订冬季错峰置换协议。创新机制，整合资源，充分利用和发挥内蒙古水泥集团平台作用，持续加大通过自身资源和渠道运作的熟料发运量。建立与电石渣熟料长期合作稳定、动态调整的机制，利益共享、风险共担。按照全年置换统筹把控渠道，错峰期、非错峰期分开谈判，错峰期以周边非电石渣企业 2022 年 4—9 月变动成本为依据，除了自停窑以外的时间全部参与置换；非错峰期随行就市，按照市场价格进行置换，让电石渣企业主动愿意进行置换。落实错峰置换有关规定，乌海及周边地区拟置换的 4 家电石渣企业与去产能平台内蒙古水泥集团签订置换协议，并由其统筹电石渣熟料疏解工作，有序输出富余熟料。

【水泥行业自律】 2022 年，内蒙古水泥协会成立了错峰生产工作领导小组和四个区域性错峰生产监督检查组，发布了错峰生产倡议书。错峰期间，协会每天在微信平台上通报错峰生产情况，对未错峰企业提出要求。召开“撮合对接会”，把电石渣熟料企业与传统企业撮合在一起，使双方达成产能置换协议。认真审核企业错峰生产置换方案，提出审核意见报自治区工信厅公示公告。针对个别企业提出的种种“不错峰、少错峰”理由，派出技术人员现场核实，掌握真实情况，维护行业错峰生产大局。

（付成霖）

建筑业

ᠪᠠᠷᠢᠯᠭ᠎ᠠ ᠶᠢᠨ ᠠᠵᠤ ᠦᠢᠯᠡᠳᠪᠦᠷᠢ

综 述

【建筑企业规模】 2022年，内蒙古有建筑企业1239个，比2021年增加49家。新增建筑施工一级企业29家。其中国有企业2个，股份合作企业6个，有限责任公司196个，股份有限公司5个，私营企业1030个。建筑企业资产总计2758.54亿元，从业人员13.92万人，从业人员中工程技术人员3.65万人。全年建筑企业总产值1332.84亿元，其中装饰装修产值25.14亿元，在外省完成的产值454.9亿元。总产值按构成分为建筑工程产值118.28亿元，安装工程产值86.4亿元，其他产值57.16亿元。全区建筑业增加值1538亿元，同比增长6.0%。

【建筑施工】2022年，全区建筑施工面积15311.89万平方米，竣工面积1100.98万平方米。房屋建筑施工面积7045.54万平方米，比2021年下降6%。房屋建筑竣工面积1096.34万平方米，比2021年下降17%，房屋建筑面积竣工率15.56%。2022年新开工建筑房屋面积1629.07万平方米，其中住宅1137.06万平方米，办公楼23.09万平方米，商业营业用房149.59万平方米，其他用房319.34万平方米。

【绿色建筑】 2022年，全区城镇总体规划区内新建建筑全面执行绿色建筑标准，竣工面积达1579.1万平方米，占全部建筑竣工面积的81.3%，同比提高16.8个百分点。新增绿色建材推广应用面积537.5万平方米。呼和浩特市、鄂尔多斯市被列为国家政府采购支持绿色建材促进建筑高品质提升试点城市。新增可再生能源建筑应用面积466.7万平方米。结合城镇老旧小区改造同步实施既有建筑节能改造面积458万平方米。

【勘察设计和工程监理统计】 2022年，内蒙古自治区住房和城乡建设厅（以下简称自治区住房和建设厅）开展全区勘察设计、工程监理的统计工作。通过全国建筑市场监管公共服务平台管理系统，向住建部报送内蒙古2021年度勘察设计、工程监理的统计数据结果。勘察设计企业上报率为90.86%，工程监理企业上报率为78.24%，达到国家要求。

【建筑工程质量管理】 2022年，自治区住建厅开展工程质量过程管理，规范勘察设计、施工图审查、工程检测、预拌混凝土等工程建设活动。各盟市共检查工程建设项目3749个。

【建筑行业监管】 2022年，自治区住房和建设厅以建筑市场和施工现场联动监管及部门协同管理为主，加强事中事后监管，形成工作合力为目标，制定《2022年工程建设领域整治专项行动计划》，要求各盟市强化施工现场和招标投标活动"两场联动"，做好"两法衔接"，形成监管合力。开展房屋建筑和市政工程招标投标活动执法检查、标后履约检查和工程建设项目执法检查，建立项目和企业信息档案，完善监管机制，同时按照"双随机、一公开"要求，开展勘察、设计、施工、监理企业资质和注册人员资格检查。全年共抽查相关企业457家，对发现存在问题的企业下达了整改通知书，并对其中2家企业撤销资质。

表 16　2022 年度第一批内蒙古自治区“草原杯”工程质量奖项目名单

序号	工程名称	申报单位	项目经理	监理单位	总监理工程师	参建单位	项目经理
1	内蒙古社会主义学院新建教学楼及附属设施建设项目	中天建设集团有限公司	吴永伟	内蒙古锐信工程项目管理有限责任公司	于召龙	—	—
2	万锦小学	内蒙古华亿建筑工程有限公司	贾国良	内蒙古宏厦工程项目管理有限责任公司	王　勇	内蒙古城建工程股份有限公司	郭德钧
3	中国移动（呼和浩特）数据中心二期二阶段 B08 机房楼、B08 制冷站	兴泰建设集团有限公司	全朋小	瑞博工程项目管理有限公司	裴利民	—	—
4	内蒙古农业大学兽医实验楼建设项目	兴泰建设集团有限公司	郭曙光	瑞博工程项目管理有限公司	朱　亮	—	—
5	内蒙古大学实验楼 A 座	内蒙古建设集团股份有限公司	郭建宏	瑞博工程项目管理有限公司	马伟小	内蒙古城建工程股份有限公司 内蒙古正鑫建设工程有限公司	孙万臣 王小贤
6	齐鲁制药（内蒙古）有限公司呼伦贝尔分公司绿色生物农兽药扶贫产业项目公寓食堂楼	中建一局集团安装工程有限公司	要力明	浙江华建工程管理有限公司	黄继华	—	—
7	国网蒙东兴安供电公司生产综合楼（含省检兴安分部）	内蒙古鑫泰建筑安装（集团）有限公司	姜恩岩	内蒙古万和工程项目管理有限责任公司	张福生	—	—
8	通辽第五中学（新建学生公寓楼）	内蒙古道和建设集团有限公司	李建平	通辽市大明工程管理咨询有限公司	袁洪涛	—	—
9	通辽市科尔沁区第四人民医院医养结合建设项目（地块二）门诊住院楼（一期）	中庆建设有限责任公司	李宏岩	—	—	—	—
10	赤峰市中心城区水源水厂改扩建工程第四水厂建设项目	赤峰市金川市政建设工程有限公司	赵立红	内蒙古华鸿项目管理有限公司	张海军	—	—
11	快手智慧云乌兰察布大数据核心区数据中心项目一期工程（A 栋机房、综合楼 w）	中国建筑一局（集团）有限公司	胡长辉	中咨工程管理咨询有限公司	张　兴	内蒙古联友建设工程集团有限公司	薛兰柱
12	鄂尔多斯市乌兰木伦河 3 号桥项目	广西路桥工程集团有限公司	韦永代	武汉飞虹工程管理咨询有限公司	宁　瑜	—	—
13	乌海市人民医院新建综合楼项目——综合楼	内蒙古蒙西建设集团有限公司	乔世光	内蒙古科大工程项目管理有限责任公司	尚锦岭	凯建建筑安装工程有限公司	任德飞
14	乌海市超高压供电局生产指挥中心项目（一期）工程生产调度楼	中益诚达建设集团有限公司	孟凡磊	内蒙古康远工程建设监理有限责任公司	王卫华	—	—

表 17　2022 年度第二批内蒙古自治区“草原杯”工程质量奖项目名单

序号	工程名称	申报单位	项目经理	监理单位	总监理工程师	参建单位	项目经理
1	鸿德教育园—建设培训大厦	内蒙古建设集团股份有限公司	王　春	瑞博工程项目管理有限公司	白江河	内蒙古联友建设工程集团有限公司	亢建庭
2	全球领先 5G+ 工业联网婴儿配方奶粉智能制造示范项目	兴泰建设集团有限公司	乔　杰	上海建科工程咨询有限公司	骆海峰	—	—
3	内蒙古建筑职业技术学院新校区三期工程西教学实训区教学楼、实训基地 1 号和 2 号楼建设项目施工（二标段：教学楼）	中天建设集团有限公司	郑民伟	内蒙古万和工程项目管理有限责任公司	陈二平	内蒙古城建工程股份有限公司	樊佃喜
						内蒙古正鑫建设工程有限公司	王小贤
4	内蒙古科技大学 2# 实验楼扩建建设项目	兴泰建设集团有限公司	斯琴夫	内蒙古科大工程项目管理有限责任公司	武小兵	—	—
5	中海・河山郡（北区）一标段 6# 楼	江苏省华建建设股份有限公司	陆　靖	乌海市华信工程建设监理有限责任公司	沈为民	—	—
6	包头市民政福利园区和残疾人综合服务基地（一期）市级养护院	内蒙古万达建筑集团有限责任公司	张晓亮	内蒙古金长城工程项目管理有限公司	陈爱国	—	—
7	内蒙古科技大学包头师范学院教学楼及公寓楼项目	河北建设集团股份有限公司	吕宽荣	山西神剑建设监理有限公司	杨　冲	内蒙古帝鑫建筑工程有限公司	王云祥
						内蒙古联友建设工程集团有限公司	高俊通
						内蒙古天勤建筑工程有限责任公司	赵园园
8	呼伦贝尔历史博物馆建设项目	重庆对外建设（集团）有限公司	秦李波	呼伦贝尔成元建设监理有限责任公司	王永建	赤峰恒诚建筑工程有限公司	唐健华
9	赤峰市红山区第二十二小学建项目	赤峰添柱建筑工程有限公司	张占成	内蒙古天虹建设监理有限责任公司	孟　菲	—	—
10	喀喇沁旗蒙医中医医院整体搬迁建设项目	兴泰建设集团有限公司	马宝青	内蒙古天虹建设监理有限责任公司	于　全	内蒙古兴泰科技装饰集团有限公司	王永飞

表 17（续表）

序号	工程名称	申报单位	项目经理	监理单位	总监理工程师	参建单位	项目经理
11	香格里拉小区二期 B 区、C 区附属配套—园林景观绿化硬化工程	赤峰恒诚建筑工程有限公司	李艳艳 陈永成	内蒙古恒正工程项目管理有限公司	于俊军	—	—
12	赤峰农牧学校综合实训楼建设项目	赤峰正翔建筑工程有限公司	司桂芳	内蒙古天虹建设监理有限责任公司	王　栋	—	—
13	赤峰市农牧业科技产业园建设项目—核心区第一标段	内蒙古润得建设集团有限公司	朱柏林	内蒙古天虹建设监理有限责任公司	于晓冬	—	—
14	恒基·都会明珠 9# 楼	赤峰宏基西诚建筑工程有限公司	张亚新	内蒙古恒正工程项目管理有限公司	于俊军	—	—
15	乌兰察布电业局职工体能训练活动中心	兴泰建设集团有限公司	王宝锋	—	—	内蒙古兴泰机电设备安装有限公司	高雪峰
16	察右后旗健康服务大楼	内蒙古第三建筑工程有限公司	王迎春	内蒙古承兴建设监理有限责任公司	张文瑞	—	—
17	伊克昭中学铁西校区建设项目	广东电白二建集团有限公司	陈伟强	内蒙古万和工程项目管理有限责任公司	陈永强	内蒙古天勤建筑工程有限责任公司	赵方方
18	东胜区第六小学改扩建项目	兴泰建设集团有限公司	高　原	河南正兴工程管理有限公司	吕瑞光	—	—
19	鄂尔多斯市廉政教育管理中心办案基地扩建项目（综合楼）	陕西建工集团股份有限公司	王　军	德润工程咨询有限公司	韩　茹	—	—
20	乌海市廉政教育中心二期项目	兴泰建设集团有限公司	刘　磊	内蒙古万和工程项目管理有限责任公司	马永玲	—	—
21	包头市白云路道路综合改造工程一期施工一标段（新光西路－铁路以南 K3+400.3）	包头城建集团股份有限公司	李建占	山西神剑建设监理有限公司	贾桂萍	—	—
22	京能查干淖尔电厂 2X66 万千瓦项目间冷塔	中国能源建设集团安徽电力建设第二工程有限公司	牛　雍	北京国电德胜工程项目管理有限公司	郎克利	四川华宇银通建筑工程有限公司	杨　海

【建筑市场监管】 2022年，自治区住房和建设厅上线运行“内蒙古自治区智慧建筑管理服务信息平台”建筑市场监管功能，举办3期线上内蒙古自治区智慧建筑管理服务信息系统培训，加强对工程建设项目的信息化监督，提高信息化平台监管水平。

【建筑业协会评选认定】 2022年，自治区住房和建设厅指导推动相关协会评选认定2021年度BIM示范单位6个、示范项目12个，通过网络等进行宣传推介。印发《内蒙古自治区住房和城乡建设厅关于组织推荐2022年度BIM技术应用试点项目和试点单位的通知》，组织第二批BIM技术应用项目、单位试点工作，认定2022年度BIM示范单位6个，示范项目11个。

【建筑业高质量发展】 2022年，自治区住建厅为建筑业高质量发展，抓工程质量，开展全区工程质量、质量检测、预拌混凝土、勘察设计质量监督检查等活动。检查分动员部署、自查自纠、全面排查、监督执法检查4个阶段开展。印发《进一步优化房屋建筑和市政基础设施工程建设项目竣工联合验收的指导意见》，持续深化建设工程联合验收工作。建设工程安全监管方面，2022年印发房屋市政工程安全生产治理行动巩固提升阶段实施方案、交叉互检方案等，全覆盖开展安全生产隐患排查整治，防范重特大安全事故。强化督导检查，充分发挥通报约谈作用，倒逼安全责任落实。分2批次开展2022年度“草原杯”工程质量奖评选工作，共有36个项目获得“草原杯”工程质量奖。开展标准化示范工地评选工作，共评选安全生产标准化示范工地153个。

【施工现场技能工人配备管理】 2022年，自治区住建厅为贯彻落实《住房和城乡建设部等部门关于加快培育新时代建筑产业工人队伍的指导意见》，按照《住房和城乡建设部办公厅关于开展施工现场技能工人配备标准制定工作的通知》要求，自治区住房和建设厅印发《内蒙古自治区房屋建筑和市政工程建设项目施工现场技能工人配备导则（试行）》，强化施工现场技能工人配备管理，推进建筑产业工人队伍建设改革，提升安全生产和工程质量水平。

（张永倩）

勘察设计

【概况】 2022年，自治区住建厅工程勘察设计行业注册执业人员3737人，行业从业人员14196人。行业科研活动方面费用支出25979万元，勘察设计行业营业总收入55120万元，专利及专有技术1373项。技术进步方面，BIM开展正向设计的项目有39个，工程设计新签合同7560个。开放合作方面，境外工程设计新签合同额361万元，境外工程勘察收入额20万元。

【勘察设计单位表彰】 2022年，内蒙古勘察设计行业表彰“优秀勘察设计单位”22家，逐步培养本土勘察设计领军企业和专精特新中小企业。

【勘察设计人才评选】 2022年，自治区住建厅培育领军人物，探索推进自治区勘察设计大师选评工作。4月9日，邀请全国工程勘察设计大师、自治区工程勘察设计大师、行业知名专家和第一届优秀青年勘察设计师代表等18位专家组成评选委员会，授予来自17家勘察设

表18 内蒙古勘察设计行业新中国成立73年系列推举表彰活动优秀勘察设计单位名单

序号	单位名称
1	内蒙古电力勘测设计院有限责任公司
2	内蒙古煤矿设计研究院有限责任公司
3	内蒙古工大建筑设计有限责任公司
4	内蒙古北方时代设计研究院股份有限公司

表 18（续表）

序号	单位名称
5	内蒙古铁道勘察设计有限公司
6	中冶西北工程技术有限公司
7	包钢勘察测绘研究院
8	内蒙古城市规划市政设计研究院有限公司
9	内蒙古筑业工程勘察设计有限公司
10	内蒙古建筑材料工业科学研究设计院有限公司
11	呼和浩特市建筑勘察设计研究院有限责任公司
12	包头市建筑设计研究院有限责任公司
13	内蒙古建筑勘察设计研究院勘测有限责任公司
14	内蒙古建筑勘察设计研究院有限责任公司
15	内蒙古地矿地质工程勘察有限责任公司
16	内蒙古筑友建筑设计咨询有限责任公司
17	鄂尔多斯神东工程设计有限公司
18	内蒙古维都工程设计咨询有限公司
19	包头市政设计研究院
20	内蒙古建校建筑勘察设计有限公司
21	通辽市水利规划设计研究院
22	锡林郭勒盟建筑勘察规划设计院

计单位的 50 名设计师“内蒙古自治区优秀青年勘察设计师”荣誉称号。

【消防设计审查验收】2022 年，自治区住房和建设厅出台《2022 年全区消防设计审查验收工作提升专项行动计划》，进一步提升全区从业人员业务能力，完善管理制度和工作机制，强化消防审验工作监管，提升审验工作质量，推动消防设计审查验收遗留项目整治专项行动取得显著成效。印发《关于做好全区电化学储能电站消防设计审查验收工作的通知》，健全各盟市依法依规做好电化学储能电站的建设工程消防设计审查验收制度。2022 年，全区共办理消防设计审查 1046 件、消防验收 683 件、竣工验收消防备案 944 件，消防设计审查验收工作效能稳步提升。

建筑市场管理

【概况】2022 年，自治区住房和城乡建设厅制定印发《2022 年工程建设领域整治专项行动计划》，要求各盟市强化施工现场和招标投标活动“两场联动”（施工现场与市场联动），做好“两法衔接”（行政执法与刑事司法衔接），形成监管合力。开展房屋建筑和市政工程招标投标活动执法检查、标后履约检查和工程建设项目执法检查，建立项目和企业信息档案，完善监管机制，同时按照“双随机、一公开”要求，开展勘察、设计、施工、监理企业资质和注册人员资格检查。2022 年，全区各盟市共检查工程建设项目 4992 个。对包头市、巴彦淖尔市、阿拉善盟、乌海市、鄂尔多斯市、呼和浩特市开展执法检查，抽查在建工程建设项目 21 个，房屋建筑和市政基础设施招标投标项目 14 个。按照“双随机、一公开”要求组织各盟市对企业资质和人员资格进行抽查，全年共抽查相关企业 457 家。

【招投标监管】截至 2022 年底，全区有 328 个房屋市政工程实施远程异地评标。落实招标人首要责任，探索开展“评定分离”。批复鄂尔多斯市开展房建市政工程招标“评定分离”试点工作。2022 年，持续做好自治区综合评标评审专家入库工作。对符合条件的 520 名新申请专家进行培训、考试，其中 430 名新申请专家考试合格，准许入库。2022 年，全区共监督检查招标投标项目 1708 个。

【建筑市场跟踪督导】2022 年，自治区住房和城乡建设厅要求各盟市住建部门每季度汇总填写《在建房屋建筑和市政工程建设项目信息汇总表》《房屋建筑和市政工程招标投标项目信息汇总表》和《企业资质和人员资格检查信息汇总表》，做到各地区建筑市场情况清、底数明。

建筑企业选介

【兴泰建设集团有限公司】兴泰建设集团有限公司是内蒙古自治区拥有建筑工程施工总承包特级资质及建筑行业甲级设计资质，跨地区、多元化经营的综合性建设集团。2022 年，兴泰建设集团有限公司申报的《外墙干挂陶瓷岩棉一体板施工工法》《屋面排气无竖向明管施工工法》《防冷桥岩棉压型金属板现场复核施工工法》等 22 项企业级施工工法符合自治区级工程建设施工工法授予条件，准予批准为内蒙古自治区级施工工法。申报的“降低吊顶内管线排布施工的返工率”“提高智能化工程弱电竖井内门禁控制箱安装一次合格率”成果获得 2022 年度内蒙古自治区工程建设优秀 QC 小组二等奖，“提高室外软塑运动地板一次验收合格率”“缩短竣工图的绘制周期”等 13 项成果获得 2022 年度内蒙古自治区工程建设优秀 QC 小组三等奖。申报的“基于互联网的建筑工程施工在线管理体系”“企业招标采购管理系统”“建筑施工工程质量验收管理系统”被正式授予国家版权局计算机软件著作等级证书。获评 2022 年公路水运工程建设领域守信典型企业，成为内蒙古自治区 2 家获评该荣誉的施工企业之一。承建的国家北方足球场训练基地一期足球场工程及鄂尔多斯市蒙古族学校（新校区）建设项目工程荣获“2020—2021 年度中国建设工程鲁班奖（国家优质工程）”。公司 3 人获得 2022 年度茅以升科学技术奖建造师奖。

在深耕自治区内业务的同时，市场区域已经延伸至全国十多个省、自治区、直辖市，北京、华中、华东、华南、蒙东等各区域公司相继成立、快速发展，旗下有 31 家分（子）公司。拥有各类资质 40 余项，是内蒙古自治区同行业中率先通过 ISO 9001 质量管理体系、ISO 14001 环境管理体系和 OHSAS18001 职业健康安全管理体系认证的大型建筑企业。

兴泰建设集团建设了一批优质精品工程，先后荣获国家建设工程质量最高奖“鲁班奖”21 次，旗下各公司获得“鲁班奖”44 项。集团荣获“草原杯”等各类省级以上质量安全类奖项 500 余项，获得各类创新成果 1000 余项。主（参）编国家、地方及团体标准 30 余项，获得国家级省部级工法 336 项，专利 487 项，QC 成果 218 项，市级以上科技进步奖 12 项，其他科技成果 76 项。

【中国二冶集团有限公司】中国二冶集团有限公司成立于 1956 年，是世界 500 强——中国五矿以及中国中冶旗下的核心骨干子企业，是集工程总承包、项目投融资、房地产开发、钢结构及装备制造于一体的大型综合企业集团。2022 年，中国二冶集团有限公司全年完成产值 330 亿元，实现利润 4.28 亿元。缴纳税费 26544.3 万元。公司获得质量奖 26 项，其中国家级奖项 2 项，行业奖项 8 项，省部级奖项 10 项，市级奖项 6 项；获得科技奖项 17 项。公司顺利通过国家知识产权局评审，成为 2023—2025 年国家知识产权示范企业。获批“内蒙古自治区自然科学基金项目”依托单位，为高层次人才开展科学研究提供平台。开展建筑业十项新技术推广应用，获得内蒙古新技术应用示范工程 7 项。与高校、科研院所合作开展关键性重大技术开发和项目研发立项，推进传统技术升级与集成创新，获得专利、软件著作权等 11 项，发表多篇国内核心期刊论文。

具有建筑工程、公路工程、冶金工程、市政公用工程施工总承包特级资质，是内蒙古自治区首家援外施工和首批获得独立对外承包经营权的施工企业。公司有员工 5000 余人，自有设备 5100 余台（套），拥有年产 15 万吨的大型钢结构制造基地。

中国二冶在行业内率先通过 ISO 9001 质量管理、ISO 14001 环境管理、GB/T 28001 职业健康安全管理三位一体的管理体系认证。拥有国家级工法 4 项，主编《矿浆管线施工及验收规范》（其英文版正式发行）和《钢结构焊接规范》两项国家标准，与国家钢结构工程技术中心成立“联合研发中心”。累计荣获包括鲁班奖在内的国家、省部、地市级优质工程奖 200 余项，获得“首届内蒙古自治区主席质量奖”，被中国建筑业协会评为“创鲁班奖工程特别荣誉企业”称号。是国家工商总局首批公布的全国“守合同、重信用”企业，先后荣获全国“五一劳动奖状”、全国用户满意施工企业、全国优秀建筑企业、中国工程建设企业社会信用评价 AAA 级企业、中国工程建设诚信典型企业、“国家高新技术企业”等殊荣。

【内蒙古电力建设（集团）有限公司】 内蒙古电力建设（集团）有限公司经自治区人民政府批准成立于 2015 年 5 月，是隶属内蒙古能源集团有限公司的国有企业。于 2016 年获批电力工程施工总承包特级资质，也是自治区首家拥有该资质的企业，当前主要以电力工程建设以及售电相关业务为主，其中电力工程建设规模占公司总规模的 98%。电建集团的施工足迹遍布全国 18 个省市自治区，承揽工程合同额达百亿元，体现出强大的施工实力。

电建集团不断提高企业科技创新能力，截至 2022 年底累计获得自治区级职工技术成果奖 2 项，自治区级及以上 QC 成果奖 15 项，电力行业实用新型专利 5 项。公司 2021 年、2022 年荣获内蒙古自治区建筑业优秀企业。公司的三位注册建造师荣获内蒙古自治区优秀项目经理称号。获得国家级奖项 2 项，分别是国家优质工程奖、中国安装工程优质奖（中国安装之星），累计获得自治区级优质工程 15 项。2022 年，内蒙古电力建设（集团）有限公司完成产值 26.03 亿元、同比增长 72%，营业收入 23.88 亿元、同比增长 72%，利润 1.74 亿元，超额完成全年利润总额目标任务。市场开发成果丰硕，加大投标前期评审力度，认真做好 150 个投标网站和 67 项投标数字证书的维护与管理，对接系统内部新能源、检修市场，拓展“新五大四小”发电集团业务市场，加强与北联电、中广核、甘肃电力设计院等合作开发力度，全年累计中标 107 项，中标额 38.12 亿元，其中突破业务领域的朔州经济开发区 400 兆瓦 /800 千瓦时独立储能项目 EPC 总承包、宁夏电投宁东基地新能源共享储能电站示范项目一期 100 兆瓦 /200 千瓦时工程 EPC 总承包等 5 个项目，填补了集团公司设计施工板块储能项目业绩空白。推进项目创优评先，上海庙煤电项目、丰州 220 千伏输变电土建工程荣获自治区工程优质结构奖，神华新能源磴口 100 兆瓦光伏治沙储能项目荣获中国电力优质工程奖，同时荣获各级别的 QC 小组活动成果奖 14 项，实用新型专利 1 项，受理实用新型专利 5 项，提交发明专利申请 2 项。

【赤峰宏基建筑（集团）有限公司】 赤峰宏基建筑（集团）有限公司起源于 1978 年成立的牛家营子人民公社建筑工程公司，2002 年正式更名为赤峰宏基建筑（集团）有限公司，并于 2014 年完成股份制改革。四十多年来，宏基集团专注建筑行业，致力创造精品人居环境、打造标杆级品牌企业。目前施工项目已遍布北京、天津、辽宁、内蒙古、山西、山东、长春、哈尔滨、河北等 11 省 24 市，年施工能力 1600 万平方米。

宏基集团具有省级技术研发中心一个，已累计取得各类创新成果 100 余项。多年来，荣获世纪杯、草原杯、东北三省观摩、玫瑰杯、玉龙杯、星海杯、新貌杯、国家 AAA 级标准化工地等国家、省部、市级质量、安全、管理各类奖项达千余项，2019 年荣获中国建筑业最高奖项——“中国建设工程鲁班奖（国家优质工程）”。2022 年，赤峰宏基建筑（集团）有限公司全年累计完成产值 50.8 亿元，经营范围覆盖北方 8 省 20 市，施工面积 800 余万平方米，新签合同金额 32 亿元。全年获得国家 AAA 级标准化工地、自治区优秀施工企业、世纪杯、金鹿杯、东北三省观摩等国家、省部、市级“质量、安全、管理”各类奖项 45 项。

（张永倩）

商贸服务业

商贸流通

【商贸基础设施建设】 2022年，内蒙古自治区商务厅（以下简称自治区商务厅）开展第二批自治区级步行街改造提升试点申报评审工作，确定鄂尔多斯康镇步行街、包头乔家金街特色商业步行街、巴彦淖尔黄河湾文商旅步行街为第二批自治区级步行街改造提升试点。开展城市一刻钟便民生活圈建设试点工作，确定乌海市、鄂尔多斯市、呼和浩特市、兴安盟、包头市为首批自治区级城市一刻钟便民生活圈试点地区。乌海市、鄂尔多斯市、呼和浩特市成功入选国家第二批城市一刻钟便民生活圈建设试点。指导各盟市按照《星级农贸市场管理考核评分细则》《关于深入开展星级农贸市场评定工作的通知》相关要求，有序开展星级农贸市场创建工作，提升管理服务水平，推动自治区农贸市场提质升级。截至2022年底，全区有32个星级农贸市场。

【批发零售业】 2022年，自治区批发零售业从消费类型来看，社会消费商品零售额为4408.5亿元，下降0.1%。在批发零售业中，商品零售仍然是主要的消费类型，但餐饮业受影响较大。从区域角度看，东部地区的社会消费品零售额下降0.2%，中部地区下降2.5%，西部地区下降2.1%。批发零售业在不同地区的表现存在差异。商品类别方面，全年限额以上单位商品零售额中，粮油、食品类零售额比2021年增长24.2%，饮料类增长8.8%，烟酒类增长4.8%，日用品类增长16.3%，中西药品类增长12.8%，石油及制品类增长18.8%，汽车类下降8.8%。此外，全年实物商品网上零售额为344.4亿元，比2021年下降1.2%，占社会消费品零售总额的比重为6.9%，比2021年提高0.9个百分点。2022年自治区批发零售业呈现出商品零售额下降、餐饮收入下降、区域表现差异、商品类别增长不一以及网络零售占比提高等特点。

电子商务

【概况】 2022年，自治区商务厅完成国家级电子商务示范综合评价，完成自治区级电子商务示范基地申报工作。其中以呼和浩特金桥电子商务示范基地为代表的电子商务产业集聚区继续扩容提质，利用闲置地产开展双创等属性的公共服务，在人才培育、产业孵化、品牌建设等方面取得突出成效，各示范基地累计入驻企业1908家，直接吸纳就业11383人。开展“内蒙古山货节”、“内蒙古名小吃网上美食荟”、内蒙古“双品网购节”、“美食原产地 寻味环游记”，并与京东、美团、苏宁易购等平台、相关品牌商和金融机构对接，开展消费进机关、进企业、进社区等系列主题消费促进活动，直接带动网络零售69亿余元。

【跨境电商】 2022年，自治区商务厅及各综试区推进跨境电子商务发展，出台支持政策，开展综试区各项基础建设，六体系两平台建设取得进展，跨境电子商务零售进口、零售出口、B2B出口、B2B出口海外仓业务模式在自治区均已开通，全区实现跨境电子商务进出口额24.8亿元，是2021年的5.5倍。

（康 宇）

餐饮住宿业

【概况】 2022 年，内蒙古餐业饮坚持“好食材、好味道、好平台”三好战略，制定多项行业标准，举办多项餐饮技能赛事和各类美食节，地域品牌推广活动，使餐饮业成为拉动农牧业高质量发展的终端牵引力。2022 年，自治区商务厅委托内蒙古烹饪餐饮饭店行业协会组织专家复审 184 项内蒙古地方餐饮行业标准。开展“托县炖鱼制作技术规程”“武川莜面制作技术规程”“土默特烤羊背制作技术规程”3 项团体标准的起草工作。发布了 1 项团体标准——“呼和浩特烧麦制作工艺及技术规程团体标准”。挖掘内蒙古特色农畜产品资源及有机绿色食品食材，完成内蒙古从食材大省向食品大省、美食大省的转化。截至 2022 年底，自治区限额以上餐饮业营业额总计 367792 万元；自治区限额以上住宿企业营业额总计 305585 万元，其中客房收入 175704 万元，餐费收入 103010 万元，商品销售额 3967 万元。

【美食推广】 2022 年，内蒙古自治区餐饮与饭店行业协会举办 2022 内蒙古特色食材厨艺大赛，内蒙古自治区第一届技能大赛呼和浩特市选拔赛——中式烹调、中式面点项目的比赛，“喜迎二十大·奋进新征程”2022 年呼和浩特市莜面餐饮业职工职业技能比赛，“享青城美宴，品玉泉烧麦”2022 年烧麦美食文化创意展示大赛等多项活动赛事举办，促进自治区餐饮市场的发展，激发内蒙古餐饮市场活力。

【技能等级评价】 2022 年，内蒙古烹饪餐饮饭店行业协会在呼和浩特市开展中式烹调师、中式面点师、西式烹调师、西式面点师、公共营养师五个职业五个等级的技能等级评价工作。全年共开展了 11 批次，共评价 679 人，评价依照执行国家标准，自治区、呼和浩特市两级人社部门全程监督监管确保评价结果的客观性、真实性。

【“呼和浩特烧麦制作工”劳务品牌】 2022 年 11 月，“呼和浩特烧麦制作工”作为自治区人力资源和社会保障厅、自治区乡村振兴局择优选送的自治区 6 个劳务品牌之一，参加由人力资源和社会保障部、中央广播电视总台、国家乡村振兴局共同主办的首届全国劳务品牌发展大会全国劳务品牌推荐会。“呼和浩特烧麦制作工”劳务品牌直接就业 380 人，务工收入达到 2280 万元；带动上下游相关产业从业 1000 人，务工收入达到 6000 万元。成为具有地域特色、行业特征，推动产业发展、全面推进乡村振兴的有力支撑。

（郭建明）

会展业

【概况】 2022 年，按国际博览会联盟（UFI）标准，内蒙古自治区呼和浩特市、包头市、鄂尔多斯市城市圈积聚了内蒙古 35.1% 的城镇人口，45% 的工业固定资产，73% 的大专院校和科研院所，52% 的生产总值。第三产业增加值占 GDP 比重达 48%，产业结构升级较快，固定资产投资增长强劲，外商直接投资额占全区外商直接投资总额的比重达 85% 以上，外贸出口额占全区外贸出口总额的比重达 76% 以上，已初步具备了形成区域性会展城市圈的条件。

【第四届内蒙古味道——内蒙古绿色农畜产品交易会】 2022 年，为进一步推动内蒙古特色农畜产品和文化旅游产品走出去，推广内蒙古特色农畜产品和文化旅游资源，打造“内蒙古味道”品牌，经自治区政府同意、自治区规范展会活动工作领导小组批复，自治区商务厅、农牧厅、文旅厅于北京、上海、海口、厦门等地举办第四届内蒙古味道——内蒙古绿色农畜产品交易会系列活动。受新冠肺炎疫情影响，拟举办的上海招商引资推介会、粤港澳大湾区招商推介会未能如期举办，相关预算资金已做结转申请，2023 年另作活动安排。

【“内蒙古味道”——北京招商推介会】 2022 年 9 月 2 日，中国国际服务贸易交易会国家会议中心举行。“内蒙古味道”——北京招商推介会形式参加以“京蒙协作 走进北京”为主题，全方位、多角度搭建区域合作交流平台，充分展示内蒙古绿色农畜产品资源优势、产业特色和丰富的旅游资源，吸引更多优质企业了解内蒙古、走进内蒙古。北京市大型商超、农批市场、农产品加工、商贸流通等企业及有关商协会参加了推介会，与会企业对加强同内蒙古的交流合作表现出浓厚的兴趣和投资意向，围绕农业、服务业等领域，共签署了约 29 个京蒙合作项目，签约意向金额达 1.28 亿元，取得了拓展京蒙协作成果、丰富产业合作内涵的良好效果，为首都北京和内蒙古自治区的发展增添了动力和活力。

【“内蒙古味道”——呼和浩特烧麦美食文化发展大会】 2022 年 9 月 28 日，内蒙古味道——呼和浩特烧麦美食文化发展大会在呼市香格里拉酒店举行，旨在充分展示内蒙古绿色农畜产品基地优势、产业特色和丰富的旅游资源，扩大“内蒙古味道”区域公共品牌影响力。大会的举办为内蒙古美食文化相关领域的创新发展提供了肥沃土壤。大会线上、线下同步进行。会议期间，会场外设置了“一笼烧麦一座城”主题展区、“内蒙古名优特绿色食材”展区、“非遗文化和非遗美食主题”展区、“敕勒川味道名小吃”展区四个特色展区。

【2022 第六届内蒙古自治区文化产业博览交易会】 2022 年 9 月 15 日，由内蒙古自治区党委宣传部、内蒙古自治区文化和旅游厅联合主办，内蒙古自治区及各盟市 39 家相关单位共同协办的第六届内蒙古自治区文化产业博览交易会于线上开展。展会设计 24 个虚拟主题展厅，主要展示全区各盟市和自治区直属国有文化企业近年来文化体制改革成果、文化产业发展成就，共 300 余家企业、单位和 1500 件产品参展。公众既可以沉浸式体验内蒙古的自然风光和风土人情，也可以选购各类文化创意商品、非遗手工艺品和特色农产品。同时，本届文博会还配套举办了文旅产业项目推介会、线上购物、直播带货、达人打卡、政策宣介等多项活动，从招商引资、扩大消费、宣传推广等多个维度，多措并举提升展会经济效能。文博会实现直接交易金额 3074 万元，较上届文博会增长 279.5%；达成深度意向合作项目 3 个，涉及金额 8.6 亿元，较上届增长 143.3%。

【2022 年第三十届内蒙古国际农业博览会】 2022 年 8 月 13—15 日，2022 年第三十届内蒙古国际农业博览会在内蒙古国际会展中心展出，博览会设农资、节水灌溉等 7 大展区，博览会下设区域公用品牌、农资、节水灌溉、农牧业机械、兽药饲料、农林产品、金融服务 7 大展区，有 500 余家农、林、牧、水企业报名参展，设置展位 700 余个，其中高新技术项目 116 项，专利技术产品 293 个，展出面积达 2 万平方米。

【2022 第十三届内蒙古农牧业机械展览会】 2022 年 7 月 22—24 日，以“发展农业机械、促进粮食丰收、助力乡村振兴”为主题的 2022 第十三届内蒙古农牧业机械展览会在内蒙古国际会展中心展出。来自国内外 300 余家知名企业和相关机构，展出各类农机具 3000 余件。参展企业涵盖动力机械、植保机械、收获机械、农产品加工机械、畜牧机械、奶业机具设备、废弃物环保处理设备、数字化制造设备等。

【呼和浩特国际车展】 2022 年 6 月 30 日至 7 月 4 日，由中国机械国际合作股份有限公司主办的 2022 第十四届呼和浩特国际车展暨新能源产业博览会在内蒙古国际会展中心开展。该展是内蒙古本年度首场大型车展，展会延续启用内蒙古国际会展中心主馆及南北广场，展览面积近 7 万平方米。本届展会共吸引 80 多个参展品牌，携旗下近 700 款车型亮相；展会期间举办了 12 场 13 款新车发布会。

（自治区商务厅）

物流业

【概况】 2022 年，内蒙古自治区社会物流总额完成 45973.9 亿元，按可比价格计算，比 2021 年增长 4.1%，三年年均增长 3.3%。其中工业品物流总额占 61.3%，农产品物流总额占 5.1%，进口货物物流总额占 1.9%，其他物品物流总额与居民物品物流总额占 31.7%，显示出工业品仍占主导位置。全区工业品物流总额比 2021 年增长 15.2%。全区新动能行业物流需求持续展现出新活力，高技术制造业物流需求发展态势较好。规模以上工业战略性新兴产业增加值比 2021 年增长 19.9%，高技术制造业比 2021 年增长 33.6%。全区农产品物流总额比 2021 年增长 4.3%。进口货物物流需求增速大幅提高。在工业生产恢复、大宗商品价格趋稳等因素影响下，特别是在煤炭市场的带动下，全区进口货物物流总额比 2021 年增长 17.8%，增速较 2021 年提高 10.4 个百分点，高于全国平均水平 13.5 个百分点。民生物流需求基本保持平稳，随着新冠疫情防控政策优化调整，居民外出消费逐步增多，特别是在一系列促消费政策靠前发力下，限额以上单位消费品零售额比

2021 年增长 2.0%。实物商品网上零售额占社会消费品零售总额的比重 6.9%，比 2021 年提高 0.9 个百分点。限额以上单位通过公共网络实现的商品零售额比 2021 年增长 75.8%。2022 年，全区物流相关行业总收入完成 2997.5 亿元，比 2021 年增长 10.3%，三年年均增长 6.6%。恢复动能，运输物流收入成为主要支撑动力，铁路、道路等运输物流收入呈现良好增长态势，对物流业总收入增长贡献明显，贡献率高达八成。电商快递物流收入带动物流业相关总收入比 2021 年增长 2.8 个百分点。疫情对物流景气指数影响较大。全区平均物流景气指数 48.6%，处于疫情三年的最低水平，高于全国平均水平 3.8 个百分点。完成自治区商贸冷链物流标准体系申报工作，指导自治区内自愿申报的企业申请商贸物流重点联系企业，6 家企业入选全国商贸物流重点联系企业。

【“十四五”现代物流发展规划】 2022 年，自治区发展改革委印发《内蒙古自治区“十四五”现代物流发展规划》（简称《规划》）。《规划》提出，自治区“十四五”期间邮政快递骨干网络运转高效，邮件处理中心、快递分拨中心等基础设施处理能力显著提升；盟市综合快递物流园区、旗县分拨中心、乡镇服务站点实现全覆盖，基本实现建制村“村村通快递”，末端网络便捷多样；跨境寄递渠道更加通畅，邮件快件通关时效明显提高。打造辐射全自治区、面向京津和华北地区，辐射范围广，集散规模大，综合服务能力强，交通运输顺畅，跨境、跨区域运输流转功能突出的国家级行业枢纽，争创中国快递示范城市。

【现代物流业 2022 年行动方案】 2022 年，自治区发展改革委印发《内蒙古自治区现代物流业 2022 年行动方案》，明确 2022 年自治区物流业发展的具体目标，针对物流枢纽建设，物流基础设施建设，专业物流服务能力，物流绿色化、智能化水平以及物流市场主体五大重点领域列出 14 项具体任务举措，针对自治区物流业发展的短板和弱项，提供具有针对性和实操性的工作举措。

【物流运行成本】 2022 年，全区社会物流总费用完成 3592.8 亿元，比 2021 年增长 10.0%，三年年均增长 5.9%。物流运行成本有所下降。全区社会物流总费用与 GDP 的比率 15.5%，较 2021 年同期下降 0.8 个百分点，高于全国社会物流总费用与 GDP 的比率 0.8 个百分点。显示出物流运行效率优化，但较全国依然偏高。后期随着供应链、产业链协同性逐步提升，物流运行成本仍有优化空间。运输物流展现较强韧性。全区运输费用完成 2500.7 亿元，比 2021 年增长 9.8%。显示出随着经济持续恢复，推动运输物流需求规模加快增长，运输费用增加。保管环节保持增长。全区保管费用完成 812.5 亿元，比 2021 年增长 9.9%。显示出上下游未形成有机的协同机制，供应链不稳定性增大，物流动态环节减少，制造、流通领域产销衔接不畅，社会库存增加。

【运输结构】 2022 年，全区货运量完成 20.8 亿吨，比 2021 年下降 1.9%；货物周转量完成 5187.0 亿吨千米，比 2021 年增长 6.0%。全区铁路货运量、货运周转量占总货运量、货运周转量的比重较 2021 年分别提高 1.6 个和 4.1 个百分点。铁路货运量、货运周转量比重上升，显示出运输结构有所改善，“公转铁”成效初现。疫情防控期间，铁路运输通道作用得到发挥，在煤炭等大宗商品保供方面显示出较强优势。

【物流业基础设施建设】 2022 年，全区认定自治区级物流枢纽 6 个，自治区示范物流园区 5 家，自治区物流枢纽运营标杆企业 1 家，为推动全区物流基础设施服务能力提升奠定基础。全区 A 级物流企业新评 2 家（中铝物流集团内蒙古有限公司 AAAA 级、内蒙古亚欧国际物流有限责任公司 AAA 级），升级 1 家（包头钢铁集团铁捷物流有限公司 AAAAA 级）。京东、传化、菜鸟、顺丰等国内外知名企业入驻自治区，物流企业一体化运作、网络化经营和供应链管理水平进一步提升。

【物流园区建设】 2022，全共建设完成物流园区 33 个，总建筑面积达到 1400 万平方米，其中仓储设施面积达到 500 万平方米。物流园区在建设和运营过程中，总投资额达到 380 亿元，其中政府投资占比为 40%。全区物流园区内入驻的企业数量超过 1000 家，其中包括多家国内外知名物流企业。全年完成货物吞吐量达到 2 亿吨，比 2021 年增长 15%。全区物流园区共推广使用清洁能源运输车辆 5000 辆，减少碳排放量约 10 万吨。

【冷链物流建设】2022 年，为推动全区冷链物流高质量发展，有效解决冷链物流设施建设滞后、全程冷链物流比重偏低、服务保障能力不强等问题，更好地满足城乡居民对肉类、水果、蔬菜、乳品、水产品、速冻食品及医药产品冷链物流的需求，促进消费结构持续升级，结合自治区实际，制定《内蒙古自治区冷链物流发展实施方案》。在基础设施建设方面，全区冷库总容量达到 188 万吨，较 2021 年增长 17.4%。加强冷链物流信息化建设，推广应用物联网、大数据、云计算等先进技术，提高冷链物流的智能化水平。在冷链物流服务方面，全区冷链物流企业数量达到 400 余家，较 2021 年增长 15%。包括冷库租赁、冷藏运输、报关报检等在内的全方位服务，为自治区内外的农产品和工业品提供可靠的冷链物流保障。

【智慧物流建设】 2022 年，自治区共投入 10 亿元用于物流园区的信息化系统建设和升级。推动 50 余项产学研合作项目，涉及金额超过 2 亿元人民币，为物流园区的智能化升级提供技术支持。自治区遴选一批基础条件好、发展潜力大的物流园区作为智能化升级示范园区。据统计，2022 年共建设 10 个智能化升级示范园区，这些示范园区的智能化升级项目涉及金额超过 5 亿元人民币。内蒙古自治区鼓励高校和职业培训机构开设与物流智能化相关的专业和课程，培养既懂物流又懂信息技术的复合型人才。据统计，2022 年共有超过 1000 名物流相关专业毕业生走入物流园区工作，为园区的智能化升级提供人才支持。

截至 2022 年底，全区物流园区智能化改造率达到 60%。

【物流企业评估】 2022 年，内蒙古地区参加 A 级物流企业复审企业 4 家、新评企业 2 家、升级企业 1 家、取消资质企业 6 家。截至 2022 年 12 月底，全国有 A 级物流企业 9076 家，内蒙古 A 级物流企业 42 家。其中，AAAAA 级物流企业 8 家、AAAA 级物流企业 17 家、AAA 级物流企业 15 家、AA 级物流企业 2 家。8 月 24 日，包头钢铁（集团）铁捷物流有限公司入选“2022 中国物流企业 50 强”。

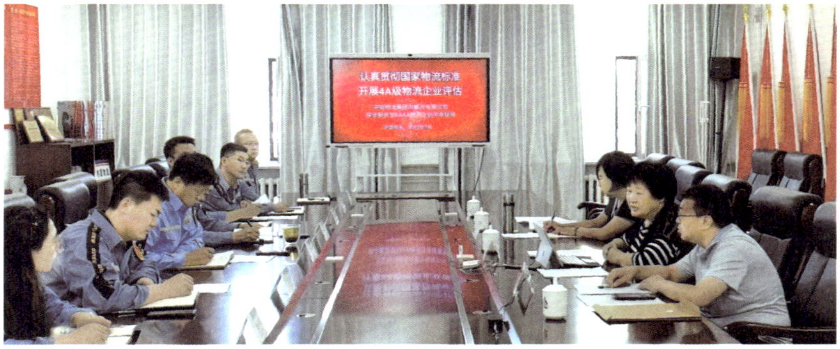

图 37　2022 年 9 月，中铝物流集团内蒙古有限公司 AAAA 级综合型物流企业评估现场
（自治区物流协会　供图）

【“西部物流百强企业”评选活动】 2022 年 7 月，由内蒙古物流协会等西部十一省（区）市物流行业协会联合组织联合开展第六届“西部物流百强企业”评选活动。本次评选由西部各省（区）市物流行业组织共同组成西部物流百强企业评审委员会办公室，联合评选了“2021—2022 年度西部物流百强企业”，西部物流百强企业评选始于 2011 年，是全国物流行业首个由十余家行业组织共同签章署名的评选奖项，2022 年是第六届。内蒙古多蒙德科技有限公司、内蒙古鄂尔多斯物流有限公司入选第六届“西部物流百强企业”。

【自治区物流三项标杆评定】 2022 年，“自治区物流枢纽、自治区示范物流园区、自治区物流枢纽标杆运营企业”评定工作。按照《内蒙古自治区物流枢纽布局和建设规划》《内蒙古自治区“十四五”现代物流发展规划》精神，根据内蒙古自治区发展和改革委员会《关于印发自治区级物流枢纽、自治区示范物流园区建设实施方案（2022—2025 年）的通知》的总体要求、主要原则、自治区级物流枢纽申报建设、开展物流园区示范评定工作、申报程序、持续推动存量枢纽、园区建设运营、做好运行监测、评价考核 9 个方面的内容要求，内蒙古物流协会进行评定。自治区物流枢纽申报 10 家，自治区发改委认定 6 家。自治区示范物流园区申报 13 家，自治区发改委认定 5 家。自治区物流枢纽标杆运营企业共申报 1 家，内蒙古物流协会最终认定 1 家。

【物流企业经营调研】 2022 年，内蒙古物流协会走访调研企业经营情况、基础设施、人员情况、营商环境、企业存在的问题和诉求以及冷链仓储管理、器具使用、冷链标准化建设情况。全年共开展6次调研，分别到乌兰察布道路运输企业，赤峰市物流企业，通辽25家商贸物流行业，呼和浩特市冷链物流企业，了解当地物流园区、专业市场、电商、冷链等运营情况及发展思路。

（周 媛 王方春 冯茹清）

供销合作

【概况】 截至2022年底，内蒙古自治区供销合作社（以下简称自治区供销合作社）在全区有三级联合社机构107个。其中，自治区级联合社1个，盟市级联合社12个，计划单列市联合社1个，旗县级联合社93个。各类法人企业611个。其中，全资企业138家，控股企业52家，参股企业124家，开放办社企业297家。基层供销合作经济组织14312个。其中，基层供销合作社983个，农牧民专业合作社7028个，嘎查村级综合服务社6301个。主管、领办的行业（专业）协会643个。年内，全系统改造薄弱基层社70个，打造基层示范社43个，改造升级综合服务社107个，超额完成全国供销合作总社下达的目标任务。2022年，全系统实现销售总额372亿元，比2021年增长0.66%，增速回升15.4个百分点；实现购进总额328.7亿元，比2021年下降1.3%，增速回升10.8个百分点。实现利润总额2244.6万元，比2021年减亏增盈5165.5万元，实现扭亏为盈；社有企业所有者权益12.8亿元，增加2665.2万元，比2021年增长2.1%。自治区供销合作社完成自治区边销茶储备任务2500吨，完成中央边销茶储备任务1550吨。

【流通服务网络建设】 2022年，自治区供销合作社加强产地、集散地、销地农畜产品供应链建设，提升农畜产品批发市场、农贸市场、综合超市等终端服务水平，加快形成布局合理、流通顺畅的农畜产品供应网络。2022年，全系统农畜产品类销售额209.8亿元，比2021年增长8.4%。加强日用品连锁经营配送，全年实现消费品零售额209.2亿元，比2021年增长0.3%。推进冷链物流网络建设，主动融入华北区域供销合作社冷链物流网络，稳步发展冷链物流业务。截至2022年底，全系统建成冷库114个，冷库容积48.3万立方米，冷链物流营业额3631.7万元，比2021年增长19.5%。携手邮政等物流部门，采取多站合一、一点多能、一网多用等方式，扎实推进农村牧区寄递物流服务。全系统县及县以下快递、配送营业额1678.7万元，比2021年增长1.3倍。呼和浩特市供销合作社建设电商、快递、供销综合服务站覆盖全市84%的嘎查村。包头市供销合作社建成寄递便民综合服务站50个，嘎查村快递服务覆盖率95%。

【“双线运行”体系构建】 2022年，自治区供销合作社健全上级社对成员社考核机制，9个盟市供销合作社出台成员社对联合社的工作评价办法。加强社有企业社有资产监管，明晰理事会、监事会权责边界，规范“三重一大”（重大决策、重要人事任免、重大项目安排和大额度资金使用）审批备案机制，修订完善项目投资、资金监管、干部考核等内控制度，自治区本级及7个盟市、41个旗县建立社有企业监管清单，开展社有资产建档立卡工作。加强社有龙头企业培育和联合，全系统盟市及以上产业化龙头企业73家，年销售总额29.4亿元，比2021年增长16.7%。“一企一策”推进自治区供销合作社直属企业改革脱困工作，围绕“五个大起底”推进历史遗留项目纳入当地大起底范围一体推进解决。

【“三位一体”综合合作试点】2022年，自治区供销合作社按照2021年自治区供销合作社关于开展生产、供销、信用“三位一体”综合合作试点的实施方案，指导各级供销合作社推进“三位一体”综合合作试点工作。截至2022年底，全区10个盟市供销合作社开展“三位一体”综合合作试点工作。其中，赤峰市政府出台《关于建设生产、供销、信用“三位一体”综合合作组织体系推进乡村振兴的实施意见》，把领导小组办公室设在赤峰市供销合作社，明确奖补标准和奖补额度，高位推动“三位一体”综合合作。赤峰市供销合作社选定38个试点，落实“三位一体”综合合作组织建设工作。

【“三降两清一扭”专项行动】2022年，自治区供销合作社印发《关于开展社有企业“三降两清一扭”专项行动实施意见》，从2022年至2024年末，在全区系统范围内开展社有企业“三降两清一扭”专项行动，降低社有企业“两金”占比(应收票据、应收账款、预付款项、其他应收款和存货)、降三项费用率(销售费用、管理费用、财务费用)、降资产负债率，清理“僵尸企业”(近两年营业收入为0或近三年资产负债率超过100%)、清理处置经营风险，实现扭亏增盈。社有企业资产负债率70.3%，比2021年下降1.3个百分点。

【支农保障】 2022年，自治区供销合作社发挥农资化肥供应重要作用，建立保供稳价工作机制，优化肥料供应结构，成立工作专班，加强农资供应调度，服务保障粮食安全。2022年，全系统肥料类销售109.7万吨，占自治区化肥社会需求量的30%，比2021年增长10.3%，其中水溶肥销售量增长1.1倍，扭转化肥供应日趋减少的局面。加强农业生产性服务，促进农业生产的规模化、集约化，土地托管面积251万亩，配方施肥、统防统治、农机作业等农业生产社会化服务面积529.6万亩次。参与人居环境整治，再生资源回收额6.9亿元、销售额10.3亿元。

【助力巩固脱贫成果】 2022年，自治区供销合作社出台《关于推进全区供销合作社系统参与易地扶贫搬迁后续扶持和科教帮扶做好驻村帮扶工作的实施意见》，指导盟市供销合作社做好易地扶贫搬迁集中安置区经营服务网点建设、科教帮扶、驻村帮扶工作。截至2022年底，在全区20个800人以上的易地扶贫搬迁集中安置区均建立供销合作社经营服务网点，全系统采购脱贫地区农畜产品61.2亿元，比2021年增长13.6%。持续组织系统内符合条件的农畜产品企业入驻全国贫困地区农副产品网络销售平台(简称“832”平台)，兴安盟供销合作社86家供应商利用“832平台”完成农畜产品成交额1.1亿元。

【参与抗疫保供服务】 2022年，各级供销合作社按照属地党委、政府的部署要求，参与保供应、稳物价、惠民生、防疫情等工作。疫情防控期间，供应生活物资2万吨，边销茶、食盐等物资5837吨，调集消毒用品、药品、防护用品等防疫物资6992件，调入保供化肥11.72万吨，供应饲草料等生产物资9140吨。

(刘 艳)

粮食和物资储备

【概况】 2022年，内蒙古自治区粮食和物资储备局(以下简称自治区粮食和物资储备局)联合自治区发展改革委编制《内蒙古自治区“十四五”粮食仓储物流设施布局和建设方案》《内蒙古自治区“十四五”粮食和物资储备信息化发展方案》，并将仓储设施建设、储备粮监管工作等列入自治区政府督查内容，明确各盟市主要领导的职责压实责任。

【成品粮油储备】 2022年，自治区粮食和物资储备局联合自治区发展厅改革委员会、财政厅、农业发展银行内蒙古分行制定全国首个省级层面的《成品粮油储备管理暂行办法》，解决成品粮油储备财政资金没保障、计划规模不落实、信贷资金不予支持、税收优惠政策难以兑现等问题。

【秋粮收购】 2022年，自治区粮食和物资储备局牵头制定《内蒙古自治区粮食收购管理办法(暂行)》，经自治区政府常务会议审议通过后已印发实施。围绕“有人收粮、有钱收粮、有仓储粮、有车运粮”，组织秋粮收购，有针对性地开展宣传引导和监督检查，维护正常收购秩序，守住农民“种粮卖得出”的底线。

【管理方式创新】 2022年，呼和浩特市成品储备粮油实行“政府委托、部门监管、企业经营”的管理模式。采取一年一定价、动态轮换的方式进行，承储企业集中拍卖轮换时，产生的价差收益上缴财政，价差支出由财政弥补，集中储存统一管理，畅通轮换渠道，确保常储常新。在集中储存，定点散存，统一管理的基础上，依托呼和浩特市西郊粮油批发市场经销商和粮油加工龙头企业销售渠道开展轮换工作，实现了静态储备、滚动轮换的运行模式，确保成品粮油常储常新、品质良好。并且实现轮换信息化管理和视频监控。建立成品粮油轮换信息化管理系统，对成品粮油出入库全程线上监管。同时，在成品粮油储备轮换销售管理方面，要求中标商严格按照购新顶陈、以货换货、交款拉货的形式进行轮换，与中标商合同期终止时，中标商按中标价购回全部货物，钱货两清。承储企业充分利用视频监控系统，全程监控成品粮油轮换过程。包头市实施优质粮食工程，申请财政资金1100余万元，支持9个粮食企业更新仓储设施，提升加工技术；呼伦贝尔市在岭东、岭西各建一个市级储备库，基本完成前期手续；赤峰市将产粮大县奖励资金1.09亿元全部用于改造提升仓储设施建设；巴彦淖尔市联合市场监管部门印发《关于建立健全粮食流通协同联动监管执法机制的实施意见》，规范粮食流通监管行为。

【粮食产销协作】 2022年，自治区粮食和物资储备局组织参加线上第四届中国粮食交易大会，宣传推介“内蒙古好粮油”“内蒙古好杂粮”等精品粮油。持续加强与有关省区的战略协作，举办2022年鲁蒙粮食产销协作洽谈会，签订《鲁蒙粮食产销战略合作协议》，巩固和拓展产销合作关系。

【粮食质量安全监管】 2022年，《内蒙古自治区粮食安全保障条例》列入自治区人大常委会立法调研计划，并联合人大常委会开展调研工作。储备粮管理制度得以重构、各级各部门责任意识明显增强，储备规模、口粮比例均超过国家要求。自治区取消并公开遴选9家储备粮承储企业，竞价销售3.9万吨、招标采购4万吨储备粮，各盟市也对承储库点进行优化，合理布局储备粮。年内，把新收获粮食品种监测范围由小麦、玉米2个品种扩大到小麦、玉米、稻谷、大豆、葵花子5个品种。完成国家交办的76份新收获粮食样品质量安全监测任务。对170份国家库存粮食和70份自治区新入库储备粮的质量、储存品质、食品安全指标进行检测，各项指标达到新入库要求。自治区完成40个数据接口和视频监控联通工作，成功与国家平台对接，在线监管能力提升。

【政策性粮油库存检查】 2022年，自治区粮食和物资储备局各盟市对地方储备粮承储企业开展100%全覆盖检查，自治区交叉检查比例由国家要求的40%提高至52%，并将专项整治自查自纠、案件查办、专项巡视巡察、审计监督等问题整改情况纳入重点检查和督导范围。异地交叉检查结果为储备粮库存数量真实、质量达标率100%。

【专项巡视专项整治】 2022年，自治区粮食购销领域专项巡视专项整治工作查纠3046个问题，完成整改3030个，整改完成率99.5%。2022年度巡视反馈的问题，涉及12个盟市、6个部门，已整改销号55个，取得阶段性成效16个，整改率100%。

（张志忠）

烟草专卖

【概况】 2022年，全区烟草行业加强宏观调控和稳产保供，卷烟销售稳中有增，库存水平更趋合理，重点品牌持续发展，完成专项税后利润、近年结存利润等上缴任务；整合物流网络资源，物流费用率持续下降；坚持卷烟打假打私，部署各类专项治理行动，落实电子烟法治化、规范化监管要求；提高烟叶供给质量，稳定烟农队伍、促进烟农增收；烟草生产经营管理一体化平台建设初步完成，苏蒙三级对标结对共建工作取得成效；各项对标指标持续向好；截至2022年底，自治区烟草行业实现工商税利总额14413亿元，比2021年增长6.12%，实现财政总额14416亿元，比2021年增长15.86%，实现税利总额和财政总额创历史新高，自治区烟草专卖局(公司)本级总资产115.74亿元。

【烟叶产销】 2022年，内蒙古自治区烟草专卖局（以下简称内蒙古烟草）分解种植计划，加强合同管理，重要环节管控措施前移，主要环节跟踪管理检查，烟叶生产规范管理水平提升；推进转型升级，加大重点技术推广力度、重点技术培训力度、高可用性上部烟叶开发力度，按期完成全年烟叶收购计划。严把收购质量关口，坚持对样分级、对样收购、对样检查，把好初分关、收购关、监督关，收购烟叶上等烟比例60.48%，平均等级合格率81.42%。开展标准化烟站创建工作，帮助烟农摆脱租地难、租地贵的困境。投入烟叶生产补贴465万元，户均补贴金额达1.28万元；为148户烟农低价流转土地4300余亩，节约生产成本83.4万元；购进烟用物资，保证烟叶生产需求，为烟农节省生产成本23万余元；与兴业银行协调给19户烟农办理“烟农贷”140万元，节约利息4.2万元；烟农户均收入13.85万元，比2021年增加1.28万元。

【卷烟经营】 2022年，内蒙古烟草综合实施改策预研储备和预期管理，运用区间调控、定向调控、相机调控等手段，防范化解经济运行大起大落的风险；加强卷烟市场监测，强化计划进度管理和状态跟踪，应对新冠疫情突发带来的超预期变化；妥善处理规模与结构、数量与质量、速度与效益的关系，经济发展与地方宏观经济指标同向同步。落实《关于加快建立和推进全区卷烟品牌培育三级联动机制的意见》，创建三级货源分配体系、客户服务体系，深化终端生态体系建设，推动城乡网络共同发展，开展全区营销条线纪律和作风建设专项整治暨客户满意度提升工作。聚焦“136、345”品牌和行业共育品规发展目标，推进以细支烟、中支烟为代表的创新品类“量价提升”；明确“打造北方市场雪茄烟桥头堡市场”目标定位，规范完善电子烟准入交易经营；印发《全区行业卷烟营销网络建设工作要点》，应对超预期因素影响，各项经济指标保持在合理区间。

【专卖管理】 2022年，内蒙古烟草推进专卖稽查总队和铁路分局职能整合，构建完善新型市场监管机制，加大真烟异常流动检查监管力度。破获假私烟网络案件15起，其中国标以上案件10起、区标案件5起。查获涉案卷烟10195.59万支，案值8798.80万元。移送公安机关逮捕46人，移交人民法院判刑55人。开展“茶烟”等类烟产品专项治理，执行“军”字号卷烟清理整治要求。贯彻国务院修例《决定》和行业配套措施，宣传电子烟法律政策规定，制定全区电子烟零售点合理布局规划，落实过渡期内监管政策和过渡期后常态化监管工作要求，推进电子烟检测能力建设，规范引导电子烟准入交易经营，开展电子烟常态化监管。深化“放管服”改革，实现零售许可线上“一网通办”和线下“一站办结”，完成“12313”烟草市场监管服务热线分中心建设。

【法治烟草建设】 2022年，内蒙古烟草制定实施“八五”普法规划，开展“行政执法监督、合法性审查、电子烟政策文件审查备案、执法资格认证管理”等重点工作；研究制定《关于印发加强内蒙古法治烟草建设（2022—2025年）实施意见的通知》，明确建设目标要求，提出20个方面的主要任务，细化45项具体内容和若干具体措施；构建“1+4+N”法治烟草制度管理体系框架，统筹推进依法决策、依法行政、依法管理等重点工作；部署依法治理专项工作，推进执法全过程记录和案件审理室建设标准化工作；推动建立常态化案卷评查机制，支持合法性审查的独立开展；推进全区烟草行业“八五”普法规划，以烟草专卖法颁布实施30周年为契机，组织系列普法宣传活动；组织开展烟草专卖执法检查证和徽章年度审验及资格认证考试，完善法律风险防控体系。

（巨 岩）

盐业管理

【概况】 2022年，全区有食盐定点批发企业18家，食用盐销量16.5万吨，其中直接入口食用盐11.6万吨、食品工业盐4.9万吨。全区销售各类盐品20.46万吨，其中小包装盐销售6.27万吨、大包装盐销售14.19万吨。营业收入实现3.68亿元，比2021年增加2788万元，其中多元经营收入实现2239.39万元，比2021年增加656.99万元。

【盐业监管】 2022年，内蒙古蒙盐盐业集团有限公司（以下简称蒙盐集团）落实外部事项“三减”清单，将“食盐定点生产企业审批”“食盐定点批发企业审批”办理时限由20个工作日减少到15个工作日。推动内蒙古兰太实业股份有限公司、雅布赖盐化集团、内蒙古盐业公司所属批发企业和额吉淖尔盐场投资项目加快食盐质量追溯体系建设，实现区内主要食盐生产企业全部接入追溯平台。

【食盐销售】 2022年，蒙盐集团以“走千家访万户”“四进”等活动和食盐专柜为载体，多渠道、多方式普及科学用盐知识。加强集团网销队伍建设，通过电商平台店铺、社区团购、直播带货等方式，努力拓展网销业务。规范社区团购平台，做到“四统一”，开展盐品组合SKU促销活动和网络销售技能培训。系统开展“健康中国行动”，加大健康用盐宣传力度，引导低钠盐、优质湖盐等健康消费，促进低钠盐在全区范围内科学合理推广应用，实现促进人民健康与企业增效有机结合。

【法治建设与宣传】 2022年，蒙盐集团利用蒙盐集团门户网站、微信公众号设置宪法学习专栏，发布宪法《中华人民共和国安全生产法》知识和《推进依法治企提升管理水平》等内容，开展“八五”普法宣教工作。聘请律师对新的安全生产法宣讲，并结合相关案例阐述、解析，从根本上避免或者减少事故发生，提高安全生产水平。组织所属单位在“12·4”第九个宪法宣传周期间参加北疆普法组织的2022年宪法宣传有奖竞答活动。持续贯彻食盐加碘国策，主动对接、建言自治区食盐管理，将《内蒙古自治区食盐条例》修订列入自治区十四届人大五年（2023—2027）立法规划。

【应急保障】 2022年，蒙盐集团落实食盐储备政策，保障应急供应。蒙盐集团防控疫情和食盐保供领导小组谋划部署防疫和保供工作，主动联系内蒙古自治区红十字会，争取应急帐篷、棉衣等疫情防控物资，分发驻呼所属企业，保障全市食盐配送。9—12月，所属各企业强化食盐生产、运输、配送等环节衔接，确保食盐储备，调运盐品72442吨。

（郝雯娜）

成品油销售

【概况】 2022年，自治区共有加油站3857座，其中民营1994座，占比51.6%。民营加油站万吨以上站4个，5千到1万吨站13个，3千到5千吨站40个，3千吨以下站1937个。中石油和中石化运营的1700余座加油站全部达到国VB油品标准。油品升级后，进一步降低污染物排放，改善自治区大气环境。自治区全年成品油销售量800.4万吨，每天为超过30万人次提供油品服务，其中汽油销售量288.8万吨，柴油销售量511.6万吨。民营加油站汽油销售量约34.2万吨，约占总销量的11.8%；柴油销售量74.8万吨，约占总销售量的14.6%。

【成品油市场监管】 2022年，自治区定期开展成品油零售经营企业年度检查工作和成品油流通领域安全生产检查。重点检查成品油零售经营企业进销存台账、油气回收检测报告等内容，规范企业经营行为。与市场监管、应急管理、公安、生态环境等有关部门的协同配合，形成监管合力。加强日常监管，将成品油零售经营企业纳入“双随机、一公开”检查。

【中国石油天然气股份有限公司内蒙古销售分公司】 中国石油天然气股份有限公司内蒙古销售分公司（简称内蒙古销售）。内蒙古销售下辖12个盟市分公司、3个控股公司，用工近12000人，运营加油站1321座，在用油库15座，服务范围覆盖自治区全境。全年累计向自治区缴纳税费5.02亿元。2022年，内蒙古销售持续优化店面水平，围绕民生刚需消费，持续开展线上充值送、加油满额赠非油电子券等活动，精准触达客户，惠及客户。抓住自治区着力发展“农”“牧”利好政策，主打“化工农资＋饲料＋金融＋N”营销组合拳，将销售触角延伸到乡间地头。挖掘地方特色资源，联手地方知名品牌，持续开展产业帮扶、消费帮扶、乡村振兴，开发的“昆享”“昆壮”两个自有品牌商品，实现销售收入近亿元。“昆享”品牌价值突破50亿元，成为近年零售行业内价值增长势头迅猛的品牌之一。2022年，内蒙古销售建成呼和浩特湿地公园“油气电”综合能源站和塔利西路“油气电”综合能源站，实现从传统油气运营商向“油气氢电非”综合能源服务商的转变。建成光伏发电站35座，助力内蒙古销售公司实现清洁绿色低碳发展。建成重卡换电站1座，敖包梁重卡换点站亮相鄂尔多斯。建成充电站8座，建立“光伏、充电一体化”深度融合能源系统。立项加氢站1座，在氢能领域实现突破，成为内蒙古地区加氢运营先行者。

投入专项资金，重点治理大型油气储存基地“四个系统”和安全环保隐患，完成1350个安保防恐重点目标达标建设任务，安全环保风险受控。油品质量抽检合格率100%，质量计量风险受控。内蒙古销售打造“党建＋”“旅游＋”等六类“加油站＋”特色示范站，洗车业务覆盖170余座站，与通信、金融、保险等单位开展跨界营销，持续提升客户消费体验。2022年“司机之家”实现覆盖全区，赤峰宁城头道营子加油站“司机之家”获得全国总工会2022年“最美工会户外劳动者服务站点”称号。强化公益项目矩阵，先后在8个盟市建立39座“爱心驿站（中油驿站）”，为环卫工人、交警、外卖小哥、快递人员等户外工作者提供便利服务，累计服务45534人次。

【中国石化销售股份有限公司内蒙古石油分公司】 中国石化销售股份有限公司内蒙古石油分公司至2022年底，本部设11个机关部室（中心），下辖9个盟市分公司，有在营加油（气）站376座，其中加气站35座，在营油库8座。推进实施“柴转气”“柴转汽”发展策略。承接销售公司“七纵九横”LNG加气走廊规划，抓住内蒙古自治区能源转型契机，抢占城区汽油站网点，2022年获得销售企业“加气站投营”年度先进红旗和“加油站发展”年度进步红旗。培育和塑造“蒙小易”自有品牌，开发内蒙古名特优农牧单品。组织开展各类主题营销，“易享节”实现基础品类销售额同比增幅12%，获得中国石化销售企业“突飞猛进奖”“最牛拓展企微运营奖”。拓展工业尿素销售业务，获得“新业务及销售拓展”年度先进红旗。配合内蒙古自治区开展铲除“自留黑”专项行动，查扣一批非标油、大型储油罐、非法改装车辆等。

【中国石化新能源北方研究中心项目】2022年9月27日，中国石化新能源北方研究中心项目呼和浩特市新城区举行启动仪式。中国石化新能源北方研究中心项目是中国石油化工集团有限公司在在北方区域的首座科研基地，用地面积约33亩，建筑面积约5.3万平方米，总投资约5亿元，计划于2024年投入使用。拟引入中国石油化工集团有限公司石勘院、长城能化、新星公司等单位入驻，开展氢能、干热岩、清洁煤化工等科学技术研究。中国石化将积极对接内蒙古自治区发展规划，加大在蒙煤化工、可再生能源和新材料等前沿科技研发投入，加快新科技成果就地转化。

（董 琦）

邮 政

【概况】 2022年，全区12个盟市均设立邮政管理局，12个盟市均成立邮政业安全中心，全区县级邮政监管机构10家。全区寄递业务量完成6.14亿件，同比下降4.04%；行业业务收入完成74.59亿元，同比下降3.98%。其中，快递业务量完成2.42亿件，同比下降7.18%；业务收入完成48.34亿元，同比下降6.9%。

【邮政网络建设】 2022年，内蒙古先后实施苏木乡镇普服网点全覆盖、建制村通邮、快递下乡、“两进一出”等工程，组成“以旗县为中心、乡镇苏木为重点、嘎查村为基础”的三级寄递物流体系和直接进村的邮政快递服务。截至年底，8836个快递服务网点和5890个农村邮乐购站点遍及城乡。

【邮政普遍服务】截至2022年底，全区有提供邮政普遍服务的邮政营业场所1508处，其中设置在县以及县以上城市地区的有495处，设置在乡、镇及乡、镇以下农村地区的有1013处；1508处邮政普遍服务营业场所中具备储蓄功能的综合网点611处，纯邮政网点897处；1508处邮政普遍服务营业场所中有146处是空白乡镇补建网点。开办四项法定业务的共1508处，100%开办；全区共有224个邮政普遍服务营业场所开办国际及港澳台包裹业务，每个旗县至少有一个开办国际及港澳台包裹业务的邮政普遍服务营业场所；全区邮政普遍服务营业场所平均服务半径为10.59千米，平均服务人口为2.46万人，服务半径和服务人口保持稳定。

【快递业务】2022年，内蒙古快递业务量超2.42亿件，同比下降7.18%；业务收入超48.34亿元，同比下降6.90%。快递业务收入占邮政行业总收入的比重为64.81%，比2021年下降2.03个百分点。直接服务用户超过1200万人，支撑内蒙古互联网零售交易额达567亿元。快递服务营业网点4365处，比2021年末减少412处，其中设在农村的1223处，比2021年末减少116处。全区快递服务汽车3896辆，比2021年末增加449辆。全区快递服务网路条数2418条，比2021年末减少727条；快递服务网路长度（单程）61.10万千米，比2021年末减少1.53万千米。年人均快递使用量为62.4件。年人均快递支出201.3元。同城快递业务量完成3249.58万件，同比下降4.95%；异地快递业务量完成2.09亿件，同比下降7.28%；国际/港澳台快递业务量完成22.70万件，同比下降72.10%。同城、异地、国际/港澳台快递业务量占全部比例分别为13.42%、86.49%和0.09%。同城快递业务收入完成3.01亿元，同比下降11.13%；异地快递业务收入完成24.68亿元，同比下降4.31%；国际/港澳台快递业务收入完成0.44亿元，同比下降44.60%。同城、异地、国际/港澳台快递业务收入占全部比例分别为6.22%、51.05%和0.90%。年内，自治区东、中、西部地区快递业务量比重分别为32.04%、53.72%和14.24%，快递业务收入比重分别为32.58%、50.44%和16.98%。东部地区完成快递业务量7757.45万件，同比下降0.09%；实现业务收入15.75亿元，同比下降15.75%。中部地区完成快递业务量1.30亿件，同比下降9.54%；实现业务收入24.39亿元，同比下降 9.50%。西部地区完成快递业务量 3447.67 万件，同比下降 12.51%；实现业务收入 8.21 亿元，同比下降 8.46%。快递业务量排名前三位的盟市依次是呼和浩特、赤峰、包头，其快递业务量合计占全部快递业务量的比重达到 59.38%，较 2021 年前三位占比下降 2.45 个百分点。快递业务收入排名前三位的盟市依次是呼和浩特、赤峰、包头，其快递业务收入合计占全部快递业务收入的比重达到 53.27%，较 2021 年前三位占比下降 1.93 个百分点。

【“快递进村”三年试点工作】 截至 2022 年底，全区 11072 个建制村中快递服务覆盖率 98.17%，形成“以旗县为中心、苏木乡镇为重点、嘎查村为基础”的三级寄递物流体系。5 个农村电商协同发展示范区和 12 个快递服务现代农业示范项目通过自治区复审。全区 32 个快递服务现代农牧业项目、12 个“一县一品”项目，拉动就业 8102 人，带动农业总产值 17.18 亿元。邮政服务现代农业“一市一品”精品项目 53 个，村邮乐购站点 5890 个，助力农特产品销售额 1.48 亿元，带动农户增收 1273.72 万元。

【邮政快递业发展环境优化】 2022 年，在自治区党委一号文件等 8 个全区性政策文件中，对农村寄递物流体系建设、农村邮政快递网点建设进行部署，明确 0.3 元“快递进村”补贴政策，制定印发差异化补贴成本测算指导意见。兴安盟、乌兰察布市出台农村快件分类补贴政策。锡林郭勒盟、鄂尔多斯市邮政管理局分别争取到“快递进村”差异化补助资金 100 万元。通辽市邮政管理局争取到“快递进村”项目经费 100 万元。巴彦淖尔市邮政管理局将“邮快合作”项目纳入电子商务共享云仓试点工程。乌海市邮政管理局 2022 年 15.7 万元“快递进村”补贴全部发放到位，并将 2023 年补贴按照快递件量增长幅度列入地方财政预算。呼和浩特、包头、阿拉善邮政管理局指导辖区企业将 3 个快递分拣配送中心和村级服务点纳入县域商业体系建设规划自治区项目库，申请中央扶持资金 1048 万元。

【快递包装生态环保】 2022 年，自治区邮政管理局以“政企双线并行”模式推动“9917”工程任务目标，快递包装治理工作多次被写入国家发改委塑料污染治理工作月报。截至 2022 年底，全区使用符合标准的包装材料比例 98.14%，规范封装操作比例 97.72%，可循环快递箱（盒）使用量 42.43 万个，回收复用瓦楞纸箱 1570.65 万个。电商快件不再二次包装率 98.95%，新能源和清洁能源车辆保有量 983 辆。开展生态环保执法检查 495 次，立案 19 起，结案 17 起。

【邮政快递保通保畅】 2022 年，自治区邮政管理局开通全区邮政快递保通保畅热线，做好 12305 和 12345 服务热线工作，解决 2725 件群众反映热点问题，为消费者挽回经济损失 192.2 万元。协调自治区物流保通保畅领导小组办公室，建立行业保供“白名单”企业、车辆台账，将分拨转运中心纳入重点“物资中转站”清单，累计核发全国、省际、盟市内车辆通行证 9998 张和人员通行证 2432 张，2022 年 10 月初至 12 月 31 日，各寄递企业配送药品、生活保障物资 149.4 万单。

【邮政业惠企纾困】 2022 年，自治区人民政府同意自治区邮政管理局、发展改革委、交通运输厅联合印发《内蒙古自治区“十四五”邮政业发展规划》与国家邮政局总体规划和地方专项规划相衔接，明确 16 项监测指标和 108 项重点任务落实责任，按季调度。推进自治区交通强国建设任务和邮政强国建设工作。推动国家惠企纾困政策落实，全区邮政快递企业减税降费金额计 6932.96 万元。

【末端服务能力提升】 2022 年，邮快合作基本实现苏木乡镇全覆盖，警邮、税邮、政邮合作旗县区全覆盖。邮政公司投入 3600 万元改善邮政普遍服务，三类网点数量由年初 242 个减少至 31 个，委代办局所数量由年初的 455 个减少至 238 个，全区 99.31% 的建制村实现每周三次及以上投递频次，建制村投递实地打卡率保持在 99% 以上。2022 年呼伦贝尔市完成新增 10 个抵边自然村通邮全覆盖工作，锡林郭勒和兴安盟新增 5 个驻军边防点通邮。16 个重点示范旗县农村汽车投递率达到 80% 以上。

【邮政行业安全监管】 2022 年，自治区研究印发《邮政快递业突出风险隐患专项整治工作方案》，实行局领导分片包干督导检查，对全区省级、盟市级邮件快件分拨中心、机要处理场所、国际邮件互换局，做到检查全覆盖。自治区寄递渠道安全管理领导小组分三组对邻京重点盟市开展实地督查，实现国家邮政局“三项制度”抽查全过关、重大活动期间寄递渠道“零事故”。针对呼和浩特市突发疫情，邮政企业组开3条临时专线，着力保障党的二十大期间机要通信和党报党刊寄递。组织开展安全生产三年行动“回头看”、个人信息和网络数据安全治理、“6·28事故”举一反三自查整改、“两轮”邮政机要通信安全检查、处理场所安全管理规范化提升等专项检查和整治行动。联合自治区保密局、党委办公厅机要交通处开展机要通信突发事件应急演练。自治区政府办公厅印发《内蒙古邮政业突发事件应急预案》，成为全国首个被纳入省级专项应急管理预案的行业预案。全区组织开展应急演练101次，督促10家品牌快递企业区域总部完成安全生产标准化建设备案工作。推动成立包头、乌兰察布、赤峰、锡林郭勒4个盟市级安全中心，实现内蒙古地市级邮政业安全中心全覆盖。推动全区建立691个邮政快递“扫黄打非”基层站点，实现全区旗县基层工作站全覆盖。做好“绿盾”工程一期建设成果应用，建立健全行业“线上＋线下”安全监测预警。2022年“绿盾”新接入分拨处理场所78个，基本实现盟市级快递处理场所视频监控全覆盖。通过每日视频巡查，全年向盟市局推送违规作业线索89条，约谈3起，下发预警告诫整改通知书21份，立案处理12起。年内，落实行政执法“三项制度”、重大处罚备案制度，落实“双随机、一公开”要求，确保执法规范公正、执法信息公开透明。年内全区系统开展执法检查6484次，约谈173次，下达责令整改通知书336件，作出行政处罚187件。年内组织2次执法案卷评议、3次面向全系统法律法规培训班。

【快递员权益保障】 2022年，自治区人民政府同意，自治区交通运输厅、邮政管理局、人社厅、发改委、公安厅、司法厅、商务厅、市场监管局、医疗保障局、总工会、团委等各部门联合印发《内蒙古自治区做好快递员群体合法权益保障工作实施方案》。建立厅际联席会议制度。截至12月底，全区新增参加工伤保险13618人。将快递员、快件处理员职业纳入自治区职工职业技能比赛A类竞赛中，各级工会承担竞赛经费。开展职业技能提升培训23760人次，争取补贴资金123.87万元。年内全区邮政管理系统与自治区妇联、总工会、红十字会、团委等部门联合开展慰问关爱活动80余次，为快递小哥发放慰问金及慰问品计246.8万元。新冠疫情期间，各级邮政管理部门对接疫情防控指挥部，为快递小哥争取到260万元无偿调拨的防疫和应急物资。

（李瑞芳）

新兴服务业

【会计服务】截至2022年底，自治区有会计师事务所315家，注册会计师1441人，非执业会员1603人。全年，自治区注册会计师行业实现业务收入10.59亿元。注册会计师全国统一考试内蒙古考区专业阶段报名21265人，47250科次；综合阶段报名506人，其中有303人取得注册会计师全国统一考试全科合格证，同比增长19.3%，406人取得专业阶段合格证。2022年，继续推进业务与党建融合，在继续教育中增加党建课程，明确注册会计师继续教育中思政课程比例不低于10%。全年举办注册会计师行业网络培训1期（为期六个月）、在线直播培训班5期，共计培训1215人；举办注册会计师非执业会员网络培训1期，共计培训301人。

（苏伦嘎）

【法律服务】2022年，自治区共有执业律师12292名，比2021年增加1403名，同比增长12.9%，全区每万人拥有律师5.1名，全国每万人拥有律师4.1名，高于全国平均水平。专职律师8783人，占总数的71.5%，比2021年同期增加8人，增长了0.1%；兼职律师313人，占总数的2.5%，比2021年同期减少8人，减少了2.5%；公司律师365人，占总数的3%，比2021年同期增加120人，增长了48.9%；公职律师2538人，占总数的20.6%，比2021年同期增加1244人，增长了96.1%；法律援助律师293名，占全区律师2.4%，比2021年同期增加了39名，增长了15.4%。全区124名律师担任了各级人大代表。其中，自治区人大代表5名；市人大代表34名；区（县）人大代表84名。168名律师担任政协委员。其中，全国政协委员 1 名，自治区政协委员 4 名；市政协委员 38 名；区（县）政协委员 124 名。2022 年，自治区律师办理各类法律事务 255603 件，同比减少 9.7%，其中诉讼案件 144664 件，非诉讼案件 12736 件，咨询和代书 74366 件，仲裁业务 3869 件，公益法律服务 19968 件；在 8432 家党政机关、人民团体和企事业单位担任法律顾问。全区律师共办理各类诉讼案件 144664 件，其中刑事诉讼辩护及代理 12551 件，占诉讼案件 8.7%；民事诉讼代理 127051 件，占诉讼案件 87.8%；行政诉讼代理 4547 件，占诉讼案件 3.1%；代理申诉 515 件，占诉讼案件 0.4%。律师共提供各类公益法律服务 26926 件，其中办理法律援助案件 13650 件，参与接待和处理信访案件 2732 件，律师调解 3345 件，参与处置城管执法 241 件，律师为弱势群体提供免费法律服务 15652 件。

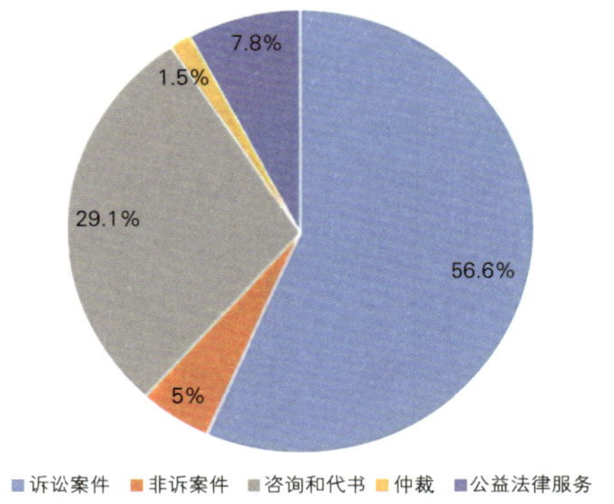

图 38　2022 年内蒙古自治区律师办案情况示意图

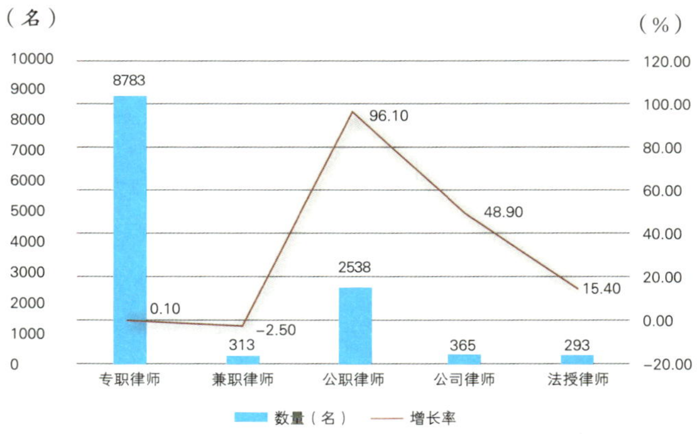

图 39　2022 年内蒙古自治区律师类别示意图

2022 年，全区律师收费共计 168623.88 万元，同比增长 3.7%。其中刑事案件收费 20690.52 万元，占 12.3%；民事案件收费 106724.08 万元，占 63.3%，行政案件收费 5106.11 万元，占 3%；非诉讼法律事务收费 21034.2 万元，占 12.5%；律师事务所设立的调解工作室调解案件收费 62.25 万元，占 0.1%；其他收费 15006.72 万元，占 8.8%。

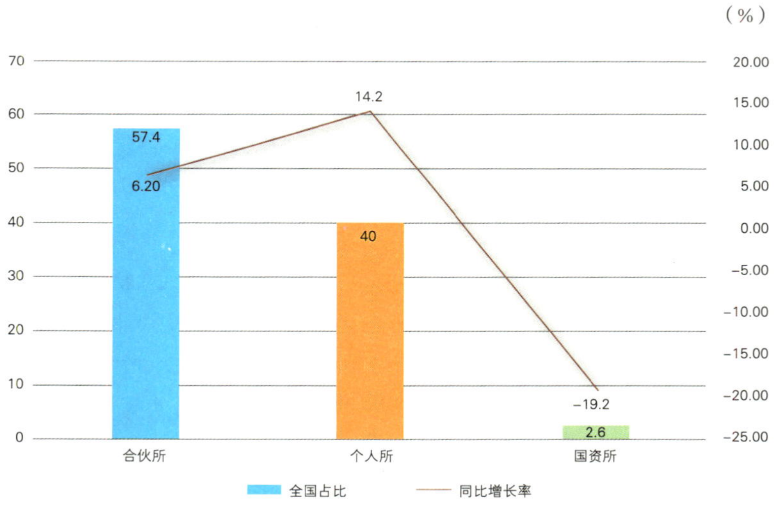

图 40　2022 年内蒙古自治区律师事务所分类占比示意图

2022 年，自治区共有律师事务所 806 家，比 2021 年同期增加 62 家，同比增长 8.3%。合伙所 463 家（含普通合伙所 460 家、特殊普通合伙所 3 家），占全区律所 57.4%，比 2021 年同期增加 27 家，增长 6.2%；个人所 322 家，占全区律所 40%，比 2021 年同期增加 40 家，增长 14.2%；国资所 21 家，占全区律所 2.6%，比 2021 年同期减少 5 家，同比减少 19.2%。

（闫月宁）

表 19　2022 年内蒙古自治区律师地域分布统计表

地区	律师数（人）	全区律师数占比（%）	同比增长率（%）
区直属	1439	11.7	−23.4
呼和浩特市	3504	28.5	7.1
包头市	1614	13.1	18.4
呼伦贝尔市	839	6.8	26.0
赤峰市	1462	11.9	25.2
通辽市	1113	9.1	16.7
鄂尔多斯市	1557	12.7	24.5
兴安盟	459	3.7	17.4
巴彦淖尔市	551	4.5	30.9
锡林郭勒盟	471	3.8	73.2
乌兰察布市	363	3.0	24.3
乌海市	181	1.5	9.7
阿拉善盟	174	1.4	26.1
合计	13727	—	—

表 20　2022 年内蒙古自治区律师事务所分布统计表

地区	律师事务所数（个）	全区占比（%）
厅直属	30	3.7
呼和浩特市	150	18.7
包头市	98	12.2
呼伦贝尔市	85	10.5
赤峰市	93	11.5
通辽市	93	11.5
鄂尔多斯市	82	10.2
兴安盟	45	5.6
巴彦淖尔市	35	4.3
锡林郭勒盟	39	4.8
乌兰察布市	28	3.5
乌海市	17	2.1
阿拉善盟	11	1.4

表 21　2022 年内蒙古自治区律师类别统计表

类别	律师数（人）	全区律师占比（%）	增长率（%）
专职律师	8783	71.5	0.1
兼职律师	313	2.5	−2.5
公职律师	2538	20.6	96.1
公司律师	365	3	48.9
法律援助律师	293	2.4	15.4
合计	12292	—	—

表 22 2022 年内蒙古自治区律师办案情况统计表

案件类型	数量（件）	案件总数占比（%）
诉讼案件	144664	56.6
非诉案件	12736	5.0
咨询和代书	74366	29.1
仲裁	3869	1.5
公益法律服务	19968	7.8
合计	255603	—

（表格来源：自治区司法厅）

【拍卖业】2022 年，全区拍卖企业共 141 家，主要集中在呼和浩特市、赤峰市、包头市、鄂尔多斯市，占全区拍卖企业总数的 60%。

（刘怡舒）

【广告业】2022 年，自治区邮政管理局印发《内蒙古自治区广告产业园区认定和管理办法》，组织开展认定评估工作，规范自治区级广告产业园区的认定和管理。出台《促进广告业高质量发展的实施意见》，为内蒙古广告产业提供宏观政策指引，推动全区广告产业高质量发展。2022 年自治区广告行业招标采购总体规模达 3.45 亿元，全自治区广告收入 29026.95 万元，同比下降 1.2 %。其中，广播广告收入 5832.30 万元，同比下降 46.34 %；电视广告收入 21857.76 万元，同比上升 21.47 %；网络媒体广告收入和其他广告收入共 1336.89 万元。

（自治区市场监管局）

房地产业

ᠣᠷᠣᠨ ᠰᠠᠭᠤᠴᠠ ᠶᠢᠨ ᠠᠵᠢᠯ ᠦᠢᠯᠡᠳᠪᠦᠷᠢ

房地产开发经营

【房地产开发用地供应】2022年，全区房地产开发用地供应面积1628.8万平方米，同比下降26%；土地成交价款138.6亿元，同比下降46.7%。

【房地产开发投资】2022年，全区房地产开发投资978.3亿元，同比下降20.7%，降幅高于全国10.7个百分点。其中，住宅投资771.0亿元，占房地产开发投资的78.8%，同比下降20.6%。

【商品房建设】2022年，全区房地产开发企业房屋施工面积15311.90万平方米，同北下降6.6%，降幅低于全国0.6个百分点。其中，住宅施工面积10988.3万平方米，占房屋施工面积的71.8%，同比下降6.0%。房屋新开工面积1629.1万平方米，同比下降44.1%，降幅高于全国4.7个百分点。其中，住宅新开工面积1137.1万平方米，占房屋新开工面积的69.8%，同比下降49.7%。房屋竣工面积1101.0万平方米，同比增长4.6%，增幅高于全国19.6个百分点。其中，住宅竣工面积838.2万平方米，占房屋竣工面积的76.1%，同比增长6.1%。

【商品房销售】2022年，全区商品房销售面积1380.5万平方米，同比下降25.7%，降幅高于全国1.4个百分点。其中，住宅销售面积为1289.0万平方米，占全区商品房销售面积的93.4%，同比下降24.8%；办公楼销售面积6.4万平方米，同比增长15.9%；商业营业用房销售面积57.3万平方米，同比下降46.0%。全区商品房销售额868.0亿元，同比下降28.5%，降幅高于全国1.8个百分点。其中，住宅销售额为808.7亿元，占商品房销售额的93.2%，同比下降27.6%；办公楼销售额4.6亿元，同比增长43.8%；商业营业用房销售额42.4亿元，同比下降46.7%。

【新建商品住宅销售均价】2022年，全区新建商品住宅销售均价为5735元/平方米，其中呼和浩特市、包头市、赤峰市3个盟市新建商品住宅销售均价位于全自治区前三位，分别为9568元/平方米、6653元/平方米、6375元/平方米。

【房地产开发企业资金】2022年，全区房地产开发企业到位资金1052.0亿元，同比下降32.1%，降幅高于全国6.2个百分点。其中，国内贷款23.2亿元，占到位资金的2.2%，同比下降60.1%；自筹资金427.5亿元，占到位资金的40.6%，同比下降33.5%；定金及预收款402.7亿元，占到位资金的38.3%，同比下降29.8%；个人按揭贷款166.1亿元，占到位资金的15.8%，同比下降30.0%。

（刘　澎）

房地产市场监管

【房地产开发监管】2022年，自治区住建厅增强房地产调控政策精准性协调性，督促各地落实“一城一策”工作方案，持续做好全区21个城市月监测、季评价、年考核工作。压实城市主体责任，在坚持“房子是用来住的，不是用来炒的”定位不动摇的前提下，根据房地产市场形势变化，灵活调整政策力度、节奏和重点。全区房地产开发投资978.3亿元，商品房销售面积1380.5万平方米。2022年，自治区住房和城乡建设厅提请自治区人大常委会修订《内蒙古自治区城市房地产开发经营管理条例》，推动自治区政府办公厅印发《关于加强房地产市场监管规范房地产开发与经营活动的通知》，全面规范房地产开发经营活动。优化商品房预售资金监管模式，合理确定留存比例和拨付节点，盘活沉淀的预售资金，缓解房企资金压力。

【保交楼项目】 2022年，全区首批140个项目申请保交楼专项借款52亿元，第二批94个项目申请保交楼专项借款40亿元。全区26个恒大保交楼项目，通过股权转让、代持代建代管等方式销号23个，销号率88.5%。全区2022年计完成保交楼任务10568套。

【房地产遗留问题专项整治】 2022年，全区累计解决房地产历史遗留问题项目2970个、140.06万套，占比分别为99.3%、99.7%，其中办理分户登记102.66万套，完成率84.6%。开展“交房即交证”试点工作，逐步实现住权和产权同步。

【房地产秩序整顿规范】 2022年，内蒙古自治区人民政府办公厅印发《内蒙古自治区人民政府办公厅关于加强房地产市场监管规范房地产开发与经营活动的通知》。自治区住房城乡建设厅印发《2022年房地产领域专项整治工作方案》，规范房地产开发经营活动。

（永 倩）

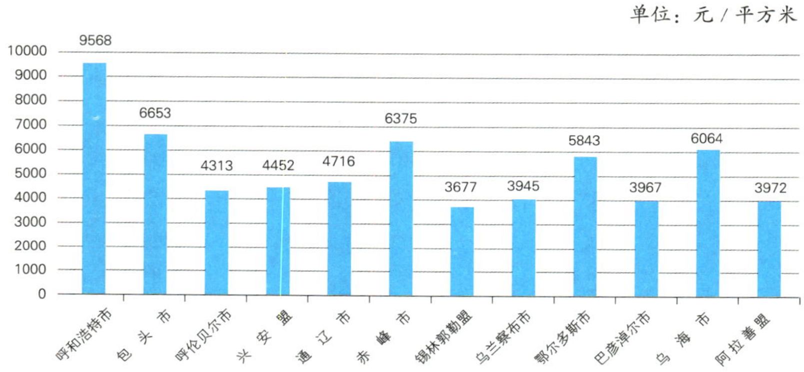

图41 2022年内蒙古自治区各盟市新建商品住宅销售均价柱状图

表23 2022年1—12月内蒙古自治区三市二手房销售价格指数

单位：%

月份	城市	环比（%）	同比（%）
1	呼和浩特 包 头 鄂尔多斯	99.9 99.8 100.1	98.2 100.0 108.2
2	呼和浩特 包 头 鄂尔多斯	99.5 99.7 100.4	97.6 99.6 105.0
3	呼和浩特 包 头 鄂尔多斯	99.7 99.5 99.8	97.1 98.8 104.0

表 23（续表）

4	呼和浩特 包　头 鄂尔多斯	99.8 99.4 99.8	97.0 97.7 104.0
5	呼和浩特 包　头 鄂尔多斯	99.5 99.9 100.3	96.7 97.0 103.6
6	呼和浩特 包　头 鄂尔多斯	99.3 99.7 99.9	96.0 96.5 102.8
7	呼和浩特 包　头 鄂尔多斯	99.5 99.6 99.9	96.0 96.4 102.8
8	呼和浩特 包　头 鄂尔多斯	99.3 99.6 100.0	94.9 96.1 102.3
9	呼和浩特 包　头 鄂尔多斯	99.5 99.2 100.7	95.0 95.6 102.5
10	呼和浩特 包　头 鄂尔多斯	100.0 100.0 99.7	95.5 95.7 102.0
11	呼和浩特 包　头 鄂尔多斯	100.0 99.6 99.8	95.9 95.6 101.9
12	呼和浩特 包　头 鄂尔多斯	98.8 99.4 100.1	94.9 95.5 101.8

（表格来源：自治区住房和城乡建设厅）

旅游业

综　述

【旅游接待】2022 年，全区接待国内游客 9249.08 万人次，比 2021 年下降 29.54%；全区实现国内旅游收入 1053.92 亿元，比 2021 年下降 27.84%。3 家街区创建为国家级旅游休闲街区、3 家滑雪旅游度假地创建为国家级滑雪旅游度假地、2 家单位入选首批国家级“红色草原”名单、2 家景区获评国家工业旅游示范基地，6 个村入选国家乡村旅游重点村、3 个镇入选全国乡村旅游重点镇，3 家营地为全国自驾车旅居车 5C、4C 级营地。

【文旅资金支持】2022 年，中央及自治区财政继续实施“三馆一站”免费开放补助资金、非物质文化遗产保护专项资金、重点文物保护专项资金、艺术发展专项资金、旅游发展专项资金等重点项目，补助各盟市文化和旅游专项资金约 10.95 亿元。2022 年，全区文化和旅游及文物（不含基本建设投资）事业费 42.11 亿元，其中文化和旅游事业费投入 35.08 亿元，比 2021 年增加 3.46 亿元，占财政支出比重 0.59%。实施助企纾困行动，投入 6.2 亿元专项资金支持文化旅游行业恢复发展。

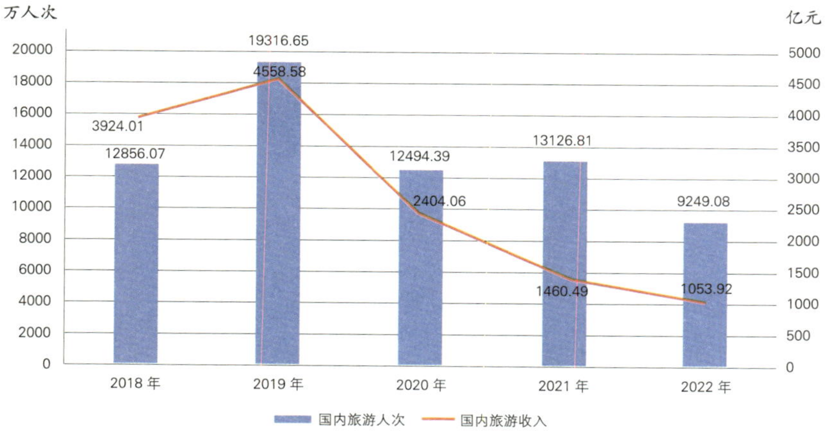

图 42　2018—2022 年自治区接待国内游客情况表

【旅游投资】2022 年，内蒙古自治区文化和旅游厅（以下简称自治区文化和旅游厅）开展招商引资活动，有 17 个项目落地实施，投资总额 21.9 亿元。持续推动呼伦贝尔大草原—莫尔格勒河景区、鄂尔多斯市亿利库布其七星湖沙漠生态旅游区、呼和浩特市清水河县老牛湾黄河大峡谷景区创建国家 AAAAA 级旅游景区。新评定 AAAA 级旅游景区 10 家、AAA 级旅游景区 21 家、自治区级旅游休闲街区 2 家。阿尔山旅游度假区成功创建为自治区级旅游度假区，投资 13.25 亿元的 26 个项目开工建设。加强与金融机构合作，支持和鼓励金融机构制定旅游业金融服务方案，重点推荐文化和旅游融资项目 67 个，达成融资意向 4.16 亿元。

【旅游市场复苏】2022 年，自治区文化和旅游厅联合各盟市举办以“亮丽内蒙古·四季好风光”为主题的万里茶道、大草原等六大系列活动和2022冰雪旅游季4个主要活动，计236项活动。推出“亮丽内蒙古·四季好风光”十大精品旅游线路、“亮丽北疆”主题精品红色旅游线路10条。开展“百城百区”文旅消费助企惠民行动，指导呼和浩特市、包头市、鄂尔多斯市创新消费模式、激发消费活力。组织发放电子消费券9000余万元，承兑资金7587万元，直接拉动消费4亿多元。

【全域旅游示范区评选】2022年，自治区文化和旅游厅开展第三批自治区级全域旅游示范区评定工作，本次评定共有11地入选，分别是：呼和浩特市土默特左旗、包头市土默特右旗、包头市石拐区、兴安盟乌兰浩特市、兴安盟科右中旗、赤峰市喀喇沁旗、赤峰市宁城县、乌兰察布市集宁区、锡林郭勒盟乌拉盖管理区、鄂尔多斯市伊金霍洛旗、乌海市海勃湾区。

【旅游促销惠民】2022年，自治区人民政府组建内蒙古文化旅游投资集团有限公司，打造自治区文化旅游旗舰企业。认定自治区级夜间文化和旅游消费集聚区6个、自治区重点培育文化产业园区7个，呼伦贝尔古城成功入选第二批国家级夜间文化和旅游消费集聚区。建立文化和旅游产业重点项目库，年内完成投资额38.28亿元。开展招商引资活动，共有17个项目落地实施，投资总额21.9亿元，加强与金融机构合作，支持和鼓励金融机构制定旅游业金融服务方案，重点推荐文化和旅游融资项目67个，达成融资意向4.16亿元。举办黄河几字弯内蒙古文化旅游商品创意设计大赛和旅游行业校企对接会、政银企对接交流会。倡导“内蒙古人游内蒙古”。落实内蒙古自治区人民政府《关于促进服务业高质量发展实施方案（2022版）等政策文件的通知》，印发“鼓励支持城市游、近郊游、乡村游”文件，鼓励自治区各地通过举办消费季、消费月、发放旅游卡（券）等活动，各盟市配套出台优惠政策推动“内蒙古人游内蒙古”。举办“中国旅游日”系列活动。其间自治区各地参与群众超过10万人次，自治区累计发送祝福短信1530万条。印发“促进旅游业恢复发展”文件。《干部包联旅游景区典型案例》入选全国《文化和旅游领域纾困发展案例集》。自治区文化和旅游厅与教育厅联合公布自治区第二批中小学生研学实践教育9基地（营地）42个。

旅游资源

【概况】 2022年，内蒙古自治区文化和旅游厅完成自治区旅游资源普查工作，共查明旅游资源单体11029个，其中五级旅游资源200个，占1.81%；四级旅游资源633个，占5.74%；三级旅游资源1871个，占16.96%；二级旅游资源3056个，占27.71%；一级旅游资源3604个，占32.68%；未获等级资源1665个，占15.10%。

【文旅重点项目建设】 2022年，自治区文化和旅游厅不断加快重大项目建设进度，建立了文化和旅游产业重点项目库，入库项目491个，总投资超622亿元，全年完成投资额40亿元。黄河麦野谷生态休闲旅游区二期建设项目、大黑河军事教育旅游乐园、恼包奥莱水世界建成投入运营，额尔古纳草原在这里旅游景区项目、阿尔山市旅游综合服务配套项目、赤峰市大光顶子旅游项目等进展顺利。

【鄂尔多斯市成吉思汗陵旅游区】2010年被国家旅游局评定为国家AAAAA级旅游景区，坐落于鄂尔多斯市伊金霍洛旗境内的巴音昌呼格草原上，由历史文化区、祭祀文化区、民俗文化区、草原观光区、休闲娱乐区5个功能分区组成。旅游区内文物和旅游景点34处，集中展示草原游牧文化、鄂尔多斯民俗文化等，是全国重点文物保护单位，中国旅游胜地四十佳，全国百家青少年爱国主义教育基地和首批国家AAAAA级旅游景区。成吉思汗祭祀文化，被列入第一批国家级非物质文化遗产名录。2022年，成吉思汗陵旅游区全面铸牢中华民族共同体意识，以高质量发展为引领，开展国家AAAAA级旅游景区服务质量提升工程，对景区游客服务中心、标识系统、旅游厕所等旅游基础设施和服务水平进行全面提升，景区面貌焕然一新。2022年景区共计接待游客11.02万人次，实现旅游综合收入1343万元。

【鄂尔多斯市响沙湾旅游区】2010年被国家旅游局评定为国家AAAAA级旅游景区，位于达拉特旗南端库布其沙漠中段，黄河中游南岸，鄂尔多斯高原北端，地处“呼包鄂金三角”中心。经过30多年的发展，响沙湾已构建起“一港四岛”沙漠度假新格局，建有入选 2016 年最值得期待的全球度假酒店——沙漠莲花酒店，可容纳 400 多人住宿，被誉为心灵深处的一片净土。2022 年，响沙湾旅游景区以创建国家级旅游度假区为目标，景区上下砥砺前行，共克时艰，持续加大人力、财力投入，进一步完善度假区软硬件设施、提升服务水平，第二届鄂尔多斯黄河几字弯生态文化旅游节开幕式在景区成功举办。2022 年景区共计接待游客 22.47 万人次，实现旅游综合收入 9249 万元。

【满洲里市中俄边境旅游区】2016 年被国家旅游局评定为国家 AAAAA 级旅游景区，旅游区由国门景区、套娃景区组成。国门景区是满洲里市标志性景观，有着百年悠久历史，被称为“东亚之窗”“中国的北大门”，是中国最大的陆路口岸，也是全国 100 个红色旅游经典景区之一、重要的爱国主义教育基地，包括国门、41 号界碑、红色旅游展厅、中共六大展览馆、满洲里红色秘密交通线遗址等景观。套娃景区是全国唯一以俄罗斯传统工艺品——套娃形象为主题的大型综合旅游度假景区，是以满洲里和俄罗斯相结合的历史、文化、建筑、民俗风情为理念，集吃、住、行、游、购、娱于一体的大型俄罗斯特色风情园，景区由主题园区、主题娱乐、主题酒店三部分组成。2022 年，满洲里中俄边境旅游区接待游客 30.77 万人次，旅游收入 2971.21 万元。受连续三年疫情冲击，2022 年中俄边境旅游区全年仅运营时间不满 3 个月，营业收入、接待人数等各项经营指标大幅下滑，呈严重的入不敷出状态，为了稳住景区经营基本盘，兜底保障员工基本生活，中俄边境旅游区在重重压力下艰难前行。

【阿尔山—柴河旅游景区】2017 年被国家旅游局评定为国家 AAAAA 级旅游景区，主要景点有 7 个，分别是天池山天池、三潭峡、地池、石塘林、杜鹃湖、驼峰岭天池、大峡谷，附属景点 3 个，分别为不冻河、龟背岩、玫瑰峰。阿尔山—柴河旅游景区拥有原始森林、火山遗迹、温泉矿泉、高山湿地、河流湖泊、峡谷奇峰、冰雪运动、民俗文化等旅游资源，是集旅游观光、科研考察、度假疗养科普教育、娱乐探险于一体的最具中国北方鲜明特色的原生态旅游胜地。2022 年，阿尔山—柴河旅游景区旅游人数为 42.65 万人，旅游收入为 3925.2 万元。2022 年，阿尔山—柴河旅游景区有效克服了疫情带来的不利影响，进一步强化内部管理，在疫情封闭期间积极修炼“内功”，组织全员服务礼仪培训，丰富二消项目产品，开发文创旅游产品，扎实推进基础设施建设，同时进一步改变营销策略，采取线上线下相结合点对点营销模式，组织专人一对一服务旅行商，直至成团进入阿尔山，为 2023 年旅游市场复苏发展赢得契机。

【阿斯哈图石林景区】2018 年被国家旅游局评定为国家 AAAAA 级旅游景区，景区按照自然布局分为 5 个区域，草原石林景区、草原天柱景区、草原鲲鹏景区、草原石城景区、草原石堡景区，其中景观较为集中的是草原石林景区。主要是由冰盖冰川的刨蚀、掘蚀和冰川融化时形成的大量冰川融水的冲蚀作用下形成的。由于第四纪冰川长期的精雕细刻，造就了阿斯哈图石林这一方神秘的独特的自然风貌。2022 年，阿斯哈图石林景区游客接待量和经营效益得到了双双提升，2022 年阿斯哈图石林景区共接待国内外游客 8.98 万人次，实现营业收入 935.28 万元，使景区成为赤峰地区、自治区乃至全国的旅游名片，为旅游业的发展迈上新台阶、展现新气象、实现新作为、谱写新篇章作出积极贡献。

【阿拉善盟胡杨林旅游区】2019 年被文化和旅游部评定为国家 AAAAA 级旅游景区，胡杨林旅游区位于阿拉善盟额济纳旗，现有天然胡杨林 45 万亩，是世界仅存的三大胡杨林之一，拥有千年古树最多、景观保存最完整的原生态胡杨林海。“活着千年不死、死后千年不倒、倒后千年不朽”彰显胡杨精神。2022 年，额济纳旗胡杨林旅游区受疫情影响严重，加之全国疫情多次反复，且额济纳旗地处边境区域，施行了较为严格的疫情管控措施，当年景区累计开放时间不超过 2 个月，景区上报全年累计接待游客 3405 人次，门票收入 12.18 万元。

【呼伦贝尔大草原·莫尔格勒河景区】 2019 年通过文化和旅游部旅游景观质量评审。地处“中国最美草原”呼伦贝尔大草原核心腹地，是“天下第一曲水”莫尔格勒河最美河段，同时兼具以保留较为完整的原生态草原游牧生产生活方式为典型代表的民俗文化资源和底蕴，开发建立以“莫尔格勒河实景展示”“天天那达慕”“非遗文化牧户游”等为主题的产品体系，包括草原文化、亲河体验、生态科普等主题产品，拓展勒勒车、骑马、骑行等多种体验方式，非遗产品、文化演艺、虚拟体验等业态入驻景区。2022年，景区自7月开始试运营，根据疫情防控政策，景区于8月闭园。同年12月启动冬季运营，开展“天天冰雪那达慕”“我在莫尔格勒过大年”等系列活动。全年累计接待游客45万人次，实现营业收入超500万元。

【鄂尔多斯亿利库布其七星湖生态旅游区】 2020年通过文化和旅游部旅游景观质量评审。以沙漠生态建设为主题，以沙漠、湖泊、湿地等自然资源为依托，主打生态、康养、休闲、娱乐、探险、会议等旅游产品的综合型旅游度假区。包含七星湖沙漠酒店及附属设施四季生态厅、可同时容纳1200人的会议中心、沙漠草堂、生态营地、南区广场、牧民新村和拥有全球200多种沙生植物的沙漠植物园、“沙漠之眼”摩天轮等基础设施的建设，开发出沙湖游船、沙漠冲浪、欢乐岛、大型演艺秀《大漠传奇》等旅游产品。2022年，亿利库布其七星湖沙漠生态旅游区以国家AAAAA级旅游景区创建为核心，加快推进景区服务设施建设，深入挖掘景区文化内核，新增旅游演艺秀《大漠传奇》，露营、篝火晚会等夜间项目，不断满足游客个性化、多样化需求。2022年景区共计接待游客9.17万人次，实现旅游综合收入2230万元。

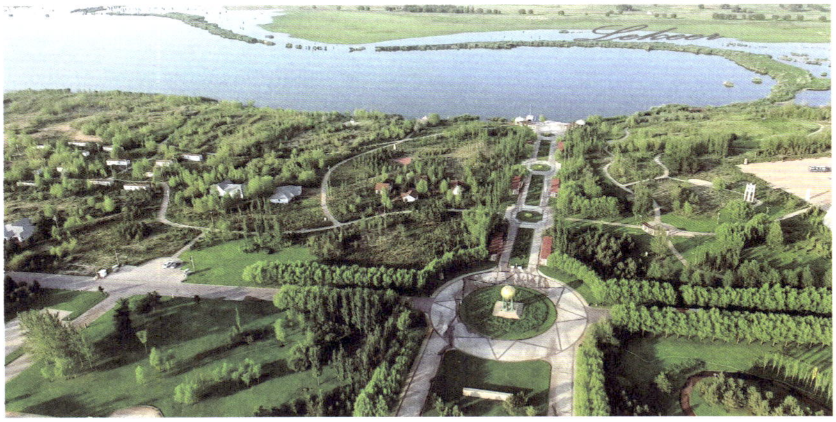

图43 亿利库布其七星湖沙漠生态旅游区

（自治区文化和旅游厅 供图）

【老牛湾黄河大峡谷旅游区】 地处晋陕大峡谷的核心地段，河谷两岸壁立万仞，河道中碧波万顷，河岸上长城耸立，村落中古迹遍布。这里是长城、黄河唯一交会的地方，也是人文历史与自然遗迹完美融合之处。景区已建成启用码头、高端民宿、VR体验馆，完成自驾车营地、停车场改造、景区旅游厕所改造升级工程，完成神牛乐园建设项目、黄河集市改建项目。2022年，老牛湾黄河大峡谷旅游区全力推进首府首批国家AAAAA级旅游景区创建进程，持续加大硬件建设、软件提升和景观打造力度，深度开发文化旅游产品，全面提升景区整体服务功能和接待水平，承办5·19中国旅游日内蒙古自治区启动仪式呼和浩特分会场活动，成功举办了“2022年黄河之夏—老牛湾音乐啤酒节”“星空露营节”系列活动、房车营地揭幕仪式、百家文旅企业旅游推介会2场，多角度全方位宣传推广老牛湾黄河大峡谷旅游区，持续擦亮“长城黄河握手地 自然古韵清水河”金字招牌。2022年景区共接待游客10.12万人次，实现旅游综合收入2125.2万元。

旅游业态

【红色旅游】 2022年，包头市达茂旗明安草原和锡林郭勒盟乌拉盖草原入选首批国家级“红色草原”名单。举办内蒙古自治区第二届红色故事讲解员大赛，开展“赓续红色血脉，培育时代新人”红色故事进校园系列活动，推出“亮丽内蒙古，四季好风光”10大精品旅游线路、“亮丽北疆”主题精品红色旅游线路10条。《干部包联旅游景区典型案例》入选全国《文化和旅游领域纾困发展案例集》。

【冰雪旅游】 2022年，举办第十九届冰雪那达慕、赤峰达里湖冬捕旅游季、呼和浩特冰雪旅游季、阿尔山冰雪节4项主体活动，推出冰雪那达慕5日游、赤峰市达里湖冬捕6日游、呼和浩特马鬃山滑雪体验4日游等8条冰雪旅游线路，动员各盟市立足当地资源特色，谋划开展千里万人冰雪大穿越等116个特色冰雪旅游活动。第十九届冰雪那达慕、赤峰达里湖冬捕旅游季2项主要活动被纳入文化和旅游部2022—

2023年全国欢乐冰雪旅游季总体活动，成为中国冰雪旅游推广联盟重点推荐的冰雪旅游产品、中国北方冰雪旅游海外推广季新加坡推广会的主推产品。截至12月31日，2022—2023年冰雪旅游季4个主要活动、116个特色活动经全部启动，有680多万名游客参加活动，拉动旅游消费80多亿元。签约旅游包机76班次（赤峰市10班次，鄂尔多斯36班次，兴安盟30班次），呼伦贝尔市开通“呼伦贝尔号”旅游列车，乌兰察布市开通北京至集宁区旅游专列。召开招商引资会9场，累计签约125个项目，意向投资额360.86亿元，落地实施项目90个。中央电视台综合频道、新闻频道、财经频道等主流媒体先后10余次对内蒙古冰雪旅游活动进行报道，腾讯新闻等平台传播量453.8万次，今日头条、抖音等短视频专题曝光量585万人次，新浪内蒙古微博矩阵等总阅读量2015.3万人次，人民文旅等9个专题曝光量超685.26万次。

【乡村旅游】 2022年，自治区文化和旅游厅联合自治区发展改革委开展第三批自治区乡村旅游重点村镇认定工作，新评定自治区乡村旅游重点村31家、重点镇2家，自治区全国乡村旅游重点村36家、重点镇6家， 自治区乡村旅游重点村总数达118家、重点镇9家。累计推出近百条四季乡村旅游精品线路，呼和浩特市“沐浴白絮，乘雪而行”，呼伦贝尔市“兴安冰雪季，岭上欢乐行”，兴安盟阿尔山市“畅游冰雪季，童话阿尔山”“兴安盟·春风十里我在红城等你”等20条线路入选文旅部全国乡村旅游精品线路，在文化和旅游部网络平台进行宣传推广，并在高德地图同步上线，实现一键导航，在线预订。在文化和旅游部网络平台进行宣传推广，并在高德地图同步上线，实现一键导航，在线预订。正式出版图书《内蒙古乡村旅游指南》，并在“去村里”App、微信同步上线，实现自治区乡村旅游产品电子阅读、在线预订、社交推广等多种功能。

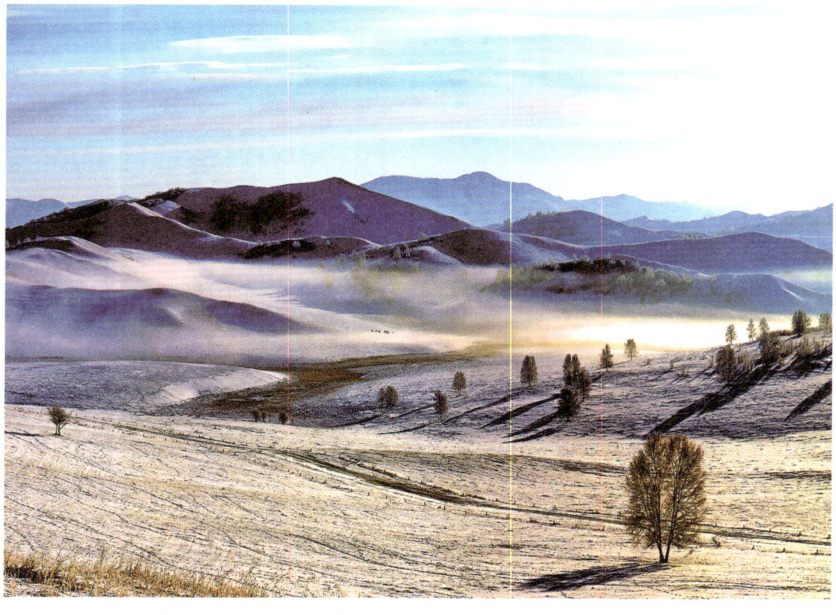

图44 2022年1月4日，冰雪覆盖的锡林郭勒大草原

（马建荃 供图）

内蒙古乡村旅游精品路线

锡林郭勒盟“幸福花约之旅”

呼伦贝尔“何须名苑看春风，一路山花不负侬”赏花之旅

包头市黄河岸寻梦 阴山下赏花路线

呼和浩特寻青觅草之旅

巴彦淖尔“读万卷书，行万里路”乡村研学主题线路

赤峰市喀喇沁旗红色体验游

鄂尔多斯几字弯乡村风情之旅

乌兰察布草原火山研学游

兴安盟阿尔山市林俗研学之旅

阿拉善额济纳田园胡杨生态体育休闲旅游线路

通辽市科左后旗姹紫嫣红赏枫之旅

乌海葡萄丰收之旅

兴安盟阿尔山人间烟火气，山水旺丰年乡村旅游线路

“沐浴白絮，乘雪而行”之旅

兴安冰雪季，岭上欢乐行

畅游冰雪季，童话阿尔山

【休闲旅游】 2022年，自治区文化和旅游厅全面设计推出36个“亮丽内蒙古 四季好风光”浸享内蒙古四季沉浸式旅游产品精品线路，20条分线路。发布全国十佳自驾旅游线路，推出“亮丽内蒙古·现代草原发现之旅”“首都后花园·康养度假休闲之旅”“醉美草原·大兴安岭自驾之旅”“红色兴安盟·水韵阿尔山森林之旅”“红色兴安盟·水韵阿尔山森林之旅”等10条北京自驾内蒙古精品旅游线路。推出“明长城遗址·草原上印记”“黄河几字弯·万里长城魂”等5条长城主题精品旅游线路。

夏季旅游产品　阿尔山旅游度假区森林康养度假3日游、呼伦贝尔大草原—莫尔格勒河草原沉浸体验2日游、满洲里中俄边境旅游区异域风情深度体验2日游、鄂尔多斯响沙湾沙漠度假深度体验3日游、七星湖生态度假体验3日游、鄂尔多斯草原民俗沉浸体验2日游、鄂尔多斯康巴什城市休闲度假3日游、辉腾锡勒黄花沟草原休闲体验2日游、巴彦淖尔纳林湖休闲度假2日游、沐浴夏日阳光乌海湖休闲度假3日游、内蒙古旅游那达慕沉浸体验3日游、锡林郭勒多伦湖旅游度假休闲3日游、乌拉盖九曲湾草原沉浸式体验3日游、乌兰察布火山露营深度体验2日游、呼伦贝尔白音哈达景区“草原中心点”嗨爽夏季2日游、呼伦贝尔莫尔道嘎国家森林公园森林探秘3日游。

秋季旅游产品　畅游额济纳·醉美胡杨林之旅3日游、赤峰阿斯哈图石林地质体验2日游、阿拉善英雄会群雄荟聚5日游、呼和浩特老牛湾黄河大峡谷金秋体验3日游、黄河大峡谷文化体验3日游、二连浩特边境口岸体验2日游。

冬季旅游产品　呼和浩特马鬃山邂逅滑雪深度体验3日游、赤峰美林谷激情滑雪体验2日游、呼伦贝尔牙克石凤凰山生态滑雪体验4日游、扎兰屯金龙山滑雪度假4日游、赤峰达里湖冬捕节欢乐冰雪3日游、内蒙古冰雪那达慕深入体验5日游、锡林郭勒“千里万人冰雪大穿越”3日游。

【文物博物馆参观旅游】2022年，自治区全年文物机构共安排基本陈列478个，举办临时展186个，接待参观582.19万人次，同比下降40.81%。其中博物馆接待观众562.71万人次，占文物机构接待观众总人次的96.65%；文物保护管理机构接待观众19.48万人次，占3.34%。参观人群中未成年人147.28万人次，同比下降41.02%，占参观总人次的25.29%。

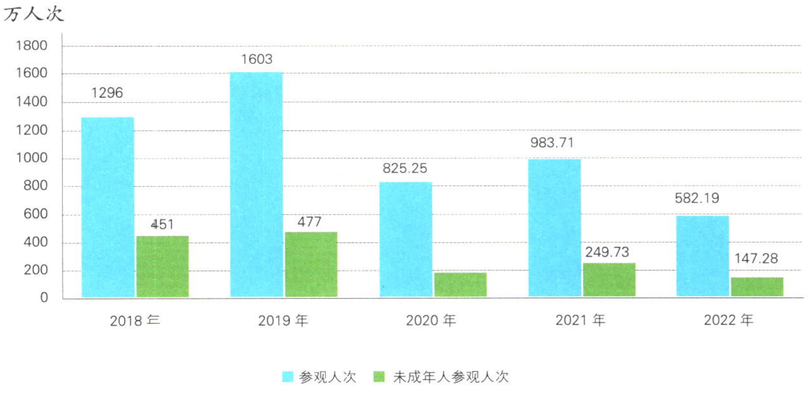

图45　2018—2022年自治区文物机构参观人次及未成年人参观人次

旅游项目建设

【旅游规划】2022，自治区文化和旅游厅制定《呼包鄂乌旅游一体化发展“十四五”工作方案》，制定《内蒙古自治区文化和旅游厅关于加强网络安全防护工作的通知》，推进电子政务数据共享。印发《长城保护规划》《国家文化公园建设实施方案》在内蒙古政务服务平台上传数据总量5398条，旅游景区查询功能在便民应用模块高频应用名列首位。推动研学旅游，与自治区教育厅联合开展自治区第二批中小学生研学实践教育基地（营地）评定命名工作，共命名“内蒙古自治区中小学生研学实践教育基地”和“内蒙古自治区中小学生研学实践教育营地”41个。印发《内蒙古自治区旅游人才“双进”工程指导意见》，启动旅游人才“双进”工程。

【旅游重点项目建设】2022年，自治区文化和旅游厅持续推动呼伦贝尔大草原—莫尔格勒河景区、鄂尔多斯市亿利库布其七星湖沙漠生态旅游区、呼和浩特市清水河县老牛湾黄河大峡谷景区创建国家AAAAA级旅游景区。新评定AAAA级旅游景区10家、AAA级旅游景区21家、自治区级旅游休闲街区2家。阿尔山旅游度假区成功创建为自治区级旅游度假区，投资13.25亿元26个项目已全面开工。评定自治区级乡村旅游重点村镇32个，6个村入选全国乡村旅游重点村、3个镇入选全国乡村旅游重点镇。呼伦贝尔市扎兰屯获评首批国家级滑雪旅游度假地，呼和浩特市塞上老街获评国家级旅游休闲街区。通辽市草甘沙漠汽车运动营地等3家分别获评5C、4C级自驾车旅居车营地，呼和浩特市陆游房车营地等6家获评3C级自驾车旅居车营地。包头市达茂旗明安草原和锡林郭勒盟乌拉盖草原入选首批国家级“红色草原”名单。蒙牛工业旅游区、包钢工业旅游景区获评国家工业旅游示范基地。伊利全球智能制造产业园获评“2022年国家旅游科技示范园区”。聚焦“感悟中华文化·畅游祖国北疆”主题，举办大草原、大兴安、大黄河等系列文化旅游活动。成功举办内蒙古自治区第2届红色故事讲解员大赛，开展“赓续红色血脉培育时代新人”红色故事进校园系列活动，推出“亮丽内蒙古四季好风光”10条精品旅游线路、“亮丽北疆”主题精品红色旅游线路10条。2022年底，自治区共有A级旅游景区428个，比2021年末增加24个。其中，AAAAA级旅游景区6个，与2021年持平；AAAA级旅游景区145个，比2021年末增加9个；AAA级旅游景区127个，增加11个；AA级旅游景区150个，增加4个。

【伊利入选国家旅游科技示范园区】2022年，伊利全球智能制造产业园入选文化和旅游部“2022年国家旅游科技示范园区”名单，实现自治区国家旅游科技示范园区领域零的突破，也是全国唯一一家工业企业上榜园区。

【长城国家文化公园建设】 2022年，呼和浩特市长城博物馆经国家发展改革委、文化和旅游部等部门批准，被列入国家“十四五”时期文化保护传承利用工程储备项目，呼和浩特市新城区投入400万元，完成长城国家文化公园规划设计招标，启动编制公园建设方案。

【黄河国家文化公园建设】 2022年，黄河国家文化公园8个项目陆续开工。黄河国家文化公园8个项目包括内蒙古黄河大峡谷文化旅游景区项目、包头黄河湿地国家文化公园项目、鄂尔多斯非物质文化遗产馆非遗改造项目、乌海市黄河文化博物馆、包头市曲艺非物质文化遗产（二人台艺术展演厅）建设项目、呼和浩特市和林格尔土城子国家考古遗址公园、包头剪纸展示馆建设项目和包头市美岱召村综合提升改造工程。

【阿尔山国家级旅游度假区建设】2022年，内蒙古自治区成立阿尔山国家级旅游度假区创建工作领导小组，27个委办厅局级单位为成员单位，阿尔山成立全区首个旅游度假区管委会（正科级事业单位），推进创建工作。自治区文化和旅游厅、兴安盟行署联合推动，形成多个行政层级、多种投资主体、多种所有制共同联创的“阿尔山创建模式”，对标《旅游度假区等级划分》标准，计划投资53.62亿元，支持建设35个重点项目。其中，自治区文化和旅游厅从旅游发展专项资金单列4519万元，从国家“十四五”文化保护传承利用工程争取3200万元，支持阿尔山旅游度假区重点项目建设。阿尔山旅游度假区是继阿尔山—柴河AAAAA级旅游景区之后又一金字招牌，“双引擎”共同推动阿尔山文化旅游产业高质量发展，推动“文化+旅游+生态+度假+乡村振兴”创新融合发展，为创建世界级旅游度假区奠定基础。

【红色旅游场馆“两个打造”项目】2022年，自治区文化和旅游厅把“两个打造”（即打造更多政治性强、内涵丰富、意蕴厚重、接受度高的中华文化符号和中华民族形象；打造一批具有中华文化底蕴、汲取各民族文化营养、融合现代文明的书籍、舞台艺术作品、影视作品、美术作品）贯穿于文化场馆建设升级工作的各环节和全过程，让中华文化符号和中华民族形象在旅游场馆中突出鲜明，融入各项群众文化活动之中。不断提升麦新红色旅游文化教育基地、集宁战役红色纪念园红色展馆、鄂托克前旗红色旅游景点、乌海市海南区“小三线项目”、额济纳大搬迁纪念馆陈展等公共文化空间建设水平，成为中国公共文化服务迈向更高质量发展和社会文明程度的标志。

旅游营销

【旅游宣传推广】 2022年，自治区文化和旅游厅在中央广播电视总台等主流媒体播出内蒙古文化旅游形象广告，深化与人民网、新华网、抖音等新媒体合作，“亮丽内蒙古四季好风光”品牌影响力不断扩大。在《内蒙古日报》开设《北疆文旅》刊发“中华文明探源”专版图文21期，利用“文化和旅游宣传”矩阵编发“中华文化字里春秋”、“中国共产党精神谱系的非遗表达”（剪纸）等稿件150多篇、视频30余条。在香港建立文化旅游营销中心，建立境外宣传推广项目库。参加2022“海外中国旅游文化周”，与布加勒斯特中国文化中心共同推送内蒙古文化旅游资源。召开中俄蒙“万里茶道”国际旅游联盟工作会议，吸收俄罗斯、蒙古国4个地区入盟，进一步扩大内蒙古旅游“国际朋友圈”。组团参加第六届丝绸之路国际博览会、中国国际服务贸易交易会，举办文化和旅游主题推介活动。在青岛市举办内蒙古文化旅游主题推介活动，与山东省合作开启“百万人互游计划”。融媒体直播《根脉》、文博综艺《长城长》《馆长请亮宝》创造自治区文博类电视节目收视率新高。

【旅游产品开发】创建“内蒙古礼物”品牌体系。截至2022年底，“内蒙古礼物”授权使用商品304件（套），40个“我和草原有个约定”实体店挂牌。2022年，自治区文化旅游商品传承创新专项资金安排4709万元，重点支持文化旅游商品实体店、文化旅游商品开发、精品驻场旅游演艺、文化产业园区、文化旅游商品设计大赛等项目73个。提升文化创意设计水平。在包头市组织举办内蒙古“黄河几字弯”文旅商品创意设计大赛，共征集到来自16个省区的855件创意作品，223件入围终评，最后择优评出一等奖3名、二等奖6名、三等奖9名、入围奖15名。

【旅游那达慕】2022年7月23—25日，“相约草原·遇见那达慕”内蒙古自治区第33届旅游那达慕盛大开幕，自治区党委副书记、自治区主席王莉霞出席并宣布活动开幕。10万名全国各地各民族游客齐聚锡林郭勒盟，共同参与“1+21”项系列活动，亲身体验“万名游客蒙古族时装、汉服、唐装等换装活动”“相遇那达慕·百万游客签名”“同唱一首歌”等项目。吸引国内外游客广泛关注，媒体宣传曝光量超11亿次，触达人群超7亿人次。其间，累计接待游客超60万人次，平均停留时间2.5天，旅游综合收入超14.6亿元，比2021年增长142%。

旅游管理

【旅游安全管理】2022年，自治区文化和旅游厅印发《文化和旅游市场新冠肺炎疫情防控提示》“抓紧抓实疫情防控工作、国庆假期及前后疫情防控工作方案”等文件，科学精准实施跨省旅游“熔断”机制，累计发布23次“熔断”公告。

【旅行社管理】截至2022年12月31日，全区旅行社数量为1277家。其中经营出境游业务87家、边境游业务48家。自治区文旅厅指导内蒙古旅游协会制定并发布28条热点旅游线路诚信指导价，规范旅行社企业经营，引导消费者理性参团。开展暂退旅游服务质量保证金工作。

【导游管理】截至2022年12月31日，全区取得导游资格证的有25390人，注册电子导游证的在册导游14055人；有中高级导游人员598人，金牌导游共4人。组织开展呼伦贝尔市和呼和浩特市一线导游员培训班，累计培训一线导游员600余名。部署2022年度全国导游资格考试（内蒙古考区）考务工作。

【旅游酒店管理】2022年，自治区文化和旅游厅加强对电竞宾馆等旅游新业态安全生产管理。经两轮征求意见和积极协调，联合公安厅、自治区住房和城乡建设厅、自治区市场监督管理局、内蒙古消防救援总队4家单位，印发《电竞宾馆等旅游新业态安全生产监管职能分工和工作制度方案》。1家单位达到金树叶级绿色旅游饭店标准，16家单位达到丙级旅游民宿标准，向文旅部推荐创建甲级、乙级民宿各3家。牵头与自治区总工会、团委和妇联举办自治区旅游饭店服务技能大赛。印发《内蒙古自治区星级饭店从业人员三年培训方案（2022—2024年）》。

【旅游许可证管理】2022年，自治区文化和旅游厅开展文化和旅游市场各类许可证到期延续业务“延期办”工作，对2022年到期的娱乐经营许可证（歌舞娱乐场所、游艺娱乐场所）、营业性演出许可证（文艺表演团体、演出经纪机构）、网络文化经营许可证（经营性互联网文化单位，经营范围为网络游戏的企业除外）、电子导游证4类文化和旅游市场主体相关经营许可证按原到期日延期6个月计算。

【旅游景点管理】2022年，自治区文化和旅游厅开展私设“景点”问题专项整治工作，召开专题视频会议安排部署，通过走访调研、执法检查、电话排查、群众反映等方式，全区先后出动人员2300余人次，排查各类景区（点）404个，梳理研判私设“景点”问题7类28个，28个问题全部整改完毕，其中完善行政许可或备案1个，责令恢复生态4个，责令停业整改4个，规范整治安全隐患、经营不规范行为，关停取缔拆除19个。

【旅游单位等级管理】 2022年，自治区文化和旅游厅实施等级旅行社、旅游民宿、星级饭店、绿色饭店、文明旅游示范单位5类品牌创建评定工作，按照国家标准，组织开展材料申报、专家评审、实地验收、公示公告等工作。24家单位达到省级文明旅游示范单位标准，1家单位达到金树叶级绿色旅游饭店标准，16家单位达到丙级旅游民宿标准，向文旅部推荐创建甲级、乙级民宿各3家，推荐内蒙古蒙牛乳业（集团）股份有限公司和克什克腾旗文化旅游产业发展有限责任公司（阿斯哈图石林景区）2家单位创建国家级文明旅游示范单位。对2021年度复核不达标的1家取消四星级饭店资质、2家下达整改通知。

（王 璐）

旅游公共服务

【旅游基础设施建设】 2022年，自治区已有新建、改扩建旅游厕所6291座，基本覆盖了全区各旅游景区、乡村旅游接待点。自治区旅游厕所工作任务由“强调建设数量”转变为“提升管理服务”。2022年，自治区文化和旅游厅继续围绕旅游厕所管理提档升级工作，继续梳理自治区两个“三年行动计划”期间所建旅游厕所。通过旗县区自查整改、盟市审核复核、委托第三方抽查暗访等方式，全面掌握2015—2020年所建旅游厕所的数量、质量和运行情况，并及时更新数据库相关信息，做到厕所实际情况和信息数据资料相吻合。开展“游客最满意旅游厕所”评选活动。通过游客投票、专题报道、网络传播，大力宣传内蒙古旅游厕所亮点工作，结合公益宣传，聚焦热点，营造声势，带动广大群众形成积极、健康、向上的如厕文化。推动旅游厕所长效化、常态化管理。依托现有旅游厕所，将景区内的厕所与经营服务项目结合，将公共场所厕所与商铺、摊位、广告运营挂钩，开发市场化公厕商业广告，构建个性化、市场化、社会化的厕所建设管理机制。

【智慧旅游建设】 2022年，内蒙古自治区制订《呼包鄂乌智慧文旅一体化建设实施方案》，推动四市旅游信息平台建设、旅游资源和信息共享。以“感悟中华文化与享受美好旅程”为主题的“中国旅游日”赤峰主题活动“畅游赤峰”智慧程序上线发布。

【文明旅游】 2022年，自治区评定首批省级文明旅游示范单位24家。发布内蒙古热点旅游线路诚信指导价，开展“未经许可经营旅行社业务”、“不合理低价游”、私设“景点”问题等专项整治行动。

【旅游公路建设】 2022年自治区文化和旅游厅配合自治区交通厅开展旅游公路建设，围绕“乌阿海满精品生态旅游区”“环京津冀千里草原风情带”“黄河几字弯文化旅游风情带”三大旅游区，以东中西三条大线路为基础，建设文旅资源集中区域的交通网为主要目标，完成《内蒙古自治区交旅融合发展试点任务实施方案》和《交旅融合发展试点任务实施项目清单》制定，确定具体的实施项目。印发《关于对全区“十四五”期间拟建旅游公路项目进行摸底调查的通知》，针对全区AAA级以上景区旅游公路现状和“十四五”期间拟建公路情况进行摸底调查：现有通往AAA级以上景区公路265条，旅游公路旅游服务设施61个；“十四五”期间拟建旅游公路项目130个，旅游公路旅游服务设施拟建项目42个。开展全区高速公路服务区自驾旅游服务项目，通过在高速路服务区设置自驾旅游手绘地图、自驾服务展架、多媒体高清信息发布终端、旅游咨询岗，播放全区文旅宣传片、展示全区文旅宣传资料、开展咨询，为自驾游客提供线下服务，服务覆盖全区140个高速公路服务区。重点打造苏木山、卓资山、呼和浩特西、乌力吉四个服务区，将“旅游网红打卡地”景区精美图片、“全区旅游手绘地图”和“亮灯式”手绘地图植入高速公路服务区，在乌力吉服务区增设与航天宇航员自拍的“自驾旅游打卡”文旅展示区，高速文旅自驾小程序展示自驾72小时、乡村旅游、红色旅游等精品线路产品，为自驾游客提供便利。

（王佐政）

金融业

综 述

【贷款】 截至2022年12月底，全区人民币贷款余额为26919亿元，较年初新增1953.94亿元，比2021年增长7.83%，比2021年同期（7.38%）提高0.45个百分点。3月、6月、9月末信贷增速分别为7.5%、7.1%、7.3%，10月底、11月底、12月底信贷增速分别为6.46%、6.8%、7.83%，贷款增速逐渐恢复，与全国信贷增速情况保持一致。

【存款】 截至2022年12月底，全区人民币存款余额32313.63亿元，比年初增加4779.6亿元，比2021年增长17.4%，较2021年同期提高7.09个百分点，高于全国平均水平近6.56个百分点。其中，企业存款增幅明显，比2021年增长17.71%，比2021年同期提高4.97个百分点，比年初增加1015.98亿元，比2021年多增368.58亿元。

【直接融资】 2022年，全区实现直接融资2881亿元，比2021年增长2.3%。股权融资50.9亿元，债券融资2830.1亿元（政府债1381.7亿元，企业债1448.4亿元），其中，企业债比2021年增长53.7%，比2021年同期增加506.2亿元。推进企业上市“天骏计划”，1家企业在深交所主板上市，6家企业进入上市审核，1家企业申报纳斯达克上市申请，2家企业在新三板挂牌，9家企业进入上市辅导，近40家企业进入重点培育期。截至年末，全区有境内外上市公司31家，新三板挂牌公司46家（创新层16家），自治区多层次资本市场建设发展稳步推进。

【金融合作】 2022年，落实自治区党委政府的决策部署，争取各家金融机构的优惠支持政策，农业银行、浙商银行、人保集团与自治区人民政府签署战略合作框架协议，围绕制造业、基础设施建设、乡村振兴、现代能源、新型城镇化、绿色金融、现代服务业、文化旅游等重点领域，加大对自治区信贷资源投入和科技金融支持。农业银行2022年确定的1400亿元融资支持额度，实现2202.8亿元，提前完成年度支持计划。浙商银行为自治区实体经济提供综合性服务方案，投放实体贷款118.69亿元、票据融资43.52亿元。人保财险内蒙古分公司作为落实集团合作协议的属地公司，牵头制定《保险机制助力内蒙古自治区政府职能转变服务清单》，服务自治区经济社会发展。8月2日，自治区政府与中国农业银行在呼和浩特签署战略合作框架协议。8月11日，国家开发银行内蒙古分行与包头市水务集团有限责任公司、包头市供水有限责任公司，就包头市老旧小区供水计量器具节能改造2025万元基金项目，举行《国开基础设施投资基金投资合同》签约仪式。该基金项目为自治区首笔基础设施投资业务签约落地项目。8月25日，自治区政府与浙商银行签署战略合作框架协议。双方在落实“双碳”目标、乡村振兴、奶业振兴等方面开展合作，达成框架协议。

【支持复工复产复商复市】2022年，内蒙古自治区金融监督管理局（以下简称自治区地方金融监管局）印发《关于进一步发挥金融功能支持首府复工复产复商复市的通知》，支持首府地区经济社会秩序恢复，满足企业和群众有效金融服务需求。落实普惠小微企业贷款延期还本付息、阶段性减息等政策，为小微企业和个体工商户纾困解难。开展“金融活水润百业”个体工商户服务月活动，联合有关部门出台支持复工复产、复商复市金融8条，助力稳就业保就业。

（李 睿）

【金融支持经济发展】 2022年，自治区地方金融监管局建立能源保障金融服务监测统计制度。召开专题会议引导推动银行机构做好能源保障金融服务工作。及时推送114户煤炭企业和57户煤电企业名单，督促银行机构做好对接工作。年内支持煤炭煤电保供清单内企业132户，授信金额888.77亿元，累计发放贷款265.6亿元，比2021年多增41.34亿元。聚焦大型风电光伏基地建设，加大融资支持力度，风力发电设施建设和运营贷款余额715.32亿元，比2021年增长47.02%，太阳能利用设施建设和运营贷款余额266.31亿元，比2021年增长25.89%。印发《关于银行业保险业全面推进乡村振兴重点工作的实施意见》，推进做好农牧金融服务，全区乡镇银行机构基本实现全覆盖，行政村基础金融服务及乡镇保险服务覆盖率100%。截至2022年底，涉农贷款余额9548.94亿元，全年增加754.40亿元，比2021年增长8.58%。支持优势农牧产业集群发展，全区奶业、肉牛、肉羊、马铃薯等重点优势特色农牧业贷款余额1826亿元，比2021年增加58.04亿元。秋粮收购支持174户企业、授信110亿元、收购秋粮1183万吨。40个产粮大县三大粮食作物完全成本保险实现粮食安全金融投入全覆盖，种植收入保险和天气大灾保险覆盖范围逐步扩大。全年农业保险实现保费收入67.48亿元，比2021年增长25.22%，保费规模居全国第5位，为227万户次农牧户和各类生产经营主体提供5171.41亿元的风险保障，支付赔款44.33亿元，比2021年增长31.83%。

（杨 煜 苗 晨）

【金融支持稳增长】2022年，人民银行呼和浩特中心支行出台支持自治区稳经济大盘和稳增长10项金融举措，召开政策落实推进会10余次，指导全区各级人民银行举办银企对接活动60余场次。抓住重大基础设施、交通物流、双碳、科创等领域结构性货币政策工具落地窗口期，主动对接项目和企业，助力稳定经济基本盘。

【金融支持重点领域】 2022年，金融支持全区经济重点领域，构建重点产业链“1+N”金融服务及金融支持稳企纾困、乡村振兴、绿色发展“1+3”工作框架，引导信贷资源向重点领域和薄弱环节倾斜。建立金融服务产业链主办行制度。截至2022年底，全区制造业贷款余额2380.9亿元，比2021年增长19.7%，全年增加343.8亿元。全区民营经济贷款余额5934.5亿元，全年增加205.8亿元。组织金融机构对接全区41个特色农牧产业、122个农畜产品，支持“一县一业、一村一品”特色农畜产业发展。2022年底，全区涉农贷款余额9548.9亿元，全年增加754.4亿元，占全部贷款增量的近4成。深化绿色金融政策研究和创新实践，推进绿色金融评价。全区绿色贷款余额3507.4亿元，比2021年增长30.6%，高于全部贷款增速22.8个百分点。其中，清洁能源产业贷款余额1766.9亿元，占全部绿色贷款余额的50.4%，比2021年增长61.1%；生态环境产业及节能环保产业贷款余额655.2亿元，占全部绿色贷款余额的18.7%。落实支持房地产平稳健康发展政策，发放保交楼专项借款。

【金融支持对外开放】 2022年，自治区制定金融支持向北开放桥头堡建设指导意见。2022年，全区跨境收支总额248.4亿美元，比2021年增长12.6%。其中，跨境贸易收支总额187.8亿美元，比2021年增长11.2%。银行代客结售汇总额158.2亿美元，比2021年增长8.8%。落实外汇领域便利化改革政策，落地优质企业贸易外汇收支便利化试点。推进外汇政务服务“一个窗口”建设。深化跨境金融服务平台应用。支持大中型企业融入境外低成本资金。

（李连俊）

银行业

【概况】 截至2022年底，自治区有各类银行业金融机构204家。其中，开发银行、各政策性银行内蒙古分行3家，大型银行内蒙古分行6家，股份制银行呼和浩特分行11家，金融资产管理公司内蒙古分公司3家，外资银行分行1家，企业集团财务公司分公司1家；城市商业银行4家，农合机构94家（含自治区联社），村镇银行73家，信托公司2家，企业集团财务公司5家，消费金融公司1家。各机构支行及支行以下营业网点5298个。银行业从业人员9.47万人。截至2022年底，全区银行业资产总额41086.87亿元，负债总额39912.35亿元。全区银行业各项存款余额31430.56亿元。储蓄存款，全年增加3037.03亿元，比2021年增长17.65%。单位存款，全年增加1375.32亿元，比2021年增长14.93%。定期存款，全年个人定期存款增长18.98%，企业部门单位协议存款增长47.68%。截至2022年底，全区银行业各项贷款余额26919亿元，还原不良处置后实际贷款增量达2768.79亿元。全国性银行分支机构发挥稳定器作用，全年政策性银行、大型银行、股份制银行各项贷款分别增加226.68亿元、1330.94亿元和120.73亿元。

【助力基础设施和重大项目建设】2022年，自治区交通、电力、水利等基础设施贷款分别增加210.01亿元、344.95亿元和62.28亿元，制造业贷款余额3058.56亿元。交通行业的重大项目有内蒙古和林格尔新区金盛快速路提升改造工程（南段+北段）和S43呼和浩特新机场高速公路项目。电力行业的重大项目有上海庙煤电项目和鄂托克前旗国家能源集团内蒙古上海庙电厂2×1000兆瓦机组新建工程。水利行业的重大项目有内蒙古引绰济辽工程建设项目。

【支持小微企业】2022年，全区银行业普惠型小微企业贷款余额2325.3亿元，较年初增加236.47亿元；有贷款余额户数55.01万户，较年初增加4.89万户。其中法人银行机构普惠型小微企业贷款余额1563.61亿元。

（杨　煜）

【国家开发银行内蒙古分行】截至2022年底，国家开发银行内蒙古分行管理资产余额4912亿元，信贷资产余额3397亿元，其中人民币贷款余额3338亿元。全年发放各类贷款516亿元。分行本外币贷款、人民币贷款、外币贷款市场份额等指标连续35个季度居区内同业首位。年内积极帮助小微企业纾困解难，全年发放小微企业贷款138亿元、转贷款25.1亿元，通过降息、减费、减免房租等方式，主动向实体经济让利，支持3000余家小微企业、个体工商户及农牧户有效应对新冠疫情冲击、复工复产达产。服务乡村振兴战略实施，全年发放乡村振兴贷款223.76亿元，分行连续两年在人民银行、银保监会金融机构服务乡村振兴考核评估中获得“优秀”。全年，围绕“两个屏障”建设，发放绿色产业贷款295亿元；围绕“两个基地”建设，发放能源领域贷款254亿元，其中发放碳减排以及支持煤炭清洁高效利用专项贷款113.57亿元；向伊利集团、蒙牛集团、鄂尔多斯资源等农畜产品加工龙头企业发放贷款65.56亿元；围绕“一个桥头堡”建设，发放外汇贷款0.6亿美元、跨境人民币贷款0.34亿元。自治区发挥开发性金融“三融”优势，发放黄河流域生态保护和高质量发展贷款95.46亿元，助力建设沿黄生态屏障和经济带。发放东北振兴贷款107.92亿元，服务蒙东振兴。2022年，自治区围绕交通、水利、能源等网络型基础设施建设，发放贷款176.77亿元，助力自治区提升综合交通基础设施供给水平，服务自治区能源基地建设；围绕新型城镇化等城镇基础设施建设，发放贷款17.25亿元，提升地方公共基础服务保障能力和水平。开设基础设施建设基金业务，成立工作专班，24小时全天候推进基础设施基金投放工作。先后梳理对接6批上报项目，实现承诺项目23个、金额88.64亿元，累计实现投放项目11个、金额34.32亿元。2022年度国家开发银行内蒙古分行信贷管理处获得“全国工人先锋号”称号。

（郭浩然）

【中国农业发展银行内蒙古分行】2022年，中国农业发展银行内蒙古自治区分行（以下简称农发行内蒙古分行）有分支机构84个，员工1776人。其中，自治区分行机关1个，12个盟市分行，1个直属支行，70个旗县级支行。全年累计投放贷款181.42亿元，贷款余额1243.51亿元；投放农发基础设施基金10.25亿元；各项存款余额123.97亿元，日均存款余额175.54亿元。年内帮助企业纾困解难，累计投放贷款8.54亿元，年末贷款余额7.5亿元，较年初净增2900万元，减免各类收费2810万元。助力农牧业现代化，全年累计投放贷款30亿元，助推羊绒、肉、乳业等特色产业转型升级和国家农村产业融合发展示范园项目建设。

2022年，农发行内蒙古分行累放粮油贷款112.04亿元，支持企业

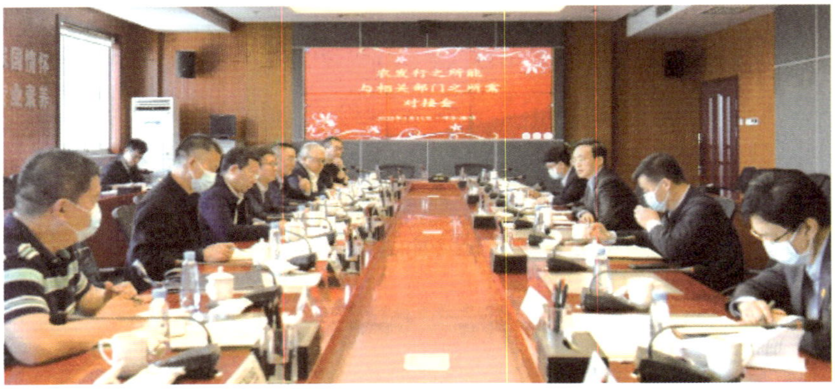

图 46　2022 年 4 月，自治区金融监督管理局在农发行内蒙古分行召开“农发行之所能与相关部门之所需”对接会

（农发行内蒙古分行　供图）

收购粮食 102.2 亿千克。及时足额保障政策性收储资金需要，累放储备贷款 58.2 亿元，支持收购粮油 17.9 亿千克。支持粮油市场化收购，累放贷款 45.37 亿元，支持收购粮食 73.9 亿千克。累放粮油产业链贷款 8.5 亿元，助力恒丰、伊品等“蒙”字号企业发展壮大。协调增加政府信用保证基金缴存额度，基金规模达 11.2 亿元，投放基金项下贷款 41.74 亿元，占市场化收购贷款投放总量的 91.1%。

2022 年，累放巩固脱贫攻坚与乡村振兴有效衔接贷款 115.2 亿元，累放帮扶贷款 98.29 亿元。其中，累放脱贫旗县贷款 47.93 亿元，累放国家级乡村振兴重点帮扶旗县贷款 17.01 亿元，累放易地扶贫搬迁后续扶持贷款 5.14 亿元。

2022 年，农发行内蒙古分行累放贷款 39.37 亿元，支持改善人居环境、农村交通、水利、城乡一体化等重点项目 27 个。投放贷款 28.67 亿元，支持黄河流域生态保护等项目 24 个。聚焦绿色低碳转型领域，审批新能源贷款 15 亿元，投放绿色贷款余额 199.3 亿元。投放基础设施基金 10.25 亿元，支持国家重大水利工程、供热供水管网工程、中储粮还建等 6 个项目，发挥政策性金融工具作用。

“农发行之所能与相关部门之所需”对接会　2022 年 4 月，自治区金融监督管理局在农发行内蒙古分行召开“农发行之所能与相关部门之所需”对接会，农发行内蒙古分行向自治区农牧厅、商务厅、文旅厅、生态环境厅负责人介绍了政策性金融支持自治区粮食安全、生态建设、城乡区域协调发展服务方案。与会各方就如何运用农业政策性金融活水支持全区经济社会高质量发展进行深入交流，对接合作方式。

（李晓昇）

【中国工商银行股份有限公司内蒙古分行】　2022 年，中国工商银行股份有限公司内蒙古自治区分行（以下简称工行内蒙古分行）在内蒙古自治区各盟市设立 13 家二级分行。在自治区辖内对外服务的营业网点有 351 家，员工 10465 人。工商银行内蒙古分行实现营业收入 93 亿元，比 2021 年增长 7%；拨备前利润 56 亿元，比 2021 年增长 12%；净利润 35 亿元，比 2021 年增长 16%；拨备覆盖率 310%，较 2021 年提高 42.65 个百分点，风险抵补能力进一步增强。各项贷款余额 3001 亿元，同业占比 27.43%，较 2021 年提升 0.84 个百分点。各项贷款增量 403 亿元，比 2021 年增长 82.74 亿元，较 2021 年增长 16%；各项贷款增量同业占比 34.48%，同业排名第一位。不良贷款余额 27.54 亿元，较年初减少 5.14 亿元，不良率 0.92%，较年初减少 0.34 个百分点，实现不良额、不良率连续 6 年双降，达到 2013 年以来最好水平。人民币各项存款时点余额 3971.83 亿元。日均余额 3622.77 亿元，同业占比较 2021 年提升 0.42 个百分点。个人客户规模超 1450 万户，较 2021 年增加 52.5 万户。净增对公结算账户 15142 户，同业排名第一位；日均金融资产 1 万元以上公司客户净增 4336 户，比 2021 年增长 35%。日均金融资产 1 万元以上机构客户 12645 户，较 2021 年净增 811 户。

2022 年，工行内蒙古分行出台助力稳定自治区经济大盘十八条措施，聚焦暂时经营困难的行业企业，支持扩内需、保畅通，引导更多金融活水流向国民经济重点领域和薄弱环节。动员全行干部员工进园区、进企业、进机关、进社区、进乡镇、进农村，助力“六稳”“六保”。累计投放公司贷款 962.32 亿元，较 2021 年多投 16 亿元。公司贷款余额 2004 亿元，增加 235 亿元，余额和增量均同业排名第一。贯彻新发展理念，推动信贷资金精准直达实体经济关键领域，绿色制造业、战略性新兴产业、普惠领域贷款均完

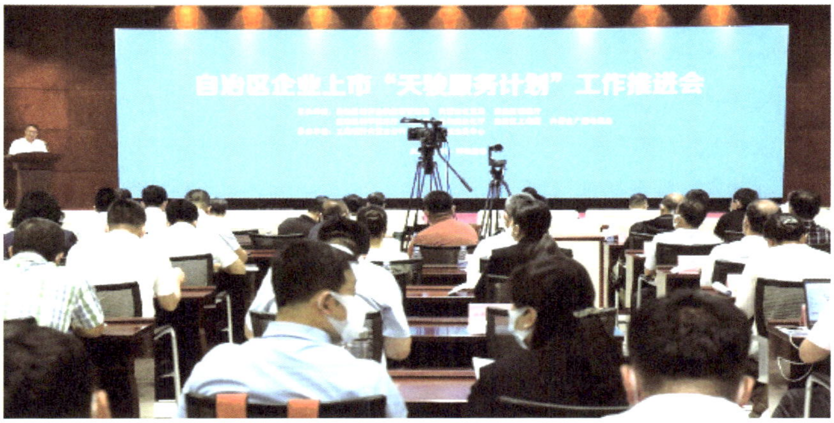

图 47 2022 年 7 月 11 日，工商银行内蒙古分行承办自治区企业上市“天骏服务计划”工作推进会在呼和浩特市召开

（格根塔娜 供图）

成总行和监管指标，实现增长。完成自治区政府 11 个批次地方政府债承销工作，承销债券 201 亿元，占比 14.53%，同业排名第一。

2022 年，中国工商银行内蒙古分行作为全区先进制造业板块牵头行，围绕自治区转型发展方向，在先进制造业、战略性新兴产业、两新一重等领域，服务超 500 户区内制造业企业，承办自治区“十四五”金融支持制造业高端化、智能化、绿色化发展启动仪式暨 2022 年度推进会和“自治区企业上市‘天骏服务计划’工作推进会”，以实际行动支持自治区制造业高质量发展，支持制造业企业技术改造和转型升级，助力自治区新旧动能接续转换、产业由黑向绿转变、结构由初级产品加工走向多元化发展。制造业贷款投放较 2021 年增加 161 亿元，增长 41.3%

2022 年，围绕自治区经济结构特点，既服务好传统的“羊煤土气”，又抓住契机支持新能源“追风逐日”，重点加大对煤炭、煤电、风电、光伏、抽水蓄能、“源网荷储”等项目支持力度，助力自治区壮大服务区内外的“动力源”“光明源”。清洁能源板块信贷投入，关注清洁能源、生态农业、生态保护、生态修复等重点绿色产业发展情况，加大清洁能源板块信贷投入，重点支持三峡新能源、国电电力等清洁能源项目，服务“碳达峰、碳中和”目标实现。绿色贷款较 2021 年增加 173.97 亿元，增长 40.63%。

2022 年，支持优质民营企业发展壮大，服务超过 2800 户民营企业，民营企业贷款余额达到 500 亿元。创新线上信用类贷款产品，聚焦数字供应链发展，服务小微企业，重点围绕供应链产业链稳定、乡村振兴、交通物流畅通循环、普惠小微纾困解难等方面持续发力，累计为超 1 万户小微企业提供信贷支持，做到“普百业、惠万企”。完成人行和银保监口径普惠贷款任务目标，增幅分别达到 66% 和 58%，均排同业第一位，增量排同业第二位。

2022 年，开展“金融扶贫”“产业扶贫”“消费扶贫”，完成贫困地区农产品助销扶贫超 1.4 亿元，累计派出 85 名专兼职扶贫干部，帮扶 50 余个贫困村、2500 余人，助力自治区完成精准扶贫工作。坚持“四个不摘”，推动定点帮扶与乡村振兴有效衔接。对接 716 户国家和自治区级农牧业龙头企业，重点支持奶业振兴、种业振兴、玉米大豆等主粮生产、农产品加工贸易等领域，满足优势特色产业带、40 个产粮大县的重点区域金融需求。为蒙西 8 个盟市贫困旗县的农网升级改造工程提供 30 余亿元融资支持，支持贫困地区基础设施“补短板”。聚焦 10 个国家级、5 个自治区级重点帮扶县、31 个脱贫旗县，下沉服务网络、加大贷款投放、降低融资成本。2022 年涉农贷款余额超过 850 亿元，涉农贷款较 2021 年增加 153.89 亿元，增长 20.79%，增量同业排名第 1 位。

2022 年，支持医疗、卫生、教育、养老、旅游等幸福产业发展，为新市民、退役军人等重点客户群体推出从开户、发卡到理财、贷款的一系列创新产品，促进产业和消费“双升级”。开展移动支付便民工作，推动银行 App 二维码等移动收付方式普及，服务超过 10 万商户。坚持“房住不炒”，助力“保交楼、保民生、保稳定”，促进房地产业良性循环和健康发展，2022 年个人住房贷款增量居同业第一，其中支持居民首套房占比达 94%。全口径个人贷款余额 642.39 亿元，较 2021 年增加 50.47 亿元，增长 8.53%。强化“一体化”经营融合发力，推进普惠业务下沉，普惠贷款网点参与率 96%，较 2021 年提升 23 个百分点。推进农村普惠金融服务点建设，全年挂牌 116 家，提升“兴农快贷”品牌美誉度。坚持服务国家战略、增进民生福祉，推动养老金业务高质量发展，个人养老金开户量达到4.7万户，四行占比47.52%。传承服务人民军队的光荣传统和红色基因，开展退役军人优待证发放工作，退役军人优待证提交制卡量达到21万张，市场占比超55%。

（格根塔娜）

【中国农业银行股份有限公司内蒙古分行】2022年，中国农业银行股份有限公司内蒙古自治区分行（以下简称农行内蒙古分行）辖属14个二级分行，129个一级支行，514个营业网点，在岗员工10819人，是自治区唯一一家在103个旗县均设有固定营业机构和服务人员的大型国有商业银行。年内推进中国农业银行与内蒙古自治区政府《战略合作协议》落地，助力自治区“五大任务”见行见效，服务自治区经济社会高质量发展。年末，分行各项存款余额3914亿元、增量638亿元；各项贷款余额2910亿元、增量307亿元。

2022年，农行内蒙古分行出台《农行内蒙古分行关于金融助力稳住区域经济大盘、支持自治区“两个屏障”“两个基地”“一个桥头堡”建设的工作意见》，与自治区人民政府联合编制《政银落实意见方案》、建立完善“三张清单”（任务清单、责任清单、进程清单）工作机制、创新实施“团队分包”推动机制，围绕地方国企发展壮大、地方特色资源有效盘活、农牧业行业培育等重点领域，持续提升金融服务的覆盖面、精准度和创新性。支持筑牢北方重要生态安全屏障，加大区属国企重点客户、黄河流域重点区域、绿色信贷和新能源重点项目支持力度，黄河流域7盟市各项贷款新增212亿元；支持筑牢祖国北疆安全稳定屏障，加大设备更新贷款投放力度，累计投放贷款9546万元，投放量居地区同业第二位。其中，为春雪羊绒发放机器设备更新改造贷款8000万元，支持做优羊绒产业；支持建设国家重要农畜产品生产基地，持续加大粮食安全、乡村产业、乡村建设等重点领域支持力度，“三农”县域贷款余额1495亿元，增量270亿元；支持建设能源和战略资源基地，能源保供名单内贷款和清洁能源产业贷款实现“双提升”，分别比2021年增加12亿元、46亿元；支持建设中国向北开放重要桥头堡，为自治区748户企业提供跨境金融服务，办理融资融信业务26亿元；为呼和浩特新机场项目新投放贷款20亿元，累计投放贷款88.5亿元。

2022年，农行内蒙古分行持续扩大地区融资投放总量，累计投放各类融资2468亿元，贷款增量创近5年新高；新承销地方债201亿元，承销总额连续七年居同业首位。支持重大项目建设和重点客户发展，完成“双碳”目标下自治区首个火电项目贷款审批和投放；投放央企首笔煤炭清洁高效利用专项再贷款；碳减排专项再贷款申报金额排名全国农行系统第四位。加大民营企业支持力度，用力服务绿色、制造业、战略性新兴产业高质量发展，突出新能源领域金融服务，实现绿色、制造业、战略性新兴产业贷款占比逐年提升，清洁能源产业贷款增速达47.3%，交通、电力、城市基础设施等领域贷款增速7.6%。

2022年，农行内蒙古分行搭建“1+8”组织框架，编制《金穗黄河“几”字弯·乡村振兴重点产品手册》，推广“共同富裕类、乡村建设宜居类、农牧业产业类、绿色低碳类、新产业新业态类”五大领域专项产品。建立粮食安全领域重点客户名录，创新“复合种植贷”，丰富“粮食收储贷”，推广“智慧畜牧贷”，粮食安全、乡村产业、乡村建设贷款增速均高于全行贷款平均增速。助力脱贫攻坚成果进一步巩固，脱贫县贷款增速24.2%，高于县域各项贷款增速2.2个百分点；15家国家级和自治区级重点帮扶县支行各项贷款增速36.6%，高于全行各项贷款增速24.8个百分点。强化对伊利、蒙牛核心乳企服务，提升奶业产业链、供应链、奶源基地、牧场金融服务力度，为伊利集团发行乡村振兴债券70亿元，份额占比居系统内首位。

2022年，农行内蒙古分行出台《网点对公客户经理年度管户效能分级评价实施细则》及《小微企业客户分级管理工作指南》，持续提升普惠服务质效。推广利用“微捷贷”“政采e贷”等“小微e贷”优势特色产品，提升小微企业服务覆盖面、贷款获得率，监管口径、降准口径普惠金融领域贷款增量分别为23.7亿元、56.3亿元，是自治区唯一连续14年落实监管要求的金融机构。落实助企纾困政策，新发放实体贷款1322亿元，加权利率同比下降46个基点，为实体经济主体让利6.1亿元，减免支付手续费1508万元，惠及小微企业和个体工商户近10万户。

（魏国慧）

【中国银行股份有限公司内蒙古分行】 截至2022年底，中国银行股份有限公司内蒙古分行（简称中国银行内蒙古分行）人民币日均存款新增273亿元，创历史新高，人民币贷款新增138亿元，比2021年增加36亿元，累计投放公司贷款558亿元，比2021年增加59亿元。营业收入、净利息收入、手续费净收入分别实现56亿元、50亿元、3.8亿元，其中营收、净利息收入比2021年增幅3%、5.3%，均达近三年最高水平。推动“双户双基”，累计新开对公结算账户2.37万户，新增账户1.48万户，网均新增四行排名第一。铁路E卡通新开户增长619%，中行系统第一。不良额15.99亿元，较年初减少4.77亿元；不良率0.82%，较年初下降0.32个百分点，不良规模低于四行平均水平。

2022年，围绕包头钢铁集团、蒙牛集团、伊利集团、蒙能集团、内蒙古电力、鄂尔多斯羊绒集团等地方产业龙头企业，加大中长期流动性支持，持续降低企业融资成本。截至2022年底，中国银行内蒙古分行制造业贷款余额391.36亿元，较年初新增8.6亿元，制造业中长期贷款余额242.92亿元，较年初新增60.09亿元。

2022年，投产上线61个项目，其中自主研发项目23个。累计为科技型企业投放贷款97.2亿元，战略性新兴产业贷款新增115亿元，位列四行首位，精准服务高新技术企业，专精特新、“小巨人”、进出口等有自主创新的生产经营企业。与自治区教育厅签署《助力职业教育高质量发展战略合作协议》，双方聚合银校优势，服务职业院校金融需求，共同推动自治区教育高质量发展。2022年7月29日，中国银行金融科技中心和林格尔园区一期项目主体结构全面封顶，助力“东数西算”战略，促进现代金融与数字经济深度融合。9月17日，中国银行内蒙古分行作为银行业独家参展单位，“个人数字金融”展厅精彩亮相2022年全国科普日内蒙古主场活动，获得中国科协办公厅通报表扬。

2022年，中国银行内蒙古分行贯彻“绿色金融，中行先行”战略远景，深化与北联电、华电、三峡、国电新能源等头部企业合作，打造绿色金融首选银行，获批首笔新能源设备租赁保理项目，实现新能源贷款倍增，“双碳工具”累计投放94亿元，系统第二，绿色信贷新增137.6亿元，占比增幅四行排名第一。承办自治区第一届氢能产业发展论坛等重大活动，与华能蒙东、华电内蒙古签署战略合作协议，助力内蒙古打造新能源产业发展新高地。

2022年，自治区重点围绕自治区9个百亿级产业、12条重点产业链，开展“线上＋线下”双轮驱动，打出金融政策“组合拳”，擦亮“粮仓”“奶罐”“肉库”“绒都”4张名片，推动“乡村振兴”各项工作再上新台阶。加大对粮食安全、种业产业链现代化等重点领域支持，持续推广线上“种植贷”“惠牛贷”“兴农贷”“青贮贷”等产品，惠及农牧户上万户。打造“高标准农田建设监管平台”，94家企业通过平台实现有效融资8亿元。以水发、中化等12家涉农龙头企业为核心，累计投放贷款30亿元。中标自治区奶业基金资金监管合作银行率先支持自治区奶业振兴领域。推广乡村振兴消费贷，“高标准农田贷款”作为中行四个案例之一入选全国普惠金融典型案例，涉农贷款新增106亿元。2022年，获得人民网评选的“第十七届人民企业社会责任奖——乡村振兴奖”。

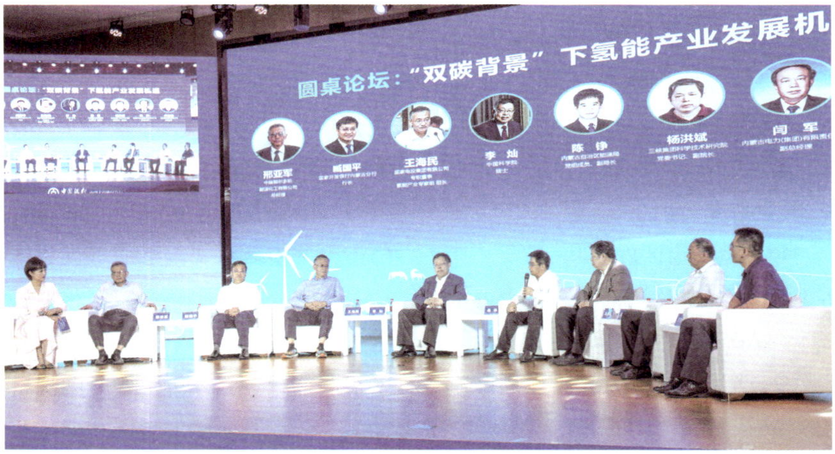

图48　2022年8月27日，中国银行股份有限公司内蒙古自治区分行承办自治区第一届氢能产业发展论坛

（中国银行内蒙古分行　供图）

2022年，中国银行内蒙古分行持续发挥国际业务优势，成为自治区首家贸易外汇收支便利化政策试点银行，在8个盟市实现落地。推出“内保外贷—NRA账户”“海外

直贷＋融资租赁”等境内外组合产品，累计提供人民币直接投资、跨境融资、境外放款业务超300亿元，助力熊猫债发行超150亿元。加强产品创新，独家参与自治区“蒙贸通”外贸平台建设，自主研发“蒙采通”系统，实现全区首笔市场采购业务落地，跨境业务市场份额始终保持同业第一。全方位服务进博会，开展政策培训、跨境撮合，为区内近60%的进出口客群提供优质服务，成为自治区涉外企业跨境金融服务的主渠道银行。

截至2022年底，中国银行内蒙古分行民营企业贷款余额365.11亿元，较年初新增34.01亿元。

2022年，加强消费者权益保护，实现社保卡一站式发卡，构筑“人社·银行一体化”格局。落户呼和浩特市首个公积金业务延伸柜台，实现首府市民“家门口”的公积金服务。坚持“房住不炒”原则，着力提升房贷投放，维护房地产市场平稳健康发展。建立全方位消费信贷产品体系，助力居民消费扩大升级。消费贷款新增10亿元，四行排名第二。

（刘其鑫）

【中国建设银行股份有限公司内蒙古分行】 截至2022年底，中国建设银行股份有限公司内蒙古自治区分行（简称建行内蒙古分行）一般性存款日均余额4177亿元，较年初新增498亿元，增幅14%。一般性存款时点余额4599亿元，较年初新增690亿元，增幅18%。年内建行内蒙古分行成为自治区首家时点、日均余额双双突破4000亿元大关的银行。各项贷款余额3074亿元，较年初新增325亿元，达到2017年以来新高。全年实现主营业务收入106亿元，实现拨备前利润70亿元，实现中间业务净收入12.82亿元。单位人民币结算账户总量、新开立账户总量保持四行第一。社保账户存款时点、日均新增双双突破40亿元。不良贷款余额、不良率实现“双降”。

2022年，建行内蒙古分行累计向自治区基础设施、现代能源、制造业等重点领域投放贷款1422亿元。其中，制造业贷款新增93亿元，增幅41%；战略性新兴产业贷款新增154亿元，增幅101%；涉农贷款新增90亿元，增幅12%。通过资管投行手段提供融资264亿元，承销认购地方政府债券183亿元。复工复产、复商复市。及时启动实施疫情防控应急预案和“抗疫情、保运转”应急值守机制，开展业务持续性管理，保障全行业务正常运转。建立新冠疫情防控重点客户白名单，申请差别化信贷政策。主动向企业减费让利3.02亿元。为152家大中型企业调整贷款利率，涉及金额716亿元；为3404户普惠贷款客户办理延期贷款11.58亿元。新发生对公非贴贷款利率较2021年下降50个基点。增强参与国际竞争能力，福费廷业务累计投放37亿元，较2021年增长184%。实现跨境人民币业务量54亿元，较2021年增长34%。落地全区首笔跨境快贷——信保贷业务。连续四年在银行外汇业务合规与审慎经营评估中获评A类。

2022年，建行内蒙古分行科技平台转化新增获客2万户，为自治区住建厅上线省辖“智慧建筑”系统。普惠金融贷款余额160亿元，新增47亿元，增幅42%。普惠客户新增1.8万户，“惠懂你”授信客户新增1.18万户。打造12个特色“劳动者港湾”，全年开展港湾主题活动1700余场，公众参与数量超3万人次。信息系统安全稳定运行，智慧政务覆盖面持续扩展，政融支付交易额新增30亿元，较2021年增长273%。“军建安鑫”平台实现破零。拓展乡村振兴，农户生产经营贷款新增25.9亿元，客户新增3.8万户。承销乡村振兴债券10亿元。“裕农通（内蒙奶融通）”App新增注册用户9.7万户。在全区43个旗县上线土地经营权流转管理平台，累计服务农户20.4万户，服务农企2.14万个。与自治区农牧厅共同打造内蒙古数字农牧业综合服务平台。全面启动“金融副村长推广‘三个一’工程”，聘任金融副村长2008名，成立“亮建北疆”乡村振兴共建基地13所，拓建“裕农学堂”105所。绿色金融持续发力。制定21项支持绿色信贷发展措施，着力支持清洁能源、绿色交通、“两新一重”等重点领域发展。绿色信贷余额554亿元，新增151亿元，增幅37%。全年累计投放能源领域贷款325亿元。

（尹昕）

【交通银行股份有限公司内蒙古分行】 2022年，交通银行股份有限公司内蒙古分行（以下简称交通银行内蒙古分行）主动深入区域发展布局，围绕自治区“两个屏障”“两个基地”和“一个桥头堡”的战略定位，增强服务国家战略和区域战略的能力，助力自治区经济高质量发展。全年投放实质性贷款275.4

亿元，较2021年同期增加92.19亿元，增长50.32%。机构网点总数26个，全辖人员总数825人，网点覆盖呼和浩特、包头、鄂尔多斯、锡林郭勒、乌海和赤峰6个盟市。全年，交通银行内蒙古分行落实中央稳经济大盘决策部署和自治区“221”发展战略，在服务实体经济中担当作为，在支持能源和战略资源基地建设、支持奶业振兴战略等方面取得实质成效，其中独家支持自治区“十四五”时期重点项目、头号工程——伊利智慧健康谷项目。对接联系自治区党委、政府及各厅局和各盟市党委、政府部门，与呼和浩特市政府签署战略合作协议。与包头稀土高新区开展战略合作，成立稀土特色支行，为稀土产业链核心及上下游企业提供优质金融服务，成为自治区稀土产业链主办行。建立与各类开发区、园区入园企业的对接合作机制，全年共为60余家开发区、园区客户提供授信支持197亿元。做好地方债服务，全年承销地方政府债33.8亿元。

2022年，交通银行内蒙古分行围绕自治区经济社会重点领域和薄弱环节，贷款投放275.4亿元，比2021年增长50.32%。截至2022年底，制造业贷款余额108.73亿元，较年初增长39.88%；科技金融贷款余额66.06亿元，较年初增长108.18%；绿色信贷余额62.28亿元，较年初增长41%。支持保障自治区能源安全，为能源保供类企业投放35.09亿元，信贷资源持续向能源保供类企业倾斜并给予利率优惠政策。提升制造业服务质效，加深同自治区钢铁、稀土、军工及乳业龙头企业的授信业务合作，为上述重点企业共发放贷款42.95亿元。加大对碳减排、煤炭清洁利用及新能源领域信贷支持，支持清洁能源投放量比2021年增长164%。

2022年，交通银行内蒙古分行普惠“两增”口径贷款较年初净增6.35亿元，“两增”贷款客户较年初增加266户。践行金融稳定房地产市场责任，对接重点房企，新增房地产开发贷款9.62亿元。全年为实体经济让利1.53亿元，为200余户小微客户办理延期还本，涉及金额1.61亿元。聚焦居民衣、食、住、行等民生领域，加大消费场景建设投入，配合当地政府开展三期疫情后消费券的发放工作，开展“最红星期五”餐饮及一分钱乘公交等活动，全年累计投入500余万元，较2021年增加150%。

2022年，交通银行内蒙古分行对接自治区重点产业链核心企业，做优产业链供应链融资服务。成立各类业务专班，以“客群＋场景＋工具”提高金融服务适配度，产业链金融业务量较2021年末增长超27%，其中线上链金融业务发生额比2021年增长757.24%，产业链核心企业35户，链属企业484户。推动债券业务发展，助力企业拓展融资渠道，为伊利集团承销发行超短期融资券30亿元，为相关企业提供租赁融资支持10亿元，投放并购贷款5亿元。

2022年，交通银行内蒙古分行对重点帮扶的乌鲁布铁镇新发村捐赠资金28.25万元，用于帮助该村发展食用菌产业，帮销食用菌产品近9万元。帮助山西浑源县引进社会帮扶资金25万元，帮销山西浑源县农产品17.28万元，帮助山西浑源县人民医院与内蒙古医科大学附属人民医院建立“医疗联合”帮扶机制，搭建医疗共享平台，切实助力帮扶县人民提高医疗水平；帮销甘肃天祝县农产品53.77万元；交通银行总行向乌兰察布兴和县捐赠100万元，用于支持兴和县乡村教育设施改善项目；向准格尔旗十二连城乡二道拐村、正镶白旗巴彦奎苏嘎查捐赠14万元，用于改善农村人居环境。

（张晶华）

【内蒙古银行】 截至2022年底，内蒙古银行总股份数57.25亿股，自治区本级财政和财信集团计持股21.48亿股，占比37.52%，为内蒙古银行最大股东；其他国有法人股东18户，股份占比11.74%。完成定向增资工作，定向发行股份10.79亿股，募集资本金15亿元，国家股及国有法人股占比达到49.26%。全行持牌机构143家，覆盖自治区8个盟市，其中，区内设10家分行、1家直属支行和1家小企业金融服务中心，区外在哈尔滨设1家分行。在全区103个旗县区中，内蒙古银行机构覆盖44个旗县区，覆盖率42.72%。全行员工2883人。主发起设立31家村镇银行，其中区内22家，区外9家。资产总额1467亿元，较年初增加115亿元，增幅8.49%；各项贷款余额822亿元，其中全年一般性贷款余额622.71亿元，增幅14.29%，投放额与净增额均创历史新高；存款总额1108亿元，较年初增加49亿元，增幅4.66%；拨备覆盖率122.93%，资本充足率11.04%；全年共缴纳税金3.20亿元。

2022年，内蒙古银行全年累计投放信贷资金347.28亿元（不含贴现），认购地方政府债券21亿元。落实各项减费让利政策，主动降低企业融资成本，年末贷款平均利率降至5.5%，比2021年下降0.63个百分点，真金白银让利企业0.48亿元；落实应延尽延、应减尽减、应免尽免政策要求，累计延期还本付息71亿元，减免利息罚息0.8亿元。出台《内蒙古银行关于金融支持“稳经济、促发展”实施方案》，开展高层营销、伙伴计划和牵手行动，加大行政事业单位、重点国企、同业机构走访对接和业务合作，全年绿色信贷增幅61%，战略性新兴产业贷款增幅183.81%，科创金融贷款增幅54.76%，制造业贷款增幅26.32%。

2022年，内蒙古银行通过用好再贷款、再贴现、转贷款等货币政策工具，加大对小微企业的信贷支持，推动普惠型小微企业贷款发放利率持续降低，向人民银行申请支小再贷款资金23.68亿元，向国开行申请使用转贷款3.43亿元，支小再贷款使用金额为历年来最高。新发放的普惠型小微企业贷款加权平均利率5.9%，较2021年下降0.2个百分点。减免小微企业、个体工商户29项手续费用，采取展期、续贷、调整还款方式、延后还款期限等形式给予受疫情影响客户支持，减轻企业负担。自9月28日至2022年12月，快速响应，实施“容缺办理，事后补办”，发放小微企业纾困帮扶贷款2亿元，办理延期还本付息贷款总额超3亿元。

2022年，内蒙古银行制定实施“驻园区、入商会”双百人行动计划，针对园区和商会企业择优选派近200名金融服务专员组成89支金融服务工作队，到园区、商会企业靠前服务。全年进园区87个，入商会122家，累计走访企业3249家，落地授信250户，投放金额71.57亿元。

内蒙古银行推进“1+3+N”特色支行建设（在呼和浩特地区打造1家党建引领标杆支行；建立“蒙银‘心’驿站示范支行、适老化服务特色支行、零售型支行”3家业务示范支行网点，“N”以“1+3”为标杆典范，形成带动效应在全行范围内进行复制推广延伸）及蒙银“心”驿站，在全行开展“蒙银‘心’驿站 服务我先行”主题活动；推动“驿站+”，助力全行网点提质创新，深化产品业务与网点服务深层融合，实现业务与服务充分融合；成功注册“蒙银‘心’驿站”商标。截至2022年底，全行建成141个蒙银“心”驿站，蒙银“心”驿站、适老化特色支行推广达标率完成93.7%，全行营业网点接待客户900246人次，开展上门服务7231人次。

（张宇晗）

【中国邮政储蓄银行内蒙古自治区分行】 2022年，中国邮政储蓄银行内蒙古分行（简称“邮储银行内蒙古分行”）贯彻国家稳经济大盘决策部署，落实总行出台的7方面36条举措，加大服务实体经济力度。全年投放各项贷款479.57亿元，比2021年多投放112.5亿元，增长30.7%。全年实现收入31.14亿元，比2021年增长6.39%；利润总额11.2亿元，比2021年增长13.58%；各项贷款余额685.8亿元，比2021年增长12.08%；各项存款余额1299亿元，比2021年增长18.71%；不良率1.34%，较年初下降0.09个百分点。

2022年，邮储银行内蒙古分行聚焦自治区“五大任务”战略，围绕能源、交通、制造业、涉农等重点领域，加大项目储备与资金支持。全年新增公司项目授信金额187亿元，比2021年增长130%。绿色信贷余额70.4亿元，比2021年增长86.89%，清洁能源产业贷款余额50.79亿元，比2021年增长93.34%，分别高于各项贷款增速75个百分点和81个百分点。

2022年，邮储银行内蒙古分行持续推进“百村万户示范工程”项目，加大乡村振兴重点帮扶县支持力度，全年累计为3500余户农牧民提供“乡村振兴助农贷”资金支持2.3亿元。以农业农村部开展的信贷直通车活动为契机，深化新型农牧业经营主体金融服务，投放贷款2亿元。全年投放涉农贷款158亿元，比2021年增长59%，贷款余额228亿元，比2021年增长21%。

2022年，邮储银行内蒙古分行普惠型小微企业贷款余额116.27亿元，比 2021 年增长 11.17%，监管计划完成率 142.39%。结余户数 4.36 万户，净增 3865 户。累计为小微企业办理延期还本付息贷款 3.92 亿元。新增专精特新企业授信 29 户，金额 4.14 亿元。

2022 年，邮储银行内蒙古分行开展 127 个网点内外部形象改造，持续优化柜面及设备运营，自助设备可分流交易离柜率 97.86%，排名全国第一。推进网点运营人员综合化，推行对客“感动服务”，推广智能排队系统，不断提升客户体验。网点服务类有责投诉比 2021 年压降 92%。完成 5 个低效网点治理。推动业务库、函证业务集约化运营。全年建设信息化项目 30 个，顺利完成新一代个人核心系统省内推广上线，与中间业务平台等 26 支业务新旧系统迁移对接。社保卡白名单项目在全国做经验介绍。推进老旧设备更新，完善网络安全架构，自助设备完好率较年初提高 1.1 个百分点。信息科技风险管理提质升级活动圆满收官，生产终端病毒感染率从 5.10% 下降至 0.09%。

（李雪清）

【内蒙古自治区农村信用社联合社】 2022 年，内蒙古自治区农村信用社联合社（简称“自治区农信联社”）全区农信系统有法人机构 93 家，其中农村商业银行 37 家、农村合作银行 3 家、农村信用联社 52 家、农村信用合作社 1 家，营业网点 2192 个，从业人员 3 万余人。截至年末，全区农信社资产总额 7626.7 亿元、负债总额 7122.3 亿元，分别增长 11.6%、12.4%，各项存款余额 6228.5 亿元，增长 13%，增量为自治区联社成立以来最高；各项贷款余额 3926.7 亿元，增加 154.8 亿元、增长 4%。缴纳税款 15 亿元。全区农信社统算资本充足率、不良贷款率、拨备覆盖率等主要监管指标明显改善，防范化解风险取得实质性成效。

2022 年，自治区农信联社发挥乡村振兴“主办银行”作用，开展“春天行动”“丰收行动”，围绕自治区乳、肉、薯、绒等千亿级、百亿级优势特色产业，加强金融供给，全年发放各项贷款 4836 亿元、比 2021 年增长 10%，涉农贷款余额 2456 亿元、占全区 26%，小微企业贷款余额 1965 亿元、占全区 26%，助力建优建强“粮仓”“肉库”“奶罐”“绒都”。巩固拓展脱贫攻坚成果，脱贫小额贷款余额占全区 67%。全渠道有效客户突破 1000 万户，普惠小微企业贷款完成“两增”目标，余额占全区 74%。支持绿色、专精特新、能源保供、先进制造等产业发展，出台支持小微纾困解难，优化营商环境等一揽子措施，精准传导各项优惠政策，支持市场主体延期还本付息，新发放贷款加权平均利率下降 0.64 个百分点。

2022 年，自治区农信联社畅通申贷渠道，拓宽抵质押范围，土地和草牧场经营权抵押、活体牲畜抵押解决新型农牧业经营主体“大额贷款难”问题。完善农牧户小额信用贷款政策，推广 Pad 小额移动办贷和手机全流程线上办贷，优化“无纸化、零接触”信贷服务，提升线上用信率，解决“贷款慢”问题。加强差异化定价，调低农牧户整体贷款利率，为客户“减费让利”，解决“贷款贵”问题。开展普惠大走访，实施整村授信，融入社区服务，完善信用体系，截至 2022 年底，全区农信社建档农牧户 388 万户，评定信用乡镇 262 个、信用村 4706 个、信用户 168.7 万户，授信农牧户 158 万户，授信金额达 2051 亿元；有贷款余额的小微企业 31.49 万户、占全区 57%，普惠型小微企业 30.49 万户、占全区 85%。

2022 年，自治区农信联社拓展银政、银企、银银合作，构建优势互补、协同发展局面。与工信厅签订支持制造业和重点区域合作协议，支持重点企业 153 户，投放信贷资金 30 亿元；深化与国家开发银行合作，68 家法人机构获得转贷款授信 110 亿元，促进降低“三农”、小微企业贷款利率水平；拓展与融资担保公司合作，28 家法人机构获得准入资格，为有贷款需求的企业增信，贷款可获得性进一步增强；强化与自然资源厅、市场监督管理局业务系统对接，61 家法人机构接入不动产登记系统，44 家机构接入工商注册登记系统，居民在营业网点即实现线上不动产抵押登记和工商注册服务。

2022 年，自治区农信联社贯彻“疫情要防住、经济要稳住、发展要安全”要求，落实好减费让利、延期还本付息等政策，主动为 5.86 万户受疫情影响贷户办理展期、续贷、延期付息，涉及金额 666 亿元，缓解其资金压力。开展利农商城直播带货活动，签约合作商户699户，上架产品2070款，销量27万件，销售额882万元，产品销往19个省市，帮助企业解决产销难题。着力推广发行第三代社保卡，推出生存认证、上门服务等适老化服务，建成社保卡“一站式”服务网点1055个，发行社保卡1050万张，覆盖全区100个旗县市区、43%以上常住人口。完成反洗钱首次监管评估，开展涉赌涉诈“资金链”专项治理，维护消费者权益和金融稳定。

（周黎明）

保险业

【概况】2022年，内蒙古保险业实现原保险保费收入772.43亿元，比2021年增长2.09%。其中，财产险223.02亿元，人身险549.41亿元；保险金额累计75.24万亿元，保单件数17176.76万件。赔付支出265.32亿元，其中财产险139.69亿元，人身险125.63亿元；业务及管理费75.58亿元；保险业资产总额2124.03亿元。截至2022年底，全区共有财产保险公司省级分公司25家，人身保险公司省级分公司19家。2022年，全区财产保险公司实现原保险保费收入255.93亿元，全国排名第24位，比2021年下降9.23%，较全国平均增速低0.65个百分点。其中，机动车辆保险117.72亿元，比2021年下降15.62%；农业保险67.48亿元，比2021年增长25.22%；非车非农险68.36亿元，比2021年增长0.23%。保险金额累计65.82万亿元。保单件数16240.88万件。累计赔付支出160.50亿元，比2021年增长5.14%。2022年，全区人身保险公司累计实现原保险保费收入516.50亿元，居全国第22位，比2021年下降1.11%，增速全国排名第24位。保户投资款本年新增交费125.72亿元，比2021年增长11.36%。累计赔付支出104.82亿元，比2021年下降0.99%，其中满期给付49.42亿元，比2021年增长9.02%。

【定制化保障】2022年，内蒙古保险业运用保险专业优势服务国家发展战略，大力发展重大技术装备首台套、新材料首批次保险，提供通用航空保险、无人机机身及配套设备意外损失保险等定制化保障。2022年，为自治区交通及水利等重大工程建设项目提供保险保障1051亿元，赔付支出3973万元。

【农作物风险保障】2022年，内蒙古三大主粮作物完全成本保险为4951万亩农作物提供风险保障211亿元，比2021年增长超42倍，参保农户79.78万户，比2021年增长超2.2倍，实现产粮大县全覆盖。发展区域特色农产品保险、收入保险和天气指数保险等。

【物流外贸保障】2022年，内蒙古保险业持续为自治区中小外贸企业的应收账款提供出口信用保险支持，为包括各类小微企业在内的投保主体提供风险保障173.84亿元，比2021年增长20.69%，承保外经贸企业891家，支持保单融资金额12.56亿元；海外投资保险为11家企业提供5.04亿元的投资风险保障。

【健康保障】2022年，内蒙古保险业加强与医保等部门沟通协作，推动全区大病保险业务实现“一站式”服务，大病保险业务覆盖全区1600多万名城乡居民。2022年，共推出“惠蒙保”“内蒙古惠民保”“鹿城保”三款面向基本医保参保群众的惠民保险产品，参与开办保险公司共为190万名群众提供超6万亿元保险保障，截至2022年底，累计赔付880.28万元，服务4439人，单笔最高赔付20万元。

（杨煜）

【中国人民财产保险公司内蒙古自治区分公司】中国人民财产保险股份有限公司内蒙古自治区分公司（简称“人保财险内蒙古分公司”）有13个盟市级分公司，110个旗县级支公司、35个营业部、432个营销服务部，三农营销服务部374个，全区系统员工人数3990名。人保财险内蒙古分公司主动融入自治区“两个屏障”“两个基地”“一个桥头堡”建设中。9月14日，人保集团与内蒙古自治区人民政府签订新一轮战略合作协议，为助力自治区经济社会高质量发展贡献力量。2022年，公司累计实现保费收入76.63亿元，市场份额稳居财险业第一。累计缴纳税金9.78亿元（含代扣代缴和政府性基金），处理各类赔案79.62万件，支付各类赔款

46.81亿元。

2022年，人保财险内蒙古分公司在察右中旗广益隆镇开展的马血清制药项目，向300户脱贫户分红30万元。注资为察右中旗广益隆镇搭建第二个马血清养殖场，捐赠马匹143批。服务国家粮食安全战略，守护老百姓的“菜篮子”“米袋子”，试点中央政策性大豆完全成本保险和大豆收入保险，为1506亩大豆提供风险保障79.79万元。实现由物化成本保险到完全成本保险的转化，承保品种从玉米、水稻扩大为玉米、水稻、小麦，为942万亩作物提供风险保障69.5亿元。为农村牧区养殖产业提供生产保障，政策性奶牛保险渗透率从45%提升至68%，为113.81万头奶牛提供风险保障113.08亿元。通辽科左后旗发生历史上罕见的重大洪涝灾害，农作物损失赔付2.18亿元。助力政府巩固脱贫攻坚成果，为全区130万户提供风险保障78.9亿元，全年支付赔款1927万元。

2022年，人保财险内蒙古分公司与交管部门合作，共建“两站两员”（乡镇交通安全管理站，交通安全劝导站；交通安全员，交通安全劝导员）。农村服务站243个，释放政府警力，改善农牧区便民服务体系。与地方法院合作，运用“道路交通事故一体化平台”，推动交通事故涉诉案件案前调解，促使试点法院案件调解工作量减少40%以上。推进“警保联动”工作高效运行，全年“警保联动”快处快赔处理轻微财产损失事故1905件，联动打击作假修理厂4S店/作假团伙20个，联动打击虚假赔案79个。与交管部门协同推进“一盔一带”安全守护行动，依托网点优势为客户提供电动车上牌服务，赠送头盔，提升电动自行车骑乘人员佩戴安全头盔意识。实施道路交通事故小额人伤快支付，缩短保险理赔周期，降低交通事故致残、致死率。2022年全区小额人伤案件计11906件，赔款1433.13万元，全年人伤快支付垫付医疗费226笔，垫付医疗费金额720.39万元。全区理赔条线开展“警保联动，助力货运物流保通保畅”活动，搭建线下“温暖驿站”8个，流动“温暖驿站”5个，投入理赔人员26人，为货运车辆提供人保温暖礼包352份，为抗疫车辆、抗疫物资和抗疫货运企业提供绿色通道服务49次。2022年12月，开展“人保温度、复工无忧”活动，提供搭电、补液、充气、智能检测、帮助审车等服务，为2300余台车辆实施救援，支持复工复产。

2022年，人保财险内蒙古分公司上线“惠蒙保”“鹿城保”项目，聚焦带病人群高额医疗负担和罕见病群体天价药品问题，降低投保门槛，放宽对投保人群年龄、健康状况、职业类别等限制，把大量常用的自费药品、医疗服务项目纳入保障范围，减轻被保险人的就医负担，“惠蒙保”是自治区首个低保费、低门槛、高保额、广覆盖、保障全的特色惠民保险产品。其中“惠蒙保”项目为73.57万人提供保障，“鹿城保”项目为43.42万人提供保障。优化长期护理保险业务全流程智能化管理，通过使用“长护通”App实现申请、评估、稽核、年检、理赔等线上化服务，提供零距离的“适老化”便民服务。

2022年，人保财险内蒙古分公司运用保险专业优势，防范化解科创企业生产经营风险，提供服务科技创新保险产品15个。聚焦自治区战略性新兴产业，从服务自治区产业政策、产业转型升级、产业风险管理出发，发展重大技术装备首台套、新材料首批次保险，为包头、赤峰首台套项目提供6亿元风险保障。聚焦创新企业维权难，与自治区市场监督管理局签署知识产权保险战略合作协议，逐步扩大知识产权保险试点范围，率先落地全区首单知识产权海外侵权保险，基本覆盖企业应对海外侵权纠纷的主要损失。提供通用航空保险、无人机机身及配套设备意外损失保险等定制化保障，助力提升产业链供应链自主可控能力。聚焦中小型创新企业维权难，参与构建知识产权“申请+保护+运用+维权”的生态圈，创新性推出专利保险，为企业及个人专利、商标等侵权风险提供充足保障。

2022年，人保财险内蒙古分公司建立“保险+科技+服务”新保险商业模式，除向新《国家安全生产法》规定的高危行业、领域的生产经营单位提供安全生产保险保障，针对一般工贸企业推出专属“小微安全保”，拓宽安全生产责任保险的保障范围，维护社会生产安全，保障经营主体和公民生命财产安全，安全生产责任险已提供1000亿元的风险保障。不断巩固综合治理保险联防，实现共建共享，为多个盟市提供综合治安保险服务。与兴安盟市场监督管理局、工商银行签署协议，为兴安盟6000家餐饮企业提供食责险风险保障，实现食品经营业户“零元”参保食品安全责任保险。

2022年，人保财险内蒙古分公司开发运用“承保+减损+赋能+理赔”的保险新科技手段，在“绿色投融资、生态环境服务、环保产业、绿色技术创新”领域融入绿色保险机制，发挥保险风险保障和稳定器作用。与内蒙古环科院达成共识，共同推进“绿色保险+绿色服务”业务发展模式，为全区企业提供优质的环境污染责任险保障。探索建立风险管理机制，建立环境污染责任保险制度，提供专属的环境污染责任保险，协助企业进行环境污染治理技术改造，为区内多个高污耗能企业提供2.3亿元风险保障。助力“碳达峰、碳中和”，提供特色的碳配额保险、碳抵消保险以及CCS或CCUS项目碳资产损失保险等专属产品。服务“双碳目标”，创新开办商业性林业碳汇保险、牧草种植保险，提供风险保障1.39亿元。支持清洁能源产业发展，为风能产业、太阳能产业提供保险保障服务，在3个盟市开展风光储能新项目的保险服务项目，拓宽能源保障范围。

2022年，人保财险内蒙古分公司参与“一带一路”建设，利用中欧班列的区域运输优势，协助企业实现“走出去”，为中国内蒙古伊利集团签署国内首单知识产权侵权责任保险。助力国际工程建设，为南戈壁省 Tsogtsetsi Sum 的 Tsankhi 东矿（中资企业 TTJVCO 经营的矿山）提供10亿元国际财产险风险保障。助力区内优质企业出口贸易，推广短期出口贸易信用保险，为鄂尔多斯、巴彦淖尔等地的农产品、羊绒制品、化工产品等区域优势产品提供出口应收账款安全保障，保障出口额约3亿美元。

（徐丹妮）

【中国平安产险内蒙古自治区分公司】中国平安产险内蒙古自治区分公司下设12家中心支公司，66家支公司，35家营销服务部，分支机构合计数量113家，市区覆盖率100%，县域覆盖率81.5%，有员工1000余人。截至2022年底，分公司年累计保费收入33.16亿元，保费规模位居内蒙古财产保险市场第二位。公司经营业务范围涵盖车险、农险、财产险、工程险、货运险、责任险及意外健康险等一切法定产险业务，经营的险种300多个，为个人、家庭、企业提供全方位的保险保障服务，在建设社会风险管理和保障体系、推动实体经济发展等方面切实发挥“保险姓保”的职能。2022年，中国平安产险内蒙古自治区分公司保险承保金额共计1271.78亿元；保费收入共计33.16亿元，其中财产险（企业财产保险、机动车辆保险、货物运输保险、责任保险、工程保险、信用及保证保险、农业保险）共计30.35亿元，占比91.5%；人身险（短期健康保险、意外伤害保险、其他）共计2.82亿元，占比8.5%。2022年，中国平安产险内蒙古自治区分公司赔付支出共计24.93亿元，其中机动车辆保险赔付支出12.40亿元，占比49.7%；信用及保证保险赔付支出8.07亿元，占比32.4%；积压未决赔款8.16亿元，已决赔付案件共计22.63万件，呼和浩特赔付案件5.62万件，占比24.8%。

1月24日至2月9日，中国平安产险内蒙古自治区分公司在全区12个盟市开展“春节护航 暖心守护”为主题护航活动，全区12个盟市联动，出动100余名查勘员，开设16个护航站点，全面升级理赔服务，为车主的出行保驾护航，护航期间除提供保险咨询、搭电充气、车辆救援等常规服务外，还提供免费防疫物资、车辆简易消毒等基础防护服务。

2022年9月，中国平安产险内蒙古自治区分公司开展金融知识宣传月活动，线下通过全区门店、五进入等方式开展100余场，线上通过好车主直播、官微有奖问答等方式，向广大消费者普及金融知识，累计开展线上活动达10余场，线上参与人数超5000人，线下发放宣传材料1万余份，整体受众人群超1万人。宣传活动面向金融消费者宣传金融基础知识和金融风险防范技能，通过属地省级媒体平台以及分公司媒体账号推送金融知识和金融风险提示，累计超50余篇，累计阅读量超50万以上。

（杨家鸣）

【中华财险内蒙古自治区分公司】中华财险内蒙古自治区分公司2022

年有分支机构146家，覆盖自治区12个盟市和133个旗县（区），员工总数1500余人。自成立以来，中华财险内蒙古自治区分公司累计承担各类保险责任限额超百万亿元，累计支付赔款185亿元，累计上缴税金（不含代扣代缴车船税）9.86亿元。2022年，公司承保各类保险业务2963532笔，承担各类保险责任限额超4万亿元，支付赔款17.6亿元。

截至2022年底，公司农业保险经营区域覆盖全区12个盟市、69个旗县、306个苏木乡镇、2787个行政村，总服务面积超过80万平方千米。2022年，公司累计为38万种植户、158.93万公顷作物提供种植风险保障97.51亿元，为3.5万养殖户、496万头畜禽提供养殖风险保障85亿元。

2020年12月，内蒙古自治区将草原保险纳入政策性补贴范围，中华财险内蒙古自治区分公司在全区确定承保方案，制定赔偿标准及完成条款报备。2022年，签发草原保险保单25笔，累计为37.82万公顷草场提供风险保障1.14亿元，当年支付赔款442.05万元。签发保单87笔，累计为498.39万公顷林地提供风险保障660.75亿元，当年支付赔款5701.90万元。

2022年，中华财险内蒙古自治区分公司财产险10万元以上大项目落地146个，涵盖包钢、京能、华电、苍昭高速、国储油和中天合创等重点项目。责任险10万元以上大项目落地180个，涵盖重点新材料首批次应用综合保险、贵州医责险、雇主责任保险、中概股企业董责险等。参与“一带一路”建设，海外业务落地14笔。助力中国航天事业发展，先后为长城工业组批次发射保险、吉林一号发射保险、四维01/02星发射保险、北京三号A/B星发射保险等项目提供风险保障。

2022年，中华财险内蒙古自治区分公司承办的居民大病保险、长期护理保险等各类政府医保合作项目覆盖人群421.95万人次。推动与公众利益关系密切的安全生产、校园安全、交通安全、食品安全、环境污染、医疗责任等领域的责任险业务，累计提供各类风险保障1319亿元。推进政府防贫救助保险，全年为23个旗县（市、区）、近22万人提供防贫风险保障5713.52万元。参与共保的城市定制型商业医疗保险内蒙古“惠民保”项目和包头市“鹿城保”项目。参与高标准农田建设项目，推广高标准农田IDI保险，2022年为5个旗县、2780公顷高标准农田建设提供经费保障979.74万元。

（张玉亮）

【中国人寿财险内蒙古自治区分公司】 截至2022年，中国人寿财险内蒙古自治区分公司设立12个盟市级机构，114个旗县（区）级机构，员工1800多人。2022年，中国人寿财险内蒙古自治区分公司围绕建设“三化四型五好”的公司发展愿景（“三化”指在经营管理上，努力推动公司向专业化、精细化、集约化方向迈进；“四型”指在动力动能上，全力建设党建引领型、学习创新型、成长增值型和资源优化型的公司；“五好”指在发展目标上，努力把公司打造成为“工作环境好、和谐氛围好、均衡发展好、员工收入好、口碑形象好”的公司），实现保费收入16.92亿元，比2021年增长16.45%，占内蒙古财险行业市场份额6.7%，市场排名第六位。2022年，中国人寿财险内蒙古自治区分公司为60.12万个人客户和近2.45万户企业客户提供风险保障服务，年度提供风险保障金额为1.4万亿元。开展重大承保活动4次，2022年1月，承保内蒙古电力统保财产险业务，提供风险保障388.82亿元。2022年6月，助力多层次社会保障体系建设，参与内蒙古“惠蒙保”推广工作，共计21.03万人参保。2022年7月，承保华电统保项目，为华电内蒙古地区资产提供风险保障293.13亿元。2022年9月，承保国家能源统保项目，提供累计风险保障317.63亿元。2022年，中国人寿财险内蒙古自治区分公司共计理赔服务客户37.77万余次（不含农险），共处理案件（不含农险）159740件，支付各类赔款9.8亿元，其中：车险102507件，支付赔款5.06亿元；各类财产险、责任意外险等46016件，支付赔款1.6亿元，农业保险11217件，支付赔款3.14亿元。2022年8月，巴彦淖尔地区遭遇暴雨，中国人寿财险内蒙古自治区分公司捐赠防灾设备抽水泵共计60台，助力受灾农田复耕复产，启动大灾应急预案，为19475户农户提供5.6亿元风险保障。

【中国人寿保险内蒙古自治区分公司】 2022年，中国人寿保险公司内蒙古自治区分公司（简称“中国人寿内蒙古分公司”）有13个盟市级分公司，105个旗县支公司（含营业部），195个营销服务部，在职员工2294人，保险营销员1.3万人。截至2022年12月，公司总保费收入102.5亿元，领先主要竞争对手19.1亿元。其中，大个险首年期交保费9.16亿元，与主要竞争对手的对标比值为1.01；大个险人力为12069人，与主要竞争对手的对标比值为1.29。续签承办全区政策性健康保险业务9个，覆盖全区19个旗县区，服务全区490.97万参保群众，保费规模2.02亿元，其中大病保险业务7个、服务308.91万名参保群众，补医业务2个，服务140.77万参保群众，长期护理保险业务1个，服务41.29万参保群众。

2022年，中国人寿内蒙古分公司争取“内蒙古惠民保”主承保资格，牵头组织召开八次共保体会议，主动对接和接受政府及有关部门的指导检查，保证项目实施落地。截至2022年12月31日，全区13个盟市城市定制型商业医疗保险“内蒙古惠民保”覆盖人数超过73.05万人，政策性健康保险覆盖人数超过405.64万人，为全区人民群众提供超1925.09亿元的政策性健康险业务风险保障，解决就医治疗导致的因病致贫、因病返贫问题。

截至2022年12月31日，中国人寿内蒙古分公司累计承保无责意外伤害保险231.66万人，提供保障总额3433.09亿元。助力完善多层次医疗保障体系建设，在全区范围内推广“计划生育家庭系列保险”，该板块业务在兼顾交费低、保障高的较强政策性的同时，针对少年儿童、女性、老年人等特定人群特点进行专项保险责任设计。

2022年，实现计生家庭保险保费收入3946.77万元，为全区96.88万人提供1277亿元的保险保障，理赔件数12019件，总理赔金额2677.84万元，缓解计生家庭因病、因意外致贫返贫的问题。

中国人寿内蒙古分公司支持中小微企业复工复产和运营，提供保险保障，增加与企业的洽谈频次、提升售前售后服务水平。截至2022年12月31日，承保服务中小微企业3415家，承保企业员工16.5万人，累计为企业提供保障额度898.62亿元。

2022年，中国人寿内蒙古分公司案均出险支付周期较2021年底缩短36.1天，理赔获赔率99.79%，在同业排名保持第一位，医疗险直付赔案率29.25%，较2021年底提升4个百分点，实现重疾一日赔案件4316件，占重疾险案件的比例提升至82.32%。客户投诉平均处理时效提升6.24%，监管有效投诉件比2021年下降26.74%，投诉总量增幅比2021年下降71.53%，新单销售误导投诉总量比2021年下降38.57%，消费者权益保护工作取得较好成效；理赔服务达成“两提一保持”整改目标，案均出险支付周期较2021年底缩短34.87天，理赔获赔率99.98%。医疗险直付赔案率30.17%，比2021年提升5个百分点，实现重疾一日赔案件6029件，占重疾险案件的比例比2021年提升24.16个百分点，理赔服务时效显著提升。

（李小龙）

【合众人寿保险股份有限公司内蒙古自治区分公司】 截至2022年底，合众人寿保险股份有限公司内蒙古自治区分公司（简称“合众人寿内蒙古分公司”）保费收入从2006年的1006.6万元到2022年的88652.90万元，增长将近87.07倍。形成基本覆盖全区的销售和服务网络，已开设盟市中心支公司11家，下设支公司17家，营销服务部6家。分公司内设营销、教育培训、保费、消费者权益保护、人事行政、财务、风险合规等7个职能部门，全区有内勤在职人员214人，其中高管12人，营销队伍由最初的567人壮大到3562人。2006—2022年，分公司期末有效承保人次达53.65万人，期末有效保险金额达1071.20亿元，理赔金额总计达37545.32万元。截至2022年12月末，合众人寿内蒙古分公司累计达成保费收入88652.90万元，比2021年下降7.65%；新单保费达成10940.03万元，比2021年下降15.02%，占总保费收入的12.34%；续期保费收入为77712.87万元，比2021年下降6.51%，占总保费收入87.66%。截至2022年12月末，合众人寿内蒙古分公司累计赔款与给付合计为14345.56万元，比2021年下降2.53%，其中赔款支出923.86万元，比2021年下降22.72%，死伤医疗给付4700.04万元，比2021年上升7.66%，满期给付1341.29万元，比2021年增加74.52%，年金给付7380.37万元，比2021年下降3.86%，全年重疾保险累计保费收入 9350.67 万元，累计新增承保 2415 人次，累计保额 39967.48 万元。健全医疗护理保障，为人们因年老、疾病或伤残导致生活不能自理，减轻负担，合众人寿于 2021 年重磅推出长期护理险，合众人寿内蒙古自治区分公司 2022 年全年长期护理险累计保费 79.34 万元，累计新增承保 111 人次，累计保额 43.19 万元。合众人寿内蒙古分公司开展商业养老业务，截至 2022 年 12 月末，60 岁及以上老人健康险保费 143.02 万元，比 2021 年增长 43.07%，承保人次 3549 人，比 2021 年增长 56.14%，保额 105015.28 万元，比 2021 年增长 33.68%。60 岁及以上老人意外险累计保费 8.16 万元，比 2021 年增长 17.11%，承保人次 2852 人，比 2021 年增加 55.42%，保险金额 42952.4 万元，比 2021 年下降 2.2%。2022 年，合众人寿内蒙古分公司投入约 10.59 万元，围绕教育支援、扶贫慰问等多方面积极开展公益活动，全面推动服务保障民生，巩固和拓宽脱贫攻坚成果。合众人寿内蒙古自治区分公司投入 5734 元，举办三场关爱孤寡老人公益行动。投入 5855 元，举办三场助学活动。第三季度，合众人寿投入 8.7 万元，开展助贫送温暖活动，共计帮扶贫困家庭 191 户。

（王 丽）

资本市场

【概况】2022 年，全区各市场主体实现直接融资 1444.07 亿元，比 2021 年增长 35.16%。其中股权融资 45.67 亿元，包括 IPO 融资 5.38 亿元，上市公司再融资 20.22 亿元，新三板挂牌公司定向增发融资 2.05 亿元，区域性股权市场融资 11.93 亿元，私募股权、创投基金净值 6.09 亿元；债券融资 1398.4 亿元，包括公司债券融资 20.2 亿元，资产支持证券（ABS）融资 50 亿元，中期票据 21.2 亿元，短期融资券融资 1307 亿元。2022 年 1—12 月，内蒙古资本市场直接融资规模比 2021 年上升 35.16%，主要由于短期融资券融资较 2021 年增长 559 亿元。另外，辖区新增 1 家 A 股上市公司欧晶科技，IPO 融资 5.38 亿元。2022 年 12 月末，全区存量债券发行人 13 家，存量债券 26 只，存量债券规模 166.82 亿元。

【上市公司】截至 2022 年底，全区有境内上市公司 26 家，其中年内新增 1 家，数量在全国各省级行政区中排第 28 位。26 家公司中主板 23 家，创业板 3 家，国有企业 8 家（央企 5 家，地方国企 3 家），民营上市公司（含公众公司）18 家。上市公司总股本 1013.13 亿股，比 2021 年下降 1.90%；流通股本 821.46 亿股，比 2021 年下降 1.04%；总市值（含限售）7158.79 亿元，比 2021 年下降 23.63%；流通市值 6987.44 亿元，比 2021 年下降 24.52%；总市值在全国 31 个省市自治区中排第 23 位，较 2021 年同期排名下降 1 位。

2022 年，全区上市公司实现营业总收入 4901.09 亿元，较 2021 年增长 6.23%；净利润 557.04 亿元，较 2021 年小幅下降 6.50%；平均每股收益 0.88 元。其中，营业总收入超过 100 亿元的有 12 家，最高的为伊利股份 1231.71 亿元；净利润在 10 亿元以上的有 10 家，最高的为伊泰 B 股 123.26 亿元；每股收益在 0.5 元以上的有 11 家，最高为伊泰 B 股 4.34 元。

【拟上市企业】2022 年底，全区 2 家企业（天和磁材、双欣环保）在接受证监会审核，1 家企业（英思特）在接受深交所审核，1 家企业（骑士乳业）在接受北交所审核。全区有 9 家在辅导企业，其中 7 家拟申报沪深交易所上市，2 家拟申报北交所上市。

【上市企业奖补】2022 年 3 月 23 日，自治区政府举办企业上市奖补仪式，自治区党委副书记、自治区政府主席王莉霞，自治区党委常委、自治区政府常务副主席黄志强出席奖补仪式，并向大中矿业、优然牧业、大唐药业、内蒙新华等 2021 年全区 4 家新上市企业和欧晶科技、天和磁材等 2 家上市报会企业授奖。2022 年内蒙古对 7 家上市企业进行奖补 1900 万元。

【新三板挂牌公司】2022 年底，全区有 45 家新三板挂牌公司，数量在全国排第 25 位，其中创新层公司 16 家，基础层公司 29 家；国有企业 7 家（央企 3 家，地方国企 4 家），民营上市公司（含公众公司）38 家。采用做市商交易方式的有 4 家。挂牌公司总股本为 40.21 亿股，资产合计 267.59 亿元，比 2021 年增加 3.21%。

【证券经营机构】截至 2022 年底，全区有 2 家证券公司、21 家证券公司分公司和 96 家营业部；证券投资者274.51万户，比2021年增长0.26%。2022年，全区证券累计交易额1.82万亿元。2家证券公司总资产403.78亿元，比2021年下降7.99%，全年累计实现营业收入15.27亿元，比2021年下降50.08%，累计实现净利润–9.67亿元，比2021年下降229.80%。

【期货经营机构】截至2022年底，全区有1家期货公司分公司和10家营业部；期货投资者14376户，比2021年增长3.73%。2022年，全区期货累计成交额7702.12亿元，比2021年减少20.2%。

【私募基金】 截至2022年底，全区在中国证券投资基金业协会登记的私募基金管理人52家，比2021年下降5.45%，全国31个省市自治区中排第28位，其中，私募股权、创业投资基金管理人47家，私募证券投资基金管理人5家。全区登记的私募基金管理人正在运作的基金有158只，比2021年增长9.72%，涉及投资者1482人，实缴规模423.44亿元，基金净值344.66亿元，分别比2021年增长0.47%、0.05%、0.01%。辖区私募股权、创投基金在投项目211个，累计投资405.40亿元，主要分布在农林牧渔、软件开发、有色金属等43个行业。其中，区内项目300.40亿元，区外项目105亿元。此外，注册在区外的私募基金管理人管理的私募基金区内在投项目455个，累计投资1521.35亿元。注册地分布，主要集中在呼和浩特31家，占比59.62%；其他市21家，占比40.38%。控股类型，国有控股15家，自然人及其所控制民营企业控股34家，其他(控股主体性质不明或无控股主体)3家。公司规模，注册资本在1亿元（含）以上的有3家，5000万元（含）到1亿元的有1家，1000万元（含）到5000万元的有45家，1000万元以下的有3家。管理规模在100亿元（含）以上的有1家，50亿元（含）到100亿元的有0家，10亿元（含）到50亿元的有4家，1亿元（含）到10亿元的有19家，5000万元（含）到1亿元的有4家，5000万元以下的有24家。

【企业上市推进】 2022年，自治区推进《自治区进一步提高上市公司质量的实施方案》落地。协同推进自治区企业上市“天骏计划”。指导区域性股权市场强化培育辅导功能，申报业务创新试点、筹备专精特新专板建设。指导推动上市公司转型发展，公司结构显著优化。推动地方政府建立REITs推进工作机制，首单新能源项目进入辅导培育期。推动辖区首单大豆“保险＋期货”项目落地。在辅导及申报在审首发企业13家，为历年最多，新三板挂牌公司4年来首次正增加，重点培育后备企业40多家。

【风险防控】 2022年，中国证券监督管理委员会内蒙古监管局制定风险防控落实方案和业务操作指引，形成“1+3”的制度体系。坚决贯彻“应退尽退”政策，推动自治区政府出台退市工作方案、建立工作机制，年内辖区4家公司平稳退市（1家主动退市，3家强制退市），强制退市公司数量接近全市场强制退市公司数的1/10，处理投诉举报500余件，涉及投资者超千人，实现“退得下、退得稳”。上市公司风险化解成效明显，风险类公司从年初的6家压降至2家，压降率67%，风险公司占比降至8%，低于全市场平均水平，“明天系”公司风险基本出清。公司债券兑付未发生违约。私募基金风险有效化解，初步建立照前会商机制。推动清理产权交易场所违规服务非标融资活动、涉邮币卡类交易场所兑付工作取得积极进展。指导辖区证券公司通过股权重组完善公司治理，妥善处置债券承销等业务风险，提高抗风险能力。

（胡 洁）

表24 2021—2022年内蒙古自治区上市企业奖补情况一览表

企业名称	补贴类型	补贴金额（万元）
内蒙古欧晶科技股份有限公司	在沪、深、北交易所实现上市	1000
内蒙古草原红太阳食品股份有限公司	在内蒙古证监局办理上市辅导备案	100
华耀光电科技股份有限公司	在内蒙古证监局办理上市辅导备案	100

表 24（续表）

企业名称	补贴类型	补贴金额（万元）
包头市英思特稀磁新材料股份有限公司	向证监会、沪、深、北证券交易所提交上市申请	200
内蒙古骑士乳业集团股份有限公司	向证监会、沪、深、北证券交易所提交上市申请	200
包头市塞北机械设备股份有限公司	在内蒙古证监局办理上市辅导备案	100
内蒙古双欣环保材料股份有限公司	向证监会、沪、深、北证券交易所提交上市申请	200

表 25　2021—2022 年内蒙古辖区直接融资统计表

项　目	2022 年（亿元）	2021 年（亿元）	比 2021 年（%）
上市公司首发	5.38	29.51	−81.77
上市公司再融资	20.22	132.74	−84.77
新三板定向增发融资	2.05	2.26	−9.29
区域股权市场融资	11.93	17.16	−30.48
私募股权、创投基金净值	6.09	29.51	−79.36
股权融资小计	45.67	211.18	−78.37
公司债券	20.2	62.2	−67.52
可交换债	0	0	0
资产支持证券（ABS）	50	15	233.33
中期票据	21.2	32	−33.75
短期融资券融资	1307	748	74.73
债券融资小计	1398.4	857.2	63.14
直接融资合计	1444.07	1068.38	35.16

注：数据来源万德系统。

表 26　2021—2022 年内蒙古证券公司经营情况表

项　目	2022 年（亿元）	2021 年（亿元）	比 2021 年（%）
资产	403.78	438.59	−7.99
负债	286.74	311.80	−8.04
净资产	117.04	126.79	−7.69
净资本	99.72	113.32	−12
营业收入	15.27	30.59	−50.08
经纪业务净收入	8.79	10.83	−18.84
净利润	−9.67	6.22	−229.80

（表格来源：中国证券监督管理委员会内蒙古监管局）

表 27　2021—2022 年内蒙古期货经营机构经营情况表

项　目	2022 年	2021 年	比 2021 年（%）
成交量（万手）	1312.05	1527.09	−14.08
成交额（亿元）	7702.12	9651.57	−20.2
手续费收入（万元）	1668.58	2402.90	−30.56
净利润（万元）	−291.25	643.11	—
客户权益（亿元）	5.64	6.39	−11.74
投资者开户数（户）	14376	13858	3.73

（表格来源：中国证券监督管理委员会内蒙古监管局）

表 28　内蒙古辖区资本市场主体情况表

项　目	2022 年 12 月末（家）	2021 年 12 月末（家）	比 2021 年（%）
上市公司	26	29	−10.34
报会报所企业	4	3	33.33
辅导备案企业	9	7	28.57
新三板挂牌公司	46	44	4.55
内蒙古股权交易中心挂牌公司	322	312	3.21
内蒙古股权交易中心展示企业	1788	1856	−3.66
公司债券发行人	13	15	−13.33
交易所资产支持证券原始权益人	5	3	66.67
证券公司	2	2	无变化
证券分支机构	117	122	−4.10
期货分支机构	11	10	10
法人基金销售机构	4	4	无变化
取得基金销售业务资格的省级分行	16	16	无变化
备案私募基金管理人	52	55	−5.45

（表格来源：中国证券监督管理委员会内蒙古监管局）

其他非银行金融机构

【概况】截至 2022 年底，全区共有其他非银行金融机构 335 家，其中小额贷款公司 187 家，融资担保公司 79 家，典当行 50 家，融资租赁公司 5 家，商业保理公司 1 家，交易场所 10 家（权益类 6 家，现货类 4 家），地方资产管理公司 2 家，区域股权交易中心 1 家。

【小额贷款公司】截至 2022 年底，全区共有小额贷款公司法人机构 178 家（其中，正常经营公司 109 家，“空壳”或“失联”公司 69 家），较年初减少 43 家，机构数量占全国 2.9%，排全国第 17 位。注册资本金158.81亿元，占全国2.05%，较年初减少33.19亿元。从业人员1708人，占全国2.9%，较年初减少180人。截至2022年底，全区正常经营小额贷款公司贷款余额126.26亿元，与年初相比减少23.52亿元；全年累计发放各类贷款13.6万笔、101.72亿元；存量贷款户数4.9万户，较年初减少2.2万户。实现营业收入4.7亿元，全年共缴纳税费1.09亿元。

【典当行】 2022年，内蒙古共注销典当行经营许可26家（3年累计注销248家），未新批设典当行。截至2022年底全区典当行共计49家，无分支机构。截至2022年底，全区典当行注册资本7.3亿元，比2021年下降33.0%。截至2022年底，全区典当行典当总额4.9亿元，比2021年下降3.3%。其中，动产典当额1.0亿元，比2021年增长13.5%，占比20.7%，比2021年提高3.0个百分点；房地产典当额3.4亿元，比2021年下降10.8%，占比69.0%，比2021年下降5.8个百分点；财产权利典当额0.5亿元，比2021年增长31.0%，占比10.3%，比2021年上升2.7个百分点。2022年全区典当行利息和综合费用净收入2622.2万元，净利润1012.8万元，上缴税金58.4万元。截至2022年底，全区典当行从业人员208人。

【融资租赁公司】 截至2022年底，全区有正常经营融资租赁法人机构5家（内资融资租赁公司3家，外商投资融资租赁公司2家），分支机构13家。5家法人机构实收资本14.52亿元；资产总额18.27亿元，比2021年下降1.79%，较年初减少0.33亿元；融资租赁资产余额9.24亿元，比2021年下降10.54%，较年初减少0.97亿元，占净资产的61.13%。

【商业保理企业】 2022年，内蒙古自治区共计纳入“名单制”管理商业保理企业1家，即瑞信商业保理（乌海）有限公司。该公司注册资本金5000（实收）万元，成立于2019年4月19日，主要为煤炭、焦炭、精细化工产品等大宗商品的物流市场提供保理融资服务。截至2022年底，该公司资产总额6178.4万元，负债总额1100.22万元，资产负债率17.8%。本年度营业收入436.63万元，净利润0.29万元。杠杆倍数（风险资产/净资产）1.21。本年度累计投放保理金额10747.34万元，累计受让应收账款金额10793.93万元。未发生逾期情况。公司存在外源融资（银行借款）余额260万元。从业人员4人。

（李　睿）

交通运输

铁路交通

中国铁路呼和浩特局集团

【概况】 2022年底，中国铁路呼和浩特局集团有限公司（以下简称呼和浩特局集团）所属单位60个，其中运输单位35个、非运输企业11个、运输辅助单位1个（恒诺房建生活段）、其他单位13个，行政职能管理机构27个，生产机构2个，派出机构1个，附属机构29个；操作技能人员5.41万人，技能人才4.94万人，少数民族职工6717人，女职工7224人。年内，获全国五一劳动奖章2人，获评全国工人先锋号2个，获火车头奖杯7个、火车头奖章24人。二连站获全国学雷锋活动示范点，呼和客运段张敬钰获全国岗位学雷锋标兵、内蒙古自治区道德模范，包头供电段杜赫当选“最美铁路人”、2022年“新时代·铁路榜样”。

【管内线路】 2022年7月，呼和浩特局集团管内多丰、桑多、桑锡线线路整合为塔锡线，原桑锡线桑根达来至桑根达来北段修改线名为桑北联络线。截至12月31日，集团公司管内有62条线路，线路总延展长1.19万千米，其中正线延展长9237.448千米、站线延展长2681.255千米；有道岔7603组，其中正线道岔2849组。

【运营线路】 2022年，呼和浩特局集团运营线路总延展长3763.387千米，其中正线延展长2369.857千米（准轨2364.482千米，宽轨5.375千米）。无缝线路总长度2289.227千米，其中正线无缝线路总长度2163.636千米，占正线延展长91.3%；站线无缝线路总长度125.591千米，占站线延展长9%。60千克/米钢轨正线铺设总长度2199.978千米，占正线总延展长度的92.8%。道岔总计4054组，其中正线道岔1226组（准轨1215组、宽轨11组）。

【合资线路】 2022年，呼和浩特局集团合资线路总延展长8155.316千米，其中正线延展长6867.591千米。无缝线路总长度5341.54千米，其中正线无缝线路总长度5245.361千米，占正线延展长76.4%，站线无缝线路总长度96.179千米，占站线延展长7.5%。60千克/米钢轨正线铺设总长度5571.108千米，占正线总延展长度的81.1%。道岔总计3549组，其中正线道岔1623组。

【桥隧设备】 2022年，呼和浩特局集团管内有桥梁3244座523.97千米，隧道120座180.18千米，涵洞9482座221.6千米，计4705桥隧百换算米。其中，国铁桥梁1266座53.82千米，隧道9座8488米，涵渠1440座32.74千米，计524桥隧百换算米。合资铁路桥梁1978座470.15千米，隧道111座171.69千米，涵渠8042座188.8千米，计4181桥隧百换算米。

【车务段与直属站】 2022年，呼和浩特局集团直管车务段、直属站共11个，由西向东分别为乌海车务段、临河运营维修段、包头西站、包头站、鄂尔多斯车务段、呼和站、集宁车务段、集宁站、二连站、锡林浩特车务段、大板车务段；委管霍林郭勒运营维修段6个车站和额济纳运营维管段12个车站。计管辖车站267个，其中一等站10个、二等站15个、三等站62个、四等站94个、五等站86个，线路所6个。

【运输经营】 2022年，呼和浩特局集团落实国家“经济要稳住”工作部署，紧盯煤炭中长协、互保协议兑现，开展物流保通保畅和电煤保供专项行动，保障内蒙古和新疆煤炭的运输，唐包线运量完成1.15亿吨，比2021年增长13.8%。推动金诚泰（查汗淖站）、昶龙（大路西站）等“公转铁”项目快速落地，新开拓铁矿石、焦炭等“散改集”项目70个，年内完成集装箱运量3881万吨，比2021年增长36.7%。加大二连口岸保通保畅工作力度，年内过境中欧、中亚班列3459列，比2021年增长4.97%。克服疫情对客运影响，精准投放运力，深化普速站车达标提质，年内完成旅客发送量1161万人次，完成北京冬奥会、冬残奥会和中共二十大召开期间运输服务保障任务。年内，日均装车1.09万车，比2021年增长12.4%；完成货物发送量2.62亿吨，比2021年增长12.5%。

【经营管理】 2022年，呼和浩特局集团实施22项309条预算保障措施，强化经营业绩考核，年内运输总支出较国铁控制目标节支2300万元。实行资产经营开发项目化管理、清单化推进，分板块专题研究创效措施，物流运贸、物资供应、运营委管、土地开发、站车商业、检测计量等业务持续发展，吴四圪堵装车基地开出首列，开拓包银高铁轨枕供应业务，年内非运输业实现利润5.09亿元。提高物资采购集约化、规模化程度，开展物资专项清查和报废物资处置，运营物资采购节支6055万元，国铁商城上线产品29万余件，销售额4.8亿元。加强合资公司委托运营管理，规范业务外包管理，清理存量风险债权1.28亿元，加强合同管理和依法维权，挽回经济损失3.91亿元。争取政府补贴1.13亿元。年内运输总收入完成354.4亿元，比2021年增长15.8%；盈亏总额比2021年减亏17.63亿元。

【改革创新】 2022年，呼和浩特局集团完成国铁企业改革三年行动明确的86项任务。深化“法治呼铁”建设，优化董事会专委会成员组成及职责，制定专委会议事规则，指导非运输企业规范公司治理，建立以经营管理制度、技术规章制度、党内规范性文件为构架的制度谱系。优化生产布局、管理体制和劳动组织，动态修订9个系统338类劳动定额标准，完成厂办集体企业、全民所有制企业改革，实施货运集中办理、建设管理职能转换、信息化管理体制改革、消防护路反恐职能调整、通用工种兼职并岗，推进“三供一业”移交。落实工资总额决定机制，优化绩效工资制度，提高夜班津贴、乘务和施工补贴以及工班长考核奖标准，实施总额普惠、倾斜一线、专项奖励措施。深化科技创新和信息化建设，年内立项科研课题304项，参与“高铁智能综合调度系统”等全路重点课题11项，研发上线“5T数据共享共用信息平台”等应用系统20项。

【安全生产】 2022年，呼和浩特局集团修订安全生产责任制，完善安全管理制度体系，推行季度重点站段、车间专业帮促，强化应急处置常态化，抓实职工学规背规和技能竞赛，深化站段标准化规范化建设，启动包兰、包西标准线达标建设，6个单位获评国铁标杆站段，11个单位获评集团公司标杆站段。研判公布集团公司重大、较大安全风险76个，紧盯高铁、客车、重载安全，抓营业线施工维修安全，抓实防洪基础工作，稳妥处置水害险情27件，落实劳动人身安全量化要求，从严事故、故障定性定责，用好安全约谈和专项巡查手段，强化现实安全管控。推进安全生产大检查和专项整治行动，针对性开展设备安全平推检查和高铁隧道、安防设施、专用线段管线、路外环境等专项排查，投入17.1亿元补强设备设施短板，集中解决一批重大安全隐患。年内消灭C类及以上责任行车事故，事故总数比2021年压缩32.9%，顺利实现第十一个安全年。2022年，呼和浩特局集团连续十九年获评全国“安康杯”竞赛优胜单位。

（张建森）

【铁路建设投资】 2022年，全区铁路建设重点推动12个项目，批复可研在建项目4个，拟开工项目5个，规划研究项目3个。呼和浩特局集团完成基建投资136.9亿元、技改和资本化大修投资30.6亿元，集通电化改造工程东西两段基本完成，6条专用线投产运营，完成新街站改及牵引供电能力改造，有8条铁路线改扩建或新建。

临哈铁路电化改造项目投入使用。集二线扩能改造及电务设备大修工程，顶住新冠疫情压力如期完成，有力策应新疆煤炭外运和向北开放桥头堡建设。包银高铁（含巴银支线）、集大原高铁、集通铁路电气化改造工程、太锡铁路等重大铁路建设项目施工建设有序推进，完成年度计划投资128.3亿元，累计完成投资188.4亿元，占总投资的24.8%。鄂榆延高铁完成可研评审，可研前置要件在推进。包鄂高铁完成勘察设计招标，正式启动项目前期工作。白阿铁路（乌阿段）开行动车组、富加铁路扩能改造、齐海满铁路（齐满段）在推进前期工作。呼包、集通长、呼朔太3条快速铁路均完成预可行性研究，规划及政策研究有序推进。建设自治区综合交通运输体系，开展内蒙古自治区蒙东地区快速铁路通道方案研究等6个课题研究。完善自治区集疏运体系，完成满洲里综合保税区铁路专用线、察右前旗土贵乌拉铁路专用线等10个专用线项目核准工作，建设总规模52.03千米，总投资57.47亿元。

（苏力德）

【天桥镇站至虎什哈站开通运营】2022年1月11日，呼和浩特局集团增添进京货运新通道，虎丰一期既有线改造工程——天桥镇站至虎什哈站正式开通运营。虎丰一期铁路北起多丰线天桥镇站，南接京通线虎什哈站，是锡林浩特地区“通疆达海”铁路网建设的重要枢纽路段，总投资1.6亿元，2020年8月立项，2021年3月完成国铁集团审查，2021年5月1日开工建设，涵盖线路换铺、隧道换衬、桥梁加固、车站改造等诸多单项工程，历时8个月建成，实现早建设、早开通、早见效。该线的建成通车，打通锡林浩特至京津冀地区最便捷铁路货运通道的“最后一公里”，实现锡林浩特、丰宁等沿线地区物流资源跨局直通运输。

（张建森）

沈阳铁路局集团内蒙古管理段

【概况】2022年，中国铁路沈阳局集团有限公司在内蒙古域内有一等站1个（通辽站）、二等站7个，三等站20个。在内蒙古域内铁路营业里程2979千米，其中电气化铁路1621千米；配属机车316台。

中国铁路沈阳局集团有限公司在内蒙古域内铁路单位完成旅客发送量350.1万人次；货物发送量1.05亿吨，货物到达量4565.2万吨，货物周转量615.57亿吨千米；换算周转量626.58亿吨千米。

【基础建设投资】 2022年，京通铁路朝阳段至通辽段电气化改造工程完成投资2.08亿元，其中技术改造投资完成1.92亿元。

（王智勇　李英奇）

公路交通

【概况】 2022年，内蒙古自治区交通运输厅（以下简称自治区交通运输厅）贯彻落实稳经济一揽子政策措施，及时调整项目建设时序，将年初确定的330亿元建设任务调增至350亿元。完善重大项目协调调度机制，强化自治区、盟市、企业多方联动，建立“周调度月总结，重大事项一事一报”工作机制，及时研究解决推进过程中的困难问题。全年完成公路交通基础设施建设投资354.7亿元，比2021年增长22.1%。赤峰市引进社会资本，以PPP模式开工建设G305林东至下伙房段一级公路；呼和浩特市疫情防控期间采取“一项目一专班”工作机制，抢抓关键节点，完成投资51.5亿元，占全区的14.5%；伊利健康谷互通工程经过4个月“24小时”连续奋战，路面全线贯通，跑出公路建设加速度。《国家公路网规划（2021—2035年）》调增全区1181千米国家高速公路和4130千米普通国道项目。以“五个大起底”为契机，依托自治区重大项目厅际联席会议机制，加强与生态、水利、林草、自然资源等部门沟通协作，统筹各类要素保障，协调批复建设用地手续26项。争取和落实国家、自治区补助资金119.1亿元，发行收费公路专项债券82.32亿元，支持20条高速公路和国省干线项目建设。

【高速公路】 2022年，内蒙古自治区完成资产1124亿元，实现合并营收66.73亿元，比2021年增长8%；实现减亏32.6%，6个在建项目完成概算50.26亿元。克服疫情和政策性减免影响，实现通行费收入51.85亿元，成本比2021年下降3.6个百分点。高速公路建设项

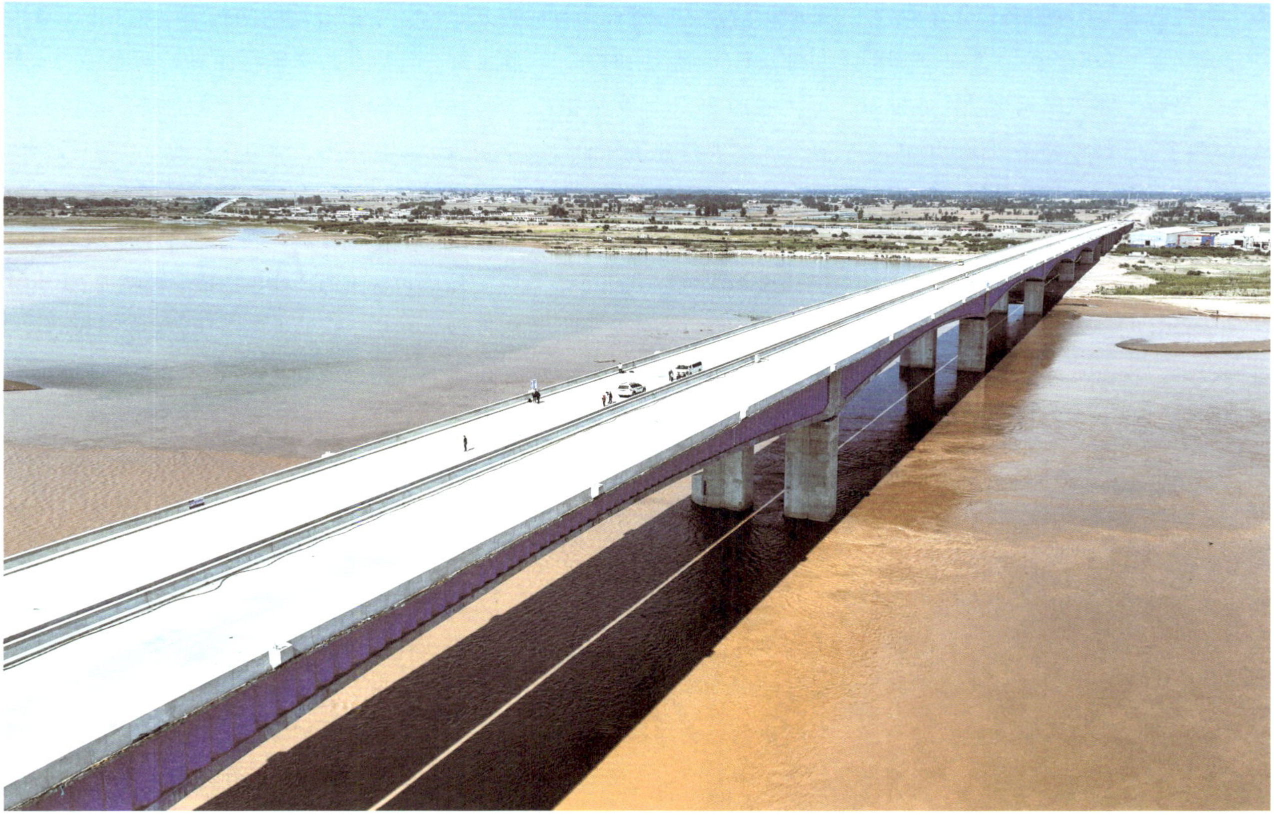

图 49 2022 年 9 月 28 日，包茂高速公路昭君黄河特大桥实现主体完工。昭君黄河特大桥是包茂高速包头至东胜段改扩建项目包头西连接线的控制性工程，主桥为国内在建单联最长的梁式桥，采用双向 4 车道高速公路标准建设，全长 4300 米

（王晓博 供图）

目，G65 包东项目通车运营，G55 二赛、G210 添越项目主线贯通，G110 毕协、哈天和 G208 土白集项目前期顺利推进。G55 二赛项目获评“平安工地建设示范”，G65 包东、G110 呼毕项目获得“草原杯”工程质量奖。以自治区“五个大起底”行动为契机，解决公路建设项目遗留问题 64 项。呼凉丰和经乌两个 PPP 公司强化与地方政府沟通协调，S43 机场高速进度超过预期，建成“1+6”信息化建管平台和信息化智慧中心。G1611 经乌高速西拉沐沦河特大桥完成 93%，“绿色公路”创建任务完成 76%。养护管理平台深度应用，效果显著。“5G+ 智慧高速”立项实施，运营板块产业经营实现“破冰”。通过人力输出、资产出租等方式，形成多元收入 539 万元，创造新的效益增长点。

（乌日娜）

【公路养护】 2022 年，自治区交通运输厅深化公路管养体制机制改革，推动各级公路管理机构经费和人员支出逐步纳入财政预算。争取自治区顶格给予养护资金政策支持，明确自 2023 年起燃油税用于养护不少于 80%。各级管养单位加快转型升级，健全“十四五”养护工程项目库，实施预防养护、修复养护工程 114 项 2690 千米，接近“十三五”时期整体规模。全区旗县实现“路长制”全覆盖，普通国省干线优良路率提升至 81.1%，农村公路优良中等路率达到 82.3%。新增“四好农村路”全国示范县 4 个、市域突出单位 1 个，自治区示范旗县 12 个、市域突出单位 2 个，巴彦淖尔市别力盖—磴口县公路获评全国 2021 年度“十大最美农村路”。

【运输服务】 2022 年，自治区交通运输厅加快城乡客运服务多元化供给，推进定制旅游班线、一站多点客运试点和适老化公共交通改造。规范网约车、网络货运等新业态发展，主要网约车平台实现一键叫车，呼和浩特、乌兰察布、鄂尔多斯纳入自治区网络货运产业试点。全区新增800个服务区停车位，新建成9个“司机之家”。降低“甩挂”“吊装”等口岸无接触作业模式车辆门槛，服务公路口岸“应开尽开、能开尽开”，甘其毛都口岸率先在全国开展AGV设备参与跨境运输测试。国际道路运输完成货物运输量2611.3万吨，比2021年增长60.4%，居全国第一位。累计完成公路货物周转量2141亿吨千米，居全国第十一位。

【行业管理】 2022年，自治区交通运输厅完成自治区公路条例、高速公路条例、道路运输条例、治理货物运输车辆超限超载办法等法规规章修订，依法行政制度体系进一步健全完善。自治区政府出台理顺公路交通投资建设体制机制6条政策措施，为建立全生命周期项目投资管理模式奠定制度基础。推进优化营商环境3.0行动，建立权责清单公开透明、动态调整、考核评估、衔接规范等配套机制办法。开展“优化职能职责、优化工作流程”专项行动，取消本级行政权力事项9项、下放1项、执法重心下移5项，33项行政事项办事要件、13个道路运输高频事项实现“跨省通办”，26项涉企经营许可事项完成“证照分离”。

【营商环境优化】 2022年，自治区交通运输厅整治形式主义为基层减负，梳理优化职能职责和工作流程，下放内部事项2项，对3项办事要件压减33%，对13项办事程序压减29%，对41项办事时限压减30.1%。变被动报批为主动服务，采取提前介入、专业指导等方式，实施设计审批“限时办”、施工许可“零时办”、设站报批“提前办”，实现符合条件的待批项目应批尽批，推动10个收费公路项目提前获批设站许可。规范政务服务便民热线工作流程，建立统筹协调督办机制，每日分析研判，每周专题研究，半月通报调度；12345热线响应率、解决率和满意率大幅提升，提升12328热线考核成绩。交通运输行业21个集体获评自治区文明单位。

【安全生产】 2022年，自治区交通运输厅把安全发展贯穿始终，做好北京冬奥会、冬残奥会以及全国两会、中共二十大等重大活动维稳安保工作，完成包保督察、安全生产大检查工作，发现问题323项全部完成整改。完成27个高速、一级公路在建项目质量安全监督抽查工作。推动自治区批复171.93亿元“统贷分还”存量公路政府隐性债务化解方案并正式实施，自治区缓解地方财政压力，支持鄂尔多斯完成“统贷分还”债务化解，落实年度财政预算安排偿还债务资金7.86亿元。完善公路水路应急管理体系，建立应急保障运力储备和三级运力调配机制，应对新冠疫情防控、保通保畅、防汛救灾等大战大考。特别是在8月包头等地严重水毁抢通保通工作中，各级交通运输部门及公路企业第一时间抢通公路、保障通行，加快恢复重建，配合有关部门及时搜救，为保障人民群众生命财产安全提供交通支撑。全年未发生较大及以上安全生产责任事故。

【新冠疫情防控】 2022年，自治区交通运输厅面对局部地区货运车辆通行受阻等严峻形势，坚持扁平化指挥、清单化管理，“每日调度、三级督办”，高效统筹疫情防控和保通保畅。设立314条应急运输物资车辆“绿色通道”，畅通24小时应急运输保障电话，解决过度管控、阻断交通等通行受阻问题998个，确保公路网络畅通。与工信、能源及重点企业建立联动保通机制，“点对点”保供企业告急运输需求，保障重点能源企业不停产、不停工、不停运。结合疫情防控形势，及时调整保通保畅措施，高速公路货车流量日均9万余辆，保障货运物流畅通。加强运力保障，完成驻呼高校学生23.74万人转运的交通保障任务，协调转运国际分流航班滞留旅客790人返程，为疫情防控平稳转段赢得时间和主动。

（赵 婧）

航空运输

【概况】 2022年，全区民用机场达到48个，其中，运输机场20个（呼和浩特机场、包头机场、呼伦贝尔机场、鄂尔多斯机场、赤峰机场、通辽机场、锡林浩特机场、乌兰浩特机场、满洲里机场、乌海机场、二连浩特机场、阿尔山机场、巴彦淖尔机场、鄂伦春机场、阿拉善左旗机场、额济纳旗机场、阿拉善右旗机场、乌兰察布机场、扎兰屯机场、霍林郭勒机场）、通用机场28个（根河敖鲁古雅、乌拉特中旗、新巴尔虎右旗宝格德、阿鲁科尔沁旗、莫力达瓦旗、阿荣旗、鄂托克前旗敖勒召其、镶黄旗新宝拉格、达茂旗、突泉县、扎赉特旗12个A1级通用机场，满归、巴林右旗、奈曼旗、巴林左旗、鄂托克旗、乌审旗6个按A1级建设的通用机场待取证，锡林郭勒巴彦宝力格、呼伦贝尔巴彦库仁、锡林郭勒那仁宝拉格、鄂尔多斯响沙湾、鄂尔多斯恩格贝、巴彦淖尔市医院、呼伦贝尔谢尔塔拉、兴安盟五岔沟、阿拉善通古淖尔、牙克石兴安新城10个B类通用机场）。全区引入53家航空公司，开通航线459条、通航城市106个，比2021年分别增加8家、45条和11个。全区运输机场保障运输飞行13.5万架次，完成旅客吞吐量1126万人次，分别恢复到2019年的53.1%、40.6%。全区机场重点项目累计完成固定资产投资约46亿元，新增5个通用机场，分别为突泉县、扎赉特旗、巴林左旗、鄂托克旗、乌审旗通用机场。

（苏力德）

【航空通达性提升】 2022年，内蒙古民航机场集团公司完善干线骨干网，12个区外城市实现“朝发夕返”。巩固支线基础网，累计运营互联互通航线31条，连接区内11个盟市，旅客吞吐量占集团总量十分之一。取消“经呼飞”无逾重行李旅客中转盖章环节。“经包飞”中转旅客比2021年增加11.9%。五家机场成为“国内通程航班服务管理平台”首批试点机场，共备案通程航班航线204条。首次开通呼伦贝尔—通辽—天津、包头—太原—杭州全货机航线，呼和浩特—杭州全货机航线首次实现大机型长期运营，全货机货邮吞吐量较2019年增长66.9%。实现“陆海”联运新模式，开辟北美跨境市场。

【业务转型发展】 2022年，内蒙古民航机场集团公司着力推进业务外包，合同制员工实现负增长。10家成员企业的15个保障性业务外包项目落地实施。加大科技赋能，调高创新项目奖金设置，同比翻番。投入创新奖励323.23万元，项目研发和推广投入1893.39万元。创新“张榜纳谏、揭榜挂帅”机制，挂榜发布问题20个，揭榜采纳方案9个，直击发展难点、痛点。“五小”（在生产、保障、管理中有益于提高安全裕度、服务质量、工作效率和经营管理水平的“小发明、小创造、小革新、小设计、小建议”）申报468项，评选获奖214项。构建共享共创模式，在呼和浩特、呼伦贝尔、通辽机场设立基地，建立残损航空器搬移设备共享调剂机制，所属11家支线机场纳入航空情报集中服务。

【营商环境优化】 2022年，内蒙古民航机场集团公司依法合规为合约商“减负”，营造长期、稳定经营环境。出台纾困措施，缓解商户经营压力，为170家商户减免3700余万元租金。将合约商纳入服务创新管理委员会平台，实行同等奖励机制，提供同等资源支持。呼和浩特机场对合约商实施分类管控，降低管理风险和运行成本。

【新冠疫情防控】 2022年，内蒙古民航机场集团公司严格落实“早、快、实”工作要求，成员机场制定安全运行底线应急保障机制，强化员工8小时内外管理。保障高校返乡学生2.05万人次。调用20台车辆支援地方防疫，申请紧急运输包机用时由7天缩短至1～2天，紧急运输保障每班最短用时25分钟。保障抗疫航班218架次、运送医疗人员1.49万人次、行李372.4吨、防疫物资438吨。保障首都机场分流国际航班70班、旅客1.24万人次、行李1.56万件。

【通用机场建设】 2022年，内蒙古民航机场集团公司落实自治区重大战略决策部署，成立内蒙古民航机场建设投资集团有限公司，统筹实施通用机场建设。扎赉特旗和突泉县通用机场实现当年审批、当年开工、当年竣工、当年投运。

【呼和浩特新机场建设】 2022年，创新“建设运营一体化”工作机制，成立呼和浩特新机场项目现场指挥部，制定“建设运营一体化”工作实施方案、绩效考核方案及定期交流机制。呼和浩特新机场航站楼结构工程完工，飞行区跑道土基实现全面贯通。

【安全服务】 2022年，内蒙古民航机场集团公司未发生严重事故征候、一般事故征候。呼和浩特机场放行正常率95.24%，高于行业均值0.07个百分点。呼和浩特机场旅客满意度ACI分值为4.95分，比2021年提升0.06分；支线机场旅客满意度平均分值为4.60分，比2021年提升0.03分。收到12326平台转送表扬信息 240 件，比 2021 年增长 485%。呼和浩特机场成为华北地区首家实现“实体化”运作的运管委，放行正常率保持在行业均值以上。

【内蒙古民航机场集团公司】 截至 2022 年底，内蒙古民航机场集团公司运营管理机场 22 个。其中：集团出资机场 9 个，分别为呼和浩特、包头、海拉尔、乌兰浩特、阿尔山、赤峰、通辽、锡林浩特、乌海机场；托管机场 13 个，分别为二连浩特、巴彦淖尔、乌兰察布、扎兰屯、霍林河、阿拉善左旗、阿拉善右旗、额济纳旗、乌拉特中旗、新巴尔虎右旗、镶黄旗、突泉县和扎赉特旗机场。2022 年，内蒙古民航机场集团公司旅客吞吐量、货邮吞吐量和运输起降分别达到 963.7 万人次、4 万吨和 11.3 万架次，分别恢复至 2019 年的 39.4%、55.9% 和 50.6%。营业收入 6.85 亿元，亏损 5.8 亿元，比 2021 年增亏 3.2 亿元。

（胡雅洁）

【中国国际航空内蒙古有限公司】 截至 2022 年底，中国国际航空内蒙古有限公司在岗员工 791 人，其中在岗职工（直接聘用制）782 人、派遣制人员 9 人。全年未发生公司原因造成的群体性服务事件；公司总体旅客满意度得分 89.7 分，在国航各考核单位中排名第四名，超过 T3 值（杰出目标值，也称最高目标值）3.1 分，每月得分也均超过T3 值；全年未发生有效投诉，有效投诉管控效果在国航各考核单位中位列第一名。

生产运输　2022 年，公司在册平均日生产飞行时长为 3.79 小时。执行定期航线合计 27 条，完成运输生产飞行时长 1.52 万小时，比 2021 年减少 52.05%；安全起降 7534 架次，比 2021 年减少 52.16%；运输总周转量 7586.72 万吨千米，比 2021 年减少 58.75%；旅客运输量 69.22 万人次，比 2021 年减少 60.28%；货邮运输量 3292.36 吨，比 2021 年减少 61.55%；营业总收入 5.56 亿元。应对疫情影响下市场的不确定性，坚持“长投”保生产基本盘稳定、“短调”保边际贡献最大，视疫情影响及时切换呼京运力资源。全年协调低收益航班 686 个，调整舱位 100 次，增收 43.4 万元。坚持“稳固高收入、提升中等收入、开发低收入”航班原则，争取腹舱货量，以客促货，以货补客。以呼和浩特—海口航线为试点，恢复冷鲜羊肉运输，单班载运量达 6 吨，创历史新高。

飞行安全　公司全年自有飞机安全飞行 1.09 万小时、起落 5743 架次，湿租飞机安全飞行 4315 小时、起落 1791 架次，未发生一般差错及以上级别不安全事件，保持安全态势，年度安全考核指标达到 T3 值。

飞行训练　全年完成晋级 B 类教员训练 4 人、晋级机长 A2 训练 3 人、晋级机长 A1 训练 1 人、晋级机长 J 训练 1 人、升级副驾驶 F5 训练 4 人，同时结合熟练检查和实践考试完成机长技术大检查及重点人员专业能力筛查任务。按季度组织飞行训练会暨飞行技术管理委员会会议，召开 3 次飞行技术管理委员会评审会，聘任新机长和飞行检查员各 1 名，审议通过熟练检查员和飞行检查委任代表各 1 名。制定并发布《短期调动飞行员管理手册》，修订完善飞行技术管理相关手册内容，加强短期调动飞行员管理。

区域特色餐食服务品牌创建　围绕传统节日、地域特点创新餐食呈现，开展“后山一绝”等特色餐食评比。全年呼和浩特出港机上餐食满意度 83.4 分，超过国航平均值 0.9 分。休息室餐食方面，巩固前期提升成果，推进中华传统文化与餐食呈现的深度融合，升级高端旅客用餐体验。休息室餐食满意度 91.1 分，比 2021 年提升 1.1 分，在国航各考核单位中位列第二名；完善现有营销产品体系，挖潜内外部大客户资源。扩展付费升舱产品适用范围，优化操作指南，全年销售 692 人次，增收 26.6 万元。优化“凤舞草原卡”产品，评估航线拓展的可行性，策划推进体验卡推广方案，全年服务旅客 76 人次。推进大客户发展工作，发布《国航内蒙古公司大客户发展促进办法》，优化信息传递渠道，发挥部门合力，助力提升公司的区域市场竞争力。

（王力祥）

【天骄航空】 2022 年底，天骄航空有限公司在岗员工 352 人，设有 15 个部门。公司运营中国商飞 ARJ21-700 型飞机 5 架，累计开通呼和浩特、乌兰浩特、锡林浩特、赤峰、海拉尔、通辽、满洲里 7 个航点，包含“支支通”航线 5 条、独飞航线 2 条。至 2022 年 12 月 31 日，安全运行 1255 天，安全飞行 9072.51 小时，执飞航班 5838 班，航班正常率 91.28%，承运旅客 35 万余人次。在 2022 年全国民航班组短视频大赛中，公司各班组选送参赛作品5个，其中《航空梦》获最佳作品奖。公司工会获得“华北地区级先进职工之家”称号。公司承办内蒙古地区航空安全员2022年体技能竞赛，取得团体和个人好成绩。维修工程部创新工作室通过自治区行业工会创新工作室创建审核并获得命名。在2022年内蒙古创新方法大赛中，公司选送的《国产飞机ARJ21发动机滑油量的实时监控预警》创新项目，获得企业组三等奖。

安全管理体系建设　公司按照《中华人民共和国安全生产法》等法律、法规、规章、标准、规范性文件，建立、实施安全管理体系，系统性梳理安全政策。以安全文化为基础，建立安全责任、安全信息、风险管理等11项工作机制，把安全管理体系四大支柱十二要素理论指导转化为具体做法，将飞行运行、运行控制、适航维修、客舱安全、地面服务、运行标准、训练培训、安全保卫等安全管理全过程融入公司运行体系。依据安全管理政策，持续优化公司安全工作程序和各部门作业指导书，打通程序间、岗位间接口，确保安全管理流程更加规范化、系统化，提升安全管理体系各要素联动性。

双重预防机制　按照《民航安全风险分级管控和隐患排查治理双重预防工作机制管理规定》，构建安全风险分级管控和隐患排查治理双重预防机制。把风险划分为核心风险、重要风险、岗位风险及一般风险，各部门建立岗位风险提示卡实现风控到岗。组织开展月度周期、专项风险评估，发布风险评估报告30期，识别危险源194个；针对疫情停止航班运行，开展专项风险评估3次，发布《航空安全通告》2期；发布冬季低温天气运行、中断起飞、前轮转弯故障等《航空安全通告》11期。通过月度安委会及专题安委会进行督办，全年排查安全隐患137项。

监督检查　重点对运行过程的“文实”执行情况进行检查，全年对SOP标准喊话、飞行人员资质、签派放行、燃油管理、运行监控等关键环节开展公司级检查281次，发现问题283个；完成法定自查7075项，发现问题176个。各部门监督自查发现问题268个，提升自查自纠能力。

风险控制　严把“签派放行关”，严抓“航班运行监控”。建立AOC次日风险评估预警、会商决策机制，及时发布预警信息，即时启动应急预案，向机组提供技术支援，统筹做好航班安全保障工作。启动会商决策15次，使用ACARS、ADS–B等方式监控22个关键运行要素，发布气象预报/预警365份，实现机场代理配载操作100%监控，100%纠正，100%反馈。落实签派人员24小时值班值守。累计修订风控系统风险库3次，改进系统问题14次。强化人员业务培训和资质管理，累计完成培训29次，参与451人次，培训时长120小时。针对EFB验证运行、夏秋换季、冬春换季、新开航线等工作召开风险评估会16次，其间识别危险源74项。优化应急管理体系，丰富专项应急预案种类，修订《应急管理手册》3次，针对各专业处置组和部门制定专项工作检查单，增强应急预案可操作性。

飞行安全　把飞行安全目标融合在飞行人员日常管理、机队培养、飞行计划编排、飞行人员调度、飞行安全管理、飞行作风管理过程中。全年完成航线评估及检查27人次，完成副驾驶恢复机长资质带飞4人次，打造检查员3名、教员9名、机长16名、副驾驶15名的飞行实力梯队。保障年度换季全员培训及理论复训、危险品、PED/EFB、应急医疗、湿污跑道、ICAO等各类地面理论训练450余人次。保障飞行员定期复训、熟练检查、90天3个起落训练、Tb型别教员升级训练、副驾驶转机型训练及考试、公司检查员训练等各类模拟机训练108人次，飞行员资质有效率保持100%。发布安全周报52期，安全预警警示13期，安全提示30期。获取公司定期航班的有效QCVR数据867段，抽取其中592段航班的QCVR数据开展监控分析工作，定期航班QCVR监控率为68.3%。以季度为单位，开展“飞行人员思想动态问卷调查”活动，围绕现阶段党支部建设、疫情防控、公司各项政策、地面服务管理、飞行作风建设、工作满意度等方面收集飞行人员的意见及建议。全年完成新雇员基础教育6人次，飞行员转机型改装训练6人次，恢复机长训练2人次，转升Ta教员训练1人次，转升Tb教员训练2人次，转升C1教员训练1人次，人工飞行专项训练39人次，换季教育47人次，飞行员航空专业英语培训51人次。分析研讨机队飞行品质数据、训练及航班飞行中存在的问题，持续修订完善训练课程内容。完成《飞行训练管理手册》，编写相关课件209个，制定更新训练记录单21个。不断加强飞行员资质管理和FOC系统应用工作，系统准确率和可用率均保持100%。全年发布“飞行员资质监控表”56份，发布“资格通告”28份，发布“飞行员实力表”19份，发布“FOC系统运行状态调整通知”55份，发布“任务派遣单”22份。2022年，未发生人为责任原因的不安全事件。

适航维修 根据民航局发布的新版《民用航空器维修单位合格审定规则》（CCAR-145R4）及配套咨询通告，开展符合性自审评估工作，修订手册、程序，通过局方手册审批和现场审查，完成新版“维修许可证”换发工作。独立完成飞控5.2升级改装、SPC升级改装、航电系统PTC2.1改装以及燃油箱渗漏修理等重要维修工作项目，总结经验、完善优化施工方案，提升航线维修能力。处置飞机故障214项，评估处理机队QAR超限事件103项，确保机队飞机持续适航。结合自身维修保障经验，持续与中国商飞保持沟通，向中国商飞反馈改进建议2339项，助力国产民机设计、运行与适航文件的日益完善。

服务质量管理 编制完成《服务质量管理体系手册》《服务质量管理程序手册》和《服务标准》，梳理完成体系文件10个，体系程序23个，初步形成以质量控制循环为基础、以风险管理为重点、以提升服务水平为目标的服务质量管理体系。全年受理旅客投诉24起，结案率100%，未引起旅客的二次投诉。对旅客投诉较为集中的问题，及时进行案例分析，制定投诉预警提醒措施，实现动态闭环管理。

（田晨露）

【通用航空公司】2022年，通用航空公司组织运营8条航线，运行呼和浩特—鄂尔多斯、乌拉特中旗—包头、乌拉特中旗—巴彦淖尔、巴彦淖尔—包头、海拉尔—莫旗、阿荣旗等航线。12月，公司与阿拉善盟政府签订通用航空服务合同，使用国王350飞机开展阿拉善左旗—阿拉善右旗、阿拉善左旗—额济纳旗往返短途运输业务。7月中旬，完成呼伦贝尔旅发大会出行包机任务。全年安全保障短途运输、通航作业、训练、调机等1600余架次。

民航协调辐射区域扩大。民航方面，公司自治区内运行基地涉及20余个民航及通用机场，自治区外涉及8个民航及通用机场，民航协调范围涉及内蒙古自治区、吉林省、安徽省、广东省、宁夏回族自治区等省（自治区），公司运行保障能力、行业资源进一步提升。

全年各航线合计影响飞行约500天。截至年末，飞行2588.43小时、1710架次、载客1803人次，2021年同期飞行2288.43小时、1613架次、载客1377人次，比2021年分别增长13%、6%、31%。2022年，市场经营收入3160万元，2021年2957万元，增幅为6.8%。通航作业收入2742万元，较2021年通航作业收入2536万元增长8.1%。

新增巴彦淖尔人工降雨作业点。全年共完成呼伦贝尔、通辽、乌兰察布、巴彦淖尔，以及吉林、广东、安徽7地人工增雨作业任务。2022年，人工增雨作业量超500小时，成为运12飞机增雨作业机队最大、单机型作业量最多的通航企业。公司上下共同努力运作，仅用3架航空器实现5项人工影响天气任务的准时开展；在南北季节更替期间，实施“北机南调”，继续保持广东、安徽人工影响天气任务，有效节约闲置期间的成本，开源增效，既保证作业质量，又提升航空器利用率，实现双赢。航空护林，根据护林效果及航线影响程度等条件，分别以锡林浩特机场和阿鲁科尔沁机场为中心，优化设计11条护林航线。完成锡林郭勒、赤峰林草巡护业务。航空摄影，保障霍林河、阿拉善盟、金昌三地航摄任务。

（刘利剑）

水利

ᠤᠰᠤ ᠠᠵᠢᠯ

综　述

【水利规划】 2022年2月14日，自治区政府批复《黄河内蒙古段滩区居民迁建规划（修编）》。5月，印发《关于开展内蒙古自治区流域防洪规划修编工作的通知》，总体安排和布置流域规划修编。成立流域防洪规划修编工作领导小组及技术组，召开5次流域防洪规划修编推进会议，实地调研重点地区。规划编制工作满足水利部和流域机构的阶段性要求。

【水系连通及水美乡村建设】 截至2022年12月，按照自治区政府批复《兴安盟科尔沁右翼中旗水系连通及水美乡村建设试点县实施方案》。科尔沁右翼中旗完成投资2亿元，乌拉特中旗完成投资2.47亿元。内蒙古自治区水利厅（以下简称自治区水利厅）每月报送巩固拓展水利扶贫成果同《乡村振兴有效衔接工作任务分工台账》，按季度完成向内蒙古自治区乡村振兴工作领导小组办公室报送乡村振兴建设进展工作。定期更新水利部重大项目平台工程进度及评估。制定印发《内蒙古自治区巩固拓展水利扶贫成果同乡村振兴水利保障有效衔接工作方案》。完成国家水利风景区典型案例和红色基因水利风景区申报工作。

【水利工程报批】 2022年11月19日，完成黄河内蒙古段堤防达标和河道治理工程可行性研究报告，11月19日，报送水利部，项目各项支撑性要件在办理，其中项目区禁建令和社会稳定风险评估报告批复办理完成。

【水利投资】 2022年，自治区水利厅践行习近平总书记“节水优先、空间均衡、系统治理、两手发力”治水思路，落实水利投资135亿元，较2021年投资增长近1倍。争取中央资金和加大自治区财政投入，争取地方政府专项债、银行贷款，吸引社会资本，多渠道筹措建设资金。按照水利部印发的《水利工程使用地方政府债券的指导意见》，梳理细化各盟市2022年拟开工和储备的水利重点项目，争取专项债券支持。有20个水利行业项目争取到地方政府专项债券11.22亿元。

【金融支持水利建设】 2022年，自治区水利厅成立金融支持水利基础设施建设工作专班，印发《内蒙古自治区水利厅关于鼓励使用开发性政策性金融手段支持水利基础设施建设的通知》。梳理水利项目融资需求，更新全区金融支持水利建设融资需求项目库数据。具体支持的水利重大项目有内蒙古引绰济辽工程建设项目。

【水利信息化建设】 2022年，自治区水利厅编制《数字孪生昆都仑河建设先行先试实施方案》《数字孪生扎敦河建设先行先试实施方案》，获得水利部批复。编制《内蒙古自治区取用水管理信息系统整合项目》实施方案，搭建内蒙古自治区取用水管理平台，为全国取用水管理平台提供取用水环节的数据共享与协同监管服务，实现内蒙古自治区取用水管理各类业务事项“一网通办”。《内蒙古自治区智慧水利创新应用支撑体系构建与示范》项目建议书、可行性研究、初步设计报告获自治区发改委批复。全年内蒙古水利厅安排3080万元资金开展自治区取用水计量监测体系建设，重点用于农业大中型地表水灌区渠首计量在线传输设施建设、农业灌溉“以电折水”机电井建设及取用水管理信息系统整合，提高内蒙古自治区农业灌区取用水在线监测覆盖率。完成自治区河长制信息平台验收工作，组织开展信息平台升级工作；推动水利、气象、自然资源等有关部门遥感监控合作，实现重点河湖常态化、全覆盖监管。2022年，初步建成水土保持综合业务平台、遥感监管、信息化监管、信息系统管理、淤地坝预警等业务系统。利用遥感技术和移动终端等信息化技术手段，全覆盖开展生产建设项目水土保持遥感监管。在生产建设项目跟踪检查、国家水土保持重点工程检查和验收过程中，全面应用“互联网+”、卫星遥感和无人机等先进手段。270座淤地坝安装淤地坝信息监控系统，建成5个平台。2022年，全面维护淤地坝防汛监控系统，提升淤地坝安全度汛预警能力。开展水土流失动态监测，科学分析年度水土流失面积、强度和消长变化情况，加强监测成果应用研究。开展重点生产建设项目水土保持监测，加强国家水土保持重点工程治理成效监测与评价，做好重大水土流失事件应急监测，提升监测预警能力。开展土保持宣传、数字孪生流域信息化运用和科技示范创建试点示范工作，提升水土保持发展水平。

（刘燕英）

水利工程建设

【概况】 2022年，内蒙古重大水利工程实现关键节点目标，引绰济辽工程文得根水利枢纽通过下闸蓄水阶段验收，东台子水库超额完成年度建设任务，尼尔基、绰勒水利枢纽下游灌区工程完成建设任务，实施河套、镫口等大中型灌区改造项目，岱海生态应急补水工程建成通水。重大战略性工程前期工作，引绰济辽二期工程等如期开工建设，黄河内蒙古段堤防达标和河道治理工程可研报告上报水利部审批。衔接国家引调水工程骨干水网，谋划自治区水网体系建设，启动内蒙古有效对接国家骨干水网主动脉——引嫩济锡水利工程前期论证。

【引绰济辽工程】 2022年，引绰济辽工程下达投资计划31亿元，完成投资31.56亿元。文得根水利枢纽主体工程基本完工，输水工程有序推进，库区移民有关工作全部完成，2022年11月4日开展试验性下闸蓄水。引绰济辽二期工程完成2022年投资计划，完成工程监理、工程总承包和管材等招标工作。

【东台子水库工程】 2022年，东台子水库工程下达投资计划2亿元，累计完成投资2.01亿元。混凝土坝段完工，堆石坝工程建设进展顺利。

【岱海生态应急补水工程】 2022年度建设任务全部完成，计划完成投资13.46亿元，完成投资13.8亿元。2022年9月20日，工程实现全线通水，向岱海补水50万立方米。

【水库除险加固工程】 2022年，全区实施除险加固的大中型水库3座，其中，鄂尔多斯市乌审旗巴图湾水库除险加固工程完成主体工程建设任务，兴安盟科尔沁右翼中旗翰嘎利水库和包头市昆都仑水库完成年度建设任务。完成呼伦贝尔市莫力达瓦达斡尔族自治旗新发水库除险加固工程的初设批复，向水利部报送《内蒙古自治区水利厅关于将呼伦贝尔市莫旗新发水库除险加固项目纳入除险加固投资计划的请示》。完成呼伦贝尔市莫力达瓦达斡尔族自治旗永安水库除险加固工程初步设计报告技术审查工作并形成技术审查意见。

【河流治理工程】 2022年，全区流域面积3000平方千米主要支流治理工程累计下达投资计划48431万元，乌拉盖河、艾不盖河、罕达罕河、二龙涛河等9个项目全部开工建设；流域面积200～3000平方千米中小河流治理工程下达投资计划69890万元，29项工程全部完工。主要支流治理工程在投资计划下达前完成财政资金评审、招投标准备等工作，全年投资完成率92.05%。中小河流治理工程投资计划完成率96.98%。启动全区200～3000平方千米中小河流治理总体方案编制工作，形成第一阶段任务中小河流现状调查及评估阶段性成果。

（刘燕英）

农村牧区水利建设

【概况】 2022年，自治区水利厅制定印发《内蒙古自治区农村牧区供水工程建档立卡摸底排查工作方案》，组织各地以嘎查村、供水工程为单元，完成农村牧区供水工程建档立卡摸底排查工作。在旗县（市、区）水利局建立管理服务档案，完善饮用水安全风险隐患台账，更新问题清单。2022年夏季全区旱情期，饮用水安全动态监测由月调度加密至日调度，即查即改临时性供水问题，动态消除饮水安全隐患，保障农村牧区群众用水需求。按照《内蒙古自治区“十四五”农村牧区供水保障规划》目标任务，分年度推进农村牧区供水保障工程实施。2022年，全区累计投入农村牧区供水保障工程建设资金3.48亿元，其中自治区本级补助资金2.83亿元，继续开展老旧管网改造、小型集中供水工程标准化建设、牧区水源点建设和规模化供水工程，重点解决水质动态超标、水源水量不足、管网严重老化、边境旗市季节性缺水、拉水距离远等突出问题，巩固提升23万名农牧民饮用水安全保障水平。分解下达农村供水工程维修养护中央补助资金7121万元、自治区补助资金3000万元，可维修养护工程1954处，受益农牧民167万人。建立“以水养水”长效机制，印发《关于进一步提升农村牧区供水工程运行管护能力的通知》，落实工程管护责任，强化水费收缴，完善监管机制，推动落实“三个责任”有名有实有效。强化“自治区、盟市、旗县、行政村”四级农村牧区饮水监督举报平台运用，设立维修养护专项基金。

【大中型灌区基础建设】2022年，自治区水利厅采取旬调度、月研判等形式，推进尼尔基、绰勒两灌区田间工程建设。2022年12月，完成尼尔基和绰勒水利枢纽下游灌区建设任务。国家“十四五”重大农业节水供水工程重点支持建设的河套灌区、镫口扬水灌区累计下达9.26亿元，其中2022年下达资金6.94亿元，截至12月末，完成投资6.26亿元，完成率90.2%。2022年国家下达三湖河、花木兰、济沁河、红星4个中型灌区续建配套与节水改造资金1.38亿元，截至12月末，完成投资1.34亿元，完成率97.4%。2022年，自治区大中型灌区项目改善灌溉面积8万公顷，新增节水能力5957万立方米，新增粮食生产能力8075.96万公斤。河套灌区永济灌域被列为现代化灌区数字孪生试点。推进跨盟市水权转让二期工程初步设计编制，开展“政府+社会”融资模式推进河套灌区节水建设可行性论证。李井滩、镫口等3个灌区被评为全国节水型灌区。在春夏作物关键需水期，大中型灌区保灌面积近133.33万公顷，为全年粮食丰收奠定基础。

【农业水价综合改革】 2022年11月19日，自治区水利厅制定出台《内蒙古自治区推进农业节水实施方案》，建立健全全区农业节水机制，改革完善农业水价综合改革的4项机制。推进农业用水方式由粗放向节约集约转变，提高农业水资源利用效率，2022年，内蒙古自治区农田灌溉水有效利用系数达到0.574。2022年11月10日，自治区水利厅牵头组织发改、财政、农牧业部门联合印发《内蒙古自治区稳步推进农业水价综合改革的通知》，同时系统内部制定《农业水价综合改革2022年工作方案》，部署农业水价综合改革工作。结合国家对黄河流域深度节水控水、西辽河“量水而行”要求，分介质下达2022年农业水价综合改革资金7428万元，重点用于黄河流域农业水价综合改革，同时兼顾其他流域面上农业水价综合改革工作。推进农业水价形成机制、精准补贴和节水奖励机制、工程建设和管护机制、用水管理机制协同落地。2022年，推进实施农业水价综合改革任务面积38.8万公顷。细化验收台账和验收计划，明确验收范围、验收程序和验收目标。完成自治区“以电折水”平台建设，联合蒙东、蒙西电力公司开展农业灌溉用电户号的摸排工作，完成2022年度“一井一系数”率定工作。

（刘燕英）

河湖管理

【概况】 2022年，内蒙古自治区水利厅印发西辽河、岱海、乌梁素海等自治区重要河湖岸线保护与利用规划，完成55个园区洪水影响区域评估，印发实施自治区级领导担任河湖长的“五河四湖”的“一河（湖）一策”（2021—2023年）。完成全区妨碍河道行洪突出问题的排查整治工作，共排查问题625个，其中7个问题延期整改，其余

618个问题全部完成整改。完成列入黄河干支流岸线利用项目专项整治行动的181个问题的整改工作。开展河湖管理保护2022年“春季行动”“秋季行动”，督促整改各类“四乱”问题1236个。印发《内蒙古自治区纵深推进黄河流域河湖“清四乱”常态化规范化行动方案》。按期核定采砂“四个责任人”950余人；统一制定内蒙古自治区采砂许可；开展全区有采砂管理任务的河湖的非法采砂专项整治；开展黄河流域河道采砂专项整治行动。截至12月31日，全区出动人员3.32万人次，累计巡查河道21.6万千米，查处（制止）非法采砂行为91起，查处非法采砂挖掘机48台，查处案件71件，处罚人员75人，没收违法所得9.39万元，罚款109.04万元。

【河湖长制工作】 2022年，自治区水利厅完成23次巡湖调研，完成黄河、松辽流域和海河流域省级河湖长联席会议。完成自治区级河湖长变更工作，完成党委、政府向党中央、国务院及水利厅向水利部、生态环境部上报2021年自治区河长制湖长制工作情况报告，每月按时向纪委、监委报告河长制开展情况。完成2021年河湖长制工作、河长湖长履职考核，并以“一盟（市）一单”的形式下发至各盟市；召开4次自治区级河湖长会议；制定印发2022年河湖长制工作、河湖长制责任单位和对下一级河长湖长履职情况考核细则；2022年1月25日制定印发《内蒙古主要河湖管理保护重点工作台账》。及时更新河湖长名录，2022年9月8日出台《全面推行河湖长制厅际联席会议工作规则》，同时出台《全面推行河湖长制厅际联席会议办公室工作规则》。2022年11月23日，内蒙古自治区第十三届人民代表大会常务委员会第三十八次会议通过完成达里淖尔、哈素海湖泊健康评估和内蒙古自治区湖泊遥感卫星图片解译及分析。

【黄河河道专项整治】 2022年，内蒙古自治区制定印发《进一步加强和规范黄河滩区种植管理工作方案》，完成黄河滩区“分区管控界线”划定落地工作，累计落线1834千米，埋设界桩（彩旗）19718处。通过微信等多种形式开展禁限种政策宣传2432次，举办种植技术培训240多期，与6524户种植户全部签订禁种高秆作物、禁用化肥农药承诺书。完成1.73万公顷年度高秆作物禁限任务。印发《关于做好2022年度黄河滩区居民迁建工作的通知》，督促相关盟市结合各自实际情况编制滩区居民迁建实施方案。2022年，累计搬迁857户、2161人，完成年初既定的840户、2152人迁建任务。5月20日，配合自治区林草局完成包头市土右旗境内1178.55亩严重阻碍行洪和影响河势稳定林木清理整治工作，完成《内蒙古自治区黄河河道有关问题整治工作实施方案》确定的分类处置河道内林木工作。

（刘燕英）

行业监管

【概况】 2022年，内蒙古自治区制定安全生产大检查督导实施方案，并成立12个常态化检查组，对水利行业中存在问题进行督导检查。组织完成全区小水电站生态流量泄放评估及监督检查。完成62个园区水土保持区域评估工作。2022年8月，完成全区12个盟市水利工程建设质量报告。全年利用信息平台发布企业信息1566个，为各级行政管理和社会监督服务。

【汛期防御监管】 2022年，按照《内蒙古自治区水利厅安全生产大检查督导检查实施方案》，将防汛检查和其他检查合并，12个组常态化以“四不两直”方式逐月进行暗访督查，按照“汛期不过、检查不停、整改不止”原则，建立问题清单，盯住问题整改。

【农村牧区水利监管】 2022年，自治区制定印发《内蒙古自治区小水电站运行安全风险隐患排查整治工作方案》，组织开展小水电站自查工作，逐级建立小水电站监管名录、风险隐患台账和整改清单，明确整改措施、整改时限、整改责任人。截至2022年12月，小水电站全部完成整改。印发《关于做好小水电生态流量监管的通知》，开展监督检查小水电站工作、分级建立小水电站生态流量重点监管名录，把小水电站生态流量监管工作纳入最严格水资源考核制度，组织完成全区小水电站生态流量泄放评估及监督检查工作。

【水土保持管理】 2022年，自治区制定印发《内蒙古自治区水利厅关于实施涉水区域评估工作的指导意见》《内蒙古自治区水利厅关于区域评估范围内项目涉水许可实施承诺制管理指导意见》，完成62个园区水土保持区域评估工作。实现区域评估成果共享，优化、简化审批管理。梳理批复水土保持方案台账，完成全区范围水土保持方案质量抽查与整改工作。实现水土保持方案在线受理审批，自治区本级把水土保持方案审批时限压缩至10个工作日。截至12月31日，自治区水利厅本级受理89项，许可84项，不予行政许可5项。在水利厅官网和自治区政府信息网公示和公开批复方案。建立生产建设项目水土保持方案待批项目台账4367项；优化审批流程，实施容缺受理、区域评估、承制管理等3项便企措施；制定水土保持方案办理处置指引，公开办理程序和要求，分类处置限时办结。完成水土保持方案办理4357项，时序进度达99.7%。印发《内蒙古自治区水利厅关于做好2022年度生产建设项目水土保持遥感监管工作的通知》，2022年，三期遥感监管共查处违法扰动图斑3802个。实现自治区政务服务平台统一线上办理验收报备，“双公开”生产建设单位验收报备材料。2022年，报备69个自主验收项目，核查13个项目。强化黄土高原地区淤地坝“四预”（预警、预报、预案、预演）措施，落实“三个责任人”责任。

【水利工程质量管理】 2022年，自治区水利厅对照《水利部办公厅关于开展2021—2022年度水利建设质量工作考核的通知》考核细则，梳理、装订考核备查资料。2022年6月，自治区水利厅印发《关于进一步加快水利工程竣工验收工作的通知》，建立验收管理台账，逐月调度，竣工验收工作取得明显效果；7月，完成自评报告；8月，完成全区12盟市水利建设质量考核报告。经过现场检查，开展在建水利工程质量监督检查，跟踪整改发现的问题。

【在建水利工程安全度汛】 2022年，自治区水利厅对全区正在实施的144个在建水利工程，建立明确到具体人的项目法人首要责任、参建单位主体责任、水行政主管部门监管责任的安全度汛责任体系。两轮摸排全区穿（破）堤工程，周调度26处穿（破）堤施工水利工程，汛期前完成全部穿（破）堤施工并恢复堤防原有功能。两轮排查全区在建水利工程安全度汛风险隐患，对其中50个工程中查出风险隐患102项，在汛期来临前全部完成整改或稳妥处置，实现风险隐患闭环销号。

对引绰济辽、东台子、岱海生态应急补水、扬旗山、扎敦等新建大中型引调水工程和水利枢纽工程、病险水库除险加固工程、三级以上堤防工程等具有调蓄水功能水利工程和可能对区域防洪安全或人民群众生命财产安全产生较大影响的在建水利工程单独编制工程度汛方案和超标准洪水应急预案，对其他在建水利工程编制工程度汛方案并设立超标准洪水应急预案专章。

【水利建设市场管理】 2022年，自治区水利厅利用内蒙古自治区水利工程建设项目信息和市场信用信息平台，每月定期发布市场主体信用信息，截至12月31日，完成39家申报企业水利建设市场主体市场行为评价工作。完成质量检测等水利建设市场主体资质认定相关工作，为2家企业发放质量检测证书。完成自治区水利厅属单位水利工程建设项目和全区重大水利工程建设项目招投标管理工作。截至12月31日，批复招标备案通知25个，完成引绰济辽工程、引绰济辽二期工程、东台子水库工程等37个标段的招标投标监管及投诉处理相关工作。

【工程运行监督管理】 截至2022年12月31日，自治区水利厅暗访抽查全区79座水库、18座水闸、22段堤防工程，发现主要问题491个，整改完成率85%。督促落实水利部监督检查问题整改5个，全部完成整改，督促落实黄委监督检查问题整改92个，完成整改71个，整改完成率77%。督办水利部12314监督举报事项27个，全部办结。派出以处级领导干部带队的12个督导检查组，前后5个批次，检查工程723个，发现安全隐患2327个，完成整改2079个，完成整改率93%。对7个盟市21个水利工程项目开展两个批次的水利稽查，发现主要问题244个，下达整改通知。2022年，实现全区小型水库雨水情自动化监测和坝高15米以上小型水库安全监测全覆盖，实现雨水情和大坝安全自动监测及预警。通过卫星或网络水库和各级水利管理部门实现数据实时传输。

【小水电治理】 2022年，自治区制定印发《关于开展小水电问题核查和评估分类工作的通知》，部署核查评估阶段的主要任务、各部门任务分工、实施步骤。建立内蒙古自治区小水电分类整改厅际联席会议制度，自治区水利厅发展和改革委等七部门编制《内蒙古自治区黄河流域小水电清理整改综合评估报告》，获得自治区政府批复，于2022年12月开始实施。

（刘燕英）

水政执法

【《内蒙古自治区实施〈中华人民共和国水法〉办法（修订）》通过】 2022年9月28日，《内蒙古自治区实施〈中华人民共和国水法〉办法（修订）》通过自治区第十三届人民代表大会常务委员会第三十七次会议审议并公布。修订的办法补充和调整原办法中水资源刚性约束制度、区域综合规划、水量分配方案制定、水行政审批手续优化、加大节约用水力度、控制水污染等24项相关条款。

【《内蒙古自治区河湖保护和管理条例》通过】 2022年11月23日，《内蒙古自治区河湖保护和管理条例》经自治区第十三届人民代表大会常务委员会第三十八次会议审议通过，自2023年1月1日起施行。该条例聚焦水资源过度开发、河湖滩地侵占、水质超标及水岸污染等河湖保护和管理过程中面临的突出问题，坚持立法解决问题的原则，从管理体制、河湖保护、河湖治理、河湖长制等方面提出明确的法律规定。

【依法行政】 2022年，自治区水利厅完成执法人员持证上岗资格认定工作，向社会公示39名有效执法证持证人员名单。自治区水利厅梳理完成自治区水利行政许可清单的标准要素、层级设定，并及时开展后续跟踪。第一时间与自治区牵头部门对接许可层级设定与自治区政府文件不一致的问题，并将相关情况进行通报。完成元宝山发电有限责任公司违法取水、东华能源有限责任公司违法取水2项处罚意见的法治审查。完成包括涉水审批承诺制管理办法、水资源管理制度考核方案、河湖长制年度方案以及盟市再生水利用方案请示等在内的14项请示事项的合法性审查。完成对涉及申请信息公开、水权转让指标收回2项行政复议答复工作。完成包括黄河二期工程纠纷、达拉特旗土地纠纷在内的2项民事诉讼案件的分析研判和应诉工作。开展2022年防汛保安、地下水超采治理专项执法行动。完成水利部2021年水行政执法监督发现问题整改。2022年，印发《法治建设整改落实实施方案》，分项整改落实履行第一责任人职责、推动行业立法、执法办案时效性、执法监督不到位、行业监管力度不够、法制工作力量配备不足、普法责任制落实不到位等问题，2022年达到考核要求。

【水利普法宣传】 2022年，自治区水利厅通过线上有奖答题、发布水利普法微视频和专题普法长图、聘请法律顾问和专家进行普法讲座等形式，完成2022年“世界水日”“中国水周”普法宣传和2022年宪法宣传周法治培训和宣传活动。组织“地下水保护和管理条例”“习近平法治思想学习纲要”“全民国家安全教育日”有奖答题和“美好生活·民法典相伴”在线学习宣传活动。结合水利工作实际，在“内蒙古水利”微信公众号播放5期民法典直播讲解视频，全区水利系统干部职工阅读次数达1.5万人次。制作《涉水企业违法行为及处罚要点介绍》《内蒙古自治区水利普法基础知识专题》《自治区实施〈水法〉办法解读》《水行政处罚及案卷流程标准》《民法典物权编、合同编解读》《民族团结法律法规解读》《依法行政解读》等多项普法课件，在水利厅官方公众号予以发布。水利系统职工开展线上普法培训，7日内，厅机关参与人数53人，厅属单位参与人数459人，盟市水利部门参与人数280人，有759人在培训完成后进行专题有奖知识竞答。

（刘燕英）

开放型经济

融入“一带一路”建设

【对外投资】 2022年，内蒙古自治区对“一带一路”国家投资项目17个，占全区新设对外投资项目总数的70.83%，中方协议投资额7909.8万美元，约占全国对外投资中方协议投资总额的4.1%。

【贸易往来】 2022年，内蒙古自治区对“一带一路”共建国家进出口额935.5亿元，比2021年增长29.6%。其中，出口345.6亿元，比2021年增长34.6%；进口589.9亿元，比2021年增长26.8%。全区企业在23个“一带一路”共建国家或地区开展对外投资，核准备案投资项目528个，占全区累计核准备案对外投资项目总数的74.5%，中方协议投资额66.4亿美元，占全区对外投资中方协议投资总额的43.8%。

【中欧班列】 2022年，全区口岸进境货运量完成5842.2万吨，比2021年增长14.7%；全年过境中欧班列7337列，比2021年增长19.1%。满洲里和二连浩特铁路口岸过境班列分别为4818列和2519列，同比增长40.7%和下降8%。国家口岸办通报，2022年12月，全区口岸进口整体通关时间24.38小时、压缩75.96%，出口整体通关时间0.28小时、压缩87.35%。做好中欧班列补贴拨付工作，组织有关盟市中欧班列开行工作业务主管部门完成中欧班列发运量和补贴资金数额审计工作，拨付补贴资金，全年监管中欧班列26.23万标箱、249.80万吨，货值50.33万美元。建立自治区中欧班列开行工作协调机制，通过定期召开会商会议，研究推进重点事项，及时协调解决重大问题。及时调度满洲里、二连浩特铁路口岸中欧班列运行情况，保障重点铁路口岸畅通和钾肥等重要物资进口。率先在全国落实“铁路快速通关”模式，中欧班列线路扩至64条，货运量比2021年增长10.82%，搭载汽车整车出境列次跃居整车类班列首位。

【经贸活动】 2022年，内蒙古自治区组织参加35场经贸活动，线上参加2022荷兰世园会“内蒙古活动周”经贸洽谈活动、白俄罗斯贸易投资的线上论坛2022年金砖国家工商论坛，组织参加中国贸促会线上举办的中国－中东及北非国际贸易数字展览会、中国－东北亚国际贸易数字展览会。组织区内40家企业参加白俄罗斯贸易投资线上分享会、俄罗斯线上商贸交流对接会、孟加拉国皮革行业及皮革制品线上洽谈会，线上参加2022年中国－朝鲜国际商品贸易数字展览会、中国－东北亚国际贸易数字展览会，召开企业座谈会；组织举办中国（鄂尔多斯）国际羊绒羊毛展览会，展区面积2万平方米，现场观展人数1.1万人次，现场成交额4658万元，直播带货交易金额641万元，意向成交金额1608万元。

【向北开放工作】 2022年，调整自治区向北开放工作领导小组，起草《关于建设国家向北开放重要桥头堡实施方案》《建设国家向北开放重要桥头堡2022年重点任务清单》。参与起草《党中央、国务院关于支持内蒙古全面建设“两个屏障”“两个基地”“一个桥头堡”的意见（代议建议稿）》《争取中央首批支持事项清单》。自治区商务厅印发《内蒙古自治区落实〈中新（重庆）战略性互联互通示范项目“国际陆海贸易新通道”合作规划〉实施方案》。推动中西部8个盟市及二连浩特市参与陆海新通道建设。自治区口岸办与宁夏回族自治区口岸部门对接口岸协作。协调呼和浩特铁路局集团公司解决鄂尔多斯市、巴彦淖尔市的中欧班列开行计划。筹备中华人民共和国内蒙古自治区人民政府与蒙古国外交部常设协商工作组第五次会议，协助筹备中蒙两国《边境口岸及其管理制度协定》执行情况特别会晤等重要会议，与国家外事部门合作完成自治区主席王莉霞与蒙古国驻华大使的视频会晤，协助筹办中俄边境和地方间经贸合作和经济特区合作工作组第二次会议，牵头召开大图们倡议东北亚地方合作委员会第十次会议。完成自治区政府与蒙古国外交部常设协商工作组第五次会议纪要签署与交换工作，对纪要任务分解。推进建立内蒙古自治区口岸管理办公室与蒙古国边境口岸管理局合作机制，筹办蒙古国口岸复兴国家委员会与自治区人民政府会晤工作。2022年6月，由自治区负责实施的国家重点对外援助项目蒙古国棚户区改造项目开工建设，进展顺利。

（刘 婷）

开放平台建设

【边境经济合作区】

满洲里边境经济合作区 2022年，满洲里边境经济合作区工业总产值完成10.22亿元，其中规上工业企业实现产值7.07亿元。固定资产投资完成7.84亿元，其中工业固定资产投资完成0.63亿元。共实施市级重点项目21个，固定资产投资完成6.7125亿元，同比上升55.2%。其中新建项目12个，续建项目9个。总投资22.7亿元，年度计划投资7.85亿元，17个项目开工，开工率为80.95%。

二连浩特边境经济合作区 2022年，二连浩特边境经济合作区主要生产运行企业41户，其中规上企业8户。全年完成工业总产值12亿元，其中规上工业产值11亿元；完成税收2800万元，固定资产6634万元。续建项目5个，即：谷丰粮油加工项目，中基锡安年产180万吨铁精粉搬迁扩建项目，阿乐福年磁选70万吨铁精粉技改扩建项目，蒙联年产石材30万平方米加工项目，彩岩年产石料30万m^3、石材20万m^3加工项目。以上5个项目完成投资6634万元。

【综合保税区建设】 自治区有满洲里综合保税区、呼和浩特综合保税区（出口加工区）、鄂尔多斯综合保税区3个综合保税区。2022年，3个综合保税区进出口值实现快速增长，全年进出口值达到145.3亿元（2021年72.5亿元），比2021

表29 2020—2022年内蒙古自治区主要综合保税区进出口值统计表

单位：亿元、%

综保区名称	2020年进出口值及全国排名（127家）			2021年进出口值及全国排名（142家）			2022年进出口值及全国排名（149家）		
	进出口值	比2021年同期	排名	进出口值	比2021年同期	排名	进出口值	比2021年同期	排名
满洲里综合保税区	11.53	118	101	12.06	4.6	136	34.9	190	131
呼和浩特综合保税区	9.3	578	102	34.95	275	116	41.54	18.9	126
鄂尔多斯综合保税区	4.14	—	—	25.35	512	125	68.9	172	110

注：鄂尔多斯综合保税区2019年3月封关运营，当年数据未列入统计。

（表格来源：自治区商务厅）

年增长100.41%。

满洲里综合保税区　2022年满洲里综保区进出口值达到34.9亿元（2021年12.06亿元），比2021年增长189%。全国149家综保区进出口值排名第131位。

呼和浩特综合保税区　2022年呼和浩特综保区进出口值达到41.54亿元（2021年34.95亿元），比2021年增长18.9%。全国149家综保区进出口值排名第126位。

鄂尔多斯综合保税区　2022年鄂尔多斯综保区进出口值达到68.9亿元（2021年25.35亿元），比2021年增长172%。全国149家综保区进出口值排名第110位。

（刘文林）

招商引资

【概况】　2022年，内蒙古自治区各盟市党政主要领导带队外出招商226次，举办招商引资活动358场，达成签约项目3119个，协议总投资3.4万亿元。全区完成招商引资国内到位资金3409亿元，比2021年增长59.7%。2月23日，自治区人民政府召开招商引资工作专题会议提出把招商引资和项目建设作为一号工程抓紧抓实，作为当前和今后一个时期推动全区经济扩总量、提质量的重要抓手，要求各级各部门牢固树立“管行业就要管招商、管产业就要管招商”的工作理念，形成招商引资的强大合力，为经济转型、高质量发展提供强大动力和坚实支撑。

【招商引资体制机制重塑】　2022年8月，自治区党委重塑招商引资体制机制，由自治区对外开放工作领导小组全面统筹招商引资工作。并将自治区发展和改革委承担的招商引资职能划转至商务厅，由商务厅统筹协调、督查指导、组织实施全区招商引资工作。各盟市比照自治区调整升格对外开放工作领导小组，重塑招商引资工作体制机制，加强招商队伍力量。年内，自治区政府建立省级领导任“链长”和“两图两库两表”工作机制，推进自治区重点产业链建设，打造奶业、肉牛、肉羊、马铃薯、羊绒、现代煤化工、有色金属、新能源汽车、风电装备、光伏装备、生物医药、稀土12条重点产业链，着力引进一批“延链、补链、强链、建链”项目。

【参加第六届丝博之路国际博览会暨中国东西部合作与投资贸易洽谈会】　2022年8月14日，第六届丝博之路国际博览会暨中国东西部合作与投资贸易洽谈会在西安开幕。丝博会期间，陕蒙两地签约投资贸易合作项目共48个，签约金额近1300亿元，涉及绿色农畜产品生产加工、文化旅游、能源、战略性新兴产业、数字经济等多个领域。作为该届丝博会主宾省份之一，内蒙古共组织85家优势龙头企业参会。会议期间，举办“我和草原有个约定”——陕蒙两省区战略合作框架协议签约仪式暨产业合作推介会，签署两省区战略合作协议，两省区教育、文旅、科技、贸促等部门签署工作协议。

【参加第二十八届中国兰州投资贸易洽谈会】　2022年7月7—11日，第二十八届中国兰州投资贸易洽谈会以线上线下相结合的方式在甘肃省兰州举办。根据自治区政府批示，由自治区发展和改革委牵头，组织自治区商务厅、市场监管局、贸促会及各盟市投资促进部门共计60余人参会。会议期间，组织与会人员参观甘肃省荣康医药物流公司、兰州市佛慈制药股份有限公司。各厅局及盟市积极对接当地医药、能源、海绵城市建设等优势特色企业及商协会。

【参加第23届中国·青海绿色发展投资贸易洽谈会和第二届中国（青海）国际生态博览会】　2022年7月22—24日，第23届中国·青海绿色发展投资贸易洽谈会和第二届中国（青海）国际生态博览会在青海省西宁合并举办。自治区发改委、商务厅、农牧厅、环保厅、贸促会以及有关盟市投资促进部门共42位代表参会。会议期间，与会代表参观青海可可西里实业开发集团有限公司、圣源地毯集团有限公司并与青海企业家就推动两地合作开展座谈交流，自治区贸促会与青海省贸促会签署框架合作协议。

（董　斌）

对外贸易

【货物进出口】　2022年，内蒙古自治区海关进出口总额1523.6亿元，比2021年增长23.2%，自2017年以来连续第六年创新高。其中，出口总额630.3亿元，增长31.9%；进口总额893.3亿元，增长17.8%。市场多元化取得进展，全年对“一带一路”共建国家、欧盟、东盟进出口分别增长 29.6%、33.4% 和 4.2%。民营企业贸易活跃，进出口值为 1076 亿元，增长 31.7%，占全区进出口总值的 70.6%，对全区进出口增长的贡献度达到 90.2%。机电产品出口值达 140.4 亿元，增长 75.2%，拉动全区外贸出口增长 12.6 个百分点；煤炭、铜矿砂等矿能产品合计进口值达 613.8 亿元，增长 26.6%，拉动全区外贸进口增长 17 个百分点。

【国际服务贸易展会】2022 年 8 月 31 日至 9 月 5 日，自治区商务厅组织自治区重点服务贸易企业参会参展。自治区以“建设亮丽内蒙古，共圆伟大中国梦”为主题，向全球展览展示内蒙古自治区特色中医药（蒙医药）、文化旅游、数字环保、信息服务等服务贸易发展成果。22 家参展企业（单位）签署合作协议、意向 65 项，涉及金额近 1300 万元。

【对外及对港澳贸易活动】2022 年，自治区商务厅保持同蒙古国工商会、蒙中贸易促进会等蒙古国商协会组织的沟通联系，组织举办 3 场线上对接洽谈活动。协助蒙古国工商会联系对接自治区政府，协调解决蒙古国进口货运列车车皮紧张的问题。参与有关对蒙合作交流活动。与香港特别行政区政府驻京机构进行座谈交流，开展系列活动进行沟通对接。参加庆祝香港特别行政区成立 25 周年营商座谈会，线上参加 2022 年金砖国家工商论坛、2022 年多双边工商合作机制工作视频会议。开展《内蒙古参与中蒙俄经济走廊建设——国家重点开发开放试验区发展》课题研究工作。加强中央预算内投资项目管理，支持试验区口岸通道、疫情防控等重点基础设施项目建设。

【对外经贸促进】2022 年，自治区举办 2022 第十届中国（呼和浩特）茶产业博览会，线上参加 2022 年中国—朝鲜国际商品贸易数字展览会、中国—东北亚国际贸易数字展览会、中国（厦门）跨境电商展览会、中国国际商会 2022 第一次理事会会议、国际商会税收委员会工作会议等 14 场活动。组织召开国际商会会员企业代表座谈会等，推荐自治区七家能源、环保、银行等领域企业加入“可持续发展市场倡议”中国理事会。组织参加中国国际商会在线举办的留抵退税新政解读专题讲座，在线参与贸易金融新发展专题讲座等 3 场活动。开展外贸外资企业面临问题、俄乌冲突对企业影响、RCEP 专项调研等 5 次问卷调查。邀请内蒙古电力集团、工商银行内蒙古分行等国有大型企业加入内蒙古国际商会，成为商会副会长、常务理事等会员单位。其中新增理事、常务理事、副会长单位 52 家，共有会员单位 102 家。国际商会会员企业 1500 余家，与蒙泰集团公司合作共建内蒙古国际商会驻德国代表处、与葵先生食品有限公司合作共建驻土耳其代表处。

（彭海霞）

境外经济技术合作

【境外投资】2022 年，内蒙古自治区新增境外投资项目数 24 个，同比减少 27 个。内蒙古自治区协议投资额 19.5 亿美元，同比增长 2.6 倍；境外实际投资额 13.2 亿美元，同比增长 3.9 倍。投资国别和地区为蒙古国、俄罗斯、中国香港、美国、加纳、巴西、阿联酋、阿富汗、埃及、德国和哈萨克斯坦，主要投资行业为农牧业、批发业、制造业、采矿业、运输业、国际贸易等。“一带一路”共建国家是自治区企业开展对外投资的重点国别地区，对蒙古国和俄罗斯各新增对外投资项目 6 个，占比 70.6%；对其他“一带一路”共建国家新增对外投资项目 5 个，占比 29.4%。

【劳务派遣】2022 年，全区派遣劳务人员 449 人，全部派往蒙古国，主要从事建筑、矿产和运输等领域工作，期末在外人员 110 人。

【跨境电商】2022 年，自治区商务厅及各综试区积极推进跨境电子商务发展，出台支持政策，开展综试区各项基础建设，六体系两平台建设取得积极进展，跨境电子商务零售进口、零售出口、跨境电商平台出口、跨境电商平台出口海外仓业务模式在自治区均已开通，全区实现跨境电子商务进出口额 24.8 亿元，是 2021 年的 5.5 倍。

（邸晶超）

开发区（工业园区）

【概况】以包头稀土高新技术产业开发区 1990 年建设为起点，内蒙古开发区（工业园区）经过 30 多年发展，逐步成为促进工业经济增长重要驱动力。2021 年工业园区优化调整后，全区 188 个开发区优化调整至 62 个，包括 56 个工业园区、6 个其他类开发区。2022 年，全区

56个工业园区累计实现工业增加值4939.9亿元，工业固定资产投资1944.4亿元，实现税收1361.4亿元。入园工业企业达到8600家以上，带动就业约90万人。新增千亿级园区2个，总数达到4个；新增500亿级园区2个，总数达到10个。入园规模以上工业企业1815家，占全区规模以上工业企业的54.6%。全年工业园区产值1.93万亿元，较2021年度增长18.9%，占全部工业产值比重达到75%左右，较2021年度提高6个百分点。2022年，全年园区亩均投资207万元、亩均产值122万元、亩均税收8.3万元，较2021年度分别增长5%、16%和38%。全年园区基础设施投入43亿元，实施基础设施项目56个，新增污水处理能力5.5万吨/日、渣场库容0.18亿立方米、供热面积3.3万平方米、管网670.7千米、标准化厂房60.8万平方米。

【开发区区域评估】 2022年，内蒙古自治区推动并完成开发区区域评估工作，自治区自然资源厅建立旬调度、旬通报制度，加强对各地区工作推进的调度督导。截至2022年5月底，全区62个开发区的664项评估事项全部完成。全年，已有1290多个项目共享使用评估成果3480余次，为企业节省成本9560余万元。

【呼和浩特市辖区内开发区】

呼和浩特金山高新技术产业开发区 2022年，实现工业增加值245亿元；实现工业固定资产投资58.7亿元，实现税收86.3亿元。园区建成面积3041.4公顷，亩均税收实现53.3万元，入驻工业企业91家，其中规模以上工业企业40家，带动就业23234人。园内企业2022年度新增发明专利授权27件，高新技术企业产值占比65%。

呼和浩特经济技术开发区 2022年，实现工业增加值139.7亿元；实现工业固定资产投资17.8亿元，较2021年度增长119.42%；实现税收53.3亿元，较2021年度增长0.1%。园区建成面积1265公顷，亩均税收实现28.1万元，入驻工业企业115家，其中规模以上工业企业46家，带动就业55089人。园内企业2022年度新增发明专利授权51件，高新技术企业产值占比15.8%。

内蒙古呼和浩特敕勒川乳业开发区 2022年，实现工业增加值37.7亿元；实现工业固定资产投资49.8亿元，较2021年度增长22.7%；实现税收47.7亿元，较2021年度增长18.30%。园区建成面积1605公顷，亩均税收实现19.8万元，入驻工业企业89家，其中规模以上工业企业47家，带动就业13368人。园内企业2022年度新增发明专利授权55件，高新技术企业产值占比31.2%。

内蒙古呼和浩特和林格尔乳业开发区 2022年，实现工业增加值97.4亿元；实现工业固定资产投资9.1亿元，较2021年度增长37.8%；实现税收9.1亿元，较2021年度减少4.8%。园区建成面积701.9公顷，亩均税收实现8.7万元，入驻工业企业71家，其中规模以上工业企业36家，带动就业14217人。园内企业2022年度新增发明专利授权87件，高新技术企业产值占比15.0%。

内蒙古呼和浩特托清经济开发区 2022年，实现工业增加值85亿元；实现工业固定资产投资55.2亿元，较2021年度增长12.2%；实现税收11.1亿元，较2021年度减少15.8%。园区建成面积3743.3公顷，亩均税收实现7.6万元，入驻工业企业162家，其中规模以上工业企业76家，带动就业37451人。园内企业2022年度新增发明专利授权25件，高新技术企业产值占比51.5%。

【包头市辖区内开发区】

包头稀土高新技术产业开发区 2022年，实现工业增加值325.2亿元；实现工业固定资产投资70.2亿元，较2021年度增长33.56%；实现税收85.6亿元，较2021年度增长19.32%。园区建成面积1817.2公顷，亩均税收实现31.4万元，入驻工业企业777家，其中规模以上工业企业105家，带动就业32256人。园内企业2022年度新增发明专利授权150件，高新技术企业产值占比43%。

内蒙古包头装备制造产业园区 2022年，实现工业增加值98.4亿元；实现工业固定资产投资92.7亿元，较2021年度增长52.26%；实现税收23.1亿元，较2021年度增长28.4%。园区建成面积1750.7公顷，亩均税收实现8.8万元，入驻工业企业522家，其中规模以上工业企业54家，带动就业49178人。园内企业2022年度新增发明专利授权95件，高新技术企业产值占比68.28%。

内蒙古包头钢铁冶金开发区 2022年，实现工业增加值254.1亿元；实现工业固定资产投资167.8亿元，较2021年度增长121%；实现税收56.3亿元，较2021年度增长49%。园区建成面积3797.1公顷，亩均税收实现9.9万元，入驻工业企业486家，其中规模以上工业企业75家，带动就业31439人。园内企业2022年度新增发明专利授权79件，高新技术企业产值占比72.44%。

内蒙古包头达茂巴润工业园区　2022年，实现工业增加值8亿元；实现工业固定资产投资20亿元，较2021年度增长1151.88%；实现税收13.9亿元，较2021年度增长82.8%。园区建成面积499.3公顷，亩均税收实现18.6万元，入驻工业企业50家，其中规模以上工业企业42家，带动就业2859人。园内企业2022年度新增发明专利授权31件。

内蒙古包头九原工业园区　2022年，实现工业增加值60.3亿元；实现工业固定资产投资89.1亿元，较2021年度增长336.3%；实现税收17.2亿元，较2021年度增长22.5%。园区建成面积608.8公顷，亩均税收实现18.8万元，入驻工业企业111家，其中规模以上工业企业35家，带动就业8300人。园内企业2022年度新增发明专利授权121件，高新技术企业产值占比70.90%。

内蒙古包头铝业产业园区　2022年，实现工业增加值84.6亿元；实现工业固定资产投资18.9亿元，较2021年度增长36.6%；实现税收12.7亿元，较2021年度增长8.97%。园区建成面积870.9公顷，亩均税收实现9.7万元，入驻工业企业113家，其中规模以上工业企业27家，带动就业13123人。园内企业2022年度新增发明专利授权8件，高新技术企业产值占比27%。

内蒙古包头土右新型工业园区　2022年，实现工业增加值23.3亿元；实现工业固定资产投资43.2亿元，较2021年度减少34.45%；实现税收9.3亿元，较2021年度增长116.35%。园区建成面积767公顷，亩均税收实现8万元，入驻工业企业74家，其中规模以上工业企业33家，带动就业8650人。园内企业2022年度新增发明专利授权51件，高新技术企业产值占比11.5%。

【呼伦贝尔市辖区内开发区】

呼伦贝尔经济技术开发区　2022年，实现工业增加值7亿元；实现工业固定资产投资7亿元，较2021年度增长9.3%；实现税收1.9亿元，较2021年度增长0.46%。园区建成面积1113公顷，亩均税收实现1.1万元，入驻工业企业208家，其中规模以上工业企业18家，带动就业12242人。园内企业2022年度新增发明专利授权2件，高新技术企业产值占比80.29%。

内蒙古呼伦贝尔岭东农畜林产品开发区　2022年，实现工业增加值60.5亿元；实现工业固定资产投资9.2亿元，较2021年度减少41.5%；实现税收9.5亿元，较2021年度增长72.4%。园区建成面积1456.8公顷，亩均税收实现4.3万元，入驻工业企业48家，其中规模以上工业企业15家，带动就业11446人。园内企业2022年度新增发明专利授权18件，高新技术企业产值占比75.9%。

内蒙古呼伦贝尔牙克石高新技术产业开发区　2022年，实现工业增加值1.9亿元；实现工业固定资产投资1.1亿元，较2021年度减少76.78%；实现税收0.2亿元，较2021年度减少27.65%。园区建成面积475.2公顷，亩均税收实现0.3万元，入驻工业企业20家，其中规模以上工业企业5家，带动就业1907人。园内企业2022年度新增发明专利授权7件，高新技术企业产值占比3.3%。

【兴安盟辖区内开发区】

内蒙古兴安盟经济技术开发区　2022年，实现工业增加值62.5亿元；实现工业固定资产投资17.9亿元，较2021年度增长109.98%；实现税收39.2亿元，较2021年度增长7.67%。园区建成面积2515.5公顷，亩均税收实现10.4万元，入驻工业企业196家，其中规模以上工业企业34家，带动就业12481人。园内企业2022年度新增发明专利授权2件，高新技术企业产值占比9.32%。

内蒙古兴安盟农畜产品开发区　2022年，实现工业增加值2.6亿元；实现工业固定资产投资14.2亿元，较2021年度减少9.55%；实现税收3.5亿元，较2021年度增长24.46%。园区建成面积1002.7公顷，亩均税收实现2.3万元，入驻工业企业91家，其中规模以上工业企业10家，带动就业5655人。

【赤峰市辖区内开发区】

内蒙古赤峰高新技术产业开发区　2022年，实现工业增加值149.8亿元；实现工业固定资产投资52亿元，较2021年度增长72%；实现税收17.4亿元，较2021年度减少 14.07%。园区建成面积 2236 公顷，亩均税收实现 5.2 万元，入驻工业企业 432 家，其中规模以上工业企业 88 家，带动就业 50453 人。园内企业 2022 年度新增发明专利授权 30 件，高新技术企业产值占比 59.7%。

内蒙古赤峰承接产业开发区 2022 年，实现工业增加值 22.3 亿元；实现工业固定资产投资 35.7 亿元，较 2021 年度减少 14.79%；实现税收 1.3 亿元，较 2021 年度减少 35.8%。园区建成面积 397.2 公顷，亩均税收实现 2.3 万元，入驻工业企业 64 家，其中规模以上工业企业 12 家，带动就业 9280 人。园内企业 2022 年度新增发明专利授权 1 件，高新技术企业产值占比 9.38%。

内蒙古赤峰农畜产品开发区 2022 年，实现工业增加值 7.1 亿元；实现工业固定资产投资 15.5 亿元，较 2021 年度增长 12.8%；实现税收 1.4 亿元，较 2021 年度增长 16.12%。园区建成面积 1140 公顷，亩均税收实现 1.8 万元，入驻工业企业 123 家，其中规模以上工业企业 20 家，带动就业 10915 人。园内企业 2022 年度新增发明专利授权 24 件，高新技术企业产值占比 3.17%。

内蒙古赤峰冶金化工开发区 2022 年，实现工业增加值 36.3 亿元；实现工业固定资产投资 10.3 亿元，较 2021 年度增长 120.62%；实现税收 3.8 亿元，较 2021 年度增长 81.06%。园区建成面积 919.1 公顷，亩均税收实现 2.8 万元，入驻工业企业 38 家，其中规模以上工业企业 8 家，带动就业 5700 人。园内企业 2022 年度新增发明专利授权 19 件，高新技术企业产值占比 77.79%。

内蒙古赤峰有色金属开发区 2022 年，实现工业增加值 22.8 亿元；实现工业固定资产投资 11.2 亿元，较 2021 年度增长 7.7%；实现税收 1.5 亿元，较 2021 年度增长 27.27%。园区建成面积 522.4 公顷，亩均税收实现 1.9 万元，入驻工业企业 88 家，其中规模以上工业企业 22 家，带动就业 6327 人。园内企业 2022 年度新增发明专利授权 7 件，高新技术企业产值占比 60.96%。

【通辽市辖区内开发区】

内蒙古霍林郭勒高新技术产业开发区　2022 年，实现工业增加值 218.3 亿元；实现工业固定资产投资 41.3 亿元，较 2021 年度增长 439.7%；实现税收 40.2 亿元，较 2021 年度增长 51.69%。园区建成面积 3960.5 公顷，亩均税收实现 6.8 万元，入驻工业企业 154 家，其中规模以上工业企业 37 家，带动就业 24642 人。园内企业 2022 年度新增发明专利授权 16 件，高新技术企业产值占比 64.39%。

内蒙古通辽承接产业转移开发区　2022 年，实现工业增加值 5.2 亿元；实现工业固定资产投资 3.2 亿元，较 2021 年度增长 30.7%；实现税收 1.6 亿元，较 2021 年度减少 36.7%。园区建成面积 920.3 公顷，亩均税收实现 1.1 万元，入驻工业企业 83 家，其中规模以上工业企业 16 家，带动就业 3270 人。园内企业 2022 年度新增发明专利授权 5 件，高新技术企业产值占比 12%。

内蒙古通辽经济技术开发区 2022 年，实现工业增加值 15.1 亿元；实现工业固定资产投资 8.4 亿元，较 2021 年度增长 3.7%；实现税收 18.2 亿元，较 2021 年度减少 8.5%。园区建成面积 1878.7 公顷，亩均税收实现 9.5 万元，入驻工业企业 315 家，其中规模以上工业企业 38 家，带动就业 9350 人。园内企业 2022 年度新增发明专利授权 8 件，高新技术企业产值占比 15.84%。

内蒙古通辽开鲁生物医药开发区　2022 年，实现工业增加值 9.5 亿元；实现工业固定资产投资 5 亿元，较 2021 年度增长 16.1%；实现税收 0.8 亿元，较 2021 年度减少 17.8%。园区建成面积 1504.8 公顷，亩均税收实现 0.4 万元，入驻工业企业 106 家，其中规模以上工业企业 18 家，带动就业 6136 人。园内企业 2022 年度新增发明专利授权 4 件，高新技术企业产值占比 58.84%。

内蒙古通辽科尔沁工业园区 2022 年，实现工业增加值 43.8 亿元；实现工业固定资产投资 49 亿元，较 2021 年度增长 151.1%；实现税收 6.9 亿元，较 2021 年度增长 35.4%。园区建成面积 1608 公顷，亩均税收实现 2.9 万元，入驻工业企业 77 家，其中规模以上工业企业 24 家，带动就业 10433 人。园内企业 2022 年度新增发明专利授权 24 件，高新技术企业产值占比 60.59%。

内蒙古通辽奈曼工业园区 2022 年，实现工业增加值 4.4 亿元；实现工业固定资产投资 32.2 亿元，较 2021 年度增长 168%；实现税收 2.3 亿元，较 2021 年度增长 21.45%。园区建成面积 633.3 公顷，亩均税收实现 2.4 万元，入驻工业企业 108 家，其中规模以上工业企业 21 家，带动就业 8000 人。园内企业 2022 年度新增发明专利授权4件。

【锡林郭勒盟辖区内开发区】

内蒙古锡林郭勒经济技术开发区　2022年，实现工业增加值106亿元；实现工业固定资产投资13.9亿元，较2021年度减少27.73%；实现税收38.1亿元，较2021年度增长32.28%。园区建成面积709.8公顷，亩均税收实现35.7万元，入驻工业企业24家，其中规模以上工业企业18家，带动就业8385人。园内企业2022年度新增发明专利授权8件，高新技术企业产值占比8.4%。

内蒙古锡林郭勒白音华经济开发区　2022年，实现工业增加值118亿元；实现工业固定资产投资23.4亿元，较2021年度增长97.74%；实现税收80亿元，较2021年度增长129.396%。园区建成面积698.4公顷，亩均税收实现76.4万元，入驻工业企业34家，其中规模以上工业企业10家，带动就业13211人。高新技术企业产值占比38.14%。

内蒙古锡林郭勒承接产业开发区　2022年，实现工业增加值26.8亿元；实现工业固定资产投资7.4亿元，较2021年度增长269.1%；实现税收4.4亿元，较2021年度增长164.7%。园区建成面积880.4公顷，亩均税收实现3.3万元，入驻工业企业111家，其中规模以上工业企业14家，带动就业4521人。园内企业2022年度新增发明专利授权40件，高新技术企业产值占比70.4%。

内蒙古锡林郭勒多伦经济开发区　2022年，实现工业增加值7.7亿元；实现工业固定资产投资2.4亿元，较2021年度增长6.08%；实现税收3.1亿元，较2021年度增长21%。园区建成面积496公顷，亩均税收实现4.2万元，入驻工业企业67家，其中规模以上工业企业6家，带动就业4825人。

内蒙古锡林郭勒苏尼特经济开发区　2022年，实现工业增加值4.2亿元；实现工业固定资产投资9.7亿元，较2021年度增长172%；实现税收0.3亿元，较2021年度减少36%。园区建成面积537公顷，亩均税收实现0.4万元，入驻工业企业41家，其中规模以上工业企业9家，带动就业1100人。园内企业2022年度新增发明专利授权1件，高新技术企业产值占比46.6%。

【乌兰察布市辖区内开发区】

内蒙古乌兰察布察哈尔高新技术开发区　2022年，实现工业增加值18.5亿元；实现工业固定资产投资55.9亿元，较2021年度增长53.13%；实现税收9.4亿元，较2021年度增长20.51%。园区建成面积1033公顷，亩均税收实现6.1万元，入驻工业企业121家，其中规模以上工业企业33家，带动就业6092人。园内企业2022年度新增发明专利授权5件，高新技术企业产值占比16.2%。

内蒙古乌兰察布丰川循环经济开发区　2022年，实现工业增加值66.5亿元；实现工业固定资产投资26.2亿元，较2021年度增长14.68%；实现税收13.4亿元，较2021年度增长49.63%。园区建成面积1966.6公顷，亩均税收实现6万元，入驻工业企业134家，其中规模以上工业企业56家，带动就业22107人。园内企业2022年度新增发明专利授权11件，高新技术企业产值占比44.83%。

内蒙古乌兰察布辉腾锡勒绿色经济开发区　2022年，实现工业增加值20.1亿元；实现工业固定资产投资11.3亿元，较2021年度增长4.9%；实现税收3亿元，较2021年度增长13.37%。园区建成面积780.1公顷，亩均税收实现4.5万元，入驻工业企业125家，其中规模以上工业企业44家，带动就业9971人。园内企业2022年度新增发明专利授权18件，高新技术企业产值占比17.89%。

内蒙古乌兰察布京蒙合作产业开发区　2022年，实现工业增加值45.8亿元；实现工业固定资产投资17.7亿元，较2021年度增长37.91%；实现税收6.6亿元，较2021年度减少19.74%。园区建成面积2509.7公顷，亩均税收实现1.8万元，入驻工业企业247家，其中规模以上工业企业67家，带动就业17200人。园内企业2022年度新增发明专利授权1件，高新技术企业产值占比76.32%。

内蒙古乌兰察布新材料产业开发区　2022年，实现工业增加值64.5亿元；实现工业固定资产投资27亿元，较2021年度增长75.02%；实现税收14.8亿元，较2021年度增长7.3%。园区建成面积2224公顷，亩均税收实现4.7万元，入驻工业企业148家，其中规模以上工业企业37家，带动就业17261人。园内企业2022年度新增发明专利授权80件，高新技术企业产值占比52.07%。

乌兰察布·二连浩特国家物流枢纽园区　2022年，实现工业增加值2.1亿元，园区规模以上工业企业8家。

【鄂尔多斯市辖区内开发区】

鄂尔多斯高新技术产业开发区　2022年，实现工业增加值41.2亿元；实现工业固定资产投资15.8亿元，较2021年度增长12%；实现税收12.5亿元，较2021年度增长5%。园区建成面积3816.1公顷，亩均税收实现2.2万元，入驻工业企业106家，其中规模以上工业企业24家，带动就业13832人。园内企业2022年度新增发明专利授权34件，高新技术企业产值占比54.2%。

内蒙古鄂尔多斯达拉特经济开发区　2022年，实现工业增加值134.8亿元；实现工业固定资产投资37.2亿元，较2021年度增长3.9%；实现税收16.8亿元，较2021年度增长4.2%。园区建成面积1548公顷，亩均税收实现7.2万元，入驻工业企业136家，其中规模以上工业企业33家，带动就业15862人。园内企业2022年度新增发明专利授权10件，高新技术企业产值占比61.3%。

内蒙古鄂尔多斯鄂托克经济开发区　2022年，实现工业增加值464亿元；实现工业固定资产投资63.6亿元，较2021年度增长11.5%；实现税收168.2亿元，较2021年度增长61.99%。园区建成面积4160公顷，亩均税收实现27万元，入驻工业企业164家，其中规模以上工业企业97家，带动就业37305人。园内企业2022年度新增发明专利授权21件，高新技术企业产值占比49.9%。

内蒙古鄂尔多斯杭锦经济开发区　2022年，实现工业增加值66.7亿元；实现工业固定资产投资85.5亿元，较2021年度增长399.24%；实现税收12.8亿元，较2021年度增长168.34%。园区建成面积890.8公顷，亩均税收实现9.6万元，入驻工业企业77家，其中规模以上工业企业38家，带动就业10409人。园内企业2022年度新增发明专利授权11件，高新技术企业产值占比35.9%。

内蒙古鄂尔多斯蒙苏经济开发区　2022年，实现工业增加值85.9亿元；实现工业固定资产投资39.2亿元，较2021年度增长44.43%；实现税收78.5亿元，较2021年度增长34.72%。园区建成面积1625公顷，亩均税收实现32.2万元，入驻工业企业132家，其中规模以上工业企业18家，带动就业14144人。园内企业2022年度新增发明专利授权5件，高新技术企业产值占比7.1%。

内蒙古鄂尔多斯上海庙经济开发区　2022年，实现工业增加值144.1亿元；实现工业固定资产投资74.8亿元，较2021年度增长20.39%；实现税收32.3亿元，较2021年度增长34.33%。园区建成面积687.6公顷，亩均税收实现31.3万元，入驻工业企业40家，其中规模以上工业企业13家，带动就业21387人。园内企业2022年度新增发明专利授权4件，高新技术企业产值占比42.4%。

内蒙古鄂尔多斯苏里格经济开发区　2022年，实现工业增加值324.1亿元；实现工业固定资产投资40.6亿元，较2021年度增长82.2%；实现税收122.4亿元，较2021年度增长37.7%。园区建成面积3900公顷，亩均税收实现20.9万元，入驻工业企业53家，其中规模以上工业企业20家，带动就业20248人。园内企业2022年度新增发明专利授权8件，高新技术企业产值占比65.1%。

内蒙古鄂尔多斯准格尔经济开发区　2022年，实现工业增加值345.2亿元；实现工业固定资产投资59.6亿元，较2021年度增长308.42%；实现税收34.2亿元，较2021年度增长40%。园区建成面积1936公顷，亩均税收实现11.8万元，入驻工业企业118家，其中规模以上工业企业53家，带动就业19267人。园内企业2022年度新增发明专利授权18件，高新技术企业产值占比48.9%。

【巴彦淖尔市辖区内开发区】

巴彦淖尔经济技术开发区　2022年，实现工业增加值49.2亿元；实现工业固定资产投资7.9亿元，较2021年度增长34.4%；实现税收8.1亿元，较2021年度增长47.8%。园区建成面积1242.7公顷，亩均税收实现4.3万元，入驻工业企业409家，其中规模以上工业企业53家，带动就业32675人。园内企业2022年度新增发明专利授权15件，高新技术企业产值占比49.4%。

内蒙古巴彦淖尔河套农畜产业开发区　2022年，实现工业增加值31亿元；实现工业固定资产投资33.6亿元，较2021年度增长70%；实现税收6.2亿元，较2021年度增长11.24%。园区建成面积1783公顷，亩均税收实现 2.3 万元，入驻工业企业 277 家，其中规模以上工业企业 47 家，带动就业 18460 人。园内企业 2022 年度新增发明专利授权 14 件，高新技术企业产值占比 18.4%。

内蒙古巴彦淖尔进口资源加工开发区　2022 年，实现工业增加值 48 亿元；实现工业固定资产投资 13.8 亿元，较 2021 年度增长 208.3%；实现税收 8.7 亿元，较 2021 年度增长 60.2%。园区建成面积 1673.6 公顷，亩均税收实现 3.5 万元，入驻工业企业 112 家，其中规模以上工业企业 35 家，带动就业 7912 人。园内企业 2022 年度新增发明专利授权 14 件，高新技术企业产值占比 34.2%。

内蒙古巴彦淖尔乌拉特后旗工业园区　2022 年，实现工业增加值 45.6 亿元；实现工业固定资产投资 19.3 亿元，较 2021 年度增长 15.4%；实现税收 11.1 亿元，较 2021 年度增长 32.8%。园区建成面积 1440 公顷，亩均税收实现 5.2 万元，入驻工业企业 52 家，其中规模以上工业企业 25 家，带动就业 8448 人。园内企业 2022 年度新增发明专利授权 80 件，高新技术企业产值占比 85.74%。

【乌海市辖区内开发区】

内蒙古乌海高新技术产业开发区　2022 年，实现工业增加值 320.9 亿元；实现工业固定资产投资 172.5 亿元，较 2021 年度增长 86.31%；实现税收 63.3 亿元，较 2021 年度增长 45.22%。园区建成面积 7096.1 公顷，亩均税收实现 5.9 万元，入驻工业企业 276 家，其中规模以上工业企业 106 家，带动就业 56016 人。园内企业 2022 年度新增发明专利授权 31 件，高新技术企业产值占比 59.84%。

【阿拉善盟辖区内开发区】

内蒙古阿拉善高新技术产业开发区　2022 年，实现工业增加值 179.9 亿元；实现工业固定资产投资 79 亿元，较 2021 年度增长 5.89%；实现税收 35.7 亿元，较 2021 年度增长 33.68%。园区建成面积 4286.4 公顷，亩均税收实现 5.6 万元，入驻工业企业 238 家，其中规模以上工业企业 108 家，带动就业 40863 人。园内企业 2022 年度新增发明专利授权 11 件，高新技术企业产值占比 45.71%。

内蒙古策克口岸经济开发区　2022 年，实现工业增加值 1.5 亿元；实现工业固定资产投资 0.7 亿元，较 2021 年度减少 36.94%；实现税收 0.8 亿元，较 2021 年度减少 61.44%。园区建成面积 931.6 公顷，亩均税收实现 0.6 万元，入驻工业企业 8 家，其中规模以上工业企业 3 家，带动就业 206 人。

【满洲里市辖区内开发区】

满洲里市边境经济合作区　2022 年，实现工业增加值 49.4 亿元；实现工业固定资产投资 0.7 亿元，较 2021 年度减少 91.8%；实现税收 1.2 亿元，较 2021 年度减少 63.87%。园区建成面积 3981 公顷，亩均税收实现 0.2 万元，入驻工业企业 116 家，其中规模以上工业企业 19 家，带动就业 2235 人。园区高新技术企业产值占比 37.79%。

满洲里中俄互市贸易区　2022 年，实现工业增加值 2550 万元。

（付成霖）

出入境边防检查

【概况】 2022 年，内蒙古出入境边防检查总站（以下简称内蒙古边检总站）制定落实全国边检工作会议精神全面加强边防检查工作 50 项措施。检查出入境人员 76 万人次，同比增长 49%，交通运输工具 69 万辆（列、架）次，同比增长 53%，查处各类违法违规人员 706 人次，国门口岸持续安全稳定。

【边境管理】 2022 年，内蒙古边检总站统筹开展“獴猎”行动—2022、“双清双打”“缉枪治爆”“三非”（未经合法手续而在中国非法就业、非法入境和非法居留的所有外国人的统称）外国人治理、夏季治安打击整治“百日行动”等 13 个专项行动，集中整治“黄赌毒”“盗抢骗”等治安热点问题，健全完善“人车犬、空地网”立体化巡控网络强化打防管控，营造和谐安宁的边境社会治安环境。2022 年，累计查破刑事案件 110 起，同比下降 19.09%，查处治安案件 2255 起，同比下降 28.47%，打击处理 1350 人、抓获网上在逃人员 47 人，查处“三非”外国人 10 人，收缴各类非法枪支 12 支、子弹 1.6 万余发。

【智能化信息化建设】 2022 年，内蒙古边检总站建成包头市立体化边境防控体系试点建设项目和三岔边境检查站智能查验系统，新建 278 套边境技防设施、170 套边境电

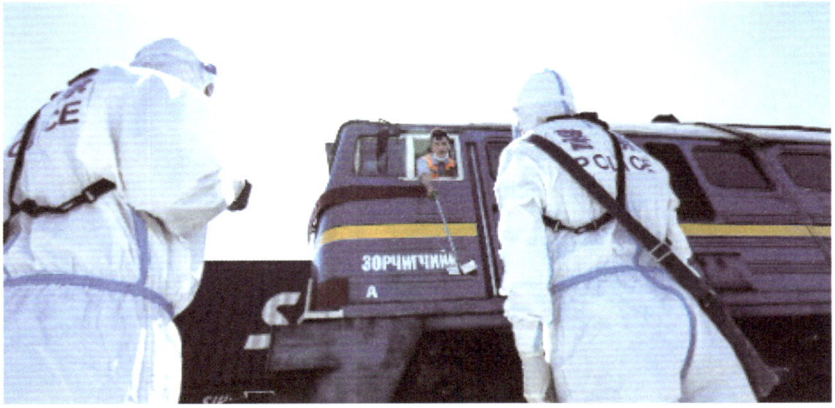

图 50　2022 年 8 月，内蒙古边检总站二连出入境边防检查站民警查验出入境列车
（胡富国　供图）

子卡口，联合北奔重汽研发电子哨兵、流动警务车，争取自治区 1200 余万元配发 2600 多部北斗巡边手持终端和智慧巡边软件落地应用，提升边境物防技防能力。融入“北疆云·智慧公安”建设大局，实体运行边检数据核查中心，布建贯通四级的一体化实战指挥体系，协调开通公安大数据和治安防控平台使用权限，采集信息 1 亿余条，共享出入境数据 2.56 亿条，推送重点人员、车辆预警数据万余条。

【服务对外开放】　2022 年，内蒙古边检总站探索创新 AGV、智能重卡、跨境空轨等非接触式查验模式，优化勤务组织、延长通关时间、简化查验流程，铁路口岸、公路货运、“中欧班列”通关量连续 3 年逆势增长，铁路口岸通关能力提升 42%，公路货运车辆增长 31%，保障国家产业链、供应链安全畅通。推动策克、额布都格、珠恩嘎达布其 3 个口岸恢复货运通关、7 个口岸保持“客停货通”，跟进支持满都拉、二连口岸实现“吊装”场地扩容，保持中蒙“绿色通道”高效畅通，共同参与中蒙经济合作区、甘其毛都跨境铁路等重点项目规划建设，全方位支持口岸应开尽开、双向提速，保障 64.4 万人次员工、59.3 万辆次能源车辆顺畅通关，全区口岸货运量提前 33 天超过 2021 年货运营。

【基层基础建设】　2022 年，内蒙古边检总站布建 42 个抵边警务室、35 个流动警务室，调整设置 91 个社区警务室，协调编配 679 名辅警，建立以护边员队伍为骨干的 6590 人群防群治队伍，延伸管控触角，厚实管边力量。创新发展“新时代草原 110”，擦亮“蒙古包哨所”“警务助理”“强边固防直通车”等警务品牌，“雪城义警”经验做法被国家边海防委员会推广。

【口岸边检疫情防控】　2022 年，内蒙古出入境边防检查总站执行陆地口岸“客停货通”政策，推行“甩挂”“吊装”等“非接触”查验模式，落实“五个全”（全方位、全员额、全过程、全物链、全区域闭环）和“五个一”，出入境证件“一证一消”，台面、通道及高频接触查验设备设施一班次一消杀，执勤和监管场所一天一消毒，执法办案区（中心）、症状人员停经场所一事一消杀，与出入境人员、交通运输工具、冷链物品环境接触的高风险岗位执勤人员在各个环节严格执行相关规定，勤务机制，规范查验首都分流国际航班 147 架次 1.5 万人，服务 19 批次 155 人次复工复产、遣返出境、滞留中方蒙古国国籍等人员出境，确保口岸边境疫情防控阵地万无一失。调派 2000 多名警力协助开展工作，连夜抢修改造总站闲置营房 130 多间、床位 900 多张支援全区抗疫。加强与俄罗斯、蒙古国边防部门的抗疫合作，互致信函 231 次，会谈会晤 169 次，互通共享疫情信息，合力破解抗疫难题。

【边管工作纳入西北警务协作区】　2022 年 8 月 30 日，黄河流域生态保护警务合作论坛暨西北警务协作区第十二届联席会议在内蒙古自治区鄂尔多斯市召开。其间，首次签订《黄河流域生态保护警务合作协议》《西北警务协作区框架协议》，将边境管控工作纳入协作范围，拓展边境地区应急处置指挥联动、信息数据资源共享、区域协同共治、联合开展边境封控专项整治等方面合作，建立边境地区应急处突协作、线索核查反馈、案件侦办协作、执法联勤联动等机制。

【打击国（边）境犯罪“獴猎”行动】2022 年 3 月 8 日，自治区公安厅召开全区公安机关严厉打击妨害国（边）境管理犯罪“獴猎”行动—2022 动员部署会，出台《内蒙古自治区公安机关严厉打击妨害国（边）

境管理犯罪“獴猎”行动—2022工作方案》。2022年，各级以打开路、合成作战，广辟线索、深挖案源，共立案侦办妨害国（边）境管理犯罪刑事案件16起，抓获犯罪嫌疑人43人，查处偷渡和“三非”外国人69人，破获国家移民管理局督办“4·29”组织第三国人员偷渡案，遏制第三国人员经自治区边境偷渡的多发势头。

【与蒙古国边防总局司令部首次举行副总代表级线上视频工作会谈】 2022年3月1日，内蒙古边检总站与蒙古国边防总局司令部首次举行副总代表级线上视频工作会谈。会谈期间，双方总结近年来务实合作成效，以及新冠疫情期间联合抗疫和中国共产党成立100周年、北京冬奥会等系列重大活动期间口岸边境维稳成果，主要围绕中共二十大安保、疫情联防联控、边境联合管控、情报信息交流、保障顺畅通关、创新合作形式和建立长效工作机制等方面进行磋商交流，共同签署会议纪要。

【“十四五”移民管理事业发展规划实施方案出台】 2022年5月16日，内蒙古边检总站党委审议通过《内蒙古边检总站推进落实“十四五”移民管理事业发展规划的实施意见》和边防检查、边境管理、信息化建设实施方案，明确落实《“十四五”移民管理事业发展规划》的指导思想、工作原则和主要目标，围绕“筑牢祖国北疆安全稳定屏障”和“移民管理事业高质量发展”总体要求，锚定建设具有北疆特色的一流沿边总站，涵盖业务工作、信息科技、队伍建设、综合保障等27项重点任务，推进内蒙古移民管理工作现代化。

【自治区边管处罚裁量基准出台】 2022年7月6日，自治区公安厅出台《内蒙古自治区边境管理行政处罚裁量基准》(以下简称《基准》)，共3章15条，适用于违反《内蒙古自治区边境管理条例》（以下简称《条例》)违法行为的处罚裁量。《基准》聚焦基层执法实际，解决《条例》与新颁布实施的《中华人民共和国陆地国界法》《中华人民共和国行政处罚法》相关内容的衔接问题，提供依法处理涉边违法活动法律支撑。《基准》赋予公安边境派出所和公安边境检查站警告、500元以下罚款的处罚权限，总站依法惩治涉边违法行为，维护和促进口岸边境地区安全稳定。

（魏富官）

口 岸

【概况】 截至2022年底，内蒙古自治区有国务院批准的对外开放口岸20个。其中，边境陆路口岸14个，分别为满洲里铁路、满洲里公路、二连浩特铁路、二连浩特公路、甘其毛都、策克、满都拉、珠恩嘎达布其、额布都格、阿日哈沙特、阿尔山、室韦、黑山头、乌力吉公路口岸。14个陆路口岸其中对俄4个、对蒙10个。航空口岸6个，分别为呼和浩特、包头、鄂尔多斯、满洲里、海拉尔、二连浩特。2022年，自治区围绕“两个屏障”“两个基地”“一个桥头堡”的战略定位，统筹疫情防控和口岸畅通，聚焦重点抓落实，推进口岸工作高质量发展。全年实现货运量5842.2万吨，同比增长14.7%，超额完成年度预期目标。过境中欧班列共7337列，同比增长19.1%，满洲里和二连浩特铁路口岸过境班列分别为4818列和2519列，同比增长40.7%和下降8%。推进口岸应开尽开，分批有序恢复边境口岸货运通关，有7个口岸恢复客货双通。阿尔山口岸常年开放被列入国家口岸开放年度审理计划。

【口岸建设】 2022年，自治区安排口岸经济发展专项资金1.68亿

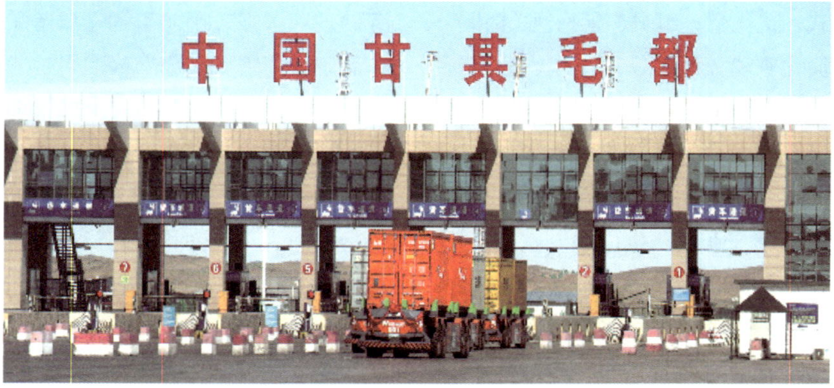

图51　2022年7月16日，甘其毛都口岸AGV（自动导航车辆）实现跨境试运行，为全国首次应用AGV开展跨境运输

（自治区商务厅　供图）

表 30　2022 年度内蒙古辖区内口岸一览表

口岸分类	口岸名称	开放种类	货运通过能力（万吨）	客运通过能力（万人次）	与俄、蒙相应口岸	海关指定监管场地
边境陆路口岸	满洲里铁路口岸	国际性常年开放	4000	30	俄罗斯后贝加尔斯克口岸	—
	满洲里公路口岸	国际性常年开放	1000	100	俄罗斯后贝加尔斯克口岸	粮食进口
	二连浩特铁路口岸	国际性常年开放	1700	50	蒙古国扎门乌德口岸	—
	二连浩特公路口岸	国际性常年开放	1000	1000	蒙古国扎门乌德口岸	肉类进口 粮食进口 饲草进口
	甘其毛都公路口岸	双边性常年开放	3000	150	蒙古国西伯库伦口岸	肉类进口
	策克公路口岸	双边性常年开放	5000	100	蒙古国嘎顺舒苏海图口岸	—
	满都拉公路口岸	国际性常年开放	300	100	蒙古国毕其格图口岸	饲草进口
	珠恩嘎达布其公路口岸	双边性常年开放	1500	60	蒙古国杭吉口岸	肉类进口
	额布都格公路口岸	双边性季节开放	100	50	蒙古国巴彦呼舒口岸	饲草进口
	阿日哈沙特公路口岸	双边性季节开放	300	100	蒙古国哈比日嘎口岸	—
	阿尔山公路口岸	双边性常年开放	100	50	俄罗斯旧粗鲁海图口岸	—
	室韦公路口岸	双边性常年开放	100	未开通客运	俄罗斯奥洛契口岸	—
	黑山头公路口岸	国际性季节开放	500	50	蒙古国松贝尔口岸	—
	乌力吉公路口岸	双边性常年开放	在建	在建	蒙古国查干德勒乌拉口岸	—
航空口岸	呼和浩特航空口岸	国际客运航线及包机业务	0.3	25	—	—
	包头航空口岸	国际客运航线及包机业务	未开通货运	30	—	—
	鄂尔多斯航空口岸	国际客运航线及包机业务	未开通货运	30	—	—
	满洲里航空口岸	国际客运航线及包机业务	3.5	200	—	水果、冰鲜、水产品进口
	海拉尔航空口岸	国际客运航线及包机业务	未开通货运	临时开放	—	—
	二连浩特航空口岸	国际客运航线及包机业务	未开通货运	临时开放	—	—

表 31　2022 年内蒙古自治区主要口岸流量统计表

口岸名称	货运量(万吨)						客运量(万人次)						交通工具(万架/辆/列/次)					
	合计	同比增长(%)	进口增长(%)	同比增长(%)	出口增长(%)	同比增长(%)	合计增长(%)	同比增长(%)	入境增长(%)	同比增长(%)	出境增长(%)	同比增长(%)	合计增长(%)	同比增长(%)	入境增长(%)	同比增长(%)	出境增长(%)	同比增长(%)
满洲里	1618.3	−13.5	1350.2	−7.4	268.1	−35.2	12.39	11.0	6.20	11.0	6.19	10.9	9.07	−1.4	3.54	−16.7	5.53	11.5
铁路口岸	1556.5	−15.0	1350.2	−7.4	206.3	−44.8	2.55	−2.6	1.28	−2.6	1.27	−2.7	1.27	−2.3	0.63	−2.5	0.64	−2.5
公路口岸	61.8	54.6	—	—	61.8	54.6	9.84	15.2	4.92	15.2	4.92	15.1	7.80	−0.9	2.91	−19.2	4.89	14.5
二连浩特	1418.10	−21.4	1055.57	−25.9	362.53	−4.5	11.57	13.1	5.80	13.4	5.77	12.8	9.49	23.2	4.41	30.5	5.08	17.6
铁路口岸	1326.72	−17.4	1042.03	−24.4	284.69	25.4	2.72	−9.6	1.37	−9.2	1.35	−10.2	1.35	−8.0	0.67	−9.4	0.68	−8.9
公路口岸	91.38	−54.2	13.54	−71.1	77.84	−49.0	8.85	22.6	4.43	22.9	4.42	22.3	8.14	30.8	3.74	41.5	4.40	22.9
甘其毛都公路口岸	1906.78	144.68	1881.01	146.04	25.77	74.12	30.40	52.26	15.20	52.26	15.20	52.26	30.40	52.26	15.2	52.26	15.20	52.26
策克公路口岸	539.46	31.19	538.52	31.17	0.94	46.88	8.08	5.92	4.04	5.92	4.04	5.92	8.08	6.88	4.04	7.86	4.04	5.92
珠恩嘎达布其公路口岸	12.83	−74.56	11.40	−77.39	1.43	—	0.46	−72.78	0.23	−72.78	0.23	−72.78	0.46	−72.78	0.23	−72.78	0.23	−72.78
满都拉公路口岸	309.77	89.44	305.97	92.65	3.8	−19.15	9.08	113.36	4.54	113.58	4.54	113.15	9.05	143.37	4.51	147.53	4.54	139.37
额布都格公路口岸	36.97	−11.0	34.01	−17.0	2.96	311.0	2.10	−6.0	1.05	−6.0	1.05	−6.0	2.10	−6.0	1.05	−6.0	1.05	−6.0
乌力吉公路口岸	0.0026	−81.8	—	—	0.0026	−81.8	0.0036	−51.4	0.0018	−51.4	0.0018	−51.4	0.0008	−33.3	0.0004	−33.3	0.0004	−33.3
合计	5842.2	14.7	5176.7	20.9	665.5	−18.2	74.1	32.5	37.1	33.0	37.0	32.1	68.7	43.4	33.0	43.5	35.7	43.5

(表格来源：自治区口岸办)

元，细化自治区“十四五”口岸发展规划的任务分工。制定综合保税区发展工作计划，结合“大起底”和综保区绩效评估情况，持续做好综保区整改提升工作，从口岸经济发展专项资金中拨出 2000 万元用于支持综保区建设。年内，乌力吉口岸获批临时开放，包头、二连浩特航空口岸基础设施建设取得进展。鄂尔多斯航空口岸申建进境水果、食用水生动物和冰鲜水产品指定监管场地顺利通过海关总署专家组验收，呼和浩特冰鲜水产品指定监管场地、满洲里肉类进境指定监管场地建设已申报海关总署。中蒙甘其毛都—嘎顺苏海图、策克—西伯库伦、满都拉—杭吉等跨境铁路，两国各自内段建设基本完成。甘其毛都、策克口岸 AGV 无人驾驶智能化通关建设开始试运行，二连浩特公路口岸 AGV 无人驾驶智能化通关项目建设进展顺利。2022 年 12 月，全区口岸进口整体通关时间 24.38 小时，压缩 75.96%；出口整体通关时间 0.28 小时，压缩 87.35%，为 2019 年以来最好成绩。

【口岸营商环境优化】 2022 年，成立全区优化口岸营商环境领导小组，制定印发《关于推进跨境贸易便利化优化口岸营商环境的实施意见》《关于进一步促进口岸通关便利化若干措施》《关于复制推广借鉴2022年促进跨境贸易便利化专项行动推出的改革创新措施的清单》。编制疫情常态化防控形势下全区重点口岸通关模式和流程图册。全区口岸收费项目精简为45项。开展国际贸易“单一窗口”推广应用培训。

【疫情防控】 2022年，自治区口岸办支持配合自治区新冠疫情防控指挥部口岸城市工作专班工作，推动在口岸地区开展“三道防线”建设，将67%的口岸经济发展专项资金用于支持重点口岸基础设施和疫情防控设施建设，同时指导各盟市做好非冷链疫情防控工作。指导各口岸创新通关作业模式，开展蒙煤清库存专项行动，协调解决满洲里口岸出口整车积压难题。推行口岸货运量提升奖励机制，发放进出境货运量奖补资金1416万元。

（邸晶超）

海　关

呼和浩特海关

【概况】 2022年，呼和浩特海关食品出口贸易值66.33亿元，比2021年增长24.68%。制定36项赋能外贸发展措施，开展“百人联千企、力行促外贸”专项活动，为企业办实事、解难题。改革红利持续释放，“两步申报”应用率比2021年提高10个百分点，进出口提前申报率超50%；“多证合一”企业应用比例69.9%，居全国前列。落实税收优惠政策和煤炭暂定零税率政策，进口减免税货值、免征关税比2021年增长3.24倍、3.04倍，为煤炭进口企业节约资金8.76亿元。守牢“外防输入”关口，坚持“人、物、环境”同防、多病共防，三级疫情防控常态化督导督查机制有效运行，各口岸现场科学精准实施检疫。2022年，呼和浩特海关检疫入境航班98架次，保障北京冬奥会备降航班1架次；检疫出入境人员34.61万人次。呼和浩特白塔机场海关团支部被团中央授予“全国五四红旗团支部”荣誉称号。二连海关、乌拉特海关2个基层单位被全国创建青年文明号活动组委会认定为“一星级全国青年文明号”。

【对外开放平台建设】 2022年，呼和浩特海关指导自治区首批2家铁路运输类海关监管作业场所正式投入使用。支持二连浩特、包头航空口岸和乌力吉公路口岸对外开放。完成鄂尔多斯航空口岸进境水果、冰鲜水产品、食用水生动物指定监管场地预验收。开展海关特殊监管区域制度研究和复制推广，联合呼和浩特市和鄂尔多斯市两个综保区管委会及商务、税务等部门开展政策宣讲“云讲堂”，解读“四自一简”“便捷进出区”等政策，助推企业入区。推动呼和浩特综合保税区实施“一般纳税人资格试点”、落地二手车出口业务。全年，呼和浩特综保区进出口总值41.5亿元，比2021年增长18.9%；鄂尔多斯综保区进出口总值68.9亿元，比2021年增长171.9%。

【税收征管】 2022年，呼和浩特海关开展进出口环节税收优惠政策宣传，通过“12360”微信公众号发布税政解读55篇，召开政策宣讲会15次，到企业进行专题调研和政策宣讲10次，指导企业用好用足政策。采取“提前介入、适时跟进”措施，支持先进技术、重要设备、关键零部件等进口，办理重点内资鼓励项目确认1个，投资总额4.2亿元。引导减免税申请人通过“单一窗口”“互联网+海关”无纸化提交申请和随附电子单证，帮助企业解决难题10余个。开展RCEP（《区域全面经济伙伴关系协定》）享惠情况专题分析及应用指导，签发RCEP原产地证书800份、金额6407万美元。落实以企业为单元担保业务改革，扩大担保方式应用领域，实施电子支付、自报自缴、汇总征税等措施，办理联网税款担保金额7.93亿元。推广企业集团财务公司担保，4家财务公司获批准可为其成员单位进出口业务提供海关税收担保。全年，开立保函4份、额度5.55亿元，为企业节约经费约206万元。

【走私缉查】 2022年，呼和浩特海关开展“国门利剑2022”联合行动，重点打击枪支弹药、毒品等走私行为。全年，立案侦办走私犯罪刑事案件47起，比2021年增长147.4%。其中，涉枪走私案件6起，捣毁枪支改造窝点1个；涉毒走私案件34起，查获冰毒、咖啡因、安纳咖等毒品，其中2起列入公安部禁毒局目标案件。推进“蓝天”专项行动，打击“洋垃圾”走私违法活动，查办货运渠道违规运输废旧轮胎、骨废料、不合格煤炭行政案件4起。打击濒危野生动物制品走私违法活动，查办行邮渠道违规携带红珊瑚、狼牙、牛瓣胃等动物制品案19起。推进反走私综合治理，建成全国反走私综合治理调查研究中心内蒙古工作站。

【助企纾困】 2022年，呼和浩特海关建立关、地、企三方协同工作模式，完善“问题清零”机制，实现“白名单”企业和呼和浩特海关及隶属海关两级党委委员“包联”全覆盖“一企一策”帮扶措施，为企业解决问题100余个。配置263名联络员，逐一联系关区1815家企业了解存在困难和问题，解答咨询2347人次，解决问题427个；协助26家企业解决在其他关区所属口岸滞留积压货物通关问题。利用问卷调查方式，掌握关区196家进出口企业在通关监管过程中遇到的困难和问题，对企业反映、成本上升、物流不畅等问题和诉求，提出助企纾困措施8条，提升企业满意度和获得感。

【优势产品出口支持】 2022年，呼和浩特海关奶酪、调味酱料、熟制鲜玉米等多种特色产品实现首次出口。落实企业注册登记“网上受理”“一网通办”机制，帮扶相关企业获得出口资质，推动锡林郭勒盟、鄂尔多斯市、巴彦淖尔市种苗花卉企业出口蒙古国种苗3.5万株，比2021年增长7.5倍。持续畅通农畜产品“绿色通道”，落实“7×24”全天候预约通关服务，“即报即办”“快检快出”缩短检测周期，监管出口果蔬8.26万吨。开展美国、日本、英国等国10项SPS（《实施卫生与植物卫生措施协定》）通报评议，指导企业应对伊朗、埃及对籽仁类产品新提出的检疫性要求，保障关区及全国相关产品顺利出口。全年关区出口食品贸易额比2021年增长32.64%。

【进口支持】 2022年，呼和浩特海关指导企业建立兽医卫生体系，推进隔离场建设及使用管理，关区进口动物隔离场增至13家。推动种猪、种鸡、遗传物质进口，检疫进口种猪1批次650头，进境种鸡1批次2.24万羽。检疫冷冻牛精液26批次126.2万支，为关区历年之最。支持企业引进农作物种子优异品种，重点扶持糖原料、青贮饲料种植与奶牛养殖配套产业发展，引进荷兰、比利时、德国、法国等国甜菜和玉米种子9批次、25个品种48.3吨，可种植面积约20万亩。

【申报模式优化】 2022年，呼和浩特海关加大“两步申报”“提前申报”等申报模式宣传推介力度，扩大应用范围，“两步申报”应用率超25%。在关区所有边境口岸推行“提前申报”，进出口提前申报率超50%，其中进口52.11%，比2021年提高12.35个百分点。全过程通关作业无纸化率99%，保持高位运行。采取“集中在岗办公和居家移动办公”“7×24”小时业务值班等方式，实行保证金征收、报关单修改撤销、公示定价备案等业务100%线上办理，急需物资通关“零延时”。

【安全生产】 2022年，呼和浩特海关集中开展监管作业现场安全生产专项整治、安全生产大检查及“回头看”工作，动态更新安全生产专项整治问题隐患和制度措施“两个清单”，开展风险隐患“拉网式”排查9次，完成78项整改。建立健全《安全生产检查台账》，对消控机房、地下泵房、高压配电室等重点区域常态化开展安全生产检查22次。组织开展“安全生产月”“全国消防日”等主题活动，提升职工安全防范意识。全年安全生产“零事故”。

【“口岸危险品综合治理”百日专项行动】 2022年，根据全国海关“口岸危险品综合治理”百日专项行动部署，呼和浩特海关对进出口危险品有效管控，口岸危险品通关时间较年初压缩50%以上。专项行动期间，监管进出口危险品货物14批次、1.03万吨，查办危险品伪瞒报案件11起、危险品无证到货案件1起。

【智慧海关建设】 2022年，呼和浩特海关成立智慧海关建设领导小组及工作机构，起草自治区智慧口岸建设方案。“呼和浩特海关公路口岸监管作业模式改革”智能化项目首次在WTO、WCO等重要多边场合交流展示，推广智能卡口应用，关区6个公路口岸货运现场实现“进出境通道—监管作业场所”卡口全覆盖管理。通过在邮件现场X光机图像智能分析仪增加拦截算法16种，提升智能审图运用能力。

【营商环境优化】 2022年，呼和浩特海关向海关总署申请下放检疫审批终审权限4项。实施企业备案“全程网办、全国通办”，推动互联网应用，制作网上办事指南，企业足不出户即可自主办理备案手续，关区企业备案互联网申请率超过95%。与自治区商务厅、市场监管局协同配合，报关单位备案“多证合一”改革顺利落地，实现企业市场开办、商务及海关备案“一表申请、一网通办、一次办结”，应用比例71.6%。推出“线上换证”等利企便民举措，远程视频验核非食用动物产品企业换证14家。接续开展“百人联千企 力行促外贸”优化口岸营商环境“海关‘再’行动”专项活动，成立工作专班，出台26条细化措施，采取召开关长办公会、新闻发布会、阶段推进会、措施研讨会等方式，统筹推进自治区优化营商环境3.0版工作任务落实落地，工作成果连续被自治区《优化营商环境专报》采用。开展“惠企云”线上政策宣讲5次，通过“蒙企通”民营企业综合服务平台推送政策视频30余篇，服务企业近万家。

【疫情防控】 2022年，呼和浩特海关制发《呼和浩特海关新型冠状病毒肺炎口岸防控技术方案(第九版修订版)》，对出入境人员严格实施卫生检疫。按照“一口岸一方案”原则，完善工作方案和突发事件应急处置预案，在各陆路口岸，协助属地口岸管理部门推进口岸非接触式货物交接模式实施，甘其毛都公路口岸采取司机当日往返通关模式，关区其他口岸均主要采取“吊装”模式；在二连浩特铁路口岸，对中蒙进出境火车司机实行“电讯检疫”作业模式，进行“零接触”检疫；在呼和浩特航空口岸，对北京国际分流航班入境检疫采取“一航班一分析”措施，对入境高风险分流航班均采取指定机位登临检疫，对航空器固体、液体废弃物收集实施监督。全年，检疫查验出入境交通工具125.92万辆(节)次，比2021年增长19.40%；监督实施预防性消毒货物10万件。

【多病共防】 2022年，呼和浩特海关在航空口岸和中蒙“绿色通道”检出新冠以外传染病47例，首次检出呼吸道腺病毒。开展传染病监测体检，完成传染病监测体检1571人次，艾滋病监测1534人次；检出新冠以外传染病17例。对各类口岸相关从业单位进行276次日常卫生监督，发现卫生学问题104次；实施口岸食品安全抽检计划，开展实验室抽样检测153份样本、现场快速检测159份样本，未检出不合格食品。

（苗春雨　郭胜利）

满洲里海关

【概况】 2022年，满洲里海关监管进出境货物1666.1万吨，同比减少3.7%；进出口贸易值1321.1亿元，比2021年增长10.5%。全年入库税款45.6亿元，比2021年增长43.8%。其中，关税5.1亿元，比2021年增长66.1%；进口环节税40.5亿元，比2021年增长41.4%。市场采购贸易2.38亿元，比2021年增长9.5%。监管进出境中欧班列4818列，比2021年增长37.6%。保持打击走私高压态势，立案办理刑事案件10起，案值1.04亿元；行政案件38起，案值1933.8万元。

【检验检疫】 2022年，满洲里海关开展“国门绿盾2022”行动，截获进境有害生物4391种次，其中截获检疫性有害生物6种次。开展“跨境电商寄递‘异宠’综合治理”专项行动，开展外来入侵物种普查工作，普查物种2520株(头)，防范疫情叠加。监测供港澳活牛6种疫病采样360个，监测进境非食用动物产品5种疫病采样45个，检测结果均为阴性。完成进口饲用粮食、出口饲料和饲料添加剂、进口转基因监控抽样212个，检测项1093个，全部合格。开展进口食品“国门守

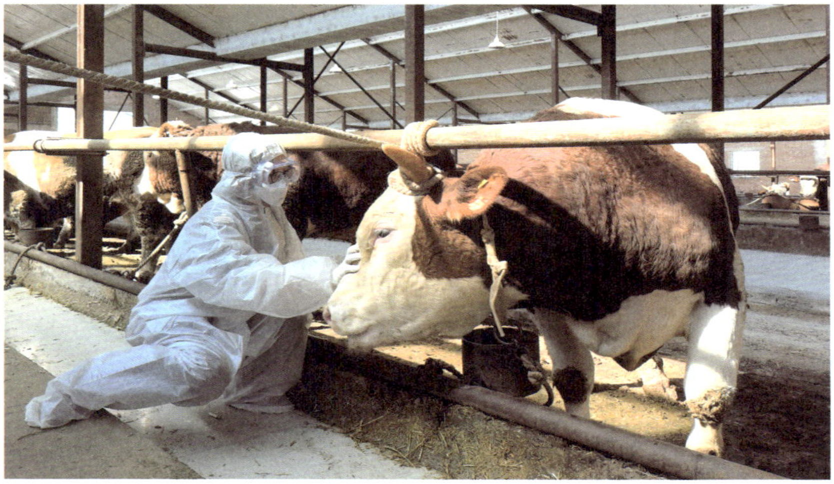

图52　2022年7月7日，满洲里海关关员开展供港活牛检疫

（魏兴海　供图）

护”行动，未发生区域性系统性进出口食品安全风险及重大进出口食品安全事件。落实进口预包装食品标签检验制度改革，检出标签不合格1批次。执行进口危化品口岸“批批核验＋抽批检测”模式和出口危化品“产地检验＋口岸查验”模式，做好进口煤炭检验工作，检出不合格煤炭9.6万吨。开展进口化肥质量安全专项风险监测，检测结果均符合要求。

【专项整治】 2022年，满洲里海关完成252家注销企业事后验估指令执行情况核查，对11家高级认证企业开展规范申报核查。开展“金钥2022”专项行动，以申报要素为重点开展专项稽查，排查梳理进口再生金属高风险企业。开展“龙腾行动2022”，在寄递渠道开展知识产权保护专项执法行动，查获侵权案件12起，货值13.97万元。开展核生化爆反恐演练10次，举办“满洲里海关2022年反恐专题线上培训班”。开展“国门利剑2022”联合行动、“蓝天2022”专项行动、“国门勇士2022”缉枪专项行动、筑牢疫情防线保障口岸通关专项行动，打击“洋垃圾”、濒危物种及其制品、枪毒、重点涉税商品等走私行为，打击逃避商品检验检疫犯罪活动，业务现场查发刑事案件占比50%。对辖区口岸、界河、边境防范区等23个重点区域开展“地毯式、突击式、拉网式”巡查，严防跨境走私风险。

【货物检验】 2022年，满洲里海关实施“甩挂”“接力驾驶”等非接触式货物交接模式，建立进境粮食、矿产品、钾肥等重要物资“绿色通道”保障机制，落实进口矿产品和原油“先放后检”“依企业申请实施进口铁矿品质检验”等改革措施。对持续合格的进口煤炭采取合并检验批的优化措施，降低抽样送检比例。编写《铁路口岸防疫通关指南》，优化作业流程、延长工作时间，保障严寒天气下出口工程机械车辆当日接运、当日提离。提升口岸过货能力，出口工程机械数量由日均40台提升至日均140台。保障邮路畅通，组织集中验放出口邮件2次，实现满洲里本土新冠疫情期间出口邮件零滞留。组建防疫情、促通关“青年突击队”，解决口岸一线人力资源紧张问题。压缩整体通关时间，建立口岸货运、整体通关时间监测预警和企业申报提醒催办机制。12月，关区进、出口整体通关时间分别为32.93小时、0.53小时，较2017年分别压缩57.55%、75.77%，完成“双降”目标。

【特殊区域管理】 2022年，满洲里综合保税区拓展功能、复制推广自贸试验区监管创新制度，落实“提前适用政策”“简化进出区管理”“试行汽车保税仓储”等8项政策，推动“综合保税区全面适用跨境电商零售”进口政策落地，发挥综保区政策叠加优势，配合地方政府开展招商引资、保税维修业务。满洲里综合保税区进出口贸易值34.9亿元，比2021年增长190.7%；监管货运量8.8万吨，比2021年增长101.5%。推动赤峰保税物流中心（B型）发展，支持通辽市保税物流中心申建。推动市场采购、跨境电商等新业态发展，支持9710、9810在满洲里、赤峰跨境电商综试区成功落地，实现B2B模式全覆盖。开展跨境电商、市场采购贸易政策解读宣讲，参加人员135人次。开展市场采购贸易试点运行情况调研，组织修订《满洲里海关市场采购贸易监管实施细则》。推动满洲里市建成首家跨境电商通关服务平台。3月1日，新版《跨境电子商务零售进口清单》上线。支持赤峰、呼伦贝尔首票跨境电商企业对企业直接出口、出口海外仓业务成功申报。推动中俄满洲里后贝加尔边民互市贸易区互贸管理系统上线。

【安全生产】 2022年，满洲里海关梳理排查关区重大、系统性风险“9+16”项，制定防范化解措施60条，完善各层级安全生产领导机构。开展“口岸危险品综合治理”百日专项行动，设立动态监测指标17项，推动“铁路进口直运”，进境危险品未申报时长比2021年压缩50%、未放行时长比2021年压缩83%，实现口岸危险品“动态清零”，查获出口危险品伪瞒报案件3起。推进“迎接中共二十大安全生产百日行动”，常态化开展安全生产大检查和安全生产隐患排查整治，制定《安全生产检查要求清单》，动态更新《满洲里海关安全生产问题隐患和整改措施清单》。健全“吹哨人”预警机制，组织安全生产培训班2期，完成考核664人次。编发《满洲里海关口岸执法安全作业手册汇编（试行）》，开展口岸检查作业安全监督检查709次。

【“一带一路”服务】 2022年，满洲里海关创新运用俄籍列车运载出口班列货物，实现宽准轨双向重载；建立中欧班列监测预警机制，提高中欧班列整体风险防控能力。推广“铁路快通”模式，办理内蒙古自治区首批进境“铁路快通”业务，实现赤峰海关起运班列“铁路快通”模式常态化，全年办理476批次，全程运输时间缩短近2天。打造“中欧班列+邮件”模式，与沈阳海关、济南海关签订班列运邮监管联系配合办法，开通“沈满欧”运邮出口专线列车，填补北方地区邮政中欧班列空白。举办中俄海关、铁路区域性双边“四方会谈”，协调解决货物跨境通关问题，提高满洲里—后贝加尔斯克口岸通关便利化水平。推进“三智”（智慧海关、智能边境、智享联通）国际合作重点项目，交换数据1774条。推进中蒙联合监管项目开展，交换载货清单电子数据10359条。与白俄罗斯开展中欧班列监管措施交流、“AEO”（经认证经营者）互认工作。

【特色产业服务】 2022年，满洲里海关对3家进境粮食加工企业资质扩项进行验核，提升口岸落地加工能力，指导企业开展农残、重金属、致病菌等安全性指标检测和控制，识别和应对出口风险，推动呼伦贝尔地区炼乳首次出口朝鲜，兴安盟地区味噌、酱油首次出口南美洲。扩大复制推广自贸试验区进境粮食检疫全流程监管范围，对进境燕麦、荞麦采取“两段准入”措施，与东北三省四海关协同实施进境粮食跨关区附条件提离监管。服务区域生物产业创新发展，指导进境陆生动物隔离场建设、进境动物遗传物质使用单位资质申请，新增进境动物遗传物质使用单位1家，完成关区首个进境种牛隔离场考核验收。加强出口农产品监管，强化对育肥场的管理，做好中国核果、仁果、柑橘恢复输送俄国后口岸换证放行和口岸仓储库管理工作。促进供港活牛、饲料添加剂等特色农产品出口，监管检疫供港澳活牛2211头，比2021年下降13.6%；出口饲料及饲料添加剂26.4万吨，比2021年增长11.4%。

【口岸营商环境优化】 2022年，满洲里海关优化口岸营商环境，出台《满洲里海关促进外贸保稳提质二十条措施》、推进跨境贸易便利化32条措施、以更优营商环境服务主体行动方案10条措施，加强政策宣传和解读引导。对内蒙古自治区重点产业链供应链中的46家“白名单”企业开展调研，先后启动2批“一企一策”服务措施，推出20条普适性和48条个性化措施。开展AEO国际互认合作，加大专精特新企业和中小微企业信用培育力度，新增高级认证企业2家。建立两级党委关长联系企业机制，搭建关企沟通“直通车”，35名相关领导“点对点”联系企业48家。建立企业“问题清零”机制，完善企业问题“收集—处置—反馈—评估”全闭环管理链条，收集并解决57家企业反映问题63个，收到感谢信16封，锦旗5面。推动RCEP（区域全面经济伙伴关系）、减免税政策落地生效，推进“一保多用”税收征管担保业务改革，实现企业一份担保在全国不同海关、不同业务领域、不同担保事项间通用。推广“两步申报”“提前申报”业务改革，公路口岸“两步申报”率达83.33%。推行“不见面审批”，压缩检疫审批受理时限，将进境检疫审批时限由20个工作日压缩至3个工作日。优化电子口岸入网流程，依托“互联网+邮寄”“关银一KEY通”等形式，实现企业入网业务全程网上办理。为新注册的375家企业办理电子口岸入网手续，解决企业IC卡问题255个，接听热线服务咨询电话1208次。

【口岸疫情防控】 2022年，满洲里海关编发《国内外疫情快报》365期，加强二、三级监控指挥中心平台联动，开展人防、物防、非冷链物品采样监控检查1970次，事后材料印证式检查1856次，检测货物报关单票数382票，总抽样数4093个。坚持“多病同防”，检出病媒生物携带病原体3种65例，严防鼠疫等重大传染病输入。开展输入性病例模拟追溯演练12次。5月22日，中籍进境列车司乘人员实现远程非接触式健康申报验核和体温监测。启用第九版《中华人民共和国出/入境健康申明卡》，强化口岸疫情联防联控，与内蒙古出入境边防检查总站建立点对点联络机制，与内蒙古自治区新冠疫情防控指挥部沟通反馈意见20余次，派员参加关区口岸新冠疫情防控监督检查。开展新冠疫情防控工作人员个人防护自查督查，开展“关长走进口岸封管区”“百名科长百日督查”工作，开展疫情防控常态化培训715人次。优化调整新冠病毒感染“乙类乙管”防控措施，确保过渡时期口岸卫生检疫工作严格规范、平稳有序。

（杨 娇）

数字经济

综　述

【数字化发展】 2022年，内蒙古自治区大数据中心协同推动数字政府、数字社会、数字产业化和产业数字化、呼包鄂乌（呼和浩特、包头、鄂尔多斯、乌兰察布）智慧城市建设一体化发展。建立52个自治区本级指标和26个盟市指标的监测指标体系，实施数字经济运行监测。印发实施《内蒙古自治区数字化绿色化协同转型发展行动方案（2023—2025年）》，推动各领域绿色化转型。推动数字乡村建设，鄂尔多斯市鄂托克前旗昂素嘎查智慧牧区建设项目入选中国互联网发展基金会数字乡村聚力行动示范村建设首批10个项目。推进IPv6规模部署和应用，全区重点单位IPv6改造率100%。截至2022年底，全区数字经济领域共建成重点实验室18家、科技企业孵化器9家（其中国家级3家），高新技术企业和科技型中小企业分别达到146家和482家。2022年，全区规模以上计算机、通信和其他电子设备制造业营业收入增长83.3%，规模以上互联网和相关服务业增长94.7%。在产业数字化上，把传统产业数字化转型作为紧迫任务，加快推进农牧业、能源、化工、装备制造业、服务业数字化智能化改造，充分释放数字技术对经济发展的放大、叠加、倍增效应。已建成智能矿山126个、智能工厂和数字车间27个、智慧工业园区55个，全区规模以上工业企业生产设备数字化率达到49.5%，关键工序数控化率达到59%，信息化和工业化融合发展指数达到80.8。同时，立足国家向北开放重要桥头堡的战略定位，加强与俄罗斯、蒙古国等“一带一路”共建国家和地区在数字基础设施、跨境电商等方面的合作，拓展数字领域国际合作新空间。全年全区实现跨境电商进出口额24.8亿元，同比增长5.5倍。

【数字经济发展政策措施】 2022年12月27日，内蒙古自治区人民政府印发《关于加快推进数字经济发展若干政策的通知》，具体内容包括加快5G网络建设，支持算力网络国家枢纽节点建设，支持壮大电子信息制造业和软件信息服务业，支持制造业数字化、网络化、智能化改造，支持农牧业数字化转型，支持服务业数字化转型，支持政府数字化技术应用，支持数字科技创新，加强人才队伍建设，支持数字经济领域小规模纳税人，拓宽企业融资渠道11个部分24条政策措施。

（王　冀）

数字基础设施建设

【概况】 2022年，全区累计建成4G、5G基站12.14万座、4.1万座，全区光缆线路长度170.4万皮长公里。建设全国一体化算力网络枢纽节点内蒙古枢纽，建成标准机架24万个（2.5千瓦），服务器承载能力200万台，比2021年增长25%，上架率提升至52.8%，较2021年同期提升4.1%。全年用电总量17亿度。建成内蒙古高性能计算公共服务平台、旷视人工智能超算平台等，超算规模达到120PB，推进科技内蒙古新型算力基地、中国气象局西部算力中心等项目前期手续办理。和林格尔数据中心集群建设加快推进，全区服务器装机能力达到200万台。IPv6规模部署和应用深入推进，列入中央网信办评测范围的215个重点网站全部支持IPv6访问，全国排位进入前10名。建成26个工业互联网平台，累计接入企业6.8万家，应用基础设施建设水平显著提升。

【5G基站建设】2022年，全区5G基站建设累计达到4.1万座，实现了12个盟（市）中心城区、103个旗县（区）和941个乡镇及重点工业园区5G网络全覆盖。推进数据中心建设，累计承载能力200万台。推进融合基础设施建设，累计达到26个；建成工业互联网标识解析二级节点达到6个。

【通信基础设施建设】 2022年，内蒙古自治区推进第七批电信普遍服务项目，涉及大兴安岭121个4G基站全部完成建设、设备安装和调测任务，其中90个基站于冬季为护林人员提供在网通信服务。新建5G基站20255个，实现在年初新建1万个目标基础上翻一番，累计建成5G基站4.1万座。5G网络实现12个盟市所在地城区、县城、乡镇和人口聚集较多农村地区的连续覆盖，全区5G人口覆盖率提升至80%。千兆光纤累计建成26.7万个10G-PON端口，千兆网络具备覆盖1708.8万户家庭的能力。包头、鄂尔多斯、赤峰获评千兆城市。全国一体化算力网络国家枢纽节点内蒙古节点揭开建设序幕。提升IPv6网络流量占比，2022年固网IP城域网出口和移动网出口IPv6流量占比分别为总流量的15%和47%。

【内蒙古首条通达互联网国际出入口直连高速通道建成开通】 2022年7月6日，内蒙古首条通达互联网国际出入口的直连高速通道——和林格尔国际互联网数据专用通道建成开通，提升国际互联网访问质量，提高用户体验，助力和林格尔新区国际金融服务、跨境电子商务、跨境物流等外向型产业的集聚发展。

【世界电信和信息社会日大会在内蒙古召开】 2022年5月17日，2022年世界电信和信息社会日大会在内蒙古呼和浩特开幕。大会由工业和信息化部、内蒙古自治区人民政府联合主办。会议上工业和信息化部副部长张云明指出，百年未有之大变局和产业大变革历史性交汇，信息通信业要准确把握科技革命和产业变革的演进规律，进一步增强发展前瞻性；准确把握经济社会数字化转型的内在要求，进一步增强发展战略性；准确把握国际竞争格局重塑的总体态势，进一步增强发展主动性。自治区副主席黄志强表示，内蒙古扎实建设国家大数据综合试验区，强化数据基地和算力保障新优势，激发数字产业化和产业数字化新动能，以数字赋能千行百业，打造北方数字经济发展高地。会上发布《数字技术适老化发展报告》等重点成果，相关企业代表与自治区政府签订合作协议，助力内蒙古产业转型升级。超50家媒体对大会现场报道，累计在线观看直播人数超过900万人次。会议期间，4家基础电信运营企业、铁塔公司与自治区政府签署战略合作协议，内蒙古自治区通信管理局与呼和浩特市政府签署合作协议，助力自治区数字经济发展。

（刘 媛）

数字产业化

【概况】 2022年底，全区规模以上计算机、通信和其他电子设备制造业企业增至44家，营业收入455.5亿元，比2021年增长83.3%，投资额、增加值分别比2021年增长54.8%、126.3%。全区规模以上电信、广播电视和卫星传输服务业投资额、营业收入比2021年增长189.2%、5.1%。按照2021年不变价测算，全区通信业务总量293.77亿元，比2021年增长19.4%。全区规模以上软件和信息技术服务业投资额、营业收入比2021年增长2%、17.5%。全区规模以上互联网和相关服务业投资额、营业收入比2021年增长9.3%、101.8%。

【数字产业园区】截至2022年底，呼包鄂乌（呼和浩特、包头、鄂尔多斯、乌兰察布）、赤峰9个数字产业园区入驻企业741家，其中高新技术企业77家，实现产值63.56亿元，上缴税金3.81亿元，带动就业15000余人。

【天翼云布局】 2022年，启动中国电信云计算内蒙古信息园B区建设工程，打造“东数西算”北方算力中心，建成覆盖全区12个盟市的“一城一云”，为数字经济发展夯实基础底座。截至2022年12月，全区在建工程计4400个，投资预算（资本性支出）完成92506万元。

【云计算内蒙古信息园B区数据中心项目开工】 2022年6月7日，中国电信云计算内蒙古信息园B区数据中心项目开工，首期计划建设2栋数据中心、1栋动力中心及配套室外工程，建筑面积近4.5万平方米，项目启动标志着内蒙古信息园建设迈进新的发展阶段。

【北方首例5G远程聚焦超声消融手术】 2022年7月15日，电信内蒙古分公司协同内蒙古自治区中医医院联合超声医疗国家工程研究中心附属医院，共同完成内蒙古地区首例子宫肌瘤5G远程聚焦超声消融手术，实现北方地区首例5G远程聚焦超声消融术。

【5G+数字农业联合创新实验室】 2022年8月22日，中国电信内蒙古分公司与内蒙古农业大学在中国电信云计算内蒙古信息园举行5G+数字农业联合创新实验室挂牌暨智慧校园项目合作签约仪式。双方就携手打造自治区高校首个超融合网络高校、首个5G智慧生态校园、首个云网融合数字高校、首个5G+数字农业实验室、首个高校天翼云计算中心、首个全场景新媒体产教融合实践基地“六个第一”，搭建更高层次的创新发展平台达成合作。

【四项管理体系国际权威认证】 2022年10月20日，中国电信云计算内蒙古分公司正式通过ISO 9001质量管理体系、ISO 14001环境管理体系、ISO 45001职业健康安全管理体系、ISO 50001能源管理体系四大国际认证。这是继A9机楼获得uptime M&O全球公认的数据中心权威标准组织评估认证后，园区在质量、环境、职业健康安全、能源管理方面获得的四大国际权威认证。

（刘雪琪）

产业数字化

【概况】 2022年，内蒙古自治区各领域产业数字化发展态势良好，截至2022年底，累计建成26个自治区级工业互联网平台，其中2022年建成10家。全年、全区商品网上零售占社会消费品零售总额的6.9%。

【农牧业产业数字化】 2022年，呼和浩特“三农三牧”信息平台逐步完善，构建起农牧业数据“一张图”。巴彦淖尔实施5G+河套灌区智能监控项目，实现水位、流量、闸位等1000余处节点信息的在线采集、精准检查和实时传输。呼伦贝尔搭建农牧业全产业链数字经济平台，实现精准灌溉、施肥、饲养。

【工业数字化智能化】 2022年，对全区3091家规模以上工业企业（含专精特新、“小巨人”企业）进行数字化转型评估诊断。推进制造业智能化，制定《促进制造业智能化发展实施方案》，支持一批“5G+智慧矿山”“5G+智慧电厂”“5G+无人驾驶”和制造业智能化改造项目。持续开展两化融合贯标，通过国家两化融合管理体系评定企业73家。企业上云用数赋智，新增登云企业3000家，累计达到1.9万家。为1150家企事业单位提供预警服务，发出预警通报164份，完成蒙牛、伊利、西部电网、金宇保、包钢、北方稀土6家企业数据核查工作。

【商业数字化】 2022年，内蒙古自治区网红经济、直播销售等新商业模式快速发展，呼和浩特、赤峰等地陆续获批国家跨境电子商务综合试验区。全年，全区实物商品网上零售额占社会消费品零售总额的6.9%，较2021年提高0.9个百分点。

【“构筑云网融合新基建 推进国企数字化转型”工作交流会】 2022年5月20日，由自治区国资委和自治区通信管理局主办、中国

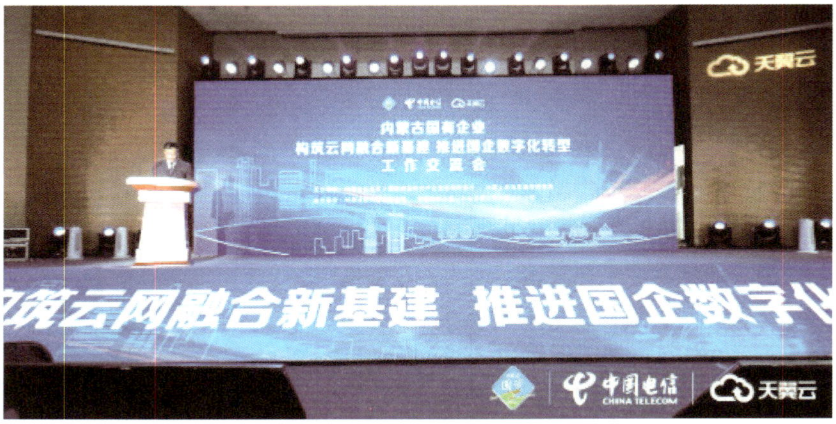

图53 2022年5月20日，“构筑云网融合新基建 推进国企数字化转型”工作交流会现场

（自治区大数据中心 供图）

电信内蒙古分公司承办的内蒙古国有企业“构筑云网融合新基建 推进国企数字化转型”工作交流会在和林格尔中国电信云计算内蒙古信息园举办。

（王 冀）

通信业

【概况】 2022年，全区电信业务总量293.77亿元，比2021年增长19.4%；电信业务收入累计实现245.62亿元，比2021年增长9.17%；固定资产投资完成83.87亿元，比2021年增长11.9%，其中5G投资占比46.2%。全区电话用户3221.5万户，其中固定电话用户208.4万户、移动电话用户3013.1万户（5G用户901万户，占比29.9%），移动电话普及率125.5%；固定宽带用户868.1万户，100兆以上占比96.1%；物联网终端用户规模快速扩大，全区物联网终端用户数1185.7万户，较2021年增幅16.6%，互联网出口带宽达到35.4太字节。

【无线电管理】 截至2022年12月，全区各类无线电台（站）（除公众移动基站）计4.74万部。其中，广播电视1195部，短波电台701部、超短波电台2.4万部，卫星地球站79部，微波站2196部，业余电台3996部，其他台站1.53万部。2022年，全区严格落实行政审批制度，规范频率、台（站）审批流程，完成各类频率许可计23件；办理各类台（站）审批计95件，其中新审批28件、续用61件、撤销6件。有效保障5G频率资源使用。继续使用公众基站交互系统，全区审批5G基站执照2503个。处理包含公众移动基站、气象雷达、民航干扰等各类干扰58次，干扰查处响应率100%，干扰源发现率100%。打击“黑广播”3起，违法犯罪信息及时通报公安部门。全年，全系统参加人事、教育、卫生、财政等单位组织的重大考试170场次，出动车辆940余台次，出动监测人员2645人次。在高考保障工作中，全区出动87人，启用固定监测站153座、便携及无线电信号干扰压制设备103套，出动监测车25辆。完成“神舟十三号”“神舟十四号”飞船返回舱无线电保障任务。全方位保障重要时间节点、重大活动无线电频率使用安全。

【服务军地】 2022年，继续开展军地无线电频率协调，配合部队做好军演、武器试验等无线电安全保障任务8次，与北部战区预备役信息通信部门召开会议1次，协助解放军某部训练基地排查干扰1次。此外，通辽市无线电管理处协助人防办完成人防“十四五”建设发展规划”起草工作；联系协调当地广电网络公司与通辽市科尔沁区人武部对接，解决成立电磁频谱管控民兵排的人员问题。

（黄家琦）

【通信管理】2022年，电信业务经营许可实现“全程网办”，全区增值电信业务持证企业突破3000家，累计3138家，审批时长较法定办理时限缩短91%。电信业务经营许可年度报送率95%，排名全国第三位。年内，内蒙古中小微企业宽带和专线平均资费再降10%任务目标提前超额完成，惠及中小微企业23万家，让利1685万余元。治理垃圾信息，累计关停骚扰电话2.5万个，拦截骚扰电话1.53亿通，垃圾短信6035万条，谢绝来电累计注册用户数354万户。

专项整治 开展App侵害用户权益专项整治，累计下架未完成整改App 27款。电话用户实名登记，全区新入网电话用户实名登记率100%。开展“清源”等专项工作，关停违法违规网站，梳理并处置全区各类ICP备案问题5130个。开展规范电信服务20条专项行动和规范用户服务协议专项整治行动，开展12345热线工单专项督查工作。全年，电信用户申诉率30.44人次/百万用户，较2021年度下降42.46%。携号转网服务运行平稳，累计携转97.23万人次。推进“扫黄打非·清源”等专项工作。出台全区信息通信行业反诈工作任务清单。结合防范打击通信信息诈骗专项行动，开展网络安全宣传周活动，发送公益短信1.14亿条。

便民服务和适老化服务，全区线下营业厅设置老年专席1419个，服务老年客户169万余人次；客服热线老年专席呼入412万余人次。按时完成广电公司5G网络互联互通工作任务，截至2022年底，全区188个线下营业厅全部开放5G相关业务办理，发展5G用户6621户。落实《关键信息基础设施安全保护条例》，健全网络与信息安全管理长效机制。

保障重大任务网络通信，中共二十大期间，全区累计巡检线路近56万千米，出动保障人员3万余人次、车辆13351台次、油机动力设备5632台次、应急装备（卫星电话、便携站等）937台次。

（岳婧文）

【中国电信内蒙古分公司】 2022年，整体收入42.1亿元，收入年利润率比2021年提升5.9%，移动用户460万户，宽带用户180万户。

光网覆盖 全年新建光端口31.51万个，城镇住宅覆盖率86.14%，其中千兆端口累计达到7万个。

5G覆盖 新增宏站1664个、室分3609套，全区城镇5G覆盖率98.5%。

技术研发 累计研发投入6111.3万元，完成发明专利5个，自研项目72个，节约投资3409.11万元，节约成本466.37万元，科技创新增量收入贡献率57%，节税520万元。

网络安全保障 开展涵盖网络和信息安全全专业、全业务的风险隐患排查，隐患100%整治。常态化开展网络和信息安全基础管理与日常保障，建立以楼长制为基础覆盖全员的五级安全生产责任体系，组织开展2次隐患排查整治专项攻坚行动，完成7大重点领域9种重要场景和39栋重要楼宇的安全隐患排查整治工作，整改重大、较大级安全隐患650项，投入整改资金2899.3万元。完成北京冬奥会、残奥会、中共二十大、抗灾救灾等10余次重大通信保障，累计出动保障人员35802人次、车辆20280台次、油机8799台次、应急通信车598台次、卫星电话及便携站等应急装备1641台次，实现双零双百网信安全工作目标。

“神舟十三号”返航通信保障 2022年4月16日9时58分，“神舟十三号”载人航天飞船在内蒙古阿拉善盟额济纳旗东风着陆场着陆，中国电信内蒙古分公司重视本次搜索回收任务通信保障工作，保障人员提前2天对机房、基站及专线的传输线路及设备巡查巡检，确保通信线路及基站设施设备安全畅通，顺利完成回收通信保障任务。

（潘智辰）

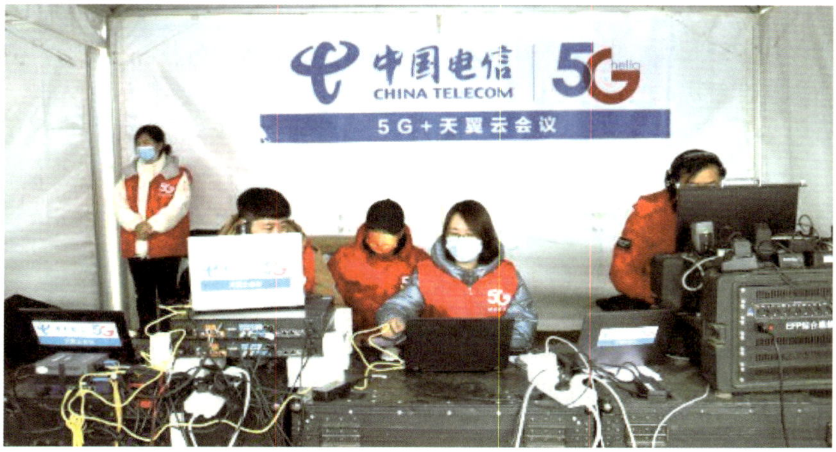

图54 2022年4月16日，中国电信内蒙古分公司工作人员参与保障“神舟十三号”返航通信任务

（中国电信内蒙古电信分公司 供图）

【中国联通内蒙古分公司】 2022年，下设12个盟市分公司、96个旗县分公司。截至2022年底，有干线光缆线路34520皮长千米，宽带端口总数892万个，IP城域网出口带宽达到10740吉字节，出省带宽达到9000吉字节，移动网3G、4G、5G室外基站分别达1.55万个、2.46万个、1.21万个。上市披露口径总资产131亿元，员工1.31万人。移动业务出账用户数923.36万户。其中4G用户579.06万户，5G用户284.49万户；宽带用户343.48万户；固定电话用户154.95万户。主营业务收入完成81.93亿元，比2021年增长8.76%。中小企业互联网专线和宽带费用继续降低10.6%以上；家庭宽带惠民行动免费检测宽带用户82万户；面向社会推出五大服务承诺——“一站全结、一号通解、一屏速办、极速服务、精品服务”，整体申诉率比2021年下降54%，携转申诉率比2021年下降46%，营销宣传申诉率比2021年下降65%。

断卡行动2.0 按照工信部指引完成3.75万户高风险场景用户风险打标、二次实人认证；向反诈中心累计推送线索51个批次、涉诈号码728个，协助呼和浩特、包头、通辽、兴安盟、阿拉善盟等地公安打掉9个GOIP窝点；工信部远程检测漏洞零通报，两部委考核终评成绩6.01超满分；形成攻防团队，做到主备协同，作为攻击方，以北疆HW为契机，挖掘客户潜在安全问题主动提供服务，助力大安全服务对外输出；践行国家队与网络安全现代产业链链长责任与担当，发挥四级运营服务体系及“墨攻”安全运营服务平台优势，为政府部门、金融、教育、医疗等行业提供网络安全、云安全、5G 安全、工业互联网安全服务。

技术管理创新　成立职工创新工作室 30 个，其中自治区级 4 个；立项发布逻辑 BU 项目 154 项，参与项目创新创效人员 1949 人，兑现项目阶段性激励 524 万元；申请专利成果 71 件，获得授权专利 42 件；获得软件著作权 32 件；申报科创项目 319 项，完成科创项目结项 150 项；获得管理创新、优秀质量管理小组、质量信得过班组等各类全国性荣誉 30 余项。通过各类自研创新工作，直接或间接产生经济效益 17.25 亿元，创利 3.3 亿元。

赋能自治区数字经济　实施“呼和浩特平安城市”等智慧城市相关项目 42 个，承接自治区及呼和浩特市等 8 个盟市“12345”建设，实施数字政府项目 86 个，围绕 5G+ 智慧矿山、5G+ 智慧园区、5G+ 智慧医疗、5G+ 智慧教育、5G+ 智慧文旅、5G+ 智慧农牧业等领域打造 132 个 5G 行业应用标杆项目。

5G 网基站建设　2022 年，5G 在网基站 2.18 万个，比 2021 年增长 85%，移动网人口覆盖率由 2021 年的 92% 提升至 98%；新增行政村覆盖 1351 个，行政村覆盖率 90.4%，比 2021 年增长 11.6%；宽带千兆端口达到 433.2 万个，比 2021 年增长 300%，千兆端口在全行业占比 60%。高品质算力网完成省级骨干云池扩容，建设 4 个地市级骨干云池，总算力达到 2000TFLOPS。

（宫丽华）

【中国移动内蒙古分公司】　截至 2022 年底，中国移动内蒙古公司有员工 1.1 万人，下设盟市分公司 12 个、城区（旗县）分公司 120 个，机关职能部门（中心）28 个。全年完成主营业务收入超 120 亿元，增幅创 10 年来新高。建成 5G 基站超过 1 万个，是前 3 年 5G 建设规模总和，累计 2.09 万个，实现全部城区、县城核心区域、重点乡镇 5G 2.6 千万个赫兹 +700 兆兹双层网部署，5G 网络人口覆盖率超过 80%。千兆宽带覆盖用户数近 400 万户，比 2021 年增长 1 倍，全区 10 个城市达到双千兆示范城市标准。移动数据中心机架数量超 2.1 万架。移动边缘云节点部署范围比 2021 年增长 133%。

在全国率先部署基于移动云的算力网络创新应用平台，搭建移动云节点中规模最大的 GPU 视频算力中心，构建乌兰察布算力集群服务能力，全年算力网络应用签约额近 2 亿元，算力产业生态初具规模。增加创新投入，研发费用比 2021 年增长 13%。注重内外部创新生态构建，内部组建各类科研团队，成立人工智能科研小组，产出应用 35 项；外部利用合作伙伴先进技术促进生产运营提质增效，与内蒙古大学联合成立算力网络联合创新实验室，确立研究课题 29 项。引入 OKR 管理理念，探索项目制管理模式，激发组织内生动力。

（李　鹏）

数字公共服务

【概况】　2022 年，内蒙古自治区大数据中心印发《内蒙古自治区本级政务信息系统运维管理暂行办法》，统筹政务信息化建设管理。启动“一网统管”工作，制定出台自治区构建一体化政务大数据体系实施方案，理顺政务数据共享和公共信息资源开放协调机制，基本建成社会信用基础信息共享库。开展数据资源普查，推动公共数据开放，印发公共信息资源开放分类分级指南和公共信息资源开放目录编制指南。编制大数据交易服务流程规范，配合相关部门推进内蒙古数据交易中心组建。制定发布政务信息资源代码规范、数据安全管理等 8 项自治区地方标准，印发数据采集、归集、治理、质量管理等 12 项标准规范，编制完成 15 类 21 项数据治理相关标准规范。配合相关部门获批全国一体化大数据中心算力枢纽节点、建设和林格尔新区国际互联网数据专用通道，推动重大基础设施建设。推进绿色数据中心建设，建立数据中心统计调查制度，开展数据中心建设运行监测和能效核查。推动数字产业化和产业数字化，按季度开展数字经济运行分析。

2022 年，“一网通办”政务服务事项网上可办率达到 98%，政务数据归集量累计达到 18 亿条。全区 1850 个单位接入电子政务内网，电子政务外网实现纵向四级全覆盖，政务网络带宽全面升级。政法大数据智能化应用平台建成投用，全区刑事案件线上运转率超过 90%。以数字技术赋能基层治理取得新突破，鄂尔多斯国家智能社会治理实验综合基地加快建设，推出的“多多评”数字平台受到各方好评。持续深化数字技术在民生领域的融合运用，公共卫生、健康医疗、教育养老、交通出行、应急管理等一大批基于大数据应用的智慧平台上线运行，老百姓从中获得实实在在的便利和实惠，特别是“5G+基层医疗”让生活在偏远农村牧区的群众也享受到优质的远程医疗服务。

【公共信息资源开放体系】 2022年7月25日，自治区大数据中心制定《自治区公共信息资源开放分类分级指南（试行）》和《自治区公共信息资源开放目录编制指南（试行）》，建成并开通自治区公共信息资源开放平台，推动政府数据向社会开放。锡林郭勒盟、兴安盟公共信息资源开放平台正式上线运行。

【电子政务网建设】 2022年12月，全区电子政务外网实现自治区、盟市、旗县（市、区）、苏木乡镇骨干网四级全覆盖，完成电子政务外网和政务云升级改造工程，自治区至盟市带宽达到主备双万兆，盟市至旗县达到主备双千兆。建成全区电子政务外网安全监测平台和自治区本级同城灾备中心。自治区政务云承载全区86个部门的715个业务应用系统，其中信创云中心承载47个部门的159个业务应用。政务专网整合、自治区本级一体化政务大数据中心、统一协同办公平台、领导决策指挥平台（本级“一网统管”基础平台）、经济运行监测平台等自治区数字政府建设重点工程项目批复立项，制定《内蒙古自治区数字政府建设实施方案》。自治区人民政府办公厅印发《内蒙古自治区“一网统管”行动方案》，推进“一网统管”建设工作，利用“云上北疆”大数据平台接入城市运行、市场监管等领域和呼和浩特市、乌海市、锡林郭勒盟城市大脑等部分应用场景，初步实现7个业务应用专题和3个盟市智慧应用的“可感、可视”。

【智慧城市建设】 2022年，自治区围绕打造宜居、韧性、智慧城市，着力推动城市高质量发展，不断提高基础设施完备度、公共服务便利度、人居环境舒适度，使人民群众享有更高品质的城市生活。完善城市体检评估机制，构建契合城市发展需求的特色指标体系。采取整体统筹与示范片区相结合梯次推进城市更新。推进城市地下生命线智能化发展，破解城市地下安全治理难题。提高智慧管理能力，继续做好呼和浩特市、包头市、鄂尔多斯市城市基础设施安全运行监测试点工作。加快燃气、供水、排水、供热、桥梁等管理信息系统整合，推动实现城市基础设施安全运行“一网统管”。

【全民数字素养与技能提升月活动】 2022年7月23日，自治区与全国同步举办“2022年内蒙古自治区全民数字素养与技能提升月”启动仪式。举办“数字内蒙古美好新生活”主题展览，围绕数字生活、智能家居、数字医疗、数字教育、网络安全等10余个主题，集中展示一批新技术、新应用、新产品，吸引8万余人次参展。举办首届“东数西算”算力网络高峰论坛，揭牌算力网络联合创新实验室，智力支持建设全国一体化国家算力枢纽节点。开展70余场“数字技能进社区”活动，累计覆盖20万人次。

（刘　媛）

【数据资源体系建设】 2022年，内蒙古自治区完成9个盟市、2个计划单列市的61个信息系统的普查工作，梳理778个数据资源、7890个数据项。呼和浩特城市大脑归集总数据量31亿条；乌海归集数据312类、6.9亿条；包头“智慧城市大数据平台”形成数据资产1.3亿条；锡林郭勒完成第六轮盟直部门政务数据整合，累计汇聚10.18亿条业务数据；阿拉善归集数据9700万余条，数据被调用4900万余次。社会信用基础信息共享库归集民政、人社、医保、教育等数据4亿余条，汇聚库表、接口等数据资源累计8.61亿条，数据调用累计277.71亿条。自治区数据共享交换平台已连通国家及79个自治区本级部门、12个盟市及2个计划单列市。已注册发布23820个数据资源目录，其中11546个数据资源目录挂接数据资源，资源挂接率48.5%，全区逻辑归集数据资源30.01亿条，数据调用累计277.11亿条。制定《自治区公共信息资源开放分类分级指南（试行）》和《自治区公共信息资源开放目录编制指南（试行）》。自治区本级43个部门和乌兰察布、阿拉善、鄂尔多斯、锡林郭勒、兴安盟、通辽、乌海7个盟市编制1600余个开放目录，其中自治区本级各部门编制开放目录230个。自治区本级和呼和浩特、锡林郭勒、呼伦贝尔、乌兰察布、阿拉善建成公共信息资源开放平台，自治区本级、锡林郭勒、兴安盟开放平台正式上线运行。

【数字社会标准规范体系建设】 2022年，自治区政府办公厅印发《内蒙古自治区数字社会标准规范体系建设方案》，确定内蒙古自治区数字社会标准规范体系现行支撑

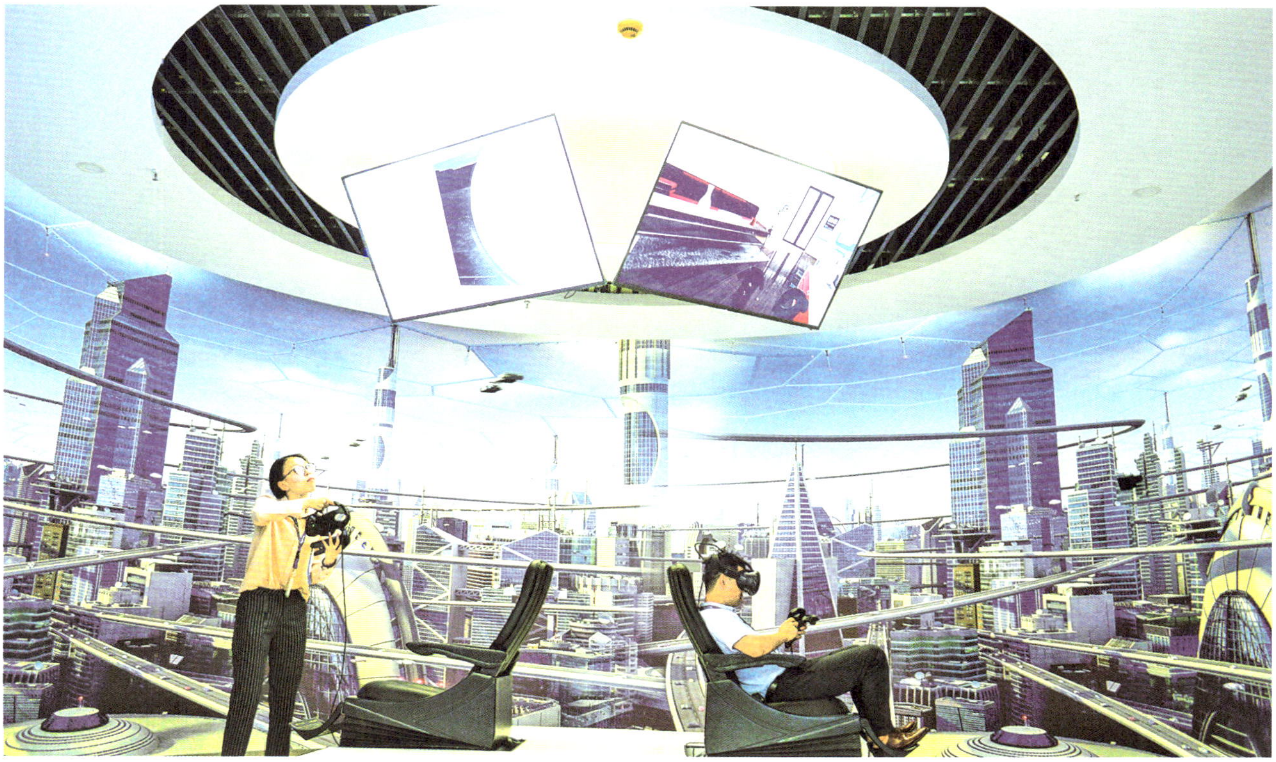

图 55 2022 年 3 月 8 日，呼和浩特市玉泉区大数据应用产业基地工作人员在归集数据

（王晓博 供图）

标准，明确新增标准规范的更新流程，建立动态工作机制，为内蒙古自治区数字社会建设工作提供标准规范支撑。

【智慧教育】 2022 年，内蒙古自治区全面推广使用全国校外教育培训监管和服务综合平台，通过“互联网 + 监管”的方式，对校外培训开展常态化、精准化、智能化监管，为学生家长提供线上选课、报名、交费、退费等服务。围绕破解教育信息化融合发展的关键问题，自治区教育厅实施“互联网 + 教育”示范引领工程，全域推进国家智慧教育平台内蒙古试点，建设内蒙古智慧教育平台，推进教育数字化转型，逐步缩小区域、城乡差距。建成内蒙古智慧教育平台，汇聚国家平台资源和内蒙古自治区数字教育资源，本地教育资源已达 134 万条、总容量 5.3 太字节。印发《关于进一步做好国家中小学智慧教育平台内蒙古试点工作的通知》，推动平台在全区中小学全面使用。举办全区国家中小学智慧教育平台管理员线上培训班，全区各级教育装备技术（电教）机构负责人、各级平台管理员和相关教师 6800 余人参加培训。实施教育政务服务“一窗式”改革、电子证照改革，推进高频公共服务事项掌上办理、“关键小事”系统集成服务，探索帮办代办服务，让群众办事少跑腿。开展“两优”专项行动，27 个外部事项的法定办理时间压缩比例 48.4%，8 个内部事项办理时限压缩比例 63.4%。

【智慧医疗】 2022 年，内蒙古自治区健全完善常态化新冠疫情防控机制，组建通信保障突击队，确保疫情防控期间全区通信不中断、服务不断档。防疫指挥调度、青城码等重要系统运转正常、感知良好。各级防疫指挥部、重点医院、疾控中心等疫情防控重点区域通信网络运行稳定。成立应急专班实施 7×24 小时值守，累计推送区域协查数据 2042 万余条，核查率 100%。

（刘 媛）

城市建设与管理

城市规划

【自治区国土空间规划委员会成立】2022年，自治区人民政府成立由自治区主席担任主任的自治区国土空间规划委员会，主要职责是研究落实党中央、国务院关于国土空间规划工作的重大决策部署及自治区党委和政府工作要求，研究全区国土空间规划工作中的重大事项，协调解决自治区和盟市在国土空间规划实施过程中遇到的重大问题。各盟行政公署、市人民政府，旗县（市、区）人民政府均成立本地区的国土空间规划委员会，加强对本地区国土空间规划工作的组织领导和统筹协调。

【规划编制】 2022年，《内蒙古自治区国土空间规划（2021—2035年）》（以下简称《规划》），根据党中央、国务院2022年10月14日印发的《全国国土空间规划纲要》的要求进行修改。印发《关于进一步做好国土空间规划编制工作的通知》，推进盟市、旗县、乡镇、村庄规划编制工作。截至2022年底，各盟市均已形成规划成果，其中，有6个盟市完成盟市政府常务会或规委会审议、3个盟市完成同级人大审议、9个盟市完成社会公示；各旗县均已形成规划成果，其中，有28个旗县完成旗县政府常务会或规委会审议、3个旗县完成同级人大审议、45个旗县完成社会公示；乡镇方面，有701个苏木乡镇应当编制国土空间规划，已编制390个；村庄方面，应编尽编村庄规划8599个，已编制完成7057个，完成率82%。

【城市体检评估】2022年，内蒙古自治区自然资源厅（以下简称自治区自然资源厅）印发《关于开展2022年度国土空间规划城市体检评估有关工作的通知》，指导盟市、旗县（市、区）按年度计划开展城市体检评估工作。按照《自然资源部国土空间规划局关于商请汇交城区范围成果的函》要求，涉及自治区的国务院审批城市呼和浩特市和包头市已完成城区范围成果上报，并通过自然资源部审核。各盟市、旗县（市、区）包括报告、表格、图件在内的城市体检评估成果已初步完成。

【国土空间规划“一张图”系统建设】2022年，按照“统一底图、统一标准、统一规划、统一平台”建设要求和“自治区级独立建设、市县统分结合”建设模式，在科学编制规划、整合各类空间关联数据的基础上，自治区本级“一张图”系统和国务院审批城市呼和浩特市、包头市系统已通过自然资源部初步评定。对具备初步评定条件的呼伦贝尔市、兴安盟、乌兰察布市、鄂尔多斯市、乌海市、阿拉善盟和满洲里市的“一张图”系统由自治区组织专家进行评定，同时安排部署各盟市对旗县“一张图”系统开展自评。

（温　涛）

城市更新

【概况】 2022年，内蒙古自治区采取整体统筹与示范片区相结合梯次推进城市更新，全区各地出台配套政策17项，实施各类更新项目

2598 项，完成投资 230.8 亿元，城市承载力、宜居性和包容度不断增强。呼和浩特市实施城市更新示范重点项目 52 项，试点示范建设初见成效。

【老旧小区改造】 2022 年，内蒙古自治区推进城镇老旧小区改造，重点突出安全性和功能性，注重加强基础类内容改造。在保障基础类内容应改尽改的同时，改造满足居民生活便利和丰富社区服务等公共服务设施，推动有条件的地区加大以建设完整居住社区为目标的完善类、提升类内容改造，统筹考虑社区活动、养老托幼、文化卫生等各类便民服务、公共服务内容，构建居民 15 分钟生活圈，切实改善老旧小区的居住条件和生活环境。全年全区开工改造老旧小区 1571 个、22.37 万户。

【棚户区改造】 2022 年，内蒙古自治区坚持"因地制宜、量力而行"的基本原则，推进棚户区改造。推进逾期在建棚改项目整改工作，印发《城市棚改居民无法按期回迁安置问题专项治理工作方案》，督促各地建立整改台账，明确整改措施、整改时限、整改责任人，按月进行统计调度。全年全区棚户区改造新开工 1.02 万套，基本建成 5987 套，建成率 163.6%。

（张永倩）

市政公共事业

【概况】 2022 年，内蒙古自治区结合城市更新和老旧小区改造，配建养老服务设施的新建居住区 89 个，达标率 96%。实施改造老旧管道 2170 千米，新增既有居住区养老设施 181 个，新增停泊车位 5.1 万个。城市绿化方面出台绿化设计方案、养护管理标准等指导意见，2022 年全区建成"口袋公园" 95 个，改建城市绿化道 108 千米，建成 1276 千米。新、改建社区绿化活动场所，截至 2022 年底累计建成 716 个，其中 2022 年度建成 380 个。

【城市供水】 2022 年，调度设施运行情况，掌握各地供水单位水厂运行、城镇污水处理设施运行、应急预案编制、应急物资储备、水质达标等情况。加强设施运行管理，开通 24 小时客服电话，及时回复和处理群众用水方面的困难诉求。开展水质提升行动，加强供水单位水质处置能力，安装在线检测设备。截至 2022 年底，全区城市公共供水综合生产能力 493.71 万立方米 / 日，全区供水管道长度 25169.95 千米，供水普及率达到 99.40%。

【城市供暖】 2022 年，内蒙古自治区供热系统建立供热周报告和日调度机制，协调解决供热过程中存在的困难问题。积极与气象部门建立会商联动机制，实时掌握气候变化，根据天气情况，组织各地加强供热系统运行监测，提前做好预判，及时调整运行参数，保证供热质量。健全服务模式，通过微信公众号、抖音等媒体平台，发布供热设施问题处理办法，线上线下相结合指导用户解决供热问题；开通 24 小时客服电话，及时回复和解决群众用暖方面的困难和诉求。健全应急保障，印发《内蒙古自治区供热事故应急预案》，对应对内蒙古自治区供热突发事故作出具体要求。各地建立健全应急预案，开展应急演练、储备应急物资，保证及时、有序、高效、妥善处置供热事故。

【城市供气】 2022 年，内蒙古自治区推进燃气安全排查整治，紧盯重点领域、关键环节，逐步解决燃气领域"燃气企业小、散、弱""执法宽、松、软""燃气报警器安装不到位""监管力量薄弱"等问题，努力化解燃气领域存在的安全风险，切实消除燃气安全隐患，保障人民群众用气安全。加强一线执法检查人员培训，适时组织开展燃气领域法律法规和检查指导培训，强化一线执法检查人员业务能力。宣传贯彻新修订的《内蒙古自治区燃气管理条例》，切实加强燃气管理，规范燃气市场、保障燃气供给，确保城乡居民的用气需求和用气安全，促进燃气市场健康发展。

【老化管网更新改造】 2022 年，内蒙古自治区全面摸清城市燃气、供水、排水、供热管网底数，有序推进以燃气管网为重点的老化管网更新改造，印发《内蒙古自治区城市燃气管道等老化更新改造方案（2022—2025 年）》，实施改造老旧管道 2170 千米。

【能源惠民服务】 2022 年，全区落实 208 万户农牧户、410 万吨燃煤取暖需求煤源，落实城镇集中供热用煤煤源超过 650 万吨；全区城乡居民生活用电 178.8 亿千瓦·时；全区 2022 年及 2022—2023 年供暖季天然气购销合同签订量58.25亿立方米。其中，民生用气量21.22亿立方米，供暖季民生用气量14.49亿立方米。全区“三零”“三省”服务惠及用户24.1万户，节省投资超14.5亿元，其中，蒙西地区惠及户数13.8万户，节省投资12.3亿元；蒙东地区惠及户数10.3万户，节省投资2.2亿元。

【海绵城市建设】 2022年，自治区住房和城乡建设厅从建机制、定制度、立标准、引资金、推试点等多层面着手，推进海绵示范片区和示范项目建设，呼和浩特市被列为国家海绵示范城市，推动海绵城市建设从项目化、碎片化向区域化、系统化提升转变。

【服务设施建设】 2022年，自治区住房和城乡建设厅结合城市更新和老旧小区改造等任务，统筹推进养老、托幼、无障碍服务设施建设，配建养老服务设施的新建居住区总数89个，达标率100%。新增既有居住区养老设施181个、39.9万平方米。

【停车设施设备建设】 2022年，内蒙古自治区印发《自治区城镇公共停车场常态化整治工作方案》，推动各地停车难重点区域增划停车泊位5.1万个。印发《内蒙古自治区关于加快推进电动汽车充电基础设施建设工作的实施方案》，在呼和浩特市开展城市新能源汽车充电设施建设试点行动，全区已建成新能源汽车充电桩8200余个。

【污水处理】 2022年，自治区住房和城乡建设厅加强全区污水治理工作，制定年度管网排查计划，抓好城镇污水处理突出问题整改，推动城镇污水处理提质增效，全面排查污水管网等设施功能状况、错接混接等基本情况及用户接入情况。全区重点流域城镇生活污水处理厂均已达到一级A排放标准。完成20个城市建成区黑臭水体排查工作，共排查河流44条、水域2处，均无返黑返臭和新增黑臭水体。

【生活垃圾处理】 2022年，自治区住房和城乡建设厅组织编制《内蒙古自治区城市生活垃圾分类技术标准》，加强《内蒙古自治区城乡生活垃圾管理条例》宣贯工作，会同自治区总工会联合印发《关于开展第四届全区“最美环卫工人”选树宣传活动的通知》，开展“最美环卫工人”选树活动。持续推进垃圾分类和减量化、资源化、无害化，建立健全生活垃圾分类投放、分类收集、分类转运、分类处理系统。新建生活垃圾焚烧处理设施5座，餐厨垃圾处理设施4座。各盟市（行署）政府所在地建成区基本实现生活垃圾分类全覆盖。

（张永倩）

【城镇绿化建设】 2022年，自治区住房和城乡建设厅提高城镇绿化科学化建设管理水平，印发《关于城镇科学绿化工作的指导意见》，组织编制《内蒙古自治区城镇绿化设计标准》《内蒙古自治区城镇绿地养护管理标准》，引导各地科学规范设计建设各类绿地。制定印发《内蒙古自治区2022年“口袋公园”建设实施方案》，要求各地因地制宜建设小而美的“口袋公园”、小微绿地，2022年全区建设完成“口袋公园”95个。强化绿道网络建设，2022年全区新建、改建城市绿道108千米，截至2022年底，全区累计建成绿道1276千米。

【城市公共交通】 2022年，自治区城市公交车运营车辆1.15万辆，客运量4.67亿人次，运营里程4.72亿千米。全年，出租车运营车辆6.8万辆，载客车次总数6.25亿车次，客运量11.08亿人次，运行里程48.7亿千米。截至2022年底，全区域许可网约车6800辆。呼和浩特市开通运行2条地铁，1号线西起伊利健康谷站，东至坝堰（机场）站，全长21.7千米，共设车站20座，2019年12月29日开通运营；2号线南起阿尔山路站，北至塔利东路站，全长27.3千米，共设车站24座，2020年10月1日开通运营。截至2022年底，1号线客运量1698.22万人次，2号线客运量1609.57万人次。

（赵 婧）

城市管理

【概况】 2022年，内蒙古自治区通过示范引领促进城市精细化管理水平提升，形成一批特色鲜明、可复制可推广的城市管理经验做法。全域推进红色物业建设，自治区和12个盟市均成立物业行业党委，全区357家物业服务企业成立党支部，通过“红色物业”将基层党建工作、物业工作和群众呼声有机融合，打通服务群众的“最后一公里”。巩固深化“强基础、转作风、树形象”专项行动成果，印发《关于做好2022年巩固深化“强转树”专项行动工作的通知》，明确5个方面重点任务、15项工作目标、42项具体细化任务及措施，建立《2022年巩固深化“强基础、转作风、树形象”专项行动工作任务台账》《城市管理执法部门按普通程序实施行政处罚工作台账》，按季度填报具体落实情况、取得成效、存在的主要问题及下一步工作计划。并逐部门逐项进行审核，督促指导旗县（市、区）及时纠正工作中存在的问题。落实深化“放管服”工作任务，进一步推动优化营商环境。

【执行城市管理“721工作法”】 2022年，自治区住房和城乡建设厅全面践行城市管理“721工作法”，即70%的问题用服务手段解决，20%的问题用管理手段解决，10%的问题用执法手段解决，坚持“疏堵结合、以疏为主”，把服务为先作为城市管理执法工作的首要条件。采取柔性执法和审慎包容监管，以说服教育、劝导示范为主。因地制宜制定和完善相关政策、管理标准，引导流动商贩到指定区域经营，规范临街商铺经营，对禁止事项加强宣传，事先告知。

【城市管理执法队伍“双十佳”表彰】 2022年3月10日，经自治区评比表彰活动领导小组同意，印发《自治区住房和城乡建设厅关于对全区城市管理执法队伍“双十佳”予以表彰的通报》，在全区城市管理执法单位中评选城市管理执法先进单位10个，城市管理文明规范执法标兵10名（简称“双十佳”）予以通报表彰，扩大先进典型的社会影响力，全面提升城市管理执法水平。

【《自治区城市管理领域不予实施行政强制措施清单》制定】 2022年，内蒙古自治区制定《自治区城市管理领域不予实施行政强制措施清单》。该清单对于违法行为情节显著轻微、能够立即改正、没有明显社会危害、无采取行政强制措施必要的，不予实施行政强制措施，不断优化监管服务，保障各类市场主体公平竞争。

【《自治区住房和城乡建设领域市场主体轻微违法违规不予行政处罚事项清单》编制】 2022年，编制《自治区住房和城乡建设领域市场主体轻微违法违规行为不予行政处罚事项清单》。该清单规定对市场主体首次、轻微违法违规行为，未造成危害后果的不予行政处罚。通过责令改正、批评教育、指导约谈等措施，促进市场主体依法合规开展经营活动，实施“有温度的执法”。

【城市体检】 2022年，自治区住房和城乡建设厅全面启动城市体检评估工作，进一步完善城市体检评估机制、指标体系。9个地级市和2个县级市完成城市体检工作。

（张永倩）

乡村振兴

ᠰᠠᠯᠠᠭ᠎ᠠ ᠲᠣᠰᠤᠭᠠᠨ ᠤ ᠰᠡᠷᠭᠦᠭᠡᠯᠲᠡ

脱贫攻坚成果巩固

【概况】 2022年，内蒙古自治区继续采取多项帮扶举措巩固脱贫攻坚成果。全区脱贫人口人均纯收入1.69万元（按每年9月底农牧民收入年度计算），全国排第三位，比全国平均水平高2558元，增速13.04%，实现“两个高于”（脱贫群众收入增速高于当地农民收入增速、脱贫地区农民收入增速高于全国农民收入增速）的增长目标。全年投入中央和自治区衔接资金86.8亿元，比2021年增长3%。在35个脱贫旗县整合涉农涉牧财政资金73.7亿元。印发修订衔接资金管理使用6项政策文件，以旗县为单位编制衔接资金支持具体政策“明白纸”。建立全过程日常监控机制，实行“周调度、月通报、季报告”工作机制，进入施工季节以来，累计反馈数据37次、下发通报6期、上报季度报告3期。对使用衔接资金的旗县开展2次专项督查，1次绩效评价。

【脱贫攻坚成果同乡村振兴衔接】 2022年，内蒙古自治区乡村振兴局（以下简称自治区乡村振兴局）推进巩固拓展脱贫攻坚成果同乡村振兴有效衔接工作，开展2次集中监测、2次集中排查，对监测对象全部落实监测联系人和针对性帮扶措施，未发生规模性返贫现象。全区38.4万名脱贫人口、5.4万名监测对象享受到低保和特困供养政策，在86个旗县开展“防贫保”，守牢最后防线。中央、自治区财政衔接资金63.3%用于优势特色产业发展，支持种植养殖、农畜产品加工、冷链电商等产业项目。制定稳岗就业政策措施，在6065个嘎查村选聘村级就业协管员，协管员既是公益岗，又是就业组织员，效果良好。投入国家乡村振兴重点帮扶旗县衔接资金23.4亿元，占资金总规模的27%。安排易地搬迁后续扶持资金4.9亿元，落实项目68个，受益搬迁群众5.7万人，其中脱贫人口4.3万人。北京市投入财政援助资金19.7亿元，实施757个项目，帮助销售农畜产品161亿元。29家中央定点帮扶单位投入帮扶资金3.78亿元，引进帮扶资金28亿元、帮扶项目129个，采购和帮助销售农畜产品10.69亿元。推动自治区2359家民营企业与2756个嘎查村结对帮扶，实施1227个项目，惠及38万名群众。3个旗县、30个苏木乡镇、260个嘎查村进入国家乡村振兴示范创建行列，选定8个自治区级示范创建旗县。完成户厕改造10.38万个。

【脱贫攻坚成果及政策解读】 2022年，自治区乡村振兴局向国家乡村振兴局上报脱贫攻坚巩固成果和全面推进乡村振兴典型案例、“四个一批”典型案例24篇，库伦旗民族医药助力乡村振兴等2个案例入选第三届全球减贫优秀案例。组织召开“巩固拓展脱贫攻坚成果全面推进乡村振兴”新闻发布会，加强与各级媒体联动，与中国经济信息社、央广网开展合作，为中央主要媒体供稿200多篇。与《内蒙古日报》、内蒙古广播电视台开展深度合作，开设《书写乡村振兴奋进画卷》《奋斗振兴路》等专版专栏，开展系列报道。在官方网站和微信公众号开通《优化营商环境》等专栏，通过“一网两微”发布优化营商环境类信息

500条。制作15期图文并茂的政策解读视频，提升巩固拓展脱贫攻坚成果同乡村振兴有效衔接政策解读实效。

【防返贫集中监测和排查】 2022年，全区按照国家乡村振兴局统一安排部署和《内蒙古自治区2022年度防返贫监测和帮扶工作方案》相关安排，先后在一、三季度开展防返贫监测重点人群集中监测工作，在二、四季度开展常住农牧户集中排查工作，累计动员各级干部21.7万人次，排查各类农牧户387.1万户次、973.4万人次。将664.72万人（含537.84万名一般农牧户）信息录入防返贫监测信息管理系统。

【帮扶对象灾情监测】 2022年，全区因灾识别监测对象86户、199人，纳入监测范围25天内给予针对性帮扶，确保“及时发现、及时纳入、及时帮扶”。建立灾情月调度机制，及时掌握各地区灾情变化、应对措施、受灾农牧户帮扶救助情况。全年调度受灾情况8次，定期将情况上报国家乡村振兴局。安排5000万元自治区本级衔接资金用于支持受灾严重的30个旗县，保障产业、就业帮扶及时得到恢复，确保受灾群众基本生活得到保障，避免出现因灾返贫致贫情况。气象灾害预警，及时转发气象部门发布的灾害天气预警信息92条次，对基层做好灾情防控、防返贫监测预警起到积极作用。开展集中排查和集中监测，确保将因灾出现返贫致贫风险的农牧户及时纳入监测范围，落实针对性帮扶。

【精准帮扶】 2022年，内蒙古自治区建立监测对象帮扶台账，一户一策明确帮扶措施和帮扶责任人，确保帮扶到位、风险消除。通过数据筛查、日常监控、入户排查，定期分析研判帮扶措施的针对性和实效性。4.68万户监测对象落实针对性帮扶措施，占比99.6%，其中，为1.63万户有劳动能力的落实产业、就业、公益岗位或金融帮扶，为0.07万户家中有子女上学的落实教育帮扶，为0.17万户房屋受损的落实住房安全保障帮扶，为0.02万户饮水安全不达标的落实饮用水安全保障帮扶，为3.8万户落实健康帮扶，为3.3万户无劳动能力、残疾、突发意外事故的家庭落实综合保障帮扶。经过帮扶有2.26万户、4.8万人消除返贫致贫风险，占全区监测对象总数的48.07%。其中，帮扶消除风险2.02万户，占比89.38%；自然消除风险0.24万户，占比10.62%。

【光伏帮扶】 2022年，内蒙古自治区修订印发《村级光伏帮扶电站收益使用管理办法》，调整优化过渡期内帮扶电站收益使用范围，提高使用效益。全区487座村级光伏帮扶电站发电运维良好，各项指标优于全国平均值。全年拨付到村收益分配资金2.47亿元，设立公益性岗位3.6万个、支持小型公益事业2.14亿元、发放奖励补助资金568.23万元。

【就业帮扶】 2022年，内蒙古自治区梳理优化促进脱贫人口稳岗就业17条措施，修订完善就业帮扶协管员管理办法、帮扶车间认定办法、公益岗管理办法等多项制度，规范就业帮扶管理。建立脱贫人口稳岗就业月调度、季通报机制，强化跟踪督办，协调解决问题。采取电话抽查、信息比对等方式，针对性补好就业帮扶信息更新不及时、数据不准不实等短板，促进20.6万名脱贫人口和监测对象务工就业，超过国家任务5%，其中就近就地就业15万人、占73%。人均工资性收入稳中有增，抵御住因严重疫情、就业不稳带来的致贫返贫风险。择优选送6个劳务品牌参加全国推荐会，获得“带动就业奖”。强化扶贫龙头企业、就业帮扶车间运行监测管理，完善利益联结机制，有597家自治区扶贫龙头企业，新增吸纳脱贫人口就业3.86万人。

【消费帮扶】 2022年，全区通过京蒙协作、中央单位协助销售、电商企业消费帮扶平台、自治区政府采购等线上线下渠道累计销售自治区优质农畜产品257亿元，其中，实现进京销售161亿元，连续第二年突破百亿元大关，增加了农牧民收入。推进消费帮扶“五进”活动，发挥政府采购的引领示范作用，开展“消费帮扶新春行动”，自治区各高校、医院、国企等单位餐厅通过内蒙古集采中心采购销售帮扶产品3100万元，产品涉及全区9大类1600余种产品。开展线上营销，推荐脱贫地区农畜产品线上销售，内蒙古电视台每周6个频道、8个广播电台全天定时播放，已有78家企业参加。实施农畜产品进京行动，建立合作需求清单，发挥北京双创中心内蒙古展厅作用，畅通进京销售大额采购渠道，推动北京市与产地政府、企业签订大额供应订单，销售额已达71亿元。

【驻村帮扶】 2022年，全区调整选派驻村第一书记、驻村干部16187人，其中自治区各部门单位选派241名干部。修订完善自治区驻嘎查村工作队管理办法和驻村干部考核办法，指导15个旗县对自治区选派驻村干部进行考核。组织开展驻村帮扶“擂台比武”“岗位练兵”“述职交流评议”等活动，创新模式、健全机制、强化保障，着力发挥好驻村帮扶主力军作用。建立省级领导和重点国有企业“双包联”帮扶重点旗县机制，组织全区党政机关、企事业单位与脱贫户结对包联帮扶，对所有监测对象全部落实监测联系人。按照《关于在乡村振兴中向重点乡村持续选派驻嘎查村第一书记和工作队的通知》要求，自治区各部门单位选派了241名干部到15个乡村振兴重点帮扶旗县开展包联帮扶工作。

【扶贫项目资产后续管理】 2022年，内蒙古自治区组织开展扶贫项目资产后续管理“回头看”，健全完善县乡村三级经营性、公益性、到户类项目资产“三本账”，分级分类落实管护责任。2012—2020年形成的25.4万个扶贫项目、598亿元资产，已完成确权移交。

【金融助力乡村振兴】 2022年，自治区乡村振兴局与自治区农牧厅相互配合、通力合作，持续做好脱贫人口小额信贷的贷款户推荐、信息系统数据录入、月监测、月统计、月调度。配合相关部门做好脱贫人口小额信贷的规范管理、风险防控，确保脱贫人口小额信贷持续、健康、有序开展。截至2022年12月底，全区累计发放脱贫人口小额贷款16.9万户、160.8亿元。其中，2022年发放2.17万户、9.84亿元，较2021年贷款户数和金额分别增加23.2%、26.2%。存量贷款余额6.72万户、29.62亿元，贷款余额户数占脱贫户总数的比重为18.5%，处于全国平均水平。创设“富民贷”“乡村振兴助农贷”，将支持脱贫人口的特惠金融政策向所有农牧人口拓展，发放贷款7亿元。全区有86个旗县开展“防贫保”，覆盖447.5万人，对出现返贫致贫风险的群众及时给予保险赔付，累计赔付7500万元。

（祁　盈）

产业振兴

【概况】2022年，内蒙古自治区用于产业发展的各级衔接资金和帮扶资金66.46亿元，其中中央和自治区衔接资金54.71亿元，占中央自治区衔接资金的63.3%，超出国家标准8.3个百分点；实施产业帮扶项目1889个，吸纳带动脱贫人口（含监测对象）46.61万人次。自治区18个优势产业带和11个产业集群，投入衔接资金36.7亿元（占用于产业衔接资金的62%），支持建设种植养殖业基地1964个，并配套必要的生产设施设备。发展优质牛羊养殖7.4万头（只）、禽类54.9万只（羽）。

【产业项目】2022年，内蒙古自治区支持实施龙头企业、合作社、嘎查村集体经济、帮扶车间等经营主体领办产业帮扶项目，带动脱贫人口29.3万人次，建成了如清水河绿色加工产业园，和林格尔草原新牧民奶牛牧场，呼伦贝尔市莫旗肉类食品加工、生猪养殖基地及冷链物流配送，赤峰市林西县、乌兰察布市四子王旗肉牛肉羊屠宰深加工等一批辐射带动能力强的大项目好项目。

【一二三产业融合发展】2022年，内蒙古自治区聚焦产业集群发展，

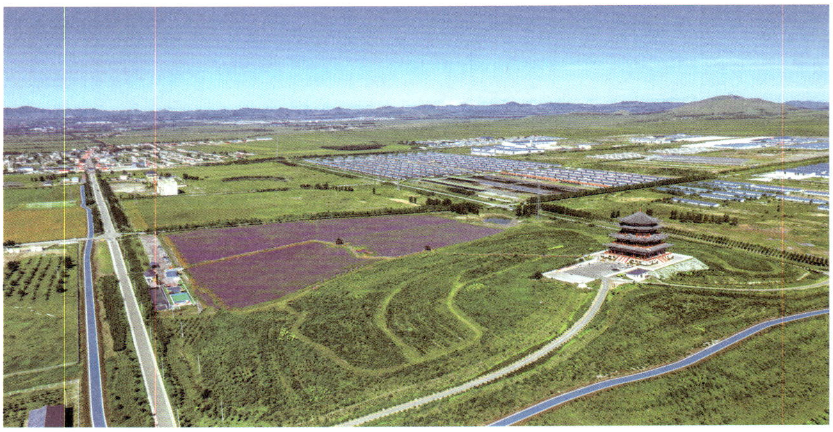

图56　2022年，京蒙协作共建产业园——内蒙古自治区兴安盟突泉县曙光园区
（自治区乡村振兴局　供图）

推动产业发展园区化、产业带动龙头化，支持市场前景好、增收带动能力强的种养业以及农畜产品精深加工、副产物综合利用等全产业链发展，补上技术、设施、营销等短板。全区有帮扶产业园区118个，引进行业先进生产企业172家，其中2022年支持发展产业园区29个，保鲜仓储库145个，农畜产品加工交易场所543个。将更多脱贫人口吸附在仓储、揽收、分拣、运输、配送产业链环节，一二三产业融合发展、链条式发展的产业体系加快形成。

【乡村产业新业态】2022年，内蒙古自治区投入2.9亿元，发展农牧业与旅游、教育、康养等融合产业，发展田园养生、研学科普、农耕体验、民宿康养等休闲农牧业新业态。实施项目67个，吸纳带动农牧民1.28万人。

【京蒙产业协作】2022年，京蒙协作资金19.27亿元，用于产业12.9亿元，比重达66.9%，实施产业类项目241个，重点支持脱贫地区发展壮大特色农牧业、农畜产品加工业及乡村旅游、光伏、电商、生态产业。实施特色种养业提升行动，在产业链生产、加工、销售环节予以支持，推动农产品流通企业、电商、批发市场与区域特色产业精准对接。持续深化“放管服”改革，落实支持政策，全年吸引63家北京企业。其中2022年新落地20家，到内蒙古自治区投资兴业实现投资16.8亿元。

【到户产业帮扶项目】2022年，聚焦守住不发生规模性返贫底线，提高脱贫人口和监测对象收入目标任务，优先落实到人到户产业帮扶项目，尤其对2021年平均收入下降、收入水平较低和因疫情灾情收入骤减的脱贫户，加大到户项目支持力度。通过先建后补、以奖代补等方式，支持脱贫户、监测对象发展庭院经济。全年全区投入财政帮扶资金4199.7万元、信贷资金6109.88万元，支持1.8万人次脱贫人口发展庭院经济。

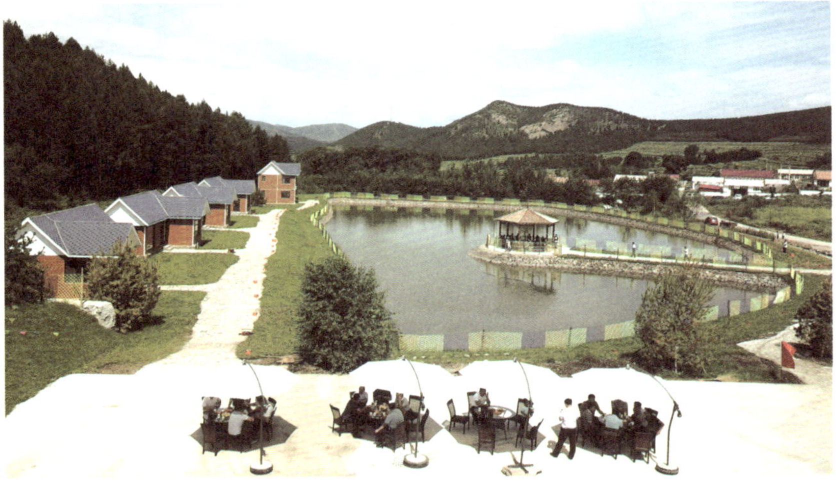

图57 2022年，喀喇沁旗美林镇古山村“三乡模式”助力乡村振兴，图为赤峰市喀喇沁旗美林镇古山村旅游产业区

（自治区乡村振兴局 供图）

【乡村产业帮扶】2022年，中央、自治区财政衔接资金比2021年增长3%，63.3%用于优势特色产业发展，支持种植养殖、农畜产品加工、冷链电商等产业项目1889个，带动25.3万名脱贫人口和监测对象增收。

【新型经营主体培育】2022年，全区新创建农牧民合作社示范社963个，其中国家级示范社60个，示范社总数5200余个；新创建示范家庭农牧场1389个，总数7500余个；开展社会化服务项目拓展延伸试点，推动农业经济高质量发展。

【优势特色产业扶持】2022年，自治区财政厅统筹区域协调发展，推动乡村振兴，全区农林水支出910.3亿元，增长11.2%。稳定主要帮扶政策，投入衔接资金86.8亿元，集中支持奶业、肉牛、肉羊、马铃薯、羊绒等优势特色产业，对15个国家和自治区乡村振兴重点帮扶旗县加大支持力度。支持保障粮食安全，实施新一轮农机购置补贴政策。下达耕地地力保护补贴58亿元，发放实际种粮农民一次性补贴22.2亿元，下达玉米、大豆和马铃薯生产者补贴87.5亿元。下达资金54.7亿元，支持新增高标准农田26.67万公顷。新增粮食产量6亿公斤。支持开展农作物种质资源普查和种业振兴，提升种业全链条发展水平。安排政策性农业保险保费补贴45.1亿元，支持大宗农畜产品和地方优势特色农牧产品保险落地实施，为222.5万户农牧民提供风险保障。

【考核评估】 2022年，内蒙古自治区开展全区12个盟市党委和政府2022年度巩固拓展脱贫攻坚成果同乡村振兴有效衔接考核评估工作。组成12个综合核查组。采取公开招标方式确定山西大学为第三方评估组，与综合核查组共同组成有效衔接考核评估实地核查组。累计实地核查12个盟市的23个旗县（区）、337个嘎查村和12个易地搬迁集中安置点，累计访谈各级干部、驻村工作队员1003名，走访农户4839户。综合实地核查、衔接资金绩效、京蒙协作、平时监控和约束激励情况，12个盟市党委和政府巩固拓展脱贫攻坚成果均确定为“好”等次。其中，在巩固拓展脱贫成果方面成效好的盟市为兴安盟、赤峰市、乌兰察布市、通辽市、锡林郭勒盟、呼伦贝尔市；在有效衔接乡村振兴方面成效好的盟市为鄂尔多斯市、巴彦淖尔市、呼和浩特市、包头市、阿拉善盟、乌海市。8月中旬至9月上旬，自治区组织开展考核评估反馈问题整改完成情况“回头看”暗访调研，到呼伦贝尔市、兴安盟、通辽市、赤峰市、锡林郭勒盟、乌兰察布市等7个盟市的17个旗县46个苏木乡镇66个嘎查村，走访农牧户239户（包括脱贫户123户、监测户75户、一般户41户），实地核查国家和自治区有效衔接考核评估反馈问题整改工作推进情况、“三保障”和饮用水安全保障政策整改和脱贫人口收入持续增长、防止返贫监测和帮扶、脱贫地区帮扶产业发展、脱贫人口稳岗就业等10项重点工作推进情况。

（祁　盈）

乡村建设

【概况】 2022年，内蒙古自治区制定《乡村建设行动重点任务及分工方案》，细化24类87项具体任务，逐项明确责任分工，建立厅际协调机制，推动乡村建设全面启动。完成7339个嘎查村“多规合一”规划编制。推进22个嘎查村开展自治区农房和村庄建设现代化试点，出台新型农村牧区住宅庭院设计图集，开展乡村建设工匠培训和设计下乡活动。呼伦贝尔市阿荣旗、通辽市开鲁县被列为全国乡村建设评价样本县。额尔古纳市入选2022年全国传统村落集中连片保护利用示范县。

【农村宅基地管理审批】 2022年，内蒙古自治区完成兴安盟乌兰浩特市、通辽市开鲁县、巴彦淖尔市五原县3个试点宅基地基础信息数据库建设和信息化管理平台建设，建立和完善宅基地管理审批相关制度。

【农村牧区基础设施建设】 2022年，内蒙古自治区着力补齐农村牧区基础设施和公共服务短板，新开工建设公路7785千米，自来水普及率达到80%，行政村光纤、4G网络通达率达到99.5%，建制村快递服务覆盖率达到96%。

【美丽休闲乡村建设】 2022年，自治区农牧厅制定《内蒙古自治区休闲农牧业与乡村旅游发展规划（2021—2025年）》。农业农村部办公厅公布2022年中国美丽休闲乡村名单：呼和浩特市新城区保合少镇恼包村、呼伦贝尔市莫力达瓦达斡尔族自治旗腾克镇腾克村、兴安盟科右前旗察尔森镇察尔森嘎查、赤峰市宁城县黑里河镇打虎石村、通辽市经济技术开发区辽河镇新农村、鄂尔多斯市乌审旗无定河镇无定河村、锡林郭勒盟多伦县滦源镇大孤山村、巴彦淖尔市临河区双河镇进步村等入选2022年中国美丽休闲乡村名单。

【农村牧区生活污水治理】 2022年，自治区生态环境厅协调生态环境和住建部门开展农村牧区生活污水治理，年内完成574个行政村的生活污水治理任务，治理率由2021年底的19.54%提升至24.7%。全区具备生活污水处理设施的建制镇占30.5%，其中黄河流域占58%。

【农村牧区垃圾治理】 2022年，内蒙古自治区组织全区农村牧区投工投劳190余万人次，清理村庄生活垃圾300余万吨，99%的行政村开展常态化保洁。在1697个行政村新建垃圾收运处置设施，在461个村开展人畜分离试点。2022年，农村牧区生活垃圾收运处置体系覆盖6442个行政村，覆盖率从2021年底的43.14%提升至58.5%。

【农村牧区厕所革命】 2022年，坚持先建机制、后建工程，创新出台户厕改建工作规范和管理办法，完善资金奖补机制，完成10.38万个户厕改造。

（祁　盈）

乡村文化

【乡村春晚活动】2022年，自治区文化和旅游厅线上线下结合，分别在锡林郭勒盟、赤峰市翁牛特旗、巴彦淖尔市五原县、鄂尔多斯市准格尔旗、赤峰市敖汉旗、鄂尔多斯市达拉特旗、呼伦贝尔、乌海市、呼和浩特市玉泉区、包头市九原区、乌兰察布市察右后旗、赤峰市巴林右旗等地组织开展乡村春晚13场，其中在锡林郭勒盟、乌兰察布市察右后旗、赤峰市巴林右旗举办内蒙古暨全国“乡村村晚”示范性展示活动，线上线下观众56万多人次。推进农牧民自办、自编、自导、自演乡村民俗文化和节庆文化，彰显地方文化特色，弘扬文明乡风，让农牧民有更多文化获得感和幸福感。

【戏曲进乡村】2022年，内蒙古自治区31个脱贫旗县结合当地群众实际需求，全年组织开展送戏曲进乡村演出近2000场，观众近50万人次。自治区文化和旅游厅组织10家优秀民营剧团以“弘扬中华优秀文化、传承传统戏曲艺术”为主题，以脱贫旗县为重点，深入5个盟市的10个有戏曲传统的旗县村嘎查（社区、幸福院），开展送戏曲进乡村示范性惠民演出160场，农牧民观众5万多人次。

【乡村文化户评选】2022年，自治区文化和旅游厅根据《内蒙古自治区扶持发展农村牧区文化户的实施方案》，在各地层层推荐基础上，组织人员评选命名2022年全区农村牧区文化示范户120户，并给予每户2万元的文化设备扶持。

【基层公共文化指导】2022年，自治区文化和旅游厅组织人员赴鄂尔多斯市东胜区、杭锦旗部分乡镇苏木、嘎查村，对基层文化服务中心、文化中心户等进行指导。组织调研组到兴安盟科右中旗、阿尔山市乡镇街道文化站、嘎查村文化活动室、文化示范户、图书馆、旅游服务中心等公共文旅场馆进行调研指导，通过查阅资料、观看展演、实地调研、听取汇报、座谈交流等形式，对科右中旗政府购买村级文化志愿服务试点项目完成情况进行考核验收，对阿尔山市创建国家贫困地区公共文化服务和旅游发展示范市指标落实情况进行指导。

【图书馆文化馆总分馆建设】2022年，自治区文化和旅游厅按照《全区文化馆、图书馆总分馆制建设实施方案》要求，推动公共文化资源下移、服务重心下移，公共文化服务均等化标准化规范化，提高总分馆服务效能。多个盟市将农家书屋纳入总分馆体系，通过制定服务标准、统一标识、完善考核细则等措施，统一调度管理分馆业务工作。全年全区乡村分馆由原来的2000多个增加到4293个，扩大公共文化服务覆盖面。

（王焱焱）

乡村治理

【概况】2022年，内蒙古自治区印发《2022年乡村治理示范嘎查村建设重点工作实施方案》，明确4个方面12项重点任务，细化提出15条乡村治理示范嘎查村建设重点评价内容。开展乡村治理示范建设，打造乡村治理示范试点嘎查村428个。确定12个党建引领乡村治理示范旗县。

【农村牧区治理模式推广】2022年，内蒙古自治区推广“积分制”“清单制”“网格化”等治理模式，建立村级“文明团结超市”5593个，划定农村牧区网格7.55万个，配备专兼职网格员14.13万人，1.1万个嘎查村建立村规民约。

【乡村移风易俗】2022年，内蒙古开展“听党话、感党恩、跟党走”宣传教育活动、第三届“县长说唱移风易俗”活动。选树乡村治理典型案例，完成全国农村牧区公共服务、“文明乡风建设”典型案例征集活动。开展易地扶贫搬迁安置点乡村治理专项活动等，选树推广典型经验做法。8个旗县试点纠治天价彩礼、厚葬薄养、婚丧大操大办等陈规陋习。

（祁　盈）

区域发展

京蒙区域协作

【概况】2022年，内蒙古自治区拓展京蒙区域合作的广度和深度，构建自治区对外开放新格局。2月21日，自治区京蒙区域合作协调小组（区域合作事项）办公室制定印发《京蒙区域合作2022年工作要点》，全区围绕产业、基础设施、科技创新、公共服务、生态安全屏障、开放6个方面12项重点任务继续加强与北京市的合作。年内，自治区京蒙区域合作协调小组（区域合作事项）成员单位各相关部门和各盟市政府按照年度工作要点的内容，创新工作模式，加大工作力度，持续推动京蒙区域合作的深入开展。

【“科技兴蒙”行动】2022年，内蒙古自治区科学技术厅（以下简称自治区科学技术厅）加强战略对接，与北京市科委（中关村管委会）、中国农业科学院、中国石油大学（北京）等单位洽谈对接深化京蒙科技协作事宜，合力推动京蒙科技合作。强化产学研合作，各高校、科研院所、企业与北京地区合作项目60余项，涉及中国科学院、中国农科院、中国农业大学、中国矿业大学、清华大学等高校和科研单位，涵盖了农牧业、医药、化工、节能环保、地质矿产等多个领域，各级项目资金支持达1.2亿元。各盟市采取“走出去、引进来”的办法，通过“线上＋线下”模式面向4+8+N合作主体、区内外高等院校、科研院所等积极开展科技专题对接洽谈活动，深化双方交流合作。集聚科技创新资源，强化创新平台载体建设。引进共建技术创新平台。北方稀土、钢研集团联合清华大学、有色研究院等65家高端科研机构，共同推进稀土新材料创新中心建设；一机集团与北京化工大学合作共建“院士创新中心”；包钢集团公司和航天科工集团李伯虎院士合作成立“数智化技术研发联合实验室”；内蒙古博格农牧业开发有限责任公司和中国农业大学合作成立“蒙骏马生物产业研究院”；赤峰市与中国科学院科技创新发展中心共建“中科赤峰产业创新研究院”，每年支持经费1830万元；鄂尔多斯市对接科技部人才中心建成了全区首家国家科技领军人才创新驱动中心，累计与70余位国家科技领军人才开展技术需求对接。合作共建创新联合体。2022年，内蒙古与北京航空航天大学、中国农科院等合作成立创新联合体，联合攻关一批关键核心技术。例如，包头重点企业与中国农科院等高校、院所成立了内蒙古优势特色蔬菜种质资源与新品种选育创新联合体，通过“揭榜挂帅”，承接自治区“内蒙古优势特色蔬菜种质资源创新与新品种选育”项目，自治区立项支持1500万元。内蒙古设施蔬菜种业技术创新中心以赤峰市农科所为依托，联合中国农业大学、内蒙古农科院等11家单位合力共建，投入专项资金2000万元。围绕现代农牧业、能源、新材料、生态环保等自治区重点领域，自治区科研立项支持与北京市相关单位的科研合作项目共计170项，支持经费2.9亿元。

【多领域对口协作】2022年，自治区教育厅、商务厅、文化和旅游厅、统战部、国资委等部门分别与北京市对口部门签订对口协作框架协议，建立起行业协作、协同推进、综合发力的工作联动机制。各盟市、旗县加强与北京市相关行业领域协作，发挥事业单位、社会组织、非政府组织作用，推动在硬件建设、人才配套、技术引进等方面合作。北京市244个镇与内蒙古289个乡镇，598个村社区与602个行政村，542家企业与559个行政村，343家社会组织与361个行政村结对帮扶，"点对点"帮扶取得好成效。"组团式"教育医疗帮扶，解决群众急难愁盼问题，北京市358所名校、276家医院与自治区468所学校、315家医院在人才培训、技术应用、学科共建、管理团队培养等多方面加大协作力度。通过开展远程教学、选派专家团队精准帮扶、集团式办学、技术人才跟岗互学等多种方式深化协作，促进相关行业发展。

【人才交流培训协作机制】 2022年，内蒙古自治区创新引才形式，建立"不求所有、但求所用，不求长在、但求常来"的柔性引才机制，全年引进北京市医疗、教育、科技、产业等各类专业技术人才981名，其中帮扶6个月以上的人才占63%。继续选派专业技术人才1812人次赴京跟岗培训，跟岗锻炼时间都在1个月以上。全年举办乡村振兴干部培训班124期，培训干部21680人次；举办乡村振兴专业技术人才培训班523期，培训专业技术人才34594人次。构建符合农村牧区现代化要求的乡村振兴人才队伍。

【京蒙劳务协作】 2022年，内蒙古自治区推进新发展阶段京蒙劳务协作工作，助力乡村振兴，促进内蒙古自治区农村牧区劳动力特别是脱贫人口转移就业。在京蒙劳务协作机制下31个旗县（市）通过京蒙劳务协作，帮助农村牧区劳动力实现转移就业74159人，完成年度任务的148.32%。其中脱贫劳动力转移就业56065人，完成年度任务的1121.28%；赴京就业的农村牧区劳动力4238人，完成年度任务的211.90%，其中脱贫人口2611人，完成年度任务的261.10%。

（李谭芳）

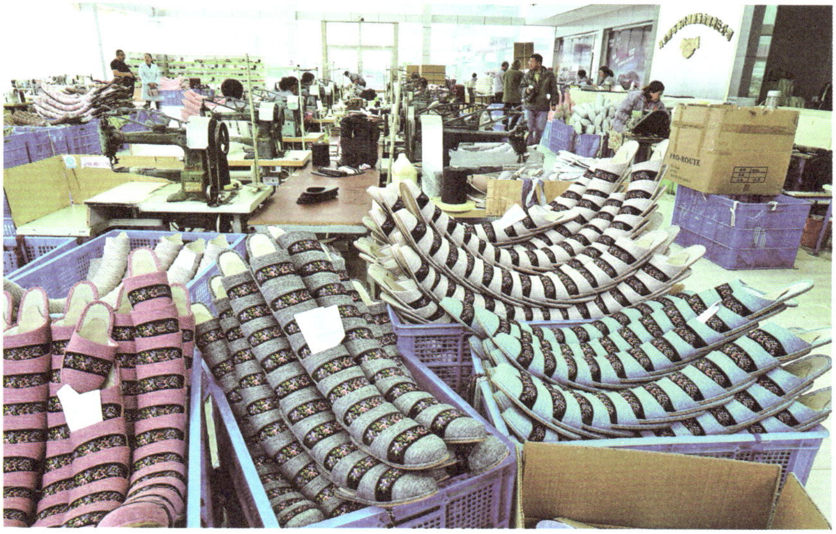

图58 2022年6月9日，乌兰察布市察右后旗平地泉镇村民正在扶贫车间加工拖鞋

（自治区乡村振兴局 供图）

【协作资金投入】 2022年，内蒙古自治区集中京蒙协作资金投向当地优势主导产业发展，全年投入12.88亿元协作资金用于产业发展，占资金总数的65%，实现持续增长。实施产业类项目309个，重点支持优势特色农牧业、农畜产品加工业、乡村旅游、仓储物流运输、消费帮扶等产业。对乌兰察布市察右前旗宏福柿、赤峰市翁牛特旗果蔬种植、呼伦贝尔市莫旗生猪产业等项目持续支持，推动其做大做强。全区依托协作资金建设"农畜产品生产加工基地"606个。其中，种植类基地247个，养殖类基地187个，加工类基地172个。启动运行"京蒙百企情"产业对接平台，新落地和新增投资的北京市企业114家，新增投资70.71亿元。

【与北京市28家企业签订合作协议】 2022年，呼和浩特市与北京市28家企业签订合作协议，共同推动种植养殖业、饲料加工、新能源基地、光伏产业、干细胞产业等领域发展，并成功引进北京市2家农业企业落地武川，全面推动区域协作向纵深发展。呼和浩特市还通过搭建技术交流、业务协作平台，深入开展医疗、教育等领域专业技术人才培养。北京市选派专业技术人才21人，为武川县教育、医疗、农技事业发展提供智力援助，年内培训技术骨干300余名。

【京蒙产业园建设】 2022年，京蒙双方坚持互通有无、互利共赢，

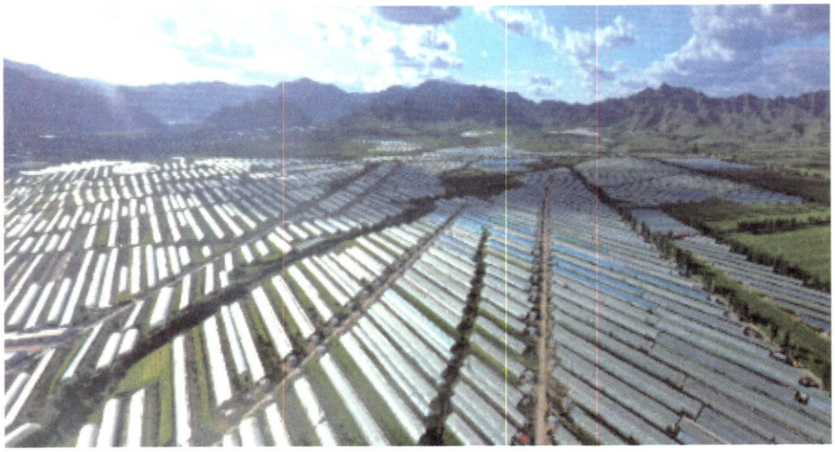

图 59　2022 年，投入京蒙协作资金 3079 万元，带动建成农业产业园。图为内蒙古赤峰市宁城县万亩农业产业园

（自治区乡村振兴局　供图）

紧扣京蒙双方所需所能，探索“北京企业＋内蒙资源”“北京市场＋内蒙产品”“北京总部＋内蒙基地”“北京研发＋内蒙制造”等多种协作方式，努力把两地协作产业园打造成京蒙经济发展新的增长极。通过合作共建、支持已有园区提质升级、完善配套等方式，京蒙双方共建涉及设施农业、农畜产品加工业、仓储保鲜、冷链物流、基础设施建设等多领域产业园区 59 个，其中农牧业产业园区 50 个，察右前旗宏福产业园区、翁牛特旗现代农业产业园等一大批产业园区的建设带动当地产业发展，促进农牧民就业。加快园区产业链和供应链建设，引导 75 家企业入驻园区，实际到位投资 22.54 亿元，吸纳农村劳动力 2429 人到园区就业，其中脱贫人口 580 人。

（祁　盈）

呼包鄂乌一体化发展

【概况】 截至 2022 年底，占全区总面积 15.7% 的呼包鄂乌，“虹吸”着超过千万的常住人口，GDP 总量占全区经济总量的 60% 左右。

【政策措施】 2022 年 2 月 24 日，内蒙古自治区印发实施《贯彻落实呼包鄂榆城市群及呼包鄂乌一体化专题推进会议精神工作方案任务事项》。4 月 1 日，制定《〈呼包鄂乌“十四五”一体化发展规划〉任务分工方案》。3 月 28 日，自治区发展和改革委员会印发实施《自治区西部大开发“十四五”行动方案》，组建成立自治区推动呼包鄂乌一体化发展工作专班，按年度制定呼包鄂乌一体化发展和呼包鄂乌智慧城市建设一体化工作要点，9 月 20 日，联合 14 个部门印发《呼包鄂乌区域一体化发展“三共三互”工作方案》。争取蒙晋冀的乌大张（乌兰察布、大同、张家口）长城金三角合作区纳入国家发展和改革委员会关于推动省际交界地区发展的指导意见。

（苏力德）

【呼包鄂乌交通一体化建设】 2022 年，自治区交通运输厅和呼包鄂乌四市按照联网、补网、强链的要求，加快推进呼包鄂乌一体化发展重大项目，构建优质高效的区域公路网，推进枢纽建设，打造现代化物流体系，推进呼包鄂乌城市群交通一体化发展。

畅通“瓶颈路”、打通“断头路” 推动 S29 呼和浩特至凉城高速公路以及 S311 线武川杨树坝断头路续建项目完工；加快乌兰察布市开展 S101 线榆林至西壕堑段单改双工程相关前期工作，推动尽快开工建设。推动完成 G512 线 G59 呼北高速和林东出口至 G209 线连接工程施工准备工作。

推进交通枢纽建设 推进建设呼和浩特新机场综合交通枢纽和“呼包”城市群国家综合货运枢纽补链强链申报工作，提升呼和浩特、包头全国性综合交通枢纽城市功能。研究推动鄂尔多斯、乌兰察布地区性综合交通枢纽建设。

提升物流运输服务水平 依托快货运网络货运数字产业平台，发展智慧物流、多式联运等先进运输组织模式。推动各运输方式间优势互补协调联动，推动煤炭等大宗货物运输向铁路转移。建设冷链物流运输通道及枢纽，提升冷链物流信息化水平，启动建立自治区冷链运输信息监管平台，加强冷链物流线上线下相融合，推动冷链物流智能一体化发展。

提升区域绿色交通发展水平 扩大电动、氢能、天然气等新能源、清洁能源在交通运输领域的应用，推动城市公交、出租、物流配送、公共领域等车辆电动化进程。加快新型交通基础设施建设，完善区域新能源充电桩规划布局，促进新业态发展。

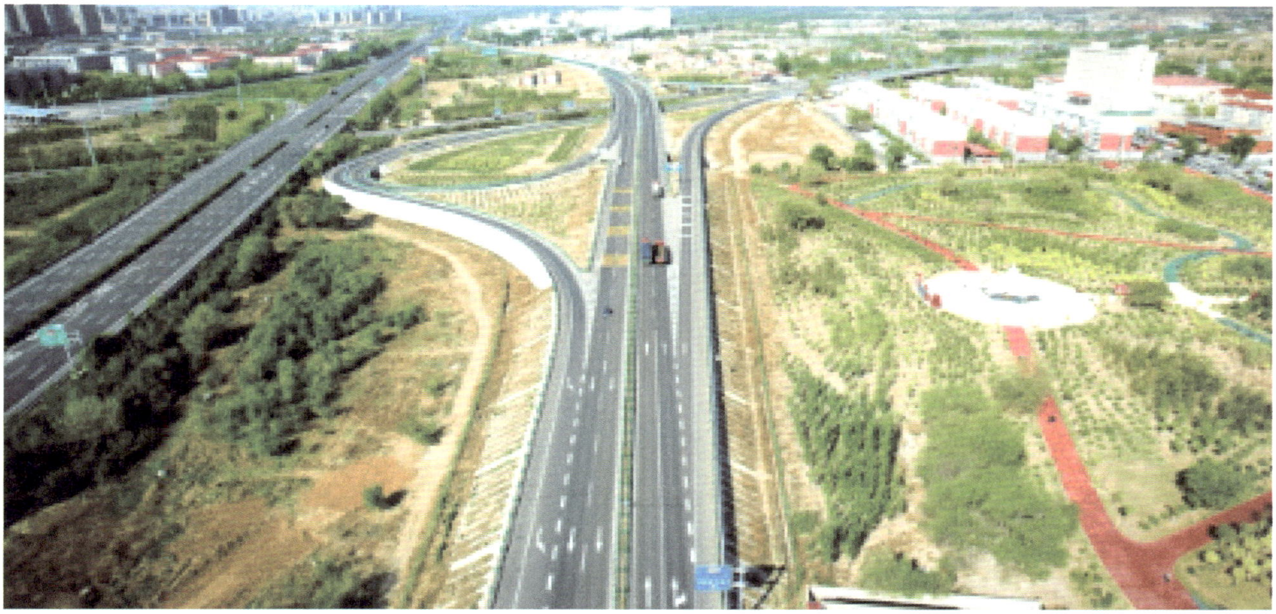

图 60　2022 年，呼包鄂乌交通一体化建设中的京藏高速呼（呼和浩特）包（包头）段实景图

（自治区发展改革委　供图）

【呼包鄂乌养老服务一体化发展】2022 年，自治区民政厅指导呼和浩特市、包头市、乌兰察布市、鄂尔多斯市落实《呼包鄂乌“十四五”一体化发展规划》《呼包鄂乌一体化发展 2022 年工作要点》，树立一体化发展理念，立足各自比较优势和功能定位，不断夯实四地养老服务领域协同发展基础，推动形成政策衔接、资源共享、互联互通、提质增效的区域养老服务新格局，促进呼包鄂乌区域养老服务一体化、均衡化、规模化发展。增加养老服务多元化供给，呼包鄂乌四市共建成街道养老服务中心 107 个、社区养老服务站 405 个。加快养老服务信息平台互联互通，对“内蒙古自治区居家社区养老服务信息管理平台”在乌兰察布市正式上线运行。推进养老服务同城化、一体化发展，自治区民政厅指导呼包鄂乌四市创新管理和服务思路，突破地区之间的政策壁垒，创立政策协同的有效机制，推动形成在养老服务对象、功能、标准、监管等方面的一体化管理运行体系，打造呼包鄂乌养老服务区域性协同发展新模式。

（武雁鸣）

【呼包鄂乌社会服务领域一体化发展】　2022 年，自治区发展改革委发挥自治区推动呼包鄂乌一体化发展领导小组办公室职能，制定包括文化教育、医疗卫生等领域在内的一体化重大项目清单、重大事项清单和重大政策清单，会同自治区相关厅局推动实现四市公共服务共建共享，加快提升区域公共服务水平，创建幸福走廊。开设“呼包鄂乌优质教育资源共享平台”，开通共享名师优课、一师一优课、民族语言授课学校国家统编教材同步课程 3 个专栏资源，呼包鄂乌四市依托居民电子健康卡实现二级以上医院就诊“一码通”和手机端预约挂号。

（苏力德）

东西部地区发展

【概况】2022 年，自治区发展改革委牵头制定印发“十四五”落实东北振兴战略实施方案及 2022 年工作要点，修改完善并落实蒙东承接产业转移示范区方案。围绕西部地区转型发展，建成全产业链项目 140 个，战略性新兴产业增加值增长 19% 以上，新增装机 2000 万千瓦，风光氢储产业集群和呼包鄂通装备制造基地开始起步。

（李谭芳）

【东北振兴战略实施】　2022 年，自治区发展改革委员会印发实施《内蒙古自治区“十四五”深入落实东北振兴战略实施方案》《内蒙古自治区关于落实中国农工民主党推动东北全面振兴有关建议工作方案》及《自治区落实东北振兴战略

2022年工作要点》。争取国家批复蒙东承接产业转移示范区，组织召开承接产业转移示范区建设推进会，修改完善《蒙东承接产业转移示范区总体方案》，完成国家发展和改革委组织的专家评估论证会。

【西部地区转型发展】 2022年，内蒙古自治区加快西部地区转型升级步伐，坚持育产业、换动能，精心谋划8大产业集群和12条重点产业链，实行“两图两库两表”推进机制，建成全产业链项目140个，落地链主企业近百家，战略性新兴产业增加值增长19%以上、高技术制造业比2021年增长33%以上、装备制造业比2021年增长43%以上。用新理念打造新能源全产业链，既抓开发利用又抓装备制造，既推动与央企合作又促进地方企业参与，新增装机2000万千瓦，批复实施约1亿千瓦，建设6类市场化应用场景项目3000多万千瓦，发电1300多亿度、超过三峡工程一年的发电量，风光氢储产业集群和呼包鄂通装备制造基地开始起步。

（苏力德）

赤峰通辽“双子星座”协同发展

【概况】2022年，“双子星座”《通辽赤峰协同发展合作备忘录》多项合作事项进展顺利，“双子星座”合作喜结硕果。配合自治区开展辽河流域生态环境补偿，统筹流域上下游用水，保障西辽河生态复苏。通过调度引乌入通工程向莫力庙水库供水2585万立方米，有效滋养地下水水源。共同深入开展中蒙药材种植合作，天奇蒙药集团与内蒙古蒙药集团合作共建蒙济堂饮片加工企业开工生产准备就绪。共同推动跨盟市电力外送通道项目审批，巴林—奈曼—阜新500千伏输变电工程（内蒙古段）完成用地预审及规划选址手续、核准申请报告等前期手续办理，上报国家能源局待核准。协同开展医院与医院、高校与医院合作，2022年的数次突发疫情，通辽市快速响应，紧急行动，多次派出医疗队协助赤峰市开展抗疫工作。共同强化文化领域交流合作，通辽市文旅广电局、非物质文化遗产、非遗传统手工艺相关单位、企业、传承人代表30余人，参加赤峰市红山文化旅游节非遗展演交流活动，为进一步推进两地文旅深度大融合打下基础。

（李谭芳）

【协同推进教育高质量发展】 2022年，通辽赤峰协同推进基础教育和职业教育发展，考察学习教育高质量发展成功经验。通辽市组织市旗教育行政干部、民族语言授课学校校长及部分旗县普通中小学校校长153人赴赤峰市进行考察学习培训，在学校管理、教育教学质量提升、中高考辅导策略、校园文化建设方面达成加强合作、共同提升教育教学质量的新共识。加强两市高职院校联合办学能力，通辽市两所高职院校与赤峰中职合作联合招生近800人，培养高技能人才。通辽市工业职业学校与赤峰工业职业技术学院、内蒙古交通职业技术学院联合开办“3+2五年制高职”贯通培养计划，全年共计开展机电技术应用、会计事务、新能源汽车，建筑工程施工、铁道运输服务5个专业，共计招生180人。开展线上职教高考培训，参与教师400余人次。

【文化旅游领域合作】 举办2022年“中国旅游日”赤峰市主题活动。组织奈曼旗宝古图旅游区和开鲁县麦新红色小镇两个文旅企业参加2022年“中国旅游日”赤峰市主题活动，两家景区代表分别做了旅游推介，促进“通赤双子星”文旅产业的交流合作。双向考察学习文旅产业发展建设情况，通辽市政府组团赴赤峰市考察学习文旅产业发展建设情况，双方在联合开展西辽河文明考古研究、文物非遗联展、精品演艺交流、共同举办节庆活动、导游及讲解员大赛、文旅资源共享、旅游线路打造、两地景区联票等方面达成交流合作意向。举办“玉·见红山”蒙冀辽五城文旅联盟成立大会，三省（自治区）五城文旅企业共同签署蒙冀辽五城文旅联盟战略合作协议，建立多方定期交流互访、客源互送共招、产品合作共推等协同合作发展机制。明确通辽市为下届会议举办地，继续推动五城共享绿水青山，共赢合作发展，共创美好未来。

【司法协作】 2022年，赤峰、通辽两市法院签订服务保障蒙东地区“双子星座”区域中心城市建设的司法协作框架协议，两地人民法院围绕保障国家、自治区战略实施、司法改革、诉源治理、跨域立案、执行联动等13个方面开展全方位合作。7月6—7日，两地人民法院召开首届保障“双子星座”现代化区域中心城市建设司法实务论坛筹备工作会，同时就物业服务纠纷、破产衍生诉讼、非诉执行方面的调研课题开展专题研讨。会议确定首届司法实务论坛由通辽市扎鲁特旗人民法院承办，此后由赤峰、通辽两地人民法院轮流承办，形成常态化机制。

【赤峰－通辽“双子星座”创业创新大赛】2022年5月12日，第五届“中国创翼”创业创新大赛内蒙古赛区选拔赛暨第六届“创业科尔沁杯”创业创新大赛赤峰－通辽“双子星座”赛区初赛在通辽市举办。两地共举办25场预赛，共有236个项目报名参加比赛，参赛项目数量创历史新高。经过前期预赛和选拔，82个项目晋级初赛。《智慧路灯点亮科技城市》《苦荞茶喝出甜日子》获主体赛制造业项目一等奖，《亚太森林组织旺业甸森林体验基地》《通辽市绿巨能环保科技》获主体赛服务业项目一等奖，《饲料领航——创新蚯蚓蛋白饲料开拓者》《杂交大豆推动打赢大豆种业翻身仗，助力乡村产业振兴》获青年创意专项赛项目一等奖，《科技赋能荒山生态农业助力乡村振兴》《荞管家》获乡村振兴专项赛项目一等奖。

【“双子星座　筑梦非遗”非遗交流系列活动】 2022年8月27—28日，赤峰、通辽两地通过红山文化节非遗专场展演，考察自治区非遗项目、社区非遗体验中心，通过座谈等形式，开展“双子星座 筑梦非遗”非遗交流系列活动。通辽市组织8个旗县（区）非物质文化遗产保护机构负责人与非遗传统手工艺保护单位、企业、传承人代表30余人到赤峰市自治区级非遗项目契丹刺绣保护单位宁城御绣轩、红山区红山郡非遗社区、赤峰文博院非遗体验中心进行参观交流。赤峰、通辽两地非遗项目传承人、企业、保护单位就搭建两地友谊桥梁，实现非遗成果互惠共享，围绕深化两市间非遗交流与合作进行座谈。

【蒙药企业重组发展】2022年1月30日，内蒙古天奇蒙药集团（赤峰）与内蒙古蒙药集团（通辽）战略重组，发展壮大“蒙中成药、健康食品、药材资源、第三方检测”四个核心板块。其中，蒙中成药板块建有蒙药智能制造车间，独家蒙药“扫日劳清肺止咳胶囊”是“国家重点新产品”和“国家医保品种”；健康食品板块建有健康食品智能制造数字化车间；药材资源板块整合药材资源产业链，形成覆盖东北三省和内蒙古的道地药材产地直供能力；第三方检测板块拥有国家专业评审机构认证的第三方食品药品检验检测中心，可承接社会及政府机构委托的检验检测工作。双方合作共建蒙济堂饮片加工企业。2022年，总产值4.11亿元，同比增长10.54%；上缴税金2300万元；实现利润总额4400万元，同比增长62.96%。

重组后的两家企业在科研力量上“强强联合”协同攻关。天奇蒙药集团建有中蒙药丸剂国家地方联合工程研究中心、蒙药现代制剂国家地方联合工程研究中心、内蒙古蒙中药创新中心等科研平台，承担国家中医药管理局中药标准化研究课题2项、科技部重大新药创制课题2项，企业自主立项科研课题57项。研究成果获得发明专利授权19件、实用新型专利授权15件、省部级科学技术奖3项，2个团队入选自治区“草原英才”工程产业创新创业人才团队。

（袁洪军　赵广雷）

特殊类型地区发展

【概况】 2022年，围绕不同地区的经济社会发展，在国家相关政策框架下，自治区发展和改革委等有关部门牵头，有针对性地制定并实施欠发达地区发展、边境地区发展、资源型地区转型发展、老工业城市发展和革命老区发展等特殊类型地区发展的一系列优惠和扶持政策措施，促进自治区各特殊类型地区经济社会的均衡发展。

（李谭芳）

【欠发达地区发展】 2022年，内蒙古自治区采取以工代赈、消费、帮扶的方式支持欠发达地区发展。2022年，自治区发展和改革委印发《内蒙古自治区“十四五”以工代赈工作方案》《内蒙古自治区关于在重点工程项目中大力实施以工代赈促进当地群众就业增收实施方案》，制定《内蒙古自治区以工代赈工作成效综合评价实施细则（试行）》《内蒙古自治区以工代赈项目储备库入库指南（试行）》。建立内蒙古自治区重点工程项目以工代赈工作厅际协调机制，组织开展以工代赈工作业务培训。争取中央预算内和中央财政以工代赈资金19395万元，实施项目42个，发放劳务报酬3017万元；实施推广以工代赈方式项目11个，总投资19060.7万元，实施项目带动农牧民增收209万元，带动群众就业305人。开展2022年度“消费帮扶新春行动”，促进消费持续恢复。组织创建消费帮扶示范城市和产地示范区。推动全区与西部地区12省（自治区、直辖市）共建消费帮扶合作机制。

【边境地区发展政策方案】 2022年，自治区发展和改革委印发《内蒙古自治区“十四五”促进边境地区发展实施方案》《内蒙古自治区落实国家支持东北边境地区提升发展活力的实施方案重点任务及分工方案》《内蒙古自治区“十四五”兴边富民行动实施方案》，自治区政府印发《落实中办边境地区回访调研报告分工方案》。建立守边固边机制，召开自治区守边固边联席会议机制联络员会议。

【资源型地区转型发展】2022年，自治区发展和改革委印发《内蒙古自治区推进资源型地区高质量发展“十四五”实施方案》。争取资源型地区转型发展专项中央预算内资金11558万元，支持7个项目建设。组织召开2022年推进采煤沉陷区综合治理厅际联席会议，组织开展资源枯竭城市绩效评价自评估工作。印发《内蒙古自治区大兴安岭林区生态保护与经济转型实施方案（2021—2025年）》。

【西部老工业城市发展】 2022年6月，自治区发展和改革委联合自治区科技厅、工业和信息化厅、自然资源厅、国开行内蒙古分行印发《支持内蒙古西部（包头—鄂尔多斯）老工业城市和资源型城市产业转型升级示范区建设的若干政策措施》，包括7个方面16项具体工作。年内，鄂尔多斯获评为2021年度良好的产业转型升级示范区城市，鄂尔多斯市伊金霍洛旗采煤沉陷区生态治理光伏发电项目获评为2021年度成效明显的产业转型升级示范项目。包头市获评为2021年全国推进老工业基地调整改造和产业转型升级工作成效明显城市。

（苏力德）

【革命老区发展】 2022年，自治区乡村振兴局印发革命老区振兴发展2022年工作要点，提出革命老区重点项目清单。全面梳理巩固拓展脱贫攻坚成果与乡村振兴有效衔接、基础设施建设、生态环境保护与修复、绿色产业发展、民生改善提高等重点领域中支持革命老区发展的项目、资金及支持园区建设、产业发展、政策保障等情况。组织实施中央专项彩票公益金项目，支持欠发达革命老区发展。四子王旗中央专项彩票公益金支持欠发达革命老区乡村振兴项目获国家批准并组织实施，中央专项彩票公益金拨付4000万元，分别支持当地标准化肉羊育肥场、杜蒙肉羊育种联合体、生活垃圾粪污无害化处理3个项目，按要求全部完成建设任务。推动宁城县中央专项彩票公益金项目建设，年内全部完工并完成县级验收，中央专项彩票公益金5000万元全部拨付到位，支持革命老区事业发展。贯彻落实《内蒙古自治区新时代支持促进革命老区振兴发展的若干措施（2021—2025年）》，把“壮大特色优势产业”作为支持革命老区振兴发展的突破口，推进“一村一品”“一县一业”“一个品牌带动一个产业带”3项工程。

（祁 盈）

生态环境

综　述

【生态环境保护目标任务】 2022年，内蒙古自治区全部完成生态环境部下达的9项生态环境约束性指标。其中，优良天数比例高于国家考核目标2.6个百分点，细颗粒物（$PM_{2.5}$）平均浓度优于国家考核目标4.1微克/立方米，重污染天数比例优于国家考核目标0.7个百分点；地表水优良水体比例高于国家考核目标9.2个百分点，劣Ⅴ类水体比例优于国家考核目标3.5个百分点。全区环境空气质量、优良水体比例均达到有监测记录以来最好水平。化学需氧量、氨氮、氮氧化物和挥发性有机物重点工程减排量分别完成考核目标的238.2%、307.8%、251.9%和171.5%。

【自然生态保护】 2022年，内蒙古自治区完成全区生态系统和植物多样性调查，编制完成全区1∶100万生态系统类型图，苔藓植物调查新发现1门20科38属75种，其中新种7个，中国新记录种21个。以“一站多点”模式建设全区生态质量监测网络。组织开展国家和自治区级自然保护地人类活动遥感监测线索实地核查，“绿盾2017—2022”自然保护地问题整改完成率95.3%。完成杭锦旗、奈曼旗和陈巴尔虎旗3个地区生态保护红线生态破坏问题监管试点工作。呼和浩特市、锡林郭勒盟被命名为国家生态文明建设示范区，巴彦淖尔市五原县、锡林郭勒盟乌拉盖管理区被命名为“绿水青山就是金山银山”实践创新基地。包头市生态环境局获评中国生态文明奖先进集体。锡林郭勒盟锡林浩特市生态环境监测站乌兰荣获评中国生态文明奖先进个人。鄂尔多斯市恩格贝生态示范区修复治理入选国家2022年生物多样性优秀案例。2022年11月19日，鄂尔多斯市乌审旗殷玉珍获评“2020—2021绿色中国年度人物”。

【乌海及周边地区生态环境综合治理】 2022年，内蒙古自治区生态环境厅（以下简称自治区生态环境厅）联合自治区发展改革委、自治区自然资源厅等10部门完成乌海及周边地区生态环境综合治理考核评估，印发《乌海及周边地区生态环境综合治理评估报告》《乌海及周边地区生态环境综合治理2021年度成效考核报告》，针对考核发现问题督促盟市及相关部门制定整改方案，落实整改责任。实施区域新建项目污染物总量指标减量替代政策，推进焦化超低排放改造，2家钢铁企业完成超低排放改造工程的60%以上，14家焦化企业超低排放改造全部开工。推进重点行业深度治理，完成工业污染治理项目125项。督促指导乌海及周边的盟市制定扬尘治理方案，年内完成物料堆场全封闭14个，矿山地质环境治理面积13.0平方千米，排土场集中连片治理16.9平方千米，矿区公共道路、转运道路硬化189.7千米。开展两轮大气污染联防联控工作现场检查，推动区域生态环境质量持续改善。区域环境空气质量优良天数比例79.7%，同比提高3.4个百分点，达到历史最好水平。

【国土空间生态修复】 2022年，自治区自然资源厅编制《内蒙古自治区国土空间生态修复规划

表 32 2022 年内蒙古自治区资源环境统计表

指 标 名 称	单 位	2022 年
国土利用	—	—
耕地面积	万公顷	1150.36
园地面积	万公顷	4.72
林地面积	万公顷	2436.79
草地面积	万公顷	5437.42
湿地面积	万公顷	380.94
城镇村及工矿用地	万公顷	149.58
交通运输用地	万公顷	80.04
森林资源	—	—
森林面积	亿亩	3.92
森林覆盖率	%	22.10
人工林面积	万亩	9000.15
水资源总量	亿立方米	942.86
地表水	亿立方米	788.75
地下水	亿立方米	238.60

注：1. 国土利用数据源于“第三次国土调查”。
2. 水资源总量及地表水、地下水数据取自《2021 年内蒙古自治区水资源公报》。

（2021—2035 年）》。成立矿山地质环境技术指导组，开展中央环保督察、黄河流域突出问题反映重点地区的实地督导。计提矿山地质环境治理基金 113 亿元，全区完成生产矿山治理 290 余平方千米，比 2021 年增长 26%。推进实施 20 个修复项目，完成历史遗留矿山实地核查。将历史遗留矿山生态修复项目的地方资金投入，纳入对地方政府领导班子考核指标。推进山水林田湖草沙综合治理，完成乌梁素海流域山水林田湖草生态保护修复试点工程主体，科尔沁草原山水林田湖草沙一体化保护和修复工程。组织开展自治区生态补偿制度前期研究工作，形成初步成果报告。

【生态文明示范区建设】 2022 年，内蒙古自治区推进国家生态文明示范区建设印发《内蒙古自治区创建国家生态文明建设示范区管理规程》《内蒙古自治区创建国家“绿水青山就是金山银山”实践创新基地建设管理规程》。组织完成第三届中国“生态文明奖”、“2020—2021 绿色年度人物”、2022 年生物多样性优秀案例、第六批国家生态文明建设示范区和“绿水青山就是金山银山”实践创新基地申报工作。鄂尔多斯市乌审旗无定河镇萨拉乌村村民殷玉珍获评“2020—2021 绿色中国年度人物”，蒙牛乳业（集团）股份有限公司获提名奖。呼和浩特市、锡林郭勒盟被命名为国家生态文明建设示范区，巴彦淖尔市五原县、锡林郭勒盟乌拉盖管理区获得“绿水青山就是金山银山”实践创新基地称号，鄂尔多斯市恩格贝生态示范区修复治理入选全国生物多样性保护优秀案例。自治区生态环境大数据平台获评全国“党政信息化最佳实践案例”。4 名志愿者获得全国“百名最美生态环境志愿者”荣誉称号，《亮丽风景线》被生态环境部评为优秀生态环境宣传产品。包头市生态环境局获得中国生态文明先进集体奖。锡林郭勒盟锡林浩特市生态环境监测站乌兰获得中国生态文明奖先进个人奖。

【国家气候投融资试点城市建设】 2022 年，包头市探索气候投融资模式与机制，通过召开政银企对接会、推动建设气候投融资项目库搭建对接平台，撬动社会资本参与投资气候友好型项目；探索推动绿色金融产品开发与使用，完善政策措施，引导企业和社会公众参与应对气候变化行动。2022 年 8 月，包头市被列为国家气候投融资试点城市。

（赵 勇）

生态环境质量

【概况】 2022年，全区生态质量指数（EQI）为62.68，生态质量为二类。全区优良天数比例92.9%，$PM_{2.5}$浓度22微克/立方米，重污染天气比例0.1%。优良水体比例76.0%，劣Ⅴ类水体比例3.3%。

【大气环境质量】

全区城市环境空气质量 2022年，全区12盟市中，除乌海市，其他11个盟市环境空气质量均达标。全区城市环境空气质量平均优良天数比例为92.9%，同比上升3.3个百分点，重污染天数比例为0.1%，同比持平；细颗粒物（$PM_{2.5}$）浓度22微克/立方米，同比下降4.3%。按照环境空气质量综合指数评价，从好至差依次为锡林郭勒盟、呼伦贝尔市、兴安盟、阿拉善盟、赤峰市、乌兰察布市、通辽市、鄂尔多斯市、巴彦淖尔市、呼和浩特市、包头市和乌海市。

乌海及周边地区环境空气质量 2022年，乌海及周边地区环境空气质量平均优良天数比例为79.7%，同比上升3.4个百分点。重污染天数比例为0.4%，同比上升0.4个百分点。细颗粒物（$PM_{2.5}$）平均浓度30微克/立方米，同比上升3.4%；可吸入颗粒物（PM_{10}）平均浓度89微克/立方米，同比下降5.3%；二氧化硫（SO_2）平均浓度30微克/立方米，同比下降14.3%；二氧化氮（NO_2）平均浓度35微克/立方米，同比上升12.9%；一氧化碳（CO）全年日均值第95百分位浓度2.0毫克/立方米，同比下降9.1%；臭氧（O_3）全年日最大8小时滑动平均值第90百分位浓度140微克/立方米，同比下降2.1%。

【水环境质量】 2022年，"一湖两海"水质保持稳定。乌梁素海水质总体达到Ⅳ类，流域内3个国家考核断面均达到考核目标要求；岱海扣除COD、氟化物、高锰酸盐指数后，其他指标均达到或优于Ⅴ类；呼伦湖水面面积稳定保持在合理区间，水质保持稳定。

全区121个地表水断面中，Ⅰ至Ⅲ类水质断面占76.9%，同比上升4.0个百分点；劣Ⅴ类水质断面占2.5%，同比下降2.8个百分点。

河流水质 118个断面中，Ⅰ至Ⅲ类水质断面占78.0%，同比上升14.7个百分点；劣Ⅴ类水质断面占2.5%，同比下降7.7个百分点。主要污染指标为化学需氧量、高锰酸盐指数和氟化物。

湖库水质 3个湖库中，乌梁素海水质为Ⅳ类，湖库营养状态为

表33 2022年全区环境空气质量评价一览表

盟市	优（天）	良（天）	轻度污染（天）	中度污染（天）	重度污染（天）	严重污染（天）	综合指数	优良天数比例（%）
呼和浩特市	109	220	30	5	0	1	3.48	90.1
包头市	89	234	33	5	3	1	3.88	88.5
呼伦贝尔市	312	52	0	0	0	0	2.05	100.0
兴安盟	244	112	8	1	0	0	2.51	97.5
通辽市	192	147	22	2	2	0	3.16	92.9
赤峰市	196	160	8	1	0	0	2.94	97.5
锡林郭勒盟	263	99	2	0	1	0	1.86	99.2
乌兰察布市	148	202	14	0	0	1	3.02	95.9
鄂尔多斯市	94	231	32	4	0	4	3.19	89.0
巴彦淖尔市	60	262	33	2	3	5	3.47	88.2
乌海市	41	264	47	8	2	3	4.33	83.6
阿拉善盟	96	240	25	2	1	1	2.67	92.1

注：1. 城市环境空气质量评价采用国控48个站点实况（参比状态）数据。
2. 环境空气质量达标：参与评价的6项污染物浓度均达标，即为环境空气质量达标。
3. 优良天数：空气质量指数(AQI)在0~100的天数为优良天数，又称达标天数。
4. 超标天数：空气质量指数(AQI)大于100的天数为超标天数。其中，101~150为轻度污染，151~200为中度污染，201~300为重度污染，大于300为严重污染。
5. 环境空气质量综合指数：评价时段内，6项污染物浓度与对应的二级标准值之商的总和即为该城市的环境空气质量综合指数。综合指数值越低，环境空气质量越好。

（表格来源：内蒙古自治区生态环境公报）

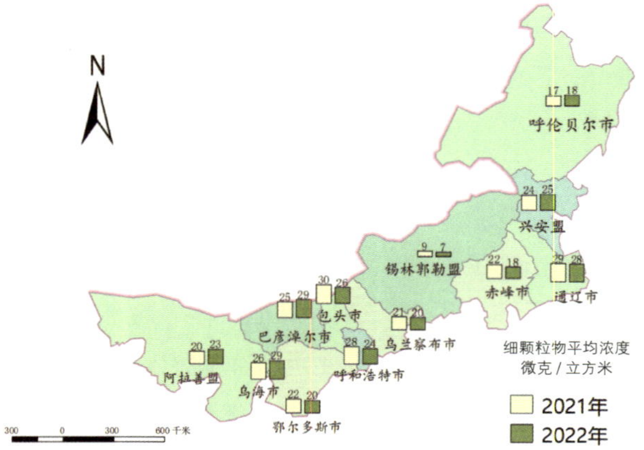

图 61 细颗粒物（$PM_{2.5}$）年平均浓度分布示意图

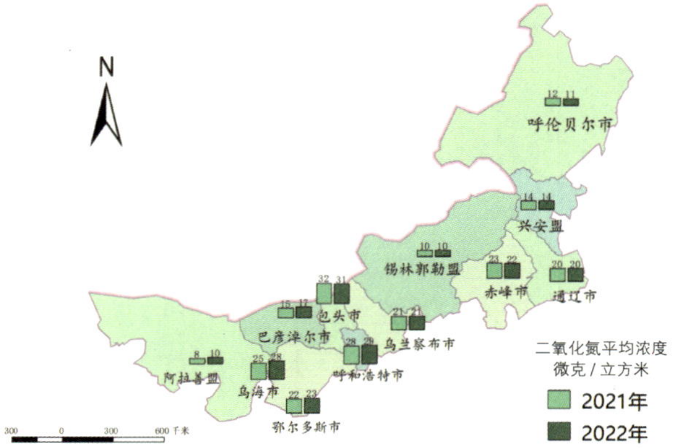

图 62 二氧化氮（NO_2）年平均浓度分布示意图

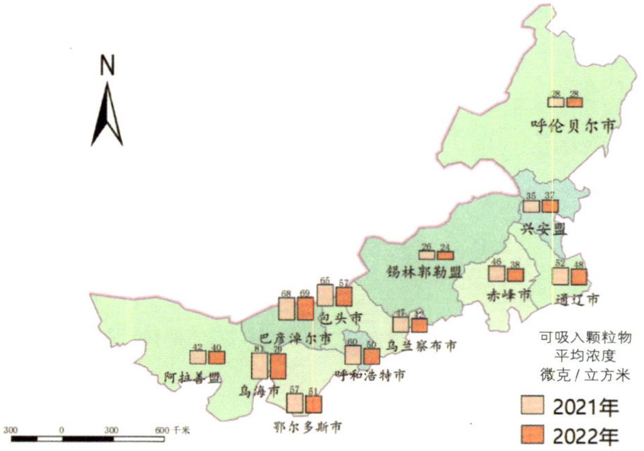

图 63 可吸入颗粒物（PM_{10}）年平均浓度分布示意图

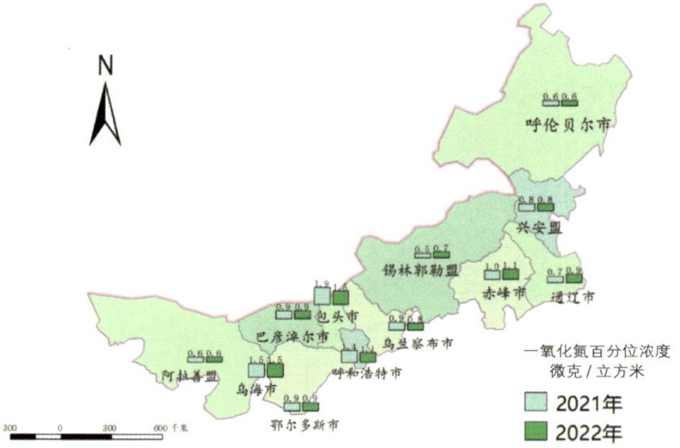

图 64 一氧化碳（CO）年日均值百分位浓度分布示意图

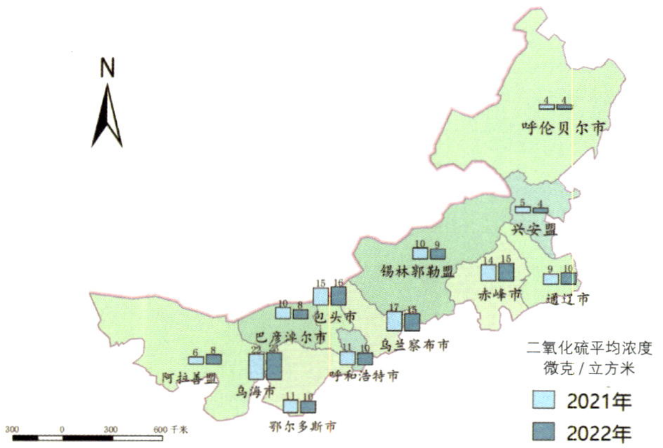

图 65 二氧化硫（SO_2）年平均浓度分布示意图

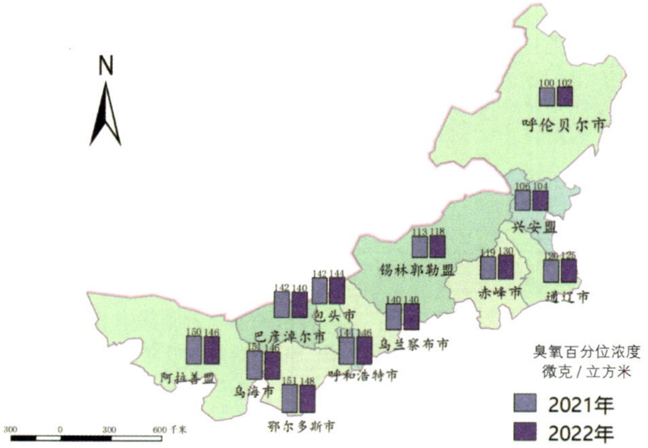

图 66 臭氧（O_3）年平均百分位浓度分布示意图

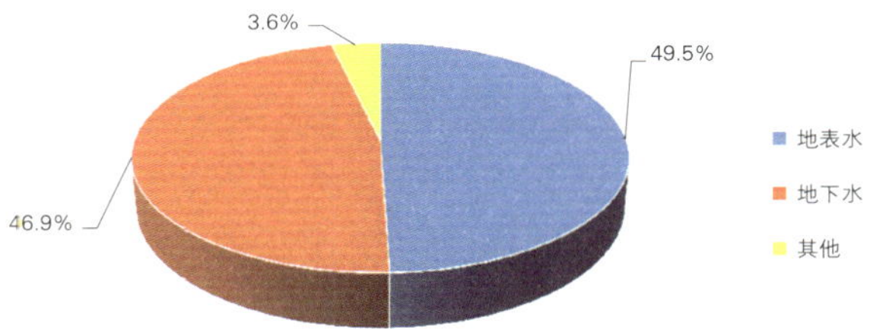

图 67　2022 年内蒙古自治区地表、地下、其他水源供水量占供水总量比例示意图

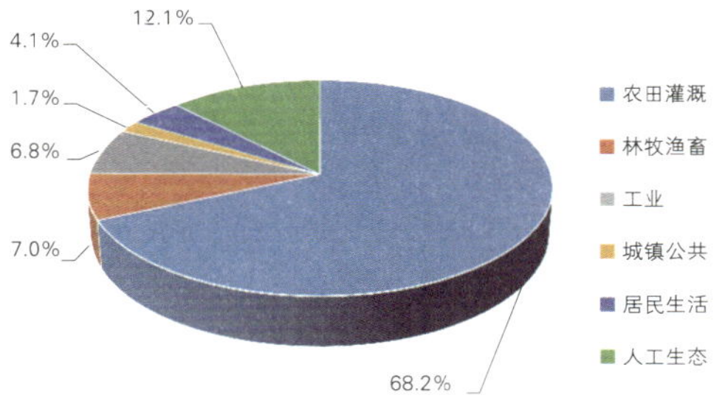

图 68　2022 年内蒙古自治区用水量分类比例示意图

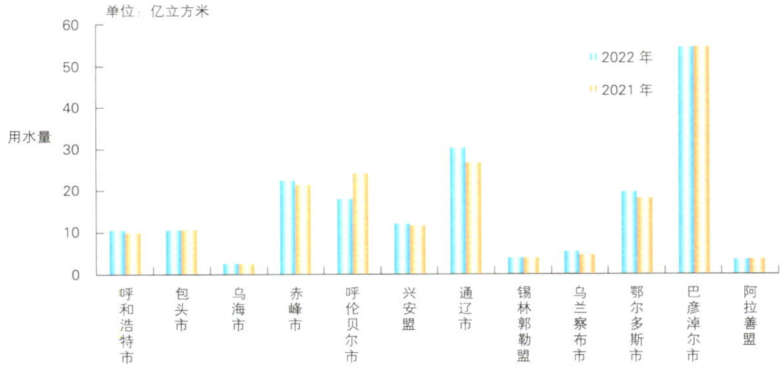

图 69　2022 年内蒙古行政分区用水量与 2021 年比较柱状示意图

中营养，污染指标为五日生化需氧量、高锰酸盐指数和化学需氧量；察尔森水库水质为Ⅲ类，湖库营养状态为中营养；尼尔基水库水质为Ⅳ类，湖库营养状态为轻度富营养，污染指标为总磷。

流域水质　黄河流域，35 个断面中，Ⅰ至Ⅲ类水质断面占 77.1%，同比上升 2.8 个百分点；劣Ⅴ类水质断面占 2.9%，同比下降 8.5 个百分点。主要污染指标为化学需氧量、高锰酸盐指数和五日生化需氧量。松花江流域，46 个断面中，Ⅰ至Ⅲ类水质断面占 76.1%，同比上升 27.9 个百分点；劣Ⅴ类水质断面占 4.3%，同比下降 11.8 个百分点。辽河流域，32 个断面中，Ⅰ至Ⅲ类水质断面占 78.1%，同比上升 6.2 个百分点；无劣Ⅴ类水质断面，同比持平。海河流域，5 个断面中，Ⅰ至Ⅲ类水质断面占 100.0%，同比持平。西北诸河，3 个断面中，Ⅰ至Ⅲ类水质断面占 33.3%；无劣Ⅴ类水质断面，同比持平。

【土壤环境质量】 2022 年，全区共监测 252 个国控土壤点位，均位于黄河流域，达标率为 98.4%，土壤环境质量总体良好。

【声环境质量】 2022 年，全区城市功能区声环境质量昼间、夜间达标率分别为 96.0%、91.2%；城市区域声环境质量评价为较好，城市道路交通声环境质量评价为好。

道路交通声环境　全区昼间道路交通声环境平均等效声级为 63.5 分贝，声环境质量为好。12 盟市政府所在城市昼间道路交通声环境平均等效声级为 65.6 分贝，其中好的占 75%，较好的占 8.3%，一般的占 16.7%。8 个县级市昼间道路交通声环境平均等效声级为 60.3 分贝，好的占 87.5%，较好的占 12.5%。

区域声环境　全区昼间区域声环境平均等效声级为 51.9 分贝，声环境质量为较好。12 盟市政府所在城市昼间区域声环境平均等效声级为 51.9 分贝，其中好的占 25.0%，较好的占 66.7%，一般的占 8.3%。8 个县级市昼间区域声环境平均等效声级为 50.7 分贝，好的占 37.5%，较好的占 62.5%。

功能区声环境　全区功能区声环境昼间测点达标率为 96.0%，夜间测点达标率为 91.2%。12 盟市政府所在城市功能区昼间测点达标率为95.5%，夜间测点达标率为91.6%。8个县级市功能区昼间测点达标率为97.3%，夜间测点达标率为90.4%。

【核与辐射环境质量】 2022年，全区核与辐射安全态势总体平稳，辐射环境质量和重点核设施周围辐射环境水平总体良好。其中，环境电离辐射水平处于本底涨落范围内，环境电磁辐射水平低于电磁环境控制限值。

电离辐射环境 2022年，γ辐射空气吸收剂量率和累积剂量处于本底涨落范围内。空气、土壤、生物中天然放射性核素活度浓度处于本底水平，人工放射性核素活度浓度未见异常。黄河流域、松花江流域、辽河流域、滦河水系各断面、重要湖泊（水库）中天然放射性核素活度浓度处于天然本底水平，人工放射性核素活度浓度未见异常。城市集中式饮用水水源地水中总α和总β活度浓度低于《生活饮用水卫生标准》（GB 5749—2006）规定的放射性指标指导值。核设施、铀矿冶、伴生矿开发利用企业及辐照装置等重点监管的核与辐射设施周围电离辐射水平处于历年涨落范围内。

电磁辐射环境 2022年，全区各盟市城区环境电磁辐射水平，监测的广播电视发射设施、输变电系统、移动通信基站周围环境电磁辐射水平总体低于《电磁环境控制限值》（GB 8702—2014）规定的公众曝露控制限值。

（内蒙古自治区生态环境公报 供稿）

水资源管理与保护

【概况】2022年，内蒙古自治区平均降水量271.8毫米，较多年平均值减少1%，属平水年份。全区水资源总量509.22亿立方米，较多年平均值减少1.3%。其中，地表水资源量365.91亿立方米，较多年平均值减少1.1%；地下水资源量223.13亿立方米，较多年平均值增加2.4%。全区15座大型水库和88座中型水库年末蓄水总量较年初减少3.35亿立方米。2022年底西辽河平原、河套平原和鄂尔多斯黄河南岸平原区浅层地下水水位较年初总体相对稳定，土默川平原较年初水位下降明显。2022年，全区供水总量和用水总量均为193.47亿立方米，较2021年增加1.81亿立方米。按供水水源统计，地表水源供水95.82亿立方米，地下水源供水90.7亿立方米，其他水源供水6.94亿立方米。按行业用水统计，农业用水145.43亿立方米，工业用水13.24亿立方米，综合生活用水11.3亿立方米，人工生态环境补水23.5亿立方米。农田灌溉亩均毛用水量214立方米，农田灌溉水有效利用系数为0.574。全区居民人均生活用水量0.09立方米/日。全区人均水资源量2121立方米，人均综合用水量806立方米。万元地区生产总值（当年价）用水量74.96立方米，万元工业增加值（当年价）用水量13.65立方米。按2020年不变价计算，万元地区生产总值和万元工业增加值用水量较2020年下降率分别为8.9%和13%。

【供水】2022年，全区供水总量193.47亿立方米。其中，地表水源供水量95.82亿立方米，占供水总量的49.5%；地下水源供水量90.7亿立方米，占供水总量的46.9%；其他水源供水量6.94亿立方米，占供水总量的3.6%。与2021年比较，供水总量增加1.81亿立方米。其中，地表水源供水量减少9.83亿立方米，地下水源供水量增加11.67亿立方米（与2021年地下水源扣除微咸水后暨浅层地下水供水量进行比较），其他水源供水量减少0.03亿立方米（与2021年其他水源加微咸水合计值进行比较）。

地表水源供水量中，蓄水工程供水3.10亿立方米，占比3.2%；引水工程供水72.89亿立方米，占比76.1%；提水工程供水19.69亿立方米，占比20.5%；非工程供水0.13亿立方米，占比0.1%；跨一级流域调水0.02亿立方米（黄河区永兴水库调水补给西北诸河区岱海），占比不足0.1%。与2021年相比，蓄水工程供水减少1.78亿立方米，引水工程供水减少7.16亿立方米，提水工程供水减少0.36亿立方米，非工程供水减少0.52亿立方米，跨一级流域调水减少0.01亿立方米。全区地表水源供水量最大的盟市为巴彦淖尔市，供水量46.54亿立方米，占全区地表水源供水量48.6%。地下水源供水量全部为浅层地下水，供水量90.7亿立方米，其中包含自产自用疏干水1.54亿立方米。全区地下水源供水量最大的盟市为通辽市，供水量29.06亿立方米，占全区地下水源供水量32.0%。其他水源供水量中，污水处理回用量4.99亿立方米，占比71.9%；矿坑水

表 34　2022 年内蒙古行政分区供用耗水量统计表

单位：亿立方米

行政分区	供水量					用水量									耗水量
	地表水	地下水	其他水源		合计	农业				工业	综合生活		生态	合计	
			小计	其中污水处理回用量		农田	林果地	草场	牲畜鱼塘		城镇公共	居民生活			
呼和浩特市	4.93	4.62	0.93	0.93	10.48	5.90	0.02	0.02	0.13	1.18	0.88	1.23	1.13	10.48	7.60
包头市	6.59	3.09	0.80	0.64	10.48	5.51	0.09	0.29	0.15	2.60	0.39	0.83	0.64	10.48	8.02
乌海市	1.62	0.80	0.33	0.27	2.75	0.41	0.05	0.00	0.01	0.88	0.12	0.23	1.06	2.75	2.01
赤峰市	5.19	16.36	0.84	0.53	22.40	16.78	0.65	1.01	0.85	0.98	0.36	1.20	0.56	22.40	17.70
呼伦贝尔市	14.12	3.31	0.48	0.32	17.91	3.34	0.26	0.35	0.82	1.06	0.25	0.79	11.05	17.91	14.91
兴安盟	8.08	3.81	0.05	0.05	11.94	10.17	0.04	0.00	0.50	0.17	0.09	0.50	0.46	11.94	8.04
通辽市	0.76	29.06	0.45	0.45	30.27	24.46	1.64	0.14	1.43	0.68	0.33	0.91	0.67	30.27	24.02
锡林郭勒盟	0.22	3.52	0.25	0.24	4.00	1.12	0.04	0.79	0.73	0.56	0.23	0.31	0.22	4.00	3.14
乌兰察布市	0.18	4.95	0.37	0.37	5.50	3.78	0.04	0.10	0.27	0.44	0.16	0.53	0.19	5.50	3.76
鄂尔多斯市	6.43	11.29	1.84	0.79	19.57	11.68	0.25	0.68	0.37	3.57	0.32	0.82	1.89	19.57	14.23
巴彦淖尔市	46.54	7.52	0.47	0.29	54.54	47.11	0.45	0.30	0.64	0.59	0.12	0.51	4.82	54.54	32.05
阿拉善盟	1.15	2.37	0.11	0.11	3.64	1.72	0.08	0.21	0.10	0.54	0.07	0.12	0.80	3.64	2.71
全区	95.82	90.70	6.94	4.99	193.47	131.96	3.59	3.89	5.99	13.24	3.32	7.98	23.50	193.47	138.20

注：1. 用水量中包括乌梁素海补水（3.74 亿立方米）、巴音温都尔湿地补水（0.71 亿立方米）等人工河湖补水 19.88 亿立方米。
2. 巴彦淖尔市的供水量（地表水）和用水量（农田）中未扣除河套灌区排入黄河水量 5.55 亿立方米。
3. 黑河补水 9.2 亿立方米，根据水利部用水统计要求自 2021 年不再纳入用水量统计。

表 35　2022 年内蒙古水资源分区供用耗水量统计表

单位：亿立方米

行政分区	供水量					用水量									耗水量
	地表水	地下水	其他水源		合计	农业				工业	综合生活		生态	合计	
			小计	其中污水处理回用量		农田	林果地	草场	牲畜鱼塘		城镇公共	居民生活			
松花江区	22.27	7.58	0.68	0.51	30.53	13.69	0.31	0.36	1.42	1.50	0.37	1.34	11.54	30.53	23.50
辽河区	5.89	44.82	1.14	0.83	51.85	41.03	2.28	1.11	2.13	1.37	0.67	2.05	1.21	51.85	41.06
海河区	0.19	1.60	0.11	0.11	1.90	1.20	0.01	0.00	0.16	0.28	0.03	0.18	0.04	1.90	1.36
黄河区	67.16	27.12	4.43	2.97	98.71	71.10	0.82	1.01	1.27	9.25	1.84	3.63	9.78	98.71	64.55
西北诸河区	0.32	9.58	0.58	0.57	10.48	4.95	0.17	1.41	1.00	0.84	0.41	0.78	0.93	10.48	7.73
全区	95.82	90.70	6.94	4.99	193.47	131.96	3.59	3.89	5.99	13.24	3.32	7.98	23.50	193.47	138.20

注：1. 用水量中包括乌梁素海补水（3.74 亿立方米）、巴音温都尔湿地补水（0.71 亿立方米）等人工河湖补水 19.88 亿立方米。
2. 黄河区的供水量（地表水）和用水量（农田）中未扣除河套灌区排入黄河水量 5.55 亿立方米。
3. 黑河补水 9.2 亿立方米，根据水利部用水统计要求自 2021 年不再纳入用水量统计。

（表格来源：自治区水利厅）

利用量（引用其他矿产生的疏干水量）1.63 亿立方米，占比 23.5%; 集雨工程利用量 0.004 亿立方米，占比不足 0.1%; 微咸水 0.32 亿立方米，占比 4.6%。与 2021 年相比，污水处理回用量增加 0.19 亿立方米，矿坑水利用量减少 0.17 亿立方米，集雨工程利用量减少 0.03 亿立方米，微咸水减少 0.02 亿立方米。全区其他水源供水量最大的盟市为鄂尔多斯市，供水量 1.84 亿立方米，占全区其他水源供水量 26.5%。

【用水】2022 年，全区用水总量 193.47 亿立方米。其中，农田灌溉用水 131.96 亿立方米，占用水总量 68.2%; 林牧渔畜用水 13.47 亿立方米，占用水总量 7.0%; 工业用水 13.24 亿立方米，占用水总量 6.8%; 城镇 公共用水 3.32 亿立方米，占用水总量 1.7%; 居民生活用水 7 .98 亿立方米，占用水总量 4.1%; 人工生态环境补水 23.5 亿立方米，占用水总量 12.1%。

与 2021 年相比，2022 年全区用水总量增加 1.81 亿立方米。其中，农田灌溉用水增加 9.68 亿立方米，林牧渔畜用水减少 1.73 亿立方米，工业用水减少 0.12 亿立方米，城镇公共用水减少 0.24 亿立方米，居民生活用水减少 0.15 亿立方米，生态环境用水减少 5.63 亿立方米 。

按行政分区统计，巴彦淖尔市用水量最大，为 54.54 亿立方米，占全区用水总量 28.2%; 乌海市用水量最小，为 2.75 亿立方米，占全区用水总量 1.4%。

按水资源分区统计，松花江、辽河、海河、黄河和西北诸河区用水量分别为 30.53 亿立方米、51.85 亿立方米、1.90 亿立方米、98.71 亿立方米和 10.48 亿立方米，分别占全区用水总量 15.8%、26.8%、1.0%、51.0% 和 5.4%。按 2020 年不变价计算，万元地区生产总值和万元工业增加值用水量较 2020 年下降率分别为 8.9% 和 13.0%。全区农田灌溉亩均毛用水量 214 立方米，农田灌溉水有效利用系数为 0.574。全区居民人均生活用水量 0.091 立方米 / 日。其中，城镇居民人均 0.0916 立方米 / 日，农村居民人均 0.0896 立方米 / 日。

【耗水量】2022 年全区耗水总量 138.20 亿立方米，较 2021 年减少 0.08 亿立方米，综合耗水率 71.4%。其中，农田灌溉耗水量 89.19 亿立方米，占耗水总量的 64.5%, 耗水率 67.6%; 林牧渔畜耗水量 11. 13 亿立方米，占耗水总量的 8. 1%, 耗水率 82.6%; 工业耗水量 9.45 亿立方米，占耗水总量的 6.8%, 耗水率 71.4%; 城镇公共耗水量 1.86 亿立方米，占耗水总量的 1.3%, 耗水率 56.1%; 居民生活耗水量 4.91 亿立方米，占耗水总量的 3.6%, 耗水率 61.5%; 人工生态环境补水耗水量 21.66 亿立方米，占耗水总量的 15.7%, 耗水率 92.2%。

【大中型水库蓄水】2022 年底，全区 15 座大型水库和 88 座中型水库蓄水总量 24.87 亿立方米，较年初蓄水量减少 3.35 亿立方米。其中，大型水库年末蓄水量 16.38 亿立方米，较年初减少 2.79 亿立方米；中型水库年末蓄水量 8.49 亿立方米，较年初减少 0.56 亿立方米。按行政分区统计，通辽市、呼和浩特市、巴彦淖尔市、鄂尔多斯市年末蓄水总量较年初分别增加 0.08 亿立方米 、0.03 亿立方米 、0.002 亿立方米、0.15 亿立方米， 呼伦贝尔市、兴安盟、赤峰市、锡林郭勒盟、乌兰察布市、包头市年末蓄水总量较年初分别减

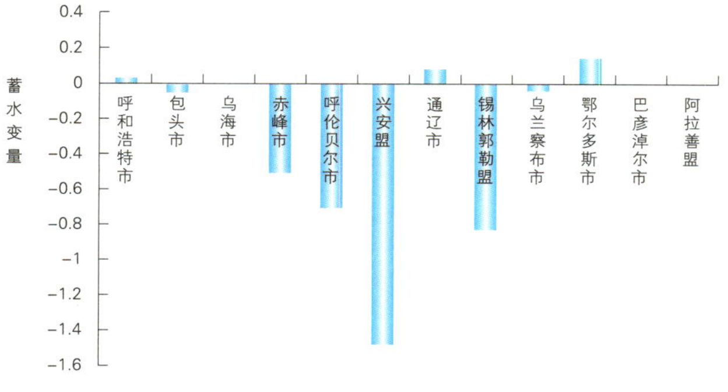

图 70　2022 年内蒙古行政分区大中型水库蓄水变量柱状示意图

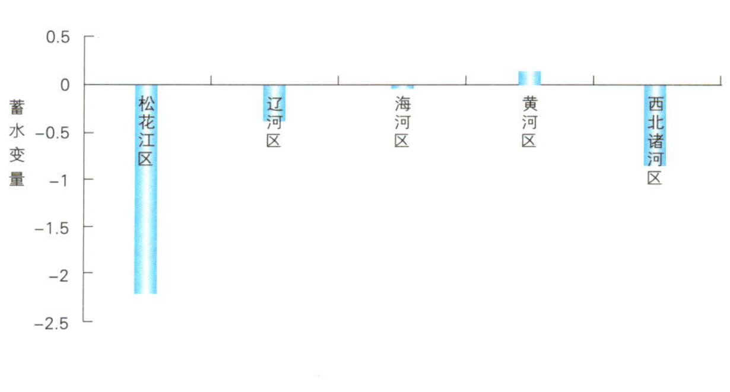

图 71　2022 年内蒙古水资源分区大中型水库蓄水变量柱状示意图

少 0.71 亿立方米、1.48 亿立方米、0.51 亿立方米、0.83 亿立方米、0.04 亿立方米、0.05 亿立方米，阿拉善盟蓄水量无变化。

按水资源分区统计，黄河区年末蓄水总量较年初增加 0.15 亿立方米，松花江、辽河、海河、西北诸河区年末蓄水总量较年初分别减少 2.21 亿立方米、0.40 亿立方米、0.03 亿立方米、0.86 亿立方米。

【自治区水资源信息化管理监测体系】 2022 年，自治区安排 3080 万元资金开展自治区取用水计量监测体系建设，重点用于农业大中型地表水灌区渠首计量在线传输设施建设、农业灌溉“以电折水”机电井建设及取用水管理信息系统整合，提高内蒙古自治区农业灌区取用水在线监测覆盖率。

【节约用水】 2022 年，内蒙古自治区出台相关节约用水管理制度与《内蒙古自治区“十四五”节水型社会建设规划》及 2022 年度节水行动实施计划。联合中国人民银行内蒙古分行开展“节水贷”融资服务，启动“节水贷”融资服务系统建设。制定《内蒙古自治区黄河流域深度节水控水行动实施方案》《关于强化水资源最大刚性约束全面推进水资源节约集约利用的实施意见》，修订 2020 年版部分用水定额，对节水评价不通过的项目一律不予审批。完成国家、自治区、盟市三级重点监控用水户名录复核更新工作。

重点领域节水 2022 年，自治区水利厅主抓工业节水，建成自治区级节水型企业 17 家，节水标杆企业 9 家，遴选 3 家水效领跑者上报相关部委。开展黄河流域火力发电行业水效对标达标工作。启动黄河流域高校节水专项行动，包头师范学院入选国家首批节水型高校典型案例。呼和浩特市、包头市、鄂尔多斯市、乌海市纳入国家首批典型地区再生水利用配置试点，全区 73 个旗县（市、区）达到节水型社会评价标准，建成率达 71%。

水权转让 2022 年，自治区水利厅制定《推进内蒙古盟市间二期水权转让项目建设工作方案》报黄河水利委员会审核。完成《内蒙古黄河干流水权盟市间转让二期工程实施效果跟踪监测评估方案》技术审查。组织《内蒙古自治区水权交易管理办法》。完成盟市间水权转让一期北控公司 2050 立方米闲置水指标认定、收回及重新配置工作。

【水土保持】 2022 年，自治区分解落实《全国水土保持规划（2016—

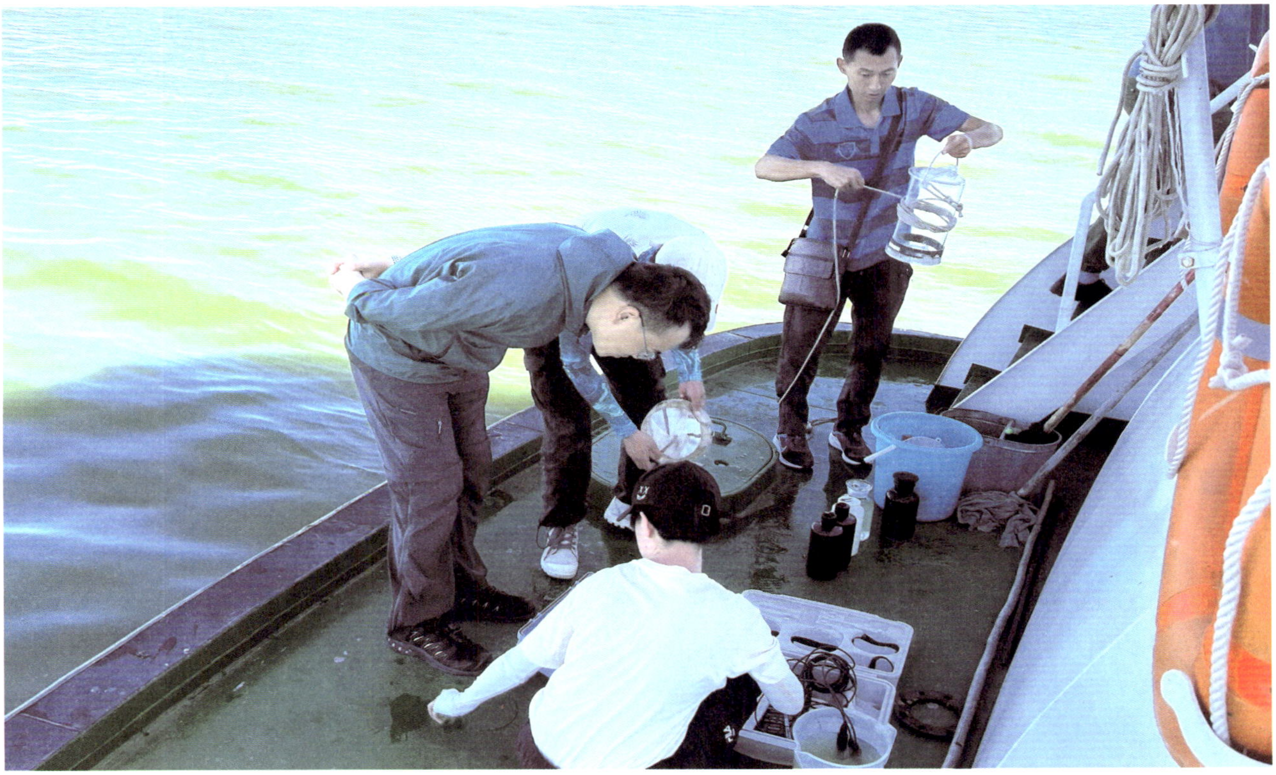

图 72 2022 年 9 月 18 日，工作人员正在监测呼伦湖水质

（自治区生态环境厅 供图）

2030年）》确定的1128万亩水土流失综合治理年度目标任务。印发《内蒙古自治区水利厅关于下达2022年份盟市水土保持生态建设任务指导性指标的通知》，明确任务责任，推进水土流失综合治理。截至12月31日，全区完成水土流失综合治理任务1167万亩，完成率103%。印发《内蒙古自治区水土保持"十四五"实施方案》，明确"十四五"水土保持工作思路和目标任务。印发《关于推动水土保持工程建设以奖代补实施意见》，积极推动水土保持工程建设以奖代补。2021年自治区级水土流失重点防治区水土流失动态监测成果通过水利部珠江委的技术成果复核，完成2021年自治区级水土流失重点防治区水土流失动态监测工作。开展2022年度全区46个旗县37.8万平方千米年度水土流失动态监测任务，成果通过黄委会审核。建立完善管理台账，实行动态管理和闭环管理。完成2022年生产建设项目季报编制、报送和归档整理。完成全区各级水土保持率的盟市、旗县分解计算复核及上报工作。开展国家水土保持示范园和示范县创建工作。推进监测计量设备标准化工作。完成监测设施设备梳理摸底工作。开展小型淤地坝摸底调研，推动建立小型淤地坝台账。实施国家水土保持重点治理工程、东北黑土区侵蚀沟治理工程、淤地坝除险加固工程和坡耕地治理工程、淤地坝及拦沙坝建设工程等6类工程149个项目，下达2022年水土保持投资计划64973万元，其中中央资金51176万元、地方配套资金13797万元。截至2022年12月31日，国家水土保持重点工程完成总投资64210.7万元，完成率98.8%。初步建成水土保持综合业务平台、遥感监管、信息化监管、信息系统管理、淤地坝预警等业务系统。利用遥感技术和移动终端等信息化技术手段，全覆盖开展生产建设项目水土保持遥感监管。在生产建设项目跟踪检查、国家水土保持重点工程检查和验收过程中，全面应用"互联网+"、卫星遥感和无人机等先进手段。270座淤地坝安装淤地坝信息监控系统，建成5个平台。落实资金全面维护淤地坝防汛监控系统，提升淤地坝安全度汛预警能力。开展水土流失动态监测，科学分析年度水土流失面积、强度和消长变化情况，加强监测成果应用研究。开展重点生产建设项目水土保持监测，加强国家水土保持重点工程治理成效监测与评价，做好重大水土流失事件应急监测，提升监测预警能力。开展水土保持宣传、数字孪生流域信息化运用和科技示范创建试点示范工作，提升水土保持发展水平。完成2021年全国水土保持规划考核自评工作，并函报水利部。在年度国家水土保持规划实施情况考核评估中取得良好等次。印发《内蒙古自治区水土保持目标责任考核办法》，完成自治区对盟市的2021年度水土保持目标责任考核工作，并通报考核结果。2022年11月17日，自治区水利厅、自治区发展和改革委等六厅局印发《内蒙古自治区2022年水土保持目标责任考核实施方案》，开展年度水土保持目标责任考核工作。

【十大孔兑综合治理】 2022年，自治区水利厅完成《黄河内蒙古段十大孔兑综合治理规划》修编、《黄河内蒙古段十大孔兑山水林田湖草综合治理实施方案》《黄河内蒙古段十大孔兑综合治理2022年度实施方案》编制，统筹落实治理各部门资金近17亿元，加快十大孔兑综合治理进程。

【淤地坝工程管理】 2022年，自治区水利厅在《内蒙古自治区水利厅安全生产大检查督导检查实施方案》中，总体部署全年淤地坝安全度汛和督查检查工作，并明确淤地坝检查督查项目库、督查问题清单、督查检查单位和职责任务。结合自治区黄土高原地区中型以上淤地坝风险隐患排查复核工作，自治区、盟市、旗县三级对淤地坝开展全覆盖汛前排查。多批次派出汛前、汛期督查工作组，对涉及淤地坝的6个盟市和19旗县（区）淤地坝进行检查，汛期水利厅对淤地坝进行暗访督察，建立问题清单和台账，及时整改。推动各级责任主体落实淤地坝安全运用责任、维修养护经费、巡查责任人报酬，确保责任人履职到位。

（刘燕英）

"一湖两海"生态治理

【概况】 2022年，按照批复的"十四五"期间"一湖两海"（呼伦湖、岱海、乌梁素海）生态保护治理规划（实施方案），自治区责任厅局和盟市，克服不利影响，全力推进生态保护治理项目实施。截至2022年底，已完成投资57.37亿元。2022年，自治区建立"十四五"期间"一湖两海"治理

表 36　2022 年呼伦湖生态环境保护治理项目一览表

单位：亿元

序号	项目名称	建设内容	建设部门	年度建设任务	实施年限
2022 年续建项目（9 项）					
1	海拉尔再生水利用工程	新建处理能力 3.5 万立方米 / 天再生水厂，主要建设内容为再生水处理系统、附属设施与再生水管网等	呼伦贝尔水投公司	反渗透浓水池及调蓄水池、变配电室及辅助用房、仓库及机修、综合楼等工程	2021—2022 年
2	贝尔湖及乌尔逊河环境整治与生态恢复工程	拆除贝尔湖景区及巴尔虎蒙古部落景区内违章建筑，清除建筑垃圾并拆除集装箱房，其中固定设施约 6800 平方米，场地平整约 6300 平方米，清除建筑垃圾约 2600 立方米，对原址适宜恢复区进行生态修复	新右旗政府	拨付巴尔虎部落拆除补偿金、贝尔湖景区拆除补偿金	2021—2022 年
3	呼和诺尔湖综合治理与生态恢复工程	通过内源治理、局部岸坡生态修复、河口湿地恢复等方式，对呼和诺尔、查干诺尔等湖泊进行环境整治与生态恢复，保护修复湿地约 500 公顷	陈旗政府	推进河道清淤、局部岸坡生态修复、河口湿地恢复，监测设备采购和周边环境清理整治等	2021—2022 年
4	保护区禁牧与草畜平衡项目	结合国家第三期草原生态保护补助奖励政策，将呼伦湖自然保护区境内核心区、缓冲区全部以及实验区内重度退化草原实施禁牧，其余面积全部严格落实草畜平衡，禁牧与草畜平衡落实总计面积约 800 万亩	新左旗政府、新右旗政府、扎赉诺尔区政府	完成 2022 年草原生态补奖资金的发放	2021—2025 年
5	禁牧区牧户转产项目	禁牧期间，在保留生产生活设施和不改变草原承包权属的前提下，将草场全部位于禁牧区范围内的牧户迁出保护区居住，通过地方财政安排转移安置专项补贴等形式支持牧民进行转产	新左旗政府、新右旗政府	完成 2022 年禁牧区牧户转移安置专项补贴资金的发放	2021—2025 年
6	呼伦湖渔业公司退捕转产项目	截至 2023 年呼伦湖渔业公司呼伦湖承包权到期，逐年给予呼伦湖渔业公司转产补贴，主要用于支持企业进行产业转型，补充企业职工发放工资、缴纳养老保险和医疗保险、维持正常运转等，推动企业顺利稳妥实现转产	呼伦贝尔市环投公司	完成呼伦湖渔业公司转产补贴 2500 万元的资金拨付	2021—2023 年
7	呼伦湖蓝藻水华监测预警与应急处置试点项目	建设由决策系统和预报业务操作系统等组成的蓝藻水华监测预警平台，进行配套系统软件建设；新建气象自动站、土壤水分自动站和湖泊湿地生态气象观测站，升级改造现有自动气象站；编制水华暴发应急预案，购置捞藻船、矿物质改良剂等蓝藻水华应急处置设备；探索开展将分离后的藻浆沤肥后用于植被恢复、防沙治沙等生态修复工程	呼伦湖自然保护区管理局	蓝藻水华决策系统和预警平台的构建及业务化试运行，编制蓝藻水华应急控制预案	2021—2023 年
8	呼伦湖生态安全调查评估项目	开展呼伦湖流域生态环境变化跟踪调查，重点开展水生态及水生生物调查，对流域生态安全情况与主要影响指标进行评估，系统监测、评估各项治理工程实施情况与成效，为更有针对性地开展呼伦湖生态保护与修复提供支撑	呼伦湖自然保护区管理局	开展呼伦湖流域 2022 年度调查监测，重点跟踪各项治理工程区域生态环境变化，制定重点工程治理成效评估方案	2021—2025 年
9	保护区科学技术研究能力加强项目	围绕流域水文循环机制、呼伦湖长序列水量水质平衡、以渔治水、底泥污染物迁移转化、水生态监测科研能力提升等方向开展专项研究	呼伦湖自然保护区管理局	2022 年完成底泥污染物迁移转化科研项目 1 项，继续开展研究项目 6 项，新启动水生生物和水环境碳、氮稳定同位素测定等科研项目 4 项，形成年度研究报告	2021—2025 年

表 36（续表）

序号	项目名称	建设内容	建设部门	年度建设任务	实施年限
2022 年启动项目（9 项）					
10	牙克石市污水管网升级改造工程	升级改造牙克石市城区市政污水管网及兴安新城污水管网，铺设和改造总长度约 30 千米，建设检查井、泵站及其他附属设施	牙克石市政府	改造老城区市政污水管网 7614 米，对改造区域的现有污水检查井进行加固修复，更换井盖；改造兴安新城现有污水检查井 178 座	2022—2024 年
11	流域湿地与湖岸河岸缓冲带保护与恢复试点工程	依托克鲁伦河、呼伦沟河的现有河道和故道开展水系连通及湿地恢复，在乌尔逊河入湖口区域通过隔离、水系连通、恢复水生植物等方式开展湿地保护与恢复试点，共恢复湿地约 800 公顷；在呼伦湖西岸乌兰布冷、吉布提，南岸乌都鲁等区域开展湿地种子库恢复试点；选取乌尔逊河沿线南大桥、G331 国道大桥附近消落带与草原重度退化区域，通过隔离、植被补植等方式建设约 300 公顷生态缓冲带；进行恢复蜣螂种群控制牲畜粪便、保护与恢复食鼠鸟类栖息地防治鼠害等生态恢复试点	呼伦湖保护区管理局	克鲁伦河入湖口水系连通及湿地恢复区域围封、乌尔逊河入湖口水系连通及湿地恢复区域围封，乌尔逊河沿线消落带与草地重度退化区域生态缓冲带围封，乌尔逊河沿线消落带与草地重度退化区域生态缓冲带建设，乌兰布冷、吉布提、南岸乌都鲁等区域开展湿地种子库恢复试点，恢复蜣螂种群控制牲畜粪便、保护与恢复食鼠鸟类栖息地防治鼠害等生态恢复试点建设	2022—2023 年
12	土著鱼类保护与种群恢复工程	恢复与保护“三场一通道”，设置不低于 15 个人工鱼巢辅助增殖，促进呼伦湖水系中土著鱼类种群恢复；建立浮游动植物、底栖类、沉水植物监测实验室；开展增殖放流及放流监测，科学增加放流频次和数量，提升大型鱼类比例；提升土著鱼类繁育能力，扩建孵化、培育及养殖设施，在科学评判的基础上开展生态捕捞，优化土著鱼类结构，促进功能性鱼类恢复	呼伦湖保护区管理局、呼伦贝尔市环投公司	委托专业科研监测机构开展呼伦湖流域鱼类产卵场、索饵场、越冬场及洄游通道现状调查，对呼伦湖鱼类资源进行综合评估，开展鱼类增殖放流及放流监测工作。建立浮游动植物与底栖类、沉水植物实验（培育）室	2022—2025 年
13	呼伦湖水资源配置项目加固完善工程	对呼伦湖水资源配置工程塌陷严重的渠道进行加固，长度约 2000 米，进行防风固沙绿化，面积约 650 亩，改造维护进水闸液压控制系统	呼伦湖保护区管理局	改造维护进水闸液压控制系统对工程塌陷严重的渠道进行加固	2022—2024 年
14	乌兰诺尔湿地保护与生物多样性提升试点工程	以乌兰诺尔湖滨带为试点区域，通过生态隔离、湿地植被恢复等方式保护和恢复湿地生态系统，恢复湿地约 200 公顷；开展乌兰诺尔沿岸生态缓冲带退化草原生态恢复，改造完善湿地与生物多样性保护设施	呼伦湖保护区管理局	改造完善湿地与生物多样性保护设施，乌兰诺尔湖滨带湿地恢复区域围封	2022—2025 年
15	乌日根河沿线环境整治与生态恢复工程	清理拆除乌日根河沿线生产经营和生活设施，开展河流沿线退耕与环境整治，进行河岸防护与植被恢复	扎赉诺尔区政府	完成乌日根河沿线 4 家企业的拆除工作，并完成生态修复	2022—2025 年
16	呼伦湖西岸及克鲁伦河沿线侵蚀沟生态治理工程	通过工程手段治理呼伦湖西岸及克鲁伦河沿线的主要侵蚀沟，长度约 3 千米	新右旗政府	修建谷坊 250 座，沟头防护 6 处，过水路面 2 处，作业路 3 千米，沟口防冲护坡工程 350 米	2022—2024 年
17	新开河北段环境综合整治工程	清理拆除新开河北段沿线各类生产生活设施，对原址进行生态恢复约 30 亩	满洲里市政府	拆除部分生产生活设施，对原址进行生态恢复	2022—2023 年
18	底泥污染治理试点项目	开展底泥内源形成、释放机理等方面研究；结合鱼类越冬、水生态修复，在局部湖湾或者周边水体选取底泥污染较为严重的区域作为试点，通过清淤、脱水干化及资源化利用等方式，探索符合呼伦湖实际的底泥污染治理有效措施	呼伦湖保护区管理局	开展呼伦湖及周边水体底泥调查、释放机理研究，完成清淤示范	2022—2024 年

表 37　2022 年岱海流域生态环境保护治理项目一览表

序号	项目名称	建设地点	规模与内容	实施年限
1	岱海水生态恢复试点工程	岱海水体	开展鱼类放养试点试验；选择适宜区域开展以浮游动物、底栖动物、沉水植物等为主体的水生态恢复试点工程，面积约 500 亩	2021—2025 年
2	岱海湖滨缓冲带保护修复工程	岱海浅水区及滨水岸带	针对应急补水工程实施后水面面积扩大，局部底泥黑臭的问题，开展滨水岸带底泥、水生植物详细调查评估，编制湖滨缓冲带保护修复阶段实施方案；并分区分步开展淹没区地表清理 3k 平方千米、浅水区原位生态修复 1 平方千米及湖滨岸带植物的收割与管护等	2022—2025 年
3	岱海弓坝河河口拦截净化工程	弓坝河引黄济岱出水口至入岱海段	对引黄济岱来水进行生态净化，工程内容主要包括出水口处表流湿地构建，面积约为 1.29 平方千米；11.6 千米护坡生态化改造，入岱海口湿地强化净化等	2021—2023 年
4	新增退灌还水（水改旱）项目	岱海流域	新增退灌还水（水改旱）5 万亩，封停机电井 333 眼和拆除机电井房 1000 眼（包括已实施退灌还水项目封停的机电井井房）	2021—2025 年
5	岱海流域农村污水收集项目	新建村、新农村、全星(一到四)队、双古城等 16 个自然村	对岱海周边 16 个自然村的农村污水进行收集处理，主要工程内容包括给水管网、污水管网、农户改厕或建设降解厕所等	2022—2025 年
6	岱海流域畜禽粪污面源污染治理工程	麦胡图镇、鸿茅镇、天成乡、六苏木镇、曹碾满族乡、岱海镇等	对岱海流域 447 个自然村（2907 户）年产粪污在 5—50 立方米的养殖户建设畜禽粪污防渗堆肥发酵池或配备畜禽粪污堆肥发酵箱，共计 58855 立方米；对岱海流域 31 个自然村（315 户）年产粪污在 5 立方米以下的养殖户配备畜禽粪污堆肥发酵箱，共计 889 立方米	2022 年
7	耕地地力保护（农田面源污染防治）项目	麦胡图镇、鸿茅镇、天成乡、六苏木镇、曹碾满族乡、岱海镇等	试点开展禁施化肥、推广有机肥 15 万亩（旱地 13.8 万亩，水地 1.2 万亩），测土配方施肥面积 45 万亩，减少化肥施用量。旱地按每亩 200 公斤有机肥施用，水地按每亩 400 公斤有机肥施用，开展有机品牌农业推广	2021—2025 年
8	元山沟流域面源污染防控治理工程	岱海镇	新建河道两岸建设生态防护带 120 亩，实施污染拦截净化、垃圾清理、河道湿地恢复 169 亩等工程	2021—2023 年
9	苜花河面源污染防控治理工程	麦胡图镇	新建河道走廊湿地 281 亩，生态防护带 798 亩，对苜花河流域面源污染进行拦截、净化	2021—2023 年
10	松树沟流域面源污染防控治理工程	岱海镇	新建河道两侧生态护坡生态防护带 107 亩，实施污染拦截净化、垃圾清理、河道湿地恢复 33 亩等工程	2021—2023 年
11	林草抚育和湿地保护修复项目	岱海流域	森林抚育修复 10 平方千米，森林草原防火隔离带建设，湿地保护和修复	2021—2025 年
12	科技支撑项目	岱海流域	开展岱海水文、水质、水生态等重要环境因素演变规律及机理研究，精准解析流域污染来源，摸清水生生物多样性家底；分析评价污染治理与生态修复措施与岱海水面、地下水位和水质的关系，评估工程措施对岱海质量改善的贡献程度，提供有针对性的对策建议	2021—2025 年
13	岱海流域监测能力建设项目	岱海流域	整合现有水文、水质（含地下水）、水生态、陆域生态监控网络，进一步加强流域监测网络，建设水质自动站、气象监测站，增设水生态多样性监测，编制岱海流域智慧监测网络布设方案，构建包括野生动物在内的流域全要素监管体系及智慧平台	2022—2025 年
14	岱海周边退灌还水（水改旱）工程	岱海流域	持续推进规划（修编）中的 21 万亩退灌还水（水改旱）工程，封停机井 667 眼	2021—2025 年
15	环岱海农村环境综合整治项目	五苏木、榆树坡、民地、白庙子、东房子、北营子等 16 个自然村	持续推进规划（修编）中的 16 个自然村农村环境综合整治，主要工程内容包括污水管网、农户改厕或建设降解厕所等	2021—2025 年
16	岱海生态应急补水工程	托克托县、和林格尔县、凉城县	建设剩余 7 公里隧洞工程，完成泵站安装、管线铺设、预沉池配套等工程	2021—2022 年

表 38　2022 年乌梁素海流域生态环境保护治理项目推进情况一览表

序号	项目名称	建设地点	主要建设内容	建设工期	2022 年度建设内容	
					计划	完成
一、水环境（合计）						
1	高标准农田建设项目	7 个旗县区	实施高标准农田（包含提质改造）108.1 万亩，主要建设内容土地平整工程、灌溉排水工程、农田道路工程、农田防护林工程等	2021—2023 年	完成 108.1 万亩高标准农田建设（2021 年项目 75.6 万亩，2022 年项目 32.5 万）	2021 年项目完工面积 75.6 万亩，已完成验收；2022 年项目完工面积 32.5 万亩，正在开展旗县区自验
2	化肥减量增效项目	7 个旗县区	开展化肥减量试验示范，对成熟的控肥增效措施进行推广	2021—2022 年	开展化肥减量试验 20 项次，建设示范片 2 个，完成化肥减量增效技术培训	项目已实施完工，聘请第三方公司完成了项目绩效评价，正在开展项目自评
3	秸秆综合利用项目	临河区、五原县、杭锦后旗、乌拉特中旗、乌拉特后旗	开展秸秆“四化”利用技术推广，完善秸秆收储运体系建设	2021—2022 年	实施秸秆离田资源化利用 42.98 万亩、秸秆还田 4.38 万亩；补贴建设 9 家秸秆综合利用企业；建设储草棚 2400 平方米；加强收储运体系建设，购置秸秆捡拾机械等；开展秸秆资源台账系统填报工作。乌拉特中旗完成补贴新增秸秆饲料化利用 1 万吨、年生产固化成型燃料 2 万吨的任务	项目已实施完工，聘请第三方公司完成了项目绩效评价，项目旗县区正在开展项目验收
4	农业生产社会化服务项目	7 个旗县区	农作物耕、种、防、收全环节托管，带动小农户融入农业现代化发展轨道	2021—2025 年	补贴集体经济组织、专业化农牧业服务企业、服务型农牧民合作社、基层供销合作社等服务组织为农业生产提供耕、种、防、收等产中环节以及产前产后环节服务 61 万亩	项目已实施完工，实施农业生产耕、种、防、收环节社会化服务面积 62.8 万亩，超任务 1.8 万亩，聘请第三方公司完成了项目绩效评价，各旗县区正在进行项目验收，验收合格后开始拨付资金
5	农业面源污染监测体系扩建项目	7 个旗县区	在已有的农业面源污染监测站基础上，增加 COD 监测能力，建立实时定量化数字分析平台，实现农业面源的分区、分时的监测与解析	2022—2025 年	针对已建成的 4 处农田面源污染监测站，每处新增配备高锰酸盐指数自动分析仪，用于监测农田中的 COD 值，同时对已建成的 9 个农业面源污染监测站点进行运行维护，实时监测站点附近的农业面源污染数据	已完成
6	五原县天吉泰镇污水处理工程建设项目	五原县	新建污水处理厂 1 座，占地面积 8 亩，处理集镇生活污水，设计日处理规模 200 吨，配套建设污水收集管网	2022 年	新建污水处理厂 1 座，占地面积 8 亩，处理集镇生活污水，设计日处理规模 200 吨，配套建设污水收集管网	目前工程进度：主管网设计 8.9 千米，已全部完成，支线管网设计 3 千米，实际完成 4 千米（全部完成）。提升泵站、厂区厂房基础及底座建设、一体化处理设备安装、污水检查井、雨水井、厂房钢架等工程全部完成
7	五原县塔尔湖镇水环境综合治理项目	五原县	改造塔尔湖集镇污水处理厂，新建生态沟渠 13.2 千米及生态隔离带	2021—2022 年	改造塔尔湖集镇污水处理厂，新建生态沟渠 13.2 千米及生态隔离带	一是塔尔湖污水处理厂提标技术改造生化池和深度处理车间主体、值班室、蓄水池、中水回用等工程已全部完工，集镇污水处理设备完成安装；二是海子堰污水处理站生化池、综合用房主体、柴油机房主体、厂区院房、围墙、道路硬化、绿化工程等全部完成，一体化污水处理设备完成安装；三是联丰污水处理站综合用房、农田地管网已全部完成，一体化处理设备完成安装；四是联丰新村蓄水池混凝土工程全部完工；五是配套污水管网 12.71 千米，已完成 3.5 千米（其中一标完成 1.3 千米，二标完成 2.2 千米），剩余联丰新村配套入户官网和联丰新村项目一并实施；六是生态沟渠 13 千米已完成；七是生态隔离带已完成

表 38（续表）

序号	项目名称	建设地点	主要建设内容	建设工期	2022 年度建设内容	
					计划	完成
8	临河区污水管网、泵站、道路更新改造工程	临河区	主要对临河区旧城区的中华路、幸福路、青年路等 15 条街巷进行排水管网的更换，对宴江路泵站、北区泵站、朔方路等泵站老旧设备更换。改造污水管网 13547 米，改造雨水管网 9909 米	2021—2025 年	完成北边分干沟明渠改暗涵、污水终级泵站升级改造工程等	三期清理运输地表垃圾，开挖沟槽，管道敷设 2800 米，污水井 23 座，中水井 1 座，安装变压器 1 台，打降水井 148 口；二期拆除膜袋 2700 米，铺砂垫层 2740 米，砼垫层 2550 米，钢筋绑扎 2330 米，浇筑方沟砼 2330 米
二、水资源（合计）						
9	“十四五”河套灌区续建配套与现代化改造	临河区、五原县、乌拉特中旗、乌拉特前旗	渠道防渗衬砌 29 条，总长度 455.159 千米，配套建筑物 793 座，各类量测水设施 479 处，以及里程桩、标志牌（警示牌）、救生踏步、安全防护栏杆等渠道必要的管理设施	2021—2025 年	渠道衬砌 142.4 千米，建筑物改造 203 座（不包含秋季招标项目），信息化工程建设 93 处（不包含总干渠信息化建设）	累计完成渠道衬砌长度 141.621 千米
10	乌拉特前旗乌毛计人工湿地生态建设工程	乌拉特前旗	乌拉特前旗污水处理厂 612 万吨 / 年污水尾水湿地处理，建设 87.2 公顷的人工湿地及相关配套工程	2021—2022 年	购置青苔打捞机等设备，增设变压器等供电设施，完善生态护岸工程，新建管理用房、补植生态护岸工程等	强电工程、管理用房建设完成，购置青苔打捞机，完成生态护岸完善工程、补植生态护岸工程
11	五原县污水处理厂尾水人工湿地水质净化工程	五原县	潜流湿地 46000 平方米，改造现状表流湿地 85000 平方米，生态边坡 16300 平方米，人工水草 5500 平方米，基底改良 3000 平方米，生态浮岛 2400 平方米，生态景观 1 项，周边绿化 10000 平方米，生态走廊 1000 米。该项目进水水质为一级 A，设计出水水质为地表Ⅳ类	2021—2023 年	实施场地平整土方工程、潜流湿地主体工程、表流湿地部分附属设施	潜流湿地土方开挖及基础换填全部完成，正在进行潜流湿地主体工程建设；布设集水、布水管，铺设上层无纺布，填充生态填料，回填种植土，均已完成，外围雨水箅和卵石铺装完成总量的 99%；表流湿地生态边坡已完成 17600 平方米，超出总量完成；人工水草种植 5500 平方米已全部完成；基地改良 3000 平方米已全部完成；生态浮岛已采购，完成投资 60%；提升泵房已完成开挖、降水、基础工程及主体和二次结构装饰工程，已完成总量的 95%；钓鱼台管理平台已完成；正在建设 3 米宽管理道路，已开槽 2200 米，回填砂垫 1500 立方米；周边绿化已更换种植土 22118.88 立方米，已开挖树垄道 23707.88 立方米，废土外运 17667.29 立方米

（表格来源：自治区发展改革委）

规划（方案）项目定期调度督导机制，推进综合治理项目建设，截至 2022 年底，在自治区生态环境厅监管的 8 个“一湖两海”综合治理项目中，建成 1 个，其他 7 个均完成年度建设任务。印发实施《关于做好 2022 年重点湖库水华防控工作的通知》，指导督促各相关盟市制定完善蓝藻水华防控预案，加强重点湖库蓝藻水华预警及防控。持续指导乌兰察布市开展岱海背景值分析研究，加大资金支持力度，累计争取和安排中央及自治区水污染防治资金 1.56 亿元用于支持“一湖两海”治理保护工程建设。

【重点湖泊综合整治】 2022 年，自治区推进“一湖两海”河湖“清四乱”、岸线保护与利用规划编制和“一湖一册”编制、实施，开展岱海蒸发试验研究。加强“一湖两海”水文监测，向自治区党委、政府报送45期“一湖两海”监测数据。制定居延海、达里诺尔、哈素海3个湖泊生态环境综合治理年度实施方案。居延海水生态应急修复工程开工建设。编制完成《内蒙古阿拉善盟黑河流域生态恢复工程可行性研究报告》，哈素海累计补水5544立方米。完成达里诺尔启动垃圾转运站和污水处理站建设项目，牧草试点项目和林业项目。

【“一湖两海”及察汗淖尔综合治理】 2022年，自治区制定印发《“一湖两海”等重点湖泊生态环境保护治理工作推进方案》，协调争取中央水污染防治资金1.46亿元支持“一湖两海”重点治理项目建设。持续开展“一湖两海”水质监测和察汗淖尔流域地表水、地下水及生态监测，加大呼伦湖蓝藻水华监测预警和防控力度，呼伦湖、岱海水质保持稳定，乌梁素海水质达到Ⅳ类，察汗淖尔流域生态环境呈向好态势。

【重点河湖历史遗留问题整改】 2022年，自治区推进德隆等煤矿侵占河道问题。德隆煤矿完成第一阶段整改任务，累计回填土方2568万立方米，拆除临建4000平方米。北采坑和临时堆料场完成回填，通过黄委黄河上中游管理局核验。南采坑累计回填1392万立方米，首采坑在排水施工；华能井煤矿已回填土方1800万立方米；神伊煤矿已完成整改，累计回填土方1279万立方米。9月，通过黄河上中游管理局核验，完成上报整改销号文件。推动完成包头王大汉浮桥的整治工作。完成通辽市西辽河城区段水利部发现重大问题的销号材料复核、问题销号工作。推进呼和浩特市大、小黑河和包头市昆都仑生态问题整改工作。

【呼伦湖生态治理】 2022年，自治区推动实施18个治理项目18个，完成投资3.967亿元。呼伦湖水面面积为2239.6平方千米，稳定保持在合理范围内。除化学需氧量、氟化物外，其他主要水质指标均达到或优于地表水V类标准。

【岱海生态治理】 2022年，自治区推动实施岱海治理项目16个，完成投资13.8亿元。岱海水面面积为44.8平方千米，除化学需氧量、氟化物、高锰酸盐指数外，其他主要水质指标达到或优于地表水V类标准。

【乌梁素海生态治理】 2022年，自治区推动实施乌梁素海治理项目11个，完成投资17.20亿元。乌梁素海年度生态补水5.17亿立方米，乌梁素海湖心区断面水质达到Ⅳ类，水体富营养状态持续保持在中营养，湖区面积稳定在293平方千米，乌梁素海的生态环境稳定向好。

【“2022·清湖净水”联合执法专项行动】 2022年5月30日，内蒙古呼伦湖国家级自然保护管理局印发《内蒙古呼伦湖国家级自然保护区“2022·清湖净水”联合执法专项行动方案》。该方案明确要加强明水期呼伦湖自然保护区内自然资源管护执法力度，巩固“春封”专项行动，严厉打击各种破坏自然资源和生态环境的违法犯罪活动，防范由破坏自然资源引发的群体性治安事件。2022年6月10日至9月30日，开展呼伦湖明水期联合执法专项行动暨“2022·清湖净水”专项行动。

黄河流域生态环境保护

【概况】 2022年8月，自治区制定印发《内蒙古黄河流域生态环境综合治理实施方案》，针对黄河各段存在的突出环境问题和隐患分段施策、分段治理。制定《黄河流域生态保护治理“十四五”任务及2022年重点工作清单》，建立督导调度机制，推动各项任务落地落实。加大黄河流域环境风险隐患排查力度，强化不达标水体监管。完成黄河干流及16条主要支流入河排污口现场排查，优化布设河套灌区手工监测点位23个、建成水质自动监测站点40个，实现河套灌区农田灌溉退水水质监测全覆盖，全面完成沿黄河3千米范围内农村牧区生活污水治理和黄河流域“清废行动”突出问题整改，流域内国考断面优良水体比例77.1%，黄河干流9个国考断面水质全部为Ⅱ类，支流小黑河三分闸前断面成功消劣。

【黄河流域整改任务落实】 2022年，自治区生态环境厅组织开展生态环境部督办的黄河流域有关生态环境问题调查处理，督办的28个环境问题完成整改26个，查处7

个环境违法行为。中办《黄河流域生态保护和高质量发展回访调研报告》反馈问题自治区生态环境厅牵头7项任务已全部完成整改。呼和浩特市、包头市地表水专项督察中呼和浩特市17项任务已完成整改13项，包头市24项任务已完成整改14项。自治区黄河流域生态保护突出问题暗访反映问题自治区生态环境厅牵头10项任务完成整改7项。

【入河排污口排查整治】 2022年自治区完成黄河干流及16条主要支流排污口基础资料整合、无人机航测、人工现场排查等工作，排查点位4314个，岸线长度2879千米，总流域面积4005平方千米。组织开展生态环境部督办的黄河流域有关生态环境问题调查处理，督办的28个环境问题，完成整改26个，对7个环境违法行为进行处罚。

【黄河流域“清废行动”】2022年，开展黄河流域“清废行动”，120个问题全部完成整改销号，开展黄河干流和主要支流沿岸3千米范围内工矿企业、尾矿库、固废堆场、矿山排土场和生活污染源环境风险隐患排查治理，发现的233项问题完成整改231项。建立沿黄7盟市固体废物非法转移、倾倒、堆存等违法行为“早发现、早处置、从严管理”的长效监管机制。

（赵 勇）

耕地及黑土地保护

【耕地占补平衡项目】2022年，内蒙古自治区耕地占补平衡项目建设任务为1.67万公顷，其中跨省交易任务133.33公顷。各盟市完成自治区下达的建设任务，项目竣工新增耕地规模为1.81万公顷。国务院批准跨省交易补充耕地规模1506.67公顷，获取交易收益11.31亿元。

【设施农业及耕地后备资源】2022年，自治区农牧厅印发《关于进一步加强设施农业用地管理有关问题的通知》，利用卫星遥感影像等技术手段进行监督检查，加强日常管理。自治区耕地后备资源初步调查评价成果通过自然资源部审核。全区具有耕地后备资源潜力的旗县48个，宜耕面积38.08万公顷，其中宜耕其他草地26.88万公顷、宜耕盐碱地3.64万公顷、宜耕沙地5.75万公顷、宜耕裸土地1.81万公顷。

【耕地保护监督】 2022年，自治区与各盟市签订耕地保护目标责任书，印发《内蒙古自治区耕地保护责任目标考核实施细则》。印发《关于开展自治区违法违规占用耕地与补充耕地指标挂钩工作的通知》《关于进一步规范自治区补充耕地项目管理的通知》《关于加强耕地保护严格耕地用途管制的通知》，制定《关于严格耕地用途管制落实耕地“进出平衡”的实施细则（试行）》。印发《关于规范自治区建设占用黑土耕地表土剥离管理工作的通知》，完善耕作层土壤剥离、运输、存储、管理、使用等全过程的工作制度机制。开展黑土地保护有关问题排查整改工作，自治区东部四盟市涉及黑土耕地的所有旗县全部制定本地区的建设占用黑土耕地耕作层土壤剥离再利用制度。印发《关于进一步加强设施农业用地管理有关问题的通知》，利用卫星遥感影像等技术手段进行监督检查，加强日常监管。

【黑土地保护利用】 2022年，内蒙古自治区制定实施《2022年内蒙古东北黑土地保护利用项目实施方案》。自治区党委政府强力推动东北黑土地保护工程，党政主要领导亲自研究部署，政府分管领导统筹协调、督促落实，成立了由自治区政府分管领导任组长的“自治区黑土地工作领导小组”，并将此项工作纳入自治区人民政府督查室重点督办事项。农牧厅牵头成立“推进黑土地保护工程实施工作领导小组”和“内蒙古自治区黑土地保护工程厅际协调机制”，相关盟市、旗县建立了工作推进机制，将东北黑土地保护工程列入各级党委、政府重要议事日程，形成政府主导、部门服务指导、盟市旗县具体实施和农民积极参与的工作格局，通过上下联动、横向协同，统筹推动任务落实。5个典型东北黑土地区旗市分别编印旗县级东北黑土地保护工程实施方案（2021—2025年），将年度任务细化到乡镇、具体地块，按照“各炒一盘菜、共做一桌席”和“既衔接配合、又避免重复”的原则，统筹实施东北黑土地保护利用项目、高标准农田建设、保护性耕作、侵蚀沟治理、秸秆综合利用、农机深松整地等项目，整合项目资金15.91亿元，其中中央财政资金14.3亿元，地方财政资金7693万元，其他资金8410万元，打好工程实施“组合拳”。内蒙古农牧厅牵头组织完成东北黑土地保护工程任务60.32万公顷，超额完成国家下达的60万公顷任务。

【2021年度东北黑土地保护上图入库】 2022年，自治区农牧厅组织阿荣旗、莫力达瓦达斡尔族自治旗、鄂伦春族自治旗、扎兰屯市和扎赉特旗5旗市完成2021年东北黑土地保护利用项目、秸秆综合利用和保护性耕作项目上图入库数据报送，2021年东北黑土地保护高标准农田建设工程通过全国农田建设综合监测监管平台进行上图入库。

【黑土区耕地质量监测评价】 2022年，内蒙古自治区按照《农业农村部办公厅关于做好国家黑土地保护工程黑土区耕地质量监测评价工作的通知》要求，依托91个耕地质量长期定位监测点和耕地质量等级评价点位开展东北黑土地保护工程项目区耕地质量监测评价工作。编制上报2021年度东北黑土地保护工程黑土区耕地质量监测评价工作报告；及时组织项目旗县开展2022年度项目区田间信息调查、土壤样品采集和样品检测化验工作；在各地取样的关键时间节点，组织开展样品采集实地技术指导；安排专人进行实地质控工作并随机抽取东北黑土区5%的土壤样品进行相关指标检测。

（赵　丽）

土地沙化荒漠化防治

【沙化治理】 2022年，内蒙古自治区依托国家生态保护和修复重大工程项目，科学推进防沙治沙，全年完成沙化土地治理50万公顷，占国家计划任务135%，完成治理面积位居全国第一名，受到国家林草局荒漠化防治司通报表扬。

【荒漠化监测】 2022年，内蒙古自治区农牧厅印发《内蒙古自治区林草湿荒生态综合监测操作细则》，组织开展年度林草湿荒生态综合监测的荒漠化监测工作。编制《内蒙古四大沙漠新能源基地建设生态适宜性评价报告》，为探索光伏新能源治沙新路径和科学合理利用沙漠资源提供参考。编制《内蒙古四大沙地林草发展空间潜力分析报告》，科学谋划防沙治沙。

【防沙治沙综合管理】 2022年，自治区农牧厅加强防沙治沙综合示范区、沙化土地封禁保护区、国家沙漠公园管理。组织编制全国防沙治沙综合示范区建设方案，开展沙化土地封禁保护区和国家沙漠公园摸底调查。

（赵　勇）

矿产资源保护

【矿产资源规划编制】 2022年8月19日，内蒙古自治区矿产资源总体规划通过自然资源部审查，由自治区人民政府印发实施。盟市故道资源总体规划完成审查批复，旗县矿产资源总体规划审查批复率70%，完成6个盟市的旗县矿产资源总体规划审查。审查规划数据库汇总后，建成全区矿产资源规划总数据库。印发《内蒙古自治区自然资源厅关于规范矿产资源总体规划调整工作的通知》，明确自治区、盟市和旗县三级矿产资源总体规划调整情形、规划调整报批程序。

【矿产资源储量评审备案】 2022年，内蒙古自治区印发《关于优化矿产资源储量评审备案工作流程的通知》，将自治区本级矿产资源储量报告评审备案时限由原60个工作日压减至25～40个工作日完成，实现评审备案材料接收、审核签发和结果反馈等所有环节全程网办。全年完成评审项目159个，完成备案项目140个。

【矿产资源储量管理】2022年，内蒙古自治区印发《关于进一步做好矿产资源储量管理工作的通知》，对矿产资源储量填报提出要求，实测井工开采重点矿山、重点矿种储量动用情况，组织技术单位分析矿山储量动用情况。

【矿产资源开发利用“三率”标准研究】 2022年，内蒙古自治区配合自然资源部开展矿产资源合理开发利用“三率”（一般指固体非能源综合利用过程中开采回采率、选矿回收率、矿产资源综合回收率等）标准研究，提交《稀土、油砂、水晶、冰洲石、天然碱、麦饭石、玛瑙、粗面岩矿产资源合理开发利用“三”率标准研究报告》《内蒙古自治区自然资源厅关于推荐矿产资源节约和综合利用先进适用技术的函》。

（庞　鑫）

森林草原保护

【概况】 2022年，内蒙古自治区林业和草原局（以下简称自治区林业和草原局）突出重点区域，以重大工程为抓手，科学推进国土绿化，聚焦“一线一区两带”重点区域，实行建设任务“直达到县、落地上图”精细化管理，超额完成国家下达任务。全区完成造林、种草、防沙治沙面积分别为 31.6 万公顷、114.4 万公顷、50 万公顷。完成黄河流域林草生态建设61.59万公顷，完成浑善达克规模化林场建设任务 1.9 万公顷，完成森林抚育 2.3 万公顷、退化林修复 11.05 万公顷、退化草原改良 41.7 万公顷。全面停止天然林商业性采伐，年减少森林资源消耗 460 万立方米，天然林保护实现全覆盖。持续开展“天空看、地面查”全覆盖式森林草原督查。在敖汉旗、丰镇市、乌审旗 3 个旗县（市、区）开展科学绿化试点建设。

【林草资源保护】 2022 年，自治区林业和草原局持续打击破坏林地草原违规违法行为，继续开展“天空看、地面查”全覆盖式森林草原督查。自治区审核的征占用草原林地项目全部如期办结。全链条打击破坏野生动植物资源违法犯罪活动。破坏草原林地违规违法行为专项整治行动基本完成，31240 个问题全部有效整治，专项整治行动转入常态化治理。第二轮中央环保督察反馈问题整改工作有序推进，均达到时序进度，1014 个违规违法侵占森林公园破坏生态问题图斑和案件全部完成整改。

【林草资源管理】 2022 年，自治区林业和草原局印发《进一步加强草畜平衡和禁牧休牧工作的指导意见》。加快草原生态数字化监管平台建设，初步建立起 33 个牧业旗县纵向到底、横向到边的草原网格化监管机制。建立较为完备的天然林、公益林管护体系，组建 13738 人的天然林管护队伍和 23553 人的公益林管护队伍，有效管护天然林 926.88 万公顷，国家级公益林 1023.11 万公顷，居全国第一位。自治区林草局被国家林草局评为林草资源保护与管理突出贡献省区。

【林草有害生物防治】 2022 年，自治区林业和草原局加大林草有害生物防治力度，加强松材线虫病监测与防范，年均完成林业有害生物联治 41.6 万公顷、草原鼠虫害防治 477.93 万公顷，超额完成国家下达的任务指标，有害生物发生危害有效降低。外来入侵物种普查和防治试点工作有序推进。

【森林草原防火】 2022 年，自治区林业和草原局突出抓好森林草原防火，坚持严防死守重点区域、重点时期、重点人群，做到早发现、快处置、打小火。开展查处违规用火行为、林牧区输配电设施火灾隐患排查治理、隐患排查整治“百日攻坚”专项行动。完成森林和草原火灾风险普查。组织召开第二届京津冀晋蒙森林草原防火联席会议。在防火重点地段、交通要道设立防火检查站、卡、哨 8771 个，累计检查车辆 20.2 万台次、乘员 50 万人次。全年全区共发生森林草原火灾 29 起，全部得到及时有效处置，火灾受害面积较 2021 年下降 41.9%。

【林长制】 2022 年，内蒙古自治区建立以自治区党委书记、自治区主席担任双总林长，自治区党委副书记、自治区副主席担任副总林长，盟市、旗县、乡镇、嘎查村主要党政负责人为本级林长的组织体系，全区共设立林长 30895 人，明确五级林长“责任区”，形成多个部门协同推进，实现森林草原湿地资源管护责任全覆盖。印发《关于全面推行林长的实施意见》《2022 年林长制工作要点》，发布首个总林长令，落实林长会议、协作、督查等 5 项制度。召开 2022 年自治区总林长会议。全区各级林长共开展巡查 55.3 万次，自治区、盟市、旗县三级林长协调解决林草突出问题 800 余个。全区设置林长公示牌 10070 个。将林长制考核内容纳入自治区对盟市党政领导班子考核，自治区总林长会议审议通过《自治区林长制考核办法（试行）》。

【林草碳汇】 2022 年，内蒙古自治区坚持先行先试，编制《内蒙古森林草原湿地碳汇能力巩固提升实施方案》，成为全国首个经省级“双碳”领导小组审议通过的方案。包头市、阿尔山市被列入国家 2022 年度林业碳汇试点市（县）。

【古树名木保护】 2022 年，内蒙古自治区开展“古树名木保护宣传周”活动，完成古树名木图片展，出版《中国古树名木画册》。自治区林业和草原局联合自治区公安厅印发《打击破坏古树名木违法犯罪活动专项整治行动方案》，积极开展专项打击行动。

【内蒙古森林工业集团有限责任公司】 2022年，森工集团完成额尔古纳流域生态保护修复综合治理工程2.71万公顷，其中退化林修复2.67万公顷、人工造林402公顷；植被恢复2.67万公顷。其中，常规植被恢复0.15公顷、生态脆弱区修复266.67公顷、重点地段绿化466.67公顷；森林抚育19.33万公顷；育苗120.93公顷，产苗1.6亿株。扑救蒙古国入境火1起、雷电火灾9起，过火面积45.8公顷，森林受害率0.0025‰，当日灭火率100%，连续五年未发生人为森林火灾。完成林业有害生物监测面积820万公顷、防治面积18.27万公顷。全面完成“四率”指标。总体安全生产形势持续稳定，未发生生产安全死亡责任事故和重大设备责任事故。全年，森工集团实现林业产业总产值77.64亿元，较2021年增加8.43亿元，同比增长12.19%。其中，第一产业产值完成28.97亿元，同比增长4.17%；第二产业产值完成9.05亿元，同比减少17.69%；第三产业产值完成39.62亿元，同比增长18.55%。三大产业产值比由2021年的36∶16 ∶48调整到37 ∶12 ∶51。实现净利润1.55亿元；国有资产保值增值率101.64%；林业投资完成61.12亿元；实现营业收入8.08亿元，同比增长42.47%。2022年度森工集团财务决算汇总单位计69家，其中森工集团本级1家，二级子企业51家（特定功能类企业19家、商业竞争类企业11家、功能保障类单位17家、待处置企业4家），三级子企业17家。年内，库都尔森工公司森防站被全国总工会评为“全国工人先锋号”，森工集团工会在全国总工会主办、工人日报社承办的“喜迎二十大 建功新时代”劳动和技能竞赛短视频征集活动中获二等奖，内蒙古大兴安岭航空护林局特勤突击队队员柴瑞被共青团中央授予“全国优秀共青团员”称号。

（何泉玮）

自然保护地保护

【概况】 2022年，全区有自然保护区、风景名胜区、地质公园、湿地公园、森林公园、沙漠公园6类自然保护地，共380个，总面积1571.81万公顷，约占自治区面积的13.29%。其中，世界级和国家级151个，面积633.63万公顷；自治区级105个，面积765.83万公顷；自治区级以下124个，面积172.35万公顷。全区自然保护地之间交叉重叠面积约101.33万公顷。除去交叉重叠面积保护地总面积1470.48万公顷，约占自治区总面积的12.43%。截至2022年底，全区共有自然保护区216个，总面积1294.66万公顷。其中，国家级29个，面积426.12万公顷；自治区级64个，面积696.53万公顷；自治区级以下123个，面积172.01万公顷。全区有风景名胜区5个，总面积52.74万公顷。其中，国家级2个，面积15.21万公顷；自治区级3个，面积37.53万公顷。全区共有地质公园23个，总面积48.56万公顷。其中，世界级3个，面积27.77万公顷；国家级11个，面积12.9万公顷；自治区级9个，面积7.89万公顷。全区共有湿地公园63个，总面积39.61万公顷。其中，国家级55个，面积37.41万公顷；自治区级8个，面积1.2万公顷。全区共有森林公园58个，总面积132.58万公顷。其中，国家级36个，面积109.57万公顷；自治区级21个，面积22.67万公顷；自治区级以下1个，面积0.34万公顷。全区共有国家沙漠公园15个，总面积4.66万公顷。

【自然保护地体系建设】 2022年，内蒙古自治区加强以国家公园为主体的自然保护地体系建设，积极推进贺兰山国家公园申建，开展自然保护地优化整合，新建乌兰察布国家地质公园、阿拉善右旗九棵树国家沙漠公园、察汗淖尔自治区湿地公园、巴丹吉林沙漠自治区级风景名胜区等各级各类自然保护地20处，额仑草原等14个草原自然公园被列入首批国家建设试点，推进巴丹吉林沙漠沙山湖泊群申报世界自然遗产。

【自然保护区建设】 2022年，自治区林业和草原局与宁夏林草局就贺兰山国家公园申建工作进行会商，研究共同推动创建贺兰山国家公园相关事宜，并签署合作协议。蒙宁两区人民政府共同向国家林草局提交创建贺兰山国家公园的申请。按照国家和自治区“三区三线”划定工作统一安排，组织开展自然保护地整合优化“再完善”工作，开展风景名胜区整合优化工作。大青山、巴丹吉林、呼伦贝尔、松嫩鹤乡、大兴安岭、贺兰山6个区域进入国家公园候选名单，数量位居全国第一位。争取2022年国家级自然保护区补助资金7825万元和基础设施建设资金2320万元，较2021年度增加58.12%。

【湿地公园建设】 2022年，自治区林业和草原局深入推进“一湖两海”和察汗淖尔综合治理，投入9278.3万元的“察汗淖尔湿地公园”项目开工建设，察汗淖尔自治区湿地公园晋升国家湿地公园。

【自然保护地生态环境监管】 2022年，内蒙古自治区印发实施《内蒙古自治区自然保护地生态环境监管工作方案》。开展自治区级自然保护地人类活动遥感监测，组织各盟市对2021年国家级自然保护区和国家级风景名胜区、自治区级自然保护地内遥感监测疑似问题线索进行实地核查。印发《关于开展自治区“绿盾2022”自然保护地强化监督工作的通知》，着力推动问题整改。规范绿盾自然保护地强化监督台账建设，实现自治区、盟市台账动态一致。绿盾“2017—2022”自然保护地问题整改完成率95.3%。完成新巴尔虎黄羊、黄岗梁、东阿拉善等8个不同类型自治区级自然保护区生态环境保护成效评估。

【自治区第三批重要湿地名录发布】 2022年，内蒙古自治区严格落实湿地保护管理分级制度，按照《内蒙古自治区重要湿地名录管理办法》相关规定并经自治区人民政府同意，决定将临河黄河、纳林湖等12处湿地列入《内蒙古自治区重要湿地名录》。内蒙古敖鲁古雅湿地公园、内蒙古商都湿地公园2处自治区湿地公园晋升国家湿地公园，各盟市发布盟市重要湿地71处。

生物多样性保护

【生物多样性保护工作机制建立】 2022年，内蒙古自治区编制完成《内蒙古生态系统红色名录》《内蒙古的生物多样性保护》《内蒙古生物多样性保护战略与行动计划（2023—2035）》。印发《关于建立自治区生物多样性保护季调度年总结工作机制的函》，建立工作调度机制。一是建立自治区生物多样性保护厅际联席会议制度，强化协调联动，形成工作合力。二是开展全区生物多样性本底调查、监测和评估，进一步摸清自治区生物多样性本底情况。三是推动自治区生态监测与生物多样性保护数据共享，建立完善生物多样性数据库和监管信息系统。四是整合优化生物多样性监测网络，建立定位观测站点和观测样区，开展长期观测。五是加强生态保护红线、自然保护地监管，不断提升生物多样性监管能力。

【生物多样性监测】 2022年，内蒙古自治区持续推进生物多样性基础调查，摸清全区生态系统和植物（含苔藓）多样性状态，开展黄河流域生物多样性调查和生态状况评估。完成《内蒙古自治区生态系统质量评估技术规范》研究，推动制定地方标准。首批整合12个定位站，以“一站多点”模式建立自治区生物多样性监测网络，开展生物多样性监测。

【野生动植物保护】 2022年，内蒙古自治区将野生动物保护管理工作纳入平安内蒙古建设以及全区年度工作绩效考核内容。锡林郭勒盟苏尼特右旗有上万只野生黄羊出现，在中蒙满都拉口岸边境线发现有数十只国家一级保护动物蒙古野驴的踪迹，数量较往年有明显增加。

（何泉玮）

节能减排

【概况】 2022年，内蒙古自治区制定“十四五”节能减排综合工作实施方案，全年投资1500余万元，组织创建节约型机关1366家。出台《自治区交通运输领域碳达峰实施方案》，推进大宗货物运输“公转铁”（运输由公路转为铁路）推广装配式建筑，装配式建筑占新开工建筑面积的17.9%。国家反馈内蒙古71家控排企业中存在的608个问题全部完成整改落实。

【交通节能减排】 2022年，内蒙古自治区交通运输领域坚持低碳发展、节约集约，强化数字赋能、科技增能，行业绿色科技效能稳步凸显。重节约、减能耗，推动绿色化、低碳化发展，出台《自治区交通运输领域碳达峰实施方案》。推进大宗货物运输“公转铁”，铁路货运量在综合运输中占比提高1.7个百分点。多式联运示范工程发货量同比增长44.7%。低碳装备设施快速发展，全区新能源公交车和试点地区巡游出租车新增更新比例达到

90% 和 30%，建设客运场站、公交站新能源充电桩 350 个，20 对高速公路服务区完成充电设施布设。呼和浩特市坚持公交优先发展战略，提高城市绿色出行水平，是全区首个获评国家绿色出行创建考核评价达标城市。注重投资效益与节约集约，改扩建项目旧路利用率持续提升，G65 包头至东胜等 7 个项目利用大宗工业固废约 400 万吨，降低公路建设对自然资源的消耗。

【建筑节能减排】 2022 年，内蒙古自治区培育装配式、超低能耗建筑，推进建筑信息模型（BIM）技术在新型建筑全生命周期一体化集成应用。认定 BIM 示范单位 6 个、示范项目 12 个。全区自上而下建立新型建筑工业化绿色发展专班推进机制，推广装配式建筑，全区新开工装配式建筑占新开工建筑总面积的 17.9%，同比增长 12.5 个百分点。培育 5 个自治区级装配式建筑产业基地和 3 个装配式建筑示范项目。

【公共机构节能】 2022 年，内蒙古自治区投入资金 1500 余万元，支持带动自治区本级 60 余个党政机关改造节能灯具 70000 余套、节水器具 2000 余套，区本级实现高效照明光源全覆盖。全区组织创建节约型机关 1366 家，截至 12 月底，节约型机关数量 3742 家，约占全区旗县级及以上党政机关总量的 60% 以上。以节能宣传周、低碳日等为窗口，连续三年举办全区全社会节能宣传周活动，同时开展“节约资源、机关先行”宣传周活动，提升各级党政机关的节约意识。开展先进工作案例遴选活动，加大优秀示范案例宣传推介力度，在 2022 年的全国公共机构节能优秀案例遴选中，全区有 7 个案例入选优秀案例、6 个案例入选典型示范案例。

【碳排放管理】 2022 年，内蒙古自治区制定单位 GDP 二氧化碳排放降低目标盟市分解方案，压紧压实盟市主体责任。制定出台《内蒙古自治区减污降碳协同增效实施方案》，组织开展 378 家重点排放单位温室气体排放核算、复核工作，确保碳排放报告数据质量。完成国家反馈内蒙古 71 家控排企业、608 个问题现场核实、分类整改、数据核算。制定碳排放交易体系数据监管手册、重点排放单位碳排放数据核查复核技术指南、核算报告管理规程，完善碳市场管理制度。开展碳普惠制度体系建设、减碳潜力与对策研究、“两高”（高排放、高耗能）项目碳排放影响评估标准和方法等课题研究，探索重点行业领域碳排放管理途径和方法。

【《内蒙古自治区“十四五”节能减排综合工作实施方案》印发】 2022 年 5 月 25 日，内蒙古自治区政府印发《内蒙古自治区“十四五”节能减排综合工作实施方案》（以下简称《实施方案》），明确内蒙古“十四五”期间节能减排主要目标：到 2025 年，全区单位地区生产总值能源消耗比 2020 年下降 15%，能源消费总量得到合理控制，化学需氧量、氨氮、氮氧化物、挥发性有机物排放总量比 2020 年分别下降 8%、8%、10%、10% 以上。《实施方案》共包括四大部分内容，分别为指导思想和主要目标、10 项节能减排重点工程安排、健全节能减排政策机制、分解下达“十四五”各盟市能耗强度降低目标及自治区主要行业节能指标。其中，10 项节能减排重点工程包括重点行业绿色升级工程、园区节能环保提升工程、城镇绿色节能改造工程、交通物流节能减排工程、农牧业节能减排工程、公共机构能效提升工程、重点区域污染物减排工程、煤炭清洁高效利用工程、挥发性有机物综合整治工程、环境基础设施水平提升工程。

污染防治

【概况】 2022 年，全区优良天数比例高于国家考核目标 2.6 个百分点，细颗粒物（$PM_{2.5}$）平均浓度优于国家考核目标 4.1 微克 / 立方米，重污染天数比例优于国家考核目标 0.7 个百分点；地表水优良水体比例高于国家考核目标 9.2 个百分点，劣Ⅴ类水体比例优于国家考核目标 3.5 个百分点。全区环境空气质量、优良水体比例均达到有监测记录以来最好水平。化学需氧量、氨氮、氮氧化物和挥发性有机物重点工程减排量分别完成考核目标的 238.2%、307.8%、251.9% 和 171.5%。在 2022 年开展的 2021 年度国家污染防治攻坚战成效考核中，内蒙古自治区被评为“优秀”，在全国各省份排第十五位。

【大气污染防治】 2022年，内蒙古自治区完成钢铁和焦化企业超低排放改造5家、工业炉窑治理129台、挥发性有机物治理278项、清洁取暖改造37.5万户，非道路移动机械编码登记1.6万辆，中西部6市重型柴油货车安装远程在线监控系统1.5万台，全区5474家企业建立“一企一档”重污染天气应急减排清单。全区优良天数比例、$PM_{2.5}$年均浓度两项指标在全国排名分别为第十名和第八名。呼和浩特市、乌兰察布市、巴彦淖尔市列为国家北方地区清洁取暖城市，争取中央财政资金39亿元。呼和浩特市、包头市空气质量改善明显，在全国168个重点城市空气质量改善排名中分别为第十三名和第十五名。

【水污染防治】 2022年，内蒙古自治区制定《自治区加强入河排污口排查整治和监督管理工作方案》《重点流域国考断面水质补偿办法（试行）》，封堵停用入河排污口166个，对97个重点断面开展汛前问题排查整治和汛期加密监测，指导督促相关盟市完成150个问题整改，推动全区24个断面水质提升改善。开展全区20个县级及以上城市黑臭水体环境保护行动，新增划定、优化7个饮用水水源保护区，争取额尔古纳河流域11个断面以及岱海、达里诺尔湖实现差别化考核。呼和浩特市、包头市、锡林郭勒盟在全国339个地级城市水环境质量变化排名分别位列第十七名、第二名和第二十八名。兴安盟哈拉哈河被评为国家首批9个美丽河湖优秀案例之一。包头市、鄂尔多斯市列入国家首批区域再生水循环利用试点城市。

【土壤污染防治】 2022年，内蒙古自治区完成7000公顷耕地安全利用、860公顷耕地严格管控任务，全区受污染耕地安全利用率达到98%以上，重点建设用地全部有效安全利用。实施以黄河流域为重点的574个行政村生活污水治理，超额完成国家下达的任务。完成全区地下水环境状况调查。编制完成自治区及36个畜牧养殖大县畜禽养殖污染防治规划。实施危险废物转移“白名单”“点对点”定向利用、小微企业收集、铅蓄电池集中收集和跨区域转运等试点，实现危险废物全过程溯源管理，危险废物专项整治三年行动排查发现的491个问题全部完成整改。呼和浩特市、包头市、鄂尔多斯市列入全国“十四五”时期“无废城市”建设名单。

【固体废物管理与处置】 2022年，内蒙古自治区推进废铅蓄电池集中收集和跨区域转运试点建设，及时处置医疗废物，加强口岸地区、偏远地区医疗废物集中处置设施建设。组织开展2022年全区塑料污染治理联合专项行动，推进塑料污染治理。严格废弃电器电子产品拆解处理审核，巩固禁止洋垃圾入境改革成果。制定印发《内蒙古自治区重金属污染防治实施方案》，严格重点区域涉重金属建设项目环境准入标准。开展尾矿库环境污染治理和隐患排查，实施尾矿库分级分类环境监管。建立14个厅局组成的全区新污染物治理工作厅际联席会议制度。

（赵 勇）

生态环境监管

【概况】 2022年，内蒙古自治区编制印发《“十四五”生态环境监测规划》，新建6个环境质量自动监测站点，布设农田灌溉、退水水质监测断面104个，全区重点单位自动监控设施安装联网率达到98.9%、数据有效传输率达到96.7%。完成第二轮中央生态环境保护督察保障任务，制定督察整改方案、验收销号办法，整改完成22项任务，其余54项整改任务全部达到序时进度要求，2825件群众信访举报案件办结2794件、阶段性办结31件；自治区生态环境保护督察653项整改任务完成633项，3624件群众信访举报案件全部办结。

【固体废物污染防治法规与利用标准体系建设】 2022年9月28日，《内蒙古自治区固体废物污染环境防治条例》经自治区第十三届人大常委会第三十七次会议审议通过，2023年1月1日起实施，条例包括总则、工业固体废物、建筑垃圾与农牧业固体废物、危险废物、其他固体废物、保障措施、法律责任及附则8个方面61条具体条款构成。同时发布《一般工业固体废物用于矿山采坑回填和生态恢复技术规范》地方标准。DB15/

T 2763-2022《一般工业固体废物用于矿山采坑回填和生态恢复技术规范》于2022年8月15日经内蒙古自治区市场监督管理局批准发布，自2022年9月15日起实施。该文件规定了利用一般工业固体废物对矿山采坑进行回填和生态恢复的工作流程、基本要求、本底与固体废物调查、回填可行性分析、回填要求、生态恢复要求、污染控制要求、环境质量监测及相关管理要求。该文件适用于内蒙古自治区利用一般工业固体废物对矿山采坑进行回填和生态恢复过程的环境本底调查、环境风险评估，以及回填和生态恢复的设计、运行和管理。

【核与辐射安全监管】 2022年，自治区生态环境厅印发《关于进一步加强核与辐射安全监管工作的通知》，加强核与辐射安全监管工作。强化放射性废物库监管，全年安全收贮废旧放射源119枚，累计贮存废旧放射源2878枚。制定《全区核与辐射安全隐患排查方案》，通过企业自查、盟市检查、自治区督查3个阶段，对60家核技术利用单位及伴生放射性矿开发利用单位进行督查，排查出存在问题179个，并督促核技术利用单位对存在的问题及时进行整改。自治区人民政府印发《内蒙古自治区辐射事故应急预案》，明确自治区政府及各部门、单位的核与辐射事故应急相关职责及响应措施。在通辽市霍林郭勒市举办内蒙古自治区“铁军使命—2022”辐射事故应急演练，生态环境部专家评估组对演练给予高度评价。

【生态环境应急处理】 2022年，内蒙古自治区制定《自治区突发环境事件应急预案》，开展环境安全隐患排查，整治问题1446个，编制完成黄河、滦河流域（内蒙古段）74条河流的“一河一策一图”应急响应方案。

【生态环境执法监管】 2022年，内蒙古自治区高质量开展执法大练兵活动和“两打”（打击危险废物环境违法犯罪和打击重点排污单位自动监测数据弄虚作假违法犯罪）专项行动，强化生态环境行政执法与刑事司法衔接，全区办理行政处罚案件1615件，处罚金额2.13亿元，查处和移送涉嫌环境污染犯罪案件104件，受理办结群众环保举报案件1433件。

【生态红线评估与监管】 2022年，内蒙古自治区完成生态保护红线评估调整工作，自治区生态保护红线落地实施。完成鄂尔多斯市杭锦旗、通辽市奈曼旗和呼伦贝尔市陈巴尔虎旗3个地区生态保护红线生态破坏问题监管试点。组织开展生态保护红线生态环境基础调查。自治区生态环境厅、自然资源厅、林草局转发《关于加强生态保护红线管理的通知（试行）》，并提出具体要求。自治区生态环境厅会同自治区自然资源厅开展生态保护红线勘界定标和人类活动本底调查。

（赵　勇）

科学技术

综　述

【科技领域“放管服”改革】 2022年，内蒙古自治区出台《贯彻落实〈科技体制改革三年攻坚方案〉若干措施》和《进一步强化科技激励的若干措施》，发布“科技人才激励政策十五条”。赋予科研单位和科研人员更多自主权，对人才类项目、自然基金、软科学项目经费管理实施“包干制+负面清单”，减轻科研人员事务性负担。开展“优化职能职责优化工作流程”专项行动，对科学技术奖励、技术合同认定登记、实验动物行政许可等“减材料、减环节、减时限”，实现群众“零跑腿”“无接触”“一次性”办结。下放外国人来华工作许可、自治区企业研发中心认定管理等权限，实现全程网办。

【研发投入】 2022年，内蒙古自治区本级财政科技投入比2021年增长36.9%，综合科技创新水平指数首次进入全国中等创新地区梯队。争取国家自然科学基金项目298项，争取资金近1亿元。8个项目得到国家自然科学基金委区域创新联合基金项目资助，获得经费支持2045万元，吸引11个区外单位和团队参与自治区重点领域基础研究。投入6000万元，组织实施自治区自然科学基金项目631项。2家实验室纳入全国重点实验室序列，5个国家级科研创新平台落户农科院，8家企业成为国家种业阵型企业，内蒙古科技大市场建成运营，新增高新技术企业300家、科技型中小企业760家。引进院士5人。实施“揭榜挂帅”重大示范工程项目26项，取得一批技术攻关和产业化应用成果。

【科技人才建设】 2022年，内蒙古自治区建立以领军人才、拔尖人才、杰出人才、青年人才为主体的科技人才梯次队伍，人才结构更加合理，实现量质齐升。5人入选国家重点人才计划。连续三年每年投入2500万元培育7个科技领军人才团队和4个青年科技拔尖人才团队。培养10名自治区杰出青年、343名优秀青年科技人才。10名青年人才被列入中国科学院“西部之光”人才培养计划。全区4个单位被人社部、科技部评为全国科技管理系统先进集体、3人被评为先进工作者。吸引近200家区外高校、科研院所、企业的400余个团队深度融入自治区创新发展，带动培养区内科技人才2600余名。新建自治区级国际科技合作基地13家，支持自治区国际科技合作项目23项，引进高层次外国专家70余名，在自治区工作外国专家193名。由自治区推荐的比利时马铃薯专家弗朗索瓦·塞黑尼尔获得2022年度中国政府友谊奖。

【“三区两中心”建设】 2022年，呼包鄂国家自主创新示范区集聚效应凸显，全球首个零碳产业园落地鄂尔多斯国家可持续发展议程创新示范区。巴彦淖尔国家农高区产业集群初具规模，园区总产值达到118亿元。乳创中心建设方案通过科技部部务会审议，伊利现代智慧健康谷开工建设。稀土创新中心强化“稀土+”协同创新，多项技术处于国际领先水平。

（刘宏波　孙云霞）

科技服务

【政策制定】2022 年，内蒙古自治区科技厅（以下简称自治区科技厅）会同自治区教育厅、财政厅、市场监管局、科协等有关部门，研究制定《内蒙古自治区科技服务业 2022 年行动方案》，重点围绕自治区打造 8 个产业集群、12 条重点产业链对科技服务业的现实需求，通过开展 6 个专项行动，培育壮大科技服务市场主体，推动全自治区科技服务业集聚发展。

【科技特派员兴农助企行动】2022 年，自治区科技厅组织选派农业科技特派员 4500 名，推广新技术 500 项，引进新品种 1000 个，服务农牧民 30 万户，备案建立企业科技特派员工作站达到 50 家，实现盟市全覆盖；选聘企业科技特派员达到 1500 人以上，实现服务规模以上工业企业、高新技术企业、科技型中小企业全覆盖，达到 4000 家以上。组织全自治区农业科技特派员开展咨询培训指导、技术推广、成果转化、乡土人才培养等服务，提高服务地区农业产业科技创新支撑能力。对 74 家农业科技特派员工作站开展评估，提升科技人员能力素质。开展“进园入企”活动。支持企业科技特派员向企业提供政策宣传解读、关键技术指导、科技成果转移转化、创新平台建设、研发费用归集和创新指标统计等服务。企业科技特派员工作站开展政策培训全年累计不少于 120 次，企业科技特派员向服务企业主动提供科技政策解读服务全年累计不少于 1000 次。

【科技成果转移转化促进行动】2022 年，自治区科技厅建立健全自治区技术转移体系，建成自治区级成果转化示范区 2 个、成果转化示范基地 3 个，以及专业化技术研发与中试公共服务平台 5 个。新增自治区级技术转移服务机构 5 家、技术转移人才培养基地 1 个，培养技术经纪人 200 人以上。建设 1 个技术要素产权交易服务平台。开展成果对接服务，征集发布科技成果 1500 项、技术需求 500 项以上，举办成果推介 20 场以上，促成供需双方达成技术交易和科技成果转化项目 100 项以上，全年技术合同成交金额约 50 亿元。推进科技成果转移转化示范区、示范基地、专业化技术研发与中试公共服务平台建设，促进更多技术要素转化为现实生产力。完善内蒙古科技大市场功能，打造线上线下相结合的技术产权交易和科技综合服务平台，为市场主体提供政策咨询、成果展示、信息发布、技术评估、挂牌交易、技术经纪、科技金融、法务财税等专业化服务。在包头市、内蒙古工业大学、内蒙古股权交易中心、内蒙古欣洋瑞知识产权研究所开展科技成果评价试点，构建多元化科技成果评价体系，发展市场化评价和第三方评价，鼓励金融投资机构参与评价。修订《内蒙古自治区技术转移服务机构管理办法》，支持企业、高等院校、科研院所设立技术转移服务机构。支持建设国家和自治区技术转移人才培养基地，加大技术经纪人 / 经理人培育力度，增设技术经纪专业技术职称序列，完善技术经纪人 / 经理人绩效激励机制，打造市场化、专业化技术转移人才队伍。对新获批的自治区级科技成果转移转化示范区给予一次性 200 万元经费支持，对绩效评价优秀的自治区级科技成果转移转化示范基地和专业化技术研发与中试公共服务平台分别给予 150 万元、100 万元经费支持。对绩效优秀的技术转移服务机构给予最高 50 万元补助支持。对新获批的国家技术转移人才培养基地给予一次性 100 万元补助支持，对技术经纪人 / 经理人年度内累计促成技术转移转化交易金额超过 100 万元的，按技术交易合同实际成交额的 2%，给予最高 20 万元奖励。

【创新孵化能力建设】2022 年，自治区科技厅加强孵化机构建设，新增国家级科技企业孵化器 1 家，新增国家备案众创空间 2 家，新备案自治区级科技企业孵化器和众创空间 10 家。推进创新创业，科技企业孵化器和众创空间开展创新创业活动 3500 场次以上，带动就业 6 万人以上。制定《内蒙古自治区众创空间管理办法》《内蒙古自治区科技企业孵化器和加速管理办法》《关于促进大学科技园建设的实施意见》，进一步优化管理和服务。改革众创空间、科技企业孵化器和加速器管理方式，由认定制改为备案制。开展众创空间和科技企业孵化器绩效评价，促进科技创业创新载体提质增效。推进内蒙古自治区大学科技园与高等院校开展深层次合作，共建技术转移服务机构和实习实训基地，促进科技成果转化落地。举办创新创业大赛，为科技企业搭建人才、技术和资本融合服务平台。开展自治区级众创空间、科技企业孵化器和加速器备案工作，健全“众创空间+孵化器+加速器”的全链条创业孵化服务体系。对被认定（备案）为国家级科技企业孵化器、众创空间的分别给予100万元、50万元补助支持。对评估优秀的科技企业孵化器、众创空间分别给予50万元、40万元补助支持。

【大型科研仪器开放共享行动】 2022年，自治区科技厅推动财政资金购置或建设的大型科研仪器设备面向社会开放共享，原值30万元及以上大型科研仪器对外开放1200台（套），共享服务总机时达12万小时，年度服务达到1500项次，平均开放共享率较2021年提高10%。完善自治区大型科研仪器开放共享政策支撑体系，出台《内蒙古自治区科研基础设施和大型科研仪器开放共享管理办法》。运用自然科学基金支持20个分析测试基础研究项目。建设自治区大型科研仪器开放共享网络管理平台，年底纳入网络管理平台的仪器设备达到2000台套，入驻管理单位达到50家。推动高校院所大型科研仪器集约化管理，组织服务推介与对接活动10次。对评价考核优秀的仪器管理单位给予最高30万元后补助支持。

【知识产权服务建设】 2022年，自治区科技厅委托30家知识产权服务机构为全自治区4500户创新主体开展知识产权服务，全力推动知识产权质押融资工作，强化知识产权信息服务建设。成立由30户银行和服务机构参加的知识产权质押融资创新服务联盟，组建50人的知识产权质押融资服务团队，组织58场质押融资银企对接活动，为1800户市场主体解决质押融资需求。深化知识产权质押融资入园惠企工作，对开展知识产权服务的机构予以重点扶持；扩大知识产权服务业规模，发展壮大服务机构。设立2亿元的内蒙古知识产权质押融资风险补偿资金，用于知识产权质押融资风险补偿。对委托开展知识产权服务的机构，给予20万元资金支持。对区内高等院校设立自治区知识产权信息服务中心的，给予50万元资金支持。

（自治区科技厅、市场监督管理局、教育厅）

科技创新

【概况】 2022年，内蒙古自治区科技创新能力综合水平首次进入全国中等创新地区行列，在全国东西部科技合作工作推进会上作典型发言。3个国家级重大创新平台和2个全国重点实验室获批，新增高新技术企业超过300家、科技型中小企业760家，取得一批代表性的科技创新成果，具有完全自主知识产权的“华西牛”“杜蒙羊”培育成功，世界首套万吨级二氧化碳制芳烃工业试验项目开工建设。

【科技创新型企业培育】 2022年，内蒙古自治区推进“双倍增”行动，高新技术企业和科技型中小企业都突破1500家，分别较2021年增长28.4%和92.4%。培育自治区首批科技领军企业20家。科技惠企政策落实有力，企业牵头实施科技重大专项的比例达到87%。高企享受所得税优惠41.6亿元，比2021年增长13.4%。享受研发费用加计扣除税收优惠企业数和加计扣除额比2021年分别增长33.6%、78.7%。对全区652家企业给予1.63亿元研发投入后补助支持。

【科技创新示范工程】 2022年，内蒙古自治区创新项目管理机制，采用“揭榜挂帅”“赛马制”等方式，启动实施种业、“双碳”等科技创新重大示范工程26项，投入经费2.2亿元，支持24个创新联合体揭榜攻关，带动企业投入研发经费12.9亿元，带动131家企业、92所高校院所，会聚两院院士在内的24位首席科学家参与揭榜，取得一批重大创新成果，浓缩乳清蛋白制备技术打破国外垄断、高产奶牛种用胚胎植入前全基因检测技术提升育种效率25%、110千伏氢燃料电池重卡研制成功并实现量产。部署黄河流域生态保护和高质量发展、东北振兴、乡村振兴、数字经济等重点研发和成果转化计划，组织实施766个项目，支持经费5.2亿元。

【创新奖励激励】 2022年，内蒙古自治区改革科技奖励管理，由申报制改为提名制，从评奖周期、报奖方式、奖励种类等级、奖项总数、受奖人数和奖金额度等10余个方面进行改革，突出对科技成果实际应用的综合评价，奖金总额由970万元上升至3080万元，受奖人数由690人增至2086人。

【国家乳业创新中心】 2022年1月15日，科技部批准由内蒙古自治区政府为责任主体、内蒙古乳业技术研究院有限责任公司为建设主体，联合行业产学研骨干力量，共同建设国家乳业技术创新中心。作为全国唯一的国家级乳业技术创新中心，总部坐落于内蒙古呼和浩特的伊利现代智慧健康谷，围绕产业链布局创新链，聚集9位两院院士及90余位行业专家，吸纳50余家成员单位，构建起国内、国际相互促进的中国乳业新型发展模式，致力于解决中国乳业关键共性技术问题，为行业振兴、高质量发展提供科技支撑。

【鄂尔多斯国家发展创新区获批】 2022年7月15日，中国政府网发布《国务院关于同意鄂尔多斯市建设国家可持续发展议程创新示范区的批复》。根据批复文件，国务院同意鄂尔多斯市以“荒漠化防治与绿色发展”为主题，建设国家可持续发展议程创新示范区。示范区建设以“荒漠化防治与绿色发展”为主题，通过实施强化荒漠化防治提质增效、水资源高效利用创新、现代能源经济高质量发展提速、农牧业和乡村旅游发展提升、创新驱动发展能力建设促进“五大行动”，着力破解生态建设产业化程度低、资源型产业链条短两大瓶颈问题，建成“生态安澜、健康宜居的秀美草原明珠”“多能协同、绿色清洁的现代能源之都”“城乡融合、富民惠民的和谐幸福家园”“文旅融合、开放包容的草原文化胜地”，打造荒漠化防治的全球样板区、现代能源经济发展引领区、草原文旅融合发展先行区。

【研发投入攻坚行动实施方案】 2022年，内蒙古自治区出台研发投入攻坚行动实施方案，建立政府研发投入刚性增长机制。带动各盟市多措并举加大投入，呼和浩特等5盟市制定相应政策措施。包头等5盟市提前完成年度研发投入攻坚行动目标。高新技术企业研发投入强度达到全区企业平均强度的4倍。

（刘宏波　孙云霞）

科技成果

【世界首套万吨级二氧化碳制芳烃项目】 2022年，世界首套万吨级二氧化碳制芳烃项目于内蒙古自治区落地。内蒙古久泰馨远新材料有限公司以二氧化碳为原料，采用内蒙古久泰集团与清华大学合作开发的具有自主知识产权的二氧化碳一步法制芳烃催化剂和成套工业技术，在鄂尔多斯市建设世界首套万吨级工业试验装置，主要产品均四甲苯是重要的精细化工原料，可广泛应用于微电子、航天及军工等高科技领域。

【“源网荷储”科研成果创多项纪录】 2022年，乌兰察布市三峡现代能源创新示范园建成投产，其中的“源网荷储”技术研发试验基地投运三峡科学技术研究院研发的一批先进科研成果，创下多个“国内之最”和“行业首次”纪录。

【煤基特种燃料降碳增效技术世界前列】 2022年，国能准能集团有限责任公司从提升煤炭热值入手创新，利用自产煤研发出纳米碳氢煤基特种燃料，并用于火力发电。该燃料的工业化制备技术和火力发电技术被中国煤炭工业协会组织的行业专家鉴定为世界首创、国际领先。

【氧化钪高纯提取工艺填补行业空白】 2022年，包钢集团矿山研究院科研人员在没有任何技术参考的前提下，先后攻克大量科研课题，共完成技术升级改造67项，研制出从复杂硅酸盐中提取高纯度氧化钪中试工艺技术，并打通中试全流程，成功提取出99.9%的高纯氧化钪，提取工艺填补行业空白，推动白云鄂博矿产资源综合利用深度延伸，保障中国稀有金属钪等战略资源的安全性和开发利用。

【原创抗癌药进行中试量产】 2022年，中国抗脑胶质瘤原创新药ACT001在鄂尔多斯尚德艾康药业抗癌药物研发与中试基地实现临床用药的批量生产。ACT001通过化学结构改进创制而成的新结构小分子化合物，具有完全自主知识产权，其水溶性良好，口服即可进入血液，并可突破血脑屏障，直接作用于脑部肿瘤病灶，抑瘤率高达87%，生存期延长超过172%。

【“杜蒙羊”新品种通过国家审定】 2022年11月，以黑头杜泊羊为父本，蒙古羊为母本，历时18年，利用现代生物育种技术，经过杂交创新、横交固定和群体扩繁三个阶段，成功选育出适合荒漠半荒漠化草原放牧，兼具舍饲与半舍饲等多种养殖方式的肉羊新品种“杜蒙羊”，通过国家畜禽遗传资源委员会新品种审定。杜蒙羊具有生长发育快、肉用性能显著、繁殖率高等特点，4月龄体重可达80～90斤，繁殖率为140%～150%，屠宰率为52%～55%，母羊养殖年纯利润800～1000元，达到国际先进水平。该品种的成功培育填补了中国牧区和半农半牧区无专门化肉用品种的空白。

【奶牛养殖新型营养调控技术】 2022年，国家乳业技术创新中心联合内蒙古农牧业科学院、优然牧业等单位针对奶牛养殖过程中营养调控不合理导致的奶牛泌乳高峰期产奶量低、饲养成本高、代谢病高发等产业共性难题，对犊牛、后备牛以及成年母牛全程营养调控开展研究与应用，创新集成出犊牛无抗日粮、犊牛抗腹泻、后备牛蛋白调控以及成母牛营养调控等关键核心技术，犊牛阶段生长发育不达标、淘汰率高的问题基本得到解决，实现奶牛日均单产41千克以上，育成牛不同日龄阶段体重显著提升。

【华西牛在乌拉盖草原培育成功】 2022年，中国农科院北京畜牧兽医研究所与自治区科研单位合作，经过43年的杂交改良和持续选育，在锡林郭勒盟的乌拉盖草原成功育成体形外貌一致、生产性能突出、遗传性能稳定，具有完全自主知识产权的专门化肉牛新品种“华西牛”。“华西牛”的成功培育，打破中国肉牛核心种源严重依赖进口的局面，成年公牛体重达900千克，成年母牛体重达550千克以上，净肉率高达53.95%，主要生产性能达到国际先进水平，既能适应中国牧区、农区以及北方农牧交错带，又能适应南方草山草坡。

【密植高产示范创造东北春玉米大面积单产纪录】 2022年，通辽市与中国农科院作物科学研究所深入合作，在玉米主产旗县开展玉米密植高产精准调控技术试验示范，通过签订“科技包县”技术推广协议，建立10个核心示范基地，示范面积达6.67万公顷，辐射带动面积20万公顷。2022年，经农业农村部玉米专家指导组实测，通辽市3次刷新东北春玉米区万亩大面积单产纪录，该技术的推广可为当地增产玉米4亿—5亿千克。

【“一湖两海”水污染控制与综合治理关键技术研发通过验收】 2022年，“一湖两海水污染控制与综合治理关键技术研发与集成示范”自治区科技重大专项年通过验收，取得一系列重要创新成果：厘清“一湖两海”水生态退化机制；突破内源和点源污染防控、面源污染削减、流域水资源优化配置等关键技术，在呼伦湖研发推广适用于湖泊水环境改善和土著鱼类适度恢复的水生生物操纵技术，在岱海流域研发推广水资源承载力“四层三级”表征指标诊断技术，在乌梁素海推广干旱半干旱地区湖泊农业面源污染控制关键技术。相关成果被自治区和地方有关部门采纳推广应用，支撑“一湖两海”水生态综合治理，为自治区河湖湿地生态修复、自然保护区管理和生物多样性保护提供决策参考与经验模式借鉴。

科技平台建设

【重点实验室与基础平台建设】 2022年，内蒙古自治区启动建设内蒙古实验室，开展能源、农牧业领域重点实验室重组，初步形成以全国重点实验室为核心、内蒙古实验室和自治区重点实验室为支撑的实验室体系架构。组织创建国家应用数学中心，建设6家自治区野外科学观测研究站。中国科学院空间环境地基综合监测网（子午工程二期）四子王旗站被列入国家重大科技基础设施项目。

自治区科技厅与教育厅、水利厅及国家金融监管总局、内蒙古监管局等建立“1+1”协同工作机制，共同推动重点行业科技创新。自治区政府与兰州大学、中国农科院签署战略合作框架协议，支持兰州大学与蒙草集团共建草种业产学研科技创新平台，与北方稀土集团深化稀土领域科技合作。与呼和浩特市政府、中国农业科学院三方共建“北方农牧业技术创新中心”。组织实施各类科技合作项目411项，支持并引导社会资金投入近30亿元。累计建设各类科技合作平台117个。“中国－蒙古国选矿工艺技术‘一带一路’联合实验室”获国家重点研发计划支持。

【区域创新平台基地建设】 2022年，内蒙古自治区国家级创新平台建设取得突破。巴彦淖尔国家农业高新技术产业示范区、国家乳业技术创新中心、鄂尔多斯国家可持续发展议程创新示范区先后获批。巴彦淖尔国家农高区搭建“一院四中心”创新平台，集聚58家以小麦、肉羊、向日葵为主导的全产业链龙头企业，产业集群初具规模。国家乳创中心吸引区内外55家企业、高校院所参与，形成以9名院士领衔、以乳业前沿引领技术和关键共性技术研发应用为重点的一流研发力量，总部一期项目完成主体建设。鄂尔多斯国家可持续发展议程创新示范区实施强化荒漠化防治提质增效、现代能源经济高质量发展提速等“五大行动”，形成十大孔兑综合治理、电石法 PVC 全面实现无汞化等 10 余项标志性成果。

【农牧业科研平台建设】2022 年，内蒙古自治区获批农业农村部黑土地保护与利用重点实验室、农业农村部草食家畜健康养殖与畜产品品质调控重点实验室、国家土壤质量武川观测试验站、玉米大豆带状复合种植（北方）全程机械化科研基地和农业农村部呼和浩特生物育种科研试验基地 5 个国家科研平台。与内蒙古知识产权服务中心联合申报并获批“自治区科技成果转移转化示范基地”。编制完成《内蒙古自治区农作物种质资源库可行性研究报告》，建设项目经自治区农牧厅批复立项。在国家现代农业产业技术体系中，新增体系副首席 2 人、综合试验站站长 1 人，团队成员竞聘（接替）岗位专家 3 人、综合试验站站长 2 人。

【巴彦淖尔国家农业高新技术产业示范区获批】 2022 年 4 月 28 日，中国政府网发布《国务院关于同意建设内蒙古巴彦淖尔国家农业高新技术产业示范区的批复》。国务院同意将内蒙古巴彦淖尔国家农业科技园区建设为内蒙古巴彦淖尔国家农业高新技术产业示范区，纳入国家农业高新技术产业示范区范畴管理并享受相关政策。这是自治区唯一获批的国家农业高新技术产业示范区。园区以“科技兴蒙”行动为统领，聚焦精品肉羊、优质粮油、绿色果蔬、蒙中药材、饲草产业、生物质能源等特色产业，强化与中国科学院、中国农科院、清华大学、上海交大、中国农大等“科技兴蒙”行动重点合作主体的科技合作，在农产品精深加工、智慧循环农牧业、生物科技产业、现代农牧业服务等方面集聚全国优势创新资源和一批高新技术企业，打造“天赋河套”公用品牌，为建设国家农业高新技术产业示范区奠定基础。截至 2022 年，园区总产值达 118.5 亿元、高新技术企业 21 家，农牧民人均可支配收入 2.92 万元、农牧业科技贡献率达 61.5%。内蒙古巴彦淖尔国家农业高新技术产业示范区以河套灌区生态农牧业为主题，以硬质小麦和肉羊为主导产业，建设全国生态农牧业科技创新发展引领区、“一带一路”农牧业科技合作先行区、农村一二三产业融合发展样板区，在黄河流域西北地区推动硬质小麦和肉羊创新发展、打造特色生态农牧产业集群、引领生态农牧业高质量发展等方面探索示范，创造出可复制、可推广的经验。

【8 家企业入列国家种业阵型企业】 2022 年，农业农村部印发《关于扶持国家种业阵型企业发展的通知》，从全国 3 万余家种业企业遴选 276 家农作物、畜禽和水产种业企业机构，构建“破难题、补短板、强优势”国家种业企业阵型，内蒙古有 8 家企业入选国家种业阵型企业名单。分别为内蒙古巴彦淖尔市科河种业公司，内蒙古坤元太和农业科技公司，内蒙古华颂种业科技公司，赤峰家育种猪生态科技集团公司，内蒙古赛科星繁育生物技术公司，呼伦贝尔农垦谢尔塔拉农牧场公司，内蒙古赛诺种羊科技公司，内蒙古塞飞亚农业科技发展公司。

【内蒙古科技大市场投运】 2022 年 8 月 26 日，内蒙古自治区科技厅、内蒙古产权交易中心有限责任公司、呼和浩特市科技局在内蒙古科技大市场签署运营合作协议，标志着内蒙古科技大市场由内蒙古产权交易中心开始负责运营。内蒙古科技大市场是内蒙古自治区政府为落实“科技兴蒙”战略，统筹推进科技成果转化体制机制改革的基础性、先导性工程，是促进科技成果转化、统筹区域科技资源、支持产学研合作及自主创新的平台。

（刘宏波　孙云霞）

科学技术普及

【概况】 2022 年，内蒙古自治区科学技术协会（以下简称自治区科协）区直学会获省部级以上奖项 47 项、创新成果 24 项、发明专利 70 件。推广创新方法，举办创新能力、创新方法等培训班 5 期，3000 余名企业人员参加。举办 2022 年内蒙古创新方法大赛，征集项目 197 个。实施服务科技经济融合发展行动，组织 20 家区直学会为 40 余家科技型企业提供服务。实施企业创新能力提升行动，举办创新创业、科技成果转化对接等活动 180 余场次，举办技术路演、创新成果路演等 31 场次，800 余家企业参加。2022 年 1 月，内蒙古科协“百名专家走进盟市旗县科普传播行”活动被中宣部评为全国文化科技卫生“三下乡”活动示范项目。2022 年 6 月，胡新菲《光的幻影》被中国科学技术馆授予 2021 年全国科技馆联合行动优质科学课资源评比一等奖。全年面向基层群众开展各类科普活动和科技服务，科普受众达到 3000 万人次以上，不断提高全民科学意识和素养。加强科普能力建设，支持有条件的科技馆、博物馆、图书馆等公共场所免费开放，开展公益性科普服务。举办“2022 年内蒙古科技活动周”、全国科普日、科技工作者日活动，集中开展义诊医疗、科普宣传、咨询指导、科学互动、科学表演等示范服务活动。举办“全自治区科普讲解大赛”、“优秀科普作品和科普微视频大赛”、公民科学素质大赛、青少年科技创新大赛、科技辅导员大赛，搭建学习交流的平台，进一步提高自治区科普传播者、讲解人员和科普志愿者的科普工作服务水平。开展科普小分队盟市行活动、百名专家盟市旗县科普传播行活动，组织科普专家进校园、进社区、进农村牧区，在企业、学校、社区、农村牧区宣传科普知识，将科技文化服务送到学校、社区和农村牧区，营造浓郁的科普文化氛围。自治区财政设立科普专项经费，支持开展科普公益活动。

【基层科协组织建设】 2022 年，全区新建基层科协组织 3930 个，较 2017 年底增长 16 倍多。其中，苏木乡镇（街道）科协 1124 个，实现全覆盖；企业科协 457 个；高校科协 36 个；中小学科协 2313 个，实现全覆盖。健全完善教育培训、作用发挥、工作激励“三个机制”，让每一个基层科协组织都行动起来，发挥作用。12 个盟市、101 个旗县（市、区）科协完成换届工作，实现应换尽换的目标。全区科协专兼职干部 1.2 万人，较 2017 年底增长 12 倍余。做好“三长”配备工作，全区 2657 名医院院长、学校校长、农技站站长进入各级科协兼职。“三长”建立医疗、教育、农技推广等领域社会组织 1086 个、科技志愿服务队 2408 支，全区科技志愿服务组织全部进驻“两中心”。

【科普设施建设】 2022 年，自治区科协累计投入资金 3811 万元支持 46 个科技馆建设，全区旗县级以上科技馆数量 82 座，排在全国第一位；累计配备流动科技馆展品 49 套，排在全国第二位，其中区域常态化巡展试点展品 19 套、排在全国第 1 位；累计配备科普大篷车 120 辆，排在全国第三位；推进“科普 + 文化”“科普 + 旅游”试点工作，筹措资金 614 万元，在科技馆建设图书馆、旅游景区建设科普馆 49 个。发挥科技馆作用，把各级科技馆打造成为开展科普活动、弘扬科学家精神、科技成果展示推介、新时代文明实践中心活动的重要阵地。全年，各级科技馆、流动科普设施接待参观体验者 400 万余人次，举办各类活动 7600 余场次，其中内蒙古科技馆举办展教、展映、展览等活动 2000 多场次，被中国科技馆评为联合行动优秀组织单位。2022 年 6 月 16 日，中国科协召开全国现代科技馆体系工作会议，内蒙古科协作交流发言。

【科学咨询】 2022 年，内蒙古加强科技智库建设，围绕国家和自治区重大科技战略需求，完善科技智库“选题库”“成果库”，选题达 100 个，录入成果 70 项。组织开展“院士专家内蒙古行”“海智专家内蒙古行”活动 8 次，邀请 20 多位院士到园区、企业献计献策。畅通建言献策渠道，做好《科技工作者建议》编报工作。

【科普活动】 2022 年，自治区科协到基层举办科普讲座、实用技术培训、义诊等活动 2400 余场次，受益群众 220 万余人次，“百名专家走进盟市旗县科普传播行”被中宣部评为“三下乡”示范项目。做好面向青少年的科技教育，举办青少年科技创新大赛、高校科学营、青少年科学影像节、五项学科竞赛等，自治区 30 万余名青少年参加活动；组织 300 余名专家到 1000 余所中小学校开展科普讲座等，接受科普教育青少年 100 万余人次。激发科普作品创作活力，举办科普视频创作大赛，征集原创科普视频 167 部；实施科普图书资助项目，资助出版科普图书 16 部。

【科普服务社会化建设】 2022 年，自治区科学技术协会构建纲要成员单位协同配合机制，联合 19 个部门出台 5 个工作方案，指导 12 个盟市和满洲里市、二连浩特市出台纲要实施方案，推动将科学素质建设纳入盟市年度绩效考核指标和文明城市创建内容，列入自治区政府督查室专项督查内容。发挥社会各方面作用，命名自治区级科普教育基地 96 个；推荐全国科普示范县候选单位 16 个，全部获批。提高科普广度深度，引导更多群众参与到科普活动中，让群众逐步由科普受众成为科普传播主体。

【“科创中国”试点城市建设】 2022 年，内蒙古自治区“科创中国”试点城市数量居全国前三位。自治区科协投入 150 万元，支持试点工作开展，指导巴彦淖尔市、包头市、呼伦贝尔市3个试点城市组建科技服务站、产业服务团、学会服务站22个，引导92家企业、487位专家入驻“科创中国”科技经济融通平台，发布科技需求211项、科技成果137项，成功对接121项。

【科技助力乡村振兴行动】 2022年，自治区科协组织开展“科技助力乡村振兴旗县行”活动，自治区、盟市、旗县三级科协联动，投入资金90余万元，开展实用技术培训、现场技术指导等400余场次，10万多名农牧民受益。拨付资金310万元，支持“科技小院”建设，全年新建科技小院25家，小院总数49家，排在全国第一位，全区“科技小院”开展实用技术培训300余场次，推广新技术30多项。开展农技协联合行动，内蒙古农技协被中国农技协评为优秀组织单位。

【科普信息化建设】 2022年，全区科普信息员转载推送科普资讯3000余万篇次，排在全国第四位。乡村、社区、校园科普e站数量3876个，点击量超过5000万次。依托央视频、新华网、微信公众号、手机客户端等搭建科普服务平台，推送科普信息200万余条，点击量6600万余次。4k数字电视科普频道覆盖全区310万户用户，发布科普图文信息、视频1000余个，点击量200余万次，依托平台举办科普知识答题活动5次，62万人在线答题。自治区科协投入资金120余万元建成的“云上科普”正式上线运行，开展“零时差”“零门槛”“零距离”线上科普服务，依托平台举办科普讲座、科普大讲堂等380余场次，160余万人次受益。

（伊丽娜）

稀土研发

【科技创新对标】 2022年，内蒙古自治区组织召开科技创新对标推进会，聚焦科技创新、人才柔性引进、科研方向规划等方面，出台《科技创新对标工作实施方案》，经过与国内外先进水平、国家重大战略需求和公司产业发展需要对标，制定各研究领域未来5年科研规划，为下一步科研工作开展明确方向，为实施有组织科研奠定基础。策划实施“卓越工程”，提升整体科技创新水平。

【产学研协同创新】 2022年，包头稀土研究院推进优化重组工作，正式列入全国重点实验室建设序列。开展对外合作，推进科研能力建设，从单点创新向联合创新迈进，联合兰州大学、长沙矿研院等国内优势科研力量共建全国重点实验室，构建创新联合体；联合中国地质科学院矿产资源研究所、有研科技集团等科研院所共同申报科技部“十四五”国家重点专项，获批牵头1项，参与7项。2022年，设立自主项目25项、开放项目14项，健全实验室管理运行，制（修）订29项管理制度，夯实科学管理基础。开展高水平学术交流，拓宽学术视野，举办第五届白云鄂博战略研讨会、高丰度稀土元素高值化利用学术论坛等大型学术活动，邀请业内专家学者共话稀土行业高质量发展。

【稀土矿产资源勘探利用】 2022年，包头稀土研究院采用重力测量、磁力测量等科学手段开展白云鄂博矿区综合物探勘查，推断资源分布情况，构建岩石—地球物理模型，为摸清资源家底、发挥白云鄂博资源禀赋优势、掌握决策主动权提供科学的理论依据。

【可再生能源储能转换技术】 2022年，包头稀土研究院推进高能量密度稀土储氢材料及其可再生能源储能转换技术示范工程建设，形成光电—制氢—固态储氢—燃料电池发电—热电联供集成技术，建成可供应用推广的示范线。

【磁性材料性能提升示范线建设】 2022年，包头稀土研究院完善热压钕铁硼材料研究平台，具备从快淬磁粉——热压磁体的全流程热压钕铁硼材料研究能力，开发无重稀土高矫顽力热压钕铁硼磁体、低重稀土高稳定性热压钕铁硼磁体、高剩磁热压钕铁硼磁体等系列化的热压钕铁硼材料体系，获得性能稳定的高性能热压钕铁硼实验室制备工艺技术。

【稀土抛光材料开发与技术储备】 2022年，高世代大尺寸显示玻璃基板用稀土抛光材料及器件关键技术达到国内主流水平，制备的球形、类球形稀土磨料分散较均匀，可满足显示玻璃基板抛光使用要求。

【金属及合金制备关键技术研发】 2022年，包头稀土研究院加快新产品新技术开发，研制制备高纯稀土金属钐铕专用装备，开发稀土金属钐、铕、钇制备关键技术，掌握制备钐铕钇金属的较佳工艺条件，金属相对纯度大于4N，稀土收率大于95%。

【稀土复合抑烟阻燃剂制备与应用】 2022年，包头稀土研究院利用镧铈稀土协效改善高分子材料耐热性能和抑烟性能的优势，实现聚烯烃线缆高阻燃性能，开发出聚烯烃线缆材料用稀土复合阻燃剂制备技术，完成从小试到中试再到工业试验的全过程验证，形成市场小批量供货，使稀土应用延伸到阻燃领域，扩大轻稀土应用范围。

（刁丽媛）

林业科技

【概况】 2022年，内蒙古自治区获批林业科研项目18项，包括国家层面4项、自治区层面14项，获1342万元经费支持；开展在研的自治区科技重大专项、关键技术攻关计划、自治区重点研发和成果转化项目12项，研究方向涵盖沙地生态系统修复技术、森林生态系统保护技术、人工林保护技术、植物资源开发技术、机械化治沙技术、草原植物群落研究；2021年新组建的草原研究所，在2022年首次获草原修复领域国家自然科学基金和自治区资金立项支持。

【重点研究领域】 内蒙古自治区2022年度重点研发和成果转化计划项目“呼伦贝尔沙地生态修复技术集成与示范”，对呼伦贝尔沙地全域全面踏查，初步摸清呼伦贝尔沙化土地特征即时空格局动态特征，确定流动沙地林草融合型植被目标参照系2个。

森林碳汇领域 企业委托研究的横向服务项目“白音华露天矿排土场碳汇造林与生态修复一体化研究与示范”，研究人员通过设计兼具高固碳增汇能力与生态修复效果的植被恢复方案，进行碳汇林示范建设，量化并提升矿区植被体系碳汇潜力，增加企业温室气体自愿减排量及自主碳中和能力。自治区自然科学基金项目“城市绿地土壤温室气体通量动态及影响机制”，研究人员系统分析不同植被类型下土壤温室气体通量动态变化特征及其对水热因子的响应机制。

遗传育种领域 科研能力提升项目“生态经济型灌木种质创新与利用”，研究人员开展黑果枸杞育种技术、新品种选育研究和转化应用。完成“荣杞1号”“林杞5号”“林杞1号”3个新品种权的申报，均通过国家林业和草原局植物新品种保护办公室组织的现场实质审查，结束内蒙古自治区黑果枸杞人工培育“零品种”现状；建立黑果枸杞农杆菌遗传转化体系，提高黑果枸杞的遗传转化率，从文献记载的10%～20%优化到本项目的60%～70%。成功获得40株黑果枸杞转基因植株。

【林业科技成果】 2022年，内蒙古自治区林业方面结题、验收项目7项；新增国家林业和草原局科技推广成果库入库2项；完成自治区科技成果登记1项；获授权专利16件，其中国家发明专利3件、实用新型专利13件；制定并发布地方标准2项；审定自治区良种1个；获全国林草工程优秀勘察设计二等奖1项；科技人员1人参与取得的成果“中国北方城市植被调控大气颗粒污染物效能与作用机制研究”获2022年度国家高等学校科学研究优秀成果奖（科学技术）二等奖。研究人员主编出版专著1部、参编2部，发表研究论文38篇；构建机械化治沙技术体系，研发灌木活沙障、植物纤维型网式沙障、生物基固沙剂、灌草种植包4大类新材料，配套活沙障建植机、植物纤维型网式沙障铺设机、植物纤维型网式沙障—灌木扦插造林一体机、灌草种子—固沙剂喷播一体机4类机械装备，辅以17项先进技术和生物基磺酸盐固沙剂制备工艺，实现可工业化生产、商业化供应、机械化施工的治沙模式。从1200余株沙地微生物菌种中初步构建出4种适沙型微生物合成群落。

【科研成果转化与推广】 2022年，内蒙古林科院30名科技人员到基层一线，推广沙质土壤改良技术、林分结构优化调整技术、经济林异地繁殖技术、沙障铺设机械等技术成果9项，推广优良品种1个，建立科技示范基地5个，建立、改建生产线2条，推广示范面积123.33公顷，繁育苗木3.7万株，线上线下培训各1次，培训基层技术人员和农牧民456人次，发放技术资料450份。

【技术成果转让】 2022年，内蒙古自治区重大专项“机械化治沙新技术研发与示范”机械研制团队，将研制的三款样机“网式材料沙障铺设机（专利）”“固沙剂与灌草种子一体化喷播机（专利）”和“网式沙障铺设—灌木扦插一体机”的技术成果以协议定价的方式转让给企业。

【北疆林草科技论坛】 2022年7月，内蒙古林科院举办第十六届内蒙古

表 39　2022 年度内蒙古自治区林业科研成果一览表

序号	名称	获奖人员	奖励级别	备注
1	白音华矿业 2021 年度环境治理设计委托服务项目	隋莹莹、郭烨、苏和、崔全友	2020—2021 年度全国林草工程优秀勘察设计二等奖	主持

（表格来源：自治区林业科学研究院）

表 40　2022 年度内蒙古自治区林业科学研究院获得授权专利统计一览表

序号	名称	专利号	类型	发明人
1	一种小型基质袋装袋工具	ZL202222371599.2	实用新型	李佳陶
2	一种野外用植物标本夹	ZL202121765826.9	实用新型	王伟峰等
3	城市绿地土壤样品原位采集装置	ZL202122486129.6	实用新型	刘源等
4	一种外植体消毒灭菌装置	ZL202220388187.0	实用新型	王美珍、杨荣、乌日恒、闫婷、刘雪锋、张惠良、莎仁图雅
5	一种打孔深度调节式扦插打孔器	ZL202122804889.7	实用新型	杨荣、赵健飞、吴秀花、闫婷、乌日恒、王美珍、张凤鹤
6	一种苦豆子次生衍生物的萃取装置	ZL202122566969.3	实用新型	黄卫丽、王瑗、吴振廷、王玉芝、刘丽洁
7	一种土壤养分用固体样品混匀器	ZL202122486126.2	实用新型	黄卫丽、吴振廷、王春颖、刘丽洁
8	一种林业害虫防控诱虫灯	ZL202121878553.9	实用新型	张颖、韩丽、张凤鹤等
9	树木胸径自动测量装置	ZL202121765822.0	实用新型	刘永宏、王伟峰、海龙、杨宏伟
10	一种果树防风抗寒装置	ZL202123328975.1	实用新型	郭烨、隋莹莹、刘慧、闫茂林等
11	一种果树用多功能修剪装置	ZL202123318734.9	实用新型	郭烨、隋莹莹、刘慧、闫茂林等
12	一种林业苗木运输装置	ZL202122453957.X	实用新型	隋莹莹、李佳琪、郭烨等
13	一种树木枝干修剪器	ZL202122755121.5	实用新型	王云霓、郐向民、李佳陶、梁海荣、韩珊珊
14	一种森林水文集成检测设备	ZL202110725363.1	发明	王云霓、曹恭祥、王晓江、福升、张海东、王玉芝、梁海荣、邢冠颖、李梓豪、韩珊珊
15	一种森林截持降雨量及地表蒸发量检测设备	ZL202110755991.4	发明	王云霓、曹恭祥、张文军、王晓江、梁海荣、桑昊
16	一种林业育苗用施肥设备	ZL202011439257.9	发明	王云霓、福升、张雯、冯涛、曹恭祥、王博、吴秀花、王玉芝

（表格来源：自治区林业科学研究院）

表 41　2022 年度内蒙古林业科学研究院出版专著一览表

序号	书名	出版社	内蒙古林科院主编（参编）人员
1	《通辽主要林业有害生物防治技术》	哈尔滨工业大学出版社	吴秀花、张嘉益、张颖、杨宏伟、杨荣
2	《园林景观规划设计与林业发展》	延边大学出版社	闫茂林

（表格来源：自治区林业科学研究院）

表 42　2022 年度内蒙古林业科学研究院审定林木良种一览表

序号	良种名称	良种编号	内蒙古林科院选育人
1	乌拉特前旗羊房子胡杨母树林种子	蒙 S-SS-PE-011-2021	鲁敏

（表格来源：自治区林业科学研究院）

表 43　2022 年度内蒙古林业科学研究院发布地方标准一览表

序号	名称	编号	主要起草人
1	主要灌木树种固碳效益监测技术规程	DB15/T 2527—2022	海龙等
2	沙袋沙障固沙技术规程	DB15/T 2672—2022	袁立敏等

（表格来源：自治区林业科学研究院）

自治区自然科学学术年会分会暨首届北疆林草科技论坛。40 个相关单位 150 人参加线上线下会议。论坛为促进自治区林草科技发展的多元交流、激发创新潜能、促进合作交流、推动成果转化提供平台。

（崔全友）

水利科技

【概况】 2022 年，内蒙古自治区水利科学研究院（简称内蒙古水科院）下属农村牧区水利研究所、水利工程研究所、遥感应用与河湖研究所、水土保持研究所、水资源与水环境研究所、安全与检测技术研究所；6 个专业研究所、2 个研究中心。该院是水利部批复的内蒙古灌溉试验中心站、水利部科技推广中心内蒙古科技示范推广基地的依托单位。全年，内蒙古水科院结题、验收项目 5 项；在省级以上公开刊物发表论文 13 篇，其中 SCI 收录 2 篇、国家核心期刊 8 篇；获得专利及软件著作权 6 件，其中实用新型专利 5 件、软件著作权 1 项；出版专著 2 件；主（参）编自治区地方标准 1 项；科技成果“黄河砒砂岩区生态治理—衍生产业协同发展关键技术与应用”获 2022 年度黄河水利委员会科学技术进步一等奖。

【科研立项】 2022 年，内蒙古水科院获批科研及推广项目 7 项，均为水利发展基金项目，投入经费 685 万元；主持在研科研、技术支撑项目 16 项，包括自治区水利厅水利发展基金项目 13 项、科技厅关键技术攻关及成果转化项目 3 项，投入经费 1167 万元。研究领域涉及水资源保护与高效利用、水生态修复、水环境治理、水利工程技术、节水技术、防灾减灾、水土流失综合治理等方面。

【农业节水增效关键技术】 2022 年，内蒙古水科院实施“河套灌区大豆间作节水增效关键技术研究与示范”研究项目，将现代农业耐盐种植技术与滴灌融合，降低作物耗水量，灌溉措施调节土壤盐分，减少土壤耕作层盐分积累、培肥土壤、提高光能利用效率，在保证玉米产量不减产的情况下，每亩增产大豆 100 千克以上，做到“增产不增地”。

【水土保持优化亮化配置关键技术】 2022 年，自治区水利科学研究院主持的基于水沙调控最大作用的十大孔兑水土保持措施分区优化量化配置关键技术项目，计划经费 270 万元，项目周期 2021—2023 年，根据十大孔兑水土流失治理现状效果分析评价与高质量治理的迫切需要，以最大限度地保护水土资源、减少入黄泥沙为孔兑治理目标。选择西柳沟为典型孔兑，以降水资源为刚性约束性，基于卫星遥感—无人机遥测与地面测量技术，结合分区调查与监测试验等方法，分区分析现状水土保持措施防治效果，辨识制约治理措施防护功能提升的关键因素。

【地下水灌溉承载力提升技术】 2022 年，内蒙古水科院委托项目黄河南岸（内蒙段）基于生态安全地下水承载能力提升灌溉模式和管理机制研究，项目编号：NSK2021-Z1，项目经费：63.7 万元，2021 年 2 月至 2024 年 2 月，在研。

表 44　2022 年度内蒙古自治区水利科学研究院开展科研、推广、技术支撑项目一览表

序号	项目名称	项目来源	项目负责人	类型
1	内蒙古自治区农田灌溉水有效利用系数测算分析	水利发展基金项目	徐　阳	延续
2	内蒙古岱海水面蒸发控制方法试验研究与应用	水利发展基金项目	高　峰	延续
3	内蒙古黄河灌区滴灌首部泥沙清淤及资源化利用综合技术研究	水利发展基金项目	梅锐锋	延续
4	黄河南岸（内蒙古段）基于生态安全地下水承载能力提升灌溉模式和管理机制研究	水利发展基金项目	李　宁	延续
5	内蒙古寒区优质水稻节水综合技术集成模式研究	水利发展基金项目	王　顺 徐　阳	延续
6	基于水沙调控最大作用的十大孔兑水土保持措施分区优化量化配置关键技术	水利发展基金项目	陈正新	延续
7	内蒙古典型蓄水工程生态环境效应遥感监测与评价研究	水利发展基金项目	付卫平	延续
8	浑善达克沙地流动沙丘植被快速恢复技术集成与示范	水利发展基金项目	吴海霞	延续
9	河套灌区滴灌与农田灌排系统高效运行保障技术研究	水利发展基金项目	马　鑫	延续
10	内蒙古黄河流域典型区域淤地坝洪水预警研究	水利发展基金项目	刘殿军	延续
11	内蒙古煤化工行业用水定额评估与制定研究	水利发展基金项目	乔志刚	延续
12	内蒙古主要作物节水灌溉制度与需水量等值线图研究	水利发展基金项目	柳剑锋	延续
13	水土保持优良经济灌木树种柳叶鼠李扩繁技术研究与示范推广	水利发展基金项目	李国强	延续
14	灌区土壤水肥药盐调控与污染防治关键技术研究与应用	科技厅关键技术攻关计划	马　鑫	延续
15	引黄灌区黄河水滴灌集成技术推广与应用	科技厅科技成果转化专项资金项目	马　鑫	延续
16	浑善达克沙地水资源保护与植被近自然修复技术研究与示范	科技厅科技计划	马　鑫	延续
17	鄂尔多斯市南岸灌区水土资源优化配置及智慧管控关键技术研究与示范	自治区水利厅项目	李　宁	新上
18	河套灌区大豆间作节水增效关键技术研究与示范	自治区水利厅项目	苏海涛	新上
19	皇甫川生态清洁小流域建设目标分类评价体系构建研究	自治区水利厅项目	刘殿军	新上
20	西辽河流域农业灌溉用水调查分析	自治区水利厅项目	梅锐锋	新上
21	成果推广中心（坝口子基地）修缮改造	自治区水利工程运行与维护资金	李　宁	新上
22	内蒙古自治区水利科技成果推广应用研究项目	自治区水利厅项目	王铁军	新上
23	阴山南麓玉米保护性耕作高效节水灌溉技术研究	自治区水利厅项目	宋日权	新上

表 45　2022 年度内蒙古自治区水利科学研究院科研成果一览表

序号	名称	获奖人员	奖励级别	备注
1	黄河础砂岩区生态治理——衍生产业协同发展关键技术与应用	陈正新	黄河水利委员会科学技术进步奖一等奖	参加

表 46　2022 年度内蒙古自治区水利科学研究院获得授权专利、软件著作权一览表

序号	名称	专利号	类型	发明人
1	一种作物自动灌溉系统	ZL202220194609.7	实用新型	徐阳、李博、李敏、田丹、董晋源、宋林、赵宇瑞
2	一种水利水土保持治理工程用多深度高效取样装置	ZL202220169816.7	实用新型	刘殿君、韩琐垠、刘静、邢子丰、高志强、刘利平
3	一种沉沙池淤泥清淤水回流装置	ZL202221919570.7	实用新型	梅锐锋、张炜、乔志刚、杨江、巴图、杜其霖
4	一种厂区雨水回收利用装置	ZL202222650233.9	实用新型	乔志刚、梅锐锋、李宁、信心博、杜其霖、赵鑫
5	一种食月菌培养装置	ZL202122476935.5	实用新型	庞杰、于传宗、慕宗杰、包妍妍、巴图
6	稻田自动化灌溉系统 V1.0	2022SR1444423	软件著作权	宁慧峰、徐阳、罗玉峰、李博、李敏、田丹、董晋源、张卓、章策、朱福民

表 47　2022 年度内蒙古自治区水利科学研究院出版专著一览表

序号	书名	出版社	内蒙古林科院主编（参编）人员
1	《引黄灌区泥沙治理与水沙资源优化研究》	北京工业大学出版社	梅锐锋、张炜、巴图
2	《煤化工行业用水系统建设与优化》	黑龙江科学技术出版社	乔志刚、梅锐锋、李宁

（表格来源：自治区水利厅）

表 48　2022 年度内蒙古自治区水利科学研究院发布地方标准一览表

序号	名称	编号	主要起草人
1	香瓜复种向日葵滴灌水肥一体化技术规程	DB15/T3100—2023	田德龙、马鑫、汤鹏程、任杰、李泽坤、于向前、刘迪、张琛、王国帅、侯晨丽、张志夫、陈鸿福、王洪彬

（表格来源：自治区水利厅）

【水蒸发消减技术】 2022 年，内蒙古水科院“内蒙古岱海水面蒸发控制方法研究与应用”项目建立岱海蒸发消减模型，研发 PE 浮岛太阳能—多功能蒸发消减净水技术设备。

【科研成果转化与推广】 2022 年，内蒙古水科院创建“内蒙古水利科技成果推广服务”网络平台和微信公众号，展示和宣传水利科技成果，发挥科技成果的基础服务和指导作用，助力乡村振兴，开展科技助农服务。

【科技创新基地建设】 2022 年，内蒙古水科院修缮改造成果推广中心（坝口子基地），恢复基础设施科研试验功能，开展“水土保持优良灌木柳叶鼠李引种扩繁技术研究与示范推广”和“内蒙古主要作物需水量等值线图与节水灌溉制度分析研究项目”。

（内蒙古自治区水利科学研究院）

草原科技

【科技创新】 2022 年，中国农业科学院草原研究所基础研究对标对表十大使命清单和“十四五”规划，开展基础前沿研究，推动关键技术攻关与集成示范。以第一作者或通讯作者单位发表学术论文 65 篇，其中 SCI 文章 34 篇、中文核心期刊文章 31 篇。SCI 文章发表数较 2021

年提高78.9%。以第一单位出版著作7部，其中专著6部、编著1部。在土壤改良、牧草播种及其代谢物提取方法等方面授权发明专利8件，创研农机新产品1台；中草26号燕麦、中草28号老芒麦、中草26号羊草、中草27号羊草等9个草品种通过内蒙古自治区审定，较2021年提高80%，推动国家牧草资源库（圃）的完善。以第二单位完成的“滇东北高原燕麦新品种引种及绿色高质量栽培关键技术研究与示范”获中国农业绿色发展研究会科学技术奖二等奖、第三单位完成的“抗寒旱、耐盐碱、乃瘠薄牧草新品种选育技术与应用”获神农中华农业科技二等奖；发布实施地方标准21项，三批计立项地方标准18项、行业标准2项。全年，新增竞争性项目（课题）计115项，其中获国家重点研发项目课题3项、专题5项，国家自然科学基金4项，内蒙古科技计划项目33项，其余为政府购买服务项目，经费计6562.1万元，是稳定性经费的4.04倍。较2021年，国家重点研发立项数首次同年主持课题3项，经费数较2021年提高2.68倍，立项数是2021年的4倍。

【重大产品研创】 2022年，中国农业科学院草原研究所开展披碱草、鹅观草新品种选育：完成披碱草、鹅观草田间表型数据采集8000余条，配置8对杂交组合，培育新品系4个，审定新品种2个。开展燕麦新品种选育，完成燕麦田间表型数据采集3000余条，培育新品系2个（中草32号燕麦和中草33号燕麦），审定新品种1个（中草21号燕麦）。开展羊草新品种培育，中草26号羊草产草量高、根系发达、适应性强、种子产量高，亩产18千克，干草产量约每公顷18400千克，发芽率80%以上。进行鹅观草、披碱草新种源创制：通过完善离子束注入禾本科牧草及饲料作物诱变体系，对苜蓿、披碱草、鹅观草等优良牧草及其他功能草进行生物物理诱变研究，建立诱变体系，研究其遗传变异，改良牧草生物特性，创制新种质。开展牧草生产轻简化智能化机械装备研发，结合内蒙古市场需求及机械岗优势技术，开展牧草生产机械化技术研究，研制相关机械装备。

【科技成果转化】 2022年，中国农业科学院草原研究所草原研究成果转化创收1352万元，较2021年度增长27.3%，在全国技术合同登记网站完成技术合同认定41份，完成“乌珠穆沁羊草”新品种和牧草种子联合收获机复脱装置等科技成果28项，提交全国名特优新农产品评价报告151份，数量居全国之首。对绒山羊、蒙古牛、葡萄等235个样品营养品质进行综合鉴定和分级评价，提升内蒙古优质特色农畜产品的“知名度、美誉度”。锡林浩特市转化应用生态修复技术2000公顷，在锡林浩特、兴安盟等转化推广地西乌珠穆沁羊草品种266.67公顷。科技特派员在鄂托克旗连续第三年探索“退化沙化草地免耕修复技术”，选择适宜当地气候特征的牧草品种，对乡土人才开展现场培训，2022年带动农牧民播种200余公顷免耕苜蓿获得成功，保苗率达90%以上，当年干草产量达到22500千克/公顷。

【科技产业基地升级】 2022年，中国农业科学院草原研究所依托农牧交错区试验示范基地和鄂尔多斯市达拉特旗试验基地，组织申报2022年度自治区科技成果转移转化示范基地。依托呼和浩特沙尔沁试验基地，组织申报2022年农民教育培训基地认定；依托鄂尔多斯达拉特旗试验基地，组织申报2022年自治区科普示范基地认定。

（乌兰巴特尔）

气象服务

【气象观测站】 截至2022年底，全区有国家级地面气象观测站708个，包括国家气候观象台2个、国家基准气候站20个、国家基本气象站95个、国家气象观测站591个。其中，119个台站承担生态气象观测，29个台站承担农业气象观测，119个台站承担自动土壤水分观测，52个台站承担雷电监测，8个台站承担太阳辐射观测，8个台站承担酸雨观测，8个台站承担沙尘暴观测，4个台站承担大气成分观测，3个台站承担环境气象观测。有国家应用气象观测站36个，国家综合气象观测（科学）试验基地3个，国家综合气象观测专项试验外场6个，国家高空气象观测站12个，国家天气雷达站15个，国家空间天气观测站1个，国家气象卫星地面站4个。全区有自治区地面气象观测站1802个。自治区天气雷达站7个。

【农业气象服务】 2022年，自治区气象局成立保秋粮气象服务工作专班和农业气象服务专家组，精细气象服务助力全区粮食生产实现十九连丰；成立全国首个县级农业气象科研工作站，示范推广智能节水灌溉气象预报服务技术，项目在自治区和东北地区主要产粮区推广应用。

【人工影响天气】 2022年，《内蒙古自治区人工影响天气管理条例》实施。自治区人工影响天气中心实体化运行，人员划转、编制批复、经费保障等全部到位。全区新增增雨飞机1架、无人机1架。争取华北区域人影工程建设任务。全区增雨作业影响区面积66.7万平方千米，增加降水21亿吨，防雹保护区面积2.3万平方千米，防雹效益5.7亿元。

【重大活动气象服务】 2022年，自治区气象局选派6名业务骨干参与北京冬奥会现场气象服务，做好空气质量保障任务，1个优秀集体、6名优秀个人获中国气象局表彰。选派专家进驻东风航天城，强化军地联合会商，守护神舟十三、十四号飞船“安全回家”。6月30日，中国气象局在兴安盟突泉县组织召开突泉县农业气象科研工作站建设座谈会，11名气象和农业专家被聘为突泉县农业气象科研工作站首批专家。座谈会的召开，标志着全国首个县级农业气象科研工作站成立并运行。

【气象综合监测服务】 2022年，阿尔山新一代天气雷达投入运行，纳入全国观测网。初步建成锡林浩特全球高空基准气候站。启动全区往返式平漂探空组网观测试验。扎兰屯等8个获批中国百年气象站，67个国家气象观测站升级为国家基本气象站。自治区气象局与农垦集团合作共建75套气象观测站并投入业务运行。“1+12+N”高分卫星推广应用体系更完善，面向蒙古国开展应用技术交流和监测产品服务，工作成果在全国气象部门作典型经验交流。

【气象预报预警服务】 2022年，自治区气象局增强暴雨、高温、强对流等灾害性天气监测预报预警能力。分区分级的暴雨预警信号修订发布，1小时雨强纳入新标准。建立可变网格客观预测业务，面向社会公众发布预测公报52期。晴雨、气温准确率分别为91%、80%，暴雨预警准确率90%，强对流预警时间提前至48分钟。

【气象信息化】 2022年，自治区气象局气象信息化系统工程建设任务基本完成，142类新增数据接入气象大数据云平台，推进13个业务系统集约和“云化”改造。推广应用实况产品实时评估平台。健全网络及数据安全保障制度，常态化应急演练护航网络安全。

【创建全国首个智能气象节水灌溉示范区】 2022年7月29日，兴安盟突泉县在中国气象局、内蒙古自治区气象局的精准指导和帮助下，引进智能气象节水灌溉预报预警系统等多项农业气象科技成果，建成全国首个智能气象节水灌溉示范区，示范区智能化农业项目总面积241.33公顷。

（李红梅）

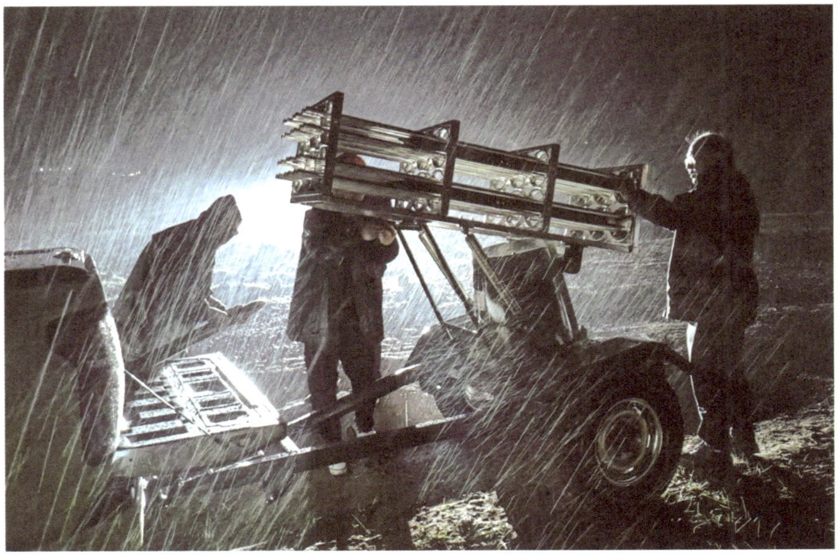

图73　2022年6月21日，乌兰察布市察哈尔右翼后旗气象局应对内蒙古中西部地区严峻旱情开展人工增雨作业

（乌兰察布市察哈尔右翼后旗气象局　供图）

教育

综述

【教育改革】 2022年，内蒙古自治区教育厅（以下简称自治区教育厅）向社会发布高考、中考改革方案，完成中考改革自治区层面制度设计，印发《内蒙古自治区深化高中阶段学校考试招生制度改革实施方案》及《初中学生综合素质评价实施意见》《初中学生综合素质评价实施指南》等配套文件，同步做好政策解读工作。完善高考综合改革配套政策，印发自治区普通高中学业水平考试和综合素质评价2个实施办法；加强高中教学指导，印发自治区普通高中课程实施方案、选课走班、生涯规划、选修课程开设、学分认定5个配套文件。稳步推进高考改革，改造升级“内蒙古自治区高中学生综合素质评价系统”并完成全员培训，协调科大讯飞公司为13所普通高中免费提供为期1年的智能选排课、学生生涯规划指导等服务。实施专科升本科考试改革，实施退役大学生士兵免试招生政策，为近1.4万名考生提供继续深造机会。印发《内蒙古自治区高等学校实行人员总量管理改革试点工作的指导意见》，进一步深化高校人事制度改革。印发《2022年内蒙古自治区普通高等教育专科升本科考试招生工作方案》，首次采取统一考试招生的方式组织专升本选拔，首次实施退役大学生士兵免试招生政策。

【教育投入】 2022年，全区教育支出693.9亿元，比2021年增长8.2%。扩大普惠性学前教育资源，促进义务教育均衡发展，落实“双减”政策，推动普通高中教育优质特色发展，推进现代职业教育、高等教育高质量发展。

【教育资助政策】 2022年，全区落实中央和自治区各类学生资助资金42.2亿元，惠及学生467.3万人次。持续健全生源地信用助学贷款制度，2022年，全区12.8万人次办理生源地信用助学贷款，发放贷款12.04亿元。

【中小学“双减”政策落实】 2022年，全区学科类校外培训机构由2647家压减至2家，压减率99.92%，非学科类校外培训机构实施分类管理，形成多部门齐抓共管共治的工作格局。举办全区教育系统校外教育培训行政执法专题培训班，成立校外教育培训专家委员会，为规范校外培训机构培训行为提供支撑保障。以联合执法检查、明察暗访、跟踪蹲守、随机突击检查、旗县交叉检查、“双随机、一公开”、“四不两直”等方式加大巡查执法力度，累计开展联合执法检查4340次，出动16959人次，累计查处各类违规培训行为1107起。出台《内蒙古自治区2022年“双减”督导工作方案》，持续强化政府责任。组织全区中小学生广泛开展寒暑假“双减”在行动——假期欢乐多主题系列活动，引导中小学生暑期广泛参与社会实践和体育美育劳动教育实践活动，促进学生德智体美劳全面发展。

【教育助力乡村振兴】 2022年，自治区教育厅组织开展城乡学校“结对共建”和优秀教师助力乡村振兴计划。出台《关于加强乡村义务教育教师待遇保障的若干措施》，启动实施自治区2022年银龄讲学计划和中国乡村教师"领头雁计划"培育项目第二期，进一步加强乡村教师队伍建设。2022年，自治区教育厅印发《优秀中青年教师助力乡村振兴实施方案（2022—2025年）》，扎实开展教育组团式帮扶，12个盟市、15对旗县、87对学校建立结对帮扶关系，选派575名教师到乡村、薄弱学校支教。实施乡村教师"领头雁"培育项目，采取"大雁带小雁"形式，开展乡村振兴重点旗县教师培训，培训100名"大雁"、1000名"小雁"。

【新冠疫情防控】2022年9月底，面对呼和浩特市突发疫情，自治区教育厅及时启动应急响应机制，31名处级干部分组下沉高校，并启动实施应急值守、领导带班、干部24小时值班等工作机制，制定10余份指导操作规范，争取社会各界捐赠抗疫物资3300万余元，组织驻呼高校1万余名教师进驻学校与学生同吃同住、同心抗疫。自治区党委、政府专门成立驻呼高校疫情应急处置工作领导小组，选派自治区至少1名厅局级领导带队，自治区纪委监委、党委组织部、直属机关工委、教育厅、卫健委、公安厅、疾控中心等部门联合组成17个工作组，"点对点"下沉高校开展督促指导工作。2022年10月底，自治区综合研判学生返乡诉求和疫情防控总体形势，组织驻呼高校学生分流返乡，护送区内外学子23万余人平安返乡。会同各有关部门千方百计做好研究生考试各项组考防疫工作，为9万余名考生就近考试、安全考试、顺利考试保驾护航。

（黄迪帅）

学前教育

【概况】2022年，全区有幼儿园4299所，比2021年减少137所，下降3.09%。其中，普惠性幼儿园3249所，比2021年增加18所，增加0.56%，占全区幼儿园点数的75.57%。学前教育在园幼儿60.74万人，比2021年增加3253人，增长0.54%，学前教育入园率达到94.96%，距2025年要求的95%少0.04个百分点。普惠性幼儿园覆盖率达到88.06%，超过要求3.06个百分点，比2021年上涨0.49个百分点。在全国排名第十八位；公办园在园幼儿占比达到56.8%以上，超过要求1.8个百分点，比2021年上涨0.27个百分点。

【幼儿园管理】2022年，自治区教育厅印发《内蒙古自治区教育厅关于开展幼儿园规范管理专项行动的通知》，指导盟市对幼儿园办园行为开展全面排查，建立问题台账并逐条整改。全区共排查并整改74所名称不规范幼儿园，对约50所"小学化"问题严重的民办幼儿园进行查处。

【幼小衔接】2022年，自治区教育厅公布第一批自治区级安吉游戏和幼小衔接实验区7个、试点园（校）98所，指导各实验区、试点园（校）发挥示范引领作用，积极推广、探索并带动其他地区开展安吉游戏和科学幼小衔接活动。

【城镇小区配套幼儿园治理工作"回头看"】2022年，自治区教育厅印发《开展城镇小区配套幼儿园治理"回头看"工作方案》，对纳入教育部台账的317所幼儿园全面排查，重点对存在问题的17所幼儿园建立月调度机制持续跟进督办，全部完成整改。

（黄迪帅）

义务教育

【概况】2022年，全区有义务教育阶段学校2372所。义务教育阶段招生42.56万人，在校生205.13万人，专任教师17.38万人，九年义务教育巩固率98.30%，比2021年提高1.71个百分点，高于全国2.80个百分点。小学阶段教育有普通小学1651所，比2021年减少10所，下降0.60%。另有小学教学点595个，比2021年减少40个。小学阶段招生20.09万人，比2021年减少47683人，下降19. 18%；在校生138.33万人，比2021年减少2.51万人，下降1. 78%；毕业生22.55万人，比2021年增加4702人，增长2.13%。专任教师10.99万人，生师比12.59 ∶ 1，专任教师学历合格率100%，专任教师专科毕业及以上学历占比99.58%。小学有校舍建筑面积1436.39万平方米，比2021年增加22.23万平方米。设施设备配备达标的学校比例情况分别为，体育运动场（馆）面积达标学校96. 97%，体育器械配备达标学校97.94%，音乐器材配备达标学校97.88%，美术器材配备达标学校97.88%，数学自然实验仪器配备达标学校97.82%。小学阶段有班级

37136个，比2021年减少332个。56人以上大班64个，比2021年增加40个，占总班数的0.17%，比2021年增长0.11个百分点。无66人以上的超大班。

全区有初中721所，比2021年增加2所，增长0.28%。初中阶段招生22.47万人，比2021年增加4692人，增长2.13%；在校生66.79万人，比2021年增加2392人，增长0.36%；毕业生22.24万人，比2021年增加5702人，增长2.63%。专任教师6.40万人，生师比10.44∶1，专任教师学历合格率99.99%，专任教师本科毕业及以上学历占比93.9%。初中有校舍建筑面积1123.52万平方米，比2021年增加28.92万平方米。设施设备配备达标的学校比例情况中，体育运动场（馆）面积达标学校97.64%，体育器械配备达标学校98.34%，音乐器材配备达标学校97.92%，美术器材配备达标学校97.92%，理科实验仪器配备达标学校97.23%。初中阶段有班级15761个，比2021年增加116个。56人以上大班42个，比2021年增加11个，占总班数的0.27%，比2021年增长0.07个百分点。无66人以上的超大班。

义务教育阶段在校生中进城务工人员随迁子女29.72万人。其中，在小学就读20.79万人，在初中就读8.93万人。

【义务教育薄弱环节资金补助】 2022年，中央和自治区下达义务教育薄弱环节改善与能力提升补助资金9.4亿元。年内下达改善普通高中学校办学条件补助资金2亿元，用于支持县域高中建设。自治区建立城乡统一、重在农村的义务教育经费保障机制，义务教育学校生均公用经费基准定额达到每生每年小学720元、初中940元。在此基础上，对寄宿制学校按照寄宿生年均300元标准增加公用经费补助。

【义务教育优待政策落实】 2022年，内蒙古自治区强化招生管理，简化随迁子女入学流程，提高随迁子女在公办学校就读比例；鼓励支持符合条件的二孩、三孩与兄姐同校就读；落实对各类优抚对象、引进人才子女的教育优待。全区安排现役军人子女502人，消防救援人员子女209人，因公牺牲公安干警子女22人，引进人才子女96人，二孩与兄姐同校就读117人，防疫一线人员子女90人。优化入学流程，指导呼和浩特市、包头市、乌兰察布市、鄂尔多斯市开展“义务教育入学办理一件事”试点，乌海市开展“公办园入园办理一件事”试点。

【义务教育优质均衡创建】 2022年，自治区教育厅推进县域义务教育优质均衡创建工作，指导4个（包头市九原区、赤峰市元宝山区、赤峰市林西县、巴彦淖尔市乌拉特中旗）先行创建旗县（市、区）试点工作，形成典型经验报送教育部，配合督导室对2022年申报旗县开展实地督导。

【义务教育入学一网通办】 2022年，自治区教育厅印发《内蒙古自治区教育厅关于进一步优化入园入学服务流程的通知》，要求各地2023年全面推行“公办园入园”和“义务教育入学”一网通办。

【义务教育信息化建设】 2022年，自治区教育厅推进基础教育信息化工作，制定《自治区中小学智慧教育平台试点实施方案》，开展“数字教育大讲堂”暨“国家智慧教育公共服务平台”推广应用阶段性评比展示活动。

【义务教育控缀保学】 2022年，自治区教育厅巩固控辍保学成果，利用“自治区控辍保学动态管理数据库线上填报系统”实行月调度，指导各地分类施策、精准劝返，全区因厌学而辍学的义务教育阶段少年儿童70人，较2021年底减少116人，无脱贫户适龄少年儿童因贫失学辍学。

【中小学生研学实践基地】 2022年，自治区教育厅公布第二批自治区中小学生研学实践教育基地（营地）41个，依托包头市、呼伦贝尔市2个国家级营地开展“铸牢中华民族共同体意识”专题暑期公益研学实践教育活动。

（黄迪帅）

普通高中教育

【概况】 2022年，全区有普通高中311所，比2021年增加4所，增长1.30%。招生14.43万人，比2021年增加6124人，增长4.43%；在校生42.57万人，比2021年增加1.47万人，增长3.58%；毕业生12.92万人，比2021年减少3199人，下降2.42%。专任教师4.07万人，生师比10.45∶1；专任教师学历合格率99.13%，专任教师中研究生及以上教师比例 19.09%。普通高中共有校舍建筑面积 1141.18 万平方米，比 2021 年增加 34.13 万平方米。普通高中设施设备配备达标的学校比例情况分别为，体育运动场（馆）面积达标学校 96.46%，体育器械配备达标学校 94.53%，音乐器材配备达标学校 92.61%，美术器材、理科实验仪器配备达标学校 93.25%。

【普通高中规范管理】 2022 年，自治区教育厅规范普通高中招生、办学行为，印发《关于进一步规范普通高中招生工作的通知》，指导盟市根据教育部《普通高中学校办学质量评价指南》有关要求和当地实际制定具体实施方案，印发通知指导各地规范中考命题、规范中高考成绩使用，严格落实教育部“十个严禁”，对集宁区天立学校违规招生行为进行实地督查并下发督办函。部署实施高中学生综合素质评价工作，启用“内蒙古自治区高中学生综合素质评价系统”并完成全员培训。

【分类办学】 2022 年，自治区教育厅推动普通高中分类办学，依托区外专家团队研制自治区县域优质高中、示范性高中、特色高中评估创建标准及实施方案，开展前期全区范围调研、访谈工作。加大县域普通高中帮扶力度，印发《内蒙古自治区县域普通高中发展提升行动实施方案》，全面推进 5 所部属高校托管帮扶自治区县中项目。加大资金支持，下达补助资金 2 亿元，用于支持 21 个县域高中项目学校新建、改扩建以及购置设备。

【育人方式改革】2022 年，自治区教育厅研究制定《内蒙古自治区普通高中多样化特色发展实施意见》，明确在全区普通高中范围创建自治区示范高中、特色高中、县域优质高中，同时印发三类高中评估指标体系，推动普通高中不断向内涵发展转化。完成全区 14 所自治区新高考改革实验项目校遴选评估工作，形成一批课程体系改革、学科建设、选课走班指导、综合素质评价等方面的典型经验，为全区普通高中发展路径探索提供可借鉴的新途径。推进基础教育拔尖创新人才培养，启动自治区基础教育拔尖创新人才学科试点校遴选工作，辐射带动周边学校及地区相关学科发展。

【中考改革】2022 年，自治区教育厅印发《内蒙古自治区深化高中阶段学校考试招生制度改革实施方案》，配套印发《内蒙古自治区初中学生综合素质评价实施意见》《内蒙古自治区初中学生综合素质评价实施指南》，指导各盟市制定印发中考改革实施细则，确立科学教育评价导向，健全组织规范、程序合理、结果公正、监督有力、保障到位的考试招生管理机制，实现“两考合一，一考多用”。

【“新高考”改革】2022 年，自治区教育厅印发《内蒙古自治区人民政府关于印发自治区深化普通高等学校考试招生综合改革实施方案》及系列配套文件，实行普通高中学校新高考综合改革推进情况双月调度制度，建立健全制度机制。推行使用“内蒙古自治区新高考信息综合管理平台”，对全区高中综合素质评价管理信息系统进行升级改造，充分发挥信息化技术服务新高考作用。组织开展以普通高中学校综合素质评价系统、全区普通高中学校生涯规划骨干教师、普通高中课程方案和学科课程标准等内容为专题的自治区级培训，推进高中选课走班、生涯规划指导、综合素质评价等新高考改革具体工作落地落实。

【《内蒙古自治区“十四五”县域普通高中发展提升行动实施方案》出台】 2022 年，自治区教育厅印发《内蒙古自治区“十四五”县域普通高中发展提升行动实施方案》，明确到 2025 年基本实现每个 5 万名以上常住人口旗县至少建成一所优质高中、全区县域普通高中整体办学水平提升的主要目标，确定自治区县域普通高中发展重点任务及厅局任务分工。

（黄迪帅）

特殊教育

【概况】 2022 年，全区有特殊教育学校 52 所，比 2021 年减少 2 所，下降 3.70%。招收各种形式的特殊教育学生 2062 人，比 2021 年减少 384 人；在校生 1.35 万人，比 2021 年减少 820 人，下降 5.72%。其中，在特殊教育学校就读在校生 5920 人，占特殊教育在校生的 43.79%。特殊教育专任教师 1889 人。

【特殊教育学校增建】 2022 年，自治区教育厅以建设培智学校（培智班）为重点，启动实施新一轮特殊教育学校建设，鼓励有需求的20万名人口以上旗县（市、区）建设特殊教育学校。2021—2023年共下达自治区特殊教育补助专项资金8200万元支持19个特殊教育学校建设。2022年，特殊教育经费支出4.79亿元，比2021年增长3.84%。自治区教育厅联合自治区发改、民政、财政、人社、卫健、残联7部门印发《自治区“十四五”特殊教育发展提升行动实施方案》，明确2025年，适龄残疾儿童义务教育入学率达到97%的主要目标。

【特殊教育班向学前、高中延伸】2022年，自治区教育厅推进特殊教育向学前和高中阶段教育延伸，支持有条件的公办幼儿园和普通高中、中等职业学校开设特教班。全年，全区有46名考生参加残疾人单考单招考试，34人被录取，其中本科14人、专科20人。

【办学条件】2022年，自治区教育厅进一步改善特殊教育学校办学条件，加强特殊教育资源中心、资源教室建设，中央资金800万元用于支持23个特殊教育资源中心（教室）建设及设备采购项目。保障适龄残疾儿童少年入学，探索完善送教上门、随班就读保障机制，提高送教上门、随班就读教学质量，全面巩固和提高有接受能力的残疾儿童少年义务教育普及水平。全年，全区随班就读学生6267人，送教上门学生分别为2916人和2684人，并安排每年特殊教育送教上门补助资金800万元。

【特殊教育教师基本功展示】2022年，自治区教育厅开展特殊教育教师教学基本功展示和融合教育优秀教育教学案例遴选活动，经评审，向教育部上报6个特殊教育教师教学基本功展示、10个融合教育优秀教育教学案例。

（黄迪帅）

民族教育

【铸牢中华民族共同体意识教育】2022年，自治区教育厅启动实施“石榴籽育人工程”，明确45项重点任务，推动全区教育系统分层分类开展铸牢中华民族共同体意识教育。联合自治区民委举办大中小学铸牢中华民族共同体意识课程教学大赛。编写铸牢中华民族共同体意识幼儿主题教育系列绘本。按不同学段制作“石榴籽育人小课堂”，部分内容通过新华社《德育学堂》向全国31个省（自治区、直辖市，不包括港澳台地区）中小学推出。2022年春季学期，全区初中学校全面使用民族团结进步教育教材《中华民族大团结》。系统开设高校铸牢中华民族共同体意识必修课，按照中央民族工作会议和党的二十大精神修订完善《教学大纲》。遴选45名示范性种子教师，评选178件精品示范微课、实践教学案例和教学资源包等。

【思政教育建设】2022年，自治区教育厅制定《关于全区教育系统学习宣传贯彻中共二十大精神的通知》，明确学习宣传贯彻中共二十大各项任务要求。组建师生巡讲团、青年宣讲团、红领巾宣讲团。组织大中小学思政课教师“学习中共二十大精神”专家导学、专题培训、集体备课12场，活动覆盖50万人次以上。组织开展“强国复兴有我”群众性主题宣传教育活动、“中共二十大和我的人生路”青春使命教育、“石榴花开 籽籽同心”、“我心中的中国红”等形式多样的学习教育活动，让中共二十大精神走进基层、走进群众。设立3个大中小学思政课教师培训研修基地和14个大中小学思政课研学实践基地。举办“习近平新时代中国特色社会主义思想进教材、进课堂、进头脑”研讨会，全国17位思政专家聚力推动自治区思政课建设。

【“民族政策”宣传月活动】2022年春季和秋季学期，自治区教育厅组织300余万名大中小学生分别围绕“牢记嘱托 筑梦北疆”“喜迎党的二十大 强国复兴有我”等主题同上开学第一课。组织“民族政策宣传月”“举家诵经典”“我们都是中国娃”六一升国旗主题活动，制作推出《奋斗 正青春》系列短视频和铸牢中华民族共同体意识儿童歌曲等，用师生喜闻乐见的方式让铸牢中华民族共同体意识深植于各族青少年心中。

【自治区国家通用语言文字能力提升项目启动实施】2022年，自治区教育厅启动实施自治区国家通用语言文字能力提升项目，12个盟市国家通用语言文字规范化达标校建设创建率全部达到85%以上，自治区直属高校达标校建设达标率为96%。举办第二十五届全国推广普通话宣传周自治区重点宣传活动，在全区掀起“说好普通话，写好规范字”的热潮。

（黄迪帅）

中等职业教育

【职业教育学校建设】 2022年，自治区教育厅会同财政厅印发《内蒙古自治区高水平高职学校和专业群及优质中专学校和专业立项建设名单的通知》，分档公布立项建设的15所高水平高职学校、35个高水平专业群和42所优质中职学校、126个优质专业名单。

【职业教育协同发展】 2022年，自治区教育厅印发《关于加强全区职业教育协同发展的通知》，组建服务黄河流域生态保护和高质量发展区域职教联盟、助力东北地区振兴区域职教联盟，推动全区职业教育协同、均衡、高质量发展。

【职业教育特色专业试点和“工匠班”计划】 2022年，自治区教育厅印发《内蒙古自治区高等职业院校“工匠班”培养计划实施方案（试行）》，在全区高等职业院校实施“工匠班”培养计划。培养计划包括6项重点任务：遴选服务重点产业的试点专业，健全完善人才培养制度和标准，构建校企协同育人模式，建设校企互聘共用的高水平师资队伍，打造特色鲜明的专业化实习实训基地，完善教学管理与考核评价体系。

【职业教育竞赛获奖】 在2022年全国职业院校技能大赛中，内蒙古自治区师生共获一等奖3项，二等奖16项，三等奖51项。兴安盟高级技工学校、内蒙古机电职业技术学院、内蒙古交通职业技术学院3个单位作为信息网络布线、数控车、砌筑3个项目集训基地培养的选手获得世界技能大赛2个项目金牌和1个项目银牌。

（黄迪帅）

普通高等教育

【概况】 2022年，全区有高等学校54所（办学实体58个）。其中，普通本科学校17所（办学实体19个，含独立学院1所）；高职（专科）学校37所（办学实体38个）。成人高等学校1所。另有培养研究生的科研机构1所。各种形式的高等教育在学总规模58.52万人，比2021年增加3.2万人。高等教育毛入学率59.71%，比2021年提高1.36个百分点，高于全国0.11个百分点。普通本科学校校均规模18271人，高职（专科）学校校均规模6051人。研究生招生1.35万人，比2021年增加846人，增长6.66%，其中全日制博士生608人、全日制硕士生1.14万人。在学研究生3.76万人，比2021年增加3704人，增长10.92%，其中全日制在学博士生2486人、全日制在学硕士生2.99万人。毕业研究生9422人，其中全日制博士毕业生338人、全日制硕士毕业生7814人。高等教育专任教师2.93万人。其中普通本科学校1.72万人，高职（专科）学校1.19万人。普通高校生师比18.67 ∶ 1。

2022年，全区普通本科招生8.02万人，比2021年增加3290人，增长4.28%，另有专科起点本科招生1.58万人；在校生28.86万人，比2021年增加8390人，增长2.99%；毕业生7.06万人，比2021年增加4905人，增长7.46%。高职（专科）招生8.69万人（含五年制高职转入专科招4803人），同口径比2021年增加5798人，增长7.15%；在校生24.59万人，比2021年增加1.93万人，增长8.52%；毕业生6.96万人，比2021年增加5010人，增长7.75%。

【高校专业布局优化】 2022年，内蒙古自治区聚焦自治区重点产业链，优化调整高校专业布局，实施学科专业优化行动，申报新增智慧林业等40个本科专业、新能源装备技术等88个高职专业，理工农医类学科专业占比提高到60%以上。出台14项具体落实措施，推动高校主动融入以西安、兰州为战略支点的西北高等教育大格局。对深化内蒙古新时代高等教育学科专业体系改革作出整体部署。加强新工科、新农科和现代产业学院建设，年内确定首批自治区级本科高校现代产业学院建设点16个。

【146个国家一流专业建设点创建】 国家级一流本科专业建设点，是教育部于2019年启动分3年实施的一流本科专业“双万计划”建设的国家级专业建设点，是为推动新工科、新医科、新农科、新文科“四新”建设，做强一流本科、建设一流专业、培养一流人才，全面振兴本科教育，提高高校人才培养能力开展的本科专业建设计划。一流本科专业建设点经教育部组织专业认

证通过后确定为国家级一流本科专业。2022 年，经教育部公布，内蒙古自治区共获评国家级一流本科专业建设点 146 个，其中 2019 年 43 个，2020 年 53 个，2021 年 50 个，覆盖区内 14 所高校。

【研究生教育体系设计】2022 年，内蒙古自治区制定印发《自治区学科建设和研究生教育发展总体方案（2022—2025）》等 14 个文件，系统构建自治区学科建设和研究生教育的顶层设计和制度体系。推进产教融合研究生联合培养基地建设，获批教育部等三部委“科技小院”17 个，新增自治区研究生联合培养基地 17 个，高水平专业学位研究生实践创新平台持续增加。

【教学成果奖评审】2022 年，自治区教育厅组织开展 2022 年自治区高等教育教学成果奖申报评审工作。首次设置一等奖成果答辩环节。此次评审共评选出一等奖 45 项，二等奖 60 项（并列 2 项），三等奖 45 项。6 月 20 日，经自治区政府同意，自治区教育厅印发《内蒙古自治区高等教育教学成果奖励实施办法（试行）》，使高等教育教学成果评审奖励工作有章可循。

【教学审核评估】2022 年，自治区教育厅全面启动新一轮本科教育教学审核评估，印发《内蒙古自治区高等教育教学成果奖励实施办法（试行）》，推进一流专业建设，全区累计有 146 个专业被认定为国家级一流本科专业、189 个专业被认定为省级一流本科专业，持续推进本科教育教学强基固本，全面提升高校人才培养质量。

【毕业生就业工作】2022 年，自治区教育厅开展“重点行业企业走访调研”“高校书记校长访企拓岗促就业专项行动”，组织 22 所高校党委书记、校长到呼包鄂地区重点企业进行走访调研。年内，组织全区 54 所高校累计走访用人单位 4735 家，提供就业岗位近 20.4 万个，推动“北疆就业网”新增用人单位 5267 家。开展“丁香扎根”“壮美锡林”“光伏产业”“京津冀”“湖州名优企业”等专业性、行业性、区域性专场校园招聘活动，累计举办各类大型招聘活动 454 场，提供就业岗位 90 万个。面向 2022 届毕业生，累计开展就业指导服务活动 1852 场次，覆盖 14.56 万人。开展大学生就业创业典型事迹展映展播活动。《人民日报》大篇幅报道内蒙古大学生创业故事。

【大学生创新创业】2022 年，自治区政府办公厅印发《关于进一步支持大学生创新创业的实施意见》，教育厅出台《内蒙古自治区“互联网 +”大学生创新创业大赛激励措施》，针对学校、教师、学生等层面制定 10 项激励举措。全面深化高校创新创业教育改革。全区在第八届中国国际“互联网 +”大学生创新创业大赛总决赛上再创佳绩，共获得 2 枚金牌、7 枚银牌、60 枚铜牌。年内有 4 所高校获批国家级创新创业学院、创新创业教育实践基地建设单位。

（黄迪帅）

【内蒙古大学】内蒙古大学是内蒙古唯一一所“211 工程”大学。2022 年，学校设有 1 个国家重点实验室，1 个国家工程研究中心，44 个省部级重点实验室、工程技术研究中心、人文社会科学重点研究基地；有 1 个国家一流学科，6 个自治区一流学科；有 13 个博士学位授权一级学科，24 个硕士学位授权一级学科；有 8 个博士后科研流动站，83 个本科专业；有蒙古语言文学、生物学、生命科学与技术、数理学 4 个国家级基础科学研究和教学人才培养基地，1 个教育部基础学科拔尖学生培养计划 2.0 基地，1 个国家大学生文化素质教育基地，1 个国家西部卓越基层法律人才培养基地，2 个国家级人才培养模式创新实验区，7 个国家级特色专业，33 个国家一流本科专业建设点，1 个国家专业综合改革试点，2 个国家级实验教学示范中心，2 个国家大学生校外实践教育基地，2 个教育部虚拟教研室建设试点。学校由校本部、交通学院、满洲里学院校区构成，设有 23 个学院，另设有 1 个独立二级学院——创业学院。校园占地面积 815.52 公顷，总建筑面积 77.78 万平方米。2022 年，固定资产 37.84 亿元，其中教学科研仪器设备总值 12.68 亿元。图书馆馆藏纸质图书 362.74 万册。有在编教职工 2005 人，其中教学科研人员 1346 人。全日制在校生 28749 人（其中博士研究生 1030 人、硕士研究生 8353 人、普通本科生 15893 人、高职生 1002 人、留学生 392 人、成人继续教育本科学生 1890 人、预科生 189 人）。2022 年招生 7123 人（其中，博士研究生 247 人、硕士研究生 2925 人、本科生 3951 人）。全年授予博士学位 151 人、硕士学位 2203 人、学士学位 3860 人。

学校生态与环境学院环境科学专业教工党支部入选教育部“全国党建工作样板支部”。牛遗传改良与生物育种技术团队获“全国专业技术人才先进集体”称号，“奶牛种公牛培育与性别控制繁育关键技术创新应用”“蒙古文人工智能云服务平台关键技术及应用”获教育部“2022年度高等学校科学研究优秀成果奖（科学技术）”科技进步二等奖。家畜现代生物育种团队入选第二批全国高校黄大年式教师团队，获第四届全国高校混合式教学设计创新大赛设计之星奖2项、优胜奖1项，1项创业推介项目、2项改革成果项目入选第十五届全国大学生创新创业年会，在第八届中国国际“互联网+”大学生创新创业大赛总决赛获银奖2个、铜奖5个。1名侨界代表获中国侨联第九届“侨界贡献奖”二等奖。

（梁雅慧）

教育人才队伍建设

【师资队伍建设】2022年，全区学前教育、小学、中学专任教师学历合格率均达到或接近100%（普通初中本科以上教师比例93.9%，高中研究生教师比例19.09%），高等院校具有研究生学位的教师占74.2%（博士学位研究生占21.56%），高级职称教师占45.38%（正高级占12.24%），形成一支素质优良、结构合理、充满活力的教师队伍。

【教师培训】 2022年，自治区教育厅持续开展中小学教师“国培计划”“区培计划”全年培训6.95万人次；推进中小学教师信息技术应用能力提升工程2.0培训项目，线上培训65340人次。

【教师招聘】 2022年，全区招聘中小学幼儿园教师11655名。招录482名自治区公费师范生、150名优师计划师范生，招聘942名国家“特岗教师”，招募37名银龄讲师，持续优化乡村教师队伍结构。落实“放管服”要求，将高等学校教师系列职称评审权全部下放至学校，将中等职业学校、中小学教师系列职称评审权下放至盟市，全日制本科高校教师资格认定全部委托高校实施。

【高层次人才引育和对外合作交流】 2022年，自治区教育厅双聘引进两院院士4名，邀请两院院士46人次到自治区进行科研学术指导。自治区教育厅与陕西省教育厅签订深化教育合作框架协议，推动陕蒙7所高校结对共建。深化沪蒙教育合作交流，累计有29所沪蒙高校签署了合作协议。推动10所职业院校加入东北三省一区“一带一路”职业教育联盟。全区有12所职业院校入选教育部中德先进职业教育合作项目首批试点院校。自治区教育厅与教育部中外语言交流合作中心签署备忘录，共建内蒙古自治区国际中文教育协作机制，推动国际中文教育事业可持续高质量发展，组织全区高校外籍师生积极参与各类文化交流活动，为增进中外友好交流贡献力量。

（黄迪帅）

文 化

文化场馆

内蒙古艺术剧院

【概况】 2022年，内蒙古艺术剧院组织到基层惠民演出、对外交流演出、商业演出、《千古马颂》驻场演出、区内外巡回演出366场，观众累计20万人次，展示剧院各艺术团创作成果，丰富群众精神文化生活。在“第十九届中国·内蒙古草原文化节”开幕式上，推出内蒙古经典歌曲演唱会《我和草原有个约定》；与中国交响乐联盟联合创作交响音诗《千里江山》，联合中国爱乐乐团、包头交响乐团完成内蒙古首演；新创漫瀚调交响曲《温暖的几字弯》参加鄂尔多斯市第一届“漫瀚调艺术节”开幕式演出；组织交响乐《旗帜》开展呼和浩特市和沿长江——重庆、长沙城市巡演；民族乐团国家艺术基金扶持项目《丝路草原》开展呼和浩特、鄂尔多斯及延安、西安、长沙等城市巡演；完成第一季“实验剧场”项目，推出“剧本再现”、实验歌剧《江

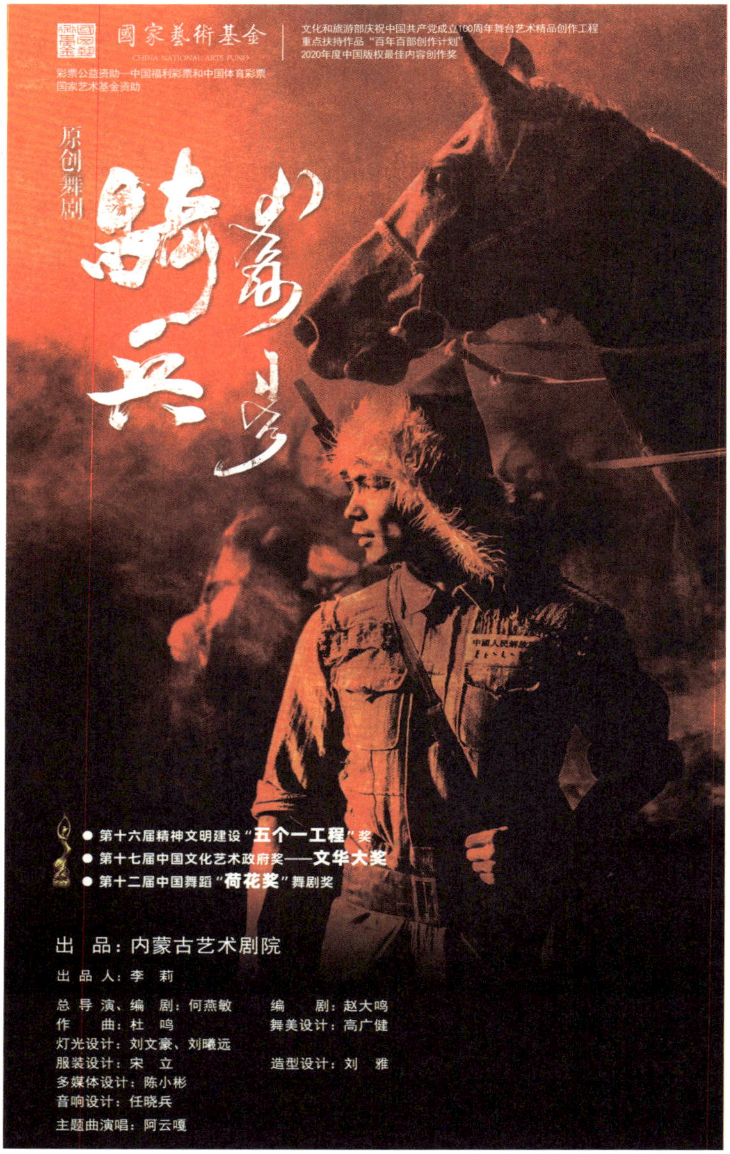

图74 原创舞剧《骑兵》海报

（内蒙古艺术剧院 供图）

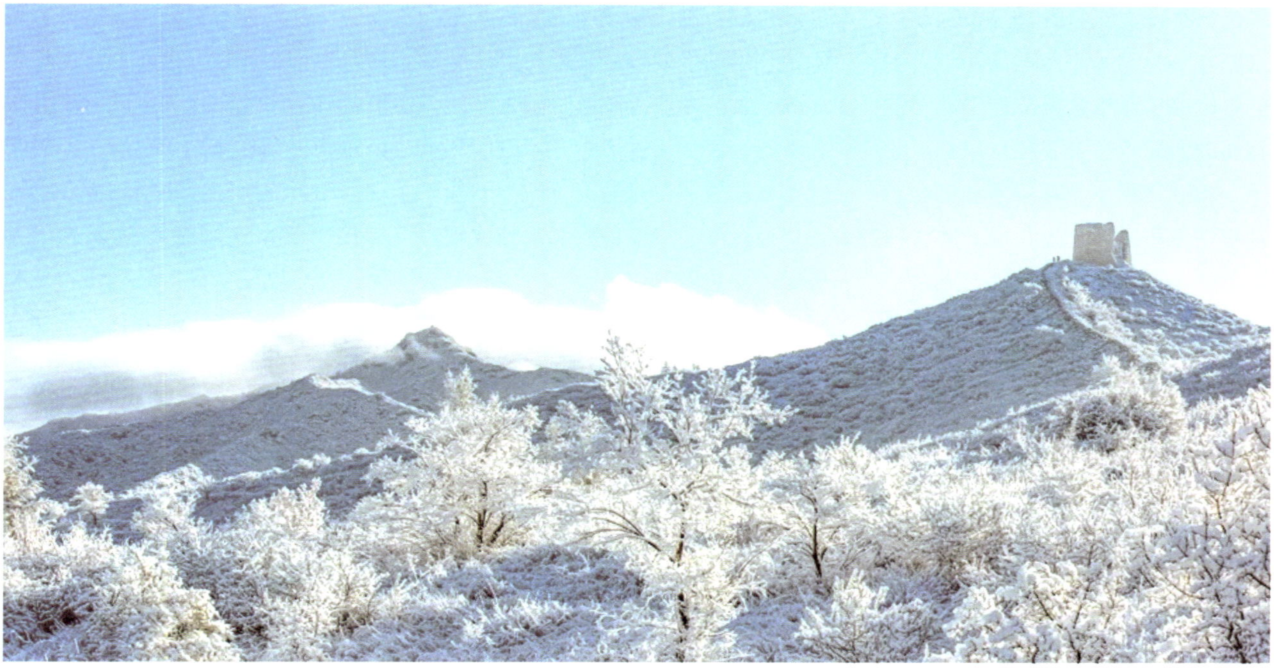

图 75　2022 年 9 月 16 日，第三十四届中国华北摄影艺术展览在兴安盟阿尔山论坛中心开幕。图为河北省参展作品之一 范升《银装素裹》
（河北省摄影家协会　供图）

格尔的雄狮》。

年内，内蒙古艺术剧院获评第十届自治区文明单位；《骑兵》项目组获第七届“内蒙古青年五四奖章”；歌舞团获得 2020—2022 年度自治区级“青年文明号”称号；国家一级编导、杂技团团长塔纳入选自治区第十二批“草原英才”工程高层次培养人才名单。《千古马颂》基地获呼和浩特市新城区森林草原防火指挥部授予的 2022 年春季森林草原防灭火工作先进单位称号。艺术剧院选送舞剧《骑兵》、交响曲《旗帜》、民族管弦乐组曲《奋斗》、舞蹈《心灵之光》《童趣》、合唱《蒙古马》《候鸟叙事曲》、二人台《山那边》、话剧《HI，我找吕布》等各艺术门类优秀作品参加国内外各级各类比赛展演，获得国际国内奖项 110 个，其中国际奖项 25 个、国家级奖项 14 个，省（自治区、直辖市）级奖项 71 个。主要奖项包括舞剧《骑兵》获第十六届全国精神文明建设“五个一工程”奖、第十七届“文华大奖”，为 1947 年自治区成立以来首次实现艺术创作同时获两个国家大奖，实现同一作品获国家级奖项“大满贯”（“荷花奖”、文华大奖、“五个一工程”奖）的舞台艺术作品；交响乐《旗帜》入选文旅部 2022—2023 年度“时代交响”创作扶持计划、交响乐大型作品名单；舞剧《骑兵》、纪录片《草原杂技传神韵：内蒙古艺术剧院杂技团建团六十周年寻访记》、舞蹈《心灵之光》《童趣》、二人台《山那边》获自治区第十五届精神文明建设“五个一工程”奖；舞蹈《苏和与小白马》《雕花的马鞍》《心灵之光》《回到家乡》《童趣》获第十届华北五省（自治区、直辖市）舞蹈大赛（专业青年组）表演一、二等奖；合唱团获莫斯科国际音乐节（莫斯科之声）学术合唱比赛一级合唱团桂冠，第十六届中国国际合唱节大赛成人混声组一级团称号。

【艺术创作】 2022 年，内蒙古艺术剧院围绕中国共产党的百年奋斗重要成就、中共二十大召开、生态优先绿色发展、乡村振兴、文化自信自强等主题，采取创作、孵化、学演、移植、提升、复排、联合创作等方式完成一批重点剧目和大、中、小型舞台艺术作品，同时启动创作 4 部重点剧目。落实自治区党委宣传部关于“打造政治性强、内涵丰富、意蕴厚重、接受度高的中华文化符号和形象，打造一批具有中华文化底蕴、汲取各民族文化营养、融合现代文明的书籍、舞台艺术作品、影视作品、美术作品”即“两个打造”要求推出创作一批剧节目。围绕国家象征符号和形象，修改提升交响乐《旗帜》；围绕中华优秀传统文化符号和形象，创作京剧专场晚会《京腔国韵》、启动创作歌剧《江格尔》，创作内蒙古经典歌曲演唱会《我和草原有个约定》；围绕革命文化符号和形象，升级情景短剧《林海雪原》《青春之歌》《烈火中永生》、二人台小戏《半条棉被》及群口乌力格尔《飞夺泸定桥》；围绕当代精神文化符号和形象，完成创作杂技剧《我们的美好生活》、民族曲艺节目《美丽乡村我来说》、小品《爱与责任》，新创歌曲《北斗望》《共同拥有》，启动创作话剧《高高的兴安岭》、二人台现代戏《黄河长歌》；围绕人文地理符号和形象，与中国交响乐联盟联合创作交响音诗《千里江山》，联合创作漫瀚调交响曲《温暖的几字弯》，启动创作交响乐《绿色长城》。

【文化交流与推广】 2022年，内蒙古艺术剧院向布加勒斯特中国文化中心推送民族管弦乐《丝路草原》，线上展播2022"欢乐春节"演出活动。向自治区党委宣传部推送舞剧《骑兵》、杂技剧《鸿雁》等2022年对外文化交流项目及优秀地方文化项目，向第八届丝绸之路国际艺术节推送交响诗画《我愿以身许国》、交响曲《旗帜》等展演项目，向自治区文化和旅游厅推送内蒙古艺术剧院2023—2025年与白俄罗斯共和国戈梅利州开展文化交流活动计划。

【艺术剧院改革】 2022年，内蒙古艺术剧院深化剧院21个处室机构改革工作，完成"三定"（定人、定编、定岗）方案，规范编制管理。管理机制：制定印发《内蒙古艺术剧院艺术绩效发放管理暂行办法》《内蒙古艺术剧院绩效工资发放管理暂行办法》《内蒙古艺术剧院年度考核奖发放管理暂行办法》，依据行业标准、专业能力和工作表现确定"角色"和"艺衔"等级；制定印发《内蒙古艺术剧院演职人员岗位进修管理暂行办法》《内蒙古艺术剧院攻读硕士博士管理暂行办法》，规范剧院演职人员岗位进修和攻读硕士博士的审批和管理；制定印发《内蒙古艺术剧院创新型人才柔性管理暂行办法》，通过目标化管理给予创新型人才自由发展空间，激励其在专业领域取得更多的创新成果，做出更大的贡献。创作机制：以杂技剧《我们的美好生活》为试点试行"揭榜挂帅"机制，面向全社会招募创作团队，以内蒙古籍和剧院创作人员为主完成剧目创作；实施"实验剧场"剧目孵化项目，推出实验歌剧《江格尔的雄狮》、剧本朗读会等项目，培育青年创作人才；规范内蒙古艺术剧院艺术委员会工作流程，促进重大主题剧目创作，打造艺术精品。演出机制：调整线下惠民演出地区分布结构，拉开艺术绩效发放档次；运用"观众满意度调查"，优化"一演一评"评价机制；简化意识形态七级审核流程，排查风险隐患，助推文艺生态良性发展。内蒙古乌兰恰特演艺有限责任公司深化改革方案获自治区党委宣传部批准，演艺公司改革成在自治区党委宣传部和文旅厅共同监管下，内蒙古艺术剧院主管主办的国有独资公司；经实地调研和综合研判，确定继续以委托经营、市场运作、业主监管的方式同北京保利剧院管理有限公司开展第三期乌兰恰特委托运营合作，并将乌兰恰特打造为北京保利剧院管理有限公司剧目创作基地（北方）；《千古马颂》克服新冠疫情防控和场地交接困难，实现票房收入51.5万元；结合剧院各处旧址区位特点和优势，制定市场化产业化运营初步方案。

【艺术帮扶与志愿服务】 2022年，内蒙古艺术剧院为解决基层院团作品少、作品荒的问题，助力"学·创·演"结对帮扶，突出学习培训、内容生产、演出服务三项重点任务，联合自治区直属乌兰牧骑向全区12盟市20支乌兰牧骑派出基层结对帮扶艺术创作辅导员42人，累计完成15000余小时辅导，重点开展"两个打造"舞台艺术作品的创作、提升工作。内蒙古艺术剧院党委在包联社区首府观邸及志愿服务社区如意社区设立志愿服务点，累计派出干部78人次值班值守22班次，捐赠新冠防疫物资累计价值15700余元。有21个党（团）支部132名党员干部和团员青年在80个居民小区开展疫情防控志愿服务13000余小时，其中24名处级干部带头在疫情防控一线值班值守1849小时。

（牟　妮）

内蒙古博物院

【概况】 2022年，内蒙古博物院内收藏有古生物化石、历史文物、民族民俗文物共计150316件（套），其中一级文物652件（套）、二级文物2216件（套），

表 49　2022 年内蒙古博物院获得荣誉称号一览表

2022 年 12 月

获荣誉称号的单位、个人	时间	荣誉级别评审机构	荣誉称号
内蒙古博物院社会教育部	2022 年 8 月	全国创建青年文明号组委会办公室	一星级全国青年文明号
内蒙古博物院	2022 年 8 月	教育部办公厅 国家文物局办公室	“全国大思政课”实践教学基地
内蒙古博物院 青少年志愿服务项目“小小志愿者”	2022 年 9 月	中宣部志愿者服务促进中心 国家文物局博物馆 社会文物局	博物馆志愿服务优秀项目
内蒙古博物院 “流动数字博物馆”数字巡展活动	2022 年 12 月	中国文物学会 中国文物报社	全国文博社教百强案例
内蒙古博物院 “博物弘文守望相助”志愿服务项目	2022 年 12 月	文化和旅游部 公共服务司	边疆民族地区志愿服务典型案例
内蒙古博物院	2022 年 12 月	中国博物馆协会 中国文物报社	2022 年全国“新时代博物馆百大陈列展览精品奖”
内蒙古博物院团委	2022 年 4 月	自治区级	五四红旗团委（团支部）
苗　萌	2022 年 1 月	中共中央宣传部	金牌讲解员
苗　萌	2022 年 9 月	共青团中央、人力资源和社会保障部	全国青年岗位能手
李雅洁	2022 年 4 月	自治区级	优秀共青团干部
王子涵	2022 年 4 月	自治区级	优秀共青团员

（表格来源：内蒙古博物馆）

编辑出版学术成果 18 部。三级文物 2777 件（套）。院内有 9 个基本陈列，构成内蒙古博物院陈列展览的基本架构。其中重点是“远古世界”“文明曙光”“边关岁月”“大辽契丹”“交融的魅力”“解放之路”六大基本陈列，另外还有“北疆桦歌”“亮丽内蒙古”“飞天神州”3 个专题展览。内蒙古博物院还有数字展厅，用数字化的展示手段，系统地介绍内蒙古自治区重要的文物古迹与特色文物。有完善的观众人证查验系统、人脸自动识别系统、火灾自动报警系统等。2022 年 8 月，全国创建青年文明号组委会办公室对青年文明号星级认定工作进行通报，内蒙古博物院社会教育部被认定为一星级全国青年文明号。同月，教育部、国家文物局联合发布中华优秀传统文化、革命文化、社会主义先进文化专题实践教学基地名单，内蒙古博物院成为首批内蒙古自治区入选的 6 家“全国大思政课”实践教学基地之一。9 月，内蒙古博物院青少年志愿服务项目“小小志愿者”获评全国“喜迎二十大 强国复兴有我——青少年中华文物我来讲”博物馆志愿服务优秀项目。2022 年 12 月，中国博物馆协会、中国文物报社授予内蒙古博物院 2022 年全国“新时代博物馆百大陈列展览精品奖”。1 月，内蒙古博物院苗萌被中共中央宣传部授予“金牌讲解员”称号，被共青团中央、人力资源和社会保障部授予“全国青年岗位能手”称号。

【展览陈列】 2022 年，内蒙古博物院先后组织 4 个临时展览。“长城两边是故乡——内蒙古文物菁华展”，2022 年 5 月 18 日至 8 月 18 日展出。展览自 2021 年 9 月在中国国家博物馆开幕以来，受到社会的广泛关注和好评，展期也一度延长至两会结束之后，即由原来的 3 个月延至 6 个月。“玉·见文明——红山·良渚文化文物精品展”，8 月 25 日至 12 月 15 日展出。展览由内蒙古自治区文化和旅游厅、内蒙古自治区文物局主办，内蒙古博物院承办，区内外 15 家文博机构联合参展。展览以红山、良渚文化玉器等代表性器物为主，展现这两种处于文明起源阶段不同文化的共性与特性，见证中华文明多元一体

表 50　2022 年内蒙古博物院学术成果一览表

序号	所属部门	作者	论文／论著／大纲／词条	作者排名	发表时间	出版单位、发表刊物
1	规划发展部	李少兵	《白敖包遗址发掘报告》（上下册）	1	2022 年 1 月	文物出版社
2	典藏部	郑承燕	《一眼千年》论著	1	2022 年 1 月	内蒙古教育出版社
3	文物鉴定与资料部	萨仁毕力格	《匈奴平民墓葬研究》译著	1	2022 年 1 月	社会科学文献出版社
4	文物鉴定与资料部	苏　东	中国缸瓦窑《赤峰缸瓦窑的印花装饰》论文	—	2022 年 3 月	中国华侨出版社
5	社会教育部	蒋丽楠	《讲好中国故事 打造宣传高地》论文	—	2022 年 3 月	《实践》
6	社会教育部	蒋丽楠	《基于节庆浅析优秀传统文化的传承与创新》论文	1	2022 年 4 月	《文化产业》
7	社会教育部	蒋丽楠	《馆校合作背景下的青少年科普教育——以内蒙古博物院“行走中的博物馆”项目为例》论文	—	2022 年 5 月	《科技视界》
8	文物保护部	王永乐	《凌源小喇嘛沟辽墓出土马铃的科学检测》论文	1	2022 年 5 月	《沈阳考古文集》
9	展览陈列部	李艳阳	《草原瑰宝——文物背后的故事》论著	1	2022 年 5 月	内蒙古人民出版社
10	文物鉴定与资料部	丁　勇	《落实总书记安全生产指示精神持之以恒的抓好安全生产工作》论文	—	2022 年 5 月	《中国博物馆协会安全专业委员会第九届中国博物馆及相关产品与技术博览会安全专业委员会 2022 郑州年会论文集》
11	安全保卫部	席　鹏	《新时代博物馆大型活动安全保卫工作挑战及对策》论文	1	2022 年 5 月	《中国博物馆协会安全专业委员会第九届中国博物馆及相关产品与技术博览会安全专业委员会 2022 郑州年会论文集》
12	文物保护部	郭祖榕	《中国书画文物装裱修复的转变与相关实践》论文	1	2022 年 7 月	《黄河 黄土 黄种人》
13	社会教育部	布和朝鲁	《集宁路古城遗址出土元代高足杯纹样与功用考》论文	1	2022 年 8 月	《内蒙古艺术》
14	文物保护部	郭祖榕	《浅析馆藏纸质文物的修复——以扇面修复为例》论文	1	2022 年 8 月	《对联》
15	文物保护部	郭祖榕	《纸质文物修复中现代显微技术的具体应用》论文	1	2022 年 9 月	《大众标准化》
16	文物鉴定与资料部	郑淑敏	《内蒙古和林格尔土城子（一）：城址发掘报告》论著	2	2022 年 11 月	科学出版社
17	文物鉴定与资料部	郑淑敏	《内蒙古和林格尔土城子（五）：辽、金、清代墓葬发掘报告（1997—2007）》论著	2	2022 年 11 月	科学出版社
18	文物鉴定与资料部	萨仁毕力格	《伊和淖尔 M6 出土项饰、腰带及其与欧亚大陆之间的联系》译著	2	2022 年 11 月	《北方民族考古》

（表格来源：内蒙古博物馆）

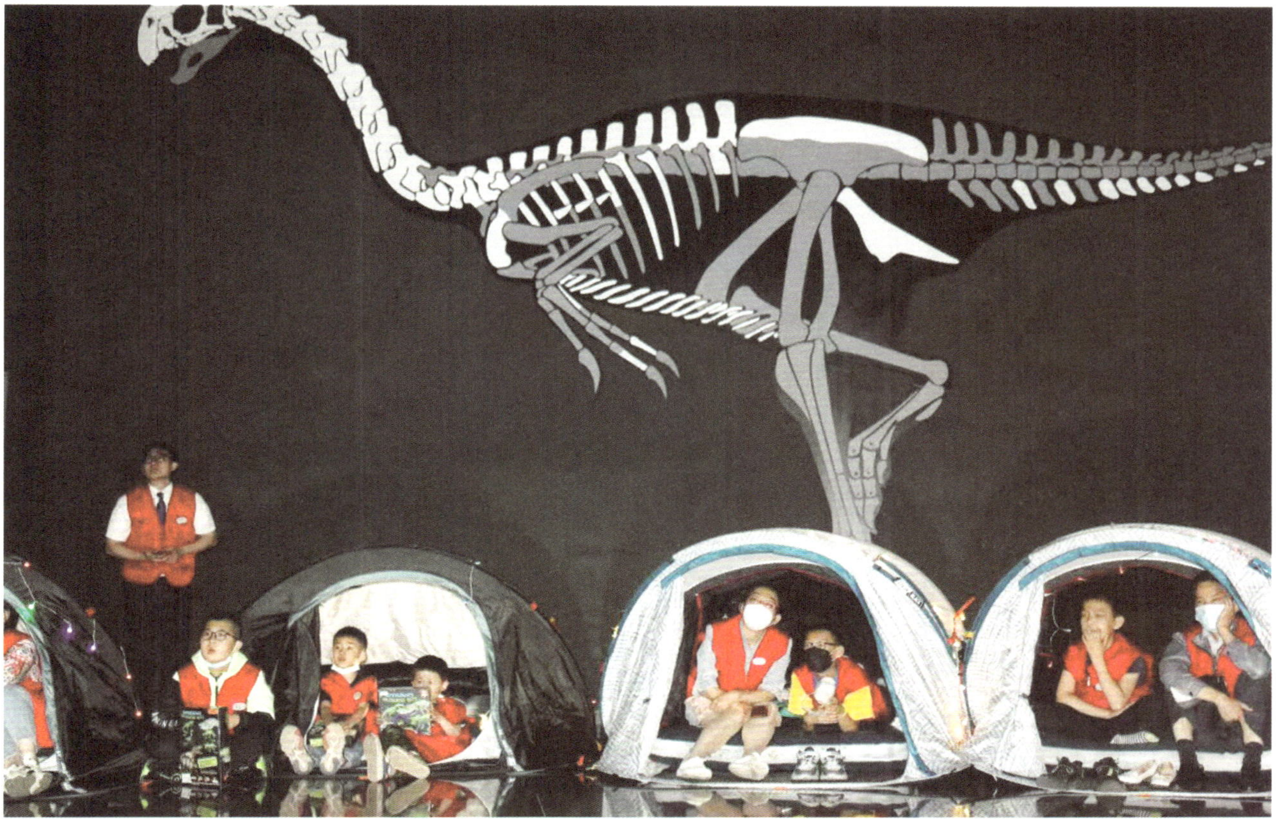

图76　2022年6月1日，内蒙古博物院推出“博物馆奇妙夜”活动。活动邀请6组家庭的家长和小朋友们夜探博物馆，一起走进“远古世界”，在恐龙脚下安营扎寨，躺在帐篷里看恐龙，在博物馆共度美好亲子时光

（内蒙古博物院　供图）

格局的形成和发展。展出文物计280余件（套），其中一级文物36件、二级文物51件、三级文物43件。展览得到社会各界的广泛关注与肯定。经过各级新闻媒体的宣传，以及内蒙古博物院相关社会教育活动的开展，引发广大观众的观展热情，参观人数逾5万人次。引进福建博物院“器成天下走铸牢中华民族共同体意识——明清德化瓷器精品展”，该展览精选福建博物院藏88件明清两代德化窑珍贵瓷器，展现其晶莹剔透之冰玉本色，彰显其文化交流交融之深层次内涵，感知中华优秀传统文化的博大精深，以增强民族自信心与自豪感，为铸牢中华民族共同体意识提供丰厚的历史滋养。“万里茶道文物图片展”，配合内蒙古自治区文化和旅游厅“感悟中华文化·畅游祖国北疆”系列活动，内蒙古博物院完成“大漠古道世纪风——万里茶道历史文化展”，展览精选万里茶道在中国境内经过的9个省区的主要遗产遗迹图片资料，以及申遗工作的重大进展和最新茶道调查成果，展示万里茶道的文化底蕴和丰富独特的文化内涵。

【文物保护与研究】　2022年，内蒙古博物院组织实施文物保护与研究项目。开展内蒙古桃红巴拉墓葬出土铜器的科学研究（项目编号：2020GG0215）。取样内蒙古博物院院藏42件文物，对金相样品进行实验室镶样，采用热镶技术对42件样品前期制备。完成样品的铅同位素比值测定，获得实验数据。“十四五”国家重点研发计划“文化科技与现代服务业（第二批）”重点专项2022年度项目的子项目“皮革制文物劣化机理与预防性保护策略研究”，获批立项（2022YFF0904100）。该项目由中国丝绸博物馆联合北京科技大学、四川大学、浙江大学、浙江理工大学、中国科学院大学、新疆维吾尔自治区文物考古研究所、河南省文物考古研究院、内蒙古博物院、成都博物馆（排名不分先后）10家单位共同申请。

（马　茹）

内蒙古图书馆

【概况】　2022年，内蒙古自治区图书馆（以下简称内蒙古图书馆）

购入中文图书30095种、79957册，蒙古文图书1786种、4691册，外文图书255册，电子图书17万册，有声读物3万小时。馆内接待读者363550人次，流通图书294018册次，办理读者借阅证7768张；门户网站累计访问1496.2万人次。开展阅读推广活动800余场（期），组织开展公益讲座、展览29场次。内蒙古图书馆团结动员全区公共图书馆、高校图书馆、党校图书馆、科研院所图书馆及广大图书馆工作者开展交流合作，依托全区各级各类图书馆，以传统节日、“4·23”世界读书日等为契机开展阅读推广活动，推进全区文化事业繁荣发展。

【阅读推广活动】 2022年，内蒙古图书馆按照自治区文化和旅游厅关于“两个打造”的工作部署，依托各级公共图书馆组织开展《中华传统文化百部经典》系列推广活动；策划拍摄24期“解锁尘封的记忆 聆听古籍的声音”系列阅读推广节目并通过图书馆公众号发布；以“内图阅见”品牌开展线上线下活动计46场，活动信息获各类媒体转载报道28次；推出“弘扬精神谱系 阅赏经典书籍”等阅读分享栏目百余期；少儿服务部围绕春节、元宵节等传统节日开展线下活动87场，推出“中华汉字故事”等线上阅读推广活动249期；残障人士服务部开展“心之路”“心之声”“心之光”系列助残活动累计70期；音乐影视馆举办观影活动34场，数字资源展播16期；线上推送蒙古语公益讲堂27期，线上绘画展8期；推送外文绘本故事等栏目40期；举办专题讲座17场，专题展览12场。新冠疫情防控期间，自治区图书馆整合资源，开放云图数字有声图书馆，推出“疫情防控公益知识库”，通过官方网站和官微账号连续推送一系列线上服务及读者活动，确保闭馆期间文化服务不停摆。

【古籍与民族地方文献保护】2022年，内蒙古图书馆召开6次古籍文献建设项目专家会议，对202件蒙古文古籍与蒙古学研究文献、254种新蒙文文献和104件珍贵古籍再生制作文献进行评估、验收。全年数字化蒙汉文古籍、民国文献、《绥远日报》近50万页；修复古籍、地契、舆图等近500页；为全国智慧图书馆项目中古籍数字化加工工作提供古籍和民国文献108册，期刊384册；与喀喇沁旗佛教协会、古籍文献保护办公室合作开展《大般若经》再版印刷工作；完成《蒙古文古籍所载中华民族交往交流交融史料汇编》编撰工作；整理出版《内蒙古图书馆满文古籍图书综录》；内蒙古社会科学基金项目“清代绥远城驻防《满蒙八旗装备图》整理与研究”立项，内蒙古民委项目《汉蒙对照图书馆学情报学名词术语详解词典》完成结项。

【数字智慧化图书馆建设】 2022年，“数字文化走进蒙古包”工程更新电子资源1.1太字节，为读者来电与互联网咨询解答369次。以资源整合和信息服务作为切入点，设计研发基于大数据的图书资源服务整体解决方案——“智能红书箱”，完成规划设计的软硬件全部功能，新增图书消杀功能和党建书单、“两个打造”专架、电子书等功能。年内，根据基层图书馆反馈需求，全面升级“书香北疆·码上悦读”平台。7月，举办全区码上悦读线上培训会，针对全国图书馆第七次评估定级，向全区公共图书馆免费开通网站基础版。至年底，使用平台累计注册图书馆128家、吸纳读者17万人、资源浏览23.5万人次。

【分馆建设】 2022年，内蒙古图书馆完成内蒙古军区直属队、呼和浩特市特殊教育学校等7家分馆建设，调拨图书52491册。至年底，建成分馆133家。

（任弈菲）

文化馆

【概况】 2022年，内蒙古各级文化馆公共服务效能不断提升。推动文化馆达标建设，全区88个文化馆达到国家建设标准，是呼和浩特市、包头市、鄂尔多斯市成功创建国家公共文化服务体系示范区的主力军。推荐获评全国民间艺术之乡5个，命名全区民间艺术之乡24个、农村牧区文化示范户120个。各地举办“群星奖”优秀节目全区巡演、“唱支山歌给党听”全区群众性歌咏活动、“舞动北疆”全区广场舞大赛、“我和我的祖国”全区合唱艺术节、农牧民文艺演、“魅力乌拉特”西部民歌会、“送戏曲进乡村”演出、“乡村村晚”等导向性示范性群众文化活动2000余场次。广场舞类作品《森林中的考考乐》获国家群星奖，漫瀚调联唱《美好家园人情厚》、好来宝《那达慕》等4部作品获国家群星奖入围奖。

建立文化志愿服务数字化管理平台，组织开展“阳光工程”“圆梦工程”“春雨工程”文化志愿服务，评选命名一批全区优秀文化志愿服务项目、服务团队和志愿者。

【数字化服务】 2022年，自治区文化馆完成国家公共文化云12场直录播、内蒙古文化云50场直录播活动，制作推出22个小时慕课教学资源，组织推荐喀喇沁旗文化馆、敖汉旗文化馆入选国家公共文化云基层智能服务端首批典型应用案例，完成公共文化云建设2021年项目验收和2022年项目建设各项任务。内蒙古文化云实现多终端展示，整理制作的文化活动和艺术普及资源1100GB，各类群众文化活动资讯4800余条，浏览707万人次。直录播文化活动90余场，观看直播260万人次。在线文化艺术课程649个，培训83万人次。截至2022年11月底，内蒙古文化云平台总访问量约1600万人次，有效发挥公共文化服务效能。全年文化馆网站访问量6.2万次，总访问量为29.9万次，全年发布信息512篇。微信公众号访问量7.6万次，总访问量52.9万次，总用户3975人，全年发布信息总数259篇。

【群众文化活动】 2022年，自治区文化馆举办群众文化活动，包括喜迎二十大强国复兴有我——“唱响北疆”全区第四届群众歌咏展演及全区群众合唱音乐会、“醉美草原，亮丽北疆”第二届全区书法作品展览，2022年“写生内蒙古”美术作品展览等。线上活动包括“迎新春·中华优秀传统文化进万家”系列群众文化线上活动，美术摄影线上展览，“喜迎二十大、强国复兴有我”2022全区“小金话筒杯”青少年语言才艺网络展评活动，“三省一区”文化志愿者边疆万里行惠民演出——内蒙古站，领航新征程——第九批“中国梦”主题新创作歌曲展播，全区群众歌咏展演动态宣传活动，“美好生活 云游艺海”系列线上群众文化活动，第四届内蒙古自治区“群星奖”评选活动，全区群众合唱线上展演活动。跨区域交流活动包括2022年“三省一区”红色文艺轻骑兵文化志愿者边疆万里行惠民演出——吉林省专场，选拔优秀曲艺作品参与由中国文化馆协会主办、内蒙古自治区文化馆等单位联合承办的2022年黄河流域地方曲种调研活动，完成中国文化馆协会《广场舞文化发展报告（2022）》的征稿报送工作，完成“百姓大舞台”全国群众文化品牌活动案例宣推材料整理报送和“喜迎二十大·奋进新征程”群众文化活动——“舞出中国红”全国广场舞作品创编征集活动选拔报送工作，选拔节目参加由天津市委宣传部主办的“新农村新文化新风尚”第七届“天穆杯”小品展演活动。

【“百馆千站”人才培养】2022年，自治区文化馆实施“百馆千站”人才培养计划，举办2022年内蒙古自治区“阳光工程”“圆梦工程”文化志愿者舞蹈编创线上培训班和全区文化馆文艺演出主持人培训班，全区400余名学员参训。开展培训活动2次，利用线上线下教学资源，分别就群文舞蹈编创和文艺演出主持技能2个方面进行探索和指导，既注重夯实理论基础，又注重实际操作，提升基层文化馆业务骨干的专业能力，为自治区群众文化舞台注入活力、激发动力。

【公益培训】 2022年，自治区文化馆继续深化免费服务举办各种公益培训。上半年，发布“走进艺术殿堂 享受精彩生活”公益培训班春季招生公告，举办声乐、器乐、音乐素养等不同门类的培训班30期；下半年，推出“云端美育”文旅志愿者线上艺术课堂“全民艺术普及”云课堂，“学才艺”视频教学等，采用“互联网+培训”的形式开展公益培训。全年举办免费开放展览5期，交流展览1期。

【老年文艺大学和馆办社团建设】2022年，自治区文化馆加快老年文化艺术大学和馆办社团建设，全年组织35个团队举办35个长期培训班，丰富群众的精神文化生活，增强各类群众社团的凝聚力，扩大社会影响力。

（魏国清）

内蒙古展览馆

【概况】 2022年，内蒙古展览馆全年举办11个展览，41期110场社教活动，现场观众80余万人次，网上浏览人数近7000万人次，不断提升公共文化服务效能。

【重大主题展览】 2022年，内蒙古展览馆围绕国家和自治区重要活动，承办重大主题性展览。聚焦迎接宣传贯彻中共二十大精神，承办“奋进新时代”主题成就展之“亮丽内蒙古”展览，习近平总书记等党和国家领导人亲临现场参观。推出“亮丽内蒙古 奋进新征程”学习宣传贯彻中共二十大精神主题网上展和实体展，成为全区广大党员学习中共二十大精神的生动课堂和重要载体。承办第六届丝绸之路国际博览会内蒙古展区展览和系列活动，中共中央政治局委员、中央外事办主任杨洁篪参观内蒙古展区，给予赞许。完成第十八届中国（深圳）国际文化产业博览交易会内蒙古展区展览，宣传“亮丽内蒙古 四季好风光”品牌形象。

【“中华颂”系列展】 2022年，内蒙古展览馆举办“中华颂”系列展览活动，着力宣传中华文化符号和中华民族形象。落实自治区党委“两个打造”工作部署，通过“综合性展览＋系列专题性展览”“展览＋社会教育活动”的形式，将中华文化符号和中华民族形象展现出来，成为加强中华民族共同体意识教育的生动课堂，构筑中华民族共有精神家园的载体。央视新闻以“构筑共有精神家园 感受中华文明”为主题报道系列展览，“中华颂——黄河非遗大展”被文化和旅游部列为黄河流域非遗宣传展示品牌活动。

【社会教育活动】 2022年，内蒙古展览馆常年开展社会教育活动，着力传播传承中华优秀传统文化。“中华文化月月传”组织观看红色电影、开展专家讲座、读书会、艺术笔会等，传播中华优秀传统文化。“讲讲北疆新时代”以“书”（书家乡、画河山）、“学”（学文化、学技能）、“讲”（讲区情、讲传统）、“诵”（诵经典、颂未来）的形式，弘扬爱国传统，厚植爱国情怀。“传统手工艺大课堂”开展非遗技艺传承、同类型非遗项目对比展演、非遗传承人与文创人员交流等活动，以时代精神激活文化遗产。展览和不间断的社教活动相互加持，弘扬主旋律，凝聚人民群众的精神力量。

（王佐政）

群众文化

【书法公益系列活动】 2022年1月7日、10日、25日、26日，由内蒙古自治区文学艺术界联合会（简称自治区文联）主办，内蒙古书法家协会、内蒙古文艺志愿者协会协办的“送万福、进万家”书法公益系列活动走进呼和浩特市曙光社区、呼和浩特市回民区公安分局、中国农业科学院草原研究所、白塔机场内蒙古空港贵宾服务有限公司等地为社区居民、基层公安干警、科研人员、抗疫一线工作者等广大干部群众送“福”字、春联以及书法作品等各类文化大礼包，营造喜庆祥和的文化氛围和节日气氛。

【全国群众舞蹈网络展演】 2022年5月15日，中国舞蹈家协会启动并开展“2022年全国群众舞蹈网络展演活动”，内蒙古舞蹈家协会联动全区各盟市舞蹈家协会、自治区文艺团体、艺术院校、乌兰牧骑、“两新”舞蹈文艺群体、舞蹈培训机构、舞蹈爱好者等在全区范围内征集群众舞蹈作品，截至12月底，共有200余部作品参与，展播以线上展示为主，通过网络生动展现当下中国人的精神风貌、表达民众对祖国和人民的赤子情怀。活动启动当日，内蒙古舞蹈家协会——舞动四方话题位居热搜榜单，全年播放量突破722.6万次。

【新时代文明实践文艺志愿服务走进恼包村】 2022年5月21日，由自治区文联、中央广播电视总台内蒙古总站主办的新时代文明实践文艺志愿服务活动走进呼和浩特市新城区恼包村。70多名文艺志愿者开展文艺志愿活动，音乐志愿者开展村歌教唱，美术志愿者为恼包村先进人物画像，书法志愿者与村民现场书写等，服务群众1000余人。内蒙古作家协会还精选部分本土作家的优秀文学作品，赠送基层图书阅览室。

【京蒙文化交流】 2022年8月14—19日，由自治区文联、北京市文联主办，内蒙古文艺志愿者协会、赤峰市文联承办的“到人民中去——京蒙文化交流惠民演出活动”在赤峰市巴林右旗、克什克腾旗举办两场文艺演出，内蒙古、北京两地近30人组成的文艺志愿团队在巴林右旗政府广场、克什克腾旗沐伦夜市为当地老百姓送上包含独唱、合唱、舞蹈、乐器演奏、民歌、魔术、杂技、好来宝等形式的每场13个节目的精彩文艺演出。

【蒙湘文艺志愿服务】 2022年8月14—19日，由湖南省和内蒙古自治区两地近40名文艺家和文艺志愿者组成的采风交流团队由呼和浩特市到海拉尔一路向北，沿中俄边境公路开展文艺讲座、交流演出、创作研讨等一系列丰富的文艺志愿服务活动。走访边疆牧民家庭和恩和俄罗斯族家庭，了解他们的生产生活情况，与当地牧民促膝长谈，和民间艺人载歌载舞，与乌兰牧骑队员深入交流。并将精心准备的图册、书籍和文艺作品送到陈旗胡列也吐部队和黑山头边防部队的官兵手中。

【文化“十送”活动】 2022年8月16日，由自治区文明办、自治区妇联、自治区文联、自治区残联、自治区红十字会、内蒙古艺术剧院歌舞剧团联合主办，呼和浩特市妇联、内蒙古文艺志愿者协会承办，内蒙古翻译家协会协办的“北疆巾帼心向党 携手喜迎二十大——我为妇女儿童办实事·十送”示范引领推进活动在呼和浩特市宝鼎广场举行。自治区文联通过“台上+台下”相结合的方式，开展“送文化”活动，排演独唱《看不够美丽中国》、马头琴伴舞《万马奔腾》、魔术表演《鸽之梦》等文艺节目，为现场群众免费赠阅“优秀蒙古文文学作品翻译出版工程”图书200余册。活动现场，还集中开展送理论、送法律、送科技、送文化、送关怀、送家教、送技能、送健康、送温暖、送服务“十送”活动，各主办单位各有侧重地开展多项服务，共同营造“北疆巾帼心向党 携手喜迎二十大”的浓厚氛围。

【文艺志愿服务活动走进福康敬老院】 2022年9月27日，内蒙古文艺志愿者协会、呼和浩特市文联共同举办“爱在金秋 情暖重阳——‘我们的节日·重阳’文艺志愿服务走进福康老年公寓”活动，志愿者带着牛奶等慰问品探望敬老院老年人，并献上二人台歌舞小戏《挂红灯》、歌曲《孝敬父母要趁早》、魔术《绳子幻象》、马头琴《奔腾的白骏马》、舞蹈《祝福》、魔术《奇幻旅程》和杂技《杂耍技巧》等文艺节目。书画志愿者们挥毫泼墨，用书画表达对老年人的祝福。

【杂技魔术文艺惠民活动】 由自治区文联主办，内蒙古杂技家协会承办的“礼赞新时代 奋进新征程”——新时代文明实践活动，于2022年9月8日走进赛罕区巴彦镇罗家营村、9月15日走进赛罕区部独利村、9月20日走进消防救援总队、9月23日走进赛罕区东昇小学开展进基层文艺惠民活动。新时代文明实践杂技魔术演出包含《集体草帽》《坛技》《双人力》《滚环》《丝韵》《套马杆》《肩上芭蕾》《魔手神彩》《高车飞碗》等13个精彩节目。

【“唱响北疆”全区第四届群众歌咏展演】 2022年8月6日，“唱响北疆”全区第四届群众歌咏展演作为第十九届中国·内蒙古草原文化节项目之一在内蒙古体育馆举行，全区各盟市的8支优秀群众合唱团共300多名演员登台献唱。各盟市所推荐的40余支合唱队伍经专家线上对每个合唱团进行问答、解惑、讲解排练合唱作品后，在网上对作品进行了展播。

（王雪妍）

文学艺术

【概况】 2022年，1月12日，由自治区文联主办，自治区舞蹈家协会、呼和浩特市文旅投集团民族歌舞剧院承办的“时代节拍 人民舞步”2022年内蒙古新年舞蹈晚会在乌兰恰特保利大剧院开演。晚会上展演《各族儿女行进在阳光里》《春之韵》《蒙古马》等13个节目，涵盖民族舞、当代舞、现代舞、国标舞、古典舞等多个舞种，其中舞蹈《黑缎子坎肩》曾获第十二届中国舞蹈“荷花奖”民族民间舞奖，舞蹈《浪漫草原》曾获第十三届中国舞蹈“荷花奖”民族民间舞奖。1月15日，由自治区文联主办、自治区广播电视台承办、自治区文联各文艺家协会等单位协办的“春暖草原百花开——内蒙古自治区文学艺术界2022年迎春联谊会”在呼和浩特录制，并于2月3日在内蒙古卫视、内蒙古交通之声广播同步播出。自治区文学艺术界广大艺术家以联谊的形式，采取线上线下相结合的方式，以“春暖草原百花开”为主题，分为“不入园林怎知春色如许”“俏也不争春 只把春来报”“春天里来百花香”“春风得意马蹄疾”4个单元，把歌舞朗诵、戏曲曲艺、书法楹联、剪纸绘画、魔术杂技等表演形式汇聚到一起呈现在荧屏上。整场晚会汇集50多位自治区知名文艺工作者参与。自治区文联、自治区广播电视台主办，自治区曲艺家协会、自治区视频综艺体育节目制作传播中心承办的内蒙古首届曲艺春晚——《2022年内蒙古曲艺春节晚会》，1月20日在内蒙古广播电视台完成录制，2月1日在内蒙古电视台文体娱乐频道首播，同时在新浪微博、奔腾融媒、新华网内蒙古频道、草原云客户端、正北方网、人民网、映目直播等平台进行展播。整台晚会汇集一批新创优秀曲艺节目，由北京、湖南、吉林、山西等省（市）的曲艺家与内蒙古艺术家共同完成。春晚特别邀请中国著名评书表演艺术家刘兰芳、著名相声表演艺术家大兵、著名二人转表演艺术家闫淑萍及著名数来宝表演艺术家柴京海、柴京云等全国知名艺术家分别登台献艺。

【自治区文联知识产权服务工作站揭牌】 2022年4月22日，自治区文联知识产权服务工作站揭牌仪式在内蒙古美术馆召开。自治区各有关单位部门负责人，各级文联组织部室、协会、事业单位负责人和工作人员，以及各地艺术家代表、新文艺组织和新文艺群体代表参加线上仪式。自治区文联知识产权服务站自2021年8月成立以来，为广大文艺工作者提供电子存证、公证等方面的公益服务，收到千余件文艺作品的确权申请，完成600余件作品的版权登记，通过版权保护宣传与文学艺术创新资源深度融合，提升文联系统广大艺术家对版权保护的意识和认知程度，为营造创新和营商环境发挥积极作用。

【内蒙古文学十年成就展及研讨会】 2022年7月1日，自治区文联主办、自治区文学馆承办的“喜迎二十大 书写新时代——内蒙古文学十年成就展”在内蒙古文学馆开展。展览分文学活动、璀璨星空、文学作品、文学评论、文学翻译和内蒙古文学杂志社六大板块，从活动、人才、作品、评论、翻译及文学杂志等方面，展出300余名作家的1000余部作品以及400余次文学活动。9月28日，“书写新时代——内蒙古文学十年成就研讨会”在内蒙古文学馆举办。自治区文联、自治区作家协会、自治区文学馆负责人及区内外60余位作家和评论家出席会议。研讨会立足“书写新时代——内蒙古文学十年成就展”，系统总结和分析新时代内蒙古文学事业的使命和职责，内蒙古文学评论工作者的使命和职责，内蒙古文学的特点、优势与短板，切实发挥文学评论与文学创作的作用，推动文学生态的良性循环。

【内蒙古首批新文艺群体领军人才座谈会】 2022年7月11日，内蒙古首批新文艺群体领军人才座谈会召开。座谈会上为张小花、伊秀兰、钟权麟、李德戈景、张燕、呼斯楞、乌兰图雅、李兆珏、贾宏伟、鄂布斯、巴图孟克、呼和巴特尔、杨钰海、吴晓磊、张永平、敖宝林、谷芳、经哲、耿泽峰、叶满宇、邢晓言、白嘎利、刘卫俊、张照日格图24位内蒙古首批新文艺群体领军人才颁发奖杯和证书。自治区文联明确下一步扶持帮助新文艺群体领军人才的系列举措：拍摄首批新文艺群体领军人才宣传片，组织首批新文艺群体领军人才开展专题采风创作活动，持续畅通新文艺群体职称评审渠道，提供更多学习机会和展示平台。全体新文艺群体领军人才共同研究探讨内蒙古新文艺组织、新文艺群体的发展经验、发展路径，努力开创“文艺两新”工作新局面。

【内蒙古文艺界巡回宣讲活动】 2022年7月12日，自治区文联在内蒙古美术馆正式启动“崇德尚艺，做有信仰有情怀有担当的新时代文艺工作者”内蒙古文艺界巡回宣讲活动。宣讲团分别于7月12日、7月23—25日，先后在呼和浩特市、锡林郭勒盟西乌珠穆沁旗和赤峰市巴林右旗组织开展文艺界巡回宣讲活动。基层文联和文体旅游广电局干部职工、基层文艺家协会会员、乌兰牧骑队员、各苏木镇宣传委员、文艺工作者和爱好者300多人聆听宣讲。11月16日、17日，自治区文联通过线上会议开展两场“学习贯彻党的二十大精神 做有信仰有情怀有担当的新时代文艺工作者”主题宣讲。各盟市文联、各旗县（区）文联干部职工及文艺工作者代表，计1540人次参加宣讲。

【内蒙古基层文联工作经验交流会】 2022年7月21日，自治区文联工作交流会暨基层文联负责人专题培训班在锡林郭勒盟锡林浩特市召开。各盟市文联主要负责人、部分旗县（区）文联主要负责人、锡林郭勒盟各文艺家协会负责人及文艺家代表100余人参加会议。会议历时两天，开幕式后组织参会代表实地参观锡林郭勒盟文联“文艺家之家”、锡林河艺术沙龙等文艺阵地，自治区文联党组成员、副主席包银山以《深入学习领会习近平总书记重要讲话精神、努力开创新时代文联工作新局面》为题，内蒙古艺术学院教授李树榕以《践行“两个打造”，致力艺术精品》为题，分别进行专题授课。

【第二届敕勒川文艺论坛】 2022年7月23日，由自治区文联主办，自治区文艺评论家协会承办的第二届敕勒川文艺论坛在呼和浩特召开。第二届敕勒川文艺论坛旨在落实中央民族工作会议及中宣部等五部门联合印发的《关于加强新时代文艺评论工作的指导意见》精神，深入研究中华优秀传统文化精髓和中华美学精神，促进文艺活动品牌的形成。论坛邀请北京大学艺术学院原书记兼副院长彭吉象，中国艺术研究院舞蹈研究所原副所长江东，中国传媒大学艺术学院副院长王廷信，浙江省文艺评论家协会副主席、秘书长沈勇，宁夏大学副校长、宁夏文艺评论家协会主席郎伟，中国艺术研究院舞蹈研究所教授、北京舞蹈学院学术委员会委员金浩，安徽大学网络文学研究中心研究员、中国文艺评论家协会网络文艺委员会委员吴长青，安徽大学艺术学院教授、安徽省民间文艺家协会副主席程波涛，内蒙古文艺评论家协会顾问、内蒙古艺术学院教授李树榕，内蒙古师范大学教授、内蒙古音乐家协会副主席杨玉成 10 位专家学者围绕论坛主题发表主旨演讲，共同探讨中华文化形象与内蒙古文艺。内蒙古内外文艺家代表、专家学者、有关部门以及各盟市文艺工作者等 120 余人参加论坛。

【第八届内蒙古自治区书法篆刻作品展】 2022 年 7 月 30 日，自治区党委宣传部、自治区文联主办，自治区书法家协会承办的第十九届中国·内蒙古草原文化节项目之一的“书写新时代 翰墨谱华章”第八届内蒙古自治区书法篆刻作品展在内蒙古美术馆开展。展览自 3 月起面向内蒙古自治区籍以及在内蒙古工作、生活的书法家、书法爱好者进行作品征集，截至 6 月 30 日，收到 1222 位作者的 1400 件作品。7 月 12 日、15 日，第八届内蒙古书法篆刻展评审在呼和浩特市举办。经过初评、复评、终评、文字审读等审核环节，最终有 185 位作者的 210 件作品入展。

【内蒙古民歌大会】 2022 年 8 月 5 日晚，自治区文联，乌海市委、市政府主办；自治区民间文艺家协会、自治区音乐家协会，乌海市委宣传部、市文联，海勃湾区委、区政府承办的“喜迎二十大 唱响新时代——2022 年内蒙古民歌大会”在乌海市海勃湾区滨河演艺广场开幕。民歌大会的节目由各区直单位、各盟市选送，经专家评选产生；在全国具有影响力的内蒙古籍歌手为大会助阵演出；自治区文联、自治区音乐家协会实施的“新时代 新民歌”项目中重点打造的 12 首新民歌首次开唱。大会分为《黄河岸边唱经典》《草原新歌献给党》《葡萄园里颂中华》3 场主题展演会。演出在中国文艺网、内蒙古文艺视频号、人民网内蒙古视频号、新华社现场云、央视频、奔腾融媒、腾讯新闻进行同步直播。活动期间，组织参演歌手组成文艺志愿小分队进社区、进广场、进企业进行惠民演出。

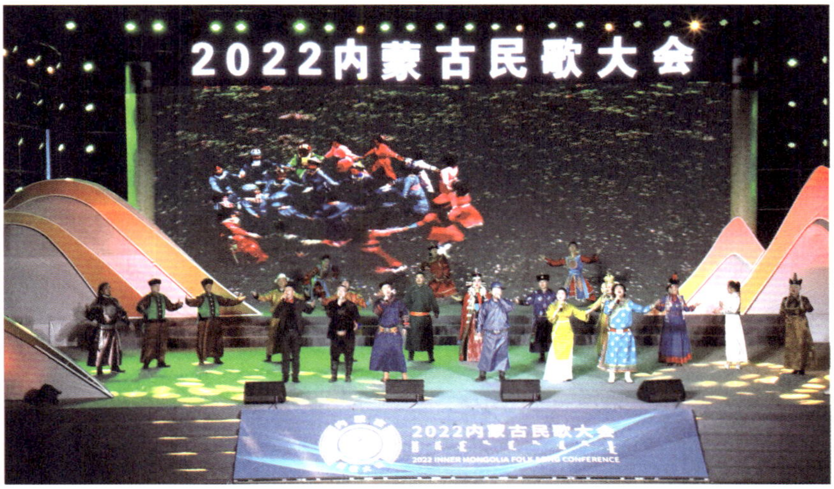

图 77 2022 年 8 月 5—7 日，内蒙古民歌大会在乌海市举办

（自治区文联 供图）

【中华戏曲名家名段演唱会】 2022 年 8 月 6 日，自治区文联、呼和浩特市委宣传部主办，自治区戏剧家协会、呼和浩特市文联承办的第十九届中国·内蒙古草原文化节系列活动之一的“喜迎二十大，梨园花盛开”——中华戏曲名家名段演唱会在内蒙古艺术剧院音乐厅上演。演唱会汇集北京、天津、上海、辽宁、山东等省市的京剧、昆曲、评剧、吕剧、秦腔等剧种的 14 位梅花奖得主以及豫剧、川剧名家和青年演员，涵盖昆曲、越剧、京剧、黄梅戏、豫剧、评剧、川剧、秦腔、晋剧、山东柳子戏、吕剧、二人台 12 个剧种，包括豫剧《大登殿》（选段）《程婴救孤》（选段），评剧《孝庄长歌》（选段），晋剧《大登殿》（选段）《烂柯山下》（选

段）《打金枝》（选段），越剧《梁祝·回十八》（选段），二人台《一年更比一年好》（选段），京剧《贵妃醉酒》（选段），川剧《问病逼宫》（选段），秦腔《郑瑛娇洞房》（选段），吕剧《姊妹易嫁》（选段），黄梅戏《女驸马》，昆曲《牡丹亭》（选段），山东柳子戏《江姐》（选段），豫剧《梵王宫·梳妆》（选段），青年演员表演的川剧《变脸》以及内蒙古艺术剧院出品的《揭榜挂帅》等20余个节目。

【大型交响音乐会】 2022年8月7日，自治区文联主办，中国歌剧舞剧院交响乐团出演的“喜迎二十大 最美旋律献给你”大型交响乐音乐会在内蒙古乌兰恰特剧院上演。音乐会以序曲《红旗颂》开幕，《白毛女》《海峡组曲》《在希望的田野上》《民族之花》《人民万岁》《我的祖国》等经典作品接连上演。下半场的交响曲《草原意象》，以内蒙古民歌为基础，由内蒙古作曲家南飞雁和天津音乐学院教授陈乐昌联袂创作，通过《奔腾》《婚礼》《英雄》《节日》四个乐章，带领观众穿越中华大地无垠的时空，感受神州万里的辽阔与澎湃，展示中华文明的一体多元和中华文化的千姿百态。

【第八届全国少数民族曲艺展演】 2022年9月4—5日，由中国文学艺术界联合会、国家民族事务委员会、中国曲艺家协会、内蒙古自治区文学艺术界联合会、鄂尔多斯市人民政府共同主办，内蒙古曲艺家协会、鄂尔多斯市委宣传部、鄂尔多斯市文联承办的第八届全国少数民族曲艺展演在鄂尔多斯市大剧院上演。活动自3月启动以来，得到各省、自治区、直辖市及新疆生产建设兵团民（宗）委（厅、局）、曲协的积极响应，截至6月底，收到79个曲种的131个节目，随后组织专家从中评选出34个节目参加展演。祝赞词《礼赞新时代》、陶力《英雄江格尔》、盘索里《沈清传之父女相逢》、苗族嘎百福《搬出大山幸福来》、好来宝《科尔沁走马赞》、岱日查《美丽乡村我来说》、乌力格尔《扬鞭催马新征程》等颇具少数民族特色的曲艺，以及快板《说唱民族团结》、评弹《救心行动》、呱嘴《走在幸福的大路上》、河南坠子《端砚》、温州鼓词《带货姑娘》、曲艺小品《民兵额吉》、单弦表演唱《一家亲》等节目既说唱优秀传统经典，也反映建党百年、抗击新冠疫情和少数民族同胞幸福生活等主题。活动期间，邀请全国曲艺名家在开闭幕式助阵演出并组织开展曲艺惠民专场演出活动。

【第三十四届中国华北摄影艺术展暨工作交流会】 2022年9月16日，第三十四届中国华北摄影艺术展览在兴安盟阿尔山论坛中心开幕。摄影展由北京市摄影家协会、天津市摄影家协会、河北省摄影家协会、山西省摄影家协会、内蒙古摄影家协会共同主办，内蒙古文联、内蒙古摄影家协会承办。摄影展以“生态优先、绿色发展”为主题，精选华北五省（区、市）摄影作品210幅，全面、立体、真实地展现华北地区优美的自然风光和独特的人文景观。展览期间，举办内蒙古摄影家协会铸牢中华民族共同体意识培训班，内蒙古文联党组成员、副主席艺如乐图，中国艺术摄影协会副主席朱洪宇作专题授课；安排与会人员走进阿尔山国家森林公园、阿尔山口岸、阿尔山白狼镇、科右前旗乌兰毛都草原等地进行采风创作。

【中国画主题长卷作品展】 2022年9月20日，由中国美术家协会、自治区党委宣传部、自治区文联、内蒙古美术家协会、内蒙古美术馆承办的《万里绿色长城图》《万马奔腾图》中国画主题长卷作品展在内蒙古美术馆展出。从2019年开始，由18位全国著名画家和内蒙古优秀画家组成的主创团队纵横内蒙古数千千米，采风写生，收集素材，经反复构思、论证，广泛征求意见，不断推敲修改，精心绘制，历时3年最终完成高2米、长200余米的两幅巨幅长卷。《万里绿色长城图》展现壮美内蒙古新时代生态文明建设丰硕成果，《万马奔腾图》彰显内蒙古各族人民“吃苦耐劳、一往无前、不达目的决不罢休”的蒙古马精神。

【“石榴籽”绘本丛书出版发行】 2022年9月27日，自治区党委宣传部、党委常委统战部、自治区教育厅、自治区文联主办，中国少年儿童新闻出版总社、自治区党委讲师团承办的“石榴籽绘本丛书”出版座谈会在呼和浩特举行。数十位来自文化、教育、政府、高校的从业者和专家学者从不同角度就丛书创作背景、特点特色以及如何做好学用推广工作等作精彩发言。中国作家协会原副主席、中国作协儿童文学委员会主任高洪波视频致辞。该丛书由自治区党委宣传部和自治区文联共同组织编写，聚焦铸牢中华民族共同体意识主线，尊重历史、尊重事实、尊重民俗民风，选取胡服骑射、昭君出塞、文成公主进藏、凉州会盟、瓦氏夫人抗倭、锡伯族万里戍边、土尔扈特万里东归、半条被子、彝海结盟、齐心协力建包钢、三千孤儿入内蒙、骑着毛驴上北京12则故事进行创作。丛书开本、印张、文字、图画等各方面均从5～8岁儿童的阅读特点出发，为满足少年儿童多样化阅读习惯，丛书还增加有声电子书二维码，通过扫描书中二维码即可聆听绘本故事。“石榴籽”绘本丛书力求以“润物细无声”的方式教育引导广大少年儿童树立正确的国家观、历史观、民族观、文化观，增进对伟大祖国、中华民族、中华文化、中国共产党、中国特色社会主义的认同，将爱我中华的种子埋入少年儿童心灵深处。

【首届全国“中华文化符号和形象”原创动漫作品大赛】 2022年，自治区文联、内蒙古美术家协会、内蒙古艺术学院、内蒙古师范大学、呼和浩特市文联联合主办“首届全国中华文化符号和形象”原创动漫作品大赛。大赛于6月开始征稿，11月18日截稿，11月底至12月评选，12月20日线上发布。大赛以“中华文化符号和形象”结合“铸牢中华民族共同体意识”为创作主题面向全国动漫创作者征集动画、漫画、影像三大类主题动漫作品。大赛动画组、漫画组、影像组三个赛事组别共收到北京电影学院、鲁迅美术学院、广州美术学院、四川美术学院、中国戏曲学院、中国人民大学、天津理工大学、内蒙古艺术学院、内蒙古师范大学、呼伦贝尔学院以及全国的近百所院校、行业机构、个人及新文艺群体作者选送的700余幅（部）作品，按相关评选程序，经过大赛评审委员会专家的评选审核，评选出一、二、三等奖及入围奖220幅（部）、优秀指导教师50余人。

【十大原创歌曲发布】 2022年12月29日，内蒙古2022年度最受欢迎十大内蒙古原创歌曲由自治区文联发布。在自治区党委宣传部的指导下，自治区文联、自治区音乐家协会组织开展“2022年度最受欢迎十大内蒙古原创歌曲”评选活动，经专家层层筛选、会议研讨、多轮投票，结合作品的社会传播度，最终确定《是你》《画你》《上海产的半导体》《人民至上》《一生跟你走》《最美最美的中国》《月光如水》《金色摇篮》《天上的云朵》《黄河从草原流过》10首歌曲为年度最受欢迎作品。歌曲创作主体既有资深词曲作家，也有活跃在网络上的年轻音乐人。评选出的作品通过全国音乐广播联盟进行展播，并通过抖音、新浪微博等众多新媒体进行广泛传播，在各类大型主题文艺活动中重点推荐演出。

（王雪妍）

文化遗产保护

【历史文化遗产保护】 2022年，自治区住房和城乡建设厅指导呼和浩特市完成历史文化名城保护专项评估，对巴彦淖尔市杭锦后旗太阳庙农场历史文化街区进行现场认定，新公布测绘历史建筑26处。

【文物考古】 2022年，内蒙古自治区考古工作者按计划实施内蒙古清水河县后城咀石城、苏尼特右旗吉呼郎图匈奴墓群等8个主动性考古发掘项目，并顺利完成年度项目验收。出版《白敖包遗址发掘报告》《庆陵——内蒙古辽代帝王陵及其壁画的考古调查报告》等专著6部，发表论文简报13篇，“赤峰市二道井子夏家店下层文化聚落遗址考古学综合研究”“内蒙古和林格尔土城子遗址及周边墓葬考古资料整理与研究”2个项目获评国家社会科学基金重大项目，《岱海地区东周墓群发掘报告》获得自治区第七届哲学社会科学优秀成果政府奖一等奖。全年，推出广播电视融媒体直播、报刊专题连载、网络新媒体传播、考古工地开放日、云端考古讲座、主题展陈展览6个板块，共59项活动。与内蒙古日报社联合策划“北疆文旅——中华文明探源系列”及“何以红山”系列报道，在自治区文旅厅微信公众号开设《深入推进“两个打造”构筑共有精神家园——考古人眼中的铸牢中华民族共同体意识》专栏，举办“爱我中华——内蒙古长城摄影展”等。

【文物保护和开发利用】 2022年，武安州辽塔保护修缮工程通过终验，辽上京国家考古遗址公园获批挂牌，国家考古遗址公园建设实现零的突破，和林格尔土城子遗址、萨拉乌苏遗址国家考古遗址公园建设取得阶段性进展。颁布《内蒙古自治区革命文物保护条例》《内蒙古自治区长城保护规划（2022—2035）》，组织实施重点文物保护工程项目138个，实施主动性考古发掘项目8个。后城咀石城、辽上京遗址作为“考古中国”项目在国家文物局重大项目新闻发布会上做重点推介。聚力优化营商环境，全力配合基本建设推进考古前置，完成考古调查项目近400项，完成全区62个园区、118个区块文物保护区域评估和成果共享工作，区块总数位居自治区相关部门首位。制发《关于推进博物馆改革发展的实施意见》，举办“长城两边是故乡”“玉·见文明”等精品展览，推出“云游博物馆”、线上云展览、云课堂等活动，组织开展博物馆社会教育活动2000多场次，全区博物馆参观人数522万人次。

【文物安全管理】 2022年，全区各盟（市）将文物安全工作纳入政府年度考评体系，各级文物保护和考古机构编制有所增加，全区文物行政执法督察、安全巡查力量进一步加强。严密防控文物安全风险。持续推进文物火灾隐患整治和消防能力提升三年行动，开展全区文物安全大检查、文物建筑火灾隐患排查整治、长城违法案件专项整治、文物安全隐患整治“回头看”等一系列专项行动，增设文物安全责任牌1000余块，文物保护单位、博物馆文物安全直接责任人公告公示实现全覆盖。全年，全区开展文物执法巡查4576次，开展文物安全检查18862次，检查文物博物馆单位23732处，发现安全隐患2854项，整改2772项，整改率97.1%。协助公安机关破获文物案件23起，抓获犯罪嫌疑人44人，收缴文物12076件（套）。与自治区人民检察院建立文物和文化遗产保护公益诉讼机制。建设文物安全防护设施。2022年争取国家资金1300万余元，自治区、盟市自筹资金4000万余元，对24个自治区以上的文物保护单位、2个博物馆单位实施安全防护工程。草原边境地区“马背文物保护队”“驼峰文物保护队”等项目的实施以及无人机安全巡查全覆盖，有效遏制盗掘古墓葬、古遗址等文物安全事故和违法犯罪案件的发生。文物安全信息化建设稳步推进，卫星遥感在文物行政执法督察和文物安全监测中广泛应用。阿拉善盟独疙瘩烽火台案获评国家文物局2022年度全国文物行政处罚案卷评查“十佳案卷”。自治区文物考古研究院等2个文博单位获评“全国文物系统先进集体”，3人获评“全国文物系统先进工作者”。

【文物安全宣传】 2022年，自治区文化和旅游厅坚持“管行业必须管安全、管业务必须管安全、管生产经营必须管安全”，认真落实文物安全监管责任，强化文物安全意识，充分利用“5·18”国际博物馆日、“文化和自然遗产日”等重要时间节点，开展文物安全宣传活动，进一步增强文物安全消防意识和各单位火灾防控能力。

（周　宁）

社会科学

【社科人才队伍】 2022年，内蒙古自治区社会科学院（自治区社科院）聘正高级专业技术职务34人，副高级专业技术职务68人，中级专业技术职务44人，初级专业技术职务21人。现有技术人才中，历年享受国务院特殊津贴1人，自治区有突出贡献中青年专家3人，21世纪321人才一层次7人、二层次23人，自治区四个一批人才1人，西部之光访问学者6人，自治区“草原英才”15人，自治区青年创新人才一层次4人，国家民委民族问题研究优秀中青年专家1人，自治区人才开发基金1人，国家百千万人才工程1人。

【哲学社会科学研究】 2022年，自治区社科院课题申报获批自治区级以上课题120项。其中，国家重大课题1项、国家社会科学基金课题4项、自治区哲学社会科学规划重大委托课题1项、自治区社会科学基金项目7项。立项实施院重点研究课题6项、一般课题27项、分院课题101项。

三大重点科研工程 围绕“中华民族共有精神家园建设研究工程”“草原文化研究工程”“北部边疆历史与现状研究”三大重点科研工程项目，加强项目结项和推进工作。年内，完成课题结项63项。其中，国家社科基金项目8项、自治区哲学社会科学规划项目9项、“中华民族共有精神家园建设研究工程”17项、“草原文化研究工程”10项、“北部边疆历史与现状研究”19项。

自治区党委政府重大课题研究 2022年，围绕自治区党委、政府重大决策部署和重点关注问题，完成自治区党委办公厅交办的《内蒙古农牧民生活状况今昔对比研究报告》；完成自治区党委宣传部交办的《内蒙古简明地方史》《铸牢中华民族共同体意识概论》等重大课题研究，并由人民出版社出版；完成自治区党委统战部交办的《以铸牢中华民族共同体意识为主线，推动新时代党的民族工作高质量发展研究》任务。开展“两个打造理论与实践研究”“法治内蒙古建设研究”等项目，形成系列研究成果，为自治区党委宣传部及民委、司法厅等部门的工作提供有价值的参考。《领导参阅》报送研究报告44期，获自治区主要领导肯定性批示13项，创历史新高。

理论文章成果　2022年，组织专家学者在《光明日报》《中国民族报》《内蒙古日报》《实践》等报刊发表理论文章50篇，接受各类媒体采访32人次。中共二十大召开后，组织专家学者撰写理论文章42篇。

学术著作获奖　2022年，《内蒙古社会科学》（汉文版）影响因子创造历史新高，位列2021年度复印报刊资料转载指数排名榜单综合性期刊第78名（全国前100名）。在《中国政治经济学学术影响力评价报告2022》评选出的2017—2021年中国政治经济学最具影响力的200篇学术论文中，2019年第六期刊发的《人工智能的政治经济学批判》（作者付文军）、2018年第四期刊发的《新时代中国特色社会主义政治经济学研究对象和逻辑起点——马克思〈资本论〉及其手稿再研究》（作者颜鹏飞）2篇论文入选。

【学术研究】　2022年，自治区社科院主办承办各类学术活动8次。

《蒙古国发展报告（2021）》新书发布暨学术研讨会　2022年4月21日，由自治区社科院、中国蒙古国研究会和社会科学文献出版社共同主办《蒙古国发展报告（2021）》新书发布暨学术研讨会召开。会议分为新书发布会和学术研讨会两个环节，采取线上、线下相结合的方式进行。与会专家学者围绕“俄乌冲突对蒙古国影响”和“疫情常态化下蒙古国发展困境及政策调整”议题进行研讨。

《习近平谈治国理政》第四卷理论学习研讨会　2022年7月29日，由自治区党委宣传部、中国社会科学院习近平新时代中国特色社会主义思想研究中心主办的《习近平谈治国理政》第四卷理论学习研讨会在呼和浩特市召开。中国社会科学院、中央党校、光明日报社、北京大学、中国人民大学的有关专家学者从展现中国共产党人伟大建党精神的生动教材、在五个结合中学深悟透《习近平谈治国理政》第四卷等角度作主旨发言，自治区高校、党校、科研机构等有关专家学者作交流发言。自治区外近80位专家学者参会。

“草原生态文化与中华文明传承发展学术研讨会”　2022年8月11日，中国社会科学院古代史研究所、自治区社会科学院、呼伦贝尔学院共同主办“草原生态文化与中华文明传承发展学术研讨会”。会议采取学术研讨和实地考察相结合的方式进行。

“深入学习习近平生态文明思想 筑牢祖国北疆生态安全屏障”理论研讨会　2022年9月16—17日，由自治区党委宣传部、中国社会科学院生态文明研究所主办，中国社会科学院习近平生态文明思想研究中心、内蒙古自治区社会科学院、内蒙古自治区中国特色社会主义理论体系研究中心、鄂尔多斯市委承办，“深入学习习近平生态文明思想 筑牢祖国北疆生态安全屏障”理论研讨会在鄂尔多斯召开。会议围绕贯彻落实习近平生态文明思想、“双碳”目标下内蒙古经济绿色转型、在集中集聚集约中推进内蒙古生态文明建设等重点问题进行研讨。参会专家分析当前筑牢中国北方生态安全屏障面临的形势、特点、趋势、难点及实践经验，为探索以生态优先、绿色发展为导向的高质量发展新路子贡献理论智慧和思想力量。研讨会以线上线下相结合的方式进行，中国社会科学院、生态环境部、中央党校、国务院发展研究中心和区内有关高校科研院所共80位专家学者参加研讨。会间组织调研考察，与会者围绕碳中和、现代能源装备制造、光伏全产业链项目、沙漠治理等项目进行考察交流。

第二届蒙古族文学史学全国学术研讨会　2022年9月17日，第二届蒙古族文学史学全国学术研讨会在呼和浩特市以线上线下结合的形式召开。会议主题为“蒙古族文学史学与铸牢中华民族共同体意识研究”。国内外20余所高校、5家科研机构及相关单位的专家学者80余人参加会议。62篇论文入选《第二届蒙古学文学史学全国学术研讨会论文集》。

首届全国蒙古学藏文文献与铸牢中华民族共同体意识学术研讨会　2022年9月24日，由自治区社科院铸牢中华民族共同体意识研究基地、自治区社会科学院藏文文献研究中心主办的首届全国蒙古学藏文文献与铸牢中华民族共同体意识学术研讨会在呼和浩特市以线上线下相结合的方式召开。清华大学、中国人民大学、中央民族大学、中国社会科学院、中国藏学研究中心、西藏自治区社会科学院等区内外高校、科研机构及相关单位的专家学者70余人参加。会议以“蒙古学藏文文献与铸牢中华民族共同体意识”为主题，围绕蒙古学藏文文献与铸牢中华民族共同体意识研究、蒙古学藏文文献与中华民族交往交流交融的关系研究、蒙汉藏文化关系及文献关系研究、蒙古学相关藏文文献研究、蒙古族藏文典籍搜集、整理与研究等议题进行广泛深入的学术交流和研讨。40篇论文入选《首届全国蒙古学藏文文献与铸牢中华民族共同体意识学术研讨会论文集》。

全区学习宣传贯彻中共二十大精神理论研讨会 2022年12月20日，由自治区党委宣传部主办，自治区社会科学院、内蒙古自治区中国特色社会主义理论体系研究中心承办的全区学习宣传贯彻中共二十大精神理论研讨会在呼和浩特市召开。研讨会以线上线下相结合的方式进行，中央党校（国家行政学院）、中国社会科学院、中国人民大学等区内外高校、科研院所的17名专家学者作交流发言。会议围绕以高质量发展推进中国式现代化、推进马克思主义中国化时代化和党的自我革命等主题作研讨交流。

内蒙古哲学社会科学界庆祝第十七届“国际哲学节”主题研讨会 2022年12月23日，由自治区社会科学院、内蒙古自治区社会科学界联合会、内蒙古哲学学会主办的内蒙古哲学社会科学界庆祝第十七届“国际哲学节”主题研讨会在呼和浩特市召开。会议主题为“学习贯彻习近平新时代中国特色社会主义思想的世界观和方法论”。中国社会科学院、中央民族大学、内蒙古大学、自治区社科联、内蒙古社科院等高校、学会、研究会的专家学者近200人通过线下线上方式参加会议。

【专题调研】 2022年，自治区社科院推进马克思主义研究基地和生态文明研究基地等中国社会科学院国情调研基地的调研工作，加强在马克思主义研究、生态文明研究、历史学研究、民族学研究等方面的合作。与自治区党委全面依法治区委员会办公室合作共建“法治内蒙古建设研究基地”，签署“学习贯彻习近平法治思想，推进法治国家、法治政府、法治社会一体建设理论与实务研究战略协作框架协议”，开展“法治内蒙古建设蓝皮书”等重点项目研究。

（张国庆）

社会科学界联合会

【概况】 2022年底，自治区直属社科类社会组织计122家，其中业务主管98家，非业务主管24家。2022年批准成立内蒙古劳动教育学会等3家区直社科类社会组织，建议撤销内蒙古蒙元文化研究会等业务主管社科类社会组织6家，取消内蒙古法学会等3家团体会员资格；对24项社会组织学术活动给予总额20万元资助，其中内蒙古农业经济学会举办“农牧业高质量发展与农牧民共同富裕研讨会”等8项活动纳入社科联学术季活动范围。社科普及类项目《学习论理·第四辑》一书在2022年获得自治区第十五届精神文明建设“五个一工程”奖。

【内蒙古社会科学基金项目】 2022年，内蒙古社会科学基金项目由内蒙古自治区社会科学界联合会组织设立并实施管理，为省部级项目。基金项目设高质量发展智库专项、历史文化专项、铸牢中华民族共同体意识专项、盟市专项、外语专项和社会科学普及专项。2022年立项社科基金项目323项。

【培训研讨会】 2022年，内蒙古社科联举办大型培训3次。6月23—24日，在呼和浩特市举办2022年度自治区直属社科类社会组织负责人培训班，培训期间，还专题举办自治区直属社科类社会组织核心研究团队建设研讨会，张忠良秘书长出席并讲话。9月8日，在呼和浩特市召开2022年度自治区直属社科类社会组织党组织负责人会议。内蒙古社科联机关各党支部书记、各区直社科类社会组织党组织负责人140人参会。11月16日，自治区直属社科类社会组织党组织负责人学习贯彻党的二十大精神专题培训以线上方式进行。内蒙古社科联党组书记乌恩奇作题为《深刻领会党的二十大精神 凝聚奋进新征程强大力量》专题讲座。内蒙古社科联机关各党支部书记、各区直社科类社会组织党组织负责人142人参加培训。

【重要学术活动】 2022年7月21日，在呼和浩特市召开学习贯彻习近平总书记对内蒙古重要讲话重要指示精神高端学术分享会。内蒙古社科联领导班子、二级巡视员、副处级以上干部及区直社科类社会组织负责人80人参加会议。8月29日，在呼和浩特市召开提升哲学社会科学学术原创能力座谈会，会议由内蒙古社科联、内蒙古大学联合主办。该次会议以线上线下相结合的形式召开。内蒙古社科联领导班子、二级巡视员、副处级以上干部，自治区各高校社科联、部分盟市社科联负责人及专家学者代表等80人参加线下会议，130人收看线上同步转播。9月22—23日，在呼和浩特市举办内蒙古社科30人论坛。论坛围绕经济生态、历史文化两大专题进行研讨，600余人通过线上线下的方式全程参与。12月23日，在呼和浩特市召开内蒙古哲学社会科学界第十七届“国际哲学节”主题研讨会，以“学习贯彻习近平新时代中国特色社会主义思想的世界观和方法论”为主题，以线上线下相结合的方式举行。中国社科院、内蒙古社科院及各盟市分院和国内相关高校的专家学者、内蒙古社科联工作人员、新闻媒体记者200人参加。

【北疆智库】《北疆智库》是由内蒙古自治区社会科学界联合会主办、内蒙古自治区社会科学学术中心策划编印，供省级领导参阅的智库简报。2022年，内蒙古社科联紧扣习近平总书记对内蒙古重要讲话重要指示精神，全年累计编印24期《北疆智库》，获自治区领导肯定性批示5次。

【社会科学普及】 2022年，经自治区人民政府批复同意建立自治区社会科学普及工作厅际联席会议制度。8月26日，经内蒙古社科联党组2022年第22次会议审议通过《关于进一步加强社会科学普及工作的实施意见》。7月21日，由内蒙古社科联与内蒙古民族大学共同建设的“内蒙古自治区党的创新理论研究普及重点实验室”签约授牌仪式在呼和浩特举行。民族政策宣传月期间，组织协调、资助11个盟市社科联、12家自治区社科普及基地、6家社科类社会组织举办线上线下讲座102场，制作播放微视频20期，开展“七进”宣传活动26场。9月21—22日，社会科学普及工作培训会在呼和浩特举办，各盟市社科联负责人、自治区社科普及基地负责人、党的二十大精神社科普及志愿宣讲专家代表80人参加培训会；四季社科普及集中活动启动仪式，采取线上线下相结合的方式分别在呼和浩特图书馆、阿拉善盟、兴安盟科右中旗、内蒙古社科联机关举行。全年，自治区内社科普及共举办各级各类主题讲座350场次、“七进”活动1033场次，受众50余万人次。在“学习强国”学习平台、“北疆理论风景线”平台等推出微课堂10期，全网点击率250余万次。

【铸牢中华民族共同体意识社科普及专家团】 2022年，自治区社科联落实铸牢中华民族共同体意识社科普及专家团三年规划，组织专家到内蒙古艺术学院、昭君博物院、自治区住建厅、兴安盟、赤峰学院、乌兰夫纪念馆、巴林右旗、阿巴嘎旗开展党的民族政策、铸牢中华民族共同体意识、推广普及国家通用语言文字、民主法治等12场宣讲，发挥专家队伍示范带头作用。协调、动员11个盟市社科联举办84场线上线下讲座，活动6场，微课堂3期；动员12家区直社科普及基地开展宣讲15场。资助区直社科类社团制作播出民族团结微视频17讲。

【内蒙古社会科学创新平台】 2022年，自治区社科联委托8家“内蒙古社会科学创新平台”——内蒙古自治区农畜产品流通重点实验室、内蒙古自治区公共卫生应急管理重点实验室、内蒙古自治区中华优秀传统文化传承弘扬重点实验室、内蒙古自治区新型能源经济战略研究智库联盟、内蒙古自治区人口战略研究智库联盟、内蒙古自治区企业管理研究课题机制、内蒙古自治区元代文学与文化研究基地课题机制、中华早期文明研究课题机制承担内蒙古自治区社会科学基金项目24项，每家平台委托立项1项重点、2项一般项目。

【内蒙古社会科学十大事件】 由内蒙古自治区社科联、自治区社会科学院联合评选。涵盖2022年内蒙古自治区社会科学领域最具影响力的重大事件，涉及学术创新、学术荣誉、大型活动等内容。该次评选面向全区社科界征集到46项推荐材料，经相关领域专家学者评议，最终评选出2022年内蒙古社会科学十大事件：内蒙古自治区党委宣传部印发《内蒙古自治区“十四五”时期哲学社会科学发展规划》，自治区社科界深入学习宣传贯彻党的二十大精神，《内蒙古自治区社会科学普及工作厅际联席会议制度》建立，内蒙古自治区获批一批国家重大社科研究项目，国家社科基金重大项目“中华多民族谚语整理与研究”顺利结项，《简明内蒙古地方史》出版发行，内蒙古自治区盟市社科联新型智库载体建设结出新硕果，内蒙古党校在兴安盟、锡林郭勒盟、巴彦淖尔市等地设立教学科研调研基地，“内蒙古社科30人论坛”召开，“呼伦贝尔驻防290周年暨铸牢中华民族共同体意识学术研讨会”召开。

【内蒙古社科联七届二次全委会议】2022年4月28日，内蒙古社科联七届二次全委会议在呼和浩特召开。参会人员51人，列席会议人员7人。会议传达习近平总书记在中国人民大学考察时重要讲话的主要精神、中央和自治区党委宣传思想工作主要精神、《国家“十四五”时期哲学社会科学发展规划》主要内容。内蒙古社科联党组书记、主席高慧广作题为《担当使命 改革创新 推动社科联工作高质量发展》的工作报告。会议通报自治区社科联2022年主要工作安排，并就上述内容进行分组学习讨论。

【内蒙古社科联七届二次常委会议】2022年7月19日，内蒙古社科联七届二次常委会议在呼和浩特召开。内蒙古社科联常务委员21人出席会议。会议审议通过《自治区社科联关于贯彻落实国家和自治区“十四五”时期哲学社会科学发展规划实施意见（稿）》，会议接受程志峰、王树国、李爱国、罗强辞去内蒙古社科联第七届委员会委员、常委职务的请求，会议补选朝鲁巴特尔、吕君为内蒙古社科联第七届委员会委员、常委，张立雄、李宝山、格日勒图为内蒙古社科联第七届委员会委员。

（张华伟　刘　侠）

党史（文献）工作

【工作机构】2022年8月24日，根据自治区党委办公厅印发的《中共内蒙古自治区委党史和地方志研究室职能配置、内设机构和人员编制规定》，将原自治区党委党史和文献研究室与原自治区人民政府地方志研究室合并重组为中共内蒙古自治区委党史和地方志研究室（以下简称自治区党委党史和地方志研究室），为自治区党委直属公益一类事业单位，机构规格相当于正厅级。自治区党委党史和地方志研究室主要职能是，贯彻落实党中央关于党史、文献和国家地方志研究工作的方针政策和自治区党委相关决策部署。职责包括：贯彻落实党史、文献和地方志工作法规规章和相关政策，研究拟订全区党史和地方志（史）工作规划、方案，组织开展自治区地方党史和地方志（史）研究、宣传教育、资料征编工作。承担重要党史文献的征集、整理、编纂工作。组织开展自治区重要党史人物研究工作。审核涉及中国共产党内蒙古历史的重要文稿、档案、书稿、照片等，参与审核自治区党委批准的自治区重大革命历史题材影视作品、展览及新建纪念场馆的相关内容等。组织、指导、督促全区地方志（史）书编纂工作；指导全区少数民族语言文字志书编译工作和乡镇村志编纂工作；组织地方志（史）书评审、验收工作。组织、指导、督促全区地方综合年鉴和专业年鉴编纂工作；组织年鉴评审、验收工作；承担《内蒙古年鉴》编辑、出版、发行工作。组织、指导开发利用地方志资源，承担地方志信息化建设工作，收集、整理、保存地方志（史）文献和资料，组织整理旧志，向社会公众提供志（史）文献、地情信息咨询服务；承担地方志刊物编辑、出版、发行工作。指导全区方志馆规范化建设，承担内蒙古方志馆运维管理工作；承担本系统全区业务培训和学术交流工作。指导盟市的党史、文献和地方志研究工作。完成自治区党委政府交办的其他任务。

【党史与文献汇编研究】2022年，自治区党委党史和地方志研究室加快党史基本著作编撰进度，出版《中国共产党内蒙古历史》（第一卷）；组织编纂《中国共产党内蒙古历史》（第二卷），完成编纂大纲第一次校改，在第二次集中修改，书内图片、前言、后记和内文基本完备；完成《中国共产党内蒙古历史》（第三卷）编纂大纲修改。完成《中国共产党内蒙古历史简明读本》初稿，完成内蒙古党史口袋书送审稿。推进《乌兰夫研究论文》（第二辑）出版工作，进行《中国共产党内蒙古地区简史》最新编修。完成中央党史和文献研究院确定为国家重大课题的《新时代新发展新成就——从党的十八大到二十大内蒙古发展综述》编写工作。完成习仲勋与内蒙古相关史实征集工作。持续更新《内蒙古防控新冠肺炎疫情大事记》和《内蒙古防控新冠肺炎疫情重要文献汇编》。《东北抗日联军历史资料汇编之九·第三路军历史资料 第一卷》《东北抗日联军历史资料汇编之十·第三路军历史资料 第二卷》《东北抗联重要文献汇编（内蒙古卷）》按照中央党史和文献研究院意见修改并上报。启动中共二十大精神内蒙古贯彻落实情况史料征编工作。组织专题研究，完成《凝聚中华民族伟大复兴的磅礴力量——解读“齐心协力建包钢”及其新时代内涵》资政研究报告；按自治区党委要求完成内蒙古西部地区在中国共产党领导下开展革命的历史专题研究文章6篇、关于部分旗县建国前后和现如今经济社会和人民生活情况的专题研究1篇；通过自治区党委宣传部《智库要报》呈送专题文章《解放战争初期习仲勋对党在伊克昭盟工作的领导》；完成《内蒙古党史研究领导参阅》之京蒙携手促脱贫研究课题初稿，完成内蒙古党建研究会的课题两项。

【党史宣传教育】 2022年，自治区党委党史和地方志研究室在内蒙古党史网开设专栏学习宣传贯彻中共二十大精神，宣传贯彻中华民族理论政策等。在内蒙古党史微信公众号推送重要时间节点的权威文章，包括纪念李大钊、宣传五四精神、庆祝共青团成立100周年、庆祝七一建党、8月15日日本无条件投降、烈士纪念日等内容；推送学习贯彻习近平新时代中国特色社会主义思想、十九届六中全会精神解读、铸牢中华民族共同体意识和学习宣传贯彻中共二十大精神等系列专题文章。室领导和室内业务骨干多次宣讲中共二十大精神、中央民族工作会议精神、中共十九届六中全会精神和中国共产党内蒙古历史等内容。举办“强国复兴有我”喜迎二十大主题宣传教育活动，着力营造团结奋斗、自信自强的良好氛围。

【党史与文献工作业务指导】 2022年，自治区党委党史和地方志研究室下发《关于在全区党史部门学习宣传贯彻党的十九届六中全会精神的通知》，要求各盟市党史部门当好学习宣传中共十九届六中全会精神的排头兵。印发《关于加强全区党史和文献工作的指导办法（试行）》。指导阿拉善盟档案史志馆开展中央党史和文献研究院《内蒙古自治区阿拉善盟红色资源的发掘保护和开发利用研究》课题撰写任务。室内业务骨干为部分盟市党史部门作党史基本著作编撰辅导。印发《关于贯彻落实自治区党委十一届四次全会精神的实施方案》，要求相关盟市党史部门深入挖掘研究党在内蒙古西部地区的革命历史。

（尚虎成）

档案工作

【概况】 2022年，自治区档案馆总建筑面积25427.25平方米。截至2022年底，现有馆藏档案资料93.4万卷（件、册），其中汉文历史档案54493卷，蒙古文历史档案71744卷，党群、政府、企业等档案636986卷（件），馆藏资料164080册，其他档案资料6716卷（件）。年内，完成《内蒙古自治区档案条例》修订。该条例修订入选自治区2022年十大法治事件，成为全国第三个完成地方性档案法规修订的省份。

【档案服务中心工作】 2022年，内蒙古自治区档案局（以下简称自治区档案局）、自治区档案馆围绕迎接服务和学习贯彻中共二十大主题主线，组织开展“喜迎二十大·档案颂辉煌”党史档案知识线上竞答、主题征文、档案馆开放日、档案线上线下展览展示、《中华人民共和国档案法》宣传微视频展播、“法律六进”、中小学生特色红色档案实践研学等系列宣传活动。编撰展陈大纲，筹办“守望相助 团结奋斗”内蒙古民族团结进步档案文献展，组织全区各级档案馆通过举办民族团结进步创建工作成就展、共产党人家风展、馆藏老照片展等，发挥档案在弘扬培育民族精神和传承红色革命文化中的主阵地、排头兵作用，打造爱国主义教育“活教材”，编辑档案文化出版物，拍摄档案影视片，形成一批具有档案特色的文化精品力作。建成3600平方米的“内蒙古自治区档案馆廉洁文化档案文献长廊”，打造机关廉洁文化教育宣传新阵地。制作清末垦务档案VR展，拍摄完成《不忘初心兰台筑梦 牢记嘱托砥砺前行》宣传片，开发制作一批档案文创产品，推出《档案背后的故事》30期，提升档案宣传软实力。

【档案开放审核】 2022年，自治区档案局、自治区档案馆推进档案开放审核工作，强化档案服务利用，研究制定《内蒙古自治区档案馆开放审核工作实施方案》等，采用人工加计算机辅助审核等方式，推进审核，稳慎开放。自治区档案馆完成档案审核116万件，审核率由2021年的11%提升至40.5%，网上公开目录由2万条增加至6.6万条，增长率233%，满足人民群众查档利用需求。

【档案数据库建设】 2022年，自治区档案馆落实《内蒙古自治区黄河流域生态保护和高质量发展规划》，组织沿黄7个盟市初步建成黄河专题档案全文数据库，包头市举办黄河档案文化直播节目，着力推进黄河专题档案有效整合；乌海市深化战略合作，与山东省济南市档案馆联合印发《2021年黄河流域城市高质量发展数据集萃》，开展黄河流域城市高质量发展档案共建共享行动，为自治区加强黄河流域生态保护和高质量发展提供重要档案支撑。

【档案工作体制机制优化】2022年，自治区档案局、档案馆优化档案工作体制机制，率先完成机构职能分设，各盟市委办公室分别加挂档案局牌子，明确档案局负责人，设置（明确）相应档案工作机构，配备专职工作人员，推动党管档案实体化运作。创新局馆协同工作格局，自治区本级和各盟市结合实际出台本地区局馆协同工作暂行办法。自治区本级制定档案局局长办公会议制度，定期召开局馆联席会议，推动建立“一盘棋”工作格局，发挥党管档案体制优势和档案馆专业优势。自治区党委将档案工作列入年度绩效考核指标，各盟市把档案工作纳入本地区年度考核内容，推动档案工作责任制落地落实。

【档案管理制度建设】 2022年，自治区档案局、自治区档案馆制定全区档案事业“八五”普法规划，开展档案法规制度的立改废释工作，先后制定修订《关于在国有企业改革中加强国有企业档案工作的意见》等10多项制度规范，初步构建涵盖基础设施、资源建设、监督指导等各业务领域的制度体系。自治区档案馆将2022年确定为“制度建设年”，梳理原有规章制度，制定修订出台《内蒙古自治区档案馆馆务会议议事决策规则》等70余项。开展“优化职能职责优化工作流程”专项行动，提升档案工作制度化、科学化、规范化水平。

【档案编研】2022年，自治区档案局、自治区档案馆出台“十四五”全区国家重点档案保护与开发工程实施方案、内蒙古自治区档案馆档案编研工作实施方案，加强重点档案保护与开发，强化档案编研工作。《内蒙古自治政府成立档案》等2件档案入选第五批《中国档案文献遗产名录》。《抗日战争档案汇编·内蒙古自治区档案馆藏抗战档案选编（3、4卷）》《中国共产党领导内蒙古革命与建设档案文献资料汇编》被国家档案局列为国家重点档案保护与开发类项目，《卓索图盟喀喇沁左、中、右旗鄂尔多斯左翼前旗、中旗札萨克衙门蒙古文历史档案整理编目及目录汉译》被国家档案局列为国家重点档案基础体系建设项目。编印出版国家重点档案保护与开发项目《清末内蒙古中西部垦务档案汇编》，讲好档案背后民族团结进步故事。自治区档案馆与黑龙江省档案馆、自治区鄂温克研究会合作编研《鄂温克满文历史档案资料汇编》。《全区档案信息化情况调研报告》《内蒙古地区鼠疫防治历程》获得自治区党委分管领导批示肯定。阿拉善盟完成《额济纳与中国航天》一书并报中央党史和文献研究院审核。

【档案执法监督】 2022年，自治区档案局、自治区档案馆加强力量统筹，探索联合执法机制，对全区6个盟市和40个区直部门单位开展档案行政执法检查工作。各级档案部门均以授权或联合的形式开展档案执法检查和监督指导，巴彦淖尔市档案局开展提升行政执法规范化水平专项行动，推动本地区档案行政执法工作提质增效；乌兰察布市制定档案行政执法流程图，持续推进执法标准化、规范化建设；二连浩特市针对执法检查中发现的问题，举办档案业务专题培训班，推动档案治理法治化水平提升。

【档案科技创新】 2022年，自治区档案局、自治区档案馆出台全区档案科技项目管理办法和档案优秀科技成果奖励办法，自治区《数字孪生管控一体化智慧数字档案馆》等4个项目获国家档案局年度立项，自治区档案馆申报的《新型低温无损“档案砖揭粘研究及专用设备研制”》项目获国家档案局优秀科技成果三等奖。开展全区档案科技项目立项工作，全年立项申请107项，确定立项63项，实现历史性突破。

【档案信息化建设】 2022年，自治区档案局、自治区档案馆开展全区档案信息化工作摸底调研，出台《自治区档案信息化工作和数字化转型工作方案》。建成内蒙古档案查询利用服务平台、内蒙古掌上查档微信小程序，在全国首家通过“嵌入”方式全面接入内蒙古政务服务网“便民应用”专区和“蒙速办”微信小程序平台，实现全区档案信息共享利用“一网通办”。推动自治区本级和各盟市档案馆全部接入全国档案查询利用服务平台，包头市建成全市婚姻档案共享平台，实现盟市、旗县两级综合档案馆婚姻档案数据共享。推进传统载体档案数字化，自治区档案馆馆藏档案完成700余万页档案数字化工作，馆藏档案数字化率提升至72%，其中文书类纸质档案数字化率提升至77%。加快数字档案馆（室）以及专题档案数据库建设，自治区档案馆初步建成红色档案、黄河、脱贫攻坚、疫情防控、民生档案五大专题数据库，通辽市数字档案馆建设项目被列入2022年国家档案局科技项目计划，鄂尔多斯市数字档案馆建设项目获得立项并纳入2023年市重点建设内容，兴安盟阿尔山市等地将数字档案馆建设列入本级“十四五”规划，呼伦贝尔市档案馆积极推进“三网一库一平台”建设并开通电子政务外网。

【档案业务基础建设】 2022年，自治区档案局、自治区档案馆实施新时代新成就内蒙古记忆工程，全方位记录留存中国共产党领导内蒙古成立、建设、发展的光辉历程。研究制定档案接收中长期规划和年度计划，加强区直单位档案业务指导和接收力度，面向社会公开征集档案资料，接收纸质档案16481卷（件），征集抗疫一线档案资料6000多件、各种图书资料2000多册以及“齐心协力建包钢”、“三千孤儿入内蒙”和“人民楷模”都贵玛、蔡英老将军等珍贵档案资料，加强档案资源体系建设。自治区档案馆对照国家档案局《副省级以上综合档案馆业务建设评价标准》，开展短板弱项大排查、大起底，研究制定《自治区档案馆业务建设短板弱项整改集中攻坚方案》，梳理短板弱项93条，制定整改措施182条，动员全馆上下集中力量攻坚，补短板、强弱项、提质量，提升档案馆业务建设质量和水平。

【档案整理抢救保护】 2022年，自治区档案馆加强满蒙文档案基础整理与抢救保护，重点对呼伦贝尔新巴尔虎右旗满文历史档案开展系统整理、编目并进行汉译、蒙译，完成馆藏满蒙文档案65万件的基础整理和55万件的数字化工作。与新巴尔虎右旗政协合作编研出版《新巴尔虎右旗满文历史档案》（6卷），推荐《馆藏蒙文档案目录采集和翻译》《清朝内蒙古地区民族交往交流交融满蒙文档案汇编》申报国家重点档案基础体系建设项目和专题保护开发项目。

【档案人才队伍建设】 2022年，自治区档案局、自治区档案馆加大全区档案人才培养力度，完善档案人才发现、培养和选拔机制，选拔推荐全国档案“三支人才队伍”选，自治区36人分别入选国家级档案专家、全国档案工匠型人才和青年档案业务骨干队伍，8人入选国家级档案专家储备专家队伍，填补自治区国家级档案专家的空白。组织开展全区“三支人才队伍”选拔工作，择优选拔自治区档案专家24人，档案工匠人才50人，青年档案业务骨干90人。自治区档案馆采取考录、遴选、比选等方式，补充专业干部10人，优化干部队伍结构。自治区档案馆开展为期3个月的“解放思想、守正创新、补齐短板、提升质量”大学习大讨论活动，引导干部职工深化思想认识、提升能力水平。按程序做好全区档案专业技术资格职称评审工作，推进档案专业人才信息库建设，健全完善档案工作人员岗位培训和师资管理办法，加强与有关高等院校和培训中心合作，建立档案实训基地，提升档案培训工作实效，全区档案干部队伍整体活力明显提升，专业能力明显增强。

（张宇杰　郭鹏飞）

地方志工作

【概况】 2022年8月24日，经内蒙古自治区党委机构编制委员会审定，报自治区党委批准，自治区党委办公厅印发《中共内蒙古自治区委党史和地方志研究室职能配置、内设机构和人员编制规定》，中共内蒙古自治区委党史和地方志研究室正式成立，为自治区党委直属公益一类事业单位，机构规格相当于正厅级（内设机构及人员编制情况参见“党史文献编研”分目）。内蒙古自治区12个盟市均成立地方志工作机构。其中，单独设置地方志工作机构的有3个市，分别是包头市、乌兰察布市、巴彦淖尔市；与党史机构合并设立的有4个盟市，分别是呼和浩特市、呼伦贝尔市、通辽市、锡林郭勒盟；与党史、档案机构合并设立的有5个盟市，分别是兴安盟、赤峰市、鄂尔多斯市、乌海市、阿拉善盟。全区103个旗县（市、区）有4个旗县（市、区）单独设置地方志工作机构；92个旗县（市、区）地方志（党史）工作机构与档案机构合并；7个旗县（市、区）无机构，归党委办公室或政府办公室代管；1个旗县（市、区）设立临时机构。

【《内蒙古自治区地方志事业发展“十四五”规划（2021—2025年）》】 2022年8月20日，内蒙古自治区人民政府地方志研究室（以下简称自治区人民政府地方志研究室）印发《内蒙古自治区地方志事业发展“十四五”规划（2021—2025年）》。该规划分发展基础和面临形势、总体要求、主要任务、保障措施4个部分内容。要求统筹规划志鉴编纂，做好全区三轮志书及自治区三级志书规划编纂工作，推进年鉴规范化和服务水平提升，推进乡镇、村志编纂工作，探索地方史编研工作，记录“打造祖国北疆亮丽风景线”的实践；实施方志影响力提升工程，着力推进方志馆建设，开发形式多样的志鉴产品，加强旧志等地方文献的整理、研究，实施推动地方志资料年报工作常态化，推出地方志宣传品牌，彰显地方志资政育人的独特价值；加强地方志信息化建设，完成信息化建设转型升级，完善盟市地情网站集约化建设，扩大地方志数字化建设领域，推进地方志事业高质量发展；提升地方志专业水平，深化地方志质量建设，推进地方志理论研究，组织社会力量参与修志编鉴，加强人才队伍建设，切实加强专业人才储备。

【志书编纂与出版】 2022年，内蒙古自治区出版志书9部，8部移交出版，12部完成终审，7部完成复审，12部完成初审，4部完成初稿，5部在编纂。

【地方综合年鉴编纂与出版】 2022年，全区盟市、旗县（市、区）两级综合年鉴应编纂116部，其中盟市12部、旗县（市、区）104部。完成编纂114部，编纂完成率98.28%；移交出版102部，移交出版率87.93%；公开出版88部，公开出版率75.86%。盟市级应编纂年鉴12部，全部编纂完成并移交出版；公开出版10部，公开出版率83.33%。旗县（市、区）级应编纂年鉴104部，编纂完成102部，编纂完成率98.08%；移交出版90部，移交出版率86.54%；公开出版78部，公开出版率75%。

【旧志整理与出版】 2022年，自治区人民政府地方志研究室正式启动《内蒙古历代方志集成》影印出版工程。《内蒙古历代方志集成》是内蒙古自治区第一部影印精装的大型内蒙古地方志古籍丛书，是历史珍贵文献。整理过程本着保留原貌、存真求实的原则，按底本影印，不作点校。截至2022年6月，先后8次联系国家图书馆、内蒙古图书馆等单位，完成第一辑《蒙古志》《绥远志》《绥远志略》等23部旧志底稿的收集整理；8月，完成第一辑影印出版项目的公开招标；11月，完成出版书号申请；12月，完成样书审定。

【《内蒙古年鉴（2022）》出版】 2022年12月，自治区人民政府主办、自治区党委党史和地方志研究室编纂的《内蒙古年鉴（2022）》，由内蒙古人民出版社出版。贺彪主编。《内蒙古年鉴（2022）》遵从分类编排、设条记述的基本原则，全书由类目、分目、条目组成，部分条目加层次性小标题。全书包括内蒙古自治区行政区划图、专题彩图、数字内蒙古、特载、专记、大事记、内蒙古区情、中国共产党内蒙古自治区委员会、内蒙古自治区人民代表大会、内蒙古自治区人民政府、中国人民政治协商会议内蒙古自治区委员会、中共内蒙古自治区纪律检查委员会内蒙古自治区监察委员会、民主党派、群众群体、军事、法治、经济管理、农业水利、工业与信息化、交通运输邮政、城乡建设与乡村振兴、生态环境保护、资源管理、金融、商贸、科学技术、文化、教育卫生体育、社会事务、盟市、旗县（市、区）、企业选介、开发区（工业园区）、荣誉、附录、索引等内容，32个类目，下设389个分目、3362个条目。《内蒙古年鉴（2022）》为突出年度特色、地域特色和时代特色，适当修订和完善框架、版式和内容，与以往相比内容更全面，资料更翔实，版面设计更美观。全面、准确、客观、系统地记述2021年内蒙古自治区自然、政治、经济、文化、社会、生态建设等各方面的情况。全书150万字。

【期刊出版】 2022年，自治区党委党史和地方志研究室主办的《内蒙古印记》出刊3期，刊发稿件58篇，21.6万字。该刊创刊于1983年，原名《内蒙古地方志通讯》，先后更名为《内蒙古史志》《内蒙古方志》《内蒙古印记》，累计出刊169期。张敏主编。《内蒙古印记》主要设有领导讲话、专稿、工作研究、志说乡土、机关党建、工作动态、志书选介、法规文件等栏目，及时准确客观报道内蒙古地方志系统内行业动态，旨在指导业务与交流工作等。

【地方志资源数字化】 2022年，全区地方志数字化工作完成79部，6000.4万字。其中，志书19部，1721.8万字；盟市、旗县年鉴60部，4278.6万字。截至2022年底，数据库字数5.19亿字，志书、年鉴等计661部，收录专业词条260余万条，提高数据库的检索效率，为党政机关、科研院所提供快捷的"资政"服务。

【影像志和《草原丝绸之路》摄制启动】 2022年，自治区党委党史和地方志研究室启动影像方志《草原丝绸之路》微视频摄制工作。先后组织历史文化、影视制作相关领域专家学者召开多次研讨会，制定实施方案，确定摄制题材、思路和步骤，最终选取巴林左旗辽上京遗址、正蓝旗元上都遗址等7处草原丝绸之路沿线遗址为拍摄地点。截至12月底，完成1～4集微视频制作工作，并组织召开评审验收会，对第一批成果终审验收。

【地方志网站建设】 2022年，自治区党委党史和地方志研究室推进以内蒙古区情网为基础，地方志数据库、在线编纂软件系统、"方志内蒙古"微信公众号为重点的数字方志建设。内蒙古区情网（汉文版）全年收录发表文章1760篇，311万余字，图片2005幅；内蒙古区情网（蒙古文版）全年收录发表文章1067篇，43万余字，图片281幅，原创翻译文章312篇。内蒙古区情网点击达2500余万次，访问量300余万人次。"方志内蒙古"微信公众号全年发布273期，推送文章769篇，46万余字，图片1718幅。"方志内蒙古"微信公众号居全国地方志系统微信榜单第二十四名，全国省级地方志微信榜单第五名。

（韩振华）

新闻出版

出版管理

【主题出版策划】 2022年，自治区党委宣传部以迎接学习宣传贯彻中共二十大为主线，持续滚动策划优秀出版选题，召开2022年"亮丽内蒙古"重点图书出版选题策划会暨精品出版座谈会，推动主题出版高质量发展。《沙漠守望者：库布其脱贫振兴之路》入选中宣部2022主题出版重点出版物，《内蒙古长城文化丛书》等24种图书、电子音像出版物入选国家"十四五"出版规划，《蒙古文献丛书》等2种出版物获得2021—2035年国家古籍工作规划重点出版项目（第一批）。

【民族文学出版项目库建设】 2022年，自治区党委宣传部以铸牢中华民族共同体意识为主线，加强对民族文学出版项目库建设的统筹管理，推进民族文学出版工作高质量发展，加强国家民族文学出版项目库项目入库实施工作，严把自治区出版单位出版导向关，落实"三审三校"制度，确保出版质量。加强项目成果宣传推广和展示展销，不断提高社会影响力。自治区出版单位19个项目入选"十四五"时期国家民族文学出版项目库。《百年百部中国儿童图画书经典书系》等14个项目获得国家民族文学出版资金资助。图书作品获内蒙古自治区第十五届精神文明建设"五个一工程"奖，《让世界看见》等作品获第十三届内蒙古自治区文学创作"索龙嘎"奖。13个国家出版基金项目通过结项验收。

【出版行业监管工作】 2022年，自治区党委宣传部审核自治区7家图书出版单位出版和经营情况，报国家新闻出版署核验。全区年度核验147种期刊，组织开展学术期刊滥发论文专项检查，推动自治区学术期刊规范管理。全区年度核验2592家发行单位，完成全区2022年度印刷企业年度报告工作。开展2022质量检查和"3·15"专项质检活动。全年质量检查830种图书，随机抽查审读83种图书、49种期刊，重点审查三审三校制度执行，规范出版形式，点对点完成整改工作。完成全区257家单位连续性内部出版物逐家审查，重新核发年度准印证215家，注销33家，新办9家。对全区图书、期刊出版单位和新华书店的社会效益进行考核，推动出版单位和新华书店坚持社会效益优先、社会效益和经济效益相统一。开展"优化职能职责优化工作流程"专项行动，加强事中事后监管，精简办事方式、压缩办事时限，提高监管和服务水平，持续优化营商环境，19个事项办事时限压缩至1天，6个事项压缩至3天，5个事项压缩至5天。

（韩朝然）

报刊

【概况】 2022年底，内蒙古日报社有在职工作人员1007人。内蒙古日报社发展形成“4报2刊4网4端+30个第三方平台账号”的融合业态，建成以“内蒙古日报”“草原”“索伦嘎”“呼陆客”品牌群为核心的传媒品牌价值体系，并依托自主可控的草原云传播平台，实现“区级、盟市、旗县，央媒、省区、外宣，行业、自媒、商业”多维度全覆盖，达成一键分发、多平台推送、全网推广的传播能力和格局。2022年度经营收入11628.77万元。2022年12月29日挂牌成立内蒙古日报文化传媒集团有限责任公司，整合成立4家子公司（内蒙古大草原文化广告有限责任公司、内蒙古新闻网传媒有限责任公司、内蒙古北方物业管理有限责任公司、内蒙古日报北方印务有限责任公司），重新启动音视图项目，着力提升融合经营能力，盘活存量资源、挖掘无形资产、扩大合作领域。涉及融媒、网云、印刷、物业四大经营板块，迈出该社文化产业转型升级的关键一步，开展社会化、市场化、多样化的经营活动，“新闻+”运营模式初步构建形成。

【重大主题宣传】 2022年，内蒙古日报社在社属全媒体平台首页首屏开设《习近平谈治国理政》《学习进行时》《总书记和人民心贴心》等专栏专题，及时转载刊发相关报道7400余篇。完成中共二十大宣传报道各项任务，全媒体平台刊发1.2万余篇相关稿件产品，总传播量3亿次。中共二十大召开当天，重磅推出“塞北屏”文章《更扬云帆立潮头——写在党的二十大胜利召开之际》，其视频作品《奋进！“内蒙古号”巨轮》《内蒙古，担当实干启新程！》被200多家主流媒体转载转发；中共二十大精神系列理论特刊得到自治区党委宣传部肯定；联动自治区党报推出短视频产品《各民族心向党在乡村振兴中携手并进》获中宣部表扬。紧扣自治区中心工作，聚焦自治区“五大任务”“两个打造”“把内蒙古形象立起来”等重点主题，推出“山河作证”“沃野长歌”“北疆气派”“使命如磐”系列《新时代十年内蒙古发展报告》记录型融媒体产品，发布3300余篇稿件和新媒体产品，总传播量达4.4亿余次。制作推出《不断发展全过程人民民主》等83个新媒体理论创新产品。《沿着总书记的足迹看中国 | 江山如此多娇》全网传播量7000万余人次，“开往春天的列车”融媒体产品全网点击量3亿+；微博话题“内蒙古疫情”“内蒙古抗疫日记”阅读量突破1亿余次，相关话题、专题、原创产品全网阅读量累计3亿。策划开展“何以红山”“循迹西口”“万里茶道话今昔”“青春之花向阳开”等以铸牢中华民族共同体意识为主题的大型全媒体传播活动。开设《家园》《中华文化》等14个专版专栏频道，刊播9000多篇稿件和新媒体产品，传播量2.2亿余次。社属媒体舆论引导力、品牌影响力、选题策划力、产品创新力显著提升，31件作品获得第三十届内蒙古新闻奖。

【对外宣传】 2022年，内蒙古日报社社属外宣媒体索伦嘎新闻中心开设《领袖风采》《奋进新征程建功新时代》《中国共产党第二十次全国代表大会》等专栏专题，获得中宣部“Z世代”专项经费资助，构建形成项目化运作外宣工作模式。与蒙古国网络联盟签署合作协议，与蒙古国《今日报》合办《索伦嘎报》，拓展对外传播渠道，推动外宣工作创新实践。

【媒体深度融合】 2022年，内蒙古日报社贯彻落实《中共中央办公厅、国务院办公厅印发〈关于加快推进媒体深度融合发展的意见〉的通知》精神，推动要素整合、流程再造，持续优化全媒体布局。改版《内蒙古日报》，每周有56个版，有版名27个，较2021年度新增1个版名、更改4个版名，原《校园》更名为《青春号》，原《足球》更名为《内蒙古·全民健身》，原《经济涮锅》更名为《经济周看》，原《地方·盟市》更名为《区域新闻》；以时政新闻为主的新闻版面达到总版面的57%，以深度报道为主的专副刊版面占比达总版面的41%，每周为新媒体产品落地纸媒保留一个版面，为103个旗县融媒体中心保留两个版面。优化整合平台账号，关停并转32个第三方平台账号，保留内蒙古日报微信、微博、抖音等30个第三方平台账号，建立全媒体指挥调度体系，实现统一传播推送。实施草原品牌再造工程，推出运营草原号外、草原直播、草原深读、草原图鉴·内蒙古知识局等系列草原品牌。着力提升盟市旗县融媒体中心建设质量，103个旗县融媒体中心入驻草原云，建立与商业平台的深度合作机制，提升对外传播效能，基本建构形成融为一体、合而为一的全媒体传播格局。“草原云”总平台下载量1506万人次。其中，“草原全媒”客户端下载量867万人次，“草原云”旗县端下载量639万人次。《内蒙古日报》官方微博粉丝239万人，每日阅读量100万人次。理论栏目《北疆观察》推出100余篇原创产品，阅读量突破300万人次。通过事业单位公开招聘28人，选齐配强盟市记者站站长。组织采编人员专题培训15次、线上培训2800人次，全年编辑记者走进基层采访580人次。改进采编人员的作风文风，强化精品意识，增强内容生产能力、信息聚合能力、技术引领能力。

（马 莉）

图书出版

【概况】 至2022年底，内蒙古出版集团有6家直属企业和13家三级全资和控股公司，集团总部设有13个职能部门。主管主办8种报纸、16种期刊。内蒙古出版集团坚持“一业为主，多元发展”的思路，打造主业引领多元，多元再反哺主业的发展架构，主要有出版板块、教育板块、印刷板块、文旅板块、文化科技板块、文化地产板块六大业务板块，并形成集图书、报刊、电子音像、网络、数字出版，软件开发、出版物印前制作、印刷、发行、电子商务、在线教育、在线音乐、动漫制作、版权贸易等业务于一体，兼营文化酒店、文化地产、文化创意、科技服务的跨界多元发展格局。

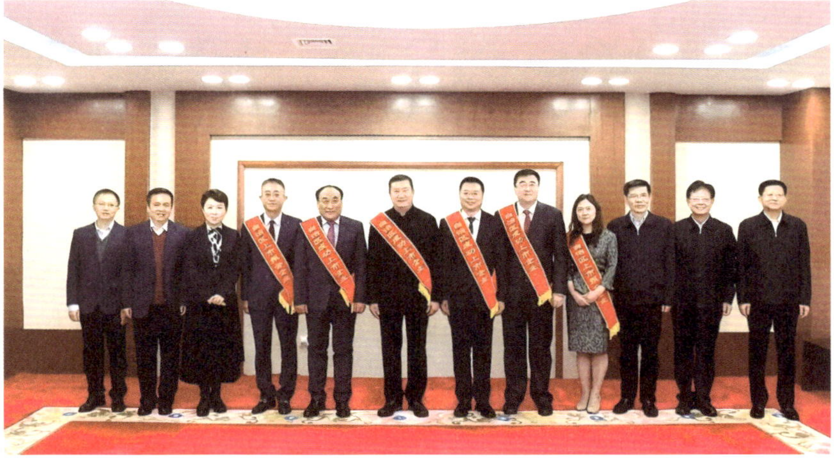

图78 2022年3月23日，内蒙古自治区召开2022年推进企业上市工作会议，自治区主席王莉霞（左三）为“内蒙新华”授奖

（内蒙古新华发行集团 供图）

【图书出版业务】 2022年，内蒙古出版集团总收入5.63亿元，净利润1.18亿元。新冠疫情期间，完成中共二十大报告及学习辅导读物和《中国共产党章程》的出版印制工作和教材保供任务。全年出版图书3021种，印刷5800余万册，发行总收入3.35亿元。完成自治区党委、政府下达的“年出版400种蒙古文一般图书”和“双百工程”责任目标。推进“两个打造”出版工程，累计出版“两个打造”图书163种。《中国民间所藏蒙古文古籍荟萃》《松巴·益西班觉文集》《巴·格日勒图文集》等18个项目列入“十四五”时期国家民族文学出版项目库。《百年百部中国儿童图画书经典书系》“蓝色草原·听书平台”“汉蒙对照大e洋交互幼儿教育平台”等6个项目获民族文学出版资金1046.9万元。《袁隆平与兴安大米》《最后一任扶贫队长》《稀土之光》等16种图书获自治区第十五届精神文明建设“五个一工程”图书奖。《那红红的萨日朗》《红色文艺轻骑兵》《让世界看见》等25种图书获索龙嘎奖。在全区优化法治化营商环境“大讨论”活动优秀新媒体作品评选中，《内蒙古法制报》获一等奖2项。第三十届内蒙古新闻奖评选活动中，《内蒙古商报》获三等奖1项，《内蒙古法制报》获三等奖2项。40余种图书入选国家2022年农家书屋重点图书推荐目录，112种图书入选内蒙古自治区2022年农家（草原）书屋重点图书推荐目录。“蓝色草原·听书平台”被列为“全区宣传思想文化工作创新案例”。

【信息化建设】 2022年，内蒙古出版集团集团入选《新闻出版知识服务知识元提取》和《新闻出版知识服务知识本体构建流程》等新闻出版国家标准制定的编写单位，实现参与制定国家标准工作。升级完成中小学蒙古文数字教科书资源及服务平台建设项目，实现PC端和小程序端能够同步提供数字教科书的目标。通过“多文种在线互译服务体系示范应用”项目的实施，完成蒙、汉、英、斯拉夫四种文字对齐句和对齐术语建设工作。

【多元产业发展】内蒙古出版集团集团保密印刷基地于2022年4月开始正式承接试卷印制订单，承接14套试卷，完成试卷命题、制卷、分发、押运工作任务。8月，与内蒙古自治区教育厅签订“自治区教育统一考试命题制卷基地”合作协议，并举行揭牌仪式。“智能印包仓储物流基地”项目入选2022年度自治区重点文化产业项目库；与山东出版集团签订《战略合作框架协议》，就文旅产业、版权贸易等方面开展项目合作。文化地产“蔚丽斯·云水湾”项目获得自治区、国家级“广厦奖”。

（孙金柱）

图书发行

【概况】 2022年，内蒙古新华发行集团围绕稳与进、量与优、精与简“三个结合”主基调，承压奋进、逆势攻坚，完成全年目标任务。全年总收入比2021年同期增长5.3%；经营利润增长15.2%。据全国同行业资产运行情况报告显示，集团以80.68分的成绩晋升至行业第五名，11项指标进入全国前5，总资产增长率、资本保值增值率、资本积累率和速动比率均位列第一名、主营业务利润率位居第二，迈入全国同行业第一方阵。2022年度，内蒙古新华发行集团获全国文化企业30强提名、第十届自治区文明单位、自治区模范职工之家、诚信示范企业等荣誉，旗下多家企业获得年度最美书店、“自治区五一劳动奖状”、诚信达标企业等荣誉。

【教育服务】 2022年，内蒙古新华发行集团完成全区以盟市为单位的业务整合，开发中小学免费教材报订系统。新冠疫情防控期间，启动“5+2”“白+黑”的工作模式，全区新华书店免费邮寄教材，按时把教材送到全区各中小学校的学生手中，集团作为唯一代表在全国出版（版权）工作会议上进行经验分享。2022年教材销售收入比2021年同期增长0.4%，教辅销售收入增长16.2%，中职教材销售收入增长16.1%，大中专教材销售收入增长6.9%，幼儿教材销售收入下降6.2%。

【政治读物发行】 2022年，内蒙古新华发行集团开通政治读物发行“绿色通道”，组织专人专车采取点对点、分批次运送的方式发至各盟市，全区各级新华书店通过专题陈列、书花造型、电子标语、海报展板等线下形式，配合微信、抖音、“内蒙新华马上购”等线上矩阵同步发力，提供全方位、多形式的中共二十大读物宣传订购服务及宣讲推广活动，推动中共二十大精神进机关、进企事业单位、进城乡社区、进部队院校。全年，发行政治读物222.43万册，其中中共二十大文件及学习辅导读物发行122.45万册。

【销售渠道】 2022年，内蒙古新华发行集团受新冠疫情影响，全区实体书店反复闭店，一般图书销售比2021年同期下降21.6%。各级新华书店另寻出路，构建以抖音、美团、京东为运营平台的特色店铺集群和以视频号、微信公众平台、书友群为介质的多媒体营销矩阵，针对“内蒙古新华马上购”小程序从视觉感官、模块功能等进行维度优化提升，新增会员3.9万人，会员累计19万人，全年实现云结算5687万元，纯线上销售1740.8万元；内蒙古新华书店与中国工商银行内蒙古分行合作开展“全员阅读”图书团购项目，在全区范围内开辟线上线下购书的“双渠道”。

【网点建设】 2022年，内蒙古新华发行集团新建“七进”（进商圈、进社区、进学校、进机关、进医院、进军营、进企业）店8家、自动售书机5台、农牧区家庭书屋10家、草原书屋中心书屋93家，完成拟建32家惠民书屋的选址及设计工作，推进登峯书苑和未来书店建设工作。

【公共文化服务】 2022年，内蒙古新华发行集团推动“鸿雁图书悦读”与草原书屋一体化建设，完成全区草原书屋出版物招标配送和管理员培训工作，“内蒙古数字草原书屋”平台上传电子书7148册、有声书2000集，注册总人数37.5万人，阅读达7.7万小时。

【全民阅读服务】 2022年，内蒙古新华发行集团开展全民阅读活动1.76万场，流动售书795场，落实“阅读引领社会风尚”项目，“4·23”世界读书日、“书香伴你过大年”品牌活动规模不断扩大、方式不断创新，服务范围覆盖全区12盟市及下辖旗县、乡镇、嘎查，提供家庭定制阅读服务。

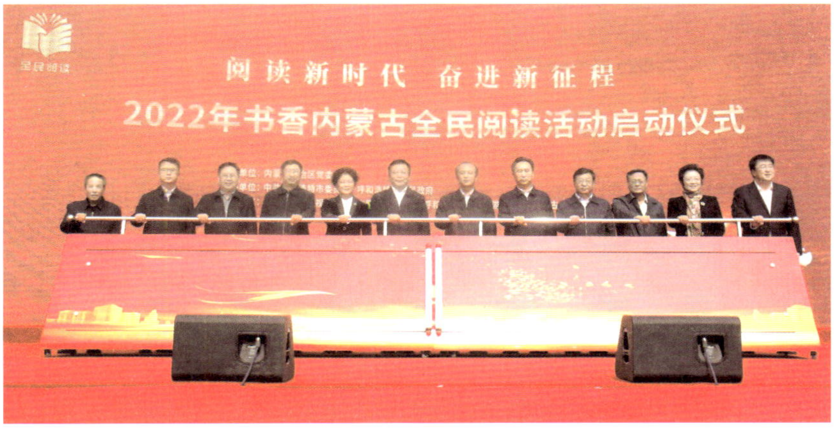

图 79　2022 年 4 月 23 日，“阅读新时代 奋进新征程”书香内蒙古全民阅读活动启动仪式在呼和浩特举行

（内蒙古新华发行集团　供图）

【文化帮扶】 2022 年，内蒙古新华发行集团运用好农牧民草原书屋阵地，志智双服助力乡村振兴，开展图书捐赠、文化科技卫生“三下乡”、“情暖戈壁 守土戍边”综合志愿服务等活动，通过援建图书阅览室、图书配送、技术指导、惠民服务、精品打造、主题营销等方式，为边境苏木、嘎查、乡村送理论、送文艺、送温暖，提升草原书屋的吸引力和利用率，为乡村振兴注入文化活力。

（吴佳译）

广播影视

【电影】2022 年，全区 101 家影院产出票房 5332.1 万元，其中 18 家自营联营影院完成票房 1814.5 万元，83 家加盟影院完成票房 3517.6 万元。新增银幕 25 块，新增座席 2440 位。联合出品影片《长津湖之水门桥》在 2022 年春节档上映，成为中国电影史上系列电影票房冠军。电影《兴安岭上》获得第三十五届中国电影金鸡奖评委会最佳中小成本故事片提名。电影《海的尽头是草原》入围北京国际电影节“天坛奖”主竞赛单元，获得第 14 届澳门国际电影节“金莲花”最佳男主角奖、最佳影片提名奖等。组织呼和浩特范围内厅级及市直属单位观看电影《草原英雄小姐妹》《天下黄河老牛湾》《半条被子》等，进行包场活动 110 余场，收入 31.8 万元。创新项目“电影党课”计播放约 110 场，观众 7450 人次；“五一影厅”播放 125 场，观影 7895 人次。《梭梭草》《带你归家》《海的尽头是草原》等影片进行包场活动 120 余场，收入 39.27 万元。创新项目“电影党课”计播放 68 场，观众 4077 人次；“五一影厅”播放 64 场，观众 1465 人次。全年，全区农村牧区数字电影订购 14.2 万场，其中蒙古语影片订购突破 2 万场，完成全年蒙古语推广任务，超额完成全区流动电影订购数量指标。开展“礼赞新时代 奋进新征程”“爱我国防 共铸北疆”“接续奋斗新时代 担当实干谱新篇”3 项主题放映活动，完成近 4000 场放映任务。80 处放映室进行设备巡检及维修等工作，80 家社区影院恢复正常放映。边境沿线固边放映室全年完成 4505 场的放映任务，戍边放映室完成 240 场放映任务。蒙古语版《长津湖》《新神榜：哪吒重生》两部影片分别获得 2022 年中国电影电视技术学会“声音制作优秀作品交流评审”少数民族语译制片类优秀奖和入围奖两个奖项。

（塔　拉）

【广播电视】2022 年，内蒙古自治区有 91 家广播电视播出机构，242 个频率频道，115 个网络视听服务机构，114 个客户端、16 家网站，广播、电视综合覆盖率 99.75%，同比提高 0.01 个百分点。全区开展“礼赞新时代 奋进新征程——优秀广播电视和网络视听节目展播”活动，90 余家广播电视播出机构和 100 余家视听节目服务网站以及腾讯视频等平台集中展播 25 部电视片、24 部广播剧、70 部短视频、22 部公益广告。组织全区网络视听平台在首屏首页首条开展迎接中共二十大主题宣传活动，先后展播短视频、纪录片、网络电影等各类网络视听精品节目 1000 余部，时长约 600 个小时，点击量达 400 余万人次，营造学习宣传贯彻中共二十大精神的浓厚氛围。组织各网络视听平台在首页开设并持续更新《在习近平新时代中国特色社会主义思想指引下 新时代新作为新篇章》《铸牢中华民族共同体意识》等专题专栏。征集遴选出《亮丽内蒙古·四季好风光》等 12 部形象宣传片和《内蒙古马铃薯》等 8 部特色产品宣介片，在抖音、快手、爱奇艺、优酷、微博等头部网络平台持续推送。开展广播电视优秀新闻作品、纪录片、创新创优节目季度推优扶持活动，表彰扶持全区59件（次）优秀广播电视节目作品。推荐5部短视频和9部纪录片参加2022年中国纪录片大会“城市印纪”和“展播展映”板块。推荐2档少儿节目入选国家广电总局2021年度优秀少儿节目专项资金扶持，1档新闻节目入选总局2021年第四季度优秀新闻作品；推荐《长城长（第二季）》入选总局2022年度“中华文化广播电视传播工程”重点项目，获扶持资金26万元，《长城长（第一季）》入选总局2022年第一季度创新创优节目。《国家的孩子》入选总局2022年第二季度优秀纪录片。组织创作《我和我的新时代》第32集《草原就是我的家乡》。对全区网络视听节目服务网站登载涉宗教、涉黄、涉军、政治有害等内容进行排查，累计排查重点网站1000余家，监看内蒙古网络广播电视台125场直播活动。2022年，自治区广电传输干线总里程达21600余千米，建设光传输基站143个，81个分前端，同时与周边黑龙江、吉林、辽宁、山西、陕西、宁夏、河北等省份实现互联互通，建设直达北京的40×100吉字节波分干线网。光缆干线传输网各系统开通的传输总带宽达到3000吉字节，能够提供从2兆到百吉字节的所有带宽接口，满足各类型长距离传输业务的承载需求。全区光纤网络覆盖率盟市、旗县达到100%，乡镇（苏木）达到90%，行政村（嘎查）达到80%。建成可容纳10000台服务器的国家A级大数据中心，在3个盟市部署大型机房，构建分布式存储、集中化管理，安全、高效的广电网络云平台。建设现代化数据网络，实现自治区—盟市100吉字节波分、盟市—旗县100吉字节传输、旗县以下10吉字节波分的数据传输能力。互联网平台峰值流量从100吉字节/秒增长到700G/秒，内网流量占比从30%提升到约80%，提升访问速度。城市和农村家庭宽带接入能力达到500兆字节和100兆字节。6月30日，牧区“智慧广电”宽带网络覆盖与服务工程全部完成建设任务，在全区33个牧业旗（市）累计建设光缆29861.69千米，新建铁塔1336座、租用铁塔1095座、安装基站6185套，覆盖用户近13万户，实际发展用户12.6万户，完成总任务的101.55%，打通牧区信息网络覆盖的“最后一公里”。实施有线高清交互数字电视机顶盒推广普及项目，累计签订订单数量19.43万台，到货19.43万台，累计转化用户数量15.18万户，完成总体任务的78.11%。完成赤峰7个旗县、阿拉善3个旗县计10个老少边及欠发达旗县应急广播体系建设方案审核及备案工作。

（马　妍）

文化交流

【“欢乐春节”全球宣传推广活动】 2022年，按照文化和旅游部统一部署，“欢乐春节”全球宣传推广活动于1月27日正式启动，受文化和旅游部委派，内蒙古自治区与罗马尼亚布加勒斯特中国文化中心合作，负责在布加勒斯特的全年宣传推广活动。活动依托布加勒斯特中国海外宣传平台，面向当地民众从春节民俗、冰雪运动、自然资源、艺术表演、美食推广等方面多角度、多维度全方位地展示中国传统文化和内蒙古文旅资源，进一步扩大内蒙古自治区在罗马尼亚的知名度和影响力，加深双方的了解和文化认知，也为今后双方在文化交流、文明互鉴方面奠定良好的基础。

【中蒙春节文化交流系列活动】 2022年1月，自治区文化和旅游厅举办“感知中国·连线蒙古”网上内蒙古文化周活动，举办“金虎迎春·共度佳节”2022年中蒙新春文化交流系列活动。包括贺新春主题晚会、迎冬奥冰雪文化活动、文艺节目展演、影视剧展播展映、春节主题短视频展播、暖心交流6个方面36项活动。蒙古国主流媒体刊播稿件共计159篇条，跟帖互动2.3万条。举办“我们一起向未来”——蒙古国人民眼中的北京冬奥主题图片绘画展。组织中蒙两国摄影家和蒙古国青少年，以北京冬奥会为主题进行创作，选取80余幅精品图片和绘画作品，在蒙古国乌兰巴托市进行展出。翻译出版《中华经典著作译丛》西里尔蒙古文版系列图书10册。

（韩朝然）

【中俄蒙“万里茶道”国际旅游联盟工作会议】 2022年7月22日，中俄蒙“万里茶道”国际旅游联盟工作会议在内蒙古乌兰察布市举行，俄罗斯圣彼得堡市旅游信息局、哈巴罗夫斯克边疆区旅游部，蒙古国肯特省自然环境与旅游局、戈壁松布尔省自然环境与旅游局4家单位加入中俄蒙“万里茶道”国际旅游联盟，该联盟成员达到24家。“万里茶道”国际旅游联盟是“一带一路”倡议下促进中俄蒙文化交流的重要桥梁纽带，是文明交融互鉴的重要平台，是中俄蒙三国跨国旅游精品工程。与会代表就进一步完善合作机制、深化交流合作，拓展合作领域、探索发展新路径、制定出台扶持政策、助力疫后跨境旅游市场恢复发展等方面进行交流发言。

【内蒙古冰雪旅游海外推广活动周】 2022年12月9—15日，中外文化交流中心、内蒙古自治区文化和旅游厅联合驻外文化和旅游机构，共同以线上形式推出内蒙古海外推广周。作为2023“中国北方冰雪旅游海外推广季”的重要组成部分，内蒙古海外推广周以“越冷越往北，越冷越热情”为口号，旨在全方位展现内蒙古茫茫雪原“千里冰封、万里雪飘”的冬季景象和异彩纷呈的特色冰雪民俗。内蒙古海外推广周期间推出“亮丽内蒙古 自然大冰雪”图片展。该展由“冰雪风光篇”“冰雪民宿篇”“冰雪运动篇”三个部分组成，向海内外观众生动展示内蒙古得天独厚的冰雪资源和独具魅力的人文风情。同时推出“冬天里的童话”内蒙古冬季旅游视频展播项目，集中展示呼和浩特、呼伦贝尔、阿尔山、赤峰等地玉树琼枝、银装素裹、激情洋溢的冬日景观，开启一段童话般的冰雪旅程。

文化产业

【概况】 全年，内蒙古自治区150家规模以上文化及相关产业企业克服疫情不利因素影响，完成营业收入112.6亿元，按可比口径计算，比2021年下降9.3%。分业态看，文化新业态特征较为明显的16个行业小类实现营业收入2.7亿元，比2021年增长0.6%。分产业类型看，文化制造业实现营业收入24.2亿元，同比下降20.1%；文化批发和零售业营业收入42.4亿元，同比增长2.5%；文化服务业营业收入46.0亿元，同比下降12.3%。分行业类别看，新闻信息服务营业收入1.4亿元，同比下降24.2%；内容创作生产6.9亿元，下降6.5%；创意设计服务12.8亿元，下降3.2%；文化传播渠道52.6亿元，下降5.5%；文化娱乐休闲服务4.7亿元，下降46.0%；文化辅助生产和中介服务10.1亿元，增长12.2%；文化装备生产0.5亿元，下降39.9%；文化消费终端生产23.6亿元，下降14.2%。分领域看，文化核心领域营业收入78.5亿元，下降9.7%；文化相关领域34.1亿元，下降8.4%。

【文化产业发展】 2022年，自治区文化和旅游厅印发《关于支持小微文化企业发展壮大的若干措施》，汇集相关部门文化领域支持政策，推动企业对惠企政策做到应知尽知、应享尽享。开展2022年度自治区重点文化产业项目认定工作，26个重点项目完成投资1.97亿元，占年度计划投资的31.1%。自治区文化产业发展基金累计投资10个项目，总投资2.99亿元。

【国有文化资产监管体制机制健全】 2022年，内蒙古自治区印发《内蒙古自治区国有文化企业深化改革加快发展行动方案》，推动自治区直属国有文化企业完成外部董事配备工作；推进内蒙古电影制片厂完成混合所有制改革、内蒙古文化音像出版社完成聘用职业经理人等重点改革任务，自治区直属国有文化企业改革三年行动重点任务基本完成。推动内蒙古日报社、内蒙古广播电视台、自治区文旅厅所属国有文化企业改革工作，将所属17家企业整合为3家企业，推动国有文化资本向新兴传媒、演艺产业等重要领域集中。修订《自治区直属国有文化企业工资总额管理办法》，印发《自治区直属国有文化企业投资监督管理暂行办法》《自治区直属国有文化企业重大事项监管权责清单》《自治区直属国有文化企业重要子企业名单》《自治区直属国有文化企业主营业务目录》，为科学规范企业监管奠定基础。

【文化产业金融支持】 2022年，自治区文化和旅游厅梳理具备融资条件且企业有融资意愿的文化旅游项目67个，融资需求101.59亿元，帮助企业与金融机构达成融资意向4.16亿元。通过旅游发展专项资金对全区8个项目固定资产贷款给予贴息补助916万元。协调金融机构对接受疫情影响暂遇困难企业731家，完成贷款授信总额72317万元，发放贷款 14341 万元，办理延期还本付息 2250 万元。通过 2022 年自治区文化旅游商品传承创新专项资金支持文化旅游商品实体店、文化旅游商品开发、精品驻场旅游演艺、文化产业园区、文化旅游商品设计大赛等 73 个项目，支持资金 4709 万元。评定首批共 7 个自治区重点培育文化产业园区，并安排专项资金共 880 万元支持重点培育文化产业示范园区公共服务平台建设项目。

【文化旅游商品品牌创建】 2022 年，自治区文化和旅游厅开展“内蒙古礼物”商品和“内蒙古礼物”实体店授权评审工作，共有 112 件（套）文化旅游商品被评为“内蒙古礼物”授权使用商品。举办黄河“几字弯”内蒙古文旅商品创意设计大赛，共征集到 16 个省区的 855 件创意作品，推出一批黄河“几字弯”优秀文化旅游商品。

【第六届自治区文化产业博览交易会】 2022 年，自治区文化和旅游厅举办第六届自治区文化产业博览交易会（线上），展厅累计访问量 65.18 万人次，直接交易金额 3074 万元，较上届增长 279.5%；达成深度意向合作项目 3 个，涉及金额 8.6 亿元，较上届增长 143.3%；19 场官方线上直播活动观看总人数超过 650 万人，全网相关话题阅读量 8000 万次。

【首届自治区文化品牌（IP）创意设计大赛】 2022 年，自治区举办首届自治区文化品牌（IP）创意设计大赛，征集作品 3000 余件，评选一等奖、二等奖、三等奖及优秀奖 96 名；7 项定向赛道作品与需求方成功签约。

（王佐政）

文化市场管理

【概况】 2022 年，内蒙古自治区开展“扫黄打非”“扫黑除恶”“涉党史领域有害出版物”“问题图书”“不合理低价游”“打击整治养老诈骗”等系列专项整治行动，净化文化市场环境。全区共出动执法人员 427726 人次，检查经营单位 150615 家次，当场处罚 1526 件，立案调查 509 件。举报办结 89 件、警告 1751 家次，责令改正 506 家次，责令停业整顿 37 家次，吊销许可证 11 家，取缔 12 家，罚款 377 家次，罚款金额 294.98 万元，案件办结率为 99.75%。

【宣传普法】 2022 年，自治区文化和旅游厅印发《自治区文化和旅游厅关于落实自治区国家机关“谁执法谁普法”四制度一评议机制的实施方案》，严格落实普法责任制，加强普法宣传工作。积极打造“法治乌兰牧骑”普法品牌，组织全区基层乌兰牧骑共创作 50 余部法治文艺作品，各地乌兰牧骑深入基层、深入群众开展法治宣传文艺演出 100 余场次。组织开展 2022 年“12·4”国家宪法日区直文化和旅游系统法治宣传活动，对宪法以及各领域重要法律法规，特别是对文旅领域法律法规进行宣传学习。发挥博物馆、公共图书馆等文化和旅游场所的功能，将党内法规学习宣传融入群众文化和旅游活动。

【营商环境建设】 2022 年，自治区文化和旅游厅持续优化营商环境建设，组织开展“两优”（优化营商环境、优化政府服务）专项行动，在法律框架下进行权力梳理和开展“一放三减”行动。其中“一放”指放宽学前教育服务设施开设、管理、运营的条件；“三减”指减少政府出资安排、减少政府出资安排市场准入门槛、实施政策性费用减免），外部事项优化整改率达到 100%。不断提高“12345”政务服务便民热线服务效率。针对诉求问题，举一反三自查整改便民服务落实不到位事项，不断提高响应率、解决率和满意率。

（王佐政）

卫生健康

综 述

【医疗卫生体系建设】2022 年，全区卫生机构总数 25062 个，每千人口拥有床位数 7 张、执业（助理）医师 3.54 人、注册护士 3.79 人，覆盖城乡的医疗卫生服务体系进一步健全。推进卫生体系建设，全区卫生健康支出 430.8 亿元，增长 18.8%。城乡居民基本医疗保险、基本公共卫生服务经费人均财政补助标准分别提高到每人每年 610 元、84 元。推动呼和浩特市列入国家公立医院改革与高质量发展示范项目，争取中央资金 5 亿元。内蒙古自治区综合疾病预防控制中心传防所获得国家卫生健康委、海关总署、国家中医药管理局评选的全国消除疟疾工作先进集体。

【公共卫生服务】 2022 年，全区生活饮用水卫生监测维持全覆盖，监测水样 7488 份，其中农村水 5065 份，城市水 2423 份，国家任务完成率 133.00%；全区水质综合达标率 87.90%，较 2021 年同期提高 1.15 个百分点，城市（91.25%）高于农村（86.30%）。全区空气污染对人群健康影响监测与防护项目覆盖所有盟市，采集大气 $PM_{2.5}$ 样本 910 份，测得有效数据 2.7 万余条，收集协作部门数据 10 万余条；数据显示，监测地区的日总死亡、呼吸和循环系统疾病死亡人数与 $PM_{2.5}$ 浓度呈正相关，空气污染浓度与因病就诊人群数量也存在相关性。完成 12 个盟市的 642 家公共场所的监测工作，健康危害因素监测 2.65 万项次，对 4 类场所（宾馆酒店、商场、理发美容店和候车室）2581 名从业人员健康调查，各指标任务完成率均达到 100%。组织成立自治区儿童青少年近视防控专家宣讲团和全区近视防控专家委员会，完成“2022 年第 27 个全国爱眼日”宣传活动；成立内蒙古自治区儿童青少年近视防控中心，筹建“内蒙古自治区儿童青少年近视防控中心”，建立省级青少年近视防控师范教学基地；组织制定《内蒙古自治区学生常见病和健康影响国家监测与预防工作方案》；2022 年，完成全区 53 个旗县区的 247 所学校、111 所幼儿园的 104598 名学生健康体检，完成 7.97 万名学生健康影响因素问卷调查，完成 1482 间教室的教学环境监测。全区上报食源性疾病暴发事件 112 起，发病 778 人，无死亡病例。报告事件数较 2021 年减少 15.2%，发病人数下降 13.3%。指导 226 家体检机构完成全区 43 万名工人的体检，完成国家任务的 107.5%；组织全区 47 家职业卫生实验室开展能力比对，完成率 100%；2022 年 3 月，省级职业卫生信息系统正式上线运行，全年向国家传输 40 万名职工体检数据；中心报送的动画视频《对面的尘肺病工友请看过来》获全国三等奖。人体生物监测项目获得全国优秀组织奖。

【检验检测工作】 2022 年，自治区本级和 12 个盟市疾控中心在 103 个监测点采集食品安全风险监测样品 5510 份，上报监测数据 59327 条，完成国家监测任务的 212.25%。全区 6 个盟市成功纳入国家致病菌识别网并开展监测工作。组织成立自治区消毒评价工作队，完成国际分流航班终末消毒过程与消毒效果评价工作。

（白国辉）

疾病预防控制

【新冠疫情防控】 2022年，自治区卫生健康委按照《新型冠状病毒肺炎防控方案（第九版）》，组织开展实验室检测、消杀指导等工作。组织完成全区各级疾病预防控制中心疫情防控培训。内蒙古综合疾控中心在全国新冠病毒核酸检测盲样考核中获得优秀成绩。对全区盟市、旗县（区）建成的新冠病毒核酸检测实验室开展2次质控考核，考核合格率99.04%；全区12个盟市疾控中心全部具备病毒基因测序能力；全区12个盟市和103个旗县（区）全部具备消杀和消毒效果评价工作能力。

【重大疾病防控】 2022年，自治区卫生健康委落实第四轮全国艾滋病综合防治示范区目标任务，组织示范区完成国务院防治艾滋病工作委员会办公室举办的第四轮示范区高校预防艾滋病教育培训；完成3个艾滋病综合防治示范区的终期评估工作。组织完成2022年世界防治结核病日主题宣传活动。成立内蒙古自治区结核病防治综合质量控制专家指导委员会。自治区艾滋病维持低流行态势，全年新发现病例777例，较2021年减少19.4%，发病人数位居全国第二十五位；截至2022年12月31日，全区累计现存艾滋病患者7781例，艾滋病抗病毒治疗覆盖率92.0%，治疗有效率95.9%。

【慢性非传染性疾病防控】 2022年，自治区卫生健康委落实《健康内蒙古行动》，维持自治区级慢性病综合防控示范区建设全覆盖，全区创建国家级示范区11个，自治区级示范区103个。完成全民健康生活方式行动和“三减三健”专项行动，完善活动方案60份、创建支持性环境222个，旗县（区）全民健康生活方式启动率100%，“三减三健”行动实现旗县（区）行动全覆盖。全区死因登记工作维持盟市全覆盖，上报死亡病例15.1万例，粗死亡率在595.77/10万，男性（680.10/10万）高于女性（481.32/10万）；前五位死因顺位依次为心脏病、脑血管疾病、恶性肿瘤、呼吸系统疾病、内分泌营养代谢疾病。肿瘤登记工作维持全覆盖，全区报告恶性肿瘤新发病2.8万例，死亡1.78万例。恶性肿瘤发病率262.36/10万，死亡率152.99/10万，男性高于女性，城市高于农村。心脑血管事件报告监测获省级优秀组织者奖。慢阻肺高危人群早期筛查与综合干预项目获国家项目办“优秀省级项目办奖”，1人获优秀管理人员奖。

【鼠疫疫源地监测】 2022年，自治区卫生健康委对全区各鼠疫疫源地开展全年监测，至11月底，全区监测检索面积96044.1平方千米。全年，5个盟市的8个旗县发生动物鼠疫疫情，判定疫点10个，分离鼠疫菌8株、阳性血清5份；鄂托克前旗发生1例人间鼠疫病例，发生1例人腺鼠疫疫情，因处置及时未发生蔓延，疫情报告及时率和疫区处置率均为100%。12个盟市和58个鼠疫监测旗县全部具备全年开展鼠疫监测的条件，全部具备无人机踏查、PCR检测能力。

【布病防控治疗】 2022年，自治区卫生健康委与自治区农牧厅联合印发内蒙古自治区布病防控六项举措，全力推动布病三年攻坚行动，开展包联工作，30个包联旗县中17个旗县（区）达到阶段性目标。2022年，全区报告布病病例1.9万例，较2021年（2.2万例）下降13.00%，疫情涉及12个盟市的103个旗县（区）；急性期布病患者计1.7万例，建档率100%；全区完成治疗人数1.3万例，规范治疗率98.74%，治愈率94.70%，慢性化率5.30%。

【地方病监测防治】 2022年，全区地方病防治持续、维持监测全覆盖。对全区盟市和旗县（区）疾控中心的地方病实验室开展质控考核，盐碘、尿碘、水碘三项考核全部合格；完成全区克山病、大骨节病救治工作实施方案制定及诊疗培训工作。组织开展包虫病等重点寄生虫病防治工作培训。在全区104个碘缺乏病区旗县、3个水源性高碘地区旗县、85个饮水型氟中毒病区旗县、28个饮水型砷中毒病区旗县、16个饮茶型氟中毒病区旗县、12个克山病病区旗县、18个大骨节病区旗县开展全覆盖监测工作，完成第二十九个全国防治碘缺乏病日的宣传活动。开展餐饮服务单位合格碘盐覆盖率调查工作，采集603份盐样，其中合格碘盐561份、不合格碘盐29份、未加碘食盐13份、盐碘中位数为25.1毫克/千克，碘盐覆盖率95.19%，合格碘盐食用率93.03%。

【法定传染病报告与管理】 2022年，自治区卫生健康委开展重大传染病监测、检测、患者管理和疫情防控等工作，及时组织指导处置诺如、炭疽等传染病疫情。组织按月印发全区法定传染病疫情与突发公共卫生事件监测分析报告。按月配合自治区党委政法委落实传染病防控工作情况分析评估。全区1—11月法定传染病报告及时率99.90%、及时审核率99.92%、综合指数99.94%，预警信号响应率100%；全区发出传染病预警信息2114条，传染病预警信息响应率100%、响应及时率96.03%。组织完成全区输入性儿童不明原因急性肝炎和猴痘病例监测相关技术培训。截至2022年底，全区无人感染禽流感、中东呼吸综合征、埃博拉病毒病、黄热病、寨卡病毒病、疟疾、不明原因儿童急性肝炎和猴痘病例报告。

【肺结核防治】 2022年，全区报告肺结核患者7448例，比2021年（9150例）减少1702例，报告发病率降低18.60%；病原学阳性率62.30%，应用快速检测技术诊断患者的比例82.50%；综合医疗机构报告的疑似肺结核及肺结核患者经转诊、追踪及其他方式到位的总体到位率98.5%；耐多药（利福平耐药）患者的纳入治疗率81.99%；耐多药结核病防治工作专项行动累计纳入治疗耐多药（利福平耐药）患者797例。年底，仍在治疗的有291例，可评估转归的患者有373例（失访133例无法评估），其中治愈119例、完成治疗131例、治疗失败12例、因不良反应停止治疗37例、死亡74例，成功治疗率67.02%。

【免疫规划】 2022年，自治区卫生健康委完成全区免疫规划信息管理系统升级改造，确保疫苗全流程可追溯。截至12月7日全区免疫规划疫苗接种306.32万剂次。完成非免疫规划疫苗招标入围工作，确保全区非免疫规划疫苗的持续供应。脊灰、麻疹、手足口发病维持低流行态势。全年全区连续三十年维持无脊髓灰质炎，全区报告新冠疫苗预防接种异常反应（AEFI）6482例，报告其他疫苗AEFI 1564例，无群体心因性反应报告。建立全区新冠疫苗接种工作周调度、台账管理和督导检查制度。

城乡医疗卫生

【医疗服务体系建设】 2022年，自治区卫生健康委建立更完善的分级诊疗体系，通过网格化布局建设城市医疗集团，按照“规划发展、分区包段、防治结合、行业监管”的原则，全区12个盟市划分为46个城市医疗集团网格，推动形成医疗机构间分工协作、资源整合模式，引导优质医疗资源下沉。制定《关于推广三明市分级诊疗和紧密型医疗联合体建设经验的实施方案》，通过强化体制机制建设、推进医保支付改革、深化薪酬制度改革、创新医防协同机制、强化绩效考核等措施推动分级诊疗制度建设。自治区人民政府印发《内蒙古自治区“十四五”卫生与健康事业发展规划》，科学规划并合理布局自治区、盟市、旗县、乡、村各级医疗资源，推动医疗卫生机构落实功能定位。发挥自治区级区域医疗中心辐射带动作用，落实国家《“十四五”临床专科能力建设规划》，重点加强跨省异地就医比例较高和服务能力薄弱的心内科、普外科及精神专科服务能力建设，配合自治区发展和改革委，推进医联体诊疗信息互联互通。全区6个盟市统筹推进医联体内双向转诊平台建设，开展预约诊疗、双向转诊、远程影像、远程会诊、远程教学等协同服务，逐步实现医联体内诊疗信息互联互通。

【卫生健康项目建设】 2022年，中央预算内资金8.63亿元支持内蒙古卫生健康领域项目21个，其中包括2个国家区域医疗中心项目、1个省级区域医疗中心项目、7个集中隔离点项目、7个方舱医院项目和4个边境旗县医院、疾控中心项目。自治区本级在建项目有3个，总投资5.2亿元，其中内蒙古自治区人民医院疑难病症诊治能力提升工程、内蒙古医科大学附属医院疑难病症诊治能力提升工程2个项目的资金支付已完成超过80%，内蒙古自治区第四医院传染病病房建设项目主体封顶。

【县域医疗卫生机构】 2022年，自治区卫生健康委实施医疗服务与保障能力提升（医疗卫生机构能力建设）项目。项目补助资金用于支持51个旗县加强旗县医疗卫生机构能力建设，包括国家乡村振兴重点帮扶旗县10个，其他脱贫旗县21个，医疗服务能力薄弱旗县20个，做到31个脱贫旗县全覆盖。每个旗县支持1家旗县医院和若干基层医疗卫生机构能力建设（医疗服务能力薄弱旗县主要支持旗县医院建设），完善县域医疗卫生服务体系，提高县域就诊率。旗县内30%以上的基层医疗卫生机构（社区卫生服务中心和乡镇卫生院）达到基层医疗卫生机构服务能力基本标准。

【社区医疗管理与服务】2022年，自治区卫生健康委开展社区医院评审验收工作，经自治区初评有15家机构达到社区医院建设标准。截至年末，全区有35家基层医疗卫生机构达到社区医院标准。做实做细家庭医生签约服务。围绕“世界家庭医生日”开展宣传活动，居民健康知识知晓率91%。利用信息化手段开展网上签约、在线服务，提升管理效果。全年，全区组建家庭医生团队9412个，签约率59.52%，重点人群签约率76.4%，脱贫人口签约率97.31%。

妇幼保健

【概况】2022年，自治区卫生健康委扩大“两癌”筛查覆盖面，制作公益宣传片和健康宣教手册，推动全区农村牧区和城镇低保家庭适龄妇女免费“两癌”筛查项目提质扩面。推动落实新“两纲”。制定印发《内蒙古卫生健康委贯彻2021—2030年内蒙古自治区妇女儿童发展纲要实施方案》，明确卫生健康领域的13项主要目标和12个方面主要任务，将重点工作年度指标纳入盟市党政领导班子年度考核和健康内蒙古建设考核评价。推进妇幼健康促进行动，起草制定《2022年妇幼健康促进行动实施方案》、2022年工作要点，组织开展2021年妇幼健康促进行动监测评估工作和2021年度健康内蒙古行动考核工作，深入开展妇幼健康促进行动。2022年，全区孕产妇死亡率下降至2022年的10.78/10万，婴儿死亡率下降至2022年的2.88‰。麻疹监测系统共报告麻疹病例37例，报告发病率0.158/10万，实现麻疹控制目标。

【母婴安全保障】 2022年，自治区卫生健康委实施母婴安全行动提升计划，督促各级医疗机构贯彻落实母婴安全五项制度，提升妊娠风险防范水平、危急重症救治水平、质量安全管理水平、妇幼专科服务能力、群众就诊分娩满意度，促进母婴安全工作高质量发展。开展全区基层产科医师培训，逐步完善产科医师规范化培训制度，提高产前、产时、产后等各环节综合服务能力。2022年1—11月，全区住院分娩约11.4万例。

【妇幼健康服务能力建设】 2022年，自治区卫生健康委利用中央转移支付资金实施妇幼保健机构能力建设项目，支持全区15所旗县（区）级妇幼保健机构建设，重点加强“云上妇幼”建设、人才培养和重点医疗设备配备等，支持自治区妇幼保健院开展妇幼健康“大手拉小手”行动。加强规范化管理，结合深化医改要求，按照国家卫生健康委《妇幼保健机构绩效考核办法》要求，组织全区115家妇幼保健机构参与绩效考核，部署妇幼保健机构绩效考核工作，组织绩效考核培训，结合机构实际进行针对性指导和数据质控，对三级妇幼保健机构绩效考核数据进行审核、分析。做好妇幼信息统计监测工作，完成2022年度妇幼健康年报数据的收集、审核、报送。提升危急重症救治能力，加强危重孕产妇、危重新生儿救治中心标准化建设，采取交互式评估验收。建设危重孕产妇救治中心和危重新生儿救治中心106个，完善孕产妇和新生儿危重症救治网络。

【妇幼公共卫生服务】 截至2022年10月末，全区累计10.96万名适龄妇女服用叶酸，宫颈癌细胞学和HPV检查累计完成44.87万人，乳腺癌检查累计完成37.13万人，免费为5.56万名婴幼儿发放营养包，新生儿遗传代谢病筛查和听力筛查累计完成6.75万人。预防母婴传播三病检测率均达到99%以上。

职业健康

【重点职业病常规监测】2022年，自治区卫生健康委完成43万名劳动者职业健康检查数据上报，20个旗县（区）8000名工人免费职业健康体检，8300名职业性尘肺病患者的随访工作；诊断并向国家报送893例职业病患者信息；完成重点人群健康素养监测与干预调查13647人；完成职业健康检查机构质量考核和职业病诊断机构质量评估106家，职业卫生实验室能力比对47家，工作场所职业病危害因素监测1099家；完成97家医疗机构、48家企业放射性危害因素监测工作。

【职业病防治机构建设】2022年，自治区卫生健康委对呼和浩特市、赤峰市、乌海市三家职业病防治院所进行调研评估，筹备建立自治区职业病防治院。制定印发职业病防治能力提升实施方案，继续支持2家诊断机构和11家尘肺病康复站的建设工作，全区有建成和在建的尘肺病康复站27家，全年完成987人、1821人次的免费康复。

【职业健康保护行动】 2022年，自治区卫生健康委继续推进争做“职业健康达人”活动，全区参与“职业健康达人”评选活动2.64万人，选出758人。组织开展第二十个《中华人民共和国职业病防治法》宣传周活动，全区开展主题宣讲1121次，开展宣传咨询活动3529次，开展专题讲座（网络公开课）160次，开展警示教育805次，印发宣传材料20.02万份，制作宣传视频474个。

【职业性环境危害专项治理】 2022年，自治区卫生健康委组织开展粉尘、化学毒物、噪声危害因素浓（强）度超标且从业人员10人及以上的工业企业专项治理工作，制定专项治理工作方案，确定年度治理任务及目标，建立治理企业基础台账并核实确定辖区内治理企业。全区核实用人单位1.78万家，确定纳入治理名单企业1248家。

老龄健康

【老龄健康机构建设】 2022年，自治区卫生健康委推进内蒙古医院国家老年医学中心内蒙古分中心建设，把自治区肿瘤医院打造成自治区安宁疗护示范建设基地。截至2022年底，全区建成医养结合机构158家，总床位数3.1万张，较2021年分别增加31家、0.42万张。全区81.56%的二级及以上综合医院设置老年医学科，高于年度目标任务31个百分点。87.47%的综合医院、中医（蒙医）医院、康复医院、护理院和基层医疗机构建设成为老年友善医疗机构。

【医养结合试点】 2022年，国家级老龄健康医养结合远程协同服务试点扩大至18个。自治区卫生健康委员会与自治区民政厅联合开展医养结合示范旗县、示范机构创建活动，10个旗县、20个机构达到创建标准。

健康促进

【健康内蒙古行动】 2022年，内蒙古自治区重点建设自治区级健康促进医院23个，其中盟市15个，自治区本级8个。推动落实健康素养促进行动项目。实施健康素养监测和健康促进行动项目，举办2022年健康素养促进项目和健康素养监测培训班。完成8个国家级健康素养监测点监测任务。截至2022年底，全区健康素养水平达到23%以上。印发《内蒙古自治区脱贫地区健康促进与教育行动的通知》，重点帮助脱贫地区提升居民健康素养。推进健康知识普及行动，助力健康内蒙古建设。组织参加国家新时代健康科普作品征集评选活动，自治区卫生健康宣传教育中心制作的科普微视频《炭疽离我们有多远》被自治区科学技术厅评为“2021年度自治区优秀科普微视频作品”。自治区人民医院、自治区国际蒙医医院、自治区医科大学附属医院3位医务人员获得2022年全区科普讲解大赛优秀奖。自治区4个作品入围全国新时代健康科普作品大赛。

【卫生城镇创建】 2022年，自治区卫生健康委起草修订《内蒙古自治区国家卫生县和国家卫生乡镇评审管理实施办法》《内蒙古自治区卫生城镇卫生村卫生单位评审管理办法》《内蒙古自治区卫生城市和卫生旗县标准》《内蒙古自治区卫生乡镇标准》《内蒙古自治区卫生村标准》《内蒙古自治区卫生单位标准》2个办法4个标准，结合新形势、新任务、新要求，对管理办法和标准作出调整。召开全区国家卫生城镇创建评审培训班，邀请全国爱国卫生专家针对国家卫生城镇评审相关内容对全区各盟市、旗县开展业务培训。至年底，全区建成66个自治区卫生苏木乡镇，633个卫生嘎查村和41个卫生单位，全区各级卫生城镇创建长足发展，地级市和盟所在地实现国家卫生城市全覆盖。

【健康城镇建设】 2022年，经全国爱卫办综合评价，乌海市被评为2021年度内蒙古自治区健康城市建设样板市，鄂尔多斯市被评为健康城市建设推动健康中国行动创新模式优秀工作试点。按照国家要求，持续推动乌海市全国健康影响评价评估制度建设试点工作。

【病媒控烟工作】 2022年，自治区卫生健康委举办全区病媒生物防制培训班，邀请自治区综合疾病预防控制中心专家为各盟市、旗县授课指导，强化和规范病媒生物防制工作的开展。开展全区春秋两季鼠密度监测工作。结合国家和自治区卫生城镇创建、爱国卫生月和爱国卫生宣传周等爱卫活动，开展环境卫生整治和“四害”孳生地治理。举办全区控烟能力建设培训班，完成成人烟草流行监测任务。举办以“烟草威胁环境”为主题的第三十三个世界无烟日活动，普及烟草危害知识。

【爱国卫生活动】 2022年，自治区卫生健康委开展爱国卫生运动70周年纪念活动，聚焦“文明健康、绿色环保”这一主题，组织开展第三十四个爱国卫生月活动。筹划举办“爱卫70载 喜迎二十大”为主题的第六个爱国卫生宣传周活动，组织开展爱国卫生运动70周年暨第六个爱国卫生宣传周有奖知识答题活动。自治区5个集体、9名个人受到全国爱卫会表彰，获得“爱国卫生运动70周年先进集体”和“爱国卫生运动70周年先进个人”称号。鄂尔多斯市东胜区“健康一条街”入选全国“爱卫网红打卡点”。《内蒙古日报》专版刊登《不忘初心，赓续前行——全区爱国卫生运动70周年发展综述》，对70年来全区爱国卫生发展作专版宣传。

卫生监督

【监管体系建设】 2022年，自治区卫生健康委印发《关于切实做好公共场所、饮用水供水单位、消毒产品生产企业卫生行政许可相关工作的通知》，推进公共场所卫生许可告知承诺制度，指导、规范全区优化政务服务，完善办事指南和流程，强化事中事后监管。动员各级卫生监督机构坚持优化营商环境为背景，从执法转普法，推动被监管单位落实主体责任，引导依法执业、合法经营。完成职业卫生监督执法能力提升项目，补充监督机构执法装备、设备配备，并在执法设备上增加疫情防控监督检查模块等内容，便于在线监测监管。

【专项监督检查】 2022年，自治区卫生健康委在全区范围内开展游泳、住宿、美容美发、洗浴四类公共场所、集中空调通风系统以及生活饮用水卫生的专项监督检查。组织开展全区医疗乱象专项治理工作，打击各类违法违规执业、医疗诈骗、虚假广告、欺诈骗保等行业乱象。截至2022年12月15日，全年监督检查医疗机构22122家次，公共场所61494户次，学校3224所次，生活饮用水1492户次，消毒产品单位1265家次，餐饮具消毒单位176家次，职业卫生用人单位3651家次；查处违法案件1922起。

【医疗服务项目与价格管理】 2022年，自治区卫生健康委动态调整285项基本医疗服务价格。把“经皮穿刺动脉栓塞术”等9项第四批新增医疗服务项目和13项医用耗材纳入基本医疗服务项目。组织开展口腔种植医疗服务收费和耗材价格专项治理，在全国率先对单颗种植牙医疗服务价格进行全流程调控，15个新增口腔种植医疗服务项目制定政府指导价，专项治理工作得到国家医保局肯定，并刊发专刊在全国推广。

中医药（蒙医药）

【中医（蒙医）创新建设】 2022年，自治区卫健委下达自治区财政资金900万元支持9家中医（蒙医）医院特色专科（专病）建设与特色技术推广、特色制剂能力和应急救治能力建设，每家投入100万元。下达中央财政资金2000万元支持10家旗县级中医（蒙医）医院开展“两专科一中心”建设，每家医院建设2个中医（蒙医）特色优势专科（专病），建成1个中医（蒙医）适宜技术推广中心。

【中医（蒙医）健康服务能力建设】 2022年，自治区卫生健康委印发《内蒙古自治区推进中医蒙医治未病健康工程升级的实施方案（2022—2025年）》，推进全区中医（蒙医）治未病健康服务升级，制定《内蒙古自治区中医（蒙医）医院中医（蒙医）治未病中心基本建设评估标准》，打造治未病示范中心30个。印发《关于做好2022年全区中医药（蒙医药）康复服务能力提升工作的通知》，下达600万元支持乌兰察布市、乌海市建设自治区级中医（蒙医）康复中心。全区二级以上中医（蒙医）医院全部设置治未病科、康复科。

【中医（蒙医）临床重点专科建设】 2022年，自治区卫生健康委开展自治区第二批中医（蒙医）临床重点专科建设项目评审。下达中央资金 1050 万元，支持 5 个国家中医区域诊疗中心和 2 个国家中医临床重点专科建设，打造中医药（蒙医药）专科高地。2022 年评审确定第二批自治区中医（蒙医）临床重点专科建设项目 51 个，其中中医 27 个，蒙医 24 个。

【基层中医药（蒙医药）服务能力提升工程】 2022 年，自治区卫生健康委启动自治区全国基层中医药示范市（县）创建工作，以引领示范带动基层中医药（蒙医药）服务能力提升。推进基层医疗卫生机构中医馆（蒙医馆）提档升级工作，分基础型、优质型、示范型建设，全年，投入中央资金 4240 万元，支持中医馆（蒙医馆）提档升级建设。截至 2022 年底，实现基础型中医馆（蒙医馆）全覆盖，其中优质型 764 个，示范型 97 个，社区卫生服务站、村卫生室设置中医阁（蒙医阁）1137 个。

【“智慧中医（蒙医）医院”与互联网医院建设】 至 2022 年底，全区 4 家中医（蒙医）医院开展互联网医院运营，2 家中医（蒙医）医院获批设置互联网医院。全区二级以上中医（蒙医）医院全部进行电子病历系统应用水平分级评价，其中达到 4 级 15 家，达到 3 级 36 家。

【基层中医药（蒙医药）特色技术推广】 2022 年，自治区卫生健康委遴选 17 项特色技术，向全区推广。印发《内蒙古自治区推进基层中医药（蒙医药）适宜技术推广工作的实施方案（2022—2025 年）》，建立自治区级、盟市级、旗县区级三级中医药（蒙医药）适宜技术推广中心、建立自治区中医药（蒙医药）适宜技术推广质控中心、组建盟市级中医药（蒙医药）适宜技术推广指导中心。

【中医（蒙医）医术专长人员医师资格考核工作】 2022 年，自治区卫生健康委进行中医（蒙医）医术确有专长人员医师资格考核平台改造升级，开展第三批中医（蒙医）医术确有专长人员医师资格考核。完成 541 名通过第一、二批中医（蒙医）医术确有专长医师资格考核人员注册、发证工作。

【“一老一小”中医药（蒙医药）特色服务】 2022 年，内蒙古自治区 65 岁以上老年人和 0 ~ 36 个月儿童中医药（蒙医药）健康管理率分别达到 70% 和 77%。全区二级以上中医（蒙医）医院全部开通老年人就医绿色通道，64% 的二级及以上中医（蒙医）医院设置老年病科。

（冯海冰）

药品供应保障

【国家基本药物制度巩固】 2022 年，全区三级公立医院、二级公立医院、政府办基层医疗卫生机构基本药物品种占比分别为 56.1%、60.9%、80%；配备金额占比分别为 37%、49.3%、72.6%， 与 2021 年度同期相比分别提升 2%、6%、16%。

【国家药品目录实施和管理】 2022 年，内蒙古自治区推行国家医保药品目录，213.96 万人次受益，基金支付 12.4 亿元。门诊特殊用药新增 34 种，达到 85 种。全区开通“双通道”药店 300 余家，“双通道”管理药品 176 种，惠及 71.2 万人次。开展试点药品使用情况月监测，试点药品惠及 692.23 万人次，基金支付 3.14 亿元。适应中医药事业发展需求，新增 36 个中药配方颗粒纳入医保乙类管理。制定可单独收费医用耗材目录，明确医保支付等级。将中医（蒙医）、口腔、康复、放化疗、人工耳蜗置入术等 197 个医疗服务项目纳入医保支付范围。

【药品临床综合评价】 2022 年，自治区卫生健康委建立“3+N”综合评价工作体系，依托中心，组织开展全区药品临床综合评价工作。指导医疗机构建立由临床、药学、信息部门共同参与的工作机构，推进药品临床综合评价工作，全区有 12 家医疗机构开展临床综合评价工作。

【药品耗材集中带量采购】 2022 年，全区累计开展集中带量采购药品 508 种，全国排名第十一位，医用耗材 38 种，全国排名第六位。国家组织第六批胰岛素专项集采 42 个中选产品于 5 月 20 日落地实施，与自治区交易价格相比，平均降幅 50.87%；第七批国家集采中选药品于 11 月 29 日在全区执行，与全区交易价格相比，平均降幅 69.3%。对前四批国家集采药品中选结果开展续约工作。牵头组织“八省二区”第三批药品省际联盟带量采购，25 家企业的 17 个品种 23 个规格中选，中选价格平均降幅 54.76%。人工关节集采中选结果于 4 月 15 日落地实施，190 家医疗机构参加，首年意向采购量 14050 套。与 2021 年相比，中选价格平均降幅82%。心脏起搏器、超声刀、骨科创伤类中选结果落地实施，平均降幅分别为50%、70.11%、83.48%。参加广东牵头的省际联盟新冠抗原、抗体和快采试剂带量采购，5月31日落地执行，平均降幅51.45%。药品耗材招采子系统为全国第四个全面应用的省份。

【助力新冠疫情防控】 2022年，全区4次下调核酸检测价格，单检从每人次35元降到每人次13元，混检由每人次8元调至每人次2.5元；开通绿色通道，及时将符合国家新冠病毒肺炎诊疗方案的阿兹夫定片、奈玛特韦片/利托那韦片组合包装等6种药品和25种蒙医医院制剂临时纳入全区医保支付范围。

（刘雪峰）

医政药政管理

【国家临床重点专科建设】 2022年，自治区卫生健康委继续组织内蒙古自治区精神卫生中心精神疾病、赤峰市医院普通外科、包头市中心医院实施2021年国家临床重点专科建设项目，开展项目年度绩效评价，推动项目落地见效。

【护理康复体系建设】 2022年，自治区卫生健康委扩大“互联网+护理服务”试点覆盖面，研究推动医院护理高质量发展、老年护理服务、上门医疗护理服务。调查2022年上半年全区康复医疗发展情况，根据各盟市工作进展情况和存在问题，推动落实《关于印发内蒙古自治区加快推进康复医疗发展实施方案的通知》确定的各项工作任务，增加康复医疗服务供给。

【儿科医师转岗培训】2022年6月，自治区卫生健康委印发《内蒙古自治区2022年儿科医师转岗培训工作方案》，计划全区2022年转岗培训50名儿科医师，委托内蒙古自治区人民医院具体负责组织实施儿科转岗医师的招录、培训、临床实践和考核等事宜，培训期为一年。

【公立医院绩效考核和医院评审】 2022年，自治区卫生健康委持续推进二、三级公立医院绩效考核，覆盖所有二、三级公立医院，完善绩效考核方式方法，加强绩效考核相关数据质量控制。印发《内蒙古自治区医院评审标准及实施细则（试行2021年版修订版）》，按照国家和自治区有关医疗管理重点工作部署要求，增补和调整部分评审内容。全面启动2022年度医院评审工作。

【医疗机构和医务人员管理】2022年，自治区卫生健康委开展不合理医疗检查专项行动与市场监督管理局、医疗保障局、内蒙古军区后勤保障局联合制定印发《内蒙古自治区不合理医疗检查专项治理行动工作方案》，采取自查、抽查的方式在全区范围开展违法违规医疗检查行为、无依据检查和重复检查等不合理检查、违反知情同意原则实施检查、诱导过度检查、违反规划配置大型医用设备等不合理医疗检查专项治理行动。

【医疗质量管理与控制】2022年，自治区卫生健康委组织实施《2022年国家医疗质量安全改进目标》，落实医疗机构主体责任，引导医疗机构围绕年度目标全面提高医疗质量安全管理意识，完善医疗质量安全管理组织架构和工作体系。贯彻落实《医疗质量管理办法》，推动落实院、科两级医疗质量安全管理责任，落实医疗机构主要负责人和业务科室主要负责人医疗质量管理第一责任人责任。落实医疗机构医疗质量管理评估制度，完善评估机制和方法，将医疗质量管理情况纳入医疗机构考核指标体系。

【血液安全管理】 2022年，自治区卫生健康委针对新冠疫情防控的特殊时期，进一步加大无偿献血组织动员力度，依法调剂血液，保障临床用血安全。开展新冠康复者恢复期血浆采集工作，并调集支援吉林新冠患者医疗救治。组织开展新发经血传播病原体监测工作，开展“世界无偿献血者日”活动。

【国家药品目录实施和管理】2022年，213.96万人次受益，基金支付12.4亿元。门诊特殊用药新增34种，达到85种。全区开通双通道药店300余家，“双通道”管理药品176种，惠及71.2万人次。开展试点药品使用情况月监测，试点药品惠及692.23万人次，基金支付3.14亿元。适应中医药事业发展需求，新增36个中药配方颗粒纳入医保乙类管理。制定可单独收费医用耗材目录，明确医保支付等级。将中医（蒙医）、口腔、康复、放化疗、人工耳蜗置入术等197个医疗服务项目纳入医保支付范围。

（叶彩文）

体 育

ᠪᠡᠶᠡ ᠲᠠᠮᠢᠷ

体育基础设施建设

【体育公园】 2022年，全区开工建设体育公园9个（争取国家支持建设3个，每个投资2000万元；自治区本级支持建设6个，每个投资1000万元）。

【健身步道】 2022年，全区建成健身步道1191.6千米。包头市先试先行，对30个既有城市公园实施提档升级，植入体育元素，在赛罕塔拉城市公园中建成自治区第一条10千米塑胶健身步道。呼和浩特市建设各种类型绿色步道600千米（建成300千米、在建300千米）。乌海市开工建设可举办国际性和全国性大型赛事的沿黄43千米马拉松赛道、7.1千米植物园健身步道。

【公共足球场】 2022年，以锡林郭勒盟西乌珠穆沁旗、呼伦贝尔市鄂温克旗为代表，全区新建各类公共足球场馆156个、组建成人足球队1201支，推动县域足球推广普及。鄂尔多斯市达拉特旗、巴彦淖尔市乌拉特中旗、呼伦贝尔市鄂温克旗锡尼河西苏木入选首批全国县域足球典型。

青少年体育

【体育项目进校园】 2022年，自治区体育局印发《内蒙古自治区青少年体育“十四五”行动计划》《内蒙古自治区体育运动学校管理办法》《内蒙古自治区青少年体育俱乐部管理办法》。推动“三大球”、旱地冰壶、曲棍球等20余个体育项目走进500余所中小学校和幼儿园。创新开展篮球、橄榄球等10个体育项目的校园联赛，5万名青少年学生在学校即可接受专项体育训练。

【体育训练进校园】 2022年，内蒙古自治区依托体育学校新建5个青少年训练中心，在全区103个旗县（区）布局儿童青少年业余训练点，新命名学校类青少年体育后备人才基地36所，支持78所学校开展体育特色教学，9800余名儿童青少年常年在体校接受半专业化训练，青少年体育俱乐部达到662个。

【“奔跑吧·少年”儿童青少年主题健身活动】 2022年6月15日，“奔跑吧·少年”儿童青少年主题健身活动暨“蒙动宝贝”2022年内蒙古自治区幼儿体育大会收官。在为期20天的活动中，全区各盟市举办27场活动，“奔跑吧·少年”儿童青少年等线上线下活动1000余场，有1.2万名儿童青少年参与其中。活动期间，组织了跆拳道、啦啦操、小篮球、小足球、平衡车、轮滑、跳绳等项目的系列活动。

【2022年第三届中俄冬季青少年运动会短道速滑项目】 2022年12月19日，2022年第三届中俄冬季青少年运动会在长春市举行。运动会秉承“友谊、合作、交流、进步”的赛会宗旨，旨在共同提高中俄两国青少年冬季项目竞技体育水平，促进双方体育文化交流互动。两国青少年运动员在速度滑冰、短道速滑、花样滑冰、冰壶、越野滑雪、高山滑雪、单板滑雪、自由式滑雪

空中技巧8个大项45个小项中展开角逐。自治区短道队运动员吴世强获得1000米第一名、3000米接力第一名，朱昱璋获得2000米接力第一名、3000米接力第三名。

群众体育

【全民健身】 2022年，自治区体育局出台《内蒙古自治区全民健身实施计划(2021—2025年)》。落实中办、国办《关于构建更高水平的全民健身公共服务体系的意见》，印发分工方案，完善全民健身政策体系。呼和浩特市联动太伟滑雪场、马鬃山滑雪场、北极光滑雪场及武川、和林格尔、土左等旗县29处中小型场地，组织开展以“美丽青城·助力冬奥”为主题的第二届冰雪体育季系列群众冰雪活动。

【“欢乐草原·健康内蒙古”第十三届全区全民健身运动会】 2022年6月11日，“欢乐草原·健康内蒙古”第十三届全区全民健身运动会在呼和浩特开幕。运动会设有3个线上项目，包括“点亮内蒙古”徒步活动、“穿越内蒙古”跑步活动、“舞动内蒙古”广场舞比赛。运动会还设有2个大项10个小项线下项目，包括公园系列挑战赛、路跑系列活动、内蒙古赛马场三项赛、全民健身日全民健身嘉年华等系列和主题活动。该届全民健身运动会顺应疫情防控常态化期间群众健身的需求，坚持线上线下联动举办，其间还开展运动体验、露营休闲和健身徒步活动以及健身项目展演、国民体质检测与科学健身指导、体育协会宣传展示与咨询、体育彩票公益推广等活动，为群众奉上全民参与的体育文化盛宴，推动全民健身与全民健康深度融合。

【第七届全区百县健身气功、太极拳（剑）线上交流比赛】 2022年7月18日，第七届全区百县健身气功、太极拳（剑）线上交流比赛开幕式暨全国百城千村（内蒙古百城）健身气功交流展示活动在内蒙古自治区赛马场开幕。比赛采用线上方式进行，比赛包括2个大项14个小项，全区77个旗县（区），46个企事业单位、社会团体和6所小学，220支代表队、2000余名健身爱好者通过网络平台同场竞技。该届比赛在健身气功项目的基础上，新增太极拳（剑）项目。呼和浩特市新城区代表队等10家单位获健身气功项目“优秀展示奖”，包市头昆都仑区代表队等10家单位获太极拳（剑）项目“优秀展示奖”。

【自治区线上社区运动会】 2022年10月11—31日，内蒙古自治区线上社区运动会举办。收到参赛视频2000余个，参与人数超万人，获得播放点赞超百万次。11月1日起，2022年内蒙古自治区线上社区运动会（第二季）举办，内容包括全民健身微课堂、全民健身大舞台、全民健身经历分享、全民健身棋牌赛，带动辐射10万余人次参与全民健身。该次线上运动会由内蒙古社会体育服务中心联合内蒙古日报全媒体传播中心共同举办，设置3大类20多个群众喜闻乐见、适合居家锻炼的健身项目，其中包括广播体操、广场舞、健身气功、太极拳（剑）、武术套路、健身操（啦啦操）、柔力球、体育舞蹈、霹雳舞、瑜伽等展示类项目，跳绳、呼啦圈、毽球颠球、足球颠球等技巧类项目，俯卧撑、仰卧起坐、动感单车、跑步机等体能类项目。

竞技体育

【自治区竞技体育水平】 2022年，内蒙古竞技体育巩固提升柔道、摔跤、拳击、竞走、曲棍球等项目，年内参加国内国外比赛获得21枚金牌、24枚银牌、16枚铜牌。发挥内蒙古优势，争取国家体育总局在自治区成立国家柔术集训队，代表国家队出征杭州亚运会。

【竞技赛事合作】 2022年，内蒙古马术运动项目与北京、上海、西安、山东等地高水平俱乐部进行市场化合作。签订辽吉黑蒙、京津冀黑蒙竞技体育和冰雪运动区域协同发展战略协议，共同打造区域最强团体（集体）项目和品牌赛事。内蒙古农信女篮连续两个赛季获总冠军，与球类运动中心联合组建内蒙古青年女子篮球队。

【内蒙古第十五届自行车赛】 2022年8月3日，内蒙古第十五届环多伦湖公路自行车赛在锡林郭勒盟多伦县举办，全国26支代表队、288名选手参加比赛。比赛设男、女大众组和男、女业余组。大众组赛程91千米，业余组赛程55千米。路线沿途有山田、林草、湖泊等自然景观，使比赛极具挑战性和观赏性。环多伦湖公路自行车赛举办多年，参赛队伍的规模和影响力日益扩大，赛事秉承“生态优先绿色发展”理念，实现体育与旅游的深度融合，促进体育游、全域游的快速发展。

【内蒙古女篮荣获 2021—2022 赛季 WCBA 总决赛冠军】 2022 年 1 月 2 日，2021—2022 赛季中国女子篮球联赛（WCBA）总决赛在四川省成都市举行，内蒙古女篮分别以 75 ∶ 70、87 ∶ 86 两胜四川女篮获得总冠军。杨力维获得 MVP。该赛季 WCBA 联赛，内蒙古女篮在保持上赛季人员建构的基础上，再一次进行阵容的补强，引进包括张茹、沈怡、潘臻琦、李一凡在内的多名实力强劲的队员。常规赛阶段，内蒙古女篮在 17 场比赛中打出 16 胜 1 负的优异成绩，场均净胜分 44.1 分，季后赛阶段 4 场赛全胜，获得 2021—2022 赛季 WCBA 总决赛冠军。

【内蒙古运动员参加世界竞走团队锦标赛】 2022 年 3 月 4—5 日，2022 年世界竞走团体锦标赛在阿曼首都马斯喀特举行，内蒙古派出 3 名运动员代表中国队参赛，获得 1 枚金牌、2 枚银牌、1 枚铜牌成绩。其中，杨家玉同国内另外 3 名运动员搭档参加成年组女子 20 千米竞走团体比赛，以 4 小时 37 分 15 秒的总成绩获得团体第一名，杨家玉以 1 小时 31 分 54 秒的成绩获得该项目个人第二名；鲁宁同国内另外 4 名运动员配合参加成年组男子 35 千米竞走团体比赛，获得团体第二名；许皓同国内另外 4 名运动员共同参加成年组男子 20 千米竞走团体比赛，获得团体第三名。

【内蒙古 5 名运动员参加全国国际式摔跤比赛获奖】 2022 年 7 月 22—24 日，全国国际式摔跤男子自由式摔跤项目比赛在浙江省温州市举行，自治区运动员阿拉坦嘎力达获得 97 公斤级第一名，佈和额尔敦获得 125 公斤级第一名，套克敦巴雅尔获得 65 公斤级第二名，堂格斯获得 92 公斤级第二名。7 月 23—28 日，全国国际式摔跤女子自由式摔跤项目的比赛在浙江省温州市举办，自治区运动员乌云吉古日获得 72 公斤级第一名。

【内蒙古 5 名运动员参加北京冬奥会】 2022 年，素以冰雪运动著称的内蒙古自治区有五名运动员出征北京冬奥会，分别是韩梅、范铎耀、赵丹、褚源蒙、丁雨欢。2 月 6 日，北京冬奥会男子单人雪橇第三、四轮滑行在延庆赛区国家雪车雪橇中心举行，内蒙古运动员范铎耀作为唯一的中国运动员参加比赛，成为历史上首位登上冬奥赛场的中国雪橇选手，创造中国雪橇项目历史。范铎耀在比赛中位列第二十四名。2 月 7 日，北京冬奥会冬季两项女子 15 千米个人赛举行，内蒙古运动员褚源蒙获得第三十五名，丁雨欢获第八十一名。2 月 10 日，北京冬奥会速度滑冰女子 5 千米决赛举行，内蒙古运动员韩梅以 7 分 08 秒 37 创造个人最好成绩，获得第十一名。2 月 11—12 日，北京冬奥会女子钢架雪车比赛举行，内蒙古运动员赵丹以 1 分 02 秒 53 的成绩获得第九名。

体育产业

【体育彩票发行】 2022 年，全区体育彩票销售 56.78 亿元，同比增加 8.33 亿元，增幅 17.19%，筹集公益金 13.69 亿元。争取中央集中彩票公益金专项资金 3817 万元，同比增加 2150 万元。

【体育惠民消费券】 2022 年，包头市探索市场化路子，发放价值 400 万元的体育惠民消费券，为全区促进全民健身和体育消费发挥示范作用。举办全国沿黄河公路自行车锦标赛、中蒙俄国际汽车越野拉力赛、乌拉特草原冬季冰雪“国际那达慕”、黄河河套文化旅游区龙舟赛等赛事，激发体育消费潜力，为体旅融合发展探索路径。

（黄璐超）

表 51　内蒙古自治区运动员北京冬奥会成绩一览表

序号	项目	姓名	性别	小项	地点	时间	成绩	名次
1	速度滑冰	韩　梅	女	女子团体追逐	北京市	2 月 5—17 日	02 ∶ 58.340	5
2				女子 1500 米			01 ∶ 56.080	11
3				女子 5000 米			07 ∶ 08.370	11
4				女子 3000 米			04 ∶ 07.740	15

表 51（续表）

序号	项目	姓名	性别	小项	地点	时间	成绩	名次
5	雪橇	范铎耀	男	男子个人	北京市延庆区	2 月 5—10 日	2：56.626	24
6				男子团体			3：10.182	12
7	冬季两项	褚源蒙	女	女子 4×6 千米接力	河北省张家口市	2 月 5—19 日	1：16：11.5	12
8		丁雨欢						
9		褚源蒙	女	混合接力			1：11：28.1	15
10		褚源蒙	女	女子 15 千米个人			48：51.6	35
11		丁雨欢	女				54：14.6	81
12		褚源蒙	女	女子 7.5 千米			23：32.6	61
13		丁雨欢	女				24：33.1	76
14	钢架雪车	赵　丹	女	钢架雪车	北京市	2 月 11—12 日	4：09.52	9

表 52　内蒙古自治区运动员国际比赛成绩一览表

项目	姓名	性别	比赛名称	小项	地点	时间	成绩	名次
雪橇	范铎耀	男	2021—2022 赛季雪橇国家杯德国站	个人	德国	1 月 1—2 日	54.962	28
	范铎耀	男	2021—2022 赛季雪橇国家杯拉脱维亚站	男子个人	拉脱维亚	1 月 8 日	49.758	22
钢架雪车	耿文强	男	2021—2022 赛季雪车世界杯决赛德国温特贝格第七站	个人	德国温特贝格	1 月 7 日	56.77	10
	赵　丹	女		个人			59.57	20
	赵　丹	女	钢架雪车世界杯普莱西德湖站	女子单人	美国普莱西德湖站	12 月 12 日	1：53.28	16
	赵　丹	女	2022—2023 雪车联合会钢架雪车世界杯第二站	女子单人	美国帕克城	11 月 27—12 月 3 日	1：38.97	8
	赵　丹	女	2022—2023 雪车联合会钢架雪车世界锦标赛	女子单人推车	美国普莱西德湖	12 月 10—11 日	15.84	5
冬季两项	褚源蒙	女	2021—2022 冬季两项世界杯奥伯霍夫站	女子7.5 千米短距离	德国奥伯霍夫	1 月 7—9 日	25：42.6	59
				混合接力			1：33：46.1	12
				女子10 千米追逐			36：49.3	28
	李昊容	女		女子7.5 千米短距离			28：09.9	100
	褚源蒙	女	2021—2022 冬季两项世界杯（德国站）	女子7.5 千米短距离	德国鲁伯尔丁	1 月 12—16 日	22：23.4	68
	丁雨欢	女					22.27	70
	褚源蒙	女		女子4×6 千米接力			1：14：04.4	13
	丁雨欢	女						

表 52（续表）

项目	姓名	性别	比赛名称	小项	地点	时间	成绩	名次
单板滑雪平行回转	董　雪	女	2021—2022 年瑞士施库尔国际雪联大回转世界杯分站赛	女子大回转	瑞士施库尔	1 月 8 日	1 ：22.37	20
	彭　程	女					1 ：22.54	26
	孔彬彬	女					44.67	48
	董　雪	女	2021—2022 年奥地利巴德盖斯坦因国际雪联回转世界杯分站赛	女子回转	奥地利巴德盖斯坦因	1 月 11 日	31.71	39
	彭　程	女					31.18	35
	孔彬彬	女					—	DQ
	董　雪	女	2021—2022 年奥地利西门霍海国际雪 联大回转世界杯分站赛	女子大回转	奥地利西门霍海	1 月 14 日	34.29	42
	彭　程	女					1 ：07.34	22
	孔彬彬	女					33.13	33
速度滑冰	韩　梅	女	2022—2023 速度滑冰世界杯挪威站	1000 米	挪威	11 月 11 日	1 ：18.98	15
				1500 米			2 ：00.49	11
				3000 米			4 ：15.92	13
				团体追逐			3 ：07.47	5
	韩　梅	女	2022—2023 速度滑冰世界杯荷兰站	1000 米	荷兰	11 月 18 日	1 ：16.30	14
				1500 米			1 ：55.91	10
				3000 米			4 ：05.07	B 组第 1
	韩　梅	女	2022—2023 速度滑冰世界杯卡尔加里站	1000 米	加拿大	12 月 9 日	1 ：15.52	17
				1500 米			1 ：54.58	9
				3000 米			4 ：03.94	10
				3000 米			3 ：49.89	10
冰壶	李梦华	男	2022 混双冰壶世锦赛资格赛	混双冰壶	苏格兰	12 月 2 日		7
	李智超	男	2022 世界青年锦标赛	四人	芬兰	12 月 8 日		B 组第 1
跆拳道	王　欢	女	2022 年世界跆拳道奥地利公开赛	+73 千克	奥地利因斯布鲁克市	5 月 28—29 日		2
	王　欢	女	2022 年世界跆拳道大奖赛挑战赛	+67 千克	韩国茂朱市	6 月 10—12 日		2
	王　欢	女	2022 年世界跆拳道春川公开赛	+73 千克	韩国春川市	6 月 29—30 日		2

表 52（续表）

项目	姓名	性别	比赛名称	小项	地点	时间	成绩	名次
柔道	青达嘎	男	2022 年亚洲柔道锦标赛	-73 千克	哈萨克斯坦努尔苏丹	8 月 4—7 日		7
	青达嘎、巴彦德勒黑	男		混合团体				3
	扎拉赛	男	2022 年阿克套亚洲柔道公开赛	-81 千克	哈萨克斯坦阿克套	8 月 13—15 日		3
	青达嘎	男		-73 千克				5
	巴彦德力	男		-81 千克				7
摔跤	钱德根查干	女	2022 年波兰站国际邀请赛	76 千克	波兰	7 月 21—23 日		3
	孟和吉干	男		74 千克				5
	钱德根查干	女	2022 年国际式摔跤世界杯	72 千克	美国艾奥瓦州锡达拉皮兹	12 月 10—12 日		2
	孟和吉干	男	2022 世界国际式摔跤锦标赛	74 千克	塞尔维亚贝尔格莱德	9 月 10—18 日		—
	钱德根查干	女		72 千克				—
田径	杨家玉	女	2022 年世界竞走团体锦标赛	女子20 千米竞走团体	阿曼马斯喀特	3 月 4—5 日	4:37:15	1
				女子20 千米竞走			1:31:54	2
	鲁　宁	男		男子35 千米竞走团体			—	2
				男子35 千米竞走			2:27:51	5
	许　皓	男		男子20 千米竞走团体			—	3
	许　皓	男	2022 年世界田径锦标赛	男子35 千米竞走	美国俄勒冈	7 月 15—24 日	2:29:55	17
游泳	牛广盛	男	2022 年国际泳联游泳世锦赛	男子200 米蝶泳	匈牙利布达佩斯	6 月 18—7.3 日	1:55.27	10
铁人三项	马云祥	男	2022 年亚洲铁人三项锦标赛	男子优秀组	哈萨克斯坦阿克套	9 月 17—18 日	—	DNF
拳击	马新明	男	美国国际拳击邀请赛	51 千克	美国科罗拉多州	9 月 12—15 日		1
	李　倩	女		75 千克				1
	杨　柳	女		66 千克				3

注：DQ 为取消比赛资格，DNF 为未完成比赛所有阶段。

（表格来源：自治区体育局）

社会生活

人口家庭

【常住人口状况】 2022年底，全区常住人口为2401.17万人，比2021年末增加1.17万人，增幅0.05%。常住人口中，城镇常住人口为1647.20万人，比2021年末增加10.16万人；乡村常住人口为753.97万人，比2021年末减少8.99万人。常住人口城镇化率为68.60%，比2021年提高0.39个百分点。常住人口中，0～15岁人口为343.13万人，占全区常住人口的14.29%；16～59岁人口为1542.99万人，占64.26%；60岁及以上人口为515.05万人，占21.45%。与2021年相比，0～15岁人口减少9.87万人，比重下降0.42个百分点；16～59岁人口减少17.01万人，比重下降0.74个百分点；60岁及以上人口增加28.05万人，比重上升1.16个百分点，其中，65岁及以上人口增加20.95万人。常住人口中，男性人口1224.74万人，占全区常住人口的51.01%；女性人口1176.43万人，占全区常住人口的48.99%。性别比（以女性为100，男性对女性的比例）为104.11，比2021年下降0.32。常住人口中，出生人口13.40万人，比2021年减少1.63万人；人口出生率为5.58‰，比2021年下降0.68个千分点；死亡人口18.80万人，比2021年增加0.69万人；人口死亡率为7.83‰，比2021年上升0.29个千分点；人口自然增长率为-2.25‰，比2021年下降0.97个千分点。

【婚姻家庭】 2022年，全区办理结婚登记111546对、离婚登记36554对，补领结婚登记159165对，补领离婚登记7130对。全区补充完善婚姻登记历史数据593万对，完成中华人民共和国成立以后婚姻登记缺失数据的补充完善工作；推进婚俗改革，采取“以点带面”的方法扩大婚俗改革范围，在3个国家级婚俗改革试点的基础上，确立自治区级婚俗改革试点地区8个，并列支婚俗改革工作专项资金600万元；全区建设结婚颁证室59个，为有需求的当事人提供免费颁证服务。全区110个婚姻登记机关共设立婚姻家庭辅导室62个，提供辅导服务近3万人次，辅导满意率达95%，同比2021年增加13个婚姻家庭辅导室，增幅22%；采取延时办公、增设办理窗口等措施，满足新人在节假日和“2·14”“5·20”等特殊节日办理登记需求，全年，节假日和特殊日期办理登记约1.6万对，比2021年增加0.4万对，增幅33%；通过民政厅官网、政务服务平台等方式对外公布全区婚姻登记机关办公时间、地点、办事依据等信息，方便群众查询办理婚姻登记，婚姻登记管理和服务水平不断提升。

【家庭文明建设】截至2022年底，全区共建设各类社区家长学校和家庭教育指导服务站点8658个、家庭教育新媒体服务平台925个，开展各类培训6226场次，培训家长90.7万人次，覆盖城乡社区的指导服务网络越织越密。2022年，内蒙古自治区以常态化开展寻找最美（五好）家庭活动为抓手，深化家庭文明创建行动，推荐揭晓各级各类最美（五好）家庭1.2万户，参与群众达182万人。5月13日，内蒙古自治区妇联揭晓260户自治区五好家庭、最美家庭，其中五好家庭50户、最美家庭210户。

【殡葬管理】 2022年，内蒙古自治区不断深化群众“身后一件事”改革，更好满足群众对逝有所安的多层次、多样化需求。选定16个经营性公墓，试点建设节地生态安葬区；推动3个盟市建设公益性节地生态安葬示范项目，与园林、草场建设有机结合，复合利用。持续推动违建墓地整治，安排专项资金7475万元用于违建墓地整治，累计整治“住宅式”墓地27个、硬化大墓2.3万个、活人墓1223个。全区重点整治铁路、公路两侧散埋乱葬墓地6.8万个，对217处规模较大、所处位置较为明显的历史性集中埋葬点进行集中规范，共规范墓地12.7万个；各地积极协调有关部门，加快推进建设步伐，资助新建城镇公益性公墓2个，骨灰堂3个，农村牧区公益性公墓50个；推动加快补齐旗县殡仪设施“空白点”，建成运营3个殡仪馆、推进4个殡仪馆开工建设、推动2个殡仪馆立项。全区各殡葬服务机构、各公墓均在最显著位置设立电子屏、宣传栏以及沙盘等宣传设施，在逝者家属办理有关手续时，发放《致逝者家属一封信》，全方位、多形式宣传生态节地安葬和文明殡葬；加快推进殡葬政务信息化建设，运用全国殡葬管理信息系统，持续提升殡葬服务效能，完成收费项目、信息查询、审批流程与政务数据的共享交换。

【《内蒙古自治区人口与计划生育条例（2022修正）》施行】 2022年1月7日，内蒙古自治区第十三届人民代表大会常务委员会第三十三次会议通过《内蒙古自治区人民代表大会常务委员会关于修改〈内蒙古自治区人口与计划生育条例〉的决定》，自2022年1月10日起施行。

（胡开翔）

就业创业

【概况】 2022年，内蒙古自治区把稳就业保就业作为首要任务，着力巩固和拓展稳就业成效。全年用人单位发布岗位33.66万个，个人发布就业培训意愿3.56万人次，组织对接技能培训3.4万人次。组织全区夏季招聘会、云端招聘会等各类招聘活动，累计提供岗位152.73万个，进场求职者423.15万人次，达成就业意向10.45万人次。城镇新增就业20.49万人，完成计划102.5%。组织开展就业援助月活动，采取日常援助和专项活动援助相结合机制，落实社会保险补贴等援助政策帮助就业困难人员实现就业。就业困难人员实现就业6.88万人，完成计划137.7%。强化失业人员常住地就业服务，采用线下渠道与线上渠道相结合的方式，实现各级公共就业服务机构、网上服务大厅、手机App、全国失业登记服务平台多渠道受理失业登记申请，为失业人员提供便利化服务，失业人员实现再就业10.76万人，完成计划215.2%。采取“一对一”“个性化”等帮扶措施，通过公益性岗位安置、鼓励用人单位吸纳及灵活就业等方式，确保零就业家庭动态清零。深化“创业内蒙古”行动，实施职业技能提升行动创业培训“马兰花计划”，强化创业培训后续服务工作，着力扶持重点群体创业就业，优化简化经办流程，加大力度落实个人担保贷款10万元以下免除反担保政策。全区发放创业担保贷款16.44亿元，完成年度计划的137%；创业培训2.8万人，完成年度计划的140%。指导各地完善创业园（孵化基地）功能，提高服务效能。至年底，全区有创业园孵化基地344家，其中全国创业孵化示范基地7家，自治区级示范性创业园（孵化基地）69家。

【和谐劳动关系创建】 2022年，自治区人社厅印发《关于维护新就业形态劳动者劳动保障权益的实施意见》，明确平台企业责任，优化权益保障服务，推动建立健全新就业形态劳动者权益保障机制；推进和谐劳动关系创建活动，全区认定和谐劳动关系单位2454家，工业园区21个；开展全国和谐劳动关系创建示范活动，全区9家企业获“全国和谐劳动关系创建示范企业”称号，1家工业园区获“全国和谐劳动关系创建示范工业园区”称号。

【农牧民转移就业】 2022年，内蒙古自治区落实《内蒙古自治区促进农村牧区劳动力就业创业的意见》，通过用人单位吸纳、扶持创业带动、劳务输出转移、就近就地安置、多渠道灵活就业等方式，促进农村牧区劳动力就业。全年，农村牧区劳动力转移就业259.34万人，完成年计划 240 万人的 108.06%，其中转移 6 个月以上 212.81 万人，完成年计划 200 万人的 106.41%。开展“春风行动”，全区组织招聘会 412 场，为服务对象提供就业服务 44.1 万人次。开展“春暖农民工”服务行动，实施农牧民工返岗复工“点对点”服务保障，活动期间，组织农牧民工返岗复工 11.6 万人，其中脱贫人口 0.6 万人，组织 79 次专车运送 3350 人，组织 6 次火车专厢运送 461 人。

【一次性留工培训补助】 2022 年 1 月 1 日至 12 月 31 日，累计出现 1 个（含）以上中高风险疫情地区的统筹地区，可对因新冠疫情严重影响暂时无法正常生产经营的企业，按每名参保人员 500 元的标准发放一次性留工培训补助，支持企业组织职工以工作代替培训。社会团体、基金会、社会服务机构、律师事务所、会计师事务所、以单位形式参保的个体工商户参照实施。未出现中高风险疫情的统筹地区，对餐饮、零售、旅游、民航和公路水铁路运输 5 个行业企业，按每名参保人员 500 元的标准发放一次性留工培训补助。2022 年，为 71568 家用人单位发放一次性留工培训补助 9.11 亿元，惠及职工 182.17 万人。

【一次性扩岗补助政策】 2022 年，内蒙古自治区对招用毕业年度高校毕业生、离校两年内未就业高校毕业生和 16 ~ 24 岁登记失业青年，签订劳动合同并参加失业保险的企业，按每人 1500 元的标准，发放一次性扩岗补助，落实一次性扩岗补助政策，实施期限至 2022 年底。通过教育部获取 2022 年度高校毕业生学籍信息，与社会保险信息管理系统新参保人员信息进行比对，从而筛查出符合申请一次性扩岗补助人员，通过“免申即享”模式精准发放到吸纳高校毕业生的企业账户。全年，为 8067 家企业发放一次性扩岗补助 5217.9 万元，涉及高校毕业生、失业青年 34786 人。其中，为吸纳 17768 名毕业年度高校毕业生就业的 3836 家企业发放一次性扩岗补助 2665.2 万元，为吸纳 16939 名离校两年内未就业高校毕业生就业的 4172 家企业发放一次性扩岗补助 2540.85 万元，为吸纳 79 名 16 ~ 24 岁登记失业青年就业的 59 家企业发放一次性扩岗补助 11.85 万元。

【脱贫人口就业帮扶】 2022 年，内蒙古自治区出台脱贫人口就业帮扶政策措施，鼓励企业吸纳就业，强化就业技能培训，发放外出就业交通补助，开发乡村公益性岗位，不断拓展新就业渠道。建立嘎查村就业帮扶协管员队伍，动态掌握脱贫人口务工就业需求，及时提供就业信息，开展就业服务。全年全区，脱贫人口实现务工就业 20.6 万人，完成国家任务目标的 105%。

【职业技能提升补贴】 2022 年，内蒙古自治区继续推进技能提升补贴“展翅行动”。继续放宽技能提升补贴申领条件，企业在职职工参加失业保险并缴费 1 年以上即可申领技能提升补贴。同时，正在领取失业保险金人员取得职业资格证书或者职业等级证书的，按照参保职工技能提升补贴政策标准和申领流程申请技能提升补贴，政策执行期限至 2022 年 12 月 31 日。全年，全区为 8.2 万人次发放技能提升补贴 1.32 亿元。

【第五届“中国创翼”创业创新大赛】 2022 年 9 月 3 日，第五届“中

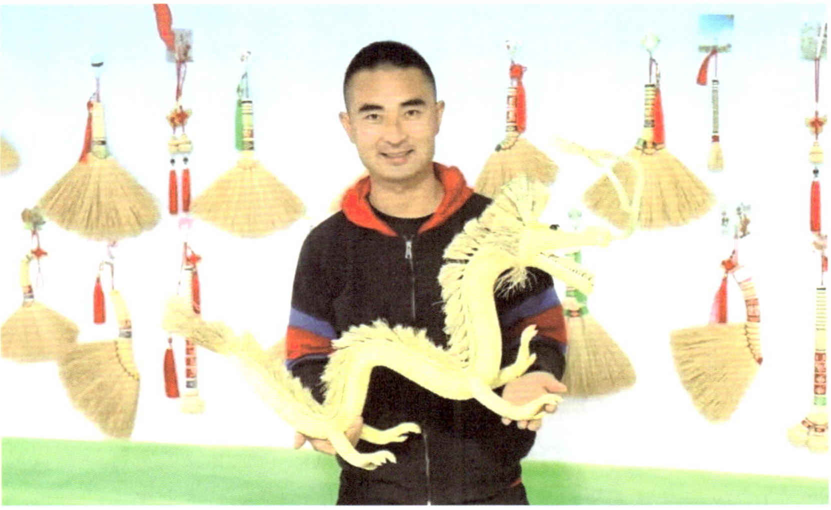

图 80　2022 年 5 月，第五届“中国创翼”创业创新大赛全国选拔赛劳务品牌专项赛举办。图为入围项目：赤峰市的“巴林左旗笤帚苗”编织成品

（自治区人力资源社会保障厅　供图）

国创翼”创业创新大赛全国选拔赛内蒙古赛区收官，全区选送14个项目参加比赛，其中4个项目入围全国总决赛。4个入围项目分别是赤峰市选送的乡村振兴专项赛赛道的苏人牧场10万亩荒山生态治理项目、非遗剪纸的创新研发项目，赤峰市选送的劳务品牌专项赛赛道的巴林左旗笤帚苗项目，锡林郭勒盟选送的主体赛服务业赛道的小型生活垃圾处置运营服务项目。该届大赛设1个主体赛和3个专项赛。其中，主体赛分为制造业和服务业2个项目组，3个专项赛为青年创意专项赛、劳务品牌专项赛和乡村振兴专项赛。全国有485个项目参加比赛，各赛道前30名选手进入全国总决赛，有150个项目晋级。

（陈启萌）

收入与消费

【概况】 2022年，内蒙古自治区居民人均可支配收入35921元，比2021年增长5.3%。按常住地分，城镇居民人均可支配收入46295元，比2021年增长4.3%。从主要收入构成看，工资性收入28090元，增长5.7%；经营净收入8911元，增长2.4%；财产净收入2607元，下降0.9%；转移净收入6687元，增长3.3%。农村牧区居民人均可支配收入19641元，比2021年增长7.1%。从主要收入构成看，工资性收入3795元，增长5.3%；经营净收入10718元，增长7.4%；财产净收入500元，增长5.7%；转移净收入4628元，增长8.1%。全年全体居民人均生活消费支出22298元，比2021年下降1.6%。按常住地分，城镇居民人均生活消费支出26667元，比2021年下降1.9%。农村牧区居民人均生活消费支出15444元，比2021年下降1.6%。

【居民生活指数】 2022年，内蒙古自治区居民恩格尔系数为28.1%。其中，城镇为27.0%，农村牧区为31.1%。

【物价水平】 2022年，内蒙古自治区居民消费价格比2021年上涨1.8%。分城乡看，城市上涨1.7%，农村上涨2.0%。分类别看，食品烟酒类上涨2.0%，衣着类上涨0.3%，居住类上涨0.5%，生活用品及服务类上涨1.1%，交通和通信类上涨5.8%，教育文化和娱乐类上涨1.2%，医疗保健类上涨0.3%，其他用品和服务类上涨1.8%。从工业生产角度看，全区工业生产者出厂价格比2021年上涨8.6%，工业生产者购进价格比2021年上涨11.2%。

【城镇居民收入】 2022年，内蒙古自治区城镇常住居民人均可支配收入46295元，比2021年增长4.3%，绝对值居全国第十一位，与2021年持平，增速居全国第十一位，较2021年同期提升13位。工资性收入拉动作用明显。全区全面落实中央和自治区稳经济保增长促发展政策措施，就业形势平稳。同时，调整机关事业单位工资标准、提高事业单位绩效工资水平，拉动城镇居民工资性收入稳步增长。全年城镇居民人均工资性收入28090元，同比增长5.7%，占可支配收入的60.7%，拉动城镇居民可支配收入增长3.4个百分点，对可支配收入增长的贡献率为79.1%。经营净收入保持小幅增长。2022年，全区上下紧紧围绕经济社会发展大局，突出“稳经济保增长促发展”中心任务，优化营商环境，落实税费减免、贴息贷款、稳岗就业等服务政策，推进创新创业，培育市场主体，带动居民经营净收入稳定增长。全年城镇居民人均经营净收入8911元，同比增长2.4%，占可支配收入的比重为19.3%，拉动城镇居民可支配收入增长0.5个百分点，对可支配收入增长的贡献率为11.1%。财产净收入潜力尚待发掘。受疫情影响，各地外来人口减少，房屋租赁市场遇冷，城镇居民人均出租房屋净收入下降至627元，同比下降7.9%，导致城镇居民财产净收入下降至2607元，较2021年下降0.9%。转移净收入保持平稳增长。全区持续加大民生保障力度，提高企业和机关事业单位退休人员基本养老金、低保、临时救助标准，及时发放失业保险金、临时价格补贴，促进城镇居民转移净收入平稳增长。全年居民人均转移净收入6687元，同比增长3.3%，占可支配收入的比重为14.4%，拉动城镇居民可支配收入增长0.5个百分点，对可支配收入增长的贡献率为11.1%。

【城镇居民生活消费】 2022年，内蒙古自治区城镇居民人均消费支出26667元，同比下降1.9%。其中，人均食品烟酒类支出7208元，同比下降1.6%，城镇居民恩格尔系数为

27.0%；城镇居民人均衣着类消费支出2004元，同比下降6.9%；人均居住类支出6008元，同比增长6.5%；人均生活用品及服务支出1561元，同比增长0.9%；人均交通通信支出4233元，同比增长4.2%；人均教育文化娱乐支出2534元，同比下降17.9%；人均医疗保健支出2341元，同比下降10.6%；人均其他用品及服务支出777元，同比增长2.5%。

【农牧民收入】 2022年，内蒙古自治区农村牧区常住居民人均可支配收入19641元，同比增长7.1%，绝对值居全国第十二位，与2021年持平，增速居全国第四位，较2021年同期提升6位。工资性收入稳定增长。得益于全区县域经济持续向好，促进当地就业岗位和务工机会增多，带动农村居民工资性收入稳定增长。全年，农牧民人均工资性收入3795元，同比增长5.3%，占可支配收入的19.3%，拉动农牧民可支配收入增长1.0个百分点，对可支配收入增长的贡献率为14.7%。经营净收入平稳增长。全区着力发展优势特色产业，持续优化调整农业产业结构，推进农业现代化、畜牧业供给侧结构性改革，农牧业生产结构更趋合理；推动电商等新业态，拓宽农产品销售渠道，发展乡村特色休闲游等；推进农村一、二、三产业融合发展，为农牧民收入增长提供有力保障。全年，农牧民人均经营净收入10718元，同比增长7.4%，占可支配收入的比重为54.6%，拉动农牧民可支配收入增长4.0个百分点，对可支配收入增长的贡献率为56.6%。财产净收入小幅增长。农牧民财产净收入在转让承包土地经营权租金净收入持续增长的有力拉动下，同比增长5.7%，达500元，拉动农牧民可支配收入增长0.2个百分点，对可支配收入增长的贡献率为2.1%。转移净收入增幅最大。随着各项惠农政策落地落实，社会保障覆盖面扩大，带动养老金或离退休金、社会救济和补助以及报销医疗费等收入增长。全年农牧民人均转移净收入4628元，同比增长8.1%，占可支配收入的比重为23.6%，拉动农牧民可支配收入增长1.9个百分点，对可支配收入增长的贡献率为26.6%。

【农牧民生活消费】 2022年，内蒙古自治区农牧民人均生活消费支出15444元，同比下降1.6%。其中，人均食品烟酒类支出4796元，同比增长1.6%，农牧民恩格尔系数为31.1%；人均衣着类消费支出829元，同比下降2.9%；人均居住类支出2998元，同比增长6.0%；人均生活用品及服务支出698元，同比下降0.8%；人均交通通信支出2241元，同比下降14.0%；人均教育文化娱乐支出1447元，同比下降15.4%；人均医疗保健支出2140元，同比增长9.7%；人均其他用品及服务支出295元，同比下降7.3%。

（特日格乐）

社会保险

【基本养老保险】 2022年，全区基本养老保险参保人数1693.8万人，超额完成国家下达计划目标，较2021年底增加79万人。其中，机关事业单位养老保险参保人数151.4万人，较2021年底净增3万人；企业职工参保人数743.8万人，较2021年底净增69.1万人；城乡居民基本养老保险参保人数798.7万人，较2021年底净增6.9万人。全区为54.2万名符合代缴条件的低保对象、计划生育特殊家庭、返贫致贫人员、特困人员、重度残疾人等缴费困难群体代缴保费6891万元。

【养老保险制度改革】 2022年，内蒙古自治区落实企业职工基本养老保险基金全国“一本账”管理制度，自治区级统收统支平稳运行。4月，内蒙古自治区顺利通过全国统筹数据评审，按时完成历史数据转换和初始化上传，顺利对接全国统筹信息系统，确保养老保险全国统筹工作在内蒙古自治区落实落地。5月，内蒙古自治区企业职工基本养老保险系统完成改造，正式接入全国统筹系统上线运行。

【失业保险】 2022年，全区失业保险参保人员308.4万人，比2021年增长6.07%，内蒙古自治区落实失业保险扩围政策，对符合条件的参保失业人员发放失业保险待遇。全年为13.52万名失业人员发放失业保险待遇10.63亿元。其中，为6.2万人发放失业保险金6.8亿元；为5006人发放农民合同制工人一次性生活补助4065万元；为6.7万人发放失业补助金3.4亿元；为1210人发放临时生活补助193万元。

【失业保险助企纾困政策】 2022年，内蒙古自治区实施失业保险助企纾困政策，印发《关于做好失业保险稳岗位提技能防失业有关工作的通知》《关于加快落实一次性扩岗补助政策有关工作的通知》等政策文件，明确2022年失业保险各项助企纾困政策。

【失业保险费率阶段性降低】 2022年，内蒙古自治区有序落实阶段性降低失业保险费率政策。延续实施阶段性降低失业保险费率政策至2023年4月30日，其中，失业保险费率继续保持1%，用人单位和个人分别执行0.5%。2022年，阶段性降低失业保险费率为10.77万户用人单位减负23.75亿元。

【失业保险稳岗返还】 2022年，自治区继续实施失业保险稳岗返还政策。参保企业2021年度未裁员或裁员率不高于2021年度全国城镇调查失业率控制目标（5.5%），30人（含）以下的参保企业裁员率不高于20%，可以申请失业保险稳岗返还。大型及其他企业按企业及其职工2021年度实际缴纳当年度失业保险费的50%返还，中小微企业按企业及其职工2021年度实际缴纳当年度失业保险费的90%返还。社会团体、基金会、社会服务机构、律师事务所、会计师事务所、以单位形式参保的个体工商户参照中小微企业实施。全年，全区为50820家企业发放稳岗返还资金9.25亿元，惠及职工154.13万人。

【失业保险费缓缴】 2022年，内蒙古自治区落实缓缴失业保险费政策，扩大实施缓缴政策的困难行业范围。在对餐饮、零售、旅游、民航、公路水路铁路运输5个特困行业实施阶段性缓缴失业保险费政策的基础上，扩大到农副食品加工等22个行业。缓缴扩围行业所属困难企业，可申请缓缴失业保险单位缴费部分，失业保险费缓缴期限不超过1年，其间免收滞纳金。受新冠疫情影响较大、生产经营困难的中小微企业实施缓缴政策。受疫情影响严重地区生产经营出现暂时困难的所有中小微企业、以单位方式参保的个体工商户、以企业形式参保的事业单位可申请缓缴失业保险费单位缴费部分。缓缴实施期限到2022年底，其间免收滞纳金。全年，为1475家单位缓缴失业保险费4102.28万元，惠及职工18.13万人。

【失业保险基金自治区级统筹】 2022年，内蒙古自治区按照失业保险基金自治区级统筹工作要求，先后出台《关于做好失业保险关系转移接续有关工作的通知》《关于做好失业保险基金自治区级统筹有关工作的通知》《关于印发〈内蒙古自治区失业保险业务办理指南(2022年版)〉的通知》《关于实行失业保险基金自治区级统收统支管理的通知》《关于规范事业单位参加失业保险有关工作的通知》《内蒙古自治区失业保险基金自治区级统筹考核办法（试行）》《关于印发〈内蒙古自治区失业保险基金自治区级统筹经办规程〉的通知》等配套制度措施，完善信息系统转移接续、统核统征、信息比对、待遇发放等功能，实现系统和数据的自治区级集中和对接，完成经办人员业务培训，确保失业保险基金自治区级统筹如期实现。

【退休人员基本养老金】 2022年，内蒙古自治区同步调整企业退休人员、机关事业单位退休人员养老金。惠及全区319.84万名离退休人员。

【工伤保险】 2022年，全区参加工伤保险人数349.9万人，较2021年底增加11.9万人，扩面任务超额完成。推进工伤预防工作，落实工伤预防五年行动计划，开展互联网+工伤预防，发挥信息化、大数据在工伤预防方面的作用，全区完成工伤预防线上培训54984人，涉及参训企业1067家。

【生育保险】 2022年，内蒙古自治区支持三孩生育政策落地实施，将生育三孩的费用纳入生育保险和居民医保待遇支付范围。

（陈启萌）

医疗保障

【概况】 2022年，全区基本医疗保险参保人数2169.94万人，其中职工医疗保险参保586.83万人，居民医疗保险参保1583.11万人。基本医疗保险基金总收入511.17亿元，总支出369.07亿元。其中，职工医疗保险基金总收入339.44亿元，总支出238.02亿元，累计结存580.87亿元；居民医疗保险基金总收入171.73亿元，总支出131.27亿元，累计结存157.54亿元。全区基本医保参保率稳定在95%以上。2022年，居民医保人均财政补助标准新增30元，每人每年不低于610元，个人缴费标准每人每年不低于360元，城乡居民基本医保筹资水平达到970元以上。落实城乡居民高血压、糖尿病门诊用药保障机制，政策范围内支付比例50%以上。2022年10月1日起，全区统一实施职工医保普通门诊统筹制度，把门诊费用纳入职工医保统筹基金支付范围。

【医保支付方式改革】 2022年，内蒙古自治区推行以按病种付费为主，按人头、床日付费相结合的多元复合式医保支付方式，全面推开住院DRG/DIP付费改革，全区1015家医疗机构全部实现实际付费，占开展住院服务医疗机构总数的54.22%，超额完成国家年度任务目标，在全国交叉调研评估中位列第四名，获评优秀等次。

【医保经办服务】 2022年，内蒙古自治区推动医疗保障系统优化营商环境33条举措落地，助力自治区经济社会发展。开展“两优”专项行动，对38项行政权力和公共服务事项“一放三减”，促进医保服务“快办”“办好”。经办政务服务事项在国家医疗保障经办政务服务事项清单规定的基础上，材料精简30%，环节精简26%，时限压缩50%。建立自治区、盟市、旗县(区)、苏木乡镇（街道）、嘎查村（社区）五级经办服务体系，将17项医保服务事项下沉至苏木乡镇（街道），7项医保服务事项下沉至嘎查村（社区）。深化医保信息平台应用，全面推行“1+5”网办模式，28项政务服务事项全部实现线上办理，1486.2万人申领医保电子凭证，为群众提供“搬到家里的医保服务点”“装在口袋里的医保服务厅”。在全区开展练兵比武活动，典型案例被全国医疗保障经办服务规范建设典型案例推介活动评选为综合类一等奖。设立医保“代办帮办”专窗或专岗，对老年人、退伍军人、返乡农民工、孕妇、残疾人等不便到场的群众，提供15项“代办帮办”服务，实现16项医保服务事项“全区通办”。优化医保基金与医药企业直接结算模式，实施“医银企”直联，向配送企业回款天数缩短至29天，共拨付试点扩围药品和第二批国采药品结余留用资金1930.57万元。推进跨省异地就医直接结算，开通自助备案，5种门诊慢特病和门诊统筹费用实现跨省直接结算，全年跨省异地就医直接结算114万人次，医保基金支付44.2亿元，住院直接结算率达66%，高于全国平均水平。

【医疗保障基金监管】 2022年，全区检查医药机构2.22万家，处理7966家，追回医保基金2.15亿元，移交公安司法纪检机关15例。以盟市交叉检查形式，聚焦肾透析、骨科和心血管耗材等重点领域，组织开展覆盖全区12个盟市的医保基金飞行检查。完善医保智能监管，组织医保、临床、药品等专家制定智能审核规则库，启动智能监管审核系统，实现定点医疗机构全覆盖，追回医保基金426.64万元。加大宣传培训力度，制作“织密基金监管网共筑医保防护线”打击欺诈骗保警示专题片，组织全区4018家定点医药机构观看并签订《维护医保基金安全承诺书》。

（刘雪峰）

社会救助

【概况】 2022年，内蒙古自治区持续巩固拓展脱贫攻坚兜底保障成果，推动自治区、盟市、旗县三级低收入人口动态监测和防止返贫监测机制衔接，将189.8万名低收入人口纳入动态监测，38.6万名脱贫人口和5.4万名防返贫监测对象纳入兜底保障；推进分层分类社会救助体系建设，完善基本生活救助制度。累计下拨中央和自治区困难群众救助补助资金73.58亿元，较2021年增加9.67亿元。困难群众基本生活保障工作在民政部、财政部年度绩效评价中连续第六年获评全国“优秀”等次；做好疫情防控期间困难群众基本生活保障，阶段性调整社会救助和保障标准与物价上涨挂钩联动机制惠及困难群众465.43万人次；提升社会救助管理服务水平，健全救助对象家庭经济状况核对机制，推进社会救助“放管服”改革，全区71个旗县（市、区）有序推进社会救助审核确认权限下放工作。修订完善了低保审核确认、特困人员认定等办法，扩大救助覆盖范围，将低保边缘家庭中的重病重残等特殊困难群体按照“单人保”纳入保障。

【基本生活救助】 2022年，全年全区保障城乡低保对象154.3万人，特困人员9.58万人。对低保、特困人员增发一次性生活补贴1.7亿元，全区城乡低保平均保障标准分别达到813元/月和7320元/年，较2021年增长5.3%和8.8%。紧急下拨1.3亿元保障受疫情、灾情影响困难群众基本生活。落实特困人员照料服务，为8.05万名分散供养特困人员落实照料服务责任，为2.39万名失能特困人员发放照料护理补贴。

【特殊群体关爱服务】 2022年，自治区做好特殊群体关爱服务，8家儿童福利院纳入残疾儿童定点康复机构，3家儿童福利院挂牌成立特殊教育机构。全区5805名孤儿和事实无人抚养儿童基本生活得到保障，“福彩圆梦助学工程”“明天计划”“添翼计划”惠及孤残儿童936人。“两项补贴”（困难残疾人生活补贴和重度残疾人护理补贴）惠及困难和重度残疾人62.5万人。开展“惠民生、解民忧、暖民心”困难群众关爱帮扶八项行动。

【农村牧区贫困人口救助】 2022年，内蒙古自治区印发《内蒙古自治区低收入人口动态监测和防止返贫监测信息平台数据共享办法》。加大对乡村振兴重点帮扶旗县的资金倾斜和支持力度，逐步缩小重点帮扶地区城乡差异，全区15个重点帮扶旗县农村牧区低保平均标准达到每年6676元，农村牧区特困人员基本生活平均标准达到每年10199元。

【流浪乞讨人员救助】 2022年，自治区民政厅探索救助管理区域中心试点工作，推进区域精准救助、寻亲服务、站内照料、接送返乡、落户安置一体化发展，协同开展家暴庇护、涉外援助、应急救助等。配合部信息中心对全国流浪乞讨人员救助管理信息系统进行升级上线，8759条数据全部录入全国流浪乞讨人员救助管理信息系统，未出现明显缺项、漏项和错项。在“寒冬送温暖”“夏季送清凉”“6·19”全国救助管理机构开放日专项活动中开展了生活无着的流浪乞讨人员救助管理工作政策宣传，在日常救助管理工作中积极对受助人员进行思想引导。全年未出现冻饿死伤等冲击社会道德底线的事件和舆情。

【临时救助】 2022年，自治区民政厅加大因疫因灾临时救助力度，6月制定印发《关于进一步加强困难群众基本生活有关工作的通知》，将受疫情影响无法返岗复工、连续3个月无收入来源、生活困难且失业保险无法覆盖的农民工等未参保失业人员和基本生活困难的未就业大学生等纳入临时救助范围。8月，印发《关于全力做好受灾困难群众救助工作的通知》，指导各地强化政策衔接、畅通求助渠道、完善救助服务方式，全力保障受灾困难群众基本生活。10月，印发《关于进一步加强疫情防控期间困难群众救助工作的通知》《疫情防控期间加强困难群众帮扶措施的通知》《疫情防控期间困难群众等特殊群体救助服务指南》等政策措施，综合考虑受疫情影响困难群众实际情况，加大临时救助力度，全面落实“先行救助”“一次审批、分阶段救助”“跟进救助”等政策规定，推行由急难发生地直接实施临时救助。全年，全区累计实施临时救助17.73万人次，支出救助资金3.09亿元，其中由急难发生地直接实施救助3261人次，支出资金265.58万元。

【慈善捐赠与救助】 2022年，内蒙古慈善总会接受捐赠款物总价值9107.43万元，其中接受捐赠资金3291.75万元，接受捐赠物资5815.68万元。在全区范围内实施“全区儿童重大疾病慈善救助专项基金”救助项目，救助49名儿童，拨付资金150万元。为全区慢性粒细胞白血病患者、肺癌患者免费提供格列卫、达希纳、易瑞沙等11种慈善援助药品1700人次，价值4913.28万元。

【慈善帮扶】 2022年，参与内蒙古自治区社会工作服务机构“牵手计划”项目、2022年内蒙古自治区“五社联动”社会工作服务试点项目、首届“内蒙古慈善奖”评选、全区社会工作服务体系建设暨苏木乡镇（街道）社工站建设推进会议等工作。提供冬灌资金2.5万元，帮助包联帮扶重点村昔尼乌素村乡村振兴重点项目“文冠果种植”顺利开展。

（潘永明　胡开翔）

社会福利

【儿童福利】 2022年，自治区出台《自治区困境家庭先心病儿童手术“添翼计划”管理办法》，累计为患病儿童施行先心病手术 89 例。联合自治区卫生健康委出台《关于建立儿童福利机构孤残儿童自治区级医疗救治“绿色通道”的通知》，确定 9 家自治区级医疗机构开通“绿色通道”。联合自治区法学会举办“2022 内蒙古法律法治文化论坛——首届未成年人司法保护与社会责任专题会”。开通“内蒙古未保”微信公众号，搭建未成年人保护交流宣传平台。

【老年人福利补贴】 2022 年，内蒙古自治区落实国家基本公共服务标准，坚持“内容无缺项、人群全覆盖、标准不攀高、财力有保障、服务可持续”的原则，安排资金 2.08 亿元（其中自治区本级预算 1.38 亿元），按照每人每月 50 元标准发放经济困难老年人养老服务补贴，共惠及 34.7 万名经济困难老年人。此外，及时足额下拨高龄津贴补助资金 4.26 亿元，全区 56.5 万名 80 周岁以上老年人受益。下拨养老机构床位运营（等级评定）、一次性建设、责任保险等补贴资金 5167.2 万元，支持 600 多家养老机构安全、有序、健康发展。

【残疾人福利】2022 年，自治区民政厅印发《关于进一步完善困难残疾人生活补贴和重度残疾人护理补贴制度的意见》《关于建立困难残疾人生活补贴和重度残疾人护理补贴标准动态调整机制的指导意见》，建立残疾人两项补贴标准动态调整机制，细化和明确残疾人两项补贴与社会福利、社会救助、社会保险等政策的具体衔接办法。共为 32.4 万名困难残疾人、30.2 万名重度残疾人，发放残疾人两项补贴 7.8 亿元。实现残疾人两项补贴申请“全程网办”和扶残助困“一件事一次办”，切实提升群众办事便捷度，减少跑动次数，全年全区共受理残疾人两项补贴申请“全程网办”276 例。积极支持精神病人康复福利院项目建设，争取国家发改委项目资金 3703 万元，专项用于通辽市精神病院新建项目。下拨中央和自治区福彩金 1000 万元，支持 5 家精神卫生福利机构的提升工程。指导盟市积极推进政府向社会力量购买精神障碍社区康复服务，创新服务提供方式，不断满足特殊困难精神障碍患者需求。下拨中央福彩公益金 500 万元，支持自治区 26 个精神障碍康复服务社区建设。推进康复辅助器具产业发展，建设内蒙古康复辅具暨适老化产品展示服务示范中心，实现康复辅具服务与养老服务嵌入式发展。建设康复辅具租赁试点，让广大受助群体有更高的自主选择性。持续实施“助康工程”项目，全年投入 800 万元，为 260 名符合条件的残疾人配置假肢 265 具，为 20 余名残疾人配置矫形器 23 件，为4000余人适配康复辅具4400件，不断满足残疾人康复服务需求。

【福利彩票】 2022 年，全区福利彩票销售额 32.63 亿元，经自治区财政厅核准，自治区民政厅 2022 年度自治区本级福利彩票公益金共拨付使用 47626 万元，其中自治区本级使用 3784 万元（含 2021 年结转资金 2622 万元）、对下转移支付 17123 万元、返还盟市公益金 26719 万元。依据福利彩票“扶老、助残、救孤、济困”的宗旨，支持老年人福利类项目、残疾人福利类项目、儿童福利类项目、社会公益类项目。

【医疗救助】 2022 年，内蒙古自治区出台《内蒙古自治区人民政府关于健全重特大疾病医疗保险和救助制度的实施意见》，建立健全防范和化解因病致贫返贫长效机制，强化基本医疗保险、大病保险、医疗救助三重制度综合保障。2022 年，235.12 万名农村牧区低收入人口和脱贫人口实现应保尽保，三重医保制度累计惠及 191.59 万人次就医，综合减负 39.89 亿元，住院政策范围内报销比例达到 87% 以上。

（胡开翔）

住房保障

【概况】 2022 年，加快建立多主体供给、多渠道保障、租购并举的住房制度，内蒙古自治区符合自治区实际的住房保障体系不断完善、保障力度不断加大、保障覆盖面不断扩大。1—12 月，全区住房公积金缴存 520.1 亿元，比 2021 年增长 19.99%；提取 309.9 亿元，同比增长 1.14%；贷款 174.7 亿元，同比下降 19.87%。截至 12 月底，全区住房公积金缴存总额 4525.2 亿元，缴存余额 1904.7 亿元，提取总额 2620.5 亿元，贷款总额 2858.3 亿元，贷款余额 1250.5 亿元，个贷率 65.7%。

【公租房保障】 2022 年，内蒙古自治区公租房计划开工 1063 套，实际开工1069套，开工率100.6%；计划发放城镇住房保障家庭租赁补贴27879户，实际发放租赁补贴29350户，完成率105.3%。

【保障性住房】2022年，内蒙古自治区计划筹集建设保障性租赁住房13321套（间），新开工13393套（间）。开工率100.5%，基本建成681套（间）城镇棚户区改造计划开工10128套,实际新开工10159套,开工率100.3%，基本建成3660套。

【农村牧区危房改造】2022年，内蒙古自治区推进农村牧区危房改造工作，对农村牧区房屋安全隐患进行全面排查，对已排查初判存在安全隐患的房屋，开展安全性评定（鉴定）工作，评定（鉴定）结果全部录入农村房屋安全隐患排查整治信息平台，实现信息化管理。按照国家农村危房改造政策要求，会同民政、乡村振兴等部门将符合条件的保障对象纳入危房改造范围，强化危房改造全过程监管，加强施工现场巡查与指导监督，严格执行竣工验收管理。2022年，实施农村牧区危房改造5554户，开工率100.9%，农村牧区低收入群体等重点对象住房安全保障成果持续巩固拓展。

【城镇老旧小区改造】2022年，担负城镇老旧小区改造工作的组织协调和督促指导责任，城镇老旧小区改造工作全面推动。实施城镇老旧小区改造项目1571个，建设16个以完整社区为目标的完善类、提升类示范项目，惠及居民22.4万户。

【住房公积金管理服务】2022年，内蒙古自治区提前完成住房公积金汇缴等3个新增服务事项“跨省通办”，完善已实现的“跨省通办”“一网通办”服务水平，推进12329热线与12345热线归并工作，推动实现呼包鄂乌住房公积金购房提取业务标准统一。截至12月底，全区共完成“跨省通办”业务3168笔。

【住房公积金阶段性支持政策实施】2022年，自治区住房公积金管理中心联合自治区财政厅、中国人民银行呼和浩特中心支行印发《关于贯彻落实住房公积金阶段性支持政策的函》，15个住房公积金中心制定实施办法，持续推动阶段性支持政策落地见效。截至2022年12月底，受疫情影响累计缓缴企业1218家，累计缓缴职工1.8万人，累计缓缴金额1.4亿元。受疫情影响的缴存人无法正常还款且不作逾期处理的贷款1748笔，应还未还本金1338.8万元；12个中心提高租房提取额度，累计3.6万人享受提高租房提取额度政策，提取金额5.4亿元。

【住房公积金管理信息化建设】2022年，内蒙古自治区在做好月统计、季分析、年披露的基础上，结合监管系统、电子稽查工具等线上监管手段，确保全区住房公积金平稳有序运行。全区住房公积金一体化监管平台完成与11个盟市住房公积金中心的对接工作，制定升级改造方案，在提高监管能力的同时提升服务能力。

【住房公积金惠及群体扩大】2022年，内蒙古修定印发自治区住房公积金缴存、提取、贷款3个管理办法，实现便民服务和行业监管有机推进。全区住房公积金缴存520.1亿元，发放贷款174.7亿元，提取309.9亿元，帮助4.5万户家庭圆住房梦。

（张永倩）

妇女儿童事务

【打击拐卖妇女儿童犯罪专项行动】2022年，自治区妇联配合公安机关开展打击拐卖妇女儿童犯罪专项行动，全区各级妇联组织入户走访摸排400余万户家庭，发现并向公安机关移送相关线索31条。针对排查过程中发现的36名人户分离或无户口妇女，致函自治区公安厅协调帮助解决问题。

【“蒲公英”妇女儿童权益服务项目】2022年，内蒙古自治区实施“蒲公英”妇女儿童权益服务项目48个，投入经费143万元，调解辅导婚姻家庭矛盾1000余件，心理、法律咨询服务3700余人次，办理心理疏导个案1023件、法律援助个案86件，发放调查问卷5525份，入户调研排查1400余人，举办家庭教育、心理健康、未成年人安全保护、普法宣传讲座等370余场，发放宣传材料4万份，制作宣传短视频60期，线上线下受益群众91万余人。

【家家幸福安康工程】2022年，自治区推动《内蒙古自治区家庭教育促进条例》出台，组织寻找并揭晓全区最美（五好）家庭260户，47户获评全国最美（五好）家庭，

182 万名妇女群众参与；联合纪委监委等 8 部门开展“廉洁文化进家庭”系列活动，引领广大妇女“做廉洁自律好干部、当廉洁家庭贤内助”，举办家教家风巡讲等活动 8012 场次，214.7 万人次参与；开展抵制天价彩礼、树立正确婚恋生育观等移风易俗活动，带动全区 948 万户家庭弘扬社会主义家庭文明新风尚。

（武艳丽）

残疾人事务

【残疾人口】 2022 年底，全区各类残疾人总数 158.58 万人，占全区总人口 6.39%。有持证残疾人 769713 人。其中，视力残疾 74121 人，占 9.63%；听力残疾 77460 人，占 10.06%；言语残疾 13311 人，占 1.73%；肢体残疾 423791 人，占 55.06%；智力残疾 66774 人，占 8.68%；精神残疾 74205 人，占 9.64%；多重残疾 40051 人，占 5.2%。一、二级重度残疾 317735 人，占 41.28%。全区有 0 ~ 6 岁持证残疾儿童 2019 人，7 ~ 14 岁持证残疾人 11874 人，15 ~ 59 岁的就业年龄段持证残疾人 400929 人，60 岁以上持证残疾人 354891 人。

【残疾人基础服务设施建设】 2022 年，自治区残疾人康复中心、残疾人托养中心、残疾人文体中心 3 个项目均完成选址和编写项目建议书工作，同时获得自治区发展和改革委批复，项目建设进入实质性操作阶段。推进盟市旗县残疾人基础服务设施建设，锡林郭勒盟残疾人康复中心、二连浩特市残疾人康复中心完成立项手续。赤峰市残疾人康复中心和呼伦贝尔市、兴安盟残疾人托养中心建设项目办理立项手续。在自治区“五个大起底”工作的推动下，旗县级 4 个项目完成建设，18 个项目开始运营，5 个项目明确建设方案。

【残疾人综合服务平台】 2022 年 8 月 5 日，内蒙古自治区残疾人综合服务平台通过平台项目初步验收。截至 2022 年底，该平台纵向融合中国残联 14 个核心业务系统，完成数据联通，横向与民政、人社、公安、教育、税务、扶贫、卫健、医保等相关部门实现业务数据共享。平台面向残疾人提供“一网通办、一卡通行、零距离”服务，实现残疾人工作标准化、精细化、智能化。通过“门户网站、手机 App、4K 网络服务、残疾人证、12385 服务热线、政务服务大厅”六位一体服务模式，建设线上线下多渠道助残服务，围绕“我要看、我要学、我要问、我要办”四个方面，全方位提升服务全区 158.58 万名残疾人的能力。

【第四届“爱尔助残公益行动”学习交流活动】 2022 年 9 月 7—8 日，由自治区残联、北京爱尔公益基金会和兴安盟阿尔山市委、市政府主办，兴安盟残联、阿尔山市残联承办的第四届“爱尔助残公益行动”学习交流活动在兴安盟阿尔山市举行。活动围绕“发展残疾人事业，加强残疾人康复服务”主题，展示爱尔公益基金会的发展历程和公益助残理念以及内蒙古残联公益助残行动成果，由专家学者详细介绍脑机接口技术在残疾人辅助器具方面的应用和孤独症儿童照顾者技能培训（CST）项目，展现科技为残疾人康复赋予的发展方向。同时启动“爱尔与星同行计划”和“上医助残行动”公益项目，增补第四届“爱尔助残公益行动”成员单位。

【全区残疾人文艺巡演首场演出】 2022 年 7 月 20 日，内蒙古自治区残疾人文艺巡演首场演出在鄂尔多斯市开幕。巡演包括合唱《献给妈妈的歌》、舞蹈《映山红》、朗诵《月光下的中国》、二人台《表真情》、琵琶独奏《草原英雄小姐妹》、独唱《牧人歌唱共产党》等 10 余个节目，展现残疾人自强不息、昂扬向上的精神风貌，反映广大残疾人热爱祖国、热爱中国共产党、热爱生活、珍爱生命、积极进取、乐观向上的生活态度和自尊、自信、自强、自立的精神风貌。

（许海东）

老龄事务

【概况】 2022 年，内蒙古自治区继续开展全国示范性老年友好型社区创建工作第二批 27 个社区创建成功。出台《推进基本养老服务体系建设的实施方案》，建立基本养老服务清单，实施“1+4+N”（1 指养老服务质量提升年；4 指重点推进“四项工程”即实行居家社区养老服务提升工程、养老机构提质增效工程、农村养老服务转型升级工程、养老产业促进工程；N 指开展配建养老服务设施补短板行动、养老机构消防安全专项整治行动、养老护理员职业技能提升行动，推动各地养老服务品牌化、连锁化、标准化、信息化建设）一揽子推进措施。自治区本级安排补助资金2.1亿元，累计建成街道养老服务中心268个、社区养老服务站932个、日间照料中心373个，建成城市“一刻钟”居家社区养老服务圈。开展打击养老诈骗专项行动和农村养老服务转型升级试点工作。全年为34.7万名经济困难老年人发放养老服务补贴2.08亿元。举办首届“最美养老护理员”选树活动，选树10名“最美养老护理员”、18名个人获得“最美养老护理员提名”荣誉称号。遴选首批养老服务人才培训培养基地，选定养老服务人才培养基地7所、养老护理员实训基地9所，实施养老服务人才培训计划，累计培训养老护理员2.89万人。

【困难老年人家庭适老化改造】2022年，内蒙古自治区采取政府补贴等方式，对纳入分散供养特困人员范围的高龄、失能、残疾老年人家庭实施居家适老化改造，鼓励有条件的盟市将改造对象范围逐步扩大到城乡低保对象中的高龄、失能、留守、空巢、残疾老年人及计划生育特殊家庭。自治区本级按照每户1000元标准安排补助资金1472万元，用于支持各地开展特殊困难老年人家庭适老化改造工作。至年底，全区累计完成特殊困难老年人家庭适老化改造工程1.8万户。

【家庭养老床位建设】2022年，呼和浩特市、包头市成功申报2022年全国居家和社区基本养老服务提升行动项目地区，争取到国家项目资金4036万元，为60周岁及以上经济困难的失能和部分失能老年人建设家庭养老床位，提供居家养老上门服务。两地通过项目的组织实施，建成家庭养老床位3700余张，提供上门服务7400余人次。其他各盟市也按计划推动本地区家庭养老床位建设工作，对特殊困难老年人居家环境进行适老化、智能化改造，同时为有需求的老年人提供生活照护、健康管理、康复辅助、心理支持、委托代办等服务。

【特殊困难老年人能力评估】2022年，内蒙古自治区由各盟市组织所辖旗、县（市、区）对本地区特殊困难老年人进行能力评估，并将评估结果作为入住养老机构、发放养老护理补贴、实施适老化改造项目、建设家庭养老床位、配置康复辅助器具、提供康复护理服务等养老服务兜底保障的重要依据。至年底，全区完成对6.05万名城乡低保对象中65岁及以上失能和部分失能老年人的能力评估工作，部分地区在此基础上还对全社会有需求的老年人进行能力评估，全面掌握老年人生活自理能力和失能等级情况，为精准做好基本养老服务奠定基础。

【老年人生命健康保障】2022年，内蒙古自治区推动各地切实做好养老机构内老年人重点人群调查、健康管理、应急预案、分类分级诊疗方案等工作，保障老年人生命健康安全。全区医养结合型养老机构数量达到158个，总床位数达到3.1万张，医疗机构与养老机构、社区养老服务设施等建立签约合作关系641对，95%以上的养老机构能够以不同形式为入住老年人提供医疗卫生服务。疫情防控期间，做好独居老人探访关爱和重点人群健康服务工作。

【农村三级养老服务网络构建】2022年，内蒙古自治区通过实施“农村养老服务转型升级工程”，积极构建旗县、苏木乡镇、嘎查村三级农村养老服务网络，提升县级特困人员供养机构、乡镇敬老院和农村互助幸福院的运营和服务水平，推动实现农村养老服务转型发展。至年底，全区102个旗县建有县级兜底保障养老机构，建成127个乡镇级农村养老服务中心和3090个村级养老服务设施，县域养老机构护理型床位占比达到59%。

社区建设

【概况】2022年，内蒙古自治区推进基层政权建设和社区治理，建立“十四五”城乡社区服务体系建设规划实施机制。自治区人民政府办公厅印发《关于建立完善〈“十四五”城乡社区服务体系建设规划〉实施机制的通知》，自治区民政厅会同自治区发改委印发《关于建立“十四五”城乡社区服务体系建设规划实施推进机制的通知》，建立重点工作任务定期监测机制。出台《关于规范村级组织工作事务、机制牌子和证明事项的实施意见》，细化村级组织依法履职和协助事项指导目录，明确减负清单；加强农村牧区普惠性、基础性、兜底性服务能力建设，补齐嘎查村级综合服

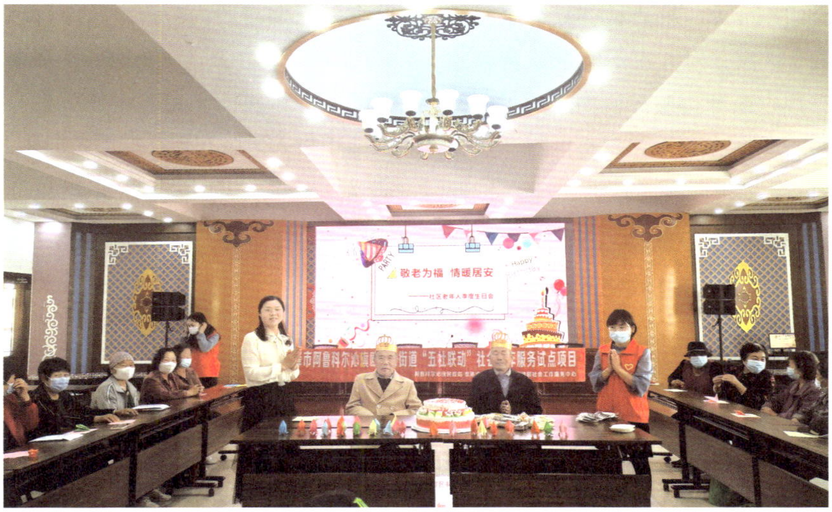

图 81　2022 年 5 月 17 日，阿鲁科尔沁旗欧沐沦街道社会工作服务站联合居安社区开展社区老年人季度生日会。图为生日会现场

（自治区民政厅　供图）

务短板，全面推进乡村振兴。11037 个嘎查村民委员会、2672 个居民委员会全部建立下属委员会和村（居）民小组等配套组织，城乡社区综合服务设施覆盖率达到 100%，建成农村牧区社区 5745 个，86% 的旗县（市、区）制定协商目录，村规民约、居民公约覆盖率达到 100%，18 个嘎查村纳入全国第一批村级议事协商创新实验试点。

【社工队伍建设】2022 年，内蒙古自治区推动高校毕业生到社区就业创业，开发社区工作者和社区防控专岗 2443 个，每万名城镇人口拥有社区工作者达 15 人，组织开展全区街道社区工作人员示范培训班，提升社区工作者服务能力。

【社区治理创新实验区建设】2022 年，内蒙古自治区实施新时代新社区新生活服务质量提升专项行动，以社区治理实验试点破解基层治理难题堵点，推动社区治理创新实验区建设工作与自治区党委组织部“揭榜领题”工作衔接落实，完成全国农村社区治理创新实验区建设任务，创建自治区社区治理创新实验区 25 个，承接实验选题 19 个，6 个基层群众性自治组织和 14 名城乡社区工作者获得全国表彰；在自治区民政厅网站和微信公众号开辟专栏，开展全区城乡社区先进人物、优秀案例、成功经验专题宣传活动。

【“十四五”城乡社区建设发展规划】　2022 年，自治区政府办公厅印发《贯彻落实国家“十四五”城乡社区服务体系建设规划实施机制》，将《国务院“十四五”城乡社区服务体系建设规划》与自治区《“十四五”城乡社区建设发展规划》一体化衔接落实。到 2025 年底，社区服务体系建设进一步完善，各项工作有序推进，城乡社区成为和谐有序、绿色文明、创新包容、共建共治共享的幸福家园。

（胡开翔）

社会组织管理

【概况】　2022 年，内蒙古自治区培育社会组织 3600 余家，社会组织数量达到 1.72 万家。构建起社会组织孵化体系，建设自治区社会组织党建工作和服务管理示范园，建立首府社会组织生态圈，成功选定 8 个示范点，充分发挥辐射示范作用，盟市、旗县建成社会组织孵化基地 59 个；投入资金 6100 万元开展向社会组织购买服务工作，增强“造血”功能，激发活力；强化社会组织监督管理，不断加强风险隐患排查，开展行业协会商会乱收费治理、“僵尸型”社会组织清理整治、社会团体分支（代表）机构清理整治、社会服务机构非营利监管、打击整治非法社会组织等专项工作，全年，共取消社会团体分支（代表）机构 29 家，清理“僵尸型”社会组织 832 家，取缔非法社会组织 4 家，社会组织发展环境进一步提升。

【社会组织建设】　2022 年，内蒙古自治区开展“两个覆盖”（党的组织覆盖和党的工作覆盖）百日攻坚行动和关心关爱党员“五个一”（给组织关系在社会组织党组织的党员订阅一份报刊、赠阅一本书、过一次“政治生日”、让组织关系在社会组织党组织的党员参加一次专题培训、表彰一批组织关系在社会组织党组织的优秀党员）行动；推进新业态、新就业群体社会组织党建工作，选择内蒙古建筑业协会党支部等 6 个社会组织党组织开展

“最强党支部示范点”建设。

【社会组织监管】 2022年，自治区民政厅进行社会组织领域风险排查，印发《关于做好2021年度社会组织年度检查的通知》，组织全区开展社会组织年度检查工作，建立定期调度和工作提醒函制度，社会组织年检（年报）率达到85.8%；印发《关于报备2022年社会组织大项活动的通知》，组织社会组织开展举办大项活动审批备案工作，对43家社会组织举办的93项活动进行审批备案，受理信访件47件，约谈负责人160人次；会同自治区发展和改革委、市场监管局制定《关于加强行业协会商会综合监管办法》，规范行业协会商会建设各项工作，为行业协会商会提档升级创造条件；印发《关于开展社会团体分支（代表）机构专项整治行动的通知》《内蒙古自治区关于持续开展“僵尸型”社会组织专项整治行动的通知》《内蒙古自治区民政厅关于开展社会服务机构非营利监管专项行动的通知》《关于开展行业协会商会乱收费专项清理整治“回头看”工作的通知》，召开全区工作安排部署会议，建立周调度月报告制度，持续推进社会团体分支（代表）机构、社会服务机构非营利性监管、“僵尸型”社会组织清理整治专项行动和行业协会商会涉企收费“回头看”行动，整改、取消社会团体分支机构29家，清理“僵尸型”社会组织832家，取缔非法社会组织4家，抽查检查社会服务机构233家，对6家不符合非营利监管规定的社会服务机构组织整改，对899家行业协会商会进行“双随机、一公开”抽查检查，对37家存在问题的进行整改，进一步规范社会组织行为，有效化解社会组织领域风险隐患。

【社会组织作用发挥】2022年，自治区民政厅联合自治区乡村振兴局印发《关于动员引导社会组织参与乡村振兴工作的通知》，启动“聚千社、兴百村”社会组织助力乡村振兴行动，开发运行“社会组织助力乡村振兴服务平台”。全年，各级社会组织共筹措资金1.56亿元，达成合作意向项目238个，签约帮扶项目178个。发挥“五社联动”机制作用，推广伊金霍洛旗组织社会组织参与“社区暖心事”治理经验。印发《关于支持社会组织积极参与稳住经济大盘工作的通知》《关于引导社会组织助力高校大学毕业生就业工作的通知》，动员社会组织参与稳经济大盘、助力大学生就业、疫情防控等行动，为企业提供提质增效服务4000余次，减免各项费用1200万元；为毕业大学生提供就业和见习岗位2.1万余个，帮助1040名毕业生实现就业；捐赠防疫及生活物资16.5万件，累计捐款6000余万元。

【地名勘界】 2022年，自治区编辑印发《内蒙古自治区行政区划图集》《汉蒙对照内蒙古自治区行政区划简册2021》。完成地名信息审核工作。推进图录典志审核编纂。对《中华人民共和国标准地名词典》第2～8部分的1589词条和释文（内蒙古部分）进行详细审核自查报送。对《中华人民共和国标准地名录》（内蒙古部分）的3157条词条进行审核报送。完成《中华人民共和国标准地名志》自然地理实体地名、经济文化类地名、交通运输类地名共394条词条的审定以及对该3部分的词条进行约1.5万字的内容概述编纂工作。启动蒙陕线、自治区盟市和旗县级界线第七轮联检工作。完成蒙陕线、蒙吉线1598公里行政区域界线数字化建设。

【社会组织管理“放管服”改革】 2022年，内蒙古自治区推进社会组织管理领域“放管服”改革，社会组织行政审批事项实现全区“一网通办、一网统管”“无差别受理”“同流程办理”，审批时限同比缩短75%，社会组织数据信息空值率低于1%。

【社会组织管理联席会议制度建立】 2022年，民政厅自治区发挥自治区社会组织管理工作厅际联席会议作用，组织召开了第二次厅际联席会议，与人民银行、公安等部门建立健全资金综合监管和联合执法机制，将反洗钱和恐怖融资工作纳入日常监管机制，压实部门职责，形成工作合力。所有盟市社会组织局际联席会议制度都已建立。

（胡开翔）

民族宗教事务

民族事务

【概况】 2022年，内蒙古自治区民族事务委员会（以下简称自治区民委）坚持以习近平新时代中国特色社会主义思想为指导，深入学习贯彻习近平总书记关于加强和改进民族工作的重要思想和对内蒙古重要讲话重要指示批示精神，特别是习近平总书记参加全国两会内蒙古代表团审议时重要讲话精神，全面贯彻落实中共二十大精神，以铸牢中华民族共同体意识为主线，坚持稳中求进、守正创新，认真履行民委在新时代党的民族工作中的职能职责，统筹协调自治区民委委员单位，把推进新时代自治区民族工作高质量发展的各项工作落实落细、见行见效，为新时代继续保持“模范自治区”崇高荣誉作出积极贡献。自治区民委被国家民委评为全国民委系统信息工作先进集体，呼和浩特市、阿拉善盟等12个地区和单位被国家民委命名为全国民族团结进步示范区示范单位。

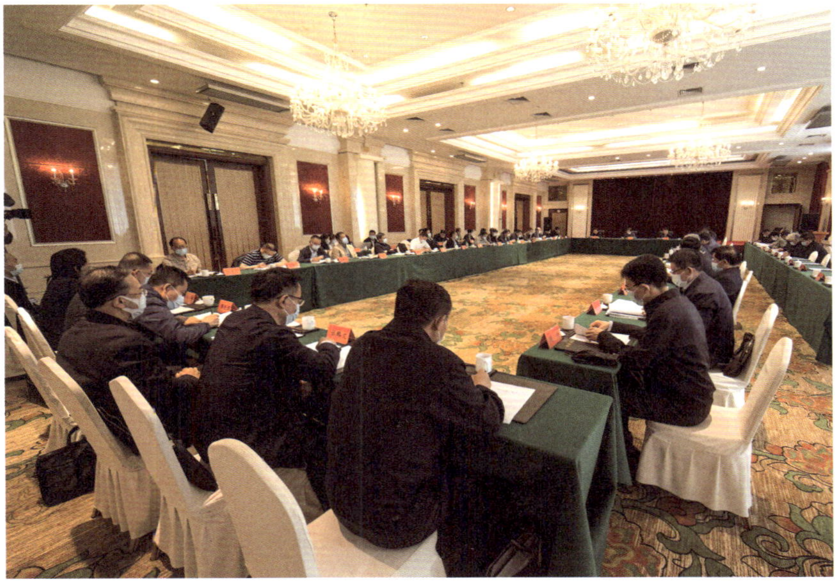

图82　2022年5月19日，内蒙古自治区民委委员全体会议召开。图为会议现场
（张佳宾　供图）

【新时代蒙古语地方标准修订发布】 2022年4月，内蒙古自治区修订发布《蒙古语术语标准编写规定》《蒙古语辞书编纂工作原则与方法》《蒙古语术语的缩写原则与方法》3个地方标准。12月21日，印发《内蒙古自治区民族事务委员会关于做好新时代蒙古语语言文字规范化标准化工作的通知》，进一步推进名词术语审定规范、标准音培训测试及正字法规范使用等工作，加强蒙古语言文字规范化标准化建设。

【《内蒙古自治区民族团结进步模范评选表彰办法》修订】 2022年4月28日，自治区党委对2013年印发的《内蒙古自治区民族团结进步模范评选表彰办法》予以修订，并印发至全区各盟市委，盟行政公署、市人民政府，自治区直属各部门单位。新修订的《内蒙古自治区民族团结进步模范评选表彰办法》分20条，自发布之日起施行。

【民族工作依法行政培训】 2022年12月5—7日，自治区民委线上举办2022年度民族工作依法行政培训班。邀请专家就贯彻落实习近平法治思想和习近平总书记关于加强和改进民族工作的重要思想，贯彻落实《中华人民共和国宪法》《中华人民共和国民法典》等相关法律法规进行专业讲授。自治区民委机关、委属单位近100名工作人员参加培训。

【固边兴边富民行动宣传】 2022年，自治区民委开展固边兴边富民行动宣传，以铸牢中华民族共同体意识为主线，联合内蒙古广播电视台拍摄制作20期《团结奋斗固边疆——铸牢中华民族共同体意识边境行》专题宣传片，在内蒙古广播电视台播出，开展“铸牢中华民族共同体意识边境行主题宣传活动”。此外，自治区民委公众号持续推出“固边兴边富民行动新篇章”报道，营造良好的工作氛围。

【民族法治宣传周】 2022年5月13日，自治区党委宣传部、自民委、司法厅印发《2022年全区“民族法治宣传周”工作方案》，确定宣传主题、宣传内容、工作安排和具体要求。宣传周期间，累计参与58.47万人次。

【全区民族团结进步表彰大会】 2022年9月27日，自治区民族团结进步表彰大会在呼和浩特市召开，200个集体、300名个人受到自治区党委和政府表彰。会议号召全区各族干部群众学习先进、争当先进，共同努力呵护好“模范自治区”的崇高荣誉。

【全区民族团结进步创建互观互学活动】 2022年9月21—22日，全区民族团结进步创建互观互学活动在包头市举行。活动贯彻落实习近平总书记关于加强和改进民族工作的重要思想，对下一步民族团结进步创建工作作出安排部署。

【第三十九个民族团结进步活动月】 2022年9月是全区第三十九个民族团结进步活动月，自治区党委统战部、宣传部、民委印发《2022年全区“民族政策宣传月”工作方案》，安排部署开展全区“民族政策宣传月”活动相关工作。要求各地区、各有关部门单位切实提高政治站位，加强组织领导，把做好“民族政策宣传月”工作作为一项重要工作抓好抓细，推动各项工作要求落地落实，确保“民族政策宣传月”有序开展、见到成效。各盟市多举措多形式开展民族团结进步活动月工作，在全区上下营造民族团结进步的氛围。

【中华民族共同体意识课程教学大赛】 2022年9月24日，自治区民委联合自治区教育厅举办全区大中小学铸牢中华民族共同体意识课程教学大赛。大赛分为小学组、初中组、高中组和高校组四大组进行，经过预赛、决赛，共评出一等奖6名、二等奖15名、三等奖24名、优秀奖16名，优秀组织奖12个。参赛教师紧扣铸牢中华民族共同体意识主题，聚焦教学实践，基于参赛课程进行教学实践经验展示与反思，展示铸牢中华民族共同体意识课程教学成效及其推广价值。

【蒙古文古籍文献首届国际论坛】 2022年7月16日，自治区民委与内蒙古大学蒙古学学院，在呼和浩特市联合举办内蒙古大学首届蒙古文古籍文献国际论坛，中国、日本、蒙古国、匈牙利和意大利5个国家的13位专家学者围绕辽代至民国的宗教、文学、传记、语言等多个不同体裁的蒙古文古籍文献研究展开讨论。

（刘 斌）

宗教事务管理

【概况】 2022年，内蒙古自治区坚持中国宗教中国化方向，组织宗教界学习中共二十大精神、全国两会精神、习近平总书记参加十三届人大历次会议内蒙古代表团审议时的讲话精神、全国全区宗教工作会议精神。引导宗教界始终高举爱国爱教旗帜，珍视团结稳定大局，始终与党同心同德、同心同向、同心同行。

【互联网宗教信息服务管理】2022年，内蒙古自治区开展《互联网宗教信息服务管理办法》学习培训，累计培训宗教界人士400余人次，培训宗教干部260余人次。组织互联网宗教信息审核员考试12场，依法开展互联网宗教信息服务许可审批、互联网宗教信息服务的日常指导、监督、检查等工作，不断提升互联网宗教信息审核人员能力素质，推进互联网宗教信息服务许可证的办理。

【全区宗教工作会议】 2022年2月16日，全区宗教工作会议在呼和浩特市召开。各盟市和满洲里市、二连浩特市设分会场。会议动员全区上下做好新时代党的宗教工作，学习习近平总书记关于宗教工作的重要论述，贯彻落实党中央决策部署，健全宗教工作体制机制，全力抓好中央宗教工作督查整改，着力提升宗教工作法治化规范化水平。

【崇俭戒奢教育】 2022年5月，内蒙古自治区在宗教领域组织开展聚焦查摆商业化、贪大求奢、借教敛财、铺张浪费四个方面具体问题，开展崇俭戒奢教育活动。先后召开宗教团体负责人座谈会、联席会、主题研讨会12次，印发在宗教界深入开展崇俭戒奢教育活动的实施方案，明确教育活动分为动员部署、学习教育、查摆问题、整改落实四个阶段，引导宗教教职人员和信教群众弘扬勤俭节约的传统美德，争做崇俭戒奢的践行者、推动者和示范者，推动崇俭戒奢教育活动走深走实，确保教育活动的有序推进。

【内蒙古宗教工作研究会成立大会筹备会】2022年8月9日，内蒙古宗教工作研究会成立大会筹备会在呼和浩特市召开。会议指出，成立研究会是贯彻落实中央统战工作会议和全国、全区宗教工作会议精神的具体举措，是内蒙古自治区推进宗教中国化进程的尝试和探索。研究会要站稳政治立场，夯实理论根基；牢记宗旨使命，担当时代重任；坚持问题导向，提供工作助力，为加强新时代党的宗教理论政策研究、积极引导宗教与社会主义社会相适应作出贡献。

【宗教界学习贯彻中共二十大精神】 2022年10月27日，自治区宗教界以视频形式召开传达学习中共二十大精神会议。会议指出，宣传贯彻中共二十大精神，是当前和今后一个时期全区宗教界的首要政治任务。要求领悟“两个确立”的决定性意义，始终坚持中国宗教中国化方向，积极融入中华民族伟大复兴生动实践；采取灵活多样的方式，迅速掀起学习宣传贯彻中共二十大精神热潮，切实在学习领会上入脑入心、在宣传宣讲上走深走实、在贯彻落实上见行见效。

【首届坚持我国宗教中国化方向论坛】 2022年8月，内蒙古自治区首届坚持我国宗教中国化方向论坛在呼和浩特市举办。此次论坛由内蒙古自治区宗教事务局主办、内蒙古道教协会承办，邀请自治区五个宗教团体负责人和区内外专家学者开展研讨。

【全民国家安全教育日宣传活动】 2022年，自治区党委统战部会同自治区国家安全厅联合开展“4·15”全民国家安全教育日宣传活动。自治区各宗教团体、内蒙古佛教学院、内蒙古基督教义工培训班相关负责人，以及自治区党委统战部、自治区国家安全厅相关处室人员共40人参加活动。活动期间，向宗教界发放国家安全及反恐怖宣传教育手册、宣传画等400余册。

（王颖娜）

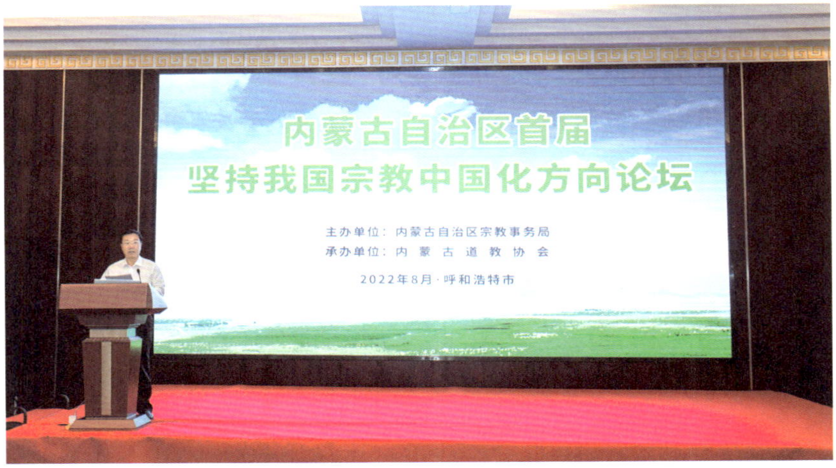

图83 2022年8月24日，内蒙古自治区首届“坚持我国宗教中国化方向论坛”在呼和浩特市举行。图为会议现场

（自治区党委统战部 供图）

应急管理

综　述

【应急物资储备调拨】 2022年，内蒙古自治区制定《自治区改革完善体制机制加强战略和应急物资储备安全管理实施方案》，明确16个品种储备管理部门并细化任务清单，按照省级统筹、归口管理的原则，全面开启物资储备体制机制改革。全年，自治区本级采购应急救灾物资25个品种27万件，各盟市组织采购救灾物资82批次61万件。全区累计调拨出库应急救灾物资和医疗防疫物资406批次、17大类、近750万件。2022年新冠疫情防控期间，自治区先后向3个盟市、8个自治区直属部门、2所医疗机构、25所院校、13家物流企业调运棉被、棉大衣、棉帐篷、折叠床、电暖气等21个品类10万余件400余台（次）车辆应急救灾物资，调用新冠治疗药物防护服、口罩等防疫物资157万余件（份），向自治区红十字会无偿捐赠14万件（份）防疫物资，价值100万元，有力支持高等院校、监所等重点场所和社区的疫情防控。

【应急保障与处置】 2022年，内蒙古自治区印发《内蒙古自治区灾害事故信息报告规范》，全区应急管理系统坚持24小时值班值守，建立视频或电话抽查点名常态机制，保持应急状态，及时应对处置突发灾害事故。全年应对处置包钢“3·14”较大火灾、“4·18”蒙古国边境300余千米火线、中西部严重旱灾、通辽东五家子水库超校核水位运行等灾害事故险情。

【应急预案体系建设】 2022年，内蒙古自治区推进应急预案体系建设，统筹推进森林草原火灾、防汛抗旱、突发环境事件、核事故等19个自治区级专项预案的修订出台。印发盟市级总体应急预案10个。组织开展“守护北疆安全·2022”震后两小时地震应急演练、“砺剑北疆·2022”森林草原灭火作战联合演习、“北疆蓝光”跨区域水域救援实战演练。盟市级开展应急45次。与河北、山西两省签订重大以上地震应急救援区域合作协议，推动相邻九市签订应急管理协作协议。组织沿黄六盟市签订抗洪抢险框架协议。

【应急救援力量建设】 2022年，内蒙古自治区印发《内蒙古自治区应急救援力量建设三年行动实施方案（2022—2024年）》，加强应急救援力量建设，组建8支自治区级专业应急救援队伍，2支航空应急救援特勤突击队，509支地方应急救援队伍纳入平台规范调度管理。推进森林草原防灭火、危险化学品、矿山应急救援基地建设前期工作。投入1498万元为各盟市配备应急通信指挥装备。为森林草原防灭火区域性应急救援队和航空应急救援特勤突击队配备专用车辆49台。

【应急管理信息化建设】 2022年，内蒙古自治区加快科技信息化建设，自治区应急管理综合应用平台完成软件开发任务。推动应急通信保障建设项目建设。印发全区应急管理信息化2022年地方建设任务书，盟市、旗县同步开展建设。314家危化品重大危险源企业全部完成双重机制数字化建设。44座三等及以上尾矿库和“头顶库”接入安全生产风险监测预警平台，实现在线监测。开展非煤矿山机械化、自动化、信息化、智能化“四化”试点建设。

（侯　亮）

防汛抗旱

【防汛责任制落实】 2022年，内蒙古自治区按照以地方行政首长负责制为核心的防汛抗旱责任制，逐级压实盟市、旗县505座水库、1482座淤地坝“三个责任人”（行政责任、技术责任、巡查责任）、堤防管理和巡查责任人责任，动态更新督促落实水库、淤地坝安全度汛、山洪灾害、重点河段、重要堤防和水毁修复责任人责任，跟踪检查履职情况，落实各项防御措施。开展山洪灾害防治各项前期工作，完成全区山洪灾害隐患排查和山洪灾害体系运行情况摸底调研。共落实全区山洪灾害防治“三个责任人”41879人。编制完成《内蒙古自治区山洪灾害防治2022年度实施方案》《内蒙古自治区山洪灾害防治非工程措施2022年度维修养护实施方案》。开展重点城集镇补充调查评价、自动监测站点更新改造及卫星通信改造、4条重点山洪沟防洪治理工程、群测群防等各项建设任务，定期通报全区项目建设进度。落实中央水利救灾资金6650万元用于水毁修复工作，各级水利部门及时修复水利设施水毁工程，完成水毁工程修复120余处。受上游降雨和内涝水集中下泄影响，通辽市科左后旗东五家子水库自7月29日15时水位开始上涨，至22时水位涨至115.69米，超汛限水位（115.58米），30日23时水位涨至117.41米，超校核洪水位（117.4米），坝坡多处发生渗漏险情，危及大坝安全。险情发生后，启动超标准洪水防御预案，组织开挖非常溢洪道泄水，采用铺设砂砾石和碎石作为反滤层方式处置管涌处，至8月6日19时水位降至汛限水位以下，有效应对了本次水库超校核水位险情。

【防汛预警】 2022年，加强与应急、气象、水文等部门的信息沟通与研判，与内蒙古气象局联合印发《〈内蒙古自治区山洪灾害气象风险预警业务工作规程〉的通知》，

表53　2022年内蒙古自治区自然灾害灾情一览表

灾害种类	人员受灾情况			农作物受灾情况		房屋倒损情况			直接经济损失（亿元）
	受灾人口（万人）	因灾死亡人口（人）	紧急转移安置人口（人）	农作物受灾面积（千公顷）	农作物绝收面积（千公顷）	倒塌房屋间数（间）	严重损坏房屋间数（间）	一般损坏房屋间数（间）	
干旱	82.81	—	—	543.42	50.67	—	—	—	28.51
洪涝	101.22	17	6470	497.75	72.11	312	581	12359	67.5
风雹	58.16	—	2558	302.95	37.72	64	299	575	19.28
低温冷冻	14.08	—	—	50.73	0.37	—	—	—	1.88
雪灾	0.01	—	—	—	—	—	—	—	0.05
沙尘暴	0.05	—	1	0.09	—	—	17	78	0.05
地震	0.12	—	8	—	—	—	1	16	0.01
生物灾害	0.76	—	—	2.52	—	—	—	—	0.28
森林草原火灾	—	0	—	—	—	—	—	—	—
合计	257.21	17	9037	1397.46	160.87	376	898	13028	117.56

（侯　亮）

与气象、水文部门会商研判 11 次，发布 22 次做好强降雨工作的通知，发布预警 1906 次，发布短信 77053 条，涉及 6171 个责任人，启动预警广播 134 个，转移 6887 人，通过发布预警并转移人员成功避免人员伤亡 585 人。加强监测预警平台建设，指导盟市、旗县分级建立预警信息发布机制，打通自治区级、盟市级、旗县级预警平台信息，依托三大运营商通过电子围栏向受威胁社会公众发送预警短信 574.69 万条，向社会公众发布公益短信 4000 余万条。要求地方修订水库超标准洪水防御预案，提请基层地方人民政府修订完善苏木乡镇、嘎查村级山洪灾害防御预案。开展自治区本级水库超标准洪水预案演练 1 次。推进自治区山洪灾害监测预警平台“一级部署、多级应用”，确保多级平台同步运行。依托自治区山洪灾害监测预警平台共发布降雨过程专报 156 期、水库雨情专报 36 期、淤地坝雨情专报 12 期。联合气象部门开展山洪灾害气象风险预警业务，划定危险区范围和等级，共编制山洪灾害气象风险预警 33 期，在行业内、天气预报及各类融媒体中进行播放。

【黄河防凌】 2022 年，内蒙古自治区以视频形式组织召开防凌工作会议，印发黄河防凌工作方案。深入推进以行政首长为核心的各级责任落实，特别是压紧压实沿黄 18 个旗县（区）政府主要负责人、分管负责人责任。落实黄河 86 个重点河段堤防行政、技术、巡查责任人，320 个穿堤涵闸行政、看护责任人，密切监视黄河“五情”（天情、水情、冰情、河情、工情），强化“四预”（预报、预警、预演、预案）措施。印发《做好黄河浮桥拆除工作的通知》，加强浮桥运营、民众垂钓、在建项目等涉河社会活动管理，组织开展 24 小时巡查和值班值守，提前预置抢险料物、机械、队伍，强化浮桥监管，适时开展应急分凌。

【抗旱工作】 2022 年，每周统计上报旱情报表。召开会商会议分析旱情形势，部署抗旱工作，启动自治区水旱灾害防御（抗旱）Ⅳ级应急响应。全年下达中央水利救灾资金 2.01 亿元用于抗旱工作，强化抗旱保供工程建设，保障粮食安全。

【水旱灾害风险普查】 2022 年，内蒙古自治区落实资金 1881 万元，编制完成《自治区水旱灾害风险普查变更实施方案》。完成老哈河甸子站至红山水库段、西拉木伦河查干木伦河汇入口以下河段两个重点防洪区洪水风险图编制。编制完成自治区内黄河流域、松辽流域、海河流域 202 条河流 287 个重要河段洪水淹没范围图。完成全区水旱灾害风险评估，编制水旱灾害风险区划图和防治区划图，初步完成普查成果数据库建设和展示平台搭建。

（刘燕英）

气象减灾

【预报预警信息发布】 2022 年，自治区、盟市、旗县三级气象部门依托国家突发事件预警信息发布系统，发布气象灾害预警信息 12202 条，发布预警短信 983.47 万人次，预警信息发布综合人口覆盖率达 91.82%。通过《天气预报》节目发布大风、寒潮、暴雪、暴雨、雷电、高温、暴雨、强对流等 12 大类气象预警 240 期，与应急、水利、住建、发改委等部门联合发布灾害预警信息 529 期，通过气象预警直播间插播气象防灾减灾节目千余次，制作专题节目共计 15 期。通过“内蒙古天气”新媒体信息矩阵全年共发布天气资讯、预警、过程跟踪信息 1.1 万次，总阅读量达到 2.6 亿人次。与消防救援总队、森林消防救援总队、交通厅智慧中心等单位共同推进“预警 + 行业”数据融合应用，强化灾害性天气气象预警与应急响应联动精准靶向推送预警信息能力。

【气象灾害应急响应】 按照《自治区气象灾害应急预案》（2021 年版）预警标准，2022 年，内蒙古自治区共启动（解除）气象灾害应急响应 30 次，全年因气象灾害死亡人数比 2021 年同期减少 52.63%，因气象灾害造成的经济损失占 GDP 比例稳定在 1% 以下。全年，全区出现 5 次较强区域性暴雨过程。针对 6 月 23 日呼伦贝尔市莫力达瓦达斡尔族自治旗局地大暴雨，莫力达瓦达斡尔族自治旗气象局及时启动应急响应并“叫应”当地政府、相关责任单位、气象信息员等，政府第一时间启动应急预案，避免了人员伤亡。

【沙尘暴灾害应急处置】 2022 年，自治区农牧厅制定沙尘暴灾害应急处置方案，组织全区技术人员和沙尘天气信息员及时高效向国家林草局荒漠化司报送沙尘天气和灾害信息900多条，向各盟市发送沙尘天气预警信息200多条。

【气象决策服务】 2022年，自治区气象局完成全年14次重大灾害性天气预报服务，完成黄河、海河、嫩江流域汛情气象服务。汛期期间，共提供气象决策服务产品518期，其中《重大气象信息专报》《气象预报信息》《专项气象服务》等预报类产品58期，《气象灾害预警信号》《山洪灾害气象预警》《强对流预警》等预警类产品352期，《雨情公报》等实况类产品108期。其中8篇被国务院办公厅采用，2篇决策服务材料获自治区党政主要领导批示。围绕汛期气象防灾减灾、生态文明建设等领域，发布决策气象服务专报43期。同时完成干旱应急、疫情防控、内能煤运、草原森林防扑火、重要节假日和社会活动等专项气象服务工作。

【气象灾害风险普查】 2022年，内蒙古自治区落实气象灾害风险普查专项经费987万元。制定2022年风险普查工作要点和工作方案，完成"一省一县"试点、"一省一市"评估与区划以及全区致灾危险性和评估区划任务，形成图件成果5321幅、报告91篇，实现成果横向和纵向汇交。普查成果在重大天气过程复盘总结、天气会商和暴雨预警信号修订中得到应用。

【农牧业气象保障服务】 2022年，全区三级气象部门制作发布农牧业气象服务产品6500余期。积极推广智慧农牧业气象服务平台手机App,面向全区5.4万个用户开展"直通式"服务。联合农牧厅发布农牧业气象灾害风险预警11期。联合农牧厅、内蒙古农业大学成立农牧业气象服务专家组。马铃薯特色气象服务中心组织召开全国业务会商，发布7期指导产品。联合农牧厅召开向日葵气象服务中心学术交流会；大豆特色气象服务中心与中国科学院、农垦集团等单位合作开展大豆分期播种和大豆玉米套作高光效试验，为全区大豆扩种和大豆玉米带状复合种植提供科技支撑。

（李红梅）

地质灾害防治

【概况】 2022年，内蒙古自治区共发生地质灾害4起，其中滑坡3起、地面塌陷1起，造成直接经济损失4万元，无人员伤亡，与2021年相比直接经济损失减少61.54%。办理82家地质灾害防治单位资质登记申请。2022年，内蒙古自治区测震台站运行率在99%以上，地球物理台网整体数据有效率99.50%、汇集率100%。完成106段流动重力、85个地磁测点的复测。观测质量24项获全国前三名。测震站网数据质量月评获得3次全国第一名。截至12月末，内蒙古自治区地震局（以下简称地震局）完成地震速报59次。向自治区党委、政府等多部门上报震情信息29期。全年完成编目事件数计1117次，其中天然地震1047次、非天然地震70次。全年，圆满完成党的二十大等重大活动地震安保任务，预警项目、地震灾害风险普查等一批重点项目顺利实施。自治区地震局赵辉获得北京冬奥和冬残奥应急安保三等功，王亚莉获嘉奖。梁沙沙获中国地震局青年人才称号。

【地质灾害风险调查和重点隐患排查】 2022年，自治区地震局选取10处重大地质灾害隐患点开展两次巡查工作。全区127个开发区区块中需要开展评估的99个区块完成报告编制成果公示和负面清单公示，实现全区区域评估成果共享使用。完成"一省一县"扎赉特旗地震灾害风险评估与区划工作。完成"一省一市"赤峰市地震灾害风险评估与区划工作。完成县级1：5万活动断层避让区划图编制任务。开展地震高烈度区重大基础设施地震灾害风险摸排。与自治区应急管理厅联合印发《关于持续开展内蒙古自治区地震易发区房屋设施抗震设防信息采集和动态更新工作的通知》。

【汛期地质灾害气象风险预警预报】 2022年，自治区自然资源厅与内蒙古气象局联合开展全区地质灾害气象风险预警预报工作，发布二级橙色预警11次，三级黄色预警69次。自治区、盟市、旗县三级自然资源系统开展24小时地质灾害防治值班值守。

【震情监测预报】 2022年，自治区地震局与国家矿山安全监察局内蒙古局联合印发《内蒙古自治区煤矿地震信息共享实施办法》；承办1期由中国地震台网中心主办的"非天然地震及自动处理系统工作研讨会"，系统内台网中心、地球所及全国省局共计15家单位参加；完成区内16处冲击地压矿井的地震监测信息报送工作；完成21期非天然地震事件信息专报及3期地震事件信息共享专报的编写；完成内蒙古台网2015年以来监测到的非天然地震事件波形与相关震相数据的整理与存储工作，制定《内蒙古自治区重大震情评估通报实施细则》和《2022年震情短临跟踪和会商研判技术方案》；新建甘德尔地震台，呼伦贝尔市新建地震台1个，新增观测手段2项；新建巴彦浩特中心站；在和林格尔地区布设地震成像和地壳浅层精细结构密集台阵，为该地区潜在地震危险区判定、抗震设防及断裂带构造演化特征提供地球物理依据；开展内蒙古自治区专业和地方站点地震监测仪器运行状况大检查；完成“2022年度重点地区地球物理监测仪器升级项目”的6个中心站所属10个观测站的25套监测仪器更新升级；完成地球物理台网的15个台站节点数据迁移合并至7个中心站节点；完成3个观测站点的长效供电设施的更新。

【活动断层探测】 2022年，自治区地震局把城市活动断层探测工作纳入自治区“十四五”防震减灾规划。完成乌兰察布市、鄂尔多斯市2项城市活动断层项目野外验收工作。收集整理区域地震地质、地震目录、活动断层、场地等区划基础数据进行年度历史地震灾害调查。完成年度历史地震灾害调查报告编制。完成呼和浩特市新城区、兴和县等14个旗县活动断层避让区划图绘制、数据汇交及验收。

【地震安评制度改革和抗震设防监管】 2022年，内蒙古自治区把《内蒙古自治区地震安全性评价管理办法》列入自治区政府规章立法调研计划。地震安全性评价中介服务事项纳入自治区中介服务超市。完成37个项目的自治区区域性地震安全性评价技术审查工作。印发年度工作任务，要求盟市地震工作部门落实区划图执行情况监管工作。实施辖区内重大工程抗震设防要求审定。自治区政务服务管理平台和自治区工程建设项目审批管理系统将“建设工程地震安全性评价报告的审定”更改为“重大工程抗震设防要求审定”。

【地震科学研究】 2022年，自治区地震局印发科研项目管理办法和地震科技成果转化实施细则。与华北科技大学联合在黑岱沟煤矿开展爆破当量研究项目。与内蒙古伊泰集团联合开展微震事件安全生产技术科研攻关。获批自治区自然科学基金项目1项。围绕四项研究计划，投入30余万元资助22名专业技术人员开展局长基金课题研究。鼓励继续教育，3名职工攻读博士学位，7名职工攻读硕士学位。

【市县防震减灾工作】 2022年，自治区地震局印发《2022年度内蒙古市县震害防御和公共服务工作要点》和《关于开展“三网一员”工作的通知》。组织自治区防震减灾科普工作和加固工程信息采集工作视频培训会，组织市县地震工作人员参加中国地震局科普传播师视频培训会，计400余人次参加培训会议。与应急管理、气象部门共同推进示范社区等示范创建有关工作。

【地震应急准备】 2022年，自治区地震局联合自治区应急管理厅赴7个盟市20个旗县（区）开展防震减灾应急准备工作督查检查；联合自治区应急管理厅举办“守护北疆安全·2022”地震应急综合演练，组织桌面推演2次。印发地震应急联动实施方案，地震监测中心站地震应急服务响应等级和服务清单以及疫情防控期间地震现场应急处置工作方案。定期与山西省、河北省地震局开展联合震情会商，共同研判晋冀蒙交界地区的震情形势。完成春节、高考、北京冬奥会、中共二十大和疫情防控等重点时段的地震安保值班工作。

【防震减灾公共服务】 2022年，自治区地震局组织年度公共服务需求调查评估，印发《内蒙古自治区地震局防震减灾公共服务需求调查工作方案》提出2022—2024三年工作目标，明确调查对象、调查内容、调查方式、任务分工、进度安排。把“中国地震动参数区划图查询服务”纳入自治区政务服务平台，并完成发布工作，为社会各界提供抗震设防参数查询。

【防震减灾科普宣传】 2022年5月12日，自治区地震局联合呼和浩特市减灾委员会办公室和呼和浩特市回民区委、区政府，在回民区开展以“减轻灾害风险 守护美好家园”为题的2022年防灾减灾日主题活动，同时联合内蒙古广播电视台新闻综合节目制作传播中心《新闻天天看》栏目对第十四个防灾减灾日主题活动进行线上直播，直播观看累计超5万人次。5月7—13日，开展防震减灾知识有奖问答活动，2400余人参与。发布5·12有声科普专题《大灾有大爱，汶川地震中的感人故事》（7期）和第六届全国防震减灾科普讲解大赛内蒙古赛区选拔赛优秀作品展播（7期）。7·28唐山大地震纪念日，开展防震减灾科普宣传活动100余场，发放宣传材料3.5万份，接待群众咨询3000余人次。联合自治区教育局、科协、民委在开展“地震科普 携手同行”主题教育活动试点。与内蒙古大学艺术学院联合举办自治区第二届防震减灾科普讲解大赛及全国第六届防震减灾科普讲解大赛预赛，2名选手获全国三等奖。手绘《纪念与守护》主题海报被首届全国防震减灾科普创意征集遴选活动收录为精品榜单。《小马博士讲故事之地震基础知识》绘本出版。

【防震减灾法治建设】 2022年，自治区地震局制订印发《2022年度公共服务与法治工作计划》，提出32项具体任务。开展行政规范性文件合法性审核机制落实情况专项监督工作。组织参加自治区执法证件培训、考试工作。完成24件各类政府规章、政策文件的征求意见答复工作。组织开展水库地震监测专用台网建设专项执法行动。起草《关于开展大型水库专用地震监测台网建设运行情况行政检查工作的通知（征求意见稿）》，提出检查对象、检查内容、检查依据、检查时间、检查形式、检查组成员等相关意见。

（张　茜）

安全生产监督管理

【概况】 2022年，自治区水利厅制定印发《加强全区水库除险加固和运行管护工作方案》《小型水库管理和维修养护技术指南（试行）》《内蒙古自治区水利工程地震应急预案》《内蒙古自治区水利工程反恐怖应急预案》。完成《内蒙古自治区水利工程设施运行管护经费编制办法》《内蒙古自治区水利工程设施运行管护定额标准》，规范内蒙古自治区水利工程运行管护经费编制与核定。10月，印发《内蒙古自治区水利工程标准化实施方案》《内蒙古自治区水利工程标准化管理评价办法（试行）》及评价标准，制定工程名录和实施计划。2022年，将厅直管的三盛公水利枢纽和红山水库作为首批标准化管理试点，并编制完成水库、堤防、水闸标准化管理手册示范文本。2022年，全区发生各类生产安全事故455起、死亡459人，同比分别下降38.6%、32.1%。其中，发生较大生产安全事故6起，死亡23人，同比分别下降60.0%、55.8%。全年没有发生重特大生产安全事故，大部分地区和行业领域安全生产形势保持平稳。

（刘燕英）

【安全生产责任落实】 2022年，内蒙古自治区修改《内蒙古自治区安全生产条例》《内蒙古自治区消防条例》，出台《关于进一步强化安全生产责任落实坚决防范遏制重特大事故的意见》《内蒙古自治区自然灾害和事故灾难分级应对实施办法（试行）》，推动各级政府制定安全生产职责清单和年度任务清单，成立8个安全生产专业委员会，推动部门落实监管责任，督促企业落实主体责任，强化举报奖励、约谈警示、挂牌督办和公开通报，实行安全生产、消防安全、防灾减灾救灾和应急体系建设“一体化”考核。开展安全生产大检查和省级领导带队督导检查。突出2个专题和15个专项，强化重点攻坚、质效评估和整体提升。

【安全生产专项整治】 2022年，自治区应急管理厅组织重点领域安全生产专项整治。开展危险化学品安全风险集中治理，加强化工产业转移、化工园区、化工老旧装置、大型油气储存基地等风险隐患整治，实现全区危险化学品重大危险源企业消地联合督导检查全覆盖，推动阿拉善盟在全国率先出台加强精细化工领域安全风险管控的若干措施。推进黄河流域金属非金属矿山及尾矿库安全生产综合治理，组织打击盗采矿产资源违法活动和矿山严重违法违规生产建设行为专项整治，开展非煤地下矿山隐蔽致灾因素普查治理。完成工贸“钢8条”“铝7条”“粉6条”重大隐患和重点事项“清零”任务。突出重点时段加强安全防范，完成中共二十大、北京冬奥会、冬残奥会等重大安保任务。安全生产专项整治三年行动收官。全区组织2.5万个检查组，检查单位14.71万家次，督促整改隐患问题32.79万项，责令停产整顿631家，暂扣吊销证照

表 54　2022 年内蒙古自治区各行业生产安全事故情况表

行业		事故起数（起）	同比增减		死亡数（人）	同比增减	
			起数	%		人数	%
合计		455	−286	−38.6	459	−217	−32.1
A 农林牧渔业	小计	14	−3	−17.6	14	−5	−26.3
	其中：1. 农业机械	4	−2	−33.3	4	−2	−33.3
	2. 渔业船舶	1	1	—	2	2	—
	3. 其他	9	−2	−18.2	8	−5	−38.5
B 采矿业	小计	34	−17	−33.3	34	−21	−38.2
	其中：1. 煤矿	11	−5	−31.3	10	−8	−44.4
	2. 金属非金属矿山	13	−12	−48	14	−12	−46.2
	3. 石油天然气	—	−1	−100	—	−2	−100
	4. 其他	10	1	11.1	10	1	11.1
C、F、H 商贸制造业	小计	63	−18	−22.2	67	−30	−30.9
	其中：1. 化工	8	4	100	6	−1	−14.3
	2. 烟花爆竹	—	—	—	—	—	—
	3. 工贸	46	−19	−29.2	52	−22	−29.7
	4. 其他	9	−3	−25.0	9	−7	−43.8
E 建筑业	小计	99	−7	−6.6	104	−3	−2.8
	其中：1. 房屋建筑业	29	−7	−19.4	30	−6	−16.7
	2. 土木工程建筑业	25	−2	−7.4	28	0	0
	3. 其他	45	2	4.7	46	3	7.0
G 交通运输和仓储业	小计	213	−222	−51	204	−143	−41.2
	其中：1. 铁路运输业	12	−1	−7.7	11	1	10
	2. 道路运输业	192	−221	−53.5	183	−143	−43.9
	3. 水上运输业	1	1	—	1	1	—
	4. 航空运输业	1	1	—	2	2	—
	5. 其他	7	−2	−22.2	7	−4	−36.4
D、I ～ T 其他行业		32	−19	−37.3	36	−15	−29.4

（表格来源：自治区应急管理厅）

49 家，关闭取缔 59 家，约谈警示 1280 人。

【安全生产执法与事故查处】 2022 年，内蒙古自治区加强安全生产执法和事故查处。实施危险化学品、非煤矿山、工贸行业“安全评估 + 执法 + 服务”行动，开展“行政执法行为规范年”活动，推进“互联网 + 执法”系统应用，开展示范执法、专项执法、交叉执法和执法督导，执法检查 2.24 万次，查处违法违规行为 8.29 万起，安全生产执法案例报送率和合格率实现“双 100%”。加大事故挂牌督办和提级调查力度，对 50 起工矿商贸事故整改措施落实情况开展督查评估。建立安全生产重点指标统计分析机制，定期通报全口径事故灾害情况。编印《2020—2021 年生产安全事故典型案例汇编》，制作警示教育片《逾越红线的代价》获得全国应急管理普法作品评选一等奖。

【管理模式】 2022 年，内蒙古采取区域集中管理、政府购买服务、以大带小等专业化管护模式，管理全区222座由农村集体经济组织等分散管理的小型水库，彻底解决分散管理小型水库无人管和管理不规范、不专业的问题。完成赤峰市翁牛特旗和锡林郭勒盟多伦县建设国家小型水库管理体制改革样板旗县的申报工作。

【管理责任落实】 2022年，内蒙古在全区范围公布505座水库的“四个责任人”（管理单位责任人、主管部门责任人、行政责任人、技术责任人），在全国范围公布15座大型水库责任人。

（侯 亮）

【度汛管理】 2022年，自治区水利厅复核完成所有大中型水库的汛限水位。完成全区水库、水闸、堤防等水利工程的汛前维修养护、物资储备、应急预案、人员落实和汛期的巡查值守、应急处置以及汛后水毁修复。完成小水电、水库、堤防3类工程的安全度汛检查，并在汛前全部整改完成发现问题，确保度汛安全。完成全区505座水库超标准洪水防御方案编制及重点水库的安全度汛应急预案抽查检查。协调财政厅下达4000余万元资金，用于非常规溢洪道、坝顶路面硬化、导水墙等工程措施的建设。在锡林郭勒盟多伦县现场召开水库超标准洪水应急演练，并将演练脚本和演练总结情况下发到各旗县区进行参考。成功抵御4次大范围的强降雨。组织开展地震应急演练，检验水利厅制定的水利工程地震应急预案的可操作性和水利工程管理单位的事故报告、应急抢险和善后处置等各个环节。争取防汛抗旱风险普查资金170万元，完成自治区水库安全监测平台建设，实现对水库流域范围的雨情数据、水情和大坝安全监测数据的收集、展示和预警，提升水库“四预”能力。争取3800万元地方一般债券资金，完成244座小型水库雨水情设施建设项目和248座小型水库大坝安全监测项目，较水利部要求时限提前3年完成任务。选取包头市昆都仑水库和呼伦贝尔市扬旗山水库开展数字孪生工程建设工作。

【安全生产机制】 2022年，制定印发《内蒙古自治区水利厅贯彻落实〈关于进一步强化安全生产责任落实坚决防范遏制重特大事故的若干措施〉实施方案》，修订《自治区水利厅安全生产领导小组工作规则》，建立厅本级安全生产综合监管与专业监管分工负责的安全生产监管工作机制。印发《进一步做好水利行业安全生产三年行动方案的通知》《关于开展水利水电勘测设计等四类单位安全生产标准化建设的通知》，强化水利生产经营单位责任体系建设。审批通过完成8家水利施工标准化二级达标企业和4家标准化二级达标水管单位。逐项完成专项整治工作任务，动态更新“两个清单”，共建立问题隐患清单3278个，制度措施清单542项。制定《构建全区水利行业安全生产风险管控“六项机制”的实施意见》和《关于进一步加强水利安全风险分级管控工作的通知》，规范水利行业安全风险分级管控工作。修订《内蒙古自治区水利厅生产安全事故应急预案》，制定《内蒙古自治区水利厅水利工程地震应急预案》《内蒙古自治区水利厅应对处置恐怖袭击事件应急预案》，健全组织体系，完善工作机制，规范应急管理工作。

【水库安全鉴定】 2022年，自治区水利厅完成全区36座淤积严重、功能丧失的水库的论证、降等报废工作。完成12座小型病险水库的安全鉴定成果核查，完成8座水库除险加固续建项目建设。实施10座小型病险水库除险加固。其中，纳入中央补助资金项目6座，主体工程基本完工；使用地方一般债券资金4座，在建设中。完成29座超期未鉴定水闸的安全鉴定工作。

（刘燕英）

消防救援

【概况】 2022年，全区未发生重特大火灾事故和等级责任事故案件，火灾起数、亡人数同比分别下降7.6%、32.6%，实现火灾形势、队伍管理“两个高度稳定”。在全国消防救援业务考评中取得第八名的成绩。

【消防治理】 2022年，自治区人大常委会批准实施全国首部《电动自行车消防安全管理条例》，修订出台《内蒙古自治区消防条例》，自治区政府出台《消防工作督办、约谈实施办法》《火灾事故责任调查规定》，制定《内蒙古自治区贯彻落实“十四五”国家消防工作规划实施方案》，推动18个重点任务在内蒙古落实落地。按照消防安全专项整治“三年行动”部署要求，自治区消防救援总队结合地区实际，解决煤化工、大兴安岭林区和农村牧区三大隐患，推动国家标准《煤化工工程设计防火标准》落地，编制地方标准《煤化工企业灾害事故工艺应急处置队建设规范》，部署开展“北疆蓝盾”消防安全大检查。自治区政府下发《关于进一步加强基层消防安全管理规定》，将苏木乡镇消防安全纳入自治区乡村振兴战略年度考核指标，建立支队长对市（盟）、大队长对区（县旗）、网格长对街道办事处、镇乡、村（嘎查）包片保安全“三长包保责任制”，推广乡镇街道“一队一中心”建设，全区建成消防安全指导中心998个，建成专（兼）职消防队599个，填补基层消防力量“空白”，构建起全覆盖、无盲区基层消防安全责任体系。举办北疆蓝盾·防火“三长三员”（支队长、科长、大队长，监督员、法制员、火调员）业务技能比武竞赛，统筹推进大型综合体、高层建筑、危化品企业、储能电站等专项整治，完成中共二十大消防安保工作，连续二十九年未发生重特大火灾事故。

【消防队伍作战能力建设】 2022年，内蒙古自治区消防救援总队（以下简称自治区消防救援总队）坚持党委定期议战议训机制，举办火焰蓝消防运动会，推行“三分四考”（分岗位、分年龄、分职级；考理论、考技能、考体能、考指挥），探索建立分职级、分岗位、分年龄的考核评定机制，推进训练工作从“传统竞技型”向“等级达标型”转变。组织开展灾害风险和队伍作战能力“两个评估”、推进“一部六组”（指挥部和灭火行动组、疏散引导组、通信联络组、安全防护组、救护组和后勤保障组）建设，率先在全国实体化运行灭火救援专家组，开展接警调度员职业技能鉴定试点工作。围绕专业素养、专业装备等方面，建强12支地震搜救队、64支抗洪抢险专业队、12支化工灭火救援编队和78支低温雨雪冰冻灾害救援专业队。加强特勤队伍建设，首次开展特勤站整建制、全要素实战化考评，优化特勤力量、强化装备配备、健全训练体系、改革作战模式。按照“六车联保”（饮食保障车、宿营保障车、淋浴车、被服洗涤车、冷藏车、移动卫生间）组建集物资、装备、生活、卫勤、联勤等于一体的战勤保障队伍，与民航高铁、物流超市等10个单位建立物资快速投送机制。

【消防应急响应与应急演练】 2022年，自治区消防救援总队加强与自治区应急管理厅、气象局、水利

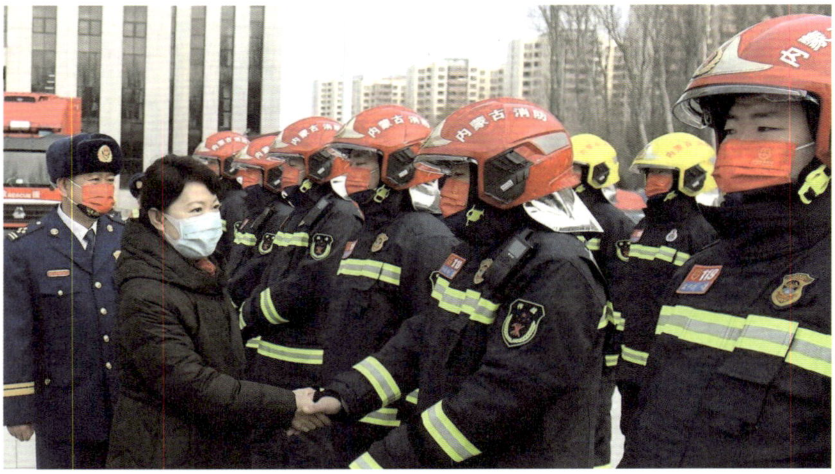

图84　2022年1月30日上午，新春佳节来临之际，自治区主席王莉霞（左二）看望慰问消防救援人员

（自治区消防救援总队宣传处　供图）

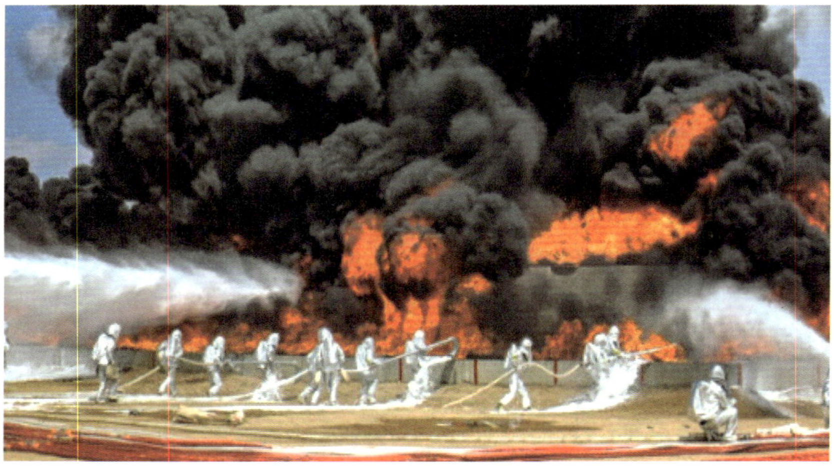

图85　2022年“喜迎二十大·守护大北疆”自治区党政领导干部军事日消防演练，展现内蒙古消防救援队伍“敢于打硬仗、敢于吃大苦、敢于闯新路、敢于争第一”的优良作风

（自治区消防救援总队宣传处　供图）

厅、卫生健康委、森林消防等部门会商研判、信息共享，召开2022年度灭火救援专家组联席会议，建立“分级处置、条块结合、以块为主”应急响应机制，构建“一短三快”（缩短接警时间，快速出动、快速到场、快速处置）初战机制，优化升级119智能接处警系统，建立“警情受理、力量调度、应急响应、遂警指挥”制度，形成“三位一体”作战指挥调度新模式。举行“北焰蓝光”地震灾害、黄河防凌等系列全要素实战演练和“喜迎二十大·守护大北疆”自治区党政领导干部军事日消防演练，完成“应急使命·2022”抗震救灾实战化演习、“7·30”内蒙古自治区军事日和乌海跨区域水域救援等重大实战演练活动。

【火灾处置】 2022年，全区消防救援队伍处置各类警情2.9万起，抢救被困人员0.9万人，抢救财产价值1.9亿元，成功处置“4·14”呼和浩特市内蒙古常盛制药有限公司厂房火灾、“4·20”通辽市乾坤烟花厂爆炸、“6·14”鄂尔多斯市商场火灾等事故，守牢“最后一道防线”。

【森林草原火灾防控】 2022年，内蒙古自治区加强森林草原火灾防控，着力推进防灭火一体化建设，严防死守重点区域、重点时期、重点人群，做到早发现、快处置、打小火，动态完善应急预案和应对雷击火、境外火专项方案，开展野外火源治理、林牧区输配电设施火灾隐患专项整治和打击违法用火专项行动，推进边境一线和大兴安岭林区机构、队伍、装备、道路等建设，制定森林草原火灾扑救指挥规则，指挥调度3.9万名专业半专业扑火队伍和森林消防队伍、34架航空消防飞机靠前驻防。全年全区共发生森林草原火灾29起，全部得到及时有效处置，森林草原火灾当日扑灭率100%，没有发生重特大火灾和人员伤亡事故。

【森林草原防灭火命令发布】 2022年3月，《内蒙古自治区人民政府关于森林草原防灭火的命令》发布，明确2022年春季全区森林草原防灭火戒严管制期为4月1日至5月31日。各地区可根据本地区实际，提前进入或推迟结束戒严管制期限，向社会公布，并向上一级人民政府和森林草原防灭火指挥部备案。森林草原防灭火戒严管制区域由旗县级以上人民政府划定，并向社会公布，严格实行森林草原防灭火行政首长负责制。

【典型培树】 2022年，内蒙古自治区在全区消防救援系统开展“牢记领袖训词 永做忠诚卫士”等主题教育活动，总队在自治区党委宣传部等部门举办的全区知识竞赛、演讲比赛等活动中取得3个第一名、1个第二名的佳绩。自治区消防救援总队巩固拓展消防先进典型宣传机制，联合自治区党委宣传部开展第二届“最美消防指战员”评选学习活动，推选巴特尔获得“全国人民满意的公务员”称号、当选内蒙古出席党的二十大代表，成为内蒙古消防历史上首位全国党代表，并被中央广播电视总台《焦点访谈》栏目、《光明日报》头版及其他主流媒体宣传报道。2022年，10个集体、9名个人获得省部级以上表彰，涌现出“全国工人先锋号”科尔沁右翼中旗大队、“全国青年文明号”巴彦淖尔杭锦后旗大队、“全区青年五四奖章”获得者西乌珠穆沁旗大队、“全区道德模范”宝音白尔等先进典型，6个集体、2名个人被自治区党委、政府授予“全区民族团结进步模范”称号，22个集体新晋和复评“自治区文明单位”。

【职业文化】 2022年，自治区消防救援总队把“安全、法治、尚武、健康、和谐”理念融入“美好队站”建设，研发智能营区管控系统，召开正规化建设达标创建成果交流研讨会，举办“喜迎二十大 奋进新征程”线上主题文艺汇演和消防主题美术展，联合自治区文联创作新时代京剧《火焰蓝——情捍山河》，2部作品在央视音乐公开课中展出。“北疆蓝焰”注册志愿者超10万余人，参与新冠疫情防控、生态环保、乡村振兴等20多项服务项目，开展志愿服务活动3万多场（次），活动总时长超30多万小时，获评自治区首届“慈善楷模奖”、中央精神文明建设指导委员会“最佳志愿服务项目”，在第六届中国青年志愿服务项目大赛摘得1金4银。微电影《爸爸的战场》获评自治区优秀廉政作品。

【涉疫场所火灾防控】 2022年，针对突发疫情，内蒙古自治区各级消防救援队伍积极对接地方防疫部门，总队分5批次选调86名精干力量在呼和浩特市疫情防控一线成立消毒消杀先锋队、博物馆方舱医院消防救援突击队。发挥专业优势，组建12支疫情防控机动分队，累计参与疫情处置899起，出动车辆4020辆次、人员28685人次，得到自治区、各级党政领导和疫情防控指挥部肯定。结合新冠疫情实际，成立260支抗疫突击队，出台“涉疫场所火灾防控十项措施”“方舱医院消防安全十项措施”，严格落实“大闭环、小气泡”管理模式，发挥消防前置服务站作用，制定方舱医院灭火救援、疫情防控处置预案，舱内做好防火巡查、安全疏散工作，舱外按照“一部六组”做好备勤工作，全程跟进保障方舱医院安全运行。按照“一场一策一案”要求，采取“线上+线下”“专项+随机”“检查+帮扶”“3+”模式，做好全区33家定点医院、24家方舱医院、1269家隔离酒店、24万余名返乡大学生隔离保障等涉疫场所的消防安全服务。全区涉疫场所没有发生火灾，总队在全国队伍疫情防控调度会上作交流发言，得到国家消防救援局领导批示肯定。

（田 丰）

交通安全管制

【概况】 2022年，全区交通运输领域发生一般安全生产事故6起、死亡7人，其中道路运输领域2起、死亡3人，未发生较大及以上安全生产事故。在2022年度自治区安委会安全生产考核评价工作中，自治区交通运输厅被自治区安委会考核评价为“优秀”等级。

【交通应急救援能力建设】 2022年，自治区交通运输厅通过完善应急预案体系，修订完善厅本级应急预案，不断提高行业应急处置能力。构建全区公路、水上交通突发事件应急组织指挥体系，对应急指挥人员、应急资源进行摸底。截至2022年底，全区已建立公路应急救援队伍687支、应急物资库449个，有应急机械设备4910台；建有水上应急队伍9支、应急救援船舶54艘。相关数据录入厅综合交通运输和应急指挥平台。

（王艳秋）

【道路隐患治理】 2022年，全区各级公安交管部门以事故预防“减量控大”专项行动为重要载体，以“双清双打”专项行动、隐患清“零”工作为抓手，对全区160处隐患路口路段进行治理，年底全部完成治理并通过审核评定。对全区3374处路口路段进行全面排查，共排查出380处道路隐患，2022年9月底全部整改完毕。高标准完成路口路段攻坚项目评估，集中整治重点隐患路口路段160处。

【道路安全违法行为治理】 2022年，全区各级公安交管部门精准把握道路交通安全形势规律特点，开展拉网式违法查处、高频率秩序整治，分阶段开展“夏季整治”“隐患清零”和冬季区域整治三大专项行动，梯次推进酒驾醉驾、“一盔一带”、公路“两违”、春季农牧区突出违法、夏季公路易肇事肇祸违法等28批次交通违法行为专项整治，组织集中统一行动2100余次，严查严处“三超一疲劳”、酒驾醉驾等13类重点交通违法行为333.2万起，打击处理各类交通违法行为1124万余起，净化道路交通秩序。

【交管便民服务】 2022年，呼和浩特交管支队将72项车辆驾驶管理业务下放至旗县（区）车管分所办理，31项车驾管业务实现网上办理，授权委托业务18项，授权合作业务23项，推进交管业务进入派出所“一站式”政务服务办理，打通服务群众的“最后一公里”。鄂尔多斯交管支队在全区首创推出车驾管业务网点信息一体平台、“车管E警”智能导服系统，打造“流线型”“闭环式”智能监管体系，建成全区首家“网上车管所”，互联网累计注册用户超过87万人，日均网办业务1500笔，36万人申领电子驾驶证，7万人成功“学法减分”。高速公路三支队增设市区窗口，推行事故快速处理，线上办理危化品车备案登记，实现“一次办”“快捷办”。

【智慧交通建设】 2022年，自治区公安厅交管局研究制定《内蒙古自治区智慧交管建设指导意见》，确定三个级别的建设发展目标，总体构建全区“智慧交通建设2122”发展模式，制定7大项28条具体建设任务，此项工作交通运输部交管局以工作简报形式向全国推介。编制《呼和浩特市智慧交通规划设计方案》，指导督促呼和浩特交管支队，建设以动态预警、实战指挥、科学研判为核心的智慧交通管理体系，提升首府公安交通管理水平。开展三级指挥系统建设第一阶段工作，将车驾管、交通违法、交通事故、队伍管理等功能全部迁移到新的微服务平台下，缓解用户量和数据量增长带来的系统压力。开发“互联网交通安全综合服务平台数据架构库改造”“公安交通管理信息安全监管系统”“深化公安交通集成指挥平台”等信息化项目，提升交管科技信息化水平。

【车驾管业务改革】2022年，内蒙古自治区车辆驾驶管理业务改革新举措中“二手车转让登记持身份证全区通办”新措施为全国首创，“货车电子通行码即领即行”和“公安交管业务电子签名签章”两项为全国首批试点。到年底，电子签名签章已办理业务1000余笔，减少纸张打印4000张以上；减免“记分罚款”3000余笔；办理二手车转让登记业务9.38万笔，累计便利群众13.67万人；办理社会化服务机构网络接口审批业务108笔。全面取消皮卡车进城限制、放宽货车通行限制，依托交管“12123”审核、发放货车通行码9.51万笔；异地办理二手车转让登记持身份证全区通办实施一个月，办理业务超2.5万笔。疫情防控期间，及时出台“容缺办”车驾管业务10项改革新举措，取得良好的社会效果。

【交通安全宣传】2022年，全区各级公安交管部门聚焦关键重点，依托传统媒体和新媒体宣传阵地，发挥宣传矩阵优势，开展主题策划报道。全区各级公安交管部门在中央、自治区各级各类广播电视刊播稿件1489篇，在中央、自治区各级报刊刊登稿件211篇，在各级公安交管部门官方微博、微信发稿2.4万条，公众号连续11个月满分完成部局考核。厅交管局政务新媒体从全国14万个政法新媒体账号中脱颖而出，三次蝉联全国政法新媒体最高荣誉“中央政法委四个100优秀政法新媒体”，并在“减量控大”专项行动中，“宣传攻势仗”在部局每月考核中获得满分。同时，充分发挥多媒体宣传优势，通过开辟专栏、开设专题、制作交通安全蒙古语系列公益广告、交通安全电视公益广告等，不断扩大宣传范围和效果。“正确佩戴头盔”“安全带就是生命带”“开车不能接打电话”等多个蒙古语交通安全公益广告在蒙古语广播频道重点时段全频率播放，结合全区实际特点，切实提升少数民族群体交通安全教育面，筑牢农村牧区驾驶员安全出行意识。

（范丽莉）

盟市　旗县（市、区）

呼和浩特市

【概况】呼和浩特市位于内蒙古自治区中部，北纬 40°51′~41　°8′、东经 110°45′~112°10′。总面积 17186 平方千米，辖 4 区（回民区、玉泉区、新城区、赛罕区）、4 县（托克托县、清水河县、武川县、和林格尔县）、1 旗（土默特左旗），有蒙古族、汉族、回族、满族、达斡尔族、鄂温克族等 41 个民族。是自治区的首府。

2022 年底，全市常住人口 355.11 万人，其中城镇人口 283.39 万人、乡村人口 71.72 万人；常住人口城镇化率 79.80%。2022 年完成地区生产总值 3329.1 亿元，按可比价计算，比 2021 年增长 2.6%。其中，第一产业增加值 160.6 亿元，增长 4.3%；第二产业增加值 1155.8 亿元，增长 2.7%；第三产业增加值 2012.7 亿元，增长 2.5%。三次产业比例为 4.8 ：34.7 ：60.5。一、二、三产业对生产总值增长的贡献率分别为 7.1%、31.0% 和 61.9%。人均生产总值 94443 元，比 2021 年增长 1.2%。

全年农作物总播种面积 41.8 万公顷，其中粮食作物播种面积 33.5 万公顷、经济作物播种面积 8.3 万公顷，粮食总产量 183.1 万吨，比 2021 年增长 3.6 %。

全年固定资产投资比 2021 年增长 12.6%。其中，第一产业投资下降 5.8%，第二产业投资增长 12.5%，第三产业投资增长 13.9%。

全年一般公共预算收入 230.9 亿元，比 2021 年增长 0.9%，一般公共预算支出 420.8 亿元，与 2021 年持平。年末全市金融机构人民币存款余额 7753.7 亿元，比年初增长 16.8%。

全年全体居民人均可支配收入 44696 元，比 2021 年增长 5.7%，全体居民人均消费支出 26154 元，下降 3.7%。按常住地分，城镇常住居民人均可支配收入 54616 元，比 2021 年增长 3.0%。城镇常住居民人均消费支出 31172 元，下降 3.9%。农村常住居民人均可支配收入 23938 元，增长 6.7%。农村常住居民人均消费支出 17093 元，下降 1.9%。城镇居民恩格尔系数为 25.0%，农村居民恩格尔系数为 30.8%，分别比 2021 年下降 0.5 个和 0.2 个百分点。

【制造业“三化”建设】2022 年，呼和浩特市推进工业绿色化、智能化、高端化建设，加大对传统工业的改造提升力度。伊利、蒙牛等 7 家企业成功申报为第一批自治区级技术创新示范企业，推荐中环领先申报国家级技术创新示范企业，伊利集团获批牵头创建乳品加工领域自治区级制造业创新中心。推动 16 家企业实施节能、节水技术改造，新增 14 家绿色工厂、8 个绿色设计产品、8 家节水型企业。启动 7 个工业固废资源化利用项目，成功培育 1 家国家级再生资源综合利用行业规范企业，全市一般工业固废综合利用率达到 55%，较 2021 年同期上升 20 个百分点。启动建设 6 个工业互联网标识解析企业级节点，新增标识解析应用企业 46 家；以推进制造业转型升级为重点，建设伊利液态奶绿色生产智能化技术改造示范应用项目、蒙牛鲜奶 5G 工厂配置百利包智能化生产线项目等 7 个数字化车间，占自治区 2022 年智能化工厂建成总数的 70%。工业园区承载力增强。

【产业集群延链补链强链】 2022年，呼和浩特市紧扣产业链图谱，强化产业分析、项目研判，引进符合规划、符合发展方向的项目和有实力、有品牌、真干真投资的大企业、龙头企业，推动产业集群六大产业链形成配套齐备的全产业发展模式。乳产业方面，在“增数量、提质量、扩产量”方面精准发力，继续以奶业为核心，兼顾生猪、肉牛肉羊、玉米、马铃薯等产业链条，依托伊利、蒙牛两大龙头企业，吸引上下游奶牛养殖、牧场种植、饲料原料、食品包装、食品添加剂、乳制品加工、销售、物流等大型企业，实现乳产业全链条发展。重点推进国家乳业技术创新中心总部建设并投入使用，启动实施一批科研攻关和创新能力提升项目，建设具有全球影响力的乳业科技创新中枢。清洁能源产业方面，加大引进国家能源集团、中电投等大型发电集团以及远景等头部企业区域总部，打造一流能源总部基地；加大风光新能源资源统筹力度，不断延伸光伏产业链，壮大风、氢、储产业链，推动中环光伏切片、正泰装备制造、福明太阳能、丰田三工等具有示范带动意义的大项目落地。现代化工产业方面，在煤化工、石油化工、焦化产业上加大延链补链力度，推进久泰精细化学品延链补链一体化、旭阳焦化制氢、久泰高纯液氢等项目加快实施，推动中石油化石能源和新能源融合发展示范基地（蒙油蒙炼）、炼油化工一体化融合发展基地（120万吨/年乙烷制乙烯项目）前期工作。打造金桥石化产业、清水河焦化氯碱产业、托县现代煤化工产业3个化工集聚区，推进现代化工产业集聚发展。新材料和现代装备制造业方面，围绕硅材料、新能源汽车、新能源装备、前沿新材料、锂电池、燃料电池等产业链条，依托中环、华耀等大型企业，吸引和布局研发设计、光伏玻璃、电池组件等上下游项目，实现由原料端向切片、磨片等下游环节延伸。依托“一城三园”推动四大基地建成（在中环产业城和华耀光伏产业园重点布局硅材料、光伏装备及配套产业，在经济技术开发区装备制造产业园重点布局新能源装备产业，在土左旗新能源汽车产业园重点布局锂离子电池材料产业），打造全球知名、中国最大的半导体集成电路材料基地、全国全球先进光伏材料基地、全国重要新能源电池材料基地、全区重要的新能源装备和新能源汽车制造基地。在巩固原有动物疫苗产业规模和技术水平优势的基础上，推动宠物疫苗、人用疫苗等新产品的研发和成果转化，带动生物培养、生物检测等产业链配套环节成长壮大。

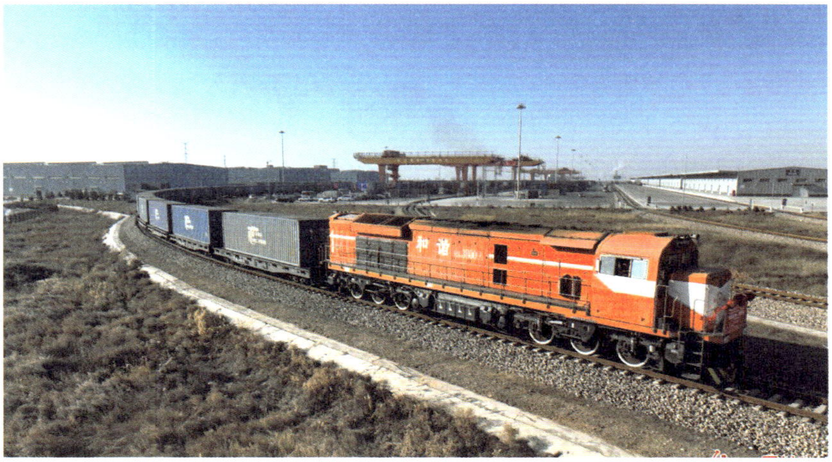

图86 2022年，“青城号”中欧班列发运12趟。图为运行中的“青城号”中欧班列
（呼和浩特市档案史志馆 供图）

【六大产业引领力持续增强】 呼和浩特市六大产业集群对全市工业经济发展的拉动和稳定作用持续增强，2022年实现产值2069.2亿元，占全市工业的比重达到88.1%，较2021年提高2.7个百分点。呼和浩特乳制品集群被评定为“国家先进制造业集群”，是继“中国乳都”称号之后的又一国家级荣誉；清洁能源产业年完成产值450亿元，同比增长2.9%；现代化工产业完成产值291.2亿元，同比增长22.2%；新材料及现代装备产业完成产值682.7亿元，同比增长57.2%；生物医药产业完成产值181.2亿元，同比增长1.5%；电子信息产业完成产值69.2亿元，同比增长67.2%。

【“青城号”中欧班列】 2022年，呼和浩特市发挥首府货物集散和本地产业优势，发运“青城号”中欧班列12列，搭载标箱1198个，货重9193.99吨，货值3621.5万美元。以“青城号”中欧班列常态化运行为依托，加强与呼和浩特铁路局、呼和浩特海关、赛罕海关的沟通合作，推动在沙良物流园区建设铁路运输类海关监管作业场所。争取实现呼和浩特市始发中欧班列在本地办结出口清关手续，跨境电商出口货物能够由白塔机场快件现场转关至沙良物流园区发运出境，进一步提升出境班列的通行效率和呼和浩特市始发中欧班列的数量。

【经济开发区重点项目建设】2022年，呼和浩特市经开区计划实施的投资500万元以上项目有111个，总投资497.2亿元，全年完成投资55.6亿元，完成年度计划投资的107.1%，其中自治区重大项目累计完成投资44.2亿元，完成年度计划投资的109.3%。截至2022年底，华耀二期、东方电气智慧能源产业基地、华希奶牛乳房炎灭活疫苗等12个项目完工，10个项目进入统计程序。

【和林格尔新区数字经济建设】2022年，国家算力网络枢纽节点和林格尔数据中心集群启动建设，全年实施重点项目14个，“中国云谷”“金融云谷”初具规模。和林格尔国际互联网数据专用通道开通运行，总出口带宽达51.8T，与京津冀、长三角网络时延进一步提速，初步形成“云网协同、算网协同、数网协同”的发展格局。中国银行总行金融科技中心、中国农业银行内蒙古数据中心、中国电信数据中心二期、中国移动数据中心二期、内蒙古农信信息科技中心等引领性项目加快建设。东方超算云内蒙古超级大脑、内蒙古高性能计算公共服务平台为全国300多家高校企事业单位提供算力服务。中国建设银行总行数据中心、并行科技内蒙古新型算力基地等项目前期手续加快办理，中国气象局西部算力中心、华电数据中心集群绿电替代示范项目签约落地。制定出台推进数据中心项目绿色化建设的意见和实施导则，新区数据中心标准机架达到15万架，服务器装机能力达到93万台，数据存储和算力规模位居全国前列。围绕“数字+智能制造”“数字+生物技术”“数字+新材料”“数字+现代服务业”集聚落地一大批产业项目。数字设备制造产业园配套基础设施启动建设，大溪生物、奥普赛生物、特瑞尔干细胞、盛和芯材高导热氮化铝、“青骑兵”共享单车生产等项目建成投产，博晖创新现代生物技术产业基地、科拓动植物微生态制剂生产基地、内蒙古大学家畜种质创新与繁育基地、韵达快递电商总部、申通智慧电商物流园等项目加快建设，产业数字化转型成效明显，加快构建数字经济为核心的现代产业体系。

（孙志杰）

【土默特左旗】 土默特左旗位于内蒙古自治区中部，大青山南麓的土默川平原。2022年，辖地有1个国家级农业示范区、1个国家级湿地公园、1个自治区级工业园区，辖6个镇（不含沙尔沁镇及所辖村）、2个乡、3个区域服务中心，296个行政村、38个社区，总面积2779平方千米，常住人口36万人。全旗实现地区生产总值277.97亿元，按可比价计算，比2021年增长8.4%。规模以上工业企业增加值同比增长15.3%。固定资产投资额达到82.36亿元，同比增长20.5%。社会消费品零售总额实现34.6亿元，同比增长3.2%。城乡居民人均可支配收入分别为41459元、23701元，同比增长2.5%和7.3%。

（庄丽丹）

【托克托县】 托克托县位于自治区中部，大青山南麓、黄河上中游分界处北岸的土默川平原上，北依阴山，南临黄河，地处呼、包、鄂“金三角”开发区腹地。县境南北直距54.5千米，东西直距42千米，总面积1416.8平方千米。2022年，托克托县辖5个镇、1个黄河湿地管护中心，16个社区、120个行政村，1个自治区级工业园区、1个自治区级农业园区、2个自治区级服务业集聚区，总人口16.6万人。全年全县完成地区生产总值187.1亿元，规模以上工业增加值完成73.53亿元，固定资产投资完成44.47亿元，社会消费品零售总额完成29.32亿元，一般公共预算收入达到8亿元，城镇常住居民人均可支配收入完成44127元，农村常住居民人均可支配收入达到23095元。

（马昕宇）

【和林格尔县】 和林格尔县位于自治区中南部，东接乌兰察布市凉城县，南连清水河县和山西省朔州市平鲁区、右玉县，西与托克托县毗邻，北靠呼和浩特市赛罕区、土默特左旗。县域介于北纬39°58′～40°41′，东经111°26′～112°8′之间，东西最大距离85千米，南北最大距离90千米，总面积3454平方千米。截至2022年底，全县总人口20.19万。2022年，和林格尔县实现地区生产总值272.64亿元，按可比价计算，比2021年增长6.2%。其中，第一产业增加值29.35亿元，增长4.8%；第二产业增加值157.53亿元，增长2.4%；第三产业增加值85.76亿元，增长2.7%。三次产业结构之比为11.6 ∶ 48.9 ∶ 39.5。规模以上工业增加值完成111.3亿元。固定资产投资完成115.05亿元。社会消费品零售总额完成31.84亿元。全县一般公共预算收入完成14.3亿元，自然口径下降1.9%。城镇常住居民人均可支配收入达到43696元，比2021年下降3.5个百分点；农村常住居民人均可支配收入达到18863元，比2021年下降2.7个百分点。

（张来义）

【清水河县】 2022年，清水河县辖4镇、4乡，103个行政村、8个社区。全县实现地区生产总值70.6亿元，同比增长0.9%；固定资产投资完成33.2亿元，比2021年增长49.3%；社会消费品零售总额完成7.28亿元，同比增长4.5%；一般性公共预算收入完成5.08亿元，同比下降21.24%；城乡常住居民人均可支配收入分别达到34700元、13600元，同比均增长8%。

（徐雁杰）

【武川县】 2022年，武川县总人口17.1万人，其中农业人口13.1万人。辖3个镇6个乡，93个行政村，10个社区。全县地区生产总值同比增长5%，固定资产投资同比增长101%，一般公共预算收入（剔除留抵退税因素）比2021年增长7.7%，社会消费品零售总额同比增长1.2%，城乡常住居民人均可支配收入分别增长5%和8%。

（郭建东）

【新城区】 新城区位于呼和浩特市东北部，辖区总面积700平方千米，城区规划面积100平方千米，辖1镇、8个街道、3个服务中心和1个自治区级产业园区。2022年，新城区实现地区生产总值669.51亿元，按可比价格计算，比2021年增长2%，总量位列全市第二名，增速位列全市四区第一名、全市第五名。其中，第一产业增加值2.76亿元，增长3.9%；第二产业增加值84.50亿元，增长5.9%；第三产业增加值582.25亿元，增长1.5%。地区生产总值中三次产业比例为0.4 ∶ 12.6 ∶ 87。社会消费品零售总额完成276.34亿元。

（刘 畅）

【回民区】 回民区位于呼和浩特市城区西北部，东与新城区、赛罕区交界，南与玉泉区相邻，西与金川经济开发园区、土默特左旗接壤，北与武川县毗邻。回民区辖区面积194平方千米，其中规划城区面积48平方千米，是首府呼和浩特市四城区之一，全区辖7个街道和1个镇，63个社区、5个行政村，常住人口44.4万人。2022年，回民区实现地区生产总值325.17亿元，同比增长1.9%。其中第一产业增加值0.66亿元，增长4.0%；第二产业增加值44.51亿元，增长4.5%；第三产业增加值280.00亿元，增长1.5%。三次产业比例为0.20 ∶ 13.69 ∶ 86.11。规模以上工业增加值完成17.1亿元，固定资产投资完成43.66亿元，一般公共预算收入完成12.49亿元，社会消费品零售总额完成301.5亿元，全体居民人均可支配收入达到53035元，同比增长5.4%。

（高燕彬）

【玉泉区】 玉泉区位于呼和浩特市城区西南部，下设50个行政村、63个社区。2022年底，全区总人口37.45万人，其中城镇人口16.18万人、乡村人口21.27万人，常住人口30.94万人。2022年，玉泉区实现地区生产总值338.8亿元，同比增长1.8%；一般公共预算收入完成20.01亿元；规模以上工业增加值比2021年增长3.4%；社会消费品零售总额完成124.3亿元；城镇常住居民人均可支配收入53171元，同比增长2.6%，农村常住居民人均可支配收入完成28769元，同比增长6.5%；全年实施市级以上重点项目59个，完成年度投资38.5亿元。

（杨占林）

【赛罕区】 赛罕区四邻东接乌兰察布市卓资县、凉城县，南衔和林县，西靠玉泉区，北依新城区。至2022年底，常住人口88.53万人。2022年，赛罕区建成高标准农田2333.33公顷，投入1.17亿元新建温室大棚590栋，露地蔬菜种植6.31万公顷，设施蔬菜种植新增110.67公顷。辖区城区有8个街道110个社区（村改居23个），农区3个镇和部分涉农街道有101个行政村。全年，赛罕区完成地区生产总值920.45亿元，比2021年增长1.3%，一般公共预算收入40.56亿元，规模以上工业增加值比2021年完成增长0.2%，社会消费品零售总额196.20亿元，城镇常住居民可支配收入达到59022元，比2021年增长2.7%，农村常住居民人均可支配收入达到27034元，比2021年增长6.6%。

（冯永强 武忠贵）

【和林格尔新区】 2022 年，和林格尔新区完成营业收入 109.82 亿元，比 2021 年增长 21.24%。完成固定资产投资 86.53 亿元，同比增长 47.36%。完成一般公共预算收入 16995 万元，同比增长 13%。新增“四上”企业 6 家，其中规上工业企业 1 家、规上服务业企业 2 家、限上批发零售企业 3 家，总数达到 18 家。全年对接企业项目 382 家，新签约产业项目 90 个，协议总投资 1297.7 亿元，落地亿元以上项目 33 个，在全市招商引资考核中年度排名第一位。

（姜红叶）

包头市

【概况】 包头市位于内蒙古自治区西部，辖 9 个旗县（区），1 个稀土高新技术产业开发区。2022 年底，全市常住人口 274.04 万人，比 2021 年末增加 2.26 万人，其中城镇人口 238.10 万人、乡村人口 35.94 万人；常住人口城镇化率为 86.88%，比 2021 年末提高 0.15 个百分点。2022 年，包头市实现地区生产总值 3749.9 亿元，按可比价格计算，比 2021 年增长 7.2%。其中，第一产业增加值 132.8 亿元，增长 3.2%；第二产业增加值 1974.6 亿元，增长 14.8%；第三产业增加值 1642.5 亿元，增长 1.3%。三次产业增加值占地区生产总值的比重分别为 3.5%、52.7% 和 43.8%，对地区生产总值增长的贡献率分别为 1.6%、89.0% 和 9.4%。全年人均地区生产总值达到 137360 元，比 2021 年增长 6.6%。

全年农作物播种面积 29.0 万公顷，比 2021 年下降 2.0%。其中，粮食作物播种面积 20.3 万公顷，增长 1.7%。全年粮食总产量 117.8 万吨，比 2021 年增长 2.1%。

全年，全部工业增加值比 2021 年增长 15.1%，其中，规模以上工业增加值增长 19.6%。

全年固定资产投资（不含农户）比 2021 年增长 20.1%。其中，第一产业投资增长 5.5%，第二产业投资增长 75.9%，第三产业投资下降 32.6%。

全年全体居民人均可支配收入 52021 元，比 2021 年增长 5.4%。城镇常住居民人均可支配收入 56245 元，增长 3.3%；农村牧区常住居民人均可支配收入 24250 元，增长 6.4%。全体居民人均生活消费支出 30430 元，比 2021 年增长 1.1%。城镇常住居民人均生活消费支出 32840 元，增长 0.9%；农村牧区常住居民人均生活消费支出 15497 元，增长 3.4%。全体居民恩格尔系数为 28.8%，其中，城镇为 27.2%，农村牧区为 29.0%。

【第二届现代能源产业发展大会】 2022 年 7 月 24 日，以“共享绿色生态，共建低碳高质量发展体系”为主题的第二届现代能源产业发展大会在包头市举行，各旗县（区）、部门、单位签约项目计 55 个，协议总投资 827.3 亿元，涉及新能源装备制造、新材料、现代能源服务平台，新能源基础设施建设等 12 个现代能源产业相关领域。“内蒙古智慧物流碳中和技术创新研究院”“内蒙古自治区碳中和协同创新中心”“包头市气候变化投融资产业促进中心”“内蒙古明阳北方智慧能源研究院”“中国可再生能源学会科技成果转移转化（包头）教育实践基地”正式揭牌。

【第十四届中国包头·稀土产业论坛】 2022 年 8 月 18 日，第十四届中国包头·稀土产业论坛暨中国稀土学会 2022 年学术年会在包头开幕。活动由自治区政府、中国工程院、中国稀土学会、中国稀土行业协会共同主办，与会院士、专家学

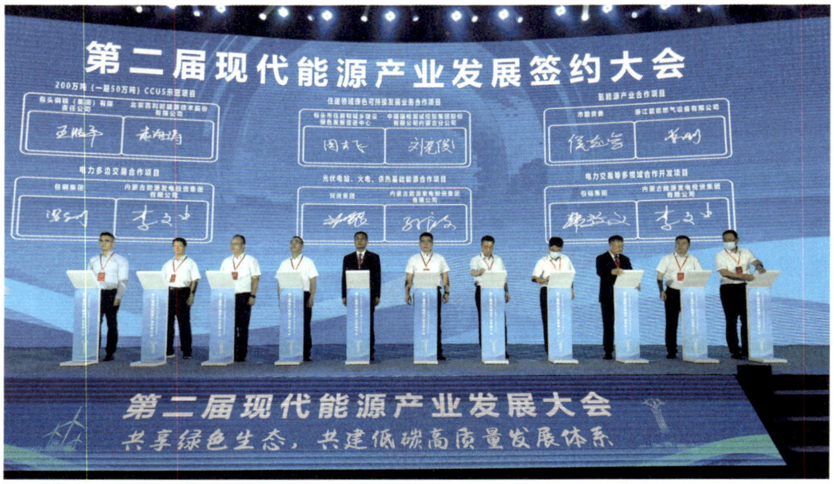

图 87　2022 年 7 月 24 日，第二届现代能源产业发展大会在包头市举行，图为大会签约现场

（包头日报社　供图）

者、高校科研院所和行业企业代表围绕“提升稀土产业技术创新能力、保障产业链供应链稳定安全”主题，共话产业上下游深入对接，助力稀土产业迈向高端化、智能化、绿色化发展新阶段。自治区党委常委、自治区政府常务副主席黄志强出席活动并致辞。自治区政府副主席包献华主持开幕式。自治区政协副主席、工商联主席安润生出席活动。中国稀土学会理事长、中国钢研科技集团总经理李波，中国工程院三局局长陈永平，中国稀土协会副会长、秘书长杨文浩，工业和信息化部原材料工业司司长陈克龙分别致辞。市委副书记、市长张锐围绕包头市稀土产业发展作推介发言。

【第十八届中国羊业发展大会、第九届内蒙古绿色农畜产品博览会、第七届包头牛羊肉产业大会、第四届包头绿色农畜产品博览会、第一届预制菜产业大会在包头国际会展中心举办】 8月16—18日，由全国工商联农业产业商会，中国畜牧协会，自治区农牧厅，中共包头市委、市政府共同主办的第十八届中国羊业发展大会、第九届内蒙古绿色农畜产品博览会、第七届包头牛羊肉产业大会、第四届包头绿色农畜产品博览会、第一届预制菜产业大会在包头国际会展中心举办。在全国农业绿色发展高峰论坛和包头市第一届预制菜产业发展大会上，包头市与中国绿色食品协会、中国畜牧业协会、全联农业产业商会、中国农业发展集团有限公司、北京二商肉类食品有限公司等签署战略合作协议，签约项目45个，协议总投资112亿元，现场销售和订单交易额16.7亿元，315家参展企业与全国各地的采购商签订交易订单。展会期间，5000余名与会代表、2000余家参展企业采购商代表云集包头，对全市航空、铁路、公路运力及餐饮、物流、旅游等行业带动明显。

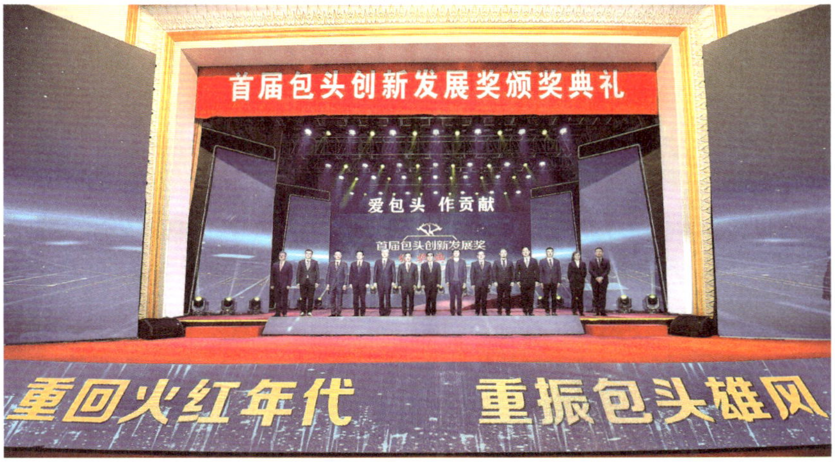

图88 2022年12月29日，首届包头创新发展奖颁奖典礼在包头青山宾馆举行

（包头日报社 供图）

【2022年中国硅业大会在包头举行】 12月29日，以“新时代 新动能 新变革 新格局”为主题的2022年中国硅业大会在包头举行。大会由中国有色金属工业协会和包头市政府共同主办。大会期间，国内外业内知名专家通过产业发展论坛、晶硅光伏产业链市场研讨会、工业硅及硅基材料产业发展研讨会等，解读宏观形势和政策导向、探讨市场前景及技术动态，组织产业链上下游企业开展合作洽谈。自治区党委常委、市委书记丁绣峰，自治区党委常委、自治区政府常务副主席黄志强，中国有色金属工业协会党委常委、副会长段德炳，永祥股份副总经理、内蒙古通威总经理袁中华致辞。国家发改委产业司一级巡视员夏农，商务部贸易救济调查局副局长李增力视频致辞。市委副书记、市长张锐作主旨演讲。

【首届包头创新发展奖颁奖典礼】 2022年，包头市旨在学习贯彻党的二十大精神，落实习近平总书记“一个创新、三个实现”重要指示，设立包头市创新发展奖，在全社会树立以创新为先、以创新为荣的鲜明导向，坚定全市上下突出创新制胜导向、实施创新驱动发展战略的信心决心。12月29日，包头市委、市政府举行首届包头创新发展奖颁奖典礼，颁出包头创新发展奖10个，包头创新发展提名奖20个。表彰为包头经济发展作出突出贡献的企业管理团队和企业家。

（赵俊梅）

【昆都仑区】 昆都仑区是包头市经济、文化、教育中心。常住人口78.8万人，其中汉族73.3万人、蒙古族3.4万人、其他少数民族2.1万人。2022年，昆都仑区实现地区生产总值1116.15亿元，占包头市29.7%，总量居包头市第一位。投资亿元以上重点项目117个、竣工49个，包头市重点项目观摩推进会综合评分居各旗县（区）第一位。举全区之力推动美科20吉瓦、单晶拉棒、龙马高端风电装备制造产业园等41个新开工亿元以上产业项目建设，新开工产业项目入库29个，累计完成固定资产投资27.5亿元。自治区首个半导体芯片制造企业——韦尔智能智造新一代半导体集成电路芯片产业项目落地后，昆都仑区锚定百天建成厂房、百天完成设备安装的“2个100天”投产目标，先后完成三天临时厂房租用清理、五天价值亿元设备到位、八天新员工招募培训、半月新厂房奠基建设等多项任务，跑出项目落地“昆区速度”。4月，完成“自治区推进高质量发展重大项目建设动员大会”包头分会场集中开工活动。11月，在包头市重大项目观摩推进会上，昆都仑区综合得分列小组第一名。固定资产投资增长33.4%。累计签约广州韦尔建设的智能智造第三代半导体芯片产业项目、上海赛夫特建设的高性能半导体材料清洗添加剂等179个项目，引进自治区外国内资金101.24亿元、增长70.4%。对外贸易进出口额完成142.86亿元。规模以上工业增加值增长11.1%。社会消费品零售总额实现336.96亿元，总量位居包头市第一位。一般公共预算收入完成33.17亿元，同比增长8.0%，城镇常住居民人均可支配收入实现59551元，总量位居包头市第一位，高于包头市平均水平3306元，同比增长2.8%。

（胡 雪）

【青山区】 青山区辖8个街道办事处、2个镇，56个社区居委会，21个行政村。全区有36个民族，有常住人口54.17万人。2022年，青山区实现地区生产总值同比增长7.5%，三次产业结构比为0.6 ∶ 49.8 ∶ 49.6，固定资产投资同比增长26.9%，规模以上工业企业总产值同比增长25.2%，城镇居民人均可支配收入同比增长2.9%，社会消费品零售总额同比下降3.1%，一般公共预算收入同比增长10%，一般公共预算支出同比增长23.11%。全区经济总量位居内蒙古自治区前六名，位列2022中国西部百强区第四十名。包头装备制造产业园区获评“内蒙古自治区高质量发展重点工业园区”“全国模范和谐劳动关系创建示范工业园区”称号。

（印慧娟）

【东河区】 东河区是包头市辖区城区之一。因季节性河流东河（蒙语称博托河）流经区境而得名。辖区东界与土默特右旗接壤，西界接九原区，南界临黄河，北界连石拐区。行政区域面积470平方千米，辖2个镇、12个街道，49个行政村、66个社区。2022年底，东河区常住人口162815户，总人口48.8万人，户籍人口398133人。2022年，东河区实现地区生产总值同比增长5.5%；规模以上工业增加值增长12%；固定资产投资同比增长10%；社会消费品零售总额同比降低3%；一般公共预算收入同比降低8.07%；城乡居民人均可支配收入分别增长6%、7%，农村居民人均可支配收入位居全市第一。

（王官祥 贺 鑫 李东炯）

【九原区】 九原区辖1个苏木、3个镇、4个街道，56个行政嘎查村、32个社区。常住人口24.97万人，有汉族、蒙古族、回族、满族等38个民族。2022年，九原区实现地区生产总值320.53亿元，比2021年增长7.4%；其中，第一产业增加值17.36亿元，同比增长7.4%；第二产业增加值156.37亿元，同比增长15.5%；第三产业增加值146.8亿元，同比增长1.5%。固定资产投资同比增长28.6%。规模以上工业企业增加值同比增长20.5%。城镇居民人均可支配收入达到58356元，同比增长3.1%；农牧民人均可支配收入达到291298元，同比增长6.4%。

（张 敏）

【石拐区】 石拐区辖5个街道，17个行政村（嘎查）、4个社区，人民政府驻地喜桂图新区。全区常住人口2.47万人。常住人口男女性别比为123.25 ∶ 100。2022年，石拐区实现地区生产总值95.04亿元，比2021年增长11.2%；三次产业占比为1 ∶ 84 ∶ 15。社会消费品零售总额完成6.04亿元，同比下降5%。固定资产投资同比增长38.1%。全区一般公共预算收入15.31亿元，支出11.14亿元。城乡居民人均可支配收入分别为4.95万元和2.22万元，同比增长3.6%和6.5%；城乡收入比为2.2 ∶ 1。

（李 忠）

【白云鄂博矿区】 2022年，白云鄂博矿区实现地区生产总值49亿元，比2021年增长12.6 %；规上工业企业累计总产值完成9.26亿元，同比增长42.9%；固定资产投资同比增长53.6%以上；社会消费品零售总额累计完成8.15亿元左右，同比下降 1.5%；城镇常住居民人均可支配收入 59473 元，同比增长 3.2%；一般公共预算累计收入 5.43 亿元，同比增长 72%。进出口贸易额和新增进出口企业数量实现零的突破。累计争取上级各类资金 2.3 亿元，引进区外资金 3.6 亿元，是 2021 年同期的 3.7 倍。全年新入库亿元以上产业类项目 6 个，同比增长 200%，新增规上企业 13 家，同比增长 117%。全年新能源累计发电量 9.5 亿千瓦时。飞地经济双创园新增企业 97 家，营收总额 58.7 亿元，同比增长 84%，实现税收 4457 万元，获评国家电子商务示范基地 B+ 等级。白云鄂博矿区连续五年保持全国信访工作“三无”旗县（区）荣誉称号。

（李维刚）

【土默特右旗】土默特右旗辖 5 个镇、3 个乡、3 个管委会，201 个行政村，户籍总人口 364869 人。2022 年，全旗实现地区生产总值 201 亿元，同比增长 7% 以上；规模以上工业总产值完成 235 亿元，增加值增长 35% 以上；社会消费品零售总额完成 44 亿元；公共财政预算收入完成 10.15 亿元，同比增长 25.8%；城乡居民人均可支配收入分别实现 4.5 万元、2.5 万元，同比增长 6%、8% 左右。

（高景哲）

【达尔罕茂明安联合旗】达尔罕茂明安联合旗（简称达茂旗）辖 7 个镇、2 个乡、3 个苏木，总面积 18177 平方千米。有汉族、蒙古族、满族、藏族、回族等 21 个民族，人口 10.8 万人，是包头市唯一的边境民族地区。有中蒙满都拉—杭吉国家级双边性常年开放公路客货运输口岸。

2022 年，包满铁路正式开通运营，自治区首辆无人驾驶集装箱卡车完成通关作业流程试运行。全年进出口报关货物 309.77 万吨，实现历史性突破。

全年，全旗实现地区生产总值 107.73 亿元，比 2021 年增长 4.1%。其中：第一产业增加值 19.97 亿元，第二产业增加值 59.47 亿元，第三产业增加值 28.3 亿元。三次产业结构为 18.5 ： 55.2 ： 26.3。固定资产投资比 2021 年增长 51.2%。社会消费品零售总额 16.6 亿元。一般公共预算收入 70402 万元，一般公共预算支出 220698 万元。城镇常住居民人均可支配收入 48274 元，农村牧区常住居民人均可支配收入 22062 元。

（郝永乐）

【固阳县】固阳县位于大青山北麓，包头市区正北部。中共固阳县委、县政府所在地金山镇距包头市区 53 千米。县域总面积 5025 平方千米，平均海拔 1300 米。辖 6 个镇，73 个行政村、6 个社区，1 个自治区级工业园区。2022 年底，全县户籍总人口 19.54 万人，常住人口 11.97 万人，其中农村常住人口 6.52 万人、城镇常住人口 5.45 万人。2022 年，全县实现地区生产总值、95.11 亿元，比 2021 年增长 4.0%。第一、二、三产业增加值分别为 18.77 亿元、56.21 亿元和 20.13 亿元；三次产业比为 19.7 ： 59.1 ： 21.2 。规模以上工业总产值 221.93 亿元，同比增长 0.9%，增速 2.8%。固定资产投资同比增长 118.5%。社会消费品零售总额 20.69 亿元，同比增长 0.05%。一般公共预算收入 7.95 亿元，同比增长 15.9%。城镇居民人均可支配收入 38136 元，同比增长 3.4%；农村居民人均可支配收入 19462 元，同比增长 5.9%。

（拓文英）

呼伦贝尔市

【概况】呼伦贝尔市是内蒙古自治区下辖地级市，因境内呼伦湖和贝尔湖而得名。位于内蒙古东北部，地处北纬 47° 05' ~ 53° 20', 东经 115° 31' ~ 126° 04'。南北长 700 千米，东西宽 630 千米，总面积 25.3 万平方千米，占自治区总面积 21%。该市东邻黑龙江省，西、北与蒙古国、俄罗斯接壤，处于中俄蒙三国的交界地带，与俄罗斯、蒙古国边境线总长 1733.32 千米，其中中俄边境线 1051.08 千米、中蒙边境线 682.24 千米。沿边设有 8 个国家级一、二类通商口岸，其中满洲里口岸是中国最大的陆路口岸。全市草原总面积 993.33 万公顷，其中可利用面积 920 万公顷。全市水资源总量 316.19 亿立方米，其中地表水资源量 298.19 亿立方米，地下水资源量 18 亿立方米。全市全年总供水量 7.03 亿立方米（扣除呼伦湖补水），其中农业用水量 4.76 亿立方米，工业用水量 1.05 亿立方米，生活用水量 1.04 亿立方米，生态用水量 0.18 亿立方米。呼伦贝尔市辖 14 个旗市（区），其中，有 2 个区（海拉尔区、扎赉诺尔区），5 个市（ 满洲里市、牙克石市、扎兰屯市、额尔古纳市、根河市），7个旗（阿荣旗、莫力达瓦达斡尔族自治旗、鄂伦春自治旗、鄂温克族自治旗、陈巴尔虎旗、新巴尔虎左旗、新巴尔虎右旗）。旗市（区）辖68个镇、19个乡（其中13个民族乡）、19个苏木（其中1个民族苏木）、36个街道办事处。呼伦贝尔市人民政府驻海拉尔区。2022年，全市常住人口219.07万人，比2021年减少2.32万人，其中，城镇人口163.92万人，乡村人口55.15万人；常住人口城镇化率74.82%，比2021年增长0.06个百分点；0～14岁24.12万人，15～64岁161.45万人，65岁及以上33.5万人，男性人口110.66万人，女性人口108.41万人，性别比（以女性为100，男性对女性的比为102.08）。年内，呼伦贝尔市被列为自治区级森林碳汇价值实现、林草湿碳汇工作和生态产品价值实现机制试点。年内，全市实现地区生产总值1536亿元，比2021年增长4.6%，增速跃居全区第三位。其中，第一产业增速5.5%，第二产业增速5.6%，第三产业增速3.5%，分别位居全区第四、第五和第一位，三次产业结构比为25.3∶35.5∶39.2。扣除留抵退税因素后，一般公共预算收入完成98.75亿元，比2021年增长3.3%，超额完成年度任务。限额以上固定资产投资比2021年增长12.6%，增速位居全区第八位；规模以上工业增加值比2021年增长7.8%，增速位居全区第六位；社会消费品零售总额比2021年增长0.2%，增速位居全区第三位。全年实施重点项目248个，完成投资238.8亿元，重点项目开复工率、投资完成率分别提高6.6和32.7个百分点。雁宝能源、华能伊敏5G+无人驾驶技术填补高寒地区智慧矿山建设空白，伊利乳业、东北阜丰被评为自治区级智能制造示范试点。国企改革三年行动圆满收官，呼伦贝尔农垦集团挺进中国农业企业500强，品牌价值进入自治区百强。

【内蒙古林业总医院获批国家首批哨点医院】 6月，内蒙古林业总医院获批国家首批“临床营养专业质控哨点医院”。哨点医院是国家医疗质量体系的重要组成之一，是根据医疗质控需要特别设立的，按照国家卫健委和国家临床营养质控中心工作要求，提供专业发展和诊疗工作开展情况相关数据，以实施营养诊疗质量监测、控制，促进营养诊疗质量提升的代表性医疗机构。哨点医院的遴选由国家临床营养专业质控中心组织实施，经各省卫生健康委或质控中心筛选推荐，国家质控中心专家委员会审核通过。

【伊利有机液态奶项目第一批生产线投产】 2022年1月，总投资15亿元的呼伦贝尔伊利绿色智能高端有机液态奶项目第一批生产线正式竣工投产。项目投入9条生产线，可实现日处理原奶658吨，年产值可达20亿元。

【古城文化旅游休闲街区提升改造工程】 呼伦贝尔古城文化旅游休闲街区是呼伦贝尔市具有标志性的集休闲、观光、娱乐、购物、餐饮于一体的国家AAA级旅游景区。2022年5月1日，该街区提升改造工程二期项目正式开始进场施工。2022年5月开始施工的二期工程专注古街风貌提升、亮化工程、铺装工程、景观工程和智慧系统等方面的建设，继续对苏炳文广场、古城步行街、工字路进行提升改造。6月中旬工程完工。

【首笔政府采购合同融资业务落地】 2022年6月，在莫力达瓦达斡尔族自治旗农业技术推广服务中心采购大豆种子及缓释肥项目中，内蒙古佳扬仪器设备有限公司利用签订的政府采购合同，通过呼伦贝尔市“政府采购云平台”中的金融服务“合同融资”功能，向浦发银行呼伦贝尔分行融资贷款223万元。支持中小企业发展是政府采购的重要政策功能，契合国家经济和社会发展的政策目标。中小企业资产规模小，抵押物少，抗经营风险能力相对薄弱，其“融资难、融资贵”问题突出。呼伦贝尔市发挥政府采购政策功能，服务实体经济，助力中小企业发展，突破参与政府采购的中小企业融资信息瓶颈，市财政局加大宣传力度，强化政策引导，依托内蒙古自治区政府采购“全区一张网”建设的“政府采购云平台”，推进政府采购合同线上融资，不断优化合同签订、履约验收、信用评价、资金支付等流程，为支持中小企业政府采购合同融资营造有利环境。该笔线上融资贷款业务是在财政部门、金融服务机构和供应商三方共同努力下，成功开展的第一笔政府采购合同融资业务。

【7处国家湿地公园通过验收】 2022年1月8日，国家林业和草原局印发《关于2021年国家湿地公园试点验收结果的通知》，呼伦贝

尔市有7处国家湿地公园顺利通过验收，分别是内蒙古莫和尔图国家湿地公园、内蒙古陈巴尔虎陶海国家湿地公园、内蒙古红花尔基伊敏河国家湿地公园、内蒙古乌奴耳长寿湖国家湿地公园、内蒙古扎兰屯秀水国家湿地公园、内蒙古南木雅克河国家湿地公园、内蒙古柴河固里国家湿地公园。

【大兴安岭汗马国家级自然保护区入选世界名录】 2022年12月，世界自然保护联盟在加拿大蒙特利尔宣布更新世界自然保护联盟绿色名录，中国有11处自然保护地入选，大兴安岭汗马国家级自然保护区入选世界自然保护联盟绿色名录。该自然保护区位于根河市金河镇境内，总面积107348公顷，保护区内森林覆被率达88.4%，是中国寒温带针叶林保护最为完好的地区之一，也是中国野生动物监测和珍稀濒危动物保护、监测与恢复的重要基地。保护区有野生动物294种，野生植物620种，大型真菌179种。经过多年的保护研究发现，汗马国家级自然保护区不仅是大兴安岭野生动物的重要栖息地，而且具有涵养水源、保持水土、调节气候等巨大的生态功能。

【第十八届冰雪那达慕暨冰雪之约主题文化展】 2022年1月10日，呼伦贝尔市第十八届冰雪那达慕暨冰雪之约主题文化展启动。冰雪文化旅游系列活动包括冰雪文化主题展、“迎冬奥、乐冰雪、兴文化”全区冰雪主题美术摄影展暨郎立兴冰雪摄影展、世华章“蒙”虎迎春——壬寅新春音乐会、我们的中国梦——文化进万家2022年“村晚”展播等。系列冰雪活动旨在以“呼伦贝尔大雪原”品牌为引领，打造产业集群，延长产业链条，创新理念转型，构筑冰雪旅游品牌IP体系，推动形成业态协同、产业融通、合作共赢的产业化联合体，助力冰雪旅游形成全域全季全业新格局。启动仪式上，“蒙速办”App、“旅约宝”文旅景区场馆预约平台上线暨2022年中国冷极马拉松线上比赛正式启动，陈巴尔虎旗白音哈达那达慕会场、根河雪地驯鹿和线上冷极马拉松会场、鄂伦春雪上竞速会场同时举办冰雪赛事活动。

（王建新　杜春鹏　王邓海）

【满洲里市】 满洲里市位于呼伦贝尔市西部，东临新巴尔虎左旗，南、西与新巴尔虎右旗相邻，北与俄罗斯联邦后贝加尔边疆区接壤。满洲里市是呼伦贝尔市的一个准地级市，为内蒙古自治区计划单列市，行政级别为副厅级，是中国著名的边境口岸城市，国家重点开发开放试验区。2022年3月，按照自治区相关部门要求，满洲里市调整开发区管理体制，代呼伦贝尔市管辖

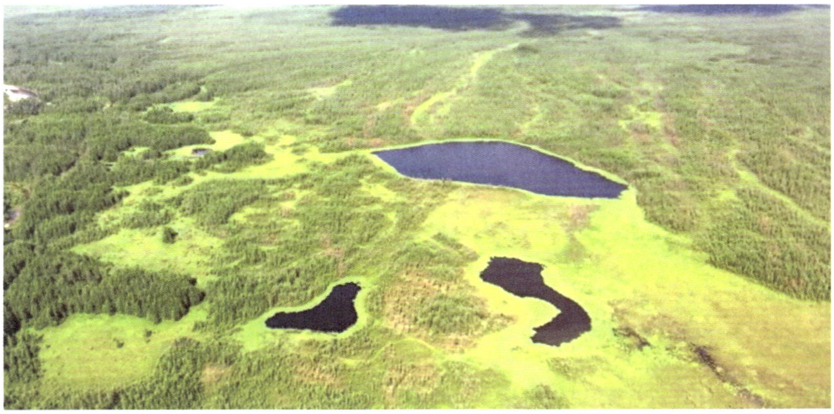

图89　2022年12月，内蒙古大兴安岭汗马国家级自然保护区入选世界自然保护联盟绿色名录

（呼伦贝尔市　供图）

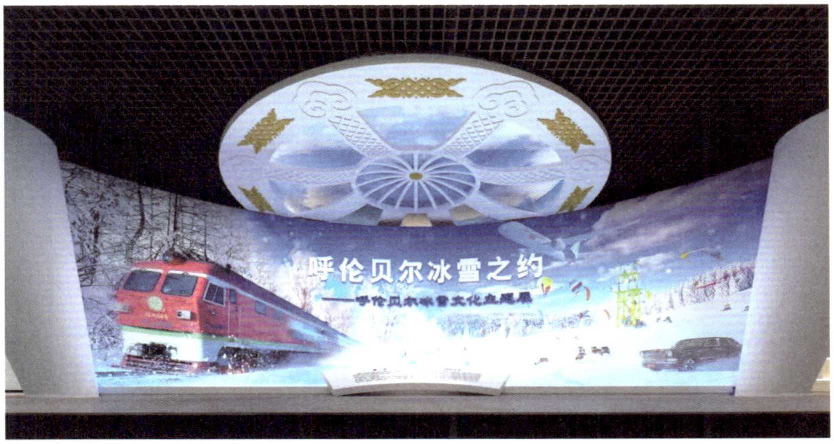

图90　2022年1月10日，呼伦贝尔第十八届冰雪那达慕暨冰雪之约文化主题展启动

（呼伦贝尔市　供图）

1个县级行政区——扎赉诺尔区，设3个国家级开发区——中俄互市贸易区、边境经济合作区、综合保税区，总面积为734.56平方千米。2022年底，全市户籍总数84975户（扎赉诺尔区39536户），户籍人口170783人（扎赉诺尔区82404人）。从城乡结构看，全部为城镇户籍人口。全市有蒙古族、满族、回族、朝鲜族等21个少数民族。2022年，满洲里市实现地区生产总值174.3亿元，比2021年增长3.5%。全市一般公共预算收入完成10.6亿元，比2021年下降7.5%；全年一般公共预算支出48.8亿元，比2021年增长25.3%。居民消费价格指数（CPI）微增，累计上涨1%。固定资产投资29.1亿元，比2021年增长17.1%。规模以上工业增加值增长5.8%。外贸进出口总额150.9亿元，比2021年增长24.9%。社会消费品零售总额40.5亿元，比2021年下降4.1%。城镇居民人均可支配收入43023元，比2021年增长1.0%；人均消费性支出19975元，比2021年下降6.1%。其中，食品支出8833元，占消费支出比重的44.2%，比2021年提高4.6个百分点。

（李　颖）

【海拉尔区】 海拉尔区位于内蒙古自治区东北部、呼伦贝尔市中部偏西南、大兴安岭与蒙古高原接合部、海拉尔河与伊敏河汇合处、呼伦贝尔大草原腹地——“海拉尔内陆断陷盆地”，总面积1440平方千米，其中城区面积50.98平方千米。海拉尔区是中共呼伦贝尔市委员会、呼伦贝尔市人民政府所在地，是全市政治、经济、文化、交通和信息、旅游中心。海拉尔区市区分为河东、河西、建设街道和铁道北4个区域，下辖2个镇7个街道，17个行政村、48个社区居委会。2022年底，户籍总人口288505人。2022年，全区实现地区生产总值207.69万元，比2021年增长2.1%。外贸进出口总额完成2091万元，比2021年增长1122.9%。地方财政总收入完成184048万元，比2021年下降27.6%。举办内蒙古自治区第十九届冰雪那达慕暨呼伦贝尔第五届冬季英雄会、呼伦贝尔古城冰雕大赛、东山城堡雪乐园等特色冰雪旅游活动。海拉尔区苍狼白鹿冰雪运动基地被评为AA级旅游景区，入选“2022内蒙古网红打卡地”。

（田　华）

【牙克石市】 牙克石市是呼伦贝尔下辖县级市，位于呼伦贝尔市中部、大兴安岭中脊中段西坡。市域沿大兴安岭主脉南北分布，东连嫩江流域，与阿荣旗、鄂伦春自治旗接壤，南与扎兰屯市相连，西邻额尔古纳市、陈巴尔虎旗、鄂温克族自治旗，北接根河市。总面积27590平方千米，占呼伦贝尔市总面积10.91%。其中，林地面积201.7万公顷，水域面积720平方千米，草场面积20.49万公顷，耕地面积15.8万公顷。市区（包含牧原镇，本段内同）建成区面积28.2平方千米。市域有6个街道、10个镇、47个社区、14个行政村。2022年底，全市户籍总人口304020人，较2021年减少4969人，下降1.6%。总户数135991户，较2021年减少852户，下降0.6%。在总人口中城镇人口276057人、乡村人口27963人，人口城镇化率90.8%；市区总人口130006人（不含牧原镇），乡镇总人口174014人。2022年，全市实现地区生产总值168.22亿元，按不变价格计算，比2021年增长4.2%。其中，第一产业增加值33.73亿元，同比增长5.3%；第二产业增加值15.43亿元，同比增长4.1%；第三产业增加值119.06亿元，同比增长3.8%。三次产业结构比例由2021年的25.6 ∶ 12.4 ∶ 62.0调整至28.3 ∶ 13.0 ∶ 58.7。社会消费品零售总额实现23.06亿元，比2021年下降1.9%。全市地方财政总收入实现73945万元，比2021年增加4037万元，增长5.8%。其中一般公共预算收入实现32612万元，较2021年增加4002万元，增长14.0%。在一般公共预算收入中，税收实现18486万元，较2021年减少143万元，下降0.8%；财政非税收入实现14126万元，较2021年增加4145万元，增长41.5%。城镇常住居民人均可支配收入实现39869元，比2021年增长5.1%；城镇常住居民人均消费支出24768元，比2021年下降0.4%。恩格尔系数为34.0%。全市人均住房建筑面积31.5平方米。

（石长亮）

【扎兰屯市】 扎兰屯市位于呼伦贝尔市南端，背倚大兴安岭，面眺松嫩平原。东以音河为界与阿荣旗相依，东南及南以金长城为界与黑龙江省甘南、龙江两县及兴安盟扎赉特旗为邻，西及西北以哈玛尔山和漠克河为界与阿尔山市、鄂温克族自治旗为邻，北以阿木牛河为界与牙克石市相邻。全市总面积16926.3

平方千米，辖 7 个街道、12 个乡镇，130 个行政村、43 个社区，全市户籍总人口 393846 人。年内，扎兰屯市 $PM_{2.5}$ 平均浓度 12 微克 / 立方米，空气质量优良天数 333 天，环境质量优良天数比例 99.2%，获得“自治区森林城市”荣誉称号。扎兰屯市成为自治区首批县域商业体系建设试点县；吊桥公园被命名为“内蒙古最美公园”；金龙山滑雪场入选“内蒙古网红打卡地冬季榜单”，获评“首批国家级滑雪旅游度假地”；南木鄂伦春民族乡大兴村获得“全国乡村治理示范村”荣誉称号；扎兰屯市红十字会“小桔灯”人文关怀志愿服务组织获得“全国红十字模范单位”荣誉称号。全年，全市实现地区生产总值 200.22 亿元、比 2021 年增长 2.6%，三次产业结构比为 35.0 ∶ 36.9 ∶ 28.1；固定资产投资完成 28 亿元、同比增长 48.3%；规模以上工业增加值增长 0.1%。粮食作物播种面积为 25.82 万公顷，粮食产量 14 亿公斤，牲畜存栏 148.57 万头只。一般公共预算收入 5.19 亿元、同比下降 3.1%，一般公共预算支出 40.21 亿元、同比增长 12.1%。全体居民人均可支配收入 32300 元、同比增长 5.0%，其中城镇常住居民人均可支配收入 41778 元、同比增长 4.5%，农村常住居民人均可支配收入 23543 元、同比增长 7.4%。城镇居民人均消费性支出 27482 元、同比增长 13.8%，农村居民人均消费性支出 16362 元、同比下降 14.8%。

（张艳晶　宋 剑）

【额尔古纳市】 额尔古纳市位于内蒙古自治区、大兴安岭西北麓，呼伦贝尔草原东北端，额尔古纳河右岸，是内蒙古自治区纬度最高的地区。西部和北部与俄罗斯以额尔古纳河为界，边境线长 674.89 千米。境内设有黑山头、室韦两个国家一类陆路口岸。东北部与黑龙江省漠河县毗连，东部与根河市为邻，东南及南部与牙克石市、陈巴尔虎旗接壤。全市总面积 2.89 万平方千米。辖 1 个苏木、3 个乡、3 个镇、2 个街道办事处。市政府所在地拉布大林街道。2022 年底，全市户籍人口 76259 人。其中，城镇人口 55446 人，占总人口的 72.7%；乡村人口 20813 人，占总人口的 27.3%。全市有 19 个民族，其中少数民族 20518 人，占总人口的 26.9%。2022 年，全市实现地区生产总值 50.29 亿元，按不变价格计算，比 2021 年增长 6.0%。其中第一产业增加值 24.22 亿元，增长 5.5%；第二产业增加值 7.30 亿元，增长 30.5%；第三产业增加值 18.77 亿元增长 1.4%。三次产业结构比为 48.2 ∶ 14.5 ∶ 37.3。地方财政收入完成 3.12 亿元，比 2021 年增长 6.4%。一般公共预算收入完成 1.65 亿元，比 2021 年下降 6.6%；一般公共预算支出完成 18.68 亿元，比 2021 年增长 13.6%。全体居民人均可支配收入 35531 元，同比增长 5.0%。城镇常住居民人均可支配收入 35918 元，同比增长 5.2%；农村牧区常住居民人均可支配收入 34127 元，同比增长 4.6%。

（宋金香）

【根河市】 根河市位于呼伦贝尔市东北部，东以鄂伦春自治旗为邻，西与额尔古纳市接壤，南连牙克石市，北接黑龙江省漠河市、塔河县，总面积 20013 平方千米，是中国最北部的城市之一，是高纬度、高寒冷地区。大兴安岭山地构成根河市地貌的总体，最高峰奥科里堆山位于激流河东侧阿龙山境内，海拔 1530 米，是大兴安岭北部最高峰。根河市坚持生态优先、绿色发展，全面完成绿色指标，推动产业提档升级。入围第二批“自治区森林城市”创建单位，汗马自然保护区入选世界自然保护联盟绿色名录，阿龙山敖鲁古雅湿地公园通过国家自然公园评审。根河市辖 4 个镇、1 个乡、4 个街道，25 个社区。2022 年底，根河市户籍总人口 120942 人，其中汉族人口 105766 人，少数民族人口 15176 人。2022 年，全市生产总值同比增长 0.4%，三次产业比例为 16.9 ∶ 22.7 ∶ 60.4。工业增加值同比下降 21.1%。固定资产投资同比增长 17.1%，目标完成率居呼伦贝尔市第二位。城镇居民人均可支配收入同比增长 4.5%，增速居呼伦贝尔市第四位。社会消费品零售总额同比下降 1.0%。地方财政收入同比下降 20.6%，一般公共预算收入同比下降 13.4%。

（车宏宇）

【阿荣旗】 阿荣旗位于内蒙古自治区东北部，隶属呼伦贝尔市，襟连松嫩平原，背倚大兴安岭。全旗辖 12 个乡镇，2 个农场，7 个地方林场。总面积 13641 平方千米，其中草原面积 15.65 万公顷（可利用 14 万公顷）；森林覆盖率 51.2%；水资源总量 18.9 亿立方米；矿产资源以石灰石为主，探明储量 5.16 亿吨、远景储量 50 亿吨。2022 年底，阿荣旗户籍总人口316772人，其中农业人口226337人，占总人口的71.5%，非农业人口90435人，占总人口的28.5%。人口自然增长率为-1.66‰。2022年，阿荣旗实现地区生产总值119.09亿元，按可比价格计算，比2021年增长4.9%。其中，第一产业增加值63.18亿元，增长5.6%；第二产业增加值17.07亿元，增长8.3%；第三产业增加值38.84亿元，增长2.9%。三次产业比为53.1∶14.3∶32.6；固定资产投资36.72亿元，同比下降5.4%。新口径财政总收入完成3.01亿元，比2021年下降51.1%。一般公共预算收入完成2.91亿元，比2021年下降9.7%；一般公共预算支出39.39亿元，比2021年增长7.1%。全体居民人均可支配收入28868元，比2021年增长5.3%。其中，城镇常住居民人均可支配收入完成37751元，比2021年增长4.0%；农村牧区常住居民人均可支配收入24826元，比2021年增长7.3%。

（孟梅娜）

【莫力达瓦达斡尔族自治旗】 莫力达瓦达斡尔族自治旗（以下简称“莫旗”）位于呼伦贝尔市东部、大兴安岭东麓、嫩江右岸、大兴安岭山脉与松嫩平原的交会地带。下辖15个乡镇，220个行政村，26个社区。旗人民政府驻尼尔基镇。全旗土地总面积10356平方千米、耕地面积5688平方千米、草地总面积621平方千米，其中天然牧草地面积424平方千米、林地面积2218平方千米、湿地面积953平方千米、水域及水利设施用地286平方千米。2022年底，莫旗户籍总人口308202人（其中城镇人口82091人），人口自然增长率下降2.0‰。2022年，莫旗实现地区生产总值109.35亿元，按不变价格计算，比2021年增长5.9%。其中，第一产业增加值744947万元，增长5.6%；第二产业增加值66192万元，增长28.2%；第三产业增加值282410万元，增长2.6%。三次产业结构比为68.1∶6.1∶25.8。限额以上固定资产投资完成359593万元，同比增长55.0%。全体居民人均可支配收入完成18509元，同比增长5.5%；城镇常住居民人均可支配收入完成28653元，同比增长3.6%；农村常住居民人均可支配收入完成14 857元，同比增长7.3%。

（杜卫东　郭翠玲　孟银娜）

【鄂伦春自治旗】 鄂伦春自治旗位于自治区呼伦贝尔市东北部，东与黑龙江省嫩江市隔江相望，西与根河市、牙克石市为邻，南与莫力达瓦达斡尔族自治旗、阿荣旗相接，北与黑龙江省呼玛县以伊勒呼里山为界。全旗总面积59880平方千米，是呼伦贝尔市面积最大的旗市。旗境内森林茂密，是中国木材生产重要基地之一。森林里栖息着野生动物243种，野生植物近500种，可食用植物40余种，是内蒙古自治区重点粮食生产基地。已掌握20余种矿产资源及分布情况，探明具有开采价值的有10余种。主要河流有甘河、诺敏河、毕拉河、那都里河、欧肯河、多布库尔河等。旗辖10个乡镇，行政村82个、社区33个，居住着25个民族。2022年底，全旗有108646户，户籍人口231506人。2022年，全旗地区生产总值83.75亿元，其中第一产业增加值39.28亿元，第二产业增加值8.04亿元（工业增加值6.88亿元，建筑业增加值1.16亿元）、第三产业增加值36.44亿元。三次产业结构调整为46.9∶9.6∶43.5。限额以上固定资产投资完成13.03亿元。全旗财政总收入累计完成6.5亿元，其中地方财政总收入累计完成5.59亿元。在地方财政总收入中，公共财政预算收入完成2.62亿元。财政总支出34.55亿元，一般公共预算支出32.14亿元，一般公共服务支出2.39亿元。全旗社会消费品零售总额完成17.5亿元。全体居民人均可支配收入26846元，城镇常住居民人均可支配收入31063元，农村常住居民人均可支配收入13763元。全体居民人均生活消费支出13168元，城镇常住居民人均生活消费支出14920元，农村常住居民人均生活消费支出7079元。

（杜灵丽）

【鄂温克族自治旗】 鄂温克族自治旗是内蒙古自治区3个少数民族自治旗之一，地处内蒙古自治区东北部，呼伦贝尔草原东南端，大兴安岭西侧。东与牙克石市接壤，西与新巴尔虎左旗毗邻，北与呼伦贝尔市海拉尔区和陈巴尔虎旗相连，南与扎兰屯市和兴安盟阿尔山市交界。土地总面积19111平方千米，辖4个镇、5个苏木、1个民族乡。旗委、旗人民政府所在地巴彦托海镇。鄂温克族自治旗是个多民族聚居地区，由22个民族构成。2022年底，城镇人口112659人，乡村人口22413人；少数民族人口占总人口比例44.8%。2022年，全旗实现地区生产总值182.33亿元，按不变价格计算，比2021年增长11.3%。地区生产总值增速列全市第一位，总量跃居全市第三位。其中，第一产业增加值182.32亿元，增长5.4%；第二产业增加值124.87亿元，增长16.5%；第三产业增加值45.17亿元，增长4.3%。三次产业结构比为6.7∶68.5∶24.8。社会消费品零售总额比2021年增长0.4%。一般公共预算收入完成7.89亿元，比2021年增长13.4%。其中税收收入完成6.66亿元，比2021年增长17.1%；非税收收入完成1.23亿元，比2021年下降3.3%。财政总支出完成22.47亿元，比2021年下降28.3%。一般公共预算支出完成21.43亿元，比2021年下降13.6%。固定资产投资、一般公共预算收入增速等多项指标位居全市前列。

（潘玉婷）

【陈巴尔虎旗】 陈巴尔虎旗位于内蒙古自治区呼伦贝尔市的西北部，东部和东北部与牙克石、额尔古纳市接壤，东南与海拉尔区毗邻，南接鄂温克族自治旗，西与新巴尔虎左旗交界，西北与俄罗斯隔额尔古纳河相望，中俄边境线在境内长193.9千米（全水系界）。全旗总面积1.86万平方千米，其中草原面积1.58万平方千米，占总面积的85%，河流面积53.33平方千米，湖泊面积40平方千米，森林面积1070.8平方千米。国道301线、滨洲铁路横贯旗境，旗人民政府驻地巴彦库仁镇距呼伦贝尔市政府所在地海拉尔区27千米。旗辖3个镇、4个苏木、29个嘎查，17个社区。2022年底，户籍人口52741人，总人口中少数民族人口29599人，占总人口的56.1%。旗内有汉族、蒙古族、鄂温克族、达斡尔族、回族、满族、鄂伦春族、俄罗斯族、柯尔克孜族等15个民族。2022年，全旗实现地区生产总值138.68亿元，按可比价格计算，比2021年增长9.6%。一般公共财政预算收入完成7.95亿元，比2021年增长22.9%。一般公共预算支出20.53亿元，比2021年增长21.8%。

（包　萌　关志涛）

【新巴尔虎左旗】 新巴尔虎左旗位于呼伦贝尔市西南部，东与陈巴尔虎旗、鄂温克族自治旗为邻，南与兴安盟阿尔山市接壤，西与新巴尔虎右旗相依，西北连接满洲里市，北与俄罗斯以额尔古纳河为界，西南和蒙古国交界，境内边境线长311.24千米。下辖2个镇、5个苏木。全旗总面积2.16万平方千米。2022年底，全旗总人口41299人，比2021年下降0.4%。人口出生率为4.51‰，人口死亡率为8.85‰。其中，城镇人口19278人，比重46.7%；乡村人口22021人，比重53.3%。少数民族人口33196人，占全部人口的80.4%，其中蒙古族人口32118人。2022年，全旗实现地区生产总值29.54亿元，按可比价计算，比2021年增长4.6%。其中，第一产业增加值13.71亿元，增长5.3%；第二产业增加值4.67亿元，增长7.1%，工业增加值2.52亿元，增长6.0%；建筑业增加值2.15亿元，增长7.9%；第三产业增加值11.16元，增长3.1%。三次产业结构比为46.4∶15.8∶37.8。限额以上固定资产投资完成42677万元，比2021年增长44.7%。其中，工业固定资产投资完成9679万元，增长462.7%；房地产开发项目完成701万元，下降72.5%。全体居民人均可支配收入30966元，增长6.0%。城镇常住居民人均可支配收入32766元，比2021年增长5.5%；农村牧区常住居民人均可支配收入29290元，比2021年增长7.6%。

（海日罕）

【新巴尔虎右旗】 新巴尔虎右旗（以下简称“新右旗”）位于呼伦贝尔市西部，东以乌尔逊河为界与新巴尔虎左旗隔河相望，东北部与对俄开放口岸城市满洲里毗邻，北、西、南三面分别与蒙古国和俄罗斯接壤，国境线长514.36千米。其中，中蒙边界467.18千米，中俄边界47.18千米。总面积24839.47平方千米，其中水域面积2217.4平方千米。旗下辖3个镇、4个苏木，51个嘎查、12个社区。2022年底，全旗常住人口3.65万人，其中城镇人口2.44万人、乡村人口1.21万人。2022年，新右旗实现地区生产总值85.48亿元，按不变价格计算，增长0.1%。其中，第一产业增加值19.56亿元，增长5.2%；第二产业增加值55亿元，下降3.0%；第三产业增加值10.91亿元，增长2.5%。三次产业结构比例为22.9∶64.3∶12.8。人均生产总值213700元，比2021年增长0.1%。全旗规模以上工业企业实现利润总额21.1亿元，比2021年增长18.5%；规模以上工业企业营业收入利润率31.4%，比2021年减少0.6个百分点。全年地方财政总收入15.09亿元，比2021年增长

8.7%。一般公共预算收入3.96亿元，比2021年下降12.7%。其中，税收收入3.3亿元，比2021年增长5.2%；一般公共预算支出17.26亿元，比2021年增长45.5%。全体居民人均可支配收入32656元，城镇常住居民人均可支配收入35938元，农村牧区常住居民人均可支配收入29015元。

（尹慧辉）

【扎赉诺尔区】 扎赉诺尔区位于呼伦贝尔大草原的西部，东与满洲里市东湖区及新左旗接壤，南濒呼伦湖，西、南与新右旗接壤，北与满洲里市东湖区相连，西北距满洲里市区24千米。总面积269.65平方千米，辖1个镇、5个街道办事处。2022年底，户籍人口8.24万人，其中，少数民族人口5445人。2022年，扎赉诺尔区实现地区生产总值69.91亿元，按不变价格计算比2021年增长4.0%。其中第一产业增加值1.13亿元，增长1.8%；第二产业增加值48.89亿元，增长5.1%，其中全部工业增加值47.15亿元，比2021年增长5.5%；第三产业增加值19.89亿元，增长2.5%。三次产业结构比例1.6：69.9：28.5。农林牧渔业总产值3.49亿元。全年500万元以上固定资产投资项目36个，完成投资7.63亿元。全年地方财政总收入11.91亿元，比2021年增长26.6%。年末城镇新增就业人员569人，失业人员再就业480人。年末参加城镇居民基本医疗保险2.98万人。全体居民人均可支配收入比2021年增长1.0%，城镇常住居民人均可支配收入增长1.0%。

（孟繁兴）

兴安盟

【概况】 兴安盟位于内蒙古自治区东部，北纬44°14′～47°39′、东经119°28′～123°38′。西北、北与呼伦贝尔市新巴尔虎左旗、鄂温克族自治旗、扎兰屯市接镶，东北、东与黑龙江省龙江县、泰来县毗邻，东南与吉林省白城市的洮北区、镇赉县、洮南市、通榆县相连，南、西南和西与通辽市的科尔沁左翼中旗、霍林郭勒市、扎鲁特旗，锡林郭勒盟的东乌珠穆沁旗和蒙古国交界。国境线长125.851千米，其中陆界长71.611千米、水界长54.24千米，总面积59806平方千米。辖6个旗县（市）、56个乡镇苏木、15个街道，行政公署驻地乌兰浩特。2022年底，全盟常住人口139.60万人，比2021年末减少0.94万人，其中城镇人口75.47万人、乡村人口64.13万人；常住人口城镇化率达54.06%，比2021年提高0.28个百分点。2022年1月24日，兴安盟被评为“全国民族团结进步示范盟”。全年，全盟实现地区生产总值681.53亿元，按可比价计算，比2021年增长4.1%。其中，第一产业增加值253.24亿元，增长4.2%；第二产业增加值183.12亿元，增长6.4%；第三产业增加值245.17亿元，增长2.6%。三次产业结构比例为37.1：26.9：36.0，第一、二、三产业对生产总值增长的贡献率分别为36.1%、37.4%和26.5%。人均地区生产总值达到48507元，比2021年增长4.4%。民营经济增加值474.84亿元，比2021年增长5.1%。全体居民人均可支配收入25229元，比2021年增长8.3%；全体居民人均消费支出16097元，下降0.3%。按常住地分，城镇常住居民人均可支配收入36315元，比2021年增长6.1%，农村牧区常住居民人均可支配收入15399元，比2021年增长9.0%。全年社会消费品零售总额164.18亿元，比2021年下降0.5%。公共财政预算收入40.43亿元，比2021年增长0.3%，扣除留抵退税因素后增长12.9%，其中入地方库税收收入24.70亿元，增长13.0%，占公共财政预算收入的比重为61.1%。全年公共财政预算支出304.79亿元，比2021年增长12.9%，其中一般公共服务支出25.62亿元，增长26.1%。全盟500万元以上固定资产投资比2021年增长15.1%。第一产业投资比2021年增长74.5%，第二产业投资增长37.8%，第三产业投资增长1.2%。民间固定资产投资比2021年增长15.8%。基础设施投资比2021年增长19.3%。全年房地产开发投资44.97亿元，比2021年下降26.5%。全年房地产企业房屋施工面积879.03万平方米，比2021年增长1.0%；房屋销售面积70.59万平方米，比2021年下降27.1%；房屋销售额33.49亿元，比2021年下降26.4%。年末商品房待售面积38.71万平方米，比2021年末增加7.75万平方米，其中商品住宅待售面积20.74万平方米，比2021年增加1.12万平方米。

【兴安盟生态创新研究协议签订】 11月4日，兴安盟行政公署与国研经济研究院签订《兴安盟“绿水青山就是金山银山”实践创新路径研究协议》，双方立足兴安盟绿色生态资源优势，破解生态产业发展困境，开辟生态产业新领域，创新生态资源利用开发方式，完善生态产品价值实现与经济反哺生态产业发展体制机制，探索绿色金融产品引导社会资本投入，全面提升“绿水青山就是金山银山”转化路径创新实践水平。

【国家农产品科技创新联盟大会】 2022 年 9 月 2 日，第二届国家农产品加工产业科技创新联盟大会暨农产品加工与资源节约集约高效利用研讨会在兴安盟阿尔山论坛中心以线上线下同步的形式召开。会议以“农产品加工与资源节约集约高效利用”为主题，聚焦行业、产业和区域发展的瓶颈制约和技术难题，积极构建全国一盘棋协同创新体系，为实现乡村全面振兴提供科技支撑和决策支撑。全国近 20 个省、市、自治区的领导嘉宾、专家学者和农产品加工产业科技创新联盟企业家等 300 余人参加会议，为兴安盟带来新理念、新观点，促进农产品加工与资源节约集约高效利用。国家农产品加工产业科技创新联盟与兴安盟各旗县（市）政府和有关企业签订合作框架协议；阿尔山市向下届大会承办地江苏省泰兴市移交联盟大旗。会后，与会专家和企业代表到兴安盟各地对农产品加工产业进行考察调研，达成合作意向 34 项，密切校、地、企的沟通交流和务实合作。

【袁隆平蜡像揭幕·水稻技术中心揭牌】 2022 年 5 月 18 日上午，“袁梦兴安，稻香未来”袁隆平院士蜡像揭幕暨“国家耐盐碱水稻技术创新中心兴安盟分中心”揭牌仪式活动在兴安盟袁隆平院士工作站水稻科研基地举行。活动宣布“袁梦计划 3.0”启动实施。“袁梦计划 3.0”将在兴安盟种植各世代耐盐碱水稻育种材料 2000 余份，筛选出 3 ～ 4 个适宜在盐碱环境下种植的水稻品种（系），通过科技自主创新，提升水稻核心种源自给率，提高水稻产业附加值，推动水稻产业化发展。

【哈拉哈河阿尔山段入选全国优秀案例】 2022 年 1 月 24 日，生态环境部召开 2022 年首场例行新闻发布会，发布 2021 年度美丽河湖、美丽海湾优秀案例。其中，哈拉哈河阿尔山段被评选为全国首批美丽河湖优秀案例，是内蒙古自治区唯一入选案例。哈拉哈河位于阿尔山市境内，蒙古语为“屏障”之意，是中蒙国际界河。哈拉哈河在阿尔山市境内长 134.5 千米，出阿尔山市后进入蒙古国，经中蒙界湖贝尔湖、乌尔逊河流入呼伦湖，入湖水量约占呼伦湖天然来水的 30%，是呼伦湖两大源头之一。

（顾婉彤　韩文彬）

【乌兰浩特市】 乌兰浩特市位于内蒙古自治区东北部，兴安盟东南部，东与扎赉特旗、吉林省镇赉县毗邻，南与吉林省白城市洮北区、洮南市接壤，西南与吉林省洮南市相连，西、北与科尔沁右翼前旗相邻。地处大兴安岭山脉的中段与松辽平原过渡地带，属低山丘陵地貌。总面积 2353.5 平方千米。全市林业用地面积 68113 公顷，森林覆盖率 26.6%，活立木蓄积 82.45 万立方米，用材林面积 13639 公顷。全市林木蓄积量 58.67 万立方米，占活立木总蓄积量的 71.2%。下辖 4 个建制镇、11 个街道，61 个嘎查村、54 个社区（不包括呼和马场、公主陵牧场）。2022 年，全市实现地区生产总值 218.15 亿元，按可比价计算，比 2021 年增长 3.6%。其中第一产业增加值 14.98 亿元，增长 4.6%；第二产业增加值 100.49 亿元，增长 4.4%；第三产业增加值 102.68 亿元，增长 2.8%。三次产业比例为 6.9 ：46.1 ：47.0。人均地区生产总值 61451 元，比 2021 年增长 3.6%。

（刘　颖）

【阿尔山市】 阿尔山市位于兴安盟北部，总面积 7408.7 平方千米。辖 4 个镇，4 个街道。常住总人口 4.82 万人，由蒙古族、汉族、满族、回族、朝鲜族、达斡尔族、锡伯族、苗族、壮族、鄂温克族 10 个民族构成。2022 年，全市实现地区生产总值 22.08 亿元，比 2021 年增长 2%。其中，第一产业增加值 5.18 亿元，增长 4.3%；第二产业增加值 3.74 亿元，增长 5.0%；第三产业增加值 13.16 亿元，增长 0.5%。三次产业比重为 23.5 ：16.9 ：59.6。全市规模以上工业增加值增速为 –5.6%；规模以上工业总产值完成 7587 万元，规模以上工业销售产值完成 6212 万元，累计产销率 81.9%。全市 500 万元以上固定资产投资完成 16 亿元，同比增长 62%，居全盟第一位，完成年度计划任务的 152.4%。全年施工项目 76 个，其中，2021 年结转项目 34 个，新开工项目 42 个。5000 万元以上项目 12 个，总投资 53.49 亿元，完成投资 11.31 亿元；社会消费品零售总额完成 5.24 亿元，增速居全盟第一位。全年粮食作物播种面积为 15580 公顷，总产量 3.65 亿公斤，全年经济作物播种 6552.63 公顷，经济作物总产量 1556.86 万公斤。

（丁伟生）

【科尔沁右翼前旗】 科尔沁右翼前旗（简称“科右前旗”）位于内蒙古自治区东北部，大兴安岭南麓，兴安盟中西部。总面积 16985.3 平方千米。旗境东与内蒙古自治区兴安盟扎赉特旗相连，南与吉林省洮南市、兴安盟乌兰浩特市、突泉县、科尔沁右翼中旗相接，西与锡林郭勒盟东乌珠穆沁旗、蒙古国毗邻，北与兴安盟阿尔山市、扎赉特旗接壤。中蒙边界线长 32.496 千米。辖 3 个苏木，2 个乡，9 个镇，是绿水种畜繁育中心。科右前旗政府驻地科尔沁镇。2022 年底，全旗户籍总人口 330969 人，其中汉族 154924 人、蒙古族 158330 人、其他少数民族 17715 人。2022 年，全旗实现地区生产总值 128.79 亿元，按可比价计算，比 2021 年增长 2.9%。其中，第一产业增加值 75.21 亿元，增长 4.7%；第二产业增加值 18.17 亿元，下降 4.7%；第三产业增加值 35.41 亿元，增长 3.6%。三次产业比例为 58.4 ：14.1 ：27.5。按常住人口计算，全旗人均地区生产总值 45573 元，比 2021 年增长 3.43%。全年一般公共预算收入 4.79 亿元。

（谢斯琴）

【科尔沁右翼中旗】 科尔沁右翼中旗（简称“科右中旗”）位于大兴安岭南麓，科尔沁沙地北端，是兴安盟最南端的一个旗。北与科右前旗、突泉县接壤，东与吉林省通榆县、洮南市相连，南与通辽市科尔沁左翼中旗相接，西、西北与通辽市扎鲁特旗、霍林郭勒市及锡林郭勒盟东乌珠穆沁旗毗邻。全旗土地总面积 15613 平方千米，辖 6 个镇、6 个苏木，孟恩套力盖矿区和布敦化矿区两个工作部，26 个社区，173 个嘎查，464 个艾里。2022 年底，户籍总人口 248171 人（非农人口 70761 人），其中汉族 28564 人、蒙古族 215986 人、其他少数民族 3621 人。2022 年，全旗实现地区生产总值 82.83 亿元，按可比价格计算，比 2021 年增长 4.8%。其中，第一产业增加值 41.75 亿元，增长 3.4%；第二产业增加值 12.1 亿元，增长 3.4%；第三产业增加值 28.98 亿元，增长 2.8%。三次产业比例为 50.4 ：14.6 ：35。全旗人均地区生产总值（按常住人口计算）40603 元，比 2021 年增长 15%。

（王晓晶）

【扎赉特旗】 扎赉特旗位于兴安盟东北部、大兴安岭南麓、嫩江右岸，地属大兴安岭向松嫩平原过渡地带。东与黑龙江省龙江县接壤，南与黑龙江省泰来县、吉林省镇赉县交界，西连科尔沁右翼前旗、乌兰浩特市，西北连阿尔山市，北与呼伦贝尔市扎兰屯相邻。地域总面积 11837 平方千米。2022 年底，户籍人口 39.19 万人，由汉族、蒙古族、回族、满族、朝鲜族、达斡尔族、鄂伦春族、藏族、鄂温克族、壮族、苗族、彝族、锡伯族等民族组成，辖 8 个镇，3 个苏木，1 个种畜繁育中心，11 个城镇社区，19 个农村牧区社区，197 个嘎查村，684 个村民小组。境内驻内蒙古自治区监狱管理局东部分局、乌塔其监狱、保安沼监狱、乌兰监狱和图牧吉强制隔离戒毒所，兴安盟农牧场管理局所属八壹牧场、巴达尔湖农场。2022 年，全旗实现地区生产总值 127.93 亿元，按可比价计算，比 2021 年增长 3.3%。其中，第一产业增加值 78.7 亿元，增长 4.5%；第二产业增加值 9.3 亿元，增长 0.8%；第三产业增加值 39.9 亿元，增长 2.1%；三次产业比例为 62 ：7 ：31。人均地区生产总值 41145 元。

（金 瑞）

【突泉县】 突泉县位于内蒙古自治区东北部，兴安盟中南部；大兴安岭南麓，科尔沁草原深处。北部、东北部同科尔沁右翼前旗接壤，南部、西南部与科尔沁右翼中旗毗邻，东部和吉林省洮南市相连。全县总面积 4889.5 平方千米，其中耕地面积 266 万亩、林地面积 201675 公顷、草牧场面积 142000 公顷。辖 6 个镇、3 个乡，188 个行政村、19 个社区、464 个自然屯。盟属国有杜尔基农场驻突泉县。2022 年底，全县总人口 292537 人，其中汉族 198648 人、蒙古族 63779 人、满族 29206 人，少数民族人口占全县总人口的 32.09%。2022 年，全县实现地区生产总值 101.75 亿元，按不变价格计算，比 2021 年增长 7.8%。其中，第一产业增加值 37.39 亿元，增长 3.3%；第二产业增加值 39.36 亿元，增长 21.1%；第三产业增加值 25.01

亿元，增长 2.1%。社会消费品零售总额 13.24 亿元，比 2021 年增长 –1.3%。公共财政预算收入 3.83 亿元，比 2021 年增长 8.8%，其中税收收入 2.47 亿元、非税收收入 1.36 亿元。全县公共财政预算支出 39.6 亿元，比 2021 年增长 13.6%，其中一般公共服务支出 2.78 亿元。

（雷建坤）

通辽市

【概况】 通辽市位于内蒙古自治区东部，松辽平原西端，科尔沁草原腹地。通辽地形地貌兼具沙漠、草原、湿地、湖泊、疏林、山地等特点，是科尔沁疏林草原典型、具有生物多样性的地区。通辽市南部、北部地势高，而中部地势低平，整体呈马鞍形。北部为大兴安岭南麓余脉的石质山地丘陵，海拔 400 ~ 1444 米，约占全市总面积的 23%；中部为西辽河流域沙质冲积平原，海拔 120 ~ 320 米，约占全市总面积的 70%；南部为辽西山地边缘的浅山、黄土丘陵区，海拔 550 ~ 730 米，约占全市总面积的 7%。在西辽河流域冲积平原与山地、丘陵之间的过渡地带分布有沙丘与沙地，海拔大多在 200 ~ 400 米。罕山吞特尔峰为通辽市最高峰，海拔 1444.2 米。最低点在科尔沁左翼后旗境内，海拔 88.5 米。科尔沁沙地在通辽区域内的面积为 272.4 万公顷，约占全市总面积的 46%。通辽市东与吉林省接壤，南与辽宁省毗邻，西与赤峰市、锡林郭勒盟交界，北与兴安盟相连；南北长约 418 千米，东西宽约 370 千米，土地面积约 6 万平方千米。通辽市距首都北京 640 千米（注：此距离数据均为航空直线距离，下同），距首府呼和浩特 920 千米，距天津 530 千米，距沈阳 225 千米，距长春 250 千米，距大连 530 千米，距锦州港 300 千米，距营口港 330 千米。2022 年，通辽市实现地区生产总值完成 1561.8 亿元，按可比价格计算，比 2021 年增长 3.0%。其中，第一产业增加值 399.1 亿元，增长 3.1%；第二产业增加值 503.9 亿元，增长 3.1%；第三产业增加值 658.8 亿元，增长 2.9%。三次产业比例为 25.5 ∶ 32.3 ∶ 42.2。人均地区生产总值达到 54992 元，比 2021 年增长 3.7%。公共财政预算收入完成 91.9 亿元，比 2021 年增长 4.5%，扣除留抵退税因素后增长 12.7%。其中，税收收入完成 57.7 亿元，比 2021 年下降 1.4%，扣除留抵退税因素后增长 11.1%。一般公共预算支出 421.0 亿元，比 2021 年增长 11.9%。年末，全市常住人口 283.46 万人，比 2021 年末减少 1.85 万人，其中城镇人口 144.63 万人、乡村人口 138.83 万人；常住人口城镇化率为 51.02%，比 2021 年提高 0.39 个百分点。人口自然增长率为 –3.62‰。

【玉米亩产创下东北地区高产纪录】 2022 年 10 月，全国玉米栽培学组专家实测验收中国农科院作物科学研究所在开鲁县的玉米密植高产全程机械化示范基地。结果显示，示范基地玉米平均亩产达到 1227 公斤，创下东北地区“千亩片”玉米高产纪录。示范基地采取社会化服务模式，依托开鲁县整县推进高标准农田建设成果，经过村级党组织发动，把村民的耕地集中连片，引进大型合作社开展“耕种防收”全程社会化服务，实施密植高产全程机械化栽培和水肥一体化技术，挖掘良种、良法与光温水肥资源的增产潜力，形成“良种良法配套、农机农艺结合”的高产高效标准化生产模式。

【奈曼旗专业合作社入选全国典型】 2022 年 7 月 29 日，农业农村部经过各地推荐、初步审核、专家评审等过程，择优评选出 60 个 2022 年全国农业社会化服务典型，包括农业公司、农民专业合作社、家庭农场等各类经营服务主体，奈曼旗微农红干椒种植专业合作社的依托智能装备与信息网络技术打造现代科技农业服务综合体入选。奈曼旗微农红干椒专业种植合作社位于奈曼旗大沁他拉镇护桥村，主要以农业信息化网络技术、新型农业智能装备等新一代技术为切入点，推动红干椒的智能化、规模化种植，为农户提供辣椒从种到收全流程技术指导，农用生产资料的定货、运输、购买和质量检查等服务。截至 2022 年，合作社建有 34 座大棚，承接农业生产托管服务 2 万亩，服务小农户 300 余户，为促进当地和周边小农户增产增收奠定基础。

【昶辉生物挂牌新三板】 内蒙古昶辉生物科技股份有限公司是内蒙古地区规模最大的天然植物提取物研发、生产和销售企业，也是第二批国家级专精特新企业。2022 年 8 月 2 日，该公司成功在新三板挂牌，证券代码为“873773”。8 月 5 日，内蒙古昶辉生物科技股份有限公司新三板挂牌仪式暨通辽市企业上市挂牌推进会在通辽市举行。

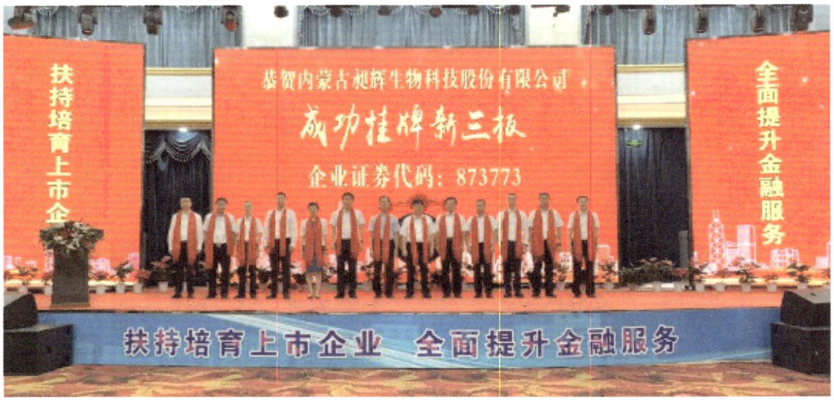

图 91　2022 年 8 月 5 日，内蒙古昶辉生物科技股份有限公司新三板挂牌仪式暨通辽市企业上市挂牌推进会举行

（通辽市党史地方志研究室　供图）

【风光储氢氨一体化零碳产业园签约】 2022 年 9 月 8 日，通辽市人民政府、中国投资协会、中国天楹股份有限公司，围绕通辽千万千瓦级风光储氢氨一体化零碳产业园建设达成战略合作，签署《战略合作框架协议》。按照内蒙古自治区“十四五”能源发展的总体规划，依据通辽市资源、功能、政策优势以及中国天楹股份有限公司特色产业优势和资本实力，合力将通辽风光储氢氨一体化零碳产业园打造成通辽市特色优势产业（项目），扩大生产规模，争取纳入“零碳中国”示范项目。合作内容包括：“十四五”期间共同打造通辽千万千瓦级风光储氢氨一体化零碳产业园，其中风力发电 6 吉瓦、光伏发电 4 吉瓦，重力储能 2 吉瓦时，绿氢年均 5 万吨，绿氨年均 30 万吨，总投资 600 亿元。共同打造零碳产业装备制造中心，重点打造重力储能、绿氢、绿氨、生物质北方零碳装备制造业中心，总投资 100 亿元。共同发起通辽零碳产业母基金，设立子基金群，发起规模首期 20 亿元。共同发起成立重力储能研究院、绿氢研究院、绿氨研究院、生物质能研究院。围绕通辽城市和乡村零废、零污的运营和治理开展全方位合作。三方围绕通辽风光储氢氨一体化零碳产业园，共同推动打造通辽市双碳数据管理和监测平台，搭建蒙东零碳能源示范中心，为通辽实现“双碳”目标提供支持。该项目是通辽市践行“双碳”目标以来单体最大的投资项目。

【世界首台 120 吨级自卸车应用通过验收】 2022 年 3 月 15 日，由国家电投内蒙古公司南露天煤矿与湘电重型装备有限公司共同研发的世界首台 120 吨级纯电动交流传动矿用电动轮自卸车研究与应用项目在霍林郭勒市通过专家组验收。120 吨级纯电交流传动矿用电动轮自卸车项目，将百吨级传统矿用燃油动力系统自卸车（SF31904）改造为纯电交流传动。2021 年 7 月，120 吨级纯电交流电动轮自卸车交付霍林郭勒市南露天煤矿进行工业运行。通过极寒和高温环境条件下测试，相比同吨位传统燃油车，该车动力性能更强劲，电制动控制车速更低，整车运行噪声低，能源成本降低 70%，运行成本降低 40%，可动率大于 85%，年减少碳排放 1000 吨。截至 2022 年 3 月，该自卸车稳定运行 1700 多小时、2.98 万千米，土方运输量 16 万立方米，最高运行时速控制在每小时 32 千米，运输综合效率不低于同吨位燃油矿卡的 80%，实现经济效益和环保效

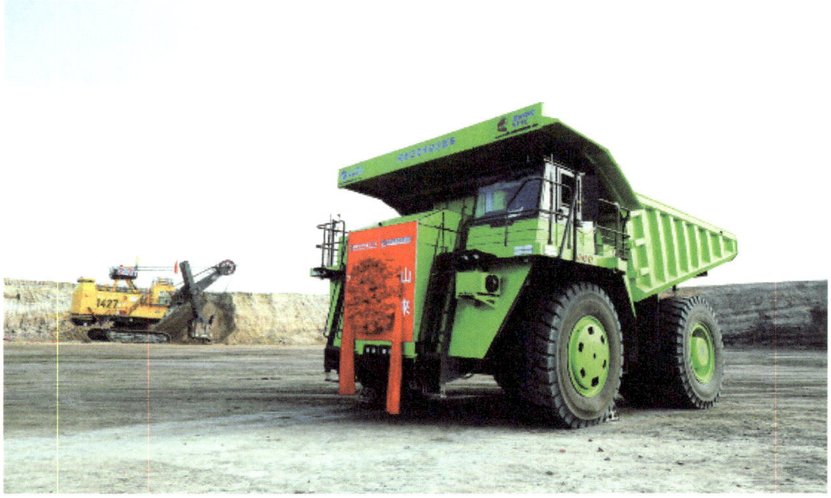

图 92　2022 年 3 月 15 日，由国家电投内蒙古公司南露天煤矿与湘电重型装备有限公司共同研发的世界首台 120 吨级纯电动交流传动矿用电动轮自卸车研究与应用项目在霍林郭勒市通过专家组验收

（通辽市党史地方志研究室　供图）

益双赢。该自卸车在2021年第二届全国机械工业设计创新大赛中荣获铜奖。该项目拥有多项创新技术，如采用磷酸铁锂动力电池替代柴油机作为原动力，开发应用新型交流传动系统、变频节能液压、通风和驾驶室空调系统，从而实现车辆纯电驱动，无须消耗任何化石燃料，真正实现零排放；采用可实现电能双向流动的大容量高性能动力电池组，四枪快充1.5小时即可满足车辆6小时的用电需求，车辆在制动或者下坡运行时，可将机械能转化为电能，优先由动力电池进行回收；车辆的动力电池从源头上控制了车辆的振动源和噪声源，实现车辆低噪运行等。“以电代油”作为煤炭行业降低碳排放最为直接的方式之一，该项目研究成果不仅填补当前高寒地区矿山百吨级纯电运输设备技术领域的多项空白，还对国内煤炭行业清洁转型、推动“双碳”目标落地起到示范引领作用，经验可复制推广。

【综合智慧能源项目获评优秀示范项目】 2022年7月，在由中国电力技术市场协会、中国智慧能源产业联盟等6家能源组织举办的2022年综合智慧能源项目评比中，国家电投花吐古拉镇综合智慧能源项目被评为2022年综合智慧能源优秀示范项目。该项目是通辽市贯彻落实国家、自治区关于“双碳”重大决策部署，加快推进新能源产业与生态文明建设、乡村振兴战略深度融合的综合智慧能源示范项目，主要内容是在花吐古拉和四合屯嘎查建设光伏智慧公园、清洁供暖、光伏牛棚、分散式风电、农光互补及光伏智慧广场（风电8兆瓦、光伏11兆瓦）等项目，实现村屯用能清洁化，并为村民和村集体增加收入，实现乡村振兴。

【全国首部应对极端天气地方性法规颁布】 2022年9月，《通辽市极端天气应对条例》获内蒙古自治区第十三届人民代表大会常务委员会第三十七次会议批准，2022年11月1日起施行。该条例是中国首部关于极端天气的地方立法，条例依法明确通辽市各级政府、部门、企事业单位应对极端天气的职责和机制，让城市应对极端天气有了法治化、规范化保障。条例从法律层面明确当地极端天气的定义：由市、旗县级气象主管机构发布的，达到橙色预警信号的暴雨、暴雪、大风、寒潮、干旱，或者达到红色预警信号的冰雹、高温、沙尘暴等特殊天气。条例从应对职责、应对准备、应急响应、应急措施、善后恢复、法律责任六个层面，通过条款设计，着力解决应对极端天气的体制机制、应急响应、基层基础、支持保障等方面的问题。建立市、县、乡、村四级极端天气应对工作体系，规定政府及相关部门应做好的各方面准备工作，规定极端天气应急响应启动程序和应急措施，对重点防控单位不正确履行应对义务、公民不配合实施应对措施设置了法律责任等。明确将极端天气应对纳入本级国民经济和社会发展规划，所需经费纳入本级财政预算，将落实应对责任纳入绩效考核指标。

（赵广雷）

【科尔沁区】 科尔沁区位于内蒙古自治区东部、松辽平原西部边缘的科尔沁草原。是通辽市政治、经济、文化、交通中心，南同科尔沁左翼后旗接壤，西与开鲁县为邻，北及东与科尔沁左翼中旗毗连。科尔沁区是“中国少儿版画艺术之乡”、“中国民间文化艺术之乡”、国家级非物质文化遗产“二人转”保护传承基地，祭敖包、毛雕画等非物质文化遗产列入内蒙古自治区级项目名录。总面积3112平方千米，辖10个苏木镇、5个国有农牧场、11个街道，334个嘎查村、45个国有农牧林场分场水库、107个社区。2022年，全区实现地区生产总值336亿元、同比增长4.5%，一般公共预算收入9.84亿元，固定资产投资80亿元、增长75%，社会消费品零售总额119亿元、增长3.7%，城镇居民人均可支配收入42115元、增长6%，农牧民人均可支配收入25403元、增长8%。年末总人口732583人，其中男性363719人、女性368864人，男女比例为98.6：100，蒙古族人口284527人。2022年，科尔沁区团委县域共青团基层组织改革试点工作被团中央评定为优秀等次。科尔沁区获评全国青少年校园足球试点区。内蒙古蒙古王实业股份有限公司荣获内蒙古自治区级百年老字号称号。振华种肉羊合作社获评内蒙古自治区级农牧业产业化示范联合体。

（李 爽 谭欣颖）

【霍林郭勒市】 霍林郭勒市位于通辽市北部科尔沁草原腹地。西部、西北部和北部与锡林郭勒盟东乌珠穆沁旗接壤，西南部、南部和东南部毗邻通辽市扎鲁特旗，东部、东北部与兴安盟科尔沁右翼中旗连接。境域东西长38千米，南北宽28千米，周长113千米，总面积1390平方千米（含军马场生态保护区），其中霍林郭勒市内面积585平方千米，军马场生态保护区面积805平方千米。2022年，霍林郭勒市管辖1个苏木，下设2个嘎查、3个村;4个街道，下设18个社区，1个军马场生态保护区。户籍人口总数为84027人，其中城镇人口73851人、农村人口10176人；人口出生率6.36‰，人口死亡率5.32‰，人口自然增长率1.04‰。2022年，霍林郭勒市实现地区生产总值251.23亿元，增长3.5%（按不变价计算）。其中，第一产业增加值7.17亿元，增长4.2%；第二产业增加值202.55亿元，增长4.4%；第三产业增加值41.54亿元，增长0.9%。三次产业比为2.9 ∶ 80.6 ∶ 16.5。一般公共预算收入16.41亿元，比2021年下降1.8%，其中税收收入14.98亿元，增长26.8%。财政支出24.52亿元，比2021年增长4.4%，其中一般公共服务支出2亿元，增长25.7%。居民人均可支配收入52146元，比2021年增长4.8%，居民人均消费性支出30053元，比2021年下降3.4%。

（宋心蕊）

【开鲁县】 开鲁县位于内蒙古自治区东部，通辽市西部，东与通辽市科尔沁区毗邻，西与翁牛特旗、阿鲁科尔沁旗接壤，南与奈曼旗、科左后旗为邻，北与扎鲁特旗、科左中旗交界。全县总面积4488平方千米。辖12个镇（场），245个行政村（分场），2022年底户籍人口38.68万人，有汉族、蒙古族、回族、满族等14个民族。2022年，全县实现地区生产总值146.51亿元，同比增长1.7%；500万元以上固定资产投资完成46.12亿元；同比增长33.1%；规模以上工业产值完成65.15亿元，同比增长7.4%；全社会消费品零售总额完成25.9亿元，同比增长0.9%；财政一般公共预算收入完成6.83亿元，同比增长117.8%；城乡常住居民人均可支配收入分别完成36825元、22713元，同比增长6.1%、9.0%。2022年，全年全县新签约千万元以上项目76个，签约额184.8亿元，实现到位资金36亿元。全县争取上级各类资金11.79亿元。全年实施重点项目54个，开复工率100%。

（范俊楠）

【科尔沁左翼中旗】 科尔沁左翼中旗（简称“科左中旗”）位于通辽市东部，地处内蒙古、辽宁、吉林三省交会处，辖20个苏木乡镇场、1个街道，516个嘎查村（分场）。常住人口40万人，其中蒙古族人口29万人。总土地面积9811平方千米。2022年，全旗实现地区生产总值143.98亿元，同比增长3.3%。其中，第一产业增加值67.12亿元，增长2.9%；第二产业增加值18.23亿元，增长1.0%；第三产业增加值58.63亿元，增长4.5%。一般公共预算收入完成4.4亿元，同比增长10%。社会消费品零售总额完成28.24亿元，同比增长0.7%。城乡常住居民人均可支配收入分别达到33571元和17224元。年内，科左中旗被农业农村部、国家乡村振兴局评为国家乡村振兴示范县。

（苏全成）

【科尔沁左翼后旗】 科尔沁左翼后旗（简称“科左后旗”）位于通辽市东南部。全旗总土地面积11499.64平方千米，沙地面积占全旗总面积的68.4%。2022年，全旗有森林面积40.8万公顷，活立木质蓄积量917.48万立方米，森林覆盖率18.21%；草原面积36.54万公顷。旗境内海拔最高为308.4米，最低为88.5米。旗辖15个苏木镇，4个国有农牧场，1个社区；262个行政嘎查村、801个自然村（小组），21个分场，16个社区。2022年底，全旗户籍总人口39.37万人，其中男性人口20.01万人、女性人口19.36万人，男女比例为103.2 ∶ 100。在总人口中，0 ~ 17岁人口6.20万人，18 ~ 34岁人口8.15万人，35 ~ 59岁人口17.37万人，60岁及以上人口7.65万人，分别占总人口的15.8%、20.7%、44.1%和19.4%。全旗户籍人口由29个民族构成，其中汉族人口8.84万人，蒙古族人口29.82万人，满族人口0.61万人，回族0.06万人，朝鲜族0.03万人，分别占总人口的22.5%、75.8%、1.5%、0.1%和0.1%。2022年，全旗实现地区生产总值完成134.07亿元，按可比价格计算，比2021年增长1.2%。其中，第一产业增加值61.60亿元，增长3.3%；第二产业增加值14.19亿元，下降14.8%；第三产业增加值58.28亿元，增长5.1%。三次产业比例为45.9 ∶ 10.6 ∶ 43.5。人均地区生产总值达到42562元，比2021年增长

2.8%。全旗500万元及以上固定资产投资比2021年增长9.6%。分三次产业看，第一产业投资同比下降6.0%，占全部投资的30.3%；第二产业投资增长60.4%，占全部投资的44.3%；第三产业下降19.2%，占全部投资的25.4% 。一般公共财政预算收入总计43.51亿元。其中，旗本级公共财政预算收入2.65亿元，上级补助收入35.41亿元（包括返还性收入0.72亿元，一般性转移支付收入28.69亿元，专项转移支付补助收入6亿元），一般债券收入0.35亿元、再融资债券收入2.65亿元，2021年结转2.45亿元。一般公共财政预算支出累计完成39.33亿元，较2021年同期35.19亿元增支4.14亿元，增长11.76%。其中，本级支出36.54亿元，上解上级支出0.14亿元，一般债务还本支出2.65亿元。各项存贷款余额达99亿元、85亿元，分别同比增长14.03%、13.12%。全体居民人均可支配收入23159元，比2021年增长7.8%。按常住地分，城镇常住居民人均可支配收入33922元，增长5.9%；农村牧区常住居民人均可支配收入17997元，增长8.8%。全体居民人均消费支出14678元，比2021年下降1.6%。按常住地分，城镇常住居民人均消费支出16561元，下降3.8%；农村牧区常住居民人均消费支出14396元，增长3.1%。

（杨艳梅）

【奈曼旗】 奈曼旗位于通辽市西南部，科尔沁沙地南缘。境内大理石、石灰石、麦饭石、金、银、铜、铁、铅、锌等已探明储藏30多种。大理石、石灰石、麦饭石储量分别达到0.17亿吨、4.25亿吨和405万立方米。原油初步探明储量一亿吨以上，油页岩储量27761万吨。压裂砂、硅砂、型砂品位高，总储量约300亿吨。水源充足，河网密布。全旗有7条河流。北部有老哈河、西辽河，中部有叫来河、孟可河，南部有牤牛河、杜贵河及柳河的支流。旗境南与辽宁省阜新市、北票市毗邻，东与库伦旗接壤，西与赤峰市敖汉旗、翁牛特旗相邻，北与开鲁县隔河相望。全境东西宽约68千米，南北长约140千米，总面积8137.6平方千米。全旗辖14个苏木乡镇、1个国有农场、1个街道、1个园区。共有355个嘎查村、9个社区。2022年，全旗户籍人口443979人，其中城镇人口58850人、乡村人口385129人。种植业盛产玉米、水稻、葵花、荞麦等20多种无公害粮油作物。全旗规模以上工业企业35家，完成工业总产值61.2亿元，同比增长95.5%，完成销售产值41.1亿元，产销率达67.2%，累计完成增加值增速增长46.1%。全旗规模以上工业企业营业收入55.4亿元，同比增长41.7%；利润总额–2.7亿元，同比下降307.7%；营业收入利润率–4.87%，同比减少8.19个百分点。全年全旗实现地区生产总值143.6亿元，按可比价格计算，同比增长3.6%，增速居全市第二位。其中，第一产业增加值49.1亿元，增长3.1%；第二产业增加值30.8亿元，增长9.3%；第三产业增加值63.7亿元，增长1.7%，三次产业比为34.2 ∶ 21.4 ∶ 46.4。按常住人口计算，人均地区生产总值达到38811元。全体居民人均可支配收入22125元，同比增长8.1%。城镇常住居民人均可支配收入33879元，同比增长6.2%；农村牧区常住居民人均可支配收入16653元，同比增长9.3%。全体居民人均消费支出14388元，同比增长1.3%。城镇常住居民人均消费支出17988元，同比增长0.6%；农村牧区常住居民人均消费支出13118元，同比增长4.2%。

（陈国龙）

【库伦旗】 库伦旗位于通辽市西南部。旗域内有大小河流22条，其中较大河流有养畜牧河、铁牛河、厚很河、查干河，除查干河为内陆河外，其他均属辽河水系。地表水资源在通辽地区最为丰富。境内有各类矿产20余种，其中石灰石储量50亿吨、硅砂储量100多亿立方米。该旗南与辽宁省阜新蒙古族自治县、彰武二县接壤，西、北、东与奈曼旗、科左后旗相连，总面积4709平方千米，辖8个乡镇苏木、9个社区、187个嘎查村，总人口15.1万人，有13个民族，蒙古族人口占56%，是一个多民族聚居旗。库伦旗也是中国安代艺术之乡、中国荞麦文化之乡、中国蒙医药文化之乡，城关镇库伦镇是中国历史文化名镇和全国特色景观旅游名镇。2022年，全旗实现地区生产总值61.18亿元，同比增长1.6%；一般公共预算收入完成1.7亿元，同比增长5.1%；限额以上固定资产投资完成8.7亿元，较2021年同期增长12.4%；社会消费品零售总额完成11.1亿元，同比增长5.5%；

城乡常住居民人均可支配收入分别完成32554元和16325元，同比分别增长5.7%和9.6%。

（包双喜）

【扎鲁特旗】 扎鲁特旗位于通辽市西北部，东和东北与兴安盟科尔沁右翼中旗接壤，西和西南与赤峰市阿鲁科尔沁旗比邻，南和东南与开鲁县、科尔沁左翼中旗交界，北与霍林郭勒市和锡林郭勒盟东乌珠穆沁旗、西乌珠穆沁旗相连。总面积1.75万平方千米，接近通辽市土地总面积的1/3。草原面积80.13万公顷，占科尔沁草原面积的1/3，草原植被盖度61.7%，优质牧草年均产量约18亿公斤。森林总面积56.27万公顷，森林覆盖率达到32.8%。旗辖15个苏木镇、3个国有农牧场、1个街道，206个行政嘎查村、29个分场、16个社区。全旗常住人口25.18万人，有蒙古族、汉族、满族、回族、朝鲜族等14个民族。是全国闻名的“乌力格尔之乡”“民间艺术之乡”“民族版画之乡”“民族曲艺之乡”，被誉为“中国最美的山地草原”和“亚洲最具民俗（民族）风情旅游目的地”。2022年，全旗实现地区生产总值179.42亿元，同比增长3.4%；固定资产投资完成37.4亿元，同比增长30%；规上工业增加值增速呈现由负转正、扭转下滑的态势，一般公共预算收入完成8.73亿元，同比增长8%；社会消费品零售总额增长0.5%；城乡常住人口居民人均可支配收入分别达到35820元和22044元，分别增长5.5%和8.8%。

（陈　明）

赤峰市

【概况】 赤峰市是隶属内蒙古自治区的地级市，设红山区、松山区、元宝山区3个市辖区，辖阿鲁科尔沁旗、巴林左旗、巴林右旗、克什克腾旗、翁牛特旗、喀喇沁旗、敖汉旗、林西县、宁城县7旗2县。2022年底，赤峰市有常住人口400.1万人，其中城镇人口218.6万人、乡村人口181.5万人；常住人口城镇化率54.63%，比2021年增长0.9个百分点，男性人口203.2万人，女性人口196.9万人。2022年出生人口2.16万人，出生率5.39‰；死亡人口3.18万人，死亡率7.93‰。全市有44个民族，常住人口中汉族人口284.5万人，占全市人口的多数；少数民族人口117.1万人，占全市总人口的25.8%。全年全市实现地区生产总值2148.4亿元，增长2.0%。其中，第一产业增加值450.4亿元，增长4.0%；第二产业增加值723.4亿元，比2021年下降1.1%；第三产业增加值974.6亿元，增长3.1%。三次产业比例为21 ∶ 33.7 ∶ 45.3。人均地区生产总值53577元，比2021年增长2.4%。对外贸易进出口总额154.2亿元，比2021年增长25.3%。社会消费品零售总额611.6亿元，比2021年下降0.1%。城镇消费品零售额490.8亿元，比2021年下降0.2%；乡村消费品零售额120.8亿元，比2021年增长0.1%。

全市农作物总播种面积137.2万公顷，比2021年增加0.1万公顷。新增耕地灌溉面积3.23万公顷。粮食作物播种面积113.5万公顷，增加1.2万公顷；经济作物播种面积23.7万公顷，减少1.2万公顷。粮食产量656万吨，比2021年增加31.2万吨，增产5%。谷物产量627.7万吨，比2021年增产5.5%。蔬菜产量301.9万吨，减产5.3%。截至6月末，牲畜存栏2088.9万头只，同比增长4.8%。肉类综合生产能力116.5万吨，蛋、奶、水产品总产量分别为37.1万吨、57.4万吨和1.1万吨。全年工业增加值比2021年增长1.5%。其中规模以上工业增加值增长1.9%；批发和零售业增加值207.6亿元，比2021年增长6.8%；交通运输、仓储及邮政业增加值82亿元，增长4.1%；住宿和餐饮业增加值23.4亿元，下降14.3%；金融业增加值99.6亿元，增长2.6%；房地产业增加值104.7亿元，下降3.2%；信息传输、软件和信息技术服务业增加值27.5亿元，增长12.1%；租赁和商务服务业增加值29.2亿元，下降2.5%。全年规模以上服务业企业营业收入比2021年下降4.3%。赤峰商贸物流园区建成面积1894.82万平方米，实现物流总值571.5亿元。完成邮政行业业务总量9.5亿元，比2021年下降4.3%。赤峰市有中等职业学校29所，全年招生1.1万人，比2021年下降12.7%；普通高中44所，全年招生2.68万人，比2021年下降3.6%；初中106所，全年招生4.26万人，比2021年下降0.5%；小学394所，全年招生3.68万人，比2021年下降15.8%。有医疗卫生机构4823个，其中医院105个，在医院中有公立医院35个，民营医院70个；农村牧区卫生院241个，妇幼卫生机构13个，专科疾病防治院（所）1个。有艺术表演团体10个，其中乌兰牧骑9个。有公共图书馆14个，群艺馆、文化馆194个，博物馆24个。全年开展各类全民健身赛事415场次。

截至2022年底，参加城镇职工基本养老保险人数111.85万人，比2021年末增长4.5%。参加城乡居民社会养老保险人数173.1万人，比2021年末增长2%。参加基本医疗保险人数397.6万人，比2021年末下降0.6%。有2.1万人享受城镇居民最低生活保障，最低生活保障月人均补助水平由2021年的593元增加至783元。31.85万人享受农村牧区居民最低生活保障，最低生活保障月人均补助水平由2021年的295元增加至506元。参加失业保险人数29.04万人，比2021年增加1.08万人；累计领取失业保险金人数4226人。有民办公办养老机构128个，床位14947张。全年有34万人得到国家最低生活保障救济。

2022年，赤峰市全体居民人均可支配收入27406元，比2021年增长6.4%。按常住地分，城镇居民人均可支配收入39416元，比2021年增长5.2%。其中工资性收入23488元，增长5.6%；经营净收入8729元，增长4.6%；财产净收入1723元，增长2.4%；转移净收入5476元，增长5.3%。农村牧区居民人均可支配收入16547元，比2021年增长8.3%。其中，工资性收入5284元，增长7.4%；经营净收入8170元，增长8.9%；财产净收入247元，增长5.1%；转移净收入2846元，增长8.5%。全体居民人均生活消费性支出17082元，比2021年增长0.4%。按常住地分，城镇常住居民人均生活消费支出21239元，比2021年下降2.7%。农村牧区居民人均生活消费性支出13471元，增长0.8%。

全年完成营造林面积3.7万公顷。其中，人工造林1.5万公顷，封山育林0.3万公顷，退化林修复1.9万公顷。森林抚育0.6万公顷。全市有各级各类自然保护区28个。全年市中心城市环境空气质量优良天数356天，比2021年增加8天。

【赤子峰会】 2022年7月27日，赤峰市举办以“带回梦想·荣耀家乡”“投资赤峰·共赢未来”为主题的2022年度“赤子峰会”暨夏季招商引资签约大会。152个项目以线上线下相结合的形式签约，计划总投资568.72亿元。大会在8个驻外赤峰商会、4个驻外内蒙古商会和各旗县区设分会场。来自赤峰市内外的赤子、专家、企业家和赤峰市招商大使代表、驻外赤峰商会和外埠驻赤商会负责人计500余人参加大会。新华社现场云、央视频移动网、抖音等媒体平台直播会议，浏览量87万人次。

【中欧班列“赤峰号”首发开行】 2022年4月6日，中欧班列“赤峰号”首发开行仪式在赤峰保税物流中心举行。首发列车搭载集装箱50个，满载1300余吨赖氨酸硫酸盐、盐酸盐，从赤峰保税物流中心始发，经满洲里口岸出境开往俄罗斯莫斯科市，货值1200万元，运行总里程8129千米。班列主要出口赤峰地区化工、农畜深加工产品及日用品、服装鞋帽、小家电等跨境电商产品，主要进口粮油、亚麻籽、铜精粉、板材、沥青、氯化钾、新闻纸、荞麦壳、乳清粉等大宗商品。班列由赤峰市与中国铁路沈阳局集团有限公司、中外运东北有限公司合作开行，出口货物可在赤峰保税物流中心集货，实行“属地报关、口岸验放”快速通关模式，实现一次申

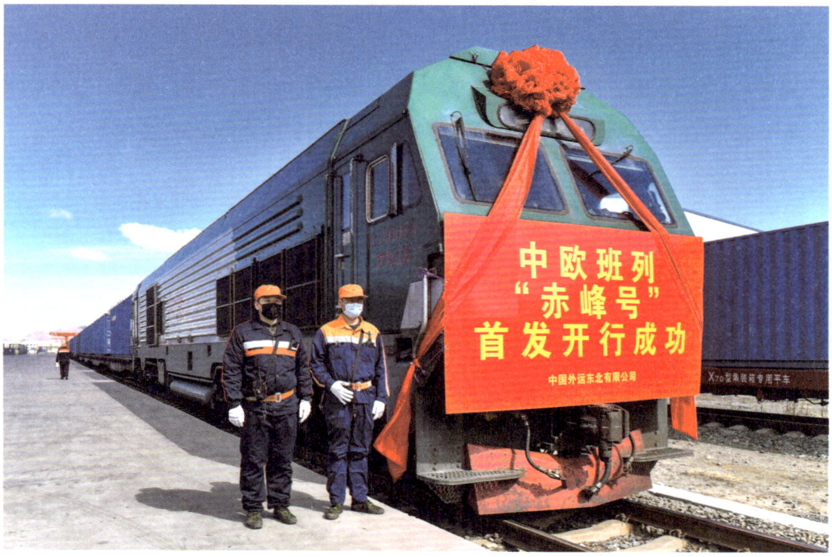

图93 2022年4月6日，中欧班列（赤峰号）首发开行
（赤峰市红山区融媒体中心 供图）

报、一次查验、一次放行，降低进出口商家的市场、人力和时间成本。赤峰市由此成为内蒙古自治区首个同时开通国际无水海运、陆运双通道的城市。

【赤峰玉龙机场T2航站楼投运】2022年8月20日零时，赤峰玉龙机场T2航站楼正式启用。新建航站楼总建筑面积31354.89平方米，按照满足年旅客吞吐量278万人次规划设计，建筑高度28.15米，飞行区指标为4C级，新建9座登机廊桥，可满足波音737-800、空客320等机型的起降。配套建设空管、给排水、消防、助航灯光、供电、安保等工程。

【赤峰通辽“双子星座”协同发展】2022年，天奇蒙药集团与内蒙古蒙药股份有限公司实施战略重组后合作共建蒙济堂饮片加工企业，全年完成总产值4.11亿元，实现利润总额4400万元。赤峰—通辽“双子星座”创业创新大赛初赛报名参赛项目236个，创历史新高。赤峰、通辽两地通过红山文化节非遗专场展演等形式，开展“双子星座筑梦非遗”非遗交流系列活动。赤峰市医药卫生学会与通辽市医学会建立合作关系，通过线上线下相结合的方式开展学术交流，推进优势学科互补。

（孙美丰）

【红山区】红山区位于赤峰市南部。因红色山峰而得名“红山”。区土地资源总面积48700公顷，其中林地面积15203公顷，占土地面积31.22%，森林覆盖率24.46%。2022年，全区辖2个镇、11个街道，27个行政村、62个社区，有常住人口47.1万人。

全年，实有各类市场主体6.46万户，比2021年增长3.4%。规模以上工业增加值增速3.5%。全年粮食产量4.93万吨，比2021年增产7.5%。一般公共预算收入完成21.4亿元，比2021年下降28.9%。城乡常住居民人均可支配收入分别完成43942元和27624元，比2021年增长4.9%和7.8%。

2022年，全区实现地区生产总值360.9亿元，比2021年增长0.1%。其中，第一产业增加值10.3亿元，增长1.8%；第二产业增加值149.4亿元，下降1.4%；第三产业增加值201.2亿元，增长1.0%。三次产业比例为2.9∶41.4∶55.7。人均生产总值达到76662元，比2021年下降0.1%。

全年固定资产投资完成105.2亿元（不含农户），比2021年下降2.1%。其中，第一产业投资下降72.8%，第二产业投资增长56.3%，第三产业投资下降6.2%。民间固定资产投资下降6.4%，占固定资产投资（不含农户）的比重为65.6%。基础设施投资增长1.2倍，占固定资产投资（不含农户）的比重为22.1%。

全年社会消费品零售总额162.1亿元，比2021年下降1.4%。按经营地统计，城镇消费品零售额162.1亿元，下降1.4%。按消费类型统计，商品零售额154亿元，增长1.6%；餐饮收入8.1亿元，下降1.6%。全年限额以上单位商品零售额中，粮油、食品类零售额比2021年下降6.6%，服装、鞋帽、针纺织品类下降17.8%，家用电器和音像器材类下降22.5%，中西药品类增长9.2%，石油及制品类增长23.4%，汽车类下降10.7%。年末全区亿元以上商品交易市场2家，实现成交额7.9亿元，比2021年下降28.1%。

全年全体居民人均可支配收入43827元，比2021年增长5.2%。按常住地分，城镇居民人均可支配收入43942元，增长4.9%；农村牧区居民人均可支配收入27624元，增长7.8%。全年全体居民人均生活消费性支出24487元，比2021年下降2.8%。按常住地分，城镇常住居民人均生活消费性支出25411元，下降3.0%；农村牧区居民人均生活消费性支出12091元，增长1.6%。

（刘海婷）

【元宝山区】元宝山区位于赤峰市东南部。全区总土地面积953平方千米，境内有煤、金、铜、铁等矿产地14处。全区平均水资源总量12274万立方米，其中地表水资源量为4473万立方米、地下水资源量8568万立方米。区辖5个镇、1个乡、6个街道，66个行政村、53个社区。2022年底，全区常住人口27.81万人，比2021年末减少0.39万人。全区户籍人口30.60万人，比2021年末减少0.24万人。男女性别比为101.47∶100，人口密度292人/平方千米（常住人口口径）。

2022年，全区实现地区生产总值207.7亿元，比2021年增长1.2%。其中，第一产业增加值28.7亿元，增长3.6%；第二产业增加值108.6亿元，下降0.9%；第三产业增加值70.4亿元，与2021年相比增长 3.0%。三次产业比重为 13.8 ：52.3 ：33.9。人均地区生产总值 74149 元，比 2021 年增长 2.4%。全区一般公共预算收入 15.86 亿元，比 2021 年增长 8.2%。全年社会消费品零售总额 41.67 亿元，比 2021 年增长 0.7%。

全体居民人均可支配收入完成 39447 元，比 2021 年增长 5.7%。其中，城镇常住居民可支配收入 43371 元，增长 5.1%；农村常住居民可支配收入 27606 元，增长 7.9%。全体居民人均消费支出 21928 元，比 2021 年下降 2.9%。其中，城镇常住居民人均消费支出 23309 元，下降 2.9%；农村常住居民人均消费支出 17803 元，下降 2.8%。城镇常住居民人均住房面积 36.8 平方米，比 2021 年增长 0.3%。农村常住居民人均住房面积 35.4 平方米，比 2021 年增长 0.6%。

全区 500 万元以上固定资产投资在库项目 175 个（包含房地产项目 2 个），其中开复工项目 154 个（包括房地产项目 2 个），完成投资 64.2 亿元，同比增长 28.3%。其中：第一产业投资 1.6 亿元，同比下降 2.3%；第二产业投资 43.2 亿元，同比增长 111.9%；第三产业投资 19.4 亿元，同比下降 30.7%。民间固定资产投资完成 46.9 亿元，同比增长 11.9%、占固定资产投资（不含农户）的比重为 73.1%。

（赵晓杰）

【松山区】松山区位于赤峰市南部。总面积 5618 平方千米，辖 14 个乡镇、8 个街道、244 个村、89 个社区。2022 年底，全区户籍总人口 621686 人，其中男性人口 320014 人、女性人口 301672 人，乡村人口 392833 人、城镇人口 228853 人。全年出生人口 4247 人，出生率 6.8‰；死亡人口 2485 人，死亡率 4.0‰；人口自然增长率 2.8‰。

2022 年，全区实现地区生产总值 313 亿元，比 2021 年增长 0.4%。三次产业比例为 21.5 ：23.4 ：55.1。公共财政预算收入 15.5 亿元，比 2021 年下降 33.4%；公共财政预算支出 45 亿元，比 2021 年下降 10.3%。招商引资项目 98 个，计划总投资 449 亿元，落地开工项目 55 个。城镇常住居民人均可支配收入 41714 元，比 2021 年增长 5%；农村牧区常住居民人均可支配收入 21453 元，比 2021 年增长 8%。社会消费品零售总额比 2021 年下降 0.3%。全年限额以上单位商品零售额中，粮油、食品类零售额比 2021 年增长 127.8%，烟酒类下降 4.5%，石油及制品类增长 23.1%，饮料类增长 86.4%，化妆品类增长 77.8%，日用品类增长 37.2%，通信器材类下降 87.5%。

（宫泽显）

【阿鲁科尔沁旗】 阿鲁科尔沁旗位于赤峰市东北部，总土地面积 14555 平方千米，辖 16 个苏木乡镇（街道）、245 个嘎查村。2022 年底，全旗总户籍数 137468 户，总人口 287226 人。常住人口 227052 人，其中城镇人口 96634 人，城镇人口比重 43 %。男女性别比为 102 ：100。人口出生率 3.85‰，死亡率 3.48‰，人口自然增长率 0.37‰，人口密度 15.9 人 / 平方千米。

2022 年，全旗实现地区生产总值 110.2 亿元，按可比价格计算，增长 4.1%，其中第一产业增加值 29.6 亿元，比 2021 年增长 3.9%；第二产业增加值 29 亿元，下降 7.8%；第三产业增加值 51.6 亿元，增长 2.7%。三次产业比重为 26.8 ：26.3 ：46.9。全旗一般公共预算收入 3.82 亿元，比 2021 年增加 1347 万元，增长 3.66%。一般公共预算支出完成 40.33 亿元，比 2021 年增加 2.07 亿元，增长 5.4%。居民人均可支配收入 21283 元，比 2021 年增长 7.0%；人均消费性支出 12591 元，比 2021 年增长 1%。其中，城镇居民人均可支配收入 33062 元、比 2021 年增长 6.5%，人均消费性支出 18601 元、比 2021 年下降 1.8%；农村牧区居民人均可支配收入 14124 元、比 2021 年增长 9.0%，人均消费性支出 8584 元、比 2021 年增长 1.7%。社会消费品零售总额 29.3 亿元，同比下降 0.9%；亿元以上城乡商品交易市场 1 处，成交额 12 亿元，比 2021 年下降 33%。全旗 500 万元以上项目完成固定资产投资 313245 万元，比 2021 年增长 14.3%。其中工业投资完成 100668 万元，同比增长 176.6%。

（张玉山）

【巴林左旗】 巴林左旗位于赤峰市北部。全旗总面积 6459 平方千米，辖 11 个苏木乡镇、2 个街道，184 个嘎查村（社区）。2022 年，户籍人口 33.64 万人，其中城镇人口 7.1 万人、乡村人口 26.54 万人。有少数民族 15 个，少数民族人口 139418 人。

全年，全旗实现地区生产总值 154.6 亿元，比 2021 年增长 1.4%。

其中，第一产业增加值35.3亿元，增长4.5%；第二产业增加值56.7亿元，下降2.2%；第三产业增加值62.6亿元，增长2.5%。三次产业比例为22.8 ∶ 36.7 ∶ 40.5。全年固定资产投资完成44.2亿元，比2021年增长12.1%。全年实施5000万元以上市级调度重点项目47个，完成投资40.4亿元，超额完成年度投资任务。社会消费品零售总额47.6亿元，比2021年增长0.3%。一般公共预算收入4.89亿元，比2021年增长6.8%。全旗各银行业金融机构存贷款余额分别增长11.9%和24.5%。城乡常住居民人均可支配收入分别为35462元、15023元，比2021年分别增长5.5%和8.8%。

【巴林右旗】 巴林右旗位于赤峰市北部，总面积9837平方千米。辖4个苏木、5个镇、2个街道，162个嘎查村、14个社区，553个独贵龙（村民小组）。2022年底，全旗户籍人口178253人，全年人口出生率5.52‰，人口死亡率6.72‰，人口自然增长率为-1.2‰。

2022年，全旗实现地区生产总值69.9亿元，比2021年增长1.8%。其中，第一产业增加值18.3亿元，增长4.1%；第二产业增加值17.1亿元，下降1.6%；第三产业增加值34.5亿元，增长2.8%。三次产业比重为26.2 ∶ 24.5 ∶ 49.3。全年500万元以上固定资产投资比2021年增长15.4%。固定资产投资（不含农户）同比增长15.4%。其中，500万元及以上项目投资增长88.9%，房地产开发投资下降76.8%。第一产业投资增长2.5%，第二产业投资增长670.7%，第三产业投资下降40.8%。全旗一般公共预算收入6.2亿元，比2021年增长1.2%。其中，税收收入2.4亿元，增长17.7%，占一般公共预算收入的38.7%；非税收入3.8亿元，下降7.1%，占一般公共预算收入的61.3%。一般公共预算支出31.3亿元，比2021年增长5.3%。全体居民人均可支配收入25825元，比2021年增长6.9%。按常住地分，城镇常住居民人均可支配收入34015元，比2021年增长6.7%；农村牧区常住居民人均可支配收入为15461元，比2021年增长8.7%。全年社会消费品零售总额18.2亿元，比2021年增长1.2%。按经营地统计，城镇消费品零售额12.3亿元，增长1.7%；乡村消费品零售额5.9亿元，增长0.1%。按消费类型统计，商品零售额16.8亿元，增长1.9%；餐饮收入1.3亿元，下降7.1%。

（斯钦孟和）

【林西县】 林西县位于赤峰市北部，土地总面积3933平方千米，辖7个镇、2个乡、2个街道，103个行政村、13个社区。2022年，全县户籍总户数106597户，户籍总人口220346人，其中城镇人口76606人、乡村人口143740人。全年出生人口951人，出生率4.32‰；死亡人口1220人，死亡率5.54‰。人口自然增长率-1.22‰。出生男女性别比103.2 ∶ 100。全县常住人口17.64万人。

全年，全县实现地区生产总值97.61亿元，按不变价格计算，比2021年同期增长1.7%。其中，第一产业增加值19.55亿元，增长3.8%；第二产业增加值33.59亿元，下降3%；第三产业增加值44.47亿元，增长4.1%。人均地区生产总值54606元，比2021年增长4.3%。全年公共财政预算收入3.6亿元，比2021年下降17.6%，全年公共财政预算支出30.7亿元。城镇常住居民人均可支配收入35471元，比2021年增长6.1%；城镇常住居民人均生活消费性支出20650元，比2021年下降2.4%。农村常住居民人均可支配收入14192元，比2021年增长8.9%；农村常住居民人均生活消费性支出14174元，比2021年下降3.0%。

全县，500万元以上固定资产投资（不含农户）同比增长18.4%。其中，第一产业投资同比增长108.3%；第二产业投资同比增长15%；第三产业投资同比下降0.7%。房地产开发投资同比增长73.56%。商品房销售面积27659平方米；商品房销售额5亿元，同比增长253.47%。全年，社会消费品零售总额18.4亿元，同比下降0.7%。按经营单位所在地分，城镇消费品零售总额12.8亿元，同比增长0.2%；乡村消费品零售总额完成5.6亿元，同比下降2.6%。

（刘兴旺　宋　敏）

【克什克腾旗】 克什克腾旗位于赤峰市西北部。全旗总面积20673平方千米，辖13个苏木乡镇、3个街道，124个嘎查村、21个社区。2022年底，户籍总人口111009户240061人。

2022年，全旗实现地区生产总值167.5亿元，按不变价格计算，比2021年增长2.6%。其中，第一产业增加值29.2亿元，增长4%；第二产业增加值90.7亿元，下降

0.4%；第三产业增加值47.6亿元，比2021年增长6.7%。三次产业比例为17.4∶54.2∶28.4。第一、二、三产业对生产总值增长的贡献率分别26.3%、-8.7%、82.4%。人均生产总值92661元，比2021年增长4.3%。一般公共预算收入7亿元，比2021年同口径增长4%；一般公共预算支出32.11亿元，比2021年同口径增长15.8%。落地招商引资项目69个，到位资金53.42亿元，其中“飞地经济”项目实现破零并达到5个。全体居民可支配收入25663元，比2021年增长6.2%。其中，城镇居民人均可支配收入35148元，比2021年增长5.4%；农村牧区常住居民人均可支配收入16333元，比2021年增长8.2%。社会消费品零售总额21.3亿元，比2021年增长2%。其中，批发零售业零售额16.4亿元，比2021年增长2.4%。规模以上固定资产投资比2021年增长33.9%。其中，第一产业投资增长94.9%，第二产业投资增长111.3%，第三产业投资下降2.7%。全年房地产开发投资26870万元，下降55.2%。商品房销售面积增长124.7%，商品房销售额增长179.7%。

（李春煜　李学山）

【翁牛特旗】 翁牛特旗位于赤峰市中部，全旗总面积11882平方千米，东西最大距离256千米，南北最大距离86千米。辖4个苏木、2个乡、8个镇、2个街道、1个国营农牧场，229个嘎查村。2022年，全旗常住人口32.9万人，比2021年减少0.3万人。其中城镇人口12.9万人、乡村人口20万人，常住人口城镇化率39.1%。全年出生人口0.2万人，出生率5.5‰；死亡人口0.3万人，死亡率8.2‰。

全年，全旗实现地区生产总值176.7亿元，按可比价格计算，比2021年增长5.3%。其中，第一产业增加值66.1亿元，增长4.2%；第二产业增加值34.5亿元，增长6.1%；第三产业增加值76.1亿元，增长5.8%。人均地区生产总值为53511元，比2021年增长6.1%。全年接待游客153万人次，比2021年增长0.8%；实现旅游收入21亿元，比2021年增长1.4%。全年一般公共预算收入4.9亿元，比2021年增长5.3%；一般公共预算支出44.3亿元，比2021年增长0.5%。居民人均可支配收入21629元，比2021年增长6.4%；居民人均消费性支出16549元，比2021年下降0.3%。全年社会消费品零售总额34.7亿元，比2021年增长1.4%。按经营地统计，城镇消费品零售额19.5亿元，比2021年增长2.1%；乡村消费品零售额15.3亿元，比2021年增长0.6%。全旗500万元以上项目固定资产投资比2021年增长15.1%。其中，第一产业投资增长24.2%，第二产业投资增长70.7%，第三产业投资下降24.8%。工业投资增长70.7%。基础设施投资增长128.5%，占固定资产投资的比重为50.7%。民间固定资产投资增长11.2%，占固定资产投资的比重为43.6%。全年新开工项目128个，比2021年增长56.1%。

（刘永春）

【喀喇沁旗】 喀喇沁旗位于赤峰市，总面积3006平方千米，辖7个镇、2个乡、2个街道，161个行政村、2个国营林场和16个社区。2022年，全旗户籍人口341242人，其中少数民族人口185862人。

2022年，全旗实现地区生产总值108.57亿元，按可比价格计算，同比增长1.3%。其中，第一产业增加值20.92万元，增长4.6%；第二产业增加值40.61万元，下降2.1%；第三产业增加值47.04万元，增长2.7%。三次产业比为19.3∶37.4∶43.3；三次产业对经济增长贡献率分别为60%、-56%和96%；三次产业分别拉动经济增长0.8、-0.7和1.2个百分点。一般公共预算收入5.5亿元（剔除2021年一次性偶然所得非税收入），增长4%。全旗有规模以上工业企业17家。工业增加值32.54亿元，按可比价格计算，较2021年下降2.7%。工业产品销售率97.9%。全旗实现社会消费品零售总额32.08亿元，比2021年增长0.1%。城乡常住居民人均可支配收入分别为35167元、16222元，比2021年分别增长5.9%和8.4%。

（张愈佳）

【宁城县】 宁城县位于赤峰市南部，总面积4305平方千米。辖15个乡镇、3个街道，305个行政村、22个社区。2022年底，全县户籍总人口59.93万人，人口男女性别比为109.2，人口密度139人/平方千米。

2022年，全县实现地区生产总值204.4亿元，比2021年增长6.9%。其中，第一产业增加值58.0亿元，增长4.4%；第二产业增加值57.6亿元，增长16.1%；第三产业增加值88.8亿元，下降4.1%。三次产业比重为 28 ∶ 28 ∶ 44。公共财政预算收入 6.7 亿元，比 2021 年增长 3.2%；财政支出 50 亿元，比 2021 年下降 3.1%。社会消费品零售总额 46 亿元，比 2021 年增长 1.8%。完成商品销售额 56.7 亿元，比 2021 年下降 5.5%。全县共实施 500 万元以上固定资产投资项目 151 个。固定资产投资额增长 16%。按产业分：第一产业完成投资 4.58 亿元，增长 67.9%; 第二产业完成投资 26.32 亿元，增长 42.2%; 第三产业完成投资 17.34 亿元，下降 14.8%。按投资构成分：建筑安装工程完成 40.75 亿元，增长 10.1%；设备工器具购置完成 2.37 亿元，增长 698.8%；其他费用 5.13 亿元，增长 19.7%。按规模分：5000 万元以上项目 24 个，完成投资额 26.53 亿元 ;5000 万元以下项目 116 个，完成投资额 17.03 亿元，房地产项目 11 个，完成投资额 4.68 亿元。

（魏利达　李文秀）

【敖汉旗】敖汉旗位于赤峰市东南部，地处燕山山脉东段努鲁尔虎山北麓、科尔沁沙地南缘，属于燕山山地向西辽河平原过渡地带。敖汉旗史前文化厚重，素有“人文敖汉”之称。境内发现有小河西、兴隆洼、赵宝沟、红山、小河沿、夏家店下层、夏家店上层 7 种可追溯至 1 万年前、未出现断层的史前文化，有兴隆洼、兴隆沟、赵宝沟、草帽山、大甸子、城子山、武安州、宁昌路 8 处国家级重点文物保护单位。距今 8000 年的兴隆洼文化遗址被考古界誉为“华夏第一村”。发现的粟和黍碳化标本比中欧地区早 2700 年，敖汉旱作农业系统因此被联合国粮农组织命名为“全球重要农业文化遗产”。在兴隆沟遗址出土发现最早、最完整的红山文化整身陶塑人像被誉为“中华祖神”；出土世界最早的玉器，发现中国最早龙的雏形，有“龙祖玉源”之称。全旗总面积 8294.14 平方千米，辖 16 个苏木乡镇、246 个嘎查村、1808 个自然村。2022 年底，全旗总户籍人口 59.25 万人，少数民族 15 个，少数民族人口 4.7 万人。

2022 年，全旗实现地区生产总值 177.3亿元，比 2021 年增长 0.9%。其中，第一产业增加值 67.3 亿元，增长 3.5%；第二产业增加值 32.2 亿元，下降 14.8%；第三产业增加值 77.8 亿元，增长 5.4%。三次产业比例为 38 ∶ 18.1 ∶ 43.9。公共财政预算收入 4.67 亿元，比 2021 年增长 6.1%; 公共预算支出 47.7 亿元，比 2021 年增长 11.4%。500 万元以上项目固定资产投资 41.8 亿元，比 2021 年下降 9.7%。社会消费品零售总额 38 亿元，比 2021 年减少 0.5%。金融机构存款余额 236.43 亿元，比 2021 年增长 14.49%；贷款余额 133.72 亿元，比 2021 年增长 14.41%。

（杨洪生）

锡林郭勒盟

【概况】锡林郭勒盟（以下简称锡盟）位于内蒙古自治区中部，边境线长 1103 千米，距北京直线距离 460 千米。总面积 20.26 万平方千米，盟辖 2 个市、9 个旗、1 个县、1 个管理区。锡林浩特市是中共锡盟委、锡盟行政公署所在地。2022 年底，锡盟常住人口 111.93 万人，其中城镇人口 83.53 万人、乡村人口 28.4 万人；常住人口城镇化率 74.6%。人口自然增长率 –0.95‰。

2022 年，全盟实现地区生产总值 1148.64 亿元，其中，第一产业增加值 170.44 亿元、第二产业增加值 595.40 亿元、第三产业增加值 382.80 亿元。三次产业比为 14.8 ∶ 51.8 ∶ 33.3。第一、二、三产业对生产总值增长的贡献率分别为 23.1%、50.4% 和 26.5%。人均生产总值 102558 元。全盟一般公共预算收入 108.26 亿元。其中，税收收入 70.35 亿元，增长 19.8%，占一般公共预算收入的比重 65.0%。一般公共预算支出 322.69 亿元。全盟城镇新增就业 10847 人。全年农牧民转移就业 82685 人，城镇失业人员再就业 9240 人，就业困难人员就业 4650 人，高校毕业生就业 5788 人。年末城镇登记失业率 3.26%。

2022 年，全盟粮食播种 15.07 万公顷，粮食总产量 47.93 万吨。牧业年度（6 月末）大牲畜存栏 239.90 万头。其中，牛存栏 212.07 万头；羊存栏 1062.75 万只，比 2021 年下降 4.6%；猪存栏 4.81 万头，比 2021 年下降 1.2%。全盟农牧业机械总动力 175.6 万千瓦。全年农村牧区居民用电量 2.22 亿千瓦小时。

2022 年，全社会消费品零售总额 206.97 亿元。进出口总额 71.02 亿元，其中进口总额 41.73 亿元、比 2021 年下降 46.8%，出口总额 29.29 亿元、比 2021 年增长 33.9%。口岸进出口货物量 1430.93 万吨。

【超硬材料招商】 2022年7月16日，由锡盟行政公署主办，中国超硬材料网协办的锡盟超硬材料招商推介会在郑州举办。推介会采取以商招商、产业链招商等方式，河南、山东、浙江等地30多家超硬材料产业链上下游企业、行业协会、科研院所负责人到现场进行洽谈交流。锡盟太仆寺旗分别与青岛岳石新能源科技有限公司、河南钜晟超硬材料有限公司、禹州市新佳汇新材料科技有限公司、河南天宸之钻新材料科技有限公司等企业签署合作协议。推介会上，国家火炬计划超硬材料基地首席专家王秦生教授作专题报告。

【太子城至锡林浩特铁路动工】 2022年9月7日，太子城至锡林浩特铁路崇礼至锡林浩特市段初步设计通过国铁集团、内蒙古自治区、河北省人民政府联合批复。11月4日，太子城至锡林浩特铁路项目建设动员大会在锡林浩特举行，项目建设全面启动。太子城至锡林浩特铁路段设太仆寺旗、正蓝旗、桑根达来北、锡林浩特4个客运站。锡林浩特市至桑根达来站外部供电工程、锡林浩特火车站附属工程全面开工建设，“三电”迁改开展招标，太锡铁路作为区域性重点干线，北与锡二铁路连接，中与集通铁路交会，南与崇礼、京张、张呼铁路贯通，是锡林郭勒盟通往京津冀重点城市的快速客运通道，也是内蒙古自治区“通疆达海”铁路网建设的枢纽路段。

【虎丰一期铁路开通】 2022年1月11日，锡盟进京货运新通道暨虎丰一期铁路开通首发仪式在锡林浩特举行。上午11时，首列运输煤炭的货运列车驶出锡林浩特火车站，标志着锡盟打通一条新的进京铁路货运通道。

【锡盟获评全国生态文明示范区】 2022年11月，生态环境部发布《关于命名第六批生态文明建设示范区的公告》，锡林郭勒盟获评第六批全国生态文明建设示范区。

【全国大众冰雪季冰上龙舟大赛】 2022年1月14日，第八届全国大众冰雪季·锡林郭勒盟第三届冬季运动会锡林浩特地区首届冰上龙舟大赛在锡林浩特市元和建国赛马场开赛。赛期3天，锡林浩特地区以及冰上龙舟发源地多伦县计48支代表队500多名运动员参赛。竞赛项目包括男子5人龙舟100米、200米直道竞速，女子5人龙舟100米、200米直道竞速，男女混合5人龙舟100米、200米直道竞速，6个单项赛。

【自治区第三十二届旅游那达慕】 2022年7月29日，“感悟中华文化·畅游祖国北疆”之大草原主题系列活动内蒙古自治区第三十二届旅游那达慕在锡林浩特市开幕。该届旅游那达慕由内蒙古自治区文化和旅游厅、锡盟行政公署主办，锡盟文体旅游广电局和锡林浩特市人民政府承办，活动持续1个月，有赛马、搏克、射箭等传统体育竞技项目。活动期间举办乡村村晚、非遗保护成果展、赏花节、文创节、白马文化节、大型实景演出等。

（刘致海）

【锡林浩特市】 2022年，全市实现地区生产总值328.76亿元。其中，第一产业增加值25.01亿元，第二产业增加值173.89亿元，第三产业增加值129.86亿元。三次产业结构比为7.61 ∶ 52.89 ∶ 39.5。三次产业对经济增长的贡献率分别为13.9%、47.3%、38.8%，分别拉动GDP增长0.5、1.6和1.3个百分点。一般公共财政预算收入完成33.3亿元，比2021年增长28.9%；一般公共财政预算支出完成48.9亿元，比2021年增长31.3%。居民人均可支配收入49693元，城镇常住居民人均可支配收入50770元、比2021年增长3.4%，农牧区常住居民人均可支配收入34724元，比2021年增长5.3%。

（王东军）

【二连浩特市】 2022年，全市实现地区生产总值73.76亿元。其中，第一产业增加值1.07亿元，比2021年增长5.1%；第二产业增加值16.19亿元，比2021年下降15.7%；第三产业增加值56.5亿元，比2021年下降1.0%。三次产业比例为1.5 ∶ 21.9 ∶ 76.6。人均地区生产总值103091元。全市一般公共预算收入完成2.39亿元，比2021年下降33.71%。一般公共预算支出完成23.01亿元，比2021年增长31.55%，其中民生领域支出11.04亿元、比2021年增长15.5%。全年接待旅游总人数26.5万人次，实现旅游业总收入5.09亿元。

（王秀芳）

【苏尼特右旗】 2022年，全旗实现地区生产总值47.16亿元。其中，第一产业增加值 9.18 亿元，第二产业增加值 18.21 亿元，第三产业增加值 19.77 亿元。三次产业比例为 19.5 ∶ 38.6 ∶ 41.9。第一、第二、第三产业对地区生产总值增长的贡献率分别 50.5%、–21.7% 和 71.2%。人均地区生产总值 78014 元。全旗一般公共预算收入完成 18613 万元，公共财政预算支出 167861 万元。社会消费品零售总额 85825 万元。城镇新增就业人员 1187 人，农牧民转移就业 3726 人，失业人员再就业 718 人，全旗城镇登记失业率 1.7%。全体居民人均可支配收入 35843 元，全体居民人均消费性支出达 21239 元。

（邢晓龙　樊晓伟）

【苏尼特左旗】 2022 年，全旗实现地区生产总值 46.78 亿元。其中，第一产业增加值 10.24 亿元，增长 5.0%；第二产业增加值 24.28 亿元，增长 6.5%；第三产业增加值 12.26 亿元，增长 4.5%。三次产业比例为 21.9 ∶ 51.9 ∶ 26.2。第一、第二、第三产业对地区生产总值增长的贡献率分别 26.0%、42.9% 和 31.1%。人均地区生产总值 135589 元。全年社会消费品零售总额 5.14 亿元。全社会固定资产投资（不含农户）比 2021 年增长 12.8%。一般公共预算收入 3.97 亿元，一般公共预算支出 12.83 亿元。全体居民人均可支配收入 35509 元，全体居民人均消费性支出 20438 元。

（余　福）

【阿巴嘎旗】2022 年，全旗实现地区生产总值 48.29 亿元，按可比价格计算，比 2021 年增长 3.8%。其中，第一产业增加值 13.15 亿元，增长 5.2%；第二产业增加值 19.03 亿元，增长 2.0%；第三产业增加值 16.11 亿元，增长 4.3%。三次产业比重为 27 ∶ 39 ∶ 34。全旗人均地区生产总值 12.05 万元，比 2021 年增长 1.1%。全社会固定资产投资额比 2021 年增长 73.1%。社会消费品零售总额 5.23 亿元，实现旅游总收入 405 万元。一般公共预算本级收入 4.3 亿元，一般公共预算支出 15.6 亿元。城镇常住居民人均可支配收入 45602 元，比 2021 年增长 4.1%。其中，工资性收入 30069 元，比 2021 年增长 5.2%；经营净收入 10268 元，比 2021 年增长 0.8%；财产净收入 982 元，比 2021 年增长 0.5%；转移净收入 4283 元，比 2021 年增长 5.9%。牧区常住居民人均可支配收入 35778 元，比 2021 年增长 5.6%。其中，工资性收入 907 元，比 2021 年增长 6.0%；经营净收入 28434 元，比 2021 年增长 5.6%；财产净收入 1150 元，比 2021 年增长 14.2%；转移净收入 5287 元，比 2021 年增长 4.0%。

（乌云格日勒）

【西乌珠穆沁旗】2022 年，全旗实现地区生产总值 219.86 亿元。其中，第一产业增加值 22.18 亿元，增长 4.6%；第二产业增加值 172.04 亿元，增长 13.5%；第三产业增加值 25.65 亿元，增长 3.8%。三次产业比重为 10.1 ∶ 78.2 ∶ 11.7。人均地区生产总值 216615 元。社会消费品零售总额 11.4 亿元，其中，城镇社会消费品零售额 9.5 亿元，比 2021 年下降 1.7%，农村牧区社会消费品零售额 1.89 亿元，比 2021 年下降 1.3%。商品零售额 9.97 亿元，比 2021 年下降 1.1%；餐饮收入 1.43 亿元，比 2021 年下降 6.9%。计划总投资 5000 万元以上项目投资额占全部投资比重 90.2%。全旗公共财政预算收入 23.91 亿元，公共财政预算支出 30.95 亿元。居民人均可支配收入 43485 元，全年居民人均消费性支出 23644 元。

（锡　林）

【东乌珠穆沁旗】 2022 年，全旗牧业年度（6 月末）大牲畜和羊存栏总数 290.55 万头（只）。良种乌珠穆沁羊存栏 262.64 万只，良种比重 100%。良种牛存栏 17.76 万头、改良牛存栏 3.13 万头，良改牛比重 99% 以上。上半年，全旗共繁殖大小牲畜仔畜 126.24 万头（只），其中成活仔畜 125.40 万头（只），仔畜成活率 99.33%。鲜、冷藏肉产量 1.04 万吨，比 2021 年增长 1.4%。年末全旗农牧业机械总动力 14.19 万千瓦。

（苏和巴特尔）

【镶黄旗】2022 年，全旗实现地区生产总值 26.28 亿元，比 2021 年下降 1.5%。其中，第一产业增加值 5.67 亿元，同比增长 6.1%；第二产业增加值 10.98 亿元，下降 8.7%；第三产业增加值 9.63 亿元，增长 1.1%。三次产业结构比为 21.6 ∶ 41.8 ∶ 36.6。全年施工项目 30 个，年内投产项目 3 个，新增投资项目 11 项。全旗社会消费品零售总额完成 3.23 亿元，同比下降 3.5%。一般公共预算收入 0.51 亿元，比 2021 年下降 68.9%。其中，税收收入 –2004 万元，同比下降 113.6%；非税收入 7153 万元，同比增长

281.7%。全年完成一般公共预算支出9.11亿元，比2021年下降1.0%。全体居民人均可支配收入38329元，比2021年增长6.3%，全体居民人均消费性支出24620元，同比增长0.2%。城镇常住居民人均可支配收入46846元，同比增长4.6%。城镇常住居民人均消费性支出29730元，同比增长1.1%。农村牧区常住居民人均可支配收入20717元，同比增长7.5%。农村牧区常住居民人均消费支出15251元，同比下降0.4%。

（殷 岑）

【正镶白旗】 2022年，全旗实现地区生产总值38.0亿元。其中，第一产业增加值8.46亿元，增长4.9%；第二产业增加值15.33亿元，下降12.3%；第三产业增加值14.21亿元，增长4.6%。三次产业比例为22.3 ∶ 40.3 ∶ 37.4。人均地区生产总值90818元。全社会固定资产投资（不含农户）比2021年下降18.7%。其中，第一产业投资比2021年增长103.1%，第二产业投资比2021年下降72.7%，第三产业投资比2021年增长115.8%。民间固定资产投资比2021年下降92.4%，占固定资产投资的比重为5.4%。基础设施投资比2021年下降13.9%。全年房地产开发投资1861万元。其中，住宅投资1760万元，比2021年下降41.4%。商品房销售面积16976平方米，比2021年下降20.8%；商品房销售额4495万元，比2021年增长3.5%。全旗一般公共预算收入1.20亿元。一般公共预算支出13.60亿元。

居民人均可支配收入29033元，居民人均消费性支出17856元。

（郝永谦）

【太仆寺旗】 2022年，全旗实现地区生产总值59.1亿元，比2021年增长3.2%。其中，第一产业增加值18.2亿元，增长6.2%；第二产业增加值18.5亿元，增长4.3%；第三产业增加值22.4亿元，增长0.6%。三次产业比例为30.8 ∶ 31.3 ∶ 37.9。第一、二、三产业对地区生产总值增长的贡献率分别为39.5%、46.2%和14.3%。人均地区生产总值53685元。全年全社会固定资产投资（不含农户）比2021年下降47.4%。其中，第一产业投资比2021年下降57.6%，第二产业投资比2021年下降70.6%，第三产业投资比2021年增长64.0%。民间固定资产投资比2021年增长22.4%，占固定资产投资的比重为41.8%。基础设施投资比2021年下降70.4%。地方项目投资比2021年下降46.4%，中央项目投资比2021年下降8.8%。全年房地产开发投资1.2亿元。其中，住宅投资0.9亿元，比2021年下降38.5%；商业营业用房投资0.02亿元，比2021年下降86.4%。商品房销售面积6.96万平方米，比2021年下降24.4%；商品房销售额2.1亿元，比2021年下降39.7%。全年一般公共预算收入1.08亿元。一般公共预算支出21.51亿元。社会消费品零售总额8.89亿元。居民人均可支配收入26671元。城镇居民人均可支配收入41526元，比2021年增长3.6%；农村居民人均可支配收入16530元，比2021年增长6.9%。城乡居民人均可支配收入比为2.51 ∶ 1。城镇居民人均消费性支出24814元，比2021年增长0.2%，农村居民人均消费支出11055元，比2021年下降0.1%。

（迟 云）

【正蓝旗】 2022年，正蓝旗实现地区生产总值71.2亿元，比2021年增长3.3%。其中，第一产业增加值11.33亿元，增长6%。第二产业增加值38.04亿元，增长3.5%。其中，工业35.32亿元，比2021年增长5.5%；建筑业2.72亿元，比2021年下降11.8%；第三产业增加值21.83亿元，增长1.7%。三次产业结构比为15.9 ∶ 53.4 ∶ 30.7。全体居民人均消费性支出23720元，同比增长0.5%。城镇居民人均可支配收入44759元，同比增长7.2%；城镇居民人均消费性支出31440元，同比增长0.4%。农村牧区常住居民人均可支配收入25060元，同比增长7.2%；农村牧区常住居民人均消费性支出1551元，同比增长0.8%。

（布仁其木格）

【多伦县】 2022年，全县实现地区生产总值63.18亿元。其中，第一产业增加值13.42亿元，第二产业增加值27.71亿元，第三产业增加值22.05亿元。固定资产投资比2021年增长41.0%，居全盟第二位。其中，国有投资占比53.2%，比2021年增长17.4%；非国有投资占比46.8%，比2021年增长82.9%。第一产业完成投资比2021年下降32.4%；第二产业投资占比86.0%，比2021年增长61.6%；第三产业投资占比12.4%，比2021年下降19.2%。一般公共预算收入3.06亿元，一般公共预算支出20.15亿元。居民人均可支配收入31115元，比2021年增长4.3%。城镇居民人均可支配收入42240元，比2021年增长3.8%；农村居民人均可支配收入18605元，比2021年增长6.3%。

城乡居民人均可支配收入比为2.27，较2021年缩小0.06。全县居民人均消费性支出19412元，同比增长0.2%。城镇居民人均消费性支出28581元，比2021年增长0.9%；农村居民消费性支出10008元，比2021年下降0.6%。

（何丽霞）

【乌拉盖管理区】 2022年，乌拉盖管理区实现地区生产总值53.05亿元，按不变价格计算，比2021年增长4.1%。其中，第一产业增加值8.5亿元，增长5.7%；第二产业增加值34.3亿元，增长4.0%；第三产业增加值10.25亿元，增长3.2%。三次产业比例为16.0∶64.7∶19.3。固定资产投资总额同比增长14.7%。其中，第一产业投资增长7.43倍，第二产业投资增长2.7%，第三产业投资增长74.5%。一般公共预算收入125490万元，同比增长53.8%。其中，税收收入69956万元，同比增长59.7%。全年规模以上工业企业实现营业收入392346万元，同比增长14.3%。全年规模以上服务业企业实现营业收入3359万元，同比下降22.2%。全体居民人均可支配收入48926元，比2021年增长3.7%；全体居民人均消费支出27503元，比2021年增长0.77%。

（穆培艳）

乌兰察布市

【概况】 乌兰察布市位于内蒙古自治区中部，辖地面积54492平方千米。乌兰察布市为地级建制，市人民政府所在地集宁区。辖11个旗县（市、区）、8个苏木，23个乡，49个镇，13个街道办。2022年，全市实现地区生产总值1017.9亿元，比2021年增长4.0%。其中，第一产业增加值177.2亿元，增长4.4%；第二产业增加值447.4亿元，增长6.2%；第三产业增加值393.2亿元，增长2%。三次产业结构比为17.4∶44∶38.6。人均地区生产总值达到61876元，比2021年增长6.2%。一般公共预算收入完成62.6亿元，增长4.2%。其中，税收收入完成40亿元，增长2.6%；非税收入完成22.6亿元，增长6.9%。一般公共预算支出完成373亿元，下降1.3%。全年，城镇新增就业人员8568人，其中失业人员再就业5905人。年末，全市常住人口163.11万人，其中城镇人口99.42万人、乡村人口63.69万人。常住人口城镇化率为60.95%。全年，出生人口0.70万人，出生率为4.27‰；死亡人口1.78万人，死亡率为10.84‰；人口自然增长率为–6.57‰。年末，全市户籍总人口261.32万人，其中城镇人口85.44万人、乡村人口175.88万人。

2022年，全市500万元以上固定资产投资额比2021年增长16.2%。社会消费品零售额230.9亿元，下降2.4%。按经营地统计，城镇消费品零售额194.9亿元，下降2.5%；乡村消费品零售额36亿元，下降2.2%。按消费形态分，餐饮收入额29亿元，下降13.4%；商品零售额202亿元，下降0.6%。

2022年，全体居民人均可支配收入26451元，比2021年增长5.9%。其中，工资性收入12402元，增长5.2%；经营净收入6623元，增长6.0%；财产净收入745元，增长3.8%；转移净收入6681元，增长7.3%。按常住地分，城镇常住居民人均可支配收入37352元，比2021年增长4.0%。全体居民人均生活消费支出14552元，下降2.8%。按常住地分，城镇常住居民人均生活消费性支出18656元，下降3.5%；农村牧区常住居民人均生活消费性支出10856元，下降2.2%。

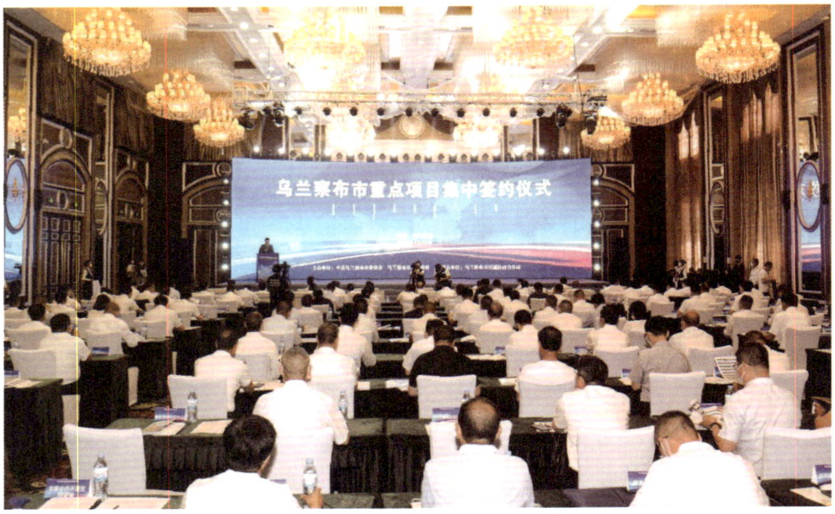

图94 2022年，乌兰察布重点项目集中签约仪式

（乌兰察布市人民政府地方志研究室 供图）

【乌兰察布·二连浩特国家物流枢纽园区挂牌成立】 2022年3月17日，乌兰察布·二连浩特国家物流枢纽园区挂牌成立，标志着乌兰察布·二连浩特口岸腹地一体化发展进入崭新阶段。乌兰察布市和二连浩特市位于中蒙俄国际物流大通道前沿地区，具有独特的联动发展和功能互促发展的区位优势。乌兰察布·二连浩特国家物流枢纽园区是自治区唯一一家跨盟市的开发区。两市共同推进口岸腹地一体化发展，构建优势互补、协同发展的经贸合作新格局，建设以俄蒙欧资源型产品进口和国内工业产品、农产品出口为重点，集商贸服务、物流服务、落地加工产业服务为一体的国家物流枢纽园区，构建三位一体综合交通体系（“铁路港＋公路港＋航空港”）＋口岸功能＋产业经济的“一园六区”发展格局，做大做强七苏木片区中欧班列铁路物流枢纽功能区、北方陆港片区公路物流枢纽功能区、临空产业园片区国际航空物流功能区、北方家居产业园片区进出口资源木材精深加工贸易功能区、庙梁片区煤炭矿石仓选配功能区以及二连浩特边境经济合作区。

【乌兰察布七苏木—老挝万象国际货运列车首发】2022年3月18日，在呼和浩特海关所属集宁海关的监管下，装载着1184件轮胎的两个集装箱搭乘货物列车，从乌兰察布七苏木货运站驶出。此次出口，标志着乌兰察布市作为中欧班列的重要物流节点，顺利将丝绸之路经济带和21世纪海上丝绸之路进行了有效的对接，为本土企业拓展东南亚市场打开了新通道，进一步增强对河北省、天津市等周边省（市）货物的吸引力，使乌兰察布市真正成为有效衔接“一带一路”的复合型对外开放枢纽。

【重点项目集中签约】2022年，乌兰察布市举行二季度重点项目集中签约仪式。科技含量高、附加值高、发展前景优是此次签约项目的最大亮点。其中水发集团有限公司、远景科技集团等企业在现场进行线下签约，中国工业互联网研究院、新农创（青岛）建筑科技集团有限公司等企业以远程视频方式实现同步线上签约。此次集中签约76个重点项目，拟投资额1336.1亿元，涵盖新能源装备制造、农畜产品加工、文旅康养等多个领域，其中既有具备强大实力的国内知名企业合作项目，又有极具成长性的专精特新项目，这些项目的签约落地首发为乌兰察布产业转型发展注入强大动能。

【远景科技集团乌兰察布叶片】2022年7月5日，远景科技集团乌兰察布叶片基地举行首批叶片量产集中发运仪式，标志着远景科技集团自2020年与乌兰察布开启战略合作以来取得了扎实成果，企业在乌兰察布的生产线正式“启航”。远景科技集团乌兰察布叶片基地是远景能源在乌兰察布落地的重要项目，也是目前远景在国内规模最大的叶片生产工厂。企业将美国、欧洲和上海三地实验室自主研发的成果汇集在乌兰察布叶片基地，主要经营大兆瓦风力发电设备的叶片研发、生产，并提供技术培训、技术咨询、技术服务、实训基地。叶片全部投产后，年产能将达1500支，可给乌兰察布带来15亿元产值，提供1000个绿色高科技工作岗位。

【岱海生态应急补水工程全线通水】2022年9月20日上午10时，岱海生态应急补水工程正式全线通水，掀开岱海流域生态治理新篇章。岱海位于乌兰察布市凉城县，是内蒙古第三大内陆湖，近年来出现湖面萎缩、水质下降等问题，受到习近平总书记高度关注。为深入贯彻落实习近平总书记关于“加快岱海水生态综合治理”的重要指示批示精神，乌兰察布市组织相关专家修编制定《岱海水生态保护规划》，共实施24个治理项目。于2020年11月16日正式开工建设，采用“三级加压＋两级重力”输水方案，总输水距离134.24千米，主要包括3个隧洞（11.15千米）、3个泵站和123.09千米管线，设计取水流量为3.02立方米/每秒，批复年取水规模为4466万立方米。

【乌兰察布马铃薯入选全国农业品牌精品培育计划】按照《农业农村部办公厅关于开展2022年农业品牌精品培育工作的通知》要求，经自治区推荐、形式审查、专家推选等程序，乌兰察布马铃薯入选2022年全国农业品牌精品培育计划。此次全国共有75个农业品牌纳入2022年农业品牌精品培育计划。

（苏 红）

【集宁区】 集宁区位于乌兰察布市中心，全区行政区域面积404.8平方千米，建成区面积84.7平方千米。辖1个乡、1个镇和8个街道，常住人口42.5万人，有汉族、蒙古族、回族、满族、藏族等17个民族，是乌兰察布市政府所在地和全市政治、经济、文化、信息中心。2022年，集宁区实现地区生产总值247.15亿元，比2021年增长0.1%。其中，第一产业增加值5.36亿元，增长2.9%；第二产业增加值112.90亿元，减少0.6%；第三产业增加值128.89亿元，增长0.6%。规上工业增加值增速0.6%。固定资产投资额增长15.6%。社会消费品零售总额完成92.21亿元，减少2.7%。一般公共预算收入完成12.52亿元，增长4.2%。城乡居民人均可支配收入39303元、22632元，分别增长3.7%和7.2%。

（邢海鑫）

【丰镇市】 丰镇市位于乌兰察布市中南部，地处晋、蒙交界处，总面积2722平方千米，是自治区实施“西电东送”战略部署重要的电力出口基地，也是华北地区重要的电力能源基地。全市3家发电厂有10台机组，总装机容量达到300万千瓦。市区有3.5万、11万、22万千伏变电站各1座。全市耕地面积6.42万公顷，其中水地1.23万公顷。辖3个乡、5个镇、5个街道，总人口20万人，其中城区人口12万人。有汉族、蒙古族、回族、满族等15个民族，少数民族人口约3420人。2022年，丰镇市实现地区生产总值114.1亿元，按可比价格计算，同比增长8.9%。其中，第一产业增加值14.5亿元，增长0.4%；第二产业增加值63.2亿元，增长16.2%；第三产业增加值36.4亿元，增长3.0%。三次产业结构比为12.7∶55.3∶32.0。规模以上工业增加值增速27.7%。社会消费品零售总额22.5亿元，同比下降2.2%。一般公共财政预算收入5.56亿元，同比增长12.1%。城镇居民人均可支配收入35770元，同比增长4.6%；农村居民人均可支配收入18324元，同比增长7.3%。

（崔俊利）

【察哈尔右翼前旗】 察哈尔右翼前旗位于乌兰察布市中南部。全旗总面积2440平方千米，有耕地面积4.85万公顷。辖5个镇、4个乡、19个社区、93个行政村、689个村民小组。2022年，全旗总户籍数107243户，总户籍人口204638人，其中农业人口122820人、非农业人口81818人。全旗总人口男女性别比为1.04∶1。全年实现地区生产总值97.3亿元，增速5.4%，其中第一产业增加值17.3亿元、第二产业增加值48.4亿元、第三产业增加值31.6亿元，三次产业结构比为17.8∶49.7∶32.5；规模以上工业增加值增速13.3%；500万元以上固定资产投资增速7.5%；一般公共预算收入完成6.24亿元，增速2.3%；社会消费品零售总额完成18.04亿元，增速-3.0%；城镇居民人均可支配收入35647元，增速4.3%；农村居民人均可支配收入16140元，增速8.4%。

（魏 杰）

【察哈尔右翼中旗】 察哈尔右翼中旗位于乌兰察布市中南部。东邻察右后旗，南和西南接卓资县，西北和北连四子王旗。旗人民政府驻地科布尔镇，西南距呼和浩特市110千米，东南距集宁区66千米，是乌兰察布市北部旗县的交通枢纽。旗地域南北最大长度90.2千米，东西最大宽度76.45千米，总面积4190.2平方千米，有耕地8.84万公顷，其中水浇地2.56万公顷。全旗共辖2个苏木、4个乡、5个镇和1个园区。2022年，户籍人口19.2万人，常住人口8.6万人，中心城镇常住人口3.4万人。全旗实现地区生产总值62亿元，同比增长0.7%；一般公共预算收入完成1.4亿元，自然口径增长8.3%，同口径增长26.6%；社会消费品零售总额完成10.8亿元；固定资产投资完成14.8亿元，同比增长46.2%；城乡居民人均可支配收入分别达到35030元和12952元，同比增长4.4%和8.2%。

（刘国华）

【察哈尔右翼后旗】 察哈尔右翼后旗位于乌兰察布市北部。总面积3788平方千米，耕地6.74万公顷，其中水浇地2.44万公顷，林地5.57万公顷，草地22.33万公顷。全旗辖2个苏木、1个乡、5个镇，15个嘎查、82个浩特，73个行政村、585个自然村，16个社区。2022年，总户数91654户，总人口197421人，其中男性人口100069人，女性人口97352人。全旗实现地区生产总值90.8亿元，比2021年增长8.2%；全年规模以上工业增加值比2021年增长16.3%；固定资产投资比2021年增长30%；社会消费品零售总额10.27亿元，比2021年增长-3.0%；城乡居民人均可支配收入分别为36293元和16528元，比2021年分别增长4.5%和8.0%；一般公共财政预算收入3.6亿元，完成年初预算目标119%，支出27.9亿元。

（何 林）

【四子王旗】 四子王旗位于乌兰察布市西北部，北与蒙古国东戈壁省接壤，边境线长104千米，北距二连浩特市280千米，南距呼和浩特市95千米，总面积2.55万平方千米。境内有神舟系列飞船主着陆场、国家AAAA级旅游景区格根塔拉草原旅游中心，有天然胡杨林33.33公顷300余株。全旗已发现和探明矿种40余种，其中苏莫查干敖包萤石矿是亚洲最大的单体萤石矿。太阳能资源富集，是国家百万千瓦级清洁能源输出基地，有国电、中电投等15家风光电企业入驻，规划风光电装机容量1700万千瓦，已建成209万千瓦。旗辖5个苏木、5个镇、3个乡，121个嘎查村。总人口20.9万人，有蒙古族、汉族、回族、满族等民族。2022年，全旗实现地区生产总值71.8亿元，一般公共财政预算收入完成2.62亿元，居全市第三位；规上工业增加值完成14.2亿元，较2021年提高11.6个百分点；社会消费品零售总额完成17.02亿元，居全市第四位；城乡居民人均可支配收入分别完成34811元、15657元。节能减排和环境质量指标均在控制目标之内。

（尹光伟）

【卓资县】 卓资县位于内蒙古自治区乌兰察布市东北部，总辖地面积3119平方千米。2022年，全县实现地区生产总值72.59亿元，比2021年增加4.2%。其中，第一产业增加值12.13亿元，增长2.6%；第二产业增加值42.11亿元，增长5.0%；第三产业增加值18.35亿元，增长3.5%。三次产业比例为16.7 ： 58.0 ： 25.3。全县规模以上工业增加值同比增长3.6%；受疫情影响，社会消费品零售总额9.49亿元，同比下降2.7%；一般公共预算收入2.16亿元，同口径增速32.2%，居全市第二位；500万元以上固定资产投资8.98亿元，同比增长4.8%。城乡居民人均可支配收入分别达到36050元和15560元，同比增长4.2%和7.0%。

（陈 蕃）

【凉城县】 凉城县位于乌兰察布市中南部。全县土地总面积3458.3平方千米，约占自治区总面积的0.3%，县境东西最长82千米，全县辖6个镇，2个乡、16个社区，130个行政村、882个自然村，有汉族、回族、满族、朝鲜族、达斡尔族、壮族、藏族等16个民族，户籍总人口23.09万人，常住人口11.9万人，男女性别比例为109.8 ： 100。2022年，全县实现地区生产总值55.4亿元，同比增长3.1%。三次产业占比为31.53 ： 28.03 ： 40.44。一般公共预算收入完成2.65亿元，增速32%。500万元以上固定资产投资增速–7.8%。规模以上工业增加值增长12.7%。城乡居民均可支配收入分别达到35433元和17230元，同比分别增长4.8%和7.2%。社会消费品零售总额完成11.27亿元。

（高利霞）

【兴和县】 兴和县位于乌兰察布市东南部。2022年，全县辖5个镇、4个乡，161个行政村，10个社区，966个村民小组，总人口33.2万人，其中乡村人口25万人。全年全县实现地区生产总值38.6亿元，同比增长10.6%，其中，第一产业增加值3.8亿元，同比增长2.1%；第二产业增加值13亿元，同比增长28.9%；第三产业增加值21.8亿元，同比增长3.5%。三次产业比为10 ： 33.5 ： 56.5。固定资产投资完成23.78亿元，同比增长48.5%。社会消费品零售总额完成11.2亿元，同比增长0.9%。城乡居民人均可支配收入分别为34905元和14392元，同比增长6.5%和9%。一般公共预算收入完成1.79亿元，同比增长6.5%。

（郝 伟）

【商都县】 商都县位于乌兰察布市东北部，总面积为4283.49平方千米。2022年，商都县辖6个镇、4个乡，210个行政村、22个社区、688个村民小组。全县总户数153900户，总人口319422人，其中城镇人口68124人、乡村人口251298人。汉族313364人，蒙古族5027人，其他少数民族1031人。全县实现地区生产总值75.4亿元，比2021年增长6.3%；规模以上工业增加值增长13%；500万元以上固定资产投资增速–2.2%；社会消费品零售总额18.99亿元，增长–2.1%；一般公共财政预算收入2.51亿元，增长4.2%；城乡居民人均可支配收入分别达到35076元和14873元，增长4.1%和7.8%。民生支出26.9亿元，占一般公共预算支出的76.9%，增长1.44%。新增减税降费及退税缓税2.24亿元。新增各类市场主体2231户，增长

19%。第一产业产值202230万元，第二产业产值218175万元，第三产业产值333753万元。三次产业比为26.8 ∶ 29.0 ∶ 44.2。

（魏 兆）

【化德县】化德县位于乌兰察布市东北部，总面积2534平方千米。辖3个镇、3个乡，9个社区、87个行政村、293个村民小组。2022年底，常住人口总数9.52万人，其中城镇人口5.45万人，农村人口4.07万人。有蒙古族、回族、满族、彝族等26个少数民族，少数民族人口2666人。2022年，全县实现地区生产总值58亿元，比2021年增长4.9%；一般公共财政预算收入完成1.92亿元，增长8.6%；规模以上工业增加值增长7.8%；500万元以上固定资产投资同比增长11.4%；社会消费品总额完成9.58亿元，增速–1.7%；城镇居民人均可支配收入36509元，增长3.9%；农村居民人均可支配收入13920元，增长8.3%；三次产业比例为17.3 ∶ 51.4 ∶ 31.3。

（张 明）

鄂尔多斯市

【概况】鄂尔多斯市位于内蒙古自治区西南部。总面积8.7万平方千米，辖2个区、7个旗。2022年，全市常住人口220.07万人，其中城镇人口171.87万人、乡村人口48.20万人，常住人口城镇化率78.10%。人口自然增长率2.21‰。全年全市实现地区生产总值5613.44亿元，其中第一产业增加值194.96亿元、第二产业增加值3866.42亿元，第三产业增加值1552.06亿元，三次产业结构比为3.5 ∶ 68.9 ∶ 27.6。人均地区生产总值256908元。一般公共预算收入完成842.8亿元，其中税收收入完成708.8亿元、非税收入完成134.0亿元。一般公共预算支出995.8亿元。

全年现价农林牧渔及服务业总产值311.2亿元，其中农业总产值165.6亿元、林业总产值9.6亿元、牧业总产值125.8亿元、渔业总产值2.8亿元、农林牧渔服务业总产值7.5亿元。农作物总播种面积479.3千公顷。其中粮食作物播种面积332.0千公顷，经济作物播种面积147.3千公顷。油料播种面积33.7千公顷，蔬菜及食用菌播种面积13.6千公顷。全年粮食总产量210.5万吨，油料产量9.6万吨，甜菜产量3.0万吨，蔬菜及食用菌产量56.7万吨。全市有农业机械总动力296.1万千瓦。有大中型拖拉机2.9万台，排灌机械6.9万台（套），联合收获机2326台，农作物耕种收综合机械化率87.0%。

全年，全市规模以上工业企业实现营业收入8002.6亿元，利润总额2444.9亿元。全年规模以上工业增加值按可比价格计算比2021年增长8.4%。年末规模以上工业企业535家，工业产品产销率99.8%。

全年，全市全体居民人均可支配收入48303元。全体居民人均消费性支出29317元。服务业增加值1552.06亿元。批发和零售业增加值284.50亿元，住宿和餐饮业增加值56.45亿元，交通运输、仓储和邮政业增加值289.40亿元，金融业增加值141.84亿元，房地产业增加值154.82亿元。261家规模以上服务业企业实现营业收入518.6亿元。全市接待旅游者1743万人次，实现旅游总收入120亿元。

全年，全市实现社会消费品零售总额615.6亿元。利用外资新签项目数8个，实际使用外商直接投资198万美元。全市完成进出口总额162.9亿元，其中进口总额46.1亿元、出口总额116.8亿元。

【纳林柴达木生态家庭农场入选全国典型案例】2022年1月，农业农村部发布第三批全国家庭农场典型案例，位于鄂尔多斯市乌审旗苏力德苏木通史嘎查的纳林柴达木生态家庭牧场荣登榜单。纳林柴达木生态家庭牧场，主要经营鄂尔多斯细毛羊及肉牛养殖，玉米、牧草种植，农业机械服务等，种植养殖全部实现机械化。场主从事细毛羊双羔繁育实验项目，通过对适龄母羊实行人工授精，细毛羊的双羔繁育成功率由原来的25%提高至65%。该牧场一定程度上提升当地农牧业机械化水平，带领周边农牧户实现共同富裕。

【6个农产品入选第二批全国名特优新农产品】2022年10月，农业农村部农产品质量安全中心公布2022年第二批全国名特优新农产品名录，鄂尔多斯市达拉特红葱、达拉特小麦粉、准格尔甜糯玉米、准格尔小甜瓜、伊金霍洛黄盖希里鸡、伊金霍洛黄盖希里鸡蛋共计6个农产品榜上有名。

【全国"一村一品"示范村镇创建】2022年11月，农业农村部公示《第十二批全国“一村一品”示范村镇名单》，鄂尔多斯市准格尔旗德胜有梁村、鄂托克旗苏米图苏木2个村镇入选。

【4家企业入围“2022中国民营企业500强”】 2022年9月，由全国工商联主办，国家市场监管总局、国家乡村振兴局、中国工商银行、中国建设银行支持的2022中国民营企业500强峰会在北京举行。会上发布“2022中国民营企业500强”“2022中国制造业民营企业500强”“2022中国服务业民营企业100强”榜单。内蒙古有5家企业入围“2022中国民营企业500强”榜单，其中鄂尔多斯有4家，分别是内蒙古鄂尔多斯投资控股集团有限公司、内蒙古伊泰集团有限公司、内蒙古蒙泰集团有限公司、内蒙古汇能煤电集团有限公司，内蒙古有8家企业入围“2022中国制造业民营企业500强”榜单，其中鄂尔多斯2家，分别是内蒙古鄂尔多斯投资控股集团有限公司、内蒙古蒙泰集团有限公司。

【鄂尔多斯市获评中国营商环境优秀城市】 2022年2月，国家发展和改革委员会发布《中国营商环境报告2021》，鄂尔多斯市获评中国营商环境评价招标投标领域优秀城市，成为该领域内蒙古自治区唯一入选城市，并向全国推荐。

【4家博士后科研站获批】 2022年11月，全国博士后管委会办公室下发《关于2022年第一批次博士后科研工作站新设站备案情况的函》，公布备案设立博士后科研工作站的单位名单，鄂尔多斯市推荐申报的内蒙古久泰新材料科技股份有限公司、内蒙古鄂尔多斯电力冶金集团股份有限公司、内蒙古康宁爆破有限责任公司、鄂尔多斯市城市矿产研究开发有限责任公司4家企业荣列其中。至此，鄂尔多斯市设有博士后科研工作站11家。

【文艺作品登上国家级媒体平台】 《赛鲁日拜敦赛》是鄂尔多斯市乌兰牧骑2019年新创编的舞蹈节目。作品音乐部分汲取、传承鄂尔多斯民歌特点，用欢快的节奏强化喜庆的氛围；舞蹈部分发扬鄂尔多斯传统舞蹈特点，在舞蹈构图上，以出场的直线、平线队形画面的移动，展示出牧区辽阔的环境和牧民的性格特征。2022年4月，该节目登上中国日报“演艺中国”海外社交平台。

（苏伦高娃）

【东胜区】 2022年，全区实现地区生产总值949.14亿元；规模以上工业增加值比2021年同期增长1.4%；固定资产投资比2021年同期增长23.5%；社会消费品零售总额234.61亿元；财政收入2836948万元，其中一般公共预算收入76.66亿元；一般公共预算支出127.94亿元；城镇常住居民人均可支配收入58224元，城镇常住居民人均消费性支出36648元。

（王 莉）

【康巴什区】 2022年，全区实现地区生产总值131.16亿元，按可比价格计算，比2021年同期增长4.5%。其中，第一产业增加值0.01亿元，第二产业增加值34.39亿元，第三产业增加值96.76亿元，三次产业的结构比为0∶26∶74。全年完成地方财政总收入31.85亿元，其中一般公共预算收入完成12.04亿元。一般公共预算收入中税收收入完成9.59亿元，占一般公共预算收入的79.6%。一般公共预算支出完成38.11亿元，与民生相关的社会保障和就业、卫生健康、教育支出分别比2021年增长130.31%、215.57%和0.96%。全区固定资产投资比2021年同期增长57.1%。全体居民人均可支配收入55975元，全体居民人均消费性支出33617元。

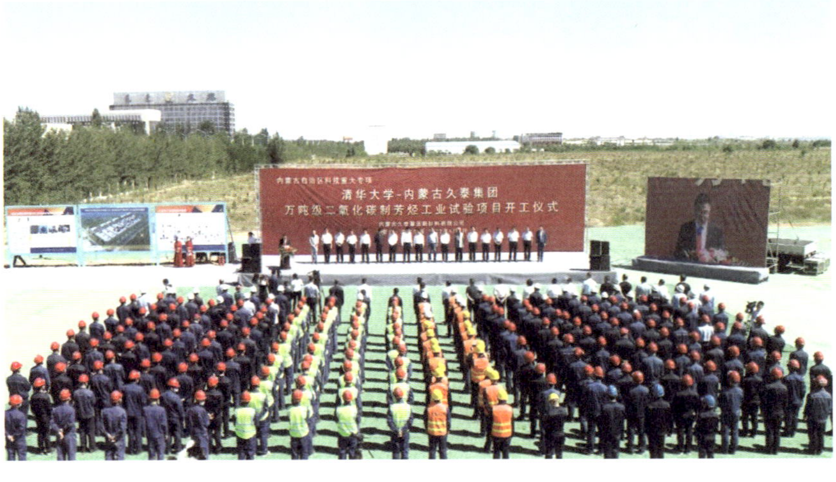

图95 2022年6月5日上午，清华大学与内蒙古久泰馨远新材料有限公司合作共建的世界首套万吨级二氧化碳制芳烃工业试验项目在准格尔旗大路工业园区举行开工仪式。项目总投资17678.45万元，获得2020年和2021年内蒙古自治区科技重大专项的滚动支持，财政专项经费支持2272万元

（鄂尔多斯市档案史志馆 供图）

全区社会消费品零售总额完成69亿元。

（韩　军）

【达拉特旗】 2022年，全旗实现地区生产总值480.83亿元，其中第一产业增加值65.46亿元、第二产业增加值267.82亿元、第三产业增加值147.55亿元，三次产业比为13.61∶55.70∶30.69，县域综合实力跃居中国西部百强县（市）第二十九位。全旗公共财政预算收入33.38亿元，公共财政预算支出70.21亿元。全旗完成政府性基金收入4.42亿元，政府性基金支出完成4.73亿元。全年计划总投资500万元以上投资项目337个（其中亿元以上项目77个）。全年固定资产投资比2021年同期增长10%（其中亿元以上项目投资比2021年同期增长19.9%），民间投资占总投资77.4%，投资额比2021年同期增长25.3%。全年实现社会消费品零售总额45.22亿元。全旗出口总额0.93亿美元。通过自治区文明城市复检测评，获评国家级县域商业体系建设示范县，获评2022年全国“书香城市”称号。

（张　桐）

【准格尔旗】 2022年，全旗实现地区生产总值1300.06亿元，扣除价格因素，比2021年增长5.3%。其中，第一产业增加值18.01亿元，增长5.6%；第二产业增加值1009.21亿元，增长7.1%；第三产业增加值272.84亿元，增长1.5%。三次产业结构比为1.4∶77.6∶21.0。全旗财政总收入完成604.9亿元，比2021年增长111.4%。其中，上划中央收入216.5亿元，比2021年增长135.1%；上划自治区收入147.0亿元，比2021年增长110.3%；上划市级收入82.1亿元，比2021年增长126.8%。一般公共预算收入完成159.3亿元，比2021年增长80.9%。全年一般公共预算支出完成152.9亿元，比2021年增长61.9%。全旗500万元以上固定资产投资比2021年增长28.8%。其中，民间投资比2021年增长28.9%，民间投资占总投资比重62.7%。全旗在建亿元以上项目83个，较2021年同期增加17个，亿元以上项目投资比2021年增长43.8%，占投资总额的96.2%。第一产业投资下降16.9%，第二产业投资增长53.5%，第三产业投资下降28.9%。主要行业投资中，采矿业投资比2021年增长20.4%；制造业投资比2021年增长250.7%；电力、热力、燃气及水生产和供应业投资比2021年增长54.9%；交通运输、仓储和邮政业投资比2021年增长7.2%；房地产业投资比2021年增长54.3%。全旗全体居民人均可支配收入47443元，比2021年增长6.3%。城镇常住居民人均可支配收入57624元，比2021年增长4.9%；农村常住居民人均可支配收入24624元，比2021年增长7.6%。全旗全体居民人均消费性支出29651元，比2021年增长0.1%。城镇常住居民人均消费性支出35113元，比2021年增长0.4%；农村常住居民人均消费性支出17687元，比2021年降低0.8%。

（牛玉萍）

【伊金霍洛旗】2022年，全旗实现地区生产总值首次突破千亿元大关，达到1219亿元，财政总收入首次突破500亿元，达到561亿元，一般公共预算收入首次突破百亿元，达到134亿元，分别比2021年增长6.6%、86.7%和66.9%。城乡常住居民人均可支配收入为58276元和25086元，分别比2021年增长4.7%和6.6%。伊金霍洛旗蝉联“中国最具幸福感城市”，入选“2022年（县）域高质量发展经典案例”，获评“2022年县市高质量发展百佳典范”第六位，县域经济综合竞争力居全区首位、全国第二十二位。

年内，制定8个方面42条配套举措，推出支持绿色低碳产业发展25条、现代服务业提质升级11条政策包，助力经济加速向好。建立产业链“链长制”招商和重大项目“点长制”推进、“四张图”调度机制，签约引进项目44个，到位资金88.4亿元，居全市第一位；市级调度重大项目76个，4个超百亿元、15个超十亿元项目开工，完成投资152亿元，固定资产投资比2021年增长32.8%。新街台格庙矿区总体规划获批，帮助13座煤矿核增产能1330万吨，产销煤炭2.2亿吨，保障18个省（市）及7个盟市能源供应。落实新的组合式税费支持政策，为1.4万户市场主体减免税费、留抵退税18.5亿元，发放小微商户补贴4300万元，用真金白银帮助市场主体减轻负担、纾困解难。新增市场主体4978户、新入库“四上企业”25家，规上工业企业利润增长25.7%。适时开展一系列促消费、惠民生活动，完成社会消费品零售总额51.6亿元。

（王海鸥　张瑞芳）

【乌审旗】2022年，全旗实现地区生产总值490.7亿元。其中，第一产业增加值24.94亿元，第二产业增加值 378.74 亿元，第三产业增加值 87.02 亿元。三次产业增加值比例 5.1 ∶ 77.2 ∶ 17.7。全旗地方财政总收入 143.92 亿元，其中公共财政预算收入 43.02 亿元。全年地方财政支出 63.59 亿元。其中，社会保障和就业支出 5.35 亿元，卫生健康支出 2.78 亿元，教育支出 6.25 亿元。

（布日古德）

【杭锦旗】2022 年，全旗实现地区生产总值 165.93 亿元。三次产业比例为 20.9 ∶ 48.7 ∶ 30.4。人均地区生产总值 145614 元。全年地方财政一般公共预算收入完成 10.40 亿元，公共财政支出完成 47.43 亿元。全社会 500 万元以上固定资产投资比 2021 年增长 58.3%，居全市第一位。全体居民人均可支配收入 38952 元，居民人均消费性支出 20960 元。

（张晨光　薛福茹）

【鄂托克旗】2022 年，全旗实现地区生产总值 614 亿元，人均地区生产总值 369850 元。其中，第一产业增加值 14.7 亿元，第二产业增加值 506.2 亿元，第三产业增加值 93.1 亿元，三次产业占比为 2.4 ∶ 82.4 ∶ 15.2。全旗 500 万元以上固定资产投资比 2021 年增长 16.8%。全体居民人均可支配收入 44178 元。社会消费品零售总额 32.7 亿元。

（娜顺其其格）

【鄂托克前旗】2022 年，入选“2022 中国西部百强县（市）”，列第九十位。全年实现地区生产总值 262.46 亿元，比 2021 年增长 14.1%；一、二、三产业结构比为 8.3 ∶ 74.7 ∶ 17；全年全部工业增加值 174.33 亿元，规模以上工业增加值比 2021 年增长 28.6%；固定资产投资比 2021 年增长 27.6%；社会消费品零售总额 25.6 亿元；公共财政预算收入 17.2 亿元；公共财政预算支出 43.59 亿元；城镇常住居民人均可支配收入 53783 元，农村牧区常住居民人均可支配收入 26076 元；全体居民人均消费性支出 25746 元。全年招引项目突破 200 项，总投资 2500 亿元。

（田　军）

巴彦淖尔市

【概况】巴彦淖尔市，别称河套、巴盟、巴市，内蒙古自治区辖地级市，“巴彦”为“富饶”之意，“淖尔”为“湖泊”之意，“巴彦淖尔”意为“富饶的湖泊”。位于内蒙古西部，东接包头，西连阿拉善盟、乌海市，南隔黄河与鄂尔多斯市相望，北与蒙古国接壤，总面积 6.5 万平方千米。2022 年底，有常住人口 151.76 万人，比 2021 年末减少 1.04 万人。其中，城镇人口 92.24 万人，乡村人口 59.52 万人；常住人口城镇化率达 60.8%，比 2021 年末提高 0.2 个百分点。男性人口 77.27 万人，女性人口 74.49 万人。全年出生人口 0.84 万人，出生率为 5.51‰；死亡人口 1.48 万人，死亡率为 9.75‰。全市实现地区生产总值 1084.5 亿元，按可比价格计算，同比增长 2.1%。其中，第一产业增加值 293.5 亿元，增长 3.9%；第二产业增加值 359.5 亿元，下降 0.1%；第三产业增加值 431.5 亿元，增长 2.4%。三次产业比例为 27.1 ∶ 33.1 ∶ 39.8。人均地区生产总值达到 71118 元，同比增长 2.7%。全市农作物总播种面积 75.87 万公顷，同比增长 0.1%。全市粮食总产量 291 万吨，同比增长 3.5%。全市牲畜饲养量 2417.67 万头（只）［存栏 1098.05 万头（只），同比增长 1.53%，出栏 1319.62 万头（只），同比增加 3.66%］。全市规模以上工业增加值同比增长 0.1%。全年建筑业增加值同比下降 0.1%。全市具有资质等级的总承包或专业承包建筑业企业 71 家，同比增加 1 家。全市交通运输、仓储和邮政业增加值 79.2 亿元，同比增长 5.0%；金融业增加值 48.9 亿元，同比增长 5.6%；批发和零售业增加值 72.9 亿元，同比下降 0.4%；住宿和餐饮业增加值 13.1 亿元，同比下降 16.5%；房地产业增加值 27.7 亿元，同比下降 3.8%。全市公路总里程 24151 千米。公路密度 37.5 千米 / 百平方千米。全市有各类机动车 48.1 万辆，同比增长 5.9%。全年完成邮政行业业务总量 3.8 亿元，同比下降 11.6%。全年完成邮政函件业务 5.4 万件，包裹业务 0.7 万件；快递业务量 1565.1 万件，快递业务收入 2.7 亿元。全市社会消费品零售总额 219.5 亿元，同比下降 3.0%。全市外贸进出口总额 357.5 亿元，同比增长 53.1%。甘其毛都口岸累计完成进出口货运量 1906.8 万吨，同比增长 144.7%。全市固定资产投资同比增长 11.2%。全市房地产开发投资 42.0 亿元，同比下降 46.2%。商品房销售面积 47.0 万平方米，下降 43.0%；销售额 22.2 亿元，下降 44.8%。全市一般公共预算收入 77.5 亿元，同比增长 30.9%。公共财政预算支出 307.4 亿元，同比增长 14.0%。其中，民生支出 217.8 亿元，占公共财政预算支出的 70.9%。全市金融机构各项存款余额 1542.8 亿元，同比增长 19.4%。全市保险业保费收入 65.2 亿元，同比增长 2.4%。全年总用水量49.8亿立方米，同比下降0.5%。完成营造林面积38.7万亩。全市规模以上工业综合能源消费量（当量值）581.9万吨标准煤，同比增长0.8%。全市统计直报各类生产安全事故死亡28人，比2021年下降63.6%。全市有各级各类学校374所，在校生196842人，教职工23607人，九年义务教育巩固率97.6%。全市新增授权专利1190件。有艺术表演团体7个。拥有文化馆8座，公共图书馆8座，备案博物馆13家。全年接待游客408.5万人次，实现旅游收入33.9亿元。全市有医疗卫生机构1713所，卫生技术人员14704人。有注册等级社会体育指导员5318人。全市参加养老保险总人数109.4万人，参加医疗保险人数144.9万人。全体常住居民人均可支配收入32155元，同比增长6.3%。其中，城镇常住居民人均可支配收入38458元，增长5.8%；农村牧区常住居民人均可支配收入24403元，增长7.1%。全体常住居民人均消费性支出19465元，同比下降2.7%。其中，城镇常住居民人均消费性支出21628元，下降3.8%；农村牧区常住居民人均消费性支出17762元，下降2.0%。全体居民恩格尔系数为29.1%。其中，城镇为28.5%，农村牧区为29.5%。

【跨境AGV无人驾驶通关模式】 2022年，巴彦淖尔市在全国率先推行跨境AGV无人驾驶通关模式，AGV项目入选全国第四批多式联运示范工程项目，口岸通关模式取得历史性突破，不断提升边检站在驻地社会各界的影响力，打造服务高水平开放、高质量发展的“甘其毛都样板”。该项目2022年5月27日由自治区人民政府召开专题会议研究，同意把甘其毛都口岸作为自治区跨境AGV无人驾驶通关改革试点。6月22日，蒙古国政府内阁召开会议，同意在甘其毛都—嘎顺苏海图口岸开展无人驾驶跨境运输试运行。建设周期为2021年7月至2022年7月，在甘其毛都口岸对卡口、地磅、RFID车卡读取设备进行适配改造，2022年7月16日正式试运行通车。至年末，运行车辆由启动时的每日20辆次40箱提升至120辆次240箱。全年，海关监管AGV车辆进出境7344辆次，监管进口煤炭50.49万吨。

【内蒙古首家国家级农业高新技术产业示范区获批建设】 2022年，巴彦淖尔市深入实施创新驱动发展战略，推深做实“科技兴蒙”行动，各项工作取得新成绩。科技投入大幅增长，争取组织实施自治区级以上科技项目120项，获得资金支持9645.5万元，创历年之最。高新技术企业和科技型中小企业实现双增长，新增高新技术企业16家，总数达到83家，培育入库国家科技型中小企业79家，较2021年增加24家。4月19日，国务院批复同意建设内蒙古巴彦淖尔国家农业高新技术产业示范区（以下简称“农高区”），成为全国9家之一，内蒙古唯一一家国家级农高区。农高区位于临河区，总面积139.74平方千米，按照“核心区+示范区”双区布局。其中，核心区面积8.81平方千米，建设“一体三园”，即创新创业综合体和食品科技园、生物科技园、农畜产品智慧交易园；示范区面积130.93平方千米，规划五大功能区，即数字农业区、生态牧业区、乡村振兴样板区、总部商务区、产城融合发展引领区。农高区以“河套灌区生态农牧业”为发展主题，以硬质小麦、肉羊为主导产业，重点建设硬质小麦和肉羊全产业链技术创新体系，着力解决硬质小麦、肉羊品种创制和牧草蛋白含量提升问题。按照国务院批复和科技部要求，结合内蒙古自治区现代农牧业创新需要，统筹各类创新资源，全力将农高区建成全国生态农牧业科技创新发展引领区、“一带一路”农牧业科技合作先行区、农村一二三产业融合发展样板区，在黄河流域西北地区推动硬质小麦和肉羊创新发展、打造特色生态农牧产业集群、引领生态农牧业高质量发展等方面探索示范，努力创造出可复制、可推广的经验。

【“天赋河套”区域品牌名片】 2022年，巴彦淖尔市完成“天赋河套”区域品牌前三批11家授权企业50款产品续展及第四批7家企业26款产品授权。共授权四批次15家企业76款产品，品牌价值达260.18亿元。成功注册41个类别146件商标，完成埃及、英国、日本、欧盟4个国际商标注册。“天赋河套”总部基地园区基础设施建设项目（一期）已完成总工程进度的43%。“天赋河套”科技创新企业孵化器项目引入高新技术企业、科技型中小企业、专业技术服务企业等58家，帮助孵化企业申报专利13项，培训科技企业创业就业人员580人次。成功举办“巴彦淖尔十大网红农产品评选活动”、“天赋河套”农产品区域公用品牌发布四周年主题活动等重要活动。充分挖掘巴彦淖尔市地理标志农产品，助推明安黄芪和河套向日葵分别登上中央广播电视总台《源味中国》

栏目和《美丽的草原我的家》纪录片。

【生态环境治理】2022年，巴彦淖尔市“三区三线”划定工作顺利完成。乌梁素海流域山水林田湖草生态保护修复试点工程全面完工，《“十四五”乌梁素海流域生态环境保护治理规划》项目完成总投资的67.9%，生态补水5.17亿立方米。中央环保督察反馈问题、黄河流域生态突出问题整改和黄河河道有关问题整治完成年度任务。农业面源污染治理扎实推进，化肥、农药亩均用量分别下降5.1%、2.7%，完成林草生态建设3.86万公顷。投资47.66亿元的北方地区冬季清洁取暖项目落地实施，生活垃圾焚烧发电项目建成投运。空气质量优良率达到88.2%，国控断面水质稳定达标。五原县被命名为全国“绿水青山就是金山银山”实践创新基地。

（马维刚 秦 东）

【临河区】 临河区位于黄河“几”字湾顶部，河套平原腹地，是巴彦淖尔市府所在地。南临黄河，北靠阴山，地处以京津为龙头的呼—包—银—兰经济带中段，是国家西部大开发的重点区域。全区总面积2333平方公里，辖9个乡镇（151个行政村、871个自然村）、2个农场（21个分场）、11个办事处（68个居民委员会），耕地面积155038.66公顷，城市建成区51平方公里。2022年，全区常住人口58.46万人。其中，城镇人口41.77万人、农村人口16.69万人；男性人口29.43万人，女性人口29.03万人；0～14岁7.67万人，15～64岁42.38万人，65岁及以上8.41万人。全年，全区实现地区生产总值347.34亿元，比2021年增长2.1%。其中，第一产业增加值80.88亿元，增长4.2%；第二产业增加值96.65亿元，增长0.5%；第三产业增加值169.81亿元，增长2.1%。三次产业结构比为23.3 ∶ 27.8 ∶ 48.9。财政公共预算收入完成16.46亿元，同比增长5.1%。其中，税收收入完成12.84亿元，同比下降5.5%；非税收入完成3.62亿元，同比增长74.6%。全年全区固定资产投资完成81.6亿元，同比下降15.3%。其中，房地产投资29.7亿元，同比下降49.8%；投资项目51.9亿元，同比增长39.8%。投资项目中，农牧业固定资产投资3.8亿元，同比下降7.3%；工业固定资产投资37.9亿元，同比增长96.6%；交通商贸固定资产投资2.7亿元，同比下降20.6%；城建固定资产投资37.2亿元，同比下降46.5%。社会消费品零售总额实现106.9亿元，比2021年下降3.2%。分城乡看，城镇实现零售额88.8亿元，比2021年下降2.9%；乡村实现零售额18.1亿元，比2021年下降4.9%。全体居民人均收入36050元，同比增长5.8%。其中，城镇常住居民人均可支配收入39880元，同比增长5.8%；农村常住居民人均可支配收入25783元，同比增长6.2%。

（宋超宇）

【乌拉特前旗】 乌拉特前旗位于巴彦淖尔市东南部。2022年底，全旗常住人口25.25万人，比2021年末减少0.18万人。其中，城镇人口13.54万人，乡村人口11.71万人；男性人口12.94万人，女性人口12.31万人；0～14岁人口2.79万人，15～64岁人口18.00万人，65周岁以上人口4.46万人。2022年，全旗实现地区生产总值180.7亿元。按可比价格计算，比2021年增长1.9%。其中，第一产业增加值55.1亿元，增长4.1%；第二产业增加值63.2亿元，下降3.5%；第三产业增加值62.4亿元，增长4.5%。一、二、三产业比例为30.5 ∶ 35.0 ∶ 34.5。全年固定资产投资（不含农户）33.65亿元，比2021年增长7.7%，分产业看，第一产业投资增长295.1%，第二产业投资增长2.2%，第三产业投资下降38.4%。基础设施投资下降38.3%，制造业投资增长283.3%，房地产开发投资下降50.3%。商品房销售面积15316平方米，下降48.1%；商品房销售额6275万元，下降48.2%。全旗社会消费品零售总额28.9亿元，比2021年下降2.3%。按经营地统计，城镇的零售额比2021年下降1.8%；乡村的零售额比2021年下降4.2%。按消费形态分，商品零售总额26.1亿元，比2021年下降2.1%；餐饮收入2.9亿元，比2021年下降3.4%。全年全旗公共财政预算收入9.1亿元，比2021年增长18.3%；税收收入5.9亿元，比2021年下降10.8%；非税收入3.2亿元，比2021年增长74.7%。一般公共财政预算支出33.2亿元，比2021年下降10.1%。全年全旗居民人均可支配收入28893元，比2021年增长6.5%。按常住地分，城镇居民人均可支配收入37057元，比2021年增长6.0%；农村居民人均可支配收入24269元，比2021年增长6.6%。全年全旗居民人均消费性支出19267元，比2021年下降1.9%。按常住地分，城镇居民人均消费支出21511元，比2021年下降1.9%；

农村居民人均消费性支出16523元，同比下降2.0%。

（蔺振中）

【乌拉特中旗】 乌拉特中旗位于巴彦淖尔市东北部。2022年，全旗户籍总人口141847人。其中，城镇人口35088人，乡村人口106759人；18岁以下人口20144人，18～34岁人口27974人，35～59岁人口61405人，60岁以上人口32324人。全年实现地区生产总值113.14亿元。其中，第一产业增加值28.9亿元，增长3.7%；第二产业增加值42.89亿元，下降10.4%；第三产业增加值41.35亿元，增长4.9%，三次产业结构比为25.5∶37.9∶36.6。固定资产投资完成37.8亿元，同比增长29.1%。第一产业投资同比下降25.2%，第二产业投资同比增长93%，第三产业投资同比下降4.1%。工业固定资产投资同比增长93%，工业技改投资同比增长114.4%，基础设施投资同比增长48.6%，民间投资同比下降14.3%。固定资产投资稳定增长的重要原因是，工业投资拉动作用显著，全旗工业投资同比增长93%，拉高全旗投资增速32.9个百分点。其中，新能源项目投资同比增长118%，拉高全旗投资增速26.8个百分点，完成投资占第二产业的72.5%，占全旗投资的38.4%。全旗公共财政预算收入9.3亿元，同比增长24.1%。其中，税收收入7.5亿元，同比增长15.4%；非税收入1.8亿元，同比增长78.9%。全旗公共财政预算支出33.6亿元，其中民生支出22.9亿元，社会保障和就业、教育、医疗卫生支出分别增长15.3%、17.2%和41%。城镇常住居民人均可支配收入达39125元，比2021年增长5.6%；农村牧区常住居民人均可支配收入达23614元，比2021年增长7.2%。全年全体居民人均消费支出18027元，比2021年下降2.5%。按常住地分，城镇常住居民人均消费性支出20925元，比2021年下降4.1%；农村牧区常住居民人均消费性支出15643元，比2021年下降1.7%。全旗社会消费品零售总额实现13.75亿元，同比下降1.8%，增速排名居全市第一位。分行业看，批发业零售额3.53亿元，同比增长12.7%；零售业零售额7.86亿元，同比增长0.3%；住宿业零售额0.05亿元，同比下降6.4%；餐饮业零售额2.31亿元，同比下降22.7%。

（徐会）

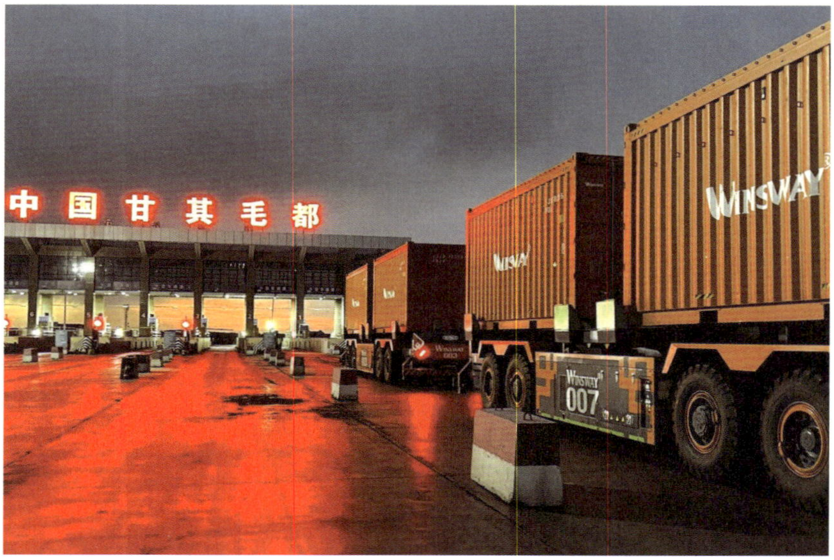

图96 2022年6月17日，乌拉特海关在甘其毛都口岸测试全国首例AGV无人驾驶车辆跨境过货

（巴彦淖尔市人民政府地方志研究室 供图）

【乌拉特后旗】 2022年，全旗户籍人口57652人。其中，城镇26159人，乡村31493人；男性人口28791人，女性人口28861人；0～17岁人口8057人，18～34岁人口10935人，35～59岁人口26249人，60岁以上人口12411人。全旗实现地区生产总值107.87亿元，同比增长2.3%。其中，第一产业增加值6.77亿元，同比增长3.9%；第二产业增加值84.72亿元，同比增长2.6%；第三产业增加值16.38亿元，同比增长0.5%。三次产业结构比调整为6.3∶78.5∶15.2。全年社会固定资产投资同比增长63%，其中，第一产业投资同比增长203.8%，第二产业投资同比增长87.63%，第三产业投资同比下降52.48%。民间投资占全部投资的54.45%，拉动投资增速29.8百分点。全年全旗亿元以上项目31个，同比增加4个，完成投资同比增长108.84%。全年全旗工业投资同比增长87.2%。其中，制造业同比下降27.9%，拉低投资增速9个百分点；电力投资同比增长279.8%，拉动投资增长63.8个百分点；基础设施投资同比增长180.9%，拉动投资增速60.7个百分点。全年房地产开发投资0.1641亿元，同比下降92.5%。商品房销售面积1.9477万平方米，同比下降35.3%；全年商

品房销售额0.5304亿元，同比下降44.1%。全年社会消费品零售总额实现70905.2万元，同比下降2.0%。其中，城镇实现社会消费品零售额57400.7万元，同比下降1.5%；乡村实现社会消费品零售额13504.5万元，同比下降3.8%。商品零售实现社会消费品零售总额62335.5万元，同比增长1.2%，占社会消费品零售总额的87.9%；餐饮收入实现社会消费品零售总额8569.7万元，同比下降20.2%，占社会消费品零售总额的12.1%。地方一般公共预算收入15亿元，剔除增值税留抵退税影响，增长66.6%。其中，税收收入完成5.84亿元；非税收入完成9.21亿元。一般公共预算支出完成27.23亿元，比2021年同期增长28.2%。全旗金融行业各银行存款余额54.1亿元，同比增长21.9%；各项贷款余额43.18亿元，同比增长31.8%。实现存贷双增长。保险业保费收入1.25亿元，同比增长3.9%。城乡居民收入稳步增长，全体居民人均可支配收入29050元，同比增加1514元，同比增长5.5%。全体居民人均消费性支出21592元，同比减少783元，同比下降3.5%。城镇常住居民人均可支配收入38826元，同比增加1989元，同比增长5.4%；城镇常住居民人均消费性支出22201元，同比减少1070元，同比下降4.6%。农村牧区常住居民人均可支配收入21205元，同比增加1219元，同比增长6.1%；农村牧区常住居民人均消费性支出15827元，同比减少339元，同比下降2.1%。

（窦永刚）

【杭锦后旗】 杭锦后旗位于巴彦淖尔市西北部。2022年，全旗常住人口21.20万人，其中城镇人口11.27万人、占总人口的比重为53.16%，乡村人口9.93万人、占总人口的比重为46.84%。全旗实现地区生产总值141.23亿元，按不变价格计算，同比增长3.8%。其中，第一产业增加值59.62亿元，增长3.8%；第二产业增加值25.89亿元，增长8.9%；第三产业增加值55.72亿元，增长1.9%。三次产业结构比为42.2∶18.3∶39.5。500万元及以上固定资产投资完成额19.83亿元，同比增长3.2%。从构成看，建安工程15亿元，设备工器具购置及其他4.83亿元。从投资主体看，国有经济投资13.63亿元，非国有经济投资6.2亿元。分产业看，第一产业投资4.17亿元；第二产业投资8.71亿元，全部为工业投资；第三产业投资6.95亿元。全年社会消费品零售总额25.14亿元，同比增长–3.7%。从销售单位所在地看，城镇实现社会消费品零售额20.09亿元，同比增长–3.3%；乡村实现社会消费品零售额5.05亿元，同比增长–5.3%。从消费形态看，餐饮收入实现零售额2.20亿元，同比增长–18.3%；商品实现零售额22.94亿元，同比增长–2.0%。从行业看，批发零售业实现零售额22.94亿元，同比增长–2.0%；住宿和餐饮业实现零售额2.20亿元，同比增长–18.3%。全年进出口总额13.544亿元，同比增长45%。全年财政收入5.72亿元，同比增长5.9%。其中，一般公共预算收入3.34亿元，同比增长18.9%；税务部门收入4.46亿元，同比增长–8.1%；财政部门非税收入1.26亿元，同比增长128.9%。全年公共财政预算支出34.64亿元，同比增长22.2%。其中，教育、文化体育与传媒、社会保障和就业、卫生健康、节能环保、农林水事务、交通运输、住房保障等民生支出完成20.07亿元，占公共财政预算支出的57.9%。城乡居民收入稳步增长，全体居民人均可支配收入34168元，比2021年增加1658元，同比增长5.1%；全体居民人均消费性支出18552元，比2021年减少534元，同比增长–2.8%。其中，城镇常住居民人均可支配收入37982元，比2021年增加1809元，同比增长5.0%；城镇常住居民人均消费性支出20477元，比2021年减少677元，同比增长–3.2%。农村常住居民人均可支配收入25367元，比2021年增加1548元，同比增长6.5%；农村常住居民人均消费性支出17212元，比2021年减少316元，同比增长–1.8%。规模以上工业实现增加值11.35亿元，同比增长8.2%（月报可比价增长率），规模以上工业实现总产值53.90亿元，同比增长14.2%（月报现价增长率）。建筑业实现增加值5.7亿元，同比增长18.7%（可比价增速）。农作物总播种面积145.86万亩，比2021年增加1.96万亩，同比增长1.3%。森林抚育1万亩，全年完成新造林0.64万亩。全旗粮食总产量48.74万吨，比2021年增加0.01万吨，同比增长0.02%。日历年度全旗牲畜存栏头数达76.69万头（只）。全旗规模化养牛场达到78家，建成奶业振兴服务中心，奶牛存栏、肉牛饲养量分别达到10万头、6.9万头，成为全国奶业生产能力提升整县推进县、全国畜牧大县。建成西北农林科技大学杭锦后旗经济林试验站、现代数字农业展厅等8个科技平台，被评为“全国农业技术集成创新基地”。杭锦后旗获评“平安内蒙古建设示范旗”“全国村庄清洁行动先进县”，成为全国农产品产地冷藏保鲜整县推进县，成功创建为第六届自治区文明城市。

（杨俊雯）

【五原县】 五原县位于巴彦淖尔市南部。2022年，全县常住人口21.99万人，比2021年减少0.15万人。其中，城镇人口11.15万人、乡村人口10.84万人，常住人口城镇化率达50.7%，男性人口11.16万人，女性人口10.83万人。全年出生人口0.11万人，出生率为5.00‰；死亡人口0.24万人，死亡率为10.91‰。全县实现地区生产总值122.43亿元，按可比价格计算，同比增长0.7%。其中，第一产业增加值44.73亿元，同比增长3.50%；第二产业增加值16.55亿元，同比下降8.8%；第三产业增加值61.15亿元，同比增长1.40%。三次产业结构比例为36.5 ：13.5 ：50.0。人均地区生产总值达到55486元，同比增长1.62%。固定资产投资（不含农户）同比增长0.1%。计划投资5000万元以上全国联网直报重点重大新建续建项目40个，同比下降16.6%，实际完成投资同比下降2.6%；500万～5000万元项目68个，同比增长13.0%，累计完成投资同比增长24.5%；房地产项目23项，累计完成投资7.56亿元，同比下降6.2%。分产业看，三次产业呈“一升两降”态势。第一产业投资保持高速增长，同比增长40.3%；第二产业投资同比下降9.5%；第三产业投资下降11.4%。分领域看，三大领域投资降幅持续收窄。基础建设投资完成同比下降11.1%，工业投资同比下降9.5%，民间投资同比下降9.5%。全县房屋施工面积119.46万平方米，增长0.85%。在房屋施工面积中，房屋新开工面积16.34万平方米，同比下降34.44%。全县社会消费品零售总额同比下降3.4%。按经营单位所在地分，城镇消费品零售额同比下降2.8%，农村牧区消费品零售额同比下降4.8%。按消费类型分，商品零售同比下降2.9%，餐饮收入同比下降6.6%。全县一般公共预算收入实现3.2亿元，同比增长5.3%。其中，税收收入2.2亿元，同比下降1.27%；非税收入0.96亿元，同比增长4.65%。财政总支出32.31亿元，同比增长2.8%，其中教育、文化体育传媒、社会保障、医疗卫生等民生支出19.8亿元，占公共财政预算支出的65.2%。全县全体居民人均可支配收入34936元，比2021年增长5.7%。其中，城镇居民人均可支配收入37611元，增长5.1%；农村居民人均可支配收入25680元，增长7.3%。全县全体居民人均消费性支出18968元，同比下降2.8%。其中，城镇常住居民人均消费性支出21725元，同比下降3.8%；农村牧区常住居民人均消费性支出17356元，同比下降2.3%。

（吕建荣）

【磴口县】 磴口县位于巴彦淖尔市西南部。2022年底，全县总人口10.91万人（户籍人口），比2021年末减少978人。总人口中，少数民族10856人（蒙古族5014人，回族5166人）；城镇人口5.31万人，乡村人口5.60万人，城乡人口比例为48.7 ：51.3。全年出生人口286人，出生率3.15‰；死亡人口382人，死亡率4.20‰；人口自然增长率–1.06‰。男性人口5.56万人，女性人口5.35万人，男女比例为50.95 ：49.05。年末常住人口为8.70万人，其中男性人口4.45万人、女性人口4.25万人，其中城镇人口4.97万人、乡村人口3.73万人，城镇化率达到57.12%。0～14岁0.69万人，15～64岁6.52万人，65岁及以上1.49万人。全年实现城镇新增就业502人，就业困难人员再就业183人，失业人员再就业347人，农牧区富余劳动力转移就业7137人；城镇登记失业率3.67%。全县实现地区生产总值71.02亿元，按可比价格计算，同比增长4.8%。其中，第一产业增加值17.51亿元，增长4.3%；第二产业增加值29.41亿元，增长10.3%；第三产业增加值24.10亿元，增长0.1%。一、二、三产业结构比为24.7 ：41.4 ：33.9。全县500万元以上固定资产投资同比增长66.6%。其中，5000万元以上固定资产投资同比增长135.7%；500万～5000万元固定资产投资同比下降25.7%。在固定资产投资中，第一产业投资同比增长97.4%，第二产业投资同比增长95.4%，第三产业投资同比增长81.7%。按主要行业划分，制造业同比下降91.1%，电力、热力生产和供应业同比增长334.5%，水利环境和公共设施管理业同比增长93.8%。全年农业总产值完成286423.3万元，同比增长4.9%。农作物总播种面积116.82万亩，同比增长2.0%。粮食作物面积56.51万亩，同比下降0.2%。全年全部工业总产值915881.2万元，同比增长29.9%，其中规模以上工业总产值858629.5万元，同比增长35.9%；全部工业增加值271971万元，增长8.3%，其中规模以上工业增加值增长18.7%；产品销售率98.1%，同比下降2.2个百分点。全年规模以上工业营业收入918707.7万元，同比增长33.5%；利润总额54617.0万元，同比增长319.5%；亏损企业亏损额16922.9万元，同比增亏14722万元。全年全社会建筑业增加值2.21亿元，比2021年增长33.1%。全年一般公共财政预算收入29400万元，同比增收3894万元，增长15.3%。从征收部门看，税务部门完成11314万元，下降28.3%；财政部门完成18086万元，增长85.9%。全年一般公共财政预算支出164576万元，同比减支23244万元，下降12.4%。其中：一般公共服务支出229300万元，增长39.3%；教育支出14083万元，增长26.2%；卫生健康支出17800万元，增长20.0%；社会保障和就业支出46310万元，增长23.2%；农林水事务支出67724万元，增长87.9%；节能环保支出6662万元，增长9.1%；城乡社区事务支出7689万元，下降10.6%。全年社会消费品零售总额120637万元，同比下降3.5%。按经营地统计，城镇零售额101534万元，同比下降3.2%；农村零售额19103万元，同比下降4.9%。按行业统计，批发零售贸易业106527.1万元，同比下降1.3%；住宿餐饮业14109.9万元，同比下降17.3%。全体居民人均可支配收入28636元，同比增长5.6%。其中：城镇常住居民人均可支配收入37185元，比2021年增加1838元，增长5.2%。城镇常住居民人均消费支出20437元，同比下降3.6%。恩格尔系数（居民家庭食品消费支出占消费总支出的比重）为28.3%。农村牧区常住居民人均可支配收入24621元，比2021年增加1459元，增长6.3%。农村牧区常住居民人均消费支出12385元，同比下降1.2%。恩格尔系数为31.0%。

（李亚凡）

乌海市

【概况】 乌海市位于内蒙古自治区西南部。全市总面积1754平方千米，辖海勃湾区、乌达区、海南区3个县级行政区。2022年底，乌海市常住总人口56.02万人，比2021年增加0.21万人，其中城镇人口53.75万人、乡村人口2.27万人，常住人口城镇化率95.94%。

2022年，全市实现地区生产总值完成803.32亿元，按可比价格计算，比2021年增长2.2%。其中，第一产业增加值7.92亿元，增长6.2%；第二产业增加值586.64亿元，增长2.5%；第三产业增加值208.76亿元，增长1.4%。三次产业结构比为1.0 ∶ 73.0 ∶ 26.0。第一、二、三产业对地区生产总值增长的贡献率分别为3.1%、75.3%和21.7%。人均地区生产总值143450元，比2021年增长2.2%。全年财政一般公共预算收入79.27亿元，比2021年增长36.3%（扣除留抵退税因素后）。一般公共预算支出118.24亿元，比2021年增长4.3%。其中，一般公共服务支出10.79亿元，比2021年增长1.6%；教育支出14.84亿元，比2021年增长11.3%；科学技术支出1.74亿元，比2021年增长1.7%；卫生健康支出15.04亿元，比2021年增长28.0%；农林水支出6.09亿元，比2021年下降15.2%；社会保障和就业支出14.64亿元，比2021年增长5.0%。主城区居民消费价格比2021年上涨1.2%。其中，食品烟酒类价格比2021年上涨2.0%，交通和通信类价格比2021年上涨5.5%，医疗保健类价格比2021年上涨1.5%，衣着类价格比2021年上涨0.7%，居住类价格比2021年下降4.6%，生活用品及服务类价格比2021年上涨0.5%，教育文化和娱乐类价格比2021年上涨1.6%，其他用品和服务类价格上涨3.8%。

【全球最大BDO一体化生产基地建成投产】 2022年11月24日，东源科技全资子公司东景生物环保科技有限公司（简称“东景生物”）年产28万吨1,4–丁二醇（BDO）项目成功投料开车，顺利产出优级品，纯度达到99.91%，标志着东源科技以年产38万吨BDO产能成为全球最大的BDO一体化生产基地。东景生物年产28万吨BDO项目总投资29.39亿元，生产连续稳定，自动化程度高，产品质量达到全球同行业最优水平。关键设备成功地采用国产品牌代替进口品牌，实现国产化，破解BDO生产关键设备受国外品牌“卡脖子”的难题。

【可降解塑料产业发展与应用峰会】 2022年8月19—20日，2022乌海可降解塑料产业发展与应用峰会在乌海市举办。此次峰会是乌海市贯彻落实习近平总书记关于发展煤基生物可降解材料的指示精神，主动服务融入内蒙古重要能源和战略资源基地建设，推进乌海市产业转型和城市转型，着力打造全国重要的可降解塑料产业基地举办的重要活动。峰会的举办，加大乌海市招商引资力度，推动相关产业尽快成链成群发展，扩大乌海发展可降解塑料产业在全国的影响力和知名度。

【内蒙古·乌海 2022 航空嘉年华】 2022 年 8 月 16 日至 9 月 15 日，内蒙古·乌海 2022 航空嘉年华在乌海市举行。会议旨在促进国内通用航空业界交流合作，搭建政策研讨、技术交流、展示展览、科普体验平台，打造宣传通航发展政策、展示行业良好形象、促进招商洽谈合作的重要窗口。在 8 月 16 日开幕式上，进行直升机飞行表演、单人动力伞表演、运动类固定翼飞机表演、空中跳伞表演，有 8 支飞行队、26 架飞行器参加。活动内容丰富，涉及飞行表演、静态展、通航发展研讨会、通航产业签约仪式等。

【生态治理】 2022 年，乌海市强化黄河流域大保护大治理，在全区率先完成滩区居民迁建，水土保持工作连续第三年位列全区优秀等次，黄河乌海段水质连续第五年保持Ⅱ类。加强矿区环境综合整治，完成矿区集中连片治理 11 平方千米，推进矿权整合工作，巩固绿色矿山创建成果。强化面源污染治理，实施臭氧和 PM_{10} 专项整治，开展油品储运销等 10 项挥发性有机物攻坚行动，推进 51 个工业污染治理项目，清理“散乱污”企业 34 家，建成区 35 蒸吨及以下燃煤锅炉全部淘汰。落实全面节约战略，推进“五个大起底”行动，提前完成沉淀资金、待批项目、闲置土地起底任务，“半拉子”工程、开发区建设整改整治工作进展顺利。构建绿色低碳交通运输体系，投用充（换）电站 16 座，推广应用新能源车辆 1650 辆。中心城区空气优良天数 305 天，优良率 83.6%，比 2021 年提高 3.9 个百分点，创有记录以来最高水平。城市生活污水处理率 95.09%。建成区绿化覆盖率 43.0%，与 2021 年持平。人均公园绿地 16.69 平方米。全市完成造林绿化面积 189 亩（自发性人工造林 189 亩）。全民义务植树完成 99.25 万株（包含折算株数）。全市有国家级自然保护区 1 个，面积为 13907 公顷。

（韩 玮）

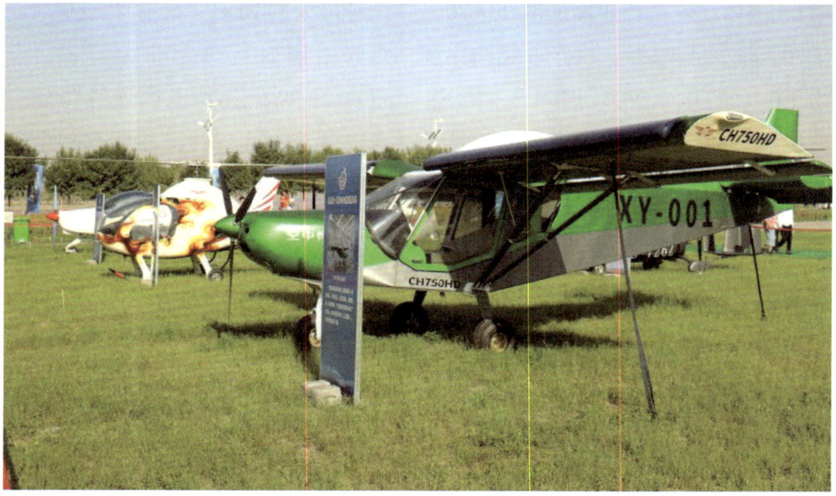

图 97 2022 年 8 月 16 日上午，内蒙古·乌海 2022 航空嘉年华活动在乌海湖畔开幕。图为静态展现场

（乌海市文体旅游广电局 供图）

【海勃湾区】 海勃湾区位于乌海市南部。2022 年，海勃湾区常住人口为 339155 人，其中城镇 322668 人、乡村 6487 人。区实现地区生产总值 357.18 亿元，同比增长 2.4%。其中，第一产业增加值 3.38 亿元，增长 6.2%；第二产业增加值 227.1 亿元，增长 3.1%；第三产业增加值 126.7 亿元，增长 1.4%。三次产业结构比为 0.9 ∶ 63.6 ∶ 35.5。全年固定资产投资累计完成 58.52 亿元，同比下降 9.5%。其中，第一产业完成投资 1629 万元，同比增长 129.8%；第二产业完成投资 27.56 亿元，同比增长 14.3%；第三产业完成投资 30.79 亿元，同比下降 24%。全年社会消费品零售总额完成 109.72 亿元，同比下降 0.9%，商品销售总额完成 2342802 万元。其中，批发业实现销售额 1282700 万元，同比下降 9.3%；零售业实现销售额 1060102 万元，同比增长 3.9%。住宿餐饮业实现营业额 72288 万元，其中住宿业实现营业额 9759 万元、同比下降 4%，餐饮业实现营业额 62529 万元、同比下降 15.1%。全区一般公共预算收入 402054 万元，同比增长 40.73%。其中，税收收入完成 346080 万元，非税收收入 55974 万元。一般公共预算支出 291352 万元。其中，一

般公共服务支出29348万元，公共安全支出9828万元，教育支出52330万元，科学技术支出1338万元，文化旅游体育与传媒支出1675万元，社会保障和就业支出27482万元，卫生健康支出25239万元，节能环保支出14881万元，农牧林水支出9082万元，住房保障支出29715万元。全体居民人均可支配收入达到52078元，同比增长4.1%。其中，城镇居民人均可支配收入达到52102元，同比增长4.1%；农区居民人均可支配收入达到27102元，同比增长5.5%。

（郝彦龙）

【乌达区】 乌达区位于乌海市西南部。2022年，乌达区常住人口12.24万人，比2021年减少0.02万人。全区实现地区生产总值完成196.75亿元，增长0.1%。其中，第一产业增加值1.29亿元，增长6.2%；第二产业增加值153.95亿元，同比下降0.9%；第三产业增加值41.51亿元，增长2.4%。规模以上工业增加值同比下降2.5%。固定资产投资同比增长77.8%。一般公共预算收入完成15.49亿元，同比增长23.22%；一般公共预算支出16.52亿元，同比增长15.2%。社会消费品零售总额同比下降1%。城镇常住居民人均可支配收入达48665元，同比增长3.5%。原煤产量1152万吨，同比下降5.8%；洗精煤产量266万吨，同比下降30.6%；焦炭产量161万吨，同比下降14%；烧碱产量52万吨，同比增长15.1%；草甘膦产量3.2万吨，同比增长16.9%。电石产量158万吨，同比增长5.5%。PVC产量68万吨，同比增长8.8%。全区规模以上工业企业实现营业收入415.8亿元，同比增长4.7%；营业成本达345.9亿元，同比增长13.6%，实现利润总额43.9亿元，同比下降63.6%。在库固定资产投资项目共94个，开复工项目53个，累计完成投资同比增长77.8%，居全市第一位。二产、三产实现双增长。二产项目63个，完成投资同比增长82%；三产项目31个，完成投资同比增长68.5%。工业领域投资带动作用明显。工业投资同比增长80.9%，占全部投资的69.97%。其中，高技术服务业投资增长54.8%，拉动全部投资增长15个百分点。全区社会消费品零售总额同比下降1.0%。商品销售总额同比下降7.0%。其中，批发业同比下降8.9%，零售业同比增长3.7%；住宿业营业额同比下降3.9%，餐饮业营业额同比下降14.4%。

（塔 娜）

【海南区】 海南区位于乌海市南部。2022年，海南区常住人口10.84万人。全区实现地区生产总值249.37亿元，比2021年增长3.6%。其中，第一产业增加值3.25亿元，增长6.2%；第二产业增加值205.58亿元，增长4.6%；第三产业增加值40.54亿元，增长0.1%。规模以上工业增加值比2021年增长4.3%。固定资产投资比2021年增长68.9%。一般公共预算收入完成19.1亿元，比2021年增长24.2%。全区农户实现粮食播种面积3862.35公顷，同比增长9.29%，粮食产量33815.6吨，同比增长41.64%。其中，玉米播种面积3543.19公顷，同比增长11.56%，产量32141.63吨，同比增长43.27%。年末实有牲畜87547头（只），同比增长12.72%。其中，猪7623头，同比增长4.91%；牛7617头，同比增长9.42%；羊70568只，同比增长15.19%。城镇常住居民人均可支配收入48447元，比2021年增长3.5%；农区常住居民人均可支配收入24034元，比2021年增长6.1%。社会消费品零售总额完成11.98亿元，比2021年下降1.0%。

（安利军）

阿拉善盟

【概况】 阿拉善盟位于内蒙古自治区最西部。2022年底，全盟常住人口26.90万人，比2021年末增加0.36万人，增长1.36%。常住人口中，城镇常住人口22.25万人，比2021年增加0.32万人，常住人口城镇化率82.72%，比2021年提高0.09个百分点；乡村常住人口4.65万人，比2021年增加0.04万人。全年出生人口0.17万人，出生率为6.32‰。死亡人口0.17万人，死亡率为6.45‰；人口自然增长率为-0.13‰。2022年，全盟实现地区生产总值407.2亿元，按可比价计算，比2021年增长3.6%。其中，第一产业增加值24.5亿元，增长4.2%；第二产业增加值261.7亿元，增长4.7%；第三产业增加值121亿元，增长1.9%。三次产业比例为6.0∶64.3∶29.7。第一、二、三产业对生产总值增长的贡献率分别为6.8%、73.7%和19.5%。人均地区生产总值达到150848元，比2021年增长1.7%。全盟城镇完成新增就业2770人。其中，城镇失业人员再就业 1811 人，就业困难人员安置就业 659 人。登记失业率为 3.46%。全年全体居民人均可支配收入 44875 元，比 2021 年增长 5.5%。

按常住地分，城镇常住居民人均可支配收入 49629 元，同比增长 5.0%，其中，工资性收入 30853 元、经营净收入 10038 元；财产净收入 2587 元、转移净收入 6151 元。农村牧区常住居民人均可支配收入 26666 元，同比增长 5.8%，其中工资性收入 4308 元；经营净收入 12057 元、财产净收入 1357 元、转移净收入 8944 元。全年全体居民人均消费性支出 29444 元，同比下降 0.8%。按常住地分，城镇常住居民人均消费性支出 32014 元，同比下降 0.4%。农村牧区常住居民人均消费支出 20175 元，同比下降 2.5%。全盟居民恩格尔系数为 25.4 %，比 2021 年上升 0.1 个百分点。其中，城镇居民恩格尔系数为 25.3 %，农村牧区居民恩格尔系数 为 25.7 %，均比 2021 年上升 0.1 个百分点。

【生物多样性保护和生态建设】 2022 年，阿拉善盟组织开展全盟生物多样性评估工作，通过对近 20 年全盟植被动态变化的分析，得出近 20 年全盟 NDVI（归一化植被指数）空间分布具有东南部高、西北部低的特征，NDVI 值介于 0.0 ~ 0.1 的面积最大，占全盟面积的 85.50%，呈现出 2000 年以后全盟植被 NDVI 持续增长的动态演变规律，特别是草原化荒漠区增长幅度更大，沙漠边界保持动态中的稳定，摸清全盟 NDVI 出现降低趋势主要在额济纳旗，NDVI 出现增加趋势主要在阿左旗巴彦浩特、头道湖和腾格里沙漠南部边缘地区的区域特征，最终形成《内蒙古自治区阿拉善盟生物多样性调查与评估报告》，为系统掌握阿拉善盟的动植物资源，服务物种多样性、遗传多样性、生境多样性和生态系统多样性情况，提升生态保护的总体水平起到积极的促进作用。由自治区环境监测总站阿拉善分站编撰的《阿拉善珍稀濒危野生动植物》和阿右旗巴丹吉林生态保护修复站高级工程师邱华玉为主要作者编撰的《阿拉善植物图鉴》也在年内相继出版，为全盟生物多样性保护和生态建设提供数据支撑。

【阿拉善生态产业健康科技园被命名为“国家阿拉善沙产业示范园区”】 2022 年，阿拉善盟聚焦优势资源，大力发展以肉苁蓉、锁阳、沙地葡萄、枸杞等为主的特色沙产业，积极发挥示范园区的集聚、引领作用，年内成功申报全盟首个国家林业产业示范园区，阿拉善生态产业健康科技园被命名为“国家阿拉善沙产业示范园区”。阿拉善生态产业健康科技园规划总用地面积 71.06 公顷 (1066 亩)，园区内给水、电信、热力和网络基站等基础设施配套齐全，加工、贸易、服务布局合理，具有健全的社会服务体系，技术、物流、信息、法律、金融等服务组织体系完备、运行顺畅，能满足园区企业发展需要。园区内有两家自治区级林业龙头企业，分别是内蒙古阿拉善苁蓉集团有限责任公司、内蒙古曼德拉沙产业开发有限公司。

【额济纳胡杨林入选全国首批“天气气候景观观赏地”】 2022 年 2 月 11 日，中国气象服务协会公布全国首批 15 个“天气气候景观观赏地”，阿拉善盟额济纳旗胡杨林（黄叶物候景观）为自治区唯一入选的地方。额济纳旗胡杨林是当今世界仅存的三处天然河道胡杨林之一，也是阿拉善盟重要的生态旅游资源，其林叶颜色变化与气候关系极为密切，天气气候景观典型，景观发生具有明显的规律性，发生频率较高，可观赏性、趣味性强，是当地核心旅游资源。阿拉善盟气象局以超前的服务意识拓展气象服务领域，在自治区内首创研究天气条件与生态物候的相关性，开展胡杨林景观预报。

【阿拉善盟内蒙古西部荒漠综合治理一期项目】 2022 年由盟林草局申报的阿拉善盟内蒙古西部荒漠综合治理一期项目获自治区发改委批准。该项目的实施，标志着《全国重要生态系统保护和修复重大工程总体规划（2021—2035 年）》在阿拉善盟落地。该项目总投资 49730 万元，资金来源全部为中央投资。项目建设周期为 2 年，建设规模及建设内容包括人工造乔木林 0.4 万亩，人工造灌木林 49.3 万亩，飞播造林 29.6 万亩，封沙育林 15 万亩，退化林修复 6.4 万亩，人工种草 33.1 万亩，围栏封育 203 万米，工程固沙 7.3 万亩。5 月，盟发改委争取到 2022 年中央预算内资金 27761 万元，用于支持该项目。

【“神舟”载人飞船在额济纳旗境内成功发射和顺利返回】 2022 年 4 月 16 日 9 时 56 分，神舟十三号载人飞船返回舱在额济纳旗境内东

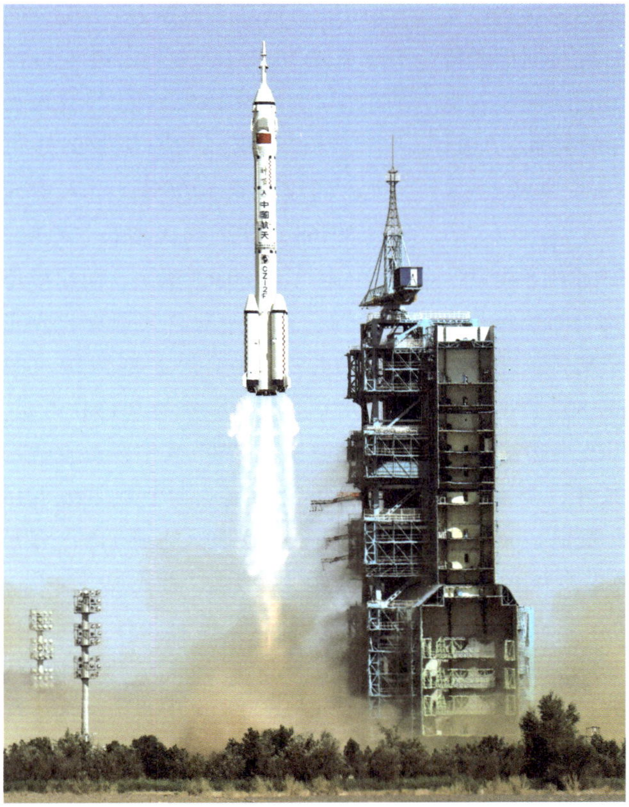

图 98　2022 年 6 月 5 日，搭载神舟十四号载人飞船的长征二号 F 遥十四运载火箭，在酒泉卫星发射中心点火发射

（李刚 / 摄）

风着陆场安全着陆。为做好“神十三”返回着陆安全保障工作，额济纳旗组织赛汉陶来苏木机动分队、东风镇机动分队、达来呼布镇机动分队等 11 支搜救分队于当日凌晨在东风着陆场集结待命，为神舟飞船和航天英雄平安回家保驾护航。6 月 5 日 10 时 44 分，搭载神舟十四号载人飞船的长征二号 F 遥十四运载火箭在酒泉卫星发射中心成功发射。由驻地部队、治安信息员、居边护边堡垒户、古日乃边境派出所组成的额济纳旗“航天护卫队”承担神舟十四号载人飞船外围安保工作。12 月 4 日 20 时 09 分，神舟十四号载人飞船返回舱在额济纳东风着陆场成功着陆。额济纳旗在赛汉陶来苏木驻地设立军地联合搜救指挥部，并召开誓师大会，在各部门密切配合下圆满完成搜救回收任务。

（王延吉　韩晓曦）

【阿拉善左旗】 阿拉善左旗位于阿拉善盟东部。2022 年底，全旗户籍人口 14.8 万人，比 2021 年末增加 0.1 万人。其中，城镇人口 9.2 万人，乡村人口 5.6 万人；男性人口 7.4 万人，女性人口 7.4 万人。2022 年，全旗实现地区生产总值按可比价计算比 2021 年增长 3.6%。其中，第一产业增加值比 2021 年增长 4.2%，第二产业增加值比 2021 年增长 5.6%，第三产业增加值比 2021 年增长 1.5%。三次产业比例为 4.9 ∶ 70.5 ∶ 24.6。第一、二、三产业对生产总值增长的贡献率分别为 5.6%、81.4% 和 13.0%。全年全旗人均地区生产总值比 2021 年增长 5.0%。全年 500 万元以上固定资产投资额比 2021 年增长 30.8%。按三次产业划分，第一产业投资比 2021 年下降 8.2%，第二产业投资比 2021 年增长 38.6%，第三产业投资比 2021 年增长 11.3%。民间投资比 2021 年增长 10.1%，占 500 万元以上固定资产投资额比重为 62.7%。基础设施投资比 2021 年增长 4 倍。全年施工项目 246 个，比 2021 年下降 2.0%；新开工项目 94 个，比 2021 年下降 6.9%；投产项目数为 44 个。全年全体居民人均可支配收入 44425.0 元，比 2021 年增长 5.6%。全体居民人均消费性支出 29149.0 元，比 2021 年下降 0.7%。按常住地分，城镇常住居民人均可支配收入 49322.0 元，比 2021 年增长 5.1%。全体居民恩格尔系数为 25.2%。其中，城镇居民恩格尔系数为 25.2%，农村牧区居民恩格尔系数为 25.8%。全年社会消费品零售总额 37.9 亿元，比 2021 年下降 0.4%。全旗居民消费价格（CPI）比 2021 年上涨 1.9%。分类别看，八大类消费价格呈现“五涨三降”格局。其中，食品烟酒类价格上涨 1.1%，衣着类价格下降 1.2%，居住类价格上涨 3.9%，生活用品及服务类价格下降 0.1%，交通通信类价格上涨 4.5%，教育文化娱乐类价格上涨 1.3%，医疗保健类价格下降 1.0%，其他用品及服务类价格上涨 1.5%。

（宋丹阳）

【阿拉善右旗】 阿拉善右旗位于阿拉善盟西南部。2022 年底，全旗户籍人口总数 10725 户，25022 人。其中家庭户 20109 人，集体户 4913 人，女性人口 12807 人，少数民族 8248 人；0 ~ 17 岁 3482 人，

18～34岁4854人，35～59岁11379人，60岁以上5307人。2022年，全旗实现地区生产总值25.93亿元，同比增长5.4%。其中，第一产业增加值4.41亿元，增长4.1%；第二产业增加值11.6亿元，增长9.5%；第三产业增加值9.92亿元，增长2.7%。三次产业结构为17∶45∶38。全年全旗城乡500万元以上固定资产投资同比增长110.9%，增速高于全盟73.8个百分点，全区93.3个百分点，增速连续三个月位列全盟各旗区首位。全旗一般公共预算收入2.16亿元，同比增长7.31%。财政总支出15.52亿元，其中一般公共预算支出12.94亿元，同比增长26.45%。固定资产投资41.15亿元，同比增长110.9%。全旗社会消费品零售总额5.45亿元，同比下降0.8%。按行业分，批发业销售额同比下降5.3%，零售业销售额同比增长7.9%，住宿业和餐饮业营业额分别下降15.1%和30.5%。全旗居民消费价格指数（CPI）同比上涨1.9%，八大类消费品价格指数五升三降，食品烟酒上涨0.6%，衣着上涨1.0%，居住上涨5.1%，生活用品及服务下降0.3%，交通通信上涨5.2%，教育文化和娱乐上涨0.6%，医疗保健下降0.7%，其他用品和服务上涨1.6%。全年全体常住居民人均可支配收入45870元，同比增长5.4%。分城乡看，城镇常住居民人均可支配收入50492元，同比增长4.9%，农村牧区常住居民人均可支配收入29250元，同比增长5.7%。城乡居民人均可支配收入比值为1.73，较2021年同期缩小0.01。

（图娅 李首蓉）

【额济纳旗】额济纳旗位于内蒙古自治区最西端，东南与阿拉善右旗相连，西南与甘肃省毗邻，北与蒙古国接壤，边境线长507公里，是自治区重点扶持的19个边境少数民族旗县之一。2022年，全旗户籍人口19454人。其中，城镇13064人，乡村6390人；男性人口9610人，女性人口9844人；0～17岁人口3143人，18～34岁人口3454人，35～59岁人口8934人，60岁以上人口3923人。全旗实现地区生产总值40亿元，同比增长2.2%。其中，第一产业增加值3.4亿元，增长4.2%；第二产业增加值9.5亿元，下降1.4%；第三产业增加值27.1亿元，增长2.9%。三次产业结构比调整为8.5∶23.8∶67.7。全年社会固定资产投资同比增长9%，其中：第一产业投资同比下降2.1%，第二产业投资同比下降9.9%，第三产业投资同比增长13.7%。全年社会消费品零售总额89911.3万元，同比下降3.3%。按销售单位所在地分，城镇69838.8万元，同比增长4.3%；乡村20072.5万元，同比下降22.69%。按消费形态分：餐饮收入35630.3万元，同比增长10.05%；商品零售54281万元，同比下降10.38%。全年，策克口岸进出口货物563.45万吨，同比增长37.03%；进出口贸易额369831万元，同比增长90.79%；出入境人员80868人次，同比增长5.92%；出入境车辆80868辆次，同比增长6.88%。地方一般公共预算收入完成21427万元（含上划盟级5683万元），较2021年增加1361万元，同比增长6.78%。其中，税收收入完成9832万元（含上划盟级4916万元），非税收入完成11595万元（含上划盟级767万元）。地方一般公共预算支出152035万元。其中，教育支出6400万元，科学技术支出289万元，文化旅游体育与传媒支出2875万元，社会保障和就业支出14852万元，卫生健康支出8515万元，农林水支出29820万元。城乡居民收入稳步增长，全体居民可支配收入达到46388元，同比增长5.3%；全体居民生活消费性支出达到30437元，同比下降1%。城镇常住居民可支配收入50450元，同比增长4.8%；城镇常住居民人均消费性支出32543元，同比下降0.6%。农村牧区常住居民可支配收入30980元，同比增长5.8%；农村牧区常住居民人均消费性支出23439元，同比下降2.5%。

（张洁）

人物 荣誉

ᠬᠦᠮᠦᠰ ᠴᠣᠯᠠ

先进个人

一、内蒙古获全国五一劳动奖章个人名单

巩学峰

呼和浩特市世洁燃气有限责任公司运输车队危险品车辆驾驶员。

孔德礼

内蒙古包钢钢联股份有限公司炼铁厂炼铁二部 4# 高炉炉前大班长，高级技师。

李　锋

华能伊敏煤电有限责任公司伊敏电厂检修部电气专业电机班班长，高级工程师、技师。

田　野

内蒙古京科发电有限公司工程管理部电气主管，高级工程师。

徐吉明

内蒙古通辽第五中学教师，高级教师。

房延军

满族，内蒙古赤峰市敖汉旗中远供暖有限责任公司投诉与维修站站长。

余宝霞

女，朝鲜族，内蒙古锡林郭勒盟苏尼特左旗第二中学教师，中学高级教师。

任有平

内蒙古绿康源生态农业有限公司蔬菜基地技术员，助理农艺师。

高四祥

蒙古族，内蒙古满世煤炭集团股份有限公司总裁，会计师。

姜　杰

内蒙古河套灌区水利发展中心信息化科科长，高级工程师。

张彦敏

女，乌海市西部煤化工有限责任公司炼焦车间乙班换向工。

阿木尔巴图

蒙古族，内蒙古额济纳旗庆华马克那林苏海特商贸有限责任公司煤场管理员。

朱晓娟

女，蒙古族，内蒙古艺术学院音乐学院教师，教授。

徐万松

中国建筑第二工程局第一建筑工程有限公司内蒙古分公司内蒙古艺术学院新校区项目部安全负责人、项目书记，工程师。

韩吉雨

满族，内蒙古伊利实业集团股份有限公司液态奶事业部原奶质量技术负责人，畜牧师。

徐　亮

蒙古族，中国联合网络通信有限公司呼和浩特市分公司政企客户事业部业务主管。

李继强

内蒙古电力（集团）有限责任公司包头供电分公司修试管理二处技术室主任、二级技能技师，高级工程师、高级技师。

刘雪平

中国铁路呼和浩特局集团有限公司包头车站古城湾站调车长，中级工。

杨亚军

中国工商银行股份有限公司呼伦贝尔分行运行管理部副经理。

王浩华

内蒙古自治区民航机场集团有限责任公司包头分公司航务保障部管制分队队长，工程师。

阿拉腾达来

蒙古族，内蒙古自治区农牧业科学院高级研究员，研究员。

孙乐之

内蒙古包头市昆都仑区教育教学研究中心教师，高级教师。

（谢云学）

二、内蒙古获全国三八红旗手个人名单

李一芝

内蒙古自治区呼和浩特市回民区通道街三顺店社，区党总支书记。

王改梅

内蒙古自治区乌海市乌达区滨海街道党工委书记。

王美兰

内蒙古绿康源生态农业有限公司董事长。

王　砚

内蒙古自治区巴彦淖尔市乌拉特后旗委常委、统战部部长、妇联党组书记、主席。

刘淑君

内蒙古自治区锡林郭勒盟中心医院科教科主任、行政第三党支部书记。

廖丽娟

内蒙古北方重工业集团有限公司中国兵器级关键技能带头人。

（武艳丽）

三、内蒙古获二等功以上退役军人名单

表55　2022年度内蒙古自治区获二等功以上退役军人名单

序号	姓名	性别	籍贯	时间	政治面貌	民族	入伍时间	退役时间	安置地	人员类别	立功受奖等级	立功时间
1	许鸿为	男	内蒙古乌兰察布市兴和县	1986年2月18日	中共党员	汉族	2007年6月	2022年3月	呼和浩特市	转业军官	二等功	2011年11月
2	杨　宇	男	内蒙古呼和浩特市回民区	1969年1月23日	中共党员	汉族	1986年11月	2017年4月	呼和浩特市	军队退休军官	二等功	2010年3月
3	张立华	男	河北省秦皇岛市昌黎县	1963年3月6日	中共党员	汉族	1980年11月	2018年9月	呼和浩特市	军队退休军官	二等功	2005年3月
4	李　峰	男	内蒙古呼和浩特市回民区	1963年3月20日	中共党员	汉族	1981年9月	2018年3月	呼和浩特市	军队退休军官	二等功	2008年2月
5	呼贵国	男	河北省秦皇岛市抚宁区	1976年9月8日	中共党员	汉族	1995年9月	2021年6月	呼和浩特市	逐月领取退役金人员	二等功	2016年12月
6	高秉礼	男	山西省原平市	1965年11月22日	中共党员	汉族	1984年6月	2020年12月	包头市	军队退休军官	二等功	2003年1月
7	黎　勇	男	河北省清苑县	1971年2月7日	中共党员	汉族	1988年9月	2019年1月	包头市	军队退休军官	二等功	1998年12月
8	王晓伟	男	内蒙古呼伦贝尔市莫力达瓦达斡尔族自治旗	1987年12月19日	中共党员	汉族	2005年12月	2022年4月	呼伦贝尔市	安排工作退役士兵	二等功	2020年1月
9	韩玄玄	男	河南省永城市	1991年12月10日	中共党员	汉族	2009年12月	2022年4月	兴安盟	安排工作退役士兵	二等功	2018年10月
10	王海涛	男	内蒙古通辽市扎鲁特旗	1996年12月24日	中共党员	蒙古族	2014年9月	2022年9月	通辽市	安排工作退役士兵	二等功	2021年9月

表 55（续表）

序号	姓名	性别	籍贯	时间	政治面貌	民族	入伍时间	退役时间	安置地	人员类别	立功受奖等级	立功时间
11	胡日查	男	内蒙古通辽市科尔沁左翼后旗	1991 年 10 月 20 日	中共党员	蒙古族	2009 年 12 月	2022 年 4 月	通辽市	安排工作退役士兵	二等功	2018 年 8 月
12	高华森	男	山东省乳山市	1971 年 5 月 20 日	中共党员	汉族	1989 年 8 月	2021 年 5 月	赤峰市	军队退休军官	二等功 2 次	2005 年 2 月 2014 年 5 月
13	张　彦	男	黑龙江省青冈县	1976 年 10 月 26 日	中共党员	汉族	2001 年 7 月	2021 年 6 月	赤峰市	逐月领取退役金人员	二等功	2019 年 9 月
14	刘晓光	男	内蒙古赤峰市翁牛特旗	1990 年 3 月 5 日	中共党员	汉族	2009 年 12 月	2022 年 4 月	赤峰市	安排工作退役士兵	二等功	2014 年 12 月
15	刘昊天	男	内蒙古赤峰市巴林左旗	1996 年 11 月 27 日	中共党员	蒙古族	2014 年 9 月	2022 年 9 月	赤峰市	安排工作退役士兵	二等功	2020 年 12 月
16	刘亚发	男	河北省滦南县	1965 年 12 月 20 日	中共党员	汉族	1983 年 10 月	2022 年 3 月	鄂尔多斯市	军队退休军官	二等功	1990 年 3 月
17	陈吉祥	男	内蒙古通辽市	1991 年 1 月 25 日	中共党员	蒙古族	2009 年 12 月	2022 年 4 月	鄂尔多斯市	安排工作退役士兵	二等功	2013 年 3 月
18	杨红兵	男	湖南省衡山县	1967 年 11 月 9 日	中共党员	汉族	1989 年 7 月	2021 年 6 月	阿拉善盟	军队退休军官	二等功	2009 年 5 月

备注：1. 只统计 2022 年度接收的退役军人中获得过二等功以上奖励的人员。
2. 人员类别包含转业军官、安排工作退役士兵、军队退休干部、军队退休士官、逐月领取退役金人员、复员军官等。

（表格来源：自治区退役军人事务厅）

（石　敏）

先进集体

一、内蒙古获全国五一劳动奖状集体

内蒙古金海伊利乳业有限责任公司

包头韵升强磁材料有限公司

内蒙古北峰岭粮油有限公司

内蒙古瑞达泰丰化工有限责任公司

内蒙古华电辉腾锡勒风力发电有限公司

二、内蒙古获全国工人先锋号名单

内蒙古 TCL 光电科技有限公司 TV 车间 1 线

呼和浩特市公共交通有限责任公司第六公共汽车公司 K1 公交线路

明拓集团铬业科技有限公司冶炼车间乙班

包头港华燃气有限公司管网运行部

呼伦贝尔东北阜丰生物科技有限公司发酵氨化剂车间

兴安盟消防救援支队科尔沁右翼中旗消防救援大队

内蒙古玉王生物科技有限公司保全车间

国家税务总局巴林右旗税务局第一税务分局（办税服务厅）

锡林郭勒盟羊羊牧业股份有限公司生产部

内蒙古福瑞医疗科技股份有限公司制剂车间

内蒙古汇能煤化工有限公司气化车间运行二班

鄂尔多斯市康巴什区公用事业服务中心公共卫生间管理保洁组

巴彦淖尔紫金有色金属有限公司锌品厂熔铸工段

乌海凯洁燃气有限责任公司调度中心

内蒙古金石镁业有限公司化产车间粗苯班组

内蒙古医科大学附属医院骨科教学团队

内蒙古公路交通投资发展有限公司巴彦淖尔分公司陕坝通行费收费所

中国内蒙古森工集团库都尔森林工业有限公司森林病虫害防治检疫站

内蒙古航天红峡化工有限公司二车间称量组

北方联合电力有限责任公司新能源分公司锡盟风电基地建设项目组

内蒙古集通铁路（集团）有限责任公司锡林浩特综合维修段桑根达来线路工区

国家开发银行内蒙古自治区分行信贷管理处

内蒙古自治区民航机场集团有限责任公司机务分公司呼和浩特机务保障部

内蒙古自治区税务干部学校后勤部

呼和浩特民族学院数学与大数据学院黄大年式教师团队党支部

内蒙古伊利实业集团股份有限公司总部金融中心

三、内蒙古获全国三八红旗集体名单

国家税务总局鄂尔多斯市东胜区税务局第一税务分局

内蒙古自治区乌兰察布市察右后旗白音察干镇杭宁达莱社区

内蒙古自治区呼和浩特市第一看守所女子中队

内蒙古自治区呼伦贝尔市中级人民法院

内蒙古自治区兴安盟乌兰浩特市兴安家政服务有限公司

（谢云学）

附 录

中国共产党内蒙古自治区第十一届委员会第五次全体会议公报

全会深入学习贯彻党的二十大和中央经济工作会议精神，听取和讨论了孙绍骋受自治区党委常委会委托作的工作报告，总结 2022 年经济工作，部署 2023 年经济工作。

全会充分肯定一年来自治区党委常委会的工作。一致认为，党委常委会全面贯彻落实党中央决策部署，深入贯彻落实习近平总书记对内蒙古的重要指示精神，坚定拥护“两个确立”、坚决做到“两个维护”，扎实落实习近平总书记交给内蒙古的五大任务，推动经济高质量发展，精心做好民族工作，发展全过程人民民主，加强宣传思想文化工作，全力防控新冠肺炎疫情，着力保障和改善民生，激励干部担当作为，深化全面从严治党，团结带领全区广大干部群众共同努力，推动各项事业发展取得新进展。

全会指出，前不久召开的中央经济工作会议，深刻分析当前国内外形势，系统部署明年经济工作，为我们更好推动经济社会发展指明了方向、提供了遵循。结合内蒙古实际，明年全区经济工作的总体要求是：以习近平新时代中国特色社会主义思想为指导，全面贯彻落实党的二十大和中央经济工作会议精神，完整、准确、全面贯彻新发展理念，积极服务和融入新发展格局，更好统筹疫情防控和经济社会发展，更好统筹发展和安全，全面深化改革开放，大力提振市场信心，突出做好稳增长、稳就业、稳物价工作，在稳中求进的基础上稳中快进、稳中优进，努力完成习近平总书记交给内蒙古的五大任务，全方位建设“模范自治区”，推动经济实现质的有效提升和量的合理增长，为推进中国式现代化作出更多内蒙古贡献。

全会强调，推动内蒙古高质量发展，首先要端正发展观念，在完整、准确、全面贯彻新发展理念上下苦功。要有雄心壮志，树立加快发展、大抓发展的理念，敢于赶超争先，努力提升在全国发展大局中的分量和位次。要摒弃“我不如人”的念头、“发展不用太急了”的想法、“重过程不重结果”的意识、“没有成方不敢开药”的做法、“看眼前不看长远”的思维、“不讲细节、差不多就行”的心态、“重生产轻经营”的观念，坚决丢掉头脑里那些不合时宜的东西，树牢正确的发展观、政绩观。

全会明确了明年经济社会发展的重点任务。一是优化经济布局，着力构建规范有序、张弛有度、循环通畅、充满活力的发展格局。要结合自然禀赋、生存条件、生态状况，统筹谋划哪些地方往起聚人、哪些地方往外迁人。聚焦重要流域和重大水利工程抓好水网布局，加快构建集防洪减灾、水资源调配、水生态保护等功能为一体的综合水网。坚持抓大带小、强化接头续尾，加快构建横贯东西、纵连南北、顺通北京、畅联八省、抵边达海、城乡一体的综合立体交通网。加快形成多规合一、图数一致、上下一体的全区国土空间规划“一张图”。发挥各地比较优势，提高资源配置效率，优化调整新能源、煤炭、农牧业、制造业等产业布局。二是千方百计做大经济总量。农牧业要提高单产水平，大力发展设施农业和舍饲圈养。工业要加强技术改造和设备更新，通过数字化等手段提高投入产出比。新能源开发要有“等不起”的紧迫感和“慢不得”的危机感，只争朝夕，大干快上。旅游业要加强资源整合和统筹谋划，做足全域、全季、全业的文章。着力补齐区属国有企业发展短板，做大资产规模，提升经营效益，奖优罚劣、奖罚分明。加快培育新增长点，做好经营土地和碳汇指标交易的文章。全力用好“三驾马车”，加大项目建设和招商引资力度，不断恢复和扩大消费，东进西扩搞好开放。三是以更大力度强化科技人才支撑。要进一步优化人才发展环境，完善服务保障措施，理顺引进机制，依托资源优势有针对性地招才引才，让本地的人才不想走、外面的人才愿意来。建好用好已有创新平台特别是国家级创新平台，更好赋能产业发展。四是全面推进资源节约集约利用。要着力解决水、土地、城乡建设、矿产、废弃物、机关办公等领域各种资源浪费问题，持续深化“五个大起底”行动，推动各类资源真正活起来、高效用起来。五是扎实做好惠民生、防风险、保稳定工作。要多措并举推动城乡居民增加收入。抓紧抓实教育、医疗、养老等老百姓关心的大事。抓好疫情防控工作。保障好困难群体基本生活。加强财政金融、房地产等各领域风险防控化解，牢牢守住不发生系统性风险的底线。加大社会治安、安全生产、基层治理等工作力度，不断增强各族人民安全感。

全会强调，明年经济工作要努力实现“开门红”，巩固拓展整体好转的发展势头。要坚持以新能源带动新工业、以先进制造业带动新型工业化，把长板做长、把产业链拉长。要全面推进乡村振兴，推动农牧业规模化、产业化、品牌化发展。要深化“科技兴蒙”行动，不断提升科技支撑力。要强化服务意识、有解思维，为发展注入新动力。要统筹推进生态优先、节约集约、绿色低碳发展，在美丽内蒙古建设上迈出新步伐。要采取更多惠民生、暖民心举措，让各族群众的日子越过越红火。

全会强调，要加强党对经济工作的全面领导。各级党委要牢牢扭住经济建设这个中心不动摇，加强对经济工作的统筹谋划，完善和做实更加注重结果的考核机制。各级党委书记要增强抓经济工作的意识，亲自上手、狠抓落实。各级领导干部要加强学习，着力提升领导和推动经济工作的能力。

全会强调，做好明年经济工作，重在行动、贵在落实。要坚持领导机关和领导干部带头，引领带动全区上下大力发扬蒙古马精神，锚定目标、放开手脚、提速提效做好工作，以奋发有为的精神状态和时不我待的责任意识，只争朝夕地推动各项目标任务落到实处。当前正值岁末年初，各地各部门要精心组织，统筹做好“两节”期间物资供应、帮扶救助、疫情防控、安全生产、应急管理、农民工工资发放等工作，让群众温暖安全过冬、欢乐祥和过节。

全会号召，全区各级党组织和广大党员干部要更加紧密地团结在以习近平同志为核心的党中央周围，踔厉奋发、勇毅前行，扎扎实实做好各项工作，为全国发展大局多作贡献，为全区各族人民多增福祉。

内蒙古自治区第十三届人民代表大会常务委员会工作报告

——2023 年 1 月 13 日在内蒙古自治区第十四届人民代表大会第一次会议上

自治区人大常委会副主任 林少春

各位代表：

我受自治区十三届人大常委会委托，向大会报告工作，请予审议，并请列席人员提出意见。

过去五年的主要工作

过去的五年，是党和国家历史上极不寻常、极不平凡的五年，是新时代中国特色社会主义取得伟大成就的五年，也是人民代表大会制度不断完善发展、人大工作实践取得新进展的五年。五年来，习近平总书记每年参加内蒙古代表团审议并发表重要讲话，为做好新时代内蒙古各项工作指明了前进方向、提供了根本遵循、注入了强大动力。我们始终牢记总书记嘱托，坚持以习近平新时代中国特色社会主义思想为指导，全面贯彻党的十九大、十九届历次全会和二十大精神，深入落实习近平法治思想、习近平总书记关于坚持和完善人民代表大会制度的重要思想，深入贯彻落实中央人大工作会议精神，在自治区党委的坚强领导下，紧紧围绕总书记交给内蒙古的五大任务，全方位建设“模范自治区”，积极发展全过程人民民主，全面履行各项法定职责，踔厉奋发、担当作为，努力实现人大工作高质量发展。

一、坚定坚持党的全面领导，始终把牢人大工作正确政治方向

强化政治机关属性，坚持党的全面领导这一最高政治原则，确保人大工作始终沿着正确方向前进。

坚持以习近平新时代中国特色社会主义思想统领人大工作，把习近平总书记重要指示精神和党中央决策部署作为常委会党组“第一议题”，作为人大代表和机关干部培训的“第一课程”。扎实开展“不忘初心、牢记使命”主题教育、党史学习教育，从党的百年奋斗重大成就和历史经验中汲取智慧和力量，从新时代伟大成就中坚定历史自信，更加深刻领悟“两个确立”的决定性意义，更加自觉增强“四个意识”、坚定“四个自信”、做到“两个维护”，始终在思想上政治上行动上同以习近平同志为核心的党中央保持高度一致。

自治区党委高度重视人大工作，五年内两次召开人大工作会议，先后出台《关于进一步加强党的领导 做好新时代人大工作的意见》《贯彻落实中央人大工作会议精神重点任务及分工方案》，对做好新时代人大工作作出部署。定期听取人大党组工作情况汇报，讨论《自治区促进民族团结进步条例》等重要法规草案，研究换届选举等重大问题，为发挥好人大职能作用提供坚强政治保证。自治区人大常委会坚决执行党领导人大工作的各项制度，坚持重大事项请示报告制度，就重点工作、重要活动向自治区党委请示报告 296 件（次），确保人大工作始终在党的领导下进行。

切实履行党组政治责任，加强对常委会工作的组织领导和统筹协调，落实全面从严治党主体责任，人大及其常委会成为坚持党的领导的坚强阵地。在人大各专门委员会设立分党组，调整充实机关党组成员，及时修改常委会党组、机关党组工作规则，出台专门委员会分党组工作规则，实现党组工作全覆盖，常委会党组把方向、管大局、保落实的作用得到有效发挥。

二、积极发展全过程人民民主，厚植人大工作群众基础

深刻认识人民代表大会制度是发展全过程人民民主的重要制度载体，是党在国家政权中充分发扬民主、贯彻群众路线的重要实现形式，切实担负起人大在发展全过程人民民主中的使命。

深入贯彻落实习近平总书记关于发展全过程人民民主的重大理念，率先制定《关于在人大工作中发展全过程人民民主的意见》，进一步明确 7 个方面的目标任务。修改《自治区人民代表大会议事规则》《自治区实施代表法办法》，将全过程人民民主融入地方性法规，为全过程人民民主实践提供制度保证。

夯实人大工作民意基础，进一步完善人大民主民意表达平台和机制，积极开展立法协商，所有法规都通过调研、座谈、论证、咨询等方式充分听取意见建议。选择《自治区养老服务条例》等事关群众切身利益的法规进行听证，客观真实听取利益相对人和社会公众的意见。调整充实基层立法联系点，建立奖励和退出机制，连通群众与立法机关的“直通车”，打通群众参与立法的“最后一公里”。主动邀请代表列席人大常委会会议，参加调研、视察和执法检查等活动，支持代表充分发挥同群众工作和生活在一起的优势，面对面听取意愿呼声，确保在立法、监督、决定等各个环节都能听到来自人民的声音。

三、深入推进科学立法、民主立法、依法立法，着力提高立法质量和效率

本届以来，共制定、修改地方性法规 117 件（次），废止 48 件，批准设区的市和自治旗地方性法规、单行条例 168 件，有效发挥了法治固根本、稳预期、利长远的作用。

一是加强重点立法，有力服务保障经济社会发展大局。坚持立法引领护航高质量发展，把新发展理念完整准确全面融入法规条文，制定、修改《自治区促进科技成果转化条例》《自治区重要经济目标防护管理条例》《自治区地方金融监管条例》《自治区农作物种子条例》等法规，持续为内蒙古高质量发展提供法治支撑。制定《自治区中小企业促进条例》，从财税支持、融资促进、创业创新等8个方面作出规范，重点解决中小企业融资难融资贵、申报流程繁琐等痛点堵点问题。修改《自治区公路条例》《自治区高速公路条例》《自治区道路运输条例》，依法保障内蒙古联通内外的“交通网”越织越密。坚持立法助推社会高效能治理，制定《自治区基层综合行政执法条例》，依法赋予苏木乡镇人民政府和街道办事处综合行政执法主体地位。制定《自治区公安机关警务辅助人员管理条例》，解决警辅队伍职责权限不清、职业保障不到位、教育管理不规范等瓶颈问题。制定、修改《自治区公共信用信息管理条例》《自治区文明行为促进条例》《自治区红十字会条例》《自治区志愿服务条例》《自治区边境管理条例》《自治区实施村民委员会组织法办法》等，完善社会治理保障机制，健全依法治理体系。坚持立法守护群众高品质生活，把坚持人民立场、为民造福本质要求融入立法，聚焦安全生产、物业、家庭教育、城镇供热、精神卫生、禁毒等领域制定、修改法规。制定《自治区反家庭暴力条例》，建立社区网格化管理机制、首接责任制、法院跟踪回访制度，形成反家暴工作“闭合圈”。制定《自治区养老服务条例》《自治区老年人权益保障条例》，将“精神慰藉”“对啃老说不”“独生子女陪护”“加快形成养老服务体系”等内容写入法规条文，为树立孝亲敬老的社会风尚提供重要法治保障。

二是突出地方特色，立法的针对性有效性显著提升。牢记总书记关于“扎实推进民族团结、边疆稳固”的殷殷嘱托，把稳慎做好民族领域立法工作作为“国之大者”，先后出台了《自治区促进民族团结进步条例》《自治区教育条例》，修改《自治区实施国家通用语言文字法办法》，同步废止《自治区民族教育条例》《自治区蒙古语言文字工作条例》等6件地方性法规。统筹安排全区各方面完成涉民族领域法规、规章、规范性文件立改废任务，取得了政治效果和法治效果的统一。牢记总书记关于“建成祖国北方重要生态安全屏障”的殷殷嘱托，坚持以最严密法治保护生态环境，分别制定了自治区大气、水、土壤、固体废物污染防治条例，《自治区乌海市及周边地区大气污染防治条例》，织密污染防治保护法网；为了实现草原资源永续利用，推动草原畜牧业发展与草原生态保护相协调，制定《自治区草畜平衡和禁牧休牧条例》；立足于保障地下水可持续利用，出台了《自治区地下水保护和管理条例》；修改了《自治区呼伦湖国家级自然保护区条例》、批准了《乌兰察布市岱海黄旗海保护条例》。本届以来，自治区本级和设区的市生态环保领域立法分别占到立法总数的19%和45%，依法保障全区上下合力守好内蒙古这片碧绿、这方蔚蓝、这份纯净。

三是坚持“小切口”，通过“创制性”立法解决实际问题。落实总书记关于永远做草原上的“红色文艺轻骑兵”的重要指示精神，制定《自治区乌兰牧骑条例》，有效保障乌兰牧骑扎根基层，创作出更多接地气、传得开、留得下的优秀作品，更好服务群众。制定《自治区革命文物保护利用条例》，发挥革命文物服务大局、资政育人的作用，依法推动弘扬革命文化、传承红色基因。立足于解决胡杨林保护与开发的突出矛盾，制定《自治区额济纳胡杨林保护条例》，“你保护荒漠，我来保护你”，地方性法规的补充作用得到真正彰显。有立法权的市也相继制定了一批“小切口”法规，资源大市鄂尔多斯市出台了《绿色矿山建设管理条例》，“马铃薯之都”乌兰察布市出台了《农用地膜污染防治条例》，文化资源丰富的巴彦淖尔市出台了《阴山岩画保护条例》，努力用“小切口”立法解决“大问题”。

四是坚持常态化清理法规，切实维护国家法治统一。建立法规清理常态化工作机制，先后围绕生态环境保护、食品药品安全、煤炭资源整治、动物防疫、公共卫生安全、实施民法典、民族工作、人口和计划生育8个领域开展法规专项清理，并及时跟进上位法制定修改情况开展常态化清理工作。

强化规范性文件备案审查工作，五年来共接收报备文件457件，督促制定机关纠正9件，切实维护国家法治统一。

四、实行正确监督、有效监督、依法监督，着力提高人大监督刚性和实效

本届以来，共开展人大监督工作227项，监督和支持“一府一委两院”在宪法法律范围内履行职责、开展工作。

一是助力经济高质量发展。开展科学技术进步“一法一条例”执法检查，听取和审议促进数字经济发展情况的报告、财政科技资金分配和使用情况报告，连续两年分别听取和审议促进高新技术产业发展情况和政府落实人大问题清单整改情况报告，推动政府提高科技创新投入，增强自主创新能力。听取和审议现代能源经济发展情况报告，围绕新旧动能转换开展主任集体视察，推动传统产业高端化、智能化、绿色化。聚焦优化营商环境，听取和审议优化营商环境情况报告、加大招商引资力度推进产业重大项目建设情况报告，听取和审议全区法院发挥审判职能作用优化营商环境情况报告、全区检察机关适用认罪认罚从宽制度工作情况报告，努力培育和激发市场主体活力。加强对财政预算的全口径审查、全过程监督，目前，已经实现自治区本级、盟市及80余个旗县市区人大预算联网监督系统三级贯通。听取和审议计划、预决算报告，审计和审计查出问题整改情况报告，新增专项债券资金发行使用情况、中央财政直达资金下达拨付和使用情况报告，持续强化对地方政府债务的审查监督，11次批准预算调整方案，督促不断提高财政资金使用效率。出台国有资产监督工作五年规划，连续听取国有资产管理情况专项报告和综合报告，推动国有企业做强做优做大，实现国有资产保值增值。

二是督促解决人民群众急难愁盼问题。开展野生动物保护“一法一决定一办法”执法检查，听取和审议疫情防控工作情况报告，强调要清醒认识疫情防控的长期性、复杂性和不确定性，慎终如始做好疫情防控工作。开展就业促进“一法一条例”执法检查，听取和审议兜底线保基本加强社会救助情况报告、积极促进重点群体就业增加居民收入情况报告，督促政府从源头上解决好“用工荒”和“就业难”的结构性矛盾，推动解决拖欠农民工工资问题。听取和审议关于减轻义务教育阶段学生作业负担和校外培训负担相关情况报告、全区检察机关开展未成年人检察工作情况报告，持续跟踪监督县域义务教育均衡发展问题，城镇大班额、大校额治理取得显著成效，外来务工人员随迁子女义务教育同城待遇问题得到解决。听取和审议应对人口老龄化、加强养老机构放管服改革情况报告，全区旗县级公立医院综合改革和分级诊疗制度落实情况报告，强调全区上下要更加重视养老事业和养老产业发展，推动解决“看病难、看病贵”问题。开展安全生产“一法一条例”执法检查，压实各方责任，依法守住安全生产底线。开展畜牧法、动物防疫“一法一条例”执法检查，进一步压实法律责任，保障群众“舌尖上的安全”。聚焦脱贫攻坚和乡村振兴，通过多种方式连续开展监督，组成人员走进农村牧区，面对面听取基层干部群众的意见，有针对性地提出改进工作建议，助推解决脱贫攻坚的重点难点问题，全力保障巩固拓展脱贫攻坚成果同乡村振兴有效衔接，接续推进脱贫地区发展和群众生活改善。

三是用法治力量保护祖国北疆万里绿色长城。与全国人大常委会上下联动，分别对大气、水、土壤、固体废物污染防治法和环境保护法开展执法检查，持续督促各地落实“蓝天、碧水、净土、清废”法律责任。开展循环经济促进法执法检查，审议节能情况报告，督促降低资源消耗强度，提升资源使用效率，不断提高我区绿色发展水平。对草原“一法一条例”进行执法检查并形成问题清单，维护草原生态系统的完整和平衡。开展城乡规划“一法一条例”执法检查，围绕城镇老旧小区和物业管理工作情况开展专题调研，推动城乡规划实施，改善人居环境。听取和审议黄河流域内蒙古段生态保护和高质量发展情况报告，就做好节水、治水、管水三篇文章提出改进工作建议。连续五年听取和审议年度环境状况和环境保护目标完成情况报告，高度关注“一湖两海”生态环境、绿色矿山建设，以解决重点环境问题带动生态保护提质增效。

四是有形有感有效做好民族工作。开展民族区域自治法实施情况执法检查，就民族团结进步创建、铸牢中华民族共同体意识工作情况开展专题调研，同步听取和审议政府专项工作报告，围绕新时代继续保持“模范自治区”的崇高荣誉，提出7个“走在前、作表率”的建议，相关内容已经吸收到自治区党委文件中。听取和审议推行使用国家统编教材情况报告，支持促进国家通用语言文字统编教材实现“应推尽推”。对兴边富民行动“十三五”规划贯彻实施情况、基层推进民族团结进步创建情况开展专题调研，助力边境安宁稳定，人民安居乐业。

五是扎实推进法治内蒙古建设。听取和审议法治政府建设工作情况报告，对行政处罚法、行政许可法、行政强制法实施情况开展执法检查，针对行政机关重处罚轻纠错、程序违法、行政效率低下等问题提出建议。首次听取和审议自治区监委开展扫黑除恶专项斗争“打伞破网”情况报告，推动建立健全协同联动机制，为平安内蒙古、法治内蒙古建设夯石筑基。集中听取法院、检察院、公安厅、司法厅在全区政法队伍教育整顿中存在的顽瘴痼疾整改落实情况报告，作出了《关于加强司法监督工作的决定》，推动建设忠诚干净担当的新时代司法队伍。聚焦维护群众合法权益，坚持每年突出一个重点，就打击治理电信网络诈骗违法犯罪、打击经济犯罪、开展扫黑除恶专项斗争、人民调解、民商事审判、金融审判、落实司法责任制、公益诉讼、刑事执行、办理控告申诉案件等，听取和审议“一府两院”专项工作报告，督促严格公正司法，更好维护公平正义。

五、完善重大事项决定机制，选举任免工作得到进一步加强

坚持依法决策、民主决策、科学决策，依法作出重大事项决议决定 52 项，确保党的主张通过法定程序成为国家意志，成为全区人民的共同意志。修订自治区人大常委会讨论决定重大事项的规定，按照“议而必决、议而可决、听取报告”三大类别，准确界定 34 类重大事项，保障重大事项决定权更好行使。

作出《关于深入学习宣传和贯彻实施〈中华人民共和国宪法〉的决议》，对学习宣传实施宪法作出规范细化，努力把我区全面实施宪法提高到一个新水平。作出《深入开展第八个五年法治宣传教育的决议》，在全社会努力营造尊法、学法、守法、用法的浓厚氛围。作出《关于进一步优化营商环境的决定》，树立大抓发展这个鲜明导向，更好满足市场主体对法治化营商环境的新期待。落实税收法定原则，先后就县级行政区耕地占用税适用税额、矿产资源税适用税率、契税具体适用税率等作出决定。就加强经济工作监督作出决定，实现对经济工作的常态化、全过程监督，助力高质量发展。作出《关于加强国有资产管理情况监督的决定》，促进国有资产治理体系和治理能力现代化。作出《关于深入推进农村牧区改厕工作的决定》，全面提升我区改厕工作质量。作出《关于进一步加强未成年人检察工作的决定》，强化未成年人综合司法保护。作出《关于加强检察公益诉讼工作的决定》，确保公益诉讼高效、规范、廉洁、公正开展。

认真行使人事任免权，依法选举任免国家机关工作人员，保证了中央和自治区党委人事安排意图的顺利实现。落实机构改革有关要求，做好自治区人大社会建设委员会组建和自治区监察委员会组成人员任免工作。修改《自治区组织实施宪法宣誓制度办法》，认真组织开展宪法宣誓，进一步增强国家公职人员恪守宪法原则、履行宪法使命的自觉性和坚定性。

六、尊重人大代表主体地位，支持人大代表依法履职尽责

常委会不断加强代表思想作风能力建设，支持保障代表依法履职，代表作用得到充分发挥，成为人民当家作主的重要体现。

强化政治引领，有重点、分专题就习近平新时代中国特色社会主义思想、党的十九大精神、党的二十大精神、宪法修正案、人民代表大会制度等内容组织代表进行学习培训，进一步提高政治素质，提升履职能力。举办习近平总书记关于加强和改进民族工作的重要思想和党的民族政策专题培训班，出台《在全区各级人大代表中开展铸牢中华民族共同体意识教育的意见》，实现全区五级 6 万余名代表培训全覆盖，教育引导代表在带头执行党的方针政策上做表率、在带头落实宪法法律上做表率、在带头维护民族团结上做表率、在带头联系群众上做表率。

强化代表履职服务保障，出台《关于加强和改进全区人大代表工作的意见》，修改《代表建议、批评和意见办理办法》，建立组成人员督办重点建议机制和代表建议答复承诺事项台账。各承办单位认真办理代表议案建议，本届以来，81 件议案和 3247 件建议均在规定时限内得到高质量办理，草原生态保护、岱海生态补水工程、边境地区通讯设施建设等一批重点问题得到解决。完善组成人员联系基层代表制度，虚心听取意见建议，帮助解决实际问题。初步建成网上代表工作平台，组建代表活动小组，将人大代表之家延伸至线上，让民意表达更畅通、更便捷。

充分发挥代表来自人民、植根人民的优势，坚持为人民用权、为人民履职，开展“万名人大代表助力精准扶贫”“我是人大代表我帮你”等活动，努力做到民有所呼、我有所应。组织代表回原选举单位进行述职，主动接受群众监督。在县乡两级推行民生实事项目人大代表票决制，累计票决交通、环境保护、公益事业等项目 4765 件，有效解决了一批人民群众身边的操心事、烦心事、揪心事。

五年来，各级人大代表不忘代表人民行使权力的初心，立足岗位、发挥特长，联系群众、服务群众，用实际行动践行了“人民选我当代表，我当代表为人民”的庄严承诺，得到各方面的充分肯定。

七、紧扣“四个机关”建设，全面提升履职水平

积极对标党中央加强和改进新时代人大工作的新部署，主动适应形势发展的新要求，不断加强常委会和机关自身建设，努力打造让党放心、让人民满意的“四个机关”。

强化思想政治建设，持之以恒用党的创新理论武装头脑，坚持学思用贯通、知信行统一，坚持用习近平新时代中国特色社会主义思想指导实践、推动工作，锤炼履职过硬本领，确保把自治区党委贯彻党中央大政方针的决策部署依法落实到位。认真履行意识形态工作责任制，定期分析研判意识形态工作，确保始终坚持正确政治方向和舆论导向。

强化制度建设，制定、修改《自治区人大常委会工作条例》《自治区各级人大常委会规范性文件备案审查条例》《自治区预算审查监督条例》等法规，出台《发挥人大常委会立法主导作用的意见》《地方立法中涉及重大利益调整论证咨询的工作办法》《增强人大监督工作实效的办法》等工作制度，进一步构筑适应职能特点、运行有效、充满活力的制度体系。

强化作风建设，严格落实中央八项规定及其实施细则精神，持续纠治“四风”。扎实开展“大兴学习之风、大兴调查研究之风、大兴求真务实之风”活动，树立成果意识、报账意识、交卷意识，对各项工作坚持一抓到底，务求取得实效。改进调查研究，倡导短实新的文风，坚持说实话、务实功、出实招。持续改进会风，合理安排常委会会议日程，进一步优化会议流程，提高议事效率。制定《组成人员履行职责的规定》《关于发挥组成人员主体作用、共同做好常委会工作的意见》，建立年度履职情况通报制度，助推组成人员更好履职尽责。坚持全面从严治党，主动接受巡视监督、坚决抓好巡视反馈整改，着力推动巡视成果运用转化。支持派驻人大机关纪检监察组开展工作，推动机关政治生态更加风清气正、健康向上。

强化机关效能建设，构建各司其职、各负其责、整体协同、高效运转的工作机制，提升机关整体工作水平。加强人大新闻宣传工作，开通“内蒙古人大”微信公众号、手机 App，完善新闻发布制度，讲好人大故事。加强机关干部队伍建设，旗帜鲜明地把担当作为的导向树起来，努力打造一支政治坚定、服务人民、尊崇法治、发扬民主、勤勉尽责的新时代人大干部队伍。

各位代表，2022 年是自治区十三届人大常委会履职的最后一年，常委会着眼服从服务大局，突出做好以下三项工作：

第一，主动聚焦聚力，全力落实好总书记参加十三届全国人大五次会议内蒙古代表团审议时的重要讲话精神。举全常委会之力，开展大力传承弘扬中华优秀传统文化、推进中华民族共有精神家园建设专题调研，同步听取和审议政府专项工作报告，重点围绕坚持用中华优秀传统文化浸润民族团结、从更深层次铸牢中华民族共同体意识等方面提出问题清单。听取和审议“五个大起底行动”推进情况的报告，推动资源节约集约高效利用。制定《自治区煤炭管理条例》，就碳达峰碳中和、国家重要农畜产品生产基地建设情况开展监督，对《自治区粮食安全保障条例》进行立法调研，推动自治区更加有为地肩负起建设“两个基地”的光荣使命。听取和审议基层治理中网格化建设和网格员管理情况报告，以法治“善为”促基层“善治”。

第二，坚持落实落细，把中央人大工作会议精神贯彻到人大工作全过程各方面各环节。中央人大工作会议召开后，自治区党委及时召开人大工作会议、出台贯彻意见，人大跟进制定《重点任务分工方案》，就贯彻落实情况开展督查调研。自觉践行“六个必须坚持”的重要要求，自觉聚焦“六个方面重点任务”，把中央人大工作会议关于做好立法、监督、决定、代表工作的重要要求落实到具体工作中。推动设立地方立法研究中心，选优配强立法、财经、信息化建设等专业人员。

第三，坚持依法办事，精心组织换届选举。制定《关于出席第十四届全国人民代表大会代表名额和选举问题的意见》《自治区第十四届人民代表大会代表名额和选举问题的意见》，深入研究、审慎确定名额、结构、比例等关键问题。从严把关做好连任代表人选推荐工作。依法审查和确认自治区人大代表资格。加强对各选举单位的指导，圆满完成我区十四届全国人大代表选举筹备工作。依法增加组成人员名额，在组成人员中充实年轻化、专业化力量，进一步优化组成人员年龄、专业、知识结构。本次会议，将审议《关于设立自治区人大专门委员会的决定》，进一步加强人大专门委员会设置。

各位代表！常委会五年工作取得的成绩，是在习近平新时代中国特色社会主义思想指导下，自治区党委坚强领导的结果，是自治区人大代表、常委会组成人员、专门委员会成员和常委会机关工作人员共同努力的结果，是"一府一委两院"密切配合的结果，是全区各级人大和各族人民大力支持的结果。在此，我代表自治区人大常委会，对大家表示崇高的敬意和衷心的感谢！

我们也清醒认识到，常委会工作还存在一些差距和不足。主要是，学习领悟党的创新理论系统性整体性还不够，全过程人民民主的实践有待进一步推进，地方立法工作需要进一步提质增效，监督工作刚性和实效有待增强，代表作用的发挥仍不够充分，人大组织制度和议事规则还需要进一步健全。常委会将高度重视这些问题，虚心听取代表的意见，采取有力措施，切实加以改进。

五年工作体会

五年来，自治区人大常委会积极探索、勇于实践，积累了有益经验，其中最深刻的是以下几个方面。

（一）始终坚持党的全面领导。实践充分证明，做好新时代人大工作，最根本的是必须深刻领悟"两个确立"的决定性意义，坚持党的全面领导这一最高政治原则。五年来，我们坚决维护习近平总书记党中央的核心、全党的核心地位，坚决维护以习近平同志为核心的党中央权威和集中统一领导，始终坚持以习近平新时代中国特色社会主义思想统领人大工作，落实自治区党委工作要求，确保了人大工作始终沿着正确的政治方向前进。

（二）始终坚持以人民为中心的发展思想。实践充分证明，做好新时代人大工作，必须坚持人民至上，牢记"江山就是人民，人民就是江山"。五年来，我们坚持把人民放在心中最高位置，坚持发展全过程人民民主，扭住人民群众最关心的就业、教育、医疗、养老、食品药品安全、社会治安等问题加大工作力度，人大工作得到了人民的支持和认可，才具有了更加坚实的群众基础。

（三）始终坚持铸牢中华民族共同体意识。实践充分证明，做好新时代人大工作，必须紧紧抓住铸牢中华民族共同体意识这条主线，坚定不移走中国特色解决民族问题的正确道路。五年来，我们把铸牢中华民族共同体意识作为做好人大民族工作的"纲"，持续运用法治手段纠偏正向，在依法治理民族事务、呵护"模范自治区"崇高荣誉上体现担当、作出贡献，人大工作取得了党和人民满意的效果，发挥出了法治建设不可替代的重要作用。

（四）始终围绕中心履行法定职责。实践充分证明，做好新时代人大工作，必须胸怀"国之大者"，把人大工作始终放到党的工作全局中来谋划和推动。五年来，我们始终围绕习近平总书记交给内蒙古的五大任务做好人大立法、监督、决定、代表等工作，使人大工作始终与党委工作目标同向、步调一致、同频共振，人大的职能作用才得以有效发挥，人民代表大会制度的独特优势才得以充分彰显。

（五）始终坚持问题导向、务求实效。实践充分证明，做好新时代人大工作，必须增强问题意识、坚持问题导向。五年来，我们始终注重提高立法质量、增强监督实效，坚持什么问题突出就立什么法、要解决什么问题就立什么法，坚持有几条写几条、管用几条写几条；强调人大监督工作要找准问题，提出的审议意见坚决杜绝"大而化之""放之四海皆准"，人大工作才做出了特色、做出了成效，地方国家权力机关的权威才得以充分体现。

（六）始终坚持与时俱进、创新发展。实践充分证明，做好新时代人大工作，必须坚定制度自信，紧跟时代步伐、顺应时代发展，把创新作为推动工作的不竭动力。五年来，常委会建成了人大智库体系，建立起立法"双组长制"和重点法规起草修改工作专班机制，在全国省级人大首创监督问题清单销号制。正是因为我们在宪法和法律的框架内，在自治区党委的坚强领导下、在"一府一委两院"的全力支持下，坚持守正创新，人大工作的针对性和实效性才不断增强，人大工作才能够始终保持旺盛的生命力。

这些体会，是推进人民代表大会制度在内蒙古的实践创新中积累的，我们要倍加珍惜、长期坚持。

今后工作建议

各位代表！

党的二十大擘画了全面建设社会主义现代化国家的宏伟蓝图，为新时代新征程党和国家事业发展、实现第二个百年奋斗目标指明了前进方向、确立了行动指南。2023年是贯彻党的二十大精神开局之年，也是自治区十四届人大常委会依法履职的开局之年。建议新一届人大常委会在自治区党委的坚强领导下，高举中国特色社会主义伟大旗帜，全面贯彻习近平新时代中国特色社会主义思想，坚持党的领导、人民当家作主、依法治国有机统一，积极发展全过程人民民主，大力发扬蒙古马精神，紧紧围绕完成习近平总书记交给内蒙古的五大任务，全方位建设“模范自治区”，依法履行各项职权，在新的起点上开创人大工作高质量发展新局面。

新的一年，要在坚定拥护“两个确立”，坚决做到“两个维护”上体现新担当。我们要牢牢把握人大政治机关定位，把全面学习、全面把握、全面落实党的二十大精神作为首要政治任务，深刻领悟“两个确立”的决定性意义，牢记“国之大者”，增强“四个意识”，坚定“四个自信”，坚决做到“两个维护”，自觉在思想上政治上行动上同以习近平同志为核心的党中央保持高度一致，始终保持人大工作正确的政治方向。要深刻领会新时代新征程上党和国家的中心任务，不忘初心、牢记使命，坚定历史自信，增强历史主动，坚定不移把党的二十大提出的目标任务细化落实到人大各项工作中，自觉把人民代表大会制度优势转化为治理效能。

新的一年，要在坚定不移走中国式现代化道路上展现新作为。我们要准确把握全面建设社会主义现代化国家、全面推进中华民族伟大复兴的奋斗目标，深刻理解中国式现代化的内涵特征和本质要求，坚持围绕中心、服务大局，发挥好地方国家权力机关的职能作用。要坚持问题导向，增强创新意识，及时编制五年立法规划，制定年度立法计划，坚持急用先行，在确保质量的前提下加快立法工作步伐；积极围绕自治区党委中心工作和全区发展大局，找准人大监督、讨论决定重大事项等工作的切入点、着力点，监督和支持“一府一委两院”加强和改进工作，推动形成自治区经济社会高质量发展的强大合力，推动自治区党委五大任务实施方案落地落实，为内蒙古沿着中国式现代化道路阔步向前提供坚实法治保障。

新的一年，要在坚持人民至上、发展全过程人民民主上焕发新气象。我们要恪守“人民对美好生活的向往就是我们的奋斗目标”，站稳人民立场、把握人民愿望、尊重人民创造、集中人民智慧，在人大工作中充分尊重代表主体地位，更好发挥代表联系人民群众的桥梁和纽带作用，进一步扩大群众参与度，注重倾听人民声音，积极回应人民关切，发展更加广泛、更加充分、更加健全的全过程人民民主，努力交出一份人民满意的答卷。

新的一年，要在推进民族团结、边疆稳固上取得新成效。内蒙古的今天是在党的领导下各族群众共同奋斗的结果，内蒙古的明天仍然需要坚持和加强党的全面领导、各族群众团结奋斗。我们要全面贯彻落实习近平总书记关于加强和改进民族工作的重要思想，坚持把铸牢中华民族共同体意识作为做好人大民族工作的“纲”，坚定不移走中国特色社会主义解决民族问题的正确道路，全方位建设“模范自治区”，努力将党中央关于民族工作的重大决策部署转化为全区各族人民的共同意志、统一行动，守望相助、团结奋斗，共同建设伟大祖国，共同创造美好生活。

新的一年，要在全面加强党的建设，推动全面从严治党上取得新进展。我们要始终保持全面从严治党永远在路上、党的自我革命永远在路上的坚定执着，加强党的政治建设，严明政治纪律和政治规矩，模范执行民主集中制，发扬斗争精神，增强斗争本领，不断提高政治判断力、政治领悟力、政治执行力。要落实全面从严治党主体责任，坚持以严的基调强化正风肃纪，一体推进不敢腐、不能腐、不想腐，教育引导党员干部清清白白做人、干干净净做事。要以钉钉子精神贯彻落实中央八项规定及其实施细则精神，驰而不息纠四风树新风，持之以恒推进全面从严治党。

人大机关自身建设水平关系常委会工作的整体成效。自治区人大常委会机关要发挥好集体参谋助手作用，不断提高服务保障水平。要加强队伍建设，树立正确的用人导向，建立科学合理的干部考核评价机制，重实干、重实绩、重实效，激励干部担当作为。要密切上下级人大的联系，提升全区各级人大工作整体水平。要加强机关信息化、数字化、智能化建设，推动数字化与人大工作深度融合，进一步提高人大工作整体效能。

各位代表！

一个时期有一个时期的历史使命和任务，一代人有一代人的历史担当和责任。在新的奋斗征程上，让我们更加紧密地团结在以习近平同志为核心的党中央周围，在自治区党委的坚强领导下，踔厉奋发、勇毅前行，依法行使各项职权，为把党的二十大绘就的宏伟蓝图在内蒙古大地上变成美好现实作出应有贡献！

政府工作报告

——2023年1月12日在内蒙古自治区第十四届人民代表大会第一次会议上

自治区主席 王莉霞

各位代表：

现在，我代表自治区人民政府，向大会报告工作，请予审议，并请自治区政协委员提出意见。

一、过去五年工作回顾

自治区第十三届人民代表大会第一次会议以来的五年，很不寻常、很不平凡。习近平总书记连续五年参加全国人民代表大会内蒙古代表团审议、2019年亲临我区考察并发表重要讲话，为新时代内蒙古发展指明了前进方向、提供了根本遵循。各族人民始终听党话、感党恩、跟党走，全区上下凝心聚力抓发展、促改革、惠民生、增团结、保安全，推动各项事业发展取得重大成就。

——全面小康目标如期实现。举全区之力打赢脱贫攻坚战，157万贫困人口全部脱贫，57个贫困旗县全部摘帽，3681个贫困嘎查村全部出列，历史性地解决了绝对贫困问题，与全国一道共圆小康梦、迈上新征程。

——综合经济实力大幅跃升。地区生产总值从1.5万亿元增长到2.3万亿元，人均地区生产总值从6.1万元增长到9.6万元。粮食总产量从全国第十位跃升至第六位，牛奶、羊肉、牛肉和羊绒、饲草产量稳居全国第一。累计生产煤炭53亿多吨、发电2.9万亿度，煤、电保供量均居全国第一。

——城乡面貌发生巨大变化。城镇化率从64.6%提高到近69%，乡村振兴全面推进，东中西部差异化协调发展格局初步形成。张呼、通新、喀赤高铁相继通车，公路里程增加1.7万千米，呼和浩特新机场主体完工，21个通用机场建设完成，水利、能源、信息等一批重大工程建成投运。

——发展动力活力显著增强。重要领域和关键环节改革取得突破性进展，“放管服”改革深入推进，自治区本级行政权力事项压减71%，涉企经营许可事项全部实行清单管理。国企改革三年行动圆满收官，全区各级国企重组整合244户，“三供一业”分离移交等历史性难题基本解决。2021年以来推动大中矿业、优然牧业、大唐药业、新华发行、欧晶科技成功上市，实现我区企业A股上市9年零的突破。进出口总额年均增长8%以上，招商引资到位资金累计突破1万亿元。

——人民生活水平稳步提高。居民收入增速总体快于经济增速，全体居民人均可支配收入由2.6万元增加到近3.6万元。城镇新增就业年均20万人以上，教育普及、医疗卫生、文体服务和社会保障水平全面提升。累计解决房地产历史遗留问题项目2970个、140万套、1.55亿平方米，改造老旧小区5108个、棚户区近26万套、农村牧区危房9.6万套，建设保障性住房2万套，圆了600多万群众的安居梦。

——生态环境质量持续改善。全面完成中央第一轮环保督察及“回头看”整改任务，黄河、“一湖两海”、察汗淖尔等重点河湖流域治理成效显著，破坏草原林地违规违法问题得到有效整治。累计造林3700多万亩、种草1.2亿多亩、防沙治沙5400多万亩，均居全国第一，创建10个国家生态文明建设示范区和8个“绿水青山就是金山银山”实践创新基地。

——重大风险隐患有效防范。全面落实党中央疫情防控部署要求，全力处置额济纳、满洲里、二连浩特、呼和浩特等地疫情，最大程度保护了人民群众生命安全和身体健康。坚决整治政府过度举债乱象，重拳整治煤炭资源领域违规违法问题，深入推进金融领域改革化险，妥善处置原包商银行、新时代信托风险。扫黑除恶专项斗争圆满收官，社会治安、安全生产、食药安全形势持续向好，社会大局保持稳定。

——民族团结局面巩固发展。以铸牢中华民族共同体意识为主线加强和改进民族工作，大力推广国家通用语言文字，全面推行使用国家统编教材，系统完善地方性法规和政策举措，深入推进民族团结进步创建，广泛促进各民族交往交流交融，各族人民倍加珍视大团结的良好局面、精心呵护“模范自治区”的崇高荣誉。

五年来，始终坚持党的全面领导，重大事项、重要问题严格执行请示报告制度，自觉接受各方面监督，办理自治区人大代表建议2953件、政协委员提案3329件，提请自治区人大常委会审议地方性法规议案141项，制定修改废止政府规章87项，政府自身建设持续加强。国防动员、军地协调、双拥优抚、退役军人、人民防空等工作都有新成绩，外事侨务、统计调查、新闻广电、社会科学、档案保密、参事文史、地震气象、地质测绘等事业都有新进步，工会、共青团、妇联、科协、文联、残联、红十字会、老龄委、关工委等组织都有新气象。

各位代表！刚刚过去的2022年，是党和国家历史上具有里程碑意义的一年。我们坚决贯彻党中央"疫情要防住、经济要稳住、发展要安全"的重要要求，在自治区党委带领下，稳中求进、难中求成，较好完成了全年各项目标任务。预计地区生产总值增长4%以上，规上工业增加值增长8%以上、居全国第三，固定资产投资增长17%以上、居全国第一，一般公共预算收入增长20.2%、居全国第二。

一年来，我们坚持早出手、早行动，年初伊始接连不断打出政策"组合拳"，先后制定稳经济40条配套政策、21条接续政策，推出优化营商环境181条、产业高质量发展130条、奶业振兴9条、公路投资6条、高标准农田建设11条和工业、服务业、建筑业、新能源全产业链建设政策包，为经济增长注入了"强心剂"，给市场主体吃下了"定心丸"。实施重大项目3343个、完成建设投资突破6000亿元，工业投资增长44%以上，装备制造业投资增长1.2倍以上，新能源投资增长5倍以上，一批重大产业和基建项目落地，为稳增长、调结构、强基础提供了有力支撑。

一年来，我们坚持保大局、为大局，坚决扛起保障国家能源安全、粮食安全重大政治责任，煤炭产量12.2亿吨、发电量6465亿度，完成煤炭保供任务9.45亿吨、外送电量2640亿度、均居全国第一；完成400万亩高标准农田建设和大豆、油料扩种任务，粮食产量780亿斤、牛奶产量734万吨、肉类产量278万吨，均创历史新高。科学精准优化疫情防控举措，以快制快处置多轮疫情，特别是全区一盘棋、上下一条心打响呼和浩特保卫战，有序组织23.74万名大学生返乡，"新十条"后全区疫情防控实现平稳转段。圆满完成党的二十大和冬奥会、冬残奥会等服务保障任务，取得近年来大型安保维稳最好效果。

一年来，我们坚持育产业、换动能，精心谋划8大产业集群和12条重点产业链，实行"两图两库两表"推进机制，建成全产业链项目140个，落地链主企业近百家，战略性新兴产业增加值增长19%以上、高技术制造业增长33%以上、装备制造业增长43%以上。特别是用新理念打造新能源全产业链，既抓开发利用、又抓装备制造，既推动与央企合作、又促进地方企业参与，新增装机2000万千瓦，批复实施约1亿千瓦，建设6类市场化应用场景项目3000多万千瓦，发电1300多亿度，超过三峡工程一年的发电量，风光氢储产业集群和呼包鄂通装备制造基地开始起步。

一年来，我们坚持抓改革、扩开放，在全区推开"12345"热线，对响应率、办结率、满意率进行月排名，重点盯督排名靠后者。深化行政审批、工程项目审批和"证照分离"改革，开展"两优"专项行动，向呼包鄂乌下放38项行政权力事项，自治区级权力事项取消72项、下放679项，压减办事时限49.4%、环节20.8%、材料26.5%。统筹口岸"放"与"防"，创新"七个起来"举措，过境中欧班列7337列、增长19%，进出口总额增长15%以上。自治区政府组织政企接洽66次、对接企业257家，盟市党政主要负责同志开展招商活动217场，全区引进到位资金3300多亿元。

一年来，我们坚持增投入、促创新，自治区本级财政科技投入增长36.9%，综合科技创新水平指数首次进入全国中等创新地区梯队。国家乳业技术创新中心、巴彦淖尔国家农业高新技术产业示范区、鄂尔多斯国家可持续发展议程创新示范区获批，2家实验室纳入全国重点实验室序列，5个国家级科研创新平台落户农科院，8家企业成为国家种业阵型企业，内蒙古科技大市场建成运营，新增高新技术企业300家、科技型中小企业760家。引进院士5人，实现零的突破。实施"揭榜挂帅"重大示范工程项目26项，取得一批技术攻关和产业化应用成果。

一年来，我们坚持惠民生、暖民心，就业、医疗、社保等支出保持两位数增长，超额完成城镇新增就业年度任务，动态消除防止返贫致贫监测对象风险。创建146个国家一流专业建设点，实现高校A档学科零的突破，实施职业教育特色专业试点和"工匠班"计划，设立鄂伦春旗大杨树镇高考考点、结束当地考生34年"异地高考"历史。启动国家区域医疗中心项目建设，建成街道社区养老服务机构885个。文艺精品迭出，舞剧《骑兵》获文华大奖，舞蹈《森林中的考考乐》获群星奖，群众性文体活动广泛开展。改造城镇老旧小区1571个、老旧管网2170千米，建成农村牧区公路6261千米、改造户厕10万多个，城乡人居环境适宜性和安全性得到提升。

一年来，我们坚持保基层、保主体，下达财力性转移支付1484亿元，实施“四个一批”帮助基层化债近300亿元。新组建文旅投资集团和新能源运维公司，支持能源集团加快发展、一年实现扭亏为盈。新增减税降费、留抵退税、缓缴税费超过600亿元，新增市场主体36.84万户。完成保交楼1.05万套，实现预售资金监管全覆盖。

一年来，我们坚持保生态、促节约，完成国土空间规划编制和“三区三线”划定，深化中央环保督察整改落实，深入打好污染防治攻坚战，生态环境质量持续改善。完善“双碳”政策体系，推进煤电“三改联动”和“公转铁”、“散改集”，创建智慧园区55个、低碳园区4个、零碳园区2个。扎实开展“五个大起底”行动，激活项目近万个、资金64亿多元、土地13万多亩。

各位代表！回顾一年、回望五年，每一份成绩、每一份进步，都是以习近平同志为核心的党中央坚强领导的结果，是习近平新时代中国特色社会主义思想科学指导的结果，是自治区党委带领全区各族人民一道拼搏、实干、奋斗的结果，是社会各界和方方面面鼎力支持的结果！在此，我代表自治区人民政府，向全区各族人民，向所有关心和支持内蒙古发展的同志们、朋友们，表示衷心感谢！

二、关于今后五年发展

今后五年是我国全面建设社会主义现代化国家开局起步的关键时期，也是内蒙古在新起点上加快发展、高质量发展的重要时期。做好政府工作，要深刻领悟“两个确立”的决定性意义，更加坚定自觉地做到“两个维护”，更加紧密地团结在以习近平同志为核心的党中央周围，坚持以习近平新时代中国特色社会主义思想为指导，全面贯彻落实党的二十大精神，坚持稳中求进工作总基调，完整、准确、全面贯彻新发展理念，积极服务和融入新发展格局，着力推动高质量发展，大力发扬蒙古马精神，努力完成习近平总书记交给内蒙古的五大任务，全方位建设“模范自治区”，把祖国北部边疆这道风景线打造得更加亮丽，为全面建设社会主义现代化国家、全面推进中华民族伟大复兴作出内蒙古贡献。

综合分析形势，我区发展既有机遇也有挑战。当前我国外部环境复杂严峻，发展不确定难预料因素增多，内蒙古在保障国家生态安全、能源安全、粮食安全、产业安全、边疆安全中的责任更加凸显，在“双碳”背景下大宗工农产品对全国发展的兜底作用、对经济大省发展的支撑作用更加凸显，在能源、资源、地缘、幅员等方面的综合优势更加凸显。同时也必须看到，我区发展还面临诸多成长中的“烦恼”和转型中的困境。一是经济总量不大，地区生产总值刚刚超过2万亿元、排在全国第21位，与我区能源资源等优势不相匹配，迫切需要加快发展。二是产业结构不优，工业中增加值超千亿的只有煤、电两个行业，制造业占比远低于全国平均水平，高技术制造业、装备制造业增加值占规上工业比重均不到3%。三是要素支撑不强，基础设施和基本公共服务欠账较多，资源环境约束趋紧，金融支撑能力较弱，人才总量不足且外流严重，研发经费投入强度长期低于全国平均水平。四是发展方式粗放，资源节约集约利用水平不高，碳排放强度、能耗强度远高于全国平均水平，单位GDP水耗是全国平均水平的1.6倍，产业园区亩均能效和产值与全国平均水平差距较大。五是风险隐患较多，尤其是地方债务、金融、房地产等领域，累积了一些老问题，面临着一些新情况，叠加风险和关联影响不可低估。发展机遇稍纵即逝，抓住了就能闯出一片新天地；问题挑战躲不开也绕不过，解决好、应对好了就能转化为新机遇。我们要在抢抓机遇中扬优势、锻长板，在应对挑战中促转型、补短板，千方百计做大经济总量、优化经济布局、调整经济结构，坚定不移走以生态优先、绿色发展为导向的高质量发展新路子。

关于未来五年我区发展，自治区第十一次党代会、十一届党委历次全会和“十四五”规划已有明确部署，政府工作的首要职责就是把这些目标任务落到实处、变为现实，重中之重就是完成好习近平总书记交给内蒙古的五大任务、建设好“模范自治区”。我们坚信，有党中央的坚强领导、习近平总书记的掌舵领航，在自治区党委带领下，全区2400多万各族人民一定会焕发出强大的自信心和崇高的使命感，通过五年努力，推动经济总量跨过3万亿元大关、发展质量迈上历史性台阶，“两个屏障”更加牢固，“两个基地”量质齐升，“桥头堡”作用充分彰显，让“模范自治区”这面旗帜绽放更大荣光。

三、2023 年重点工作任务

今年是全面贯彻落实党的二十大精神的开局之年，按照中央经济工作会议精神和自治区党委十一届五次全会部署要求，全区经济社会发展的主要预期目标是：地区生产总值增长 6%左右，在实际工作中争取更好成绩；规上工业增加值增长 7%以上；固定资产投资增长 10%以上；城镇调查失业率 6%左右，城镇新增就业 20 万人以上；居民消费价格涨幅 3%左右；居民收入增长与经济增长基本同步；能耗强度和减排指标按照国家要求安排。这些目标，贯彻了党中央推动经济运行整体好转的重要要求，考虑了内蒙古加快发展、高质量发展的现实需要。今年发展环境还会有很大不确定性，我区经济仍然会面临较大下行压力，实现这些目标需要承压负重、跳起摸高。我们必须树立信心，把弦儿绷起来、把劲儿鼓起来，坚持发展不动摇，加快发展不懈怠，要有雄心壮志把总量做大、把家底攒足。重点抓好以下工作。

（一）努力实现“开门稳、开门红”，保持住稳中有进、整体好转的发展势头。2021 年一季度全区经济增长 5.8%，今年在高基数上开好局不容易。必须从一开始就咬定 6%左右的增长目标，努力实现高开高走。

不遗余力抓项目。“三驾马车”中，我区消费弱、出口小，最现实的选择就是靠投资带增量、优结构。基本盘子是完成投资 6300 亿元，重点在现代能源经济、先进制造业、现代农牧业、现代服务业和区域中心城市、基础设施骨架、公共服务短板领域抓一些大项目、好项目。扎实推进交通强国建设试点，加快集大原、包银、太锡等项目进度，争取开工建设鄂榆延高铁，抓紧推进包鄂、集通长、齐乌通、齐海满高铁及两伊、临哈铁路改造等前期工作，力争铁路建设规模达到 1700 千米、高铁达到 470 千米；加快 G5511 大通道、G331 沿边公路等项目建设，实施 15 条国省干线“断头路”贯通工程，力争开工建设公路里程 1 万千米；完成呼和浩特新机场航站区、飞行区建设，启动 11 个通用机场建设。我们既要抓高速铁路、高速公路，也要抓一批铁路、公路的“断头路”，全力构建横贯东西、纵连南北、顺通北京、畅连八省、抵边达海、城乡一体的综合立体交通网。围绕产业发展优化基础设施布局，规划建设一批园区铁路专用线和旅游路、产业路，增强产业园区、旅游景区的配套服务功能。建成东台子水库，推进引绰济辽二期、河套灌区改造等工程，开展黄河防洪三期、引嫩济锡、乌兰察布城区供水等前期工作，加强农田水利设施建设，着力构建集防洪减灾、水资源调配、水资源保护等功能为一体的综合水网。建设蒙西“四横五纵”、蒙东“八横二纵”电力主干网架，推进新能源大基地集疏外送工程和绿电、绿氢进京新通道建设，布局一批充电桩、加氢站。新建数据中心装机 50 万台、5G 基站 2 万个。

全力以赴抓招商。精心谋划好招商引资三年行动，聚焦产业集群和重点产业链，盯住世界 500 强、中国 500 强、民营 500 强、制造业 500 强，牵住头部企业、群主企业、链主企业，定向招引、压茬推进，力争引进到位资金 3800 亿元以上。打造专业化团队和投融资平台，推行“飞地”招商、“整链”招商、以商招商等模式，想方设法把项目布局、产业配套、要素保障等优势集成起来，吸引更多优质企业落户、优好项目落地。形成管行业、管园区、管地方都要管招商的氛围，今年继续拿出 8100 万元兑现奖励政策，调动上和下、条和块、部门和地方捆在一起抓招商的积极性，掀起百川入海、万涓汇流的招商引资热潮。

精准发力抓消费。我区消费长期不温不火，特别是受疫情影响更为低迷。必须把恢复和扩大消费摆在优先位置，当务之急是让商业街、步行街、大商场、小商铺都开起来、旺起来，尽快把元气补回来、把“烟火气”引回来。要规划建设一批消费集聚区、体验中心和城郊大仓，支持呼和浩特、包头、鄂尔多斯、赤峰、通辽建设消费中心城市，在盟市中心城区设立互贸进口商品展示店，大力发展潮流夜市、民生早市、城乡集市消费场景，开展省际旅居养老合作试点，办好“活力内蒙古·乐享消费”主题活动，积极招引国内外知名品牌开设首店、举办首发活动，力争新引进品牌首店 100 家；鼓励支持“老字号”传承保护、创新发展，让更多的百年老店、百年“老字号”焕发出新活力；鼓励发展“互联网 +”消费业态，举办网 2021 年货节、双品网购节等活动，推进乳肉制品网络销售双百亿专项行动，力争网络零售额突破 600 亿元。收入是影响消费的最基本因素，要想方设法让群众赚钱有指望、花钱有底气、有钱去消费。各级政府要多实施就业带动强的项目，深化就业促进“五大行动”，以项目建设新增一批、以灵活用工吸纳一批、以新兴业态拉动一批、以创新创业带动一批、以技能培训提升一批，多措并举扩就业、增收入。旅游是永远的朝阳产业，也是典型的消费经济，关键是把品质提起来、名气打出去、人气聚上来。要全力争取阿尔山国家级旅游度假区获批，全力创建莫尔格勒河、七星湖等 AAAAA 级景区，培育敕勒川、康巴什、额济纳等 8 个文旅产业融合发展示范区，打造 10 条非遗特色精品旅游线路和一批非遗特色村镇街区，打造全国性展会展演精品，举办黄河几字弯文化旅游节等系列活动，开展旅游专列、旅游包机等定制服务和汽车租赁等落地游服务。特别是像那达慕这样的活动要红红火火搞起来，用歌舞的海洋、乳肉的飘香、壮美的风光把天南海北的游客吸引过来，让内蒙古成为自驾游的首选地、露营游的佳选地、度假游的必选地、康养游的优选地。发挥文旅投资集团的引领带动作用，强化资源整合、区域协调、品牌统筹，集中打造几个在全国叫得响、在市场立得住的景区，把最美的草原林海、沙漠瀚海、长河大湖、冰天雪地都做出产品、做成精品，创造更多文旅融合的看点、亮点、卖点，做到从东到西全域皆可游、春夏秋冬全年无淡季。

（二）牢牢把握推动高质量发展主题，在调结构、转功能、提质量上取得新突破。紧扣高质量建设“两个基地”，推动传统产业“脱胎换骨”、新兴产业“强筋壮骨”、支柱产业“聚链成群”。

加快推进农牧业规模化、产业化、品牌化。锚定由农畜产品产量大区向农牧业产业强区转变的目标，在延伸产业链、提高附加值、做强做大企业上重点发力。今年要抓好四件事。一是稳产保供，粮、畜要稳，豆、奶、肉要增，粮食产量稳定在 780 亿斤左右、牛奶产量提高到 785 万吨、肉类产量增加到 300 万吨，往“中国碗”里多装粮、装好粮、装好奶、装好肉。二是夯实基础，严守耕地保护红线，加强动植物疫病防控，支持兴安盟国家级现代畜牧业试验区建设、巴彦淖尔整区域推进高标准农田建设、乌兰察布打造为马铃薯产业发展示范区，全区新建高标准农田 395 万亩、种植优质饲草 300 万亩，新增设施农业 20 万亩，建设奶牛规模化养殖场 58 个，创建肉牛肉羊标准化示范场 800 家，着力提高亩产、提高效益。三是育企延链，要推动农牧业适度规模经营，想方设法培育龙头企业，既要支持像伊利、蒙牛这样的大企业“双牛鼎力”，也要支持更多乳企、肉企、薯企、绒企在千里草原“百花齐放”，全力推动乳肉薯绒产业链做大做强，将玉米千亿级产业做精做强。四是培育品牌，加强“蒙”字标品牌打造，把更多好产品做成好品牌、做出美誉度、占领大市场，让“千里草原、万顷牧场，生态内蒙古、绿色好味道”越唱越响亮。

加快推进能源经济多元化、低碳化、高端化。能源产业是我区起家的产业，更是当家的产业，只应做大做强、不能做小做丢。全力推动传统能源和煤基产业老树发新芽。我区煤炭产量约占全国的 1/4、全球的 1/8，如果只是一味地在产量上做文章、不在产业上做文章，不把产业链拉长、转化率提高，就不可能改变简单“挖煤卖煤”的局面，煤炭、油气这些地下宝藏不能挖出来就拉走，一定要在内蒙古大地上转化增值。要瞄准“煤头化尾”，支持鄂尔多斯建设现代煤化工产业示范区，加快布局一批新型煤化工项目，也要促进煤焦、氯碱、氟硅化工产业延伸融合，靠顶天立地的大项目和延伸细分的好项目撑起转化增值的新天地。加强煤炭清洁高效利用，全面实施煤电机组“三改联动”，把淘汰落后机组转为应急和调峰机组，把传统燃煤电厂转为新型绿色智慧电厂。提高煤炭弹性产能和应急保供能力，加大油气资源勘探和增储上产力度，推动非煤矿产资源绿色安全有序开发。全力推动新能源加快开发和全产业链建设。现阶段新能源发展正处于一个历史性的“风口”，必须按照新发展理念、全产业链思维，一手抓新能源开发建设，一手抓装备制造业发展。要坚持以新能源带动新工业，锚定“两率先”“两超过”目标，加快大型风光基地和源网荷储、风光制氢等场景项目建设，力争并网装机 2500 万千瓦以上，建成拓展场景应用规模 1000 万千瓦以上。集中打造风光氢储产业集群和呼包鄂通装备制造基地，努力在新能源领域再造一个“工业内蒙古”。

加快推进制造业高端化、智能化、绿色化。制造业是我区工业的短板，也是调结构的重点，要立足工业经济结构的实际，想方设法将高载能、高排碳、低水平产业转变为高载能、低排碳、高水平产业。全链条提升产业结构层次，一体推进产业基础再造、工业技术改造、企业矩阵构造，加快推动钢铁、有色、化工等传统产业向中下游延伸、向中高端迈进，大力发展现代装备制造、新材料、电子制造、生物医药等新兴产业，规划建设好自治区先进制造业集中区。全方位推进产业数字赋能，依托综合试验区、骨干直联点、算力枢纽节点和东数西算、“千兆城市”，系统部署产业数字化转型、智能化升级项目，加快工业互联网平台和智慧园区、智能工厂等建设。全行业促进低碳循环发展，大力推进绿色制造示范创建和节能节水技术改造，鼓励工业企业实施绿电替代、采用绿色工艺、使用绿色材料，打造更多低碳园区、零碳园区，切实提升产业链、供应链绿色化水平。

加快推进现代服务业扩规模、提质量。现代服务业是产业发展的趋势，具有促就业、带百业的乘数效应。做好现代服务业这篇文章，要制定促进研发设计、信息软件、商务会展、运维服务等生产性服务业加快发展的政策，推出扶持健康、养老、物业、家政等生活性服务业扩容提质的举措，促进现代服务业同先进制造业、现代农牧业深度融合。推动金融业改革发展，保持社会融资规模增速与经济增长同步，推广与农业银行战略合作模式，发挥政策性银行、国有大型商业银行示范引领作用，引导股份制银行、地方中小金融机构聚焦主责主业，加大对重要项目建设的中长期贷款支持力度，更好服务实体经济；发挥好专项债券和政策性金融工具作用，突出解决“钱等项目”问题；扩大直接融资规模，深入实施“天骏计划”，加快企业上市储备培育，力争今年实现5家企业上市首发融资；建立资本金补充长效机制，推动城商行优化重组，推进农信社和村镇银行产权制度、组织形式改革，提升治理能力和水平。促进房地产良性循环，综合施策稳地价、稳房价、稳预期，完善人、房、地、钱联动机制，支持刚性和改善性住房需求，发挥群购或政府采购保障房、长租房等作用，促进房地产市场平稳健康发展。顺应物流业基地化、平台化发展趋势，推动呼和浩特、鄂尔多斯、乌兰察布—二连浩特、满洲里国家物流枢纽现代化升级，培育本土网络货运平台和龙头企业，推进多式联运示范工程和特色冷链物流试点建设，扩大高速公路差异化收费试点范围，促进货运物流降本增效，让物流业发展更多惠及当地、惠及民生。壮大数字经济，建立数据资源交易机构和数据开发利用平台，大力发展数据加工处理、分析应用、流通交易等产业，打造和林格尔“中国云谷”软件和信息技术集聚区，促进数字经济与实体经济深度融合。

（三）以新发展理念塑造发展新优势，在产业集群、要素集聚、资源节约上取得新突破。我区地域辽阔、地广人稀、布局分散，必须提高产业集聚度、人口集中度和资源环境承载力，走集中集聚集约发展的路子。

坚持以链式思维抓产业。聚焦优势产业、特色产业、支柱产业，深入实施延链补链强链行动，厅局长、盟市长、旗县长都要当好链长，全区一体推进重点产业链建设。做大做强奶业产业链，强化伊利、蒙牛引领带动作用，以伊利现代智慧健康谷、蒙牛中国乳业产业园等项目为抓手打造全球一流乳业全产业链生态圈，加快饲草基地、种牛基地、养殖基地建设，全力解决草源、牛源、奶源问题，“从一棵草到一杯奶”全链条发力，支持地方特色高品质乳制品加快发展，力争今年奶业全产业链产值突破2000亿元。做大做强肉牛、肉羊产业链，提高资源整合度和发展集中度，推进种养加销全链条发展，支持通辽建设全国肉牛产业第一重镇、锡林郭勒建设中华西门塔尔牛种源基地，打造若干肉牛、肉羊产业强镇，力争用3年左右时间推动2个产业都迈进产值千亿门槛。做大做强林草产业链，一手抓“为养而种”、大力发展饲草业，稳定优质饲草种植规模，培育壮大羊草产业；一手抓“生态惠牧”、大力发展生态草业，让广袤的草原沙地变成“聚宝盆”“碳汇库”。充分发掘林下资源优势，大力发展果、花、菜、菌、药等特色产业和特种养殖业，让绿色林海成为老百姓的“果篮子”“花篮子”、“菜篮子”“药篮子”。做大做强新能源装备制造产业链，“风光氢储车”一体化推进，风电主攻齿轮箱、发电机和轮毂、轴承、控制系统等薄弱点，力争今年整建制配套能力达到2000万千瓦；光伏主攻玻璃、背板、边框、胶膜、焊带、银浆、铝浆等薄弱点，力争今年电池片和组件供给能力达到5000万千瓦；氢能主攻制氢环节电解槽和储运环节压缩机、循环泵，力争今年制氢设备产能达到250台套；储能主攻上游电芯制造和下游储能集成，力争今年储能装备生产能力满足100万千瓦时储能装机需求；加快释放新能源汽车产能，提升装备生产配套能力。做大做强现代煤化工产业链，聚焦煤基特种燃料和煤基生物可降解材料，重点推动煤制烯烃向弹性体材料、尼龙、特种塑料等产品延伸，推动煤制乙二醇向聚乙醇酸、聚酯纤维等产品延伸，提高技术、设备、催化剂等区内配套率，加快中石化、宝丰等重大项目建设，支持鄂尔多斯可再生能源制氢与现代煤化工产业耦合发展，支持乌海建设煤基生物可降解材料产业基地，力争今年现代煤化工产值突破千亿元大关。做大做强稀土新材料产业链，大力发展永磁、抛光、发光、催化和电机、储氢、特种合金、光学玻璃等稀土新材料及终端应用产业，努力建设全国最大的稀土新材料基地和全国领先的稀土应用基地。通过集中推进、重点突破，使农畜产品生产及精深加工、新能源及装备制造、煤炭及煤基产业、金属采冶及新材料制造这 4 大支柱产业产值向万亿级迈进，尽快把绿色特色优势现代产业集群做起来。

坚持集中集聚发展。统筹配置资源要素，调整优化经济布局。着力打造城市群和区域中心城市，重点建设呼包鄂乌城市群和赤峰、通辽“双子星座”，有效提升中小城市和县城的人口吸引力和经济承载力。开展城市体检，推进城市更新，加强精细化管理，示范打造宜居、韧性、智慧城市。全面推进乡村振兴，宜聚则聚、宜转则转，因地制宜推进乡村建设，整治提升人居环境，建设宜居宜业和美乡村。加快现代化园区建设，用好“大起底”成果，强化亩均投资论英雄、亩均产值论英雄、亩均降耗论英雄的导向，先行先试能耗“双控”向碳排放“双控”转变，推行“区域评估＋标准地”模式，大幅提高入园产业项目能效标准和产出水平，加快退出限制产能，坚决遏制“两高”项目低水平盲目发展，全面提升园区产业集中度、承载力和绿色化水平。

坚持节约资源和保护环境。落实全面节约战略，持续深化“五个大起底”行动，解决好土地利用、城乡建设、资源开发、固废处理等领域的浪费问题，促进能、水、粮、地、矿、材全方位节约，特别要开展好深度节水控水行动，大力推进农业节水增效、工业节水减排、城镇节水降损和地下水超采综合治理、再生水利用，尤其是重点解决“浇白地”等农业用水浪费问题，把水省下来、让水活起来。坚持山水林田湖草沙一体化保护和系统治理，以创建国家生态文明试验区为抓手，全面推进中央生态环保督察整改落实，大力实施重要生态系统保护修复工程，高质量完成国土绿化和防沙治沙任务，深入推进黄河、“一湖两海”、察汗淖尔等重点河湖综合治理，支持呼伦贝尔开展生态产品价值实现机制试点，加快建立贺兰山、大青山国家公园。深入打好蓝天、碧水、净土保卫战，突出抓好重污染天气防治、不达标断面水体整治和农业控肥、控药、控水、控膜行动，坚决守护好内蒙古这片碧绿、这方蔚蓝、这份纯净。

（四）以攻坚举措推进科技创新，不断强化高质量发展的基础性、战略性支撑。科技创新是我区的短板，也是决定高质量发展的关键，必须坚持科教人才一起抓，实施好创新驱动发展战略。

科技投入要再加大。政府带头攻坚，自治区本级财政安排科技专项资金增长 20%，引导激励各类创新主体想创新、敢创新、能创新。企业要唱好主角，实施规上工业企业设立研发机构、开展研发活动、增加研发投入“三个全覆盖”，促进产学研用深度融合。实施创新型企业“双倍增双提升”行动，新增高新技术企业 300 家、科技型中小企业 400 家。

创新平台要再加码。已获批的国家乳业技术创新中心、巴彦淖尔国家农业高新技术产业示范区、鄂尔多斯国家可持续发展议程创新示范区和国家重点实验室，新设立的科学技术研究院等研发机构，要积极承担国家重大科技任务，列出创新工程清单和示范项目清单，推出更多让行业兴奋、让地区振奋的成果。正在创建的稀土新材料、草（种）业国家技术创新中心和呼包鄂国家自主创新示范区、怀柔实验室内蒙古基地，要在制度、管理、人才、服务等方面拿出实实在在的举措，用有分量的成果来说话。

创新链布局要再加力。坚持围绕产业链供应链布局创新链，结合我区实际，推动科研经费投向和科研项目布局向能源、奶业、草业、种业、稀土等重点领域集中，把好钢用在刀刃上。自治区今年将全力打造“蒙科聚”科创“一张网”，把科技研发、资本运作、项目孵化、成果转化、知识产权保护等功能集成起来，促进创新要素先“聚合”、再“聚变”，让创新驱动这个轮子转起来、快起来。

人才引育要再加强。对于已引进的院士、杰出青年等人才要想方设法为他们发挥才干创造更有利的条件，也要用好政策、好环境吸引更多人才“凤凰南来”“鸿雁北归”。同时要善待本土人才，让他们安心干事创业、竭诚奉献家乡。教育育才是我区的弱项，关键是要提升职业教育、高等教育与高质量发展的契合度。职业教育要注重与龙头企业“握手”，推行“订单式”培养，实施“工匠班”计划，共同培养高素质技能人才，重点推进 40 个企业与职业院校深化合作，布局建设 3 个高技能人才综合培养创新港，启动产教联合体、共同体和实践中心建设试点，力争今年新增 5 个校企共建学院、创立职业本科院校；高等教育要把精力集中到提升办学质量和研发能力上来，加强一流学科、一流专业和重点实验室建设，布局建设 16 个现代产业学院、专业特色学院和未来技术学院，打造一批高水平教学创新团队和关键技术科研平台，培养更多具有创新精神和实践能力的高级专门人才。

（五）进一步深化改革开放，不断优化发展环境、增添发展动力。推动高质量发展，无论是解近忧还是谋长远，都要用好改革开放这个关键一招。

以更大力度深化改革。纵深推进“放管服”改革，“放”既要把权力放到位、也要让基层接得住，自治区已经下放了679项权力事项，特别是发改、能源等部门很多涉及项目审批的重要事项都放了下去，要指导各地扎实做好承接工作，实施好盟市、旗县“两优”专项行动，统一办事指南和操作规范，提升政务服务集成化水平，推动清单事项网上办理，实现“一单尽列、单外无单”，让基层能接好、能管好，让企业和群众真便利、得实惠；“管”既要管得住、管得好，也要无事不扰，对正常的事不设障、不干预；“服”要强化主动服务、为基层服务的意识，各级政府都要把基层的事、群众的事、企业的事当成分内的事、必办的事，对困难的事搭把手、敢出手，让企业和群众好办事、办成事、不误事。开展新一轮国企改革行动，实施一流企业创建工程，聚焦优势行业和关键领域整合重组一批、组建设立一批、做强做大一批、推动上市一批，每个一批都要有实质性举措、形成标志性成果，加快组建“蒙”字号国企方阵。全力支持民营经济发展壮大，国家税费支持政策不拖延、不打折、“即申即享”，自治区助企纾困政策“直达快享”，帮助中小微企业、个体工商户渡过难关、恢复元气。建立长效机制解决拖欠民营企业中小企业账款问题，今年要下决心靶向施策、定向解决民营企业反映强烈的土地房屋产权、项目手续办理和市场准入、融资贷款等方面的问题，实施好小微企业、个体工商户、专业合作社三年成长计划，大力推动“散入场”“个转企”“小升规”，努力让各类市场主体多起来、活起来、强起来。各级政府要切实落实“两个毫不动摇”，对国企、民企一视同仁，既要重视招商引商、更要重视安商服商，弘扬企业家精神，保护企业家权益，特别要把懂经济的干部组织起来，走进企业，帮助企业找资金、找原料、找用工、找市场，把企业家当成自家人，真心实意为企业排忧解难，让国企敢干、民企敢闯、外企敢投，在内蒙古掀起投资兴业的热潮、回乡创业的高潮。深化电价改革，落实调峰电价政策，完善利益共享的电力市场化交易机制，巩固电力成本优势。精心组织开展第五次全国经济普查工作，摸清家底、把脉经济，为科学决策提供可靠支撑。

以更大气魄扩大开放。一是瞄准大通关。实施始发中欧班列增量扩容、口岸能力补强等工程，扩大能源、矿产、粮食等大宗商品进口，扩大电力、机械、装备、纺织等优势产品出口，力争口岸货运量增长30%左右，过境中欧班列增长7%左右，完成进出口总额1600亿元以上。二是布设支撑点。集中打造乌兰察布中欧班列集散中心和国家进口贸易促进创新示范区，加大力度建设满洲里、二连浩特枢纽口岸和甘其毛都、策克、满都拉、珠恩嘎达布其等重点口岸，加快推进跨境铁路、公路建设，提高航空口岸运行效率，充分发挥试验区、保税区、合作区、互贸区等各类开放平台功能作用，在互联互通、落地加工、货物集散、班列集拼、跨境电商等方面实施一批工程项目。三是扩大合作面。门不开风不来，人气不聚上不来。融入国际循环要开阔视野，既深化与俄蒙的合作，又拓展与东盟、欧洲等国家的合作，鼓励贸促机构、会展企业线上线下举办境外展会，帮助外贸企业拓市场、拿订单，带动企业勇于走出去，把我区乃至全国的产品卖出去；融入国内循环要更加主动，全面加强与京津冀、苏浙沪、粤港澳及成渝、辽吉黑等区域的合作，加紧推动签订协议事项落地。四是增强活跃度。主动承接落实中俄、中蒙开放合作重大任务，办好中蒙博览会，搭建世界新能源新材料大会、全球乳业大会等国际交流新平台，举办全球蒙商大会，承办中国（包头）陆上装备博览会，创办国家向北开放经贸洽谈会，创造更多开放合作的支点。

（六）办好解民忧、惠民生的实事好事，努力让老百姓的日子过得更好。今年自治区将紧盯群众所需所盼、围绕群众“关键小事”推出民生实事清单，实行项目化管理，切实把实事办好、好事办实。

着力促就业保收入。实施离校未就业高校毕业生实名制帮扶行动，确保年末就业率达到90%以上。实施“三支一扶”和社区民生基层服务计划，招募7500名项目人员。每个旗县（市、区）至少建设1处零工市场，促进灵活人员就业。实施残疾人就业行动，新增就业8000

人。开展政府补贴性职业技能培训25万人次，组织职业院校对就业困难等人群免费培训10万人次。实施政府投资项目以工代赈促进当地群众增收，加强农企利益联结机制、嘎查村集体经济、农畜产品电商平台等建设带动农牧民增收。强化欠薪预防整治，农民工兄弟的辛苦钱，一分一厘都不能拖欠。

着力加强社会保障。新增基本养老保险参保50万人。提高社会救助保障标准，城乡低保增幅5%以上，孤儿保障金增幅8.3%以上。精心呵护“一老一小”，巩固提升城市一刻钟社区养老服务圈功能，完成特殊困难老年人家庭适老化改造2.6万户，实现城镇新建居住区养老服务设施全覆盖；新建乡镇养老服务中心和村级养老服务站2350个，对200所农村互助养老幸福院服务功能进行拓展提升；新增婴幼儿托位2万个。完成困难重度残疾人家庭无障碍改造6500户。开展低保家庭适龄妇女免费“两癌”筛查，对确诊患者当年给予每人1万元救助。

着力办好群众身边事。新建改扩建幼儿园204所、中小学676所、特殊教育学校13所，新增学位6.9万个。加快国家智慧教育公共服务平台内蒙古试点建设，升级改造2万个国家教育考试数字化标准考场。选派1000名城区优秀教师到乡村薄弱学校开展结对帮扶。建设京蒙合作医院43家、紧密型医共体20个、互联网医院140家，开展基层中（蒙）医药服务能力提升行动，推动优质医疗资源扩容和区域均衡布局，提升群众就医购药的便捷性、高效性、安全性。增加家庭医生签约服务供给。实现义务教育阶段学生防控近视筛查全覆盖，对困难家庭孩子免费配镜、免费做斜视弱视矫正或治疗。开展过敏性鼻炎综合防治。组织乌兰牧骑和各级国有文艺院团下基层演出1万场次以上。实现350项政务服务事项“免证办”、115项“一件事一次办”，深入实施村级便民服务中心“帮代办”，全面推行“一键入园”“一键入学”，全面打造15分钟医保便民服务圈。

着力改善群众居住环境。改造城镇老旧小区1602个、棚户区1.5万套，建设保障性租赁住房1.1万套，持续推动解决房地产历史遗留问题。改造燃气、供水、排水、供热等老化管道1500千米。新建改扩建体育公园36个、全民健身中心32个、滑冰场33个、多功能运动场103个、健身步道335千米。实施农村牧区危房改造3000套以上，新建改建农村牧区公路5000千米、卫生户厕6万个，新建扩建供水保障工程500处、边境牧区分散式水源点工程820处。加快农村牧区“客货邮”融合发展，提高“快递进村”质效，新增嘎查村寄递物流点3500个，基本实现农村牧区寄递物流综合服务全覆盖。扎实做好城镇集中供热用煤、农牧民“暖心煤”保障和清洁取暖改造工作，确保群众温暖过冬。

（七）有效防范化解重点领域风险隐患，切实筑牢安全防线、守住安全底线。统筹抓好防风险、保安全、护稳定各项工作，着力补齐安全治理、社会治理、应急管理能力短板，加快建设更高水平的平安内蒙古。

更好统筹疫情防控和经济社会发展。认真落实新阶段新冠病毒感染防控举措，把工作重点转到保健康、防重症上，平稳有序实施“乙类乙管”，推进各级医疗卫生机构发热诊室应设尽设、应开尽开，抓好药品保供稳价和医疗救治保障，加强基层防疫能力建设，加强农村牧区疫情防控，加强全人群免疫接种，更加有针对性地开展爱国卫生运动，全力做好老年人、儿童等重点人群防护和救治工作，防止医疗挤兑，防范次生灾害，确保社会秩序稳定。

着力推动经济金融领域风险“软着陆”。开展政府债务化险渡峰行动，继续实施“四个一批”举措帮助基层化债，坚决遏制增量、化解存量，严禁变相举债、虚假化债，完成全区年度化债任务。强化财政资源统筹，增加一般性转移支付、减少专项转移支付，加大财力下沉和资金直达力度，兜牢基层“三保”底线。坚持过紧日子，严控一般性支出和“三公”经费预算安排，严控政府性楼堂馆所维修改造和新增租用办公、业务用房，精简会议、差旅、培训、庆典等公务活动，自治区本级压减非急需非刚性预算支出53亿元。开展金融化险渡峰行动，巩固“三清一追”成果，进一步压实各方责任，压降高风险机构，有效处置地方金融机构不良资产，严厉打击非法金融活动和逃废债行为，守住不发生系统性区域性金融风险的底线。开展房地产化险渡峰行动，扎实做好保交楼、保民生、保稳定各项工作，落实行业融资支持政策，帮助优质房企渡过难关，有效防范处置逾期交付风险。

提高公共安全和社会治理水平。深化工矿危化、交通运输、建筑工地、城镇燃气、经营性自建房、人员密集场所等重点领域风险排查整治，坚决遏制重特大安全生产事故发生。推进应急救援力量建设三年行动，完善基层应急管理体系，打造森林草原防灭火、危化品、矿山三大应急救援基地和包头国家应急装备制造基地，提高防灾减灾救灾和突发公共事件预防处置能力。加强食药安全监管，加大监测治理力度，保障群众“舌尖上的安全”。强化基层治理能力现代化建设，开展“新时代新社区新生活”服务治理提升专项行动，完善“网络+网格”基层治理平台和社会工作服务体系，健全矛盾纠纷多元化解机制，让群众的安危冷暖、家长里短有人关心有人管，让基层治理更有温度、让百姓幸福更有质感。支持国防和军队现代化建设，加强国防动员和军地协调，强化退役军人服务保障，巩固发展军政军民团结局面。

做好上述工作，有两个大前提要始终牢记在心、保持定力。一是必须坚持生态优先、绿色发展导向。把建设我国北方重要生态安全屏障作为压倒性的任务，始终把生态环境保护挺在前头，全地域全过程加强生态环境保护，全领域全方位推动发展方式绿色转型，协同推进降碳、减污、扩绿、增长，让良好生态环境成为内蒙古全面现代化的厚重底色和浓重成色。二是必须弘扬守望相助、团结奋斗传统。把巩固发展民族团结大局作为筑牢祖国北疆安全稳定屏障的根本性任务，围绕铸牢中华民族共同体意识这条主线做好民族工作，丰富拓展“模范自治区”的内涵和外延，教育引导各族人民更加由衷地听党话、感党恩、跟党走，更好地交往交流交融，更好地为党和国家大局作贡献，靠团结奋斗共同守卫祖国边疆、共同创造美好生活。

各位代表！自治区人民政府即将换届，新班子一定要有新气象新作为，大力弘扬伟大建党精神，始终牢记“三个务必”，执着追求为党为民我将无我、干事创业舍身忘我、攻坚克难必定有我的精神境界，永葆忠诚、干净、担当的政治本色。要忠诚履职尽责。全面学习、全面把握、全面落实党的二十大精神，用党的创新理论坚定理想、锤炼党性、指导实践、推动工作，不断提高政治判断力、政治领悟力、政治执行力，坚定拥护“两个确立”，坚决做到“两个维护”，始终在思想上政治上行动上同以习近平同志为核心的党中央保持高度一致。要端正发展观念。深化落实自治区党委十一届五次全会提出的“七个摒弃”的要求，激发敢为人先、赶超争先的志气，鼓足大干快上、只争朝夕的劲头，强化拿结果说话、以实绩论英雄的导向，拿出逢山开路、遇水架桥的勇气，坚持远近兼顾、效益优先的理念，追求精致极致、高标高质的境界，增强经营管理、精打细算的能力，解放思想、更新观念，把加快发展、大抓发展的精气神全面提振起来。要竭诚为民服务。强化宗旨意识，坚持利民为本，树立和践行正确的政绩观，做任何事情首先要想一想老百姓需要什么、盼望什么，坐在群众的板凳上好商好量一块办，靠走好群众路线办大事、办实事、聚民力、守民心。要突出基层导向。自治区政府既要带动基层敢干事、干成事，又要多帮基层想办法、出招数，既要统起来跑政策、跑项目、跑招商，也要沉下去抓问题、攻课题、解难题；厅局部门要站位全局，强化服务意识、有解思维，对送审的项目能批快批，对提交的事项能办尽办，对分下的任务既要督办、还要帮办；盟市、旗县要坚持全区“一盘棋”，找准全局定位，立足特色优势，明确主攻方向，鼓足干劲跑出发展加速度。要坚持依法行政。落实机构、职能、权限、程序、责任法定化要求，善于用法治思维和法治规则想问题、作决策、办事情，提高行政立法质效，规范行政执法行为，更加自觉主动地接受方方面面的监督，把政府行为全方位纳入法治轨道上来，把行政效率和公信力提上来。要强化正风肃纪。扛牢压实管党治党政治责任，锲而不舍落实中央八项规定精神，持续纠治“四风”特别是形式主义、官僚主义，着力解决“三多、三少、三慢”问题，强化对权力集中、资金密集、资源富集领域的监督和约束，纵深推进党风廉政建设和反腐败斗争。要狠抓工作落实。强化交账意识、交卷意识、成果意识，锚定目标抓落实，放开手脚抓落实，提速提效抓落实，谋划的事抢前争先、早出手、快动手，定下的事紧抓快办、见效果、有结果，切实做到“我开的会我贯彻、我作的批示我落实、我制定的政策我兑现”。

各位代表！新征程的壮阔前景催人奋进，现代化的壮美蓝图催人奋发。让我们更加紧密地团结在以习近平同志为核心的党中央周围，在自治区党委带领下，同心同德、苦干实干，奋力谱写新时代内蒙古高质量发展新篇章，为全面建设社会主义现代化国家、全面推进中华民族伟大复兴而团结奋斗！

政协工作报告

中国人民政治协商会议内蒙古自治区第十二届委员会常务委员会工作报告

——2023年1月11日在政协内蒙古自治区第十三届委员会第一次会议上

自治区政协党组副书记、副主席 罗志虎

各位委员、同志们：

我代表中国人民政治协商会议内蒙古自治区第十二届委员会常务委员会，向大会报告工作，请予审议，并请各位列席人员提出意见。

一、过去五年工作回顾

自治区十二届政协履职的五年，是党和国家发展历史上极不寻常、极不平凡的五年，是内蒙古发展历史上极为重要的五年，也是自治区政协守正创新、积极作为的五年。五年来，在自治区党委的坚强领导下，自治区政协深入学习贯彻习近平总书记关于加强和改进人民政协工作的重要思想，积极响应全国政协的新举措新要求，立足新的历史方位，以贯彻落实中央和自治区党委政协工作会议精神为牵引，认真践行全过程人民民主，牢牢把握新时代政协工作的主轴、主线和中心环节，坚持发扬民主和增进团结相互贯通、建言资政和凝聚共识双向发力，围绕中心、服务大局，推动政协事业高质量发展，为自治区全面建成小康社会、开创现代化建设新局面作出了新的贡献。

（一）旗帜鲜明讲政治，切实增强坚定捍卫“两个确立”、做到“两个维护”的政治自觉思想自觉行动自觉

五年来，自治区政协坚持把学习贯彻习近平新时代中国特色社会主义思想作为首要政治任务，构建以党组理论学习中心组集体学习为引领，机关党组和专委会分党组学习、常委会议专题学习、委员培训、委员讲堂和委员读书活动相配套的学习制度体系，建立习近平新时代中国特色社会主义思想学习座谈会制度，累计开展理论学习中心组集体学习近60次，主席会议成员牵头开展的专题学习百余次，大力引导政协委员、各党派团体和各族各界人士、政协机关干部坚定拥护“两个确立”，增强“四个意识”、坚定“四个自信”、做到“两个维护”，筑牢团结奋斗的共同思想政治基础。一是深入学习贯彻中共十九大、十九届历次全会和中共二十大精神，牢牢把握中共中央大政方针和重大决策部署，深刻领悟中国共产党百年奋斗的光辉历程、辉煌成就和历史意义。增开常委会会议专题传达学习中共二十大精神，学深悟透重要思想、重要观点、重大战略、重大举措，切实增强贯彻落实的坚定性、自觉性。二是跟进学习贯彻习近平总书记对内蒙古重要指示精神，纳入政协各级党组织、政协委员学习重点内容，牢牢把握习近平总书记交给内蒙古的五大任务，增强全面建成小康社会、推进内蒙古现代化建设的思想和行动自觉。三是系统学习贯彻习近平总书记关于加强和改进人民政协工作的重要思想、中央和自治区党委政协工作会议精神，举办贯彻落实中央、自治区党委政协工作会议精神学习研讨班，覆盖12个盟市和103个旗县政协，引导广大委员精准把握人民政协的历史方位、性质定位、职责使命，进一步筑牢政协履职的思想基础。四是专题学习贯彻习近平总书记关于加强和改进民族工作的重要思想，在政协系统开展铸牢中华民族共同体意识专题教育，累计组织学习培训、交流研讨、专题实践活动260余次、2万余人参加，引导三级政协委员、机关干部深刻认识铸牢中华民族共同体意识的重大意义和实践要求，始终做维护祖国统一、民族团结和社会稳定的重要力量。

（二）坚持把广泛凝聚共识作为履职工作的中心环节，彰显人心是最大的政治、共识是奋进的动力的时代价值

五年来，自治区政协聚焦更好凝聚共识，出台《加强和促进凝聚共识工作的实施意见》，推动这一重要职能实化细化具体化，构建从党内到党外、常委到委员、委员到界别群众的凝聚共识工作格局。一是坚持凝有方向、聚有目标。每年围绕坚持和发展中国特色社会主义的重大理论和实践问题、党委政府的工作重心、涉及人民政协事业发展的方向性问题，明确凝聚共识年度重点任务，先后提出“充分认识党的百年奋斗重大成就、领会‘十四五’时期自治区发展大思路以及自治区党委关于经济社会发展的重要部署”“如何正

确认识和把握宏观环境的深刻变化，保持以经济建设为中心、毫不动摇推动高质量发展的信心、耐心和战略定力，把握稳中求进工作总基调”“如何正确认识和把握人民政协在协商民主和全过程人民民主中的地位和作用，更好发挥专门协商机构作用，彰显中国特色社会主义民主政治制度优势”等方面凝聚共识重点，一题一团队、一题一方案，精心策划和推进，引领政协委员、各党派团体和各界人士实现思想上的共同进步。二是搭平台、强载体。编印《政协委员履职导引》《凝聚共识专辑》，汇编习近平总书记重要讲话、党和国家重要政策文件、全国政协重要工作部署，帮助委员统一对新形势新使命新任务的认识。召开知情明政吹风会 14 场，邀请自治区党政领导同志到政协通报情况，引导委员加深对中心工作的理解，找准履职着力点，增强履职针对性。举办委员讲堂 12 场，就理解落实重大决策部署进行深入阐释，在委员自我学习、交流借鉴中统一思想、凝聚共识。开展主题宣讲，就“如何正确认识和把握碳达峰碳中和，做到既坚定不移，又稳中求进”等作宣讲，进一步加深对碳达峰碳中和重大意义、基本逻辑和实现路径的理解，有针对性地做好凝聚共识工作。三是推动书香政协建设和政协文史工作。培育“同心”学习品牌，在政协云开设读书群，先后围绕中国之治、永远跟党走、习近平生态文明思想、品读人世间等主题举办读书分享会，形成了线上线下协同推进、读书履职深度融合的良好局面。编发文史资料 20 期，出版庆祝中国共产党百年华诞、人民政协成立 70 周年等专辑，充分发挥存史、资政、团结、育人的作用。四是共画团结同心圆、汇聚奋进正能量。坚持常态化走访各民主党派区委、工商联，政协主席会议成员和办公厅、各专委会分工联系各界别，与委员开展经常性谈心谈话，组织党外知识分子、非公有制经济人士、新的社会阶层人士座谈交流。每年组织港澳台侨委员考察内蒙古经济社会发展。组织澳门委员积极参加澳闽台蒙四地文化经贸交流联谊活动和庆祝澳门回归 20 周年系列活动。在香港“修例风波”和庆祝香港回归祖国 25 周年等重要时间节点，鼓励支持港澳委员开展爱祖国爱港澳活动。连续多年组织侨联界委员开展送医送药活动，成为凝聚侨心、汇聚侨力、服务基层的特色履职活动。

（三）坚持围绕党和国家重大战略部署务实建言，努力在落实习近平总书记交给内蒙古的五大任务上聚焦用力

五年来，自治区政协围绕中心大局履职尽责，聚焦完整、准确、全面理解和贯彻新发展理念，突出落实习近平总书记交给内蒙古的五大任务，精心选题，精准发力，累计完成年度协商计划 50 余项、视察考察 40 余次、界别活动近 200 项、立案提案 3542 件、报送社情民意信息 3500 余篇，大量协商建议转化为党政决策选项。一是聚焦全面建成小康社会、实现第一个百年奋斗目标献计出力。围绕少数民族聚居贫困地区如期脱贫、“三少民族”自治旗精准脱贫、巩固拓展脱贫攻坚成果同乡村振兴有效衔接开展协商议政。组织政协常委视察脱贫攻坚情况。主席会议成员包联贫困旗县，调研指导地方理思路、解难题，加速脱贫进度。动员全区广大委员各尽所能，投身脱贫攻坚主战场，全力参与产业扶贫、信贷扶贫、科技扶贫、智力扶贫、健康扶贫、界别扶贫、公益扶贫等，形成多级联动、多点发力工作格局。增开专题议政性常委会会议，对编制和实施“十四五”规划进行深度协商，“共话”美好蓝图。二是聚焦“两个屏障、两个基地、一个桥头堡”建设献计出力。在我国北方重要生态安全屏障建设方面，连续三年围绕沿黄地区生态保护和高质量发展、水资源节约集约利用进行协商议政，与有关省份联名提交将黄河生态带建设列入国家战略规划、完善黄河流域生态补偿机制等提案，助推黄河流域生态保护和高质量发展上升为国家战略。配合全国政协围绕碳达峰碳中和形势下内蒙古经济发展战略研究开展深入调研。围绕“双碳”背景下内蒙古经济社会绿色转型发展、大气污染治理、我区西部沙区生态保护及产业发展、完善草原生态保护措施等开展协商。组织住区全国政协委员视察岱海、察汗淖尔、绿水青山就是金山银山实践创新基地，助力自治区厚植“北疆绿”。在祖国北疆安全稳定屏障建设方面，围绕兴边富民、社会治理和公共服务等开展协商，就固边戍边、城乡社区公共安全体系、防控经济金融风险、护边员管理等开展监督调研，有力维护边疆和谐稳定。在国家重要能源和战略资源基地建设方面，围绕新能源产业发展、建设国家级氢能示范城市、打造国家“双碳”创新策源地、加快风能太阳能规模化开发、发挥煤电在新能源绿色转型中的作用、支持稀土产业发展等议政建言，组织委员视察新能源基地规划与建设、工业经济高质量发展。在国家重要农畜产品生产基地建设方面，围绕发展区域特色农牧产业、培育农牧业品牌、种业高质量发展、乳业全链条发展等协商议政，组织

委员视察黑土地利用保护。重大生态工程实施情况等协商成果，自治区政府专题研究落实，为种好"塞外粮"、丰盛"中国碗"贡献更多政协智慧和力量。在国家向北开放重要桥头堡建设方面，围绕主动融入"中蒙俄经济走廊"、加快边民互市贸易区发展、推动"过境经济"向"边境经济"转变、跨境电商健康发展等协商议政，组织住区全国政协委员考察"一带一路"建设和对外开放，助力构建内外联动、八面来风的新格局。三是聚焦人民群众急难愁盼献计出力。围绕"双一流"建设、公共卫生体系及能力建设议政建言。就全民健身与全民健康深度融合、构建多层次养老服务体系、优化营商居住旅游环境、构建现代职业教育体系、提高首府城市规划建设管理水平等建言献策。组织委员视察城镇老旧小区改造、食品安全情况，就学前教育发展、基层蒙医专业队伍建设等开展调研。围绕推动内蒙古文化走出去、加强红色文化资源保护挖掘和利用等协商建言。主席会议成员连续五年开展信访积案化解。党史学习教育中开展"为民分忧解难题、立足岗位作贡献""我是政协委员·我帮你"志愿服务活动。各级政协组织和广大政协委员积极参与疫情防控，主动投身救治病人、联防联控、捐款捐物、稳产稳岗、保障供应等工作，以实际行动展现了政协担当。

（四）准确把握新时代政协工作的使命任务，以提质增效为抓手全面提升专门协商机构效能

五年来，自治区政协立足充分发挥在全过程人民民主中的重要优势，突出目标导向和效果导向，将提质增效更加鲜明贯穿履职全过程，专门协商机构建设水平全面提升。一是制度化建设取得新成效。为贯彻党对政协工作新要求，更好适应新时代人民政协的新使命新定位，解决"四模糊""两薄弱"问题，制定《内蒙古自治区人民政协工作大纲》，形成了贯彻中央和自治区党委政协工作会议精神的基本思路，明确了全区三级政协工作的主要着力点和基本工作量，成为三级政协履职尽责的"操作手册"。配套出台协商工作规则、提案工作条例、委员履职量化考评办法等30多项制度性规定，"四梁八柱"更加坚实完善。二是协商建设取得新进步。协商形式和程序得到优化，构建起以全体会议协商为龙头，专题议政性常委会会议协商为重点，常态化开展专题协商、对口协商、界别协商、民主监督式协商、提案办理协商的协商议政新格局。协商活动开始前，增加协商议题开题报告环节，明确协商议题的立意、主要着力点。专题议政性常委会会议把会前新闻发布会、专题讲座、党政有关领导作报告并听取意见、委员与党政部门协商互动作为固定环节。首次对协商议政活动开展评价，促进协商质量明显改善。建立提案、社情民意信息年度统计分析制度，形成育、提、立、办、督的全链条流程和工作机制。创新开展中长期课题研究，形成专委会牵头、相关界别委员和智库专家参与、相应专题数据库和学习调研基地为支撑的运行模式，在养深积厚中提升建言献策的"言值"；建立政协应用型智库，累计有300多人次参与履职活动。建成三级政协共用共享"政协云"平台，实现委员履职管理、学习培训、协商议政等线上实时服务，远程协商、网络议政成为政协履职新常态。三是委员服务管理实现新提升。落实委员分批次列席议政性常委会会议制度、相关界别委员参与政协专题协商会议制度。将委员按界别全部划入各专委会，政协主席会议成员、专委会负责人走访看望委员，政协党组成员联系相关界别党员委员、党员委员联系党外委员。新组建委员联络服务中心。盟市政协主席确定为住盟市委员活动召集人、联络员。加强委员考核评价，落实常委述职和委员提交年度履职报告制度，建立委员履职档案，定期分析汇总委员履职情况。四是联动履职迈出新步伐。加强与全国政协、兄弟省区政协的联动，成功承办全国政协地方秘书长工作会议、沿黄九省区政协黄河流域生态保护和高质量发展协商研讨会、东北三省一区政协主席联席会议。从2020年开始，连续三年聚焦优化营商环境、国家和自治区重大生态工程实施、水资源节约集约利用，同步组织12个盟市、103个旗县政协，6个民主党派区委、自治区工商联共同开展监督式协商。五是指导盟市实现新进展。认真贯彻中共中央关于加强和改进新时代市县政协工作的意见，配合自治区党委出台贯彻落实的实施意见，着力解决盟市、旗县政协定性模糊、职能模糊、责任模糊、工作方式模糊和基础工作薄弱、人员力量薄弱的问题。召开盟市政协主席经验交流会和工作推进会、盟市政协秘书长座谈会、专门委员会工作会议和政协协商与基层民主协商有效衔接工作经验交流会，引导盟市、旗县政协在有条件的苏木乡镇以及专业性行业性较强、党外人士较多的领域和地方建立委员工作室（站）2100余家。五年来，各盟市、旗县政协深入贯彻落实中央和自治区党委政协工作会议精神，对人民政协的性质定位和职能使命有了更加清晰的认识，工作基础普遍得到加强，规范化程度、工作质量有了

显著提高，全区政协工作整体水平全面提升。

（五）毫不动摇坚持和加强党对人民政协的全面领导，进一步强化履职政治保障

五年来，自治区政协在自治区党委的坚强领导下，坚持以政治建设为统领，全面加强党的思想、组织、作风、纪律、制度建设，扎实开展“不忘初心、牢记使命”主题教育、党史学习教育，政协工作的政治水准全面提升。一是充分发挥政协党组把方向、管大局、保落实的领导作用。定期向自治区党委汇报全面工作，及时向自治区党委请示汇报政协年度协商计划、全体会议和常委会会议情况及党组重要工作。认真落实全国政协党建工作座谈会、党建工作经验交流会、宣传思想工作会议精神和自治区党委有关要求，首次召开全区政协系统党建工作会议，党对政协工作的领导得到全面加强。二是推动政协党的组织和工作实现“两个全覆盖”。修订政协党组、机关党组、专门委员会分党组工作规则，进一步压实党风廉政建设和意识形态工作责任。建立健全政协党组－机关党组－机关党支部、政协党组－专委会分党组－界别党支部和履职活动临时党支部两个党建工作链条，实现了党的组织对党员委员、党的工作对全体委员的有形有效覆盖。三是持续改进文风会风话风。严格贯彻落实中央八项规定及其实施细则精神，认真落实为基层减负各项要求，持之以恒反对“四风”，着力解决“三多三少三慢”问题，大力倡导精进严实工作作风，推动政协各项工作紧起来、严起来、实起来。

各位委员、同志们，五年来，我们在履职实践和探索尝试中，总结了一些经验启示。必须坚持党对人民政协工作的全面领导，把旗帜鲜明讲政治作为第一位的政治原则和工作遵循，推动党的主张、党的方针政策转化为各界人士的共识和行动，确保中央大政方针和自治区党委工作要求在政协不折不扣得到贯彻落实。必须准确把握人民政协性质定位，坚持把牢主轴、主线和中心环节，突出专门协商机构的综合效能，确保有力彰显人民政协的独特优势和重要作用。必须广泛凝聚人心和力量，坚持把凝聚共识作为政协工作中心环节，统一思想、凝聚人心、汇聚力量，确保各党派团体、各界群众更加牢固地团结在党的周围。必须聚焦党政中心任务履职尽责，坚持把政协工作放在全区工作大局中去谋划和推动，精准选题、深度协商、务实建言，确保更好彰显人民政协在国家治理体系和治理能力现代化中的积极作用。必须践行人民政协为人民理念，坚持协商于民、协商为民，把不断满足人民对美好生活的向往、促进民生改善作为履职出发点和落脚点，倾听群众呼声，反映群众意愿，确保在增进人民福祉中突显人民政协初心使命。必须以守正创新精神推进履职能力建设，坚持解放思想、改革创新，主动适应新形势新要求，推动履职各项工作提质增效，形成富有时代特征的履职新格局，确保政协事业充满生机活力。

各位委员、同志们，自治区十二届政协圆满完成各项履职任务、取得丰硕履职成果，这是习近平新时代中国特色社会主义思想科学指引的结果；是全国政协有力指导的结果；是自治区党委坚强领导、自治区政府以及人大、监委、法检两院和社会各界鼎力支持的结果；是政协各参加单位、全区各级政协组织和广大政协委员团结奋斗的结果。在此，我代表自治区第十二届政协常委会，一并表示衷心的感谢！致以崇高的敬意！

同时，我们也清醒认识到，工作中还有一些差距和不足，主要是：贯彻落实中共二十大关于协商民主新要求的思路举措尚需进一步实化、具体化，协商需求不强和协商供给质量不高并存问题没有彻底扭转，凝聚共识的深度、广度还需要逐步拓展。今后，我们将不断探索实践，认真加以解决。

二、今后五年工作建议

各位委员、同志们，今后五年是贯彻落实中共二十大精神，以中国式现代化全面推进中华民族伟大复兴的关键时期，做好政协工作意义重大、使命光荣。为此建议：新一届自治区政协要深刻领悟“两个确立”的决定性意义，更加坚定自觉地做到“两个维护”，更加紧密地团结在以习近平同志为核心的中共中央周围，坚持以习近平新时代中国特色社会主义思想为指导，大力发扬蒙古马精神，努力完成习近平总书记交给内蒙古的五大任务，全方位建设“模范自治区”，深入落实党对人民政协工作的新要求，推动协商议政更有效、凝聚共识更有力，把祖国北部边疆这道风景线打造得更加亮丽，为全面建设社会主义现代化国家、全面推进中华民族伟大复兴书写政协新答卷。

（一）坚持以习近平新时代中国特色社会主义思想为指导，深入学习贯彻中共二十大精神，动员全区社会各界聚焦二十大确定的战略任务团结奋斗。坚持把学习贯彻中共二十大精神作为首要政治任务，团结引导参加人民政协的各党派团体和广大政协委员深刻

领会“两个确立”的决定性意义，充分汲取十九大以来5年和新时代10年伟大变革的历史经验，进一步坚定道路自信、理论自信、制度自信、文化自信，切实把思想和行动统一到中共二十大精神上来，转化为指导实践、推动工作的强大力量，以更加昂扬的精神状态和一往无前的奋斗姿态，沿着中国式现代化的新征程坚定不移走下去。

（二）锚定实现习近平总书记交给内蒙古的五大任务、全方位建设“模范自治区”和自治区党委确定的奋斗目标，深入开展政协协商，把智慧力量汇聚到现代化内蒙古建设的历史进程之中。牢牢把握专门协商机构的功能定位，把党政所需、人民所盼与政协所能有机结合起来，聚焦经济社会发展中具有综合性、全局性、前瞻性重点问题，深入协商议政，强化监督落实。始终与党委政府同心勠力、同轴发力、同向助力，充分发挥人民政协在国家治理体系中的重要作用，以政协方案、政协智慧推动完成习近平总书记交给内蒙古的五大任务，全方位建设好“模范自治区”，助力把现代化内蒙古建设的宏伟蓝图变成北疆各族儿女期盼的美好现实，把战略定位变成现实地位。

（三）全面强化统一战线组织功能，在双向发力中深化团结联谊，广泛汇聚奋进新征程的强大合力。聚焦贯彻中共二十大精神，明确当前和今后一个时期加强思想政治引领和凝聚共识的方向和重点，不断扩大影响力、凝聚力、号召力。加强同民主党派和无党派人士的团结合作，支持民主党派加强自身建设、更好履行职能。强化与党外知识分子、非公有制经济人士、新的社会阶层人士、少数民族人士、宗教界人士的沟通联络，畅通诉求表达渠道，提高同港澳同胞和台胞侨胞团结联谊工作质量。以铸牢中华民族共同体意识为主线，进一步做好政协民族工作。充分发挥政协委员面向基层、贴近群众的优势，协助党委政府做好协调关系、理顺情绪、化解矛盾工作。

（四）深入推进政协工作改革创新，更好发挥盟市、旗县政协在协商民主中的重要作用，全面提升专门协商机构制度化规范化程序化水平。适应新形势新任务，加强人民政协专门协商机构建设，不断提高深度协商互动、意见充分表达、广泛凝聚共识水平，推动政协协商与整个协商民主和全过程人民民主协调发展，持续巩固和提升中国特色社会主义民主制度效能。完善民主监督和委员联系界别群众的制度机制，更好把制度优势转化为治理效能。大力培育富有政协特色的协商文化，推动“有事多商量、遇事多商量、做事多商量”理念更加深入人心。积极推动中央和自治区党委关于加强和改进盟市、旗县政协工作的各项要求落到实处，着力解决发展不平衡、工作力量相对薄弱等问题，提升全区政协整体工作水平。加强对基层政协工作的联系指导，密切工作联动与协作，健全机制，强化措施，不断开创工作贯通、履职融合的新局面。依托委员工作室和协商议事平台，组织各级政协委员有序参与基层民主协商，推动政协协商与基层民主协商有效衔接，与其他协商形式互融共促，增强协商民主的实效，更好服务基层治理。

（五）切实加强政协委员和政协干部队伍建设，努力提升履职本领，在强基固本中展现政协新担当新作为。加强和改进委员服务和管理，全面提升政治把握能力、调查研究能力、联系群众能力、合作共事能力。完善多层次联络服务委员制度，健全和落实履职评价和激励机制，充分激发广大政协委员为国履职、为民尽责的主动性和积极性，切实增强大局意识、精品意识、交卷意识、交账意识。抓好政协干部队伍建设，从严要求、从严教育、从严管理，提升服务能力、搭台能力、联络能力，努力建设一支政治强、素质高、敢担当、善作为的机关干部队伍，更好服务和保障政协事业高质量发展。

（六）坚持以政治建设为统领，着力推动党的领导、统一战线、协商民主有机结合，不断提高政协党的建设质量和水平。牢牢把握人民政协作为中国共产党领导下的政治组织这一根本属性，始终坚持党对人民政协工作的绝对领导，以党的政治建设为统领全面推进政协党的各项建设，以党的建设为引领推进政协机关建设，确保人民政协正确政治方向。强化政协系统党组织政治功能和组织功能，推动党的组织对所有党员、党的工作对所有工作的有形有效覆盖，不断增强政协党组织的战斗力。强化管党治党政治责任，严格落实中央八项规定及其实施细则精神，持续解决“三多三少三慢”问题，推进作风建设常态化长效化。

各位委员、同志们，团结共进新征程，奋斗同铸新辉煌！让我们更加紧密地团结在以习近平同志为核心的中共中央周围，以习近平新时代中国特色社会主义思想为指导，深入学习贯彻中共二十大精神，在自治区党委坚强领导下，坚定信心、团结奋斗、勇毅前行，推动自治区政协事业不断开创新局面、迈上新台阶，为谱写现代化内蒙古建设新篇章作出新的更大贡献！

索 引

ᠬᠠᠢᠯᠲᠠ

说明：
（1）本索引主要选自本年鉴正文部分，特载、专文、大事记、附录等类目以及图片不在索引范围内。
（2）本索引按主题词汉语拼音字母顺序排列，主题词后面的数字和字母分别表示所在页码和分栏位置 (abc 表示本页码左中右三栏)。

主题索引

数字

A

B

C

D

E

F

G

H

J

K

L

M

N

P

Q

R

S

T

W

X

Y

Z

表格索引